Anne-Christin Klotz
Gemeinsam gegen Deutschland

Europäisch-jüdische Studien
Beiträge

Für das Moses Mendelssohn Zentrum für
europäisch-jüdische Studien, Potsdam,
in Kooperation mit dem Selma Stern Zentrum
für Jüdische Studien Berlin-Brandenburg

Herausgegeben von Miriam Rürup und Werner Treß

Band 58

Anne-Christin Klotz

Gemeinsam gegen Deutschland

―

Warschaus jiddische Presse im Kampf gegen den
Nationalsozialismus (1930–1941)

DE GRUYTER
OLDENBOURG

Dieser Band wurde gefördert aus Mitteln der Stiftung Zeitlehren und der Szloma-Albam-Stiftung.

ISBN 978-3-11-152960-8
e-ISBN (PDF) 978-3-11-075649-4
e-ISBN (EPUB) 978-3-11-075657-9
ISSN 2192-9602
DOI https://
doi.org/10.1515/9783110756494

Dieses Werk ist lizenziert unter einer Creative Commons Namensnennung-Nicht-kommerziell-Keine Bearbeitung 4.0 International Lizenz. Weitere Informationen finden Sie unter https://creativecommons.org/licenses/by-nc-nd/4.0/.

Die Bedingungen der Creative-Commons-Lizenz für die Weiterverwendung gelten nicht für Inhalte (z. B. Grafiken, Abbildungen, Fotos, Auszüge usw.), die nicht Teil der Open-Access-Publikation sind. Diese erfordern ggf. die Einholung einer weiteren Genehmigung des Rechteinhabers. Die Verpflichtung zur Recherche und Klärung liegt allein bei der Partei, die das Material weiterverwendet.

Library of Congress Control Number: 2022938713

Bibliografische Information der Deutschen Nationalbibliothek
Die Deutsche Nationalbibliothek verzeichnet diese Publikation in der Deutschen Nationalbibliografie; detaillierte bibliografische Daten sind im Internet über http://dnb.dnb.de abrufbar.

© 2024 Anne-Christin Klotz, publiziert von Walter de Gruyter GmbH, Berlin/Boston.
Dieser Band ist text- und seitenidentisch mit der 2022 erschienenen gebundenen Ausgabe.
Dieses Buch ist als Open-Access-Publikation verfügbar über www.degruyter.com.

Umschlagabbildung: Customers at a newsstand that displays the Jewish newspapers Haynt (Today), Vort (Word), Folkstsaytung (People's Newspaper), Moment, Shpilki (Barbs), Nasz Przegląd (Our Review), and Letste Nayes (Latest News), Łódź, 1930s. Permission to publish granted by YIVO-Institute, New York.

www.degruyter.com

Für Rebecca (1986 – 2018)

Danksagung

Das vorliegende Buch ist eine geringfügig überarbeitete Fassung meiner im August 2020 an der Freien Universität Berlin eingereichten Dissertation, die ich im Februar 2021 – inmitten der Unsicherheiten der Pandemie und des zweiten landesweiten Lockdowns – erfolgreich verteidigt habe. Meine Arbeit an der Studie wurde somit wesentlich von der COVID-19-Pandemie beeinflusst. Von einem Tag auf den anderen war die Staatsbibliothek Berlin, in deren Lesesaal ich zuvor unzählige Stunden verbracht und an meiner Arbeit geschrieben hatte, geschlossen. Quellenmaterial und Sekundärliteratur, die ich dringend benötigte, waren plötzlich nicht mehr zugänglich, weil nahezu alle Archive und Bibliotheken die Arbeit eingestellt hatten und erst langsam und nach und nach wieder aufnahmen. Dass ich die Arbeit dennoch zwischen erstem und zweitem Lockdown habe abschließen und einreichen können, verdanke ich nicht nur einer gewissen Portion Glück, sondern auch vielen Menschen, die mich während dieser extremen Ausnahmesituation, aber auch und insbesondere die fünf Jahre zuvor auf vielfältige Arten und Weisen unterstützt haben – manche von ihnen auf gleich mehrerlei Ebenen. Ihnen allen möchte ich von ganzem Herzen danken.

Zuallererst möchte ich mich bei meinen zwei Gutachterinnen, Stefanie Schüler-Springorum und Gertrud Pickhan, für die Annahme der Arbeit und für ihre Betreuung bedanken.

Dass ich die Zeit, die Ressourcen und finanziellen Mittel bekommen habe, um forschen und eine Doktorarbeit in den Geisteswissenschaften abfassen zu können, ist ein Privileg und das Resultat vieler verschiedener Förderungen, die ich im Laufe der Jahre dankenswerterweise erhalten habe. Nach dem Abschluss meines Masterstudiums konnte ich Ende 2014 als Stipendiatin an dem in Deutschland einmaligen Frauenförderprogramm „Shortcuts" der Bielefeld Graduate School in History and Sociology der Universität Bielefeld teilnehmen. Das inzwischen mangels Förderung leider eingestellte viermonatige Programm förderte in einer Kombination aus finanzieller und ideeller Unterstützung junge Nachwuchswissenschaftlerinnen, die eine Promotion in Soziologie oder Geschichte anstrebten. Damit hatte ich nicht nur die nötigen Ressourcen und das Know-how, um ein aussagekräftiges Forschungsexposé zu entwickeln, sondern fand dort auch eine solidarische und empowernde Community von wissenschaftlich arbeitenden Frauen, wie ich sie bis dato in der Wissenschaft noch nicht erlebt hatte. Mein besonderer Dank gilt den Koordinatorinnen des Programms Andrea Adams und Dörte Husmann.

Meine institutionelle Anbindung und die finanzielle Sicherheit zum Abfassen meiner Arbeit fand ich schließlich am Selma-Stern-Zentrum für jüdische Studien

Berlin–Brandenburg. Ich möchte vor allem Rainer Kampling, Stefanie Schüler-Springorum, Liliana Feierstein, Irmela von der Lühe, Helmut Peitsch, Claudia Ulbrich, Reinhard Rürup (†), Werner Treß, Manja Hermann, Franziska Krah, Anna-Dorothea Ludewig sowie Monika Schärtl und Nadja Fiensch für ihre herzliche Aufnahme und inhaltliche wie administrative Unterstützung danken. Als Saul Kagan Fellow in Advanced Shoah Studies, einem internationalen Fellowship-Programm der Jewish Claims Conference Against Germany fand ich im Anschluss eine weitere akademische Community und eine finanzielle Unterstützung, für die ich nicht dankbarer sein könnte. Das zweijährige Fellowship bot mir nicht nur die Möglichkeit, meine Doktorarbeit abzuschließen, das akademische Umfeld, auf das ich hier traf, prägte auch meine Arbeit und mein Selbstverständnis als Wissenschaftlerin nachhaltig. Mein Dank gilt insbesondere den Professorinnen und Professoren des Programms, die mich auch weiterhin in meiner weiteren akademischen Laufbahn unterstützen, was für mich von unschätzbarem Wert war und ist: David Silberklang, Joanna Beata Michlic, Dalia Ofer, Steven T. Katz, Karel Berkhoff, Andrea Löw und Antony Polonsky sowie Chavie Brumer, die das Programm als Koordinatorin von New York aus betreut. Darüber hinaus bekam ich als Stipendiatin des International Institute for Holocaust Research in Yad Vashem und des Deutschen Historischen Instituts Warschau die Möglichkeit, meine umfangreichen Archivrecherchen in Polen und Israel vorzunehmen. Hier möchte ich insbesondere Eliot Nidam-Orvieto als Fellowship-Koordinator von Yad Vashem für die herzliche Aufnahme danken. Weitere finanzielle Unterstützung erhielt ich von der Zeitlehren Stiftung und der Frauenbeauftragten des Fachbereichs Geschichts- und Kulturwissenschaften der Freien Universität Berlin, welche mir Archivaufenthalte in den USA und Israel finanzierten. Dem Deutschen Historischen Institut Washington und seiner Zweigstelle in Berkeley sowie dem Institute of European Studies der University of California, Berkeley danke ich für die Möglichkeit, meine Doktorarbeit in ein Buchmanuskript umzuwandeln.

Ich danke Werner Treß, der meine Arbeit in die wissenschaftliche Reihe „Europäisch-jüdische Studien – Beiträge" des Moses Mendelssohn Zentrums und des Selma-Stern-Zentrums für Jüdische Studien Berlin–Brandenburg aufgenommen hat sowie dem De Gruyter Verlag und hier ganz besonders Julia Brauch und Alice Meroz für die stets fachkundige Beratung und freundliche Betreuung. Außerdem möchte ich Katrin Huhn für das sorgfältige Korrektorat danken. Zu guter Letzt gebührt mein Dank der Szloma-Albam-Stiftung und erneut der Zeitlehren Stiftung, die durch eine großzügige Bezuschussung die Open-Access-Veröffentlichung meiner Arbeit unterstützen.

Forschung und neues Wissen entstehen nicht in einem luftleeren Raum, sondern leben vom Austausch und der gemeinsamen Weiterentwicklung von Ideen, Themen, Thesen und Gedanken. Durch meine vielfältigen institutionellen

Anbindungen hatte ich das große Glück, Anschluss an ein großes internationales Netzwerk zu finden und in verschiedenen wissenschaftlichen Foren meine Arbeit immer wieder zu präsentieren, zu diskutieren, zu schärfen und weiterzuentwickeln. Im Rahmen der vielen Kolloquien, Workshops und wissenschaftlichen Konferenzen fand ich aber nicht nur kollegialen Austausch, sondern auch viele neue Wegbegleiterinnen und Wegbegleiter, die sich genau wie ich der manchmal unüberschaubar groß erscheinenden Aufgabe gegenübersahen, eine Doktorarbeit abfassen zu wollen. Für Feedback, Kollegialität, Solidarität und Freundschaft möchte ich den Doktorandinnen und Doktoranden am Selma-Stern-Zentrum und am Osteuropa-Institut der Freien Universität Berlin danken. Besonders dankbar bin ich hierbei Johannes Czakai, Ira Fiona Sebekow, Christoph Kasten, Davide Liberatoscioli, René Corvaia-Koch, Nora Kießling, Katja Martin, Markus Nesselrodt, Alina Bothe, Sara Han, Lars Tittmer, Anke Kalkbrenner, Agnieszka Wierzcholska, Jakob Stürmann, Ania Szyba, Grete Rebstock, Arkadi Miller, Ina Cohen, Roland Borchers, Doron Oberhand, Vitali Taichrib, Marie Ch. Behrendt, Doris Maja Krüger, Albert Spranger und Mohammad Sarhangi. Außerdem möchte ich Laurien Vastenhout, Robin M. Buller, Kamil Kijek, Ola Bańkowska, Agnieszka Wietkowska-Krych, Alicja Jarkowska-Natkaniec, Natali Beige, Marie-Dominique Asselin und Elisabeth Pönisch vom Saul-Kagan Fellowship danken. Einen großen Dank möchte ich auch meinen ehemaligen Kolleginnen und Kollegen beim Editionsprojekt „Die Verfolgung und Ermordung der europäischen Juden durch das nationalsozialistische Deutschland 1933–1945" am Institut für Zeitgeschichte München–Berlin aussprechen. Unter Susanne Heim und Ingo Loose erlernte ich das Handwerkszeug, das es braucht, um eine gute Historikerin zu sein, und unter ihnen entwickelte ich schließlich auch die Idee zu meinem Forschungsprojekt. Danken möchte ich ferner Barbara Wünnenberg, Stefanie Haupt, Johannes Gamm, Anselm Meyer, Maria Wilke, Miriam Schelp und Florian Danecke für ihren Zuspruch und den kontinuierlichen Austausch.

Während meiner Recherchen und dem Verfassen meiner Doktorarbeit teilten zahlreiche Einzelpersonen nicht nur ihre Expertise und ihr Wissen mit mir, sondern versorgten mich auch mit Literatur- und Quellenhinweisen, Gutachten und sonstigen Tipps und Tricks. Darüber hinaus unterstützten mich viele von ihnen bei Fragen zu Übersetzungen aus dem Hebräischen, Polnischen, Jiddischen, Französischen und Russischen oder gaben mir produktives Feedback zu meinen Textentwürfen. Außerdem teilten viele großzügig ihre Netzwerke mit mir, luden mich auf Veranstaltungen ein, schenkten mir ihre Zeit oder öffneten ihre Türen für mich, damit ich auch in der Ferne ein zu Hause fand. Sie alle haben damit zum Gelingen meiner Arbeit beigetragen. Mein Dank gilt insbesondere Esther Rachow, Anna Zawadzka, Jan Tölva, Joanna Nalewajko-Kulikov, Marvin und Katy Zuckerman, François Guesnet, Nathan Cohen, Andreas Kahrs, Roii Ball,

Miriam Rürup, Björn Siegel, Sagi Schaefer, Katrin Steffen, Ingo Loose, Susanne Heim, Wolf Gruner, Steve Ross, Stephanie Seul, Barbara Wünnenberg, Bernd Sösemann, Jan Schwartz, Bernhard Flam, Guy Miron, Doron Oberhand, Agnieszka Wierzcholska, Norman Domeier, Kat Hacheney und James Thurgill, Lars Ihsen, Andrew Tompkins, Christian Jansen, Ania Szyba, Jakob Stürmann, Gideon Botsch, Piotr Franz, Markus Nesselrodt, Olga Linkiewicz, Dror Segev, Omri Ben-Yehuda, Dekel Peretz, Kobi Kabalek, Ursula und Erik Spindler, Saskia Thieme, Luise Schirmer, Inka Arroyo Antezana Martinez, Fiona Kalkstein, Marius Hanft, Judith Sieber und Lotte Warnsholdt.

Einen großen Teil meiner Zeit verbrachte ich in Bibliotheken, Universitäts- und Institutsgebäuden und Archiven, wo ich nicht nur Dokumente sammelte und Literatur recherchierte, sondern auch meine Arbeit niederschrieb. Allen Mitarbeitenden, die mich hierbei in meiner Arbeit unterstützten und die Infrastruktur zum Arbeiten bereitstellten, möchte ich meinen Dank aussprechen. Dazu gehören die Mitarbeitenden der Universitätsbibliotheken der Freien Universität Berlin und der Humboldt Universität Berlin, der Staatsbibliothek Berlin, des Archiwum Akt Nowych, des Żydowski Instytut Historyczne, der Biblioteka Narodowa, der Biblioteka Uniwersytecka w Warszawie, des YIVO Institute for Jewish Research, des Centers for Jewish History, des Bundesarchivs Berlin, des Politischen Archivs des Auswärtigen Amts, des Archivs des Vereins der Ausländischen Presse zu Berlin e.V., der National Library of Israel, des Central Zionist Archive, des Central Archive for the History of the Jewish People, des International Institute for Holocaust Research samt Archiv in Yad Vashem und des Archivs des Diaspora Research Centers der Universität Tel Aviv.

Zu guter Letzt möchte ich den wichtigsten Menschen in meinem Leben danken: Meinen Freundinnen und Freunden. Sie alle waren mir in den letzten fünf Jahren die wohl größte emotionale Stütze. Ohne sie und ohne ihr Verständnis sowie ihren Glauben an mich hätte ich diese Arbeit wohl niemals abschließen können. Von Herzen danken möchte ich darum Emily Kuck, Esther Rachow, Carolin und Merle Fiedler, Leyla Dewitz, Anna Zawadzka, Rebecca Ardner (†), Hannes Westphal, Christian Küpper, Omri Ben-Yehuda und Nelo Locke. Danken möchte ich ferner meinen Eltern und meiner Familie.

Der Dank, der meinem Partner in Crime und meinem Fels in der Brandung Jan Tölva gebührt, dem ich in den letzten Jahren so viel abverlangen musste, lässt sich nicht in Worte fassen.

Es heißt, es braucht ein ganzes Dorf, um ein Kind zu erziehen. Offenbar braucht es manchmal auch eines, um eine Dissertation zu schreiben. Dies gilt insbesondere dann, wenn man wie ich als junge Frau aus einem nichtakademischen Haushalt und somit ohne das für andere selbstverständliche kulturelle und soziale Kapital die Manege der Wissenschaft betritt. Zehn von hundert Akademikerkindern promovieren. Bei Nichtakademikerkindern ist es nur eines von hundert. Dass ich diese eine von hundert bin, erfüllt mich mit Stolz, aber ich weiß auch, dass ich es ohne die Hilfe der vielen, vielen hier Genannten nicht geschafft hätte. Dank ihnen allen und danke für alles.

Berkeley, 4. Januar 2022

Inhalt

1 Einleitung —— **1**
1.1 Thema, Fragestellung und Ziel der Arbeit —— **3**
1.2 Relevanz und Forschungsstand —— **9**
1.2.1 Forschung zur polnisch-jüdischen Geschichte der Zweiten Polnischen Republik und dem Holocaust —— **10**
1.2.2 Jüdische Presse und Reaktionen auf den Nationalsozialismus —— **14**
1.3 Konzeptionelle Zugänge —— **24**
1.3.1 Wissen —— **25**
1.3.2 Öffentlichkeit —— **27**
1.3.3 Erfahrungsraum und Erfahrungshorizont —— **29**
1.3.4 Netzwerk —— **30**
1.4 Historische Kontexte —— **33**
1.4.1 Antisemitismus im Polen der 1930er Jahre —— **34**
1.4.2 Jüdische Geschichte Polens und Warschau als Zentrum jüdischen Lebens —— **40**
1.5 Zur Quellenlage —— **43**
1.6 Gliederung der Arbeit —— **47**
1.7 Schreibweisen, zentrale Begriffe und Anmerkungen —— **49**

2 Making Jewish News: Die Warschauer jiddische Presse und ihre Macher vor 1933 —— **52**
2.1 Kurze Geschichte der jüdischen Presse in Polen —— **55**
2.2 Zeitungsprofile —— **59**
2.2.1 *Haynt* —— **68**
2.2.2 Der *Moment* —— **72**
2.2.3 *Naye Folkstsaytung* —— **75**
2.2.4 *Dos Yudishe Togblat* —— **78**
2.3 Journalisten im Kampf gegen Antisemitismus —— **80**
2.4 Vorstellungen von Deutschland und deutschen Juden —— **88**
2.5 Der Aufstieg Berlins zum jiddischen Pressezentrum —— **94**
2.6 Berlin als jüdisches Nachrichtenzentrum für die jiddische Presse Warschaus —— **100**
2.7 Zwischenfazit —— **109**

3 Berlin-Warszawa-Express: Jüdischer Journalismus im Kontext von Verfolgung und Überwachung in Polen und Deutschland —— **111**
3.1 Die ökonomische Situation der Zeitungsverlage —— **112**

3.2 Die deutsch-polnische Nichtangriffserklärung und ihre Auswirkungen auf die jüdische Presse in Warschau —— 117
3.2.1 Zensur in Polen —— 124
3.2.2 Zensur in Deutschland —— 132
3.3 Berliner Korrespondenzen —— 136
3.3.1 Die Korrespondenten der „bürgerlichen" jiddischen Zeitungen —— 139
3.3.2 Die Korrespondenten der bundistischen *Naye Folkstsaytung* —— 151
3.4 Weitere Quellen und Wege der Informationsbeschaffung —— 155
3.4.1 Internationale Presse und Exilzeitschriften —— 156
3.4.2 Offizielle und inoffizielle Informanten —— 159
3.4.3 Reisende Journalisten im nationalsozialistischen Deutschland —— 164
3.5 Zwischenfazit —— 169

4 Der „Gespenstertanz" beginnt: Schreiben über Nationalsozialismus und Antisemitismus —— 171
4.1 Erste Reaktionen auf Gewalt und Verfolgung —— 176
4.1.1 Die Spätphase der Weimarer Republik —— 179
4.1.2 Die Machtübertragung an die Nationalsozialisten —— 187
4.1.3 Gleichschaltung und Boykott —— 194
4.1.4 Die Lage der jüdischen Migranten aus Ost- und Ostmitteleuropa —— 201
4.2 Polnische und deutsche Entwicklungen im Vergleich —— 206
4.3 Nachdenken über Antisemitismus und Nationalsozialismus: Ausgewählte Fallbeispiele —— 216
4.3.1 Der Philosoph: Shoyel-Yitskhok Stupnitski —— 221
4.3.2 Die Psychologin: Rachel Auerbach —— 224
4.3.3 Der Humanist: Zusman Segalovitsh —— 228
4.3.4 Der Agudist: Ayzik-Ber Ekerman —— 231
4.3.5 Der Marxist: Wiktor Alter —— 235
4.4 Zwischenfazit —— 242

5 Die Dokumentation der Verbrechen: Reiseberichte aus Nazi-Deutschland —— 248
5.1 Jüdische Reiseberichte als literarisches Genre —— 250
5.2 Auf Entdeckungsreise im nationalsozialistischen Deutschland —— 254
5.3 Die Verfasser und ihre Berichte —— 257
5.4 Ausgewählte Themen —— 263
5.4.1 Der Zug und die deutsche Grenze —— 263
5.4.2 Die deutsche Mehrheitsgesellschaft —— 268
5.4.3 Die Nationalsozialisten und nationalsozialistische Ideologie —— 281

5.4.4	Räume, Zeitachsen und jüdisches Leben in Deutschland — **284**
5.4.5	Die osteuropäischen Juden — **286**
5.4.6	Die deutschen Juden — **291**
5.5	Zwischenfazit — **302**

6 Von der Theorie zur Praxis: Der Kampf gegen Nazi-Deutschland — 307
6.1	Hintergründe und Entstehung der Protestbewegung — **310**
6.1.1	Aufruf zum Protest — **310**
6.1.2	Suche nach Verbündeten — **317**
6.2	Formen des Protests und der Solidarität *oyf der yidisher Gas* — **325**
6.2.1	Koordinierte Pressekampagne — **326**
6.2.2	Vorträge und Vorlesungen — **331**
6.2.3	Literatur über und gegen NS-Deutschland — **336**
6.2.4	Boykott deutscher Waren und deutscher Kulturimporte — **342**
6.2.5	Materielle und immaterielle Hilfe für aus Deutschland geflüchtete und ausgewiesene Juden — **354**
6.3	Zwischenfazit — **364**

7 Eskalation: Das Krisenjahr 1938 und der Ausbruch des Zweiten Weltkrieges — 366
7.1	Die „Polenaktion": Erste Reaktionen und Hilfe — **373**
7.2	Staatliche Zensur im Rahmen der „Polenaktion" und der Novemberpogrome — **382**
7.3	Die „Polenaktion" und die Novemberpogrome in der Diskussion — **385**
7.4	Kriegsgefahr und Kriegsausbruch — **396**
7.4.1	Das Ende des jüdischen Pressezentrums — **403**
7.4.2	Die Flucht vor den Deutschen — **413**
7.4.3	Wiedersehen in Vilna — **419**
7.4.4	Dokumentation des Unrechts — **426**
7.4.5	Sterben, Überleben und Reorganisation im Exil — **431**
7.5	Zwischenfazit — **441**

8 Fazit — 443

9 Anhang — 457
9.1	Biogramme der wichtigsten Journalisten und Schriftsteller — **457**
9.2	Abkürzungsverzeichnis — **482**
9.3	Abbildungsverzeichnis — **484**

10 Quellen- und Literaturverzeichnis —— 485
10.1 Archive —— 485
10.2 Periodika —— 487
10.3 Bibliotheksbestände (Primärquellen) und online Datenbanken —— 487
10.4 Unveröffentlichte Arbeiten —— 488
10.5 Nachschlagewerke, Quelleneditionen, Bibliografien —— 488
10.6 Erinnerungen, Autobiografien, Tagebücher und veröffentlichte Quellen —— 489
10.7 Sekundärliteratur —— 493

Index —— 511

1 Einleitung

Im Juni 1933 kamen 46 Delegierte verschiedener jüdischer Hilfs- und Protestkomitees in der südpolnischen Stadt Katowice zusammen. Diese Komitees hatten sich bereits einige Monate zuvor in verschiedenen polnischen Städten gegründet, um gegen die Verfolgung von Juden im nationalsozialistischen Deutschland zu protestieren. Auf dem Treffen sprachen die Delegierten der lokalen Komitees über die gegenwärtige und zukünftige Funktion und Organisation der Komitees, die nunmehr seit etwas mehr als drei Monaten aktiv waren. Der Journalist Mark Turkow* (1904–1983) repräsentierte das Warschauer Hilfskomitee.[1] Turkow entstammte einer in Polen bekannten jüdischen Mittelschichtsfamilie aus Warschau, deren Mitglieder auf vielfältige Art in das jüdische Kulturleben der Stadt eingebunden waren.[2] Er selbst war ein populärer und angesehener Journalist, der seit 1922 Mitarbeiter des *Moment* (Der Moment),[3] der zweitältesten jiddischen Tageszeitung Warschaus, war. Im Sommer 1932 reiste er im Auftrag der Zeitung in die Freie Stadt Danzig (Gdańsk) und berichtete von dort über den anhaltenden Aufstieg der Nationalsozialisten und die Lage der jüdischen Bevölkerung der Stadt. Die Reportagen fanden großen Anklang unter den jüdischen Zeitungslesern.[4]

---

[1] Für alle Personen, die für diese Arbeit von besonderer Relevanz sind, befindet sich im Anhang ein ausführliches Biogramm. Das Sternchen (*) hinter dem Namen zeigt dies bei der Erstnennung an.

[2] Die Brüder Turkow waren Jonas, Zygmunt und Yitskhok Ber Turkow, die sich während der Zweiten Polnischen Republik alle erfolgreich als Theater- und Filmschauspieler, Drehbuchautoren und Übersetzer in der polnisch-jüdischen Theater- und Filmszene etablierten.

[3] Die Transliteration des Jiddischen folgt dem System des YIVO. Obwohl das Jiddische keine Groß- und Kleinschreibung kennt, werden der besseren Lesbarkeit halber jiddische Transkriptionen im Fließtext und in den Fußnoten an die Regeln der deutschen Grammatik zur Groß- und Kleinschreibung angepasst, also Satzbeginn, Eigen-, Personen- und Ortsnamen großgeschrieben. Zusätzlich orientiert sich die Transliteration an den Empfehlungen des Online-Journals *In geveb. A Journal of Yiddish Studies*, die von den Herausgebern 2019 gemeinsam mit dem YIVO-Institut erarbeitet wurden und die das YIVO-System ergänzen. So werden den Empfehlungen entsprechend auch stumme Buchstaben wie ה oder ע bei den Quellenangaben mittransliteriert. So wird beispielsweise das Wort מענטשען in dieser Arbeit nicht als *mentshn*, sondern als *mentshen* transliteriert. Die Logik dahinter folgt der Annahme, dass *mentshn* zwar gebräuchlicher ist, die Originalquelle aber bei dieser Schreibweise in Datenbanken weitaus schwieriger aufzufinden ist. Vgl. Bleaman, Isaac L.: „Guidelines for Yiddish in Bibliographies: A Supplement to YIVO Transliterations", *In geveb* (July 2019), https://ingeveb.org/pedagogy/guidelines-for-yiddish-in-bibliographies (abgerufen am: 8.12.2021).

[4] In der Arbeit wird das generische Maskulinum verwendet. Dennoch sind bei Gruppenbezeichnungen immer auch Frauen und Menschen anderer Geschlechter gleichermaßen mitgemeint. Die Entscheidung gegen das Gendern der deutschen Schriftsprache (Binnen-I, Unterstrich

Vermutlich deshalb wurden sie noch im selben Jahr ins Polnische übersetzt und in Form eines Buches herausgegeben.[5] Auch in den Jahren 1933 und 1934 besuchte Turkow verschiedene deutsche Städte wie Breslau (Wrocław) und Berlin und schickte von dort fast täglich Berichte und Reportagen über jüdisches Leben im Nationalsozialismus an seine Redaktion nach Warschau.[6] Nachdem er von einer seiner Deutschlandreisen im April 1933 zurückgekehrt war, wurde er 1933 zum Generalsekretär des *Fareynikter Komitet far di Pleytim fun Daytshland* (Vereinigtes Komitee für die Flüchtlinge aus Deutschland) in Warschau gewählt.[7] Schon vorher hatte er sich über Vorträge, in denen er von seinen Erlebnissen im nationalsozialistischen Deutschland berichtete, öffentlich gegen das westliche Nachbarland Polens positioniert.[8] In dem Bericht, den er in seiner Funktion als Generalsekretär auf der Konferenz in Katowice vor den Delegierten hielt, rechtfertigte er nicht nur die Arbeit des Warschauer Komitees der letzten Monate, sondern hob darin auch die wichtige Rolle der jüdischen Presse für die Protestbewegung hervor. Im Bericht hieß es:

---

oder Sternchen) hat primär einen inhaltlichen Grund. Da es sich bei der Untersuchungsgruppe, mit Ausnahme der Journalistin Rachel Auerbach, ausschließlich um männliche Protagonisten handelt, würde es die historische Realität verzerren, wenn beispielsweise immer von jüdischen Journalist_innen die Rede wäre. Ein Gendern mit Binnen-I, Sternchen, Doppelpunkt oder Unterstrich wäre zudem dazu geeignet, den Eindruck entstehen zu lassen, dass in den genannten gesellschaftlichen Situationen Menschen verschiedenen Geschlechts gleichberechtigt vertreten gewesen wären. Das waren sie jedoch in aller Regel nicht. Sowohl die Warschauer jiddische Tagespresse als auch die Welt des Journalismus insgesamt, das intellektuelle Milieu des jüdischen Warschaus und auch die Sphäre der Politik waren eindeutig und in deutlicher Weise männlich geprägt und von Männern dominiert. Sie waren androzentrisch und patriarchal. In den Redaktionsräumen, auf den Vereinstreffen und in den Büros der Agenturen waren Frauen oder auch Menschen anderen Geschlechts sogar häufig gänzlich abwesend. Zumindest deutet die Quellenlage mit Nachdruck darauf hin. Diese Tatsache soll hier nicht durch eine Repräsentation im Text, wo es sie in der Realität nur selten gab, verschleiert werden. Dennoch soll nicht verschwiegen werden, dass sich auch Frauen vereinzelt aktiv an der Protest- und Solidaritätsbewegung gegen das nationalsozialistische Deutschland beteiligten. Wenn Frauen sichtbar in Erscheinung traten und dadurch auch Quellen hinterlassen haben, werde ich aktiv darauf hinweisen.

5 Vgl. Turkow, Mark: Gdańsk na Wulkanie, Gdańsk 1932.
6 Vgl. die mehrteilige Reihe vom April 1933 unter dem Titel *Vos ikh hob gezen un gehert in Daytshland* (siehe z. B. 19. April 1933, S. 3.). Ausführlicher zu Mark Turkows Reisen siehe auch Kap. 5.
7 Anzeige: Marc Turkow dead at 79, in *JTA Daily News Bulletin*, 3. Mai 1983, S. 4.
8 Vgl. die Anzeige vom 5. März 1933 im *Moment* (S. 6) über eine Vorlesung im Saal der jüdischen Kunstgesellschaft in Warschau über „Die Wahrheit über die Lage der Juden in Deutschland". Für weitere Vorträge von Turkow vgl. Kap. 6 und 6.2.2.

> In Warschau hat sich ein parteiübergreifendes Komitee konstituiert, in dem alle politischen Richtungen und wirtschaftlichen Organisationen repräsentiert sind. [...] Vom ersten Moment an führt die jüdische Presse eine breit angelegte Propagandakampagne zu Gunsten von Flüchtlingen aus Deutschland durch.[9]

Das Treffen der 46 Delegierten sollte den Auftakt zu einer gemeinsamen, kontinuierlichen und systematischen Auseinandersetzung mit dem Themenkomplex Nationalsozialismus, Antisemitismus und Faschismus innerhalb der jüdischen Bevölkerung der Zweiten Polnischen Republik markieren. Jüdischen Redakteuren und Journalisten wie Mark Turkow aus Warschau kam innerhalb der sich formierenden Protestbewegung eine besondere Rolle zu, da sie innerhalb der Bewegung gleich mehrere Funktionen hatten: Zum einen waren sie Wissens- und Informationsträger, zum anderen fungierten sie als Initiatoren, Motoren und Motivatoren der Protestkampagne. Sie wollten die jüdischen Zeitungsleser dazu bringen, bei der Protestbewegung mitzumachen, indem sie an Demonstrationen teilnahmen, sich finanziell wie materiell an Spendenkampagnen zugunsten jüdischer Geflüchteter aus Deutschland beteiligten oder den Boykott deutscher Waren unterstützten. Den israelischen Historikern Nana Sagi und Malcolm Lowe zufolge war es auch die jüdische Presse Polens, die als erste überhaupt zu einer organisierten Protestkampagne aufrief, bevor jüdische Zeitungen in Westeuropa, den USA oder Palästina ihrem Beispiel später folgten.[10]

1.1 Thema, Fragestellung und Ziel der Arbeit

Während internationale jüdische und nichtjüdische Reaktionen auf den Aufstieg der Nationalsozialisten und die Etablierung des NS-Regimes in der Presse oder auf diplomatischer Ebene immer wieder Gegenstand historischer Forschung waren, stellen jüdische Reaktionen aus Ost- und Ostmitteleuropa in Hinblick auf diese Frage bis heute weitgehend ein Forschungsdesiderat dar.[11] Zwar konsta-

---

9 Archiwum Żydowski Instytut Historyczne, Warschau (AŻIH), Żydowskie Stowarzyszenia Krakowskie, Sig. 108/36, Protokoły konferencji delegatów żydowskiego Komitetu Niesienia Pomocy Uchodźcom z Niemiec, Katowice, 04. Juni 1933, S. 1–6, hier S. 2. Sofern nicht anders gekennzeichnet, stammen alle Übersetzungen fremdsprachiger Texte von der Autorin.
10 Vgl. Sagi, Nana und Malcolm Lowe: „Research Report: Pre-War Reactions to Nazi anti-Jewish Policies in the Jewish Press", *Yad Vashem Studies (YVS)* 13 (1979), S. 387–408, hier S. 403.
11 Auf diese Forschungslücke wiesen u. a. Ferenc Laczó und Joanna Nalewajko-Kulikov, die sich speziell auf die polnischen Juden bezieht, hin. Vgl. Laczó, Ferenc und Joachim von Puttkamer (Hrsg.): Introduction, in: *Catastrophe and Utopia. Jewish Intellectuals in Central and Eastern Europe in the 1930s and 1940s*, Berlin 2018, S. 1–12, hier S. 1; Nalewajko-Kulikov, Joanna: „When

tieren einige Forscher, dass es vielfältige Reaktionen auf und ein breites Wissen über die politischen und gesellschaftlichen Entwicklungen im nationalsozialistischen Deutschland unter Juden in Polen gab, die ihren Ausdruck wiederum primär in jüdischen Tageszeitungen fanden.[12] Jedoch wurden bisher weder die Ursprünge und die Bedeutung dieses akkumulierten Wissens selbst genauer untersucht, noch wurden die Wissensproduzenten, ihre Funktionen und ihre Rolle als Vermittler und Deuter von Wissen und Informationen innerhalb der jüdischen Bevölkerung Polens eingehend betrachtet. Unbeachtet blieben ferner Fragen nach den Auswirkungen innerhalb der jüdischen Community sowie den Außenwirkungen der jüdischen Reaktionen. Was machte die jüdische Community in Warschau mit dem zusammengetragenen und von den Journalisten aufbereitetem Wissen? Und wie wurden etwaige Protestaktionen gegen das nationalsozialistische Deutschland von anderen, insbesondere der polnischen und deutschen Regierung wahrgenommen und bewertet?

Die Geschichte, die sich anhand dieser Reaktionen schreiben lässt, ist äußerst vielschichtig und keinesfalls eine bloße Rezeptionsgeschichte. Sie erzählt von der Aneignung, Herstellung und Vermittlung von Wissen über die Grenzen von Staaten, Sprachen, institutionellen Räumen und Bevölkerungsgruppen hinweg, genauso wie von widerständigen Praxen, direktem Protest gegen staatliche Repression und Verfolgung in Deutschland und Polen sowie praktischer Solidarität mit den Opfern. Sie erzählt aber auch vom Abwarten und von Unsicherheit, von dem Versuch zu begreifen, zu deuten und zu analysieren und von der immer wiederkehrenden Frage nach der jeweiligen Selbstwahrnehmung und dem eigenen Platz in der Gesellschaft und der Welt.

All das, genau diese Geschichte, soll Gegenstand der vorliegenden Arbeit sein. In ihr soll dargelegt werden, wie die Zeitungsmacher der vornehmlich jiddischen Presse Warschaus mit den politischen Ereignissen in Deutschland und insbesondere mit der einsetzenden Verfolgung von Juden und politisch Andersdenkenden umgingen und wie sie darauf reagierten. Es wird erstens danach gefragt, wie und unter welchen Bedingungen die jüdischen Zeitungsmacher in Warschau arbeiteten und wie sie sich schließlich Zugang zu nichtstaatlichem, sub-

---

Goethe's Poetry Was Not Enough. Yehoshua Thon on Germany, Optimism and Anti-Semitism (1932–1933).", in: Galas, Michał und Shoshana Ronen (Hrsg.): *A Romantic Polish Jew. Rabbi Ozjasz Thon from Various Perspectives*, Kraków 2015, S. 95–106, hier S. 95. Auf das Fehlen jiddischer Stimmen in der Forschung über Pressereaktionen weist Rebecca Margolis hin: Margolis, Rebecca: „A Review of the Yiddish Media: Responses of the Jewish Immigrant Community in Canada", in: Klein, Ruth L. (Hrsg.): *Nazi Germany, Canadian Responses. Confronting Antisemitism in the Shadow of the War*, Montreal/Kingston 2012, S. 114–143, hier S. 115.

12 Zur Diskussion des Forschungsstands siehe ausführlich Kap. 1.2.

versivem Wissen aus Deutschland verschafften. Zweitens fragt die Arbeit nach den Inhalten des produzierten Wissens und drittens danach, wie, aus welchen Gründen und mit welchem Erfolg das produzierte Wissen in eine politische, widerständige Praxis umgewandelt wurde. Die Arbeit stellt also explizit keine klassische Diskursanalyse und auch keine bloße Rezeptionsgeschichte von Reaktionen auf einzelne antisemitische Maßnahmen oder Gesetzeserlasse im nationalsozialistischen Deutschland dar.

Indem der Fokus weg von den Zeitungen als Quellen hin zu den Zeitungsmachern als handelnden Personen verschoben und damit quasi hinter die Zeitung als reines Medium zur Übermittlung von Nachrichten geschaut wird, lassen sich jenseits des bloßen geschriebenen Wortes Fragen und Perspektiven aufzeigen, die Zugang zu den Akteuren und den Strukturen, in denen diese sich bewegten, gewähren, sowie Aussagen über die Wirkmächtigkeit der journalistischen Arbeit selbst treffen. Mit dieser Herangehensweise möchte die vorliegende Arbeit zu einem Paradigmenwechsel innerhalb der Holocaustforschung beitragen, der die Juden Polens nicht länger als monolithischen Block passiver Opfer der Nationalsozialisten betrachtet, sondern vielmehr ihren Stimmen und Perspektiven innerhalb der Historiografie des Holocaust einen zentralen Platz zuweist.[13] In dieser

---

[13] Dieser Ansatz wurde vornehmlich von frühen jüdischen Historikern, oft selbst jüdische Überlebende aus Osteuropa, nach 1945 formuliert und praktiziert, setzte sich aber – aus unterschiedlichen Gründen, die hier nicht aufgeführt werden können – in der Holocaustforschung nicht durch. Erst in den 1960er Jahren begannen sich vornehmlich israelische Forscher wieder mehr mit diesem Ansatz zu befassen, bis es schließlich mit Arbeiten von Saul Friedländer oder Christopher Browning in den 1990er Jahren zu einem langsamen Paradigmenwechsel in der internationalen Holocaustforschung kam, der eine jüdische Perspektive befürwortete. Durch eine Internationalisierung der Holocaustforschung und den Generationswechsel wird auch die deutsche Holocaustforschung zunehmend von diesem Perspektivwechsel beeinflusst, wofür die Arbeiten der Historikerinnen Susanne Heim oder Andrea Löw exemplarisch stehen können. Dan Michman und Boaz Cohen zufolge sei dieser Ansatz aber bei weitem noch nicht ausgereizt. Ausführlich zur Entwicklung der Historiografie des Holocaust und den Gründen, warum die jüdische Perspektive lange Zeit aus der Holocaustforschung „herausgeschrieben" wurde, vgl. den Artikel von Cohen, Boaz: „Jews, Jewish Studies and Holocaust Historiography", in: Dreyfus, Jean-Marc und Daniel Langton (Hrsg.): *Writing the Holocaust*, London 2010, S. 100–115; Michman, Dan: „Historiography on the Holocaust in Poland: An Outsider's View of its Place within Recent General Developments in Holocaust Historiography", in: Polonsky, Antony, Andrzej Żbikowski und Hanna Węgrzynek (Hrsg.): *New Directions in the History of the Jews in the Polish Lands*, Boston 2018, S. 386–401, hier S. 395–396. Zur allgemeinen Entwicklung der Holocaustforschung und zu den Trends vgl. Bajohr, Frank und Andrea Löw (Hrsg.): „Tendenzen und Probleme der neueren Holocaust-Forschung: Eine Einführung", in: *Der Holocaust. Ergebnisse und neue Fragen der Forschung*, Frankfurt am Main 2015, S. 9–30. Löw und Bajohr benennen u. a. die für diese Arbeit wichtigen Punkte der Verschiebung der Holocaustforschung in den Raum Osteuropa, die Not-

Arbeit werden sie daher als eigenständige aktive und heterogene Subjekte und Macher der Geschichte angesehen, die sowohl Wissen bereitstellten und Diskurse formten als auch oppositionelle Protest- und Hilfskampagnen organisierten und damit Antisemitismus in Polen und Deutschland im Rahmen ihrer Möglichkeiten aktiv bekämpften, während dieser auf ihr alltägliches Leben und ihre Arbeit einen immer stärker werdenden Einfluss ausübte.[14] Die Arbeit trägt ferner jüngsten Forderungen Rechnung, die anregen, die Jüdischen Studien und die Antisemitismusforschung wieder stärker mit der Holocaustforschung zusammenzuführen sowie die Trennung aufzuweichen, die seit Langem zwischen der Forschung zur Vorkriegszeit und jener zur Kriegszeit besteht.[15] Durch diese Herangehensweise soll eine Lücke in der Forschung zur jüdischen Geschichte Polens wie auch in der NS- und Holocaustforschung geschlossen werden. Einerseits kann so auf transnationale deutsch-polnische sowie innerjüdische Kontinuitätslinien vor und nach 1939 hingewiesen werden, und andererseits können die Befunde über das Verständnis polnischer Juden von Antisemitismus, Nationalsozialismus und Faschismus vor 1939, dabei helfen, die Handlungen polnischer Juden in Bezug auf Flucht und Widerstand in Anbetracht der deutschen Gewaltherrschaft zwischen 1939 und 1945 besser zu verstehen und diese eventuell in einem neuen Licht zu betrachten.[16]

Durch die Arbeit mit der jiddischen Presse verfolge ich ferner das Ziel, jiddische Quellen als Gegenstand der historischen Forschung innerhalb des Fachgebiets der Jüdischen Studien sowie der Holocaustforschung weiter aufzuwerten und sichtbar zu machen. Im Vergleich zur Forschung über jüdische Intellektuelle des 19. und 20. Jahrhunderts, die auf Deutsch, Hebräisch und in anderen europäischen Sprachen kommunizierten und publizierten, fällt die Forschung über

---

wendigkeit einer transnationalen Perspektive, die bislang nur ungenügend berücksichtigt wurde, und die Reintegration der jüdischen Perspektive.

14 Andrea Löw zufolge erschien die jüdische Bevölkerung Osteuropas besonders deutschen Historikern lange Zeit „als eine eher amorphe Opfermasse, die passiv erduldete, was geschah" – diese nahmen darüber hinaus frühe wissenschaftliche Untersuchungen, die auf Polnisch, Jiddisch oder Hebräisch verfasst worden waren, kaum wahr. Vgl. Löw, Andrea: „Handlungsspielräume und Reaktionen der jüdischen Bevölkerung in Ostmitteleuropa", in: Löw, Andrea und Frank Bajohr (Hrsg.): *Der Holocaust. Ergebnisse und neue Fragen der Forschung*, Frankfurt am Main 2015, S. 237–254, hier S. 237.

15 Vgl. Cohen: „Jews, Jewish Studies", S. 108–112.

16 Die Annahme folgt dem Vorschlag Dan Michmans, jüdische Reaktionen auf Verfolgung und Vernichtung zwischen 1933 und 1945 im Kontext einer größeren jüdischen Geschichte zu betrachten. Vgl. Michman, Dan: „Handeln und Erfahrung: Bewältigungsstrategien im Kontext der jüdischen Geschichte", in: Löw, Andrea und Frank Bajohr (Hrsg.): *Der Holocaust. Ergebnisse und neue Fragen der Forschung*, Frankfurt am Main 2015, S. 255–280.

diejenigen jüdischen Intellektuellen, die auf Jiddisch schrieben,¹⁷ bisher deutlich ab, obwohl Jiddisch die wohl wichtigste Sprache der osteuropäisch-jüdischen Diaspora in der Zwischenkriegszeit war. Viele polnisch-jüdische Intellektuelle, die sich zu den verschiedensten Themen auf Jiddisch äußerten, sind heute in Vergessenheit geraten, ihre Werke und Gedanken der Forschung und Öffentlichkeit oft gänzlich unbekannt. Ebenso fällt auf, dass zwar viele umfangreiche Studien über die Wahrnehmung ost- und ostmitteleuropäischer Juden durch Juden im Westen Europas existieren,¹⁸ über den umgekehrten Blickwinkel, also von Ost nach West, bisher aber kaum vergleichbare Untersuchungen vorliegen.¹⁹ In seinem Plädoyer über die Bedeutung jiddischer Quellen für Historiker der jüdischen

---

17 Dies gilt zum Teil auch für jüdische Intellektuelle, die auf Polnisch publizierten. Einige Studien, die einen biografischen oder kollektiv-biografischen Ansatz verfolgen, liegen aber vor und sollen an dieser Stelle exemplarisch genannt werden: Vgl. z. B.: Galas, Michał und Shoshana Ronen (Hrsg.): A Romantic Polish-Jew. Rabbi Ozjasz Thon from Various Perspectives, Krakau 2015; Gotzen-Dold, Maria: Mojżesz Schorr und Majer Bałaban. Polnisch-jüdische Historiker der Zwischenkriegszeit (= Schriften des Simon-Dubnow-Institut, Bd. 20), Göttingen 2014.
18 Die Literatur zu diesem Themenbereich ist sehr umfangreich. Vgl. z. B. Aschheim, Steven: Brothers and Strangers. The East European Jew in German and German Jewish Consciousness, 1800–1923, Madison 1982; Weiss, Yfaat: „‚Wir Westjuden haben jüdisches Stammesbewusstsein, die Ostjuden jüdisches Volksbewusstsein.' Der deutsch-jüdische Blick auf das polnische Judentum in den beiden ersten Jahrzehnten des 20. Jahrhunderts", *Archiv für Sozialgeschichte* 37 (1997), S. 157–178; Weiss, Yfaat: Deutsche und polnische Juden vor dem Holocaust. Jüdische Identität zwischen Staatsbürgerschaft und Ethnizität 1933–1940, München 2000; Bayerdörfer, Hans-Peter: „Das Bild des Ostjuden in der deutschen Literatur", in: Strauss, H. A. und Chr. Hoffmann (Hrsg.): *Juden und Judentum in der Literatur*, München 1985, S. 211–236; Herzog, Andreas: „Zum Bild des ‚Ostjudentums' in der ‚westjüdischen' Publizistik der ersten Jahrzehnte des 20. Jahrhunderts", in: Forschungsstelle Judentum. Theologische Fakultät Leipzig (Hrsg.): *Mitteilungen und Beiträge der Forschungsstelle Judentum*, Leipzig 1998, S. 26–49.
19 Dies liegt vermutlich in der Kontinuität bestimmter Wissenschaftstraditionen in Polen, Deutschland, Israel und den Vereinigten Staaten begründet. Für die deutschsprachige Forschung wies Anne-Christin Saß darauf hin, dass es insbesondere deutsche Historiker waren, die sich von den Diskursen der Vorkriegszeit beeinflussen ließen und davon (un)bewusst ihr Erkenntnisinteresse haben leiten lassen, indem sie die osteuropäisch-jüdischen Migranten vornehmlich aus der Perspektive der nichtjüdischen Mehrheitsgesellschaft sowie der deutschen Juden heraus untersucht hätten. Vgl. Saß, Anne-Christin: Berliner Luftmenschen. Osteuropäisch-jüdische Migranten in der Weimarer Republik (= Charlottengrad und Scheunenviertel, Bd. 2), Göttingen 2012, S. 10–11; Steffen, Katrin: „Zur Europäizität der Geschichte der Juden im östlichen Europa", Themenportal Europäische Geschichte, 2006, http://www.europa.clio-online.de/Portals/_Europa/documents/spt/Steffen_Europaeizitaet_der_Geschichte_2006.pdf (abgerufen am: 21.06.2020); Maksymiak, Małgorzata A.: Mental Maps im Zionismus. Ost und West in Konzepten einer jüdischen Nation vor 1914, Bremen 2015, S. VI–VII; Sorkin, David: „Beyond the East-West Divide: Rethinking the Narrative of the Jews' Political Status in Europe, 1600–1750", *Jewish History* 24 (2010), S. 247–265.

Geschichte argumentiert der Historiker Gerben Zaagsma, dass die reiche und diverse Geschichte der europäischen Juden aber nur dann verstanden werden kann, wenn jiddische Quellen berücksichtigt werden, da ohne sie jeder Blick auf die jüdische Geschichte Europas verzerrt wäre.[20] Dieser Einschätzung schließe ich mich an.

Im Zentrum der Arbeit stehen die jiddische Presse Warschaus und ihre Macher. Die Wahl auf Warschau fiel aus mehreren Gründen: Erstens war Warschau in der Zeit der Zweiten Polnischen Republik das politische und kulturelle Zentrum der polnischen Juden und damit auch das Zentrum der jüdischen Presse. Zweitens war die Stadt als Hauptstadt der Zweiten Polnischen Republik ebenso das Zentrum der polnischen Gesellschaft als ganzer. Hier wurde die Politik der polnischen Regierung gemacht und hier fand auch ein Großteil der deutsch-polnischen Diplomatie statt. Drittens lag Warschau relativ nahe an der deutsch-polnischen Grenze, die mit dem Zug in nur wenigen Stunden erreichbar war, was zu einem intensiven Austausch zwischen jüdischen Intellektuellen in Berlin und zum Teil auch anderen deutschen Städten führte und sich viertens aus diesem Grund auch in einem ausgesprochen großen Interesse an den politischen Entwicklungen im westlichen Nachbarland abzeichnete.

In der vorliegenden Studie werden die Jahre 1930 bis 1941 betrachtet, wobei auf den Jahren 1933/34 sowie 1938/39 ein inhaltlicher Schwerpunkt liegt. Das rührt vor allem daher, dass in diesen Jahren mit Machtübertragung und einsetzender Verfolgung, Gleichschaltung und der Einführung antijüdischer Gesetze einerseits, beziehungsweise der sogenannten Polenaktion, den Novemberpogromen[21] und dem Überfall auf Polen im September 1939 andererseits eine für die

---

20 Vgl. Zaagsma, Gerben: „Yiddish in Historical Research: Some Reflections", *European Judaism* 42 (2009), S. 19–23, hier S. 19–20.

21 Der Begriff der Novemberpogrome als Sammelbezeichnung für die gegen Juden gerichteten körperlichen Angriffe, Überfälle und Ausschreitungen am 9. und 10. November 1938 wurde jüngst von François Guesnet und Ulrich Baumann infrage gestellt, da er irreführend sei und nicht der historischen Realität entspräche. Sie plädieren stattdessen dafür, den Aspekt des Terrors stärker herauszustellen und Begrifflichkeiten wie „November terror", „anti-Jewish terror" oder „state terror" zu verwenden. Sie argumentieren, dass durch den Begriff des Terrors die staatlich-organisierten Hintergründe der Angriffe stärker betont bzw. überhaupt erst deutlich würden. Außerdem könnten ferner die Tage des 11. und 12. Novembers 1938, an denen es zu weiteren Übergriffen kam, miteingeschlossen werden. Dieser Argumentation ist vollumfänglich zuzustimmen. Gleichwohl bezieht sich ihre Intervention in erster Linie auf den englischsprachigen Diskurs, in dem noch immer überwiegend der stark nationalsozialistisch gefärbte Begriff „Kristallnacht" verwendet wird. Die deutschsprachige Debatte ist hier bereits erheblich weiter. Der Begriff „Novemberpogrome" vermeidet nationalsozialistischen Jargon, bedeutet eine Vielgestaltigkeit und Pluralität der Ereignisse und ist zeitlich nicht auf eine einzige Nacht begrenzt. Zwar trifft es zu, dass der Begriff organisiertes staatliches Handeln nicht klar benennt, es lässt sich jedoch auch

hier bearbeiteten Fragen besonders hohe Ereignisdichte vorliegt, auf die es wiederum eine besonders hohe Zahl an Reaktionen gegeben hat, was sich nachhaltig positiv auf Anzahl und Qualität der Quellen auswirkt. Den Schlusspunkt der Arbeit bilden die Jahre 1940/1941. Mit dem Einmarsch der deutschen Truppen in Polen im September 1939 endete zwar die Geschichte der jüdischen Presse im Sinne eines einflussreichen Massenphänomens schlagartig, allerdings gingen das Leben und die Arbeit der meisten jüdischen Zeitungsmacher über den September des Jahres 1939 hinaus weiter. Ihre Lebenswege sowie ihre publizistischen und politischen Aktivitäten bis zum Jahr 1940 und zum Teil darüber hinaus, stehen am Schluss der Arbeit. Die Entscheidung, nicht mehr die gesamte Kriegs- und Nachkriegszeit zu behandeln, hängt damit zusammen, dass zwischen 1940 und 1941 die Mehrheit der jüdischen Redakteure und Journalisten der jüdischen Tageszeitungen Warschaus sich auf der Flucht nach Palästina, in die Vereinigten Staaten oder nach Lateinamerika befand oder bereits unter der deutschen beziehungsweise sowjetischen Besatzung den Tod gefunden hatte. Das Schaffen und Wirken der überlebenden jüdischen Zeitungsmacher aus Warschau aber fand nach ihrer Flucht in einem gänzlich veränderten Kontext statt, was einer ganz eigenen Forschung bedarf, die hier nur in einigen Grundzügen skizziert werden kann.

1.2 Relevanz und Forschungsstand

An dieser Stelle werden die Grundlinien der Erforschung der Geschichte der Juden in der Zweiten Polnischen Republik und des Holocaust kurz skizziert sowie im Spezifischen auf die Forschung zur jüdischen Presse und zu den jüdischen Reaktionen auf den Nationalsozialismus eingegangen.[22]

---

nicht von der Hand weisen, dass er nach Jahrzehnten kritischer Intervention heute zum allgemein anerkannten Terminus für die Geschehnisse geworden ist. Ein Begriff wie beispielsweise Novemberterror wäre für Leser, die mit der Kritik von Guesnet und Baumann nicht vertraut sind, nicht unmittelbar verständlich, was meiner Zielsetzung, auch über die geschichtswissenschaftliche Fachöffentlichkeit hinaus zu wirken, entgegenstehen würde. Ich habe mich daher entschieden trotz allem von Novemberpogromen zu sprechen, das organisierte staatliche Handeln jedoch an entsprechender Stelle explizit zu benennen. Vgl. Guesnet, François und Ulrich Baumann: „Kristallnacht – Pogrom – State Terror: A Terminological Reflection", *The Jewish Role in American Life, Annual Review* 17 (2019), S. 1–24.
22 Für den ersten Teil wurde sich u. a. auf Arbeiten von Klaus-Peter Friedrich und Katrin Steffen gestützt. Vgl. Friedrich, Klaus-Peter: „Juden und jüdisch-polnische Beziehungen in der Zweiten Polnischen Republik (1918–1939)", *Zeitschrift für Ostmitteleuropa-Forschung* 46 (1997), S. 535–560; Steffen, Katrin: Jüdische Polonität. Ethnizität und Nation im Spiegel der polnischsprachigen jüdischen Presse 1918–1939, Göttingen 2004, S. 43–47.

1.2.1 Forschung zur polnisch-jüdischen Geschichte der Zweiten Polnischen Republik und dem Holocaust

Die Geschichte der jüdischen Community Polens wurde nach dem Zweiten Weltkrieg insbesondere durch die Mitarbeiter des Jüdischen Historischen Instituts (Żydowski Instytut Historyczny, ŻIH) in Warschau erforscht.[23] Die meisten sonstigen wissenschaftlichen Abhandlungen zu diesem Thema erschienen außerhalb Polens.[24]

Ein näherer Blick auf diese frühen wissenschaftlichen Publikationen zeigt, dass sich die internationale wissenschaftliche Community besonders auf die Rekonstruktion und Deutung der jüdischen politischen Strukturen und ihrer Akteure sowie der dazugehörigen Organisationen und Parteien konzentrierte.[25] Weitere inhaltliche Schwerpunkte lagen auf den komplexen und vielschichtigen polnisch-jüdischen Beziehungen sowie auf dem Versuch, die Auswirkungen des wachsenden Antisemitismus innerhalb der polnischen Gesellschaft zu verstehen und nachvollziehen zu können. Ezra Mendelsohn zufolge hat sich dabei jedoch eine eher traditionelle, national-jüdische und zionistische Geschichtsschreibung durchgesetzt.[26] Die ältere Forschergeneration beschrieb Polen vornehmlich als

---

23 Das Institut, das bereits 1947 aus der Zentralen Jüdischen Historikerkommission (*Centralna Żydowska Komisja Historyczna*) heraus entstanden war und bis heute existiert, verschrieb sich von Beginn an der Erforschung und der Dokumentation jüdischen Lebens in Polen sowie den Verbrechen der Shoah aus einer dezidiert jüdischen Perspektive. Damit war das ŻIH zugleich die einzige explizit jüdische Forschungseinrichtung im Nachkriegspolen, die von ihrer jeweiligen Gründung bis zum Jahr 1989 Bestand hatte. Mit seinen Forschungen knüpfte es bewusst an eine osteuropäisch-jüdische Wissenschaftstradition an, die sich auf das 1925 in Berlin und Vilna gegründete YIVO-Institut zurückführen lässt. Die Ergebnisse der Forschung wurden und werden seit 1947 in einer institutseigenen Reihe veröffentlicht, die seit 2000 unter dem Namen *Kwartalnik Historii Żydów/Jewish History Quarterly* erscheint. Der Historiker Stephan Stach arbeitet inzwischen seit mehreren Jahren zur Geschichte des ŻIH und hat dazu bereits einige Artikel publiziert. Vgl. Stach, Stephan: „'The Spirit of the Time left its Stamp on these Works': Writing the History of the Shoah at the Jewish Historical Institute in Stalinist Poland", in *Remembrance and Solidarity – Studies in 20th Century European History* 5 (2016), S. 185–212.
24 Repräsentative Beispiele für diese Entwicklung sind die seit 1973 an der Universität Tel Aviv auf Hebräisch und Englisch herausgegebene Zeitschrift *Gal-Ed. On the History of Jews in Poland* sowie die Zeitschrift *Polin. Studies in Polish Jewry*, die seit 1986 vom Institut für polnisch-jüdische Studien in Oxford publiziert wird.
25 Vgl. Friedrich: „Juden und jüdisch-polnische Beziehungen", S. 169, Fn. 30.
26 Vgl. Mendelsohn, Ezra: „Jewish Historiography in Polish Jewry in the Interwar Period", *Polin. Studies in Polish Jewry (Polin)* 8 (1994), S. 3–13.

„an extremely, perhaps even uniquely, antisemitic country"[27] und hat damit, wie Katrin Steffen schreibt, zumindest implizit die Behauptung aufgestellt, die Zweite Polnische Republik habe wie eine Art „Vorbereitung auf die Shoah gewirkt".[28] Bis heute ist Celia Stopnicka Hellers Buch *On the Edge of Destruction* das klassische Beispiel für diese Haltung.[29] Hinzu kam, dass den Arbeiten hinsichtlich der Beantwortung der Frage nach den jüdischen Reaktionen auf den wachsenden Antisemitismus häufig ein moralischer Impetus eingeschrieben war, der den polnischen Juden, insbesondere der jüdischen Intelligenz, vorwarf, sie hätten im Angesicht der kommenden Gefahren versagt, weil sie sich nicht auf eine geeinte Führung haben einigen können und dadurch die jüdische Bevölkerung Polens quasi im Stich gelassen hätten.[30]

Neben dem Fokus auf Antisemitismus innerhalb der polnischen Mehrheitsgesellschaft lag ein weiterer Schwerpunkt auf der Darstellung des florierenden kulturellen und politischen jüdischen Lebens innerhalb einer extrem antisemitischen Umgebung, wobei vornehmlich zionistische Gruppierungen und Institutionen erforscht wurden. Das führte dazu, dass andere politische oder gesellschaftliche Strömungen und Gruppen, wie das assimilatorische Lager,[31] der

---

27 Brykczynski, Paul: Primed for Violence. Murder, Antisemitism and Democratic Politics in Interwar Poland, Wisconsin 2016, S. 169, Fn. 30.
28 Vgl. Steffen: Jüdische Polonität, S. 43.
29 Vgl. Heller, Celia S.: On the Edge of Destruction: Jews of Poland between the Two World Wars, Detroit 1994. Ezra Mendelsohn machte zudem darauf aufmerksam, dass der in Polen auftretende Antisemitismus mit dem sich in Deutschland radikalisierenden Antisemitismus in den 1930er Jahren von zeitgenössischen jüdischen Augenzeugen und Überlebenden häufig als gleichgestellt angesehen wurde. Durch diese Sichtweise hätten einige jüdische Wissenschaftler und Zeitzeugen eine Art von Verbindung zwischen den konfliktreichen polnisch-jüdischen Beziehungen und dem späteren Massenmord an den europäischen Juden durch die Nationalsozialisten gezogen, der zum größten Teil auf polnischem Boden aus- und durchgeführt wurde. Vgl. Mendelsohn: „Jewish Historiography in Polish Jewry", S. 4; Steffen: Jüdische Polonität, S. 44.
30 Dies galt nicht nur für die Forschung über polnische Juden. Über innerjüdische Debatten und jüdisch-moralische Fragen in der Entwicklung der Holocaustforschung vgl. Cohen: „Jews, Jewish Studies", S. 102–103. Für den polnischen Kontext ist das Buch von Emanuel Melzer trotz seiner Bedeutung für die Forschung ein gutes Beispiel für den moralischen Impetus. Vgl. Melzer, Emanuel: No Way Out: The Politics of Polish Jewry, 1935–1939, Ohio 1997 und die ausführliche Buchbesprechung von Bacon, Gershon C.: „Review of Emanuel Melzer, No Way Out: The Politics of Polish Jewry 1935–1939", *The Jewish Quarterly Review* XCII/1–2 (2001), S. 175–179, hier S. 179.
31 In dieser Arbeit wird mit dem Begriff der Assimilation statt mit dem der Akkulturation gearbeitet. Wie Till van Rahden nachzeichnet, gab und gibt es wechselseitige Kritik an beiden Begriffen. Beide wurden zu verschiedenenen Zeitpunkten unterschiedlich gedeutet und verstanden. Während sich in der deutsch- und auch der englischsprachigen Forschung seit den 1980er Jahren das Konzept der Akkulturation durchsetzte, wurde der Begriff der Assimilation um die Jahrtausendwende von Historikern wie Steven E. Aschheim reevaluiert und erneut in die Forschungs-

Bundismus, jüdische Kommunisten und schließlich auch orthodoxe Gruppen, wie die sehr starke und einflussreiche *Agudat Yisroel*, lange vernachlässigt wurden.[32] Parallel zur Herausbildung eines eigenen Wissenschaftszweiges zur Erforschung der Geschichte der Juden in der Zweiten Polnischen Republik bildete sich bereits während des Krieges und verstärkt nach 1945 eine jüdische Erinnerungskultur und Forschung[33] heraus, zu der es gehörte, vermehrt Memoiren in jiddischer, polnischer oder hebräischer Sprache zu publizieren, die von Überlebenden der Shoah, aber auch von Juden geschrieben wurden, die Polen noch vor Ausbruch des Krieges verlassen hatten.[34] Mitte der 1980er Jahre stellte eine jüngere Forschergeneration die Perspektiven der älteren Wissenschaftler zunehmend infrage und revidierte viele der bisherigen Annahmen. Historiker wie Jerzy Tomaszewski, Joseph Marcus, Ezra Mendelsohn und Norman Davies wiesen darauf hin, dass die polnisch-jüdischen Beziehungen komplexer und vielschichtiger waren, als es die Forscher der Kriegsgeneration suggeriert hatten.[35] Im Zuge dieses Trends began-

---

diskussion über die Geschichte der deutschen Juden eingebracht. Aus meiner Sicht läuft man mit dem Begriff der Akkulturation im Kontext des Themas dieser Arbeit Gefahr, ein Maß an Freiwilligkeit zu suggerieren, das es so bei aller Multiethnizität und Multikulturalität in der Realität der Zweiten Polnischen Republik nicht gegeben hat, weil die Gesellschaft doch klar und eindeutig von ethnischen Polen, ihrer Sprache, Kultur und Religion dominiert wurde. In diesem Sine erscheint mir der Begriff der Akkulturation durchaus geeignet, hier ein systematisches Machtverhältnis zu verschleiern. Wie auch bei van Rahden beschrieben verstehe ich Assimilation ferner nicht als einen linearen und einseitigen Prozess, sondern vielmehr als einen sich stetig verändernden, komplexen und vielschichtigen gesellschaftlichen Zusammenhang. Vgl. van Rahden, Till: Verrat, Schicksal oder Chance: Lesarten des Assimilationsbegriffes in der Historiographie zur Geschichte der deutschen Juden, *Historische Anthropologie* 13 (2005), S. 245–264.

32 Auf diesen Umstand weisen gleich mehrere Forscher hin. Vgl. z. B. Steffen: Jüdische Polonität, S. 44; Wolff, Frank: „Historiography on the General Jewish Labor Bund. Traditions, Tendencies and Expectations", *MEDAON – Magazin für jüdisches Leben in Forschung und Bildung (MEDAON)* 3/4 (2009), S. 1–12, hier S. 4.

33 Dabei handelte es sich um die Etablierung der sogenannten *Khurbn*-Forschung, die von jüdischen Überlebenden aus Ost- und Ostmitteleuropa, oftmals aus Polen stammend, nach dem Krieg begründet wurde. Vgl. dazu ausführlich Jockusch, Laura: Collect and Record! Jewish Holocaust Documentation in Early Postwar Europe, Oxford 2012.

34 Exemplarisch dafür kann die umfangreiche Memoraldik vom *Bund* für die Zeit nach 1945 stehen, die Frank Wolff zusammengetragen hat. Vgl. Wolff, Frank: Neue Welten in der Neuen Welt: Die transnationale Geschichte des Allgemeinen Jüdischen Arbeiterbundes, 1897–1947, Köln/Weimar/Wien 2014, S. 479–551.

35 Vgl. Steffen: Jüdische Polonität, S. 44. Zu diesen Arbeiten zählen z. B. die Monografie von Marcus, Joseph: Social and Political History of the Jews in Poland, 1919–1939, Berlin/New York 1983; Tomaszewski, Jerzy: Zarys dziejów Żydów w Polsce w latach 1918–1939, Warszawa 1990.

nen auch vermehrt nichtjüdische Historiker in Polen, sich dem polnisch-jüdischen Verhältnis anzunähern und dieses aufzuarbeiten.³⁶

In den letzten drei Dekaden intensivierte sich die Forschung zur polnisch-jüdischen Geschichte und trug damit wesentlich zu einer weitgehenden Entmythologisierung dieser bei.³⁷ Die Zahl von Studien über die polnisch-jüdischen Beziehungen zwischen 1918 und 1939 und die Verfasstheit der jüdischen Bevölkerung Polens in Bezug auf unterschiedliche Geschlechter, Generationen sowie politische, religiöse oder kulturelle Zugehörigkeiten wächst stetig.³⁸ Dennoch bestehen der polnischen Historikerin Anna Landau-Czajka zufolge noch immer große Forschungslücken, sodass bis heute einige Themen wenig bis gar nicht angerührt worden sind.³⁹ Gleiches lässt sich über die polnische Forschung zum Holocaust sagen. Auch diese hat sich beeindruckend entwickelt und seit dem Zusammenbruch des Warschauer Pakts zahlreiche sehr gute Studien hervorgebracht.⁴⁰ Dan Michman zufolge gibt es dennoch Anlass zur solidarischen Kritik: Auch wenn Polen das Land Ost- und Ostmitteleuropas war und ist, in dem seit den ausgehenden 1980er Jahren die umfangreichste Forschung und die kritischste öffentliche Auseinandersetzung über die Zeit des Holocaust stattgefunden hat,⁴¹ habe dies doch dazu geführt, dass sich polnische Historiker bis heute primär auf Polen fokussieren und sich nur wenig in universellere Debatten innerhalb der Holocaust-Studien einbringen.⁴² Diese Beobachtung führte Daniel Blatman noch

---

36 Klaus-Peter Friedrich weist darauf hin, dass der Auslöser dafür, sich mit der polnisch-jüdischen Vergangenheit zu befassen, nicht nur von der Geschichtswissenschaft selbst ausging. Einen wesentlichen Anteil daran trugen auch polnische Intellektuelle wie der Literaturwissenschaftler und Publizist Jan Józef Lipski bei. Vgl. Friedrich: „Juden und jüdisch-polnische Beziehungen", S. 539.
37 Vgl. Steffen: Jüdische Polonität, S. 45.
38 Vgl. z. B. die jüngeren Publikationen von Nalewajko-Kulikov, Joanna: Obywatel Jidyszlandu. Rzecz o żydowskich komunistach w Polsce, Warszawa 2009; Kozłowska, Magdalena: Świetlana Przyszłość? Żydowski Związek Młodzieżowy Cukunft Wobec Wyzwań Międzywojennej Polski, Kraków/Budapeszt 2016; Kijek, Kamil: Dzieci modernizmu. Świadomość, kultura i socjalizacja polityczna młodzieży żydowskiej w II Rzeczypospolitej, Wrocław 2017; Moss, Kenneth B.: An Unchosen People. Jewish Political Reckoning in Interwar Poland, Cambridge/London 2021.
39 Vgl. Landau-Czajka, Anna: Polska to nie oni. Polska i Polacy w polskojęzycznej prasie w żydowskiej II Rzeczypospolitej, Warszawa 2015, S. 7.
40 Neuere Forschungsergebnisse zur Geschichte des Holocaust finden ihren Niederschlag in Polen in der wissenschaftlichen Reihe *Zagłada Żydów. Studia i Materiały Pismo Centrum Badań nad Zagładą Żydów*, die seit 2005 in Warschau herausgegeben wird.
41 Exemplarisch dafür ist die öffentlich geführte Debatte um die Veröffentlichung des Buches von Jan Tomasz Gross im Jahr 2001 über das Massaker von Jedwabne im Sommer 1941, an der sich eine große Zahl ethnischer Polen beteiligte.
42 Vgl. Michman: „Historiography on the Holocaust", S. 395.

weiter aus und argumentierte, dass es nicht falsch wäre, zu behaupten, dass die polnische Historiografie der letzten zwei Dekaden primär eine Geschichte der Behandlung von Juden durch ihre polnischen Nachbarn geschrieben, dabei aber die größeren Dimensionen des Holocaust, die über das nationalstaatliche Paradigma hinausgehen, vernachlässigt habe.[43]

1.2.2 Jüdische Presse und Reaktionen auf den Nationalsozialismus

Internationale Pressereaktionen auf die Verfolgung von Juden zwischen 1933 und 1945, insbesondere jene aus britischen und amerikanischen Zeitungen, haben seit den frühen 1960er Jahren in zunehmendem Maße das Interesse von Wissenschaftlern geweckt.[44] Auch in Polen wurde in kleineren und größeren Studien der Frage nachgegangen, wie die polnische Presse auf die nationalsozialistische Politik blickte, wobei im Fokus der Forschung primär Publikationen des nationaldemokratischen Lagers standen.[45] Dennoch weisen Historiker wie Stephanie Seul

---

[43] Vgl. Blatman, Daniel: „Beyond National Identities: New Challenges in Writing the History of the Holocaust in Poland and Israel", in: Polonsky, Antony, Hanna Węgrzynek und Andrzej Żbikowski (Hrsg.): *New Directions in the History of the Jews in the Polish Lands*, Boston 2018, S. 423–441, hier S. 434.

[44] Das jüngste Beispiel für eine westzentrierte Forschung ist der Sammelband *Violence, Memory, and History: Western Perceptions of Kristallnacht* von 2015. Vgl. McCullough, Collin und Nathan Wilson (Hrsg.): Violence, Memory, and History: Western Perceptions of Kristallnacht, New York 2015. Siehe außerdem die Arbeiten von Sharf, Andrew: The British Press and the Jews under Nazi Rule, Oxford 1964; Ross, Robert W.: So it was True. The American Protestant Press and the Nazi Persecution of the Jews, Minneapolis 1980; Lipstadt, Deborah E.: Beyond Belief. The American Press and the Coming of the Holocaust, 1933–1945, New York 1986; Arad, Gulie Ne'eman: America, Its Jews, and the Rise of Nazism, Bloomington 2000; Shapiro, Robert Moses (Hrsg.): Why Didn't the Press Shout? American & International Journalism during the Holocaust, Jersey City 2003; Leff, Laurel: Buried by the Times: The Holocaust and America's most important Newspaper, New York 2005; Seul, Stephanie: „The Representation of the Holocaust in the British Propaganda Campaign Directed at the German Public, 1938–1945", *Leo Baeck Institute Year Book (LBIY)* 52 (2007), S. 267–306.

[45] Vgl. Kotowski, Albert S.: Hitlers Bewegung im Urteil der polnischen Nationaldemokratie, Wiesbaden 2000; Landau-Czajka, Anna: „Polish Press Reporting About the Nazi Germans' Anti-Jewish Policy, 1933–39", in: Shapiro, Robert Moses (Hrsg.): *Why didn't the Press Shout? American & International Journalism during the Holocaust*, Jersey City 2003, S. 411–428; Niemunis, Jolanta: „Stronnictwo Narodowe wobec hitleryzmu jako prądu ideowo-politycznego w latach 1933–1939", *Gdańskie Zeszyty Humanistyczne* 10 (1967), S. 99–122; Wapiński, Roman: „Endecja wobec Hitleryzmu i III Rzeszy", in: Czubiński, Antoni (Hrsg.): *Polska – Niemcy – Europa. Studia z dziejów myśli politycznej i stosunków między narododowych*, Poznań 1977, S. 531–543; Grünberg, Karol:

oder Yosef Gorny, die sich in ihrer wissenschaftlichen Arbeit unter anderem mit jüdischen Pressereaktionen befassen, darauf hin, dass gerade die Reaktionen der jüdischen und speziell der jiddischen Presse auf den Antisemitismus der Weimarer Republik einerseits und auf Verfolgung und Massenvernichtung in den Jahren ab 1933 andererseits nur ansatzweise erforscht sind.[46] Diese Aussage erweist sich insbesondere für die vielfältige polnisch-jüdische Presse der Zweiten Polnischen Republik als zutreffend, die erst seit wenigen Jahren vermehrt Gegenstand wissenschaftlicher Forschungen geworden ist, wie die polnische Historikerin Joanna Nalewajko-Kulikov 2012 anmerkte.[47] Schon allein aufgrund der Bedeutung, welche die jüdische Presse Polens im alltäglichen Leben der dortigen Juden spielte, so argumentierte Daniel Grinberg, sollten Historiker keine besondere Rechtfertigung benötigen, um sich gezielt mit der jüdischen Presse Polens zu beschäftigen.[48] Ganz im Gegenteil ist es seiner Meinung nach vielmehr erstaunlich, dass bis weit in die 1980er Jahre hinein keine ausführliche Monografie und auch keine kleineren Einzelfallstudien zu ausgewählten Publikationen vorlagen. Jahrzehntelang waren die Arbeiten des wissenschaftlichen Mitarbeiters des ŻIH Marian Fuks fast die einzigen, die sich der Erforschung der jüdischen Presse Polens widmeten.[49] Der Historiker legte 1987 außerdem die erste Monografie zur

---

„The Atrocities against the Jews in the Third Reich as seen by the National-Democratic Press (1933–1938)", *Polin* 5 (1990), S. 103–113.
46 Vgl. Gorny, Yosef: The Jewish Press and the Holocaust, 1939–1945. Palestine, Britain, the United States, and the Soviet Union, New York 2012, S. 2; Seul, Stephanie: „Rezension, Yosef Gorny: The Jewish Press and the Holocaust, 1939–1945. Besprochen von Stephanie Seul", *MEDAON* 7/12 (2013), S. 1–4, http://www.medaon.de/pdf/MEDAON_12_Seul.pdf (abgerufen am: 21.06.2020). An dieser Stelle sollen jedoch einige Arbeiten der letzten Jahre genannt werden: Bendet-Nowatzky, Ilana: „Nazi Germany's War Threat as depicted by the Hebrew Press in Palestine, 1933–1939", in: Lappin, Eleonore und Michael Nagel (Hrsg.): *Dokumente, Darstellungen, Wechselbeziehungen*, Bd. 2, Deutsch-jüdische Presse und jüdische Geschichte, Bremen 2008, S. 179–189; Miron, Guy: The Waning of Emancipation. Jewish History, Memory, and the Rise of Fascism in Germany, France, and Hungary, Detroit 2011; Brumberg, Abraham: „Towards the Final Solution: Perceptions of Hitler and Nazism in the US Left-of-Center Yiddish Press, 1930–1939", in: Shapiro, Robert Moses (Hrsg.): *Why didn't the Press Shout? American & International Journalism during the Holocaust*, Jersey City 2003, S. 17–39; Margolis: „A Review of the Yiddish Media".
47 Vgl. Nalewajko-Kulikov, Joanna: „Prasa żydowska na ziemiach polskich: historia, stan badań, perspektywy badawcze", in: Bąbiak, Grzegorz P., Agnieszka J. Cieślikowa und Joanna Nalewajko-Kulikov (Hrsg.): *Studia z dziejów trójjęzycznej prasy żydowskiej na ziemiach polskich (XIX–XX w.)*, Warszawa 2012, S. 7–30, hier S. 25.
48 Grinberg, Daniel: „The Polish-Language Jewish Press and Events in the Third Reich, 1933–1939", in: Shapiro, Robert Moses (Hrsg.): *Why didn't the Press Shout? American & International Journalism during the Holocaust*, Jersey City 2003, S. 429–446, hier S. 430.
49 Eine Auflistung aller veröffentlichten Artikel und Bibliografien von Marian Fuks findet sich bei Kolasa, Władysław Marek und Joanna Nalewajko-Kulikov: „Bibliografia opracowań prasy

jüdischen Presse Warschaus vor.⁵⁰ Das Buch gibt einen systematischen Überblick über die verschiedenen jüdischen Zeitungen und Zeitschriften einschließlich ihrer Profile, Laufzeiten und Sprachen und gilt bis heute zurecht als Standardwerk. Daneben existieren einige Artikel und „laborhaft präparierte Listen von Titeln, die vermutlich noch immer unvollständig sind".⁵¹ Von einigen Erinnerungsberichten von Überlebenden⁵² sowie einzelnen kleineren Studien und Überblicksdarstellungen⁵³ einmal abgesehen, legte knapp 24 Jahre später der israelische Historiker Nathan Cohen eine zweite Pionierstudie zu diesem Thema vor.⁵⁴ Cohen führte die Forschungen von Fuks weiter und beschrieb Warschau in seiner Arbeit nicht nur als ein jüdisches Pressezentrum, sondern stellte daneben auch das literarische Schaffen jüdischer Schriftsteller ins Zentrum seiner Forschung und zeigte erst-

---

żydowskiej", in: Bąbiak, Grzegorz P., Agnieszka J. Cieślikowa und Joanna Nalewajko-Kulikov (Hrsg.): *Studia z dziejów trójjęzycznej prasy żydowskiej na ziemiach polskich (XIX – XX w.)*, Warszawa 2012, S. 513–546. Auch Yisroel Shayn (Izrael Szajn), ebenfalls Mitarbeiter und Bibliothekar des ŻIH, half mit seiner Arbeit, die jüdische Presse Polens zugänglich zu machen: Szajn, Izrael: „Bibliografia dzienników i czasopism żydowskich wydawanych w Polsce w latach 1918–1939 w języku polskim", *Biuletyn Żydowskiego Instytutu Historycznego (BŻIH)* 78 (1971), S. 107–113; Shayn, Yisroel: Bibliografie fun oysgabes aroysgegebn durkh di arbeter-parteyn in Poyln in di yorn 1918–1939, Varshe 1963.
50 Vgl. Fuks, Marian: Prasa żydowska w Warszawie, Warszawa 1979.
51 Grinberg, Daniel: „The Polish-Language Jewish Press", S. 430.
52 Mit den Erinnerungsberichten wird in dieser Arbeit noch vielfältig gearbeitet werden. An dieser Stelle werde ich daher nur zwei Werke nennen: Flinker, David, Shalom Rosenfeld und Mordechai Tsanin (Hrsg.): The Jewish Press that was. Accounts, Evaluations and Memories of Jewish Papers in pre-Holocaust Europe, Jerusalem 1980; Finkelshtayn, Khaym: Haynt. A tsaytung bay yidn 1908–1939, Tel Aviv 1978.
53 Vgl. Steinlauf, Michael C.: „The Polish-Jewish Daily Press", *Polin* 2 (1987), S. 219–245; Paczkowski, Andrzej: „The Jewish Press in the Political Life of the Second Republic", *Polin* 8 (1994), S. 176–193.
54 Vgl. Cohen, Nathan: Sefer, sofer ve-iton. Merkaz ha-tarbut ha-yehudit be-varsha, 1918–1942, Jerusalem 2003. Aus Cohens Buch gingen viele kleinere und größere Artikel hervor, die verschiedene Themen der jüdischen Literatur und Presse behandeln. Vgl. z. B. Cohen, Nathan: „Kitzo shel merkaz ha-sifrut ve-ha-itonot ha-yehudit be-varshe", *Gal-Ed. On the History of Jews in Poland (Gal-Ed)* 15–16 (1997), S. 145–168; „The Renewed Association of Yiddish Writers and Journalists in Poland, 1945–1948", in: Sherman, Joseph (Hrsg.): *Yiddish after the Holocaust*, Oxford 2004, S. 15–36; „Przyczyny emigracji pisarzy jidysz z Polski (1945–1948)", in: Ruta, Magdalena (Hrsg.): *Nusech Pojln ... Studia z dziejów kultury jidysz w powojennej Polsce*, Kraków/Budapeszt 2008, S. 231–246; „Distributing Knowledge: Warsaw as a Center of Jewish Publishing, 1850–1914", in: Guesnet, François und Glenn Dynner (Hrsg.): *Warsaw. The Jewish Metropolis: Essays in Honor of the 75th Birthday of Professor Antony Polonsky* (= IJS Studies in Judaica, Bd. 15), Leiden 2015, S. 180–206.

mals auf, welch vielfältige Verbindungslinien zwischen den Schriftstellern, Journalisten und Publizisten in Warschau bestanden.⁵⁵

Joanna Nalewajko-Kulikov zufolge ist das jahrzehntelange Desinteresse an der einheimischen jüdischen Presse in Polen selbst auf verschiedene Ursachen zurückzuführen, die sich teilweise gegenseitig bedingen. Als Beispiele nennt sie fehlende Sprachkenntnisse, eine schlechte Verwahrung der Quellen in verschiedenen polnischen Bibliotheken und Archiven sowie eine chaotische und uneinheitliche Verzeichnung der jiddischen Titel in polnischer Transkription in den Katalogen.⁵⁶ Gleichzeitig weist Anna Landau-Czajka darauf hin, dass trotz allem die jüdische Presse im Vergleich zur Presse anderer Minderheiten, wie der weißrussischen oder deutschen, in Polen noch immer am besten erforscht ist,⁵⁷ eine richtige Beobachtung, die allerdings aufgrund der Vielfalt und des Umfangs der jüdischen Presse im Vergleich zur Presse anderer Minderheiten in Polen nicht unbedingt überraschend ist.

Seit einigen Jahren lässt sich ein zunehmendes Interesse an der Erforschung der jüdischen Presse in Polen beobachten, die im Kontext eines größeren internationalen Aufschwungs der jüdischen Presseforschung zu sehen ist und zu der nicht zuletzt auch der leichtere Zugang zu jüdischen Periodika dank verschiedener Digitalisierungsprojekte beigetragen hat.⁵⁸ Inner- wie außerhalb Polens galt die wissenschaftliche Aufmerksamkeit zunächst der polnischsprachigen jüdischen Presse der Zweiten Polnischen Republik, während Publikationen in jiddischer Sprache nur wenig Beachtung fanden. So entstanden zwischen 2004 und 2015 gleich drei Monografien zur polnischsprachigen jüdischen Presse in drei

---

55 Über das Schaffen polnisch-jüdischer Literaten liegt inzwischen eine relativ umfangreiche Literatur vor. Neben der Forschung von Nathan Cohen sind die Arbeiten der Literaturwissenschaftlerin Eugenia Prokop-Janiec zu nennen, zudem wurde 2016 ein Band der Polin-Reihe dem Thema gewidmet (Bd. 28, Jewish Writing in Poland). Vgl. z. B. Prokop-Janiec, Eugenia: Literatura polsko-żydowska: studia i szkice, Kraków 2011. Über jüdisch-literarische Kontakte zwischen Berlin und Warschau veröffentlichte ferner Alina Molisiak 2016 eine Studie. Vgl. Molisiak, Alina: Żydowska Warszawa – żydowski Berlin. Literacki portret miasta w pierwszej połowie XX wieku, Warszawa 2016.
56 Vgl. Nalewajko-Kulikov: „Prasa żydowska na ziemiach polskich", S. 25.
57 Vgl. Landau-Czajka: Polska to nie oni, S. 7.
58 Deutschsprachige jüdische Zeitungen und Zeitschriften werden seit 2004 im Internetportal Compactmemory.de digitalisiert und für die Öffentlichkeit zugänglich gemacht. Ein ähnliches Projekt verfolgt die Universität Tel Aviv in Kooperation mit der National Library of Israel im Projekt The Historical Jewish Press. Hier werden jüdische Periodika aus der ganzen Welt digitalisiert und zusammengeführt. Auch die Bibliotheka Narodowa und das ŻIH haben damit begonnen, ihre Bestände zu digitalisieren.

unterschiedlichen Sprachen und Wissenschaftskontexten.⁵⁹ Außerdem ist festzustellen, dass sich die Forschung bisher primär auf die großen und populären, meistens zionistisch und/oder assimilatorisch ausgerichteten Tageszeitungen konzentriert hat, sei es schlicht deshalb, weil ein Großteil der polnischsprachigen Publikationen eben diesen Strömungen zuzurechnen ist oder ihnen zumindest nahestand. Größere Untersuchungen zur orthodoxen, bundistischen, kommunistischen oder gar zur sozialistisch-zionistischen Presse fehlen bisher fast vollständig.⁶⁰ Ähnliches lässt sich für die Provinzpresse sowie für die Presselandschaften anderer Großstädte neben Warschau feststellen.⁶¹

Obgleich erst kürzlich zwei hervorragende Untersuchungen zur Gründungsgeschichte der jiddischen Presse in der Zweiten Polnischen Republik von Kalman Weiser und Joanna Nalewajko-Kulikov vorgelegt wurden,⁶² welche die Bedeu-

---

59 Alle drei Arbeiten legen ihren inhaltlichen Schwerpunkt auf das polnisch-jüdische Verhältnis. Vgl. Steffen: Jüdische Polonität; White, Angela: „Jewish Lives in the Polish Language: The Polish-Jewish Press, 1918–1939", Bloomington 2007, unveröffentlichte Doktorarbeit; Landau-Czajka: Polska to nie oni.

60 In den letzten Jahren wurden zahlreiche kleinere Studien zu verschiedenen Zeitungen und Zeitschriften veröffentlicht, von denen an dieser Stelle nur einige genannt werden können. Bahnbrechend war außerdem der bereits erwähnte Sammelband *Studia z dziejów trójjęzycznej prasy żydowskiej* (hrsg. von Bąbiak, Grzegorz P., Agnieszka J. Cieślikowa und Joanna Nalewajko-Kulikov) zur jüdischen Presse. Darin werden erstmals einführende und vertiefende Profilstudien der wichtigsten jüdischen Zeitungen vorgestellt, allerdings fehlt ein Profil über *Dos Yudishe Togblat*. 2016 folgte ein zweiter Sammelband, der von Agnieszka Karczewska und Sławomier Jacek Żurek herausgegeben wurde: Prasa żydów polskich: od przeszłości do teraźniejszości, Lublin 2016. Für Beispiele einzelner Artikel vgl. Brumberg, Abraham: „On Reading the Bundist Press", *East European Jewish Affairs* 33/1 (2003), S. 100–117; Landau-Czajka, Anna: „Polacy w oczach ‚Naszego Przeglądu'", *Kwartalnik Historii Żydów* 4 (2011), S. 491–506; Kwiecień, Sabina: „Prasa żydowska w języku polskim w Krakowie w latach 1918–1939", *Annales Academiae Paedagogicae Cracoviensis* 9 (2003), S. 159–170; Rogozik, Janina K.: „‚Nasz Przegląd'. Miedzy ‚hajntyzmem' a ‚mechesyzmem'", *Zeszyty Prasoznawcze* 40/1–2, 40/3–4 (1997), S. 123–138, 124–139. 2018 erschien zudem auf Hebräisch eine Monografie zum *Moment*, deren Bedeutung für die weitere Forschung noch offen ist: Barkat-Glanzer, Hani: Ha-yomon be-yidish „Der Moment" (1910–1939), Jerusalem 2018.

61 Für die Region um Lublin legte Adam Kopciowski 2015 eine erste umfangreiche Studie vor, die durchaus als Vorbild und als Wegweiser für weitere Arbeiten gelten kann. Vgl. Kopciowski, Adam: Wos hert zich in der prowinc?: prasa żydowska na Lubelszczyźnie i jej największy dziennik „Lubliner Tugblat", Lublin 2015. Über die jüdischen Pressezentren Vilna und Czernowitz forschte in den letzten zwei Dekaden Susanne Marten-Finnis intensiv. Vgl. z. B. Marten-Finnis, Susanne: Vilna as a Centre of Modern Jewish Press, 1840–1928. Aspirations, Challenges, and Progress, Bern 2004.

62 Vgl. Weiser, Kalman: Jewish People, Yiddish Nation: Noah Pryłucki and the Folkists in Poland, Toronto 2011; Nalewajko-Kulikov, Joanna: Mówić w własnym imieniu. Prasa jidyszowa a tworszenie żydowskiej tożamości narodowej (do 1918 roku), Warszawa 2016.

tung der Presse als nationales, lokales und politisches Sprachrohr der jüdischen Community Polens hervorheben, stellt die Erforschung der jiddischen Presse der Zwischenkriegszeit, insbesondere der 1930er Jahre, weiterhin ein vergleichsweise wenig erforschtes Feld dar. Detaillierte Untersuchungen über die Funktion und die Rolle der jiddischen Presse in den 1930er Jahren, über die Produktionsbedingungen, die Journalisten und Herausgeber der Zeitungen, ihre Netzwerke, Weltanschauungen und Selbstwahrnehmungen sowie über ihr Schicksal während des Zweiten Weltkrieges stehen, von den Arbeiten Nathan Cohens einmal abgesehen, bislang noch aus.[63]

Dies gilt insbesondere auch für Fragen nach den individuellen Reaktionen auf Nationalsozialismus, Faschismus und Antisemitismus sowie deren theoretische Deutungen seitens polnisch-jüdischer Journalisten und Intellektueller, die ebenfalls noch größtenteils unbeantwortet sind.[64] Diese Forschungslücke fällt vor allem in der Forschung zum Nationalsozialismus und zum Holocaust und insbesondere dann auf, wenn versucht wird, das Verhalten der polnischen Juden nach dem deutschen Überfall auf Polen im September 1939 von der Vorkriegszeit her zu erklären. Der deutsche Historiker Stephan Lehnstaedt beispielsweise argumentierte jüngst, dass der Ausbruch des Zweiten Weltkrieges für die Mehrheit der Juden wie ein Schock gewesen sei, weil sie in Ost- und Ostmitteleuropa ein positives Verhältnis zu den deutschen Besatzern während des Ersten Weltkrieges und bis 1939 ein ungebrochen positives Deutschlandbild gehabt habe.[65] Eine andere Argumentation, die sich beispielsweise in einem Aufsatz von Dan Diner findet, ist die, dass die polnischen Juden aufgrund ihrer Erfahrung mit Antisemitismus die Gefahr, die von Deutschland für alle Juden Europas ausging, verkannten und nicht dazu in der Lage waren, die Ausformungen des Antisemitismus

---

63 So argumentierten kürzlich auch Kenneth B. Moss und Miriam Schulz. Vgl. Moss, Kenneth B.: „Negotiating Jewish Nationalism in Interwar Warsaw", in: Dynner, Glenn und François Guesnet (Hrsg.): *The Jewish Metropolis: Essays in Honor of the 75th Birthday of Professor Antony Polonsky* (= IJS Studies in Judaica, Bd. 15), Leiden 2015, S. 390–434, hier S. 425; Schulz, Miriam: Der Beginn des Untergangs: Die Zerstörung der jüdischen Gemeinden in Polen und das Vermächtnis des Wilnaer Komitees, Berlin 2016, S. 122.

64 Auf diese Forschungslücke wies Joanna Nalewajko-Kulikov 2015 hin. Vgl. Nalewajko-Kulikov: „When Goethe's Poetry", S. 95. Die Historikerin hat außerdem jüngst einen Artikel über jiddische Pressereaktionen auf den italienischen Faschismus vorgelegt und hier ebenfalls auf eine vorhandene Forschungslücke aufmerksam gemacht. Vgl. Nalewajko-Kulikov, Joanna: „Can Fascism be good for the Jews? The Response of the Yiddish Press in Poland to Italian Fascism (1922–39): A Research Reconnaissance", in *Acta Poloniae Historica (APH)* 123 (2021), S. 187–214.

65 Vgl. Lehnstaedt, Stephan: Der Kern des Holocaust: Belzec, Sobibór, Treblinka und die Aktion Reinhardt, München 2017, S. 14–15. Lehnstaedt gibt zudem keine Quellen oder weiterführende Literatur für seine Argumentation an.

im nationalsozialistischen Deutschland als etwas Neuartiges zu erkennen.[66] Beide Thesen lassen sich durch die Sichtung zeitgenössischer jüdischer Quellen leicht widerlegen.

Im direkten Vergleich mit der demgegenüber reichlich existierenden Literatur über den Blick deutscher Juden auf ihre osteuropäisch-jüdischen Nachbarn erscheint die beschriebene Forschungslücke geradezu erstaunlich.[67] Auch und gerade weil polnische Juden von Beginn an ein wichtiges Angriffsziel der antisemitischen Bewegung in Deutschland waren und die Ausstrahlung der nationalsozialistischen Politik auf das nationaldemokratische Lager bereits vielfach belegt wurde.[68]

Der Blick der jüdisch-polnischen Bevölkerung auf das nationalsozialistische Deutschland findet sich als Thema in erster Linie in drei Monografien, auch dort allerdings nicht als eigenständiges Forschungsthema. Unter anderem auf Basis der Verwendung polnisch-jüdischer Zeitungen haben Nathan Cohen,[69] Katrin Steffen[70] und Yfaat Weiss[71] die Reaktionen der polnischen Juden auf die politischen Entwicklungen in Deutschland zwischen 1930 und 1939 in jeweils einem kurzen Kapitel untersucht. Weiss' Arbeit ist die einzige veröffentlichte Monografie, die einen Vergleich zwischen polnischen und deutschen Juden in den 1930er Jahren anstellt. Darin befasst sie sich in einem zehnseitigen Kapitel auch mit polnisch-jüdischen Reaktionen auf den wachsenden Antisemitismus in Deutschland und geht in Ansätzen auch auf die Deutung der Ereignisse ein, wobei in erster Linie zionistische Perspektiven berücksichtigt werden. Nathan Cohens Kapitel über die Reaktionen der jiddischen Presse auf die Machtübertragung an Hitler im Januar 1933 bietet hingegen einen ersten Überblick über die Debatten, die in den wich-

---

66 Vgl. Diner, Dan: „Die Katastrophe vor der Katastrophe. Auswanderung ohne Einwanderung", in: Diner, Dan und Dirk Blasius (Hrsg.): *Zerbrochene Geschichte. Leben und Selbstverständnis der Juden in Deutschland*, Frankfurt am Main 1991, S. 138–160, hier S. 148.

67 Das Ungleichgewicht lässt sich aus einer Kombination verschiedener Faktoren erklären, die hier nicht alle aufgeführt werden können. Auf jeden Fall aber ist es eng verknüpft mit der jahrzehntelangen Wahrnehmung der ost- und ostmitteleuropäischen Juden als passiver Opfer der Nationalsozialisten, die lange Zeit die Historiografie im Westen, aber auch im Osten Europas bestimmte. Ein Einblick in die umfangreiche Literatur findet sich unter Kap. 1.1.

68 Vgl. dazu die Pionierstudie von Maurer, Trude: Ostjuden in Deutschland 1918–1933, Hamburg 1986. Zum Einfluss der NS-Politik auf Polen siehe grundlegend Emanuel Melzer: „Relations between Poland and Germany and Their Impact on the Jewish Problem in Poland (1939–1938)", YVS 12/1 (1977), S. 193–229; Hagen, William W.: „Before the ‚Final Solution': Toward a Comparative Analysis of Political Anti-Semitism in Interwar Germany and Poland", *The Journal of Modern History* 68 (1996), S. 351–381.

69 Vgl. Cohen: Sefer, sofer ve-iton, S. 262–276.

70 Vgl. Steffen: Jüdische Polonität, S. 313–332.

71 Vgl. Weiss: Deutsche und polnische Juden, S. 116–130.

tigsten jiddischen Zeitungen in Warschau über die Ereignisse der Jahre 1933 (Machtübertragung), 1935 (Nürnberger Gesetze) und 1938 (Novemberpogrome) aufflammten. Dabei berücksichtigt Cohen ausdrücklich auch Publikationen aus dem sozialistischen und orthodoxen Milieu. Die deutsche Historikerin Katrin Steffen wiederum verwendet in ihren Analysen ausschließlich polnischsprachige Zeitungen, die zum größten Teil von assimilierten und pro-zionistischen Juden aus Warschau, Krakau und Lwów herausgegeben wurden. In allen drei Arbeiten lässt sich bereits zumindest im Ansatz erkennen, dass die jüdischen Zeitungsmacher meist ausgesprochen gut informiert waren. Andere wissenschaftliche Artikel zum Thema stammen von Ingo Loose, Daniel Grinberg, Beate Kosmala und Anna Landau-Czajka.[72] Sie arbeiten in ihren Untersuchungen zwar häufig ebenfalls mit einer oder mehreren polnisch-jüdischen Zeitungen, konzentrieren sich aber primär ebenfalls auf ausgewählte politische Ereignisse. Erste Untersuchungen zu individuellen Reaktionen ausgewählter Schriftsteller und Journalisten wurden von Gertrud Pickhan, Joanna Nalewajko-Kulikov, Efrat Gal-Ed, Maria Gierlak und abermals Nathan Cohen vorgelegt.[73]

Allen oben genannten Studien ist gemeinsam, dass sie die Zeitungen in erster Linie dazu benutzen, etwas über die direkte Rezeption der Ereignisse durch polnische Juden zu erfahren. Dabei lassen sie oft die Möglichkeit außer Acht, die Zeitungen näher vorzustellen und die hinter den Zeitungen stehenden Menschen

---

[72] Vgl. Loose, Ingo: „Reaktionen auf den Novemberpogrom in Polen 1938–1939", Stiftung Topographie des Terrors (Hrsg.): *Die Novemberpogrome. Versuch einer Bilanz*, Berlin 2009, S. 44–58; Grinberg: „The Polish-Language Jewish Press"; Landau-Czajka, Anna: „Adolf Hitler i III Rzesza w oczach czytelników Małego Przeglądu", in: Instytut Historii im. Tadeusza Manteuffla Polskiej Akademii Nauk und Instytut Pamięci Narodowej (Hrsg.): *Yesterday. Studia z historii najnowszej*, Warszawa 2017, S. 307–324; Kosmala, Beate: „Pressereaktionen in Polen auf den Novemberpogrom 1938 in Deutschland und die Lage der polnischen Juden", *Zeitschrift für Geschichte* 46 (1998), S. 1034–1045.

[73] Vgl. Pickhan, Gertrud: „Jakobs Berliner Kinder. Ein Warschauer Bundist im jüdischen Berliner Theater 1935", in: Bömelburg, Hans-Jürgen und Beate Eschment (Hrsg.): *„Der Fremde im Dorf". Überlegungen zum Eigenen und zum Fremden in der Geschichte*, Lüneburg 1998, S. 196–210; Nalewajko-Kulikov, Joanna: „O człowieku, który widział za dużo, czyli historia kryminalna z ‚Hajntem' w tle", in: Eisler, Jerzy und Edmund Dmitrów, Mirosław Filipowicz u. a. (Hrsg.): *Wiek nienawiści. Księga dedykowana Prof. Jerzemu Borejszy*, Warszawa 2014, S. 249–264; „When Goethe's Poetry"; Gal-Ed, Efrat: *Niemandssprache. Itzik Manger – ein europäischer Dichter*, Berlin 2016, S. 335–362; Gierlak, Maria: „Das nationalsozialistische Deutschland in den ‚Kroniki tygodniowe' (1933–1939) von Antoni Słonimski", in: Brandt, Marion (Hrsg.): *Grenzüberschreitungen. Deutsche, Polen und Juden zwischen den Kulturen (1918–1939)*, München 2006, S. 187–203; Cohen, Nathan: „Yehudi akshan she-eyno nitan le-tikun" – Yitzhak Katzenelson ha-publizist lenochakh hitbaseut ha-shilton ha-natzi be-germanyah (1933–1939), in: *Gal-Ed* 20 (2006), S. 101–112.

als handelnde und gestaltende Akteure zu untersuchen oder auch sie miteinander sowie mit ergänzendem Archivmaterial zu vergleichen.[74] Nur so allerdings können Informationen über die Wirkung und Nachhaltigkeit der Nachrichten innerhalb der jüdischen Bevölkerung Polens zutage gefördert werden. Dazu gehört auch, die Kommunikationswege, die Wissensproduktion und den Austausch von Informationen zwischen den jüdischen Zentren in Berlin und Warschau, die persönlichen Überzeugungen und Erfahrungen der Journalisten in Bezug auf Deutschland und die deutsche Kultur sowie ihre Rolle in den diversen jüdischen Protest- und Hilfskampagnen in den Blick zu nehmen. Ein anderes Forschungsgebiet, das Aufmerksamkeit verdient, ist die Frage nach der Rolle und dem Schicksal jener jüdischen Korrespondenten, die für die jiddische Presse in Berlin arbeiteten und wirkten.[75] Die Behandlung der jiddischen Presse durch deutsche und polnische Behörden in den 1930er Jahren wäre ebenfalls ein interessantes Forschungsthema, genauso wie die Frage, was mit den Machern der jiddischen Presse während des Zweiten Weltkrieges geschah.[76]

Auch die Forschung über die jüdische Protestbewegung in Polen ist relativ überschaubar. Abgesehen von zwei Fachartikeln von Emanuel Melzer[77] und Jerzy Tomaszewski[78] sowie einer unveröffentlichten Magisterarbeit aus dem Jahr 2010[79] finden sich oft nur vereinzelte Hinweise auf die jüdische Protestbewegung in

---

[74] Die Sprachwissenschaftlerin Susanne Marten-Finnis plädiert ebenfalls für eine Zusammenschau der jüdischen Presse mit anderen Quellen. Vgl. Marten-Finnis, Susanne: „Die jüdische Presse in der osteuropäischen Diaspora: Eine Typologie", in: Marten-Finnis, Susanne und Markus Bauer (Hrsg.): *Die Jüdische Presse. Forschungsmethoden – Erfahrungen – Ergebnisse*, Bremen 2007, S. 76–86, hier S. 77.
[75] Zu den jüdischen Korrespondenten in Berlin bis 1933 legte Gennady Estraikh einen ersten Aufsatz vor. Außerdem findet sich ein kleinerer Abschnitt in der Studie von Anne-Christin Saß. Vgl. Estraikh, Gennady: „Weimar Berlin – An International Yiddish Press Center", in: Pickhan, Gertrud und Verena Dohrn (Hrsg.): *Transit und Transformation. Osteuropäisch-jüdische Migranten in Berlin 1918–1939* (= Charlottengrad und Scheunenviertel, Bd. 1), Göttingen 2010, S. 77–94; Saß: Berliner Luftmenschen, S. 225–233.
[76] Zum Schicksal jüdischer Journalisten und Schriftsteller haben Nathan Cohen, fortgeführt von Miriam Schulz bereits Ergebnisse vorgelegt, auf die sich diese Arbeit ebenfalls stützt: Schulz: Der Beginn des Untergangs; Cohen: „Kezu shel markes ha-seferot".
[77] Vgl. Melzer, Emanuel: „Ha-herem ha-kalakli ha-yehudi ha-anti-germani be-polin be-shanim 1933–1934", *Gal-Ed* 6 (1982), S. 149–166. Der Boykott wird auch erwähnt in ders.: No Way Out, S. 9–10.
[78] Vgl. Tomaszewski, Jerzy: „Bojkot towarów niemieckich w Polsce w latach 1933–1935", *Acta Oeconomica Pragnesia* 15/7 (2007), S. 448–459.
[79] Vgl. AŻIH, Prace Magisterskie napisane po II wojnie światowej, Sig. 347/392, Majewski, Michał Maksymilian: Działalność Centralnego Komitetu dla Antyhitlerowskiej Akcji Gospodarczej w Polsce 1933–1935, 2010, unveröffentlichte Masterarbeit (im Folgenden: Majewski: Działalność).

Polen. Alle drei genannten Arbeiten befassen sich thematisch mit dem jüdischen Boykott deutscher Waren in Polen, der seine stärkste Wirkung in den Jahren 1933 bis 1935 entfaltete. Andere eher kulturell, literarisch oder humanitär geprägte Formen des Protests jedoch, aber auch der jüdisch-sozialistisch motivierte Protest, finden in den Darstellungen nur wenig bis gar keine Beachtung. Eine Ausnahme stellen hier die Arbeiten von Karina Pryt, Yfaat Weiss und Anna Kargol dar, die in ihren Monografien zu verschiedenen Themen jeweils kürzere Teile der jüdischen Protestbewegung widmen.[80] Während Pryt erstmalig auf den jüdischen Boykott gegen deutsche Kulturimporte wie Filme und Musikstücke in Polen aufmerksam machte, verknüpfte Weiss Melzers Erkenntnisse über den Boykott mit neuen Quellenfunden und gelangte so zu neuen Ergebnissen bezüglich der humanitären Hilfe für jüdische Geflüchtete in Polen, wobei ihr Schwerpunkt auf dem Jahr 1938 liegt. Anna Kargol hingegen konnte mit ihrer Forschung über die *B'nai B'rith* in Krakau zeigen, wie die Mitglieder der dortigen Loge sich für jüdische Geflüchtete aus Deutschland einsetzten, die im Frühjahr 1933 in dem kleinen deutsch-polnischen Grenzort Zbąszyń ankamen. Ihre Forschung wird durch einen Artikel von Anna Novikov-Almagor ergänzt, die mit demselben Quellenbestand wie Kargol arbeitet, sich aber nochmals stärker inhaltlich mit den dort befindlichen Protokollen auseinandersetzt, welche die Mitglieder der *B'nai B'rith* mit den Ankommenden geführt haben.[81] Damit wird die Aufmerksamkeit erstmals darauf gelenkt, dass schon 1933, also bereits zu Beginn der nationalsozialistischen Herrschaft, mehrere tausend jüdische Flüchtlinge beziehungsweise Ausgewiesene von Deutschland nach Polen fliehen mussten.

Anders stellt sich die Situation der Forschung für das Jahr 1938 und die sogenannte Polenaktion dar, zu der inzwischen zahlreiche kleinere und größere Studien vorliegen.[82] Die Pionierarbeit aber leistete auch hier Jerzy Tomaszewski, der neben der erstmaligen Rekonstruktion der Ereignisse selbst auch die polni-

---

80 Vgl. Pryt, Karina: Befohlene Freundschaft. Die deutsch-polnischen Kulturbeziehungen 1934–1939 (= Einzelveröffentlichungen des Deutschen Historischen Instituts Warschau, Bd. 22), Osnabrück 2010, S. 195–207; Weiss: Deutsche und polnische Juden, S. 169–181; „Projektionen von ‚Weltmacht' – Die Boykottbewegung der 1930er Jahre", *Tel Aviver Jahrbuch für Deutsche Geschichte* 26 (1997), S. 151–179; Kargol, Anna: Zakon Synów Przymierza. Krakowska Loża „Solidarność" 1892–1938, Warszawa 2013, S. 230–245.
81 Vgl. Novikov-Almagor, Anna: „Zbąszyń, 1933", *Scripta Judaica Cracoviensia* 7 (2009), S. 103–109.
82 Die Geschichte der „Polenaktion" hat zu ihrem 80. Jahrestag im Rahmen einer Ausstellung im Berliner Centrum Judaicum jüngst große öffentliche Aufmerksamkeit erfahren. Im Zuge der Ausstellung wurde auch ein Ausstellungskatalog erarbeitet, der die neueste Forschung versammelt. Vgl. Pickhan, Gertrud und Alina Bothe (Hrsg.): Ausgewiesen! Berlin, 28.10.1938. Die Geschichte der „Polenaktion", Berlin 2018.

schen und polnisch-jüdischen Reaktionen auf die Ausweisungen in hervorragender Weise geschildert hat.[83] Dennoch: Eine umfassende wissenschaftliche Beschäftigung mit der jüdischen Protest- und Solidaritätsbewegung, wie sie beispielsweise für die USA bereits vorliegt, steht für Polen noch aus.[84] Indes fällt auf, dass die vorliegenden Arbeiten einerseits den Beginn der Bewegung unterschiedlich datieren, sich andererseits aber darüber im Unklaren zu sein scheinen, wer die eigentlichen Träger der Bewegung waren, welche Komitees es gab und wie deren Interaktion aussah. Ebenfalls herrscht Uneinigkeit darüber, welche Rolle die jüdische Presse für die Bewegung spielte. Während Weiss argumentiert, dass die jüdische Presse vom Zentralen Boykottkomitee in Warschau in ihrer Berichterstattung beeinflusst wurde, kommt Majewski zu dem Schluss, dass die jüdische Presse in der Boykottbewegung eine tragende Rolle spielte.[85] Die Forschungslücken und Unklarheiten darüber, wie die Boykottbewegung begann und wie genau sie funktionierte, mögen auch auf den Umstand zurückzuführen sein, dass die Protest- und Solidaritätsbewegung in Polen selbst nur relativ wenig gebündelte Quellen hinterlassen hat. Die Archive der Zentralen Boykott- und Hilfskomitees und zahlreiche andere Bestände wurden während des Krieges vernichtet oder sind bis heute verschollen.[86]

Insgesamt lässt sich also konstatieren, dass es bisher keine ausführliche Studie gibt, welche die vielfältigen Reaktionen und theoretischen Zugänge polnisch-jüdischer Intellektueller in Bezug auf das nationalsozialistische Deutschland systematisch herausarbeitet.

1.3 Konzeptionelle Zugänge

Die vorliegende Arbeit lässt sich wie viele andere nicht trennscharf und passgenau einem einzelnen Teilbereich der Geschichtswissenschaft zuordnen. Sie

---

83 Vgl. Tomaszewski, Jerzy: Preludium zagłady. Wygnanie Żydów polskich z Niemiec w 1938 r., Warszawa 1998.
84 Vgl. z. B. Gottlieb, Moshe: The Anti-Nazi Boycott Movement in the American Jewish Community, 1933–1941, Brandeis University 1967, unveröffentlichte Doktorarbeit; „The Anti-Nazi Boycott Movement in the United States: An Ideological and Sociological Appreciation", Jewish Social Studies 35/3–4 (1973), S. 198–227. Auch die Reaktionen auf Antisemitismus in Polen und Deutschland seitens amerikanischer Juden wurden bereits vertiefend untersucht, vgl. Różański, Przemysław: Amerykańscy Żydzi i Amerykańska Dyplomacja wobec Kwestii Żydowskiej w Polsce, 1922–1939, Gdańsk 2013, insb. S. 201–206, 329–340, 423–445.
85 Vgl. Weiss: Deutsche und polnische Juden, S. 148; Majewski: Działalność, S. 36.
86 Vgl. Wiślicki, Alfred: „The Jewish Boycott Campaign against Nazi Germany and its Culmination in the Halberstadt Trial", Polin 8 (1994), S. 282–289, hier S. 285, Fn. 13.

bewegt sich in den Grenzräumen zwischen jüdischer, polnischer und deutscher Geschichte und beleuchtet auch und vor allem die Schnittpunkte dieser. Sie befasst sich zentral mit Presseerzeugnissen, aber sie betrachtet nicht nur deren Inhalte, sondern fragt auch nach den Akteuren und den Prozessen im Hintergrund. Mit ihrem Blick auf die Produktion und Vermittlung von Wissen steht sie im Kontext der noch jungen Teildisziplin der *History of Knowledge,* und weil sie einen Teil der Vorgeschichte der Shoah beschreibt, gibt es auch Überschneidungen zu den *Holocaust Studies.* Neben der den Geschichtswissenschaften inhärenten Methode der hermeneutischen Quellenanalyse arbeite ich mit dem Werkzeug der Netzwerkanalyse und den wissenschaftlichen Erkenntniskategorien des Erfahrungsraumes und des Erwartungshorizonts. Darüber hinaus stellen Wissen und Öffentlichkeit zwei zentrale Begriffe der Arbeit dar. Anhand dieser Werkzeuge und Begriffe soll im Folgenden der theoretische und methodologische Zugang der vorliegenden Arbeit kurz skizziert werden.

1.3.1 Wissen

Im Mittelpunkt dieser Arbeit stehen die jiddische Presse Warschaus während der Zeit der Zweiten Polnischen Republik sowie die Menschen, welche die zu ihr gehörenden Zeitungen produzierten, für sie schrieben und sie redaktionell betreuten. Sinn und Zweck jedes Presseerzeugnisses ist es, Wissen zu vermitteln. Eine Zeitung, die kein Wissen vermittelt, wird auch nicht gelesen. Nun ist aber Wissen nicht gleich Wissen, und es entsteht auch nicht aus sich selbst heraus, sondern wird produziert. Der Forschungszweig der *History of Knowledge*[87] untersucht, wie Wissen entsteht, wie es kommuniziert und transportiert und schließlich im Zuge dessen transformiert und gegebenenfalls in Handlungen übersetzt wird. Dieses kritische Hinterfragen von Wissen sowie die Erkenntnis, dass es verschiedene Wissensschätze gibt und dass diese nicht abstrakt und zeitlos existieren, sondern vielmehr von konkret handelnden Personen hervorgebracht werden, ermöglichen

---

[87] In ihrer Einleitung geben Mitarbeiter der schwedischen Universität Lund, die seit einigen Jahren einen Forschungsschwerpunkt auf der History of Knowledge hat, einen Überblick über die bisherigen Diskussionen innerhalb der Disziplin, ihre Definition und Ausformung hin zu einem Forschungsgegenstand. Vgl. Östling, Johan und Erling Sandmo et al.: „The History of Knowledge and the Circulation of Knowledge. An Introduction", in: Östling, Johan et al. (Hrsg.): *Circulation of Knowledge: Explorations in the History of Knowledge,* Falun 2018, S. 9–36. Zu Wissen als Analysekategorie auch und insb. in der jüdischen Geschichte vgl. Lässig, Simone: „The History of Knowledge and the Expansion of the Historical Research Agenda", *Bulletin of the GHI* 59 (2016), S. 29–58.

es, neue Fragestellungen zu formulieren und damit andere Zugänge zu Forschungsfeldern zu finden. Dies ist vor allem dann besonders fruchtbar, wenn man zu marginalisierten Gruppen und Geschichten forscht. Durch den Fokus auf marginalisiertes Wissen, darauf, wie es entsteht und zirkuliert, aber auch darauf, wie es in konkretes Handeln übersetzt wird, lässt sich vergessenes, vernichtetes und unsichtbar gewordenes Wissen wieder zutage fördern und so ein anderer Blick als jener des herrschenden Diskurses innerhalb der Geschichtswissenschaft oder auch des Herrschaftswissens im Allgemeinen einnehmen. Den „Verlierern der Geschichte"[88] wird so eine Stimme, ein Gesicht und ein Mitspracherecht gegeben. Gleichzeitig wird unser Bild der Geschichte vielschichtiger und damit ein Stück vollständiger.[89]

Durch die Analysekategorie Wissen sollen die Zeitungsmacher der jiddischen Presse Warschaus als aktiv Handelnde und Denkende ins Zentrum gerückt werden. Dadurch kann aufgezeigt werden, in welcher Form und in welchem Maße sie untereinander, aber auch mit der Außenwelt – einerseits in Form ihrer Leser als Rezipienten des produzierten Wissens, andererseits in Form der verschiedenen Quellen, aus denen und mithilfe derer sie ihr Wissen generierten – vernetzt waren und sich wechselseitig beeinflussten. Im Einzelnen lassen sich so auch direkte Zusammenhänge zwischen der journalistischen Arbeit und tatsächlichem gesellschaftlichen Handeln nachweisen, wodurch sich letzteres in ganz neuer und tiefer gehender Weise verstehen und bewerten lässt. Ein prägnantes Beispiel hierfür ist die Frage nach der Rolle, welche die jüdischen Zeitungsmacher in Warschau für die Protest- und Boykottbewegung gegen das nationalsozialistische Deutschland in Polen spielten. Doch auch die Beschäftigung mit Fragen danach, wie, auf welchen Wegen und mithilfe welcher Quellen sich die jüdischen Zeitungsmacher in Warschau überhaupt Wissen über die beginnende Verfolgung von Juden und politisch Andersdenkenden im nationalsozialistischen Deutschland aneigneten, sowie Fragen nach ihren journalistischen Netzwerken und Kontakten auf lokaler, überregionaler, aber auch internationaler Ebene können helfen aufzuzeigen, dass das Wissen in Warschau nicht aus sich selbst heraus entstand. Es zirkulierte vielmehr innerhalb der jüdischen Bevölkerung und über Grenzen hinweg, weshalb es auch einer Bewusstseinswerdung darüber bedarf, dass hinter dem öffentlichen Diskurs Individuen und Gruppen, Träger und Produzenten standen, die das Wissen von einem Ort zum anderen bewegten und es immer wieder sammelten, systematisierten, deuteten und schließlich veröffentlichten.[90]

---

88 Lässig: „The History of Knowledge", S. 45.
89 Für den gesamten Absatz vgl. Lässig: „The History of Knowledge", S. 31–32, 37.
90 Vgl. Lässig: „The History of Knowledge", S. 38.

1.3.2 Öffentlichkeit

Ein zentraler Begriff dieser Arbeit ist der der „jüdischen Öffentlichkeit". In Anlehnung an Jörg Requate[91] und Katrin Steffen[92] wird damit der Tatsache Rechnung getragen, dass es in einer modernen, arbeitsteiligen und sozial ausdifferenzierten Gesellschaft nie nur eine einzige Öffentlichkeit gibt. Jenseits der gesamtgesellschaftlichen Öffentlichkeit gibt es weitere, nicht selten subalterne Öffentlichkeiten, wie jene ethnischer, nationaler, religiöser, politischer oder sexueller Minderheiten. In diesem Sinne bezeichnet der Begriff „jüdische Öffentlichkeit" die subalterne Öffentlichkeit der jüdischen Bevölkerung Polens, deren Inhalte zwar in Teilen auch in die gesamtgesellschaftliche Öffentlichkeit einfließen können, die jedoch immer eine eigenständige Sphäre der Kommunikation bleibt.

Die jüdische Bevölkerung Polens bildete zu Beginn des 19. Jahrhunderts eine spezifisch jüdische Öffentlichkeit und zudem verschiedene Teilöffentlichkeiten heraus, die mit eigenen Diskursen, eigenen Sprachen, eigenen kulturellen Codes und einem eigenen Gefühl von Zugehörigkeit neben der von der polnischen Mehrheitsgesellschaft getragenen dominierenden Öffentlichkeit existierten und sich entlang der Trennlinien der sozialen, religiösen und politischen Milieus weiter ausdifferenzierten.

Jede Gesellschaft setzt sich aus unterschiedlichen politischen, sozialen, ethnischen und kulturellen Interessengruppen zusammen, die alle in einem unterschiedlichen Ausmaß eigene interne Kommunikationsstrategien hervorbringen, die sich meist, über zur jeweiligen Zeit moderne Medien, herausbilden. So verstanden ist Öffentlichkeit ein wandelbarer und konstruierter Raum:

> Öffentlichkeit erscheint dabei als grundsätzlich ‚offene', frei zugängliche Sphäre bzw. als sozialer Raum, in dem Kommunikation jedweder Art stattfindet. Eine so verstandene Öffentlichkeit ist nach Gerhards und Neidthardt ein Raum, in dem verschiedene Akteure tätig sind, ein Raum, der als ein intermediäres System zwischen Bürgern und der politischen Ordnung verstanden werden kann.[93]

---

[91] Vgl. Requate, Jörg: „Medien und Öffentlichkeit als Gegenstände historischer Analyse", *Geschichte und Gesellschaft (GG)* 25/1 (1999), S. 5–33; „Europäische Öffentlichkeit. Realität und Imagination einer appellativen Instanz", in: Requate, Jörg und Martin Schulze (Hrsg.): *Europäische Öffentlichkeit. Transnationale Kommunikation seit dem 18. Jahrhundert*, Frankfurt am Main 2009, S. 11–39.
[92] Vgl. Steffen, Katrin: „Zur Konzeptionalisierung einer jüdischen Teilöffentlichkeit am Beispiel Zwischenkriegspolens", in: Marten-Finnis, Susanne und Markus Bauer (Hrsg.): *Die jüdische Presse. Forschungsmethoden – Erfahrungen – Ergebnisse*, Bremen 2007, S. 113–138; Steffen: Jüdische Polonität, S. 32–39.
[93] Steffen: „Zur Konzeptionalisierung", S. 118.

Entgegen der Auffassung, dass innerhalb einer Nation nur eine Öffentlichkeit existiere, geht Steffen davon aus, dass viele Öffentlichkeiten nebeneinander bestehen, sich über verschiedene Kommunikationsmittel ausdrücken und auf den dominanten öffentlichen Diskurs reagieren, ihn teilweise sogar mitformen können.[94] Medien sind also Ausdruck einer öffentlichen Meinung und bilden „gesellschaftliche Prozesse und Stimmungen" nicht einfach nur ab, sondern werden durch die hinter ihnen stehenden Menschen interpretiert, konstruiert und mitgeprägt.[95] Aus dieser Erkenntnis heraus sind Zeitungen also nicht nur ein „Abbild von Gesellschaft[en]", sondern müssen auch als „Akteure innerhalb der Gesellschaft mit eigenen Zielen, Logiken und einer gestaltenden Rolle"[96] verstanden werden. Die jüdische Öffentlichkeit wird dabei aber nicht als ein eigener handelnder Akteur verstanden, sondern als ein Raum, innerhalb dessen verschiedene Akteure miteinander und zum Teil auch gegeneinander agieren.[97] Im Falle der jiddisch- und polnisch-sprachigen jüdischen Tageszeitungen in Warschau bedeutet dies, dass jene aufgrund ihrer bisweilen unterschiedlichen politischen Profile über die jüdische Öffentlichkeit hinaus eigene Teilöffentlichkeiten ausbildeten, in denen die Mitarbeiter der Zeitungen agierten und innerhalb derer sie mit ihren Lesern kommunizierten. Exemplarisch dafür ist die Warschauer jüdische Tageszeitung *Nasz Przegląd* (Unsere Rundschau), die auf Polnisch herausgegeben wurde. Die Entscheidung, eine Zeitung auf Polnisch statt auf Jiddisch zu publizieren, war in der Zweiten Polnischen Republik eine politische, bekannte man sich doch so zur polnischen Kultur und zu der Tatsache, dass immer mehr Juden sich zumindest sprachlich zu polonisieren begannen.[98] Trotz der öffentlichen Abgrenzung zu- und voneinander – die Zeitungsmacher der jiddischen Presse übten häufig offene Kritik an den Machern der *Nasz Przegląd* – waren die Mitarbeiter der *Nasz Przegląd*, wie in dieser Arbeit noch gezeigt werden wird, trotzdem Teil der jiddischen Zeitungs- und Literaturszene Warschaus und der jüdischen Öffentlichkeit als ganzer.[99]

---

94 Vgl. Steffen: „Zur Konzeptionalisierung", S. 117.
95 Steffen: „Zur Konzeptionalisierung", S. 118.
96 Steffen: „Zur Konzeptionalisierung", S. 118.
97 Requate: „Medien und Öffentlichkeit als Gegenstände historischer Analyse", S. 8.
98 Zur sprachlichen Polonisierung unter Juden in Polen siehe: Cohen, Nathan: „The Jews of Independent Poland – Linguistic and Cultural Changes", in: Tulea, Gitta und Ernest Krausz (Hrsg.): *Starting the Twenty-first Century: Sociological Reflections and Challenges*, New Brunswick 2017, S. 161–176.
99 Vgl. Weiser, Kalman: „The Capital of ‚Yiddishland'?", in: Dynner, Glenn und François Guesnet (Hrsg.): *Warsaw. The Jewish Metropolis. Essays in Honor of the 75th Birthday of Professor Antony Polonsky* (= IJS Studies in Judaica, Bd. 15), Leiden 2015, S. 289–322, hier S. 316.

1.3.3 Erfahrungsraum und Erfahrungshorizont

Diese Arbeit befasst sich unter anderem mit jüdischen Zeitungsmachern. Es ist daher wichtig, zu verstehen, wie deren Selbstverständnis und Selbstverortung aussahen. Zunächst einmal verstanden sie sich allesamt als jüdisch. Sie waren Teil der jüdischen Lebenswelt Warschaus, partizipierten an jüdischen Kulturvereinen, politischen Parteien sowie Bildungsorganisationen und verdienten ihr Geld mit einem von Juden für Juden betriebenen Journalismus in einer jüdischen Sprache, dem Jiddischen. Dennoch gilt es auch hier, eine Herangehensweise zu wählen, die der Heterogenität der Personen gerecht wird und über ihre bloße jüdische Zugehörigkeit hinausgeht, existierten in der Zweiten Polnischen Republik doch unzählige Konzepte darüber, was Jüdischsein war, was es bedeutete und wie es mit Leben gefüllt werden konnte. Die wissenschaftlichen Erkenntniskategorien des Erfahrungsraumes und des Erwartungshorizonts, zwei Begriffe, die auf Vergangenes und Zukünftiges verweisen, jedoch in der Gegenwart miteinander verbunden sind und die Menschen in ihrem Denken und Handeln prägen, können dabei helfen, diese Heterogenität abzubilden und einzuordnen. Der Historiker Reinhart Koselleck, der beide Begriffe prägte, ging davon aus, dass Vergangenheit und Zukunft miteinander verschränkt sind und deshalb geschichtliche Zeit thematisieren. Durch die Verschränkung bestimmter Erfahrungen und Erwartungen würde sich „konkrete Geschichte" zeitigen. Erfahrung war für Koselleck eine gegenwärtige, einverleibte Vergangenheit, die auf persönlichen, also eigenen Erlebnissen beruhe, aber auch durch fremde Ereignisse, zum Beispiel durch Institutionen, vermittelt werden konnte. Erwartungen hingegen bezeichneten für ihn das Zukünftige, das im Heute stattfindet, sich aber wiederum aus dem Erfahrenen speiste. Erwartung bezieht sich aber anders als die Erfahrung auf das noch nicht Dagewesene, also auf die Zukunft.[100]

Beide Begriffe nun können helfen zu erklären, welche Vorstellungen die Zeitungsmacher von ihrem Beruf hatten, welche politischen Ziele sie mit ihren Texten und mit ihren Handlungen verfolgten, mit welchen politischen und kulturellen Idealen sie sich identifizierten und in welcher kulturellen oder politischen Tradition sie sich verorteten. Bedeutend ist also nicht ausschließlich die Zugehörigkeit zur jüdischen Minderheit, sondern auch der spezifische individuelle und kollektive Erfahrungshintergrund, die Sozialisation, der Bildungshintergrund, politische und weltanschauliche Vorprägungen und ein damit ver-

---

100 Für diesen Abschnitt vgl. Koselleck, Reinhart (Hrsg.): „‚Erfahrungsraum' und ‚Erwartungshorizont' zwei historische Kategorien", in: *Vergangene Zukunft: Zur Semantik geschichtlicher Zeiten*, Frankfurt am Main 1979, S. 349–375.

bundenes politisches, kulturelles und bisweilen nationales Selbstverständnis, das sich im Schreiben und im Handeln der Akteure niederschlägt und letztlich die jüdische Öffentlichkeit mit Leben erfüllte.

1.3.4 Netzwerk

Der Historiker Kenneth B. Moss äußerte erstmals die Vermutung, dass die jüdischen Journalisten und Schriftsteller Warschaus möglicherweise über ihre politischen Zugehörigkeiten hinaus ein eigenes Submilieu innerhalb der jüdischen Organisationseliten bildeten, es aber – von den Forschungen von Nathan Cohen einmal abgesehen – bisher an Studien über diese Kreise weitgehend fehle, sodass Aussagen über ihre persönlichen Beziehungen und Netzwerke in der Zwischenkriegszeit nur schwerlich getroffen werden können.[101] Diese Arbeit greift seine These auf und versucht unter Bezugnahme auf die wissenschaftliche Erkenntniskategorie des Netzwerks[102] nachzuweisen, dass dies in der Tat der Fall war.

Zwar wird der Begriff des Netzwerks in der geschichtswissenschaftlichen Forschung oft relativ weit gefasst und folgt nur selten einer konkreten Systematik oder quantitativen Untersuchung. Dennoch können der Begriff und der Blick auf bestimmte historische Ereignisse, Akteure oder Institutionen helfen, die „positiven Verbindungen"[103] zwischen den zu untersuchenden Objekten beziehungsweise Subjekten freizulegen. Da auch die vorliegende Arbeit keine quantitative Untersuchung des Netzwerkes der jüdischen Zeitungsszene in Warschau insgesamt anstrebt, die einer historischen Netzwerkanalyse entsprechen würde, bietet es sich an, eine relativ breite Definition des Netzwerkbegriffs zu wählen. Der Begriff des Netzwerks dient in dieser Arbeit also primär dazu, die lokalen und überregionalen Kontaktzonen der jüdischen Zeitungsmacher deskriptiv zu erfassen und vorstellbar zu machen, auch weil ihre Netzwerke zum Großteil auf informellen sozialen Beziehungen und beruflichen wie politischen Kontakten

---

101 Vgl. Moss: „Negotiating Jewish Nationalism in Interwar Warsaw", S. 425.
102 Der Begriff des Netzwerkes bzw. die Netzwerkanalyse hat in den letzten zwanzig Jahren primär in der Erforschung jüdischer Netzwerke in der Frühen Neuzeit große Anwendung gefunden. Beispielhaft dafür ist die Arbeit von Cornelia Aust zu den jüdischen Wirtschaftseliten in Europa. Inzwischen findet die ursprünglich aus der Soziologie stammende Methode auch regen Anklang in der Forschung zum Nationalsozialismus und dem Holocaust, hier bisher aber primär in der Täterforschung. Vgl. Raab, Jörg: „More than just a Metaphor: The Network Concept and its Potential in Holocaust Research", in: Feldmann, Gerald D. und Wolfgang Seibel (Hrsg.): *Networks of Nazi Persecution. Bureaucracy, Business and the Organisation of the Holocaust*, New York/Oxford 2005, S. 321–339.
103 Jansen, Dorothea: Einführung in die Netzwerkanalyse, Opladen 2003, S. 163.

beruhten, die nur teilweise ihren Ausdruck in institutionell verankerten Organisationen fanden. Das Netzwerk der Zeitungsmacher materialisierte sich also zumindest teilweise über zwischenmenschliche Beziehungen und privaten Informationsaustausch. Nach Franz Urban Pappi ist ein Netzwerk „eine durch Beziehungen eines bestimmten Typs verbundene Menge von sozialen Einheiten wie Personen, Positionen, Organisationen".[104] Über Akteure, die durch diverse Knotenpunkte und Beziehungen miteinander in einem Netz verbunden waren, nachzudenken, kann Madeleine Herren zufolge wiederum helfen, eine „höchst bedeutende Auseinandersetzung mit der Verfügbarkeit von Informationen und deren Transformation in Wissen" aus einer geschichtswissenschaftlichen Perspektive heraus zu führen.[105]

Die jüdischen Zeitungsmacher waren durch ähnliche historische Erfahrungen und Zukunftserwartungen vorgeprägt und entwickelten ferner durch ihren Beruf und durch ihre Einbettung in der jüdischen Lebenswelt Warschaus ähnliche habituelle Praxen,[106] die sie einten und zueinander in Beziehung setzten. Als Akteure und Vermittler, die miteinander in Beziehung standen, stehen sie für die Knotenpunkte in dem Netzwerk, das sie durch ihre informellen und formellen sozialen Beziehungen ausformten. Der Rückgriff auf das Bild des Netzwerks dient also dazu, die jüdischen Journalisten und Zeitungsredakteure in ihrem sozialen Submilieu einerseits zu verorten und dieses andererseits in seiner lokalen, nationalen und transnationalen Weite sichtbar zu machen und zu beschreiben. Es gilt dabei die Annahme, dass neben dem von allen geteilten Berufsethos und einem ähnlichen Erfahrungshorizont auch die politischen Entwicklungen Europas, insbesondere aber das Sprechen über die deutschen und polnischen gesellschaftlichen Verhältnisse die Zeitungsmacher zusammenführte, wodurch etwaige politische und persönliche Grenzen aufgeweicht wurden und zusehends verschwammen.

In diesem Sinne möchte die Arbeit auch einen Beitrag dazu leisten, den zuletzt formulierten Appellen die Notwendigkeit neuer Forschungen in Bezug auf die realen politischen Verortungen und Kontaktzonen innerhalb der polnisch-

---

104 Pappi, Franz Urban: „Netzwerkansätze in der Eliteforschung", in: Stegbauer, Christian und Roger Häußling (Hrsg.): *Handbuch Netzwerkforschung*, Wiesbaden 2010, S. 587–600, hier S. 587.
105 Herren, Madeleine: „Netzwerke", in: Dülffer, Jost und Wilfried Loth (Hrsg.): *Dimensionen internationaler Geschichte* (= Studien zur internationalen Geschichte, Bd. 30), München 2012, S. 107–128, hier S. 111.
106 Der Begriff des Habitus folgt hier dem Verständnis Pierre Bourdieus. Vgl. Bourdieu, Pierre: Die feinen Unterschiede. Kritik der gesellschaftlichen Urteilskraft, 26. Aufl., Frankfurt am Main 2016.

jüdischen Bevölkerung betreffend Genüge zu tun.[107] Gershon Bacon, Karolina Szymaniak und Nathan Cohen zeigten in ihren Arbeiten Beispiele von innerjüdischen Kontaktzonen auf, die über die Grenzen der verschiedenen politischen Zugehörigkeiten hinweggingen, und wiesen auf Entwicklungen hin, die eine parteiübergreifende jüdische „Einigung" anstrebten beziehungsweise schon realisiert hatten.[108] Erzieherische oder karitative Organisationen wie die *Towarzystwo Ochrony Zdrowia Ludności Żydowskiej w Polsce* (TOZ)[109] oder der *Centralne Towarzystwo Opieki nad Sierotami* (Centos),[110] der *Fareyn fun yidishe Zhurnalistn un Literatn in Varshe* (Verein der jüdischen Journalisten und Schriftsteller in Warschau) und nicht zuletzt der Kampf gegen den Antisemitismus in Polen und Deutschland vereinten weite Teile der Vorsteher verschiedener jüdisch-politischer Strömungen in den 1930er Jahren.[111] Zweifelsohne waren die jüdischen Intellektuellenschichten und Organisationseliten der Zweiten Polnischen Republik alles andere als ver- oder gar geeint, dennoch ist es Bacon zufolge wichtig, auch auf gegensätzliche Entwicklungen hinzuweisen,[112] ohne diese zu romantisieren. Nichtsdestotrotz ist es wichtig, sich zu vergegenwärtigen, dass es für einen Juden in der Zweiten Polnischen Republik ohne Widersprüche möglich war, sich zwischen Assimilation und *Yidishkeyt* zu bewegen und sich als Zionist und

---

107 Vgl. Bacon, Gershon C.: „One Jewish Street: Reflections on Unity and Disunity in Interwar Polish Jewry", in: Polonsky, Antony, Hanna Węgrzynek und Andrzej Żbikowski (Hrsg.): *New Directions in the History of the Jews in the Polish Lands*, Boston 2018, S. 324–337, hier S. 336.
108 Vgl. Bacon: „One Jewish Street", S. 336; Szymaniak, Karolina: „Rachel Auerbach, or the Trajectory of a Yiddishist Intellectual in Poland in the First Half of the Twentieth Century", in: Laczó, Ferenc und Joachim von Puttkamer (Hrsg.): *Catastrophe and Utopia. Jewish Intellectuals in Central and Eastern Europe in the 1930s and 1940s*, Berlin 2018, S. 304–352, hier S. 313; Cohen, Nathan: „Tlomackie 13 – The Heart and Soul of Jewish Literary Warsaw", in: Żydowski Instytut Historyczny-Instytut Naukowo-Badawczy (Hrsg.): *Żydzi Warszawy. Materiały konferencji w 100. Rocznicę urodzin Emanuela Ringelbluma (21 listopada 1900–7 marca 1944)*, Warszawa 2000, S. 91–98.
109 Poln.: „Gesellschaft zur Sicherstellung der Gesundheit der jüdischen Bevölkerung"; wurde 1921 in Warschau gegründet.
110 Poln.: „Zentrale Vereinigung für die Betreuung jüdischer Heimkinder"; wurde 1924 in Warschau gegründet.
111 Vgl. Bacon: „One Jewish Street", S. 336. Auch Frank Wolff konstatiert, dass die Forschung über den *Bund* lange Zeit isoliert von den ihn umgebenden politischen und kulturellen Organisationen betrieben wurde. Frank argumentiert jedoch, dass eine Einbettung des *Bund* in seine lokale Umgebung zu realistischeren Versionen über den Bundismus in der gelebten Praxis führen könnte. Wolff: „Historiography on the General Jewish Labor Bund", S. 7.
112 Vgl. Bacon: „One Jewish Street", S. 336.

Staatsbürger Polens zugleich zu fühlen.[113] Die Zeitungsmacher der jüdischen Presse sind dafür ein hervorragendes Beispiel, weil die Journalisten und Schriftsteller als Wissensproduzenten und -vermittler professionsbedingt zwischen den verschiedenen Teilöffentlichkeiten standen. Sie standen aber nicht nur dazwischen, sondern auch mit den diversen Gruppen, Parteien, Initiativen und den jüdischen Bewohnern der Stadt in Kontakt und ließen Informationen und Wissen in alle Richtungen fließen.

1.4 Historische Kontexte

Das Interesse der jüdischen Bevölkerung Polens an deutscher Politik ist nicht erst am 30. Januar 1933 entstanden. Im Gegenteil, Informationen über die Vorgänge im Deutschen Reich waren bei der jüdischen Öffentlichkeit in Warschau schon länger auf großes Interesse gestoßen. Schon zu Beginn der 1930er Jahre beobachtete die jüdische Presse die politischen und gesellschaftlichen Entwicklungen in Deutschland, aber auch in anderen europäischen Ländern wie etwa Italien, wo schon seit den frühen 1920er Jahren der Faschismus zur staatstragenden Ideologie geworden war, mit Sorge. Mark Turkows Engagement, das einleitend beschrieben wurde, ist dafür exemplarisch. Den Historikern Gennady Estraikh und Hasia R. Diner zufolge ist der Beginn für eine derart intensive Berichterstattung über andere europäische Länder im Jahr 1929 zu suchen.[114] In diesem Jahr hätte sich gezeigt, dass Juden, egal wo sie lebten, damit begannen, sich selbst von den politischen Entwicklungen, die überall auf der Welt in Gang gesetzt wurden, betroffen zu fühlen. In diesem Sinne hätte das Jahr 1929 auch einen „major turning point"[115] für die jüdische Bevölkerung Europas bedeutet. Ausgelöst durch die Weltwirtschaftskrise und eine damit einsetzende Verarmung breiter Schichten war Europa zu einem von Krisen geschüttelten Kontinent geworden, in dem neue nationalistisch und oft auch antisemitisch agitierende politische Bewegungen großen Zulauf erhielten. Die Juden Europas waren für diese Entwicklungen gleich in dreifacher Hinsicht besonders sensibilisiert. Zum einen traf die Krise selbstverständlich auch sie, zum anderen waren sie als Feindbild Nummer 1 der Anti-

---

113 Vgl. Nowakowska, Irena: „Fenomen żydowskiej mniejszości narodowej na przykładzie Polski międzywojennej", *BŻIH* 1–2/150 (1989), S. 45–54, hier S. 47; Steffen: Jüdische Polonität, S. 13.
114 Vgl. Diner, Hasia R. und Gennady Estraikh (Hrsg.): Introduction, in: *1929. Mapping the Jewish World*, New York 2013, S. 1–10, hier S. 1–3.
115 Diner und Estraikh: *1929. Mapping the Jewish World*, New York 2013, Klappentext.

semiten von deren Agitation und Polemik direkt betroffen, und schließlich waren sie eine Minderheit, die in den verschiedensten Ländern Europas zu Hause war. Ein allen nationalen Wallungen zum Trotz vorhandenes und im Angesicht des zunehmenden Antisemitismus, aber auch der zionistischen Agitation als Reaktion auf diesen, sogar wachsendes jüdisches Zusammengehörigkeitsgefühl sorgte bei vielen von ihnen für ein ebenso hohes wie nachvollziehbares Interesse an der Situation der Juden in anderen Teilen Europas, deren Lage mit großer Sympathie verfolgt wurde.[116] Nicht zuletzt gab es aufgrund einer nicht unerheblichen Arbeitsmigration nicht selten auch grenzübergreifende persönliche und familiäre Kontakte. Darüber hinaus galt die Lage der jüdischen Bevölkerung in anderen, vor allem in den eigenen Nachbarländern, Vielen als eine Art Spiegel für die Situation in der jeweils eigenen Gesellschaft. Für die polnischen Juden hieß das konkret, dass sie insbesondere durch die Beobachtung Deutschlands ihren eigenen gesellschaftlichen Status und die Gesellschaft, in der sie lebten, betrachten konnten.[117]

1.4.1 Antisemitismus im Polen der 1930er Jahre

Auch in Polen selbst verschärfte sich das gesellschaftliche Klima in den 1930er Jahren zunehmend und in drastischer Weise – eine Entwicklung, die sich nach dem Tod des charismatischen Staatschefs Józef Piłsudskis (1867–1935) im Mai 1935 noch einmal erheblich beschleunigte. Mit ihm hatte das Land seine über allem stehende Integrationsfigur verloren, und die Regierung begann den offenen Schulterschluss mit dem rechten Lager zu suchen.[118] Im September 1934 kündigte der damalige Außenminister Józef Beck (1894–1944) den Minderheitenschutzvertrag[119] auf, und bereits ein halbes Jahr später, im April 1935, trat eine neue Verfassung in Kraft, welche die Minderheitenrechte deutlich einschränkte.[120]

---

116 Exemplarisch dafür sind die Reiseanthologien aus den 1930er Jahren von Leyb Malakh und Melekh Ravitsh. Vgl. Malakh, Leyb: Fun Shpanye biz Holand, Varshe 1936; Ravitsh, Melekh: Kontinentn un okeanen, Varshe 1937.
117 Vgl. Weiss, Yfaat: Deutsche und polnische Juden, S. 116.
118 Vgl. Bundesarchiv, Institut für Zeitgeschichte und dem Lehrstuhl für Neuere und Neueste Geschichte an der Albert-Ludwigs-Universität Freiburg (Hrsg.): Die Verfolgung und Ermordung der europäischen Juden durch das nationalsozialistische Deutschland 1933–1945, Bd. 4, München 2008, S. 20. (im Folgenden immer abgekürzt als VEJ 4/Einleitung, S. XY bzw. VEJ 4/Dok. XY).
119 Der Minderheitenschutzvertrag, oder auch der kleine Vertrag von Versailles genannt, wurde 1919 zw. der polnischen Regierung und den alliierten Westmächten geschlossen. Der Vertrag definierte und garantierte den in Polen lebenden Minderheiten bestimmte Schutzrechte. Der Schutz der jüdischen Minderheit wurde nochmals gesondert geregelt und sah u. a. die Religi-

Die Konfrontation mit Antisemitismus gehörte jedoch bereits seit Gründung der Zweiten Polnischen Republik zum Alltag der Juden in Polen,[121] gewann mit Beginn der 1930er Jahre aber erheblich an Dynamik. Die tragende Kraft des politischen und organisierten Antisemitismus in Polen war das Lager der sogenannten Nationalen Demokratie (*Narodowa Demokracja*, kurz *Endecja*), das sich gegen Ende des 19. Jahrhunderts zu einer Partei gleichen Namens zusammengeschlossen hatte und dessen Führungsperson bis zu seinem Tod 1939 der nationalistische Politiker Roman Dmowski (1864–1939) war.[122] Ihm und seinen Anhängern gelang es in der Zwischenkriegszeit mit breit angelegten, antisemitisch motivierten Aktionen eine große Basis innerhalb der polnischen Mehrheitsgesellschaft, vor allem aber an den Universitäten und im studentischen Milieu aufzubauen, sodass antisemitische Unruhen ab 1931 zum festen Bestandteil des Universitätsalltags gehörten.[123] Daneben fanden die Anhänger der *Endecja* ihre Unterstützer im katholischen Klerus,[124] im Kleinbürgertum bei Selbstständigen, Unternehmern und Händlern sowie nicht zuletzt auch unter Arbeitern und Bauern.[125] Parallel zur Verbreitung antisemitischer Gedanken an den polnischen Hochschulen begann sich auf wirtschaftlicher und administrativer Ebene eine

---

onsfreiheit, die Gleichheit vor dem Gesetz, den Schutz des Shabbats sowie das Recht auf die Verwendung einer eigenen Sprache und die staatliche Subventionierung jüdischer Schulen vor.
120 Vgl. VEJ 4/Einleitung, S. 18.
121 Turbulente Grenzkonflikte zu Beginn der 1920er Jahre, besonders im Osten Polens, erschwerten zunächst den Aufbau der Republik. Militärische Auseinandersetzungen fanden in Städten wie Vilna, Lwiw und Kiew statt, wo sich verschiedene „Nationalbewegungen" und die Rote Armee der 1918 gegründeten Russischen Sozialistischen Föderativen Sowjet Republik (RSFSR) gegenüberstanden. Sie alle erhoben jeweils einen national begründeten Anspruch auf die von ihnen besiedelten Gebiete. Zwischen die Fronten all dieser Grenzkonflikte geriet auch immer wieder die jüdische Bevölkerung, die Opfer von Pogromen wurde, wie beispielsweise in Lwiw im Jahr 1918. Für Polen trat damit das eigentliche Ende des Ersten Weltkrieges erst mit der Beendigung des polnisch-sowjetischen Krieges und der Unterzeichnung des Friedensvertrages von Riga 1921 ein.
122 Zum Antisemitismus innerhalb der Ideologie der Nationaldemokraten liegen zahlreiche Arbeiten vor. In den letzten Jahren tat sich der Historiker Grzegorz Krzywiec besonders in der Erforschung des Nexus zwischen Antisemitismus und Endecja hervor. Er gibt außerdem einen aktuellen Forschungsüberblick. Vgl. Krzywiec, Grzegorz: „Balance of Polish Political Antisemitism: Between ‚National Revolution', Economic Crisis, and the Transformation of the Polish Public Sphere in the 1930s", in: Bajohr, Frank und Dieter Pohl (Hrsg.): *Right-Wing Politics and the Rise of Antisemitism in Europe 1935–1941* (= European Holocaust Studies, Bd. 1) Göttingen 2019, S. 61–80.
123 Vgl. Hagen: „Before the ‚Final Solution'", S. 369.
124 Zum Antisemitismus innerhalb der Katholischen Kirche vgl. Pollmann, Viktoria: Untermieter im christlichen Haus. Die Kirche und die „jüdische Frage" in Polen anhand der Bistumspresse der Metropolie Krakau 1926–1939, Wiesbaden 2001.
125 Vgl. Hagen: „Before the ‚Final Solution'", S. 369.

schleichende Verdrängung jüdischer Händler, Geschäftsinhaber und Angestellter abzuzeichnen.[126] Aus dem Dunstkreis der *Endecja* gingen im Laufe der 1930er Jahre nicht wenige noch radikalere Splittergruppen wie das *Obóz Narodowo-Radykalny* (Nationalradikales Lager, ONR)[127] hervor, die Antisemitismus zu ihrem politischen Hauptanliegen machten und auf offener Straße vermeintliche Juden angriffen.[128] Sie zeichneten ferner für den im Jahr 1932 initiierten Boykott jüdischer Marktstände auf Handelsmärkten in diversen polnischen Städten wie Białystock oder Łomża verantwortlich, ein Boykott, der sich im Laufe der Jahre immer weiter ausbreitete.[129] Zu den Forderungen vieler rechter parlamentarischer wie nichtparlamentarischer Parteien und Gruppen gehörte auch, verstärkt nach Plänen zu suchen, die eine nicht unbedingt freiwillige Auswanderung aller polnischer Juden zum Ziel hatten und dies auch offen artikulierten. Viele sahen in der erzwungenen Auswanderung, egal ob nach Palästina, Madagaskar oder einem anderen Ort in Afrika, beziehungsweise in einer „freiwilligen" Emigration die Lösung der sogenannten Judenfrage für Polen.[130] Die Forderungen wurden teilweise, wenn auch aus gänzlich anderen Gründen, von jüdischen Politikern aus dem national-jüdischen, dem zionistischen und revisionistischen Lager unterstützt. Exemplarisch hierfür sind die geheimen Verhandlungen, die der revisionistische Politiker Vladimir (Ze'ev) Jabotinsky (1880–1940) im Sommer 1938 mit der polnischen Regierung unter dem Premierminister Felicjan Sławoj Składkowski (1885–1962) führte und die zum Ziel hatten, innerhalb von zehn Jahren eineinhalb Millionen Juden aus Polen, Rumänien und Ungarn nach Palästina auswandern zu lassen.[131] Die Verhandlungen waren zum Teil von dem sogenannten

---

126 Vgl. Polonsky, Antony: The Jews in Poland and Russia 1914 to 2008, Bd. 3, Oxford/Portland/Oregon 2012, S. 77f.
127 Die ONR wiederum zerfiel nach ihrem Verbot im Juli 1934 in mehrere kleine Splittergruppen.
128 Nach William W. Hagen wäre vor allem die jüngere Generation in der *Endecja* von faschistischen Führern wie Mussolini, Hitler und Franco beeindruckt gewesen. Nach und nach hätte sie sich von den Parteipositionen entfernt und radikalisiert. Sie stände für eine Kombination aus populistischem Faschismus und einem militarisierten autoritären Regime. Vgl. Hagen: „Before the ‚Final Solution'", S. 369.
129 Vgl. Polonsky: The Jews in Poland, S. 78.
130 Vgl. VEJ 4/Einleitung, S. 21; Hagen: „Before the ‚Final Solution'", S. 373. Yfaat Weiss bemerkte außerdem, dass der Beginn der öffentlich geführten Debatte über eine Emigration der Juden aus Polen schwer einzuschätzen sei. Erste offizielle und inoffizielle Stellungnahmen ließen sich bereits für 1934 belegen. Vgl. Weiss: Deutsche und polnische Juden, S. 133. Zu den „Madagaskarplänen" siehe ausführlich: Brechtken, Magnus: „Madagaskar für die Juden". Antisemitische Idee und politische Praxis 1885–1945 (= Studien zur Zeitgeschichte, Bd. 53), München 1998, S. 81–156.
131 750.000 Juden sollten allein aus Polen „transferiert" werden. Vgl. Weinbaum, Laurence: „Jabotinsky and the Poles", *Polin* 5 (1990), S. 156–172. Zum Konzept des Revisionismus und

Haavara-(Transfer-)Abkommen inspiriert, das die Nationalsozialisten mit der Zionistischen Vereinigung in Deutschland und der *Jewish Agency* im Jischuv[132] im August 1933 geschlossen hatten und das viel innerjüdische Kritik, insbesondere auch von jüdischen Intellektuellen in Polen, auf sich gezogen hatte.[133] In ähnlicher Art und Weise kritisierten Bundisten dann auch das revisionistisch-zionistische Lager für ihre Zusammenarbeit mit der polnischen Regierung.[134] Doch auch die größte orthodoxe Partei in Polen, die *Agudat Yisroel*,[135] und Kreise der Assimilierten widersetzten sich den Auswanderungsorderungen. Auch wenn sie verschiedene Argumente vorbrachten, waren die verschiedenen Gruppen sich doch einig darin, es abzulehnen, Antisemitismus als Auswanderungsbegründung zu instrumentalisieren und „die Notlage der Juden von einer wirtschaftlich-sozialen zu einer politischen Angelegenheit zu stilisieren".[136] Insgesamt zeigte sich die Mehrheit der jüdischen Öffentlichkeit den Regierungsplänen gegenüber skeptisch und distanzierte sich insbesondere vom Element des Zwangs, das der Idee der

---

seinem Anklang unter jüdischen Jugendlichen in Polen vgl. Heller, Daniel Kupfert: Jabotinsky's Children: Polish Jews and the Rise of right-wing Zionism, Oxford/Princeton 2017.
132 Hebr.: „Siedlung", „bewohntes Land". Jischuv bezeichnet die jüdische Community bzw. die jüdischen Bewohner Palästinas vor der Staatsgründung Israels. Der Begriff kommt aus der zionistischen Bewegung und wurde um 1880 gebräuchlich.
133 Vgl. z. B. Eynhorn, Arn: Transfer, in *Haynt*, 24. September 1935, S. 3; Weiss, Yfaat: „The Transfer Agreement and the Boycott Movement: A Jewish Dilemma on the Eve of the Holocaust", *YVS* 26 (1998), S. 129–172. Das Abkommen sah vor, dass eine bestimmte Zahl von Juden aus Deutschland nach Palästina auswandern und einen Teil ihres Vermögens nach Palästina „transferieren" durfte. Durch das Abkommen wurde Juden teilweise die 1931 eingeführte „Reichsfluchtsteuer" erlassen, die darauf abzielte, jüdisches Vermögen zu konfiszieren. Im Zuge des Abkommens besteuerte der deutsche Fiskus die Juden, die nach Palästina auswandern wollten, geringer, als wenn sie in andere Länder gehen würden. Das Vermögen wurde auf ein Konto des neu gegründeten Transfer Offices in Palästina eingezahlt und parallel der Beitrag der Reichsfluchtsteuer beglichen. Von den Geldern, die dann wiederum in Palästina lagen, wurden Güter deutscher Hersteller bezahlt, die dann nach Palästina exportiert wurden.
134 Vgl. z. B. eine Anzeige in die *Naye Folkstsaytung* vom 6. Januar 1936 (S. 6) über ein nachgestelltes juristisches Tribunal zum Transferabkommen mit Barukh Shefner als Verteidiger und Henryk Erlich als Ankläger, sowie Shlomo Mendelsohn und Dovid-Leyb Naymark, einem Vorsteher des jüdischen Arbeitsboykottkomitees und einem polnischen Juden aus Deutschland, als Experten. Außerdem wurden auch Verteidiger zionistischer Gruppen zugelassen. Siehe außerdem: Weiss: Deutsche und polnische Juden, S. 135; Pickhan, Gertrud: „Gegen den Strom". Der Allgemeine Jüdische Arbeiterbund („Bund") in Polen 1918–1939 (= Schriften des Simon-Dubnow-Institut, Bd. 1), München/Stuttgart 2001, S. 290 f.
135 Zur Geschichte der *Agudat Yisroel* in Polen vgl. Bacon, Gershon C.: The Politics of Tradition: Agudat Yisrael in Poland, 1916–1939, Jerusalem 1996.
136 Weiss: Deutsche und polnische Juden, S. 135.

Auswanderung eingewoben war.[137] Der Disput zeigt, wie die Debatte um Emigration und Auswanderung die jüdische Öffentlichkeit, insbesondere Teile der jüdischen Intelligenz, in den 1930er Jahren in zunehmendem Maße dominierte, was sich nicht zuletzt anhand der Migrationsstatistiken dieser Jahre ablesen lässt.[138] Auch in der Frage der Emigration war die Haltung der jüdischen Intellektuellen und das Schicksal der jüdischen Bevölkerung in Polen insgesamt eng mit dem Los ihrer jüdischen Nachbarn in Deutschland verknüpft, weil internationale jüdische Organisationen wie das *American Jewish Joint Distribution Committee (Joint)* in der zweiten Hälfte der 1930er Jahre immer wieder entscheiden mussten, wem sie wie viel Aufmerksamkeit zukommen ließen. Insgesamt sahen sich polnische und deutsche Juden in den 1930er Jahren einer Art Konkurrenz um die wenigen Auswanderungsmöglichkeiten, die ihnen noch geblieben waren, gegenüber.[139] Schon nach dem Ersten Weltkrieg hatten viele Staaten restriktive Einwanderungsgesetze erlassen, die sie in den Krisenjahren ab 1929 immer weiter verschärften. Mit dem ernüchternden Ergebnis der Konferenz von Évian im Juli 1938 zeichnete sich schließlich ab, wie schlecht es um die Aufnahme- und Hilfsbereitschaft der internationalen Staatengemeinschaft für die Juden Europas bestellt war.[140]

Bei all diesen Fakten lassen sich die Ähnlichkeiten zur Politik der Nationalsozialisten in Deutschland nur schwer leugnen, denn neben dem militanten Straßenantisemitismus gab es auch in Polen antisemitische Gesetzesinitiativen, die versuchten, die jüdische Bevölkerung zu sanktionieren und nach und nach aus dem öffentlichen Leben auszuschließen.[141] Zwar gab es in Polen bis zum

---

137 Vgl. Weiss: Deutsche und polnische Juden, S. 135.
138 Ausführlich zur Emigrationsdebatte unter jüdischen Intellektuellen vgl. Melzer: No Way Out, S. 131–154. Für Zahlen vgl. Tolts, Mark: „Population and Migration: Migration since World War I", in: *YIVO Encyclopedia of Jews in Eastern Europe*, 12. Oktober 2010, https://yivoencyclopedia.org/article.aspx/Population_and_Migration/Migration_since_World_War_I (abgerufen am: 25.12.2021).
139 Vgl. Jünger, David: Jahre der Ungewissheit. Emigrationspläne deutscher Juden (= Schriften des Simon-Dubnow-Instituts, Bd. 24), Göttingen 2016, S. 15.
140 Die Forschung zur „Flüchtlingskrise" der 1930er Jahre erlebt seit der letzten Dekade einen großen Aufschwung, wie die Arbeiten von Susanne Heim und Michal Frankl exemplarisch zeigen. Vgl. z. B. Heim, Susanne: „The Year 1938 and the International Reactions to the Forced Emigration of German Jews", in: Bajohr, Frank und Dieter Pohl (Hrsg.): *Right-Wing Politics and the Rise of Antisemitism in Europe 1935–1941* (= European Holocaust Studies, Bd. 1), Göttingen 2019, S. 81–94; Frankl, Michal: „No Man's Land: Refugees, Moving Borders, and Shifting Citizenship in 1938 East-Central Europe", in *Jahrbuch des Simon-Dubnow-Instituts* 16 (2019/2017), S. 247–266.
141 Vgl. dazu Tomaszewski, Jerzy: „The Civil Rights of Jews in Poland, 1918–1939", *Polin* 8 (1994), S. 115–127; Rudnicki, Szymon: „National Democracy, Sanacja and the Jews in the Second Half of the 1930s", in: Gutman, Yisrael (Hrsg.): *Major Changes within the Jewish People in the Wake of the Holocaust*, Jerusalem 1996, S. 129–142.

Einmarsch der deutschen Truppen keine umfassende antisemitische Gesetzgebung, die mit der im nationalsozialistischen Deutschland vergleichbar gewesen wäre, der Antisemitismus fand jedoch auch so auf vielfältige Arten und Weisen seinen Ausdruck. Durch parlamentarische Gesetzesinitiativen und Debatten im Sejm wie jene über das Verbot des koscheren Schlachtens (1936),[142] die Einführung eines Numerus Clausus,[143] der sich gegen Juden wandte, die Installation der sogenannten Gettobänke an polnischen Universitäten (1937), das sogenannte Märzgesetz (1938), das im Ausland lebenden Juden die polnische Staatsbürgerschaft entziehen konnte,[144] den andauernden antijüdischen Boykott, alltägliche Übergriffe auf und Demonstrationen gegen Juden sowie durch die Nachahmung des sogenannten Arierparagraphen in unzähligen Vereinen und Organisationen wurde die gesellschaftliche Spaltung zwischen Juden und Nichtjuden auch so rasant vorangetrieben. Der Antisemitismus in Polen fand darüber hinaus im öffentlichen Diskurs seinen Ausdruck. So vertraten spätestens ab Mitte der 1930er weite Teile des politischen Spektrums zumindest teilweise antisemitische Inhalte. Waren das nationaldemokratische und katholische Lager ohnehin bereits stark antisemitisch geprägt, fanden sich nun antisemitische Äußerungen in geringer Zahl, aber mit zunehmder Tendenz auch in den Veröffentlichungen von Demokraten, Sozialisten und Kommunisten.[145] Hinzu kam eine Reihe von Pogromen und antijüdischen Gewaltexzessen in verschiedenen polnischen Städten, welche die jüdische Bevölkerung in Polen in den 1930er Jahren in Angst und Schrecken versetzten.[146]

---

[142] Vgl. dazu das Kapitel bei Weiss: Deutsche und polnische Juden, S. 56–65.
[143] 1922 gab es die ersten, zum Teil erfolgreichen Versuche und Initiativen, einen NC für Juden an polnischen Universitäten einzuführen. Vgl. Trębacz, Zofia: „'Ghetto Benches' at Polish Universities. Ideology and Practice", in: Fritz, Regina, Grzegorz Rossoliński-Liebe und Jana Starek (Hrsg.): *Alma mater antisemitica: akademisches Milieu, Juden und Antisemitismus an den Universitäten Europas zwischen 1918 und 1939*, Wien 2016, S. 113–135; Natkowska, Monika: Numerus clausus, getto ławkowe, numerus nullus, „paragraf aryjski". Antysemityzm na Uniwersytecie Warszawskim 1931–1939, Warszawa 1999.
[144] Zum Hintergrund des Märzgesetzes vgl. Tomaszewski, Jerzy: Auftakt zur Vernichtung, Osnabrück 2002, S. 73–100.
[145] Vgl. Holzer, Jerzy: „Polish Political Parties and Antisemitism", in *Polin* 8 (1994), S. 194–205, hier insb. S. 202–205.
[146] Ausführlicher zu den Pogromen zwischen 1935 und 1937 siehe: Żyndul, Jolanta: Zajścia antyżydowskie w Polsce w latach 1935–1937, Warszawa 1994. Zu den zahlreichen Pogromen, die die jüdische Community Polens im Laufe des 19. und 20. Jahrhunderts erschütterten, siehe außerdem die seit 2019 erscheinende Reihe *Pogromy Żydów na ziemiach polskich w XIX i XX wieku*, die u. a. vom Instytut Historii PAN herausgegeben wird.

1.4.2 Jüdische Geschichte Polens und Warschau als Zentrum jüdischen Lebens

In der neu gegründeten Zweiten Polnischen Republik lebten die meisten Juden in urbanen Räumen, allen voran in Warschau, dem geistigen und kulturellen Zentrum der jüdischen Bevölkerung Polens wie auch der polnischen Gesellschaft als ganzer.[147] Gegen Ende der 1930er Jahre machten die jüdischen Bewohner Warschaus mehr als ein Drittel der gesamten Stadtbevölkerung aus.[148] Doch nicht nur die hohe Anzahl von Juden in der Stadt selbst führte zum kulturellen Aufschwung, auch die durch den Aufbruch in die Moderne in Gang gesetzten Prozesse hatten ihre Spuren hinterlassen. Schnell wurden die urbanisierten jüdischen Schichten vom Prozess der jüdischen Aufklärungsbewegung, der Haskalah, zum Teil auch von einer Säkularisierung ergriffen.[149]

In den 1920er und 1930er Jahren differenzierten sich die in den Jahrzehnten zuvor entstandenen politischen Strömungen wie der Zionismus und der Bundismus innerhalb der jüdischen Bevölkerung Polens aus und festigten sich. Es entwickelte sich ein weitverzweigtes Netz von Gruppen, Parteien und Jugendorganisationen. Anhänger und Sympathisanten von Sozialismus, Zionismus oder Kommunismus, aber ebenso Assimilierte und Orthodoxe gründeten jeweils eigene Parteien, Zeitungen und Organisationen. Auch im Sejm, dem polnischen Parlament, saßen Juden als Vertreter unterschiedlicher Parteien und versuchten dort ebenso wie in den Stadträten, die Belange der jüdischen Bevölkerung sowie die durchaus unterschiedlichen Interessen ihrer jeweiligen Partei zu thematisieren

---

147 Vgl. VEJ 4/Einleitung, S. 18. Nach dem Zensus von 1931 lebten über drei Viertel der polnischen Juden im urbanen Raum. Vgl. Polonsky: The Jews in Poland, S. 61.
148 In Zahlen ausgedrückt waren das 375.000 jüdische Bewohner. Zum jüdischen Bevölkerungswachstum der Stadt vgl.: Polonsky, Antony: „Warsaw", in: *YIVO Encyclopedia of Jews in Eastern Europe*, 13. Dezember 2010, https://yivoencyclopedia.org/article.aspx/Warsaw (abgerufen am: 25.12.2021).
149 Am Ende des 19. Jahrhunderts, zu einer Zeit also, als Fragen nach nationaler Identität und Volkssouveränität überall in Europa, aber auch darüber hinaus viel diskutiert wurden, hatte sich unter Juden im russischen Imperium die Idee einer „ostjüdischen Nationalität" herausgebildet. Viele Juden wurden in den darauffolgenden Jahren politisch aktiv und schlossen sich sozialistischen oder zionistischen Organisationen an. Gründe für diese Entwicklung gab es viele. Neben dem Beginn der Modernisierung von Wirtschaft und Gesellschaft, die besonders durch die Reformen unter Zar Alexander II. an Fahrt aufnahm, waren auch das Aufkommen des modernen Antisemitismus sowie die Verarmung breiter Schichten und die sich dadurch festigende soziale Ausdifferenzierung in Klassen Gründe für die rasche Politisierung weiter Teile der jüdischen Bevölkerung. Vgl. VEJ 4/Einleitung, S. 16 f.; Pickhan, Gertrud: „Yiddishkayt and class consciousness. The Bund and its minority concept", *East European Jewish Affairs* 29/2 (2009), S. 249–263, hier S. 250.

und durchzusetzen.¹⁵⁰ Fragen nach der politischen Zugehörigkeit waren für viele Juden in der Zwischenkriegszeit also von enorm großer Bedeutung, und Debatten über und Kämpfe um eine politische Positionierung, die richtige Strategie bei der Hilfe der durch Weltwirtschaftskrise und gesellschaftlichen Antisemitismus verarmten jüdischen Schichten und nicht zuletzt auch kollektive und individuelle Fragen nach einer möglichen Emigration prägten diese Epoche nachhaltig.¹⁵¹ Die jüdische Bevölkerung Polens, die gegen Ende der 1930er Jahre fast dreieinhalb Millionen Menschen und damit etwa 10 % der Gesamtbevölkerung zählte, sah sich in der Zwischenkriegszeit also einem Widerspruch zwischen einer im Ganzen betrachtet relativ positiven gesellschaftlichen und politischen Entwicklung einerseits und erstarkenden antisemitischen Tendenzen andererseits ausgesetzt.¹⁵²

Über den Antisemitismus im eigenen Land diskutierte die jüdische Öffentlichkeit in Polen intensiv und entwickelte im Verlauf vielfältige Konzepte und Strategien, um diesem möglichst effektiv zu begegnen. Dabei kritisierten jüdische Intellektuelle wie der bereits erwähnte Mark Turkow auch die zunehmende politische Annäherung zwischen Deutschland und Polen, die sich ganz offiziell in der Ratifizierung des deutsch-polnischen Nichtangriffsabkommens im Januar 1934 zeigte, aber auch in dem Einfluss, den die nationalsozialistische Politik auf die polnischen Nationaldemokraten ausübte. In den 1930er Jahren arbeitete Turkow als Reporter des *Moment* im polnischen Sejm und war damit frühzeitig über politische Wendungen und etwaige antijüdische Stimmungen im polnischen Parlament informiert. Die enger werdenden diplomatischen Kontakte, die sich zwischen der polnischen und der deutschen Regierung seit 1933 abzeichneten, gaben ihm und anderen engagierten Journalisten einen weiteren Anlass, sich im Verlauf der 1930er Jahre immer wieder kritisch gegenüber Deutschland zu positionieren. Ebenfalls starken Einfluss hatte die Tatsache, dass Deutschland vor und nach dem Ersten Weltkrieg zu einem wichtigen Ziel, aber auch Zwischenstopp jüdischer Migration aus Osteuropa avanciert war und zu Beginn der 1930er Jahre ca. 70.000 Juden mit polnischer Staatsbürgerschaft in Deutschland lebten, die familiäre, freundschaftliche und kollegiale Kontakte in ihr Heimatland pflegten.¹⁵³ Ihre Situation war ein weiterer wichtiger Grund dafür, dass sich Juden in Polen so intensiv mit den politischen Entwicklungen in Deutschland befassten.¹⁵⁴

---

150 Zur Geschichte jüdischer Repräsentanz im polnischen Sejm siehe: Rudnicki, Szymon: Żydzi w parlamencie II Rzeczypospolitej, Warszawa 2004.
151 Dazu vgl. z. B. Weiss: Deutsche und polnische Juden, S. 131–139.
152 Vgl. Pickhan: „Gegen den Strom", S. 74.
153 Vgl. Weiss: Deutsche und polnische Juden, S. 20.
154 Vgl. Loose: „Reaktionen", S. 44, 46.

In Warschau, dem Zentrum jüdischen Lebens in Polen, kristallisierten sich diese Entwicklungen und Fragen in besonderer Art und Weise heraus, weil nicht zuletzt dort die politischen Kämpfe und Debatten kulminierten. Dies zeigt sich nicht nur an der Vielfalt der in der Stadt ansässigen politischen und kulturellen Organisationen und Parteien, auch lassen sich die Auseinandersetzungen anhand der strukturellen Zusammensetzung der jüdischen Bewohner der Stadt selbst ablesen. In der polnischen Metropole lebten die meisten assimilierten Juden, die zugleich auch einen Großteil der jüdischen bürgerlichen Mittelschicht und Intelligenz und damit auch einen Teil der polnischen Intelligenz stellten.[155] Exemplarisch zeigt sich dies am Beispiel der jüdischen Mediziner und Juristen, die 1931 über 50 % der praktizierenden Ärzte und Rechtsanwälte in der Stadt stellten.[156] Die meisten jüdischen Bewohner Warschaus allerdings lebten vom Kleinhandel oder waren im Versicherungswesen tätig, bestritten ihren Lebensunterhalt als Angestellte oder Arbeiter in Fabriken und anderen Unternehmen oder waren selbstständige Handwerker.[157] Mit immerhin etwas über 4 % gehörte ferner eine kleine Schicht den bildnerischen und erzieherischen Berufen an. Auch sie, die jüdischen Künstler, Schriftsteller, Musiker, Journalisten und Wissenschaftler, nahmen eine nicht unbedeutende Rolle in der polnischen Kunst- und Literaturszene ein.[158] Jüdische Schriftsteller und Künstler waren gern gesehene und gut bezahlende Gäste in den Theater- und Musikhäusern[159] sowie in den Cafés der Stadt, die ihre Blütezeit in den frühen 1920er Jahren hatten und Treffpunkt polnischer und jüdischer Literaten, Künstler und Intellektueller aller Art waren.[160]

---

155 Katrin Steffen meint, dass die gebildeten jüdischen Schichten zwar eine wichtige Rolle innerhalb der jüdischen Intelligenz einnahmen, aber im Kontext der Gesamtbevölkerung marginalisiert blieben und es nur sehr wenigen im 19. Jahrhundert mittels Assimilation gelang, aus der „Isolierung" auszubrechen. Vgl. Steffen: Jüdische Polonität, S. 50. Zu Assimilationstendenzen unter polnischen Juden zu Beginn des 20. Jahrhunderts siehe auch: Weeks, Theodore R.: „The best of both worlds: Creating the Żyd-Polak", *East European Jewish Affairs* 34/2 (2004), S. 1–20; Landau-Czajka, Anna: Syn będzie Lech: Asymilacja Żydów w Polsce międzywojennej, Warszawa 2006.
156 Vgl. Polonsky: The Jews in Poland, S. 61.
157 Für genaue Zahlen vgl. Polonsky, Antony: „Warsaw", in: *YIVO Encyclopedia of Jews in Eastern Europe*, 13. Dezember 2010, https://yivoencyclopedia.org/article.aspx/Warsaw (abgerufen am: 25.12.2021).
158 Vgl. Polonsky: The Jews in Poland, S. 61.
159 Die jüdische Bevölkerung Warschaus stellte z. B. einen Großteil der Gäste der Nationalphilharmonie. Vgl. Pryt: Befohlene Freundschaft, S. 95.
160 Über die Bedeutung der jüdischen Cafékultur für die Ausformung einer jüdischen Kultur in Warschau vgl. Pinsker, Shachar M.: A rich Brew. How Cafés Created Modern Jewish Culture, New York 2018, S. 55–97.

Als engagierte Journalisten, Schriftsteller, Politiker, Künstler, Kaufleute und Gemeindemitglieder gestalteten und beeinflussten sie das gesellschaftliche Leben der jüdischen Bevölkerung Warschaus und darüber hinaus. Scott Ury zeigte eindrücklich, wie das Zusammenspiel von Caféhäusern sowie der jüdischen Presse und Kultur in Warschau am Übergang vom 19. zum 20. Jahrhundert dazu führte, eine jüdische Öffentlichkeit entstehen zu lassen, und dabei half, die jüdische Bevölkerung in die Moderne zu führen.[161] Auch in Bezug auf die Auseinandersetzung mit dem Aufstieg faschistischer Bewegungen in ganz Europa und insbesondere in Deutschland und Polen spielten die jüdischen Intellektuellen, allen voran die Mitarbeiter der jüdischen Tageszeitungen in Warschau, eine zentrale Rolle. Es ist daher naheliegend, genau hier mit der Suche nach den zeitgenössischen jüdischen Reaktionen auf den Nationalsozialismus einerseits, aber auch auf den wachsenden Antisemitismus in Polen andererseits anzusetzen.

1.5 Zur Quellenlage

Die verzögerte Aufarbeitung der jüdischen Geschichte Polens und insbesondere der Geschichte der jüdischen Presse ergibt sich zum Teil aus der schwierigen Quellenlage. Die Archive vieler jüdischer Organisationen wurden entweder im Zuge der mit dem Einmarsch der deutschen Wehrmacht 1939 in Polen einsetzenden Kriegshandlungen zerstört oder aber im Anschluss durch die deutschen Besatzer beschlagnahmt. Außerdem zerstörten viele polnische Juden aus Angst vor Repression selbst die meisten privaten Archive und Sammlungen, die sich in ihrer Obhut befanden.[162] Wieder andere wurden von ihnen versteckt und blieben teilweise, da niemand, der das Versteck kannte, den Krieg und die Shoah überlebte, verschollen, sofern sie nicht durch puren Zufall gefunden wurden.[163]

Von dieser weitreichenden Zerstörung betroffen und damit wohl für immer verloren ist auch das Archiv des *Fareyn fun yidishe Literatn un Zhurnalistn in Varshe*, zu dem auch die Sammlungen des Jüdischen Journalistensyndikats, das ein auto-

---

[161] Vgl. Ury, Scott: Barricades and Banners. The Revolution of 1905 and the Transformation of Warsaw Jewry, Stanford 2012, S. 141–171.
[162] Die im Warschauer Getto-Untergrund agierende Gruppe *Oyneg Shabes* um den Historiker Emanuel Ringelblum, versuchte diesen Verlust aufzufangen, indem sie begann, systematisch Dokumente aus einer jüdischen Perspektive zu sammeln und diese zu verwahren. Dies gelang aber nicht immer, weil viele aus Angst ihre Tagebücher und Privatarchive vernichteten. Vgl. KARTA Centre (Hrsg.): The Ringelblum Archive. Annihilation – Day by Day, Warschau 2008, S. 7.
[163] Zum Beispiel die Bergung eines Teils des *Oyneg-Shabes*-Archivs.

nomer Teil seines polnischen Pendants war, und der Sektion des jiddischen PEN-Clubs in Polen gehörten. Ebenfalls betroffen ist das Archiv der Warschauer Niederlassung der *Jewish Telegraphic Agency* (JTA). Auch existieren heute die meisten Redaktionsarchive der für diese Arbeit relevanten Zeitungen und Zeitschriften nicht mehr. Unglücklicherweise sind inzwischen auch etliche Quellen, die den Krieg weitgehend unbeschadet überstanden haben, für die Wissenschaft verloren gegangen. Den für diese Arbeit größten Verlust dieser Art stellt sicher das Privatarchiv des Gründers und Direktors der JTA Jacob Landau (1892–1952) nach dessen Tod dar, in dem dieser Materialien aus allen Zweigstellen der JTA gesammelt hatte und das bei einem Feuer in seiner New Yorker Wohnung zerstört wurde.[164]

Somit fehlen diesem Projekt zentrale Archivbestände, die in ihrer Summe sicher von unschätzbarem Wert gewesen wären. Im Bewusstsein um die Lücken, die selbst auch ein Teil der Geschichte sind, lässt sich durch den Rückgriff auf andere Quellen, die diese Lücken umgeben und mit ihnen in Beziehung stehen, dennoch eine Geschichte erzählen, die andernfalls gänzlich in Vergessenheit geraten würde. Die Arbeit basiert der Quellenlage entsprechend auf einer Art Flickenteppich, der sich aus einer sehr heterogenen Masse verschiedenster Quellen und Memoiren zusammensetzt, die zumindest fragmentarisch und schlaglichtartig Aufschlüsse über die geistige Haltung der polnisch-jüdischen Zeitungsmacher in Warschau bezüglich der Auseinandersetzung mit dem Nationalsozialismus geben können.

Die vorliegende Arbeit stützt sich auf verschiedene Arten von Quellen. Die wohl bei weitem wichtigste von diesen stellen die vier wichtigsten jiddischen Tageszeitungen aus Warschau dar. Ihre Analyse bildet einen der vier Grundpfeiler, die diese Arbeit tragen. Nach thematischen Schwerpunkten wurden der *Haynt* (Heute), der *Moment*, die *Naye Folkstsaytung* (Neue Volkszeitung) und das *Dos Yudishe Togblat* (Die Jüdische Tageszeitung) ausgewertet.[165] Ergänzend hierzu

---

164 Vgl. Bar, Arie: „Making Jewish News", in: Flinker, David, Shalom Rosenfeld und Mordechai Tsanin (Hrsg.): *The Jewish Press that was. Accounts, Evaluations and Memories of Jewish Papers in pre-Holocaust Europe*, Jerusalem 1980, S. 173–203, hier S. 196.

165 Auch die jiddische Tageszeitung *Unzer Ekspres* (1926–1939) gehört streng genommen zu den wichtigsten jiddischen Tageszeitungen Warschaus. In dieser Arbeit wurde jedoch nur sporadisch auf Artikel aus der Zeitung zurückgegriffen. Die Entscheidung darüber wurde aus den folgenden Gründen getroffen: Erstens hatte die Zeitung ein anderes Format, sie war kleiner und umfangreicher als die anderen jiddischen Tageszeitungen und konzentrierte sich auf die Verbreitung kompakter und kurzer Nachrichten. Zweitens hatte sie ebenso wie der *Moment* und der *Haynt* ein politisch offenes, wenn auch sichtbar prozionistisches Profil und gehörte damit zum Spektrum der sog. bürgerlichen jüdischen Presse. Um ein ungefähres Gewicht zwischen den politischen Richtungen zu gewährleisten, wurde auf die Lektüre der Zeitung verzichtet. Zuletzt sei darauf hingewiesen, dass auch die jüdischen Journalisten und Redakteure selbst oftmals in ihren Erinne-

wurden weitere Periodika und zeitgenössische Publikationen herangezogen. Von besonderem Wert war hierbei die Lektüre der jiddischen Tageszeitung *Unzer Ekspres* (Unser Express), der polnischsprachigen *Nasz Przegląd* und der einflussreichen Literatur- und Kulturzeitschrift die *Literarishe Bleter* (Literarische Blätter).[166] Im Vergleich zum Zugang zu deutschsprachigen jüdischen Periodika gestaltet sich jener zur polnisch-jüdischen Presse bis heute bedeutend schwieriger. Obwohl sich der Zugang zu einigen Tageszeitungen, insbesondere zum *Haynt* und zum *Moment*, seit Beginn der Arbeit verbessert hat,[167] ist der Großteil der Zeitungen über verschiedene Archive und Bibliotheken in Polen, der Ukraine, Israel, den Niederlanden und den USA verstreut. Hinzu kommt, dass fast keine Institution einen vollständigen Satz einer Zeitung für die gesamte Zeit ihres Erscheinens besitzt. Durch die teilweise jahrzehntelange und oft schlechte Konservierung der Zeitungen war es stellenweise nicht möglich, mit den gewünschten Ausgaben und Jahrgängen zu arbeiten. Andere Titel waren wiederum einfach nicht mehr auffindbar, obwohl sie im Katalog verzeichnet waren, oder nur noch lückenhaft und auf Mikrofilm vorhanden. Häufig führten reine Zufallstreffer in Handkatalogen, die zu weiteren verlorengeglaubten Beständen führten, zum Erfolg. Aus diesem Grund gibt es auch eine bisweilen unterschiedliche Gewichtung in der Repräsentanz der unterschiedlichen Zeitungen. Vom *Dos Yudishe Togblat* beispielsweise waren nicht nur die Originale, die im Jüdischen Historischen Institut in Warschau liegen, größtenteils so zerstört, dass auf Mikrofilme zurück-

---

rungen nur von vier großen jiddischen Tageszeitungen sprechen und damit den *Haynt*, den *Moment*, die *Naye Folkstsaytung* und *Dos Yudishe Togblat* meinen. Vgl. z. B. Klepfisz, Heszel: Culture of Compassion. The Spirit of Polish Jewry from Hasidism to the Holocaust, New York 1983, S. 187.

166 Die *Literarishe Bleter* war eine Literatur- und Kulturzeitschrift, die wöchentlich von Mai 1924 bis Juni 1939 in Warschau unter der Herausgeberschaft von Nakhmen Mayzel produziert und herausgegeben wurde. Die 782 Ausgaben zählende Zeitschrift war in der Zwischenkriegszeit eine der dynamischsten, einflussreichsten und bekanntesten jiddischsprachigen Literaturzeitschriften in der Zweiten Polnischen Republik und darüber hinaus. Für mehr Informationen siehe: Geller, Aleksandra: „Literarisze Bleter' (1924–1939)", in: Nalewajko-Kulikov, Joanna, Agnieszka J. Cieślikowa und Grzegorz P. Bąbiak (Hrsg.): *Studia z dziejów trójjęzycznej prasy żydowskiej na ziemiach polskich (XIX–XX w.)*, Warszawa 2012, S. 101–112.

167 Beide Zeitungen sind in digitalisierter Form über das Webportal *The Historical Jewish Press*, ein Verbundprojekt der Nationalbibliothek in Jerusalem und der Universität Tel Aviv, zugänglich. Bis zum Dezember 2019 fehlten allerdings die 1930er Jahre des *Moment*, sodass von der Digitalisierung der Zeitung für diese Arbeit kein großer Nutzen mehr gezogen werden konnte. Im selben Portal können die Zeitungen *Unzer Ekspres* und die *Literarishe Bleter* eingesehen werden. Die Online-Datenbank der *Biblioteka Narodowa* hat ferner damit begonnen, die *Nasz Przegląd* zu digitalisieren, allerdings fehlt der Datenbank bisher ein einheitliches System, sodass es streckenweise recht aufwendig ist, die gewünschten Ausgaben zu finden.

gegriffen werden musste. Auch waren nicht alle Teile der Zeitung verfilmt, weshalb zum Beispiel der gesamte Jahrgang 1938 fehlt. Gleichzeitig wurde in der Zeitung prozentual auch weniger über die Entwicklungen im nationalsozialistischen Deutschland berichtet, weshalb die Zeitung bisweilen unterrepräsentiert zu sein scheint.

Um das vorliegende Forschungsprojekt nicht ausschließlich auf Zeitungen aufzubauen, wurden ferner diverse Archivalien herangezogen. Darunter befinden sich neben persönlichen Dokumenten der Zeitungsmacher – insbesondere Briefe, die aus den Nachlässen verschiedener Schriftsteller und Journalisten stammen – auch Archivbestände unterschiedlicher jüdischer, zumeist kultureller Organisationen. Die Tatsache, dass sich Aussagen zum Thema dieser Dissertation in so vielen verschiedenartigen Quellen finden lassen, zeigt bereits, wie stark das alltägliche Leben der jüdischen Bevölkerung Warschaus von Fragen nach dem Aufstieg der Nationalsozialisten durchdrungen war.

Ferner wurden für die Arbeit Aktenbestände deutscher und polnischer Behörden wie etwa der Deutschen Gesandtschaft in Warschau ausgewertet. Obwohl diese behördlichen Quellen, die aus der Perspektive der Herrschenden geschrieben und insbesondere im Falle jener aus NS-Deutschland ideologisch und antisemitisch gefärbt sind, können sie bei ausreichend kritischer Betrachtung und jüdische Quellen zur Kontrastierung heranziehender Lesart dennoch helfen, das durch die lückenhafte Quellenlage oft unvollkommene Bild weiter zu vervollständigen. Dies gilt insbesondere für Fragen des Erfolgs und Misserfolgs des jüdischen Protests, der sich notwendigerweise vor allem an der Reaktion der Adressaten desselben ablesen lässt. Nicht umsonst waren derlei Reaktionen regelmäßig Teil der Berichterstattung der jiddischen Tageszeitungen. Die Geschichte der jiddischen Presse Warschaus und ihres Kampfs gegen Nationalsozialismus und Antisemitismus ist auch eine Geschichte der Repression, und somit sind auch Dokumente dieser Repression Teil dieser Geschichte.

Die unterschiedlichen Dokumente können ferner helfen, die Netzwerke, Kontakte und Wissenstransfers der jüdischen Zeitungsmacher innerhalb und außerhalb Warschaus zu rekonstruieren. Von besonderem Wert waren für diese Arbeit insbesondere Bestände aus dem *Archiwum Akt Nowych* (AAN), dem *Archiwum Żydowski Instytut Historyczne* (AŻIH), der *Biblioteka Narodowa*, der *Biblioteka Uniwersytecka w Warszawie*, dem Archiv und der Bibliothek des *YIVO Institute for Jewish Research*, dem Archiv des *Bund* in New York (Bund-Archives), dem *Bundesarchiv Berlin* (BArch), dem *Politischen Archiv des Auswärtigen Amts* (PAAA), dem *Archiv des Vereins der Ausländischen Presse zu Berlin e.V.* (AVAP),[168]

---

168 Das lange als verschollen geltene Archiv des Vereins wurde vor ein paar Jahren von der

der *Staatsbibliothek Berlin*, dem Archiv des *Institute for Social History* (IISH), der *National Library of Israel* (NLI), dem *Central Zionist Archive* (CZA), den *Central Archives for the History of the Jewish People* (CAHJP), dem *Yad Vashem Archives* (YVA), dem *Diaspora Research Center Archives* der Universität Tel Aviv (DRCA), dem Archiv des *Beit Lohamei haGeta'ot* (BLHG, Haus der Gettokämpfer) und dem *Schweizer Bundesarchiv* (CHBar).

Von erheblicher Bedeutung für die Rekonstruktion der individuellen Erfahrungsebene einerseits und der journalistischen Netzwerke andererseits waren die primär in jiddischer Sprache verfassten Selbstzeugnisse ehemaliger jüdischer Journalisten und Publizisten, die in Form von literarischen Texten, nachträglich veröffentlichten Tagebüchern, Memoiren und Autobiografien vorliegen. Bereits während des Krieges entwickelte sich im Exil beziehungsweise der neuen Heimat eine rege Publikationstätigkeit unter den geflohenen Journalisten, Schriftstellern sowie kulturellen und politischen Aktivisten. Diese sehr breit gefächerte und umfangreiche Erinnerungsliteratur gewinnt insbesondere dort an Bedeutung, wo die Quellenbestände lückenhaft sind. Auch wenn diese Quellen zum Teil erst Jahrzehnte später und mit dem Wissen um die Shoah verfasst wurden, schmälert es dennoch nicht ihren Wert und die Bedeutung, die sie für die Erforschung der osteuropäischen-jüdischen Geschichte einnehmen. Denn oft sind eben diese Werke die einzigen Dokumente, die detailliert über persönliche Verbindungen, Selbstbilder und die gesellschaftliche Rolle, welche die jüdischen Journalisten und Schriftsteller in Warschau innehatten, Aufschluss geben können.

1.6 Gliederung der Arbeit

Auf die Einleitung zur Arbeit folgen sechs Hauptkapitel sowie ein Fazit. Kapitel 2 führt in die jüdische Presse Warschaus und im Spezifischen in die jiddische Presse und ihre Zeitungsmacher ein. Es werden die einzelnen Zeitungen vorgestellt, ihre Beziehungen zueinander sowie ihre Erfahrungen im Kampf gegen den Antisemitismus thematisiert. Darüber hinaus werden die Beziehungen der jüdischen Zeitungsmacher in Warschau zu Deutschland, im Besonderen zu Berlin, und zu deutschen Juden vor 1933 erläutert. Im dritten Kapitel geht es um die konkrete Arbeit der jüdischen Zeitungsmacher in Warschau sowie um die Arbeit der jüdischen Zeitungskorrespondenten in Berlin. Im Mittelpunkt stehen hierbei primär

---

Historikerin Sonja Hillerich per Zufall in Schweden wiederentdeckt. Heute befindet es sich in den Büroräumen des Vereins im Deutschen Pressehaus in Berlin und kann auf Anfrage eingesehen werden. Ich danke Normen Domeier für die Information und den Kontakt zum Verein.

die Arbeitsbedingungen im polnischen und deutschen Kontext in den 1930er Jahren sowie Fragen nach der Wissensaneignung und der Wissensproduktion. Daran schließt sich das vierte Kapitel an, in dem es im weitesten Sinne um die Inhalte der verschiedenen Presseerzeugnisse geht. Es wird danach gefragt, wie die Zeitungsmacher den Aufstieg der Nationalsozialisten deuteten, was sie über die beginnende Verfolgung von Juden und Andersdenkenden wussten und welche Analysen und Interpretationen über Antisemitismus und Nationalsozialismus sie ihren Lesern anboten, auch und gerade im direkten Vergleich zur politischen und gesamtgesellschaftlichen Situation in Polen. Dieses Kapitel bildet den inhaltlichen Rahmen für das darauffolgende Kapitel, in welchem Reiseberichte von jüdischen Journalisten, die sich gezielt oder zufällig in Deutschland aufhielten, vorgestellt und auf ihre Form und ihren Inhalt hin analysiert werden. Fragen nach den Bildern und Vorstellungen, die Juden in Polen von Deutschland hatten, Vorstellungen über jüdisches Leben im Nationalsozialismus sowie Vorstellungen von Nationalsozialisten und der deutschen Mehrheitsgesellschaft stehen hier im Zentrum. Die Kapitel 4 und 5 stellen darum gewissermaßen eine Einheit dar in dem Sinne, dass sie Aufschluss geben über das in Warschau zirkulierende Wissen hinsichtlich der beginnenden Verfolgung von Juden und politisch Andersdenkenden im nationalsozialistischen Deutschland. Das sechste Kapitel schließlich blickt auf die widerständigen Praxen, also die Formen des Protests und der Solidarität, die sich infolge des durch die Journalisten angesammelten Wissens über das nationalsozialistische Deutschland in Warschau und in ganz Polen entwickelten und die sich als Opposition zu den herrschenden Verhältnissen in Deutschland und zum Teil auch in Polen verstanden. Das abschließende und damit letzte Kapitel dieser Arbeit betrachtet die Jahre 1938 bis 1941. Zentrales Anliegen dieses Kapitels ist es aufzuzeigen, wie die Jahre 1933 bis1937 die Handlungen und das Denken der jüdischen Zeitungsmacher in Warschau in der Zeit kurz vor und nach dem deutschen Überfall auf Polen im September 1939 prägten. Dabei stehen drei Ereignisse im Vordergrund, die in besonders prägnanter Weise die deutsche und polnische Geschichte miteinander verbanden und Einfluss auf das Leben von Juden in Polen und Deutschland gleichermaßen hatten: die sogenannte Polenaktion, die Novemberpogrome sowie der Ausbruch des Zweiten Weltkrieges mitsamt seinen unmittelbaren Folgen. Ein abschließendes Fazit schließlich führt die einzelnen Ergebnisse der Kapitel nochmals in größeren Thesen zusammen und zeigt darüber hinaus Themenfelder für zukünftige Forschungen auf.

1.7 Schreibweisen, zentrale Begriffe und Anmerkungen

Obwohl die Begriffe Gemeinschaft und Gemeinde von zentraler Bedeutung für die jüdische Geschichtsschreibung sind, wird in dieser Arbeit kaum mit diesen beiden Begriffen gearbeitet, sondern stattdessen von „jüdischer Community" gesprochen. Der Begriff Community erscheint mir passender als das deutsche Pendant der Gemeinschaft, weil er im Gegensatz zum vormodernen Begriff der Gemeinschaft im deutschen Kontext nicht durch den Nationalsozialismus negativ vorgeprägt ist[169] und zudem heutzutage auch ein gängiger Begriff in der deutschsprachigen soziologischen Minderheitenforschung ist. Darüber hinaus verspricht der Begriff der Community passender für die jüdische Bevölkerung Polens zu sein, weil er flexibler und fluider ist. Während die Begriffe der Gemeinde und der Gemeinschaft in der Regel eine institutionell verankerte Zugehörigkeit zu einer religiösen Organisation, also einer jüdischen Gemeinde, oder eine Mitgliedschaft in einem jüdischen Verein beschreiben, eröffnet der Begriff der Community Spielraum hinsichtlich eines freiwilligen aktiven beziehungsweise passiven Zugehörigkeitsgefühls sowie hinsichtlich bestimmter Selbst- und Fremdwahrnehmungen. So argumentiert der Migrationsforscher Tobias Brinkmann, dass „[d]ie Mitglieder einer Gemeinde oder eines Vereines sich aktiv in die jeweilige von ihnen selbst gewählte ‚Gemeinschaft' ein[bringen]" würden, während „[i]n der ‚community' dagegen die Mitglieder in der Regel durch gewählte oder selbsternannte Vertreter oder Sprecher, durch sog. ‚ethnic leaders' repräsentiert [werden]".[170] Ein aktiver Bundist aus Warschau konnte sich zum Beispiel nicht von der lokalen jüdischen Gemeinde nach außen vertreten fühlen, sich aber über seine freiwillige Zugehörigkeit zum *Bund* durchaus mit Teilen oder mit der Gesamtheit der jüdischen Community, also in all ihren religiösen, kulturellen und politischen Ausformungen, zugehörig und solidarisch fühlen und sich ebenfalls von verschiedenen Sprechern nach außen hin vertreten lassen. Das wechselseitige Gefühl der Gleichartigkeit aufgrund des Jüdischseins, das seine Bedeutung nicht zuletzt durch die ab- und ausgrenzenden Reaktionen der Mehrheitsbevölkerung erlangt, steht hier einer durchaus komplexen und arbeitsteilig organisierten Lebenswelt gegenüber. Der Begriff der Community ist ausreichend ungenau, um beides fassen zu können, ohne dabei jedoch beliebig zu werden. Desweiteren werden in der Arbeit in Übersetzungen aus dem Jiddischen und Polnischen die Begriffe Hitlerismus und Hitlerist nicht mit Nationalsozialismus beziehungsweise National-

---

[169] Vgl. Breuer, Stefan: „‚Gemeinschaft' in der ‚deutschen Soziologie' (1933–1945)", *Zeitschrift für Soziologie* 31/5 (2002), S. 354–372.
[170] Brinkmann, Tobias: Von der Gemeinde zur „Community". Jüdische Einwanderer in Chicago 1840–1900, Osnabrück 2002, S. 22.

sozialist übersetzt, da diese Begriffe primär das politische System der von Hitler ausgeübten Herrschaft ins Zentrum stellten, nicht aber die nationalsozialistische Ideologie, die ja zumindest in der Theorie auch unabhängig von der Person Hitlers existieren könnte und nach dessen Tod auch tatsächlich existierte. Im Übrigen wurde so auch versucht, den Nationalsozialismus auf Grund der so nicht mehr gegebenen begrifflichen Überschneidung stärker vom Sozialismus abzugrenzen und ihn dennoch klar vom italienischen Faschismus zu unterscheiden.

Für diese Arbeit ist es außerdem besonders wichtig zu verstehen, dass sich die Wörter *Yud* und *Yid* sowie *yudish* und *yidish* inhaltlich überschneiden, gleichzeitig aber auch Unterschiedliches bezeichnen können und daher je nach Kontext unterschiedlich ins Deutsche übersetzt werden müssen.[171] Beide Formen bedeuten *Jude* beziehungsweise *jüdisch*, sie sind jedoch nicht in jedem Fall synonym. So kommt es zum Beispiel vor, dass in den Quellen absichtlich von *yudish* oder von *yud* die Rede ist, um explizit einen inhaltlichen Unterschied zu markieren. Dies ist zum Beispiel manchmal der Fall, wenn von deutschen Juden (*daytshe Yuden/Yudn* statt *daytshe Yidn*) die Rede ist, im Gegenzug dazu aber von *Mizrekh-yidn*, also osteuropäischen Juden, gesprochen wird.[172] Durch die explizite Verwendung des Wortes *Yidn* wird der osteuropäisch-jüdischen und explizit jiddischen Kultur Ausdruck verliehen. Ferner kann *yidish* anders als *yudish* auch Jiddisch als Sprache und das Jiddische als Kultur bezeichnen. Überhaupt betont *Yud* stärker die religiöse, *Yid* hingegen stärker die kulturelle Komponente des Jüdischseins, was sich auch in dem bereits erwähnten Begriff *daytshe Yuden* widerspiegelt, der zum Ausdruck bringt, dass aus Sicht der osteuropäischen Juden die stärker assimilierten Juden in Deutschland sich stark von ihrer jüdischen Kultur entfernt hatten. Gleichwohl lässt sich auch hieraus keine allgemeingültige Regel ableiten. Da das Jiddische eine nur wenig standardisierte und dialektreiche Sprache war und ist, können die erwähnten Begriffe von unterschiedlichen Autoren auch durchaus unterschiedlich verwendet werden, wie sich auch insgesamt in den

---

171 Ber Borochov kritisierte 1913 die seiner Meinung nach falschen Schreibweisen von *yidish*, also *yudish* und *idish*. Sie seien Formen, die vom Deutschen beeinflusst worden seien, und darum kein echtes Jiddisch, sondern nur *Daytshmerish*, also eine deutsche Version des Jiddischen. Vgl. Borochov, Ber: „Classical Text in Translation. The Tasks of Yiddish Philology", übersetzt von Jacob Engelhardt und Dalit Berman, *Science in Context* 20/2 (2007), S. 355–373, hier S. 368.
172 *Mizrekh-yidn* ist die positiv konnotierte jiddische Selbstbezeichnung für osteuropäische Juden bzw. für den eher negativ konnotierten und deutschsprachigen Begriff der Ostjuden. Zur Verwendung der Begriffspaare *mizrekh-yidish* und *ost-yidish* vgl. auch Saß, Anne-Christin: „Einführung", in: Schneersohn, Fischl: *Grenadierstraße. Roman*, hrsg. von Anne-Christin Saß, Göttingen 2012, S. 5–16, hier S. 15.

Quellen unterschiedliche Schreibweisen für eine Vielzahl an Wörtern finden lassen.[173] Der Kontext bleibt daher immer mitzuberücksichtigen.

Hinsichtlich der Schreibweise von Personennamen wurde jeweils auf die Sprache zurückgegriffen, in der die jeweilige Person entweder am häufigsten publiziert hat oder unter der sie international bekannt ist. Wenn Zweifel hinsichtlich der Schreibweisen bestanden, wurde versucht, sich an der Schreibweise der online einsehbaren YIVO-Enzyklopädie zu orientieren, sofern es für die Person denn einen Eintrag gibt. So gibt es für den Journalisten Chaim Finkelstein des *Haynt* zum Beispiel drei Schreibweisen: Eine internationale („Chaim Finkelstein"), eine Jiddische („Khaym Finkelshtayn") und eine Polnische („Chaim Finkelsztejn"). Da Chaim Finkelstein die Shoah überlebte, in die Vereinigten Staaten migrierte und dort seinen Namen amerikanisierte und sich diese Schreibweise auch in der Sekundärliteratur verbreitete, wird er in die Arbeit folglich als „Chaim Finkelstein" eingeführt. Handelt es sich jedoch um eine jiddische Quellenangabe in den Fußnoten, wird sein Name weiterhin „Khaym Finkelshtayn" geschrieben. Bezüglich der Journalisten wird im Fließtext außerdem immer der bürgerliche Name und nicht das gegebenenfalls existierende Pseudonym verwendet (z. B. „Aaron Levi Riklis" statt „A. S. Lirik"). Eine Ausnahme wurde bei Journalisten gemacht, die im *Bund* aktiv waren und einen international bekannten Parteinamen trugen (z. B. „Henryk Erlich" statt „Hersh Wolf"). Auch in den Quellenangaben werden um der Einheitlichkeit und des leichteren Verständnisses willen keine Kürzel verwendet, sondern diese immer aufgeschlüsselt. Bei Pseudonymen wird, soweit bekannt, der bürgerliche Name in eckigen Klammern eingefügt. Außerdem befindet sich im Anhang für die wichtigsten Journalisten und Schriftsteller ein ausführliches biografisches Verzeichnis, das neben den unterschiedlichen Schreibweisen im Polnischen, Jiddischen und Englischen auch die gebräuchlichsten Pseudonyme und Kürzel verzeichnet.

Für Ortsnamen hingegen wurde, sofern nicht bereits eine seit Langem gebräuchliche und ideologiefreie deutsche Schreibweise wie etwa Warschau oder Krakau vorlag, stets die damals lokal gültige Schreibweise verwendet. So wird also nicht von Vilnius, Wilna oder Wilno, sondern von Vilna gesprochen, genauso wie von Łódź statt von Lodz. Die Übersetzung fremdsprachiger Quellen hingegen folgt der neuen Rechtschreibung, grobe Rechtschreibfehler oder Tippfehler in deutschsprachigen Quellen wurden leicht angeglichen. Sprachliche Eigenheiten hingegen wurden, insbesondere auch dann, wenn sie von Nicht-Muttersprachlern stammen, so weit wie möglich beibehalten.

---

173 Vgl. Matras, Yaron und Gertrud Reershemius: Standardization beyond the State: The Cases of Yiddish, Kurdish and Romani, in: von Gleich, Utta und Ekkehard Wolff (Hrsg.): *Standardization of National Languages*, Symposium on Language Standardization, 2.–3. Februar 1991, UIP-Berichte 5, Hamburg 1991, S. 103–123, hier S. 105–107.

2 Making Jewish News: Die Warschauer jiddische Presse und ihre Macher vor 1933

> Die Warschauer Zeitungen hatten Gesichter, Persönlichkeiten [...]. Eine solche Zeitung hatte Gewicht. Journalisten, Feuilletonisten, Erzähler mit Profil. Jede Redaktion hatte ihre Favoriten. [...] Eine Freitagsausgabe war nicht einfach nur eine Zeitung. Das war auch das jüdische Wochenblatt, denn eine solche Zeitung war voll mit wöchentlichen neuen Informationen und dekoriert mit festlichem Talent.[174]

Mit diesen Worten erinnerte sich der Schriftsteller Zusman Segalovitsh* (1884–1949) im Jahr 1947, also kurz nach dem Ende des Zweiten Weltkrieges, an die Bedeutung der jüdischen Presse Warschaus. Darin drückte der Publizist, der inzwischen in Palästina lebte, nicht nur seine Wertschätzung für seine ehemaligen Kollegen aus, sondern zeigte auch die Bedeutung auf, welche sie und die Zeitungen, für die sie arbeiteten, für die jüdische Bevölkerung in der Zweiten Polnischen Republik hatten. Die besondere und herausragende Stellung der Zeitungsmacher betonten nach dem Krieg auch andere überlebende Journalisten und Schriftsteller wie etwa Yehuda Gotthelf (1903–1994). Der in Warschau geborene Journalist, der in den 1960er Jahren für die israelische Zeitung *Davar* (Wort) arbeitete, verglich die gesellschaftliche Stellung der Journalisten und Publizisten in Warschau mit der charedischer Rabbiner.[175]

Doch nicht nur nach dem Krieg aufgezeichnete Memoiren verweisen auf die Bedeutung der jüdischen Presse und ihrer Macher. Es lassen sich ebenso Hinweise darauf finden, dass die Presse in der Tat die wichtigste Informationsquelle für Juden in Polen hinsichtlich der sie umgebenden Welt war. Denn in ihrer Aktualität, ihrer Omnipräsenz und ihrer Nähe zum jüdischen Leser selbst überholten die Warschauer jüdischen Tageszeitungen andere Sphären der politischen und kulturellen Meinungsbildung wie die jüdische Literatur bei weitem. In seiner Auswertung der Biografien jüdischer Jugendlicher aus dem Polen der 1930er Jahre, welche im Rahmen mehrerer Schreibwettbewerbe entstanden, die vom YIVO-Institut in Vilna ausgerichtet worden waren, kommt der Historiker Kamil Kijek zu dem Schluss, dass die Bildungsquellen, die von den Jugendlichen am häufigsten genannt wurden, Titel der jiddischen Presse waren. Demnach waren Zeitungen wie der *Haynt* und der *Moment* sowie insgesamt jene, die politischen

---

[174] Segalovitsh, Zusman: Gebrente trit. Ayndrikn un iberlebungen fun a pleytim-vanderung, Buenos Ayres 1947, S. 9–10.
[175] Vgl. Gotthelf, Yehuda: „The silenced voice of a people", in: Flinker, David, Shalom Rosenfeld und Mordechai Tsanin (Hrsg.): *The Jewish Press that was. Accounts, Evaluations and Memories of Jewish Papers in pre-Holocaust Europe*, Jerusalem 1980, S. 9–15, hier S. 12.

ƏOpenAccess. © 2022 Anne-Christin Klotz, publiziert von De Gruyter. [CC BY-NC-ND] Dieses Werk ist lizenziert unter einer Creative Commons Namensnennung – Nicht kommerziell – Keine Bearbeitung 4.0 International Lizenz. https://doi.org/10.1515/9783110756494-003

Organisationen nahestanden, am populärsten. Wie alle anderen jiddischsprachigen Leser suchten auch die jüdischen Jugendlichen primär nach aktuellen politischen Informationen und Sensationen.[176] In diesem Sinne decken sich Kijeks Ergebnisse mit den Erinnerungen der Journalisten, denn sie zeigen, dass der Einfluss der jüdischen Tageszeitungen, insbesondere der jiddischen Tageszeitungen aus Warschau, auf die jüdische Bevölkerung in der Tat groß war.[177] Dass dies nicht nur für Jugendliche galt, sondern im besonderen Maße auch für Erwachsene, zeigt die Biografie des 20-jährigen Mojżesz Tendlarz aus Parczew. In seinem im Jahr 1939 verfassten biografischen Bericht beschrieb dieser, wie sein Vater sich jeden Morgen hinsetzte und den *Moment* sowie später, in den 1930er Jahren, schließlich auch die *Naye Folkstsaytung* las.[178] Ähnlich war es auch im Falle der Familie des jüdischen Historikers und Rabbiners Mojżesz Schorr (1874– 1941), der selbst immer wieder für jiddisch- und polnischsprachige jüdische Zeitungen schrieb. In seinem Haushalt wurden neben der *Chwila* aus Lemberg ebenfalls der *Haynt*, der *Moment* und die *Nasz Przegląd* aus Warschau regelmäßig gelesen.[179]

Die jüdischen Printmedien waren ein relativ einfach zu produzierendes und für die jiddischsprachigen Leser ein preislich erschwingbares Produkt, weshalb es allein in Warschau in der Zwischenkriegszeit acht jüdische Tageszeitungen gab. Von den Zeitungen, die in den 1930er Jahren in Warschau produziert und herausgegeben wurden, waren die jiddischen Tageszeitungen *Haynt*, *Moment*, *Naye*

---

176 Ein anderes Bild ergibt sich aus den Erinnerungen des Journalisten Sz. Szajnkinder. Als dieser über den Tod des Ethnografen und Journalisten Menakhem Kipnis im Warschauer Getto schrieb, bemerkte er, dass die jüdische Jugend den gealterten Journalisten nicht mehr kannte und insgesamt weniger jiddische Zeitungen gelesen hätte als die älteren Juden. Für sie war die jüdische Zeitung zu Hause nur ein Gast, aber kein täglicher Freund und Begleiter. Schlimmer noch: Für die snobistische jüdische Jugend sei der *Nasz Przegląd* die Zeitung der Wahl gewesen. Vgl. „Dok. 14 04–07.1942, Warszawa-getto [Sz. Szajnkinder], ‚Fun mayn tog-bukh' [‚Z mojego dziennika']", in: Żydowski Instytut Historyczny im. Emanuela Ringelbluma (Hrsg.): *Dzienniki z getta warszawskiego*, Bd. 23, Archiwum Ringelbluma. Konspiracyjne Archiwum Getta Warszawy, Warszawa 2015, S. 344–365, hier S. 354.
177 Andrzej Paczkowski zufolge war die Hauptstadtpresse der größte Exportschlager im Land. Die jiddische Presse machte davon bei neun Tageszeitungen im Jahr 1932 mit 49,9 % fast die Hälfte aller Exporte aus. Vgl. Paczkowski, Andrzej: „Nakłady dzienników warszawskich w latach 1931– 1938", *Rocznik Historii Czasopiśmiennictwa Polskiego (RHCP)* 1 (1976), S. 65–97, hier S. 76.
178 Vgl. den Bericht von „EM.TEPA", Pamiętnik bezrobotnego inteligenta, Mojżesz Tendlarz, ur. 1919, Parczew, woj. Lubelskie (1939) in: Cała, Alina: *Ostatnie pokolenie. Autobiografie polskiej młodzieży żydowskiej okresu międzywojennego ze zbiorów YIVO Institute for Jewish Research w Nowym Jorku*, Warszawa 2003, S. 207–226, hier S. 211.
179 Vgl. Żebrowski, Rafał: *Mojżesz Schorr i jego listy do Ludwika Grumplowicza*, Warszawa 1994, S. 41; hier zitiert nach Steffen: Jüdische Polonität, S. 76.

Folkstsaytung, Unzer Ekspres und seit 1929 auch das orthodoxe *Dos Yudishe Togblat* die einflussreichsten.[180] Zusammen kämpften sie um die Gunst der jiddischsprachigen Leser mit ihrem Wunsch nach tagesaktuellen Informationen und neuem Wissen oder auch einfach nur der Lust am reinen Lesevergnügen. Neben den jiddischen Tageszeitungen prägte ferner eine polnischsprachige Tageszeitung die jüdische Bevölkerung Warschaus und Polens nachhaltig – die seit 1923 aus der Redaktion des *Haynt* hervorgegangene *Nasz Przegląd*, die eine jüdisch-nationale Ausrichtung hatte und als eine Art Brücke zwischen der jiddisch- und polnischsprachigen Presse fungierte. Darüber hinaus akquirierte die Zeitung einen Teil ihrer Leser aus der nichtjüdischen Intelligenz Polens, wodurch der Zeitung eine wichtige Rolle innerhalb des jüdisch-nichtjüdischen Dialogs in Polen zukam.[181]

Im folgenden Kapitel werden die jiddischen Zeitungen und ihre Macher im Fokus stehen. Es werden der gesellschaftliche Status der Journalisten und Redakteure beleuchtet, die Profile der Zeitungen erörtert sowie die Aufgaben und die Vielzahl von Funktionen herausgearbeitet, welche die Zeitungen und ihre Macher für die jüdische Bevölkerung Polens in der Zwischenkriegszeit hatten. Ein besonders wichtiger Schwerpunkt wird hierbei auf der Verknüpfung von Schreiben und Politik, jüdischer Geschichte und widerständigem Handeln liegen. So werden im Unterkapitel 2.3 die historischen Bezüge vorgestellt, aus denen die Journalisten ihre Praxis im Kampf gegen den Antisemitismus ableiteten, um aufzuzeigen, dass sich Versatzstücke davon schließlich auch im Schreiben über und im Kampf gegen die nationalsozialistische Judenverfolgung wiederfanden. Anschließend werden die Beziehungen zu Deutschland und die Vorstellungswelten, die über Deutschland und die Juden in Deutschland vor, während und nach dem Ersten Weltkrieg existierten, in den Blick genommen. Danach werden die vielfältigen Kontakte, die zwischen den jüdischen *Shrayber* und *Kultur-tuer*[182] in Warschau und Berlin be-

---

180 Zum *Moment* und zum *Haynt* gehörten die Abendausgaben *Varshever Radio* und *Hayntike Nayes*. Für einen detaillierten Überblick über die gesamte jüdische Presse Warschaus (inklusive der Zeitungen und Zeitschriften auf Hebräisch, Jiddisch und Polnisch) siehe ausführlich Fuks: Prasa żydowska w Warszawie.

181 Ausführlich zum Profil der *Nasz Przegląd* siehe White: „Jewish Lives", S. 58–64.

182 Die jiddischen Begriffe *Shrayber* (Schriftsteller, Publizisten, auch Journalisten) und *Kultur-tuer* (Kulturaktivisten) waren Sammelbegriffe für Menschen, die sich auf vielfältige Art und Weise für die jüdische bzw. jiddische Kultur einsetzten. Der Begriff *Tuer* kann am ehesten mit Aktivist übersetzt werden und hatte außerdem eine starke politische Bedeutung. Über die tiefere Bedeutung des Begriffs des *Kultur-tuer* und dessen Wandlung über die Jahrzehnte siehe: Ross, Perlin: „What was the kultur-tuer?", *In geveb* (2015), https://ingeveb.org/blog/what-was-the-kultur-tuer (abgerufen am: 22.06.2020); Wolff, Frank: Kollektive Identität als praktizierte Verheißung. Der transnationale Handlungsraum der sozialen Bewegung „Allgemeiner Jüdischer Arbeiterbund", in: Mittag, Jürgen und Heike Stadtland (Hrsg.): *Theoretische Ansätze und Konzepte*

standen, vorgestellt. Sie bereiten auf das nachfolgende Kapitel vor, in dem die Arbeitsbedingungen der Journalisten nach 1933 und die Arten und Weisen, wie sie an glaubhafte Informationen aus Deutschland gelangten, vorgestellt werden.

2.1 Kurze Geschichte der jüdischen Presse in Polen

Die jüdischen Bewohner Warschaus stellten mehr als ein Drittel der Stadtbevölkerung. Sie waren mehrheitlich orthodox und sprachen Jiddisch. Im Zuge der Modernisierung wurde die jüdische Bevölkerung Ost- und Ostmitteleuropas jedoch recht zügig politisiert, was den Weg für den Erfolg der jiddischen Tageszeitungen ebnete, da diese Politisierung zu einem wachsenden Bedürfnis nach neuem Wissen und Meinungsaustausch führte. Die Zeitungen gaben Hilfestellungen für den verunsicherten jüdischen Bürger am Beginn der Moderne und wurden dadurch prägender Faktor bei der Entwicklung eines modernen jüdisch-nationalen und jüdisch-polnischen Bewusstseins.[183] Für die Verbreitung nationaler Denkweisen unter der jüdischen Bevölkerung sieht Katrin Steffen außerdem die fortschreitende Polonisierung eines Teils der polnischen Judenheit als auslösenden Faktor an. Denn obwohl es insbesondere in Warschau im 19. Jahrhundert zu einer sprachlichen Annäherung und zu einer langsamen Assimilierung eines Teils der polnischen Juden an die Mehrheitsgesellschaft gekommen war, lehnte der weit größere Teil diese Annäherung ab. Die negativen Reaktionen der nichtjüdischen Mehrheitsgesellschaft auf die Assimilierung wiederum haben ihrerseits zu einer Abkehr vieler Juden vom Assimilationsprozess geführt.[184]

Das jüdische Zeitungswesen erlebte in der Zweiten Polnischen Republik seine Blütezeit. Doch bereits vor dem Ersten Weltkrieg wurden im Russischen Zarenreich vereinzelt jüdische Periodika herausgegeben. Abraham Brumberg zufolge geht die Entstehung eines Zeitungsmarktes, der sich an eine jüdische Klientel richtete, auf die Durchsetzung der Haskalah Mitte des 19. Jahrhunderts zurück. Der Zeitungsmarkt war eng an die Politisierung breiter Schichten jüdischer Bürger geknüpft. Durch das Aufkommen neuer Ideen und Ideologien entwickelte sich

---

der Forschung über soziale Bewegungen in den Geschichtswissenschaften, Essen 2014, S. 139–167, hier S. 149f.
183 Vgl. Steffen: Jüdische Polonität, S. 95. Grundlegend zur Gründungsgeschichte der jüdischen Presse und ihrer Rolle in der Ausformung einer jüdischen Öffentlichkeit siehe Nalewajko-Kulikov: Mówić w własnym imieniu; Ury: Barricades and Banners, S. 141–171.
184 Auch Michael C. Steinlauf vertritt die These, dass die Stärkung eines jüdischen Bewusstseins auf dem Anwachsen antijüdischer Gefühle und Gewalt innerhalb der nichtjüdischen Bevölkerung während der Zwischenkriegszeit beruhte. Vgl. Steinlauf: „The Polish-Jewish", S. 222.

auch das Bedürfnis, diese nach außen zu artikulieren, neues Wissen zu generieren, zu agitieren und sich zu bilden. Außerdem verlangten neuartige Organisationsformen wie etwa Parteien oder Gewerkschaften nach Möglichkeiten der internen und externen Kommunikation. Gleichzeitig markiert diese Epoche auch den Beginn einer modernen hebräischen und jiddischen Literaturszene, zu der ab dem späten 19. Jahrhundert auch Zeitungen in jiddischer Sprache gehörten. Unter der jüdischen Bevölkerung Russlands bildete sich erstmals eine Art eigener Öffentlichkeit heraus, die ihren Ausdruck vor allem in Printmedien fand. Jüdische Zeitungsverleger hatten es sich zur Aufgabe gemacht, Informationen über signifikante Entwicklungen in ihrem Heimatland, aber auch anderswo der jüdischen Bevölkerung zur Verfügung zu stellen und auch sonst den Bedürfnissen dieser nach Kräften gerecht zu werden.[185]

Ziel war es, die jüdische Bevölkerung zu mobilisieren und zu bilden. Mittels einer von Juden für Juden geschriebenen Tageszeitung sollte den Lesern verdeutlicht werden, dass sie Teil eines jüdischen Kollektivs waren und dass es wichtig war, die eigene jüdische Identität in einer sich rasant verändernden Welt zu bewahren. Gleichzeitig wurde es ihnen durch die Berichterstattung über Politik und Weltgeschehen ermöglicht, stärker denn je an der Gesellschaft als ganzer zu partizipieren und gegebenenfalls auch Ansprüche an sie zu formulieren.[186]

In diesem Sinne fiel die Wahl auf Jiddisch als Zeitungssprache eher aus praktischen Überlegungen als aus politischer Überzeugung heraus. Der Markt verlangte nach jiddischen Zeitungen, weil die Mehrzahl der jüdischen Bewohner Russlands wie auch Polens Jiddisch besser sprechen und lesen konnte als Russisch, Polnisch oder eine andere Sprache.[187] Die erste jiddische Wochenzeitung im Russischen Zarenreich, die seit 1862 in Odessa veröffentlicht wurde, trug den hebräischen Namen *Kol Mevaser* (Der Bote) und startete als jiddischsprachige Beilage in der hebräischsprachigen Tageszeitung *HaMelits* (Der Verteidiger); 1903 folgte in Sankt Petersburg die Veröffentlichung der ersten jiddischen Tageszeitung *Der Fraynd* (Der Freund).[188] Die Herausgabe der Zeitungen dauerhaft zu sichern, gestaltete sich jedoch zunächst relativ schwierig, weil die russische Staatsmacht kein Interesse daran hatte, mittels jüdischer Tageszeitungen die jüdische Bevöl-

---

[185] Für diesen Absatz vgl. Brumberg: „On Reading the Bundist Press", S. 100–102.
[186] Vgl. Steffen: „Zur Konzeptionalisierung", S. 119.
[187] Vgl. Steinlauf: „The Polish-Jewish", S. 220. Abraham Brumberg bemerkt außerdem, dass der Respekt gegenüber dem Jiddischen und dessen ideologische Bedeutung für einen Teil der jüdischen Community Polens sich erst in den 1920er und 1930er Jahren durchsetzen. Vgl. Brumberg: „On Reading the Bundist Press", S. 101f.
[188] Vgl. Ury, Scott: „Fraynd, Der", in: *YIVO Encyclopedia of Jews in Eastern Europe*, 9. August 2010, https://yivoencyclopedia.org/article.aspx/Fraynd_Der (abgerufen am: 25.12.2021).

kerung in ihrer Identität weiter zu bestärken. Aus diesem Grund beobachtete die staatliche Zensurbehörde die Verlagstätigkeiten der Tageszeitungen sehr genau, weshalb diese sich selten lange hielten.[189]

Für Warschau, die Hauptstadt Kongresspolens, galt Ähnliches. Dort gab es ebenfalls sehr früh die ersten Versuche, Zeitungen auf Jiddisch zu etablieren. 1899 erschien die Zeitung *Der Yud* (Der Jude), 1902 folgte das *Yidhishe Folksblat* (Jüdisches Volksblatt). Zwar hatten beide Zeitungen einen eher literarischen Charakter, doch kamen sie der Funktion eines täglichen Nachrichtenmediums bereits recht nahe. Allerdings wurden sie in Krakau gedruckt und mussten, bis sie den Leser erreichen konnten, erst zur russischen Zensurbehörde ins Landesinnere geschickt werden. Bis der Leser die Zeitschrift erhielt, war diese daher schon längst wieder veraltet. Das Bedürfnis vieler Juden aus dem Russischen Reich nach einer tagesaktuellen Zeitung auf Jiddisch, die direkt auf regionale Ereignisse reagieren konnte, blieb damit noch einige Jahre unerfüllt.[190]

Das galt auch und vor allem für Kongresspolen, wo der jüdische Zeitungsmarkt bis 1905 von hebräisch- und polnischsprachigen Tageszeitungen dominiert wurde. Beispiele hierfür wären die auf Hebräisch geschriebene *HaTsefirah* (Morgendämmerung, 1862) und die in polnischer Sprache verfasste *Izraelita* (1866). Für beide Zeitungen galt, dass sie aufgrund ihrer Sprache für die Mehrheit der jüdischen Bevölkerung in Kongresspolen nur sehr schwer oder gar nicht zugänglich waren, stellte Jiddisch zu diesem Zeitpunkt doch noch immer die am weitesten verbreitete Sprache unter den dortigen Juden dar.[191]

Bei seiner Ankunft in Warschau 1905 entdeckte der Zionist und Journalist Tsevi Pryłucki* (1862–1942) das Potenzial, das hinter dem unerfüllten Bedürfnis nach Informationen der jiddisch sprechenden Juden in Kongresspolen steckte, und entschloss sich, diesem Mangel Abhilfe zu verschaffen. Er entwickelte die Idee einer jiddischen Tageszeitung, akquirierte die notwendigen finanziellen Mittel und ging noch im selben Jahr mit der Tageszeitung *Der Veg* (Der Weg) an den Markt.[192] Drei Jahre später, im Jahr 1908, etablierte sich mit dem *Haynt* eine

---

189 Vgl. Weiser, Kalman: „A Tale of Two Pryłuckis: On the Origins of the Warsaw Yiddish Press", *Gal-Ed* 22 (2009/10), S. 89–118, hier S. 92. Zur Geschichte der russischen Judenheiten bis 1905 siehe Polonsky, Antony: The Jews in Poland and Russia 1881 to 1914, Bd. 2, Oxford/Portland/Oregon 2010, S. 3–39.
190 Vgl. Weiser: „A Tale of Two", S. 92.
191 Michael C. Steinlauf gibt zu bedenken, dass sich das Verhältnis am Ende der Zweiten Republik langsam hin zu Polnisch als Erstsprache verschob. Vgl. Steinlauf: „The Polish-Jewish", S. 226f.
192 Vgl. Weiser: „A Tale of Two", S. 94.

weitere jiddische Tageszeitung in Warschau. Herausgegeben wurde die Zeitung von dem Verleger und Publizisten Shmuel Yankev Yatskan (1874–1936), der 1902 nach Warschau kam und zunächst für die hebräischsprachige *HaTsefirah* schrieb. Durchaus bemerkenswert ist dabei, dass er ebenso wie Tsevi Pryłucki aus dem russischen Ansiedlungsrayon beziehungsweise aus den historischen Regionen Litauens stammte.[193]

Mit dem Ausbruch des Ersten Weltkrieges im Jahr 1914 stieg der politische Einfluss der jiddischen Presse in Kongresspolen stark an. Denn mit dem Krieg kam auch die Notwendigkeit, sich täglich über dessen Verlauf informieren zu müssen, da dieser für die lokalen jüdischen Bevölkerungen mit vielen Unsicherheiten und Gefahren wie Pogromen und Vertreibungen verbunden war. Das Bedürfnis nach Informationen wurde so groß, dass selbst orthodoxe Juden, die vorher keine Tageszeitung gelesen hatten, auf die jiddische Presse zurückgriffen. War die jiddische und hebräische Presse im Juli 1915 von der russischen Staatsmacht in Kongresspolen noch verboten worden,[194] änderte sich dies mit dem Einmarsch der deutschen Armee in Warschau. Im August 1915 wurde das Presseverbot für jüdische Zeitungen von der deutschen Besatzungsmacht wieder aufgehoben, die im Frühjahr und Sommer 1915 Kongresspolen, das östliche Baltikum sowie große Teile des heutigen Weißrusslands und der Ukraine erobert hatte. Auch der *Bund* wurde unter der deutschen Okkupation legalisiert, was dazu führte, dass am 4. Februar 1916 die erste legale bundistische Zeitung, die *Lebnsfragn* (Lebensfragen), in Warschau erscheinen konnte.[195] Die Jahre der deutschen Besatzung markierten bei allen negativen Folgen, die der Krieg für die lokalen jüdischen Bevölkerungen mit sich brachte, den Beginn einer neuen Epoche für die jiddische Presse.[196] Nicht nur, dass die Zeitungsmacher über die Herausgabe der Zeitungen zu allgemein anerkannten Sprachrohren der jüdischen Community wurden und damit anderen jüdischen politischen Organisationen und Institutionen einen

---

193 Über den Einfluss der sog. „Litvaken" auf die Gründung der jiddischen Presse in Kongresspolen schreibt Nalewajko-Kulikov ausführlich. Vgl. Nalewajko-Kulikov: Mówić we własnym imieniu, s. insb. ab S. 58.
194 Davon betroffen waren die beiden jiddischen Warschauer Tageszeitungen *Haynt*, *Moment* sowie die hebräischsprachige *HaTsefirah*. Vgl. für diesen Abschnitt: Nalewajko-Kulikov: Mówić w własnym imieniu, S. 219.
195 Vgl. Fuks, Marian: „Dziennikarze prasy żydowskiej w Polsce", *Kwartalnik Historii Prasy Polskiej* 24/3 (1985/86), S. 35–52, hier S. 37. Zur jüdischen Presse und der Pressezensur während des Ersten Weltkrieges siehe Kap. 2.4.
196 Nalewajko-Kulikov, Joanna: „Die jiddische Schule der Erwachsenen: Warsaw Yiddish Press and German-Jewish Contacts in 1915–18", *Acta Poloniae Historia* 113 (2016), S. 89–111, hier S. 109.

Schritt voraus waren. Sie schafften es ferner, Teil des täglichen Lebens aller Juden zu werden und es auch nach dem Krieg zu bleiben.[197]

2.2 Zeitungsprofile

In seinen Erinnerungen stellte Mark Turkow, ehemaliger Redakteur der Zeitung *Moment*, die Besonderheit der jüdischen Presse Polens im Vergleich zu jüdischen Zeitungen in anderen Ländern heraus. Er schrieb:

> It's a specific trait of the modern Jewish press that it has never been satisfied with serving as a channel of information in Jewish and general affairs and in reflecting daily events. From its very inception the Jewish press throughout the world served also as a forum for modern Jewish literature and as a platform for leaders of Jewish thought, and for the Jewish national, social, cultural and religious ideas. But the Jewish newspapers in Poland, particularly in the stormy years between the two World Wars, were marked by an additional trait: the editorial offices of the Jewish newspaper became, by dint of circumstances, also institutions for general Jewish public centers for political, social and ideological clarification, and foci for deliberations and even quarrels.[198]

Turkows Auffassung zufolge hoben sich jüdische Tageszeitungen im Polen der Zwischenkriegszeit von anderen jüdischen Zeitungen vor allem deshalb ab, weil ihren Redaktionen eine besondere Rolle zukam. Das Büro einer jüdischen Tageszeitung in Warschau war in der Zwischenkriegszeit immer auch ein Zentrum intellektuellen Lebens. In den Redaktionen kamen die verschiedenen Bereiche jüdischen Lebens zusammen; hier trafen informierte Journalisten auf moralische, religiöse und politische Instanzen, auf Pädagogen, Wissenschaftler sowie auf Träger und Förderer der jüdischen Kultur. Nicht selten kam es vor, dass ein Redakteur alle Identitäten in sich selbst vereinte, wie sich am Beispiel von Noah Pryłucki* (1882–1941) zeigen lässt. Der Gründer des *Moment* war Journalist, Zeitungsherausgeber, politisches Gesicht der *Yidishe Folkspartey*[199] sowie Ethnograf für jüdische Kultur und Philologe für jiddische Sprache. Durch die Mehrfachfunktion, die viele Journalisten erfüllten, entwickelten sich die Zeitungsredaktionen in der Zwischenkriegszeit zum kulturellen und politischen

---

[197] Vgl. Weiser: Jewish People, Yiddish Nation, S. 72.
[198] Turkow, Mark: „Between Two World Wars", in: Flinker, David, Shalom Rosenfeld und Mordechai Tsanin (Hrsg.): *The Jewish Press that was. Accounts, Evaluations and Memories of Jewish Papers in pre-Holocaust Europe*, Jerusalem 1980, S. 79–85, hier S. 79.
[199] Die *Yudishe Folkspartey* wurde 1906 in St. Petersburg von einem Kreis jüdischer Intellektueller wie Simon Dubnow gegründet. Die Partei kämpfte um die Etablierung jüdisch-nationaler Autonomierechte.

Kommunikations- und Interaktionsraum schlechthin. Neben den Zeitungsredaktionen spielte der 1916 gegründete *Fareyn fun yidishe Literatn un Zhurnalistn in Varshe* (Verein jüdischer Schriftsteller und Journalisten in Warschau) eine herausragende Rolle für die jüdischen Journalisten und Publizisten.[200] Der Verein, der als Gewerkschaft, juristische Körperschaft und sozialer Interaktionsraum gleichermaßen fungierte, beherbergte unter seinem Dach in der *ulica Tłomackie* 13[201] ferner die jiddische Sektion des PEN-Clubs und das 1926 gegründete Jüdische Journalistensyndikat (*Syndykat Dziennikarzy Żydowskich*) mit zwei Sektionen in Warschau und Łódź, die ein autonomer, aber anerkannter Teil des Polnischen Journalistensyndikats *(Syndykat Dziennikarzy Polskich)* waren.[202] Eine erhaltene Mitgliederliste aus dem Jahr 1928 zeigt, dass Journalisten und Schriftsteller aller großen jüdischen Warschauer Tageszeitungen als Mitglieder im *Fareyn fun yidishe Literatn un Zhurnalistn in Varshe* registriert waren. Hinzu kamen zahlreiche jüdische Schriftsteller und Journalisten aus dem In- und Ausland,[203] darunter auch solche, die in Berlin lebten, wie der Schriftsteller Daniel Tsharni* (1888–1959), der 1933 als Korrespondent für den *Moment* von Berlin aus für die Zeitung arbeiten sollte. Die Zeitungsmacher gingen in den Räumen der *ulica Tłomackie* 13 regelmäßig ein- und aus. Hier wurde pleniert und diskutiert, gegessen und getrunken, wurden Veranstaltungen organisiert und durchgeführt.[204] Die Besonderheit des Vereins lag darin, dass sich die Schriftsteller und Journalisten dort über die Grenzen ihrer politischen Zugehörigkeiten hinausweg organisierten. Als 1935 der reisende Journalist Leyb Malakh* (1894–1936), der unter anderem für *Unzer Ekspres* arbeitete,[205] den Verein besuchte, bemerkte dieser

---

200 Ausführlich zur Geschichte des Vereins siehe Cohen: Sefer, sofer ve-iton; „Tlomackie 13 – The Heart and Soul"; Segalowicz, Zusman: Tłomackie 13 (Z unicestwionej przeszłości). Wspomienia o Żydowskim Związku Literatów i Dziennikarzy w Polsce (1919–1939), Wrocław 2001; Rozen, Ber Y.: Tlomatske 13, Buenos Ayres 1950.
201 Bis zum Sommer 1939 befand sich der Sitz des Vereins in der *ulica Tłomackie* 13. Nachdem der Verein die Kündigung erhalten hatte, zog man in die benachbarte *ulica Greszno* 11 um.
202 Die Warschauer Sektion des Polnischen Journalistensyndikats wurde 1919 gegründet und war die erste polnische Journalistenvereinigung dieser Art. Vgl. Nowakowski, Jerzy: „Z dziejów syndykatu dziennikarzy warszawskich: organizacja i początki działalności SDW", *RHCP* 7/2 (1968), S. 275–299.
203 Vgl. National Library of Israel, Jerusalem (NLI), Arkhion Melekh Ravitsh, ARC. 4*1540 12 19, Adresn fun yidishe shraybers, Mitgliederliste vom *Fareyn fun yidishe Literatn un Zhurnalistn in Varshe* aus dem Jahr 1928. Ein Nachdruck der Liste findet sich außerdem in Ravitsh, Melekh: Dos mayse-bukh fun meyn leben. Yorn in Varshe 1921–1934, Tel Aviv 1975, S. 345–352.
204 Über das alltägliche soziale und kulturelle Leben in den Vereinsräumen siehe Pinsker: A rich Brew, S. 72–80.
205 Vgl. NLI, Arkhion Leyb Malakh, ARC 4* 1580 4 151, Pasportn, legitmatsies, mitglid kartes, Presseausweis von Leyb Malakh für Unzer Ekspres, ausgestellt am 1. September 1935.

leicht zynisch, aber doch anerkennend, dass „nirgendwo anders, wo doch die Linien zwischen den Parteien so scharf gezogen werden, solch eine tragfähige ‚Idylle' möglich war: Zionisten, Revisionisten, Bundisten, linke Poale-Zion und Kommunisten. Nicht nur in einem Verein, sondern sogar in einer Verwaltung."[206] Doch die Zusammenarbeit war keine leichte, und es ist bekannt, dass gegen Ende der 1930er Jahre sozialistische und kommunistische Journalisten und Schriftsteller versuchten, dem Verein stärker ihren politischen Stempel aufzudrücken, woraufhin sich langjährige Mitglieder wie der Schriftsteller Zusman Segalovitsh frustriert zurückzogen, weil sie das Gefühl hatten, der Verband werde „unterwandert".[207] Dennoch blieb der Ort als Zentrum des Austauschs für alle jüdischen Journalisten in der Stadt die Bezugsgröße schlechthin, und viele wussten dessen Einmaligkeit wertzuschätzen.[208]

Die Zeitungsmacher waren sich ihrer Rolle, die sie als Schlüsselfiguren und kommunikative Mittler im Warschauer Raum einnahmen, sehr wohl bewusst und begannen bereits früh, teils sogar schon vor dem Ersten Weltkrieg, aktive Schritte zu unternehmen, um diesen besonderen Status zu festigen. Dabei kam es zu einer Verschiebung der Rollen: Aufgaben, die früher von Gemeindeinstitutionen und Gemeindefunktionären wahrgenommen wurden, gingen in der Folge zumindest teilweise an die Journalisten und Redakteure der Tageszeitungen über.[209] Zwar repräsentierten die Zeitungsmacher der unterschiedlichen Zeitungen verschiedene politische Milieus und auch Denktraditionen. Was sie aber neben ihrem Alter, ihrer geografischen Herkunft, ihrer religiösen und weltlichen Ausbildung einte, war ihre Selbstidentifikation mit dem Beruf des jüdischen Journalisten. Die meisten Redakteure und Journalisten, gleich welcher Zeitung, waren in den letzten drei Dekaden des 19. Jahrhunderts geboren und stammten in der Mehrzahl aus dem Ansiedlungsrayon, Kongresspolen oder Galizien. Ihre religiöse Ausbildung hatten sie im Cheder und der Jeshiwa durchlaufen. An diese schlossen sich meist noch eine Ausbildung an einer weltlichen Schule sowie später ein Universitätsstudium an. Das Studium wurde in vielen Fällen an einer deutschsprachigen Universität in Städten wie Berlin, Wien, Bern oder Heidelberg absolviert.[210] Ihren

---

206 Malakh, Leib: Fun Poyln biz Terkey, reportazshn, Pariz 1939, S. 30.
207 Zur kommunistischen Fraktion im Verband siehe Nalewajko-Kulikov, Joanna: „Yiddish Form, Communist Content. Jewish Communist Writers in Warsaw in the 1930s", *Polin* 28 (2016), S. 351–370, hier S. 366–369.
208 Dies drückt sich besonders in den zahlreichen Erinnerungsbüchern über die Vereinigung nach 1945 aus. Vgl. z. B. Rozen: Tlomatske 13; Segalowicz: Tłomackie 13.
209 Dazu siehe ausführlich Ury: Barricades and Banners, S. 141–171, hier S. 164.
210 Leider ist hier nicht der Raum, ein vergleichendes Gesamtprofil der Zeitungsredakteure aus Warschau zu erstellen. Für die Mitarbeiter des *Haynt* hat Joanna Nalewajko-Kulikov ein erstes

Weg zum Journalismus fanden sie oft über Umwege, da der Beruf des Journalisten um die Jahrhundertwende genau wie heute nicht geschützt war und sich überhaupt gerade erst zu professionalisieren und zu standardisieren begann.[211] In vielen Fällen kamen die späteren Zeitungsmacher darum über ihre Arbeit als Schriftsteller, Intellektuelle oder Politiker zu ihrer Profession.[212]

Einige *Shrayber* werteten ihre Identität als *Tuer*, sprich als politische und kulturelle Aktivisten, mit Sicherheit höher als ihre journalistische Arbeit, doch insgesamt scheint es, als hätte der Glaube an die Macht des geschriebenen Wortes einen immensen Einfluss darauf gehabt, wie sie ihre Profession wahrnahmen. In einem politischen Kommentar aus dem Jahr 1933 reflektierte der Redaktionsmitarbeiter der *Naye Folkstsaytung* Vladimir Kossovski* (1867–1941) über die gesellschaftliche Bedeutung des geschriebenen Wortes. Anlass seiner Kolumne waren kritische Stimmen, die meinten, dass dem Wort gegenüber der Tat keine große Bedeutung zukommen würde. Als Redaktionsmitglied einer jüdisch-sozialistischen Tageszeitung hatte er selbstredend eine andere Meinung zu diesem Thema und erklärte, dass „[e]ine tägliche sozialistische Zeitung das schärfste Gewehr im Befreiungskampf des Proletariats" sei, und gab weiter zu bedenken:

> Unter allen Formen des gedruckten sozialistischen Wortes hat eine tägliche Zeitung für eine Aufklärungsarbeit die größte Bedeutung. Eine Zeitung, die tagein tagaus auf die Gehirne einwirken kann. Die Redaktion versteht das insgesamt recht gut; nicht umsonst positioniert sie sich anders als zum Beispiel eine Monatszeitschrift, die nur einen kleinen Kreis auserwählter Leser haben kann, während eine tägliche Zeitung Zugang zu den Massen haben kann […].[213]

Auch wenn Kossovski hier explizit von einem „Arbeiterblatt" sprach, lassen sich seine Ausführungen über die Bedeutung einer Tageszeitung, die diese aufgrund ihrer thematischen Bandbreite, ihres Formats und der Inhalte, die sie vermittelt,

---

Profil erstellt. Vgl. Nalewajko-Kulikov, Joanna: „‚Di Haynt-mishpokhe': Study for a Group Picture", in: Dynner, Glenn und François Guesnet (Hrsg.): *Warsaw. The Jewish Metropolis: Essays in Honor of the 75th Birthday of Professor Antony Polonsky* (= IJS Studies in Judaica, Bd. 15), Leiden 2015, S. 252–270.

211 Zur Entstehungsgeschichte des Berufsbildes Journalist siehe grundlegend: Requate, Jörg: Journalismus als Beruf. Entstehung und Entwicklung des Journalistenberufs im 19. Jahrhundert. Deutschland im internationalen Vergleich, Göttingen 1995.

212 Dabei war der Beruf des Journalisten nicht immer ein freiwillig gewählter. Jüdische Schriftsteller konnten häufig nicht von ihrem eigenen Werk leben, weswegen sie zum Journalismus wechselten. Darüber reflektierte auch der Schriftsteller Moyshe Gross in seinem Artikel „Tsi meg a yidisher shrayber zayn a zhurnalist?", *Der Oyfkum. Khodes-zhurnal far literatur*, 6–7 (1928), S. 15–18.

213 Kossovski, Vladimir: Di makht fun vort, in *Naye Folkstsaytung*, 8. Oktober 1933, S. 4.

hat, sehr gut auch auf die anderen jiddischen Tageszeitungen übertragen. Denn auch für die Zeitungsmacher der „bürgerlichen" jiddischen Presse stand der erzieherische Aspekt neben anderen stets im Vordergrund. Sie wollten „Mitsprechende" und „Mitwirkende" sein und glaubten, wie es Arn Eynhorn* (1884–1942) vom *Haynt* zum 30-jährigen Zeitungsjubiläum ausdrückte, dass eine Tageszeitung, „welche ihre Rolle von einem Presseorgan ernst nimmt", „eine Tribüne für die Volksinteressen" war und sich nicht damit zufriedengeben konnte, „bloß von den Geschehnissen zu erzählen".[214]

Und so verwundert es nicht, dass die meisten der Warschauer jüdischen Tageszeitungen in der Zwischenkriegszeit mit einer politischen Organisation oder Strömung eng verbunden waren. Denn obwohl inhaltlich alle Zeitungen die gleichen vier großen Hauptbereiche – 1. Polen, 2. jüdisches Leben in Polen, 3. die weltweite jüdische Diaspora und Palästina als altes Heimatland sowie 4. die restliche Welt – abdeckten, waren sie dabei in Teilen relativ stark von ihren unterschiedlichen politischen Ausrichtungen geprägt, wie es sich am deutlichsten am Profil der *Naye Folkstsaytung* aufzeigen lässt. Im Gegensatz zu allen anderen Tageszeitungen lag einer ihrer Schwerpunkte nämlich auf der internationalen Arbeiterbewegung. Und obwohl beispielsweise der *Haynt* und der *Moment* jeweils als unabhängige Tageszeitungen gegründet wurden, lehnten sie sich im Laufe ihrer Existenz ebenfalls an verschiedene politische Lager an,[215] verloren dabei aber nie ihre journalistische Unabhängigkeit sowie ihre inhaltliche Flexibilität. Diese Aussage kann ebenso für die meisten anderen jiddisch- und polnischsprachigen jüdischen Tageszeitungen getroffen werden,[216] auch wenn die Größe und die Einflussnahme der politischen Organisationen, die hinter den Zeitungen standen, oftmals ihren Charakter und ihren Standpunkt in politischen Fragen prägten. Nicht zuletzt aus diesem Grund sind es primär die jiddischen Tageszeitungen Warschaus, die immer wieder als Symbol par excellence für die politische Fragmentierung und innere Zerrissenheit der jüdischen Bevölkerung Polens genannt werden.

Trotz der bisweilen harschen inhaltlichen Auseinandersetzungen und verbalen Anfeindungen bestanden zwischen den Zeitungsmachern viele institutionelle, politische und kulturelle Verbindungen sowie teilweise auch enge persönliche und freundschaftliche Kontakte. Die *Shrayber* und *Tuer* kamen nicht nur

---

214 Eynhorn, Arn: „Nokh draysig yohr ...", in: Balaban, Meir (Hrsg.): *Haynt. Yoyvel-bukh. 1908–1938*, Varshe 1938, S. 5.
215 Auf die politischen Lager, mit denen die Zeitungen assoziiert wurden, gehe ich näher in den Ausführungen zu den einzelnen Zeitungsprofilen ein.
216 Vgl. Steffen: „Zur Konzeptionalisierung", S. 121 f. Es sollte an dieser Stelle außerdem bemerkt werden, dass es nicht gelang, eine hebräischsprachige Zeitung dauerhaft am Markt zu etablieren.

in den Vereinsräumen des Jüdischen Journalisten- und Schriftstellervereins zusammen, einige Zeitungsmacher teilten sich auch ihre Druckereien mit anderen oder wiesen personelle Überschneidungen auf.[217] Die Historikerin Janina K. Rogozik stellte heraus, dass zwischen der jiddischen Zeitung *Haynt* und der polnischsprachigen Zeitung *Nasz Przegląd* auffallend viele solcher Überschneidungen bestanden. Dies lag nicht zuletzt daran, dass letztere von Shmuel Yankev Yatskan gegründet wurde, der 1908 auch den *Haynt* ins Leben gerufen hatte. Viele Mitarbeiter des *Haynt* wechselten in den späten 1920er Jahren in die Redaktion der *Nasz Przegląd*.[218] Auch kam es immer wieder vor, dass Journalisten, die dem *Bund* oder anderen jüdisch-sozialistischen Parteien angehörten, für zionistisch orientierte Zeitungen schrieben und umgekehrt.[219] Nicht immer waren die Gründe dafür idealistischer Natur. Oft führten Arbeitslosigkeit oder Pragmatismus dazu, dass einzelne Journalisten eine Zeitung verließen und zu einer anderen wechselten oder regelmäßig den unterschiedlichen Tageszeitungen ihre Dienste als freie Mitarbeiter anboten. Als der Anführer der Unabhängigen Sozialistischen Arbeiterpartei Polens, die um 1937 in der rechten Poale Zion aufging, Yosef Kruk (1885–1972), 1938 nach einem Gefängnisaufenthalt und längerer Krankheit dringend Arbeit benötigte, lud die Redaktion des *Haynt* ihn ein, Mitarbeiter der Zeitung zu werden. Obwohl zunächst inhaltliche Vorbehalte gegen den bereits gealterten Sozialisten bestanden, schätzten die Leser der Zeitung Kruks informative Artikel, die zeitgenössische und historische sozialistische Fragen behandelten, sehr.[220] Als 1938 ein Streik in der Redaktion des *Moment* ausbrach, der von einem schwer lösbaren politischen Konflikt begleitet wurde, hatte dies zur Folge, dass mehrere langjährige Mitarbeiter der Zeitung ihre Re-

---

217 Darauf weist Anna Landau-Czjaka hin. Vgl. Landau-Czajka: Polska to nie oni, S. 27f. Die Jahresberichte der jüdischen Druckereigewerkschaft zeigen ferner, dass in allen Tageszeitungen Mitarbeiter verschiedener politischer Richtungen angestellt waren. Vgl. z. B. Bund-Archives, New York (Bund-Archives), RG 1400, MG 9–184, Druker fareyn in Poyln, Prof. fareyn fun drukerayarbeter in Poyln, optaylung Varshe: Tetikeyt-barikht fun 1-tn detsember 1931 bizn 31-tn oktober 1934, Varshe 1934.
218 Vgl. Rogozik: „„Nasz Przegląd"", S. 129. Zum Beispiel waren Bernard Singer und Natan Szwalbe angestellte Redakteure bei der *Nasz Przegląd*, schrieben aber auch regelmäßig für den *Haynt*. Im Jubiläumsbuch des *Haynt* aus dem Jahr 1938 wird Singer auch als Redaktionsmitglied angegeben. Vgl. Balaban: Haynt, S. 18.
219 Pinkhas Shvarts von der *Naye Folkstsaytung* und sein älterer Bruder Herman Kruk verfassten für den *Moment* regelmäßig Beiträge über die Arbeiterbewegung, Lohnforderungen und Streiks. Vgl. Turkow: „Between Two World Wars", S. 83.
220 Über die Mitarbeit Kruks berichtet Finkelstein in seiner *Haynt*-Monografie. Siehe darin außerdem den Brief von Yosef Kruk an Finkelstein vom 15. Februar 1971, in dem er über seine Zusammenarbeit mit der *Haynt*-Redaktion schreibt. Vgl. Finkelshtayn: Haynt, S. 233–234, 368–372.

daktionsposten verließen. Der Redakteur Ben-Tsien Khilinovitsh* (1889–1942) traf sich daraufhin mit den Kollegen vom *Haynt*, die ihm einen Posten in ihrer Zeitung in Aussicht stellten.[221] Zwar bekam er diesen letztlich nicht und blieb arbeitslos, dennoch zeigt das Beispiel, wie eng die Verbindungen waren.[222] Ebenfalls bestanden kollegiale Kontakte zwischen den Mitarbeitern der *Naye Folkstsaytung* und der orthodoxen Zeitung *Dos Yudishe Togblat*. Da letztere keine eigene Druckerei besaß, wurde die Zeitung kurzerhand in der Druckerei des *Bund* in der Nowolipie 7, wo sich auch die Redaktionsräume der *Naye Folkstsaytung* befanden, gedruckt.[223] Mit Yisroel Shtern and Yankef Fridman schrieben ferner zwei orthodoxe Juden regelmäßig für die *Naye Folkstsaytung*.[224] Insgesamt lässt sich konstatieren, dass die räumliche Nähe, in der sich die Zeitungsredaktionen, Druckereien, Literaturverlage und Berufsverbände zueinander befanden, eine entscheidende Rolle in der Ausformung dieses außergewöhnlichen journalistischen und überparteiischen Netzwerkes spielte.

In den folgenden Kapiteln werden weitere solcher Beispiele einer gemeinsamen Zeitungs- und Öffentlichkeitskultur sowie der Zusammenarbeit und der kollegialen bis freundschaftlichen Bande zwischen den einzelnen Journalisten aufgezeigt werden. Sie veranschaulichen, dass in Warschau zwei Sphären bestanden, die teilweise gegeneinander und teilweise miteinander agierten: eine politisch-öffentliche Sphäre, in der die Zeitungsmacher in Konkurrenz zueinanderstanden und die politische Position ihrer Zeitung beziehungsweise der Partei hinter der Zeitung vertraten, sowie eine beruflich-private Sphäre, in der man sich über seine Profession als Journalist und Publizist begegnete. Dort war es wichtiger, Nachrichten und Informationen auszutauschen, sich bei etwaigen

---

[221] Khilinovitsh führte Gespräche mit Yustman, Kleinbaum und Yinnon (Indelman) vom *Haynt* über die freigewordene Stelle von Pietrushka, der nach Kanada ausgewandert war. Vgl. Yad Vashem Archives, Jerusalem (YVA), O. 75, Letters and Postcards Collection, File Nr. 73, Sammlung Mark Turkow, Brief von B. Khilinovitsh an M. Turkow, Warschau, 29. August 1939, Bl. 38–40. Weiteres zum Konflikt in der Redaktion vom *Moment* findet sich bei Weiser, Kalman: „,Der Moment' (1910–1939)", in: Nalewajko-Kulikov, Joanna, Grzegorz P. Bąbiak und Agnieszka J. Cieślikowa (Hrsg.): *Studia z dziejów trójjęzycznej prasy żydowskiej na ziemiach polskich (XIX–XX w.)*, Warszawa 2012, S. 77–88, hier S. 86–87.

[222] Khilinovitsh schreibt in seinem Brief an Turkow, dass einige ältere Redakteure beim *Haynt*, namentlich Grinfeder, Goldshtayn und Kutsher, sich der Idee, jemanden neues in die Redaktion zu holen, versperrt hätten und die frei gewordene Stelle von Pietrushka und dessen Gehalt lieber untereinander aufteilen wollten.

[223] Vgl. Segalowicz: Tłomackie 13, S. 98.

[224] Vgl. Cohen, Nathan: „The Yiddish Press and Yiddish Literature: A fertile but complex Relationship", *Modern Judaism – A Journal of Jewish Ideas and Experience* 28/2 (2008), S. 149–172, hier S. 172, Fn. 73.

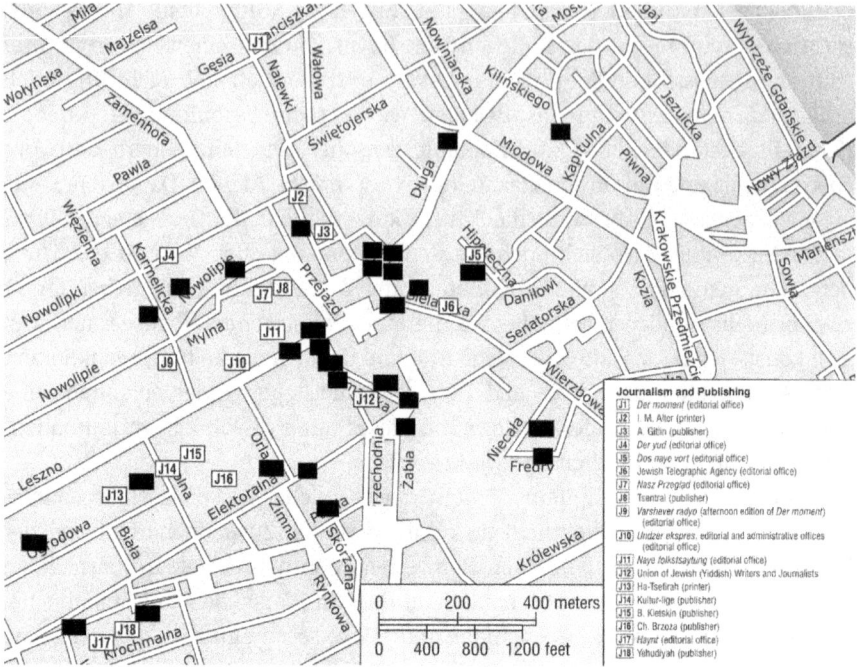

Abbildung 1: Karte von Warschau aus dem Jahr 1938 mit eingezeichneten jüdischen Zeitungsredaktionen und Publikationshäusern.

Eingriffen der staatlichen Zensur zu helfen sowie jiddische Kultur und Literatur zu propagieren.

Neben den politischen Unterschieden lassen sich auch einige gemeinsame Merkmale benennen. Der Historiker Michael C. Steinlauf bezeichnet die folgenden Eigenschaften als charakteristisch für die jiddische Presse. Ihm zufolge entwickelte sich die jiddische Presse zum Wächter über die Einhaltung der bürgerlichen Rechte der jüdischen Bevölkerung Polens sowie zum stärksten Unterstützer der Entwicklung einer jiddischen und hebräischen Kultur. Daran schloss sich automatisch der Wille an, eine Stärkung des jüdischen Nationalbewusstseins unter der jüdischen Bevölkerung herbeizuführen, während gleichzeitig vor etwaigen Konsequenzen einer erfolgreichen Assimilation gewarnt wurde.[225] Waren die meisten der jüdischen Zeitungsmacher anfangs selbst Assimilierungsbefürworter, lehnten sie sich mit der Zeit immer stärker an die Idee einer jüdischen

---

225 Vgl. Steinlauf: „The Polish-Jewish", S. 220.

Nation an und propagierten diese auch in ihren Zeitungen, wobei die bundistische Presse jedoch eine Ausnahme bildete.[226]

Ein weiteres Charakteristikum der jüdischen Zeitungsmacher wie im Übrigen auch der jüdischen Bevölkerung Polens im Allgemeinen war deren Mehrsprachigkeit,[227] die sich auch in den Zeitungen niederschlug. Einige Zeitungen waren zweisprachig,[228] andere übersetzten Artikel anderer Zeitungen aus dem Polnischen ins Jiddische und umgekehrt. Ebenfalls lassen sich Anzeigen in polnischer wie in jiddischer Sprache in allen Zeitungen finden, egal ob sie auf Polnisch, Hebräisch oder Jiddisch verfasst waren. Anhand der Sprachwahl ist es Katrin Steffen zufolge möglich, Leserprofile zu erstellen, weil diese auf die unterschiedlichen sozialen Milieus innerhalb der jüdischen Bevölkerung hinweisen würden. Auffällig sei, dass die Grenzen dabei oft anhand von Klassenzugehörigkeiten verliefen. Wer Zeitungen auf Polnisch las, gehörte meist der gebildeten Mittelschicht oder zumindest dem akademischen Prekariat an, während diejenigen, die auf jiddisch lasen, oft aus der unteren Mittelschicht kamen oder einfache Arbeiter und Handwerker waren. Hebräische Publikationen hingegen hatten ein diverses Publikum, da sie neben den Charedim auch Zionisten ansprachen, die mit Hinblick auf eine geplante Auswanderung nach Palästina Hebräisch lernten.[229] Dieser etwas schematischen Darstellung kann jedoch zumindest für die 1930er Jahre nicht in Gänze zugestimmt werden, da es insbesondere in der zweiten Hälfte der 1930er Jahre zu regen Verschiebungen in den Präferenzen der Zeitungsleser kam. So war es vor allem unter jüdischen Jugendlichen und jungen Erwachsenen üblich, die politische Affiliation häufiger zu wechseln.[230] Damit einher ging in der Regel ebenfalls ein Wechsel der Zeitungslektüre.[231] Besonders aber die Multilingualität selbst, finanzielle Mittel und die Aufwertung des Jiddi-

---

226 Vgl. Steffen: Jüdische Polonität, S. 49–54.
227 Zur Mehrsprachigkeit der polnischen Juden siehe grundlegend: Shmeruk, Chone: „Hebrew – Yid-dish – Polish: A Trilingual Jewish Culture", in: Gutman, Yisrael, Ezra Mendelsohn und Jehuda Reinharz (Hrsg.): *The Jews of Poland between Two World Wars*, Hanover 1989, S. 285–311.
228 Die Zeitung über den Warenboykott gegen das nationalsozialistische Deutschland *Unzer Obvehr/Nasza Obrona* wurde auf Polnisch und Jiddisch herausgegeben. Ausführlich zur Zeitung siehe Kap. 6.2.4.
229 Generell gilt dies aber auch für jiddisch- und polnischsprachige Publikationen. Viele lasen zum Beispiel nichtjüdische polnischsprachige Zeitungen, da sie zu Teilen günstiger als die jüdischen waren. Vgl. Paczkowski: „The Jewish Press", S. 178.
230 Vgl. Kijek: Dzieci modernizmu, S. 375–391.
231 Beispielhaft dafür ist die Entwicklung der *Naye Folkstsaytung*. Von einem anfänglichen „Nischenblatt" steigerte die Zeitung ihre Auflage mit zunehmender Popularität des *Bund* gegen Ende der 1930er Jahre und gewann damit an Einfluss.

schen unter der jüdischen Intelligenz bei einer gleichzeitig einsetzenden Polonisierung unter jüdischen Jugendlichen erschweren es, Leserprofile zu erstellen.[232]

2.2.1 *Haynt*

1908 gründete der aus Litauen stammende ordinierte Rabbiner Shmuel Yakov Yatskan, der seine eigentliche Berufung im hebräisch-jiddischen Journalismus fand, zusammen mit den zionistisch orientierten Brüdern Noah und Nehemiah Finkelstein in Warschau die jiddische Tageszeitung *Haynt*.[233] Kurz nach ihrer Gründung erlebte die Zeitung einen Aufstieg sondergleichen und erreichte ein Jahr nach der ersten Ausgabe vom 8. Januar 1906 bereits eine Auflage von 70.000; 1914 wurde die 100.000er Marke geknackt.[234] Unter den ersten Mitarbeitern befanden sich berühmte jüdische Schriftsteller wie David Frishman (1859–1922), Hirsh David Nomberg (1876–1927) und Yitskhok Leybush Peretz (1852–1915).[235] Aber auch in den 1930er Jahren setzte sich die Redaktion aus namenhaften Schriftstellern und Journalisten wie Moshe Kleinbaum* (1909–1972), Yekhezkl-Moyshe Nayman* (1893–1956), Arn Eynhorn, Moyshe Bunem Yustman* (B. Yeushzon, Itshele) (1889–1942), Khaim Shoshkes* (1891–1964), Shimke Bunem Pietrushka (1893–1950), Menakhem Kipnis* (1878–1942) und vielen anderen zusammen.[236] Während des gesamten Zeitraums ihres Erscheinens gelang es der Zeitung, eine der auflagenstärksten und am weitesten verbreiteten Zeitungen der jüdischen Presse in Polen zu sein. Besonders in der Zwischenkriegszeit wurde der *Haynt* auch von Lesern außerhalb Polens, in der Ukraine, aber auch in westeuropäischen Ländern und den USA gelesen.[237] Inhaltlich richtete sich die Zeitung an die bürgerliche (untere) Mittelschicht und zuallererst an bereits säkularisierte

---

232 Insgesamt kommt Steffen zu dem Schluss, dass sich nur sehr wenige konkrete Aussagen über die Leser treffen lassen. Vgl. Steffen: „Zur Konzeptionalisierung", S. 120 f.
233 Vgl. Fuks: Prasa żydowska w Warszawie, S. 180.
234 Die Popularität des *Haynt* führte dazu, dass sich 1926 ein Ableger in Paris namens *Parizer Haynt* gründete. Die Zeitung wurde in Zusammenarbeit von Yatskan, der inzwischen nach Paris emigriert war, und Vladimir Grossmann, dem langjährigen Autor der Mutterzeitung, bis 1940 herausgegeben. Vgl. Fuks: Prasa żydowska w Warszawie, S. 183.
235 Vgl. Grünbaum, Yitzhak: HAINT: Memoirs and evaluations, in: David, Flinker, Shalom Rosenfeld und Mordechai Tsanin (Hrsg.): *The Jewish Press that was. Accounts, Evaluations and Memories of Jewish Papers in pre-Holocaust Europe*, Jerusalem, 1980, S. 19–20.
236 Eine Auflistung aller Mitarbeiter des *Haynt* findet sich in Finkelshtayn, Khaym: „Haynt", in: Alveltlekher yidisher kultur-kongres (Hrsg.): *Fun noentn over. Yidishe prese in Varshe*, Bd. 2, Nyu York 1956, S. 69–240, hier S. 206–211.
237 Vgl. Fuks: Prasa żydowska w Warszawie, S. 182.

Kreise. Der Herausgeber Yatskan hatte aber auch die Hoffnung, dass er mit der Zeit chassidische Kreise als Leser würde gewinnen können. Der Anspruch, die jüdischen Massen, also die einfachen Handwerker und Arbeiter zu agitieren, entwickelte sich erst mit der Zeit,[238] vermutlich auch, weil erst durch die 1926 gegründete *Naye Folkstsaytung*, die sich explizit an die jüdische Arbeiterschaft richtete, die Herausgeber des *Haynt* eine neue potenzielle Leserschicht für sich entdeckten. Allerdings war die Zeitung mit einem Preis von 15 Groszy unter der Woche (6 Seiten) und der umfangreicheren Freitagsausgabe (12 Seiten) mit einem Preis von 30 Groszy für viele Leser aus der Arbeiterklasse schlicht zu teuer. Im direkten Vergleich mussten diese für die bundistische *Naye Folkstsaytung* nur 10 Groszy zahlen.

Dennoch sahen die Verleger und Redakteure des *Haynt* von Beginn an ihre Aufgabe darin, die gesamte jüdische Bevölkerung aufzuklären, zu leiten und zu formen. Yatskan, der sich selbst als Modernisierer verstand,[239] wollte die jüdischen Leser zur politischen Mündigkeit erziehen und sie an ihre jüdische Identität erinnern. Gleichzeitig betrachteten die Mitarbeiter ihre Zeitung aber auch als ein politisches Sprachrohr, das sich für die Rechte der jüdischen Bürger einsetzen und ihnen unterstützend zur Seite stehen sollte. Die Redaktions- und Druckereiräume der Zeitung in der Warschauer *ulica Chłodna* 8 wurden schnell zu einem wichtigen Ort des politischen und kulturellen Lebens der politisch aktiven Warschauer Juden, auch deswegen, weil die Redaktion täglich zwei Stunden für alle Leser geöffnet war. In diesem Zeitraum konnten interessierte Menschen die Redaktion aufsuchen, Nachrichten überbringen, Protest mitteilen und mit den Redakteuren reden.[240] Viele der Leser sahen sich in ihren Interessen durch die Zeitung repräsentiert, was nicht zuletzt daran lag, dass die Zeitung eng mit der *Zionistischen Organisation*,[241] der größten zionistischen Gruppierung, die damals

---

238 Joanna Nalewajko-Kulikov wies ferner darauf hin, dass sich die erste Kontaktaufnahme mit Juden in Kongresspolen insgesamt als relativ schwierig herausstellte, weil die Mehrheit der Redakteure des *Haynt* keine gebürtigen polnischen Juden gewesen wären und weil es auf beiden Seiten Vorurteile gegeben hätte. Mit ihren europäischen und aufklärerischen Idealen waren es daher zuallererst Angehörige der jüdischen Intelligenz, zu denen man versuchte Kontakt aufzunehmen. Vgl. Nalewajko-Kulikov, Joanna: Jiddische Presse, Vortrag im WS Kolloquium 2013/14 von Prof. Pickhan am 11. Dezember 2013, handschriftliche Notizen der Autorin.
239 Nalewajko-Kulikov: Jiddische Presse, Vortrag.
240 Vgl. Nalewajko-Kulikov: Mówić w własnym imieniu, S. 138.
241 Die *Zionistische Organisation* in Polen (ZO) wurde 1916 gegründet und war Teil der Zionistischen Weltorganisation (WZO). In Polen propagierte die ZO die Forderung der ethnischen und kulturellen Autonomie für Juden und verteidigte die Rechte und ökonomischen Interessen der jüdischen Minderheit. Daneben sammelte sie Spenden für die Kolonialisierung Palästinas und förderte die Emigration nach ebendort.

in Polen existierte, verbunden war.²⁴² Denn obwohl der *Haynt* ursprünglich als unpolitisches beziehungsweise parteiunabhängiges Blatt an den Markt gegangen war, ordneten sich die Mitarbeiter der Zeitung in überwiegender Mehrheit dem zionistischen Lager zu. Spätestens seit der polnischen Unabhängigkeit wurde das Profil der Zeitung zunehmend zionistischer. Denn als 1920 Yatskan die Zeitung verließ und Abraham Goldberg (1881–1931), zuvor Sekretär des Redaktionsleitung, neuer Chefredakteur wurde, kam es zu einer noch engeren Verschmelzung mit der zionistischen Bewegung, sodass der *Haynt* zu einem mehr oder weniger offiziellen Organ der *Zionistischen Organisation* wurde.²⁴³ Die engen persönlichen Überschneidungen drückten sich beispielsweise darin aus, dass die Redaktionsräume des *Haynt* für politische Treffen der *Zionistischen Organisation* genutzt wurden. Als sich die zionistische Bewegung 1926 in einer politischen Krise befand,²⁴⁴ waren es die Redakteure des *Haynt*, die zu einem ersten geheimen Treffen in die Redaktionsräume der Zeitung in die *ulica Chłodna* 8 einluden.²⁴⁵

Auch inhaltlich bekamen Themen mit zionistischem Bezug viel Raum. Reportagen, Debatten und Kolumnen über das Leben und Arbeiten in Palästina sowie Fragen nach einer möglichen Auswanderung prägten das Bild der Zeitung in den 1930er Jahren, als sich die Lage der Juden in Polen immer weiter verschlechterte.²⁴⁶ Die Priorität aber lag, wie bei allen anderen Warschauer jüdischen Tageszeitungen, auf den aktuellen Nachrichten. Sie standen im Mittelpunkt einer jeden Ausgabe und wurden teilweise stark sensationalisiert, was der Zeitung den zeitgenössischen Vorwurf des „Yatskanismus" einbrachte, ein Begriff, der versuchte den neuen journalistischen Stil der Skandalisierung und der Sensa-

---

242 Vgl. Fuks: Prasa żydowska w Warszawie, S. 180.
243 Vgl. Cohen, Nathan: Haynt, in: YIVO Encyclopedia, 14. 3. 2011, http://www.yivoencyclopedia. org/article.aspx/Haynt (abgerufen am: 25.12.2021). Über die politischen Aktivitäten der Zeitung und ihre Stimme im polnischen Parlament schreibt Chaim Finkelstein ausführlich in seiner Monografie. Vgl. Finkelshtayn: Haynt, S. 117–142.
244 Anlass für die Krise war vermutlich die Gründung der *Neuen Zionistischen Organisation* durch Vladimir (Ze'ev) Jabotinsky im Jahr 1923. Im Dezember 1926 fand der erste Kongress der revisionistischen Zionisten in Polen statt, die im Laufe der 1930er Jahre zu einem ernstzunehmenden politischen Konkurrenten wurden.
245 Central Archives for the History of the Jewish People, Jerusalem (CAHJP), P 37 Jakobowitcz, A. L., Brief der Redaktion des *Haynt*, gez. unleserlich, an den *Haynt*-Redakteur Jakobowitcz, Warschau, 27. Oktober 1926, nicht paginiert.
246 In seinem Rückblick auf seine Zeit beim *Haynt* weist Chaim Finkelstein darauf hin, dass es der Zeitung hoch anzurechnen sei, dass sie trotz ihrer fast schon radikal zionistischen Ausrichtung ihren Lesern stets alle Pro- und Kontra-Argumente für eine Emigration nach Palästina offen dargelegt hätte. Vgl. Chaim Finkelstein: „Struggles of a Jewish daily", in: David Flinker, Shalom Rosenfeld und Mordechai Tsanin (Hrsg.): *The Jewish Press That Was. Accounts, Evaluations and Memories of Jewish Papers in pre-Holocaust Europe*, Jerusalem 1980, S. 34–43, hier S. 37.

tion, der durch Yatskan eingeführt wurde, zu erfassen.[247] Insbesondere in Schriftstellerkreisen sowie in bundistischen Presseerzeugnissen wurde die vermeintlich skandalöse Berichterstattung des *Haynt* immer wieder kritisiert, weil man glaubte, darin einen moralischen Verfall der Gesellschaft zu erkennen.[248]

Trotz der vonseiten des *Bund* formulierten Kritik waren die Leser der Zeitung stets auf dem aktuellsten Stand hinsichtlich der Geschehnisse im eigenen Land und in Europa sowie der Probleme der im Jischuv lebenden Juden mit all ihren wirtschaftlichen, kulturellen, politischen Erfolgen und Kämpfen. Für diese Aktualität sorgten die vielen Korrespondenten der Zeitung.[249] Dabei stand der Kampf für die Rechte und den Schutz der jüdischen Bevölkerung in Polen stets im Zentrum. Denn bei allen Argumenten für eine Auswanderung kämpfte die Belegschaft des *Haynt* doch immer auch für das Ende der antisemitischen Diskriminierung und Gewalt im eigenen Land. So wurde die Zeitung schnell zum Vorreiter und Initiator von Kampagnen gegen den Antisemitismus. Exemplarisch ist hierfür der Aufruf der Redaktion, keine Fleischprodukte mehr zu konsumieren, nachdem die polnische Regierung 1936 das Schächten, also das rituelle Schlachten von Tieren, verboten hatte.[250] Trotz der zionistischen Ausrichtung behielt die Zeitung immer ein inhaltlich flexibles Profil. Dies zeigte sich zum einen an dem politischen Spektrum, das die beitragenden Autoren selbst repräsentierten, sowie an der inhaltlichen Vielfalt der Artikel selbst, deren oft tiefgreifende Analysen im Widerspruch zu den Vorwürfen einer allzu großen Einseitigkeit standen.

---

[247] Zusammenfassend spricht Kalman Weiser sogar von einer Revolutionierung des jiddischen Zeitungsmarktes durch den *Haynt*, da dieser durch sein großes Format, seine aktuellen und innovativen Kolumnen und thematischen Sektionen ein Novum geschaffen hätte. Vgl. Weiser, Kalman: „A Tale of Two", S. 103.

[248] Vgl. Sneh, Moshe: „Yesterday without a morrow", in: David Flinker, Shalom Rosenfeld und Mordechai Tsanin (Hrsg.): *The Jewish Press That Was. Accounts, Evaluations and Memories of Jewish Papers in pre-Holocaust Europe*, Jerusalem 1980, S. 44–55, hier S. 51; Brumberg: „On Reading the Bundist Press", S. 111. Ausführlich zur Etablierung der jiddischen Boulevardpresse und der Kampf gegen sie vgl. Cohen, Nathan: „Shund and the Tabloids: Jewish Popular Reading in Inter-War Poland", *Polin* 16 (2003), S. 190–211.

[249] Über die ausländischen und reisenden Korrespondenten schreibt Chaim Finkelstein; siehe außerdem ausführlich Kap. 5 in dieser Arbeit. Vgl. Finkelshtayn: Haynt, S. 211–216.

[250] Vgl. Sneh: „Yesterday without a morrow", S. 50; Fuks: Prasa żydowska w Warszawie, S. 190; Nalewajko-Kulikov, Joanna: „„Hajnt' (1908–1939)", in: Nalewajko-Kulikov, Joanna, Grzegorz P. Bąbiak und Agnieszka J. Cieślikowa (Hrsg.): *Studia z dziejów trójjęzycznej prasy żydowskiej na ziemiach polskich (XIX–XX w.)*, Warszawa 2012, S. 61–75, hier S. 68–71.

2.2.2 Der *Moment*

Der große Konkurrent des *Haynt* war der 1910 in Warschau durch Noah Pryłucki gegründete *Moment*.[251] Wie der *Haynt* war auch dieser äußerst erfolgreich und blieb bis zum Ausbruch des Zweiten Weltkrieges eine der einflussreichsten jüdischen Tageszeitungen in der polnischen Hauptstadt. Kalman Weiser zufolge lag das Geheimnis dieses Erfolges insbesondere im Preis-Leistungs-Verhältnis der Zeitung sowie in der thematischen und inhaltlichen Vielfalt der Artikel und Kolumnen.[252] Die thematische Breite und eine damit einhergehende politische Inkonsistenz war von den Machern der Zeitung so gewollt, erhofften sie sich dadurch doch die Aufmerksamkeit eines möglichst großen Lesepublikums.[253] Die Zeitung erschien außer samstags täglich und hatte in der Regel sechs Seiten, welche lokale sowie internationale jüdische wie nichtjüdische Nachrichten abdeckten und darüber hinaus Rubriken zu Literatur, Kunst, Sport und Medizin anboten. Wie auch bei anderen Zeitungen setzte sich die Redaktion des *Moment* dafür ein, Antisemitismus in Polen und anderswo zu bekämpfen und half, teilweise zusammen mit anderen Tageszeitungen, öffentliche Protestaktionen mit verschiedenen inhaltlichen Schwerpunkten zu initiieren und zu organisieren.

Die Freitagsausgabe war mit zwölf Seiten die umfangreichste der Woche, wobei auch die Sonntagsausgabe einen Umfang von acht bis zehn Seiten haben konnte.[254] Mit einer Auflage um die 60.000 Stück unter der Woche und 90.000 am Freitag schaffte es der *Moment* problemlos, mit dem *Haynt* mitzuhalten. Allerdings hatte auch der *Moment* seinen Höhepunkt vor der Gründung der Zweiten Polnischen Republik, denn wie die Auflage der anderen Zeitungen ging auch jene des *Moment* in der Zwischenkriegszeit kontinuierlich zurück. Am Ende der 1930er Jahre hatte die Zeitung eine Auflage von 19.000 Exemplaren pro Tag.[255] Neben dem zunehmenden Einfluss der polnischen Sprache unter Juden waren die Gründe hierfür primär die miserable ökonomische Lage, in der sich die Zeitung befand, und die Pressezensur, die in der zweiten Hälfte der Zwischenkriegszeit stetig zunahm.[256] Diese Umstände erklären auch, wieso der *Moment* 1931 in eine

---

[251] Ausführlicher über die Konkurrenz zwischen *Haynt* und dem *Moment* siehe Fuks: Prasa żydowska w Warszawie, S. 183 f.; Weiser: Jewish People, Yiddish Nation, S. 65.
[252] Vgl. Weiser: Jewish People, Yiddish Nation, S. 63.
[253] Vgl. Weiser: Jewish People, Yiddish Nation, S. 63.
[254] Der Preis war gleich zum *Haynt:* 15 Groszy für Ausgaben unter der Woche, 30 Groszy für die Freitagsausgabe sowie 20 Groszy für die Sonntagsausgabe.
[255] Vgl. Paczkowski: „Nakłady dzienników", S. 95.
[256] Zur ökonomischen Lage der Zeitungen in den 1930er Jahren und zur Pressezensur siehe ausführlich Kap. 3.1 und 3.2 in dieser Arbeit.

Kooperative umgewandelt und unter dem Namen *Nasza Prasa* (Unsere Presse) mehrere Zeitungen vertrieb. Die Konkurrenz zum *Haynt* drückte sich aber nicht nur im Kampf um die Leser aus, sie fand ihren Niederschlag auch in den Reihen der Zeitungsredakteure. So verließ nach internen Konflikten neben dem beliebten Kolumnisten Moyshe Bunem Yustman auch Hillel Tsaytlin* (1871–1942) die Zeitung. Beide nahmen mehrere Tausend Leser mit zur Konkurrenz, sprich zum *Haynt*.[257]

Auch der *Moment* war in der Zwischenkriegszeit sehr eng mit einer politischen Partei, namentlich der jüdisch-nationalen *Yidishe Folkspartey* verbunden. Im Jahr 1916 wurde die Zeitung das offizielle Organ der Partei, die sich für jüdische Autonomie in der Diaspora einsetzte, Jiddisch als jüdische nationale Sprache propagierte und das jiddische Schulwesen unterstützte. Die Verbindung zur Partei ergab sich in erster Linie durch Noah Pryłucki, der nicht nur Gründer der Zeitung, sondern auch Initiator und politischer Führer der *Yidishe Folkspartey* war.[258] Über die politischen Ziele der Partei hinaus aber unterstützte die Belegschaft auch die zionistische Bewegung und damit die jüdische Siedlungsbewegung in Palästina sowie Hebräisch als Sprache der Juden im Jischuv. Anders als die anderen Zeitungen wurde der *Moment* gegen Ende der 1930er Jahre noch mit einer anderen politischen Bewegung in Verbindung gebracht, namentlich der revisionistisch-zionistischen *Neuen Zionistischen Organisation*. Als die Zeitungskooperative im Jahr 1938 fast bankrottging, wurde die Zeitung gegen den Willen der Redaktion in eine revisionistisch-zionistische Zeitung umgewandelt. Infolgedessen traten die meisten Redakteure zu Beginn des Jahres 1939 in einen dreiwöchigen Streik und begannen ihre eigene Zeitung herauszugeben, die öffentlich den Streit thematisierte.[259] Der Konflikt ging so weit, dass es schließlich sogar zu einem Gerichtsprozess kam. Letztlich verließen viele der ehemaligen Redakteure die Zeitung, sodass neue Journalisten, die in der Mehrheit der revisionistischen Bewegung nahestanden, eingestellt werden mussten. Unter ihnen befanden sich der Poet Uri Tsevi Grinberg (1896–1981) und das politische Gesicht der *Neuen Zionistischen Organisation* Vladimir (Ze'ev) Jabotinsky selbst.[260] Zwar wurde die Übernahme der Zeitung, wie der Streik der Mitarbeiter zeigt, bereits zeitgenössisch kritisch be-

---

[257] Vgl. Nalewajko-Kulikov, Joanna: Cwi Pryłucki. Wspomnienia (1905–1939), Archiwum Ringelbluma. Konspiracyjne Archiwum Getta Warszawy, Bd. 28, hrsg. von Żydowski Instytut Historyczny im. Emanuela Ringelbluma, Warszawa 2015, S. 133.
[258] Vgl. Weiser: „,Der Moment' (1910–1939)", S. 82.
[259] Vgl. die Streikausgaben der Redaktion des *Moment* mit dem Titel *Naye Tsaytung – aroysgegeben durkh di mitarbeyter fun Moment* vom 3. und 10. März 1939.
[260] Ausführlich zum Konflikt vgl. Zak, Avrom: In onheyb fun a friling, Buenos Ayres 1962, S. 143–152; Weiser: „,Der Moment' (1910–1939)", S. 86.

trachtet, doch führte dieser Umstand nicht zwangsläufig dazu, dass der *Moment* an Einfluss verlor. Die Zeitung war weiterhin ein wichtiges Sprachrohr für jüdische Belange, und so platzierten auch weiterhin bekannte Journalisten und Schriftsteller ihre Artikel in der Zeitung, was sich auch in der Liste der Mitarbeiter im Verlauf der Jahre zeigt. So gehörten neben Noah Pryłucki zu den Gründungsvätern der Zeitung auch dessen Vater Tsevi Pryłucki, ein Veteran der jiddischen Presse, sowie die Schriftsteller Shmuel Leib Zitron (1862–1930), Arn Tsaytlin* (1898–1973) und Joseph Opatoshu (1887–1954). Im Jahr 1912 stießen ferner Schriftsteller und Journalisten wie Mordekhai Spektor (1858–1925), Yosef Tunkel* (Der Tunkeler) (1881–1949) oder auch Moyshe Bunem Yustman zur Redaktion dazu. Ihnen folgten im Laufe der Jahre Shoyel-Yitskhok Stupnitski* (1876–1942), Zusman Segalovitsh, Yosef Heftman (Emanuel) (1888–1955), Dr. Yeoshue Gotlib* (1882–1940), Samuel Hirschhorn (1876–1942), Ben-Tsien Khilinovitsh, der Nachwuchsjournalist Mark Turkow und weitere.[261] Tsevi Pryłucki, der den Posten als Chefredakteur bis zum Ausbruch des Zweiten Weltkrieges innehatte, war neben seinem Sohn prägendes Gesicht der Zeitung. Dessen Kollege Sh. Szaynkinder (?–1943), der im Warschauer Getto seine Memoiren verfasste und sie später der *Oyneg Shabes* Gruppe übergab, erinnerte sich an die tägliche Zusammenarbeit mit dem Veteranen der jiddischen Presse:

> Diese große Welt öffnet Tsevi Pryłucki für mich, der mir täglich seinen einführenden politischen Artikel diktiert. Ich mache mich mit Frankreich, England, Deutschen, Chinesen und Japan vertraut. Der Redakteur versinkt in dem Pariser ‚[Le] Temps' oder im ‚Matin', im ‚Berliner Tageblatt', in der ‚Neuen Freien Presse' und in anderen ausländischen Zeitungen. Danach beginnt er, im Arbeitszimmer auf und ab zu gehen, auf dem Rückweg mit verschränkten Armen. Ich sitze bereit mit eingetauchtem Füller vor einer Papierkarte und warte.[262]

Die hier beschriebene Praxis, auf Grundlage der Lektüre ausländischer nichtjüdischer Tageszeitungen politische und meinungsbildende Kommentare zu verfassen, war nicht nur für die Kolumnisten des *Moment* prägend. Die Warschauer Zeitungsmacher verstanden sich als Teil einer weltweiten Presselandschaft, viele schrieben selbst regelmäßg für internationale jüdische und primär jiddische Zeitungen und Zeitschriften und so pflegten auch die Mitarbeiter in der Redaktion der *Naye Folkstsaytung* den Konsum internationaler Presseerzeugnisse.

---

[261] Vgl. Weiser: „‚Der Moment' (1910–1939)", S. 79 und 83. Eine Liste aller Mitarbeiter findet sich in Mozes, Mendl: „Der Moment", in: Alveltlekher yidisher kultur-kongres (Hrsg.): *Fun noentn over. Yidishe prese in Varshe*, Bd. 2, Nyu York 1956, S. 241–299, hier S. 298–299.
[262] Almi, A.: Momentn fun a leben, Buenos Ayres 1948, S. 115, hier zitiert nach: Nalewajko-Kulikov: Cwi Pryłucki, S. XV.

2.2.3 Naye Folkstsaytung

Die 1921 gegründete Tageszeitung *Naye Folkstsaytung* kann als Spiegel der Anliegen und Aktivitäten des *Bund* gelten. Sie war das sprachliche Zentralorgan des *Bund* und vertrat den Anspruch, soliden und seriösen Journalismus zu betreiben. Mitte der 1930er Jahre entwickelte sich die Tageszeitung zu einer der einflussreichsten Zeitungen am jiddischen Zeitungsmarkt und hatte damit eine starke Stimme innerhalb des Diskurses über die Situation der polnischen Juden.[263]

Der *Bund* verfügte mit 120 jiddisch- und zehn polnischsprachigen Publikationen über mehr Titel am Zeitungsmarkt als jede andere jüdische Organisation in Polen.[264] Bereits 1880 gab die Partei erste Publikationen auf jiddisch heraus. Die erste eigene Parteizeitung erschien jedoch erst 17 Jahre später. Mit der *Arbeter Shtime* (Arbeiterstimme) wurde 1897 der Grundstein für die florierende Presse des *Bund* gelegt. Von diesem Zeitpunkt an wurden stetig mehr Publikationen in einer zunehmenden Zahl von Regionen veröffentlicht, zunächst häufig illegal und im Untergrund. Bundistische Presseerzeugnisse wurden in Białystok, Vilna, Warschau und Łódź herausgegeben. Mit der Herausgabe der *Lebens-fragen* (Lebensfragen) wurde in Warschau im Dezember 1918 zum ersten Mal eine Tageszeitung des *Bund* publiziert. Die Zeitung kann als Vorläufer der *Naye Folkstsaytung* bezeichnet werden, die erstmals 1921 erschien, ihren endgültigen Namen jedoch erst im Jahr 1926 erhielt. Bis dahin hatten die Strenge der Zensurbehörden, die häufigen Konfiskationen und Zeitungsverbote lange Zeit dafür gesorgt, dass die Verleger der Zeitung ihr Blatt unter stetig wechselndem Namen herausgeben mussten.[265]

Die *Naye Folkstsaytung* war eine Parteizeitung. Der erste professionelle Journalist, der in den 1920er Jahren zum Redaktionskollektiv stieß, war Barukh Shefner* (1896–1977). Dieser hatte sich zu jener Zeit bereits einen Namen mit seinen Beiträgen zum Feuilleton in der Łódźer Tageszeitung *Dos Naye Leben* (Das neue Leben) gemacht, weshalb er eigens vom Zentralkomitee nach Warschau geholt wurde.[266] Die meisten anderen Redakteure waren zugleich Spitzenfunk-

---

263 Vgl. Pickhan: „Gegen den Strom", S. 254.
264 Vgl. Pickhan: „Gegen den Strom", S. 253.
265 *Lebens-fragen* hatte eine Laufzeit von zwei Jahren. Ihr Redaktionssekretär, Wiktor Szulman, und der Leiter der Verwaltung, Abraham Kasztelański, wurden festgenommen und die Zeitung verboten. Die bundistische Presse war dauerhaft von staatlicher Repression bedroht. Allein zwischen April und Mai 1920 ging die Zeitung mit fünf verschiedenen Namen an den Markt, bis schließlich 1922 die *Folkstsaytung* erst einmal, dann zweimal und ab Nr. 66 am 1. September 1922 täglich herausgegeben wurde. Vgl. Fuks: Prasa żydowska w Warszawie, S. 210–211.
266 Vgl. Pickhan: „Jakobs Berliner Kinder", S. 211–212.

tionäre der Partei oder hatten andere wichtige Partei- beziehungsweise Gewerkschaftsämter inne. Von Beginn an engagierte sich die bundistische Spitze, repräsentiert durch Vladimir Medem (1879–1923), Henryk Erlich* (1882–1941), Vladimir Kossovski, Maurycy Orzech* (1891–1943), Zofia Dubnow-Erlich (1885–1986), Wiktor Alter* (1890–1943), Pinkhas Shvarts* (1902–1963) und andere, als Redakteure oder regelmäßige Autoren in der Zeitung.[267] Einige der Genannten stellten lange Zeit einen Teil des Redaktionskollektivs, wobei Erlich am längsten blieb und den politischen Charakter der Zeitung nachhaltig prägte.[268] Passend zu der Zusammensetzung der Redaktion fanden auch Sitzungen vom Zentralkomitee des *Bund* in den Redaktionsräumen statt, was die Nähe zwischen Zeitung und Partei nochmals verdeutlicht.[269]

Mit 12 bis 16 Seiten gehörte die *Naye Folkstsaytung* zu den umfangreicheren Tageszeitungen und war mit 10 Groszy dazu noch äußerst preiswert. Der günstige Preis passte zu der Klientel, welche die *Naye Folktsatyung* versuchte anzusprechen, nämlich jüdische Arbeiter sowie bereits organisierte Bundisten. Da die angesprochenen Leser aber sehr oft aus den verarmten jüdischen Schichten kamen, führte dies im Umkehrschluss dazu, dass die Zeitung über ihren gesamten Erscheinungszeitraum unter finanziellen Schwierigkeiten litt. Anders als die zionistischen beziehungsweise nationaljüdischen Zeitungen hatten die Mitarbeiter der Zeitung Probleme, diese über Werbung zu finanzieren, denn nur wenige Unternehmen wollten in einer Zeitung werben, deren Leserschaft kaum Geld für die angepriesenen Waren hatte. Die Zeitung stand ständig am Rande des Bankrotts und war somit auf Geld von der Partei, den Lesern und privaten Spendern angewiesen.[270] Trotz der enormen Schwierigkeiten wurde Wert daraufgelegt, den Preis der Zeitung niedrig zu halten, auch wenn dies bedeutete, dass die Mitar-

---

267 Vgl. Fuks: Prasa żydowska w Warszawie, S. 211–212; Shefner, Barukh: Novolipie 7 (zikhrones un eseyen), Buenos Ayres 1955, S. 77. Eine Liste aller Mitarbeiter der *Naye Folkstsaytung* findet sich in Shvarts, Pinkhas: „Folksaytung", in: Alveltlekher yidisher kultur-kongres (Hrsg.): *Fun noentn over. Yidishe prese in Varshe*, Bd. 2, Nyu York 1956, S. 303–442, hier S. 425–439.
268 Vgl. Hertz, J. S.: „FOLKSZEITUNG, a Jewish Socialist daily", in: David Flinker, Shalom Rosenfeld und Mordechai Tsanin (Hrsg.): *The Jewish Press That Was. Accounts, Evaluations and Memories of Jewish Papers in pre-Holocaust Europe*, Jerusalem 1980, S. 113–121, hier S. 121.
269 Vgl. Archiwum Akt Nowych, Warschau (AAN), Komisariat Rządu mst Warszawy, Sig. 297/VII-7, Raport 118/37 za okres od dn. 1. VI do 1. VII 1937 VI, Mniejszości narodowe, Sytuacja ogólna, Notiz über eine Sitzung des ZK des *Bund* in den Redaktionsräumen der *Naye Folkstsaytung* in der *Nowolipie* 7, Warschau, 7. Juli 1937, Bl. 1–20, hier Bl. 16.
270 Vgl. Hertz: „FOLKSZEITUNG, a Jewish Socialist daily", S. 117; Brumberg: „On Reading the Bundist Press", S. 104.

beiter der Zeitung selbst auf ein ihrer Arbeit angemessenes Gehalt verzichten mussten. Im Rechenschaftsbericht der jüdischen Druckergewerkschaft hieß es 1937: „Als billigste Arbeiterzeitung auf der jüdischen Straße muss die ‚Folkstsaytung' kontinuierlich mit ungeheuren materiellen Schwierigkeiten kämpfen. Die Löhne der dort beschäftigten Arbeiter sind minimal bis sehr niedrig."[271]

Entsprechend ihrer Funktion als Partei- und Tageszeitung entsprach das politische Profil der *Naye Folkstsaytung* dem des *Bund*. Folglich war ihre Ausrichtung sozialistisch und antizionistisch. Einen zentralen Raum nahmen Berichte über die Lage der Arbeiterbewegung in Polen, aber auch anderswo ein. Täglich wurde über deren Erfolge und Probleme sowie über Arbeitskämpfe an verschiedenen Orten auf der Welt berichtet. Selbstredend lag dabei auch ein Augenmerk auf den Aktivitäten und den internationalen Netzwerken des *Bund*. Die theoretische Bildung kam ebenfalls nicht zu kurz, was sich darin zeigt, dass sich zahlreiche Abhandlungen über marxistische Theorie in der Zeitung finden lassen.[272] Daneben nahmen Berichte über die polnische Politik, politische Demonstrationen und Straßenkämpfe,[273] innerjüdische Debatten und alltägliche (über-)regionale Geschehnisse einen Großteil der Zeitung ein, wozu auch und insbesondere der Kampf gegen Antisemitismus gehörte. Darüber hinaus gab es einen Sportteil, eine Kulturseite für Kino-, Theater- und Literaturbesprechungen sowie ab Ende der 1920er Jahre die Rubriken *Froyenvinkel* (Frauenwinkel) und *Klayne Folkstsaytung* (Kleine Volkszeitung). Während erstere sich an den weiblichen Teil der Leserschaft wandte, richtete sich die *Klayne Folkststaytung* direkt an Kinder, die im sozialistisch-jüdischen Sinne erzogen werden sollten.[274] Mit beiden Rubriken, die in unregelmäßigen Abständen – meist alle zwei Wochen – auf einer Seite gedruckt wurden, unterschied sich die *Naye Folkstsaytung* von den anderen Zeitungen. Sie zeigen, dass sich die Redakteure ihrer verschiedenen Zielgruppen bewusst waren und versuchten, diese durch ein speziell auf sie zugeschnittenes Angebot anzusprechen. Die Bedürfnisse und Meinungen der Leser standen ebenfalls im Zentrum, wenn die Zeitungsredakteure im Rahmen der

---

271 Vgl. Bund-Archives, RG 1400, MG 9–184, Druker fareyn in Poyln, Prof. fareyn fun drukerayarbeter in Poyln, optaylung Varshe: Tetikeyt-barikht fun 1-tn detsember 1931 bizn 31-tn oktober 1934, Varshe, November 1934, S. 24.
272 Vgl. z. B. N. N.: Di teorie fun marksizm, in *Naye Folkstsaytung*, 14. März 1933, S. 2.
273 Abraham Brumberg verweist in seinem Text z. B. auf gewalttätige Angriffe durch die Kommunistische Partei auf Bundisten zu Beginn der 1930er Jahre. Anlass waren diametral ideologische Ansichten gegenüber der inhaltlichen Füllung des Sozialismus-Begriffs. Vgl. Brumberg: „On reading the Bundist Press", S. 111.
274 Vgl. Brumberg: „On reading the Bundist Press", S. 108.

Vortragsreihe *Lebedike Folkstsaytung* (Lebendige Volkszeitung) regelmäßig zu Vorträgen und Diskussionsabenden einluden.²⁷⁵

2.2.4 *Dos Yudishe Togblat*

Als am 20. September 1929 die erste Ausgabe von *Dos Yudishe Togblat* in Warschau erschien, konnte von den Zeitungsmachern der säkularen jüdischen Presse niemand ahnen, dass diese orthodoxe Tageszeitung zwar nicht zu ihrem größten Konkurrenten, aber doch im Laufe der 1930er Jahre zu einer wichtigen Instanz auf dem jiddischen Zeitungsmarkt werden sollte.²⁷⁶ Immerhin waren alle vorausgegangenen Versuche, eine orthodoxe jiddische Tageszeitung zu gründen und dauerhaft am Zeitungsmarkt zu etablieren, gescheitert. Der erste Versuch, eine orthodoxe Tageszeitung zu etablieren, fand im Ersten Weltkrieg unter deutscher Besatzung statt. Unter Beteiligung der beiden deutschen Feldrabbiner Emanuel Carlebach (1874–1927) und Pinkhas Kohn (1867–1941) wurde die Zeitung *Dos Vort* (Das Wort, 1914–1919) ins Leben gerufen. Der zweite Versuch folgte 1919 mit der Zeitung *Der Yud* (Der Jude, 1919–1929). Obwohl beide Zeitungen die Unterstützung des Gerrer Rabbiners²⁷⁷ Avraham Mordekhai Alter (1866–1948) genossen, hatten sie keinen dauerhaften Erfolg. Die Gründe hierfür waren vielfältig, am schwerwiegendsten aber war möglicherweise der Umstand, dass die angesprochene Klientel die Zeitungen zunächst schlicht nicht akzeptieren wollte. Als sich aber abzeichnete, dass die jüdische wie nichtjüdische Presse über die Jahre an Einfluss innerhalb orthodoxer Kreise gewann, wurde im Jahr 1929 auf dem Weltkongress der *Agudat Yisroel* in Wien beschlossen, eine neue orthodoxe Zeitung in Polen zu gründen. Parallel zum Kongress aber hatte sich bereits in Warschau eine Gruppe orthodoxer Schriftsteller konstituiert, die eine Kooperative gründeten und am 20. September 1929 die erste Ausgabe der Zeitung *Dos Yudishe Togblat* herausgaben. Ihre Initiative wurde enthusiastisch vom Gerrer Rabbiner unterstützt,

---

275 Vgl. Brumberg: „On reading the Bundist Press", S. 114.
276 Sofern nicht anders vermerkt, basiert diese Darstellung primär auf Prager, Moshe: „Dos Yudishe Togblat", in: Alveltlekher yidisher kultur-kongres (Hrsg.): *Fun noentn over. Yidishe prese in Varshe*, Bd. 2, Nyu York 1956, S. 443–534.
277 Die Gerrer Rabbiner-Dynastie war nach der Kleinstadt Góra Kalwaria, die sich in der Nähe von Warschau befand, benannt und hatte in der Zwischenkriegszeit in Zentralpolen die größte chassidische Anhängerschaft.

welcher der Kooperative ein Darlehen über 10.000 US-Dollar gab.[278] Trotz der Gründung als unabhängige Zeitung wurde diese in den 1930er Jahren zum inoffiziellen Organ der *Agudat Yisroel* in Polen. Die Redaktion berichtete ausführlich über Aktivitäten der Partei, behielt sich aber dennoch immer ihre Eigenständigkeit. Dies zeigte sich beispielsweise daran, dass die Zeitungsmacher in jüdischen Belangen meist die Position der anderen bürgerlich-jüdischen Zeitungen teilten und dafür manchmal auch die Unzufriedenheit unterschiedlicher religiöser Kreise in Kauf nahmen. Der administrative Kopf der Zeitung Mendel Kaminer (1861–1940) beschrieb das Profil der Zeitung 1933 im Bewerbungsbogen um eine Mitgliedschaft im Polnischen Verein der Verlage, Tageszeitungen und Zeitschriften recht einfach als „Zeitschrift für politische und gesellschaftliche Themen".[279] Doch die Bandbreite, welche die Zeitung thematisch abdeckte, war weitaus größer. Von religiösen Belangen und Diskussionen über chassidische Erzählungen bis hin zur Situation von Juden in Palästina und Polen sowie Nachrichten über die restliche Welt fand Vieles seinen Platz in dem Blatt. Ferner gab es einen Literaturteil. Eine weitere Besonderheit, welche die Zeitung von ihren Vorläufern unterschied und möglicherweise zu ihrem beständigen Erfolg führte, war der Umstand, dass sich die Redaktion von Beginn an ausschließlich aus bereits erfahrenen orthodoxen Schriftstellern zusammensetzte. Dies sorgte dafür, dass die Loyalität der Journalisten gegenüber der Zeitung von Anfang an relativ hoch und das ideologische Profil klar orthodox war. Neben dem verantwortlichen Chefredakteur Shmuel Yitskhok Rotstein (1902–1977) gehörten in den 1930er Jahren unter anderem der politische Kolumnist Dovid Flinker* (1900–1978), Avraham Mordekhai Rogovy* (1898–1942), Ayzik-Ber Ekerman* (1891–1943), Hillel Zeidman (?), Volf-Zev Lipsker (1902–1943) und Heshl Klepfish* (1910–2004) der Redaktion an. Regelmäßig schrieb ferner der bekannte Publizist Dr. Nathan Birnbaum (1864–1937) für die Zeitung. Auch die orthodoxen Journalisten organisierten sich im Jüdischen Journalistensyndikat sowie im Journalisten- und Schriftstellerverein und waren damit Teil der jüdischen journalistischen Welt Warschaus.[280] Nicht zuletzt in Ermangelung einer eigenen Druckerei wurde *Dos*

---

[278] Vgl. Rotstein, Shmuel: „The orthodox Press in Poland", in: Flinker, David, Mordechai Tsanin und Shalom Rosenfeld (Hrsg.): *The Jewish Press That Was. Accounts, Evaluations and Memories of Jewish Papers in pre-Holocaust Europe*, Jerusalem 1980, S. 97–111, hier S. 106.
[279] AAN, Polski Związek Wydawców Dzienników i Czasopism, Sig. 117, Mitgliedsantrag und ausgefüllter Selbstdarstellungsbogen von den Redakteuren von *Dos Yudishe Togblat*, Warschau, 27. Juni 1933, nicht paginiert.
[280] Der ehemalige Chefredakteur Rotstein berichtete in seinen Erinnerungen, dass die Zeitung einige Mitarbeiter an die Kommunisten verlor, nachdem sie sich im Jüdischen Journalistenverein organisiert hatten. Vgl. Rotstein: „The orthodox Press in Poland", S. 97–111, hier S. 106.

Yudishe Togblat in den ersten Jahren seines Bestehens in der Druckerei des *Bund* gedruckt, wodurch eine durchaus bemerkenswerte Nähe zu den Kollegen der *Naye Folkstsaytung* bestand, obwohl diese auf ideologischer Ebene der größte innerjüdische Widersacher der Zeitung war. Erst nach einigen Jahren, als die Zeitung sich finanziell stabilisiert hatte, kaufte sich die Kooperative eigene Maschinen und zog mit dem gesamten Redaktions- und Administrationspersonal in die *ulica Leszno* 40 um.[281]

2.3 Journalisten im Kampf gegen Antisemitismus

Der Kampf gegen und die Dokumentation von Antisemitismus gehörte von Anfang an zum Berufsbild der jüdischen Zeitungsmacher und war eine der inhaltlichen Schlüsselkomponenten der jüdischen Presse.[282] Für einige stellte die eigene Erfahrung mit Antisemitismus sogar eines der zentralen Motive dafür dar, eine eigene Zeitung mit jüdischer Perspektive ins Leben zu rufen.[283] Die Tageszeitungen fungierten als ein Medium, antisemitische Attacken zu diffamieren und abzuwehren, weshalb die Mitarbeiter der verschiedenen Zeitungen über alle antisemitischen Vorkommnisse berichteten, von denen sie hörten oder erfuhren. Sie begriffen diese Arbeit als ihre Pflicht sowie als eine lästige und doch notwendige Aufgabe, selbst dann, wenn die Leser protestierten, weil die schiere Masse der antisemitischen Vorfälle einfach zu schwer zu ertragen war.[284] Hinzu kam die Erfahrung, dass nichtjüdische Tageszeitungen nur unzureichend bis überhaupt nicht über antisemitische Gewaltexzesse und Pogrome berichteten. 1928 argumentierte Shoyel-Yitskhok Stupnitski vom *Moment*, dass „zu einer Zeit, als jüdisches Leben sich entwickelte, als Juden in das allgemeine politische Leben einbezogen wurden, sich heraus[stellte], daß ein Jude, der herausfinden wollte, was in der Welt passiert, ganz einfach keine Möglichkeit hatte, dies zu tun, weil fast die gesamte polnische Presse reaktionär, katholisch, antisemitisch war".[285]

---

281 Vgl. Segalowicz: Tłomackie 13, S. 98.
282 Vgl. White: „Jewish Lives", S. 71.
283 Steffen: Jüdische Polonität, S. 64.
284 In einem Artikel von Dawid Lazer vom *Nowy Dziennik* hieß es 1938: „In other words, you have a grievance against the Jewish press, that it too accurately and precisely records Jewish injustices, that it is too sensitive a seismograph of Jewish misery. You are angry at the thermometer that shows so many degrees of fever and, irritated, [you] break it on the floor ...". Vgl. Lazer, Dawid: List do żydowskiego czytelnika, in *Nowy Dziennik*, 17. März 1938, hier zitiert nach: White: „Jewish Lives", S. 71.
285 Stupnitski, Shoyel-Yitskhok: W młynie opinii. Czy potrzebnie jest pismo polsko-żydowskie?, in *Nasz Przegląd*, 14. Juni 1928, hier zitiert nach: Steffen: Jüdische Polonität, S. 64. Steffen weist

Doch nicht nur das Schreiben über und Dokumentieren von Antisemitismus wurde für die jüdische Tagespresse in der Zweiten Polnischen Republik prägend, auch die sich daraus entwickelnde politische Praxis, Antisemitismus zu bekämpfen, charakterisierte die Arbeit der jüdischen Zeitungsmacher. So waren die Journalisten und Publizisten ihrer Profession entsprechend oft die ersten, die nach Pogromen vor Ort waren, um zu berichten.[286] Zusätzlich betrachteten sie es als ihre Aufgabe, sich um die Opfer der Gewalt zu kümmern, mit ihnen zu reden und ihnen Mut zu machen. In dieser Funktion nutzten sie ihre Rolle als Sprecher der jüdischen Bevölkerung und initiierten Hilfskomitees, Spendenfonds oder Pressekampagnen, um die jüdische Bevölkerung zu motivieren, sich mit den Opfern solidarisch zu zeigen. Wichtig war es ihnen aber auch, eine breite jüdische Öffentlichkeit zu schaffen, die sich kritisch mit den Geschehnissen auseinandersetzte. [287]

Im Kampf gegen Antisemitismus und Verfolgung war eine jüdische Tageszeitung Kommunikationsplattform, Informationsquelle und Dokumentationsmedium in einem. Besonders eindrucksvoll zeigt sich dies am Beispiel des *Haynt*. Während des Ersten Weltkrieges und unter deutscher Besatzung war die Zeitung trotz strenger Zensur Informationskanal für die Geschehnisse an der Front und die allgemeinen Kriegsentwicklungen. Sie war aber zugleich auch erste Adresse, wenn Juden Familienangehörige vermissten oder selbst von den im Laufe des Krieges häufig auftretenden antisemitischen Gewaltexzessen betroffen waren. Die Redakteure des *Haynt* hatten nicht nur die Rubrik *Arum dem Milkhome* (Über den Krieg) ins Leben gerufen, sondern ebenfalls ein Hilfskomitee gegründet, welches sich um vertriebene und obdachlos gewordene Juden kümmerte und Spenden sammelte.[288] Darüber hinaus nutzte eine Gruppe von Journalisten und Schriftstellern den *Haynt* wie auch den *Moment* als Plattform, um einen Aufruf zu lancieren, der die Juden Osteuropas dazu motivierte, ihre Erlebnisse, die sie unter deutscher und russischer Besatzung machten, aufzuschreiben und zur Doku-

---

ferner darauf hin, dass der Artikel zuerst in der jiddischen Zeitung *Lubliner Togblat* erschienen war.
286 Die Redaktionen des *Moment* wie auch der *Naye Folkstsaytung* entsandten beim Ausbruch der Pogrome im Jahr 1936/37 gleich mehrere Journalisten nach Przytyk und Mińsk Mazowiecki. Davon berichten Mark Turkow und Bernard Goldstein in ihren Erinnerungen. Auch Boris Smolar war für die JTA vor Ort. Vgl. Turkow: „Between Two World Wars", S. 86; Goldstein, Bernard: Twenty Years with the Jewish Labor Bund. A Memoir of Interwar Poland, übers. von Marvin Zuckerman, West Lafayette 2016, S. 363; Smolar, Boris: In the Service of my People, Baltimore 1982, S. 221–225.
287 Vgl. Turkow, Mark: „Between Two World Wars", S. 86.
288 Vgl. die Ausgabe vom *Haynt* vom 15. Januar 1915; Nalewajko-Kulikov: Mówić w własnym imieniu, S. 227.

mentation bei der Gruppe einzureichen.²⁸⁹ Ziel sollte es sein, die jüdische Rolle im Krieg und das Leid, welches dieser über die jüdische Bevölkerung gebracht hatte, für kommende Generationen festzuhalten. Die Unterzeichner des Aufrufs waren davon überzeugt, dass in einer Zeit, in der Nationalismus und das Schreiben nationaler Geschichten immer wichtiger wurden, auch die Juden ihre eigene Geschichte aufschreiben und bewahren müssen. Nur auf Basis dessen hätten sie die Chance, überhaupt politische und juristische Rechte einzufordern. Die drei Unterzeichner waren in der osteuropäischen jüdischen Diaspora keine Unbekannten, handelte es sich doch um die berühmten jiddischen Schriftsteller Yitskhok Leybush Peretz und Shloyme Zaynvl Rapoport (1863–1920), besser bekannt als S. An-Sky, sowie den jiddischen Kulturaktivisten und Verleger Yankev Dineson (1859–1919).²⁹⁰ Zu jener Zeit lebten Peretz und Dineson bereits in Warschau und ihre Privatwohnungen fungierten als soziale Treffpunkte für jüdische Schriftsteller und Journalisten aus Warschau und anderen Orten.²⁹¹ Etwa um die gleiche Zeit formierte sich in Warschau ein Kreis jüdischer Intellektueller, die sich daran machten, jüdische Traditionen, Geschichte und Folklore systematisch zu sammeln, zu erforschen und aufzuschreiben. In ihrem Handeln waren sie mutmaßlich von dem Denken Peretz und An-Skys beeinflusst worden. Zu dem Kreis von lose miteinander verbundenen Ethnografen gehörten neben dem Herausgeber des *Moment* Noah Pryłucki auch der Bundist Menakhem Kipnis, ein langjähriger freier Mitarbeiter des *Haynt*, sowie der Literaturkritiker Elye-Khayem Sheps (A. Almi, 1892–1968), der Poale-Zion-Aktivist Pinkhes Graubard (1892–1952) und der Bundist Shmuel Lehman (1886–1941). Auch ihre Wohnungen wurden zu zentralen Treffpunkten, an denen jüdische Schriftsteller, Journalisten und *Zamler*²⁹² zusammenkamen, um sich über ihre Arbeit und Methoden auszutauschen. Neben dem Salon von Peretz war der zweitwichtigste Salon das Wohnzimmer von Pryłucki. Auch gehörten die Wohnungen der beiden späteren

---

289 Vgl. Peretz, Yitskhok Leybush, An-Sky, S. [Rapoport, Shloyme Zaynvl], Dineson, Yankev: Oyfruf, in *Haynt*, 31. Dezember 1914, S. 3; Oyfruf, in *Der Moment*, 31. Dezember 1914, S. 3. Über den Aufruf berichten ausführlich Jockusch: Collect and Record!, S. 25; Engel, David: „Historical Writing as a National Mission: The Jews of Poland and their Historiographic Traditions", in: Gutman, Israel (Hrsg.): *Emanuel Ringelblum. The Man and the Historian*, Jerusalem 2010, S. 117–140, hier S. 133–134; Nalewajko-Kulikov: Mówić w własnym imieniu, S. 230.
290 Vgl. Jockusch: Collect and Record!, S. 25; Engel: „Historical Writing", S. 133–134.
291 Vgl. Dauber, Jeremy: „Dinezon, Yankev", in: *YIVO Encyclopedia of Jews in Eastern Europe*, 4. August 2010, https://yivoencyclopedia.org/article.aspx/Dinezon_Yankev (abgerufen am: 25.12. 2021); Gottesman, Itzik Nakhmen: Defining the Yiddish Nation. The Jewish Folklorists of Poland, Detroit 2003, S. 5.
292 Jidd.: *Zamler* ist eine Bezeichnung für jüdische Ethnografen, die sich ins Feld begaben und Gedichte, Folklore und andere jüdische Traditionen sammelten und aufschrieben.

Redakteure des *Moment* Hillel Tsaytlin und Yoshue Perle (1888–1943) dazu.[293] Vorträge über die Arbeit im Feld als *Zamler* fanden zudem in den Räumen des Jüdischen Journalisten- und Schriftstellervereins statt. In den 1930er Jahren fand sich im Umfeld des Vereins ferner eine äußerst heterogene Gruppe aus Mitarbeitern von *Haynt*, *Moment* und *Naye Folkstsaytung* sowie anderen Historikern und Kulturschaffenden zusammen, die den Sammlungen des Bundisten Shmuel Lehman zur Veröffentlichung verhelfen wollten.[294] In den 1920er und 1930er Jahren nutzte Pryłucki darüber hinaus seine Stellung beim *Moment* dazu, um Aufrufe zu lancieren, welche die Leser zum selbstständigen Sammeln animieren sollten. Außerdem ermunterte er seine Schriftstellerkollegen dazu, selbst Lieder, Gedichte und Fabeln zu sammeln. Manchmal engagierte er diese auch, dies für ihn zu tun.[295] Die Bemühungen jüdischer Intellektueller, antijüdische Gewalt aus der Perspektive von Juden wie auch jüdische Geschichte und Folklore im Allgemeinen aufzuschreiben und zu dokumentieren, setzten sich nach dem Ersten Weltkrieg in verschiedenen Initiativen in Vilna, Kiew, Warschau und auch in Berlin fort.[296]

Die Handlungen der jüdischen Schriftsteller und Journalisten aus Warschau in Bezug auf ihren Kampf gegen Antisemitismus standen somit in einer jüdischen Denktradition, die sich, wie auch die Zeitungen selbst, um die Jahrhundertwende entwickelt hatte und eng mit dem Namen Simon Dubnow (1860–1941), einem jüdischen Historiker aus Russland, verbunden war. 1891 veröffentlichte Dubnow eine Art Manifest, in dem er die jüdische Bevölkerung im Russischen Zarenreich dazu aufrief, gemeinsam die eigene Vergangenheit zu erforschen, um damit nicht nur zu mehr Geschichtsbewusstsein zu gelangen, sondern auch um ein kollektives Nationalbewusstsein zu stiften.[297] Um dieses Geschichtsbewusstsein zu erlangen, betrachtete Dubnow es als notwendig, Quellen aus allen Schichten der jüdischen Bevölkerung zu sammeln und zu dokumentieren. Damit legte er

---

293 Über Warschau als Zentrum jüdischer wissenschaftlicher Folkloristen und *Zamler* siehe: Gottesman: Defining the Yiddish Nation, S. 3–71, für den Abschnitt besonders S. 3–6.
294 Zur Gruppe gehörten Emanuel Ringelblum, Ignacy Schiper, Yekhezkl-Moyshe Nayman, Shlyome-Leyb Kava (M. Vanvild) sowie die jiddischen Kulturaktivisten Yitskhok Giterman und Shlomo Mendelsohn. Vgl. Gottesman: Defining the Yiddish Nation, S. 24–25.
295 Gottesman: Defining the Yiddish Nation, S. 36–37.
296 Dazu siehe ausführlich Jockusch: Collect and Record!, S. 18–33.
297 Jockusch, Laura: „‚Jeder überlebende Jude ist ein Stück Geschichte'. Zur Entwicklung jüdischer Zeugenschaft vor und nach dem Holocaust", in: Sabrow, Martin und Norbert Frei (Hrsg.): *Die Geburt des Zeitzeugen nach 1945* (= Geschichte der Gegenwart, Bd. 4), Göttingen 2012, S. 113–144, hier S. 120–122.

gleichzeitig den Grundstein der jüdischen Ethnografie in Ost- und Ostmitteleuropa.[298]

Nicht ganz zehn Jahre später nahm Simon Dubnow seine Geschichtsphilosophie zum Ausgangspunkt für Überlegungen darüber, wie Juden am besten auf antisemitische Gewalt reagieren könnten. Nach dem Pogrom in Kishinev im Jahr 1903 animierte er aus diesem Grund einige seiner intellektuellen Freunde und Kollegen aus Odessa, eine Gruppe zu gründen, die er einige Jahre später selbst als eine Art „Geheimbüro" zum Zwecke der Sammlung von Informationen über Pogrome bezeichnete.[299] Eine weitere Aufgabe sah er darin, die gesammelten Informationen, Interviews und Dokumente der Weltöffentlichkeit zukommen zu lassen, indem diese in der Presse veröffentlicht wurden. Dubnow hoffte so, das öffentliche Interesse in Europa und Amerika für die Pogrome, von denen es zwischen 1905 und 1907 im Russischen Zarenreich etliche gab, zu wecken und empörte Proteste auszulösen.[300] Dubnow und sein Kreis sahen die Dokumentation der Verbrechen als einen Teil einer jüdischen Selbsthilfe an, eine Art politisches Programm, das Dubnow zusammen mit dem Schriftsteller Ahad Ha'am (1856–1927) 1907 in einem gemeinsamen Manifest ausformulierte und das in der Zweiten Polnischen Republik zunehmend an Bedeutung gewann. Jüdische Selbsthilfe bedeutete für Dubnow in erster Linie Selbstverteidigung gegenüber staatlicher Unterdrückung, Repression und Gewalt sowie Selbstschutz, zum Beispiel in Form von Auswanderung. Aber auch politischer Aktivismus und das Sammeln und Dokumentieren von Beweisen gehörten dazu, beziehungsweise unterstützte beides die ersten beiden Punkte. Die Notwendigkeit ihres Programmes sahen sie durch ihre negativen Erfahrungen mit den Behörden im Russischen Zarenreich bestätigt, denn die staatlichen Autoritäten gewährleisteten weder die körperliche Unversehrtheit der Juden, noch halfen sie mit, die Täter der Pogrome ausfindig zu machen und diese angemessen zu bestrafen.[301] An dieser frühen Dokumentationsarbeit beteiligten sich die unterschiedlichsten jüdischen Intellektuellen. Der Gruppe um Dubnow gehörte der damals noch junge Schriftsteller und Journalist Chaim Nachman Bialik (1873–1934) an, der damit beauftragt wurde, in Kishinev Beweise über das Pogrom aus jüdischer Perspektive zu sam-

---

298 Seine Überlegungen waren wiederum beeinflusst von der europäischen Ethnologie und einer intellektuellen jüdischen Strömung, die sich im 19. Jahrhundert unter deutschen Juden verbreitet hatte: der Wissenschaft des Judentums.
299 Vgl. Engel: „Historical Writing", S. 127.
300 Dubnow, Simon: „Megilat-setarim shel Ahad Ha'am", *Hatekufah* 24 (1907), S. 416, hier zitiert nach Engel: „Historical Writing", S. 127.
301 Vgl. Engel: „Historical Writing", S. 127–128. Dazu ausführlich auch bei Jockusch: Collect and Record!, S. 19–25.

meln und Interviews mit Überlebenden zu führen. Während des Ersten Weltkrieges traf er in Odessa u. a. auf die jüdischen Journalisten Yeshayahu Klinov* (1890–1963) und Hermann Swet* (1893–1968), die 1921 zusammen nach Berlin übersiedelten, wo sie als feste Auslandskorrespondenten des *Haynt* und des *Moment* arbeiten sollten.[302] Bialik ermutigte Klinov, der viele seiner Angehörigen durch die Pogrome und Vertreibungen während des Krieges verloren hatte, seine Erlebnisse niederzuschreiben und sie zu veröffentlichen. Die Forderung Bialiks sollte ihr Schaffen auch später in Berlin prägen.[303] Doch auch aus dem Umfeld des *Bund* beteiligte man sich an der Dokumentationsarbeit. So veröffentlichte Vladimir Kossovski 1915 das Buch *Der yidisher Khurbn in Rusland* (Die jüdische Katastrophe in Russland), welches an die Vertreibung der Juden durch das russische Militär im Ersten Weltkrieg erinnerte und vom Zentralverband des *Bund* in Amerika herausgegeben wurde.[304] Kossovskis Auseinandersetzung mit der antisemitischen Gewalt während des Ersten Weltkrieges führte im Jahr 1938 schließlich zu einem Artikel in der *Naye Folkstsaytung*, in welchem er die Vertreibungen von Brisk mit dem Antisemitismus in Deutschland verglich und dazu aufforderte, dass Juden sich schützen und für ihre Rechte kämpfen müssten.[305]

Die Gedanken Dubnows sowie sein persönliches Engagement wurden prägend für alle kommenden Generationen jüdischer Intellektueller in Polen während und nach dem Ersten Weltkrieg.[306] Er prägte nicht nur jüdische Historiker und Ethnografen, sondern auch die jüdischen Zeitungsmacher Warschaus. In der Art und Weise, wie jüdischer, insbesondere jiddischer Journalismus funktionierte und in dem Selbstbild, das die Journalisten und Redakteure hatten, lassen sich die Überlegungen Dubnows zum Kampf gegen Antisemitismus deutlich erkennen. Auch wenn er sicher nicht als alleiniger Urvater der jiddischen Presse gelten kann, lassen sich die jiddischsprachigen Zeitungen und Zeitschriften durchaus als Manifestation seiner Forderungen nach jüdischer Selbsthilfe, Selbstschutz und Selbstverteidigung verstehen. Dafür spricht neben der Motivation, die Zeitungen überhaupt zu gründen, auch die alltägliche journalistische Praxis der

---

302 Zu den auslandskorrespondentischen Tätigkeiten der beiden Journalisten siehe ausführlich Kap. 2.6 und 3.3.1.
303 Vgl. Swet, Gershon: Oyfn frishn keyver fun Yeshayahu Klinov, in *Forverts*, 28. Oktober 1963, S. 6.
304 Vgl. Kossovski, Vladimir: Der yidisher khurbn in Rusland, Nyu York 1915.
305 Vgl. Kossovski, Vladimir: In kamf tsum shuts fun unzere rekht, in *Naye Folkstsaytung*, 24. Juni 1938, S. 3.
306 Vgl. Engel: „Historical Writing" sowie Hilbrenner, Anke: „‚Simon Dubnow war eine Art intellektueller Pate': Das YIVO in Wilna und Dubnows Aufruf zur Arbeit am nationalen Gedächtnis", in: Dmitrieva, Marina und Heidemarie Petersen (Hrsg.): *Jüdische Kultur(en) im Neuen Europa. Wilna 1918–1939*, Wiesbaden 2004, S. 147–162.

Zeitungsmacher. Zunächst einmal hielten die Zeitungsmacher über das Sammeln von Informationen, das Aufschreiben und nicht zuletzt über das Drucken der Zeitungen selbst alles, was für die jüdische Welt von Belang war, fest (Dokumentieren). Dann verfügten die Zeitungsredaktionen über eigene Archive und auch die Zeitungen selbst wurden als zeithistorische Quellen von zahlreichen jüdischen Institutionen wie dem YIVO oder der Hebräischen Universität in Jerusalem als historische Dokumente gesammelt, aufbewahrt und damit für die Nachwelt festgehalten (Sammeln). Als jüdische Journalisten und Redakteure boten sie ferner der jüdischen Bevölkerung mit einer jiddischen Tageszeitung eine Ausdrucks- und Kommunikationsplattform an, und das gerade auch in Zeiten der Krise (Selbsthilfe). Schließlich verknüpften sie ihren Journalismus mit politischem Aktivismus und traten damit nicht selten in die politische Opposition ein (Selbstverteidigung). So schufen sie in ihrem Schreiben über Antisemitismus, Unterdrückung und Verfolgung auch eine kritische Gegenöffentlichkeit zum dominierenden Diskurs der Mehrheitsbevölkerung und setzten diesem ein explizit jüdisches Narrativ entgegen. Die Streuung kritischer Informationen innerhalb der jüdischen Bevölkerung machte diese zu Mitwissenden, Mitbetroffenen und Mitkämpfenden. Gleichzeitig entwickelten die Journalisten aus ihren Redaktionen heraus eine politische Praxis der Gegenwehr. Beispielhaft dafür sind nicht nur ihre Beteiligung an der Initiierung diverser Hilfskomitees für jüdische Opfer antisemitischer Gewalt oder ihre andauernde Auflehnung gegen die staatliche Zensur. Auch das Einrichten einer juristischen Sprechstunde in der Redaktion des *Haynt* für Juden, die von antisemitischer oder behördlicher Diskriminierung betroffen waren, ist ein Ausdruck dessen.[307] Wie im Verlauf dieser Arbeit noch gezeigt werden wird, lassen sich viele Versatzstücke der jüdischen Selbsthilfe und Selbstverteidigung einerseits wie der jüdischen ethnografisch-historischen Traditionen andererseits auch im Schreiben über und im Kampf gegen die beginnende Verfolgung von Juden im nationalsozialistischen Deutschland wiederfinden. Exemplarisch hierfür ist eine Fotoreihe im *Moment*, die Opfer der sogenannten Polenaktion im Oktober 1938 fotografisch festhielt und den passenden Namen *Dokumenten fun Barbarizm* (Dokumente der Barbarei) trug.[308]

Die Denktraditionen sowie die vor, während und nach dem Ersten Weltkrieg erprobten praktischen Erfahrungen im Kampf gegen Antisemitismus boten den Journalisten und Publizisten der Warschauer jiddischen Tagespresse im Umgang

---

307 Vgl. Finkelshtayn: „Haynt", S. 148.
308 Vgl. N. N.: Dokumenten fun barbarizm, in *Der Moment*, 13. und 14. Juni 1939, S. 5 und S. 4. Im *Haynt* gab es bereits im April 1933 eine ähnliche Reihe mit dem Titel *Dokumenten fun yidishe leyden in Daytshland*. Unter der Rubrik wurden antisemitische Übergriffe auf Juden in verschiedenen deutschen Städten verzeichnet. Vgl. z. B. den *Haynt* vom 10. April 1933, S. 14.

Abbildung 2 und 2.1: Die Fotoserie „Dokumenten fun Barbarizm" (Dokumente der Barbarei) im *Moment*.

mit den Entwicklungen im nationalsozialistischen Deutschland gewissermaßen einen „frame of reference".[309] Sie waren sich dieser Traditionen bewusst, was sich nicht zuletzt auch daran ablesen lässt, dass die Zeitungsmacher in ihrer Arbeit journalistisches Handwerk mit den von Dubnow und anderen vorgeschlagenen

---

309 Vgl. Jockusch: Collect and Record!, S. 19.

Handlungsmethoden verbanden und benutzten. Neben der klassischen investigativen Recherche sammelten die Journalisten Informationen über die Verfolgung von Juden im nationalsozialistischen Deutschland, indem sie 1. Interviews mit Verfolgten durchführten und sie aktiv unterstützten, 2. auf illegalen Reisen nach Deutschland ethnografische Beobachtungen durchführten, 3. die Geschehnisse in Deutschland anhand von kritischen Artikeln, Gedichten, Erzählungen, Reiseberichten, Karikaturen und Ähnlichem verarbeiteten und veröffentlichten und schließlich 4. auf verschiedene Arten und Weisen politisch aktiv gegen das nationalsozialistische Deutschland vorgingen.

2.4 Vorstellungen von Deutschland und deutschen Juden

Im Januar 1927 plädierte der Journalist und zionistische Politiker Samuel Hirschhorn (1876–1942) in einem Artikel im *Moment* dafür, dass Polen seine Außenpolitik, besonders in Hinblick auf Deutschland, radikal ändern müsse, wolle es als gleichwertiges Land in Europa anerkannt werden. In seinem Artikel belächelte er die antideutsche Haltung einiger polnischer Politiker und kritisierte, dass Polen seine Außenpolitik zu sehr darauf ausgerichtet habe, dass die Feindschaft zum westlichsten Nachbarland ewig andauern werde. Stattdessen solle man, so Hirschhorn, endlich anerkennen, dass sich die Beziehungen zwischen Deutschland und seinen ehemaligen Feinden von Tag zu Tag besserten.[310] Der ausgewählte Artikel zeigt, dass Hirschhorns Blick auf Deutschland Mitte der 1920er Jahre relativ positiv war und er sich zuversichtlich zeigte, was eine gemeinsame deutsch-polnische Zukunft betraf. Doch Hirschhorn war nicht der einzige jüdische Journalist aus Warschau, der ein relativ positives Deutschlandbild vertrat. Viele seiner Kollegen bezogen sich in den 1920er Jahren in affirmativer Weise auf ihre deutschen Nachbarn und fanden oft viel Gutes über die junge deutsche Demokratie, ihre Kultur, Politik und Literatur zu berichten.

Neben Erfahrungen, die sich auf einen direkten Kontakt mit Juden und Nichtjuden aus Deutschland zurückführen lassen, waren es die deutsche Hochkultur und Bildung, aus denen die jüdische Bevölkerung in Ost- und Ostmitteleuropa ihre Wahrnehmung über Deutschland speiste. Ebenso prägte die jüdische Aufklärungsbewegung, die Haskalah, die ihren Ausgang in Berlin in den 1770er Jahren unter dem jüdischen Philosophen Moses Mendelssohn nahm und sich von

---

310 Hirshhorn, Samuel: Di noytigkeyt fun aiberbrukh in der poylisher politik, in *Der Moment*, 9. Jan. 1927, S. 4. Der Artikel wird auch erwähnt in: Politisches Archiv des Auswärtigen Amts, Berlin (PAAA), RZ 208/R 82382, Auszug aus der jüdisch-polnischen Presse vom 7. bis 18. Januar 1927, Berlin, 18. Januar 1927, Bl. 067.

dort unter anderem nach Osteuropa ausbreitete, die Vorstellungswelten ost- und ostmitteleuropäischer Juden über Deutschland und deutsche Juden. Die Bewegung traf einen Nerv innerhalb der jüdischen Intelligenz im Russischen Zarenreich. Der „deutsche, aufgeklärte Jude" diente dort vielen Maskilim, also den Vertretern der Haskalah, bis weit in die 1870er Jahre hinein als ein Muster im Hinblick auf die von ihnen herbeigesehnte Modernisierung und Reform der jüdischen Bevölkerung in Osteuropa. Die Sprache, die Manieren, das Familienleben, der Status der Frau und die Lesegewohnheiten – all das sollte nach deutschem beziehungsweise deutsch-jüdischem Vorbild verändert werden.[311] Die osteuropäischen Maskilim hatten ihr Vorbild in der jüdischen Aufklärungsbewegung in Deutschland gefunden, weshalb sie sich positiv auf die deutsche Sprache, Bildung und Kultur sowie auf die dort entstandenen jüdischen Assimilationsgedanken bezogen. Der Blick nach Westen war derart dominant, dass selbst unter Gegnern der Haskalah deutsche Kultur und deutsche Bildung sehr geschätzt wurden.[312]

Das Lesen deutscher Klassiker von Goethe über Schiller bis Lessing war – ganz ähnlich wie in der polnischen und russischen Bildungsbürgerelite während der Jahrhundertwende[313] – weit verbreitet. Sie fand ihren Ausdruck nicht nur darin, dass deren Werke bereits früh ins Jiddische übersetzt wurden,[314] sondern auch in den zahlreichen Lehrbüchern für das Erlernen der deutschen Sprache, die vor allem deshalb beliebt waren, weil viele die Bücher im Original lesen wollten.[315] Die Literaturwissenschaftlerin Agnieszka Żółkiewska geht davon aus, dass die Übersetzungen aus dem Deutschen nicht zufällig geschahen. Vielmehr reagierte der jiddische Printmarkt damit auf neue und populär werdende philosophische und künstlerische Strömungen aus Deutschland und ging gleichzeitig auf Veränderungen im politischen Klima ein. In der Zwischenkriegszeit waren es vor allen Dingen deutschsprachige Werke jüdischer Autoren wie Heinrich Heine, Sigmund Freud oder Max Nordau, die großes Interesse bei den jüdischen Lesern

---

311 Vgl. Bartal, Israel: „The Image of Germany and German Jewry in East European Jewish Society During the 19th Century", in: Twersky, Isadore (Hrsg.): *Danzig, Between East and West: Aspects of Modern Jewish History*, Cambridge/London 1985, S. 3–15, hier S. 7 und 11.
312 Vgl. Bartal: „The Image", S. 10.
313 Vgl. Pryt: Befohlene Freundschaft, S. 43.
314 Vgl. z. B.: Shiller, Fridrikh: Di royber. A tragedie in 4 akhtn, bearbeyt fun Dor Kasel, Varshe 1911; Lassalle, Ferdinand: Rekht un makht, Varshe 1906. Weitere Beispiele finden sich bei Żółkiewska, Agnieszka: „Literatura niemieckojęzyczna w przekładach na język jidysz (1891–1939)", in: Deutsches Historisches Institut Warschau und Instytut Historii Polskiej Akademii Nauk (Hrsg.): Lesestunde/Lekcja czytania, bearbeitet von Joanna Nalewajko-Kulikov, Ruth Leiserowitz, Stephan Lehnstaedt und Grzegorz Krzywiec, Warszawa 2013, S. 37–50.
315 Vgl. Neimanovitsh, Naftali Hertz: „Der hoyzlehrer", Daytsh, Varshe 1900.

in der Zweiten Polnischen Republik weckten. Żółkiewska vermutet, dass die Bücher „eine wichtige Quelle der Inspiration für die Modernisierung der jüdischen Gemeinschaft in verschiedenen Orten der jiddischsprachigen Diaspora dar[stellten]".[316] Diese These wird durch die Ergebnisse Szyja Bronsztejns gestützt, die in der Auswertung zahlreicher Memoiren polnischer Juden zu dem Ergebnis kam, dass die Mehrheit der Juden in Polen eine stärkere Verbindung zur deutschen oder russischen als zur polnischen Kultur pflegte, da letztere von vielen als „einfach" und „ländlich" betrachtet wurde.[317] Gleiches gilt für die jüdischen Zeitungsmacher aus Warschau. So ist nicht nur für die Gründungszeit belegt, dass die Redakteure und Journalisten ihre Nachrichten in erster Linie aus deutschen Tageszeitungen bezogen und erst in den späteren Jahren auch Zeitungen aus England, Frankreich und Amerika konsultierten.[318] Ferner steht zu vermuten, dass zumindest die Redakteure des *Haynt* sich von deutschen Zeitungen wie dem *Berliner Tageblatt* inhaltlich und grafisch inspirieren ließen.[319]

Mit dem Aufstieg jüdischer Nationalbewegungen im Russischen Zarenreich gegen Ende des 19. Jahrhunderts hatte sich die Wahrnehmung der deutschen Juden verändert und beinhaltete nun durchaus auch negative Aspekte. Verantwortlich dafür war nicht nur das neue nationale Selbstbewusstsein, das sich unter Juden im Russischen Zarenreich eingestellt hatte, auch eine Intensivierung der Begegnungen zwischen Juden aus Ost- und Westeuropa, zum Beispiel durch Studienaufenthalte an deutschen Universitäten, brachte Veränderungen in der Wahrnehmung mit sich. Israel Bartal zufolge wurde das mythisch aufgeladene Bild des deutschen Juden und des deutschen Bürgers an sich, das in erster Linie auf dem Studium deutscher Bücher und Zeitschriften basierte, durch negative Erfahrungen, die Juden aus Osteuropa zu Beginn des 20. Jahrhunderts im direkten Aufeinandertreffen mit jüdischen wie nichtjüdischen Deutschen gemacht hatten, infrage gestellt und schließlich aufgeweicht.[320]

---

316 Żółkiewska: „Literatura niemieckojęzyczna", S. 49.
317 Vgl. Bronsztejn, Szyja: „Polish-Jewish Relations as Reflected in Memoirs of the Interwar Period", *Polin* 8 (1994), S. 66–88, hier S. 70–71.
318 Vgl. Nalewajko-Kulikov, Joanna: Jiddische Presse, Vortrag im WS Kolloquium 2013/14 von Prof. Pickhan am 11. Dezember 2013, handschriftliche Notizen der Autorin.
319 Vgl. Nalewajko-Kulikov: „'Di Haynt-mishpokhe'", S. 266–267.
320 Vgl. Bartal: „The Image", S. 14; Block, Nicholas Alexander: In the Eyes of Others: The Dialectics of German-Jewish and Yiddish Modernisms, Michigan 2013, unveröffentlichte Doktorarbeit, S. 210. Zu diesem Befund kommt auch die Literaturwissenschaftlerin Rachel Seelig in ihrer 2016 veröffentlichten Studie über osteuropäisch-jüdische Literaten im Berlin der Weimarer Republik. Anders als Bartal führt Seelig die Transformation jedoch viel stärker auf das neue nationale Selbstbewusstsein der osteuropäisch-jüdischen Elite zurück. Seelig, Rachel: Strangers in Berlin. Modern Jewish Literature between East and West, 1919–1933, Ann Arbor 2016, S. 28.

Der Ausbruch des Ersten Weltkrieges und die Erfahrungen, welche die jüdische Bevölkerung Kongresspolens unter der deutschen Besatzung machte, fügten eine weitere Facette zu dem zunehmend vielschichtigeren Deutschlandbild hinzu. Mit dem Einmarsch der deutschen Armee im Sommer 1915 kam die Mehrheit der jüdischen Bevölkerung Kongresspolens erstmals in direkten Kontakt mit deutschem Militär und deutschen Verwaltungsbehörden. Unterschiedlichen Quellen und Erinnerungsberichten zufolge wurden die deutschen Soldaten seitens der lokalen jüdischen Bevölkerung aus den eroberten Gebieten zunächst positiv, teilweise sogar enthusiastisch begrüßt.[321] Diese positive Haltung lässt sich darauf zurückführen, dass es im ersten Kriegsjahr durch russische Truppen, die sich an der Front erbitterte Kämpfe mit österreichischen und deutschen Truppen lieferten, zu Vertreibungen der lokalen jüdischen Bevölkerung im großen Stil gekommen war und Juden darüber hinaus häufig ganz im Geiste des zeitgenössischen Antisemitismus die Loyalität gegenüber dem Russischen Zarenreich abgesprochen wurde.[322] Nach der Einnahme Warschaus durch die deutsche Armee hoffte die jüdische Bevölkerung, dass antisemitische Gewalt und Vertreibungen abnehmen würden, da mit Deutschland beziehungsweise Preußen seit jeher Ordnung und Disziplin verbunden wurden – zwei Eigenschaften, von denen angenommen wurde, dass sie Pogromen vorbeugen würden. Hinzu kam, dass das Deutsche Kaiserreich zum damaligen Zeitpunkt als ein Land galt, dass keine Pogrome kannte und der jüdischen Minderheit gegenüber freundlich eingestellt war.[323] In der Tat führten die strukturellen Veränderungen, die unter der deutschen Besatzungsmacht in der Region eingeführt wurden, teilweise zu einer Revitalisierung jüdischen politischen und kulturellen Lebens. Zwar war die politische Praxis der deutschen Besatzungsmacht gegenüber der jüdischen Bevöl-

---

[321] Vgl. Schuster, Frank M.: Zwischen allen Fronten. Osteuropäische Juden während des Ersten Weltkrieges (1914–1919) (= Lebenswelten osteuropäischer Juden, Bd. 9), Köln/Weimar/Wien 2004, S. 236. Neben zahlreichen Beispielen, die sich in der Arbeit von Schuster finden lassen, erwähnen auch Polonsky und Nalewajko-Kulikov die positiven Reaktionen seitens der jüdischen Bevölkerung auf den Einmarsch der deutschen Armee. Allerdings weist Nalewajko-Kulikov auch darauf hin, dass viele jüdische Journalisten sich noch kurz vor der Eroberung durch die Deutschen loyal gegenüber Russland geäußert hätten, sich dann aber relativ schnell positiv auf Deutschland bezogen. Dieses Verhalten folgte möglicherweise taktischen Überlegungen, um ein Verbot der Zeitungen zu umgehen. Ablehnend gegenüber der deutschen Besatzung hätten sich hingegen Mitglieder des *Bund* geäußert. Vgl.: Polonsky: The Jews in Poland, S. 11; Nalewajko-Kulikov: Mówić w własnym imieniu, S. 224.
[322] Vgl. Engel, David: „World War I", in: *YIVO Encyclopedia of Jews in Eastern Europe*, 5. November 2010, https://yivoencyclopedia.org/article.aspx/World_War_I (abgerufen am: 25.12.2021).
[323] Vgl. Shulman, Viktor: Der „Bund" unter der daytsher okupatsie, in *Naye Folkstsaytung*, 16. Dezember 1932, S. 5.

kerung äußerst wechselhaft und stark davon abhängig, wie sich der Kriegsverlauf entwickelte, aber dennoch wurden viele jüdische Organisationen und Zeitungen, die unter russischer Herrschaft verboten worden waren, wieder legalisiert.[324] Gleichzeitig scheint es nach dem Ersten Weltkrieg aber auch zu einer teilweisen Idealisierung der deutschen Besatzer jüdischerseits gekommen zu sein, wie der Schriftsteller und Ethnograf An-Sky in seinem dokumentarischen Tagebuch kritisch bemerkt. Ihm zufolge hätten die deutschen Besatzer die „russischen Grausamkeiten" propagandistisch ausgenutzt, um vom eigenen Antisemitismus abzulenken.[325] In Wahrheit aber „legten die Deutschen in den okkupierten Gebieten selbst einen heftigen Antisemitismus an den Tag und waren nicht weniger grausam gegenüber den Juden". Zwar hätten sie keine Pogrome an Juden durchgeführt, aber ihre „grausame Strenge und Verachtung" seien häufig schwerer zu ertragen gewesen als die Pogrome selbst.[326]

Bei Gründung der Zweiten Polnischen Republik hatte sich also ein vielschichtiges und ambivalentes Bild von Deutschland und der deutschen jüdischen wie nichtjüdischen Bevölkerung unter Juden in Polen herausgebildet. Als exemplarisch hierfür kann ein Artikel von Abraham Goldberg, dem Chefredakteur des *Haynt*, gelten. Als es am 5. November 1923 in der Hauptstadt der jungen Weimarer Republik zu einem Pogrom im Scheunenviertel, einem Teil Berlins, in welchem besonders viele jüdische Immigranten aus Ost- und Ostmitteleuropa lebten, gekommen war, versuchte Goldberg die Geschehnisse zu deuten. Er schrieb:

> Aktiv und dauerhaft setzten wir auf Deutschland, da trotz der Erschütterungen, die dieses Land durchlebt hat, Juden, speziell als solche, dort nicht leiden mussten. Noch viel mehr: Wir haben Deutschland angerechnet, dass es während des Krieges in den Gebieten, die von der deutschen Armee besetzt waren, keine Exzesse oder Pogrome gegen Juden gab. [...] Und jetzt sind wir Zeugen, wie in der deutschen Hauptstadt, in Berlin, der deutsche Mob jüdische Geschäfte ausraubt, Juden überfällt und schlägt, [...] – wir sind Zeugen von Pogromen gegen Juden, organisiert und durchgeführt mit echter deutscher Intensität und Pünktlichkeit![327]

---

324 Polonsky: The Jews in Poland, S. 13–14. Ausführlicher zur Situation der jüdischen Bevölkerung während des Ersten Weltkrieges und unter deutscher Besatzung siehe: Zieliński, Konrad: Stosunki polsko-żydowskie na ziemiach Królestwa Polskiego w czasie pierwszej wojny światowej, Lublin 2005.
325 Vgl. An-Ski, Shimon: Der Khurbn in Polen, Galizien und der Bukowina. Tagebuchaufzeichnungen aus dem Ersten Weltkrieg, hrsg. von Olaf Terpitz, übers. von Lilian Harlander, Thomas Soxberger und Olaf Terpitz (= Schriften des Centrums für Jüdische Studien, Bd. 29), Wien/Köln/Weimar 2019, S. 54–55.
326 An-Ski: Der Khurbn, S. 54–55.
327 Goldberg, Abraham: Daytshe pogromen, in *Haynt*, 9. November 1923, S. 3.

Aufgrund der vergleichsweise positiven Erfahrungen, welche die jüdische Bevölkerung unter der deutschen Besatzungsmacht im Vergleich zur russischen gemacht hatte, zeigte sich Goldberg von dem Ausbruch der antijüdischen Gewalt überrascht. Gleichzeitig sieht er in dem Pogrom nichts spezifisch Deutsches, sondern vielmehr ein „trauriges Zeichen der Zeit" und eine Folge der wirtschaftlichen und politischen Krise, in die der gesamte europäische Kontinent durch den Ersten Weltkrieg gestürzt worden war.[328] Zwar nahm er auch die deutsche Politik in die Verantwortung, wenn er weiter argumentierte, dass es nicht mehr ausreichen würde, sich ausschließlich auf die „Dichter und Denker" des Landes einzuschwören, gleichzeitig forderte er aber auch von seinen Lesern, dass sie Deutschland nicht als Ganzes verurteilen sollten, denn die „deutschen Staatsmänner" hätten dieses Pogrom nicht gewollt.[329] Eine derart ausgeprägte Bereitschaft, Deutschland und die Deutschen in Schutz zu nehmen, erscheint durchaus bemerkenswert. Doch auch wenn Goldberg hier relativ versöhnliche Worte findet, das sogenannte Scheunenviertelpogrom erschütterte die jüdischen Zeitungsmacher in Warschau nachhaltig.[330] Hinzu kam, dass man parallel damit begann, den Aufstieg der völkischen und antisemitischen Bewegungen genau zu beobachten und sich ausführlich und früh über die antisemitischen Schriften, die intellektuelle Führer dieser Bewegungen hervorbrachten, informierte.[331] Obwohl sich in der Wahrnehmung von Deutschland erste Brüche zeigten, saß die Mehrheit der Zeitungsmacher zunächst weiterhin der trügerischen Illusion auf, dass Juden in Deutschland besser vor Antisemitismus geschützt seien als in Ost- und Ostmitteleuropa. In Anbetracht der zahlreichen Pogrome, die es zwischen 1918 und 1921 in Ostmitteleuropa gab und auch der antisemitischen Maßnahmen in verschiedenen der dort neugegründeten Nationalstaaten, wie etwa der Einführung eines Numerus Clausus, war diese Wahrnehmung allerdings auch keine komplett abwegige. Gerade die Hochachtung vor der deutschen Kultur und die Stärke der deutschen Arbeiterbewegung führte dazu, dass viele jüdische Auslandskorrespondenten das Scheunenviertelpogrom mit zunehmendem zeitlichen Abstand

---

328 Zu den Pogromen in den neu gegründeten Staaten Ostmitteleuropas siehe Mendelsohn, Ezra: „Zwischen großen Erwartungen und bösem Erwachen: Das Ende der multinationalen Reiche in Ostmittel- und Südosteuropa aus jüdischer Perspektive", in: Dahlmann, Dittmar und Anke Hilbrenner (Hrsg.): *Zwischen großen Erwartungen und bösem Erwachen. Juden, Politik und Antisemitismus in Ost- und Südosteuropa 1918–1945*, Paderborn 2007, S. 13–31.
329 Goldberg: Daytshe pogromen, S. 3. Deutlich kritischer äußerte sich der Schriftsteller Hirsh David Nomberg: In land fun fertsvayflung, in *Der Moment*, 16. November 1923, S. 3.
330 Vgl. Lidor, Fishl: Di ekstsesn gegn yudn in Berlin, in *Der Moment*, 11. November 1923, S. 3.
331 Tsevi Pryłucki erinnerte sich im Warschauer Getto daran, wie er das erste Mal vom Terminus Antisemitismus gehört hatte und daraufhin begann, die Werke des Antisemiten Adolf Stöcker zu lesen. Vgl. Nalewajko-Kulikov: Cwi Pryłucki, S. 131.

eher als ein Krisenphänomen der Nachkriegs- und Inflationsjahre deuteten und nicht als ein Pogrom, dessen Ursache im Antisemitismus der deutschen Mehrheitsgesellschaft lag. Und auch das tiefe Vertrauen, das insbesondere die jüdischen Sozialisten in die deutsche Sozialdemokratie legten, bestärkte den Glauben, dass es einen Zusammenschluss aller demokratischen Kräfte im Land in Anbetracht des Aufstiegs der NSDAP geben würde.[332]

Die Idealisierung der Weimarer Republik wurde ferner durch die vielen jüdischen Intellektuellen genährt, die kurz nach dem Ersten Weltkrieg aus Ost- und Ostmitteleuropa nach Berlin geflohen waren und in der Stadt einen temporären Zufluchtsort fanden. In Berlin fassten sie Fuß und transformierten die deutsche Metropole langsam, aber sicher zu einem neuen Zentrum jüdischer Politik, Kultur und Literatur.

2.5 Der Aufstieg Berlins zum jiddischen Pressezentrum

Das Ende des Ersten Weltkrieges und die Ausrufung der Weimarer Republik am 9. November 1918 markierten den Beginn einer Phase, die Berlin zu einem der wichtigsten Orte Europas für den internationalen jüdischen wie nichtjüdischen Journalismus machte. Die Stadt vereinte Vieles, über das es sich auch in anderen Ländern zu berichten lohnte. Die ehemalige preußische Metropole war unbestritten das neue politische Machtzentrum der noch jungen Demokratie, lag mitten im Herzen Europas und war zugleich Zentrum der internationalen Arbeiterbewegung sowie Heimat einer neuen künstlerischen und literarischen Avantgarde. Die gleichzeitig zentrale und doch relativ östliche Lage Berlins ermöglichte es ferner, von dort aus der Ferne über die Ereignisse in der noch jungen Sowjetunion zu berichten. Umgekehrt hatte sich hier einer bedeutende russische Exilgemeinde, zu der auch zahlreiche bekannte russische Revolutionäre gehörten, angesiedelt. Auch die zahlreichen Verwerfungen im komplett neu geordneten Ost- und Mittelosteuropa ließen sich von Berlin aus hervorragend beobachten, denn Reisen und Informationswege von und nach Osteuropa waren kurz. Parallel dazu ließen die starken innenpolitischen Spannungen und die ideologisch gefärbten Machtkämpfe um die politische Ausgestaltung der Weimarer Republik schon früh vermuten, dass auch Deutschland selbst auf längere Sicht nicht wirklich zur Ruhe kommen würde. Ruhraufstand und Kapp-Putsch, die politischen Morde der Operation Konsul und nicht zuletzt der erst langsame, dann kometenhafte Aufstieg der NSDAP und Adolf Hitlers boten den Zeitungen reichlich Stoff, um ihre

---

332 Vgl. Saß: Berliner Luftmenschen, S. 432.

Seiten zu füllen. Aus all diesen Gründen entsandten auch viele angesehene internationale Zeitungen wie die *New York Times* bereits in den 1920er Jahren eigene Korrespondenten in die Stadt, was Berlin binnen kurzer Zeit zu einem der zentralen Knotenpunkte des internationalen Pressewesens machte.[333]

Für die jüdische Presse kam hinzu, dass die Lage der jüdischen Bevölkerung in anderen Ländern ihnen als eine Art Spiegel für die Situation in der jeweils eigenen Gesellschaft diente. Das galt insbesondere für die jüdische Bevölkerung Polens. Immerhin war Deutschland ein direktes Nachbarland und, wie bereits erwähnt, zudem bereits seit Jahrzehnten ein zentraler Bezugspunkt innerhalb des eigenen kulturellen Koordinatensystems. Außerdem lebten in mehreren deutschen Ballungszentren, insbesondere im Ruhrgebiet und in Berlin, große osteuropäisch-jüdische Communities, die noch immer lebhafte Kontakte in die alte Heimat pflegten und deren Schicksal für die Menschen dort naheliegenderweise von besonderem Interesse war.[334]

Bereits vor dem Ersten Weltkrieg, zunehmend jedoch nach 1918, wurde Deutschland zu einem wichtigen Ziel jüdischer Migration aus Osteuropa.[335] Erste Einwanderungs- und Fluchtbewegungen gab es bereits nach antisemitischen Pogromwellen im Russischen Zarenreich zwischen 1881 und 1884 sowie nach der Russischen Revolution von 1905, im Zuge derer es ebenfalls zu antisemitischen Ausschreitungen kam, die im berühmten Pogrom von Kishinev ihren traurigen Höhepunkt fanden.[336] Berlin mit seiner geografischen Nähe zu Osteuropa war für die jüdischen Migranten oft der erste Anlaufpunkt in Westeuropa. Vor und auch nach dem Ersten Weltkrieg fungierte die preußische Metropole als einer der

---

333 Vgl. Müller, Carmen: Weimar im Blick der USA. Amerikanische Auslandskorrespondenten und Öffentliche Meinung zwischen Perzeption und Realität (= Studien zur Geschichte, Politik und Gesellschaft Nordamerikas, Bd. 7), Münster 1997, S. 73–95.
334 1932 lebten rund 70.000 Juden mit polnischer Staatsbürgerschaft in Deutschland. Vgl. Weiss: Deutsche und polnische Juden, S. 20.
335 Vgl. dazu ausführlich Saß: Berliner Luftmenschen; Maurer: Ostjuden in Deutschland 1918–1933; Heid, Ludger: Ostjuden. Bürger, Kleinbürger, Proletarier. Geschichte einer jüdischen Minderheit im Ruhrgebiet, Essen 2011.
336 In der aktuellen Forschungsliteratur wird die fluchtartige und massenhafte Migration inzwischen stärker mit der desolaten wirtschaftlichen Lage im Zarenreich und der daraus resultierenden extremen Armut von Juden in Zusammenhang gebracht. Die antisemitischen Pogrome hätten dieser Argumentation zufolge als eine Art Auslöser und Katalysator für die darauffolgende Massenauswanderung fungiert, seien aber nicht die dahinterliegende eigentliche Ursache gewesen. Vgl. Brinkmann, Tobias: „Ort des Übergangs – Berlin als Schnittstelle der jüdischen Migration aus Osteuropa nach 1918", in: Pickhan, Gertrud und Verena Dohrn (Hrsg.): *Transit und Transformation. Osteuropäisch-jüdische Migranten in Berlin 1918–1939* (Charlottengrad und Scheunenviertel, Bd. 1), Göttingen 2010, S. 25–44, hier S. 31.

„zentralen europäischen Umschlagplätze"[337] der Migrationsbewegungen von Ost nach West.[338]

Der 1893 in der heutigen Ukraine geborene jüdische Korrespondent der Warschauer Tageszeitung *Moment* Hermann Swet beschrieb 1956 die Gründe, weshalb Berlin so kurz nach dem Krieg viele intellektuelle Juden aus dem Osten Europas, darunter auch ihn selbst, angezogen hatte:

> In the early years of the Weimar Republic, Berlin was transformed overnight into a world Jewish center. Owing to the favorable geographical position of Berlin, which lies at a central point of Europe, and thanks to the low cost of living there during the years of inflation of the German mark, thousands of Jews who had fled the Soviet paradise in Russia and planned to emigrate overseas, settled ‚temporarily' in Berlin and remained there for years. The young German republic and its Socialist leaders inspired confidence. After the tribulations suffered in Russia in the years of civil war, frequent upheavals, and bloody pogroms perpetrated by Ukrainian bands as well as by White guard armies, one appreciated the order and comforts of Berlin life and felt quite at ease.[339]

Die vergleichsweise guten Rahmenbedingungen, die Swet als Gründe für die jüdische Migration nach Berlin nannte, decken sich mit den Ergebnissen der aktuellen Forschung.[340] Nach dem Zusammenbruch der großen Imperien in Mittel- und Osteuropa ab 1918 war es neben anhaltenden militärischen Auseinandersetzungen und bürgerkriegsartigen Konflikten in verschiedenen Grenzregionen in Ost- und Ostmitteleuropa, die zum Teil bis 1920 andauerten, auch zu vermehrten antisemitischen Gewaltexzessen und Pogromen gegen die lokalen jüdischen Bevölkerungen gekommen.[341] Die erneute Welle antisemitischer Gewalt,

---

337 Brinkmann: „Ort des Übergangs", S. 26.
338 In den wohl meisten Fällen blieb Deutschland nur eine von vielen Durchgangsstationen für die Reisenden auf ihrem langen und oft beschwerlichen Weg nach Amerika. Dies gilt insb. für die Zeit vor 1918, wo viele Migranten auf ihrem Weg zu den großen europäischen Nordseehäfen Halt in Berlin machten. Staatliche Instrumente verhinderten den Zuzug aus Osteuropa nach Preußen, weswegen es viele Juden vorzogen, direkt weiterzureisen. In den 1880er Jahren wurden Gesetze erlassen, die eine Einwanderung nach Preußen erschwerten, wie z. B. die polizeiliche Meldepflicht. So wuchs zwar die jüdische Gemeinde in Berlin um 1910 auf über 130.000 Mitglieder an, die Zugezogenen kamen aber hauptsächlich aus den preußischen Ostprovinzen und nur zu einem kleinen Teil aus dem Russischen Reich, der Habsburger Monarchie oder Rumänien. Vgl. Brinkmann: „Ort des Übergangs", S. 26 und 29.
339 Swet, Gershon: „With the Wurmbrands in pre-Hitler Berlin", in: Grossmann, Kurt R. (Hrsg.): *Michael Wurmbrand, The Man and His Work*, New York 1956, S. 17–21, hier S. 18.
340 Vgl. Saß: Berliner Luftmenschen, insb. ab S. 41.
341 In den neugegründeten Nationalstaaten in Ostmitteleuropa kam es in der Gründungsphase zu zahlreichen antisemitischen Gewaltexzessen und Pogromen. Vgl. Mendelsohn: „Zwischen großen Erwartungen und bösem Erwachen", S. 13–31.

andauernde strukturelle Diskriminierung,[342] aber auch Armut, Perspektivlosigkeit und politische Verfolgung[343] lösten eine neue Auswanderungs- beziehungsweise Fluchtwelle von Juden Richtung Westen aus. Zur gleichen Zeit schlossen beliebte Einwanderungsländer wie die Vereinigten Staaten und Großbritannien ihre Grenzen oder erließen strengere Einwanderungsgesetze. Mit der Schließung der Grenzen ging einher, dass neben einigen wenigen Ausnahmen wie zum Beispiel Frankreich[344] in erster Linie Deutschland als Zufluchtsort für Juden aus Ost- und Ostmitteleuropa übrigblieb.[345] Durch die Niederlage im Ersten Weltkrieg war das Deutsche Reich in den Jahren nach dem Krieg damit beschäftigt, sich im Nachkriegseuropa politisch und kulturell neu zu positionieren. Es zeigte sich, dass die deutschen Behörden der noch jungen Weimarer Republik ankommende Flüchtlinge nicht ausweisen würden, weshalb Pässe und Visa mit relativ geringem Aufwand zu bekommen waren. Der Historiker Tobias Brinkmann resümiert daher, dass „[d]ie politische Instabilität der ersten Jahre Durchwanderern in der riesigen Stadt paradoxerweise einen gewissen Schutz [bot]".[346] Zusätzlich hatte Berlin eine relativ große und aktive jüdische Community und beherbergte viele jüdisch politische, kulturelle und soziale Einrichtungen, die einem Geflüchteten das Ankommen in der Stadt erleichtern konnten. Die Inflation ermöglichte es den neuen Stadtbewohnern, sich recht zügig eigene „ökonomische Nischen" im „Kleinhandel, im Transport von Gütern über die Grenze und für diverse Spekulationsgeschäfte" zu suchen.[347] Anfänglich lockten zudem günstige Bedingungen für das Drucken und Verlegen von Büchern und Zeitschriften zahlreiche jüdische Kulturschaffende, Politiker, Wissenschaftler, Literaten, Schriftsteller und Journa-

---

342 In Ungarn wurde z.B. 1920 das erste Numerus-Clausus-Gesetz erlassen, das jüdische Studierende diskriminierte. Vgl. Kovács, Mária M.: „The Numerus Clausus in Hungary 1920–1945", in: Fritz, Regina, Grzegorz Rossoliński-Liebe und Jana Starek (Hrsg.): *Alma mater antisemitica: akademisches Milieu, Juden und Antisemitismus an den Universitäten Europas zwischen 1918 und 1939*, Wien 2016, S. 85–112.
343 Wie im Falle der russischen Sozialdemokraten, die oftmals jüdischer Herkunft waren. Vgl. Liebich, André: „Eine Emigration in der Emigration: Die Menschewiki in Deutschland 1921–1933", in: Schlögel, Karl (Hrsg.): *Russische Emigration in Deutschland 1918 bis 1941. Leben im europäischen Bürgerkrieg*, Berlin 1995, S. 229–241.
344 Frankreich stand einer Einwanderung aufgrund politischer und ökonomischer Sachzwänge relativ offen gegenüber und warb offensiv um günstige Arbeiter aus dem Osten Europas.
345 Der Dichter und Journalist Dovid Eynhorn, Cousin des *Moment*-Redakteurs Arn Eynhorn, beschrieb Berlin nach dem Ersten Weltkrieg als einen sicheren Hafen inmitten der westeuropäischen Staatengemeinschaft. Vgl. Saß: Berliner Luftmenschen, S. 410.
346 Brinkmann: „Ort des Übergangs", S. 34.
347 Brinkmann: „Ort des Übergangs", S. 34.

listen aus Osteuropa in die Stadt.³⁴⁸ Auch die jüdischen Zeitungsverleger und Redakteure aus Warschau profitierten von den günstigen und innovativen Angeboten, die Berlin bereithielt. Dies zeigt sich beispielsweise daran, dass Zeitungen wie der *Moment*, *Haynt* oder auch die *Nasz Przegląd* gute Konditionen für Kredite in Berlin aushandelten und von dort zum Teil auch Druck- und Setzmaschinen bezogen.³⁴⁹

In einem Artikel in den *Literarishe Bleter* erinnerte sich Nakhmen Mayzel* (1887–1966) 1937 an seine früheren Berlinbesuche aus den 1920er Jahren. Für ihn repräsentierte die Stadt „eine Adresse, ein Zentrum von wo aus sich lebendige Diskussionen entspannen. Ein Punkt auf der jiddischen Weltkarte, der Interesse und Achtung und Neugier weckte [...]."³⁵⁰ Es war wichtig für ihn, sich mindestens zwei Mal im Jahr in die Stadt zu begeben und mit einer Reihe von Personen und Instituten im regelmäßigen Austausch zu stehen, denn Berlin war unter anderem binnen kurzer Zeit zu einem Kristallisationspunkt jiddischer Kultur geworden:

> 1921 brachte das Schicksal einen großen Sturm von Schreibern, Künstlern, Kultur-tuern und Klal-tuern nach Berlin, die viel auf sich nahmen, jüdische Verlage gründeten, Kulturinstitute schufen, zentrale gesellschaftliche Gruppen organisierten, deren Licht und Wissen, Werke und Wörter, Einfluss auf die ganze jüdische Welt nahmen. ‚Klal-farlag‘, ‚Yidisher Farlag‘, ‚Vostok‘ und noch mehr Verlage, große wie kleine, waren dort fruchtbar und mehrten sich. Und künstlerische Journale (‚Milgroym‘), literarische, gesellschaftliche und politische erschienen, die sich mit dem jüdischen und künstlerischen Gedanken weit über die Grenzen von Deutschland hinaus messen ließen. Binnen kurzer Zeit wurde Berlin zu einem spirituellen Zentrum, einer Art ‚Yavne‘.³⁵¹ In Berlin wurden viele jüdische Bücher gedruckt. Die Bücherproduktion in Berlin überholte schnell die früheren jüdischen Bücherzentren wie

---

348 Vgl. Brinkmann: „Ort des Übergangs", S. 33, 34 und 41. Gedruckt wurde primär, um den ständig wachsenden jiddischen Printmarkt in der neu gegründeten Zweiten Polnischen Republik zu bedienen.
349 Siehe dazu insb. die Korrespondenz über Visaangelegenheiten und Reisen nach Deutschland von Mitarbeitern des *Moment* mit dem Verband Polnischer Zeitschriften- und Zeitungsverleger, der u. a. die politischen Interessen der Zeitungsverlage gegenüber der polnischen Regierung vertrat und z. B. auch bei Visaangelegenheiten half. Ein Schreiben des *Moment*-Mitarbeiters Luzer Silberberg an den Verband vom 29. Mai 1929 enthielt bspw. eine Anfrage für eine Bescheinigung über einen gültigen Reisepass. Silberberg wollte nach Deutschland und die Schweiz reisen, um dort neue Druckverfahren kennenzulernen und um eventuell einige Maschinen zu kaufen. Ein anderes Schreiben, das auf den 10. März 1931 datiert ist, stammt von der Redaktion des *Moment*, betreffend die anstehende Reise von Elizer Numberg nach Berlin, um dort einen Kredit für den Verlag der Zeitung aufzunehmen. Vgl. AAN, PZWDziCz, Sig. 116, Bl. 36–38 sowie Bl. 76–77.
350 Mayzel, Nakhmen: Mir forn farbey Berlin, in *Literarishe Bleter*, 22. Oktober 1937, Nr. 43 (702), S. 689–690, hier S. 689.
351 Nach der Zerstörung Jerusalems wurde Yavne zum neuen Zentrum des rabbinischen Wiederaufbaus.

Warschau, Vilna, New York. Das jüdische Berlin belieferte die Warschauer und New Yorker Presse mit belletristischem und publizistischem Schaffen. Das Romanische Café wurde zum wahren Zuhause der Intelligenz und der schriftstellerischen Börse.[352]

Auch der Bundist und Pädagoge Shlomo Mendelsohn* (1896–1948), der sich in Warschau einen Namen als Theaterkritiker gemacht hatte, kam auf einer Reise durch Berlin zu einem ganz ähnlichen Ergebnis. In einer Reportage aus Deutschland, die er im Frühjahr 1933 für die *Naye Folkstsaytung* schrieb, trauerte er um das untergegangene „New York von Europa".[353] Für ihn repräsentierte Berlin in den Nachkriegsjahren sogar „die intellektuellste Stadt Westeuropas", denn dort „fanden alle Fragen ihren Anklang, dort interessierte man sich für alle Länder und alle Probleme".[354] Der Raum und die Offenheit, die Berlin für radikale und utopische Ideen bot, die dort auf einem intellektuell hohen Niveau diskutiert und propagiert werden konnten, hatte, wie die Beispiele zeigen, nicht nur eine Bedeutung für die Menschen vor Ort. Die Stadt und ihre progressiven Bewohner beeinflussten das Denken und die Weltsicht von Juden und politisch Andersdenkenden auch außerhalb der deutschen Metropole.[355] Aufgrund seiner zentralen Lage in Mitteleuropa fungierte Berlin als „das wichtigste Verbindungs- und Vermittlungszentrum zwischen der fünf-millionenstarken jüdischen Bevölkerung Amerikas und den rund zehn Millionen Juden aus Osteuropa".[356] Dementsprechend spielte die Stadt auch für die jüdische Presse Warschaus eine wichtige, um nicht zu sagen eine zentrale Rolle.

---

352 Mayzel, Nakhmen: Mir forn farbey Berlin, in *Literarishe Bleter*, 22. Oktober 1937, Nr. 43 (702), S. 689–690, hier S. 689.
353 Mendelsohn, Shlomo: Dos ponem fun hayntigen Daytshland, in *Naye Folkstsaytung*, 23. April 1933, S. 5.
354 Mendelsohn, Shlomo: Dos ponem fun hayntigen Daytshland, in *Naye Folkstsaytung*, 23. April 1933, S. 5.
355 Siehe auch die Reisebeschreibungen des jiddischen Schriftstellers und Journalisten Leyb Malakh über Berlin als Zentrum sozialistischer Ideen aus dem Jahr 1936. Vgl. Malakh, Leyb: Fun Shpanye biz Holand, S. 177–178.
356 Tsharni, Daniel: Di velt iz kaylekhdik, Tel Aviv 1963, S. 335. Hier zitiert nach: Marten-Finnis, Susanne und Heather Valencia: Sprachinseln. Jiddische Publizistik in London, Wilna und Berlin 1880–1930, Köln/Weimar/Wien 1999, S. 103, Fn. 217.

2.6 Berlin als jüdisches Nachrichtenzentrum für die jiddische Presse Warschaus

Mit Beginn des 20. Jahrhunderts hatte sich der Beruf des Journalisten durch die Schaffung von eigenen Interessenvertretungen weitgehend professionalisiert und erfuhr eine immense gesamtgesellschaftliche Aufwertung.[357] Ferner wuchsen Zeitungen in diesem Zeitraum zu einem Massenmedium heran und hatten als Informationsmedium insbesondere in den 1920er Jahren, also vor der Einführung und Verbreitung des Radios, quasi eine Monopolstellung bei der Verbreitung von Nachrichten inne. Die Leser hatten ein gesteigertes Interesse an aktuellen Meldungen, forderten aber auch ausführlichere Schilderungen, die eine realistische Abbildung der Gegebenheiten mit Hintergrundinformationen und nach Möglichkeit auch literarischen Unterhaltungswert boten. Besonders beliebt waren deshalb Reportagen, die in den 1920er Jahren eine ähnliche Popularität wie Romane erreichen und reisende Reporter oder Auslandskorrespondenten zu gefeierten Schriftstellern machen konnten.[358] Viele der Auslandskorrespondenten, die in Berlin ansässig waren, genossen in ihren Heimatländern einen guten Ruf, wurden von ihren Heimatredaktionen gut entlohnt und führten ein sehr gutes, teilweise regelrecht luxuriöses Leben in der Hauptstadt. Nicht selten verkehrten die ausländischen Journalisten vor Ort in hohen politischen Kreisen und erreichten bisweilen einen Status, der dem eines Diplomaten gleichkam.[359]

Auch auf die Gruppe jüdischer Journalisten aus Osteuropa übte die Stadt eine besondere Anziehungskraft aus, obgleich sich ihr Leben im Vergleich zu den Korrespondenten nichtjüdischer Zeitungen, die sich ebenfalls in Berlin aufhielten, häufig weniger luxuriös gestaltete.[360] Häufige Umzüge, teilweise innerhalb von wenigen Wochen und Monaten, gehörten für viele jüdische Journalisten aus Osteuropa in Berlin genauso zu ihrer Lebensrealität wie ein Leben in relativer

---

[357] Zur Herausbildung des Berufsbildes im deutschen Kontext siehe Hillerich, Sonja: Deutsche Auslandskorrespondenten im 19. Jahrhundert. Die Entstehung einer transnationalen journalistischen Berufskultur, Berlin 2018.
[358] Das wohl bekannteste Beispiel ist der jüdische Journalist und „rasende Reporter" Egon Erwin Kisch (1885–1948), der mit seinen Reportagen und Reiseberichten aus aller Welt populär wurde und den Beruf des reisenden Reporters personalisierte.
[359] Vgl. Rothenberger, Liane: Aus Deutschland berichten ... Entwicklung, Arbeitsweise und Mitgliederstruktur des Vereins der Ausländischen Presse in Deutschland, Berlin 2009, S. 29–30; Müller: Weimar im Blick der USA, S. 73–94.
[360] Davon ausgenommen waren Korrespondenten, die für jiddische Zeitungen aus den Vereinigten Staaten schrieben. Sie wurden oft besser entlohnt als ihre Kollegen, die hauptsächlich für die jiddische Presse in Osteuropa arbeiteten. Vgl. Estraikh, Gennady: „Jacob Lestschinsky: A Yiddishist Dreamer and Social Scientist", *Science in Context* 20/2 (2007), S. 215–237, hier S. 223.

2.6 Berlin als jüdisches Nachrichtenzentrum für die jiddische Presse Warschaus — 101

Armut.[361] Das lag nicht zuletzt daran, dass ihre Auftraggeber in Warschau, Vilna oder Krakau selbst oft in finanziellen Schwierigkeiten steckten und sie daher nicht immer pünktlich und in voller Höhe auszahlen konnten. 1931 informierte beispielsweise die Redaktion des *Haynt* ihren Berliner Korrespondenten Yeshayahu Klinov, dass sie sich aufgrund eines Mitarbeiterstreiks erneut dazu gezwungen sah, ihm und allen anderen Mitarbeitern das Gehalt zu kürzen.[362] Nicht zuletzt aus diesem Grund belieferten die Korrespondenten oft gleich mehrere Zeitungen mit ihren Reportagen, Meldungen und Analysen aus Berlin.[363]

Im direkten Vergleich zu ihren nichtjüdischen Berufskollegen wurden die jüdischen Auslandskorrespondenten nur in den seltensten Fällen von den Zeitungen selbst nach Berlin entsandt und wenn, dann nie länger als für ein paar Wochen. Anders als bei den nichtjüdischen Zeitungen aus dem Ausland, die oft erst eine Person finden mussten, die bereit war, ihren Lebensmittelpunkt auf unbestimmte Zeit in ein anderes Land zu verlagern, lebten die Korrespondenten jüdischer Zeitungen in den meisten Fällen also bereits als Schriftsteller oder Journalisten in Berlin. Dies hatte zur Folge, dass die jüdischen Heimatredaktionen aus Warschau sich aus dem großen Pool der in Berlin lebenden freischaffenden Journalisten und Literaten diejenigen aussuchen konnten, die ihnen am ehesten zusagten oder mit denen sie schon zuvor zusammengearbeitet hatten.[364] Die Redakteure in Warschau hatten dabei hohe Ansprüche. Dem langjährigen Redakteur des *Haynt* Chaim Finkelstein* (1899–2001) zufolge war es nicht leicht, gute

---

361 Die Gründe für die prekäre Lage, in der sich die jüdischen Korrespondenten in Berlin oftmals wiederfanden, führt Estraikh an. Ein wichtiger Grund war z. B., dass es nur wenigen jüdischen Korrespondenten aus Osteuropa gelang, eine dauerhafte Anstellung bei einer Zeitung vor Ort zu finden. Aber auch Versuche eigene, in der jiddischen Sprache gedruckte, Zeitungen zu finden, scheiterten oftmals. Vgl. „Weimar Berlin", S. 77. Die häufigen Umzüge lassen sich ferner gut anhand der Mitgliederlisten des *Vereins der Ausländischen Presse zu Berlin e.V.* (VAP) nachvollziehen. Vgl. Archiv des Vereins der Ausländischen Presse e.V., Berlin (AVAP), DI: I, Medlemsmatriklar och föreningens gästbok 1912–1943.
362 Vgl. Central Zionist Archive, Jerusalem (CZA), A 284, Sammlung Yeshayahu Klinov, File 34, Verlag Haynt, gez. unleserlich, an Yeshayahu Klinov, Berlin, 28. Juni 1932, Warschau, nicht paginiert.
363 Dies konnte zu Konflikten zwischen den Zeitungsredaktionen und den Korrespondenten führen, wie ein Brief der Redaktion von *Di Yudishe Shtime* (Die jüdische Stimme) aus Kaunas an Yeshayahu Klinov belegt. Darin erklärte der Redakteur Ruven Rubinshtayn ihm, dass sie davon erfahren hätten, dass Klinov ebenfalls für die in Riga erscheinende *Morgen-post* (Morgenpost) Artikel schreiben würde, welche mit dem Zusatz „Von unserem Korrespondenten" versehen seien. Rubinshtayn ermahnte Klinov daraufhin und bat ihn darum, seinen Exklusivvertrag mit der Zeitung einzuhalten. Vgl. CZA, A 284, Sammlung Yeshayahu Klinov, File 34, Di Yudishe Shtime, gez. Rubinshtayn, an Yeshayahu Klinov, Kaunas, 6. April 1932, nicht paginiert.
364 Vgl. Estraikh: „Weimar Berlin", S. 79.

Auslandskorrespondenten für die Zeitungen in Warschau zu finden. Hinzu kam, dass die Zeitungen sehr spezifische Vorstellungen hatten und hohe Anforderungen an ihre Korrespondenten stellten, wie diese Worte Finkelsteins eindrücklich belegen:

> Passende Journalisten zu finden, die für den *Haynt* aus den europäischen Zentren schreiben würden, war noch schwieriger, als Korrespondenten in der polnischen Provinz auszuwählen. Von dem ausländischen Korrespondenten wurden wichtige Qualifikationen gefordert: Er musste sehr bewandert sein in jüdischen Angelegenheiten, er musste weitreichende Kenntnisse hinsichtlich der komplizierten Probleme internationaler Politik haben, er musste die Sprache und die sozialen Verhältnisse des Landes kennen, in dem er arbeitete, aber das wichtigste Kriterium war, dass er die Psychologie der polnischen Juden verstand, welche er zu bedienen hatte.[365]

Für die Warschauer Tageszeitungen kann konstatiert werden, dass die Mehrzahl von ihnen Personen als Korrespondenten auswählte, die bereits auf eine lange berufliche Karriere zurückblicken konnten. So war der langjährige Berliner Korrespondent des *Haynt* Aaron Levi Riklis* (1885–1960), der unter dem Pseudonym „A. S. Lirik" schrieb, lange vor seiner Berliner Zeit ständiger Mitarbeiter der Zeitung in Warschau. Ähnliches galt für Hermann Swet und Yeshayahu Klinov. Bevor die beiden Freunde und Kollegen 1921 gemeinsam von Odessa nach Berlin kamen, waren sie schon erfahrene Journalisten, die für diverse Zeitungen als Redakteure oder freie Journalisten im Russischen Reich gearbeitet hatten.[366] Auch der populäre Dichter Daniel Tsharni, der 1933 unter dem Pseudonym „Leonid" für den *Moment* aus Berlin berichtete, war bereits ein bekannter Journalist, bevor er zu Beginn der 1920er Jahre Berlin erreichte.

In seinen Erinnerungen an seine Zeit in Berlin charakterisierte Hermann Swet die Gruppe der jüdischen Auslandskorrespondenten wie folgt:

> Journalists with Jewish knowledge, nationalistically-minded, well-posted on everything that was taking place in the Jewish world, numbered about a score in Berlin. Most of them, however, were Russian, Lithuanian, or Polish Jews, had only a smattering of German. Between them and the great minority of the German Jews was a kind of a wall. With a few exceptions, the former and the later were and remained strangers to one another.[367]

Für Swet waren vier Merkmale charakteristisch: die gemeinsame osteuropäische Herkunft, die politische Ausrichtung, die Expertise sowie das Verhältnis zur

---

365 Vgl. Finkelshtayn: Haynt, S. 213.
366 Vgl. Svet, Herman: Oyfn frishn keyver fun Yeshayahu Klinov, in *Forverts*, 28. Oktober 1963, S. 6.
367 Swet: "With the Wurmbrands", S. 18.

deutsch-jüdischen Community. Auch Gennady Estraikh betont als große Gemeinsamkeit die osteuropäische Herkunft der jüdischen Journalisten, unterteilt diese jedoch nochmals in zwei gesonderte Gruppen: die Gruppe der gut ausgebildeten Journalisten aus Russland, der Ukraine und Litauen sowie die Gruppe der sogenannten Autodidakten, die mehrheitlich aus dem ehemaligen Kongresspolen und Galizien nach Berlin gekommen waren.[368] In der Tat wiesen die meisten bekannten *Kultur-tuer* und *Shrayber* einen russischen Background auf. Die Mehrzahl kam im ehemaligen Russischen Reich, vor allem in der heutigen Ukraine, in Litauen oder in Bessarabien (Rumänien), zur Welt. Sie hatten in den großen Metropolen West- und Osteuropas studiert und sich bereits vor ihrer Zeit in Berlin in der osteuropäisch-jüdischen Diaspora einen Namen als Schriftsteller, Politiker oder Journalist gemacht. Zu dieser Gruppe zählten berühmte jüdische Persönlichkeiten wie der Dichter Dovid Eynhorn (1886–1973), der jiddische Schriftsteller und Journalist Daniel Tsharni, das Ehepaar Michael (1879–1952) und Funny Wurmbrand (1888–1989), die das Berliner Büro der *Jüdischen Telegraphen Agentur* (JTA) [369] leiteten, sowie die berühmten Wissenschaftler Simon Dubnow und der Journalist und Ökonom Jakob Lestschinsky (1876–1966). Führende Bundisten wie Vladimir Kossovski oder der Menschewik Rafael Rein Abramovitsh (1880–1963) gehörten ebenfalls dem Kreis der osteuropäisch-jüdischen Intellektuellen in Berlin an. Sie alle schrieben in unterschiedlicher Intensität für verschiedene jiddische Periodika aus Ost- und Westeuropa.

Die Warschauer bürgerliche und national-jüdische Tagespresse wurde in Berlin von Yeshayahu Klinov, Aaron Levi Riklis (A. S. Lirik) und Hermann Swet repräsentiert. Sie arbeiteten als festangestellte Auslandskorrespondenten für den

---

368 Vgl. Estraikh: „Weimar Berlin", S. 81. Wie groß der Kreis der jiddischen Journalisten war, ist nur schwer zu bestimmen, da viele von ihnen nur zeitweise oder unregelmäßig als Journalisten arbeiteten. Ein anderer Grund ist, dass sich viele nicht offiziell als Journalisten bei den deutschen Behörden registrieren ließen.

369 Die JTA war ein internationaler jüdischer Pressedienst. Nur wenige Jahre nach ihrer Gründung durch Jacob Landau in Den Haag im Jahre 1923 beschäftigte die jüdische Nachrichtenagentur mehr als 150 Korrespondenten weltweit. Ihre Aufgabe war es, relevante Informationen über jüdisches Leben, jüdische Politik und Antisemitismus in den jeweiligen Ländern zu sammeln, in denen sie für die JTA arbeiteten. Die einzelnen Länderbüros stellten tägliche Newsletter zusammen und verschickten diese dann an die anderen JTA-Büros sowie an ihre Abonnenten. Die Agentur hatte u. a. Büros in Paris, London, Berlin, Warschau und Jerusalem, der Hauptsitz war in New York. Die Nachrichtensammlung der JTA in Warschau erschien zweimal täglich auf Jiddisch und Polnisch. Zur ausführlichen Geschichte der JTA in Berlin siehe Dohrn, Verena: „Diplomacy in the Diaspora: The Jewish Telegraphic Agency in Berlin (1922–1933)", *LBIY* 54 (2009), S. 219–241. Zum Warschauer Büro der JTA siehe Mozes, Samuel R.: Żydowska Agencja Telegraficzna w Polsce (1920–1939), *BŻIH*, 97/1 (1976), S. 109–121.

Haynt und den *Moment*.[370] In der deutschen Metropole bewegten sie sich in den Kreisen der deutschen und ost- ostmitteleuropäisch jüdischen Intelligenz. Klinov und Swet waren darüber hinaus auch als Zionisten beziehungsweise Revisionisten politisch aktiv.[371] Für die *Naye Folkstsaytung* schrieben das Gründungsmitglied des Bund, Vladimir Kossovski und der in Warschau geborene Schneidermeister Nathan Frenkel* (1896–?). Sie können am ehesten als Autodidakten bezeichnet werden, da sie sich im Gegensatz zu den anderen Korrespondenten in erster Linie als Partei- und Gewerkschaftsaktivisten verstanden und die Berufsbezeichnung Journalist selten bis gar nicht für sich selbst gebrauchten. Schließlich hatte auch die orthodoxe Tageszeitung *Dos Yudishe Togblat* mit dem aus Galizien stammenden Nuchem Goldrosen* (1906–1945) bis 1935 einen ständigen Korrespondenten in Berlin.[372]

Im Laufe der 1920er Jahre bauten sich die Korrespondenten in Berlin ein großes Netzwerk aus formellen und informellen Kontakten und Gesprächspartnern auf, die ihnen halfen, kritische Berichte über das Land, in dem sie lebten, zu verfassen. Ihre Informationen bezogen sie dabei hauptsächlich aus drei Quellen: Aus ihren parteipolitischen Umfeldern, ihren professionellen Netzwerken sowie den jüdischen Milieus, in denen sie sich bewegten. Insbesondere Korrespondenten, die politisch aktiv waren und aus diesem Grund in zahlreiche nationale wie internationale parteipolitische Netzwerke eingebunden waren,

---

370 Für die polnischsprachige *Nasz Przegląd* arbeitete bis 1935 Dr. Salo Wieselberg. Leider konnte ich über seine Person nichts in Erfahrung bringen.

371 Klinov war bis zu seinem offiziellen Austritt auf dem Revisionisten-Kongress 1930 in Prag bei den zionistischen Revisionisten aktiv. In Berlin gab er die russischsprachige Zeitschrift des Verbands Russisch-Ukrainischer Zionisten in der Emigration, die *Rassvet* (Morgendämmerung), mitheraus und schrieb ebenfalls für die jiddische Zeitschrift *Di Tribune* (Die Tribüne). Beide Zeitungen galten als offizielle Sprachrohre des zionistischen Revisionisten Vladimir (Ze'ev) Jabotinsky. In Berlin trat er regelmäßig als Redner im Rahmen politischer Veranstaltungen auf und war nicht nur bei den jiddisch sprechenden osteuropäisch-jüdischen Migranten, sondern auch bei den deutschen Zionisten sehr populär. Sowohl Klinov als auch Swet wurden regelmäßig für politische oder journalistische Vorträge angefragt und nahmen als Pressevertreter an Podien, Pressekonferenzen, Bällen und Sitzungen verschiedenster jüdischer wie nichtjüdischer Organisationen teil. Vgl. JTA: I. Klinov quits Executive of Revisionists as Protest on Independent Unions Decision, 19. August 1930, S. 1; Swet: Oyfn frishn keyver, S. 6; CZA, A 284 Sammlung Yeshayahu Klinov, File 4, Rosh ha-Schana Grußkarte der Keren Kajemeth mit Unterschriften von Alfred Döblin, Berl Locker, Otto Warburg, Arnold Zweig, Davis Trietsch, Lion Feuchtwanger u.v.m., undatiert.

372 Vgl. Verband Ausländischer Pressevertreter e.V. (Hrsg.): Mitgliederliste Januar 1932, Mai 1933, Januar 1935, Berlin; Holocaust Museum & Cohen Education Center: Nuchem Goldrosen, https://hmcec.org/testimonies/nuchem-goldrosen/ (abgerufen am: 02.01.2022). Die jiddische Tageszeitung *Unzer Ekspres* hatte keinen offiziell gelisteten Auslandskorrespondenten in Berlin.

machten sich diese Kontakte auch für ihren Journalismus zunutze. Ähnlich wie die Journalisten in Warschau betätigten sich auch in Berlin alle Journalisten über ihre journalistische Arbeit hinaus politisch.[373] Dass auch sie ihr Tun als politisch ansahen, kam nicht von ungefähr, standen sie doch als osteuropäische Juden in derselben Tradition, wie die jüdischen Zeitungsmacher aus Warschau: Auch sie verstanden sich weniger als vermeintlich neutrale Berichterstatter, denn vielmehr als aktiv politisch handelnde Personen, die sich im Rahmen ihrer Möglichkeiten gegen Antisemitismus und für die jüdische Nation engagierten. Es war Klinov selbst, der die jüdische Presse 1924 als „das einzige politische Werkzeug", das den Juden in der Diaspora nach dem Ersten Weltkrieg geblieben sei, bezeichnete.[374]

Die Übergänge zwischen Politik und Journalismus, zwischen politischen und geografischen Grenzen, waren wie bei den Journalisten der Warschauer Presse fließend und so überrascht es auch nicht, dass ebenso enge Kontakte zwischen jüdischen Journalisten und Politikern in Berlin und Warschau bestanden. Die jüdischen Auslandskorrespondenten in Berlin waren demnach nicht einfach nur bloße Nachrichtenzulieferer für die jüdischen Zeitungsmacher in Warschau, sie waren viel mehr ein verlängerter Arm der Zeitungsredaktionen in Warschau.[375] Darüber hinaus waren mit Aaron Levi Riklis (A. S. Lirik), Israel Rubin (1890–1954) und Daniel Tsharni auch drei Journalisten aus Berlin als Mitglieder im *Fareyn fun yidishe Literatn un Zhurnalistn in Varshe* registriert.[376] Und auch ein Brief von Nakhmen Mayzel, dem Herausgeber der zeitgenössisch wichtigsten jiddischen Kultur- und Literaturzeitschrift, den *Literarishe Bleter* aus Warschau, aus dem März 1932 deutet an, wie eng die Verbindungen zwischen den Journalisten, Pu-

---

373 Klinov, Swet, Lestschinsky, Tsharni, Wurmbrand sowie der Chef der JTA-Zentrale aus New York, Jacob Landau, riefen im Juni 1931 in einer gemeinsamen Pressemitteilung z. B. zur Gründung des *Jewish World Congress* auf. In der von ihnen herausgegebenen Pressemitteilung forderten sie jüdische Journalisten weltweit dazu auf, sich Ende Juli 1931 nach Genf zu begeben. Zu den Aufrufenden gehörten mit Moses Waldmann, Otto Schick und Leo Kreindler auch drei bekannte Journalisten der deutsch-jüdischen, beziehungsweise der österreichisch-jüdischen Presse. Vgl. JTA: Jewish World Congress Movement Initiated by Gathering of Jewish Journalists in Berlin, *JTA Daily News Bulletin*, Berlin, 3. Juni 1931, S. 8.
374 Klinov, Yeshayahu: Tsaytungsvisnshaft un presemuzeum, in *Yidishe Ilustrirte Tsaytung*, 31. Oktober 1924, hier zitiert nach: Saß: Berliner Luftmenschen, S. 233.
375 Dass die Arbeit der Korrespondenten geschätzt und geachtet wurde, drückt sich beispielsweise darin aus, dass Yeshayahu Klinov zum 50. Geburtstag des Redakteurs des *Haynt* und Vorsitzenden des Jüdischen Journalistensyndikats in Warschau Dr. Yeoshue Gotlib nach Warschau eingeladen wurde. Vgl. CZA, A 284, Sammlung Yeshayahu Klinov, File 3, Einladungskarte vom Varshever Zhurnalistn-sindikat – Yidishe Sektsie zum 50. Geburtstag von Dr. Yeoshue Gotlib, nicht paginiert.
376 Vgl. Mitgliederliste von 1928, abgedruckt in: Ravitsh, Melekh: Dos meyse-bukh fun meyn lebn. Yorn in Varshe 1921–1934, Buenos Ayres 1975, S. 345–352.

blizisten und Schriftstellern in Berlin und Warschau waren. Als die Redaktion der Zeitschrift eine Sonderausgabe über jiddische Kultur in Deutschland plante, war es selbstverständlich, dass Klinov, Swet und andere Journalisten aus Berlin mit Artikeln vertreten sein sollten.[377]

Die intensiven Kontakte zwischen jüdischen und nichtjüdischen Intellektuellen, die in den 1920er und frühen 1930er Jahren zwischen Berlin und Warschau bestanden, lassen sich ebenfalls anhand der Adressbücher des Schriftstellers und Journalisten Melekh Ravitsh (1893–1976) erahnen. Der bekannte *Shrayber* aus Warschau hatte zahlreiche Bekannte, Kollegen und Freunde in Berlin. Dies lag nicht zuletzt daran, weil er zwischen 1924 und 1934 die Stellung des Generalsekretärs des *Fareyn fun yidishe Literatn un Zhurnalistn in Varshe* innehatte. Unter seiner Ägide bekam der Verein das ihn in der Zwischenkriegszeit prägende Profil als internationales Zentrum für jiddische Kultur und Literatur. Ferner schrieb er regelmäßig für die *Naye Folkstsaytung*, aber auch für die *Nasz Przegląd*.[378] In seinen Adressbüchern tauchen die Namen und Adressen der deutsch-jüdischen Dichterin Else Lasker-Schüler (1869–1945) und des österreichisch-jüdischen Sozialpolitikers Salomon Adler-Rudel (1894–1975) genauso auf wie die Adressen der bereits erwähnten jüdischen Wissenschaftler und Publizisten Simon Dubnow und Josef Lestschinsky, die in den 1920er Jahren allesamt in Berlin lebten und wirkten. Die Bücher erhalten aber auch die Namen und Adressen von Daniel Tsharni, den jiddischen Dichtern Abraham Nochem Stenzel (1897–1983) und Moyshe Kulbak (1896–1937), dem sozialistischen Schriftsteller Leonhard Frank (1882–1961) sowie von der *Jüdischen Illustrierten Zeitung*, dem Ostjüdischen Studentenverein oder dem *Klal-Verlag*, einem 1924 von osteuropäischen Juden in Berlin-Tempelhof gegründeten Verlag für hebräische und jiddische Literatur.[379] Insgesamt kann konstatiert werden, dass der Großteil der jüdischen Journalisten und Publizisten aus Osteuropa in Berlin Teil des dortigen Netzwerks jüdischer Intellektueller war und mit Warschau sowie mit anderen Zentren der jüdischen Diaspora über berufliche oder freundschaftliche Beziehungen in engem Kontakt stand. Unter-

---

[377] Dies belegt ein Brief von Nakhmen Mayzel an Yeshayahu Klinov vom März 1932. Darin erkundigt sich Mayzel nach Klinovs Eretz-Israel Reiseplänen sowie nach den Kollegen Hermann Swet und Daniel Tsharni und ihren Kapazitäten. Der Brief zeigt, welche hohe Stellung die Warschauer Zeitungsmacher den jüdischen Kulturschaffenden in Berlin zumaßen, aber auch, dass die Kontakte über rein Berufliches hinausgingen. Vgl. CZA, A 284 Sammlung Yeshayahu Klinov, File 34, Brief von Nakhmen Mayzel und Yeshayahu Klinov, Warschau, 29. März 1932, nicht paginiert.
[378] Vgl. NLI, Arkhion Melekh Ravitsh, ARC. 4*1540 01 5, Mitglid-kartes, Presseausweis der *Naye Folkstsaytung* von 1934, der *Nasz Przegląd* von 1936, nicht paginiert.
[379] Vgl. NLI, Arkhion Melekh Ravitsh, ARC. 4*1540 01 101, Klayne togbikhlekh, nicht datiert.

schiedliche parteipolitische Zugehörigkeiten stellten dabei oft kein größeres Hindernis dar.[380]

Auch über die sozialen Räume der jiddischsprachigen Diaspora hinaus waren viele Journalisten auf beruflicher Ebene in Berlin gut vernetzt. Diese Professionalität zeichnete sich über ihre diversen Mitgliedschaften in verschiedenen Berufsverbänden aus. Beispielsweise lassen sich die Namen von Yeshayahu Klinov, Aaron Levi Riklis (A. S. Lirik) und Hermann Swet 1928 im Mitgliederverzeichnis des *Syndykat Dziennikarzy Polskich w Berlinie* (Syndikat polnischer Journalisten in Berlin) auffinden. Der Verband fungierte als lokales Netzwerk für Journalisten der polnischen Presse.[381] Darüber hinaus waren die drei genauso wie Rafael Rein Abramovitsh, Jakob Lestschinsky, Daniel Tsharni und Dovid Eynhorn auch im 1906 gegründeten und hoch angesehenen *Verein der ausländischen Presse zu Berlin e. V.* (VAP) organisiert. Tadeusz Heller (*Illustrowany Kuryer Codzienny*), Arnold Ignacy (*Agencja Wschodnia Warszawa*) und Arnold Gahlberg (PAT), die ebenfalls jüdischer Herkunft waren, aber nicht hauptberuflich für die jüdische Presse arbeiteten, waren dort ebenfalls Mitglieder. Der Verband vertrat die beruflichen Interessen der ausländischen Journalisten und hielt den Kontakt zur Pressestelle des Auswärtigen Amts. Über ihn konnten sich die Journalisten unter anderem für den Reichstag akkreditieren lassen, was für ihre politische Berichterstattung von höchster Relevanz war.[382] Neben der organisatorischen Komponente bot der Verband den Journalisten auch eine Krankenversicherung sowie einen gewissen Schutz vor Ungleichbehandlung, Zensur und staatlicher Repression, da dieser als ihre politische Interessenvertretung fungierte.[383] Dem Verein wurde darüber hinaus ein enges und vertrautes Verhältnis zur Staatsspitze der

---

380 Gennady Estraikh merkt aber an, dass die Welten der jüdischen Arbeiter und der Intellektuellen trotzdem häufig voneinander getrennt blieben. Vgl. Estraikh: „Weimar Berlin", S. 91.
381 Vgl. PAAA, RZ 701/R 121606, Schreiben des Vereins der Polnischen Pressevertreter zu Berlin e.V. inkl. Mitgliederliste, gez. Vorsitz Tadeusz Święcicki, an die Reichspressestelle des AA Berlins, Berlin, 17. September 1928, unpaginiert.
382 Für die Jahre 1929 und 1930 ließen sich unter anderem Klinov, Swet, Abramovitsh, Riklis, Tsharni und Lestschinsky eine ständige Zulassung für die Pressetribüne im deutschen Reichstag sichern. Vgl. PAAA, RZ 701/R 121606, Schreiben des Direktors des deutschen Reichstags an das AA, PA der Reichsregierung, Berlin, 5. Februar 1929, Anlage I und II über die Verteilung der Reichstagsakkreditierungen sowie das Schreiben vom 17. Januar 1930, jeweils nicht paginiert.
383 Der Verein hatte ein weitgehend sozialdemokratisches Profil, war er doch 1906 von Paul Goldmann, einem österreichischen Journalisten und Sozialdemokraten jüdischer Herkunft, gegründet worden. Dies bedeutete auch, dass regelmäßig ein neuer Vorstand und ein neues Kuratorium gewählt wurden und alle Mitglieder aktiv teilhaben konnten. Hermann Swet ließ sich auf diesem Weg im Januar 1932, als der Verein sich bereits erheblichen Repressalien durch die Nationalsozialisten ausgesetzt sah, ins Kuratorium wählen. Vgl. PAAA, RZ 701/R 121607, VAP Mitteilung über die Wahl des neuen Vorstands, Berlin, 19. Februar 1932.

Weimarer Republik nachgesagt. So verschaffte dieser den osteuropäisch-jüdischen Journalisten gute Kontakte zur deutschen Politik- und Kulturelite. Auf den jährlichen Banketten des Vereins dinierten die Mitglieder Seite an Seite mit hochrangigen deutschen Politikern.[384] Andere, weniger bekannte Journalisten wie Nuchem Goldrosen (*Dos Yudishe Togblat*), Dr. Salo Wieselberg* (*Nasz Przegląd*), Josef Lanczener* (*Di Tsayt*) und Dr. Israel Rubin (*Haynt, Literarishe Bleter* u. a.) organisierten sich bei der Konkurrenz und wurden Mitglieder im *Verband der ausländischen Pressevertreter e. V.*[385] Dieser hatte sich 1922 als Reaktion auf den bereits etablierten VAP gegründet, der ausschließlich Vollzeitjournalisten als Mitglieder aufnahm und vergleichsweise hohe Mitgliedsbeiträge verlangte, welche sich viele Journalisten schlicht nicht leisten konnten.[386] In seinen Statuten setzte dieser daher auf niedrige Beiträge und nahm Teilzeitjournalisten wie deutsche Journalisten, die für ausländische Zeitungen schrieben, auf. Dies hatte zur Folge, dass sich dort vermehrt Journalisten, die für sozialistische und kommunistische Periodika schrieben, sowie jüdische wie nichtjüdische Journalisten aus Ost- und Südosteuropa organisierten.[387]

Über die Berufsverbände hinaus unterhielten gleich zwei jiddische Tageszeitungen aus New York sowie die JTA bis 1933 eigene Büroräume in Berlin, die

---

384 Auf dem Jahresbankett von 1931 traf Hermann Swet den damaligen deutschen Kanzler Heinrich Brüning und den Außenminister Julius Curtius und schrieb darüber einen Artikel für *Der Moment*. Vgl. R 121441, Brief von Hermann Swet an die Reichspressestelle Dr. von Saucken, Betr. Artikel im *Moment* über das Bankett des Vereins der Ausländischen Presse zu Berlin im Hotel Adlon, 30. Mai 1931; Hermann Swet: A par sheah mit'n daytshen kantsler un oysern-minister, in *Der Moment*, 17. Mai 1931.
385 Vgl. die Mitgliederlisten aus den Jahren 1932–1938: Verband der Ausländischen Pressevertreter e.V. (Hrsg): Mitgliederliste Januar 1932, Mai 1933, Januar 1935, April 1936, Mai 1937, Oktober 1938, Berlin.
386 Für mehr Informationen zu beiden Vereinen siehe Herzer, Martin: Auslandskorrespondenten und auswärtige Pressepolitik im Dritten Reich, Köln 2012, S. 27 f.
387 Parallel gründete eine Gruppe osteuropäisch-jüdischer Journalisten, darunter die Literaten David Bergelson und Dovid Eynhorn, einen eigenen Berufsverband in Berlin, der vermutlich dem Warschauer Journalisten- und Schriftstellerverband nachempfunden worden war. Sie hatten sich im Januar 1922 zum *Profesioneln yidishn- un hebreishn Literatn- un Zhurnalistn-farband in Daytshland* (Berufsverband jiddisch- und hebräischsprachiger Schriftsteller und Journalisten in Deutschland) zusammengeschlossen. Der Verein konnte sich als Interessenvertretung gegenüber den etablierten nichtjüdischen Verbänden aber nicht durchsetzen und löste sich vermutlich in der ersten Hälfte der 1920er Jahre wieder auf. Auch die hohe Fluktuation unter den Mitgliedern und fehlende finanzielle Mittel könnten dazu beigetragen haben, dass sich keine festen Vereinsstrukturen etablierten. Vgl. Saß: Berliner Luftmenschen, S. 231. Gennady Estraikh erwähnt einen zweiten Gründungsversuch um 1926, der vermutlich von den gleichen Personen initiiert wurde. Vgl. Estraikh: „Weimar Berlin", S. 82.

ebenfalls wichtige Treffunkte der jüdischen Auslandskorrespondenten waren. Neben dem bereits erwähnten Büro des *Forverts* existierte seit 1922 auch ein Büro des orthodox ausgerichteten *Morgn Zhurnal* (Morgenjournal), der zweitgrößten jiddischen Tageszeitung in den Vereinigten Staaten. Sie koordinierten die Arbeit der zahlreichen europäischen Korrespondenten und waren gleichzeitig deren Kommunikationsschnittstelle nach New York.[388]

Mit ihren vielfältigen Kontakten und Netzwerken erfüllten die jüdischen Auslandskorrespondenten die Erwartungen, welche die Zeitungsmacher in Warschau an sie stellten. Durch ihre politischen und beruflichen Kontakte in jüdische wie nichtjüdische Kreise sowie ihre Mehrsprachigkeit konnten sie zwischen den verschiedenen Lebenswelten hin und her wechseln und ihren jiddischsprachigen Lesern in Warschau, New York oder anderen Städten ein ebenso ausgewogenes wie vollständiges Bild des jüdischen und insbesondere auch spezifisch ost- und ostmitteleuropäisch-jüdischen Lebens in einer nichtjüdischen deutschen Umwelt liefern.

2.7 Zwischenfazit

Ziel dieses Kapitels war es, die in der vorliegenden Arbeit behandelten Zeitungen und deren Macher vorzustellen. Ferner sollte aufgezeigt werden, welche Funktion die Zeitungen für die jüdische Minderheit in Polen hatten und welche Rolle die Menschen, die für sie schrieben und sie herausgaben, innerhalb ihrer Community spielten. Dabei wurde gezeigt, dass den Redakteuren und Journalisten der jüdischen Presse eine besondere und herausragende Stellung innerhalb der jüdischen Bevölkerung als Vermittler von Wissen und von Ideen zukam. Sie waren nicht nur dafür verantwortlich, Nachrichten zu beschaffen, sie zu interpretieren und zu deuten. Sie stellten diese ihren Lesern auch zur Verfügung, weshalb sie maßgeblichen Einfluss darauf hatten, wie jene die Welt wahrnahmen. Die jüdischen Zeitungsredaktionen, die literarischen Cafés und Vereine fungierten dabei als zentrale Orte der Begegnung, an denen Wissen ausgetauscht, diskutiert und produziert wurde. Einerseits trafen dort Redakteure auf Politiker und Kulturaktivisten, andererseits waren die Redaktionen auch offen für den einfachen jüdischen Bürger, für den die Zeitungen in erster Linie produziert wurden. Trotz Konkurrenz auf dem Zeitungsmarkt und starker politischer Differenzen schuf die polnische Realität, viel stärker aber noch das professionelle Selbstverständnis der Journalisten selbst, vielfältige Kontaktzonen, in denen sich die verschiedenen

---

388 Vgl. Saß: Berliner Luftmenschen, S. 230.

Redakteure und Journalisten in Warschau ungeachtet aller politischen Unterschiede begegnen konnten. Allen voran zu nennen sind hier die Berufsverbände der jüdischen Journalisten und Schriftsteller, die sich alle unter einem Dach, in der *ulica Tłomackie* 13, versammelten. Die dortigen Räumlichkeiten waren Grundlage und Ausgangspunkt für den Austausch von Informationen sowie für etwaige Kooperationen, Pressekampagnen und Veranstaltungen.

Dass die Funktion, die den Journalisten und Redakteuren seit dem Ersten Weltkrieg zukam, deutlich über das verbreitete Bild des Journalisten als neutralen Beobachter hinausging, manifestierte sich insbesondere in dem ausdauernden Kampf gegen Antisemitismus, der allen Zeitungsredaktionen gemein war. An diesem wird die Verschränkung zwischen Theorie und Praxis, journalistischem Schreiben und widerständigem Handeln besonders sichtbar. Durch die Einordnung in den historischen Kontext der jüdischen Selbsthilfe und Selbstverteidigung konnte das Selbstverständnis der Journalisten und Publizisten, die sich als Vorkämpfer und Sprachrohr der jüdischen Bevölkerung Polens betrachteten, verdeutlicht werden. Darüber hinaus wurde aufgezeigt, wie die jüdischen Journalisten Antisemitismus zu bekämpfen versuchten und welche Strategien sie dabei anwandten – Strategien und Methoden, die in den kommenden Kapiteln auch in der Berichterstattung über und gegen das nationalsozialistische Deutschland immer wieder eine Rolle spielen werden und damit gewissermaßen den Rahmen der Arbeit bilden.

Der zweite Teil des Kapitels rückte die Beziehungen zu Deutschland und der dortigen jüdischen wie nichtjüdischen Bevölkerung in den Vordergrund. Dabei wurde aufgezeigt, dass die Zeitungsmacher in Warschau ein ambivalentes Bild von Deutschland und deutschen Juden hatten, das sich vornehmlich aus dem Studium von Literatur und aus Begegnungen, die während des Ersten Weltkrieges gemacht wurden, speiste. Die Gründung der Weimarer Republik, die Stärke der deutschen Arbeiterbewegung sowie die günstigen und guten Lebensbedingungen, die sich für Juden aus Ost- und Ostmitteleuropa insbesondere in Berlin nach 1918 boten, wurden zunächst äußerst positiv aufgenommen. In den 1920er Jahren stieg Berlin zu einem neuen Zentrum jüdischer Politik und jiddischer Kultur auf, was die Bedeutung Berlins sowie Deutschlands im Allgemeinen für Juden in Polen verstärkte und die Akquise zahlreicher jüdischer Auslandskorrespondenten, die für die jüdische Presse in Polen und anderen Ländern in Osteuropa arbeiteten, zur Folge hatte. Gleichzeitig warfen aber der Aufstieg der völkischen und antisemitischen Bewegung, das Scheunenviertelpogrom im Jahr 1923, die Gründung der NSDAP und andere Ereignisse schon früh einen dunklen Schatten auf das ansonsten noch immer weitgehend positive Deutschlandbild, sodass die Berichterstattung von Beginn an immer auch von Kritik geprägt war.

3 Berlin-Warszawa-Express: Jüdischer Journalismus im Kontext von Verfolgung und Überwachung in Polen und Deutschland

Bereits in den Monaten vor der Machtübertragung an Hitler im Januar 1933 richtete sich der Blick der jüdischen Redakteure aus Warschau immer stärker auf die politischen Veränderungen und auf die angespannte Atmosphäre, die sich in Deutschland über Land und Menschen gelegt hatte. Auch die Leser der Zeitungen in Ost- und Ostmitteleuropa hatten ein immer größeres Interesse an täglichen Nachrichten aus Deutschland. Exemplarisch dafür ist ein Brief, den der Korrespondent des *Haynt* Yeshayahu Klinov im Juni 1932 von einem jüdischen Zeitungsredakteur der jiddischen Tageszeitung *Yidishe Shtime* (Jüdische Stimme) aus dem litauischen Kaunas erhielt. Darin bat ihn der Hauptredakteur der Zeitung Ruven Rubinshtayn (1891–1967) darum, die Zeitung und ihre Leser mit Nachrichten aus Deutschland zu versorgen. Er schrieb:

> Lieber Freund Klinov,
> Die Geschehnisse in Deutschland, allgemeine und auch speziell auf dem Gebiet des jüdischen Lebens, sind in der letzten Zeit höchst interessant und spannend geworden. Der Leser verschlingt buchstäblich alles, was Deutschland betrifft. Vergessen Sie nicht, dass wir hier in Litauen noch ein spezielles Interesse haben, sind wir doch direkte Nachbarn [Deutschlands, AK]. Und weil der Leser ein besonderes Bedürfnis danach hat, niemand anderen als [Yeshayahu, AK] Klinov zu lesen, habe ich eine Bitte an Sie: Können Sie uns nicht öfter einen Brief über deutsche politische und soziale Geschehnisse sowie alles, was sich bei Ihnen in diesen schweren Zeiten hochkocht, geben? Wieviel Sie uns schicken, müssen Sie uns nicht sagen, wir werden alles mit Dank aufnehmen. Sie können uns kürzere Korrespondenzen und Nachrichten geben. Mit herzlichem Dank voraus, Ihr R. Rubinshtayn[389]

Seit 1932 arbeitete Yeshayahu Klinov neben dem *Haynt* auch in unregelmäßigen Abständen für die *Yudishe Shtime*, bis er im Sommer 1933 aus Berlin nach London fliehen musste, weil er von der Gestapo gesucht wurde.[390] Zwar gibt der Brief keine Auskunft über die Stimmung der Juden in Polen selbst, doch können aus ihm einige wichtige Rückschlüsse gezogen werden, die auch für die jiddische Presse in Warschau von Bedeutung sind. Der Brief zeigt, wie groß das Interesse unter Juden in Ostmitteleuropa an Informationen aus Deutschland und das jüdische Leben

---

389 CZA, A 284 Sammlung Yeshayahu Klinov, File 34, Brief von R. Rubinshtayn an Y. Klinov, Kaunas, 30. Juni 1932, nicht paginiert.
390 Vgl. Svet, Herman: Oyfn frishn keyver fun Yeshayahu Klinov, in *Forverts*, 28. Oktober 1963, S. 6.

∂ OpenAccess. © 2022 Anne-Christin Klotz, publiziert von De Gruyter. [CC BY-NC-ND] Dieses Werk ist lizenziert unter einer Creative Commons Namensnennung – Nicht kommerziell – Keine Bearbeitung 4.0 International Lizenz. https://doi.org/10.1515/9783110756494-004

dort im Speziellen bereits Monate vor der Machtübergabe an die Nationalsozialisten war, wobei sich dieses Interesse offenbar aus einer Kombination aus ehrlichem Interesse, Besorgnis und Sensation speiste. Ferner geht aus dem Schreiben die Bedeutung hervor, welche die jüdischen Auslandskorrespondenten, die in Berlin lebten und arbeiteten, für die jüdische Presse hatten, und auch dass diese für die Presse eine der wichtigsten Informationsquellen überhaupt darstellten. Mit dem politischen Aufstieg der Nationalsozialisten nahm ihre Bedeutung für die jiddische Presse in Warschau rasant zu, konnten sie die Ereignisse doch aus ihrem persönlichen Blickwinkel und ihrer persönlichen Erfahrung heraus nacherzählen und die Presse mit direkten, ungefilterten Informationen von vor Ort versorgen. Die Redakteure der Zeitungen in Warschau verließen sich allerdings nicht ausschließlich auf ihre Korrespondenten. Vor allem vor dem Hintergrund der zunehmenden Verfolgung ihrer eigenen Korrespondenten rückten für sie automatisch öffentliche wie nichtöffentliche, gedruckte wie ungedruckte und andere Informationsquellen verstärkt in den Vordergrund, und ebenso versuchten sie über ihre privaten, beruflichen oder politischen Netzwerke Informationsquellen aufzutun und anzuzapfen, wo immer es möglich war.

Ziel dieses Kapitels ist es, die Arten und Weisen vorzustellen, wie die jüdischen Journalisten in Warschau und Berlin ungefiltertes Wissen und Informationen aus dem nationalsozialistischen Deutschland bezogen. Dieser Blick hinter die Kulissen der alltäglichen journalistischen Arbeit soll helfen, ein Verständnis davon zu bekommen, auf welcher materiellen Grundlage die Zeitungsmacher ihre Nachrichten über Deutschland produzierten. In diesem Kapitel wird es daher zunächst weniger um die eigentlichen Inhalte der Berichterstattung gehen, sondern vielmehr darum, welche Wege die Zeitungsmacher nutzten, um an subalternes, teils subversives und damit an nicht-hegemoniales Wissen über die beginnende Verfolgung von Juden in Deutschland zu gelangen. Diese Wissensbeschaffung war mit teils enormen Problemen, Gefahren und Risiken verbunden, die einen erheblichen direkten Einfluss auf die alltägliche Arbeit der Journalisten und Zeitungsredakteure hatten. Um diese Umstände näher zu beleuchten, werden hier zunächst die politischen und ökonomischen Rahmenbedingungen in Deutschland und Polen sowie die Probleme mit Repression und Zensur beschrieben.

3.1 Die ökonomische Situation der Zeitungsverlage

Die Wirtschaftskrise von 1923 traf den jüdischen Zeitungsmarkt mitten ins Mark. Zwar war die gesamte polnische Presse von der Krise betroffen, die jüdische, vor allem aber die jiddische und hebräische Presse, war jedoch besonders von der

Krise gezeichnet. Die hohe Anfälligkeit der jüdischen Presse für wirtschaftliche Krisen sieht der Presseforscher Andrzej Paczkowski in der Struktur der jüdischen Presse selbst angelegt. Seiner Meinung nach reagierte diese empfindlicher auf ökonomische Krisen, weil der jüdische Printmarkt viel stärker von den populären Tageszeitungen abhängig war und aus diesem Grund jede Nachfragefluktuation besonders zu spüren bekam.[391] Die Multilingualität der polnischen Juden stützte diesen Trend zusätzlich, da sie es vielen Lesern ermöglichte, auf Fachblätter in polnischer Sprache zurückzugreifen, was viele auch taten, weshalb dem Markt für jiddische Zeitschriften gewisse Grenzen gesetzt waren.[392] Auch die Literaturwissenschaftlerin Karolina Szymaniak resümiert, dass das Warschau der 1930er Jahre für viele Jiddischisten und Intellektuelle im Allgemeinen nicht mehr dieselbe Stadt war, in die viele von ihnen ein Jahrzehnt zuvor gekommen waren. Durch die Wirtschaftskrise zutiefst geschädigt seien „die 1930er Jahre eine Zeit großer Enttäuschungen für die aufstrebende Generation jiddischer Intellektueller" gewesen, schreibt sie.[393] Viele Journalisten mussten sich mit der ständigen Angst auseinandersetzen, ihren Arbeitsplatz zu verlieren oder im Falle von jungen Journalisten überhaupt erst gar keinen zu finden, da die Zahl der Zeitungen, insbesondere der Publikationen auf Jiddisch, dramatisch zurückging.[394] Hinzu kam, dass die Zeitungen ihren Mitarbeitern in den 1930er Jahren aufgrund von ökonomischen Sachzwängen ständig die Gehälter kürzen mussten. Am 6. Juli 1932 informierte die Redaktion des *Haynt* ihren Auslandskorrespondenten Yeshayahu Klinov in Berlin, dass sie sich aufgrund eines andauernden Mitarbeiterstreikes dazu veranlasst sah, sein Gehalt auf 75 Złoty die Woche zu kürzen.[395] Zwei Jahre später, im Oktober 1934, sah sich auch die Redaktion der *Naye Folkstsaytung* dazu genötigt, all ihre Mitarbeiter darüber zu informieren, dass man sich „aufgrund der schweren materiellen Lage in der sich die ‚Folkstsaytung' befindet, dazu gezwungen" sah, „einige weitreichende Einsparungen zu machen", die alle Abteilungen des Zeitungsunternehmens betreffen. In einem Brief an Melekh Ravitsh hieß es wörtlich vonseiten der Redaktion: „Wir machen dies mit einem schweren Herzen, aber wir glauben, dass dies nur für eine kurze Zeit so ist. Vom 1. November dieses Jahres an werden wir das jetzige Honorar, das bereits ein sehr kleines war, leider nicht mehr

---

391 Vgl. Paczkowski: „The Jewish Press", S. 183 f.
392 Zum Problem der Polonisierung siehe Weiser: Jewish People, Yiddish Nation, S. 240–244.
393 Szymaniak: „Rachel Auerbach", S. 313.
394 Oyerbakh, Rokhl: Varshever tsavoes: bagegnishn, aktivitetn, goyreles 1933–1943, Tel Aviv 1947, S. 15.
395 Leider konnte ich nicht ermitteln, wie hoch sein Gehalt vorher war. Vgl. CZA, A 284 Sammlung Yeshayahu Klinov, File 34, Brief von Kooperativer ferlag „alt-nay", gez. unleserlich, an Yeshayahu Klinov, Warschau, 6. Juli 1932, nicht paginiert.

auszahlen können. Wir können uns dazu verpflichten euch anstatt den bisherigen 20 Talern [Złoty, AK] in der Woche, nur noch 15 Taler [Złoty, AK] zu zahlen."[396]

Selbst die ältesten und renommiertesten Zeitungen wie der *Haynt* und der *Moment* hatten ernsthafte finanzielle Schwierigkeiten, da ihre Auflage um fast zwei Drittel eingebrochen war verglichen mit ihrem Höchststand von rund 100.000 pro Tag um 1920.[397] Aus einem vom Warschauer Regierungskommissariat erstellten Dokument geht hervor, dass der *Haynt* im November 1938 eine tägliche Auflage von 34.900 Zeitungen hatte.[398] Verglichen mit den frühen 1920er Jahren, waren diese Zahlen alarmierend. Andere Zeitungen, wie der *Moment* mit einer Auflage von 19.000, fielen noch weiter zurück.[399] Dass die Zeitungsmacher um ihre wirtschaftliche Existenz kämpften, zeigt auch ein Bericht der Warschauer Abteilung des *Prof. Fareyn fun Drukeray-arbeter in Poyln*, der Gewerkschaft der jüdischen Druckereiarbeiter in Polen, aus demselben Jahr. Die jüdische Druckergewerkschaft, die im *Bund* organisiert war und neben Druckern weitere Mitarbeiter anderer Abteilungen aus verschiedenen jüdischen Tageszeitungen in Warschau organisierte, erklärte in ihrem Tätigkeitsbericht aus dem Jahr 1934, wie die Herausgeber der Zeitungen versuchten, auf die ökonomische Krise zu reagieren. Im Bericht hieß es:

> Schon seit einigen Jahren durchlebt das Zeitungswesen eine schwere Krise, die gar nicht proportional zur allgemeinen wirtschaftlichen Krise ist. In einem gar schweren, oftmals katastrophalen Zustand befinden sich die Zeitungen auf Jiddisch. Die Gründe dafür sind verschiedene und hier ist nicht der Ort sie zu besprechen. Sehend, wie bei solch einer Lage ihre Profite mit einer ungehörigen Schnelligkeit sinken, haben sich die Zeitungsarbeiter am ihrer Meinung nach einzigen Rettungsanker festgehalten: die Genossenschaft. [...] Wie die sich verschlechternden Lohnbedingungen in den Zeitungen durch das Verwandeln der Zeitungsunternehmen in Genossenschaften aber aufgehalten werden können, ist noch eine offene Frage, [...]. Die Zeitungsunternehmen waren das Reservoir, welche die älteren, verunfallten Arbeiter mit fast lebenslänglich gut bezahlten Posten aufnahmen. Die Zeitungen gaben den Arbeitslosen zudem oftmals zufällig anfallende Arbeit. Die Genossenschaften aber sind jetzt fast geschlossen für neue Arbeiter und die zufällig anfallende Arbeit wird ständig weniger, weil die Vorstände der Genossenschaften nach Einsparungen auf allen Gebieten suchen.[400]

---

396 NLI, Arkhion Melekh Ravitsh, ARC. 4*1540 12 1995 Folkstsaytung, Brief von der Redaktion, gez. unleserlich, an Melekh Ravitsh, Warschau, 19. Oktober 1934.
397 Vgl. Nalewajko-Kulikov: „„Di Haynt-mishpokhe"", S. 269.
398 Vgl. AAN, Sig. 297/VII-11, Komisariat Rządu mst Warszawy, Wydział społeczno polityczny, Sprawozdanie miesięczne, I/IV 1938, Raport nr. 10, Nakłady ważniejszych czasopism, S. 90.
399 Vgl. AAN, Sig. 297/VII-11, Komisariat Rządu mst Warszawy, Wydział społeczno polityczny, Sprawozdanie miesięczne, I/IV 1938, Raport nr. 10, Nakłady ważniejszych czasopism, S. 90.
400 Bund-Archives, RG 1400, MG 9–184, Druker fareyn in Poyln, Prof. fareyn fun drukeray-arbeter in Poyln, optaylung Varshe: Tetikeyt-barikht fun 1-tn detsember 1931 bizn 31-tn oktober 1934, Warschau, November 1934, S. 20–21.

Auf die Umwandlung der Zeitungen in Genossenschaften reagierten die organisierten Arbeiter mit zahlreichen und andauernden Streiks, bei denen sie versuchten, höhere Löhne und bessere Arbeitsbedingungen für sich zu erkämpfen.[401] Teilweise gingen die Verwandlungen der Zeitungen in Kooperativen aber selbst auf einen oder mehrere vorausgegangene Streiks der Arbeiter zurück. Dies war beispielsweise beim *Haynt* (1932) und auch beim *Moment* (1930) der Fall.[402] Um die ökonomische Lage der Zeitungen etwas zu stabilisieren, entwickelten die Mitarbeiter unterschiedlicher Zeitungen ebenfalls Kampagnen und Aktionen, die um Abonnenten und Spenden warben. Die Redaktion der *Naye Folkstsaytung* rief 1933 beispielsweise einen jährlichen Pressetag aus, um die parteieigene Zeitung zu retten. Da sich die Zeitung fast ausschließlich über ihre Leser und Spenden finanzierte, hatte sie einen besonders schwierigen Stand und das nicht zuletzt, weil viele Leser der Zeitung sich diese oftmals selbst kaum leisten konnten. In einem internen Bericht über die ökonomische Lage der Zeitung aus dem Jahr 1935 hieß es, dass die Zeitung in der ersten Hälfte der 1930er Jahre zwar sehr viel mehr Leser dazugewinnen konnte, sich die gestiegene Zahl in finanzieller Hinsicht aber nicht bemerkbar machen würde. Grund dafür war, dass die Leser damit begonnen hatten, sich die Abonnements mit mehreren Personen zu teilen, ein System, dass sich schnell in vielen Städten herumsprach und bald zur gängigen Praxis der Leser der Zeitung gehörte.[403] Da die Finanzierungsmöglichkeiten aus den eigenen Quellen begrenzt waren, wandten sich die Zeitungsmacher oftmals auch an internationale jüdische Organisationen. Im Dezember 1937 unterstützte der *Joint*, dessen Hauptsitz in den Vereinigten Staaten war, beispielsweise die *Haynt*-Kooperative *Alt-Nay* (Alt-Neu) mit 30.000 Złoty. Auch den *Fareyn fun yidishe Literatn un Zhurnalistn in Varshe* unterstützte die jüdische Hilfsorganisation mit 5.000 Złoty und stellte ferner weitere Geldmittel für andere Zeitungen bereit.[404]

---

401 Vgl. Bund-Archives, RG 1400, MG 9 – 184, Druker fareyn in Poyln, Prof. fareyn fun drukerayarbeter in Poyln, optaylung Varshe: Tetikeyt-barikht fun 1-tn detsember 1931 bizn 31-tn oktober 1934, Warschau, November 1934, S. 20.
402 Vgl. Nalewajko-Kulikov: „„Di Haynt-mishpokhe"", S. 296.
403 Dazu und über weitere Rettungsaktionen der *Naye Folkstsaytung* siehe ausführlich: Bund-Archives, RG 1400, MG 2 – 443d, Algemeyner yidisher arb.-bund „Bund" in Poyln, Barikht tsum IVtn tsuzamenfar, 14, 15 un 16-II-1935, 1929 – 1935, Warschau 1935, S. 12.
404 Vgl. YVA, M.72 Joint Distribution Collection – Copies of Microfilms, #792, Report on activities of JDC Office in Poland for Months of September-October 1937, Appendix: Economic aid and relief, nicht paginiert. Siehe ebenfalls die Zusammenstellung der Zeitungsprofile durch das polnische Innenministerium, in denen externe Finanzierungsquellen der Zeitungen angegeben werden. Vgl. AAN, MSZ, Sig. 10.014, Department konsularny, Wiadomości o prasie żydowskiej w Polsce, notatki 1938, Język żydowski, undatiert.

Bis Ende der 1930er Jahre konnten die meisten Zeitungsunternehmen ihre prekäre Lage zwar nur minimal verbessern, dennoch gelang es einigen Unternehmen auch, in der allgemeinen wirtschaftlichen Krise Erfolge zu verbuchen. So hieß es über den *Haynt* im Bericht des Druckervereins aus dem Jahr 1937 beispielsweise, dass sich dort die ökonomische Lage stabilisiert habe und dadurch sogar erreicht werden konnte, dass die Löhne der Arbeiter erhöht und angeglichen wurden.[405] Auch über die ökonomische Situation der *Naye Folkstsaytung* gab es Positives zu berichten, „da sich aufgrund der Radikalisierung der jüdischen Massen" die Verbreitung der Zeitung sowie die Lage der dort beschäftigten Arbeiter „in den letzten Jahren stark verbessert" hätte.[406] Diese Angaben korrespondieren mit den Zahlen, welche die Presseabteilung des polnischen Innenministeriums herausgab. Nachdem die Herausgeber der *Naye Folkstsaytung* beispielsweise noch 1932 einen starken Einbruch der Auflage allein in Warschau hinnehmen mussten, konnte die Zahl im Jahr 1937 von 7.000 Exemplaren wieder zurück auf 15.000 gebracht und 1938 sogar auf 21.000 Exemplare pro Tag allein in Warschau gesteigert werden.[407]

Insgesamt unterlagen die Auflagen der einzelnen Zeitungen in den 1930er Jahren jedoch starken Schwankungen, sodass es schwer ist, allgemeingültige Aussagen für alle Zeitungen zu treffen. Die Verkaufszahlen waren oftmals abhängig von wirtschaftlichen, politischen und demografischen Entwicklungen – Faktoren, die jede Zeitung anders beeinflussten, hatten doch alle ein eigenes, individuelles Profil. Es ist zwar durchaus zutreffend, dass die fortschreitende Polonisierung sich in den Verkaufszahlen der Zeitungen niederschlug und Zeitungen wie die *Nasz Przegląd* davon profitierten, doch musste dies nicht zwangsläufig einen nachteiligen Effekt auf den Verkauf jiddischsprachiger Zeitungen haben. So zeigt sich bei genauer Betrachtung der Verkaufszahlen nämlich, dass sich paradoxerweise gerade für das Krisenjahr 1938 eine Auflagensteigerung bei den meisten jiddischen Tageszeitungen feststellen lässt. Die Steigerung der gemeinsamen Gesamtauflage ist dabei sogar noch beeindruckender. Lässt man *Dos Yudishe Togblat*, für das es für 1938 keine Zahlen gibt, außer Acht, lag diese bei über 30 %.

---

405 Vgl. Bund-Archives, RG 1400, MG 9 – 184, Druker fareyn in Poyln, Prof. fareyn fun drukerayarbeter in Poyln, optaylung Varshe: Tetikeyt-barikht fun 1-tn detsember 1931 bizn 31-tn oktober 1934, Varshe, november 1934, S. 22.
406 Bund-Archives, RG 1400, MG 9 – 184, Druker fareyn in Poyln, Prof. fareyn fun drukeray-arbeter in Poyln, optaylung Varshe: Tetikeyt-barikht fun 1-tn detsember 1931 bizn 31-tn oktober 1934, Varshe, november 1934, S. 23.
407 Alle Angaben nach Paczkowski: „Nakłady dzienników", S. 81, 93 – 95.

	1937	1938
Der Moment	22.000	19.000
Haynt	23.000	34.900
Naye Folkstsaytung	15.000	21.000
Unzer Ekzpres	13.000	25.000
Dos Yudishe Togblat	18.000	k. A.
Nasz Przegląd	22.450	25.000

Abbildung 3: Steigerung der Gesamtauflagen bei fast allen jüdischen Tageszeitungen in Warschau.

Zwar kann nicht abschließend geklärt werden, wieso die Zeitungsunternehmen ihre Auflagen gegen Ende der 1930er Jahre wieder steigern konnten, doch ist es möglich, zu mutmaßen, dass eventuell ein Zusammenhang zwischen der sich verschärfenden politischen Krise auf dem europäischen Kontinent und den gesteigerten Auflagen der Zeitungen bestand. So ist es vorstellbar, dass die jüdische Bevölkerung verstärkt nach Informationen suchte, um die ihnen bekannte Welt, die sich rasant veränderte, besser begreifen und gegebenenfalls adäquat reagieren zu können. Zusammenfassend lässt sich dennoch konstatieren, dass trotz der deutlichen Zunahme und kleiner Teilerfolge die Lage auf dem jüdischen Zeitungsmarkt angespannt blieb, was sich nicht zuletzt auch daran zeigt, dass bis 1937 nicht wenige Zeitungen, wie etwa die kommunistische Zeitung der *Fraynd* (Freund) oder die *Prese* (Presse), ihre Einstellung verkünden mussten.[408]

3.2 Die deutsch-polnische Nichtangriffserklärung und ihre Auswirkungen auf die jüdische Presse in Warschau

Am 22. März 1933 schickte der deutsche Gesandte Hans-Adolf von Moltke (1884–1943) aus Warschau einen Bericht an das Auswärtige Amt in Berlin, das kurz zuvor mehrere deutsche Auslandsvertretungen in verschiedenen Ländern aufgefordert hatte, Berichte über die Reaktionen der jeweiligen jüdischen Communities auf den Amtsantritt Hitlers einzureichen. In dem Bericht aus Warschau gab von

---

[408] Vgl. Bund-Archives, RG 1400, MG 9–184, Druker fareyn in Poyln, Prof. fareyn fun drukerayarbeter in Poyln, optaylung Varshe: Tetikeyt-barikht fun 1-tn november 1934 bizn 30-tn april 1937, Warschau, Mai 1937, S. 24.

Moltke eine erste Einschätzung darüber ab, wie er die Lage in Polen sah. Er schrieb:

> Der Umschwung in Deutschland und die dadurch bedingte Einbuße der jüdischen Machtstellung, vor allem aber die hier zahlreich aus den verschiedensten europäischen Hauptstädten einlaufenden stark übertriebenen Nachrichten über die Verfolgung der Juden in Deutschland, haben das hiesige Judentum in große Aufregung versetzt. [...] Ferner machen die jüdischen Kaufleute lebhaft Propaganda für einen Boykott deutscher Waren und die jüdischen Zeitungen tun das Ihrige, um diese Campagne zu verschärfen. Hierbei zeigt die jüdische Presse noch die besondere Tendenz, auch den polnisch-deutschen Gegensatz für ihre Zwecke auszunutzen und das Polentum gegen Deutschland aufzuhetzen. [...] Welche Folgen die gegenwärtige Nervosität der etwa 3 Millionen Juden Polens, die bisher in ihrer überwiegenden Mehrheit ausgesprochen deutschfreundlich waren, haben wird [...], läßt sich noch nicht übersehen.[409]

Der Bericht von Moltkes, der selbst erst 1937 der NSDAP beitrat, aber, wie dieser Auszug nahelegt, bereits 1933 ein überzeugter Antisemit war, zeigte zweierlei: Einerseits erwartete das Auswärtige Amt offenbar, dass es weltweit zu negativen Reaktionen seitens jüdischer Communities auf den Machtantritt Hitlers am 31. Januar 1933 kommen würde. Andererseits zeigt von Moltkes Bericht, dass die neue Reichsregierung gleichermaßen ein Auge auf die Protest- und Boykottbewegung wie auch auf die polnisch-jüdische Presse geworfen hatte und in ihr einen möglichen Risikofaktor sah, den man möglichst kleinhalten wollte, da es dem Ansehen Deutschlands in der Welt weiteren Schaden hätte zufügen können.

Aus dieser Motivation heraus suchte das deutsche Auswärtige Amt wiederholt das Gespräch mit dem polnischen Innenministerium und versuchte ein mögliches Protestverbot zu erwirken sowie zusätzlich die Presseberichterstattung über Deutschland in Polen zu beeinflussen. Die Gespräche dafür waren aufgrund der politischen Annäherung zwischen Deutschland und Polen möglich geworden, die sich seit Frühjahr 1933 unter der Ägide des polnischen Außenministers Józef Beck vollzogen hatte. Erste Gespräche über eine mögliche Zusammenarbeit fanden bereits kurz nach der Ernennung Becks am 2. November 1932 statt, nachdem dieser umgehend einen außenpolitischen Kurswechsel eingeleitet hatte. Während sein Vorgänger eine enge Zusammenarbeit mit Frankreich und dem Völkerbund angestrebt hatte, suchte Beck die Annäherung an Deutschland. Die Gründe hierfür waren vielfältig. Das Bedrohungsszenario aber, erneut von Deutschland und Russland beziehungsweise dem Deutschen Reich und der Sowjetunion in die

---

[409] PAAA, RZ 208/R 82352, DG in Warschau, gez. von Moltke, an das AA in Berlin, Betr. Die Judenschaft in Polen zum Regimewechsel in Deutschland, Warschau, 22. März 1933, nicht paginiert.

Zange genommen und aufgeteilt zu werden,[410] gab sicher den entscheidenden Ausschlag dafür, trotz anhaltender antipolnischer Propaganda diplomatische Gespräche mit Deutschland aufzunehmen.

Im Mai 1933 entschloss sich die polnische Regierung konkrete Schritte zu unternehmen, um ihrem Wunsch nach einer politischen Annäherung an Deutschland Ausdruck zu verleihen. Um die diplomatische Freundschaft dauerhaft zu sichern, verpflichteten sich beide Verhandlungspartner, einige politische Forderungen der jeweils anderen Partei umzusetzen. Zwar stellte die polnische Regierung durchaus Forderungen, wie beispielsweise die Unterbindung antipolnischer Propaganda im deutschen Theater und Kino, vor allem aber machte Polen selbst politische Zugeständnisse. Diese betrafen freilich vornehmlich die polnischen Juden, und zwar auch jene, die im Ausland, insbesondere im Deutschen Reich, lebten. Auf einer zweiteiligen Pressekonferenz im polnischen Außenministerium, die am 5. und 6. Mai 1933 stattfand, verkündete die Regierung, dass sie erstens beabsichtigte, von der Veröffentlichung eines sogenannten Weißbuchs, das antisemitische Vorfälle in Deutschland dokumentierte, abzusehen. Zweitens gab sie bekannt, dass man ebenfalls von der Verurteilung antisemitischer Übergriffe auf Juden mit polnischer Staatsbürgerschaft absehen sowie ihre juristische Verteidigung zurückhaltender behandeln wolle, und drittens, dass man beabsichtigte, die sich schnell ausbreitende antideutsche Protestbewegung sowie den Boykott deutscher Waren in Polen zu stoppen und zu kriminalisieren.[411] Noch im selben Monat gab die polnische Regierung eine Anweisung heraus, die sich an die zahlreichen Protest- und Boykottkomitees, die sich im ganzen Land gegründet hatten, richtete und die Komitees aufforderte, ihre Protestaktionen einzustellen.[412] Im Gegenzug ließ Joseph Goebbels als Propagandaminister die antipolni-

---

410 Den polnischen Verhandlungen mit Deutschland war die Ratifizierung eines Nichtangriffspakts mit der Sowjetunion im Jahr 1932 vorausgegangen. Durch ein ähnliches Abkommen mit Deutschland erhoffte Polen sich eine gewisse geopolitische Sicherheit zu schaffen. Außerdem gab es zu dieser Zeit Bemühungen, einen sogenannten Viererpakt zwischen Großbritannien, Frankreich, Deutschland und Italien zu schließen, der von Polen als Bedrohung betrachtet wurde. Das Abkommen wurde nie unterzeichnet.
411 Vgl. Pryt: Befohlene Freundschaft, S. 121; Wojciechowski, Marian: Die polnisch-deutschen Beziehungen 1933–1938 (= Studien zur Geschichte Osteuropas, Bd. 12), Leiden 1971, S. 30–31.
412 Von Moltke erwähnt in einem Bericht an das Auswärtige Amt, dass der jüdische Journalist Bernard Singer im Rahmen eines Vortrags, bei dem er observiert wurde, erstmals öffentlich erwähnt hätte, dass die Regierung Anweisungen herausgegeben hätte, den Protest einzustellen. Vgl. PAAA, RZ 701/R 121309, DG Warschau, gez. von Moltke, an das AA, Betr. Vortrag des Journalisten Bernard Singer im Warschauer Rathaus über die Lage in Deutschland und den jüdischen Boykott deutscher Waren, inkl. Anlage S. 1–6, Warschau, 17. Mai 1933, nicht paginiert.

sche Hetze, die einen prominenten Platz in nationalsozialistischen Zeitungen einnahm, etwas mäßigen.[413]

Die Vorgespräche mündeten ein Jahr später, im Januar 1934, in der Unterzeichnung der sogenannten deutsch-polnischen Nichtangriffserklärung.[414] Neben der Übereinkunft, politische Konflikte friedlich und ohne militärische Eingriffe zu lösen, wurden ferner Vereinbarungen getroffen, welche die wechselseitige Presseberichterstattung in beiden Staaten regulieren sollten. Ziel dieses deutsch-polnischen Presseabkommens war die Etablierung positiv konnotierter Polen- beziehungsweise Deutschlandbilder in den jeweiligen Nachbargesellschaften, wobei schriftlich fixierte Regeln die Grenzen des Sagbaren definieren sollten.[415] Im Falle des Vertragsbruchs hatte das betroffene Land die Möglichkeit, bei den zuständigen Behörden im Nachbarland zu intervenieren und um die Beschlagnahmung der Presseerzeugnisse zu bitten. Ansonsten waren die Regierungen dazu angehalten, die neuen Presseregeln selbstständig anzuwenden.

Spätestens seit der Unterzeichnung des Abkommens im Frühjahr 1934 machte die deutsche NS-Führung regen Gebrauch von dieser Vereinbarung, und der Bruch, den die Ratifizierung mit sich brachte, war augenscheinlich. Während der antideutsche Protest anfänglich von verschiedenen und zahlreichen jüdischen wie nichtjüdischen Organisationen, Parteien und Zeitungen in Polen getragen worden war und auch von der polnischen Regierung gestützt wurde, verstummte der nichtjüdische Protest im Laufe des Jahres 1933 fast vollständig.[416] Durch die politische Entspannung, die sich aufseiten der polnischen Regierung, aber auch innerhalb der Mehrheitsbevölkerung abzeichnete, geriet in der Folge der anhaltende jüdische Protest immer stärker ins Kreuzfeuer der Kritik. Vor allem die nationaldemokratische Presse, die ein höchst ambivalentes Verhältnis zum

---

413 Vgl. Pryt: Befohlene Freundschaft, S. 212.

414 Obwohl sich in der Sekundärliteratur oftmals der Begriff Deutsch-Polnischer Nichtangriffspakt findet, handelte es sich in Wahrheit um eine Erklärung. Ausführlicher zur Vorgeschichte der Nichtangriffserklärung, den politischen Motivationen und dem Ablauf der Verhandlungen siehe Schramm, Gottfried: „Der Kurswechsel der deutschen Polenpolitik nach Hitlers Machtantritt", in: Förster, Roland G. (Hrsg.): „Unternehmen Barbarossa". Zum historischen Ort der deutsch-sowjetischen Beziehungen von 1933 bis zum Herbst 1941, München 1993, S. 23–34.

415 Zu den inhaltlichen Regelungen des Presseabkommens siehe Wojciechowski: Die polnisch-deutschen Beziehungen 1933–1938, S. 112, Fn. 1; Pietrzak, Michał: Reglamentacja wolności prasy w Polsce (1918–1939), Warszawa 1963, S. 448f.

416 Zur nichtjüdischen polnischen Protestbewegung in Polen, der Haltung der Sanacja-Regierung und den Reaktionen polnischer Publizisten auf die Nichtangriffserklärung siehe insbesondere Pryt: Befohlene Freundschaft, S. 115–122; Golczewski, Frank: Das Deutschlandbild der Polen 1918–1939: eine Untersuchung der Historiographie und der Publizistik, Düsseldorf 1974, S. 258–259.

Nationalsozialismus hatte, wandte sich früh von der Protest- und Boykottbewegung ab und begann in zunehmendem Maße ihre Missgunst gegenüber der jüdischen Protestbewegung auszudrücken, weil die Ablehnung gegen Juden offenbar stärker war als jene gegen die Deutschen.[417]

Die *Sanacja*-Regierung[418] ihrerseits hatte anfänglich Probleme, die Pressezensur und die von Deutschland gewünschten Repressionsmaßnahmen gegen die Presseberichterstattung und die Protestbewegung umzusetzen, nicht zuletzt weil ihr die Mittel für eine umfassende Überwachung zivilgesellschaftlicher und politischer Akteure im ganzen Land fehlten. Hinzu kam, dass viele lokale Behörden und Gerichte zunächst nur mit Widerwillen, der vermutlich von tradierten antideutschen Gefühlen herrührte, an der Kriminalisierung des Protests und der Presse mitwirkten.[419] Aus diesem Grund erbat sich das polnische Innenministerium in einem Gespräch mit dem deutschen Gesandten Hans Adolf von Moltke im Frühjahr 1934 auch etwas Aufschub in der Umsetzung der vereinbarten Richtlinien und bei der Einleitung der politischen Wende.[420]

Dem Auswärtigen Amt selbst schien es primär um die Regulierung der jüdischen Presse und des jüdischen Protests in Polen zu gehen. Bei einer diplomatischen Unterredung zwischen einem Vertreter der Deutschen Botschaft in Warschau[421] und einem Mitarbeiter des polnischen Innenministeriums über die Einhaltung des deutsch-polnischen Presseabkommens bekam letzterer den Eindruck, dass die deutsche Regierung ihre Aufmerksamkeit besonders auf „die

---

417 Die Haltung der *Endecja*-nahen Publizisten wird in aller Ausführlichkeit bei Albert Kotowski diskutiert. Kotowski: Hitlers Bewegung im Urteil der polnischen Nationaldemokratie. Siehe außerdem: Pryt: Befohlene Freundschaft, S. 199–200. Dass die polnische Regierung den Protest in den ersten Monaten des Jahres 1933 ebenfalls unterstützt hatte, missfiel dem *Endecja*-Lager gleichfalls, sodass ihre Polemiken gegen die Politik der *Sanacja* mit antisemitischer Propaganda zusammenfielen. Vonseiten der Rechten wurde der jüdische Protest bis kurz vor dem Ausbruch des Zweiten Weltkrieges immer wieder verunglimpft, dazu siehe exemplarisch: Mf: Bezsilna wścieklość żydów w kinie Oredonik, in *Ilustrowany Dziennik Narodowy i Katolicki*, 2. November 1938, S. 2. Es gab aber auch weiterhin politischen und kulturellen Protest von Nichtjuden, dazu vgl. z. B. Y. Y.: Groyse boykot-bevegung gegen daytshe sukhores in Galitsie, in *Der Moment*, 23. April 1933, S. 3 sowie Pryt, Karina: Importierte Unterhaltung. Filme der deutschen Ufa in Warschau 1919–1939, in *GG* 46 (2020), S. 122–154, hier insb. S. 148–151.
418 Sanacja (Gesundung) war die selbstgewählte Eigenbezeichnung der Politik und des Regierungslagers unter Józef Piłsudski und Edward Rydz-Śmigły zwischen 1926 und 1939.
419 Vgl. Pryt: Befohlene Freundschaft, S. 192.
420 Vgl. Wojciechowski: Die polnisch-deutschen Beziehungen 1933–1938, S. 111–112, Fn. 1.
421 Die deutsche Botschaft in Warschau war zuvor eine Gesandtschaft und wurde erst 1934 in eine Botschaft umgewandelt, weshalb in dieser Arbeit mit beiden Begriffen operiert wird.

Entfernung von Artikeln und Notizen aus der jüdischen Presse, im Jargon[422] und in der polnischen Sprache, die einen Boykott deutscher Waren, Bücher und Filme fordern" gerichtet hatte.[423] Im Gespräch versuchte Dr. Schliep von der Deutschen Botschaft anhand von Zeitungsartikeln aus der *Nasz Przegląd* zu belegen, dass Polen seinen Verpflichtungen nicht nachkommen würde. Ein Herr Włodarkiewicz vom polnischen Innenministerium hingegen äußerte sich zurückhaltend und erklärte, dass die Presseabteilung des Innenministeriums nur eingreifen könne, wenn die Artikel den Vereinbarungen des deutsch-polnischen Presseabkommens auch wirklich zuwiderlaufen würden. Seiner Meinung nach sei es zum Teil sehr schwer, einen Anlass für ein Eingreifen zu finden, da die meisten Artikel „in einem ruhigen Ton gehalten" seien und „ohne beleidigende Worte an Kanzler Hitler und sein Regime" auskommen würden.[424] Zugleich wies er darauf hin, dass die Behörden durchaus eingreifen würden, wenn die Bestimmungen missachtet werden. Als Beispiel führte er die zweisprachige jüdische Boykottzeitung *Nasza Obrona/ Unzer Obvehr* (Unsere Verteidigung) an.[425]

Im Laufe des Jahres 1933 gingen die lokalen polnischen Behörden noch relativ nachlässig und unkoordiniert gegen die Protestbewegung und die jüdische Presse vor. Aus diesem Grund versuchte das deutsche Außenministerium in Zusammenarbeit mit der Deutschen Botschaft in Warschau mit eigenen Mitteln den Protest aktiv zu beeinflussen. Ihr Ziel war es, einen Keil in die antideutsche Front zu treiben und die jüdische Boykottbewegung zu schwächen. Neben allgemeinen Überwachungsmaßnahmen von exponierten Vertretern der Bewegung[426] sowie

---

422 „Jargon" war ein abwertendes Wort für Jiddisch. Mit der Verwendung des Begriffes wurde dem Jiddischen die Eigenständigkeit als Sprache aberkannt.
423 AAN, AMSZ, Sig. 7139, Notiz über ein Gespräch mit Dr. Schliep von der DB in Warschau, aufgezeichnet von St. Włodarkiewicz, undatiert [vermutlich Frühjahr 1935], Bl. 21–22.
424 AAN, AMSZ, Sig. 7139, Notiz über ein Gespräch mit Dr. Schliep von der DB in Warschau, aufgezeichnet von St. Włodarkiewicz, undatiert [vermutlich Frühjahr 1935], Bl. 21–22.
425 Vgl. AAN, AMSZ, Sig. 7139, Notiz über ein Gespräch mit Dr. Schliep von der DB in Warschau, aufgezeichnet von St. Włodarkiewicz, undatiert [vermutlich Frühjahr 1935], Bl. 21–22. Ausführlich zur Boykottzeitung siehe Kap. 6.2.4. Weitere Angriffe auf die jüdische Presse werden darüber hinaus ausführlich in Kap. 6.2.1, 6.2.2 und 6.2.3 diskutiert.
426 Im Visier standen jüdische Delegierte, die für Polen an internationalen Boykottkonferenzen oder allgemeinen jüdischen Kongressen teilnahmen. Das Auswärtige Amt versuchte z.B. Wacław Wiślicki als Vizepräsidenten des Zentralen Boykottkomitees in Warschau auf seiner Rückreise vom Jüdischen Weltkongress in Amsterdam an der deutsch-polnischen Grenze festnehmen zu lassen. Am 16. Juli 1933 wurden er und sein Begleiter in Neubentschen von der Gestapo abgefangen und durchsucht. Da kein belastendes Material gefunden wurde, wurde von einer Festnahme abgesehen. Aus den Dokumenten geht hervor, dass Wiślicki im Wissen der polnischen Regierung nach Amsterdam gereist war. Die Gestapo vermutete sogar, dass er in Berlin beim polnischen Generalkonsul Gawronsky wohnen würde, da er mit ihm befreundet sei. Vgl. PAAA, RZ

von öffentlichen Protestveranstaltungen und Vorträgen, die unter anderem auch im Journalistenverein stattfanden,[427] schickte das Auswärtige Amt den orthodoxen Rabbiner Esriel Hildesheimer nach Warschau, in der Hoffnung, dass er die dortigen Juden zur Aufgabe des Boykotts bewegen könne.[428] Als der Erfolg der Maßnahme ausblieb, ließ die Deutsche Botschaft einen Mitarbeiter der Botschaft aus Paris nach Warschau kommen, der sich in Frankreich erfolgreich gegen die dortige Boykottbewegung engagiert hatte. Als Experten schickte man ihn vor, die Träger der jüdischen Protestbewegung in Warschau auszuhorchen und Vorschläge für deren Bekämpfung zu unterbreiten. Im Bericht des deutschen Botschafters an das Auswärtige Amt hieß es hierzu:

> Der Gewährsmann, der unserer Botschaft in Paris im Kampf gegen die Boykottbewegung bereits wertvolle Dienste geleistet haben will, hat nun vorgeschlagen, in der polnischen Judenschaft durch die Versendung von Flugblättern in jüdischer Sprache nach Art des in Anlage beigefügten, für die Organisierung eines ‚Verbandes von jüdischen Vertretern deutscher Häuser' in Polen zu werben, und mit Hilfe dieses Verbandes die Boykottbewegung zu brechen. Er behauptet, daß hier viel Unzufriedenheit über das Boykottkomitee herrsche, von dem sich weite jüdische Kreise terrorisiert fühlten. Der Gewährsmann glaubt, daß ein Beitrag

---

214/R 98442, Referat Deutschland, Mitteilung der Gestapo an das AA Berlin, Abt. Deutschland, Legationsrat Schomburg, gez. Preussner, wg. Der Durchsuchung von Wiślicki in Neubentschen, Berlin, 16. August 1933, nicht paginiert.
427 Zahlreiche Berichte aus der Deutschen Gesandtschaft bzw. Botschaft Warschau zeugen davon, dass Kundgebungen und Boykottkonferenzen überwacht wurden. In Warschau selbst waren den jüdischen Journalisten viele der deutschen und auch polnischen Spione bekannt. In einem Bericht über ein Protesttreffen im Warschauer *Kamiński*-Theater vom 23. April 1933 schrieb der Korrespondent der *Naye Folkstsaytung*, dass auch ein Spion des deutschen Konsulats anwesend war. Auch Melekh Ravitsh berichtete, dass deutsche und polnische Spione öfters die Veranstaltungen des Journalistenvereins in Warschau aufsuchten. Vgl. N. N.: Fun tsuzamenfar fun „poylishn yidntum", in *Naye Folkstsaytung*, 25. April 1933, S. 4; Ravitsh, Melech: „'Tlomackie 13'. Home of Jewish writers and journalists", in: David, Flinker, Shalom Rosenfeld und Mordechai Tsanin (Hrsg.): *The Jewish Press that was. Accounts, Evaluations and Memories of Jewish Papers in pre-Holocaust Europe*, Jerusalem 1980, S. 205–218, hier S. 215.
428 Vgl. PAAA, RZ 214/R 98442, Schreiben des DGK in Posen an die DG in Warschau, gez. Lütgens, Betr. Jüdische antideutsche Propaganda in Polen, Posen, 24. Oktober 1933, Abschrift, nicht paginiert. Auch Yfaat Weiss berichtet von diesem Vorfall. Sie deutet diesen Versuch als völlige Überforderung der deutschen Regierung, mit den polnischen Juden umzugehen, da diese sich im Gegensatz zur jüdischen Bevölkerung in Deutschland gänzlich anders verhalten hätten. Vgl. Weiss: Deutsche und polnische Juden, S. 175. Die jüdische Presse wiederum reagierte negativ auf diesen Vorfall, vgl. Steffen: Jüdische Polonität, S. 330.

von höchstens 5.000 Zloty genügen würde, um eine erfolgreiche Aktion einleiten zu können.[429]

Trotz diverser Versuche, den jüdischen Protest in Polen durch eigenes Handeln einzudämmen, wollte sich kein Erfolg einstellen. Dies änderte sich im Frühjahr 1934, als die deutsch-polnischen Verhandlungen abgeschlossen waren. Ab diesem Zeitpunkt lässt sich beobachten, dass die polnische Regierung konsequenter auf die Aufforderungen seitens des deutschen Vertragspartners, den Boykott einzudämmen, reagierte. Doch die *Sanacja*-Regierung handelte nicht nur auf Geheiß der deutschen Regierung, sondern ging aus freien Stücken und eigener Motivation über die getroffenen Vereinbarungen hinaus.

Spätestens ab Mitte 1935 wurde die jüdische Protestbewegung immer stärker kriminalisiert. Einerseits verstärkte die politische Rechte ihre Hetzkampagne gegen die jüdische Protestbewegung,[430] andererseits gingen vermehrt Polizeibeamte gegen einzelne Protestaktionen vor, verhafteten Aktivisten und beschlagnahmten Presseartikel und Druckerzeugnisse.[431] Letztlich scheint das von Deutschland gewünschte Vorgehen gegen den jüdischen Protest für die polnische Regierung nicht von Nachteil gewesen zu sein. Somit ist der Argumentation der Historikerin Karina Pryt zuzustimmen, dass die Kriminalisierung der jüdischen Protestbewegung letztlich auch eine einfache Möglichkeit für die polnische Regierung war, die jüdische Bevölkerung insgesamt weiter aus der polnischen Gesellschaft auszugrenzen, je stärker die antisemitische Atmosphäre in Polen selbst wurde.[432]

3.2.1 Zensur in Polen

In den 1930er Jahren stand die jüdische Bevölkerung unter besonderer Beobachtung durch die polnischen Behörden, was als ein Resultat der allgemeinen Zunahme antisemitischer Tendenzen im staatlichen Apparat selbst zu betrachten ist.[433] Und so werteten unabhängig vom deutsch-polnischen Presseabkommen die polnischen Behörden die jüdische Presse insbesondere in der zweiten Hälfte der 1930er Jahre täglich aus, konfiszierten Zeitungen oder zensierten einzelne Artikel

---

429 PAAA, RZ 208/R 82352, DG in Warschau an das AA Berlin, gez. Schliep, Betr. Jüdischer Weltkongress in Warschau, Vorschläge zur Bekämpfung der jüdischen Boykottbewegung in Polen, Warschau, 19. April 1934, S. 1–3, Bl. 201.
430 Vgl. Pryt: Befohlene Freundschaft, S. 393.
431 Vgl. dazu Kap. 3.2.1, 6 und 7.2.
432 Vgl. Pryt: Befohlene Freundschaft, S. 192.
433 Vgl. Pietrzak: Reglamentacja wolności, S. 451–453; Melzer: No Way Out, S. 119.

und überwachten politische, kulturelle sowie literarische Veranstaltungen. Die jüdische Tagespresse, weil sie politisches Sprachrohr und meinungsbildendes Medium zugleich war, bot sich als geeignete Quelle für Informationen an, da sie durch ihre Funktion ein Spiegel der jüdischen Bevölkerung war. Die politische Presseabteilung des polnischen Innenministeriums fertigte aus diesem Grund in den 1930er Jahren zum Teil auch täglich auf Basis der Zeitungen Berichte über die Stimmung in der jüdischen Bevölkerung an. Hinzu kamen Informationen, die man durch die Überwachung einzelner politischer, kultureller sowie literarischer Veranstaltungen gesammelt hatte. Im Juli 1936 überwachten Mitarbeiter des Warschauer Polizeikommissariats beispielsweise eine Diskussion über jüdische Volksschulen, die vom Journalisten Leo Finkelstein* (1885–1950) moderiert wurde und in den Räumen des Jüdischen Journalisten- und Schriftstellervereins in der *ulica Tłomackie* 13 stattfand.[434] Als Diskutanten beteiligten sich neben Yekhezkl-Moyshe Nayman und Chaim Finkelstein vom *Haynt* auch Shlomo Mendelsohn als Vertreter der *Naye Folkstsaytung* und der *Tsentrale Yidishe Shul-Organizatsye* (TSYSHO), einem Netzwerk jiddischer säkularer Schulen, auch Shoyel-Yitskhok Stupnitski vom *Moment* sowie weitere Journalisten und Schriftsteller vor circa 250 Zuhörern. Auch eine abendliche Diskussion über Antisemitismus, Pogrome und die ausbleibende Reaktion der polnischen Regierung, die im Januar 1937 in den Parteiräumen der *Folkisten*,[435] also jenen Anhängern, die eng mit dem *Moment* verbunden waren, in der *ulica Nowolipki* 7 stattfand und zu der ca. 150 Personen kamen, wurde observiert.[436] Ebenfalls wurde eine Sitzung des Zentralkomitees des *Bund* am 7. Juli 1937 in den Redaktionsräumen der *Naye Folkstsaytung* überwacht.[437]

Die detaillierte Presseauswertung führte dazu, dass regelmäßig Zeitungen konfisziert und einzelne Zeitungsartikel zensiert wurden. Die juristische Grundlage für die Beschlagnahmung der Zeitungen bildeten die Artikel 111, 108 und 170 des geltenden Pressegesetzes. Während die Artikel 111 und 108 auf die Vereinbarungen des deutsch-polnischen Presseabkommens vom März 1934 zurückgingen, stammte der Artikel 170 aus dem Jahr 1936. Dieser Artikel machte es mög-

---

434 AAN, Komisariat Rządu mst Warszawy, Sig. 297/VII-7, Wydział Społeczno Polityczny, Monatsbericht für den Zeitraum 1. Januar bis 1. Februar 1937 (geheim), gez. Jan Łepkowski, Warschau, undatiert, Bl. 31.
435 Anhänger der Yudishe Folkspartey.
436 Vgl. AAN, Komisariat Rządu mst Warszawy, Sig. 297/VII-7, Wydział Społeczno Polityczny, Monatsbericht für den Zeitraum 1. Januar bis 1. Februar 1937 (geheim), gez. Jan Łepkowski, Warschau, undatiert, Bl. 32.
437 Vgl. AAN, Komisariat Rządu mst Warszawy, Sig. 297/VII-7, Wydział Społeczno Polityczny, Monatsbericht für den Zeitraum 1. Juni bis 1. Juli 1937, gez. Jan Łepkowski, undatiert, Bl. 16.

lich, Zeitungsartikel zu unterbinden, die nach Ansicht der Zensoren entweder Falschnachrichten verbreiteten oder dem Ansehen der polnischen Nation beziehungsweise der Regierung schadeten.[438] Darüber hinaus drohten den verantwortlichen Journalisten hohe Gefängnisstrafen, sollten die verantwortlichen Behörden der Ansicht sein, dass gegen das Gesetz verstoßen wurde. Die weitere Verschärfung des Pressegesetzes ging nicht zuletzt auf die sich häufende öffentliche Kritik aus dem Lager der oppositionellen Presse an der Außenpolitik Józef Becks zurück.[439] Besonders der Artikel 170, der in seiner Formulierung recht breit auslegbar war, kam häufig zur Anwendung.

Im Falle der jüdischen Tageszeitungen hatte die polnische Regierung vor allem ein Interesse daran, Nachrichten zu unterdrücken, die über antisemitische Gewaltverbrechen informierten oder Kritik an der polnischen Regierung übten, wie die folgenden Beispiele zeigen. Als es im März 1938 zu einer Reihe antisemitischer Gewaltexzesse in Warschau gekommen war, beschlagnahmte das Warschauer Polizeikommissariat einzelne Ausgaben der *Naye Folkstsaytung* und der *Nasz Przegląd*.[440] Über die *Nasz Przegląd* hieß es, dass ein Artikel „über antijüdische Vorfälle in Warschau" und dessen Verbreitung „zu Unruhen in der Öffentlichkeit führen könnte".[441] Die Ausgabe der *Naye Folkstsaytung* wurde wegen des Artikels „Neue antijüdische Erscheinungen in Warschau" beschlagnahmt.[442] Hier reichte allein die Auflistung der antisemitischen Vorfälle, die am 13. März 1938 in Warschau vorgekommen waren, aus, um die Zeitung nach Artikel 170 zu konfiszieren. Anfang April wurde außerdem eine Ausgabe vom *Haynt* wegen eines Artikels von Moshe Kleinbaum konfisziert, weil dieser nach Ansicht

---

438 Zu den einzelnen Artikeln siehe Pietrzak: Reglamentacja wolności, S. 403, 449. Das Pressegesetz wurde im November 1938 abermals verschärft. Den polnischen Staatsorganen wurde es damit u. a. noch leichter gemacht, Beschlagnahmungen durchzuführen. So durften Zeitungen fortan ohne richterlichen Beschluss bereits in der Druckerei der Zeitung beschlagnahmt werden. Außerdem wurden die Haftstrafen für Redakteure auf bis zu drei Jahre Gefängnis hochgesetzt. Über die Gesetzesänderung berichtete die jüdische Presse ausführlich: Vgl. N. N.: Groyse oyfruder in der zhurnalistisher velt, in *Naye Folkstsaytung*, 18. November 1938, S. 3; N. N.: Der nayer presedekret, in *Der Moment*, 24. November 1938, S. 4.
439 Vgl. PAAA, RZ 701/R 122816, DB Warschau, gez. von Moltke, an das AA in Berlin, Betr.: Warnung des poln. Ministerpräsidenten an die Presse, Warschau, 21. August 1936, S. 1–4, nicht paginiert.
440 Vgl. AAN, MSW, Sig. 965, Wydział Narodowościowy, Komunikaty dzienne, 1938, Referat Żydowski, Warschau, 9. März 1938, Bl. 57; 15. März 1938, Bl. 107; 16. März 1938, Bl. 118; 25. März 1938, Bl. 187–188.
441 Vgl. AAN, MSW, Sig. 965, Wydział Narodowościowy, Komunikaty dzienne, 1938, Referat Żydowski, Konfiskat der Nasz Przegląd, Nr. 67, Warschau, 9. März 1938, Bl. 57.
442 Vgl. AAN, MSW, Sig. 965, Wydział Narodowościowy, Komunikaty dzienne, 1938, Referat Żydowski, Konfiskat der Naye Folkstsaytung, Nr. 76D, Warschau, 15. März 1938, Bl. 107.

der Zensoren das polnische Gericht ungerechtfertigt kritisiert hatte.[443] Ebenfalls konfisziert wurden Ausgaben von *Unzer Ekspres* und dem Newsletter der JTA, weil sie auf antisemitische Vorfälle aufmerksam machten.[444] Auch die Artikel 111 und 108 kamen regelmäßig zum Einsatz, wie noch anhand von zahlreichen Beispielen im Verlauf dieser Arbeit gezeigt werden wird.

Im Bereich der Außenpolitik zeigt ein Blick in die Stimmungsberichte, dass sich die Behörden besonders für Themen interessierten, die für die jüdische Bevölkerung in Polen von besonderer Bedeutung waren. Dazu gehörten neben allgemeinen internationalen Entwicklungen besonders die Themen Emigration, Entwicklungen in Palästina, polnische Außenpolitik, jüdische internationale Politik sowie antisemitische Vorkommnisse weltweit. Deutschland und die Situation der jüdischen Bevölkerung nahmen in der täglichen Presseschau ebenfalls viel Raum ein. Dabei versuchten die Beamten für das Innenministerium Einschätzungen darüber vorzunehmen, wie sich die jüdische Bevölkerung gegenüber den politischen Entwicklungen in Deutschland und zu der Verfolgung von Juden verhielt.

Auf Grundlage der gesichteten Quellen lässt sich keine eindeutige Aussage darüber treffen, ob die staatlichen Zensurbehörden in den 1930er Jahren gegenüber der jüdischen Presse eine durchgehende und konsequente Strategie verfolgten, die sich von derjenigen gegenüber anderen Zeitungen unterschied. So weisen sowohl Michał Pietrzak als auch Karina Pryt darauf hin, dass es im direkten Vergleich so scheint, als ob die sozialistische Presse und ebenfalls die Presse der Nationaldemokraten zumindest noch in der ersten Hälfte der 1930er Jahre stärker vom Zugriff der Zensur betroffen waren als die jüdische Tagespresse, wobei sich unter den linken Presseorganen selbstredend auch jüdische Zeitungen befanden.[445] Dennoch gibt auch eine erhaltene Liste über konfiszierte Ausgaben der *Naye Folkstsaytung* zwischen 1932 und 1939 für den gesamten Zeitraum nur 124 beschlagnahmte Titel an, was im Schnitt alle 1,5 Monate eine Zeitung be-

---

443 Vgl. AAN, MSW, Sig. 965, Wydział Narodowościowy, Komunikaty dzienne, 1938, Referat Żydowski, Konfiskat des Haynt, Nr. 79 A, Warschau, 5. April 1938, Bl. 285.
444 Vgl. AAN, MSW, Sig. 965, Wydział Narodowościowy, Komunikaty dzienne, 1938, Referat Żydowski, Konfiskat des Unzer Ekspres und des JTA Newsletters, Nr. 79a, Warschau, 6. April 1938, Bl. 285.
445 Pryt weist darauf hin, dass nach 1935 die *Sanacja* den Rückhalt der Nationaldemokraten suchte, weshalb sie die Pressezensur ihnen gegenüber lockerte. Zu diesem Schluss kommt auch Szymon Rudnicki, wenn er schreibt, dass die Presse der ONR quasi halblegal operierte und weniger zensiert wurde als das Zentralorgan der PPS, der *Robotnik*. Vgl. Pryt: Befohlene Freundschaft, S. 192; Rudnicki, Szymon: Obóz Narodowo-Radykalny. Geneza i działalność, Warschau 1986, S. 267. Ich danke Piotr Franz für diesen Hinweis.

deutete. Zwar zeigt die Liste auch auf, dass die Zeitung in manchen Monaten mehrmals konfisziert wurde, doch erscheint die Zahl mit 124 Titeln auf sechs Jahre gerechnet relativ klein.[446]

Zu den konfiszierten Ausgaben kamen allerdings noch einzelne Zeitungsartikel, die zensiert wurden. Dass der Zensor tätig geworden war, erkannten die Leser an weißen Stellen in den Zeitungen, die anzeigten, dass dort eigentlich ein Artikel hätte stehen sollen. Diese weißen Flecken nahmen im Verlauf der 1930er Jahre und mit zunehmender Einschränkung der Pressefreiheit sichtlich zu. Dass aber die jüdische Presse in den 1930er Jahren systematisch auf Nachrichten und Stimmungen hin ausgewertet wurde, wie auch die Aktivitäten jüdischer Organisationen und Parteien engmaschig überwacht wurden, weist darauf hin, dass die polnische Regierung zumindest in einem gewissen Maß eine Überwachung und Kontrolle der jüdischen Bevölkerung für notwendig und gerechtfertigt hielt. Außerdem ist davon auszugehen, dass die staatlichen Machtorgane den jüdischen Zeitungsredaktionen durch die Zensur, andauernde Kontrollen und Inspektionen sowie Einschüchterungsversuche und Inhaftierungen nachhaltig schaden wollten und dass ihnen dies auch gelang. Dieses Bild ergibt sich zumindest dann, wenn man den behördlichen Dokumenten jüdische Quellen und Erinnerungsberichte zur Seite stellt.

Im Jahr 1936 erstattete der *Bund* in der Mitgliederzeitung der *Sozialistischen Arbeiter Internationale* (SAI), der *Internationalen Information*, Bericht über die Erfolge und Niederlagen der Parteiarbeit in Polen. Ein längerer Abschnitt wurde darin auch der Parteipresse gewidmet sowie der Frage, wie die polnische Regierung gegen bundistische Presseerzeugnisse sowie auch gegen einzelne Parteiaktivisten vorging:

> Trotz der scheinbaren Milderung des Regimes im Lande hören die Repressalien, Verfolgungen und kleinlichen Schikanen der Behörden gegen unsere Organisationen, Presse und einzelne Genossen nicht auf. Unser zentrales Parteiorgan ‚Naje Folkscajtung' [sic] und die Halbmonatsschrift unserer Jugendorganisation werden sehr oft konfisziert. Die letztere ist erst unlängst für die Wiedergabe der Beschlüsse des letzten Kongresses der S.J.I. in Kopenhagen mehrfach beschlagnahmt worden. Das Verbot öffentlicher Kundgebungen und Vorträge, oft sogar populärwissenschaftlicher und literarischer, ist unser tägliches Brot. Das Mitglied der Exekutive der S.A.I., Gen. H.[enryk, AK] Erlich, wurde die Teilnahme an der letzten Exekutivsitzung durch Verweigerung des Passes unmöglich gemacht. Trotzdem entwickelt sich die Parteiarbeit in erfreulicher Weise. Die Auflage der ‚Najen Folkscajtung' [sic!]

---

446 Vgl. AAN, Bund, 30/II-5, Reshime fun konfiskirte numern „Folkstsaytung" in arkhiv fun ts. k. fun P.P.R., undatiert, Bl. 37–39.

stieg im Laufe der letzten vier Monate um 25 %! Während der Pressetage Ende Oktober ist sie in 70.000 Exemplaren verkauft worden.[447]

Das ausgewählte Zitat gibt Einblick in die Praktiken, welche die polnische Regierung anwandte, um dem *Bund* zu schaden. Eine besonders gute Angriffsfläche bot der Regierung dabei die bundistische Presse, allen voran die *Naye Folkstsaytung*, die als jüdische und sozialistische Tageszeitung besonders im Fokus der Behörden stand. Es wurden aber nicht nur, wie bereits erwähnt, Zeitungen beschlagnahmt und Artikel zensiert, auch einzelne Redakteure der *Naye Folkstsaytung* wurden zeitweise verhaftet.[448] Dieser Gefahr sahen sich allerdings nicht nur die bundistischen Redakteure ausgesetzt, auch insgesamt standen die Redakteure jüdischer Zeitungen neben anderen politischen Aktivisten im Zentrum staatlicher Repression. So berichtete zum Beispiel der reisende JTA-Korrespondent Boris Smolar, dass seine Ankunft in Warschau einmal eine Gruppe jüdischer Journalisten davor bewahrt habe, inhaftiert zu werden. Die polnische Regierung sei jedes Mal sehr unruhig gewesen, wenn Smolar nach Polen kam, um über die Situation der jüdischen Bevölkerung zu berichten. Aus diesem Grund bemühten sich die Regierungskreise, Smolar stets freundlich zu empfangen, damit dieser sich in seinen Berichten möglichst positiv über Polen äußerte. Eine Verhaftung der wichtigsten jüdischen Journalisten direkt vor seinen Augen wäre überaus schädlich für das Bild Polens im Ausland gewesen.[449]

Statt einzelne Journalisten gleich direkt zu verhaften, nutzten die polnischen Behörden oftmals auch das Mittel der Einschüchterung. Das konnte konkret bedeuten, dass die Zeitungsredaktionen von dem für sie zuständigen Zensor vor dem Druck der Zeitung darüber in Kenntnis gesetzt wurden, dass sie bestimmte Themen besser nicht aufgreifen beziehungsweise nur in einer bestimmten Art und Weise über sie schreiben sollten.[450] Diese Praxis kam einer Art Vorzensur gleich, die dazu führte, dass sich die jüdischen Redakteure zur Selbstzensur gezwungen

---

447 Bundesarchiv, Berlin (BArch), R 58/357, Ref. H 1 A 2, gez. hö, Auszugsweise Abschrift aus der „Internationalen Information" XII, Nr. 42 vom 18. Dezember 1935. Aus der Arbeit des „Bund", vom jüdisch-sozialistischen „Bund" in Polen wird der „I.I." geschrieben, Berlin, 19. Januar 1936, Bl. 2–3, hier Bl. 3.
448 Aus einem Bericht des polnischen Außenministeriums geht hervor, dass im Jahr 1938 Pinkhas Shvarts von der *Naye Folkstsaytung* in Haft saß. Vgl. AAN, MSZ, Sig. 10.014, Department konsularny, Wiadomości o prasie żydowskiej w Polsce, notatki 1938, Język żydowski, Naje Folkscajtung, undatiert, Bl. 2.
449 Vgl. Smolar: In the Service, S. 212–213.
450 Über den jüdischen Beamten Shtaynbock, der Zensor der jüdischen Presse war, und sein Verhältnis zu den Zeitungen schreibt Barukh Shefner in seinen Erinnerungen ausführlich. Vgl. Shefner: Novolipie 7, S. 80–89.

sahen, wollten sie nicht riskieren, dass die Zeitungen nach dem Druck konfisziert wurden. Selbstzensur war für die ökonomisch häufig sehr angeschlagenen Zeitungsredaktionen oft der einzige Weg, einer für sie kostspieligen Beschlagnahmung aus dem Weg zu gehen. Die Redakteure mussten also immer wieder aufs Neue entscheiden, ob sie ihrem gesellschaftlichen Auftrag, die jüdischen Leser mit kritischen, unabhängigen Nachrichten zu versorgen, nachkommen oder aber ihre eigene berufliche Existenz durch Zensur oder gar ein dauerhaftes Erscheinungsverbot gefährden wollten. In einem Brief aus dem Jahr 1936[451] schilderte der Journalist Barukh Shefner von der *Naye Folkstsaytung* ausführlich, wie sich die staatliche Zensur auf die tägliche Arbeit in der Redaktion auswirkte:

> Unsere größte Sorge sind aber die Konfiszierungen. Vier Beschlagnahmungen in einem Monat sind das Gehalt von zwei Wochen. Durchschnittlich haben wir aber mehr als vier in einem Monat. Die Redaktionsarbeit ist jetzt im Ganzen schwieriger als früher. Man muss wie auf Glas gehen, da man doch um die Zensur ‚herumgehen' will, doch er [der Zensor, AK] lässt es nicht zu [...] ein Glück ist die Redaktionsarbeit aber noch vor allen eine gesellschaftliche Arbeit und dazu kommen noch die Vorträge.[452]

Shefners Informationen über die Praktiken der Zensurbehörden und die Auswirkungen, die diese auf die Mitarbeiter der bundistischen Tageszeitung hatten, werfen ein gänzlich anderes Licht auf die staatliche Zensur. Zum einen stellt Shefners Aussage, dass die Zensur so streng war, dass die Zeitung mehr als vier Mal im Monat konfisziert wurde, die überlieferten Zahlen aus dem Innenministerium sowie die erhaltene Liste über die Beschlagnahmungen der Zeitung zwischen 1932 und 1938 infrage. Zum anderen zeigt das Zitat auch, dass bereits eine kleine Zahl von verbotenen, aber bereits gedruckten Ausgaben ausreichte, um die Zeitung und die Mitarbeiter in erhebliche finanzielle Schwierigkeiten zu bringen. Die Not war sogar so groß, dass die Redakteure sich viel Mühe gaben, ihre Texte in einer Mischung aus Selbstzensur und dem Verwenden subversiven Subtextes so zu formulieren, dass die Zensur nichts zu beanstanden fand. Die Zensoren waren in der Regel Juden, die Jiddisch sprachen und explizit für die jiddischen Tageszeitungen verantwortlich waren. Hinzu kam, dass die Steuern in Polen relativ hoch waren und die Kooperativen oftmals mit ihren Zahlungen im Rückstand waren. Wollte die Regierung den Unternehmen schaden, konnte sie die Nach-

---

[451] Jahreszahl unleserlich.
[452] NLI, Arkhion Melekh Ravitsh, ARC. 4* 1540 12 2957.2, Shefner, Barukh, Brief von Shefner an Ravitsh, Warschau, 8. März 193(6), nicht paginiert.

zahlung der Steuern samt Zinsen auf einmal verlangen und mit der Pfändung der Druck- und Setzmaschinen drohen.[453]

Trotz des Drucks, den die Redakteure von oben verspürten, gab es immer wieder Fälle, in denen sich Redakteure unterschiedlicher Zeitungen gegen eine Selbstzensur entschieden. Dies hatte zur Folge, dass beispielsweise die Herausgabe der *Naye Folkstsaytung* im Oktober 1932 für drei Wochen verboten wurde.[454] Auch wurde die Druckerei des *Haynt* im Herbst 1938 für drei Monate geschlossen, mutmaßlich wegen der kritischen Berichterstattung über die Verfolgung von Juden im nationalsozialistischen Deutschland.[455] Chaim Finkelstein zufolge haben die Zeitungsredakteure kein einheitliches System in der Zensur entdecken können: „Die polnischen Regierungen hatten nicht den gleichen Maßstab für alle Zeitungen. Was eine Zeitung ohne eine Störung drucken konnte, durfte eine andere nicht in ihren Spalten bringen."[456] Dementsprechend sei es auch nicht zwangsläufig nach der Höhe der Auflage gegangen, sondern danach, was die Position der Zeitung war oder wer für die Zeitung arbeitete. Somit habe die staatliche Zensur insbesondere den *Haynt* und die *Naye Folkstsaytung* stark getroffen, weil diese, den Aussagen Finkelsteins nach, ein besonders klares politisches Profil hatten.[457] Diese Einschätzung könnte durchaus zutreffend sein, da ein Bericht des polnischen Außenministeriums von 1938 zeigt, dass die polnische Regierung beide Zeitungen im Vergleich zu den anderen jüdischen Tageszeitungen in der feindlichen politischen Opposition sah und ihren Einfluss auf die jüdische Bevölkerung als sehr hoch einschätzte.[458]

Um der Zensur zu entgehen, entwickelten die Redakteure Strategien, die ihnen halfen, besonders sensible Themen in ihren Zeitungen unterzubringen. Zum einen informierten sich die Redakteure der verschiedenen Zeitungen untereinander, falls sich ein Zensor telefonisch vor dem Druck der kommenden Ausgabe in ihrer jeweiligen Redaktion gemeldet hatte.[459] Zum anderen soll zumindest die Redaktion der *Naye Folkstsaytung* versucht haben, heikle Themen immer in der

---

453 Vgl. Finkelshtayn: „Haynt", S. 159. Finkelstein und Shefner berichten beide ausführlich über die Zensur, auch im Rahmen der deutsch-polnischen Freundschaft: Shefner: Novolipie 7, S. 80–89; Finkelshtayn: Haynt, S. 93–94; 117–130.
454 Vgl. Bund-Archives, RG 1400, MG-2 443d, Algemayner yidisher arb.-bund „Bund" in Poyln: Barikht. Tsum VItn tsuzamenfar 14, 15 und 16. II. 1935, 1929–1935, Warschau 1935, S. 12.
455 Vgl. Finkelshtayn: „Haynt", S. 194.
456 Finkelshtayn: „Haynt", S. 92.
457 Vgl. Finkelshtayn: „Haynt", S. 92.
458 Vgl. AAN, MSZ, Sig. 10.014, Department konsularny, Wiadomości o prasie żydowskiej w Polsce, notatki 1938, Język żydowski, undatiert, Bl. 1–2.
459 Dies war beispielsweise beim Ausbruch des Pogroms in Mińsk Mazowiecki 1936 der Fall. Vgl. Shvarts: „Naye Folkstsaytung", S. 384–385.

Montagsausgabe in der Mitte der Zeitung unterzubringen, weil dann der Tag der Drucklegung auf einen Sonntag fiel und die Zensurbehörden sonntags weniger aufmerksam arbeiteten.[460] Die Journalisten suchten aber auch den Kontakt zu Kollegen der nichtjüdischen polnischen Presse. Unter der Führung des Polnischen Journalistensyndikats in Warschau sprach beispielsweise eine Delegation bestehend aus jüdischen wie nichtjüdischen Journalisten im Februar 1938 beim polnischen Innenministerium vor. Anlass waren die vermehrt auftretenden Konfiszierungen im Vorlauf der anstehenden Kommunalwahlen.[461] Auch im Zusammenhang mit der Berichterstattung über die Entwicklungen in Deutschland suchten einige jüdische Journalisten, wie etwa Mendel Mozes* (1885–1966) von der JTA, die Aussprache mit der polnischen Regierung. Mozes versuchte angeblich mehrmals, die Behörden davon zu überzeugen, die Zensur zu lockern. Dies geschah jedoch erst Mitte 1939 und infolge der Aufkündigung der deutsch-polnischen Nichtangriffserklärung vonseiten Deutschlands.[462] Es war also weniger der Druck von innen als vielmehr der nachlassende Druck von außen, der zu einer Veränderung führte.

Die jüdischen Zeitungsmacher hatten jedoch nicht nur in Polen ernsthafte Konsequenzen zu fürchten. Das nationalsozialistische Deutschland nutzte auch abseits der Möglichkeiten, die das deutsch-polnische Presseabkommen bot, jede Gelegenheit, um den jüdischen Zeitungsmachern aus Polen zu schaden.

3.2.2 Zensur in Deutschland

Im nationalsozialistischen Deutschland waren Zensur und Überwachung der Presse allgegenwärtig. Betroffen davon waren nicht nur deutsche, sondern auch internationale Medien. Neben sozialdemokratischen und kommunistischen Zeitungen war es vor allem die jüdische Presse Osteuropas, welche die Aufmerksamkeit der Behörden auf sich zog. Vor allem gegen diese richtete sich ein Gesetz, das am 16. August 1933 in Kraft trat und das es verbot, „fremdländische jüdische Zeitungen einzuführen und zu verkaufen".[463] Auch die Tatsache, dass zwischen 1933 und 1935 in diversen Schnellverfahren der Vertrieb und der Bezug zahlreicher jüdischer Zeitungen aus Polen in Deutschland verboten wurden, spricht für ein

---

460 Vgl. Pickhan: „Gegen den Strom", S. 225.
461 Vgl. PAT: Vegen di ofte prese-konfiskates, in *Der Moment*, 11. Februar 1938, S. 2.
462 Vgl. Mozes: „Żydowska Agencja Telegraficzna", S. 117.
463 Freeden, Herbert: Die jüdische Presse im Dritten Reich, Frankfurt am Main 1987, S. 193.

gesteigertes Interesse der Behörden.⁴⁶⁴ Insbesondere der *Haynt* und der *Moment* standen im Fokus der Überwachung durch die Gestapo und andere Sicherheitsorgane. Schenkt man einem Angehörigen der SA Glauben, wurden gerade diese beiden Zeitungen nach dem Machtwechsel von Juden in Berlin offenbar verstärkt gekauft und konsumiert. Der überzeugte Nationalsozialist wandte sich im Juli 1934 in einem empörten Brief an das Propagandaministerium und versuchte die Behörden zum Eingreifen zu ermuntern:

> Ich weiß nicht, ob dem Propaganda-Ministerium bekannt ist, was beispielsweise die in Warschau erscheinenden, hebräisch gedruckten Judenblätter wie der *Haint* [sic!] und der *Moment* besonders in diesen Tagen an Unrat über Deutschland verzapfen, wobei sie den Führer zur besonderen Zielscheibe ihrer dreckigen und gemeinen Anwürfe machen. Ich beobachte diese Blätter seit langem und habe festgestellt, daß sie sehr eifrig von den Berliner Juden gelesen werden. Eine Zeitlang waren diese Tageszeitungen nur in der Nähe des Bahnhofes Zoo zu haben und meist schon ausverkauft, wenn ich nicht rechtzeitig zur Stelle war. Heute bekommt man sie auch an verschiedenen anderen Verkaufsstellen der Innenstadt. Ich erlaube mir auf alle Fälle, heute einmal eine Nummer des *Haint* [sic!] an das Propaganda-Ministerium einzusenden. Unter anderen Glossen, die sich das Mauschel-Blatt erlaubt, will ich nur einige hier übersetzen.⁴⁶⁵

Was den Angehörigen der SA Gustav Adolf Kunzelmann vor allem störte, war der deutschlandkritische, teils gar ausdrücklich feindselige Ton der Zeitungen sowie ferner deren ausführliche Berichterstattung über die neue deutsche Regierung und ihre akribische Dokumentation der einsetzenden Verfolgung von Juden und politisch Andersdenkenden im nationalsozialistischen Deutschen Reich. Kunzelmann, der, obwohl offensichtlich Antisemit, offenbar des Jiddischen mächtig war und in Selbstjustiz die Zeitungen an diversen Berliner Kioskständen konfiszierte, hatte mit seinem Ansinnen Erfolg. Nur wenige Tage später wurden beide

---

464 Bezug und Verkauf vom *Moment* waren seit dem 21. Juli 1934 verboten, vom *Haynt* seit dem 30. Juli 1934. Andere polnisch-jüdische Zeitungen wie die *Nasz Przegląd*, *Chwila*, *Hayntige Nayes* und das *Varshever Radio* wurden ebenso zwischen 1933 und 1935 indiziert. Vgl. PAAA, RZ 701/R 128201, R 123606, R 123607.
465 PAAA, RZ 701/R 123606 RMfVuP, gez. Stephan, an den RMdI, Abschrift zu P. 7415, Berlin 19. Juli 1934, Anlage, Brief von Gustav Adolf Kunzelmann an das PM, Ministerialrat Dr. Hahnke, Berlin 9. Juli 1934. Auch Daniel Tsharni berichtet davon, dass nach Januar 1933 die jüdischen internationalen Zeitungen für ihn Informationsquelle und Hoffnungsträger gleichermaßen waren. Das Kommen des Postboten stellte den Höhepunkt seines Tages dar: „Er bringt dir ein paarmal am Tag jüdische Zeitungen aus allen Ecken der Welt und oftmals auch Brieflein von Freunden und Kollegen, die sich noch für dein Schicksal interessieren. Durch die jüdischen Zeitungen erweist sich, dass du nicht allein bist, dass fünfzehn, sechzehn Millionen Juden aus allen Teilen der Welt für dich einstehen und dich schützen." Leonid [Tsharni, Daniel]: Der moralisher khurbn in yudishn Berlin, in *Der Moment*, 17. Mai 1933, S. 4.

Warschauer Zeitungen in einem Schnellverfahren durch das Reichsinnenministerium verboten. Zuerst wurden der Vertrieb und der Bezug von der *Moment* am 21. Juli 1934 untersagt.[466] Nur neun Tage später, am 30. Juli 1934, folgte der *Haynt*.[467] Allerdings ließ sich der Bezug nicht ohne Weiteres abstellen. Denn trotz der Importverbote schickten die jüdischen Zeitungsredaktionen weiterhin ihre Blätter nach Deutschland, wie sich Arno Herzberg (1908–2002), einer der Mitarbeiter der Berliner JTA-Filiale, später erinnerte:

> By a quirk of fate we still received those papers from New York and Warsaw which came bundled up and without a return address. I read them with a keen sense of urgency, with the knowledge that I could look over the wall, but with the distinct awareness that these papers were dangerous merchandise.[468]

Auch wenn der Versand der Zeitungen nach Deutschland sich zunehmend schwieriger gestaltete – den Zeitungen wurde die Erlaubnis, ihre Zeitungen durch die Post zu vertreiben, entzogen und ihre Berliner Konten eingefroren – fanden sie schnell andere Wege, den Berliner Juden Informationen zukommen zu lassen.[469] Ausschlaggebend für die andauernden Verschickungen waren einerseits eine Auflehnung gegen das Verbot selbst sowie die Verantwortung, die man gegenüber seinen Lesern im Ausland verspürte. Man sah es als Pflicht an, sie weiterhin mit Nachrichten zu versorgen. Doch dürften dabei nicht ausschließlich idealistische Motive zum Tragen gekommen sein. Durch das Verbot mussten die Zeitungsmacher in Warschau auch erhebliche finanzielle Einbußen hinnehmen, weshalb der Erhalt ihrer Abonnements im Ausland für sie von großer Wichtigkeit war.[470] Die

---

466 Vgl. PAAA, RZ 701/R 123607, Schnellbrief, RMdI and das AA, Betr. Druckschriftverbot von *Der Moment*, Berlin, 21. Juli 1934, nicht paginiert.
467 Vgl. PAAA, RZ 701/R 123606, Schnellbrief, RMdI, Betr. Druckschriftverbot des *Hajnt*, Berlin, 30. Juli 1934, nicht paginiert.
468 Vgl. Herzberg, Arno: "The Jewish Press under the Nazi Regime. Its Mission, Suppression and Defiance. A Memoir", in *LBIY* 36 (1991), S. 367–388, hier S. 377.
469 Der reisende Journalist Khaim Avraham Hurvits vom *Haynt* beschrieb 1938, dass er 1937 in Leipzig einen osteuropäischen Juden traf, der ihm erzählte, dass er sich verbotenerweise jeden Tag den *Haynt*, als Paket verpackt, schicken lassen würde. Vgl. Vital, Khaim [Hurvits, Khaim Avraham]: „Mit'n ‚Haynt' iber di lender fun Eyrope", in: Balaban, Meir (Hrsg.): *Haynt. Yoyvelbukh. 1908–1938*, Varshe 1938, S. 33–36, hier S. 36.
470 Die meisten jüdischen Tageszeitungen verschickten ihre Ausgaben in der Zwischenkriegszeit täglich an verschiedene private Abonnenten und Zeitungsverkäufer in deutsche Städte, allen voran nach Berlin. Ein wöchentliches Abonnement des *Haynt* oder des *Moment* kostete für einen Leser in Deutschland 3,50 Reichsmark und auch die *Naye Folkstsaytung* war mit 50 Reichspfennig sogar noch erschwinglicher. Im Vergleich dazu kostete ein Wochenabonnement in Polen vom *Haynt* 4,50 Złoty. Der *Moment* und die *Naye Folkstsaytung* hatten denselben Bezugspreis.

Redaktion des *Nasz Przegląd* versuchte nicht zuletzt aus diesem Grund beim Polnischen Journalistensyndikat, bei dem die Zeitung als Mitglied registriert war, eine Einmischung zugunsten der Zeitung bei der Pressestelle des polnischen Außenministeriums zu bewirken. Anlass war, dass die Redaktion den Verdacht hatte, dass die *Nasz Przegląd* weder an Vertriebshändler noch an Abonnementen in Deutschland ausgeliefert und stattdessen an der deutsch-polnischen Grenze zerstört werden würde. Im Vergleich dazu, monierte die Redaktion, hätte man für die nichtjüdischen polnischen Zeitungen, die zunächst ebenfalls von der Störung betroffen waren, alle Postdebits wiederhergestellt.[471]

Das deutsche Propagandaministerium selbst schien nur ungenügend über die Strukturen der jiddischen Presse in Warschau informiert zu sein, denn es gab dort keine Kenntnis darüber, dass der *Haynt* und der *Moment* noch über eigene Abendausgaben verfügten. So kam es, dass kurz nach dem ausgesprochenen Verbot des *Haynt* und des *Moment* an Berliner Kiosken schon bald die aktuellen Ausgaben der *Hayntike Nayes* (Heutige Nachrichten)[472] und des *Varshever Radio* (Warschauer Radio)[473] auslagen. Es dauerte einige Wochen, bis die deutschen Behörden dahinterkamen, dass es sich bei den beiden um die Abendausgaben der bereits verbotenen jiddischen Zeitungen handelte. Der Vertrieb des *Varshever Radio* wurde schließlich knapp einen Monat später, am 13. August 1934, untersagt. Erst ein Jahr später, im August 1935, wurde auch die *Hayntike Nayes* indiziert. Die Initiative hierfür ging von Mitarbeitern der Gestapo aus. Erst sie machten die zuständigen deutschen Behörden darauf aufmerksam, dass es sich bei der Zeitung um die Abendausgabe des bereits verbotenen *Haynt* handelte und mutmaßten, dass die *Hayntike Nayes* aus Warschau als „Ersatzblatt"[474] in Deutschland eingeführt worden wäre.

Redakteure, die von den Zeitungsredaktionen aus Warschau nach Deutschland geschickt worden waren, um von vor Ort zu berichten, wurden in ihrer Arbeit ebenfalls vom deutschen Zensur- und Überwachungsapparat beeinträchtigt, wie Mark Turkow in einem Artikel aus dem Jahr 1933 aus eigener Erfahrung berichtete. Der Redakteur des *Moment* legte darin offen, wie sehr ihn die staatliche Zensur und die Überwachung in seiner Berichterstattung beeinflusste und welche Maßnahmen er unternahm, um seine Reportagen dennoch außer Landes zu schicken:

---

471 Vgl. AAN, PZWDziCz, Sig. 149, Sammlung Nasz Przegląd, Bl. 65, Brief von der Redaktion des *Nasz Przegląd* an den PZWDziCz, Warschau, 23. November 1933, Bl. 65.
472 *Hayntike Nayes*, 1930 gegründet, Abendausgabe des *Haynt*.
473 *Varshever Radio*, 1926 gegründet, Abendausgabe vom *Moment*.
474 PAAA, RZ 701/R 123607, Schreiben an das RMdI von der Geheimen Staatspolizei, II 2 F-25/35, gez. Jaager, Betr. Die jiddische Zeitung „Hajntige Najes", ohne Erlass, vom 7. August 1935, Abschrift, S. 10.

> Es werden auch nur wenige Briefe geschrieben. Man schreibt sehr kurz und nur über streng geschäftliche oder Familienangelegenheiten. Viele Briefe werden abgefangen oder besser gesagt, sie werden abgehalten durch die Zensur. Briefe mit einem politischen Inhalt können dem Adressaten große Probleme verschaffen. Ich habe schon in meinen Briefen von Berlin, die im *Moment* gedruckt wurden, darauf aufmerksam gemacht [...]. Die ersten zwei Briefe, in denen ich allgemeine Stimmungsbilder gegeben habe, sind sicher durchgekommen. Der dritte Brief, wo ich über die ‚Tragödie von der Grenadierstraße' geschrieben habe, ist nicht in Warschau angekommen. Das beweist, dass der deutsche Zensor sich für diesen Brief interessierte. Es ist übrigens zwecklos nicht nichts von Deutschland zu schreiben. Man ist der größten Unannehmlichkeit ausgeliefert. Jeden Brief habe ich in einer anderen Bahnstation eingeworfen und ich habe gesehen, wie ich überwacht werde. Ich habe die Artikel nicht an die Adresse der Redaktion geschickt, nur an eine private Adresse und dabei habe ich auch nicht meinen Namen als Absender angegeben. Erst jetzt, wo ich nach meiner siebentägigen Reise zurück nach Hause kehre, kann ich genau die Lage in Deutschland schildern, so wie ich sie zu meiner jetzigen Reise gesehen habe. Oder auch auf der Basis von Fakten, die mir Menschen überbracht haben, die das vollständigste Vertrauen verdienen.[475]

Turkow war nicht der einzige Journalist, der in einer seiner Reportagen erwähnte, dass er das Gefühl hatte, in Berlin überwacht worden zu sein.[476] Zwar können diese Aussagen nicht genauer überprüft werden, in ihrer Gesamtheit jedoch erscheinen die Schilderungen der Journalisten glaubhaft.[477] Doch anders als ihre Kollegen, die als Auslandskorrespondenten von Berlin aus für die jüdischen Zeitungen in Warschau arbeiteten und denen die Stadt ein Zuhause geworden war, konnten die reisenden Journalisten Deutschland jederzeit wieder verlassen.

3.3 Berliner Korrespondenzen

Die Machtübergabe an die Nationalsozialisten Anfang 1933 bedeutete nichts Gutes für jede Form unabhängiger Presse in Deutschland. Auch die Arbeits- und Lebensbedingungen der jüdischen Korrespondenten in Berlin änderten sich fast schon über Nacht radikal.

---

475 Turkow, Mark: Vos ikh hob gezehn un gehert in Daytshland, in *Der Moment*, 24. April 1933, S. 3.
476 Unter anderem erwähnen auch Jakob Pat, Khaim Avraham Hurvits, Bernard Singer und Daniel Tsharni, dass sie das Gefühl bzw. die Sicherheit hatten, dass sie überwacht wurden. Ausführlich zu den Reiseberichten siehe Kap. 5.
477 Ein in Berlin abgefangener jiddischer Brief, der nach Tel Aviv gehen sollte und als ein Zeitungsartikel konzipiert war, belegt diese Praxis. Vgl. YVA, O.51. Osoby, File 90, Schreiben der Gestapo (München) an die Gestapo (Berlin), Betr. Judentum, München, 18. Januar 1938, inkl. Anlage (Übersetzung des Artikels), Bl. 140–142.

Zunächst einmal änderte sich die behördliche Zuständigkeit für die Auslandskorrespondenten. So ging nicht nur die Presseabteilung der Reichsregierung mit einem Großteil ihres Personals sowie ihren Kompetenzen in die Zuständigkeit des neu geschaffenen Reichsministeriums für Volksaufklärung und Propaganda über, auch die Pressestelle des Auswärtigen Amts,[478] die seit 1933 dem Diplomaten Gottfried Aschmann (1884–1945) unterstand, schaffte es nicht, ihre Zuständigkeiten in Bezug auf die ausländischen Korrespondenten gegenüber den neugeschaffenen und umstrukturierten Reichs- und NS-Institutionen durchzusetzen. Die stark verkleinerte Presseabteilung des in Reichsaußenministerium umbenannten Auswärtigen Amts stand damit zwar nach Januar 1933 noch in Kontakt mit den ausländischen Korrespondenten, andere Stellen hatten fortan jedoch mehr Kompetenzen und größeren Einfluss. Darüber hinaus versuchten auch das neugeschaffene Presseamt des Außenpolitischen Amts der NSDAP unter Alfred Rosenberg, die bereits 1931 geschaffene Pressestelle der NSDAP unter Reichspressechef Otto Dietrich und nicht zuletzt die Geheime Staatspolizei (Gestapo) Einfluss auf die ausländischen Korrespondenten zu nehmen.[479]

Wie die Vielzahl sich überschneidender und konkurrierender Zuständigkeiten vermuten lässt, war die Betreuung der ausländischen Korrespondenten zunächst chaotisch und unkoordiniert. Dennoch implementierte das NS-Regime unverzüglich „einen umfassenden Überwachungsapparat, der Lebens- und Arbeitsumfeld und insbesondere die Berichterstattung der Auslandsjournalisten im Reichsgebiet kontrollierte. Zwar hatte die NS-Diktatur keine vergleichbare Handhabe gegen die ausländischen Korrespondenten wie gegen deutsche Journalisten, doch setzte sie gegen diese zahlreiche Sanktions- und Repressionsmaßnahmen ein, die von freundlichen Ermahnungen bis zu mehrtätigen Festnahmen und Ausweisungen aus Deutschland reichten", wie der Historiker Martin Herzer schreibt.[480] Damit standen auch die osteuropäisch-jüdischen Auslandskorrespondenten noch stärker als zuvor im Fokus der deutschen Nationalsozialisten. Ihre Profession, ihr Jüdischsein, ihre Herkunft und ihre häufig zionistischen, sozialistischen oder gar kommunistischen Tätigkeiten machten sie in den Augen der Nationalsozialisten gleich mehrfach verdächtig, sodass sie zunehmend unter Druck gerieten.

Mit der Einführung der „Verordnung zum Schutz des deutschen Volkes" vom 4. Februar 1933 und der „Verordnung zum Schutz von Volk und Staat" vom 28. Februar 1933 wurden die Grundlagen für jedwede Intervention in die freie

---

478 Seit 1933 Reichsaußenministerium.
479 Zu den verschiedenen Stellen siehe ausführlich Herzer: Auslandskorrespondenten, S. 39 f.
480 Herzer: Auslandskorrespondenten, S. 288.

Presseberichterstattung seitens des Staates geschaffen. Während letztere Verordnung die in der Weimarer Verfassung garantierte Pressefreiheit außer Kraft setzte, schuf erstere die Grundlage dafür, dass von nun an einheimische wie internationale Publikationen durch den Reichsinnenminister Joseph Goebbels verboten werden konnten.[481] Beide Gesetze zusammen legten das Fundament für die unzähligen Verbote sozialistischer und kommunistischer Zeitungen in den ersten Monaten der nationalsozialistischen Herrschaft. Interessanterweise blieb die jüdische Presse davon zunächst ausgenommen, denn ein explizit gegen die jüdische Presse gerichtetes Gesetz wurde erst im Juli 1937 erlassen.[482] Dies bedeutete allerdings nicht, dass die deutsch-jüdische Presse nicht überwacht, drangsaliert und kriminalisiert wurde. Der jüdische Autor und Publizist Herbert Freeden, der in den 1920er und 1930er Jahren selbst als Journalist in Berlin tätig war, beschrieb die Lage der deutsch-jüdischen Presse nach Januar 1933 wie folgt: „Sowohl Zeitungen wie Kulturbünde waren von allen Seiten bewacht, bedroht, beschnüffelt, von der Reichskulturkammer, von der Partei, und nicht zuletzt von der Gestapo."[483] Er charakterisierte die jüdische Presse daher als ein den Nationalsozialisten nützliches Instrument. Die jüdische Presse war für sie eine Möglichkeit, die jüdische Bevölkerung über die immer neuen sie betreffenden Gesetze, Regeln und Verbote zu informieren, aber auch um ihnen ein trügerisches Gefühl von Normalität zu vermitteln. Außerdem betonte er, dass den jüdischen Journalisten und Redakteuren keine Richtlinien und Hinweise gegeben wurden. „Sie mussten sich auf ihr eigenes Urteil und die Erfahrung ihrer Kollegen verlassen, um herauszufinden, was der Zensor beanstanden würde. Eine falsche Einschätzung konnte das Verbot der Zeitung oder Inhaftierung der Verantwortlichen zur Folge haben, vom Gefängnis bis zum Konzentrationslager."[484] Der Korrespondent des *Forverts* in Berlin, Jakob Lestschinsky, der als Bruder des Bundisten und Journalisten Józef Chmurners* (1884–1935) ebenfalls hin und wieder für die *Naye Folkstsaytung* arbeitete, beschrieb die Situation, in welche die deutsch-jüdischen Journalisten geraten waren, 1934 als katastrophal:

> Hinsichtlich der jüdischen Redakteure, Schriftsteller und Journalisten kann man auch von einer 100prozentigen Arbeitslosigkeit sprechen. Außer einigen wenigen Journalisten, die man geflissentlich in zwei, drei großen Zeitungen von Weltgeltung belassen hatte, und die es

---

[481] Vgl. Wulf, Joseph: Presse und Funk im Dritten Reich. Eine Dokumentation, Frankfurt am Main/Berlin/Wien 1983, S. 16.
[482] Vgl. Freeden: Die jüdische Presse, S. 20 und 197.
[483] Freeden: Die jüdische Presse, S. 20.
[484] Freeden: Die jüdische Presse, S. 20–21. Darüber hinaus regelte das sogenannte Schriftleitergesetz, dass nur „arische" Personen und Personen mit deutscher Staatsbürgerschaft den Beruf des Journalisten ausführen durften.

fertiggebracht hatten, ihre Existenz durch Gesinnungs-Selbstmord zu retten, wurden alle jüdischen Schreiber im buchstäblichen Sinne des Wortes zum Hunger verurteilt.[485]

Auch die jüdischen Korrespondenten aus Osteuropa, die sich im Frühjahr 1933 noch in großer Zahl in Berlin befanden, waren zunehmend in Gefahr. Ein von Yeshayahu Klinov verfasster Artikel im *Haynt* vom Juni 1933 gibt Aufschluss über die Situation, in der sich die jüdischen Auslandskorrespondenten seit Februar 1933 wiederfanden. Anlass war die Ausweisung ihres Freundes und Kollegen Jakob Lestschinskys. In dem Artikel, der eher wie ein Brief und eine Art Rechtfertigung formuliert war, schilderte Klinov Folgendes:

> Wir können uns keinen Vorwurf machen, dass wir das nicht vorausgesehen haben: Sobald wie die Terrorstimmung eine Spitze erreichte – nach dem Brand vom Reichstag – waren wir uns der Lage bewusst, in der wir uns befinden. Und es ist zwar ein wenig gelogen, aber doch sah man für sich selbst die Perspektiven, die sich in erster Linie für uns, den jüdischen Auslandsjournalisten in Deutschland, abzeichneten. Und schon Anfang März, versammelten wir uns, eine Gruppe von Kollegen in Berlin, um sich gemeinsam zu beraten.[486]

Die Journalisten fragten sich, ob sie noch sicher in Berlin waren, ob sie überwacht wurden, wie sie ihre Pflichten als Journalisten unter den neuen Bedingungen, die ihnen das nationalsozialistische Regime aufbürdete, erfüllen sollten oder ob es Zeit war, das Land zu verlassen.

3.3.1 Die Korrespondenten der „bürgerlichen" jiddischen Zeitungen

Zwischen 1931 bis Ende 1932 wurde das Berliner Büro der JTA, das sich in den privaten Wohnräumen des aus der Bukowina stammenden Ehepaares Michael und Funny Wurmbrand befand, zu einem der wichtigsten Orte für die jüdischen Auslandskorrespondenten in Berlin. Hier kamen sie zusammen, um Nachrichten

---

485 Lestschinsky, Jakob: Das Jüdische Volk im Neuen Europa (Die wirtschaftliche Lage der Juden in Ost- und Zentraleuropa seit dem Weltkrieg), *Schriften zur Diskussion des Zionismus*, Nr. 11/12, Prag 1934, S. 142–43. Er bezieht sich hier v. a. auf einen Artikel aus der CV-Zeitung vom 17. Mai 1934. Auch die jiddische Presse in Warschau berichtete vom Schicksal der jüdischen Journalisten und Publizisten aus Deutschland: Tiger, Y.: Di yudishe inteligents antloyft fun Daytshland, in *Der Moment*, 23. Mai 1933, S. 4.
486 Klinov, Yeshayahu: Di „zibete melukhe" firt milkhome mint dritn raykh: vi azoy arbeyten un leben ists yidish-oyslendishe zhurnalistn in Berlin, in *Haynt*, 23. Juni 1933, S. 9–10.

und Einschätzungen über den Aufstieg der Nationalsozialisten auszutauschen.[487] Bis die Wurmbrands Ende 1932 nach Prag umzogen, hatte die Wohnung des Ehepaares in den Worten Hermann Swets die Funktion einer „Embassy of World Jewry" inne.[488] Hermann Swet, der zu den Journalisten gehörte, die beim Ehepaar ein und aus gingen, erinnerte sich: „The home of Michael and Funny Wurmbrand on Duesseldorferstrasse [sic] in Berlin was the place where Jewish authors, journalists, and public workers of every variety used to meet and while away the evening in a warm and hospitable atmosphere."[489] Doch auch über das Jahr 1932 hinaus und nachdem die Wurmbrands Berlin verlassen hatten, sollte die Berliner JTA eine der wichtigsten Quellen über jüdisches Leben im Nationalsozialismus bleiben, da einige wenige Mitarbeiter, wie auf den kommenden Seiten noch gezeigt werden wird, bis 1938 in Berlin zurückblieben.

Wohl auch auf Grund des engen und regelmäßigen Austausches, den die jüdischen Journalisten über den Aufstieg der nationalsozialistischen Bewegung in der Wohnung der Wurmbrands pflegten, nahm Hermann Swet im Januar 1932 auf eigenen Wunsch an einer Vorstandssitzung des *Vereins der Ausländischen Presse e.V.* (VAP) teil. Dort wollte er sich mit den Anwesenden über die Gefahren einer möglichen Hitlerdiktatur auszutauschen. Er war überzeugt davon, dass es notwendig sei, dass sich die ausländischen Journalisten auf eine solche Regierung vorbereiten, um die Rechte der jüdischen wie nichtjüdischen Auslandskorrespondenten schützen zu können. Daher schlug er dem Vorstand die Gründung eines außerordentlichen Komitees vor, dass sich „möglichst unkompromittiert den Nazis gegenüberstellt, um im Notfalle im Interesse der Kollegen eingreifen zu können".[490] Nach kurzer Diskussion lehnte der Vorstand des Pressevereins unter Vorsitz des NS-Sympathisanten Max Blokzijl (1884–1946) Swets Vorschlag ab, auch weil sie NSDAP-nahen Quellen vertrauten, die ihnen versichert hätten, dass vonseiten der Partei für ausländische jüdische wie nichtjüdische Journalisten keine Gefahr drohen würde. Ferner betonte der Vorstand, dass sie kein moralisches Problem darin erkennen könnten, wenn der Verband Politiker der NSDAP zu ihren Banketten einlud.[491] Die fehlende Auseinandersetzung der Mitglieder des

---

[487] Wörtlich heißt es bei Swet: „In the next one and a half years ending in Hitler's accession to power, we, the Berlin correspondents of the Jewish newspapers, were in particularly close contact with the office of the Wurmbrands." – Swet: With the Wurmbrands in pre-Hitler Berlin, S. 19.
[488] Swet: With the Wurmbrands, S. 19.
[489] Swet: With the Wurmbrands, S. 20.
[490] AVAP, A II: 1, Styrelseprotokoll 1923–1938, Protokoll der Vorstandssitzung vom VAP vom 15. Januar 1932, S. 1.
[491] Auf die Frage, ob die jüdischen Mitglieder des Verbands daran Anstoß nehmen würden, verneinte dies Hermann Swet für sich persönlich.

Vereins mit den neuen politischen Machtverhältnissen am Ende der Weimarer Republik und deren möglichen Auswirkungen auf die freie Meinungsäußerung sollte schon bald Folgen haben. Bis Juni 1933 hatten, bis auf einige wenige Ausnahmen, alle jüdischen Mitglieder sowie die meisten ausländischen sozialdemokratischen Journalisten Deutschland und damit auch den Verein verlassen.[492]

Ihr Verschwinden aber blieb nicht unbemerkt, denn nachdem der Niederländer Blokzijl den Posten als Vorsitzender des Vereins abgeben musste, rückte der US-Amerikaner Edgar A. Mowrer (1892–1977), Berliner Korrespondent der *Chicago Daily News*, nach. Mowrer war den Nationalsozialisten gegenüber äußerst kritisch eingestellt und für seine ablehnende Haltung gegenüber Deutschland international bekannt.[493] Im Gegensatz zu Blokzijl, der später unter der deutschen Besatzung in den Niederlanden als Pressewächter tätig war und 1946 als NS-Kollaborateur hingerichtet wurde, pflegte er gute Beziehungen zu den jüdischen Mitgliedern des Vereins, interessierte sich für ihre Belange und schrieb sogar hin und wieder selbst Gastbeiträge für die jüdische Presse. So vermittelte er unter anderem im Frühjahr 1933 in dem amerikanisch-jüdischen Literaturmagazin *The Menorah Journal* den Lesern seine Gedanken über den neuen Antisemitismus in Deutschland und über dessen Funktionsweise.[494] Mowrer wurde offenbar gerade wegen seiner kritischen Haltung im Januar 1933 zum neuen Vorsitz gewählt, da viele Auslandskorrespondenten inzwischen selbst von den Repressalien der Nationalsozialisten betroffen waren und erkannt hatten, dass eine vereinsinterne Auseinandersetzung über die politische Entwicklung in Deutschland zwingend notwendig geworden war. Letztlich dauerte die Amtszeit von Mowrer nur wenige Monate,[495] hinterließ bei einigen Mitgliedern im Verband jedoch einen bleibenden Eindruck. So wurde im Abschlussbericht des Vorstands für das Jahr 1933, der noch unter Mowrers Namen verfasst wurde, ausdrücklich auf die Situation derjenigen Kollegen, die für die sozialdemokratische und jüdische Presse arbeiteten, hingewiesen und deren Leistungen gewürdigt:

---

492 Vgl. AVAP, DI: I, Medlemsmatriklar och föreningens gästbok 1912–1943, Verein der Ausländischen Presse zu Berlin, e.V.: Mitgliederverzeichnis, 1. Juni 1933, Berlin.
493 Zur Biografie von Mowrer und seiner kritischen Haltung gegenüber Deutschland siehe: Müller: Weimar im Blick der USA, S. 136–143.
494 Vgl. Mowrer, Edgar Ansel: Berlin: Civilization in Germany, *The Menorah Journal* 31/1 (April–June 1933), S. 63–72.
495 Zur politischen Affäre um Mowrer und die Gründe für seine Amtsniederlegung vgl. AAN, Amb. RP w Berlinie, Sig. 2382, Schreiben von Edgar Mrower, Präsident des VAP, an die Mitglieder des Verbandes, Berlin, 5. September 1933, Bl. 64–67.

Einige Kollegen wurden aus Deutschland ausgewiesen. Andere Mitglieder des Vereins verließen Deutschland freiwillig.[496] Eine dritte Gruppe wurde von den Redaktionen zurückgerufen. Unter den Kollegen, die uns verließen, befanden sich mehrere, die während vieler Jahre treue Mitglieder unseres Vereins waren. Es ist kaum möglich, in diesem Bericht alle zu erwähnen. Die Gruppe der Vertreter sozialdemokratischer und jüdischer Zeitungen ist fast gänzlich ausgestorben. Damit verloren wir gute Mitglieder wie Swet, Lestschinsky, Klinow, Tscharny, Wolkowisski, Jürgenson, Olberg u. a.[497] [...] Wir werden diese Kollegen, unter denen jeder von uns gute Freunde hatte, nicht vergessen und wir können nur hoffen, dass sie auch den Verein der ausländischen Presse zu Berlin in bester Erinnerung behalten werden.[498]

Trotz der empfundenen Trauer um die verlorenen Mitglieder blieben die Mitglieder des Vereins bis Ende des Zweiten Weltkrieges in ihrer Haltung zum Nationalsozialismus gespalten und konnten keine gemeinsame Position entwickeln.[499] Dennoch gibt es zahlreiche belegte Fälle, in denen die Vorstandsmitglieder nach der Verhaftung von Mitgliedern für diese einstanden, auch und nicht zuletzt weil jede Verhaftung oder Ausweisung eines Korrespondenten auf einer symbolischen Ebene alle Mitglieder traf und es um nichts Geringeres als die Presse- und Meinungsfreiheit ging. Als Beispiele für eine Unterstützung vonseiten des Vorstands für bedrohte und verfolgte jüdische Journalisten soll hier der Fall von Jakob Lestschinsky (1933) angeführt werden, wo der Vorstand versuchte auf juristischem Wege eine Freilassung des verhafteten Kollegen zu erwirken. Nach seiner erwirkten Entlassung unterstützte er diesen und half dabei, die erzwungene Ausreise von Lestschinsky zu organisieren, und auch dabei, dessen Privatbibliothek zu ihm nach Riga zu verschicken.[500]

---

496 Im durchgestrichenen Original hieß es ursprünglich: „entzogen sich dieser Maßnahme durch freiwillige Abreise".
497 Wolkowisski, Jürgenson und Olberg waren sozialdemokratische Journalisten.
498 AVAP, B I: 1, Verksamhetsberättelser m.m. 1925–43, Bericht des Vorstandes über das Vereinsjahr 1933, S. 3. Im persönlichen Abschiedsbrief von Mowrer an die Mitglieder des Vereins erwähnt er ferner Abramowitsh, Riklis und Heller. Vgl. AAN, Amb. RP w Berlinie, Sig. 2382, Schreiben von Edgar Mowrer, Präsident des VAP, an die Mitglieder des Verbandes, 5. Sept. 1933, Bl. 64–67.
499 Viele Mitglieder beschrieben in ihren Erinnerungen das Verhalten des Vereins in den 1930er Jahren selbst höchst unterschiedlich und bewerteten diesen entweder als systemkritisch oder systemkonform. Der Verein wurde allerdings nie „gleichgeschaltet". Ausführlich zur Haltung und Organisation der Auslandskorrrespondenten nach 1933 vgl. Herzer: Auslandskorrespondenten, S. 120–135.
500 Der Fall von Lestschinsky wird ausführlich bei Herzer thematisiert – dieser erwähnt ferner noch zwei weitere Fälle von Hausdurchsuchungen und Verhaftungen zweier Korrespondenten der JTA. Vgl. Herzer: Auslandskorrespondenten, S. 87–89. Auch Gennady Estraikh schreibt ausführlich über Lestschinskys Verhaftung, allerdings nur auf Basis der jiddischen Zeitungsartikel aus dem *Forverts*. Vgl. Estraikh: „Weimar Berlin", S. 90–91; Jacob Lestschinsky, S. 227. Die behördliche

Die Verhaftung von Jakob Lestschinsky löste in der jüdischen Diaspora große Aufregung aus. Nicht nur, dass über sein Schicksal im New Yorker *Forverts*, der Zeitung, für die er hauptsächlich arbeitete, ausführlich berichtet wurde. Auch die jiddischen Tageszeitungen in Warschau, wie *Dos Yudishe Togblat* und der *Haynt* informierten ihre Leser über die Vorkommnisse.[501] Und nicht zuletzt, weil Lestschinsky in Polen ein hohes Ansehen als Journalist und Wissenschaftler genoss und er darüber hinaus auch immer wieder für die jiddische Presse, wie die *Naye Folkstsaytung*, Artikel verfasste. Seine Verhaftung fand aber auch Erwähnung, weil die Festnahme Lestschinskys im Kreise der noch in Berlin lebenden jüdischen Auslandskorrespondenten großes Unbehagen auslöste. In dem bereits erwähnten Artikel Yeshayahu Klinovs über die Lage der jüdischen Auslandskorrespondenten in Berlin schrieb dieser, dass seine Kollegen und Freunde Lestschinsky und seine Familie am Tag seiner Abreise nicht zum Bahnhof begleitet hätten. Sie hätten Angst gehabt, dass sie damit noch mehr Aufsehen bei der Polizei erregen würden.[502] Mit seiner Annahme sollte Klinov Recht behalten, denn in den kommenden Wochen und Monaten des Jahres 1933 geriet nicht nur er selbst ins Visier der Gestapo, sondern auch viele andere seiner jüdischen Kollegen. Der Vorstand des VAP bemühte sich unter anderem darum Klinov, Otto Schick von der *JTA Bukarest*, Samuel Maisliz vom *Morgn Zhurnal*, Ernst Popper vom *Prager Tageblatt* und Paul Goldmann von der *Wiener Neue Freie Presse* aus der Haft zu befreien.[503] Bis zum September 1937 hielt der Verein außerdem auch über Boris Smolar von der *JTA New York* schützend seine Hand. Smolar war 1933 dem Verein beigetreten und wurde im Laufe seines Berlinaufenthalts immer wieder zu Verhören durch die Gestapo vorgeladen. In enger Zusammenarbeit mit dem ameri-

---

Korrespondenz zum Fall findet sich im PAAA, RZ 701/R 121650, siehe Korrespondenz ab 3. März 1933 sowie teilweise im Archiv des VAP, E 1:I, Korrespondens 1933–1942.
501 Siehe Estraikh: „Weimar Berlin", S. 90–91; siehe auch Klinov, Yeshayahu: Yakov Lestshinsky in der berliner gefngnis for der oysveysung, in *Haynt*, 14. März 1933, S. 4; N. N.: Dos antisemitishe pogrom fun Hitler'n. Oystsugen fun Yakov Lestshinsky's artikel, far velkhen er iz gevoren aroysgeshikt fun Daytshland, in *Dos Yudishe Togblat*, 31. März 1933, S. 3.
502 Vgl. Klinov, Yeshayahu: Di „zibete melukhe" firt milkhome mint dritn raykh: vi azoy arbeyten un leben ists yidish-oyslendishe zhurnalistn in Berlin, in *Haynt*, 23. Juni 1933, S. 9–10.
503 Vgl. die unsortierte Korrespondenz über die einzelnen Fälle aus dem Jahr 1933 im Ordner: AVAP, E 1: I, Korrespondens 1933–1942. Herzer weist zudem darauf hin, dass die Möglichkeiten des Vereins zur Hilfeleistung sehr beschränkt waren und nur wenige Auslandskorrespondenten überhaupt bereit waren, sich für einen ihrer Kollegen einzusetzen. Vgl. Herzer: Auslandskorrespondenten, S. 130–131.

kanischen Konsulat aber konnte der Verein mehrmals seine Freilassung erwirken und damit auch eine Ausweisung verhindern.[504]

Weil sich die Auslandskorrespondenten während der Weimarer Republik nach ihrer Ankunft in Berlin in der Regel bei dem für ihr Land zuständigen Auslandsreferenten der Presseabteilung des Auswärtigen Amts melden mussten, verfügte dieses über recht detaillierte personenstandsbezogene Informationen. Die Vorsprachen waren notwendig, da die Journalisten nur so eine Presseakkreditierung und ein gültiges Visum erhalten konnten. Vor Ort mussten sie sich ausweisen und vorweisen, dass sie für eine entsprechende Zeitung im Ausland als Korrespondenten angestellt waren. Laut einem Bericht vom März 1932 waren zu diesem Zeitpunkt 406 Journalisten offiziell in Deutschland als Auslandskorrespondenten gemeldet, die überwiegende Mehrheit davon in Berlin. Der Historiker Martin Herzer geht allerdings davon aus, dass die Dunkelziffer weitaus höher lag, da sich viele Journalisten auch ohne offizielle Akkreditierung im Land aufhielten.[505] Dies gilt auch und insbesondere für jüdische Korrespondenten aus Osteuropa.

Diejenigen jedoch, die registriert waren, gerieten schnell in den Fokus der Nationalsozialisten. Im Dezember 1932 kursierte eine Liste im Auswärtigen Amt, auf der die Namen derjenigen jüdischen wie nichtjüdischen Auslandskorrespondenten verzeichnet waren, die aus dem Raum Osteuropa kamen. Das sogenannte Ostjournalistenverzeichnis enthielt die Namen von Journalisten, die für die russische und polnische Presse sowie für Zeitungen aus dem baltischen Raum schrieben. Am ausführlichsten und längsten war die Liste zur polnischen Presse, die nochmals gesonderte Verzeichnisse zur jüdischen und ukrainischen Presse in Polen enthielt. Aufgeführt wurden darin alle Journalisten, die dem Amt bekannt waren und die in Berlin für die polnische Presse arbeiteten. Für die deutsche Behörde waren ihre „Tätigkeiten zweifelhaft geworden".[506] Das Verzeichnis enthielt ferner zusätzliche „handschriftliche Charakteristika", welche die Journalisten näher beschrieben. Diese Notizen zeigten an, weshalb die jeweiligen Personen dem Auswärtigen Amt verdächtig erschienen. So wurden 22 der 30 Namen durch das Attribut „jüdisch" ergänzt. Hinter den Namen finden sich handschriftliche Vermerke wie „Jude", „Jüdisch", „national-jüdisch" oder auch Beleidigungen wie

---

504 Vgl. AVAP, A II: 1, Styrelseprotokoll 1923–1938, Vorstandsprotokolle vom 13. Januar und 24. März 1936 sowie vom 15. März und 17. September 1937, nicht paginiert.
505 Vgl. für diesen Absatz Herzer: Auslandskorrespondenten, S. 21 f.
506 Vgl. PAAA, RZ 701/R 121608, Alphabetisches Länderverzeichnis zum Journalistenverzeichnis, „Ostjournalistenverzeichnis, handschriftliche Charakteristika im Text", gez. Meyer-Heydenhagen, Berlin, 28. Dezember 1932, S. 29–34, hier S. 31. Alle weiteren Kurzzitate stammen aus dieser Quelle.

„jüdischer Schmock".[507] Diese Vermerke wurden oft noch durch weitere Notizen ergänzt. So stand dort zu Tadeusz Heller, der seit den frühen 1920er Jahren in Berlin als Korrespondent für die Krakauer Zeitung *Ilustrowany Kuryer Codziennie* arbeitete, aber auch für die *Nasz Przegląd* literarische Beiträge schrieb:[508] „Jude, zurückgegangen nach Krakau, übelster Hetzer". Über Lazar Saul Lemberger, der für die jiddischen Tageszeitungen *Unzer Leben* (Unser Leben) aus Białystok und das *Lubliner Togblat* (Lubliner Tageblatt) schrieb, mutmaßte der Notizenschreiber, dass er „Jude" sei und der „Geschäfte verdächtig". Auch der Korrespondent des *Robotnik* (Arbeiter), des Zentralorgans der *Polska Partia Socjalistyczna* (Polnische Sozialistische Partei, PPS), Dr. Jakob Heinersdorf war dem Amt bekannt. Zu seiner Person merkte man an, dass er Jude sei und eine sozialdemokratische Vergangenheit habe. Yeshayahu Klinovs Berichterstattung für den *Haynt* wurde als sehr offensiv charakterisiert und die vollständige Bemerkung hinter Hermann Swets Namen vom *Moment* lautete: „Nationaljude aus Rußland, gewandter Journalist, bisher gemäßigt".

Die Existenz dieses Verzeichnisses zeigt, dass bereits Ende 1932 zahlreiche Mitarbeiter im Auswärtigen Amt Antisemiten waren und offen mit den Nationalsozialisten sympathisierten.[509] Im Frühjahr 1933 ermöglichten es Dokumente wie dieses den neuen Machthabern, unbequeme Journalisten, die eine Gefahr für die Außendarstellung des nationalsozialistischen Regimes bedeuten konnten oder die ihnen verdächtig erschienen, nur weil sie jüdischer Herkunft waren, relativ einfach ausfindig zu machen, um diese zu überwachen und einzuschüchtern. Laut Martin Herzer griffen die neugeschaffenen Pressestellen und auch die Gestapo regelmäßig auf das Archiv des Auswärtigen Amts zurück, denn das Amt hatte über die Jahrzehnte eine Kartei mit ausführlichen Informationen und Einschätzungen zu allen dort bekannten Auslandskorrespondenten angelegt.[510]

Das folgende Beispiel von Hermann Swet zeigt exemplarisch, wie die Einschüchterungsversuche seitens deutscher Behörden abliefen. Im April 1933 musste Swet sich einem Verhör im Reichsministerium des Innern unterziehen. Im

---

507 Das aus dem Jiddischen stammende Wort bezeichnet im deutschen Sprachgebrauch einen gesinnungslosen, opportunen Journalisten oder Schriftsteller.
508 Vgl. Prokop-Janiec, Eugenia: Polish-Jewish Literature in the Interwar Years, New York 2003, S. 22.
509 Zur Geschichte des Auswärtigen Amts und seiner Nähe zur nationalsozialistischen Führung vgl. Conze, Eckart und Norbert Frey, Peter Hayes sowie Moshe Zimmermann (Hrsg.): Das Amt und die Vergangenheit. Deutsche Diplomaten im Dritten Reich und in der Bundesrepublik, München 2010.
510 Vgl. Herzer: Auslandskorrespondenten, S. 61–65.

Bericht, der die Anhörung protokollierte und auch dem Auswärtigen Amt vorgelegt wurde, steht, Swet habe erklärt, warum er die Zusammenarbeit mit dem *Moment* nach über zwölf Jahren plötzlich aufgekündigt hätte. Es hieß, dass die Redakteure der Zeitung seine objektiven Berichte über Deutschland „derartig umredigiert, abgeändert und mit langen Zusätzen versehen" hätten, „daß er die Verantwortung dafür nicht übernehmen konnte". Die Redaktion sei mit „seiner ruhigen Berichterstattung unzufrieden" gewesen, da „er sich in seiner Berichterstattung der grössten Vorsicht befleissige" und „die Verhältnisse in Deutschland, für das er stets eingetreten sei, keineswegs mit der Nervosität wie das Judentum in Polen und mit sehr viel Verständnis" beurteilt habe.[511] Trotz des offenen Bekenntnisses von Swets, Deutschland gegenüber positiv gesinnt zu sein, verließ er nur wenige Tage nach dem Verhör die Stadt und floh nach Paris, wo er seine Arbeit für die Zeitung sofort wieder aufnahm.[512] Dieser Umstand lässt einzig den Schluss zu, dass seine kritischen Aussagen gegenüber seiner Heimatredaktion in Warschau reine Schutzbehauptungen gewesen waren.

Swet war bei weitem nicht der einzige, der in den ersten Monaten der nationalsozialistischen Herrschaft das Land verließ. In einem der Berichte, die der Schriftsteller Daniel Tsharni im Mai 1933 für den *Moment* unter dem Pseudonym „Leonid" verfasste, heißt es:

> Der Schalom-Alejchem-Klub ist geschlossen. Die Redaktion der jüdischen Enzyklopädie ist schon nach Paris umgezogen. Die zwei Sektionen des Jüdischen Wissenschaftlichen Instituts (die historische und die statistisch-ökonomische) sind auch schon nicht mehr in Berlin. Die Mitarbeiter der zentralen jüdischen Hilfsgesellschaft haben Berlin verlassen, sich entzweit und verstreut über alle Außenposten. Die Vertreter der jüdischen Weltpresse in Berlin (außer einem einzigen) sind auch weggerannt, in die ganze Welt hinein.[513]

---

511 PAAA, RZ 701/R 121442, Ref. LR v. Saucken an das RMdI Berlin und den Kommissar des RMfVuP Berlin, Aufzeichnung, gez. Meyer-Heydenhagen, April 1933, nicht paginiert. Swet gab ferner zu Protokoll, dass die Redaktion aus Warschau einen neuen Korrespondenten namens A. Perelman schicken würde. In der Tat lassen sich in der Zeitung seit März 1933 Berichte eines Journalisten unter diesem Namen finden. Es ist daher anzunehmen, dass die Zeitung mehrere Korrespondenten gleichzeitig in Berlin beschäftigte. Im Februar 1933 hielt sich schließlich auch Mark Turkow in Deutschland auf. Zusätzlich lassen sich Berichte eines D. Wolfson finden. Zu beiden Journalisten konnte ich keine genaueren biografischen Angaben finden. Vgl. z. B. Perelman, A.: Hayntige vahlen in Daytshland untern tsaykhen fun abgebrenten raykhstag, in *Der Moment*, 5. März 1933, S. 3.
512 Vgl. Svet, Herman: Ven Ignatsi Paderevski hot far yuden geshpilt ..., in *Der Moment*, 4. Juli 1933, S. 4.
513 Leonid [Tsharni, Daniel]: Der moralisher khurbn in yudishn Berlin, in *Der Moment*, 17. Mai 1933, S. 4.

Die Gruppe der jüdischen Intellektuellen aus Osteuropa, die in Berlin in der Emigration lebten, hatte sich im Laufe des ersten Halbjahrs des Jahres 1933 aufgelöst; zurückgeblieben war – mit Ausnahme von Daniel Tsharni selbst – fast niemand. In seinen Tagebüchern sprach auch der Historiker Simon Dubnow, der Berlin im August 1933 zusammen mit seiner Frau nach mehr als 12 Jahren verließ, von einer „Atmosphäre der Flucht" und einem „Churban Aschkenas", verglich die Situation also mit der Zerstörung des zweiten Tempels durch die Römer, in deren Folge eine große Zahl von Juden das Heilige Land verließ.[514] Von denjenigen jüdischen Auslandskorrespondenten, die vornehmlich, wenn auch nicht ausschließlich für die jiddische Presse in Warschau gearbeitet hatten, ging Hermann Swet nach Paris, wo er seine journalistische Arbeit fortführte. Auch Daniel Tsharni fand sich nach kürzeren Aufenthalten in Riga und Warschau in Paris ein. Andere, wie Yeshayahu Klinov, gingen nach London und emigrierten von dort nach Palästina.

Viele Korrespondenten aber verschlug es wie Daniel Tsharni zunächst nach Warschau. Zu dieser Gruppe gehörte auch Jakob Lestschinsky. Als der Journalist aus Berlin im Jahr 1933 ausgewiesen wurde, traf er nach kürzeren Aufenthalten in Prag und Riga 1934 in Warschau ein, wo er als Korrespondent für verschiedene jüdische Zeitungen im Ausland schrieb, aber auch hin und wieder Artikel für die jiddische Tagespresse vor Ort verfasste.[515] Die polnische Regierung ließ seine Tätigkeiten überwachen und ordnete an, dass man ihn und andere Journalisten bei Reisen nach Deutschland und in die Sowjetunion beobachten solle. Für eine Einschätzung seiner Loyalität Polen gegenüber holte das polnische Außenministerium eigens Auskunft vom polnischen Konsulat in New York ein und ließ sich von dort bestätigen, dass Lestschinsky insgesamt „eine gute Meinung über Polen" hätte.[516] 1938 verließ Lestschinsky Warschau und emigrierte in die Vereinigten Staaten. Auch Aaron Levi Riklis (A. S. Lirik), der Berlin vermutlich schon Ende 1932 verließ, erhielt seinen alten Arbeitsplatz in der Redaktion des *Haynt* zurück. Nach mehr als zehn Jahren in Deutschland verschrieb er sich dort in den kommenden Jahren den Themen Deutschland, Nationalsozialismus und Antisemitismus und entwickelte sich zu einem anerkannten Experten für diese Themen. Sein Kollege Chaim Finkelstein bemerkte rückblickend, dass Riklis einer der wenigen jüdischen Journalisten war, der „die Lage richtig abgeschätzt habe und

---

514 Dubnow, Simon: Buch des Lebens. Erinnerungen und Gedanken, Materialien zur Geschichte meiner Zeit, Bd. 3, hrsg. von Verena Dohrn, Göttingen 2005, S. 168.
515 Vgl. z. B.: Lestshinsky, Yakov: Geto, religie un kamf mit Hitler, in *Haynt*, 3. April 1939, S. 5.
516 AAN, MSZ, Sig. 7809, Schreiben der Polnischen Botschaft in New York, gez. Roman Kwiecień, an das MSZ in Warschau, 7. Februar 1935, Abschrift, Bl. 31.

vorausgesehen habe, dass die Nazis so bald nicht fallen werden".[517] Nach Aufenthalten in London, Paris und Palästina kehrte er kurz vor Ausbruch des Zweiten Weltkrieges nach Warschau zurück und floh 1940 von dort in die Vereinigten Staaten. In Warschau wurden die ehemaligen Berliner Korrespondenten Teil des jüdischen journalistischen und schriftstellerischen Netzwerks, dessen Herz das Haus in der *ulica Tłomackie* 13 war. Bevor sie Warschau wieder verlassen sollten, brachten sich alle auf die eine oder andere Art einerseits in das jüdische kulturelle Leben sowie in die jüdische Protestbewegung gegen NS-Deutschland ein.[518]

Einigen osteuropäisch-jüdischen Journalisten gelang es trotz der zunehmenden Gefahr, über das Jahr 1934 hinaus als Auslandskorrespondenten in Berlin zu verweilen. Aufschluss darüber gibt ein Schreiben der Gestapo vom 26. August 1935, welches das Verbot der bereits erwähnten *Hayntike Nayes* zum Gegenstand hatte. Dem richterlichen Beschluss beigelegt waren zahlreiche Textauszüge aus der Zeitung in deutscher Übersetzung. Teilweise wurden Artikel auch zusammengefasst und kommentiert. Sie sollten als Grundlage für das landesweite Verbot dienen. Auf der letzten Seite des zehn Seiten langen Dokuments ging der unbekannte Verfasser auf die Arbeitsweisen der jiddischen Zeitungen aus Warschau ein. Wörtlich hieß es darin, dass „[d]ie Juden z. gr. T. ihre ‚Informationen' aus Prag, Paris, London, Moskau, New York, wo sie sich auf ausländische Presseerzeugnisse berufen, so auf die der deutschfeindlichen Hetzpresse" beziehen würden. Ferner hätten „[i]n Berlin die Juden auch Korrespondenten, wie es aus Artikeln hervorgeht, [die, AK] insgeheim ihren Judengenossen Hetznachrichten zukommen lassen".[519] Auch der bereits erwähnte Arno Herzberg bemerkte in seinen Memoiren über seine Arbeit für die JTA, dass es in der zweiten Hälfte der 1930er Jahre noch jüdische Auslandskorrespondenten in Berlin gab, die illegal für ausländische jüdische Zeitungen schrieben. Einer der Korrespondenten sei ein Journalist namens Fink gewesen, dessen bürgerlicher Name leider nicht bekannt ist, der ohne Presseakkreditierung bis zu seiner Verhaftung im Jahr 1937 gearbeitet hätte: „He sent his handwritten articles in Yiddish to a cover in New York. They appeared under a pen-name. He thought that no one could read his letters, and that no one could trace the source. But one day in 1937 he was arrested. We never heard of him again."[520] Neben einer unbekannten Anzahl von Journalisten, deren Namen bis heute nicht bekannt sind, weil sie wie Fink unter Pseudonymen schreiben mussten, gab es aber auch eine Zahl von Journalisten, die weiterhin

---

517 Finkelshtayn: „Haynt", S. 137.
518 Dazu vgl. Kap. 6.2.2.
519 PAAA, RZ 701/R 123607, Schreiben an das RMdI von der Gestapo, II 2 F-25/35, gez. Jaager, Betr. Die jiddische Zeitung „Hajntige Najes", ohne Erlass, vom 7. August 1935, Abschrift, S. 10.
520 Herzberg: „The Jewish Press", S. 387.

offiziell als Auslandskorrespondenten arbeiteten und den deutschen Behörden bekannt waren. Dazu gehörten neben Itsak-Mayer Gliksman* (1868–1942), der zwischen 1935 und 1939 unter anderem als offizieller Korrespondent des *Haynt* auftrat, auch die bereits namentlich erwähnten Nuchem Goldrosen (*Dos Yudishe Togblat*), Dr. Salo Wieselberg (*Nasz Przegląd*) und Josef Lanczener (*Di Tsayt*), die allesamt dem kleineren Journalistenverband, dem *Verband der Ausländischen Pressevertreter zu Berlin e.V.*, angehörten.[521]

Dass sie alle Mitglieder desselben Verbandes waren, ist dabei kein Zufall. Nachdem sich in den ersten Monaten des Jahres 1933 abgezeichnet hatte, dass der VAP sich unter seinem Präsidenten Edgar A. Mowrer nicht so einfach für die propagandistischen Ziele Goebbels vereinnahmen lassen würde, begannen die deutschen Behörden den politischen und gesellschaftlichen Status des viel kleineren und unbedeutenderen *Verbands der Ausländischen Pressevertreter zu Berlin e.V.* sukzessive zu erhöhen. Dies lag nicht zuletzt daran, dass mit Personen wie Hermann von Ritgen (1895–?) oder Carlo von Kügelen (1876–1945) Journalisten im Verein organisiert waren, die nicht nur Bürger des Deutschen Reiches, sondern auch offene Sympathisanten der Nationalsozialisten waren. Die Besserstellung des Verbands gegenüber dem VAP hatte allerdings seinen Preis. Die Presseabteilung des Auswärtigen Amts, die schon vor der Machtübergabe an Hitler der NSDAP politisch teilweise nahe stand und die Loyalität der Korrespondenten regelmäßig hinterfragte,[522] verlangte in einer persönlichen Unterredung mit dem damaligen Vorsitzenden Hermann von Ritgen im November 1930, seinen Verband schnellstmöglich „in Ordnung zu bringen" und „alle zweifelhaften Elemente aus dem Verband auszumerzen".[523] Als Folge dieses Prozesses gab im Frühjahr 1933 der Vorstand des Vereins schließlich eine Loyalitätserklärung gegenüber dem NS-Regime ab[524] und übermittelte nach einem Gespräch mit Gottfried Aschmann vom Auswärtigen Amt am 8. Mai 1933 ein Schreiben, in dem alle jüdischen Mitglieder denunziert wurden.[525] Überraschenderweise verblieben einige von den 26 namentlich genannten und als „jüdisch" diffamierten Personen bis 1939 aktiv

---

521 Vgl. Verband Ausländischer Pressevertreter e.V. (Hrsg.): Mitgliederliste Mai 1933, Januar 1935, April 1936, Mai 1937, Oktober 1938, Berlin.
522 Vgl. Herzer: Auslandskorrespondenten, S. 23–24.
523 PAAA, RZ 701/R 121608, interner Bericht der Pressestelle des AA von RR Cohn, 14. November 1930, nicht paginiert.
524 Vgl. PAAA, RZ 701/R 121608, Handschriftliche Notiz von G. Aschmann, Berlin, 6. Mai 1933, nicht paginiert.
525 Vgl. PAAA, RZ 701/R 121608, Brief vom Vorstand des Verbands Ausländischer Pressevertreter, gez. von Kügelen, an den Geheimrat Aschmann, Presseabteilung der Reichsregierung, Berlin, 6. Mai 1933, anhängend Liste vom 8. Mai 1933, nicht paginiert.

zahlende Mitglieder des Verbandes.⁵²⁶ Es kam sogar vor, dass der Vorstand seinen jüdischen Mitgliedern zu Hilfe kam. Itsak-Mayer Gliksman zum Beispiel, der als offizieller Korrespondent des *Haynt* im Mitgliederverzeichnis geführt wurde, konnte offenbar nur durch die Unterstützung des Verbands im Jahr 1935 seine Tochter aus Polen nach Berlin holen.⁵²⁷ Bis zum Sommer 1939 verfasste Gliksman offenbar auch tatsächlich einige wenige Artikel über das Leben polnischer Juden in Berlin und war damit eine wichtige Quelle für die Redaktion in Warschau.⁵²⁸ Am 14. September 1942 wurden er und seine Frau nach Theresienstadt deportiert, wo sie ums Leben kamen.⁵²⁹ Auch Josef Lanczener, der für die Vilnaer Tageszeitung *Der Tog* (Der Tag) arbeitete, verblieb bis 1939 im Verein und lebte mit seiner Familie in Berlin-Charlottenburg. Nach einer kurzen Haftstrafe gelang ihm schließlich zusammen mit seiner Frau und seiner Tochter im April 1939 die Flucht nach Warschau. Von dort reiste die Familie über Rumänien weiter nach Palästina.⁵³⁰

Auf den ersten Blick erscheint es unlogisch, dass die jüdischen Journalisten trotz Denunziation und der klaren Aufforderung seitens der deutschen Behörden an den Vorstand, die „unliebsamen Elemente auszumerzen", ihre Mitgliedschaft aufrechterhalten konnten. Auf den zweiten Blick wirkt das Vorgehen jedoch durchaus konsequent und passt sehr wohl zur Politik der Nationalsozialisten. Der Historiker Martin Herzer beschreibt die Rolle und die Funktion, welche die ausländischen Pressekorrespondenten für die Nationalsozialisten einnahmen, als ambivalent. So stellten sie einerseits Vertreter der verhassten ausländischen Presse dar, die man möglichst schnell loswerden wollte. Andererseits erkannte man in ihnen auch ein geeignetes Werkzeug, mit dem man das Deutschlandbild im Ausland beeinflussen konnte.⁵³¹ Mit sehr hoher Wahrscheinlichkeit wurden die Journalisten im Verband beobachtet, möglicherweise sogar von den anderen Mitgliedern des Verbandes selbst, und darüber hinaus versucht, ihre Berichterstattung zu beeinflussen. Durch die Loyalitätserklärung, die der Verband 1933 abgegeben hatte, waren schließlich auch die jüdischen Journalisten an diese

---

526 Vgl. Verband Ausländischer Pressevertreter e.V. (Hrsg.): Mitgliederliste Mai 1933, Januar 1935, April 1936, Mai 1937, Oktober 1938, Berlin.
527 Vgl. Stroop, Paul: „Verwechslungsgefahr. Der ‚Verband der ausländischen Pressevertreter'", in: Verein der Ausländischen Presse zu Berlin e.V. (Hrsg.): *Im Strom der Zeit. 90 Jahre Verein der Ausländischen Presse zu Berlin e.V.*, Berlin 1996, S. 22–23, hier S. 23.
528 Vgl. Gliksman, Itsak-Mayer: Vi azoy leben itst di poylishe yidn in Daytshland?, in *Haynt*, 27. Juni 1939, S. 3.
529 Vgl. Arolsen Archiv, Sig. 6311032903, Gliksman, Izak (Majer).
530 Vgl. Wildt, Michael und Christoph Kreutzmüller (Hrsg.): Berlin. 1933–1945, München 2013, S. 220.
531 Vgl. Herzer: Auslandskorrespondenten, S. 34–36.

gebunden. Deshalb und auch weil sie als Juden ohnehin in ständiger Gefahr lebten, zensierten sie sich möglicherweise selbst.

3.3.2 Die Korrespondenten der bundistischen *Naye Folkstsaytung*

Gänzlich anders verlief die Überwachung und Verfolgung der jüdischen Sozialisten und Bundisten, die als Journalisten oder Korrespondenten in Berlin waren. Sie schrieben häufig nebenher Reportagen und Kolumnen, meistens für die jüdische Arbeiterpresse, und betrachteten sich stärker als politische Aktivisten denn als professionelle Journalisten.[532] Weil sie aufgrund ihrer politischen Betätigung und Herkunft – osteuropäisch und jüdisch – besonders häufig von institutioneller und gesellschaftlicher Diskriminierung betroffen waren, ist zu vermuten, dass viele Bundisten erst gar nicht bei den Behörden vorstellig wurden, auch wenn sie beispielsweise in Berlin arbeiteten.[533] Um den Behörden zu entgehen, verwendeten sie Pseudonyme oder ihre Parteinamen und traten nur in seltenen Fällen den in der Stadt ansässigen Berufsvereinen bei.[534] Dennoch rutschten auch sie nicht gänzlich durch das engmaschige Überwachungsnetz der deutschen Behörden.

Vladimir Kossovski, der bis 1930 vornehmlich als Korrespondent beziehungsweise als Experte für deutsche Politik von Berlin aus für die *Naye Folkstsaytung* schrieb, wurde in den frühen 1930er Jahren durch Nathan Shnayder und H. Iulski ersetzt. Während bis heute nicht mit Sicherheit bekannt ist, wer sich hinter letzterem Pseudonym verbarg,[535] handelte es sich bei Nathan Shnayder

---

[532] Vgl. die Aussage von Rafael Rein Abramovitsh in Bezug auf seine Arbeit für den New Yorker *Forverts*, in: Estraikh, Gennady: „Die jiddischsprachige New Yorker Tageszeitung Forverts und ihr Berliner Korrespondent Raphael Abramovitch", in: Börner, Markus, Jakob Stürmann und Anja Jungfer (Hrsg.): *Judentum und Arbeiterbewegung. Das Ringen um Emanzipation in der ersten Hälfte des 20. Jahrhunderts*, Berlin 2018, S. 115–142, hier S. 125.
[533] Weil sie als jüdische Sozialisten in ihren Herkunftsländern schon oft Erfahrungen mit staatlicher Repression gemacht hatten, publizierten die meisten von ihnen unter einem Pseudonym.
[534] Außer Abramovitsh, der 1930 dem VAP beitrat.
[535] Möglicherweise handelte es sich bei H. Iulski um den jüdischen Kommunisten Pinye Bukshorn (1896–1937) aus Warschau, der u.a. unter dem Pseudonym F. Iulski in jiddischen Publikationen der KPP publizierte, aber auch Bücher aus dem Deutschen ins Jiddische übertrug. Der Name Iulski taucht in verschiedenen Abwandlungen (I. Iulski, W. Iulski usw.) in diversen jiddischen Publikationen in Warschau mit sozialistischem bzw. kommunistischem Bezug auf. Möglich ist aber auch, dass Frenkel neben seinem Pseudonym N. Shnayder noch weitere benutzte und eigentlich selbst H. Iulski war.

um den 1896 in Warschau geborenen Schneidermeister und Bundisten Nathan Frenkel. Frenkel war 1920 zusammen mit seiner Frau Chava nach Berlin gekommen und hatte sich dort als Schneider mit einem eigenen Ladengeschäft selbstständig gemacht. Als aktiver Bundist brachte er sich in den frühen 1920er Jahren in die lokale Gruppe des *Bund* ein und organisierte für die Gruppe Veranstaltungen und Vorträge, unter anderem zum Thema Palästina und der jüdische Arbeiter.[536] Seine journalistische Tätigkeit scheint er erst mit dem Aufstieg des Nationalsozialismus aufgenommen zu haben, und im Gegensatz zu den Korrespondenten vom *Haynt* und *Moment* tauchen die Namen von Frenkel und Iulski weder im „Ostjournalistenverzeichnis" vom Dezember 1932 noch in anderen behördlichen Dokumenten auf.

Abbildung 4: *Naye Folkstsaytung* Korrespondent Nathan Shnayder mit seiner Frau Chava, geb. Gruenbaum und dem Ehepaar Zuckerman in Warschau, um 1917.

---

536 Vgl. Bund-Archives, RG 1400, MG 2–98, Brief von Nathan Frenkel im Auftrag der Berliner Gruppe des *Bund* an einen unbekannten Adressaten, Berlin 23. Juli 1920; Institute for Social History, Amsterdam (IISH), R. Abramovič Papers, Folder 3, Brief von Abramovitsh an Orest Ivanovich, Paris 31. Juli 1933, Bl. 161. In dem Brief bittet Abramovitsh Ivanovich darum, Nathan Frenkel, der jüngst in Paris ankam, dabei zu unterstützen, seine Nähmaschinen, die er bei seiner Flucht in Berlin zurückließ, aus Deutschland zu holen. Frenkel hatte Probleme mit dem deutschen Finanz- und Zollamt.

Beiden Korrespondenten gelang es um 1933, zahlreiche Berichte unbemerkt und an der Zensur vorbei in die Redaktion nach Warschau zu übersenden. Frenkel hatte eine eigene Kolumne unter dem Titel *A Briv fun Daytshland* (Ein Brief aus Deutschland), in welcher er für die Leser der Zeitung die politische und soziale Atmosphäre in Berlin schilderte. Er besuchte oft antifaschistische Kundgebungen und Demonstrationen, auf denen er Interviews mit deutschen Sozialisten und Kommunisten führte.[537] Überhaupt drückte sich in den Artikeln von Kossovski, Frenkel und Iulski die Eingebundenheit der Bundisten in sozialistische und kommunistische Politik- und Arbeiternetzwerke in Berlin sowie ihre Kenntnis über die lokalen Strukturen vor Ort aus. So zeigt sich, dass sie häufiger als die Journalisten der bürgerlichen Presse Berlins Arbeiterviertel, wie den Wedding oder Neukölln, aber auch die Volksbühne und andere Orte, an denen linke Arbeiter und Politiker zusammenkamen, aufsuchten. Darüber hinaus zeigt sich, dass sie sich über die sozialistischen Zeitungen und Pamphlete gut zu informieren wussten. Sie studierten den *Vorwärts* und lasen das Wahlprogramm der Sozialdemokraten oder besuchten Treffen des *Reichsbanners*.[538]

Daneben legten sie aber auch Wert darauf, über die spezielle Lage der Juden in Berlin, insbesondere aber der osteuropäisch-jüdischen Community zu berichten. Dabei waren die Korrespondenten der *Naye Folkstsaytung* wie die anderen Korrespondenten angetrieben von dem Wunsch, die Wahrheit über die Ereignisse in Deutschland zu veröffentlichen. Ende 1930 berichtete Iuslki zum Beispiel über den Ausgang der jüdischen Gemeindewahlen in Berlin und informierte die Leser in Polen dabei auch über das bisweilen schwierige Verhältnis der deutschen Juden zu den aus Ost- und Ostmitteleuropa zugezogenen Juden.[539] Ebenfalls besuchte er offenbar, ähnlich wie die Korrespondenten der bürgerlichen jüdischen Zeitungen, die Pressekonferenzen des *Central-Vereins deutscher Staatsbürger jüdischen Glaubens e.V.* (CV), die der Verein um 1933 fast täglich abhielt.[540] Der

---

537 Vgl. z. B. F. Natan, [Frenkel, Nathan]: Di fashistishe blut-khvalie. Di blut-bad in Altona, in *Naye Folkstsaytung*, 21. Juli 1932, S. 3.
538 Vgl. z. B. F. Natan, [Frenkel, Nathan]: In fayer fun kamf, in *Naye Folkstsaytung*, 8. Juli 1932, S. 7; Iulski, H.: In ershtn tog fun Hitlers memshole, in *Naye Folkstsaytung*, 2. Februar 1933, S. 2.
539 Iulski, H: Di berliner kehila-valn un di tsionistishe val-makhers, in *Naye Folkstsaytung*, 8. Dezember 1930, S. 3.
540 Vgl. Iulski, H: Di daytshe yidn in fashistishn fayer, in *Naye Folkstsaytung*, 2. August 1932, S. 4. Am 3. November 1931 lud der CV die jüdischen Auslandskorrespondenten z. B. zu einer solchen Pressekonferenz ein, um „auf die beunruhigenden Ereignisse der letzten Zeit" einzugehen, da „die jüdische Öffentlichkeit das Recht [habe] zu erfahren, in welcher Weise der Central-Verein im Interesse der Gesamtheit der deutschen Juden gearbeitet und seine schweren Aufgaben zu erfüllen versucht hat". IISH, Collection Algemeyner Yidisher Arbeyter Bund, *314, #134, Rundschreiben des CV, gez. Alfred Wiener, an die Vertreter der jüdischen Presse in Berlin.

Verein repräsentierte die bürgerlich-liberale jüdische Mittelschicht in Deutschland und setzte sich neben der Wahrung ihrer Bürgerrechte und gesellschaftlichen Anerkennung auch für den Kampf gegen Antisemitismus ein und sammelte antisemitische Vorfälle zum Zwecke der Dokumentation.[541] Alfred Hirschberg, der Chefredakteur und Verlagsleiter der CV-Zeitung erinnerte sich, dass in jenen Jahren die „jiddisch sprechenden und schreibenden Journalisten" zu ihnen gekommen seien, „um sich zu orientieren".[542]

Im Frühjahr 1933 verließ Nathan Frenkel zusammen mit seiner Frau Chava und seinem in Berlin geborenen Sohn David fluchtartig die Stadt und gab nach über acht Jahren seinen Schneidereibetrieb auf. Möglicherweise verließ er zusammen mit Rafael Rein Abramovitsh und dessen Gruppe die Stadt, denn genau wie sie gingen auch die Frenkels nach Paris.[543] Obwohl sich in den Akten des Auswärtigen Amts keine Belege dafür finden, dass er überwacht oder gar verhaftet wurde, gab Frenkel 1942 bei einer Befragung durch die Fremdenpolizei in der Schweiz, wo er mit seiner Familie politisches Asyl ersuchte, seine journalistische Arbeit als einen Grund für seine Flucht aus Deutschland an. Im Vernehmungsprotokoll heißt es: „Ich möchte noch hinzufügen, dass ich für meine Tätigkeiten als Journalist, die sich gegen das Hitler-Regime richteten, von der Gestapo aktiv gesucht wurde."[544]

Das Beispiel von Nathan Frenkel zeigt, dass die jüdischen Journalisten aus Osteuropa als „Informationsvermittler innerhalb einer transnational vernetzten jüdischen Öffentlichkeit" [545] in den Jahren während des Aufstiegs der nationalsozialistischen Bewegung und der Errichtung eines totalitären Regimes zu Schlüsselfiguren der Wissensakquise und der Wissensvermittlung wurden. Es waren die Berliner jüdischen Korrespondenten, die in jener Zeit das Bild von Deutschland und der deutschen Gesellschaft in den Haushalten zahlreicher polnisch-jüdischer Familien in Warschau und darüber hinaus prägten. Sie lieferten Informationen und erste Einschätzungen an die Warschauer Redaktionsbüros. Sie hatten den Aufstieg der Nationalsozialisten persönlich miterlebt und waren bei den ersten Überfällen der SA im Romanischen Café und den ersten antisemitischen Razzien in der Gre-

---

[541] Ausführlich zum CV siehe Barkai, Avraham: „Wehr Dich!": der Centralverein deutscher Staatsbürger jüdischen Glaubens (C.V.) 1893–1938, München 2002.
[542] Hirschberg, Alfred: „Die CV-Jahre von Hans Reichmann", in: Council of Jews from Germany: *Zum Gedenken an Hans Reichmann*, London 1965, S. 27–34, hier S. 30. Ich danke Marie-Christin Behrendt für den Hinweis auf diese Quelle.
[543] Vgl. Dubnow: Erinnerungen und Gedanken, S. 164.
[544] Schweizer Bundesarchiv, Zürich (CHBar), E4264, 1985–196, 9108, Dossier Nathan Frenkel, Proces-Verbal D'Audition, Of. de Police, Martigny, 20.11.1942.
[545] Saß: Berliner Luftmenschen, S. 232.

nadierstraße vor Ort. Sie sprachen mit jüdischen Politikern und Gemeindemitgliedern sowie mit einfachen Bewohnern des Scheunenviertels. Auch hatten sie zahlreiche Politiker der NSDAP und anderer Parteien persönlich getroffen[546] und den Aufmärschen der SA in den Arbeitervierteln Berlins zugesehen. Die meist wöchentlichen Korrespondenzen gehörten während des Aufstiegs des Nationalsozialismus nicht zufällig zu den am häufigsten „gelesenen Artikeln und Reportagen in der ganzen jüdischen Presse in jenen Jahren".[547] Nach ihrer Flucht blieben die Journalisten den Zeitungsredaktionen in Warschau oftmals als Experten für Deutschland erhalten. In ihren Berichten, die sie in ihren neuen Heim- und Wirkungsstätten verfassten, konzentrierten sie sich nicht selten auf das Leben der jüdischen Flüchtlinge aus Deutschland.[548]

3.4 Weitere Quellen und Wege der Informationsbeschaffung

In den ersten Wochen nach der Machtübertragung übermittelten die jüdischen Auslandskorrespondenten nahezu täglich Artikel und Berichte an ihre Heimatredaktionen, in denen sie versuchten, die Umwälzungen zu beschreiben und auch zu deuten. Ihre Arbeit war auch vor dem 30. Januar 1933 nicht eben einfach gewesen, da die Kooperationsbereitschaft deutscher Behörden, aber auch vieler deutscher Zeitungen oft niedrig, die Zahl von Falschmeldungen und Gerüchten hingegen hoch war.[549] Mit der Machtübertragung an Hitler und dem darauf folgenden Umbau des gesamten Staatsapparats, ja der ganzen Gesellschaft, wurde es nochmals schwieriger, an gesicherte Informationen zu gelangen, die über die Presseverlautbarungen des neu ernannten Propagandaministers Joseph Goebbels

---

546 Daniel Tsharni berichtet davon, dass er 1933 noch an einigen Empfängen teilgenommen hätte, welche die NSDAP für die ausländischen Korrespondenten ausgerichtet hätten. Vgl. Tsharni: Di velt iz kaylekhdik, S. 336–338.
547 So Hermann Swet über die Kolumnen von Yeshayahu Klinov in dessen Nachruf. Vgl. Svet, Herman: Oyfn frishn keyver fun Yeshayahu Klinov, in *Forverts*, 28. Oktober 1963, S. 6.
548 Vgl. z. B. den ersten Bericht von Nathan Frenkel aus dem Pariser Exil über das Arbeiterhilfskomitee für jüdische und nichtjüdische Flüchtlinge aus Deutschland: N. Shnayder [Frenkel, Nathan]: Tsvishn di korbones fun der broyner pest, in *Naye Folkssaytung*, 23. Juli 1933, S. 3.
549 Als im Mai 1931 die polnische Telegrafenagentur Express (ATE) aus Warschau einen neuen Mitarbeiter nach Berlin entsandte, tauschte sich die Deutsche Gesandtschaft in Warschau mit dem Auswärtigen Amt aus und überlegte gemeinsam, ob es möglich sei, den neuen Korrespondenten Mieczysław Wajnryb, den sie als einen „intelligente[n] und rührige[n] Jude[n]" charakterisierten, zu beeinflussen, indem man ihm hin und wieder etwaige brisante Informationen zukommen ließ. Vgl. PAAA, RZ 208/R 82011, DG Warschau an das AA, Betr. Neuer Vertreter der polnischen Telegraphenagentur Express, Mieczysław Wajnryb, Berlin, 15. Mai 1931, Bl. 118–121.

hinausgingen. Auch waren die gesellschaftliche Stellung der Korrespondenten und ihre Möglichkeiten, Informationen zu beschaffen, nicht mehr vergleichbar mit denen aus der Zeit der Weimarer Republik. Die über die Jahre hinweg aufgebauten Netzwerke existierten schon bald nicht mehr, da sie durch die Nationalsozialisten mutwillig zerstört oder verboten worden waren. Dies gilt für die kommunistischen und sozialistischen Organisationsstrukturen genauso wie für die zahlreichen jüdischen Vereine, Institutionen und Zeitungsredaktionen. Als dann auch noch der Großteil der Korrespondenten aus berechtigter Sorge um die eigene Sicherheit das Land verließ, brauchten die Warschauer jüdischen Zeitungen dringend neue Wege, über die sie an verlässliches Wissen über die Lage im Nachbarland gelangen konnten.

3.4.1 Internationale Presse und Exilzeitschriften

Mit dem Zusammenbruch der Korrespondentennetzwerke in Berlin mussten die jüdischen Zeitungsmacher aus Warschau verstärkt nach anderen Informationsquellen innerhalb und außerhalb Deutschlands Ausschau halten. Neben dem Lesen der internationalen Presse und Agenturmeldungen wurde daher auch die deutsche Emigrantenpresse aus Paris und Prag intensiv rezipiert, die offenbar problemlos bis 1938 an Zeitungskiosken in Warschau erhältlich war. So unterrichtete der deutsche Botschafter in Warschau am 18. Februar 1938 das Auswärtige Amt in Berlin davon, dass „zahlreiche Warschauer Kioske deutsche Emigrantenzeitungen offen zum Verkauf auslegen" würden und „der Handel [sich nicht] auf das ‚Freie Deutschland' beschränk[en]" würde, sondern „vielmehr auch der ‚Neue Vorwärts', das ‚Pariser Tageblatt' und das ‚Neue Tagebuch' verkauf[t]" würden.[550] Am 25. Juli 1938 fand die Deutsche Botschaft in Warschau sogar heraus, dass polnische Zeitungsverkäufer sich auf einem Treffen darauf geeinigt hätten, gegen das geplante Verkaufsverbot der deutschen Emigrantenblätter vorgehen zu wollen.[551] Die in Deutschland verbotene Emigrantenpresse wurde in der Regel von deutschsprachigen polnischen Zeitungsverkäufern von Deutschland oder von der Tschechoslowakei aus ins Land geschmuggelt und dort zum Verkauf angeboten.[552]

---

550 PAAA, RZ 701/R 122816, DB in Warschau, gez. von Moltke an das AA, Betr. Verkauf deutscher Emigrantenzeitungen in Warschau, 18. Februar 1938, nicht paginiert.
551 PAAA, RZ 701/R 122816, DB Warschau, gez. unleserlich an das AA, Betr. Geplante Versammlung der Warschauer Zeitungsverkäufer, 25. Juli 1938, nicht paginiert.
552 Vgl. PAAA, RZ 701/R 122816, Geheime Staatspolizei an den Reichsminister für Volksaufklärung und Propaganda Berlin, 28. Februar 1936, nicht paginiert.

Generell gilt, dass sich die Journalisten und Redakteure in Warschau insgesamt bestmöglich zu informieren versuchten. Henryk Erlich soll jeden Morgen, noch bevor er die Redaktionsräume der *Naye Folkstsaytung* betrat, die nationale und internationale Presse aufmerksam studiert haben. Sein Kollege und Genosse Pinkhas Shvarts erinnerte sich, dass Erlich „üblicherweise eine enorme Menge schwarzen Kaffee trank und dabei bis tief in die Nacht hinein, liegend im Bett, las. Am frühen Morgen brannten gewöhnlich noch die Lichter in seinem Zimmer und um das Bett herum lagen ausgelesene jiddische, polnische, deutsche und englische (manchmal auch französische) Zeitungen. [...] Er pflegte es insbesondere den englischen ‚Daily Harald' zu lesen."[553] Der polyglotte Journalist und Politiker Henryk Erlich konnte so seinen jiddischen Lesern Informationen und Meinungen vermitteln, die er der polnischen, deutschen, französischen, englischen und mutmaßlich ebenfalls der russischen Presse entnommen hatte. Die Praxis, die nationale und internationale Presse aufmerksam zu verfolgen und sich darüber hinaus auch bei der Exilpresse zu bedienen, war unter den Journalisten weit verbreitet. Dabei wurden Artikel aus der Exilpresse und Stellungnahmen exilierter Schriftsteller oder Politiker meist umgehend für die jiddischsprachigen Leser übersetzt und teilweise sogar auf der Titelseite abgedruckt – mit oder ohne deren Genehmigung.[554] Auch bezog man seine Informationen von jüdischen Organisationen aus Deutschland, weshalb die Redakteure von *Dos Yudishe Togblat* beschlossen, die Stellungnahme des CV auf Hitlers Antritt zum Kanzler ins Jiddische zu übersetzen und in ihrer Zeitung prominent abzudrucken.[555] Die *Naye Folkstsaytung* übernahm hingegen Protokolle von Sitzungen der SAI oder schrieb eigene Berichte, wenn einer der Mitarbeiter selbst an den Treffen teilgenommen hatte. Besonders viele Berichte kamen aus der Zentrale Paris und von der französischen sozialistischen Partei, die SFIO, die nach 1933 international die Stellung der SPD einnahm.[556] Außerdem griffen die Redakteure der *Naye Folkstsaytung* verstärkt auf illegale kommunistische und sozialistische Publikationen aus Deutschland zurück.[557]

---

553 Shvarts: „Folkstsaytung", S. 336.
554 Vgl. z. B. den Nachdruck aus dem *Neuen Vorwärts* in der *Naye Folkstsaytung* vom 31. August 1938: Vos an alter yidisher doktor fun daytsh-shlezie dertsaylt, S. 4.
555 CV: Di daytshe yuden tsu der nay-geshafener lage in Daytshland, in *Dos Yudishe Togblat*, 1. Februar 1933, S. 2.
556 Vgl. Gechtman, Roni: „The Rise of the Bund as Reflected in the Naye Folkstsaytung, 1935 – 1936", *Gal-Ed* 17 (2000), S. 29 – 55, hier S. 50.
557 Siehe zum Beispiel den Nachdruck des Briefes eines deutschen Sozialisten aus Berlin, der in der sozialistischen Zeitung *Deutsche Freiheit*, die seit 1933 in Saarbrücken herausgegeben wurde, erschienen war. N. N.: „Du volst Berlin nisht mehr derkant!", in *Naye Folkstsaytung*, 17. Juli 1933, S. 3.

Die Journalisten wussten sich aber auch bei der nationalsozialistischen und nichtjüdischen deutschen Presse zu informieren. 1938 schrieb der Journalist Yekhezkl-Moyshe Nayman vom *Haynt*:

> Das Päckchen Zeitungen, einige Dutzend aus der ganzen Welt, liegt auf dem Tisch und man muss die journalistische Pflicht erfüllen und blättern und lesen und in sich den ganzen weiten Wald der Wörter einsaugen. Aber Zeitungen werden heute nicht mehr mit Tinte geschrieben. Sie werden mit dem Herz, mit Blut und zugleich mit Schlangengift geschrieben. [...] Mit einem Gefühl von Ekel muss der jüdische Journalist die deutsche nationalsozialistische Presse in die Hand nehmen. Die Finger brennen. Man wird oft von der Aufregung aufgeschreckt. Die Buchstaben wackeln wortwörtlich vor den Augen [...] doch muss man alles herunterwürgen und lesen. Ich halte das ‚Berliner Tageblatt' und andere Blätter, ehemalige liberale Zeitungen, durch Juden gegründet, in der Hand.[558]

Neben den Berichten anderer Zeitungen gewannen auch die Meldungen der internationalen Presseagenturen an Bedeutung, die meistens noch Büros oder aber zumindest eigene Korrespondenten in Deutschland hatten. Die auffällige Häufung der Agenturmeldungen, die sich in den jiddischen Zeitungen ab Januar 1933 finden lässt, ist ein Beleg dafür. Neben den internationalen großen Presseagenturen wie der *United Press*, *Reuters* oder *Havas* bediente man sich auch bei den verschiedenen nationalen Presseagenturen. Die *Naye Folkstsaytung* zum Beispiel druckte vor dem 30. Januar 1933 vornehmlich Meldungen der polnischen Telegrafenagentur *Polska Agencja Telegraficzna* (PAT) ab, die zeitweise ebenfalls einen Mitarbeiter jüdischer Herkunft in Berlin stationiert hatte, nahm nach der Machtübertragung an Hitler aber verstärkt Pressemeldungen der internationalen JTA auf, wodurch sich die Nachrichten denen der bürgerlichen jüdischen Presse, die seit jeher viele Meldungen der JTA abdruckte, über die Zeit anglichen.[559] Und während die PAT in ihrer Berichterstattung der polnischen Regierung verpflichtet war und Meldungen, die sie in ihren Newslettern für die Zeitungen abdruckten, kontrolliert werden konnten, war die JTA – auf Polnisch auch ŻAT (*Żydowska Agencja Telegraficzna*) genannt – gänzlich unabhängig und fühlte sich in erster Linie verpflichtet, Nachrichten mit jüdischem Bezug für jüdische Konsumenten zu

---

558 Nayman, Yekhezkl-Moyshe: Velt-ekel, in *Haynt*, 25. November 1938, S. 9. Mark Turkow berichtet ebenfalls davon, dass er den *Völkischen Beobachter* las. Vgl. Turkow, Mark: ‚Frayhayt! Frayhayt! Frayhayt!', in *Der Moment*, 1. März 1933, S. 3.
559 JTA: Vider antisemitisher val-oyfruf fun di hitleristn, in *Naye Folkstsaytung*, 20. Februar 1933, S. 1; PAT: Hitlers merder-bandes vern varvandlt in hilf-politsey, in *Naye Folkstsaytung*, 25. Februar 1933, S. 1; JTA: Di lage fun di yidn in Daytshland, in *Naye Folkstsaytung*, 2. März 1933, S. 1; JTA: Panik tsvishn di yidn in Daytshland, in *Naye Folkstsaytung*, 7. März 1933, S. 2; JTA/PAT: A khvalie fun royberayen un anfaln oyf yidishe gesheftn in gants Daytshland, in *Naye Folkstsaytung*, 13. März 1933, S. 1.

produzieren. Die Mitarbeiter der Warschauer JTA-Filiale bezogen ihre Informationen wiederum aus Berlin über den bereits erwähnten Berliner Korrespondenten Boris Smolar, und der Leiter der Warschauer JTA, Mendel Mozes, war gut mit Smolar bekannt. Den Erinnerungen Arno Herzbergs zufolge wurde Smolar von den Mitarbeitern des JTA-Büros in Berlin mit Informationen ausgestattet. Seine Hauptaufgabe war es, die Nachrichten von den deutschen Behörden unbemerkt außer Landes zu schaffen. Dies gelang ihm durch den Einsatz von Kurieren, die fast täglich die deutsch-polnische Grenze passierten. Als die Grenzkontrolleure Verdacht schöpften, begann er den Berliner Newsletter über einen jüdischen Mitarbeiter der Tschechoslowakischen Botschaft zusammen mit anderen diplomatischen Dokumenten nach Prag zu schicken.[560]

3.4.2 Offizielle und inoffizielle Informanten

Neben legalen und illegalen Presseerzeugnissen konnten die jüdischen Zeitungsmacher aus Warschau eine Reihe prominenter jüdischer wie nichtjüdischer Politiker, Schriftsteller, Wissenschaftler und Journalisten wie Dr. Paul Arnsberg (1899–1978),[561] Georg Bernhard (1875–1944)[562] oder Dorothy Thompson (1893–1961) für Zeitungsartikel verpflichten. Die englische Schriftstellerin Dorothy Thompson, die zwischen 1927 und 1934 das Büro der *New York Post* in Berlin leitete, verfasste neben zahlreichen kritischen Reportagen in der englischsprachigen Presse[563] mindestens zwei Berichte für den *Haynt* und die *Naye Folkstsaytung*. Einer davon erschien im Mai 1933 unter dem Titel *Hitler hot dos Blut fargosen* (Hitler vergoss das Blut) in der *Naye Folkstsaytung*.[564] Darin schilderte sie die unsichere Lage der polnischen Juden und den sich immer weiter radikalisie-

---

560 Vgl. Herzberg, Arno: „The Jewish Press", S. 367–388; Mozes: „Żydowska Agencja Telegraficzna", S. 116; Smolar: In the Service, S. 179.
561 Dr. Paul Arnsberg (1899–1978), Jurist, Historiker und Publizist; arbeitete u. a. für die *Frankfurter Rundschau* und das *Jüdische Wochenblatt*, 1933 Emigration nach Palästina. Vgl. Arnsberg, Paul: Di khurboynes fun daytshishn tsionyzm, in *Der Nayer Veg*, 1. September 1932, S. 13–14.
562 Prof. Dr. Georg Bernhard (1875–1944), Wirtschaftsjournalist; Mitglied der SPD, arbeitete u. a. als Redakteur für die *Berliner Zeitung* und die *Vossische Zeitung*; 1933 Ausbürgerung und Flucht nach Paris. Vgl. Bernhard, Georg: Vos kumen oyfthun far di daytshe yuden?, in *Der Moment*, 20. Juli 1933, S. 5.
563 1931 durfte sie Hitler in München interviewen. Ihre Beobachtungen verarbeitete sie in Reportagen und in dem Buch *I saw Hitler*, New York 1932.
564 Vgl. Thompson, Dorothy: Hitler hot dos blut fargosen, in *Naye Folkstsaytung*, 27. Mai 1933, S. 4; Vos hob ikh gezen in Daytshland, in *Haynt*, 30. Mai 1933, S. 4.

renden Antisemitismus im Land. Laut der Polnischen Botschaft in London reiste Thompson im Rahmen ihres Deutschlandaufenthalts mehrmals nach Warschau und hielt sich dort auch einige Zeit auf. Außerdem geht aus dem Bericht hervor, dass sie eng mit Boris Smolar von der JTA zusammenarbeitete.[565]

Neben einzelnen Gastbeiträgen lassen sich auch zwei Beispiele finden, bei denen es den Zeitungsmachern in Warschau gelungen war, Journalisten in Deutschland anzuheuern, die investigative und mehrteilige Reportagen für die Zeitungen verfassten. Neben dem bereits mehrmals erwähnten Daniel Tsharni, der zwischen Mai und August 1933 unter dem Pseudonym „Leonid" mehrere Artikel für den *Moment* verfasste,[566] gelang es der Redaktion des *Haynt*, den deutsch-jüdischen Journalisten Esriel Carlebach* (1908–1956), für sich zu gewinnen. Der seit 1931 in Hamburg als Redakteur für das *Israelitische Familienblatt* arbeitende Carlebach ersetzte für eine kurze Zeit die ständigen Korrespondenten der Zeitung Lirik und Klinov, nachdem diese aus Berlin geflohen waren. 1909 in Leipzig in eine bekannte Rabbinerfamilie hineingeboren, verließ Carlebach nach der Schule Leipzig, um an zwei der bekanntesten Jeshiwas Litauens zu studieren, wo er erstmals mit der osteuropäisch-jüdischen Kultur in Kontakt kam. Von seinen jüdischen Nachbarn in Osteuropa inspiriert brachte er sich selbst Jiddisch bei, und nach einem Treffen mit einem der Herausgeber des *Haynt* in Warschau schrieb er seit 1926 in unregelmäßigen Abständen für die Zeitung.[567] Im Auftrag des *Haynt* reiste er schließlich zwischen März und Mai 1933 und nochmals im September 1934[568] inkognito durch Deutschland und schickte täglich Berichte unter dem Pseudonym „Lui Gothelf" (manchmal auch „K. Gothelf") nach Warschau. Mit seinen Netzwerken und seiner Ortkenntnis konnte er den jüdischen Lesern in Polen einen exklusiven Einblick in die deutsch-jüdische Community geben, wobei die Leitmotive seiner Berichte meist die jüdische Angst und das Schweigen der deutschen Mehrheitsgesellschaft waren. Kurz nach den Bücherverbrennungen

---

565 Vgl. AAN, Amb. RP w Berlinie, Sig. 2380, Amb. RP w Londynie an RP w Berlinie, gez. Konstanty Skirmunt, Betr. Korespondentów Jewish Telegraphic Agency w Berlinie, London, 12. April 1933, Bl. 2.
566 Unter dem Pseudonym „Leonid" verfasste Tsharni mindestens zwölf Artikel für den *Moment*. Vgl. z. B. Leonid [Tsharni, Daniel]: Der moralisher khurbn in yudishn Berlin, in *Der Moment*, 17. Mai 1933, S. 4; Die yidish-natsionale dervakhung in Daytshland, in *Der Moment*, 30. Mai 1933, S. 6; Daytshn mit yidishe hertser, in *Der Moment*, 7. Juni 1933, S. 4.
567 Über seine Berichte hat die polnische Historikerin Joanna Nalewajko-Kulikov zuerst geschrieben. Vgl. Nalewajko-Kulikov: „O człowieku, który widział za dużo, czyli historia kryminalna z ‚Hajntem' w tle".
568 Karlebakh, Ezriel: Briv fun a rayze, in *Haynt*, 25. September 1934; In some mitn foterland, in *Haynt*, 23. Oktober 1934, S. 4. Die Berichte aus dem Jahr 1934 veröffentlichte er unter seinem Klarnamen.

wurde Carlebach von der Gestapo verhaftet. Es ist unklar, wann und wie er aus der Haft entlassen wurde, jedoch floh er seinen eigenen Erinnerungen zufolge kurz darauf mit der Hilfe seiner Warschauer Freunde, die ihm neue Papiere verschafften, über die deutsch-polnische Grenze. In Warschau angekommen spielte er eine wichtige Rolle in der dortigen Protestbewegung, bevor er 1935 nach London ging, wo er einen Posten bei der *Yidishe Post* (Jüdische Post) annahm. Zuvor jedoch organisierte er mit seinen Kollegen vom *Haynt* in Warschau und in anderen polnischen Städten „Literarische Gerichtsprozesse gegen Hitler-Deutschland", auf denen er von seinen Erfahrungen berichtete.[569] Für die Redakteure der *Naye Folkstsaytung* hingegen waren Kontakte zur Führungsschicht der SAI von großer Bedeutung. Regelmäßig wurden in der Zeitung Nachrichten abgedruckt, die man aus dem Pariser Büro der Organisation erhalten hatte.[570]

Gegen Ende der 1930er Jahre wurden Kontakte zu nichtjüdischen Journalisten in Polen immer wichtiger. Insbesondere während der sogenannten Polenaktion und den Novemberpogromen 1938 suchten jüdische Journalisten verstärkt den Kontakt zu ihren nichtjüdischen Kollegen.[571] Während einige Journalisten in ihren Artikeln das Verhalten ihrer nichtjüdischen Kollegen, insbesondere der regierungstreuen Journalisten, in Bezug auf die Nationalsozialisten und die deutsch-polnische Nichtangriffserklärung stark kritisierten, war man gleichzeitig aber doch auf sie angewiesen. Zusman Segalovitsh erinnert sich in seinen Memoiren, dass vor allem die Redakteure der *Nasz Przegląd* gute Kontakte zu den nichtjüdischen Kollegen hatten. Natan Szwalbe (1883–1943), Saul Wagman* (1893–?) und Bernard Singer* (1893–1966) seien in der Zeit zwischen der „Polenaktion" und den Novemberpogromen oft in ein Café gegangen, wo sich die nichtjüdischen Journalisten zu treffen pflegten. Ihm zufolge sei es überaus wichtig gewesen, dass man mit den nichtjüdischen Kollegen sprach, da sie zu dieser Zeit die besseren Netzwerke und Kontakte zur polnischen Regierung gehabt hätten. Nach den Treffen wäre Bernard Singer oft in die Räume des jüdischen Journalistenvereins gekommen und hätte dort seine Informationen mit den anderen Kollegen geteilt.[572] Für eine gewisse Nähe zwischen den nichtjüdischen und jüdischen Journalisten Warschaus spricht auch das Indiz, dass sowohl die *Nasz Przegląd* als auch der *Moment* mehrere Artikel eines polnischen Journalisten namens Wła-

---

569 Vgl. Karlebakh, Ezriel: „Lomir zikh dermonen", in: Alveltlekher yidisher kultur-kongres (Hrsg.): *Fun noentn over. Yidishe prese in Varshe*, Bd. 2, New York 1956, S. 233–237. Siehe außerdem: Joseph Carlebach Institutsarchiv in Tel Aviv, CES/07/16, Dr. Esriel Carlebach (1908–1956) – ein kämpferischer Journalist, unveröffentlichtes und undatiertes Manuskript.
570 Vgl. SAI: Mord, royb un farvistung, in *Naye Folkstsaytung*, 27. April 1933, S. 3.
571 Dazu siehe ausführlich Kap. 7.3 in dieser Arbeit.
572 Vgl. Segalowicz: Tłomackie 13, S. 221.

dysław Woyno, der unter dem Pseudonym „Włodziemierz Lencki" schrieb, abdruckten.[573]

Jüdische Personen zu finden, die bereit waren, offen mit Journalisten über ihr Erlebtes oder ihre politischen Einschätzungen zu sprechen, wurde nach 1933 zu einer großen Herausforderung für die Journalisten. Der Redakteur der *Jüdischen Rundschau* Robert Weltsch (1891–1982) gab 1944 in einem Interview in Jerusalem zu Protokoll, wie seine Arbeitsbedingungen nach 1933 aussahen. Darin heißt es unter anderem, dass er „jeden Zusammenhang mit den Korrespondenten auswärtiger Blätter [vermied]", weil er wusste, dass er überwacht wurde.[574] Diese Haltung spiegelt sich in den Artikeln jüdischer Journalisten aus Berlin und Warschau gleichermaßen wider.[575] Doch obwohl es für die Journalisten relativ schwierig war, Interviewpartner zu finden, stieg die Bedeutung von Interviews mit jüdischen und politischen Geflüchteten in jener Zeit merklich an, und viele Gespräche fanden in den Räumen der Zeitungsredaktionen in Warschau selbst statt. Aus Angst vor weiteren Repressionen baten die Interviewten allerdings oft darum, ihre Aussagen zu anonymisieren.[576] In einigen Fällen konnten allerdings Klarnamen verwendet werden. So druckte die *Naye Folkstsaytung* am 31. August 1933 Auszüge aus einem Interview ab, das der Journalist Ber Yitskhok Rozen* (1899–1954) im tschechischen Dobrovice mit dem deutschen Sozialisten und Redakteur des *Vorwärts* Friedrich Stampfer geführt hatte, der sich zu diesem Zeitpunkt bereits im tschechischen Exil aufhielt.[577] In dem Interview erzählte Stampfer, der jüdischer Herkunft war, ausführlich über die antisemitischen Verfolgungen in Deutschland und nahm Stellung zu einer möglichen antifaschistischen Einheitsfront. Der mehrmals nach Deutschland entsandte Redakteur des *Haynt* Khaim Avraham Hurvits* (Khaim Vital) (1893–1952) wiederum führte im Januar 1936 in Berlin ein Gespräch mit dem zionistischen Politiker und Bankier Georg Kareski (1878–1947) über die Lage der Juden in Deutschland und die Zukunft der zionistischen Bewegung, und Yosef Tunkel (Der Tunkeler) traf sich bei seiner

---

573 Mehr zu Lencki und seinen Berlinreportagen vgl. Kap. 7.3.
574 YVA, O.1 Sammlung Ball-Kaduri, File 40, Gespräch mit Robert Weltsch, Protokoll, gez. Kurz Ball-Kaduri, Jerusalem, 22. Oktober 1944.
575 Im Mai 1933 berichtete Daniel Tsharni davon, dass aus Angst vor Überwachung niemand mehr das Telefon benutzen würde. Vgl. Leonid [Tsharni, Daniel]: Der moralisher khurbn in yudishn Berlin, in *Der Moment*, 17. Mai 1933, S. 4.
576 Vgl. N. N.: Oysgenart a „beruhigende" deklaratsie, dan tseshlogen un deportirt. Vos dertseylt a yidisher doktor, vos iz antlofen fun Daytshland, in *Haynt*, 2. April 1933, S. 3 und N. N.: Tsi peynigt men in Daytshland? An'antlofener fun Berlin, poylisher yid shildert in der redaktsie fun „Haynt" di shreklikhe leyden fun di yiden, in *Haynt*, 2. April 1933, S. 5.
577 Rozen, Ber Yitskhok: Firer fun daytshn S.D. Shtamfer vegn Hitlers antisemitizm, bagagene khatoim un vegn aynheit-front, in: *Naye Folkstsaytung*, 31. August 1933, S. 3.

Durchreise durch Berlin mit dem JTA-Korrespondenten Boris Smolar, um an Informationen zu gelangen.[578] Auch der reisende Schriftsteller und Journalist Leyb Malakh hatte, als er im August 1933 in einem Zug Richtung Baltikum zufällig auf den jüdischen Historiker Simon Dubnow traf, der sich nach langem Hadern schließlich zusammen mit seiner Frau dazu entschlossen hatte, Berlin zu verlassen und nach Riga zu gehen, ganz bestimmte Fragen im Kopf. So fragte er sich, ob es erlaubt sei, den bekannten Historiker die fast schon „alltägliche Frage" zu stellen, „die man jedem stellt, der aus Deutschland kommt: Was hört man von dort?".[579] Nachdem Dubnow das Thema schließlich von ganz allein auf Deutschland gebracht hatte, führte Malakh ein ausführliches Interview mit ihm.

Insgesamt spielten persönliche Kontakte zu Freunden, Familienangehörigen und zufälligen Bekanntschaften die wohl größte Rolle, wenn es darum ging, an gesicherte Informationen zu gelangen. Dies belegen zahlreiche Artikel, die von Bekannten oder jüdischen Persönlichkeiten erzählen, die man zu Hause besuchte, in Warschau traf oder denen man zufällig auf einer Reise begegnete. Ein Beispiel für einen solchen Artikel, der auf einer zufälligen Bekanntschaft beruhte, ist das bereits erwähnte Interview Leyb Malakhs mit Simon Dubnow. Als ein weiteres und gleichzeitig besonders plastisches Beispiel lässt sich ein Reisebericht von Barukh Shefner aus dem Sommer 1936 heranziehen. In diesem Bericht, der den Titel *Her Noyman dertsaylt* (Herr Neumann erzählt) trägt, schilderte Shefner den Lesern der *Naye Folkstsaytung* die Fluchtgeschichte eines deutschen Juden namens Herr Neumann aus Köln, den er 1936 auf einem Schiff bei einer Reise nach Argentinien kennengelernt hatte.[580] In seinem Artikel stellte er die Begegnung mit Herrn Neumann, den Shefner als einen sehr gut integrierten Geschäftsmann beschrieb, der „so im deutschen Leben verwurzelt" war, dass er „jedermann" in Köln kannte, ins Zentrum seines Artikels: „In einem besonderen Winkel sitzen die deutschen Emigranten, umzingelt von ihren jüdischen Schiffsbrüdern aus Polen und Rumänien und erzählen vom Vaterland, welches sie verlassen haben. Die zentrale Figur der deutschen Emigranten ist der Herr Neumann aus Köln."[581] Zwar teilte Shefner allerhand charakteristische Eigenschaften des Herrn Neumann mit, dessen Vorname blieb den Lesern letztlich aber unbekannt.

---

578 Vgl. Vital, Khaim [Hurvits, Khaim Avraham]: A geshprekh mit Georg Kareski, in *Haynt*, 7. Januar 1936, S. 3. Siehe auch Vital, Khaim [Hurvits, Khaim Avraham]: In der tsionistisher „hoyptkvartir", in *Haynt*, 15. Januar 1936, S. 3; Der Tunkeler [Tunkel, Yosef]: In'm soyne'm lager, in *Der Moment*, 4. Februar 1936, S. 3.
579 Malakh, Leyb: Mit Sh. Dubnov in tsug, in *Literarishe Bleter*, 8. September 1933, Nr. 36 (487), S. 576.
580 Vgl. Shefner, Barukh: Her Noyman dertsaylt, in *Naye Folkstsaytung*, 28. August 1936, S. 5.
581 Shefner, Barukh: Her Noyman dertsaylt, in *Naye Folkstsaytung*, 28. August 1936, S. 5.

Ebenfalls wirken die fast schon stereotyp anmutenden Beschreibungen des Herrn Neumann so, als handelte es sich um eine fiktive Figur, ein Amalgam verschiedener jüdischer Emigranten aus Deutschland, die Shefner möglicherweise auf dem Schiff kennengelernt hatte.[582] Doch Herrn Neumann gab es wirklich. In einem Brief, den Shefner nicht ganz ein Jahr später an seinen Freund und Kollegen Melekh Ravitsh, der sich inzwischen selbst in Argentinien aufhielt, schickte, erkundigte sich dieser nach seiner damaligen Bekanntschaft vom Schiff. Er schrieb:

> Jetzt habe ich eine Bitte an dich: Ich will dir die Bürde auferlegen, dass du meinen Schiffbruder, den deutschen Heyman, besuchst. (Adler weiß, wo er wohnt. Ich schrieb über ihn in meinen Schiffseindrücken unter dem Namen ‚Herr Neumann erzählt'). Ich möchte unbedingt, dass du ihm und seine Frau einen sehr herzlichen Gruß von mir überbringst, und mir auch genau aufschreibst, wie sie sich eingelebt haben.[583]

Dieses seltene Beispiel illustriert, wie Shefner als Journalist an seine Informationen kam und dass eine zufällige Bekanntschaft ausreichte, um nicht nur einen Artikel darüber zu verfassen, sondern auch um eine anhaltende Bindung aufzubauen, die von ehrlicher Anteilnahme geprägt war.

3.4.3 Reisende Journalisten im nationalsozialistischen Deutschland

Eine andere Möglichkeit für die Zeitungsredaktionen in Warschau, an gesicherte Informationen aus Deutschland zu kommen, war es, eigene Mitarbeiter nach Deutschland zu entsenden oder Personen, die aus geschäftlichen beziehungsweise politischen Gründen durch Deutschland reisen mussten, zu beauftragen, Reiseberichte über die Lage in Deutschland zu verfassen. Auch Reiseberichte aus anderen Ländern waren sehr gefragt. Die Zahl dieser Art Reportagen nahm ab Februar 1933 signifikant zu, und sie wurden umso relevanter, je mehr sich die politische Situation in Europa insgesamt verschlechterte. Der ehemalige Mitarbeiter des *Haynt* Chaim Finkelstein, der die einzige bis heute existierende Mo-

---

[582] Die vollständige Beschreibung von Herrn Neumann lautete: „Mit jedem tauschte er ein freundliches, gut-brüderliches ‚Guten Morgen', wusste von allen wichtigen Menschen der Stadt den Geburtstag, wurde zu allen wichtigen Beratungen und Feierlichkeiten in der Stadt geladen, war jahrelang Mitglied der städtischen Kommission für arme Durchreisende. In der jüdischen Gemeinde hatte er einen festen Sitz vom präsidialen Vorstand erhalten und redete von ‚seinem Köln' mit solch einer Liebe und Stolz, wie der Berliner Jude von ‚seinem Berlin' sprach."
[583] NLI, Arkhion Melekh Ravitsh, ARC 4* 1540 12 2957. 2, Barukh Shefner, Brief von Barukh Shefner an Melekh Ravitsh, Warschau, 29. Mai 1937, Durchschlag, nicht paginiert.

nografie über die Tageszeitung verfasste, beschrieb die Bedeutung der Reisekorrespondenten für die jüdische Presse rückblickend wie folgt:

> Ihre Aufgabe war es, durch die jüdischen Gemeinden in Europa zu reisen, besonders in die Länder, wo die Zeitung selbst keinen ständigen Korrespondenten hatte. Der Beitrag von diesen Mitarbeitern wurde ab dem Moment besonders wichtig, als in den späteren 1930er Jahren die politische Lage in Europa unter der Gefahr der Verfolgung durch die Nationalsozialisten immer angespannter wurde.[584]

Mark Turkow vom *Moment* war höchstwahrscheinlich der erste Journalist, der von einer polnisch-jüdischen Zeitungsredaktion ins Ausland entsandt wurde, um über den Aufstieg der Nationalsozialisten und die Lage der jüdischen Bevölkerung dort zu berichten. Allerdings reiste er im Jahr 1932 nicht in das Deutsche Reich, sondern besuchte die Freie Stadt Danzig. Dort verfasste er neun Reportagen, die im Frühjahr und Sommer im *Moment* veröffentlicht wurden.[585] Nur einige wenige Wochen später wurden die Berichte von Turkow ins Polnische übersetzt und in Buchform veröffentlicht. Besonders war an den Reiseberichten aus Danzig, dass sowohl die jiddische wie auch die polnische Version mit Fotografien gerahmt waren – eine Seltenheit zur damaligen Zeit.[586] Mark Turkow selbst verfasste für die Buchversion ein eigenes Vorwort, in dem er erklärte, warum seiner Meinung nach die Berichte von Bedeutung waren:

> Das Interesse, das die Danziger Frage in den breitesten Gesellschaftsschichten weckt, berechtigt mich, die bereits erwähnte Artikelserie in polnischer Übersetzung zu veröffentlichen. Die vorliegende Broschüre stellt daher keine wissenschaftliche Arbeit über die Danziger Beziehungen dar. Es sind eher journalistische Eindrücke, die von quellenbasierten Fakten oder Bemerkungen gestützt werden und deren einzige Intention es ist, ein objektives Bild der Verhältnisse, die gegenwärtig das Gebiet der Freien Stadt Danzig beherrschen, wiederzugeben.[587]

Ein halbes Jahr später, im Februar 1933, sollte Mark Turkow erneut eine Artikelserie im *Moment* veröffentlichen, die den Aufstieg der Nationalsozialisten und die beginnende Verfolgung von Juden zum Gegenstand hatte. Dieses Mal begab er sich direkt ins Deutsche Reich, das zu diesem Zeitpunkt bereits unter nationalsozialistischer Herrschaft stand. Neben Turkow bereisten noch andere festange-

---

584 Finkelshtayn: Haynt, S. 213.
585 Vgl. z. B.: Turkow, Mark: Dantsig – dos nest fun hitlerizm. Fakten, notitsen un ayndriken fun a rayze iber der fray-shtadt Dantsig un dem poylishn yam-berg, in *Der Moment*, 8. Juni 1932, S. 3.
586 Gezeigt wurden besonders viele antisemitische Propagandaplakate sowie Bilder von nationalsozialistischen Aufmärschen.
587 Turkow: Gdańsk na Wulkanie, Vorwort.

stellte Redakteure der jüdischen Tageszeitungen aus Warschau zu unterschiedlichen Zeitpunkten das Land. Die Redaktion vom *Moment* entsandte beispielsweise noch einen weiteren Journalisten namens A. Perelman nach Berlin.[588] Für die *Naye Folkstsaytung* reiste der Redakteur Barukh Shefner in den Jahren 1934, 1935 und 1936 nach Deutschland, und auch die Redaktion der orthodoxen Tageszeitung *Dos Yudishe Togblat*, die ansonsten kaum Reiseberichte aus Deutschland abdruckte,[589] veröffentlichte in den 1930er Jahren einige Reportagen über Deutschland, die aus der Feder einer ihrer bekanntesten Mitarbeiter, dem Redakteur Heshel Klepfish, stammten.[590] Von der Redaktion des *Haynt* begaben sich im Laufe der 1930er Jahre ebenfalls mehrmals einige ihrer Redakteure nach Deutschland, um von dort für ihre Leser zu berichten. Neben Khaim Shoshkes (1891–1958) reiste Khaim Avraham Hurvits (Khaim Vital) als spezieller Korrespondent über die deutsch-polnische Grenze und hielt sich 1935, 1936, 1938 und sogar noch einmal 1939 in Deutschland auf. Die Berichte scheinen bei den Lesern auf großes Interesse gestoßen zu sein, denn die Redaktion des *Haynt* scheute sich nicht, die Reportagen von Vital auf der Titelseite groß anzukündigen:

> Was man im heutigen Deutschland hört und sieht. Unser bekannter Mitarbeiter Kh.[aim] Vital, der durch seine interessanten Reiseschilderungen aus verschiedenen Ländern bekannt ist, hat jetzt Deutschland besucht und dabei zugeschaut, wie das Leben im nationalsozialistischen Paradies zugeht. Seine Eindrücke vom heutigen Deutschland, wo man Menschen mit Verdorrten anstatt mit Brot und Fleisch kapert und wo alle wie in einem großen Gefängnis leben, wird Kh.[aim] Vital in einer Serie von Artikeln in unserer Zeitung veröffentlichen.[591]

Mit der Anzeige erhoffte man sich möglicherweise, die Auflagenzahlen zu erhöhen. Denn dass derlei Berichte und Korrespondenzen von Journalisten aus Deutschland bei den Lesern beliebt waren, wurde bereits anhand der Bitte des Redakteurs Ruven Rubinshtayn aus Kovno illustriert, der Mitte 1932 Yeshayahu

---

588 Vgl. Kap. 3.3.1.
589 Es finden sich jedoch Reiseberichte aus anderen Ländern wie Palästina, den Vereinigten Staaten oder auch Russland in der Zeitung. Aus Deutschland wiederum finden sich vereinzelt Reiseberichte, jedoch nicht in vergleichbarer Anzahl und Qualität wie in den anderen Zeitungen. Doch findet sich z.B. ein Nachdruck eines Reisberichtes von einem polnischen sozialistischen Politiker namens Niderman mit einer Einführung von Dovid Flinker. Vgl. Flinker, Dovid: Der muser-hashkol fun Daytshland (di rayze ayndriken fun a sotsialistishen lider), in *Dos Yudishe Togblat*, 24. März 1933, S. 3.
590 Vgl. z.B. den Reisebericht *In Nirenberg (fun meyne rayze-bletlekh)* von Heshl Klepfish aus dem Jahr 1935, abgedruckt in: Klepfish, Heshl: Ekhos fun a farshvundener tsayt, 1929–1939 eseyen, Tel Aviv 1981, S. 432–438.
591 Vgl. Ankündigung im *Haynt* vom 26. April 1939, S. 1.

Klinov darum bat, seiner Zeitung noch mehr Artikel aus Deutschland zukommen zu lassen.[592] Besonders in den ersten Monaten des Jahres 1933, als sich die nationalsozialistische Herrschaft noch festigen musste und Meldungen über antisemitische Gewaltexzesse, Gesetzgebungen, Vertreibungen sowie panikartige Fluchtwellen die internationale öffentliche Meinung beherrschten, leisteten Reportagen dieser Art einen wichtigen Beitrag zur Aufklärung der jüdischen Bevölkerung in Polen.

Oberstes Ziel war es, ein osteuropäisch-jüdisches Publikum selbst und direkt – von Juden für Juden – über die politischen Ereignisse im Nachbarland aufzuklären und über die Situation der Juden in Deutschland zu berichten. In den ersten Monaten des Jahres 1933 waren so viele Nachrichten über Deutschland und die dortigen Zustände im Umlauf, dass die Zeitungsredakteure und ihre Leser ein Bedürfnis danach hatten, diese auf ihren Wahrheitsgehalt hin zu überprüfen. Um der Wahrheit ein Stück näher zu kommen, riskierten die Journalisten viel. Während sie zu Beginn noch von den polnischen Behörden in ihren Reisen unterstützt wurden,[593] verschlechterten sich im Laufe der 1930er Jahre die Möglichkeiten für jüdische Journalisten, nach Deutschland zu reisen im erheblichen Maße. Nicht nur, dass das Auswärtige Amt für jüdische Journalisten so gut wie keine Visa mehr vergab,[594] auch die deutsch-polnische Nichtangriffserklärung erschwerte offizielle, professionsbezogene Reisen. Aus diesem Grund ist anzunehmen, dass sich die aus Warschau entsandten Journalisten in der Regel zwar nicht illegal im nationalsozialistischen Deutschen Reich aufhielten,[595] die eigentlichen Beweggründe für ihre Reise jedoch verschwiegen. Damit liefen sie Gefahr, verhaftet zu werden, und ohnehin riskierten sie als polnische Juden viel, wenn sie sich allein im öffentlichen Raum bewegten.

Ein Beispiel soll an dieser Stelle jedoch zeigen, dass es durchaus zu Begegnungen mit staatlichen Repräsentanten in Deutschland kam und dass es einige jüdische Besucher zu verstehen wussten, sich diese Begegnungen mit deutschen

---

592 Vgl. CZA, A 284 Sammlung Yeshayahu Klinov, File 34, Brief von R. Rubinshtayn an Y. Klinov, Kaunas, 30. Juni 1932, nicht paginiert.
593 Dies trifft z. B. auf die erste Reise von Mark Turkow durch Deutschland zu. Damals wandte sich die Presseabteilung des polnischen Außenministeriums an die Polnische Botschaft in Berlin und bat darum, Turkow vor Ort zu unterstützen. Sie gaben ihm außerdem die nötigen Visa und preisreduzierte Zugtickets. Vgl. AAN, Amb. RP w Berlinie, Sig. 2392, Presseabteilung des MWZ, an die Amb. RP w Berlinie, Warschau, 14. Februar 1933, S. 11.
594 Vgl. PAAA, RZ 701/R 121608, Schreiben des deutschen Generalkonsulats in Palästina, gez. unleserlich, an das AA Berlin, Betr. Vorzugsbehandlung von vollgültigen Presseausweisen versehenen Personen, 16. Juli 1937, Jerusalem, nicht paginiert.
595 Durchreisende Journalisten hatten in der Regel ein Transitvisum. Die Journalisten, die länger vor Ort blieben, reisten eventuell über ein Touristenvisum ein.

und polnischen Staatsbeamten zunutze zu machen. So ist einem Bericht, der offenbar von einem Mitarbeiter oder Informanten der deutschen Gesandtschaft in Warschau, mit deutlichen Sympathien für die NSDAP, verfasst und von dieser an das Auswärtige Amt in Berlin geschickt wurde, zu entnehmen, dass der bekannte Journalist Bernard Singer von der jüdischen Tageszeitung *Nasz Przegląd* im Frühjahr 1933 einen Vortrag über seine kürzlich beendete Deutschlandreise hielt, bei dem er auch seine Quellen offenlegte und erzählte, wie er mit diesen als Journalist umging.[596] Im Bericht, der in seiner Gesamtheit eine klare nationalsozialistische Perspektive hatte, hieß es:

> Im Auswärtigen Amt hat man sich um mich sehr bemüht.[597] Man hat mir alle möglichen Informationen erteilt und als Informator Herrn Dehmann zur Seite gestellt, welcher mir beweisen sollte, daß alle Greuelnachrichten Schwindel sind. Er machte seine Sache sehr geschickt. Er ging mit mir durch die Straßen und wiederholte immer wieder: ‚Nun, Sie sehen ja. Sie gehen durch die Straßen und Sie werden nicht geschlagen.' Ein nichtjüdischer Journalist wäre wahrscheinlich auch auf diese Beweisführung hereingefallen. Die Juden Polens haben aber eine große Praxis in dieser Hinsicht hinter sich. Auch in der jüdischen Gemeinde wollte man ihm, so führte Zynger [sic!] weiter aus, nichts sagen und auch nicht einmal Zahlenmaterial geben. Man habe dort überhaupt abgelehnt, ihn zu empfangen. Es sei ihm aber die Möglichkeit geboten worden, das Material der polnischen Konsulate einzusehen. Er habe dieses Material zum Teil nachgeprüft und es für wahr befunden. Die Eindrücke, die man dabei gewänne, seien schrecklich. Diese Zeit sei aber jetzt schon vorbei und auch die Juden Deutschlands erklären, daß jetzt wieder fast völlige Ruhe herrsche. Es kommt manchmal noch vor, daß ein S.A. Mann einen Juden verprügele, aber das wird auch von den Juden nicht mehr beachtet.[598]

Obwohl es sich bei dem Dokument um eine Quelle aus nationalsozialistischer Perspektive handelt und Singers Aussagen durch diesen ideologisierten Blick nur paraphrasierend wiedergegeben werden, lässt der gewählte Auszug dennoch ei-

---

[596] Neben Singer entsandte die Zeitung im September 1936 noch den Journalisten Saul Wagman nach Deutschland sowie im März 1937 den Schriftsteller und Journalisten Lazar Kahan, der ebenfalls Redakteur der jiddischen Tageszeitung *Unzer Ekspres* war. Vgl. Steffen: Jüdische Polonität, S. 326, Fn. 67. Außerdem verfasste der jüdische Kommunist Isaac Deutscher, der bei der Zeitung seit 1925 zunächst als Journalist und später nur noch als Lektor angestellt war, im Frühjahr 1939 vier Reiseberichte über eine Reise durch Deutschland. Vgl. *Nasz Przegląd* vom 26. und 27. April sowie vom 2. und 4. Mai 1939.

[597] Der Verfasser des Berichts gibt tatsächlich an einigen Stellen die Aussagen von Singer in der Ich-Perspektive wieder.

[598] PAAA, RZ 701/R 121309 DG Warschau, gez. von Moltke, an das AA Berlin, Betr. Vortrag des Journalisten Bernad Zynger im Warschauer Rathaus über die Lage in Deutschland und den jüdischen Boykott deutscher Waren, inkl. Anlage S. 1–6, Warschau, 17. Mai 1933, nicht paginiert. Zum Vortrag von Singer siehe außerdem Kap. 6.2.2.

nige vorsichtige Rückschlüsse auf die Arbeit der Journalisten im Feld zu. So wird offensichtlich, dass die reisenden Redakteure verschiedenste Quellen nutzten, um so Stück für Stück zu einem Gesamtbild zu gelangen. Schriftliche Quellen und behördliche Informationen fanden dabei genauso Verwendung wie Unterhaltungen mit Gesprächspartnern verschiedenster Art und nicht zuletzt auch ganz persönliche Eindrücke und Erlebnisse.[599]

3.5 Zwischenfazit

Ziel dieses Kapitels war es, aufzuzeigen, unter welchen meist schwierigen Bedingungen die Journalisten in Warschau und Berlin arbeiteten und welche Wege sie benutzten, um an ungefiltertes Wissen zu gelangen. Vor allem vier Entwicklungen machten den Zeitungen und Journalisten Leben und Arbeit schwer: erstens die Weltwirtschaftskrise und deren Nachwehen, zweitens die antisemitische Politik des nationalsozialistischen Regimes, drittens der Rechtsruck in Polen selbst und viertens schließlich die Folgen der deutsch-polnischen Nichtangriffserklärung, die in erster Linie in einer verstärkten Zensur ihren Ausdruck fanden.

Obwohl die Entwicklungen in Deutschland bei der Leserschaft der polnisch-jüdischen Tageszeitungen für ein gesteigertes Interesse und damit eine wachsende Aufmerksamkeit sorgten, hatten diese erhebliche ökonomische Probleme. Zum einen waren ihre Leser von der Weltwirtschaftskrise stark betroffen und konnten sich den regelmäßigen Bezug einer Tageszeitung nicht immer leisten, zum anderen sorgten regelmäßige Beschlagnahmungen ganzer Ausgaben durch die Zensur sowie das Wegfallen der deutschen Auslandsabonnements immer wieder für erhebliche Verdienstausfälle. Die Zensur wurde etwa ab Mitte der 1930er Jahre durch die Absprachen im Rahmen der deutsch-polnischen Nichtangriffserklärung 1934, aber auch durch den Rechtsruck in Polen, der nach dem Tod Józef Piłsudskis 1935 eine ganz neue Dynamik bekam, zunehmend stärker und erschwerte die Arbeit aller Journalisten in Polen, die nicht exakt auf Regierungslinie lagen, erheblich. Die jüdische Presse war davon nicht ausgenommen und teilweise stark betroffen.

Gleichzeitig wurden die Arbeitsbedingungen für jüdische Journalisten in Deutschland zusehends prekärer, weshalb der Großteil der jüdischen Auslandskorrespondenten, die in Berlin lebten und für die jüdische Presse in Warschau schrieben, bereits 1933 das Land verließ. Die jiddischen Tageszeitungen War-

---

[599] Aber auch Falschmeldungen blieben nicht aus, wie Daniel Grinberg anmerkt. Vgl. Grinberg: „The Polish-Language Jewish Press", S. 442.

schaus verloren so ihre wichtigsten Quellen für ungefilterte Informationen über die Situation im Deutschen Reich und mussten sich neue Wege suchen, um an Informationen zu gelangen. Diese fanden sie in der Lektüre anderer Zeitungen, insbesondere auch der deutschen Exil- und Untergrundpresse, in Meldungen internationaler Presseagenturen, in Gesprächen mit Geflüchteten und nicht zuletzt in anderen Journalisten, die bereit waren, sie mit Informationen zu versorgen. So schrieben immer wieder jüdische wie nichtjüdische Journalisten aus anderen Ländern für die Zeitungen. Nicht zuletzt entsandten sie selbst immer wieder Journalisten ins Deutsche Reich, um von dort oft unter erheblicher Gefahr zu berichten.

Insgesamt bleibt festzuhalten, dass es den Warschauer jiddischen Tageszeitungen gelang, allen Widrigkeiten zum Trotz bis zum Einmarsch der deutschen Truppen in Polen ihre Leser in – sowohl was die Menge als auch was die Qualität betrifft – beeindruckendem Maße zu informieren. Dies gelang ihnen zum einen, weil sie immer wieder kreative Lösungen für Probleme fanden, zum anderen aber auch, weil sie ihren Beruf und ihre gesellschaftliche Funktion sehr ernst nahmen und bereit waren, sowohl ökonomische Abstriche zu machen als auch sich selbst in Gefahr zu begeben. Nicht zuletzt half ihnen die kollegiale Zusammenarbeit und Solidarität auch über die Grenzen von Redaktionen und politischen Lagern hinweg, die insbesondere in der Arbeit des Vereins der jüdischen Journalisten und Schriftsteller in Warschau ihren Ausdruck fand und nahtlos in der Arbeit der zahlreichen Hilfskomitees und Boykottkampagnen fortgesetzt wurde.

4 Der „Gespenstertanz" beginnt: Schreiben über Nationalsozialismus und Antisemitismus

Im Mai 1933 erhielt das Außenpolitische Amt der NSDAP in Berlin einen Brief der Paul Vangerow GmbH, einer Breslauer Firma, die sich auf die Produktion von Feinpapier sowie den Im- und Export von Künstlerbedarfsartikeln spezialisiert hatte. Dem Schreiben beigelegt war ein Bericht des Inhabers Oskar Vangerow, der sich selbst als Polenkenner beschreibt, sich jedoch in seinem Schreiben selbst als von völkischem Nationalismus verblendeten Antisemiten entlarvt. In dem Bericht hatte Vangerow seine Eindrücke von einer jüngst getätigten Polenreise niedergeschrieben. Darin hieß es unter anderem:

> Nachstehende Beobachtungen machte ich auf einer heute beendeten vierwöchentlichen Reise durch ganz Polen: Wie ich schon in Jugoslawien vor Ostern feststellen konnte, ist die Zentrale des alljüdischen Boykotts in Krakau. [...] In Krakau erscheint der Illustrowany Kuryer Codzienny, der nach Aussage des dortigen deutschen Konsulates zu 75 % in jüdischen Händen ist. Das als gut informiert geltende Blatt wird in ganz Polen viel gelesen, die dort 3–5 Seiten lang täglich aufgetischten Lügen über Deutschland werden von vielen, auch Gebildeten eben geglaubt. Alle Greuelmärchen, die umlaufen, finden ihre erste Verbreitung oder mindestens ihren Nachdruck durch diese Zeitung. Der Boykott und die Ausschreitungen gegen deutsche Schilder gehen ausschließlich von jüdischen Kreisen aus. Die Ursachen sind zweifach; zahlreiche bisher in Deutschland ansässige Juden (es sollen 14.000–16.000 sein) sind nach Polen zurückgewandert und haben Ungeheuerlichkeiten verbreitet. So erscheint ein Jude mit geschlossenen Augen in der Redaktion einer Warschauer jüdischen Zeitung und ließ sich als deutscher Jude, dem die Augen ausgestochen wurden, fotografieren. Die zweite tiefere Ursache der Hetze und des Boykotts erklärte mir ein sehr angesehener Jude in Lódz wörtlich: ‚Wir polnischen Juden haben gar kein Interesse an den 600.000 deutschen Juden. Die haben immer gesagt, dass sie von uns polnischen Juden nichts wissen wollen. Aber wir fürchten, dass es bei uns in Polen einmal genau so kommt, ja so, wie man es Deutschland andichtet und da müssen wir das Land, das so etwas tut, in Misskredit bringen.' Diese offene Erklärung deckt den Zusammenhang vieler Teiläußerungen anderer Juden zu einem richtigen Gesamtbild auf.[600]

Vangerows Bericht, obgleich aus einer nationalsozialistischen und antisemitischen Perspektive herausgeschrieben, gibt dennoch Hinweise darauf, wie die Stimmung innerhalb der jüdischen Bevölkerung Polens kurz nach der Ernennung Hitlers zum Reichskanzler Ende Januar 1933 war. Zwar schenkt Vangerow selbst den Meldungen aus Deutschland keinen Glauben oder gibt dies zumindest vor. Er

---

600 BArch, 62 Di 1, Film 1132/3846, Bericht von Oskar Vangerow, Breslau, 16. Mai 1933, hier zitiert nach VEJ 1/Dok. 43, S. 157–159.

lässt jedoch keinen Zweifel daran, dass vermeintliche „Greuelmärchen" in der Berichterstattung polnischer Zeitungen, insbesondere jener „in jüdischen Händen", einen gewichtigen Platz einnehmen und von ihren Lesern, vor allem den jüdischen, mit großem Interesse verfolgt werden. Tatsächlich sind die polnischen Tageszeitungen in den ersten Monaten des Jahres 1933 voll von Berichten aus und über Deutschland. Das gilt vor allem, aber eben nicht nur für die jüdischen.

Der von ihm angeführte *Illustrowany Kuryer Codzienne* (Illustrierter Täglicher Kurier) hatte mit Tadeusz Heller bis Ende 1932 lange Jahre einen Auslandskorrespondenten in Berlin. Heller, der seit den frühen 1920er Jahren in Berlin als Korrespondent für die Zeitung arbeitete, aber auch für die jüdische Tageszeitung *Nasz Przegląd* literarische Beiträge und kritische Kolumnen verfasste, wurde vom Auswärtigen Amt als „Jude" und „übelster Hetzer" bezeichnet.[601] Dort war man froh, als dieser seinen Berliner Posten 1932 räumte und zurück nach Krakau ging. Es kann nur gemutmaßt werden, ob der Journalist Deutschland freiwillig verließ oder ob er dazu genötigt wurde. Als Kenner der deutschen Entwicklungen aber brachte er Expertenwissen mit zurück in die Krakauer Redaktion. Wahrscheinlich auch deshalb war die Berichterstattung der Zeitung über die Geschehnisse in Deutschland ausgesprochen ausführlich. Dass es wiederum so viele Greuel gab, über die sich berichten ließ, lag aber weder an Heller noch an seinem Arbeitgeber, sondern viel mehr an den Anhängern und Sympathisanten der NSDAP, die Deutschland 1933 mit einer regelrechten Welle antisemitischer Gewalt überzogen.

Daher erscheint auch die Geschichte des Juden, der in Deutschland misshandelt wurde und einer Warschauer jüdischen Zeitungsredaktion von seinen Erfahrungen erzählte, überaus glaubwürdig. Immerhin sind nicht nur zahlreiche solcher und ähnlicher Geschichten in den jüdischen Zeitungen selbst überliefert, auch belegen die massenweise überlieferten diplomatischen Berichte der Polnischen Botschaft in Berlin, dass in den ersten Monaten nach der Machtübertragung vielfach Juden polnischer Herkunft von Angehörigen der SS oder der SA geschlagen und misshandelt wurden.[602] Außerdem bestanden, wie in Kapitel 6 noch gezeigt werden wird, enge Kontakte zwischen den jüdischen Hilfskomitees, die sich um die Erstaufnahme der geflüchteten beziehungsweise ausgewiesenen Juden aus Deutschland in Polen kümmerten, und den jüdischen Journalisten und Redakteuren der Warschauer jüdischen Tageszeitungen. Der Kontakt zwischen

---

601 Vgl. PAAA, RZ 701/R 121608, Alphabetisches Länderverzeichnis zum Journalistenverzeichnis, „Ostjournalistenverzeichnis, handschriftliche Charateristika im Text", gez. Meyer-Heydenhagen, Berlin, 28. Dezember 1932, nicht paginiert.
602 Vgl. z.B. die überlieferten Berichte der Polnischen Botschaft Berlin in AAN, Amb. RP w Berlinie, Sig. 793, 863 und weitere. Siehe außerdem Tomaszewski, Jerzy: „Polish Diplomats and the Fate of Polish Jews in Nazi Germany", *APH* 61 (1990), S. 183–204.

den Opfern antisemitischer Gewalt und den Journalisten, die über diese berichteten, war also oftmals sehr unmittelbar.

Falls Vangerow tatsächlich glaubte, dass die Nachrichten, die in Polen unter Juden im Umlauf waren, nur erlogen sein können, entsprang dies nicht unbedingt allein seinem eigenen Antisemitismus. Wie Yfaat Weiss bemerkte, fanden Angriffe auf Juden in den ersten Monaten des Jahres 1933 primär im Geheimen, wie beispielsweise in den Kellern der Polizei oder in Wirtshäusern der SA, statt, sodass es tatsächlich sein konnte, dass einzelne Bürger, sofern sie nicht für die antisemitische Gewalt sensibilisiert waren, von dieser Praxis vorerst nur wenig wahrnahmen.[603] Davon zeugen nicht zuletzt die Berichte der jüdischen Journalisten aus Warschau selbst, die seit Frühjahr 1933 in großer Zahl durch Deutschland reisten. In ihren Berichten betonten sie immer wieder, dass sich insbesondere in Berlin zeigen würde, dass es nur wenig öffentliche Überfälle auf Juden geben würde. Die Misshandlungen würden stattdessen vielfach im Privaten stattfinden. In der deutschen Provinz, in Kleinstädten und auf den Dörfern gab es solche öffentlichen antisemitischen Gewaltexzesse hingegen sehr wohl.[604]

Neben den angeblichen Falschmeldungen und Übertreibungen nennt Vangerow jedoch noch einen weiteren möglichen Grund für die rege Berichterstattung in jüdischen Zeitungen und den Boykott deutscher Waren in Polen, nämlich die Befürchtung polnischer Juden, „dass es bei uns in Polen einmal genauso kommt" – eine Einschätzung, die sich durchaus auch in jüdischen Quellen findet.

Als der Präsident des *Board of Deputies of British Jews* (Vertretung der britischen Juden) Neville Laski (1890 – 1969) im Auftrag des *Joint* im August 1934 Polen bereiste und mit einer Anzahl jüdischer Führungspersönlichkeiten sprach, traf er sich auch mit dem populären jüdischen Journalisten Bernard Singer von der *Nasz Przegląd*. Singer, der 1925 vom *Haynt* zur *Nasz Przegląd* gewechselt war, seinem alten Arbeitgeber jedoch verbunden blieb und im Laufe der 1930er Jahre immer wieder für die Zeitung schreiben sollte, erklärte, dass die Juden in Polen stark beunruhigt seien. Der Grund dafür war, so glaubte Singer, dass es in Polen viele Antisemiten gäbe, „die der Ansicht sind, dass die Ereignisse in Deutschland eine Rechtsvorschrift für ihre Aktivitäten sind, und sie schämen sich nicht länger dafür Antisemiten zu sein". Er befand ferner, dass „Deutschland in seiner gegenwärtigen Form in Bezug auf Antisemitismus" zwar eine „Abnormalität" sei, betrachtete Polen jedoch als das „Nervenzentrum des Antisemitismus".[605]

---

603 Vgl. Weiss: Deutsche und polnische Juden, S. 106.
604 Siehe z. B. die Reportage von Shlomo Mendelsohn im Kap. 5.4.3.
605 YVA, M.72 Joint Distribution Collection – Copies of Microfilms, #788, Poland, General 1936, Neville Laski, „Report on Journey to Austria, Poland and Danzig. August 15 to 31, 1934, S. 2 – 21,

Mit dieser Haltung stand Singer nicht allein da. Dass man im Aufstieg der Nationalsozialisten eine Gefahr für Leib und Leben erkannte, zeigt sich sehr gut an einem Zitat, das aus der Feder des *Haynt*-Redakteurs Yekhezkl-Moyshe Nayman stammt. Nachdem die nationalsozialistische Regierung ihre Macht nach den letzten vermeintlich freien Reichstagswahlen am 5. März 1933 endgültig konsolidiert hatte und es im Zuge dessen erneut zu offenem Terror gegen Kommunisten, Sozialisten und Juden gekommen war, verfasste Nayman eine Kolumne, die den Titel „Ein Brief an einen deutschen Juden" trug. Darin versuchte der Journalist die gefühlte Bedrohung und die Angst, die sich unter vielen Juden in Polen ausgebreitet hatte, in Worte zu fassen. In seiner Kolumne wagte Nayman einen Vergleich zwischen der Situation deutscher und polnischer Juden und erklärte, welche Gefühle der Wahlgewinn in ihm ausgelöst hatte. Er schrieb:

> Schon möglich, dass meine traurigen Gedanken und Gefühle von einer Überempfindlichkeit kommen. Was kann ich aber dagegen tun, dass wir polnische Juden schon schwer geprüft sind von den Bewährungen? Jedes Unglück lässt uns erzittern und mitfiebern. Es hat keinen Sinn die Augen zu verschließen. Man darf angeekelt sein und die Wahrheit sehen. Sich selbst zu narren ist eine unheilbare Krankheit. Den traurigen Tag vom März 1933 haben wir mit einem Schrecken überlebt, mit Verschämtheit, mit Hilflosigkeit. Wir haben gefühlt, dass Hitlers Schwert nicht nur über eure Köpfe fliegt.[606]

Hitlers Schwert, das der Redakteur auch über seinem eigenen Kopf hängen sah, führte ihm vor Augen, dass der deutsche Diktator es geschafft hatte, Juden wieder zu „Stuben-Knechten" zu machen.[607] Für Nayman stellte dies eine schmerzliche Erkenntnis dar, weil es ihm bewusst machte, dass trotz aller kultureller Anpassung der Juden an die deutsche Mehrheitsgesellschaft sich der Judenhass eher verstärkt als verringert hatte. Dies bedeutete in seinen Augen, dass weder der jüdische Weg in Polen, die stolze Selbstbehauptung, noch der jüdische Weg in Deutschland, die Assimilation, der richtige Weg zur Eindämmung des Antisemitismus gewesen sei. Naymans Beitrag zeigt auf eindrückliche Weise, wie sich viele der jüdischen Intellektuellen in Warschau, darunter die Publizisten und Journalisten, dem Themenkomplex Nationalsozialismus und Antisemitismus annäherten, nämlich mit einer Kombination aus ehrlichem Interesse für das Schicksal der Juden in Deutschland und Befürchtungen, die sich aus eigener individueller und kollektiver Erfahrung mit Antisemitismus genauso speisten wie aus professio-

---

hier S. 15. Der Bericht und Teile aus den zwei Interviews, die Laski mit Singer führte, werden auch bei Hagen zitiert. Vgl. Hagen: „Before the ‚Final Solution'", S. 357.
606 Nayman, Yekhezkl-Moyshe: A briv tsu a daytsher yid, in *Haynt*, 10. März 1933, S. 9.
607 Nayman, Yekhezkl-Moyshe: A briv tsu a daytsher yid, in *Haynt*, 10. März 1933, S. 9.

neller Expertise. All das spiegelt sich auch in den in diesem Kapitel thematisierten Artikeln wider.

Im Laufe der 1930er Jahre äußerten sich viele Journalisten, insbesondere auch die festangestellten Redakteure der jüdischen Tageszeitungen in Warschau, zu den Geschehnissen in Deutschland. In ihren Artikeln, politischen Kolumnen und Reportagen versuchten sie die antisemitischen Vorkommnisse in Deutschland und Polen gleichermaßen zu thematisieren und einzuordnen. Sie nehmen dabei erste Deutungsversuche vor, präsentieren Fakten und Zahlen und analysieren die Ursachen der Entstehung sowie die offensichtliche Anziehungskraft des Antisemitismus auf die Menschen im nationalsozialistischen Deutschland. Sie, die Nachrichten schrieben, redigierten und veröffentlichten, präsentierten Fakten, Wissen, Vorstellungen und Bilder der sich in Deutschland in den 1930er Jahren anbahnenden Katastrophe und prägten damit die Vorstellungswelten von Juden in Polen über das nationalsozialistische Deutschland, jüdisches Leben in Deutschland sowie den Umgang damit im hohen Maße.[608]

Gegenstand dieses Kapitels wird es sein, sich diesen Meinungen und Eindrücken, die bisweilen auf persönliche und direkte Erfahrungen in Deutschland selbst zurückgehen, auf individueller wie kollektiver Ebene anzunähern. Dafür werden als erstes die Spätphase der Weimarer Republik und das Jahr 1933 in den Blick genommen, da die politischen und gesellschaftlichen Entwicklungen, die sich zwischen 1930 und 1933 im Deutschen Reich vollzogen hatten, die Weltöffentlichkeit und insbesondere die jüdische Öffentlichkeit erschütterten. Im Zentrum stehen die Machtübertragung an Hitler am 30. Januar 1933 und die darauffolgenden Monate, die von der Umwandlung der Weimarer Demokratie in eine zentralistische Diktatur gekennzeichnet waren und von der Einführung antijüdischer Gesetze, Gewalt und Terror begleitet wurden. Ausgehend von diesem Punkt wird eine erste Bestandsaufnahme durchgeführt, die aufzeigen wird, wie die Zeitungsmacher auf die ersten in Warschau eintreffenden Nachrichten reagierten, welches Wissen sie generierten und wie sie dieses deuteten. Doch nicht nur die Redakteure in Warschau sollen dabei zu Wort kommen, auch die Berliner jüdischen Korrespondenten, die in den ersten sechs Monaten des Jahres 1933 fast täglich Berichte nach Warschau schickten und ihre Expertise darboten, werden mit in die Analyse integriert. Abschließend werden theoretische Analysen ausgewählter Journalisten und Publizisten über Antisemitismus und Nationalsozialismus vorgestellt, die exemplarisch für die Arten und Weisen stehen sollen, wie

---

608 Diese Aussage ist angelehnt an Hasia R. Diner, die in Bezug auf die Rolle der jüdischen Presse für die Erinnerung an den Holocaust in den Vereinigten Staaten so argumentierte. Vgl. Diner, Hasia R.: We remember with Reverence and Love: American Jews and the Myth of Silence after the Holocaust, 1945–1962, New York 2009, S. 109.

jüdische *Shrayber* und *Tuer* aus Warschau über die politischen Entwicklungen in Deutschland dachten und nachdachten. Im Zentrum steht hierbei nicht die Rezeption einzelner konkreter Ereignisse, wie antisemitischer Gesetzesvorlagen oder Übergriffe, sondern viel mehr analytische Deutungsversuche, die sich darum bemühen, zu beantworten, warum all das gerade in Deutschland geschah und weshalb es ausgerechnet die Juden traf.

4.1 Erste Reaktionen auf Gewalt und Verfolgung

Ähnlich wie in Polen lebten auch in Deutschland die meisten Juden in Großstädten wie etwa Berlin oder Frankfurt. Einem Zensus von 1933 zufolge zählte die jüdische Bevölkerung etwa eine halbe Million und war damit deutlich kleiner als die jüdische Bevölkerung Polens.[609] Und anders als in Polen gehörte die jüdische Bevölkerung in Deutschland ebenso mehrheitlich dem städtischen Mittelstand an, waren Teil der kulturellen, wissenschaftlichen und literarischen Intelligenz und darüber hinaus sehr gut in das gesellschaftliche Leben der Mehrheitsbevölkerung integriert.[610] Im direkten Vergleich waren die Juden in Deutschland im Schnitt also wirtschaftlich und gesellschaftlich bessergestellt als die große Mehrheit der Juden in Polen. Dies zeigt sich nicht zuletzt daran, dass ihr wirtschaftlicher Niedergang erst nach 1933 nach und nach einsetzte, während ein Großteil der jüdischen Bevölkerung in Polen seit Gründung der Zweiten Polnischen Republik um ihre wirtschaftliche Existenz rangen musste.[611]

Auch das Verhältnis zum jüdischen Glauben und zur jüdischen Zugehörigkeit der deutschen Juden war anders als das ihrer östlich der Oder lebenden jüdischen Nachbarn. Viele Juden in Deutschland identifizierten sich stärker mit der deutschen Gesellschaft denn mit einer etwaigen jüdischen Zugehörigkeit. Sie verstanden sich auf sozialer, kultureller und politischer Ebene als Teil der deutschen Nation, betrachteten sich als deutsche Staatsbürger jüdischen Glaubens und behielten eine „zwar stark gelockerte, aber doch gelebte Bindung an Herkunft und Glauben".[612] Eine derart gelagerte, lockere religiöse Bindung, schlug sich auch in den Gemeindezahlen nieder. Während die liberalen Strömungen im deutschen Judentum einen regen Zulauf an Mitgliedern verbuchen konnten, hatten die orthodoxen Gemeinden vielfach Probleme.[613]

---

609 Ein Fünftel davon besaß keine deutsche Staatsbürgerschaft.
610 Vgl. VEJ 1/Einleitung, S. 29.
611 Vgl. Steffen: Jüdische Polonität, S. 315.
612 VEJ 1/Einleitung, S. 30.
613 Vgl. VEJ 1/Einleitung, S. 30.

Deutlich hervor treten die Unterschiede auch in der nahezu vollkommenen Abwesenheit jüdischer Parteien und politischer Gruppen, wie sie es in Polen gab. Es lag Juden in Deutschland vielfach fern, „sich als nationale Minderheit zu verstehen und eine spezielle Partei zu gründen".[614] Wenn sich Juden organisierten, dann taten sie das in den regulären deutschen Parteien. Besonders die liberalen, kommunistischen und sozialistischen, aber auch die deutschnationalen Parteien hatten zahlreiche jüdische Mitglieder.[615] Parallel zu dieser Entwicklung sahen sich die deutschen Juden wie auch die jüdischen Migranten aus Ost- und Ostmitteleuropa in Deutschland in der Weimarer Republik aber einem wachsenden gesellschaftlichen und sich radikalisierenden Antisemitismus ausgesetzt, der sich nach 1930 besonders in der nationalsozialistischen Bewegung und antisemitischen Straßenterror manifestierte.[616]

Die politischen, wirtschaftlichen und sozialen Folgen der Weltwirtschaftskrise hatten gegen Ende der Weimarer Republik zu einer angespannten gesellschaftlichen Lage geführt, die sich auf dem politischen Parkett widerspiegelte. Am Ende der 1920er Jahre rangen mehrere politische Kräfte um die Macht, und in Berlin herrschten teils bürgerkriegsähnliche Zustände. Vor diesem Hintergrund forcierte Kurt von Schleicher (1882–1934), ein deutscher Offizier, der im Dezember 1932 von Hindenburg zum Kanzler ernannt wurde, Vorbereitungen für die Ausrufung eines Staatsnotstands.[617] Schleichers Plan sah es vor, den Reichstag befristet auszuschalten, bis sich die politische Lage wieder beruhigt hatte. Sein längerfristiges Ziel war es, „die parlamentarische Regierungsweise nach dem Abflauen der Wirtschaftskrise und dem damit einhergehenden Einfluss der extremistischen Parteien" wiederherzustellen.[618] Öffentlich versuchte er, den Par-

---

[614] VEJ 1/Einleitung, S. 30.
[615] Obwohl es also so scheint, als wenn für viele Juden ihre jüdische Zugehörigkeit gegen Ende der Weimarer Republik nur noch eine untergeordnete Rolle spielte, schreibt Trude Maurer dennoch, dass die wissenschaftliche Forschung für die Frage nach einem jüdischen Bewusstsein den Organisierungsgrad der jüdischen Bevölkerung in Vereinen bedenken sollte. Trotz dessen lässt sich gegen Ende der Weimarer Republik eine gewachsene Integration der jüdischen Bevölkerung in die deutsche Mehrheitsbevölkerung nachweisen, was sich ebenso in den steigenden Zahlen von Anstellungen im öffentlichen Bereich und im Beamtenwesen sowie an interreligiösen Ehen zeigt. Vgl. Maurer, Trude: „Die Juden in der Weimarer Republik", in: Dirk Blasius und Dan Diner (Hrsg.): *Zerbrochene Geschichte. Leben und Selbstverständnis der Juden in Deutschland*, Frankfurt am Main 1991, S. 102–120, hier S. 119–120.
[616] Den prägendsten und bis heute einflussreichsten Aufsatz zur antisemitischen Kultur im deutschen Kaiserreich vor und nach dem Ersten Weltkrieg hat Shulamit Volkov vorgelegt. Vgl. Volkov, Shulamit (Hrsg.): „Antisemitismus als kultureller Code", in *Jüdisches Leben und Antisemitismus im 19. und 20. Jahrhundert: zehn Essays*, München 1990, S. 13–36.
[617] Vgl. Kolb, Eberhard: Die Weimarer Republik, München 2013, S. 147.
[618] Kolb: Die Weimarer Republik, S. 147.

teien am rechten und linken Rand den Wind aus den Segeln zu nehmen, indem er ein Arbeitsprogramm aufstellte und darauf verwies, dass er die Arbeitslosigkeit bekämpfen und die Wirtschaft ankurbeln wolle. Ferner übte er Kritik am Kapitalismus und am Sozialismus gleichermaßen, was ihn in Konflikt mit Interessengruppen auf beiden Seiten brachte. Es dauerte nicht lange und auch innerhalb der Regierungskreise regten sich Widerstände gegen Schleichers Regierungsprogramm. Vor allem die politische Rechte sah in Schleicher einen Verräter am autoritären Staat und suchte in der Folge die Nähe zu Hitler und seiner Partei, der NSDAP. In eben jenem Zeitraum kam es im Hintergrund zu ersten Kontakten und Verhandlungen zwischen Hitler, Reichspräsident Paul von Hindenburg (1847–1934) und dem damals parteilosen Politiker Franz von Papen (1879–1969), die darauf abzielten, Schleicher zu stürzen, wobei die ursprüngliche Initiative von Schleichers gestürztem Vorgänger von Papen ausging.[619] Nachdem im Juli 1932 die NSDAP erneut als stärkste Partei aus der Reichstagswahl hervorgegangen war, wurde sie in den Augen eines Teils der bürgerlichen Parteien erstmals zu einem möglichen Koalitionspartner.[620] Damit einher ging, dass antisemitische Gedanken und theoretische Konzepte der Judenfeindschaft langsam aber sicher immer weiter in die Sphäre der parlamentarischen Politik vordrangen, was der Historiker Dirk Walter als ein spezifisches Kennzeichnen der NSDAP-Politik seit den Reichstagswahlen im September 1930 ansieht.[621] Dies zeigte sich unter anderem auch daran, dass erstmals vor einer Reichstagswahl öffentlichkeitswirksam und vonseiten der Rechten lanciert über die sogenannte Judenfrage diskutiert wurde. Diese Tatsache jedoch führte mitnichten dazu, dass die bürgerliche Mitte von etwaigen Koalitionsplänen wieder abrückte. Dasselbe gilt für antisemitische Äußerungen von NSDAP-Politikern und für die Zunahme antisemitischer Terroranschläge vonseiten der SA, für die neben Sozialisten und Kommunisten Juden das zentrale Feindbild und ein bevorzugtes Angriffsziel darstellten.[622] Vor dem Hintergrund dieser Verhandlungen und politischen Entwicklungen lehnte Hindenburg Schleichers Antrag ab, den Reichstag ohne Neuwahlen aufzulösen. Schleicher trat daraufhin am 28. Januar 1933 von sich aus zurück, bevor er bei der

---

619 Vgl. Kolb: Die Weimarer Republik, S. 149.
620 Die NSDAP ging mit 37,3 % aus den Wahlen hervor und hatte damit einen Zugewinn von 19 % gegenüber den letzten Wahlen. Weiterführende Informationen zu der Zusammensetzung der Präsidialkabinette zwischen 1930 und 1933 vgl. Rödder, Andreas: „Reflexionen über das Ende der Weimarer Republik. Die Präsidialkabinette 1930–1932/33. Krisenmanagement oder Restaurationsstrategie?", *Vierteljahrshefte für Zeitgeschichte* 47/1 (1999), S. 87–101.
621 Vgl. Walter, Dirk: Antisemitische Kriminalität und Gewalt: Judenfeindschaft in der Weimarer Republik, Bonn 1999, S. 236.
622 Vgl. Walter: Antisemitische Kriminalität, S. 231–236.

nächsten Reichstagssitzung vom 31. Januar dazu hätte gezwungen werden können. Nur zwei Tage später, am 30. Januar 1933, ernannte Hindenburg, wenn auch etwas zögernd, Adolf Hitler zum neuen Reichskanzler und beauftragte ihn, ein Koalitionskabinett zu bilden.[623] Einen willigen Koalitionspartner fand die NSDAP in der nationalkonservativen *Deutschnationalen Volkspartei* (DNVP). Beide Parteien einten neben dem offenkundigen Ziel der Überwindung der Wirtschafts- und Staatskrise auch zahlreiche politische Forderungen. So forderten beide einen Stopp der Reparationszahlungen und die Revision des Versailler Vertrages. Beide wollten die Wiederaufrüstung und die Remilitarisierung des Rheinlandes. Vor allem aber einten DNVP und NSDAP ihr deutsch-nationales, militaristisches und zumindest in Teilen völkisches Weltbild sowie ihr Antisemitismus und ihre tief empfundene Abscheu für den demokratischen Pluralismus der Weimarer Republik.[624]

4.1.1 Die Spätphase der Weimarer Republik

Mit der sich zuspitzenden politischen Lage und der zunehmenden politischen und antisemitischen Gewalt seit 1930, verstärkt aber seit 1932, räumten die Zeitungsmacher in Warschau den Entwicklungen im Nachbarland zunehmend mehr Platz in ihren Zeitungen ein, und es zeigt sich, dass bereits in den Jahren vor 1933 Schlagzeilen über neue politische Entwicklungen in Deutschland oftmals die Titelseiten und den Mantelteil der jüdischen Zeitungen in Warschau dominierten.

Die wohl wichtigsten Informationen stammten zu jener Zeit aus der Feder der jüdischen Auslandskorrespondenten. Ihre unzähligen Berichte, die ihren Weg von Berlin nach Warschau fanden, setzten die Redakteure in Warschau sowie die Leser der Zeitungen über die Gefahr, die von den Nationalsozialisten für Juden, Sozialisten und Kommunisten in Deutschland ausging, in Kenntnis. Als es während der Reichstagseröffnung am 13. Oktober 1930 zu antisemitischen Ausschreitungen von Anhängern und Sympathisanten der NSDAP in Berlin gekommen war, im Zuge derer etliche jüdische Geschäfte und Warenhäuser demoliert und geplündert wurden, berichtete der Journalist Yeshayahu Klinov darüber im *Haynt*.[625] Am selben Tag klärte Hermann Swet die Leser der Zeitung in einem längeren Artikel über den Zusammenhang zwischen antisemitischen Reden von Mitgliedern der NSDAP im deutschen Reichstag und dem „organisierten Angriff

---

623 Für die letzten drei Absätze vgl. Walter: Antisemitische Kriminalität, S. 148–150.
624 Vgl. VEI 1/Einleitung, S. 30.
625 Vgl. Klinov, Yeshayahu: Hitler-leyt pogromiren di greste yidishe gesheften in Berlin, in *Haynt*, 16. Oktober 1930, S. 3.

auf jüdische Geschäfte" auf.[626] Als Juden osteuropäischer Herkunft erkannten sie das antisemitische Moment, das den Krawallen innewohnte, sofort. Im Gegensatz dazu ging in der öffentlichen Debatte um die Vorkommnisse in der deutschen Medienlandschaft der antisemitische Hintergrund des Geschehens fast komplett unter.[627] Auch die Reichstagswahlen im Juli und November 1932,[628] die bürgerkriegsähnlichen Auseinandersetzungen zwischen Kommunisten, Sozialisten und Nationalsozialisten sowie antisemitische Übergriffe jeglicher Art wurden von den jüdischen Auslandskorrespondenten mit analytischen Artikeln und beschreibenden Berichten engmaschig begleitet.[629] So erschien Mitte Oktober in der orthodoxen Zeitung *Dos Yudishe Togblat* beispielsweise ein ausführlicher Artikel über die Stimmung unter deutschen Juden kurz vor den Parlamentswahlen, den die Zeitung über einen ihrer Berliner Korrespondenten erreichte.[630] H. Iulski, ein Korrespondent der *Naye Folkstsaytung*, von dem leider nicht mehr als der Name, wahrscheinlich ein Pseudonym, bekannt ist, klärte im August 1932 wiederum in seinem Artikel „Die deutschen Juden im faschistischen Feuer" die Leser ausführlich über den Zusammenhang von nationalsozialistischer Propaganda, antisemitischer Hetze und einer allgemeinen Atmosphäre des Hasses gegen Juden auf.[631] Als jüdischer Sozialist äußerte er zugleich Kritik an der jüdischen Bevölkerung in Deutschland, denn er glaubte zu erkennen, dass diese bisher kein größeres Interesse daran zeigte, sich darum zu bemühen, etwaige brauchbare Strategien im Kampf gegen den Antisemitismus zu entwickeln. Den Abwehrkampf des bereits erwähnten CV, der sich 1893 gegründet hatte, hielt er für unzureichend. In Reaktion auf die Zunahme antisemitischer Gewalttaten gründete der Verein 1928 in der Berliner Wilhelmstraße ein Büro, das sich bis 1933 der Dokumentation des nationalsozialistischen Antisemitismus widmete. Iulski wusste die Arbeit des Vereins durchaus zu schätzen, beklagte aber dennoch, dass die Vereinsmit-

---

626 Swet, Herman: Der behole'diger hoyshane-ra'be-tag in Berlin, in *Der Moment*, 17. Oktober 1930, S. 3.
627 Vgl. Walter: Antisemitische Kriminalität, S. 210.
628 Vgl. z. B. Swet, Herman: Es blaybt alets vi geven ... tsi konen di daytshen yuden zayn tsufriden mit'n oysgang fun di vahlen?, in *Der Moment*, 9. November 1932, S. 3; Fon-Papen's shtern zinkt ..., in *Der Moment*, 13. November 1932, S. 3.
629 Vgl. z. B. Klinov, Yeshayahu: Berlin geht tsu fus, in *Haynt*, 7. November 1932, S. 3; PAT: Blutige kamfn oyf di berliner gasn, in *Naye Folkstsaytung*, 23. Januar 1933, S. 1; N. N.: A blut-bad oyf a komunistisher farsamlung in Dresdn, in *Naye Folkstsaytung*, 26. Januar 1933, S. 1.
630 Vgl. Shushni-Zhev, M.: Dos daytshe yudentum erev di paralment vahlen, in *Dos Yudishe Togblat*, 13. Oktober 1932, S. 6. Über den Verfasser des Textes liegen keine weiteren Informationen vor. Möglicherweise handelte es sich dabei um Nuchem Goldrosen.
631 Vgl. Iulski, H.: Di daytshe yidn in fashistishn fayer, in *Naye Folkstsaytung*, 2. August 1932, S. 4.

glieder zwar mit „jede[r] Kleinigkeit, die irgendwo in einem Winkel, in einem Dorf in Deutschland" geschehen sei, „bewaffnet" seien, dass man sich aber trotzdem seit über vierzig Jahren nur damit beschäftigen würde, antisemitischen Wissenschaftlern nachzuweisen, dass sie mit ihren Analysen falsch liegen.[632] Die Taktik der reinen Aufklärungsarbeit stand für den Bundisten im Widerspruch zu der eher aktivistischen Praxis von Juden aus Ost- und Ostmitteleuropa, auf Antisemitismus zu reagieren, und ging für ihn letztlich am eigentlichen Ziel vorbei. Zwar war die Dokumentationsarbeit auch bei den jüdischen Zeitungsmachern ein enorm wichtiger Baustein im Kampf gegen Antisemitismus, aber wie in Kapitel 2 beschrieben, einer von vielen, der auch nur in Kombination mit dem Kampf um die eigenen Rechte und organisiertem Selbstschutz funktionierte.

Mit seinem Umzug nach Berlin im Jahr 1920 erlebte der Berliner Korrespondent der *Naye Folkstsaytung* Nathan Frenkel, wie sich die völkische und antisemitische Bewegung in der Weimarer Republik ausbreitete und schließlich in den Aufstieg der NSDAP mündete. Als der Sozialist nach den Reichstagswahlen im Juni 1932 einen seiner Berichte aus Berlin nach Warschau schickte, machte er für den Aufstieg die deutsche Bourgeoisie verantwortlich, also die herrschende Mittel- und Oberschicht, die im Besitz der Produktionsmittel war. Der klassischen marxistischen Analyse folgend schrieb er, dass die Bourgeoisie „das letzte Feigenblatt fallen gelassen", „die Mörderbanden in den Hitler-Uniformen mobilisiert" hätte und sich nun an deren „banditenmäßigen Taten" erfreuen würde.[633]

Neben der teils nüchternen, teils reißerischen Wiedergabe von Fakten, Ereignissen und Zahlen, war die Berichterstattung primär von zwei Dingen geprägt, nämlich erstens von der Hoffnung, dass die Nationalsozialisten nicht an die politische Macht gelangten, und zweitens von der Befürchtung, dass den linken politischen Kräften sowie der jüdischen Minderheit bei einem weiteren Aufstieg der Nationalsozialisten in Deutschland noch Schlimmeres drohen könnte.

---

632 Ausführlich zu den Strategien des Abwehrkampfes des CV gegen Antisemitismus siehe Krah, Franziska: „Ein Ungeheuer, das wenigstens theoretisch besiegt sein muß". Pioniere der Antisemitismusforschung in Deutschland, Frankfurt am Main/New York 2016, S. 337–393.
633 Natan, F. [Frenkel, Nathan]: In fayer fun kamf, in *Naye Folkstsaytung*, 8. Juli 1932, S. 7. Insgesamt konnten sich Juden in Polen über den nationalsozialistischen Terror, der sich gegen Kommunisten und Sozialisten gleichermaßen richtete, vor allem in der *Naye Folkstsaytung* informieren, die sich diesem Thema aus naheliegenden Gründen weit intensiver widmete als die bürgerlichen Blätter. Aber auch die bürgerliche jiddische Presse verschwieg nicht, dass zu Beginn der 1930er Jahre neben Juden primär Kommunisten und Sozialisten im Zentrum der Verfolgung standen. Vgl. Klinov, Yeshayahu: Masen-aresten fun komunistishe un patsifistishe firer, in *Haynt*, 1. März 1933, S. 2; Svet, Herman: Di „unbezigbare" bezigte. Etlikhe verter vegen khurbn fun der daytsher sotsial-demokratie, in *Der Moment*, 7. Juli 1933, S. 3.

Auffällig ist dabei, dass sich beide Haltungen und Gefühlslagen in allen politischen Spektren wiederfinden lassen, allerdings auf unterschiedliche Arten und Weisen. Besonders unter den Journalisten der *Naye Folkstsaytung* war ein inhärenter Optimismus weit verbreitet, wie ein Artikel des Publizisten und Bundisten Józef Chmurner zeigt.[634] Unter der Parole „Deutschland ist nicht Italien!" schätzte dieser Ende 1932 die Chancen für einen Sieg der deutschen Arbeiterbewegung gegen den deutschen Faschismus noch relativ gut ein.[635] Auf Grundlage des Wissens um die einstige Stärke der deutschen Arbeiterbewegung vertrat er die Ansicht, dass Hitlers „Sturm-und-Drang-Zeit" vorbei war, da sich die deutsche Arbeiterbewegung auf eine breite Massenbasis sowie auf eine große Erfahrung im politischen Klassenkampf stützen konnte.[636] Bisher sei es den Arbeiterführern gelungen, einen Großteil der deutschen Arbeiter und Kleinbürger erfolgreich vom Übertritt zur NSDAP abzuhalten. Zudem glaubte er, dass auch die bürgerlichen Parteien endlich erkannt hätten, dass sie sich nicht auf eine unberechenbare und undurchsichtige Person wie Adolf Hitler verlassen könnten.

Chmurners Glaube an die Macht der deutschen Arbeiterbewegung kann daher als durchaus repräsentativ für die Haltung vieler Redakteure und Journalisten, die für das Zentralorgan des *Bund* schrieben, gelten. Sie glaubten an den historischen Materialismus und hofften zum Teil bis weit in die 1930er Jahre auf eine deutsche Revolution, welche die Arbeiterschaft an die Macht bringen würde.[637] Als Marxisten glaubten die jüdischen Journalisten der *Naye Folkstsaytung* an das Naturgesetz des Fortschritts sowie an die Kraft der Aufklärung durch Bildung. Sie waren durch den Glauben an eine bessere, sozialistische Utopie miteinander verbunden und richteten ihre Gegenwartsanalysen daher oft auf die

---

634 Yosef Gorny spricht in Bezug auf den *Bund* von einem „strukturellen utopischen Optimismus", der zusammen mit der bundistischen Weltsicht eine gemeinsame jüdische Front gegen Faschismus und Antisemitismus bis 1939 sowie eine Analyse des Antisemitismus fernab der marxistischen Analyse verhindert hätte. Im Widerspruch dazu steht, dass Gorny in seinem Buch über jüdische Pressereaktionen auf den Holocaust jüdischen Intellektuellen gleich welcher politischen Sozialisation eine Art inhärenten Optimismus attestierte. Obwohl Gornys Buch *Converging Alternatives* überaus erhellend ist, ist es doch stark von einer pro-zionistischen Perspektive geprägt, die bisweilen einen wertfreien Blick auf den *Bund* und sein Schaffen verstellt. Vgl. Gorny, Yosef: Converging Alternatives. The Bund and the Zionist Labor Movement, 1897–1985, Albany 2006, S. 113–114; The Jewish Press and the Holocaust, S. 220. Zur Kritik an Gornys Buch vgl. Rubin, Adam: „Review of ‚Converging Alternatives: The Bund and the Zionist Labor Movement, 1897–1985'", *Shofar* 27/1 (2008), S. 194–196.
635 Khmurner, Yosef: Daytshland is nit keyn Italie, in *Naye Folkstsaytung*, 11. Dezember 1932, S. 3.
636 Khmurner, Yosef: Daytshland is nit keyn Italie, in *Naye Folkstsaytung*, 11. Dezember 1932, S. 3.
637 Vgl. z. B. Pat, Yakov: „Vi halt ir es oys?"..., in *Naye Folkstsaytung*, 30. Oktober 1938, S. 5; A par teg in Berlin, in *Naye Folkstsaytung*, 19. und 21. August 1938, jeweils S. 5.

Zukunft aus – unter Bezugnahme positiver Beispiele aus der Geschichte. So verbanden sie politische und pädagogische Ziele mit ihren Artikeln, um ihren Lesern Mut zu machen und um zu zeigen, dass es sich lohnte, für eine bessere Welt frei von kapitalistischen Herrschaftsverhältnissen zu kämpfen.

Gleichzeitig gab es im Redaktionskollektiv der *Naye Folkstsaytung* aber auch schon frühzeitig Stimmen, die die reformistische Haltung der SPD anklagten. So zeigen andere Artikel und politische Kommentare anderer *Shrayber* wie Wiktor Alter oder Henryk Erlich, dass die bundistischen Journalisten von der Entschlossenheit, mit der Hitler und seine Gefolgsleute auftraten, ihren Reden, die nichts Gutes erahnen ließen, und den Nachrichten über die einsetzende Verfolgung von Kommunisten und Sozialisten zutiefst alarmiert waren.[638] Im Gegensatz zu zahlreichen anderen zeitgenössischen marxistischen nationalen wie internationalen Denkern und Politikern verschwiegen die bundistischen *Shrayber* nicht, dass die deutsche Arbeiterbewegung nach der Machtübertragung an Hitler quasi mehr oder minder widerstandslos besiegt und beseitigt wurde.[639] Daher kritisierten Redakteure dieses Lagers das Verhalten der Führer der deutschen Arbeiterbewegung und warfen ihnen Versagen vor, eine Haltung, die so auch von einer Minderheit innerhalb der SAI vertreten wurde und insgesamt der offiziellen Doktrin der Dritten Internationale (Komintern) recht nahe stand.[640] In dieser Denklinie wurden die Sozialdemokraten als Reformisten beschuldigt, die sich dem falschen Bündnispartner, also den „Kapitalisten", angedient hätten und es nicht schafften, einen bewaffneten Widerstand zu organisieren.[641] Das fehlende

---

638 Vgl. z. B. Alter, Viktor: Der berliner simbol, in *Naye Folkstsaytung*, 25. Januar 1932, S. 3 Auch in den Reiseberichten von Henryk Erlich und Jakob Pat wird die Vernichtung der Arbeiterklasse beklagt, dazu siehe Kap. 5.
639 Vgl. dazu Maruszyk, Oliver und Natascha Müller: Marxistische Faschismusanalyse als Zeitdiagnose. Zur unterschiedlichen Rezeption des Nationalsozialismus, München 2014, S. 79–80.
640 Vgl. Grinberg: „The Polish-Language Jewish Press", S. 436. Trotz aller Kritik befürworteten viele bundistische *Shrayber* auch die Bildung einer Einheitsfront aus Kommunisten und Sozialisten gegen den Faschismus/Nationalsozialismus. Beispielhaft dafür ist die Befürwortung eines Artikels des jüdischen Kommunisten Isaac Deutscher in der kommunistischen Zeitschrift *Literarishe Tribune* vom Juli 1932, in welchem er zur Einheitsfront aufrief. Der Artikel verstieß gegen die Parteilinie der KPP, weshalb Deutscher in der Folge von der Partei ausgeschlossen wurde. In der *Naye Folkstsaytung* aber bewunderte man ihn für den Artikel und kommentierte halb ernst, halb polemisch, dass er darin fast eine bundistische Haltung eingenommen hätte. Vgl. Krakovski, A. [Deutscher, Isaac], Di Gefahr fun kultur-barbarizm in Daytshland, in *Literarishe Tribune*, Nr. 7 (30), Juli 1932, S. 1–4; A.: „Konfiskirt", in *Naye Folkstsaytung*, 5. August 1932, S. 4.
641 Vgl. Alter, Viktor: Nokh vegn Daytshland, in *Naye Folkstsaytung*, 12. August 1932, S. 4; Erlich, Henryk: Hitler – kantsler fun Daytshland, in *Naye Folkstsaytung*, 31. Januar 1933, S. 3. Gleichzeitig gingen die bundistischen Schreiber aber noch einen Schritt weiter und kritisierten auch die Kommunisten, die den falschen Feind bekämpfen würden, nämlich die Sozialdemokraten, die in

„Rückgrat der SPD", die bis dahin eine der mächtigsten Parteien in der SAI gewesen war, sowie der deutschen Gewerkschaften, die „sich nicht zu einem Generalstreik hatten durchringen können",[642] führten Redakteure der *Naye Folkstsaytung* immer wieder als Erklärung dafür an, warum die internationale Arbeiterbewegung im Kampf gegen den Faschismus versagt hatte.[643] Die politische Realität in NS-Deutschland stellte also, wie im Laufe des Kapitels noch deutlicher ausgeführt werden wird, für die oftmals theoretisch geschulten jüdischen Marxisten eine politisch komplexe Herausforderung dar, da sie den politischen Faschismus- und Antisemitismusanalysen des *Bund* wie auch der Arbeiterbewegung im Allgemeinen zum Teil diametral entgegenstanden.[644]

Auch bei den Journalisten und Redakteuren der bürgerlichen jiddischen Presse lagen Hoffnung und Pessimismus oftmals dicht beieinander. Die politische Ausrichtung der bürgerlichen jiddischen Zeitungen sorgte dafür, dass viele Journalisten und Redakteure im Gegensatz zu den Mitarbeitern der *Naye Folkstsaytung*[645] sich frühzeitig trauten, die außergewöhnliche Rolle, die der Antisemitismus für die nationalsozialistische Politik spielte, zu benennen. Eine zionistische oder national-jüdische Haltung setzte ein Interesse am Diaspora-Judentum voraus und damit auch ein Interesse an der jüdischen Bevölkerung in Deutschland.[646] Zusätzlich wohnte dem Zionismus, der als eine Reaktion auf Antisemitismus, Pogrome und Krise um 1881 entstanden war, von vornherein ein gewisses Moment der Katastrophenerwartung inne, die augenfällig wird in der Frequenz, mit der einige zionistische Journalisten und Redakteure ab 1932 immer wieder auf eine

---

den frühen 1930er Jahren vonseiten des kommunistischen Lagers als „Sozialfaschisten" gebrandmarkt und bekämpft wurden. Zur Geschichte der Sozialfaschismusthese, von der ebenfalls die Bundisten in Polen betroffen waren, vgl. Maruscyzk/Müller: Marxistische Faschismusanalyse, S. 34–39, 50–61; Estraikh: „Die jiddischsprachige New Yorker Tageszeitung Forverts", S. 139.

642 Pickhan, Gertrud: „Blick nach Westen. Der ‚Bund' in Polen und die deutsche Entwicklung nach 1933", Vortrag auf der Konferenz: Die polnische Judenheit 1918–1939. Lebenswelt, Selbstverständnis und politisches Handeln, Simon-Dubnow-Institut, Leipzig, 13.12.1999, unveröffentlichtes Manuskript.

643 Vgl. Pickhan: „Blick nach Westen." Beispielhaft dafür ist der Artikel von Alter, Viktor: Nokh vegn Daytshland, in *Naye Folkstsaytung*, 12. August 1932, S. 4.

644 Diese These wurde so erstmals von Daniel Blatman geäußert und wird durch meine Auswertung der *Naye Folkstsaytung* gestützt. Vgl. Blatman, Daniel: „The National Ideology of the Bund in the Test of Antisemitism and the Holocaust, 1933–47", in: Jacobs, Jack (Hrsg.): *Jewish Politics in Eastern Europe: The Bund at 100*, Bialystok 2001, S. 197–212, hier S. 202.

645 Die Beschreibung antisemitischer Gewalt fand ihren Ausdruck in der *Naye Folkstsaytung* primär in Reiseberichten denn in theoretischen Analysen. Vgl. Kap. 5.

646 Vgl. Weiss: Deutsche und polnische Juden, S. 116.

bevorstehende Katastrophe hinwiesen.⁶⁴⁷ Im spezifisch deutschen Fall verwendeten insbesondere die *Tuer* und *Shrayber* der jiddischen bürgerlichen Presse frühzeitig Begriffe wie „Ausrottungskampf" und „Katastrophe". Sie glaubten einen dem Nationalsozialismus inhärenten Vernichtungswillen gegenüber Juden und einen bevorstehenden *Khurbn* (Zerstörung) zu erkennen.⁶⁴⁸

Diese Art „Katastrophenzionismus"⁶⁴⁹ speiste sich aus dem Denken Theodor Herzls, dem Gründervater des Zionismus, genauso wie aus den konkreten Erfahrungen, die Juden im Osten Europas um die Jahrhundertwende sowie während des Ersten Weltkrieges mit Antisemitismus gemacht hatten. Auch wenn unser heutiger Blick in einigen Texten zionistischer Journalisten in Warschau eine Vorahnung des Holocaust zu erkennen glaubt, war es im Spiegel der Zeit keineswegs ungewöhnlich, wenn Zionisten eine Katastrophe heraufziehen sahen.⁶⁵⁰ Es war schlicht integraler Teil ihrer Weltanschauung. Dennoch lässt sich nicht in Abrede stellen, dass hier, wie auf den kommenden Seiten gezeigt werden wird, bereits frühzeitig das spezifisch Andere und Neue am Antisemitismus nationalsozialistischer Prägung, nämlich dessen unbedingter Wille zur Vernichtung, erkannt wurde, eine Erkenntnis, die sich im bundistischen Lager in dieser Deutlichkeit nicht findet.

Die Katastrophenstimmung, die von einigen Journalisten in Warschau seit 1932 verbreitet wurde, stieß aber auch auf Kritik. Der Rabbiner Ozjasz Thon (1870 –

---

647 Zum Zusammenhang von Zionismus und Katastrophenerwartung siehe Shapira, Anita: „Did the Zionist Leadership Foresee the Holocaust?", in: Reinharz, Jehuda (Hrsg.): *Living with Antisemitism. Modern Jewish Responses*, Hanover/London 1987, S. 397–412.
648 Der Begriff *Khurbn* bedeutet übersetzt Zerstörung und bezeichnete nach 1945 auch den Holocaust. Vgl. z. B. Magnus, M.-M. N. [vermutl. Carlebach, Esriel]: Di daytshe „natsionale revolutsie" un di farnikhtungs-milkhome gegen yiden, in *Haynt*, 3. Mai 1933, S. 4; Lirik, A. S. [Riklis, Aaron Levi]: Das land ohn yidn, in *Haynt*, 10. April 1933, S. 5; Klinov, Yeshayahu: Ofener oysrotungs-kamf gegen yiden in Daytshland, in *Haynt*, 10. März 1933, S. 2.
649 Vgl. Shapira: „Did the Zionist Leadership", S. 399.
650 Die Verwendung der Begriffe war nicht spezifisch für die Warschauer jiddische Presse. Auch in der jüdischen Presse in Palästina und Jugoslawien wurden Begriffe wie *Khurbn* und Katastrophe um 1933 bereits verwendet und waren zentral, um die Ereignisse in Deutschland zu beschreiben. Vgl. Segev, Tom: „It was in the Papers: The Hebrew Press in Palestine and the Holocaust", in: Shapiro, Robert Moses (Hrsg.): *Why Didn't the Press Shout? American & International Journalism during the Holocaust*, Jersey City 2003, S. 607–616, hier S. 614; Vulesica, Marija: „,What will become of the German Jews?' Nacional Socialism, Flight and Resistance in the Intellectual Debate of Yugoslav Zionists in the 1930s", in: von Puttkamer, Joachim und Ferenc Laczó (Hrsg.): *Catastrophe and Utopia. Jewish Intellectuals in Central and Eastern Europe*, Berlin/Boston 2018, S. 45–70, hier S. 61–62.

1936), der regelmäßig Artikel für den *Haynt* verfasste und ein ausgesprochener Liebhaber der deutschen Literatur und Kultur war und für den Deutschland eine Art „spirituelles Vaterland" – neben Eretz Israel und Polen – darstellte, bezeichnete im Oktober 1932 die Berichterstattung einiger seiner Kollegen als übertriebene Panikmache.[651] Insbesondere störte der Publizist sich daran, dass jüdische Journalisten die Entwicklungen in Deutschland dramatisieren würden. In seinem Artikel heißt es:

> Kürzlich habe ich in einer ernsten Zeitung von einem ernsthaften Schreiber tatsächlich die Behauptung gelesen, dass es in der jüdischen Geschichte – nicht mehr und nicht weniger als der gesamten ‚jüdischen Geschichte'! – für Juden noch niemals solche Zeiten gegeben hätte wie heutzutage. Und da kommen dann abgedroschene Beschreibungen mit einfacher Terminologie: Vernichtung, Brot aus dem Mund nehmen usw. usw. [...]. Nimm noch die [ökonomische Weltwirtschafts-, AK] Krise als allgemeines Leid hinzu, eine Weltplage. Und zum Nachtisch: Der Antisemitismus. Hitler hier, Hitler dort, Hitler überall. Die Zeitung hat es gesagt und ihren Job gemacht. Im Ganzen – Weltuntergang.[652]

Der Kritik zum Trotz hielt Thon die nationalsozialistische Bewegung und die damit einhergehenden Auswirkungen auf Polen und die jüdische Bevölkerung in Deutschland und Polen für nicht ungefährlich, obgleich er die Neuartigkeit des nationalsozialistischen Antisemitismus verkannte. Er fühlte sich persönlich betrogen von der deutschen Kultur und befürchtete, dass es zu einer „spirituellen Versklavung und ihrer Akzeptanz" kommen könnte.[653] Für Thon war nicht die physische Verfolgung selbst das Schlimmste, sondern die Rücknahme staatsbürgerlicher Rechte und die Resignation der Juden in Anbetracht eben jener Verhältnisse – eine Argumentation, die so auch von Ayzik-Ber Ekerman vom *Yudishe Togblat* vertreten wurde.[654] Aus diesem Grund ermutigte nicht nur Thon seine Leser dazu, mit jüdischem Selbstbewusstsein und mit jüdischem Widerstand auf die politischen Entwicklungen in Deutschland zu reagieren. Pessimismus und Katastrophenstimmung lehnte er ab, da solche Einstellungen die Juden

---

[651] Vgl. Thon, Yheoshua: Panik iz nisht keyn refue!, in *Haynt*, 16. Oktober 1932, S. 3. Zu Thons Reaktionen auf die Machtübertragung an Hitler siehe ausführlich: Nalewajko-Kulikov: „When Goethe's Poetry".

[652] Thon, Yeoshua: Panik iz nisht keyn refue!, in *Haynt*, 16. Oktober 1932, S. 3.

[653] Nalewajko-Kulikov: „When Goethe's Poetry", S. 101. Möglicherweise bezog sich Thon auf einen Artikel von Henryk Rosmarin, der am 24. März 1933 im *Moment* einen Artikel veröffentlichte, in dem er genauso argumentierte. Vgl. Rosmarin, Henryk: Der hitlerizm un di endekes, in *Der Moment*, 24. März 1933, S. 3.

[654] Vgl. Ekerman, Ayzik-Ber: Far shvere nesiones, in *Dos Yudishe Togblat*, 3. Februar 1933, S. 3.

blind machen würden gegenüber Problemen innerhalb der eigenen Community.[655]

Zuversicht und Optimismus auf der einen, Pessimismus und Katastrophenerwartung auf der anderen Seite waren somit keine Eigentümlichkeit der Redakteure und Journalisten der *Naye Folkstsaytung* und des *Haynt*, sondern, wie im Verlauf der Arbeit immer wieder aufgezeigt werden wird, prägend für eine ganze Generation jüdischer Zeitungsmacher in Warschau. Beide Zugänge fanden gleichermaßen ihre Wurzeln in der jüdischen Erfahrung und Geschichte. Der Pessimismus entsprang dem Kontinuum der Verfolgung, während der Optimismus die Tradition des Überlebens aus eigener Kraft repräsentierte.[656] So unterschiedlich beide Reaktionen und Blickwinkel auch waren, sie waren doch beide zutiefst jüdisch.

4.1.2 Die Machtübertragung an die Nationalsozialisten

Als am Morgen des 30. Januars 1933 Adolf Hitler vom Präsidenten Paul von Hindenburg offiziell zum Reichskanzler ernannt wurde, begannen sich die Nachrichten in den Warschauer jiddischen Zeitungen zu überschlagen – ein Zustand, der für die kommenden elf Monate anhielt. Am 1. Februar 1933 hatten wahrscheinlich sämtliche Zeitungen weltweit ein und dasselbe Thema als Aufmacher. Die Nationalsozialisten waren an die Macht gelangt, der Reichstag aufgelöst und die Weimarer Republik in Auflösung begriffen.[657] Die jüdischen Tageszeitungen in Warschau bildeten hier keine Ausnahme, doch unterschieden sich ihre Berichterstattung und ihre Analysen an diesem Tag, aber auch in den kommenden Monaten und Jahren von anderen jüdischen wie nichtjüdischen Tageszeitungen in Europa, Nordamerika und Palästina in qualitativer wie quantitativer Hinsicht.

Am 1. Februar 1933 trug der Titel der fast täglich erscheinenden politischen Kolumne des bekanntesten Journalisten von *Dos Yudishe Togblat*, Dovid Flinker, lediglich zwei Wörter. Sie lauteten schlicht: „Hitler – Kanzler!".[658] An diesem sowie in den kommenden Tagen darauf war auch auf den Titelseiten der anderen jiddischen Tageszeitungen in Warschau ebenfalls von einer „‚historischen' Nacht", einem „schwarzen Montag" oder einfach nur von dem heraufgekomme-

---

655 Vgl. Nalewajko-Kulikov: „When Goethe's Poetry", S. 100–102.
656 Vgl. Segev: „It was in the Papers", S. 614.
657 Beispielhaft dafür siehe die Artikelsammlung zur internationalen Presse in Shapiro, Robert Moses (Hrsg.): Why Didn't The Press Shout? American & International Journalism During the Holocaust, Jersey City 2003.
658 Flinker, Dovid: Hitler – Kantsler!, in *Dos Yudishe Togblat*, 1. Februar 1933, S. 3.

nen „Hitler Regime" die Rede.⁶⁵⁹ Am 1. Februar 1933 sandte der Korrespondent des *Haynt* Yeshayahu Klinov einen ersten Hintergrundbericht aus Berlin an die Redaktion nach Warschau. Darin konzentrierte er sich auf die jüdischen Reaktionen direkt nach der Wahl. Im Zentrum stand die Frage, wie „die Berliner Juden in den ersten Minuten und Stunden auf die Information", also auf die Machtübertragung an Hitler, reagiert haben.⁶⁶⁰ Um Antworten zu finden, besuchte er eine Versammlung des Präsidiums des CVs. Mit Erstaunen stellte er fest, wie man sich in einer dort verabschiedeten Resolution darauf verständigt hatte, erst einmal abzuwarten und ruhig zu bleiben, da Hitlers Amtsantritt sowieso nicht mehr zu verhindern gewesen sei.⁶⁶¹ Trotz seines Unverständnisses drückte sich der überzeugte Revisionist zwei Tage später deutlich hoffnungsvoller aus und schrieb, dass die „jüdisch-politischen Körperschaften" in Deutschland doch nicht so naiv seien, wie zu Beginn vermutet. Zwar glaube man bisher nicht, dass es Pogrome geben werde, aber man sei sehr angespannt. Klinov selbst war sich sicher, dass die Regierung bald etwas auf dem „gesetzgeberischen Weg" unternehmen werde und mutmaßte, dass es beispielsweise zu einem Verbot des Schächtens kommen könnte. Trotzdem hoffte auch er, ähnlich wie viele Juden in Deutschland, dass sich von Papen und Hindenburg, über den man sagte, dass er kein Judenfeind sei, „nicht zu einem barbarischen Antisemitismus herablassen" würden.⁶⁶² Aus dieser

---

659 Klinov, Yeshayahu: Der shvartser montog, – der tog ven Adolf Hitler iz gevoren daytsher raykhskantsler, in *Haynt*, 1. Februar 1933, S. 3; Di „historishe" nakht in Berlin, dos folk „iubelt" – vos vert itst veren mit di yiden?, in *Haynt*, 3. Februar 1933, S. 3; Iulski, H.: In ershtn tog fun Hitlers memshole, in *Naye Folkssaytung*, 2. Februar 1933, S. 2.
660 Klinov, Yeshayahu: Der shvartser montog, in *Haynt*, 1. Februar 1933, S. 3.
661 Vgl. Klinov, Yeshayahu: Der shvartser montog, in *Haynt*, 1. Februar 1933, S. 3. *Dos Yudishe Togblat* druckte die Resolution vom CV sogar in Gänze ab. Vgl. CV: Di daytshe yuden tsu der naygeshafener lage in Daytshland, in *Dos Yudishe Togblat*, 1. Februar 1933, S. 2. In der Tat stellte sich unter Juden in Deutschland zunächst kein Gefühl der Panik ein, wie Saul Friedländer bemerkte. Für diese Einstellung macht Dirk Blasius ferner die „verkleisternde Rhetorik" und die „Wirkung der Widersprüchlichkeit" innerhalb der NS-Politik in den ersten Monaten nach der Machtübertragung verantwortlich. Diese hätten dazu geführt, dass die deutschen Juden „das hinausgezögerte Ende der Emanzipation" falsch einschätzten und immer wieder neue Hoffnung schöpften. Diese Hoffnung aber sei dann zu einer „Verhaltensfalle" geworden, weswegen ausländische Beobachter nach dem 30. Januar 1933 klarer gesehen hätten. Vgl. Friedländer, Saul: Das Dritte Reich und die Juden, Die Jahre der Verfolgung 1933–1939, Bd. 1, München 2000, S. 25; Dirk Blasius: „Zwischen Rechtsvertrauen und Rechtszerstörung. Deutsche Juden 1933–1935", in: Blasius, Dirk und Dan Diner (Hrsg.): *Zerbrochene Geschichte. Leben und Selbstverständnis der Juden in Deutschland*, Frankfurt am Main 1991, S. 121–137, hier S. 130; Jünger: Jahre der Ungewissheit, S. 54.
662 Kilnov, Yeshayahu: Di „historishe" nakht in Berlin, in *Haynt*, 3. Februar 1933, S. 3. Auch Aaron Levi Riklis drückte seine Hoffnungen in einem Artikel vom 8. März 1933 aus und erklärte,

Haltung Klinovs spricht ein hohes Maß an Vertrauen in den deutschen Rechtsstaat, das sich unter anderem daraus speiste, dass Hitler im Zuge der Ernennung zum Reichskanzler geschworen hatte, die Verfassung einzuhalten und die Rechte des Reichspräsidenten zu wahren,[663] eine Einstellung, die sich so auch bei zahlreichen deutschen Juden zu jener Zeit findet.[664] Dass Klinov sich diese Perspektive zumindest zum Teil zu eigen gemacht hatte, zeigt, wie sehr er bereits in den Berliner deutsch-jüdischen Intellektuellenkreisen verwurzelt war.

Ähnlich äußerte sich Klinovs Berufskollege und Freund Hermann Swet. Auch er hatte die Gefahr, die für die deutschen Juden von Hitler und seinem neuen Kabinett ausging, deutlich vor Augen, nicht zuletzt weil, wie er schrieb, sowohl das preußische als auch das gesamtdeutsche Innenministerium „in die Hände von zwei bekannten Antisemiten" übergegangen sei und man damit rechnen müsse, dass dies Auswirkungen auf den gesamten Polizeiapparat haben werde.[665] Ebenso kam er auf die Hetze zu sprechen, die sich speziell gegen Juden osteuropäischer Herkunft richtete und die während der Wahlen von der nationalsozialistischen Presse äußerst stark propagiert worden war. Die von zahlreichen Juden osteuropäischer Herkunft geäußerte Angst aber, dass es zeitnah zu Ausweisungen kommen werde,[666] sah Swet als „unbegründet" und „übertrieben" an, auch wenn er gleichzeitig einräumte, dass man nicht wissen könne, ob sich Hitler direkt mit „antisemitischen, judenfeindlichen Dekreten und Gesetzen" profilieren werde.[667] Einerseits erkannten Klinov und Swet sehr wohl die Bedrohung, die das neue Regime für Juden zumindest in Deutschland darstellte. Andererseits schienen sie durchaus das Rechtsvertrauen vieler deutscher Juden zu teilen, die sich schlicht nicht vorstellen konnten, dass nach Jahrzehnten erfolgreicher Assimilation und der Erfahrung des Weltkrieges, in dem zahlreiche Juden für ihr Vaterland Seite an Seite mit anderen deutschen Bürgern gekämpft hatten und gestorben waren, das Rad der Geschichte so einfach würde zurückdrehen lassen.

---

dass es schwer sei sich vorzustellen, dass es Hitler gelingen sollte, sich die Hälfte der deutschen Bevölkerung untertänig zu machen, und war überzeugt davon, dass Hitler nicht wie Mussolini sei. Vgl. Lirik, A. S. [Riklis, Aaron Levi]: Togbukh fun a zhurnalist, in *Haynt*, 8. März 1933, S. 4.
663 Vgl. Broszat, Martin: Die Machtergreifung. Der Aufstieg der NSDAP und die Zerstörung der Weimarer Republik, München 1984, S. 174.
664 Zum Rechtsvertrauen der deutschen Juden vgl. Blasius: „Zwischen Rechtsvertrauen", S. 121–137.
665 Svet, Herman: Di ershte sheah'n unter Hitler'n ..., in *Der Moment*, 1. Februar 1933, S. 3.
666 Bereits am 14. Juli 1933 wurde ein Gesetz erlassen, das den Widerruf von Einbürgerungen und die Aberkennung der deutschen Staatsangehörigkeit verschärfte und sich gegen jüdische Einwanderer aus dem Osten Europas richtete. Vgl. Friedländer: Das Dritte Reich, S. 39.
667 Svet, Herman: Di ershte sheah'n unter Hitler'n ..., in *Der Moment*, 1. Februar 1933, S. 3.

Auch H. Iulski beschrieb in der *Naye Folkstsaytung* die Stimmung, die unter Juden und Arbeitern in Berlin am Tag der Machtübertragung herrschte, als ruhig, wenn auch angespannt.[668] In einigen Arbeitervierteln sei es zwar zu spontanen Demonstrationen gegen die NSDAP gekommen, Juden aber hätte er an diesem Tag kaum auf den Straßen Berlins gesehen. Bezüglich erster politischer Schritte vonseiten Hitlers befürchtete der Bundist, dass dieser versuchen würde, den Versailler Vertrag zu annullieren und sich der deutschen Kriegsschulden zu entledigen. Ferner hielt er es für möglich, dass er von Polen die Herausgabe des Polnischen Korridors und Oberschlesien einfordern könnte. Ähnliches galt für die Freie Stadt Danzig und das zu Litauen gehörende sogenannte Memelland.[669]

In Warschau selbst begannen die Redakteure, intensiv die stetig eintreffenden Berichte und Telegramme der Korrespondenten sowie die Meldungen der Pressedienste und anderer Zeitungen aus der Ferne zu studieren. In dem komplexen Gewirr aus Fakten und Zahlen, Propaganda und Wahrheit, Echt- und Falschmeldungen, Erlebnis- und Augenzeugenberichten sowie Gerüchten und Interpretationsversuchen war es schwer, Deutungen vorzunehmen und zu ersten vorsichtigen Einschätzungen zu gelangen. Auf nationale und internationale Pressereaktionen stützte sich der am 3. Februar 1933 im *Haynt* erschienene „politische Brief"[670] von Moyshe Bunem Yustman (Itshele), den Barukh Shefner 1942 als einen der einflussreichsten und populärsten politischen Kolumnisten unter den Juden in Polen bezeichnete.[671] In seiner Kolumne versuchte dieser eine erste Deutung darüber vorzunehmen, welche Folgen die Wahl Hitlers zum Reichskanzler für die internationale Staatengemeinschaft und für die jüdische Bevölkerung Europas haben könnte. Er schrieb:

> Es ist schwer im jetzigen Moment, wenn man sich noch unter den ersten nervösen Eindrücken befindet, die Bedeutung der traurigen Geschehnisse und die möglichen Folgen abzuschätzen und sie in Abhängigkeit zueinander zu bringen. Die finstere Nachricht über Hitlers An-die-Macht-Kommen hat in der ganzen Welt einen tiefen Eindruck hinterlassen, alle sind gespannt und unruhig und mehr als alle – wir, die Juden. Unser einziger kleiner Trost ist das Unglück, dass Hitlers Herrschaft eine Gefahr für ganz Europa, eine Gefahr für den Versailler Vertrag, eine Gefahr für alle Nachbarn Deutschlands ist. Eine Gefahr, die, wird sie nicht

---

668 Vgl. Iulski, H.: In ershtn tog fun Hitlers memshole, in *Naye Folkstsaytung*, 2. Februar 1933, S. 2.
669 Die gleiche Ansicht vertrat auch Itshele [Yustman, Moyshe Bunem]: Hitler vil den koridor ..., in *Haynt*, 17. Februar 1933, S. 3.
670 Dies war der Name der regelmäßigen Kolumne von Yustman, die zu den beliebtesten in der Zwischenkriegszeit gehörte.
671 Vgl. Shefner, Barukh: Ye'ushzon iz geven der populerster shrayber in der yidisher prese in Poyln, in *Forverts*, 14. März 1942, S. 2.

beizeiten beseitigt, wortwörtlich mit einem neuen Weltenbrand droht. Und dieses ‚kollektive Unglück' ist im aktuellen traurigen Moment für uns der halbe Trost.[672]

Das neue NS-Regime nahm Yustman als eine Gefahr für ganz Europa und für alle Juden auf der Welt wahr, eine Haltung, die nicht untypisch war zu jener Zeit. Bemerkenswert ist hier jedoch vor allem, dass er bereits wenige Tage nach der Machtübertragung an Hitler von einem „neuen Weltenbrand" sprach, also nicht nur eine im Antisemitismus der Nationalsozialisten begründete Gefahr für die Juden, sondern auch die konkrete Gefahr eines größeren Krieges sah.

Auch Yosef Heftman (Emanuel) vom *Moment* äußerte sich in seiner Kolumne vom 31. Januar 1933 besorgt und sprach davon, dass Juden in aller Welt „mit großer Unruhe" auf die „neuen Entwicklungen in Mitteleuropa" und „auf den Aufschwung aller schwarzen Kräfte, die sich unter dem ‚Hakenkreuz' des neuen deutschen Reichskanzlers versammelt haben" blicken würden.[673] Zwar, so bemerkte er weiter, sei es nicht ausgeschlossen, dass der „hitleristische Antisemitismus", jetzt wo der Wahlkampf vorbei sei, „sein brutales Gesicht verlieren wird" und „Ruhe und Ordnung" die „wilden Instinkte" mit großen Anstrengungen zähmen könnten, aber sicher könnte man sich nicht sein.[674]

Dovid Flinker von *Dos Yudishe Togblat* kommentierte am 1. Februar 1933 hingegen, dass Hitlers Machtübernahme wie „eine Drohung für das deutsche Judentum" klingen würde.[675] Doch auch er war überzeugt davon, dass es einen Unterschied machen würde, ob Hitler als „Parteidemagoge" oder als offiziell gewählter Regierungschef handeln würde, und vertraute auf die Judikative, die Hitler gewisse Grenzen aufzeigen würde. Darüber hinaus setzte Flinker seine Hoffnungen in die sozialistischen und liberalen Kräfte in Deutschland, von denen er annahm, dass diese mit der jüdischen Bevölkerung im Kampf gegen die Nationalsozialisten zusammenstehen würden – eine durchaus bemerkenswerte Aussage für eine orthodoxe Zeitung.

Die Mehrheit der Redakteure der „bürgerlichen" jiddischen Presse neigte dazu, die deutschen Entwicklungen stärker in einem nationalen Rahmen zu verorten und die spezifisch deutschen Entwicklungen vor und nach dem Ersten Weltkrieg sowie die Mentalität der deutschen Bevölkerung und ihren Umgang mit Minderheiten im Besonderen zu betrachten. Als nationaljüdische beziehungsweise zionistische Journalisten lehnten sie anders als die bundistischen Schreiber den Nationalismus nicht per se ab und hingen darüber hinaus auch nicht dem

---

672 Itshele [Yustman, Moyshe Bunem]: Hitler, in *Haynt*, 3. Februar 1933, S. 3.
673 Emanuel [Heftman, Yosef]: Hitler – der kantsler, in *Der Moment*, 31. Januar 1933, S. 3.
674 Emanuel [Heftman, Yosef]: Hitler – der kantsler, in *Der Moment*, 31. Januar 1933, S. 3.
675 Flinker, Dovid: Hitler – kantsler!, in *Dos Yudishe Togblat*, 1. Februar 1933, S. 3.

historischen Materialismus an, wodurch sie entsprechend flexibler in ihrem Nachdenken über die Ursachen und die Auswirkungen des Nationalsozialismus waren. Im *Haynt* und im *Moment* stellten mehrere Journalisten als Hauptursache für die Etablierung des Nationalsozialismus die politische Niederlage nach dem Ersten Weltkrieg und die daraus entstandene internationale Ächtung Deutschlands, die Weltwirtschaftskrise, die zu anhaltend hohen Arbeitslosenzahlen geführt hatte, und schließlich die Verführung der deutschen „Volksmassen" durch die nationalsozialistischen Demagogen heraus. Die nationalsozialistische Gedankenwelt hätte einfache Lösungen geboten, die attraktiv für einen hohen Prozentsatz der deutschen Bürger gewesen seien. Die nationalsozialistische Propaganda wurde als raffiniert beschrieben, da ihre starke Ausrichtung auf soziale Probleme und die Art und Weise, wie die politischen Inhalte der nationalsozialistischen Ideologie vermitteln wurden, viele Menschen in ihren Nöten und Sorgen angesprochen hätten.[676]

Der zionistische Politiker und Publizist Fiszel Rotenstreich[677] (1882–1938) hingegen gab seiner Interpretation einen psychologischen Anstrich. Im Februar 1933 widmete er sich im *Haynt* der Frage: „Was ist der Nationalsozialismus?". Seiner Ansicht nach war dieser „nicht mehr als eine Explosion von Gefühlen eines Volkes, das seine politische Niederlage nicht ertragen kann; er ist der Zusammenbruch der Logik, er ist die Entscheidung, ein chauvinistischer Versuch die Krise zu lösen, die im eigenen Staat herrscht, [...]".[678] Der Journalist Vladimir Grossmann (1884–1976) wiederum, ein Mitbegründer des Pariser *Haynt*, des Ablegers vom *Haynt* in Frankreich, sah die Ursachen in der Ökonomie und erkannte im Antisemitismus nur ein Mittel zum Zweck, nicht aber den Zweck selbst. In seinem Gastbeitrag für den *Haynt* kam er zu der Überzeugung, dass die nationalsozialistische Bewegung nur deshalb so viel Erfolg in Deutschland haben konnte, weil die Arbeitslosigkeit so hoch gewesen sei, und erklärte weiter, dass der

---

676 Vgl. z. B. Red.: Tsi zitst shoyn Hitler fest in zotel?, in *Der Moment*, 2. März 1933, S. 3; Rozmarin, Henryk: Daytshland unter Hitler'n, in *Haynt*, 17. Februar 1933, S. 3.
677 Fiszel Rotenstreich (Fishel Rotenshtraykh) (1882–1938), Politiker; aktiv in der galizischen zionistischen Studentenbewegung, er wurde zw. 1922 bis 1927 in den polnischen Senat gewählt und gehörte zw. 1927 und 1930 als Mitglied dem polnischen Sejm an, wo er sich hauptsächlich um ökonomische Fragen kümmerte. 1935 wurde er auf dem 18. Zionisten Kongress in die Leitung der *Jewish Agency* gewählt und siedelte für diese noch im selben Jahr nach Palästina über.
678 Rotenshtraykh, Fishel: Daytshland's politish-virtshaftlikhe gripe, in *Haynt*, 17. Februar 1933, S. 4.

Terror gegen Juden dazu diente, die deutsche Mehrheitsgesellschaft von ihrer miserablen Lage abzulenken.[679]

Für die *Naye Folkstsaytung* kommentierte Henryk Erlich Hitlers Ernennung zum Reichskanzler. Erlich, der im *Bund* zusammen mit Wiktor Alter den gemäßigten Flügel der Partei repräsentierte, hatte als überzeugter Marxist einen anderen Blick auf den Ausgang der Wahlen. Für ihn symbolisierten diese in erster Linie die Niederlage der deutschen Arbeiterbewegung. Die Folgen, die Hitlers Machtantritt für die Arbeiterklasse mit sich bringen würde, erachtete Erlich als eine Katastrophe unbestimmten Ausmaßes. Am 31. Januar 1933 schrieb er:

> Hitler an der Macht – das bedeutet eine tödliche Bedrohung für alle bisherigen Eroberungen der deutschen Arbeiterklasse; Hitler an der Macht – ist eine furchtbare Bedrohung für die Existenz der proletarischen Gewerkschaften in Deutschland; Hitler an der Macht – das bedeutet die schauerliche Perspektive physischer Ausrottung von einem bedeutungsvollen Teil der deutschen Arbeiterklasse; Hitler an der Macht – das heißt ein Regime von wildestem, ausgelassenstem Nationalismus, von zoologischem Antisemitismus im ganzen Land und von extremstem Chauvinismus. In der internationalen Politik bedeutet das einen ungeheuren Anstieg der Kriegsbedrohung für die ganze internationale Arbeiterbewegung.[680]

Hitlers Ernennung zum Reichskanzler bedeutete auch für Henryk Erlich ein radikales und einschneidendes Erlebnis, mit dem eine Art neue Zeitrechnung begann. Anders als seine Berufskollegen in Warschau sah er jedoch mit den Veränderungen, die der 30. Januar 1933 mit sich brachte, zuallererst die deutsche und internationale Arbeiterbewegung bedroht und weniger die Juden Europas.

Trotz ideologischer und inhaltlicher Unterschiede, die sich insbesondere zwischen den bundistischen Journalisten der *Naye Folkstsaytung* und den restlichen Zeitungsmachern manifestierten, waren sich die Redakteure in Warschau und die Korrespondenten in Berlin im Wesentlichen darüber einig, dass die Machtübertragung an Hitler eine historische Zäsur darstellte, deren Bedeutung sich in der enormen Zahl von Artikeln und Kolumnen widerspiegelt, die sie begleiteten. Auffällig erscheinen besonders die inhaltliche Tiefe und die Expertise, die sich in den Artikeln offenbaren, sowie das enorme Detailwissen über die deutsche Politik oder auch antisemitische Vorfälle, das in erster Linie durch die vielen jüdischen Korrespondenten vor Ort an die Leser vermittelt wurde. Gleichzeitig wurde versucht, den Lesern durch Reportagen und Artikel, die un-

---

679 Diese These fand ihren Eingang auch in die zeitgenössische Forschung zum Dritten Reich, zuletzt durch Götz Aly im Schlagwort der „Gefälligkeitsdiktatur". Diese Parallelität erkannte Ingo Loose. Vgl. Loose: „Reaktionen", S. 50.
680 Erlich, Henryk: Hitler – Kantsler fun Daytshland, in *Naye Folkstsaytung*, 31. Januar 1933, S. 3.

terschiedliche Themenschwerpunkte setzten, ein vielschichtiges Bild von den deutschen Zuständen und dem jüdischen Leben vor Ort zu vermitteln.

Der 30. Januar 1933 stellte für die große Mehrzahl der Redakteure und Journalisten der jiddischen Tageszeitungen insofern einen gravierenden Einschnitt dar, als dass man davon ausging, dass sich die Lebensbedingungen der jüdischen Bevölkerung und der arbeitenden Schichten unter den Nationalsozialisten auf eine bis dahin ungekannte Art und Weise verschlechtern würden. Parallel zu den pessimistischen Zukunftsdeutungen setzten viele der intellektuellen Publizisten auf die demokratischen und liberalen, zum Teil auch auf die sozialistischen Kräfte in Deutschland und hofften, dass diese zu ihrer alten Stärke zurückfinden würden. Darüber hinaus offenbarte sich bei einigen der Journalisten auch ein starkes Vertrauen in Recht und Staat. Ähnlich den Juden in Deutschland hoffte man auf eine Art „Modus Vivendi" und glaubte daran, dass sich Hitler nicht über die Judikative würde hinwegsetzen können und aus diesem Grund dazu gezwungen sein würde, seine Politik zu mäßigen.[681] In diesem Aufeinandertreffen und Nebeneinander von Hoffnung und Furcht, Unsicherheit und Vertrauen auf die progressiven Gegenkräfte zeichnete sich bereits eine innere Zerrissenheit ab, welche die Berichterstattung der *Tuer* und *Shrayber* der jiddischen Warschauer Presse auch in den folgenden Monaten und Jahren kennzeichnen sollte.

4.1.3 Gleichschaltung und Boykott

Auch wenn die Machtübertragung an Hitler für die jüdischen Zeitungsmacher keineswegs unerwartet eingetreten war, waren sie dennoch erschüttert. Als nur wenige Tage nach der Ernennung Hitlers zum Reichskanzler sich eine erste Massenflucht von primär politischen Gegnern, jüdischer wie nichtjüdischer Herkunft, abzeichnete,[682] setzten die Zeitungsmacher ihre begonnenen Diskussionen darüber fort, was die Vorgänge in Deutschland bedeuteten und was die Folgen für die jüdische Bevölkerung in Deutschland und Europa sein würden. Während im *Haynt*, im *Moment* und mit Abstrichen auch in *Dos Yudishe Togblat* weiterhin intensiv über die Auswirkungen und Entwicklungen der einsetzenden Judenverfolgung in Deutschland diskutiert und berichtet wurde, konzentrierten sich die Redakteure der *Naye Folkstsaytung* im Februar und März 1933, wenn auch nicht ausschließlich, so doch vornehmlich, auf die Situation der deutschen Arbeiter

---

681 Vgl. VEJ 1/Einleitung, S. 57.
682 Vgl. Friedländer: Das Dritte Reich, S. 29.

und den entfesselten Terror gegen das politisch linke Lager.[683] Insbesondere die neu erlassenen Gesetze, welche die parlamentarische Demokratie weiter aushöhlten, fanden ihren Niederschlag in der Zeitung, weil diese in einem unmittelbaren Zusammenhang mit der Lage der deutschen Arbeiterbewegung gesehen wurden.

Mit der Verordnung „Zum Schutz des Deutschen Volkes" vom 4. Februar 1933 griff die neue Regierung unter Hitler in die Freiheit des Presse- und Versammlungswesens ein, und in Preußen begann der Reichskommissar für den Luftverkehr und kommissarische preußische Innenminister Hermann Göring mit den ersten „Säuberungen" des Beamtenapparats unter tätiger Mithilfe der SA und SS, die nach und nach in eine Art Hilfspolizei umgewandelt worden waren.[684] Obwohl die Mitarbeiter der *Naye Folkstsaytung* bereits direkt nach Hitlers Ernennung zum Kanzler vermutet hatten, dass es durch neue Gesetze und Verordnungen zu Einschränkungen demokratischer Rechte kommen könnte, zeigten sich die Redakteure doch irritiert, als es im Februar 1933 zu derart heftigen Eingriffen in die Pressefreiheit kam, im Zuge derer fast die gesamte kommunistische und sozialdemokratische Presse und Basisorganisation verboten wurde.[685] Auch der Reichstagsbrand am 27. Februar 1933 und die sich ihm anschließende „Reichstagsbrandverordnung" mit ihren verheerenden Konsequenzen[686] entgingen den Mitarbeitern der *Naye Folkstsaytung* nicht.[687] Obwohl nicht sicher war und auch bis heute nicht abschließend geklärt ist, wer für den Brand im Reichstag verantwortlich war, beschuldigten die Nationalsozialisten das kommunistische Lager und schürten damit öffentlich weiter Misstrauen gegen die linke Oppositi-

---

683 Vgl. N. N.: Daytshland unter dem fashistishn shtivl, in *Naye Folkstsaytung*, 18. Februar 1933, S. 3; Shnayder, Nathan [Frenkel, Nathan]: Berlin fun haynt, in *Naye Folkstsaytung*, 17. Januar 1933, S. 6.
684 Vgl. Broszat: Die Machtergreifung, S. 231.
685 Vgl. z. B. N. N.: Oys mit prese- un farzamlung-frayheyt in Daytshland, in *Naye Folkstsaytung*, 8. Februar 1933, S. 2.
686 Die sog. Reichstagsbrandverordnung setzte alle bedeutenden Grundrechte der Verfassung der Weimarer Republik außer Kraft und leitete einen quasi dauerhaften Ausnahmezustand durch das NS-Regime ein. Dazu gehörte u. a. das Verbot von Beschränkungen der persönlichen Freiheit, die Unverletzlichkeit des privaten Wohnraumes und das Recht auf Eigentum. Darüber hinaus wurde die sog. Schutzhaft legalisiert, von der in den kommenden Jahren rege Gebrauch gemacht wurde. Mit der fadenscheinigen Begründung, dass diese Maßnahmen „zum Schutze des deutschen Volkes" unternommen wurden, war es möglich geworden, politische Gegner unter eine sog. polizeiliche Schutzhaft zu stellen, ohne richterliche Kontrollen oder Beschlüsse.
687 PAT: Raykhstag un kayserlekher palats in Berlin – in flamen, in *Naye Folkstsaytung*, 28. Februar 1933, S. 1; N. N./PAT: Die nidertrekhtike provokatsie fun der Hitler-regirung, in *Naye Folkstsaytung*, 1. März 1933, S. 1; PAT: Toyznter arbeter-tuer arestirt in Daytshland, in *Naye Folkstsaytung*, S. 1.

on. Nach heutigem Forschungsstand erscheint es durchaus wahrscheinlich, dass der niederländische Kommunist Marinus van der Lubbe für den Reichstagsbrand verantwortlich war. Für den Fortgang der Geschichte ist es jedoch irrelevant, ob er wirklich der Täter gewesen ist. Wichtig ist vielmehr, dass der Brand der NS-Führung politisch direkt in die Hände spielte und von dieser auch umgehend genutzt wurde, um ihre zuvor bereits angekündigte Zerschlagung der linken Parteien und Gewerkschaften einzuleiten – ein Zusammenhang, den auch Henryk Erlich sofort erkannte.[688]

Unter diesem Zeichen stand dann auch die Berichterstattung über die für den 5. März 1933 angesetzten Wahlen des Reichstags, welche die nationalsozialistische Herrschaft endgültig konsolidierten. Die Wahlen wurden von den jüdischen Journalisten in Warschau als ein bedeutendes politisches und international richtungsweisendes Ereignis wahrgenommen, weshalb sich viele fragten, was danach geschehen würde.[689] Als die Wahlergebnisse eindeutig waren,[690] bezeichnete Nathan Frenkel von der *Naye Folkstsaytung* die Wahlen in seiner Auswertung dann auch als „Katastrophe" und meinte, es sei „schwer sich vorzustellen", dass „noch ein größerer Terror (unter einer konstitutionellen Marke!), als der Terror, den die Regierung gegen die linke Opposition angewendet hat", kommen könnte.[691]

Die Nachricht über den Brand, die Massenverhaftungen von Funktionären der KPD noch in derselben Nacht sowie Gerüchte über eine panikartige Flucht tausender linker Politiker, Schriftsteller und Intellektueller bestimmten dann auch nicht nur die kommenden Ausgaben der *Naye Folkstsaytung*, sondern ebenfalls

---

688 Vgl. Fischler, Hersch: „Zum Zeitablauf der Reichsbrandstiftung", *Vierteljahrshefte für Zeitgeschichte*, 53/4 (2005), S. 617–632; Erlich, Henryk: In daytshn kesl, in *Naye Folkstsaytung*, 3. März 1933, S. 3.
689 Vgl. Red.: Daytshland erev vahlen, in *Dos Yudishe Togblat*, 27. Februar 1933, S. 3; N. N.: Vos vet zeyn in Daytshland nokhn finftn merts?, in *Naye Folkstsaytung*, 21. Februar 1933, S. 3; Ben-Nun [Gotlib, Yeoshue]: Di politishe lage. Vos kan men ervarten fun di hayntige vahlen in Daytshland?, in *Haynt*, 5. März 1933, S. 3.
690 Zwar verpasste die NSDAP mit 43,9 % knapp die absolute Mehrheit, hatte aber zusammen mit der mit ihr verbündeten „Kampffront Schwarz-Weiß-Rot" (DNVP und Stahlhelm) dennoch eine parlamentarische Mehrheit. Die SPD konnte immerhin noch 18,3 % der Stimmen für sich verzeichnen. Allerdings wurde die Partei ca. drei Monate später verboten, sodass ihre Stimmen in der Wahl nicht mehr als einen symbolischen Wert hatten. Die 81 Sitze im Parlament, die kommunistische Abgeordnete errungen hatten, konnten aufgrund der seit Januar beginnenden Verfolgungen, Verhaftungen und Erpressungen in ihrer überwiegenden Zahl nicht mehr besetzt werden, und schließlich annullierte die Reichstagsbrandverordnung vom 8. März auch die Mandate derjenigen Reichstagsabgeordneten, die bis dahin noch nicht verhaftet worden waren.
691 Shnayder, N. [Frenkel, Nathan]: Der shvartser zuntog in Daytshland, in *Naye Folkstsaytung*, 10. März 1933, S. 4.

die der bürgerlichen jiddischen Presse.[692] Vier Tage nach dem Brand übermittelte Yeshayahu Klinov einen ausführlichen Zeitzeugenbericht an seine Auftraggeber in Warschau. Darin schilderte er, wie er und circa 50 weitere Personen gerade das fünfzehnjährige Bestehen des russischen Verlags *Petropolis*[693] begingen, als ein Kollege Klinovs in den Saal gekommen sei und in aufgeregter Verfassung mitgeteilt habe, dass der Reichstag brenne.[694] Im Folgenden gab Klinov die Stimmungen in der Stadt wieder und diskutierte erste Thesen, die über den Brand im Umlauf waren, allen voran die Frage, ob sich wirklich die Kommunisten für den Brand verantwortlich zeichneten und ob der Niederländer Marinus von der Lubbe alleine gehandelt habe oder nicht und was überhaupt die Wahrheit sei. Sicher war er sich nur darin, dass der Brand Hitler politisch von Nutzen war.

Auch Abraham Goldberg, der zwischen 1920 und 1933 als Herausgeber des *Haynt* fungierte, deutete den Reichstagsbrand und den Ausgang der Wahlen in erster Linie als einen Vorwand dafür, den „Ausrottungskampf" gegen die Juden weiter voranzutreiben.[695] Das Los, das den Juden vor dem Hintergrund des Kampfes zwischen rechten und linken Parteien beschieden war, war für ihn eine „Tragödie" besonderen Ausmaßes, da die Juden von den Kommunisten und Sozialisten stets als Angehörige der Bourgeoisie angesehen würden, also gerade mit derjenigen Schicht assoziiert würden, gegen die man doch ankämpfen würde, während man sie im reaktionären Lager immer nur als Kommunisten, die vernichtet werden müssten, diffamieren würde. Dabei war sich Goldberg sicher, dass es den Nationalsozialisten einzig darum ging, „Juden auszurotten". Er schrieb: „Aber das Hitler-Regime braucht eigentlich gar nicht solch einen Deckmantel des Kommunismus, um mit seinem Ausrottungskampf gegen Juden zu beginnen. Schon die Abstammung allein, die Rasse, der Glaube, gibt den Hitleristen aufgrund ihres Programms die ‚Berechtigung' die Juden auszurotten und zu vernichten. Und es sind alle Zeichen da, und sie haben den Weg wirklich betreten."[696] Die Bedeutung, die der Antikommunismus innerhalb der nationalsozialistischen Ideologie spielte, unterschätzte Goldberg offenbar. Sein jüdischer Blick aber half

---

692 Vgl. u. a. PAT: Daytsher raykhstag opgebrent!, in *Dos Yudishe Togblat*, 28. Februar 1933, S. 1; Flinker, Dovid: Der raykhstag in flamen, in *Dos Yudishe Togblat*, 2. März 1933, S. 3; Svet, Herman: „Der raykhstag brent!" ..., in *Der Moment*, 2. März 1933, S. 3.
693 Der Verlag hatte seit 1922 in Berlin eine eigene Filiale und wurde von den russisch-jüdischen Migranten Dr. Josef Bloch und Abram Saulovich Kagan geleitet. Nach der Schließung des Verlages in Petrograd fungierte Berlin seit 1924 als Hauptsitz – jetzt kümmerte man sich in erster Linie um die Herausgabe von Schriften russischer Autoren, jüdischer wie nichtjüdischer Herkunft, die in der Sowjetunion verboten waren.
694 Vgl. Klinov, Yeshayahu: Di geshehenishen in Daytshland, in *Haynt*, 2. März 1933, S. 3.
695 Goldberg, Abraham: Dos daytshe yidentum, in *Haynt*, 5. März 1933, S. 3.
696 Goldberg, Abraham: Dos daytshe yidentum, in *Haynt*, 5. März 1933, S. 3.

ihm gleichzeitig zu erkennen, dass die nationalsozialistische Ideologie aufs engste mit einem ausschließenden Nationalismus und einem eliminatorischen Antisemitismus verknüpft war, der Juden zu einer „minderwertigen Rasse" erklärte. Das ließ Goldberg das Neuartige am Antisemitismus der Nationalsozialisten erkennen, weshalb er alle sonstigen Versuche, den Judenhass der Nationalsozialisten zu erklären, als obsolet betrachtete. In der Folge rief er die Juden in Deutschland dazu auf, das Land zu verlassen, solange es noch möglich sei. Darüber hinaus riet er dazu, sich im Selbstschutz zu organisieren – ein Ratschlag, den die jüdischen Journalisten und Redakteure Juden in Deutschland immer wieder mit auf den Weg geben sollten, was zeigt, dass die Zeitungsmacher in Warschau in einer Tradition des aktiven Kampfes gegen Antisemitismus standen.[697]

Unter der wachsenden Zahl von Meldungen der JTA, die in der *Naye Folkstsaytung* in diesen Wochen Veröffentlichung fanden,[698] befand sich auch eine Meldung, die auf die ersten Konzentrationslager in Deutschland aufmerksam machte.[699] Andere widmeten sich den beginnenden Massenentlassungen in den Bereichen der Hochschule, des öffentlichen Dienstes und mit einiger Verzögerung auch der Privatwirtschaft sowie dem bereits schleichend einsetzenden antijüdischen Boykott.[700] Die Leser der Zeitung waren also über die Entwicklungen in Deutschland bestens informiert. Im März und April 1933 druckte die *Naye Folkstsaytung* zudem mehrere Berichte von Nathan Frenkel aus Berlin, die den Lesern über bloße Informationen hinaus einen plastischen Eindruck davon gaben, was in Deutschland vor sich ging und in welcher Lage sich die Juden dort befanden. Frenkel wollte seinen Lesern zeigen, wie stark die antijüdische Atmosphäre und der antijüdische Boykott in Berlin wirkten, weshalb er in seinen Berichten der „Wahrheit über die Gräueltaten in Deutschland" auf den Grund ging und somit

---

697 Vgl. Steffen: Jüdische Polonität, S. 314.
698 Vgl. JTA: Di lage fun di yidn in Daytshland, in *Naye Folkstsaytung*, 2. März 1933, S. 1; JTA: Panik tsvishn di yidn in Daytshland, in *Naye Folkstsaytung*, 7. März 1933, S. 2; JTA/PAT: A khvalie fun royberayen un anfaln oyf yidishe gesheftn in gants Daytshland, in *Naye Folkstsaytung*, 13. März 1933, S. 1.
699 Vgl. JTA: Di shreklekhe paynikungen in di kontsentratsie-lagern, in *Naye Folkstsaytung*, 27. April 1933, S. 1.
700 Am 7. April 1933 wurde die Praxis der Entlassungen im Zuge des „Gesetzes zur Wiederherstellung des Berufsbeamtentums" legalisiert und damit auf rechtlicher Ebene die gesamte deutsche Bürokratie umgestaltet und deren Regierungsloyalität gesichert. Den Nationalsozialisten war es fortan möglich, politisch unliebsame Beamte sowie jüdische Angestellte direkt zu entlassen oder aber in einen verfrühten Ruhestand zu schicken.

ein detailliertes Bild von der beginnenden Judenverfolgung zeichnete.[701] „Was ist wirklich in den letzten Wochen in Deutschland vorgekommen?",[702] fragte er und gab zu bedenken, dass es schwierig sei, an gesicherte Informationen zu kommen. Die ausländische Presse hätte er nicht gelesen, da ihre Informationen seiner Meinung nach übertrieben seien. Die linke Presse dagegen war schon längst nicht mehr existent. Den bürgerlichen und demokratischen Zeitungen könne man nicht vertrauen, der Regierungspresse noch weniger. Aus diesem Grund sei man als Journalist gezwungen, eigene Quellen ausfindig zu machen. Unter Bezugnahme auf seine eigenen Quellen kam er schließlich zu dem bedeutungsvollen Schluss, dass es „durchaus eine Wahrheit ist, dass man die jüdische Bevölkerung schlug und peinigte".[703] Frenkels Worte sind eindringlich und lassen keinen Zweifel daran, dass die Situation ernst war. In seinem Bericht von Ende März 1933 wollte er seinen Lesern zeigen, dass der antijüdische Boykott in Berlin, auch wenn die staatliche Propaganda etwas anderes verkündete, noch genauso stark war wie zu Beginn des Monats und welche Folgen dies für die Juden hatte. Frenkel schrieb:

> Das, was in letzter Zeit in Deutschland geschehen ist, ist einfach nicht zu glauben. Es mag passend sein für die Hottentotten, aber nicht für ein Kulturland. In Wahrheit hat sich nichts geändert. Nur die Aktion gegen die Geschäfte haben sie beendet und das nur deswegen, weil der Handelsverband erklärt hat, dass auch die Regierung kein Gegenmittel dafür hat, wenn alle Geschäfte schließen müssen. Und was das bedeutet, wissen die faschistischen Führer sehr gut. Das heißt noch einige hunderttausend arbeitslose Angestellte, das bedeutet hunderte Fabriken zu schließen, die die Produkte für die Geschäfte herstellen. Das bedeutet einen weiteren Börsenkrach, mit einem Wort, heißt dies wirtschaftliches Chaos und Zerstörung. Aber der antisemitische Hooliganismus geht weiter, da hat der Aufruf gar nichts bewirkt. In verschiedenen Städten, sogar in der Hauptstadt, schlägt man Juden auf offener Straße. Ganze Banden uniformierter SA-Männer lauern den Juden auf, wenn sie vom Beten kommen und schlagen sie in mörderischer Weise. Man hastet in die Cafés herein und schlägt mit Stöcken auf jüdische Köpfe ein.[704]

In diesem Zitat kommt nicht nur Frenkels Wille, dem journalistischen Selbstbild zu entsprechen und investigativ zu berichten, zum Ausdruck, auch seine eigene

---

701 Shnayder, N. [Frenkel, Nathan]: Der emes vegn die groyl-tatn in Daytshland, in *Naye Folkstsaytung*, 2. April 1933, S. 3.
702 Shnayder, N. [Frenkel, Nathan]: Der emes vegn die groyl-tatn in Daytshland, in *Naye Folkstsaytung*, 2. April 1933, S. 3.
703 Shnayder, N. [Frenkel, Nathan]: Der emes vegn die groyl-tatn in Daytshland, in *Naye Folkstsaytung*, 2. April 1933, S. 3.
704 Shnayder, N. [Frenkel, Nathan]: Der blutiker veg fun fashizm, in *Naye Folkstsaytung*, 21. März 1933, S. 4.

Unsicherheit und seine Fassungslosigkeit über das, was er sah und erlebte, tritt hier zutage.

Auch Vladimir Kossovski, der Berlin bereits im Jahr 1930 verlassen hatte und nach Warschau verzogen war, stieß vier Tage nach dem offiziellen Boykotttag am 1. April 1933 in eine ähnliche Richtung vor. In seinem politischen Kommentar zitierte Kossovski einige Abschnitte aus einem Artikel des französischen Sozialisten und späteren Premierminister Léon Blum (1887–1950), den dieser für die größte sozialistische Zeitung Frankreichs *Le Populaire* verfasst hatte. Kossovski befand, dass Blum darin ein „ausgezeichnetes Bild vom hitleristischen Deutschland im jetzigen Moment" gezeichnet hätte, weshalb er einige von dessen wichtigsten Aussagen für die Leser der *Naye Folkstsaytung* ins Jiddische übersetzte. Blum, der nicht zuletzt aufgrund seiner jüdischen Herkunft innerhalb jüdisch-sozialistischer Kreise sehr geschätzt war, urteilte, dass die Lage, in der sich die deutsche Arbeiterbewegung befand, „unerträglich" sei, weil sie mit zahlreichen Varianten des Hasses konfrontiert sei: „Partei-Hass, Rassenhass, gerichtlicher Hass" sowie mit einem „persönliche[n] Hass". Für ihn waren die Geschehnisse in Deutschland „noch brutaler als die Exzesse des mussolinischen Faschismus", da diese sich „nicht in einer sicheren Zeit entwickeln und mit noch mehr schauerlichen Wildheiten". Darüber hinaus glaubte Blum zu erkennen, dass „[d]er rassistische Gespenstertanz" der Nationalsozialisten, wie er ihn nannte, „Methode und Planmäßigkeit mit Wildheit zu einem außergewöhnlichen Grad" vereinigen würde.[705] Er sprach von „antisemitischen Bestialischkeiten des Rassismus" und stellte fest, dass der „Antisemitismus, welcher auf verschiedenen Wegen ohne Unterbrechung schon zweitausend Jahre wütet, sich seit dem Mittelalter noch niemals in dieser systematischen und bestialischen Form offenbart" hätte.[706] Diese Einschätzungen Blums teilte Kossovski und bedauerte, dass den Worten und Gedanken Blums von der breiteren Weltöffentlichkeit keine oder nur wenig Aufmerksamkeit geschenkt wurde. Schon in früheren Jahren hatte Kossovski auf die Gefahr des Antisemitismus in der nationalsozialistischen Ideologie hingewiesen.[707]

Bedeutsam an Nathan Frenkels Reportagen wie auch an Vladimir Kossovskis Kolumne ist, dass beide Bundisten dem Antisemitismus der Nationalsozialisten eine große Bedeutung zumaßen und zwischen der Verfolgung von Juden und politisch Andersdenkenden zu unterscheiden wussten. Sie nahmen Antisemitis-

---

705 Kossovski, Vladimir: Daytshland zurikgevorfn in finstern mitlalter, in *Naye Folkstsaytung*, 4. April 1933, S. 3.
706 Kossovski, Vladimir: Daytshland zurikgevorfn in finstern mitlalter, in *Naye Folkstsaytung*, 4. April 1933, S. 3.
707 Vgl. Blatman: „The National Ideology of the Bund", S. 202.

mus nicht nur als eine vermeintliche Taktik der Bourgeoisie zum Machterhalt wahr, sondern erkannten diesen als eigenständige und in ganz eigener Weise der NS-Ideologie eingewobene Bedrohung, womit sich ihre Analyse deutlich von denen vieler anderer, vor allem nichtjüdischer Sozialisten und Kommunisten unterschied, welche die Situation in Deutschland meist einzig durch die Brille des Klassenkampfs betrachteten und dementsprechend bestenfalls zu verkürzten Interpretationen gelangten. In ihren Artikeln verließen Frenkel und Kossovski den historisch-materialistischen Denkrahmen und eröffneten sich und anderen Bundisten dadurch einen neuen analytischen Zugang zu den Themen Faschismus und Antisemitismus sowie zu Fragen nach deren Ursachen. Dass sowohl Nathan Frenkel wie auch Vladimir Kossovski für mehrere Jahre in Berlin gelebt hatten und damit die fortschreitende gesellschaftliche Ausgrenzung der jüdischen Bevölkerung, die bereits in der Weimarer Republik ihren Anfang genommen hatte, miterlebt hatten, scheint einen direkten Einfluss auf ihr Denken gehabt zu haben. Eine Annahme, die durch weitere Artikel der beiden Bundisten gestützt wird.[708] Die Stärke der Redaktion der *Naye Folkstsaytung* und auch der anderen jüdischen Zeitungen war es wiederum, diese divergierenden inhaltlichen Blickwinkel und Auffassungen zuzulassen und ihnen eine friedliche Koexistenz in der Zeitung einzuräumen.[709]

4.1.4 Die Lage der jüdischen Migranten aus Ost- und Ostmitteleuropa

Stärker noch als die Entlassungen und erzwungenen Auswanderungen – allein 1933 verließen 37.000 Juden Deutschland[710] – beunruhigte die Zeitungsmacher die Zunahme der täglichen Gewalt, der Boykott gegen jüdische Warenhäuser und Geschäfte sowie die Bücherverbrennungen im Mai 1933, über die man in Warschau primär durch die Korrespondenten und nach Warschau geflohenen Juden

---

708 Als Frenkel im Frühjahr 1933 Berlin verließ und nach Paris flüchtete, nahm er dort seine journalistische Anti-Hitler-Arbeit wieder auf. Im Juli 1933 übersandte er aus Paris einen Bericht, der von seinem Besuch in den Räumen des Hilfskomitees für jüdische wie nichtjüdische Flüchtlinge, primär sozialistische und kommunistische Opfer der NS-Diktatur, handelte. Vgl. Shnayder, N. [Frenkel, Nathan]: Tvishn di korbones fun der broyner pest, in *Naye Folkstsaytung*, 22. Juli 1933, S. 3.
709 Diese These vertritt auch Daniel Blatman: „The National Ideology of the Bund", S. 203.
710 David Jünger argumentiert, dass man zu diesem Zeitpunkt noch nicht von einer Flucht bzw. Auswanderung sprechen kann, sondern von einem temporären Exil im benachbarten Ausland. Die Mehrheit der Geflohenen hoffte auf eine baldige Rückkehr nach Deutschland. Vgl. Jünger: Jahre der Ungewissheit, S. 59.

erfuhr.[711] Als ost- und ostmitteleuropäische Juden legten die *Shrayber* und *Tuer* der jiddischen Presse auch einen besonderen Schwerpunkt auf Gewalt, die sich gegen die sogenannten *Mizrekh-yidn*, also gegen Juden mit einer ost- und ostmitteleuropäischen Herkunft, entlud. Nach der Machtübertragung an Hitler wurde diese Gruppe schnell zum primären Ziel der antisemitischen Angriffe.[712] Am 15. März 1933 trug Reichsinnenminister Wilhelm Frick den deutschen Landesregierungen auf, „die Zuwanderung von Ausländern ostjüdischer Nationalität abzuwehren" und „von der Einbürgerung ostjüdischer Auswanderer bis auf weiteres abzusehen".[713] Damit hatte die NS-Regierung „die Grundlagen für die Politik gegenüber den ausländischen Juden gelegt" und zeigte, dass die Maßnahmen ausnahmslos gegen Juden mit einer osteuropäischen Herkunft zielten, allen voran gegen jüdische Menschen aus Polen und der Sowjetunion.[714] Die NS-Propaganda machte dabei die jüdischen Migranten aus Ost- und Ostmitteleuropa für alle ökonomischen und gesellschaftlichen Probleme in Deutschland verantwortlich, was Yfaat Weiss zufolge teilweise dazu geführt hätte, dass deutsche Juden die Gefahr, die von der NSDAP ausging, vor und nach 1933 zunächst verkannten.[715] Als deutsche Staatsbürger und quasi Alteingesessene glaubten viele deutsche Juden, dass sie nicht von den antisemitischen Maßnahmen betroffen sein würden. Erst als die NS-Regierung versuchte, den Antisemitismus, der sich speziell gegen Juden aus Ost- und Ostmitteleuropa richtete, mit jenem gegen deutsche Juden zu verbinden, änderte sich die Einschätzung letzterer langsam.[716] Dennoch blieben die polnischen und russischen Juden zunächst zentrales Ziel der NS-Propaganda und der gewalttätigen Angriffe. Vermehrt zogen gewaltbereite Anhänger der NSDAP, darunter viele Angehörige der SA und SS, durch die Straßen Berlins und verfolgten Menschen mit einem vermeintlich jüdischen oder nicht-deutschen Aussehen.[717] Nicht ohne Grund reagierte das Reichsinnenministerium deswegen schnell. Mit den juristischen Initiativen gegen die jüdischen Migranten wollte man die allzu offene Gewalt etwas zügeln, aber dennoch zeigen, dass man mit der

---

711 Vgl. JTA: Vilder hitleristisher teror gegen yuden, in *Der Moment*, 6. März 1933, S. 2; div. Presseagenturen/Korrespondenten: Ofener oysrotungs-kamf gegen yiden in Daytshland, in *Haynt*, 10. März 1933, S. 2.
712 Vgl. z.B. den Bericht von Shnayder, N. [Frenkel, Nathan]: Der blutiker veg fun fashizm, in *Naye Folkstsaytung*, 21. März 1933, S. 4.
713 Mayer, Michael: „Politik der Vertreibung. Ausländische Juden im Deutschen Reich 1933 bis 1938", in: Stiftung Jüdisches Museum Berlin (Hrsg.): *Berlin Transit. Jüdische Migranten aus Osteuropa in den 1920er Jahren*, Berlin 2012, S. 119–121, hier S. 119.
714 Mayer: „Politik der Vertreibung", S. 119.
715 Vgl. Weiss: Deutsche und polnische Juden, S. 26–27.
716 Vgl. Maurer: „Die Juden in der Weimarer Republik", S. 108–109.
717 Vgl. Weiss: Deutsche und polnische Juden, S. 29; Mayer: „Politik der Vertreibung", S. 119.

Verfolgung von Juden aus dem Osten Europas grundsätzlich einverstanden war, dass man sie nicht im Land haben wollte und mit ihrer Ausweisung begann.[718]

Vor diesem Hintergrund nahmen die jüdischen Zeitungsmacher in Warschau ganz besonders aufmerksam das Schicksal von Juden mit polnischem und russischem Hintergrund wahr. In Reportagen und Berichten drückten sie ihr Mitgefühl, aber auch ihre Besorgnis aus – schließlich konnte eine systematische Ausweisung aller jüdischen Bürger mit einer polnischen Staatsbürgerschaft ebenfalls Folgen für die Debatte um die sogenannte Judenfrage und damit für die jüdische Minderheit in Polen selbst haben.[719] Schon am 9. Januar 1933, also noch vor der offiziellen Machtübertragung an Hitler, klärte die Redaktion des *Haynt* ihre Leser darüber auf, welche polnischen Juden von Deutschland ausgewiesen würden und was die polnische Regierung dagegen unternehmen könne. Als Experten zog man einen polnischen Juden heran, der kürzlich aus Berlin nach Warschau zurückgekehrt war und die Redaktion des *Haynt* in der *ulica Chłodna* 8 aufgesucht hatte. Im Bericht hieß es:

> In der polnisch-jüdischen Kolonie in Berlin herrschte in den letzten Tagen eine etwas unruhige Stimmung. Der Anlass waren Meldungen, welche die Ausweisung von Ausländern belegten. Die erste Nachricht, die herausdrang, meldete, dass die Polizei nicht mehr länger dulden wird, dass in Deutschland fremde Bürger verbleiben, welche die Gastfreundschaft der Republik missbrauchen und die mit staatsfeindlichen Aktionen zu tun hätten. Die Polizei – so hieß es in der Mitteilung – wird sofort die Ausweisung von einer ganzen Masse von Ausländern veranlassen. Ausweisungen durch die Polizei – ohne eine gerichtliche Verhandlung – nur auf der Basis von polizeilicher ‚Überzeugung', dass der und der Ausländer ein staatsfeindliches Element ist, ist immer eine gefährliche Nachricht. Darum ist es verständlich, dass bis das Was und Wann klar ist, die Stimmung in tausenden jüdischen, und in erster Reihe in den jüdisch-polnischen Familien, verdorben ist.[720]

Das Zitat gibt einen guten Einblick darin, was für eine große Unsicherheit unter polnischen Juden in Berlin zu Beginn des Jahres 1933 herrschte, und zeigt darüber hinaus, dass sich die unsichere Stimmung von Juden in Berlin bis nach Warschau übertrug – existierten doch zahlreiche familiäre, kollegiale, geschäftliche und freundschaftliche Verbindungen ins Nachbarland. Die Redakteure von *Dos Yudishe Togblat* druckten am 27. Februar 1933 einen Artikel eines anonymen Autors

---

718 Vgl. Mayer: „Politik der Vertreibung", S. 119.
719 Michael Mayer weist darauf hin, dass sich eine sofortige Ausweisung schwierig gestaltete und das Auswärtige Amt mit Gegenmaßnahmen der polnischen Seite rechnete. Vgl. Mayer: „Politik der Vertreibung", S. 120.
720 N. N.: Velkhe poylishe yiden veren aroysgeshikht fun Daytshland – un vos kon Poylen dertsu tuhn, in *Haynt*, 9. Januar 1933, S. 4; Weisfeld, Shmeuz [vermutl. Carlebach, Esriel]: Vos vert mit di poylishe yiden in Daytshland?, in *Haynt*, 22. Februar 1933, S. 3.

ab, der die Lage polnischer Juden in Sachsen und in Thüringen seit Hitlers Machtantritt beschrieb, und auch die Journalisten der *Naye Folkstsaytung* waren zutiefst beunruhigt über den antisemitischen Terror, der sich speziell gegen Juden aus dem Osten Europas richtete.[721] Aus Berlin schrieb Nathan Frenkel im März 1933, dass die „Lage von den osteuropäischen Juden besonders schrecklich" sei. Und weiter: „Man ist nicht sicher, bis der Morgen anbricht. Hunderte hat man schon aus Deutschland ausgewiesen und jeder einzelne zittert, dass ihm nicht dasselbe passieren möge. Jahrelang ist man schon hier, mit der größten Mühe hat man sich eingerichtet, ein Leben geschaffen. Und jetzt muss man wieder den Wanderstock nehmen. Aber wohin? Die Grenzen sind geschlossen."[722] Frenkel betrachtete die Lage, in der sich die Juden befanden, nicht nur im deutschen, sondern in einem internationalen Kontext und argumentierte, dass die Katastrophe der jüdischen Migranten in Deutschland nicht nur eine hausgemachte war, schließlich verweigerte die Mehrheit der europäischen und außereuropäischen Länder in den 1930er Jahren die Aufnahme der jüdischen Flüchtlinge und trug so maßgeblich zur Katastrophe auf dem europäischen Kontinent bei.

Neben diversen Kurzmeldungen, unzähligen Interviews und individuellen Geschichten geflohener und misshandelter polnischer Juden[723] druckte die *Naye Folkstsaytung* ferner Listen ab, die der polnische Konsul der deutschen Regierung überreicht hatte. Sie enthielten jeweils mehr als 20 Vorfälle, bei denen Juden mit polnischer Staatsbürgerschaft Opfer der nationalsozialistischen Gewalt geworden waren.[724] Die Redakteure vom *Dos Yudishe Togblat* und anderer Zeitungen taten es ihr gleich.[725] Das Abdrucken der Listen und anderer diplomatischer Dokumente zeugte von der Praxis des Sammelns und Dokumentierens jüdischen Leids. Die Redakteure der Zeitungen beleuchteten damit nicht nur die antijüdische Gewalt aus verschiedenen Blickwinkeln, sie zeigten ihren Lesern auch, dass die Geschehnisse in Deutschland wirklich passierten, wenn sich sogar die polnische

---

[721] Vgl. N. N.: Di lage fun poylishe yuden in Zaksen un Thiringen, in *Dos Yudishe Togblat*, 27. Februar 1933, S. 6.
[722] Shnayder, N. [Frenkel, Nathan]: Der blutiker veg fun fashizm, in *Naye Folkstsaytung*, 21. März 1933, S. 4.
[723] Vgl. N. N.: In Hitler-gehenem. Shoyderlekhe shilderung fun an arbeter velkher iz geven arestirt in a kaserne, in *Naye Folkstsaytung*, 9. April 1933, S. 3; Poles fun Daytshland okupirt dos dzshoynt-biro, in *Naye Folkstsaytung*, 14. Dezember 1936, S. 6; Y., Ml.: Drey yor in daytshe kontsentratsie-lagern. Dertseylt fun a bafreytn poylishn arbeter far a mitarbeter fun unzer tsaytung, in *Naye Folkstsaytung*, 25. Juli 1938, S. 3.
[724] Vgl. N. N.: Vos kumt far hinter di kulisn fun der Hitler-diktatur?, in *Naye Folkstsaytung*, 28. März 1933, S. 2; N. N.: Trukene aber shendlekhe faktn, in *Naye Folkstsaytung*, 9. April 1933, S. 3.
[725] Vgl. N. N.: Di vilde teror-maysim in Daytshland, in *Dos Yudishe Togblat*, 28. März 1933, S. 3. Auch im *Haynt* wurden Listen dieser Art veröffentlicht. Vgl. z. B. *Haynt* vom 10. April 1933, S. 14.

Regierung zum Eingreifen veranlasst sah,[726] eine effektive Strategie, etwaige kursierende Gerüchte über Übertreibungen oder gar Falschmeldungen in den Zeitungen aus dem Weg zu räumen. Gleichzeitig hoffte man mit der Veröffentlichung der Listen, den (internationalen) Druck auf die polnische Regierung zu erhöhen und das deutsche Regime insgesamt in Misskredit zu bringen, wurden die Zeitungen doch auch im Ausland gelesen.[727] Schließlich erwarteten die Zeitungsmacher, dass die polnische Regierung die Rechte ihrer jüdischen Staatsbürger in Deutschland verteidigte.

Auch den Mitarbeitern des *Moment* blieb das Leid der jüdischen Migranten in Deutschland nicht verborgen, wie das Beispiel von Hermann Swet zeigt. Bereits seit Februar 1933 verfasste dieser ausführliche Berichte, die Einblicke in die Stimmung der osteuropäisch-jüdischen Community in Deutschland gaben und die aufgeregte Atmosphäre, die sich unter den jüdischen Migranten verbreitet hatte, thematisierten. Darüber hinaus beleuchtete er die seiner Meinung nach ausbleibende Solidarität der deutschen Juden, insbesondere vonseiten des *Central-Vereins*, der nach Swets Dafürhalten für das Schicksal der polnischen und russischen Juden mitverantwortlich war.[728]

Die Zeitungsmacher befassten sich aber nicht nur mit der Situation polnischer Juden in Deutschland. Für sie war genauso entscheidend, welche Auswirkungen der Aufstieg der Nationalsozialisten für die jüdische Bevölkerung Polens hatte, nicht zuletzt, weil die Rechte in Polen in den 1930er Jahren selbst zunehmend an politischem Einfluss gewann.

---

[726] Vgl. Tomaszewski, Jerzy: „Das ‚Dritte Reich' in den Konsulatsberichten der Republik Polen", in: Strupp, Christoph und Frank Bajohr (Hrsg.): *Fremde Blicke auf das „Dritte Reich": Berichte ausländischer Diplomaten über Herrschaft und Gesellschaft in Deutschland 1933–1945*, Göttingen 2011, S. 163–187.
[727] Zur Kritik an der Polnischen Botschaft in Berlin vgl. z.B. Vital, Khaim [Hurvits, Khaim Avraham]: A bazukh in poylishn konsulat in Berlin, in *Haynt*, 25. Dezember 1935, S. 3.
[728] Vgl. Svet, Herman: Der letster fun a gliklikher dor, in *Der Moment*, 19. Februar 1933, S. 3; Di behole-klangen tsvishen di ost-yuden in Berlin, in *Der Moment*, 22. Februar 1933, S. 3. Mit dieser Beobachtung lag er nicht gänzlich falsch. Zwar drückte der *Central-Verein* seine Anteilnahme am Schicksal der jüdischen Migranten aus Ost- und Ostmitteleuropa aus und verteidigte sie auch moralisch, heutige Forschungen zeigen aber, dass der *Central-Verein* in der Tat Anträge auf finanzielle Unterstützung deutscher Staatsangehöriger prioritär behandelte. Vgl. Weiss: Deutsche und polnische Juden, S. 40.

4.2 Polnische und deutsche Entwicklungen im Vergleich

War Antisemitismus seit jeher ein Thema in der jüdischen Presse Polens gewesen, führten die veränderten internationalen und nationalen Rahmenbedingungen dazu, dass Antisemitismus in allen jüdischen Zeitungen zum dominierenden Thema schlechthin wurde. Die Kämpfe um den Erhalt und die Verbesserung des eigenen gesellschaftlichen Status, aber zumindest bei pro-zionistischen Zeitungsmachern auch die Frage nach einer möglichen Auswanderung wurden als immer dringlicher wahrgenommen. Für den innerjüdischen Kontext in Polen war darum die Frage, wie man dem gesellschaftlichen Antisemitismus und der damit einhergehenden breiten Verarmung der jüdischen Bevölkerung entgegenwirken konnte, von zentraler Bedeutung. Gleichzeitig spielte auch die Frage nach der Beziehung Polens zu Deutschland eine wichtige Rolle in den Diskussionen um den Kampf gegen Antisemitismus. Welche Gefahr ging von dem westlichsten Nachbarlands Polen wirklich aus? Und fand die NS-Ideologie auch in Polen Anhänger, Sympathisanten und Nachahmer? Beides waren Fragen, die weite Teile der jüdisch-journalistischen Kreise in Warschau in den 1930er Jahren dauerhaft begleiteten.

Obwohl einige Redakteure und Publizisten der *Naye Folkstsaytung* Schwierigkeiten hatten, den nationalsozialistischen Antisemitismus zu deuten und in bisherige sozialistische Antisemitismustheorien einzuordnen, zeigt sich im Umgang mit Antisemitismus in Polen selbst ein anderes Bild. In dem Zentralorgan des *Bund* wurde nicht nur täglich ausführlich über antisemitische Vorkommnisse und Überfälle in Polen berichtet,[729] auch engagierten sich die Bundisten und damit auch die Redakteure der *Naye Folkstsaytung* auf vielfältige Weise im Kampf gegen Antisemitismus und Faschismus. Exemplarisch hierfür ist die Berichterstattung über das Pogrom in der polnischen Kleinstadt Przytyk bei Radom im Frühjahr 1936. Jakob Pat* (1890–1966) wurde von der Redaktion umgehend nach Przytyk geschickt, um vor Ort die Gewalttaten mit Bildern zu dokumentieren.[730] In Reaktion auf das Pogrom organisierte der *Bund* außerdem einen Generalstreik aller organisierten jüdischen Arbeiter sowie mehrere Demonstrationen. Die Beteiligung und das politische Echo waren so groß, dass die Mitarbeiter mehrerer

---

729 Vgl. z.B. N. N.: Endekes barekhtikn in seym di anti-yidishe ekstsesn!, in *Naye Folkstsaytung*, 1. Februar 1933, S. 6; Ch. L. [Chmurner, Józef]: Verter zaynen nisht genug!, in *Naye Folkstsaytung*, 30. Januar 1939, S. 3.
730 Melzer weist darauf hin, dass es in den ersten Tagen nach dem Pogrom ein Verbot gab, Fotos zu veröffentlichen. Vgl. Melzer: No Way Out, S. 54–55. Siehe auch: Pat, Yakov: Pshitik forn urteyl fun gerikht. Vos ikh hob gezen un gehert in Pshitik, in *Naye Folkstsaytung*, 27. Juli 1936, S. 2.

jüdischer Zeitungen ihre Anerkennung und Dankbarkeit gegenüber den Bundisten ausdrückten.[731]

Auch in der theoretischen Herangehensweise an den Antisemitismus in Polen zeigt sich ein etwas differenzierterer Umgang. Zwar dominierte auch hier eine historisch-materialistische Sichtweise, die Antisemitismus primär als Begleiterscheinung eines chauvinistischen Kapitalismus deutete, im direkten Vergleich zu den Vorkommnissen in Deutschland aber diskutierten die Redakteure in Bezug auf Polen offener, freier und beschrieben diesen präziser und scheuten sich auch nicht davor, ihn konkret zu benennen. Als politische Lösung propagierte man hingegen, ähnlich wie es in Bezug auf Deutschland der Fall war, die Utopie, dass in einem sozialistischen Polen antijüdische Diskriminierung von allein verschwinden würde, weil das Phänomen Antisemitismus zusammen mit der gestürzten kapitalistischen Gesellschaft untergehen würde.[732] Viele Publizisten des *Bund* betrachteten Antisemitismus nicht nur als ein Problem der jüdischen Bevölkerung, sondern der gesamten polnischen Gesellschaft.[733] In den bürgerlichen Tageszeitungen wurde der Anstieg des Antisemitismus gleichfalls mit Sorge registriert und politische Lösungen und Antworten ausführlich diskutiert.[734] Journalisten wie Dovid Flinker vom *Dos Yudishe Togblat* stellten mit Sorge fest, dass die „Hetze der Endecja" gegen die jüdische Bevölkerung nach dem Tod Piłsudskis mit jedem Tag schlimmer werden würde.[735]

Die Ereignisse in Deutschland und die politischen wie gesellschaftlichen Entwicklungen wurden von den Journalisten jedoch nicht ausschließlich getrennt diskutiert. Aufmerksam verfolgte man, wie sich das neue deutsch-polnische Verhältnis entwickelte und wie die polnische Regierung und die polnische Gesellschaft, insbesondere das nationaldemokratische Lager, auf den Terror gegen und die Verfolgung von Juden in Deutschland reagierten. Im Frühjahr 1933 initiierte die Redaktion des *Moment* beispielsweise eine Umfrage unter nichtjüdischen

---

731 Vgl. N. N.: Morgn – algemeyner halb-tagiker protest-shtrayk, in *Naye Folkstsaytung*, 15. März 1936, S. 1; Melzer: No Way Out, S. 58–59.
732 Vgl. Gorny: Converging Alternatives, S. 160.
733 Vgl. Gechtman: „The Rise of the Bund", S. 36.
734 Die Diskussion um Antisemitismus in der polnischsprachigen bürgerlich-jüdischen Presse wird ausführlich bei Katrin Steffen und Anna Landau-Czajka besprochen. Ihre Ergebnisse sind z. T. deckungsgleich mit den Argumentationen, die in der jiddischen bürgerlichen Presse zu finden sind. Vgl. Steffen: Jüdische Polonität, S. 242–312; Landau-Czajka: Polska to nie oni, S. 250–302.
735 Vgl. Flinker, Dovid: Di endekishe hetse, in *Dos Yudishe Togblat*, 18. November 1935, S. 3; N. N.: Endekes in Bialistok gegrayt masen-anfalen oyf yiden, in *Haynt*, 9. Mai 1934, S. 2; Grafman, Avrom-Yitskhok: Di endetsie hot zikh nakhamal demaskirt, in *Der Moment*, 8. August 1939, S. 3; Fink, H.: Di troyerige perspektiven fun poylishen yidentum, in *Haynt*, 10. Mai 1934, S. 5.

polnischen Intellektuellen, um herauszufinden, wie diese zum Nationalsozialismus standen.[736] Ähnliche Initiativen gingen 1935 von der lokalen *JTA* und ebenfalls 1933 von der *Nasz Przegląd* aus.[737] Sie hatten gemeinsam, dass sie unter der aufgeklärten polnischen Intelligenz nach solidarischen Allianzen suchten.

Dabei bemerkten die jüdischen Journalisten und Redakteure jedweder politischen Richtung schnell, dass der deutsche Nationalsozialismus durchaus vom rechten politischen Lager als Vorbild wahrgenommen wurde.[738] Am 18. März 1933 erschien ein Artikel in der *Naye Folkstsaytung*, der genau dies zum Thema hatte. Basierend auf der Lektüre der *Gazeta Warszawska* (Warschauer Zeitung), einer Zeitung, die der *Endecja* nahestand, vertrat der anonyme Verfasser die These, dass die *Endecja*, durchaus mit Hinblick auf die Entwicklungen in Deutschland, die sogenannte Judenfrage folglich zu ihrem dringlichsten Problem erklärt hätte. Darüber hinaus stellte der Verfasser fest, dass die *Endecja* ihre Bewunderung für Hitler kaum verheimlichen konnte und sich auch nicht sonderlich darum bemühen würde, schließlich hoffte man darauf, dass der Antisemitismus bald zu einer dominierenden ideologischen Bewegung in ganz Europa aufsteigen würde.[739] Für den polnischen Kontext würde dies dem anonymen Autor zufolge bedeuten, dass „[d]ie Endekes beschlossen [haben], dass jetzt die passendste Zeit ist eine antijüdische Kampagne in Polen einzuleiten. Das Signal dafür gab ihnen Hitler. So wie Hitler jetzt mit ‚seinen' Juden in Deutschland abrechnet, dürfen die Endekes Ordnung mit ‚ihren' Juden in Polen machen."[740] Schon im Sommer 1932 hatte Henryk Erlich in einem Leitartikel auf die Bewunderung hingewiesen, die der ideologische Führer der *Endecja*, Roman Dmowski, für die Nationalsozialisten hegte, „die sich systematisch und professionell der Spaltung von Arbeiterköpfen, Arbeiterkindern" sowie „antijüdischen Pogromen" widmen würden.[741]

---

736 N. N.: Vi reagirt di poylishe regirung un di gezelshaft oyf Hitler's barbarishe meshim ligvey di poylishe birger in Daytshland?, in *Der Moment*, 13. April 1933, S. 6; Y. Vak: Vos zogen di poylishe geystige fihrer vegen di hitleristishe drifes oyf yuden, in *Der Moment*, 7. Mai 1933, S. 3.
737 Vgl. AAN, MSW, Sig. 963, Sprawozdanie życia mniejszości narodowych za IV kwartał 1935r., Warschau 1936, S. 92; Steffen: Jüdische Polonität, S. 328.
738 Vgl. Pickhan: „Gegen den Strom", S. 298.
739 Vermutlich bezog sich der *Haynt* in einem Beitrag vom 2. April 1933 auf den gleichen Artikel der *Gazeta Warszawska*. Vgl. N. N.: Loyb-gezangen fun der endekisher prese far Hitler'n, in *Haynt*, 2. April 1933, S. 2.
740 N. N.: Hitler rekhnt sikh op mit „zeyne" yidn un di endekes viln sikh oprekhnen mit „zeyere" yidn, in *Naye Folkstsaytung*, 18. März 1933, S. 5.
741 Erlich, Henryk: Di hitlers fun ale lender, in *Naye Folkstsaytung*, 12. Juli 1932, S. 3.

Auch Mark Turkow, der dieses Mal unter dem Pseudonym „M. Turi" schrieb,[742] analysierte in seinem Artikel „Hitler, Polen und Juden" für die Leser vom *Moment* polnische Pressereaktionen auf die Machtübertragung an Hitler. Zwar stellte er mit „Zufriedenheit" fest, dass „der allgemeine Ton der polnischen Öffentlichkeit ein sachlicher" sei und darüber hinaus „der Hitlerismus scharf verurteilt" werde, es aber „einen Teil von der polnischen Gesellschaft" gäbe, der „mit Freude Hitlers Kampf gegen Juden aufgenommen" habe, wobei für jedermann „klar" sein dürfte, „dass es sich dabei um die Endekes handelt".[743] Vladimir Kossovski verglich die beiden faschistischen Bewegungen ebenfalls miteinander und stieß dabei genau wie Turkow und auch einige andere Journalisten auf auffallend viele Ähnlichkeiten. Allerdings beließ er es nicht bei einer bloßen Beobachtung. Er stellte sich vielmehr die Frage, ob eine derartige Faschisierung und Vertreibung von Minderheiten wie jene in Deutschland auch in Polen möglich wären. Nach Abwägung aller Fakten gelangte er zu dem Ergebnis, dass in Polen schlichtweg die Grundlagen für ein faschistisches Regime fehlten. Er beurteilte die polnische Situation anhand verschiedener Kriterien, die seiner Meinung nach zum NS-Regime geführt hätten. Für Kossovski gehörten dazu unter anderem der nationalsozialistische Antisemitismus, eine antikapitalistische Grundstimmung innerhalb der Mehrheitsbevölkerung sowie chauvinistische Rachegefühle gegenüber den Siegern des Ersten Weltkrieges. Skeptisch fragte er, worauf die *Endecja* eigentlich ihre Hoffnungen bezüglich eines polnischen Staates ganz ohne Juden aufbauen würde:

> Auf was aber können die Endekes aufbauen? Hetzen gegen den Kapitalismus können sie nicht, weil sie Fleisch und Blut der Bourgeoisie sind, heiße Verteidiger der kapitalistischen Interessen in Wort und Schrift, [...]. Rachegefühle in den Massen können sie auch nicht wecken, weil Polen ja vom Versailler Vertrag nicht benachteiligt wurde. Das einzige Gefühl, bei dem sie sich fest im Sattel fühlen, ist Antisemitismus.[744]

Nur eines der von Kossovski aufgestellten Kriterien traf auch auf den polnischen Kontext zu, nämlich der Antisemitismus. Die nationaldemokratische Variante aber, so argumentierte Kossovski weiter, würde sich insofern sehr stark am nationalsozialistischen Modell orientieren, als dass die Vertreter der *Endecja* versuchten, ebenfalls biologistisch-rassistische Elemente in ihre Ideologie zu integrieren – ein Vorhaben, das Kossovski aber zum Scheitern verurteilt sah, da er die

---

742 Aus Angst vor möglichen Beschlagnahmungen oder gar Gefängnisstrafen wurden, so scheint es, zu dieser Thematik besonders viele Artikel unter Pseudonymen oder gleich ganz ohne Signatur veröffentlicht.
743 Turi, M. [Turkow, Mark]: Hitler, Poylen un yuden, in *Der Moment*, 3. April 1933, S. 3.
744 Kossovski, Vladimir: Di poylishe hitleristn, in *Naye Folkstsaytung*, 21. März 1933, S. 2.

Zusammensetzung der polnischen Gesellschaft schlicht als zu heterogen einschätzte:

> Die Endekes versuchen ihren Antisemitismus mit ein wenig Rassentheorie zu ‚veredeln'. In jedem Land, darunter auch Polen, soll die ‚Zivilisation' nur noch von ‚reinrassigen' Händen aufgebaut und angeführt werden. Das ist, natürlich, im Ganzen Unsinn, aber in Polen ist das die größte Verrücktheit, die einem begegnen kann auf dieser finsteren Reise. Doch um die Rassentheorie in Polen zu verwirklichen, wird man nicht nur den Juden die Existenzgrundlage nehmen müssen, auch den Ukrainern, Weißrussen, Deutschen, Russen, Litauern. Eigentlich müsste man sie warnen, immerhin sind das annähernd vierzig Prozent der Bevölkerung.[745]

In Anlehnung an das bundistische Konzept eines „ethnischen Pluralismus" auf Basis einer national-kulturellen Autonomie, die für alle Minderheiten das erklärte Ziel in einem zukünftigen sozialistischen Polen sein sollte, nahm Kossovski in seinem Vergleich die diversen Minderheiten Polens in den Blick. Polen repräsentierte für ihn eindeutig eine pluralistischere Gesellschaft als Deutschland, was es ihm zufolge deutlich schwieriger machen würde, die rassistischen und antisemitischen Fantasien der Nationalsozialisten auch in Polen umzusetzen. Hinzu kam, dass er glaubte, dass die polnische Arbeiterschicht vor Antisemitismus gefeiter sei als die deutsche.[746] Bei einer Bevölkerung, die zu über 40 % aus verschiedenen Minderheiten bestand, wäre es aus Sicht Kossovskis nicht möglich, eine erzwungene Auswanderung für alle Minderheiten umzusetzen und gleichzeitig eine florierende polnische Wirtschaft dauerhaft aufrechtzuerhalten. So kam Kossovski zu dem Schluss, dass in Polen aufgrund der unterschiedlichen politischen und gesellschaftlichen Entwicklungen ein faschistisches Regime, wie es sich die *Endecja* erträumte, nicht realisierbar sei. Auch in den folgenden Jahren beobachten die Redakteure der *Naye Folkstsaytung* das Verhalten der *Endecja* und anderer rechter Gruppen aufmerksam. Der Einfluss der nationalsozialistischen Ideologie erschien ihnen dabei zunehmend bedeutsamer.[747]

Im *Moment* äußerte sich der jüdische Politiker, Anwalt und Publizist Henryk Rosmarin* (1882–1955) zur Annäherung der *Endecja* an den Nationalsozialismus. Für den Gründer der polnischsprachigen jüdischen Tageszeitung *Chwila*, der sein

---

745 Kossovski, Vladimir: Di poylishe hitleristn, in *Naye Folkstsaytung*, 21. März 1933, S. 2.

746 Vgl. Kossovski, Vladimir: Antisemitizm un poyerim, in *Naye Folkstsaytung*, 15. Februar 1936, S. 3.

747 Vgl. z. B. den Artikel von Józef Chmurner, in welchem er den Einfluss Deutschlands auf die Verbreitung einer 13 Punkte umfassenden programmatischen und antisemitischen Resolution des 1937 mit der Unterstützung der polnischen Regierung ins Leben gerufenen *Obóz Zjednoczenia Narodowego* (Lager der Nationalen Einigung) herausarbeitete. Khmurner, Yosef: Di kvaln fun zeyr begeysterung, in *Naye Folkstsaytung*, 2. Juli 1938, S. 3.

Jurastudium unter anderem in Berlin und Wien absolviert hatte, stand fest, dass der Antisemitismus in Deutschland ein Novum war, welches aber nicht nur vom deutschen Standpunkt aus betrachtet werden durfte. Gerade für den jüdischen Publizisten sei es darum wichtig, seine „Aufmerksamkeit von Deutschland" abzuwenden und sich für einen Moment „wieder unseren, polnischen Hitleristen" zuzuwenden.[748] Die Gründe dafür waren für Rosmarin naheliegend. Er erklärte: „In keinem freien Land, in dem sich eine größere jüdische Gemeinschaft befindet, fehlt es an Antisemiten; und wie man sich vorstellen kann, wirken auf sie der aggressive Hitlerismus und seine Kampfmethoden gegen die Juden herausfordernd".[749] Einen ganz besonders außergewöhnlichen Fall würden jedoch die polnischen Nationalisten darstellen, da diese sich in Bezug auf das nationalsozialistische Deutschland überaus irrational verhielten, indem sie das NS-Regime trotz seines inhärenten Antipolonismus mit Begeisterung akzeptierten. Rosmarin schrieb, dass die Anhänger der *Endecja* darüber hinaus aber

> nicht vergessen [dürfen], dass Hitler nicht weniger ein Feind Polens ist als von den Juden und in seiner Agitation, die er im Zusammenhang mit seiner Übernahme des Staatsruders entwickelte, die deutschen Massen nicht nur offen zum Kampf gegen Juden aufrief, sondern auch dazu, die heutigen Grenzen von Polen zu bekämpfen. Doch hält das Hauptorgan der Partei es für sein Ideal, Hitlers Weg zu gehen und seine Methoden in die polnische Erde zu verpflanzen.[750]

Er argumentierte ferner, dass die heimischen Nationalsozialisten sich selbst belügen würden, wenn sie behaupteten, dass sie nur auf theoretischer Ebene die Ideologie der Nationalsozialisten übernehmen würden. Im Gegenteil „würden sie doch wirklich jede Gelegenheit ausnutzen, die Theorie in Praxis zu verwandeln. Davon konnten wir uns durch die letzten Geschehnisse in einer ganzen Reihe Shtetlchen in Ost- und Südgalizien und von den antijüdischen Exzessen in Grajewo[751] überzeugen, die eine ganz ernste Form angenommen hätten, wenn nicht die Regierungsmacht interveniert hätte."[752] Das politische Fazit, das Rosmarin aus seinen Beobachtungen zog, war es, an die *Sanacja*-Regierung zu appellieren und konkrete Schritte im Kampf gegen das *Endecja*-Lager zu fordern – ein Schritt,

---

748 Rosmarin, Henryk: Der hitlerizm un di endekes, in *Der Moment*, 24. März 1933, S. 3.
749 Rosmarin, Henryk: Der hitlerizm un di endekes, in *Der Moment*, 24. März 1933, S. 3.
750 Rosmarin, Henryk: Der hitlerizm un di endekes, in *Der Moment*, 24. März 1933, S. 3.
751 1933 kam es zu antijüdischen Ausschreitungen in der polnischen Kleinstadt Grajewo in der Nähe von Białystok.
752 Rosmarin, Henryk: Der hitlerizm un di endekes, in *Der Moment*, 24. März 1933, S. 3.

der nicht von allen Zeitungsmachern begrüßt wurde, weil sie im *Sanacja*-Lager ebenfalls eine Zunahme antisemitischer Tendenzen beobachteten.[753] Für Rosmarin aber war klar, dass Polen etwaige Angriffe vonseiten der Deutschen nur dann abwehren könnte, wenn es Ruhe und Stabilität im Land gab. Die „letzten antijüdischen Ausschreitungen" hätten jedoch gezeigt, dass sie keinen „zufälligen Charakter" hatten, weshalb er das rasche Einschreiten der polnischen Regierung während der antisemitischen Ausschreitungen als ein positives Zeichen wertete.[754]

Auch im *Haynt* erregte sich ein anonymer Autor über die Falschheit der deutsch-polnischen Freundschaft und wunderte sich darüber, wie Deutschland binnen weniger Monate vom politischen Feind zum Freund der polnischen Nationalisten werden konnte und weshalb die antipolnische Propaganda, die noch immer von Deutschland ausging, kaum noch wahrgenommen wurde.[755] Dies stellt einen Widerspruch dar, den auch William W. Hagen herausarbeitete.[756]

Doch nicht nur die Annäherung des nationaldemokratischen Lagers an die nationalsozialistische Ideologie bereitete den jüdischen Journalisten und Publizisten Kopfzerbrechen, auch die teilweise unkritische Haltung der polnischen Regierung in Bezug auf das deutsche NS-Regime beobachteten viele jüdische Intellektuelle in Warschau sehr kritisch. Auf einer Sitzung des polnischen Sejms im Februar 1934, also nur wenige Tage, nachdem die deutsch-polnische Nichtangriffserklärung unterzeichnet worden war, hielt der Rabbiner, Publizist und jüdische Abgeordnete Ojzasz Thon eine Rede, in der er nicht nur den NS-Antisemitismus der *Endecja* scharf kritisierte, sondern auch die polnische Regierung für ihr blindes Vertrauen in die nationalsozialistische Führung rügte.[757] Der Wechsel des außenpolitischen Kurses, der sich unter dem polnischen Außenminister Józef Beck vollzogen hatte, und die politische Annäherung an das Deutsche Reich wurden, anders als bisher angenommen, sogar relativ stark von den jüdischen Journalisten kritisiert.[758] Aaron Levi Riklis (A. S. Lirik) etwa bezeichnete im *Haynt* die deutsch-polnische Nichtangriffserklärung als ein „Meisterstück politischer

---

[753] Vgl. N. N.: Endekes barikhtikn in seym di anti-yidishe ekstsesn!, in *Naye Folkstsaytung*, 1. Februar 1933, S. 6. Zum Antisemitismus im *Sanacja*-Lager vgl. auch Steffen: Jüdische Polonität, S. 280.
[754] Rosmarin, Henryk: Der hitlerizm un di endekes, in *Der Moment*, 24. März 1933, S. 3.
[755] Vgl. N. N.: Loyb-gezangen fun der endekisher prese far Hitler'n, in *Haynt*, 2. April 1933, S. 2.
[756] Vgl. Hagen: „Before the ‚Final Solution'", S. 396.
[757] Vgl. N. N.: Groyse rede fun prezes fun der yidisher kolo dep. Thon vegn hitlerizm un der yidisher lage in Poylen, in *Haynt*, 8. Februar 1934, S. 2. Auf die Intervention jüdischer Abgeordneter im Sejm weist auch Emanuel Melzer hin, vgl. Melzer: No Way Out, S. 118.
[758] Vgl. Finkelshtayn: Haynt, S. 126–127.

Strategie" seitens der Nationalsozialisten.[759] Er konnte nicht nachvollziehen, dass die polnische Gesellschaft nicht verstand, dass es sich nicht um eine „aufrichtige Freundschaft" im klassischen Sinne handelte. Er schrieb:

> Aber das hitleristische Deutschland kann sich alles erlauben, sogar Frieden mit der ‚Polakai' zu schließen, die vor Kurzem noch so sehr gehasst und verachtet wurde. Und die Hitleristen machen es mit solch einer wunderbaren, guten Technik und mit solchen theatralischen suggestiven Mitteln, dass die Völker beider Seiten beginnen, an die Aufrichtigkeit des ‚Friedens' als historische Notwendigkeit für beide Parteien zu glauben.[760]

Riklis Artikel ist einer der wenigen direkten Angriffe auf den „deutsch-polnischen Flirt", wie die jüdischen Journalisten das Nichtangriffsabkommen in der Regel nannten. Insgesamt hielt man sich mit längeren politischen Stellungnahmen in der Presse jedoch zurück und ging vorsichtig mit allzu offener Kritik um. Dies bedeutete aber nicht, dass die Journalisten und Redakteure die deutsch-polnische Annäherung nicht offen missbilligten. In Reiseberichten und längeren Abhandlungen, die sich meist im hinteren Mantelteil der Zeitungen befanden, lassen sich immer wieder Abschnitte finden, die den außenpolitischen Kurs Józef Becks und das Verhalten der regierungsnahen polnischen Journalisten kritisierten.[761] Darüber hinaus befürchtete man, dass der Statusverlust der Juden in Deutschland negative Konsequenzen für Juden in anderen Ländern haben könnte. Die dahinterstehende Sorge war, dass der Verlust der Bürgerrechte von Juden in Deutschland, die zum Beispiel in rechtlicher und gesellschaftlicher Hinsicht lange Zeit bessergestellt waren als Juden in Polen, diesen gegenüber der eigenen Staatsmacht die Rechtfertigung entziehen würde, für eine Verbesserung der eigenen Situation zu streiten.[762] Zu guter Letzt beobachteten die Journalisten die Radikalisierung der deutschen Minderheit in Polen selbst sowie in der Freien Stadt Danzig mit zunehmender Sorge.[763] So bemerkten sowohl Henryk Erlich in der *Naye Folkstsaytung* als auch Yekhezkl-Moyshe Nayman im *Haynt*, dass sich die ersten radikalfaschistischen polnischen Gruppen alle im Westen Polens, also im ehemaligen preußischen Teilungsgebiet, mit seiner relativ großen deutschen

---

759 Lirik, A. S. [Riklis, Aaron Levi]: Poylish-daytsher flirt, in *Haynt*, 4. Mai 1934, S. 4, 9.
760 Lirik, A. S. [Riklis, Aaron Levi]: Poylish-daytsher flirt, in *Haynt*, 4. Mai 1934, S. 4, 9.
761 Vgl. N. N.: Vi reagirt di poylishe regirung un di gezelshaft oyf Hitler's barbarishe meshim ligvey di poylishe birger in Daytshland?, in *Der Moment*, 13. April 1933, S. 6; Shoshkes, Khaim: A vizit in Hitler-Daytshland, in *Haynt*, 6. Juni 1934, S. 3; Shefner, Barukh: Iber der daytsher grenets, in *Naye Folkstsaytung*, 5. Juni 1936, S. 5.
762 Vgl. Goldberg, Abraham: Dos daytshe yidentum, in *Haynt*, 5. März 1933, S. 3.
763 Vgl. Daled: Di tragishe lage fun di yidn in Dantsig, in *Naye Folkstsaytung*, 27. Juni 1938, S. 3; Turkow, Mark: Oyf a zitsung fun Dantsiger parlament, in *Der Moment*, 2. Dezember 1934, S. 6.

Minderheit organisiert haben, in einem Gebiet also, in dem auch die meisten deutschnationalen Gruppierungen und NSDAP-Parteigliederungen zu finden waren – eine Tatsache, die für sie keinen Zufall darstellte.[764]

Die ausgewählten Artikel zeigen, dass die Anlehnung des politisch rechten Lagers in Polen an den Nationalsozialismus frühzeitig wahrgenommen und als äußerst problematisch, gar gefährlich eingeschätzt wurde. Die Gefahr, die sich daraus für die jüdische Bevölkerung in Polen ergab, äußerte sich auf drei verschiedene Arten. Antisemitismus wurde als verbindendes ideologisches Element zwischen den Nationalsozialisten und der *Endecja* wahrgenommen. Dies hatte zur Folge, dass die jüdischen Journalisten und Redakteure darin eine Veränderung des Antisemitismus in der Theorie, aber auch in der Art und Weise erkannten, wie sich der Antisemitismus in der Praxis äußerte. Obwohl einige Publizisten, wie der Politiker und Sejm-Abgeordnete Henryk Rosmarin, ihre Hoffnungen in die polnische *Sanacja*-Regierung setzten und glaubten, dass diese die jüdische Bevölkerung vor den Gewaltexzessen der politischen Rechten schützen würde, wurde die Kritik spätestens mit der Unterzeichnung der Nichtangriffserklärung und der fehlenden politischen Distanzierung zum rechten Lager in den jüdischen Zeitungen immer lauter. Die Auswertung der Zeitungen zeigt, dass die politische Ausstrahlung, die das NS-Regime auf die polnische Rechte sowie ebenfalls auf die verschiedenen polnischen Regierungen hatte, bis zum Ausbruch des Krieges von den jüdischen Zeitungsmachern kritisch begleitet wurde und diese immer wieder ihre Leser davor warnten. Obwohl in der bisherigen Forschung, oftmals auf Grundlage fehlender oder ungenügender Quellen, das Bild dominiert, dass die jüdische Intelligenz Polens – und hier primär die jüdischen Zeitungsmacher – wenig bis überhaupt nicht auf die Ratifizierung des Nichtangriffsabkommens oder auf die Radikalisierung der polnischen Rechten wie auch der deutschen Minderheit reagiert hätte, zeigt sich, dass die Realität weitaus komplexer war. Die Historikerin Karina Pryt argumentiert beispielsweise, dass die jüdische Presse im Ganzen nicht auf die Nichtangriffserklärung reagiert hätte, um etwaigen Angriffen der rechten Opposition aus dem Wege zu gehen.[765] Und auch Katrin Steffen bescheinigt zumindest der polnischsprachigen jüdischen Presse Naivität in Bezug auf die Bedeutung, welche die NS-Ideologie für die polnische Rechte spielte.[766] Auch Emanuel Melzer resümiert, dass die jüdischen Zeitungsmacher zwar hinreichend über die deutsch-polnische Annäherung berichtet und zum Teil auch

---

764 Vgl. Erlich, Henryk: Di hitleristn in Poyln, in *Naye Folkstsaytung*, 1. März 1936, S. 3; Nayman, Yekhezkl-Moyshe: Poylishe hitleristen, in *Haynt*, 11. Mai 1934, S. 8.
765 Als Beispiel führt sie den *Nasz Przegląd* an. Doch auch die Pressezensur könnte für die fehlende Berichterstattung verantwortlich gewesen sein. Vgl. Pryt: Befohlene Freundschaft, S. 161.
766 Vgl. Steffen: Jüdische Polonität, S. 326.

kritisch interveniert hätten, sie aber in den Jahren 1938 und 1939 die organisatorischen und ideologischen Veränderungen, die sich beispielsweise auch innerhalb der deutschen Minderheit ergeben hätten, verkannt und keine Anstrengungen unternommen hätten, die jüdische Bevölkerung darauf vorzubereiten oder gar politische Antworten zu formulieren.[767]

Die jüdischen Zeitungsmacher aber diskutierten sehr wohl verschiedene innerjüdische, innen- wie außenpolitische Antworten, wie im letzten Kapitel dieser Arbeit noch ausführlicher gezeigt werden wird. Dass sie dies auch in Bezug auf etwaige Richtungsänderungen aufseiten der polnischen Politik taten und dabei politische Weitsicht mit strategischem Denken kombinierten, zeigt das folgende Beispiel. Nachdem sich der zionistische Politiker und Redakteur des *Haynt* Dr. Moshe Kleinbaum im Winter 1939/40 mit einem Passierschein aus dem besetzten Polen herausretten konnte und über Umwege nach Genf gelangt war, verfasste er einen Brief an Dr. Nahum Goldmann (1895–1982), den damaligen Präsidenten des *Jüdischen Weltkongresses*. Darin hielt er nicht nur seine Eindrücke vom Zusammenbruch Polens in Anbetracht des deutschen Überfalls fest, sondern ließ auch seine kritische Einschätzung gegenüber Polens Außenpolitik in Bezug auf Deutschland aus den Jahren davor Revue passieren. Rückblickend schrieb er:

> Auch außenpolitisch hat sich die Linie des Herrn Beck fatal ausgewirkt. Während der ganzen Vorkriegszeit hielt die Armee die Westgrenze Polens für eine sicherere Grenze. Man versuchte es nicht einmal, sie zu befestigen. Alle Vorbereitungen sind nur an der sowjet-russischen Grenze getroffen worden. Der Bruch zwischen den polnisch-deutschen idyllischen Beziehungen kam erst im Frühling 1939 zu einer Zeit, als die Frist für eine militärische Vorbereitung bereits zu kurz war, und selbst diese kurze Zeit wurde nicht richtig ausgenutzt. Der Pakt mit Deutschland vom 26. Januar 1934 hatte vielleicht die Wirkung, dass Polen nicht das erste Opfer des nazistischen Angriffes war, aber Herr Beck hätte mit der deutschfreundlichen Politik noch vor der tschechoslowakischen Krise aufhören müssen und nicht einen Tag später, als die geopolitische Lage Polens bereits sehr zu dessen Ungunsten verändert worden war. Wenn die Änderung der Außenpolitik Polens noch vor München stattgefunden hätte, wenn in Osteuropa eine große slawische Front von der Tschechoslowakei, Polen und Russland gebildet worden wäre, hätten auch England und Frankreich im Westen anders gehandelt. Die ganze Entwicklung Europas hätte eine andere Richtung eingeschlagen. Beck wollte jedoch lieber Teschen gewinnen und er bezahlte dafür mit der Unabhängigkeit Polens.[768]

---

[767] Vgl. Melzer: No Way Out, S. 121.

[768] Diaspora Research Center Archives, Tel Aviv (DRCA), T 32, File 105, Moshe Kleinbaum an Nahum Goldmann, Genf, 12. März 1940, Abschrift, S. 1–19, hier S. 2–3. Der Bericht findet sich auch abgedruckt in Engel, David: „Moshe Kleinbaum's Report on Issues in the Former Eastern Polish Territories", in: Davies, Norman und Antony Polonsky (Hrsg.): *Jews in Eastern Poland and the USSR, 1939–46*, London 1991, S. 275–300.

Dass Moshe Kleinbaum als überzeugter Zionist rückblickend eine Art panslawische Allianz gegen das nationalsozialistische Deutschland verteidigte und zu verstehen gab, dass er dazu bereit gewesen wäre, mit der Sowjetunion zu paktieren, erscheint aus heutiger Perspektive zunächst überraschend. In Anbetracht des damaligen Wissens aber, über das er als Journalist und Politiker verfügte, wirkt sein Vorschlag wie eine pragmatische und logische Konsequenz. Das vernichtende Urteil, das Kleinbaum darüber hinaus dem polnischen Außenminister Józef Beck ausstellte, ist exemplarisch für die Haltung vieler jüdischer Journalisten und Redakteure aus Warschau, die sich im Laufe der 1930er Jahre zu den deutsch-polnischen diplomatischen, politischen und kulturellen Beziehungen äußerten.

4.3 Nachdenken über Antisemitismus und Nationalsozialismus: Ausgewählte Fallbeispiele

Die in den Zeitungsredaktionen kontinuierlich einlaufenden Nachrichten aus Deutschland wurden in den 1930er Jahren von den Redakteuren und freien Journalisten fortlaufend ausgewertet, analysiert und interpretiert. In den Jahren 1932 bis 1934 nahmen die Berichte über und aus Deutschland quantitativ einen Großteil des Platzes in den Zeitungen ein, aber auch in den darauffolgenden Jahren wurde kontinuierlich über die Entwicklungen im Nachbarland berichtet, wenn auch nicht mehr in der gleichen Intensität. Gleichzeitig gab es immer wieder Hochphasen in der Berichterstattung. Dies zeigt sich insbesondere im Jahr 1935, als es zur Einführung der sogenannten Nürnberger Gesetze kam;[769] und ebenso im Jahr 1936, als im Deutschen Reich die Olympischen Sommerspiele stattfanden, die weltweite Proteste nach sich zogen, und schließlich im „Katastrophenjahr" 1938, als sich der in der Reichspogromnacht über Jahre immer weiter hochgekochte Antisemitismus in Deutschland explosionsartig entlud, während die aggressive Expansionspolitik des NS-Regimes mit der Annexion Österreichs und des sogenannten Sudetenlands ungeahnte Erfolge feierte, die schließlich den Weg in den Zweiten Weltkrieg ebneten.

Die jiddischen Zeitungen veröffentlichten nicht nur jeden Tag aktuelle Nachrichten und hielten so ihre Leser über die Geschehnisse auf dem Laufenden, sie fungierten auch als ein Forum, in dem die Zeitungsmacher untereinander Ideen, Gedanken, Analysen und politische Strategien diskutieren konnten. Die

---

[769] Zu den Pressereaktionen siehe ausführlich Cohen, Nathan: „Hityahasut le-hokeynirnberg be-itonot ha-yehudit be-varshe", *Yalkut Moreshet* 48 (1992), S. 33–54.

dabei vorgebrachten Meinungen und Interpretationen unterschieden sich teilweise durchaus deutlich voneinander, konnten aber auch über politische Präferenzen hinweg in eine ähnliche Richtung gehen. Die Breite und Dichte der inhaltlichen Analysen, die sich primär in politischen Kommentaren, längeren Analysen und Reportagen widerspiegelten, bestand darin, dass die Zeitungsredaktionen es schafften, inhaltliche Divergenzen zwischen ihrem politischen Profil, das sie nach außen hin als Zeitung vertraten, und den individuellen Ansichten und politischen Meinungen der Journalisten und Redakteure, die für sie schrieben, auszuhalten. Nicht zuletzt konnte sich eine Zeitung durch eine größere politische Diversität und Meinungspluralität auch am Zeitungsmarkt besser verkaufen.

Ausgangspunkt für das intensive Nachdenken über die Verstrickungen von Nationalsozialismus und Antisemitismus war für die Journalisten und Redakteure der Umstand, dass sich der Nationalsozialismus ausgerechnet in dem Land entwickelt hatte, das aufgrund seines internationalen Rufes, ein zivilisiertes, hochentwickeltes, emanzipatorisches und kulturell avantgardistisches Land zu sein, lange Zeit immun gegenüber Zuständen, wie man sie etwa aus Osteuropa kannte, zu sein schien. Die symbolische Bedeutung aber, welche die Bilder des antisemitischen Terrors uniformierter Männergruppen auf der Straße, von Verhaftungen und öffentlichen antisemitischen Diffamierungen ausgerechnet in Deutschland, dem Land der Hochkultur und der jüdischen Emanzipation, hatten, kann dabei nicht hoch genug eingeschätzt werden. Diese Bedeutung brachte Ayzik-Ber Ekerman vom *Dos Yudishe Togblat* sehr gut zum Ausdruck. In einem Artikel vom 3. Februar 1933 schrieb er:

> Nicht ohne eine besondere Befriedigung schauten wir Juden im Osten auf das deutsche Judentum, das ruhig und zufrieden lebte, dem die Möglichkeit gegeben wurde, die eigentümlichen Kräfte des jüdischen Volkes zu entwickeln und sich in der Welt eine Stellung zu erarbeiten und zu verdienen. Aber in einem kleinen historischen Moment, wurde ihnen das Recht genommen, dass sie auch fortan arbeiten und das Land mitaufbauen können, obwohl sie wollen. Dieses Recht wurde ihnen genommen, aber wir wollen zunächst glauben, dass ihnen ihre individuellen Rechte erst einmal nicht genommen warden [...]. Dies macht uns Sorge, und mit tiefer Sorge muss man dies beobachten und überall schauen, wo Juden mitarbeiten und mitschaffen, dass ihnen nicht Gleiches widerfährt.[770]

Die jüdischen Zeitungsmacher in Warschau waren geschockt über das politische und gesellschaftliche Drama, den moralischen Rückfall im Herzen des „zivili-

---

770 Ekerman, Ayzik-Ber: Far shvere nesiones, in *Dos Yudishe Togblat*, 3. Februar 1933, S. 3.

sierten Europas", der sich vor ihren Augen abspielte.[771] Exemplarisch dafür ist ein Artikel des Politikers Fiszel Rotenstreich, der zeitweise Abgeordneter im polnischen Parlament war. In einem Gastartikel für den *Haynt* beschrieb er die Folgen des zivilisatorischen Bruchs, wie sie sich in seinen Augen darstellten:

> Wir haben nicht einmal mehr den Eindruck, dass wir in Europa leben, sondern nur noch in Barbaropa. Die Bezeichnung ‚Barbaropa' für Europa prägte der deutsche Dichter Albert Ehrenstein. Ehrenstein wollte nicht zugeben, dass Deutschland der Hauptgrund dafür ist, dass Europa Barbaropa ist, aber sicher ist, dass auch Europa seinen Namen verloren hat, sein Ansehen und seine kulturelle Bedeutung, und das alles dank Deutschland.[772]

Der Begriff „Barbaropa", den Rotenstreich hier verwendet, beschreibt sehr gut, was viele der jiddischen *Shrayber* und *Tuer* in Warschau dachten. Sie sahen das kulturelle Ende von Europa kommen und machten dafür primär den moralischen und kulturellen Fall Deutschlands verantwortlich. Allein zwischen Januar und März 1933 wurde im *Haynt* mehrfach und von verschiedenen Journalisten das Ende Europas ausgerufen,[773] man sprach von einem „deutsch-jüdischen Krieg",[774] von der „jüdischen Tragödie in Deutschland"[775] und dem „Ende des liberalen Judentums".[776] Auf diese Weise versuchten die Zeitungsmacher, den Ereignissen eine Sprache zu geben und den Nationalsozialismus und den ihm inhärenten Antisemitismus erstmals analytisch zu fassen. Hinter der Auseinandersetzung stand die Absicht, die Frage nach dem „Wie bitte ist das geschehen?"[777] zu beantworten und daraus mögliche Antworten und politische Praxen abzuleiten, die darauf abzielen sollten, die jüdische Bevölkerung in Deutschland und Polen zu schützen, ihre Rechte zu wahren und insgesamt für eine bessere Welt ohne Antisemitismus, Faschismus und Nationalsozialismus zu kämpfen.[778] Um Antworten auf diese Frage zu finden, beschritten die *Shrayber* und *Tuer* der jiddischen Presse verschiedene diskursive Wege. Gemeinsam war ihnen, dass sie die Phänomene Nationalsozialismus und Antisemitismus zunächst verstehen wollten, bevor sie

---

771 Dies war freilich keine genuin polnisch-jüdische Sichtweise, sondern sie findet sich bei vielen jüdischen Zeitgenossen wieder. Siehe zum Beispiel die Ergebnisse von Guy Miron für die jüdische Presse in Ungarn und Frankreich: Miron, Guy: The Waning of Emancipation, z. B. S. 161.
772 Rotenshtraykh, Fishel: Der analiz von barbaropa, in *Haynt*, 24. März 1933, S. 4.
773 Vgl. Nayman, Yekhezkl-Moyshe: Der sof fun Eyrope, in *Haynt*, 24. März 1933, S. 9.
774 Ben-Nun [Gotlib, Yeoshue]: Der „daytsh-yidisher krig" un die internatsionale politik, in *Haynt*, 2. April 1933, S. 2.
775 Flinker, Dovid: Di yudishe tragedie in Daytshland, in *Dos Yudishe Togblat*, 29. März 1933, S. 3.
776 Stupnitski, Shoyel-Yitskhok: Der sof fun „liberalen" yudentum, in *Der Moment*, 4. Oktober 1933, S. 3.
777 Stupnitski, Shoyel-Yitskhok: Vi azoy iz dos geshehn?, in *Der Moment*, 16. Juni 1933, S. 3.
778 Die politisch-praktischen Antworten werden in Kap. 6 diskutiert.

politische Antworten formulierten. Im Folgenden werden die Analysen von fünf *Shrayber* und *Tuer* der jiddischen Presse mit unterschiedlichen politischen und sozialen Hintergründen vorgestellt, diskutiert und zueinander in Bezug gesetzt. Allen gemein ist, dass sie sich bei zeitgenössischen Antisemitismus- und Faschismusmustheorien bedienten und darüber hinaus ebenfalls Arbeiten aus den damals noch jungen Wissenschaftsdisziplinen Psychologie und Soziologie konsultierten. Oftmals waren sie zudem auch studierte Intellektuelle, Wissenschaftler, politische Denker und Aktivisten. Sie griffen auf ihr eigenes Wissen und ihre Expertise zurück, die sie durch ihre Universitätsstudien und die Rezeption von Antisemitismustheorien sowie die kritische Lektüre von antisemitischen und rassistischen Hetzschriften und pseudowissenschaftlichen Abhandlungen erlangt hatten. In einem Artikel über die Auswirkungen des Antisemitismus für Juden aus dem Jahr 1932 bemerkte Ojzasz Thon zu Recht, dass das Schreiben über und das Studium des Antisemitismus große Herausforderungen seien, da man in unzähligen Sprachen und in der Landesgeschichte zahlreicher Nationen bewandert sein müsse. Zunächst gelte es also, durch „ein Meer" von Büchern und Studien zum Gegenstand hinzuschwimmen.[779] Von ihrer Lektüre berichten die Zeitungsmacher bisweilen in ihren Artikeln selbst, doch gibt auch die erhaltene Bestandsliste der Bibliothek der Warschauer *B'nei B'rith* Auskunft darüber, welche Bücher innerhalb der jüdisch-intellektuellen Kreise in Warschau kursierten, welche Literatur gesammelt und schließlich auch aktiv gelesen wurde.[780]

Die Mitglieder der Loge waren Teil der jüdischen Organisations- und Intellektuellenelite in Warschau, weshalb zwischen ihnen und den jüdischen Zeitungsmachern eine enge Nähe bestand, die sich unter anderem in der gemeinsamen Arbeit in der jüdischen Protestbewegung abzeichnete.[781] Neben rassistischer und antisemitischer Literatur, die in der Mehrheit aus der Feder deutscher Schriftsteller, Politiker und Wissenschaftler stammte,[782] sammelten die Bibliothekare der Ver-

---

779 Thon selbst bezweifelte allerdings den Nutzen solcher Studien und gab zu, dass er sich noch nicht dazu durchringen hatte können, ein Buch über Antisemitismus vollständig durchzulesen. Vgl. Thon, Yeoshue: Vos iz mikoyekh antisemitizm?, in *Haynt*, 25. März 1932, S. 5.
780 Vgl. AAN, Stowarzyszenie Humanitarne BRATERSTWO – B'NEI B'RITH w Warszawie, Sig. 2/674/0/19, Książek, broszur, czasopism biblioteki stowarzyszenia p. n. Stowarzyszenie Humanitarne Braterstwo B'nei B'rith, sporządzony przez likwidatora stowarzyszenia, gez. Aleksander Robaczewski, Warschau, 5.–28. Februar 1939, nicht paginiert. Die in den folgenden vier Fußnoten aufgeführten Bücher stammen aus dieser Bestandsliste und werden aus diesem Grund auch nicht im Literaturverzeichnis aufgeführt.
781 Dazu siehe ausführlich Kap. 6.
782 Im Bestand der Bibliothek befanden sich u. a. die folgenden Bücher: N. N.: Was soll mit den Juden geschehen? Praktische Vorschläge von Julius Streicher und Adolf Hitler, Paris 1936; Rosenberg, Alfred: Der Bolschewismus als Aktion einer fremden Rasse, München 1935.

einsbibliothek auffällig viele Arbeiten, die von Antisemitismustheoretikern aus Deutschland kamen und in ihrer Mehrheit in den 1920er Jahren verfasst worden waren. Dazu gehörten neben Schriften Heinrich Graf von Coudenhoves auch Arbeiten von Michael Müller Claudius, Constantin Brunner und Fritz Bernstein.[783] Hinzu kam eine Anzahl antisemitismuskritischer Arbeiten polnischer Wissenschaftler, wie beispielsweise Mateusz Mieses und Jan Niecisław Baudouin de Courtenay,[784] sowie einzelne antifaschistische und antideutsche Bücher und Broschüren, Augenzeugenberichte und Dokumentensammlungen, die in ihrer Mehrzahl von Juden und/oder Sozialisten aus Deutschland im Exil verfasst oder herausgegeben worden waren.[785] Als die polnischen Behörden im Frühjahr 1939 damit begannen, die Bibliothek zu liquidieren,[786] befanden sich Bücher wie die polnische Übersetzung des berühmten „Braunbuchs"[787] oder die von Lion Feuchtwanger 1936 herausgegebene dokumentarische Sammlung „Der Gelbe Fleck" noch im persön-

---

783 Vgl. Coudenhove, Heinrich Graf von: Das Wesen des Antisemitismus, 1901; Müller-Claudius, Michael: Deutsche Rassenangst. Eine Biologie des deutschen Antisemitismus, Berlin 1927; Brunner, Constantin: Von den Pflichten der Juden und von den Pflichten des Staates, Berlin 1930; Bernstein, Fritz: Der Antisemitismus als Gruppenerscheinung. Versuch einer Soziologie des Judenhasses, Berlin 1926. Über alle hier genannten Autoren hat Franziska Krah jüngst eine Studie vorgelegt, in der die Autoren und ihre Arbeiten ausführlich besprochen werden. Vgl. Krah: Pioniere der Antisemitismusforschung in Deutschland.
784 Vgl. Mieses, Mateusz: Nauka o rasach w służbie polityki, Lwów 1937; Belmont, Leo: Kwestia żydowska – Deklaracja Ozonu i komentarze, Lwów 1938; Mieses, Matthias: Der Ursprung des Judenhasses, Berlin/Wien 1923; Wydawnictwo Polskiej Unii Zgody Narodów (Hrsg.): Polacy o żydach, zbiór artykułów z przedruku, Warszawa 1937; Baudouin de Courtenay, Jan Niecisław: W „Kwestii żydowskiej", odczyt wygł. w Warszawie 7. II. 1913, Warszawa 1913.
785 Vgl. Research Department Chest for Liberation of Workers of Europe: Hitler Terror in 1935, New York 1935; Joint Foreign Committee of the Board of Deputies: The persecution of the Jews in Germany, London 1933–1935, Bd. 1–4; Harand, Irena: Prwada o antysemityśmie, Kraków 1935 (dt. Übersetzung des Buches: Sein Kampf. Antwort an Hitler, Wien 1935); N. N.: The Jews in Germany. A ten months' record of the Nazi regime. Reprinted from the Manchester Guardian, London 1934.
786 Die *B'nei B'rith*-Bewegung wurde in Polen im Zuge der Anti-Freimaurer-Kampagne 1938 verboten. Dazu ausführlich siehe Wójtowicz, Norbert: „Żydowski niezależny zakon ‚Synów Przymierza' (B'nei B'rith) w Polsce podczas kampanii antymasońskiej 1938 roku", *Almanach Historyczny* 9 (2007), S. 143–158.
787 Das 1933 in Paris veröffentlichte „Braunbuch. Über Reichstagsbrand und Hitlerterror" wurde maßgeblich von Alexander Abusch und anderen deutschen Kommunisten im Exil herausgegeben. Es enthielt eine geheime Anklageschrift des sog. Reichstagsbrand-Prozesses und wurde zeitgenössisch in 17 Sprachen übersetzt. Der polnische Titel lautete *Brunatna Księga. Podpalenie Reichstagu i Terror Hitlerwoski*. Die Redakteure der *Nasz Przegląd* vertrieben das *Braunbuch* in der polnischen Übersetzung in ihrer Redaktion und boten es ihren Lesern für die Hälfte des regulären Preises an. Ein Teil des Geldes ging als Spende an das Hilfskomitee für jüdische Flüchtlinge aus Deutschland. Vgl. N. N.: Anzeige, in *Nasz Przegląd*, 24. März 1934, S. 8. Auch eine jiddische Übersetzung war im Umlauf. Vgl. dazu Kap. 6.2.3.

lichen Besitz der Bibliotheksbenutzer und mussten erst vom zuständigen Liquidator Aleksander Robaczewski zurückgefordert werden.[788] Einer der Benutzer war der in Polen berühmte Rabbiner und Historiker Mojżesz Schorr. Er selbst war in der Protestbewegung gegen das nationalsozialistische Deutschland aktiv und schrieb regelmäßig für die jüdische Presse.[789] Durch die räumliche und persönliche Nähe, die zwischen den jüdischen Zeitungsmachern und anderen jüdischen Intellektuellen in Warschau bestand – man traf sich in den Cafés, in den Vereinsräumen der *Tłomackie* 13, auf politischen und literarischen Veranstaltungen und Treffen sowie in den zahlreichen Bibliotheken der Stadt –, kann davon ausgegangen werden, dass die jüdische Intelligenz die politische Entwicklung in Deutschland und Polen miteinander diskutierte und zumindest auch zum Teil die gleiche Literatur rezipierte.

4.3.1 Der Philosoph: Shoyel-Yitskhok Stupnitski

Der langjährige Redakteur des *Moment* Shoyel-Yitskhok Stupnitski war neben den oben erwähnten Studien auch von den Schriften Freuds beeinflusst. Er entstammte der jüdischen Aufklärungsbewegung Osteuropas, also der Haskalah, verständigte sich fließend auf Deutsch, Russisch, Hebräisch, Jiddisch und Polnisch, war ein Gelehrter der Torah und hatte Geschichte, Philosophie und orientalische Sprachen in Deutschland und der Schweiz studiert. Dass er zudem eine der ganz wenigen auf Jiddisch verfassten wissenschaftlichen Arbeiten über das philosophische Denken Baruch de Spinozas vorgelegt hat, zeigt, auf welch hohem intellektuellen Niveau er sich bewegte.[790] Stupnitski interessierte sich neben philosophischen Arbeiten aber auch für die psychoanalytischen Schriften Sigmund Freuds. Freud, der selbst als Jude 1938 nach der Annexion Österreichs vor den Nationalsozialisten aus seiner Heimatstadt Wien nach London fliehen musste, war in der Zwischenkriegszeit zu großer Bekanntheit gelangt. Besonders seine Theorien über die menschlichen Triebe und Affekte sowie seine Abhandlung über das „Unbehagen der Kultur" erfreuten sich unter jüdischen wie nichtjüdischen Intellektuellen in Deutschland, die sich darum bemühten, das Phä-

---

788 Vgl. AAN, Stowarzyszenie Humanitarne BRATERSTWO – B'NEI B'RITH w Warszawie, Sig. 2/674/0/19, Schreiben des Liquidatoren, gez. Robaczewski, an Prof. Rab. Dr. M. Schorr, betr. Rückgabe der ausgeliehenen Bücher, Warschau, 21. Mai 1939, nicht paginiert.
789 Vgl. Żebrowski, Rafał: Schorr, Mojżesz, in *Polski Słownik Judaistyczny*, https://www.jhi.pl/psj/Schorr_Mojzesz (abgerufen am: 23.08.2020).
790 Vgl. Stupnitski, Shoyel-Yitskhok: Barukh Shpinoza, zayn filisofie, bibl-kritik, shtaslehre un zayn bedaytung in der entviklung fun menshlikhen denken, Varshe 1916.

nomen des nationalsozialistischen Antisemitismus zu verstehen, großer Beliebtheit.[791] Freuds Theorien fanden aber auch über den deutschen Sprachraum hinaus regen Anklang, verbreiteten sich schnell und wurden in zahlreiche andere Sprachen, wie ins Jiddische und Polnische, übersetzt. 1928 erschien seine Schrift „Massenpsychologie und Ich-Analyse" aus dem Jahr 1921 in Warschau auf Jiddisch und wurde in den darauffolgenden Jahren immer wieder neu aufgelegt.[792] Dass Freuds Werke auch innerhalb der journalistischen und schriftstellerischen Szene Warschaus kursierten, zeigt eine Vielzahl von Artikeln in der jiddischen Presse, die sich mit seinen Ideen befassen. Beim Versuch, den nationalsozialistischen Antisemitismus zu verstehen, griffen Journalisten der jiddischen Zeitungen immer wieder auf die tiefenpsychologischen Abhandlungen Freuds zurück und entsprachen damit ganz dem europäischen Zeitgeist.

Auf Basis seines reichhaltigen Wissens befasste Stupnitski sich analytisch näher mit der Frage, warum sich die deutsche Bevölkerung Hitler offenbar quasi freiwillig überantwortet hatte. Stupnitski, der selbst 1897 ein Semester an der Universität in Heidelberg verbracht hatte, prüfte in seiner Auseinandersetzung zunächst das Argument der durch Hitler verführten Massen.[793] Schließlich kam er zu dem Schluss, dass es sich hierbei zwar um eine interessante Theorie handeln würde, da die deutsche Bevölkerung sich nach dem verlorenen Ersten Weltkrieg durchaus in einer „psychisch angespannten Lage" befunden habe, diese Feststellung aber würde nicht erklären, warum jemand wie Hitler, der Stupnitski zufolge weder eine „Persönlichkeit" noch ein „Held" war, solch durchschlagenden Erfolg haben konnte.

Um eine Antwort ringend wandte er sich schließlich den Schriften Sigmund Freuds zu. Von besonderem Interesse waren für Stupnitski Freuds Ausführungen über das Unbewusste sowie das Verhältnis von Kultur und Natur. Stupnitski ging davon aus, dass der Erste Weltkrieg, der Gewalt in einem bisher ungekannten Ausmaß hervorgebracht hatte, den lange verdrängten Anteil des Primitiven im Menschen wieder an die Oberfläche geholt habe. Als Folge des verlorenen Krieges sei bei der deutschen Bevölkerung nun eine Art Kulturpessimismus ausgelöst worden, weil diese für ihre im Krieg dargebrachten Opfer nicht belohnt worden sei. Die durch den Krieg entfesselte Gewalt und Demoralisierung, die das Primitive repräsentierten, die „Wildheit" und die „Natur", die jedem Menschen inne-

---

[791] Vgl. Krah: Pioniere der Antisemitismusforschung, S. 202–218.
[792] Vgl. Freud, Sigmund: Di psikhologie fun di masn un der analiz fun mentshlekhen „ikh", übersetzt aus dem Deutschen von Sarah Lehrman, Varshe 1928. Weitere Auflagen finden sich für die Jahre 1929 und 1931.
[793] Vgl. Stupnitski, Shoyel-Yitskhok.: Vi azoy iz dos geshehn?, in *Der Moment*, 16. Juni 1933, S. 3. Soweit nicht anders vermerkt, stammen alle folgenden Zitate aus dieser Quelle.

wohnten, wären Stupnitski zufolge jahrzehntelang von der Kultur unterdrückt worden und hätten sich durch das kollektive Kriegserlebnis wieder Bahn gebrochen. Verkörpert wird diese Gewalt dabei primär durch Hitler und seine Anhänger. Aus diesem Grund wäre es Stupnitski zufolge auch verständlich, dass der Zorn auf die Juden so groß sei, denn „die Juden sind in Europa das Element, das am weitesten davon entfernt ist, primitiv zu sein", weil die jüdische Kultur bereits eine 4.000 Jahre lange Entwicklung durchlaufen habe. Juden also könnten nicht „verstehen, welch ‚Vergnügen' einem das „‚Hauen', das Abhacken von Köpfen" bereite, da der Jude an sich ein „prinzipieller Pazifist, ein Freund von Frieden" sei.

Die darauffolgende Kritik am Verhalten der Juden in Deutschland war fundamental. Stupnitski argumentierte, dass zwar überall in Europa die Juden emanzipiert wurden, doch in keinem anderen europäischen Land Juden sich so viele „patriotische Ergüsse" über „Treue" zur jeweiligen Nation geleistet hätten wie in Deutschland. Von Hermann Cohen (1842–1918) bis zum „letzten assimilierten Schmierer" hätten alle so getan, als seien Juden und Deutsche ein und dasselbe. Die schlimmsten Auswüchse dieses fehlgeleiteten Patriotismus glaubte Stupnitski in Max Neumann (1875–1939) zu erkennen, der sich „in den Dienst der Hitleristen" gestellt habe.[794] Für Stupnitski aber stellte dies einen der Hauptgründe dafür dar, dass der Aufstieg der Nationalsozialisten gelungen war. Damit reihte er sich in einen assimilationskritischen Diskurs ein, der sich primär in den Zeitungen der „bürgerlichen" jiddischen und polnischsprachigen jüdischen Presse abbildete. Im Zentrum stand hierbei die Annahme, dass die deutschen Juden durch ihre Überidentifikation mit Deutschland den Antisemitismus bisweilen selbst mitverschuldet hätten.[795] Durch die Kritik am Verhalten der Juden in Deutschland konnten sich die Publizisten und die jüdische Bevölkerung Polens aufwerten und sich bisweilen zu einer Art Gegenentwurf stilisieren. In diesem Bild wurden die Juden Polens beziehungsweise Osteuropas als aktiv und erfahren im Kampf gegen Antisemitismus dargestellt, als Kollektiv, dem es gelang, sich seiner Umwelt gegenüber als stolze Juden zu behaupten, während die Juden in Deutschland als passiv, wenig jüdisch und bisweilen sogar als arrogant, unsolidarisch und letztlich feige inszeniert wurden.[796]

---

[794] Max Neumann war Vorsitzender des *Verbands Nationaldeutscher Juden*, einer Splittergruppe des *Central-Vereins*, die ihre Loyalität Hitler gegenüber erklärten. Die Gruppe appellierte im April und Mai 1933 an die deutsche Reichskanzlei, die Gleichberechtigung deutscher Juden anzuerkennen, während die der jüdischen Einwanderer aus Ost- und Ostmitteleuropa, aber auch die der (deutschen) Anhänger des Zionismus, abgesprochen werden sollte.
[795] Vgl. z.B. A. S. Lirik [Riklis, Aaron Levi]: Der kalter pogrom, in *Haynt*, 26. Juli 1935, S. 4; Steffen: Jüdische Polonität, S. 314–315; Weiss: Deutsche und polnische Juden, S. 176.
[796] Zu dieser Haltung siehe auch Kap. 5.4.4 und 5.4.5.

4.3.2 Die Psychologin: Rachel Auerbach

Eine ähnliche Auseinandersetzung findet sich bei Rachel Auerbach* (1903–1976), die sich als eine von ganz wenigen Journalistinnen und Schriftstellerinnen überhaupt mit dem Themenkomplex befasste. Als Angehörige der jüngeren Journalistengeneration hatte sie keine feste Anstellung bei einer der Warschauer jüdischen Tageszeitungen und verdiente sich ihren Lebensunterhalt mit journalistischen und schriftstellerischen Auftragsarbeiten. 1933 schrieb sie für den *Haynt* einen Beitrag, in dem sie sich mit der zu dieser Zeit modernen Rassentheorie auseinandersetzte.[797] Etwa fünf Jahre später, im turbulenten Sommer 1938, griff sie ihre Gedanken von damals in Form von zwei Artikeln für die *Naye Folkstsaytung* wieder auf, in denen sie über die Funktionsweise des Antisemitismus sowie über die psychologischen Mechanismen der Massenverführung reflektierte.[798] Auffällig ist, dass ähnlich wie Stupnitski auch Auerbach auf die tiefenpsychologischen Theorien Sigmund Freuds zurückgriff. Doch im Gegensatz zu Stupnitski, der qua Ausbildung Theologe und Geisteswissenschaftler war, hatte Auerbach in den 1920er Jahren tatsächlich – neben Geschichte und Philosophie – Psychologie an der Universität in Lwów studiert und dort 1930 auch eine Doktorarbeit mit dem Titel „Fragen der ‚Masken' in der zeitgenössischen Charakterologie. Ein Beitrag zur Theorie der Psychognostik" vorgelegt.[799] In der Arbeit spürte sie Fragen nach dem Verhältnis zwischen Individuum und Individualität sowie dem Einfluss der äußeren Umwelt auf das Individuum nach.

Ihr psychologisches und philosophisches Wissen wandte sie in ihrem Artikel „Was nützt ihnen der Antisemitismus? Über die psychologischen Mechanismen der modernen Massenverführung" an.[800] Einleitend argumentierte sie, dass die „faschistisch-antisemitische Propaganda" und die „antisemitische Hetze" auf „zwei Faktoren: dem Instinkt und dem Affekt, die zum Verstand in einem Gegensatz stehen" aufbauen würden. Auerbach zufolge war diese Erkenntnis aber nicht neu, weshalb sie in ihrem Bericht insbesondere „auf die sozialen und in-

---

797 Vgl. Oyerbakh, Rokhel: Vi halt es mit der „yidisher rase"?, in *Haynt*, 9. April 1933, S. 4.
798 Vgl. Oyerbakh, Rokhel: „Haynt Hayne, aygentlekh Khaim Bikeburg"..., in *Naye Folkstsaytung*, 16. September 1938, S. 5; Tsu vos nutst zey der antisemitizm? Vegen di psikhologishe mekhanizmen fun moderne masenfarfirung, in *Naye Folkstsaytung*, 25. September 1938, S. 3.
799 Zu ihren Studien siehe ausführlich Szymaniak: „Rachel Auerbach", S. 309–310. Eine Abschrift ihrer Doktorarbeit befindet sich im Nachlass Auerbachs in Yad Vashem. Vgl. YVA, P. 16, Rachel Auerbach, File 72.
800 Oyerbakh, Rokhel: Tsu vos nutst zey der antisemitizm? Vegen di psikhologishe mekhanizmen fun moderne masenfarfirung, in *Naye Folkstsaytung*, 25. September 1938, S. 3. Soweit nicht anders vermerkt, stammen alle folgenden Zitate aus dieser Quelle.

dividuell-psychologischen Triebkräfte, die in diesem Mechanismus eine Rolle spielen", hinweisen wollte. Unter dem Abschnitt „die neue Variante des Judenhasses" widmete sie sich daraufhin ausführlich den Unterschieden, die aus ihrer Sicht zwischen einem vormodernen christlichen Antijudaismus und dem „modernen rassistischen Antisemitismus" existierten. Sie schrieb:

> Der moderne rassistische Antisemitismus brachte in die altbekannte Art des Auslachens und Verspottens des Juden ein neues Element ein: Die Behandlung des Juden als eine biologisch minderwertige Kreatur. Offensichtlich hatte der christliche Antisemitismus noch ein Minimum an Respekt für die Juden, dem Volk, das den Heiland gebar, und sobald ein Jude einverstanden war zu konvertieren, standen ihm alle Wege offen. Im alten Polen zum Beispiel pflegte man einen konvertierten Juden in den höchsten gesellschaftlichen Stand aufzunehmen – in den Adel. Der rassistische Antisemitismus predigt hingegen Rassenstolz, und er lässt es auf gar keinen Fall zu, mit einem Juden eine arrangierte Ehe einzugehen.

Das biologistisch determinierte Denken der Nationalsozialisten und die Einteilung der Menschen in Rassen waren Auerbach zufolge der Schlüssel dafür, die Mechanismen des neuen Antisemitismus zu verstehen. Mehr noch, die Bewusstwerdung des Unterschiedes zwischen einem vormodernen und dem modernen Antisemitismus würde erst die Verbindung von Nationalismus und Antisemitismus offenbaren und zeigen, dass es sich hierbei um eine besondere Form des nationalen Stolzes handelte, nämlich um die sogenannte Megalomanie, also den Größenwahn, der dazu animierte, die Juden zu verabscheuen:

> Die Erscheinung der Megalomanie wird über die Individualpsychologie, als ein Ausdruck des Minderwertigkeitsgefühls, erklärt [...]. Gegenüber jedem Feind und Freund, gegenüber jedem Konkurrenten kann man sich auf zwei Arten verhalten: Versuchen, durch echtes Bemühen den eigenen Wert zu vergrößern und den Feind zu überholen; oder durch eine Verkleinerung des anderen, durch Abwertung, so dass man in einem direkten Vergleich mit jenem größer erscheint. [...] In seiner antijüdischen Praxis hat der Faschismus auf der ganzen Linie die zweite ausgewählt, ein leichter und bequemer Weg.

Indem die Nationalsozialisten also auf die vermeintliche Minderwertigkeit der Juden hinwiesen, konnte man selbst noch dem „verrücktesten und unbedeutendsten der Nichtjuden ein billiges und zweifelhaftes Geschenk geben", nämlich das Geschenk, dass er selbst kein Jude ist. Somit geht es nicht um die eigene Leistung oder gar um das eigene Verdienst, sondern nur um das, was man nicht ist. Für Auerbach stellte diese Strategie der Entlastung eine „der genialsten Erfindungen" des Faschismus dar, um sich an der Macht zu halten. Hier zeigt sich deutlich, dass das Psychologiestudium einen großen Einfluss auf das Denken Auerbachs hatte, genauso wie die damals gängigen Antisemitismustheorien von Fritz Bernstein, Claudius Müller und anderen. Auerbach versuchte also einerseits das Phänomen Antisemitismus aus der menschlichen Psyche, aus einem dem Menschen inhärenten Selbst- und Geltungsdrang herauszuverstehen, suchte aber andererseits auch nach externen Faktoren, welche die Arten und Weisen, wie Menschen über andere Menschen nachdachten, beeinflussten. Diese externen Faktoren fand sie schließlich in der Sprache, im Kollektiv, in der Praxis und in der Ideologie der Nationalsozialisten.

Der zweite psychologische „Trick", den Auerbach bei den Nationalsozialisten glaubte vorzufinden, war der, dass es diese verstanden hätten, bei den Menschen die primitive Intoleranz „gegenüber Verkrüppelten, dass man jene auslacht, die ‚anders' sind", wachzurufen. Auf diese Weise funktioniere auch der Antisemitismus der Nationalsozialisten, weil man den Menschen so lange eingeredet habe, dass Juden minderwertig wären, bis sie es glaubten: „Die antisemitische Massenerziehung will Alt und Jung, ganze Völker auf dieses infantile Niveau herunterziehen, auf dem man jemanden, der etwas anders ist oder ein etwas anderes Aussehen hat, auslacht und foltert." Und weiter:

> Und solche und etliche regressiv-primitiven Gefühle stecken in einer großen Masse und sind der psychologische Sud des faschistischen Massenerfolgs. Nach Freud existiert in jedem Menschen ein Drang, die Kultur von sich abzuspalten oder die Manieren an einem heißen Tag abzulegen. Mit Sicherheit hatte der alte Freud beim Verfassen seiner Gedanken auch die marschierenden SA-Banden im Kopf und die Horden, welche die Bücher angezündet haben und damit ihren Drang verwirklichen, zum ‚wilden Menschen' zurückzukehren.

Hier zeigt sich, dass sich nicht nur Stupnitski in seinen Überlegungen sehr stark von Freuds Theorie über die menschlichen Triebe und seiner Psychologie der Massen inspirieren ließ, auch Auerbach war stark von den Gedanken Freuds geprägt. Anders als Stupnitski aber suchte Auerbach die Schuld für den Antisemitismus nicht bei den Juden, die sich angeblich falsch verhalten hätten, sondern ausschließlich bei den antisemitisch handelnden und denkenden Menschen und zuallererst bei den Nationalsozialisten, die sie hier in die Verantwortung nimmt. Ihre Einstellung kam nicht zuletzt daher, dass sie als belesene und kritische Journalistin an den Fortschritt und an den „schöpferischen Drang" im Menschen glaubte – einen Drang, den Stupnitski dem durchschnittlichen Deutschen per se absprach, wodurch sich offenbart, dass Stupnitski selbst sich dem zeitgenössischen biologistisch-determinierten Denken nicht gänzlich entziehen konnte. Zeitungsartikel anderer Journalisten und Schriftsteller legen sogar nahe, dass die jüdischen Zeitungsmacher zwar die sogenannte Rassentheorie, wie sie sich in NS-Deutschland entwickelt hatte, ablehnten und versuchten ihre Pseudowissenschaftlichkeit zu entlarven, oftmals aber selbst von einer Andersartigkeit der Juden ausgingen.[801] In ihrem Denken geprägt waren *Shrayber* und *Tuer* wie Auerbach und Stupnitski vermutlich auch von Arbeiten zionistischer Mediziner und Anthropologen wie Elias Auerbach, Ignaz Zollschan und Fritz Kahn, die auf verschiedene Arten und Weisen versuchten, rassenbiologische Konzepte auf das jüdische Kollektiv anzuwenden und eine angebliche biologistische Andersartigkeit von Juden nachzuweisen.[802]

Auch Rachel Auerbach glaubte an eine Andersartigkeit der Juden. Sie konnotierte diese allerdings nicht rassistisch-biologistisch, sondern primär kulturell und mental, wie der bereits erwähnte *Haynt*-Artikel aus dem Jahr 1933 nahelegt, in dem sie die Existenz von Rassen und die Rassentheorie kritisch diskutierte:

> Wir [die Juden, AK] sind natürlich weit davon entfernt, die Besonderheit und Eigentümlichkeit des jüdischen Volks zu leugnen. Wir wollen bloß bemängeln, dass der Unterschied keiner ‚des Blutes' ist. Aus demselben Rassenstoff baut sich die Geschichte verschiedener Völker auf. Nicht in der Struktur, in dem Aufbau und in der Zusammenstellung der Rassenelemente und im Unterschied der Elemente liegt das besondere Wesen von einem Volk, sondern in seiner eigentümlichen geteilten Tradition und der Art zu leben, in der eigentümlichen Kultur und vor allem im irrationalen ‚etwas', welches der wesentlichste, individuellste Kern jeder lebendigen Seele und auch von der kollektiven Person ist, die Volk heißt.[803]

Auerbach vertrat in Bezug auf das jüdische Kollektiv also einen positiven „Rassenbegriff", der die jüdische Kultur und ihre Tradition würdigte, sich aber nicht über andere nationale Kollektive stellte. Außerdem argumentierte sie, dass das jüdische Kollektiv aufgrund seiner diasporischen Erfahrung „Elemente" von allen Ländern Europas und teilweise auch aus dem Nahen Osten enthielte, die noch nicht ausreichend erforscht seien.[804]

Auch in Bezug auf einen anderen Punkt unterschied sich die Argumentation Auerbachs von der Stupnitskis. Für Auerbach war die „anachronistische Wildheit" den Menschen durch die Nationalsozialisten nur „künstlich" anerzogen worden und hatte sich nicht, wie Stupnitski es vermutete, aus reiner Enttäu-

---

801 Vgl. z. B. Bublik, Gadoli: Di yiuden un di naye rasen-teorie, in *Dos Yudishe Togblat*, 21. Oktober 1932, S. 5; Stupnitski, Shoyel-Yitskhok: Der kamf gegen geshternten himel, in *Der Moment*, 9. Oktober 1938, S. 5. Dazu vgl. auch im *Nasz Przegląd*, Steffen: Jüdische Polonität, S. 284–288.
802 Bücher aller drei Autoren befanden sich ebenfalls in der Bibliothek der *B'nei B'rith* in Warschau. Zum „Rassendiskurs" innerhalb jüdisch-intellektueller Kreise vgl. Krah: Pioniere der Antisemitismusforschung, S. 285–290.
803 Oyerbakh, Rokhl: Vi halt es mit der „yidisher rase"?, in *Haynt*, 9. April 1933, S. 4.
804 Vgl. Oyerbakh, Rokhl: Vi halt es mit der „yidisher rase"?, in *Haynt*, 9. April 1933, S. 4.

schung und innerem Drang Bahn gebrochen.[805] Auerbach glaubte an einen natürlichen Fortschritt der Menschheitsgeschichte und an die individuelle Selbstbefreiung, weshalb sie es für undenkbar hielt, dass sich der aktuelle Zustand in Deutschland auf Dauer halten könnte.

4.3.3 Der Humanist: Zusman Segalovitsh

Nicht nur die Werke Sigmund Freuds, auch andere Theorien und Arbeiten hatten einen Einfluss auf die Journalisten und Publizisten, wobei ein Großteil ebenfalls aus dem Bereich der Psychologie stammte. Aber auch die Soziologie, eine damals ebenfalls noch recht junge und zunehmend populäre Forschungsdisziplin, wurde durchaus rezipiert.[806] Besonders verbreitet und beliebt war dabei die Bezugnahme auf die Massenpsychologie, wie sie von französischen und italienischen Wissenschaftlern Ende des 19. Jahrhunderts begründet wurde.[807] In einem journalistischen Essay setzte sich beispielsweise Zusman Segalovitsh 1938 im *Moment* mit der Bedeutung der „Masse" und des „Mobs" auseinander, zwei Begriffen, die ebenfalls von Freud mitgeprägt, aber auch in Schriften von jüdischen Autoren aus Deutschland wie Franz Oppenheimer und Norbert Elias im Zusammenhang mit Antisemitismus diskutiert wurden.[808] Beide Soziologen legten in den 1920er Jahren Abhandlungen vor, in denen sie versuchten, Antisemitismus als ein Gruppenphänomen zu erklären.[809]

Segalovitsh, der in einem deutschlandaffinen Elternhaus mit deutscher Literatur und Sprache aufwuchs, eigenen Aussagen zufolge aber bereits als junger Mann ein eher schlechtes Verhältnis zu Deutschland und der dortigen Bevölkerung hatte,[810] befasste sich im Laufe der 1930er Jahre in seinen Kolumnen

---

805 Vgl. Oyerbakh, Rokhl: Tsu vos nutst zey der antisemitizm? Vegen di psikhologishe mekhanizmen fun moderne masenfarfirung, in *Naye Folkstsaytung*, 25. September 1938, S. 3.
806 Der erste Lehrstuhl für Soziologie wurde in Deutschland von Franz Oppenheimer und in Polen von Leon Petrażycki im Jahr 1919 besetzt. Einflussreich waren auch die Schriften des polnisch-jüdischen Soziologieprofessors Ludwik Gumplowicz, der zum Christentum konvertierte. Zu seinen wichtigsten Arbeiten gehörten *Grundriss der Soziologie* (1885), *Geschichte der Staatstheorien* (1905) sowie *Der Rassenkampf. Soziologische Untersuchungen* (1883).
807 Vgl. Krah: Pioniere der Antisemitismusforschung, S. 210–212.
808 Vgl. Krah: Pioniere der Antisemitismusforschung, S. 134–157.
809 Zur inhaltlichen Auseinandersetzung mit den Antisemitismustheorien beider Autoren siehe insb. Kahmann, Bodo: „Norbert Elias' Soziologie des deutschen Antisemitismus", in Kistenmacher, Olaf und Hans-Joachim Hahn (Hrsg.): *Beschreibungsversuche der Judenfeindschaft. Zur Geschichte der Antisemitismusforschung vor 1944*, Berlin/München/Boston 2015, S. 385–402.
810 Vgl. Segalowicz: Tłomackie 13, S. 180–183.

mehrmals mit dem Thema Antisemitismus in Deutschland.[811] Anders als Rachel Auerbach und Shoyel-Yitskhok Stupnitski hatte Segalovitsh nie eine Universität besucht und nur eine religiöse Schulausbildung erhalten. Der erfahrene Schriftsteller und Journalist war Autodidakt. Dennoch waren seine eher gefühlsbetonen Kolumnen von einem hohen wissenschaftlichen Niveau gekennzeichnet und spiegelten die zeitgenössische wissenschaftliche Auseinandersetzung mit dem Antisemitismus wider.

In seinem Text „Der Aufstand gegen den Menschen ..." setzte sich Segalovitsh mit der Erfindung des sogenannten Volksempfängers und der Rolle, die er für die nationalsozialistische Propaganda spielte, auseinander und versuchte zugleich das Verhältnis zwischen Masse und Propaganda zu bestimmen.[812] Einleitend gab er zu bedenken, dass sich „die Technik des Hasses" sehr weit entwickelt habe. Man könne beispielsweise das Pogrom von Kishinev im Jahre 1903 nicht mehr mit den Entwicklungen im nationalsozialistischen Deutschland vergleichen, „da es doch nun einen Vorsteher von einem ‚hochkulturellen Land'" gäbe, der unter Einsatz des Radios seine Vernichtungsphantasien täglich hinausschreie.[813] Doch die nationalsozialistische Propaganda war in Segalovitshs Augen nicht allein für den Judenhass verantwortlich, im Gegenteil: „Der moderne Verbrecher Hitler, der Prediger des blutigen Hasses, ist nicht allein gekommen. Er ist ein Bote der glorifizierten Masse, des Volkes, des Mobs, der Millionen." Dieser Auffassung folgend war Segalovitsh ähnlich wie Stupnitski nicht der Überzeugung, dass die deutsche Bevölkerung willenlos von Hitler verführt worden wäre. Sie hätte vielmehr die antisemitischen Botschaften selbst eingefordert und ihm über die Jahre immer mehr Wählerstimmen gegeben, denn „[d]ie Masse wurde verrückt nach ihm, sie wartete auf den Hass wie auf eine teure Speise [...]". Diese Gier nach Hass sei ein „Ausdruck der Masse", des „Mobs". Ganz im Gegensatz zur zeitgenössischen soziologischen Forschung glaubte Segalovitsh aber nicht, dass es, zumindest im deutschen Fall, einen real existierenden Unterschied zwischen dem negativ konnotierten „Mob einerseits und dem ‚Volk'" andererseits gab.[814] Für ihn repräsentierte der gewalttätige Mob die Mehrheit des Volkes, das zu lange, genauer: seit der Aufklärung, zu einseitig als positiv betrachtet und mit Ideen wie Gleichheit und Gerechtigkeit assoziiert worden wäre, bis „das Schlimmste geschehen"

---

811 Vgl. z. B. Segalovitsh, Zusman: Menshlikhe momenten, in *Der Moment*, 23. Dezember 1938, S. 5.
812 Vgl. Segalovitsh, Zusman: Der oyfshtand gegen mensh ..., in *Der Moment*, 10. April 1933, S. 5. Soweit nicht anders vermerkt, stammen alle folgenden Zitate aus dieser Quelle.
813 Im Wortlaut hieß es: „Ausrotten, ersticken, erwürgen [...] die große Erfindung des Radios kommt ihm zugute [...]".
814 Krah: Pioniere der Antisemitismusforschung, S. 137.

und die Politiker „zum Knecht der Masse" geworden seien. An diesen Worten zeigt sich, dass Segalovitsh, der von seinen Schriftstellerfreunden auch als der letzte Romantiker der jiddischen Literatur bezeichnet wurde,[815] stark von der Russischen Revolution und der deutschen Romantik beeinflusst war. Als junger Mann nahm er an der Russischen Revolution teil und stand der jüdischen Arbeiterbewegung und dem *Bund* nahe. Der Schriftsteller Khayim Leyb Fuks (1897–1984) argumentierte, dass sich Segalovitsh bis zu seinem Tod im Jahr 1946 nie vollständig von der revolutionären Romantik befreit habe, obwohl er sich im Erwachsenenalter politisch von der Bewegung entfernt hätte.[816] In der Tat sind Segalovitshs Essays und Feuilletons, die er in den 1930er Jahren für den *Moment* schrieb, von einer starken romantischen Sehnsucht nach einer besseren Welt und von einem tiefen Glauben an die Menschlichkeit durchzogen.[817] Gleichzeitig aber offenbarte sich in seinem literarischen Schaffen auch eine andere Seite, die sich umso stärker artikulierte, je komplizierter und schlechter die politische und ökonomische Lage für Juden in Europa wurde. Es war die andere Facette des Romantikers, die gequälte Seele des Schriftstellers Segalovitsh, der „auf der Bühne wie ein Einsamer und ein Zerbrochener" stand.[818] In Anbetracht des Nationalsozialismus konnte er folglich die Masse nicht mehr als ein revolutionäres Subjekt glorifizieren, sondern stand dieser im Gegenteil sehr kritisch gegenüber. Er postulierte, dass die Masse ständig auf der Suche nach einem Schuldigen sei, um sich ihrer eigenen Probleme zu entledigen, denn „Hass muss man nicht pflanzen, er wächst von allein". Aus diesem Verständnis heraus erklärte er auch das Zusammenspiel von Technik, Propaganda und der deutschen Mehrheitsbevölkerung. In einer ähnlichen Art und Weise wie Rachel Auerbach argumentierte Segalovitsh, dass durch die kollektive Abwertung einer Gruppe durch eine andere Gruppe deren individuelle Leistungen nicht mehr gewürdigt würden. Im Falle der 600.000 Juden in Deutschland hieße das, nicht anzuerkennen, dass sie „fleißige Individuen" waren, die sich durch ihr eigenes Streben und Tun zu erfolgreichen Wissenschaftlern, Schriftstellern und Künstlern entwickelt hatten. Durch die

---

815 Vgl. Fuks, Khayim Leyb: „Der letster romantiker", in: Kazdan, Khayim Solomon (Hrsg.): *Zusman Segalovitsh. A monografie*, Nyu York 1979, S. 132–136, hier S. 132.

816 Vgl. Fuks: „Der letster romantiker", S. 132. Trotz seiner Popularität als jüdischer „Volksschreiber" blieb Segalovitsh in Schriftsteller- und Journalistenkreisen umstritten. Seine Romane wurden insbesondere von der jüngeren Generation, von bundistischer und kommunistischer Seite, oftmals als Schund bezeichnet. Vgl. Cohen, Nathan: „Segalovitsh, Zusman", in: *YIVO Encyclopedia of Jews in Eastern Europe*, 14. Oktober 2010, URL: https://yivoencyclopedia.org/article.aspx/Segalovitsh_Zusman (abgerufen am: 24.12.2021).

817 Vgl. z. B. Segalovitsh, Zusman: „A kalter briv" ..., in *Der Moment*, 30. Dezember 1938, S. 5.

818 Tenenboym, Shie: Z. Segalovitsh un zeyne heldn, in: Kazdan, Khayim Solomon (Hrsg.): *Zusman Segalovitsh. A monografie*, Nyu York 1979, S. 118–120, hier S. 120.

Spirale des Hasses, der nun von der einen Seite eingefordert und von der anderen dargereicht werde, habe sich ein Zustand ergeben, der, so war Segalovitsh überzeugt, von langer Dauer sein würde. Er erklärte:

> Deutschland ist jetzt nicht mehr das Deutschland des ordentlichen, schöpferischen Menschen. Und man darf sich nicht einreden, dass dies eine vorübergehende Angelegenheit ist. Eine ganze Generation ist verwöhnt, die kleinen Kinder haben dabei zugeschaut, wie man Menschen durch die Straßen schleppte, wie man auf sie spuckt, die kleinen Fritzchen haben die gelben Sterne gesehen, welche man den Juden angeheftet hat. Das taten doch nicht die Straßenjungen, nur große, erwachsene Menschen im Namen der Regierung, im Namen von Volk und Land und das, was die Großen machen, das dürfen doch die kleinen Kinder nachmachen – so lernt man doch. Hass entsteht spontan und geht nur sehr langsam weg. Liebe kommt langsam und wird zertreten von einem neuen Ausbruch des Hasses und so geht unsere Geschichte.

Abschließend bleibt festzuhalten, dass Segalovitsh, indem er die Entwicklungen der Technik mit in seine Überlegungen einbezog, zu der Erkenntnis kam, dass es sich bei Hitler um eine neuartige Form eines politischen Diktators handelte, der unter Einsatz modernster Technik zu Erfolg gelangt war. In diesem Sinne betrachtete er Hitler selbst als ein Produkt der Moderne. Außerdem kam er in seinen Überlegungen zu dem gewichtigen Schluss, dass sich die NS-Ideologie und der Hass auf Juden über Generationen hinweg in den Köpfen der Deutschen festgesetzt habe, weshalb man nicht davon ausgehen könne, dass Juden noch eine Zukunft in Deutschland hätten.

Segalovitshs wie auch Auerbachs Gedankenspiele über einen Zusammenhang von Hass, Geltungsdrang und Erziehung erinnern darüber hinaus stark an die sogenannte Sündenbockthese, nach der ein Individuum oder eine Gruppe, die als außerhalb einer Einheit stehend konstruiert werden, für die eigenen Unzulänglichkeiten und Probleme schuldig gemacht werden. Indem eine Gruppe eine zweite abwertet, in diesem Falle die Deutschen die Juden, wird der Jude an sich automatisch zum Träger der angenommenen gesellschaftlichen Probleme und Fehlentwicklungen.

4.3.4 Der Agudist: Ayzik-Ber Ekerman

Auch der Journalist Ayzik-Ber Ekerman reflektierte im *Dos Yudishe Togblat* kurz nach der Machtübernahme Hitlers über die Frage, ob es sich beim Nationalsozialismus um eine kollektive nationale Psychose handele.[819] Ekerman, der fester

---

819 Vgl. Ekerman, Ayzik-Ber: Tsi iz dos nor a psikhoz?, in *Dos Yudishe Togblat*, 10. März 1933, S. 3.

Mitarbeiter vom *Dos Yudishe Togblat* war, aber darüber hinaus auch für weitere, in der Mehrheit orthodoxe Publikationen schrieb, war neben Dovid Flinker und Heshl Klepfish einer der drei Redakteure von *Dos Yudishe Togblat*, die sich am intensivsten mit dem Nationalsozialismus als deutscher Spielart des Faschismus befassten.[820] Ayzik-Ber Ekerman, der in der Zweiten Polnischen Republik zu einem politischen Anführer der *Agudat Yisroel* aufstieg, wurde in einem Dorf in der historischen Region Podlachien geboren und erhielt eine traditionell religiöse Erziehung. Seine journalistische Tätigkeit nahm er vermutlich mit Gründung der ersten orthodoxen Tageszeitung in Warschau, *Der Yud* (Der Jude), auf. Seit 1929 arbeitete er als Redakteur beim *Dos Yudishe Togblat*. Zusman Segalovitsh sagte über ihn, dass er, wenn er die Vereinsräume in der *ulica Tłomackie* 13 betrat, stets „den Bart fein gekämmt und ‚kurz' gehalten" hätte, als Zeichen seiner modernen Lebenseinstellung.[821]

Bei Ekermans Abhandlung „Ist das nur eine Psychose?"[822] handelte es sich nicht, wie zunächst angenommen werden könnte, um eine Abhandlung über den funktionalen Zusammenhang von Antisemitismus und der menschlichen Psyche. Es ging ihm vielmehr darum, eine Antwort auf die Frage zu finden, warum der Nationalsozialismus eben gerade keine nationale Psychose war, sondern quasi im aus der Geschichte der Nation erwachsenen deutschen Charakter angelegt. Einleitend gab er zu bedenken, dass viele Journalisten und Publizisten der jüdischen Presse in Warschau den Aufstieg Hitlers zunächst als eine „vorübergehende Erscheinung" gedeutet hätten, als eine „Bewegung von Verrückten", bei denen irgendwann wieder die Besinnung einsetzen würde. Er schrieb: „In der jüdischen Presse las man von Absurditäten oder nur von komischen Auftritten einzelner Hitleristen. Und so wurde uns eingeredet, dass die ganze Bewegung so etwas wie eine Art vorübergehende Betrunkenheit sei, von der man umgehend ausnüchtern wird. Doch Deutschland hat das ganz anders verstanden." Erst als die jüdischen Journalisten um 1933 verstanden, dass es der „Stubenmaler Hitler" geschafft hatte, „große Denker um sich zu scharen", einen „riesigen Presseapparat mit Tausenden von Lesern" aufzubauen und aus jeder Reichstagswahl mit mehr Anhängern hervorzugehen, habe man in Warschau damit begonnen, den Nationalsozialismus aufmerksam zu beobachten und über ihn zu sprechen. Ekerman

---

820 Ekerman äußerte sich weniger zu tagesaktuellen Entwicklungen in Deutschland, sondern nahm in seinen Artikel meistens größere Prozesse in den Blick. Vgl. Ekerman, Ayzik-Ber: Far shvere nesiones, in *Dos Yudishe Togblat*, 3. Februar 1933, S. 3; Di velt vart, in *Dos Yudishe Togblat*, 27. April 1939, S. 3.
821 Segalovitsh, Zusman: Tlomatske 13. Fun farbrentn nekhtn, Buenos Ayres 1964, S. 154.
822 Ekerman, Ayzik-Ber: Tsi iz dos nor a psikhoz?, in *Dos Yudishe Togblat*, 10. März 1933, S. 3. Soweit nicht anders vermerkt, stammen alle weiteren Zitate aus dieser Quelle.

erklärte weiter, dass eine Mischung aus einem spezifisch jüdischen Blickwinkel und einem unter Juden verbreiteten gewissen Hang zum Liberalismus dazu geführt habe, dass die Verbindungen zwischen Nationalismus und Antisemitismus in Deutschland von den jüdischen Journalisten lange Zeit nicht wahrgenommen wurden. Überzeugt davon, dass es dem deutschen nationalen Charakter entsprach, antiliberal, militaristisch und autoritär zu sein, erklärte Ekerman, dass „[i]n jedem Deutschen ein gewisser Prozentsatz eines Hitleristen vorhanden" und dass sogar ein relativ großer „Teil der Deutschen das zu vollen Hundertprozent" sei. Stärker noch als Stupnitski baute Ekerman seine Deutung des Nationalsozialismus auf der Annahme auf, dass es ein spezifisch deutsches Wesen gebe, das mit Merkmalen ausgestattet sei, die für das deutsche nationale Kollektiv prägend und charakteristisch seien und in der Konsequenz mehr oder weniger irgendwann im Nationalsozialismus haben münden müssen.

Den spezifisch deutschen Charakter leitete Ekerman aus der deutschen Geschichte ab. Die Enttäuschung über den verlorenen Krieg, aber auch die Erfahrungen, welche die deutsche Bevölkerung während des Krieges mit Gewalt gemacht hatte, hätten als eine Art Katalysator für Gewalt und Terror fungiert, die sich nun gegen die jüdische Bevölkerung entluden. Während er das politische System im Deutschen Kaiserreich als relativ liberal und progressiv charakterisierte, das gerade deswegen auch gut für die jüdische Bevölkerung gewesen sei, habe Deutschland während des Ersten Weltkrieges „seine ganze Brutalität" gezeigt. Der Journalist ging davon aus, dass die politischen Ideologien, der Liberalismus und der Nationalismus, nicht miteinander vereinbar wären, ersterer sogar überhaupt nicht im Einklang mit dem deutschen Wesen stünde. Er schrieb:

> Wenn man sich tiefer in die Psychologie der Völker und in ihre Geschichte hineindenkt, dann sieht man, dass der Liberalismus bei den Völkern im Verlauf der Geschichte der Völker nur episodisch auftritt. Organisch drängt ständig das nationale oder nationalistische Moment heraus. Das vorstaatliche Deutschland hatte bei sich selbst einen starken wirtschaftlichen und teilweise wissenschaftlichen Liberalismus eingeführt. Dies allerdings gehörte nur zum System des deutschen Staates, nicht aber, wie sich herausstellte, zu den Charaktereigenschaften des deutschen Volkes.

In Ekermans Text erscheinen die zeitgenössisch populären soziologischen und psychologischen Deutungsversuche des Antisemitismus eng miteinander verwoben. Dies führte allerdings dazu, dass seine Annahmen über die Ursachen des NS-Antisemitismus zu einem bisweilen verwirrenden Konstrukt aus wissenschaftlichen Annahmen, biologistisch-deterministischen Vorstellungen, historischen Tatsachen und Laienpsychologie wurden.

In seinem Denken unterschied Ekerman zwischen den Begriffen Staat und Nation und übertrug ferner die Freud'sche Affekt- und Triebtheorie auf die politischen Systeme Liberalismus und Nationalsozialismus. Ersterer wurde für ihn durch den Staat und durch die jüdische Bevölkerung verkörpert, die für ihn das kulturelle, wissenschaftliche und fortschrittliche Moment repräsentierten. Letzterer hingegen stand für Nationalismus und die deutsche Nation, die gleichsam die Natur und die Wildheit, also das Ureigene, repräsentierten. Seine Überlegungen sah er im Ausgang der Reichstagswahlen vom 5. März 1933 bestätigt, weil „seit der Gründung des Kaiserreichs im Jahr 1871 die Wahlbeteiligung noch niemals so hoch war; sie lag bei 88 Prozent und 52 davon haben Hitler gewählt". Der Ausgang der Wahl offenbarte für Ekerman das eigentlich Neue, denn für den Journalisten repräsentierten die Zahlen nicht „das neue Deutschland", sondern eben jenes „alte Deutschland", das antiliberal und nationalistisch sei und nach einer liberalen Episode wieder zurück an die Oberfläche gekommen sei. In den ersten turbulenten Jahren der Weimarer Republik sei „das Volk nur kurz auf einen falschen Weg geführt" worden, bis es schließlich wieder zu seinem eigentlichen Ursprung zurückgefunden habe.

Ekermans Ausführungen zeigen, dass er von ähnlichen wissenschaftlichen Einflüssen und zeitgenössischen Impulsen beeinflusst war wie auch die anderen Journalisten. Darüber hinaus zeigt sich anhand seines Textes in hervorragender Weise, dass die hier vorgestellten Analysen nicht nur intertextuelle Bezüge aufweisen, sondern dass die Zeitungsmacher ihre Zeitungen als ein lebendiges Forum verstanden, in denen offen Ideen und Meinungen ausgetauscht wurden, die sich auf vielfältige Arten und Weisen aufeinander bezogen. Die Zeitungsmacher lasen ihre Artikel und Kolumnen gegenseitig und sie diskutierten sie in den Vereinsräumen der *ulica Tłomackie* 13 oder in einem der vielen Cafés und sonstigen jüdischen Treffpunkten in Warschau, um dann in ihre nächsten Arbeiten die Ergebnisse genau dieser Diskussionen einfließen zu lassen.[823]

---

823 Vgl. z. B. auch den Artikel von Shefner, Barukh: Di yiddishe „sprave" mit Hitlern, in *Naye Folkstsaytung*, 24. März 1933, S. 4. In dem Artikel diskutiert er die Artikel von Redakteuren der „bürgerlichen" jiddischen Presse, insb. auch der orthodoxen Presse. Nathan Cohen führt in seinem Kapitel über jüdische Pressereaktionen auf die Ernennung Hitler zum Reichskanzler ebenfalls verschiedene Beispiele an, in denen sich die jüdischen Journalisten zueinander verhielten und gegenseitig auf Artikel antworteten, Meinungen diskutierten oder revidierten. Vgl. Cohen: Sefer, sofer ve-iton, S. 262–276.

4.3.5 Der Marxist: Wiktor Alter

Eine andere Analyse bot der jüdische Sozialist und Redakteur der *Naye Folkstsaytung* Wiktor Alter seinen Lesern an. Der in Mława, einer Kleinstadt auf halbem Weg zwischen Warschau und Danzig, in eine chassidische Familie hineingeborene und in Warschau aufgewachsene Bundist kam schon in jungen Jahren mit der sozialistischen und kommunistischen Bewegung in Kontakt, da er nach dem Tod seines Vaters und dem damit verbundenen Umzug nach Warschau eine säkulare Schulbildung erhielt.[824] Als Schüler eines polnischen Gymnasiums nahm er während der Russischen Revolution im Jahr 1905 an Proteststreiks in Warschau teil, die er zum Teil selbst mitorganisierte. Nach der Schule zog es Alter nach Belgien, wo er ein Ingenieurstudium absolvierte. 1912 kehrte er nach Warschau zurück, wo er, inzwischen ein überzeugter Bundist, sich an den illegalen Aktivitäten des *Bund* beteiligte.[825] Mit dem Ende der zweiten Russischen Revolution und nach dem Ersten Weltkrieg stieg Alter schnell zu einer der wichtigsten Führungsfiguren des *Bund* in Polen auf. Er wurde der Vorsteher des weitverzweigten bundistischen Gewerkschaftssystems, einer der wichtigsten theoretischen Denker der Partei und schließlich Redakteur bei der *Naye Folkstsaytung*.[826] Aufgrund seines Zutuns organisierte sich der *Bund* im gesamtpolnischen Dachverband der Gewerkschaften und trat im Jahr 1930 schließlich auch der SAI bei – ein Schritt, der die politischen und personellen Bindungen zur deutschen Sozialdemokratie abermals stärkte.[827]

---

[824] Alle biografischen Informationen stammen aus Blatman, Daniel: „Alter, Wiktor", in: *YIVO Encyclopedia of Jews in Eastern Europe*, 24. Juli 2017, https://yivoencyclopedia.org/article.aspx/Alter_Wiktor (abgerufen am: 25.12.2021).
[825] In dieser Zeit wurde er mehrmals verhaftet und auch in die Verbannung nach Sibirien geschickt.
[826] Alter verfasste mehrere Bücher zur sozialistischen Theorie und Geschichte. Vgl. z.B.: Alter, Viktor: Der sotsializm in kamf, Varshe 1927; Grund printsipen fun der proletarisher kooperatsie, Varshe 1927; „Jedność" i „Plan", Warszawa 1935; Gdy socjaliści dojdą do władzy ...! (Pierwszy etap rewolucji społecznej), Warszawa 1934; Człowiek w społeczeństwie, Warszawa 1938. Zum Denken Alters liegen einige Arbeiten vor. Vgl. z.B. Pickhan, Gertrud: „,Der Mensch in der Gesellschaft'. Wiktor Alter (1890–1943) als Vordenker der jüdischen Arbeiterbewegung in Polen", in: Brüggemann, Karsten, Thomas M. Bohn und Konrad Maier (Hrsg.): *Kollektivität und Individualität. Der Mensch im östlichen Europa. Festschrift für Prof. Dr. Norbert Angermann zum 65. Geburtstag*, Hamburg 2001, S. 394–404; Gorny: Converging Alternatives, S. 157–162.
[827] In der gesamtpolnischen Arbeiter- und Gewerkschaftsbewegung kooperierte der *Bund* regelmäßig mit polnischen, deutschen und ukrainischen Gewerkschaften sowie mit der PPS zu ausgewählten Themen zusammen. Im Rahmen dessen fanden auch Veranstaltungen statt, die sich explizit gegen den Aufstieg faschistischer Bewegungen sowie gegen den Nationalsozialismus wandten. Dazu vgl. auch Kap. 6.1.2 und 7.3 sowie Wróbel, Piotr: „From Conflict to Cooperation: the

Im Laufe der 1920er und 1930er Jahre befasste sich Alter immer wieder mit dem Phänomen des Antisemitismus.[828] Anlass war der stetig zunehmende Hass auf Juden in Polen, der sich insbesondere im Alltag auf ökonomischer Ebene durch antijüdische Wirtschaftsboykotts und andere Maßnahmen ausdrückte. In seinem Buch „Zu der Judenfrage in Polen" bemühte sich Alter im Jahr 1925 darum, die verschiedenen Formen des Antisemitismus zu erklären, wobei er einen Schwerpunkt auf den ökonomischen Antisemitismus legte. Einleitend schrieb er:

> Es existieren verschiedene Antisemiten auf der Welt. Es gibt solche, die theoretisch von der Richtigkeit ihrer Weltanschauungen überzeugt sind; und es gibt wieder solche, die selbstredend wissen, dass der Kampf gegen Juden nur ein Mittel ist, um andere wichtige Ziele zu erreichen. Mit letzteren ist gar nicht zu reden. Das Ziel heiligt bei ihnen alle Mittel. Die Judenfrage, als solche, interessiert sie kaum. Sie sind dazu bereit, sogar mit einem Paradox einverstanden zu sein: Wenn es keine Juden gäbe, würden die Antisemiten sie sich ausdenken. Aber die ersten, die Antisemiten aus Überzeugung, glauben, dass das Judenproblem für sie allein ungeheuer wichtig ist. Und sie haben eine Reihe von Argumenten, mit denen sie ihre Einstellung begründen. Die ehrlichsten von ihnen werden sagen: ‚Juden sind ein fremder Körper in der Gesellschaft Polens. Sie sind vollkommen anders als wir. Sie reizen uns mit ihrer Anwesenheit und ihrer Eigenartigkeit.'[829]

In seinen weiteren Ausführungen benannte Alter schließlich alle Formen des Antisemitismus, die ihm bekannt waren. Neben der These, dass die Juden „fremd" und „anders" seien, zählte er Verschwörungstheorien auf (er erwähnte die Protokolle der Weisen von Zion und dass Juden Spione seien), den sogenannten Krisenantisemitismus und das Argument der Überbevölkerung. Alle Argumente überführte er ihrer fehlenden Logik, das letzte Argument sogar mit Deutschland als Beispiel: Obwohl in Deutschland die Zahl der jüdischen Bevölkerung zehn Mal kleiner sei als in Polen, sei der Antisemitismus dort trotzdem ungewöhnlich stark. Alles in allem blieb für Alter der Umstand, dass Juden von Nichtjuden als „fremd" gelesen und markiert wurden, das logischste Erklärungsmuster der antisemitischen Ideologie, weil er dahinter die Problematik eines ausschließenden

---

Bund and the Polish Socialist Party, 1897–1939", in: Jacobs, Jack: *Jewish Politics in Eastern Europe: The Bund at 100*, London 2001, S. 155–171. Zu den Beziehungen des *Bund* zur deutschen Sozialdemokratie vgl. insb. Pickhan, Gertrud: „The ‚Bund' in Poland and German Social Democracy in the Thirties", in: Alotshuler, Mordekhai (Hrsg.): *Proceedings of the Twelfth World Congress of Jewish Studies*, Jerusalem, 29. Juli – 5. August 1997, Division B: History of the Jewish People, Jerusalem 2000, S. 257–263.

828 Alter publizierte mindestens zwei Bücher zum Thema: Alter, Wiktor: Antysemityzm gospodarczy w świetle cyfr, Warszawa 1937; Tsu der yidn-frage in Poyln, Warszawa 1937, S. 3. Die Broschüre war vermutlich eine aktualisierte Neuauflage des Originals von 1925.

829 Alter: Tsu der yidn-frage, S. 3.

Nationalismus erkannte, einen Ausschlussmechanismus, den er als Sozialist entschieden ablehnte.[830]

Das Buch selbst diente aber nicht nur der Aufklärung. Es war vor allem auch eine antizionistische Kampfschrift, die gegen die jüdische Migration nach Palästina anschrieb und für den Sozialismus warb.[831] Interessant ist dennoch, dass Alter sich in seiner Darstellung antisemitischer Argumente nicht ausschließlich auf den historischen Materialismus berief, sondern sich in seinem Buch vielmehr ein breites Verständnis der verschiedenen Erscheinungsformen und Funktionen des Antisemitismus offenbarte. Theoretisch bestens geschult, arbeitete er in den 1930er Jahren daran, den Aufstieg des Nationalsozialismus zu deuten, wobei er auch den Antisemitismus der Nationalsozialisten nicht außer Acht ließ. Exemplarisch hierfür ist ein politischer Kommentar von ihm, der im Januar 1932 in der *Naye Folkstsaytung* erschien.[832] Darin nahm Alter Stellung zu einem antisemitischen Übergriff, der sich auf jüdische Studenten der Berliner Universität ereignet hatte.[833] „Die verwundeten Studenten" betrachtete er als einen „Vorgeschmack" auf das, was passieren würde, wenn Hitler an die Macht käme. Für ihn waren sie neben Kommunisten und Sozialisten die „vorherbestimmten Opfer": „Juden und Marxisten. Juden und Sozialisten und Kommunisten. Juden und die Führer der Arbeiterbewegung." Das aber ausgerechnet diese drei Gruppen die primären Feindbilder des „blutdurstigen Faschismus" waren, war für Alter kein Zufall, sondern vielmehr eingewoben in die NS-Ideologie, weshalb er den Vorfall auch als symbolisch deutete. Im Folgenden charakterisierte er aber die Arbeiterbewegung als „Todesfeind" der Nationalsozialisten, während er die jüdische Bevölkerung primär als Mittel zum Zweck, als „ein Manipulationsinstrument", betrachtete,[834] das alle kapitalistischen und reaktionären Bewegungen benutzen und brauchen würde, um an die Macht zu kommen beziehungsweise um sich dort zu halten.

---

830 Zum Erklärungsmuster „Juden als Fremde" im Antisemitismus siehe Krah: Pioniere der Antisemitismusforschung, S. 157–180.
831 Ausführlicher zur inhaltlichen Ausgestaltung und Funktion des bundistischen Antizionismus siehe Jacobs, Jack: „Bundist Anti-Zionism in Interwar Poland", in: Grabski, August (Hrsg.): *Rebels against Zion. Studies on the Jewish Left Anti-Zionism*, Warsaw 2011, S. 67–88.
832 Vgl. Alter, Viktor: Der berliner simbol, in *Naye Folkstsaytung*, 25. Januar 1932, S. 3. Soweit nicht anders vermerkt, stammen alle weiteren Zitate aus dieser Quelle.
833 Am 22. Januar 1932 fand ein bewaffneter Überfall von NS-Studenten auf jüdische Verbindungsstudenten in der Vorhalle der Berliner Universität statt. In der sozialistischen und kommunistischen Bewegung organisierte Kommilitonen kamen den jüdischen Studenten zur Hilfe. Die Polizei räumte daraufhin die Vorhalle der Universität, die als Reaktion auf den Vorfall geschlossen wurde.
834 Marusczyk/Müller: Marxistische Faschismusanalyse, S. 89.

Alters Argumentation lag ein ökonomisches Verständnis von Faschismus zugrunde, in dem dieser als ein „besonders gewaltsames Instrument zur Sicherung der kapitalistischen Klassenherrschaft" betrachtet wurde und als ein „konterrevolutionäres Werkzeug der Großbourgeoisie zur Niederschlagung der revolutionären Massen".[835] Dieser Denkschule verpflichtet, erklärte Alter sodann, warum „neben den Marxisten auch die deutschen Juden vor Hitlers Herrschaft [erzittern]" würden:

> Und es sind nicht weniger als fast alle Juden. Und es sind freilich die, die aus dem Kleinbürgertum oder dem Mittelstand kommen. Und sie haben zu Recht Angst, denn der barbarische Faschismus kommt mit dem gleichen, alten Argument daher, das alle Reaktionären an die Macht bringt: Dass die Juden in allen Dingen die Schuldigen sind.

Alter ordnete den Antisemitismus der Nationalsozialisten also der ersten Gruppe von Antisemiten zu, die er im Jahr 1925 als jene charakterisiert hatte, für die „der Kampf gegen Juden nur ein Mittel" sei, „um andere wichtige Ziele zu erreichen."[836] Zwar verließ er den klassisch marxistischen Rahmen, in dem er die außerordentliche Gefahr, die der Nationalsozialismus auch und gerade für Juden darstellte, benannte. Letztlich blieb er aber der marxistischen Analyse doch insofern treu, als dass er die deutsche Gesellschaft in Klassen aufteilte. Die jüdische Bevölkerung zählte er zu der Gruppe der Besitzenden, zu den Kleinbürgern und zum Mittelstand. Er griff auf eine nicht nur unter jüdischen Sozialisten beliebte Beschreibung der deutschen Juden zurück, indem er sie als Angehörige des deutschen Bürgertums beschrieb, die assimiliert und relativ wohlhabend waren – ein Bild, das oft verwendet wurde, um politische Ziele durchzusetzen.[837] Für Alter galt es, die gesamte jüdische Bevölkerung in Polen, also auch explizit die sogenannte jüdische Bourgeoisie für die sozialistische Bewegung zu begeistern beziehungsweise diese davon zu überzeugen, dass ihre Politik auf den falschen Grundprinzipien beruhte. Dass der *Bund* sich unter anderem gegen eine gemeinsame jüdische Protestbewegung, die sich gegen das nationalsozialistische Deutschland wandte, entschied, bedeutete daher nicht, wie gemeinhin oft angenommen wird, dass ihnen die jüdischen Opfer des Antisemitismus, egal ob in Deutschland oder Polen, gleichgültig gewesen wären.[838] Im Gegenteil. Zwar op-

---

835 Marusczyk/Müller: Marxistische Faschismusanalyse, S. 88.
836 Alter: Tsu der yidn-frage in Poyln, S. 3.
837 Dazu beispielhaft die Karikatur: N. N.: Mit'n „Gutn vilen", in *Haynt*, 31. März 1933, S. 8 und die Reportage von Shefner, Barukh: A bezukh bay a daytsher ofitser, in *Naye Folkstsaytung*, 5. Juli 1936.
838 Vgl. Gorny: Converging Alternatives, S. 113–114.

ponierten Bundisten gegen die Idee einer *Klal Yisrael* und lehnten eine gemeinsame jüdische Front im Kampf um Gleichberechtigung und jüdische Rechte ab, gleichzeitig aber kämpften sie vehement gegen den anwachsenden Antisemitismus in Polen und darüber hinaus.[839] Im Vergleich zu anderen politischen Strömungen innerhalb der jüdischen Community Polens taten sie dies jedoch unter gänzlich anderen ideologischen Vorzeichen. Führende Bundisten wie Alter fühlten sich dem Kampf für eine Gesellschaftsordnung verpflichtet, die auf Gleichheit, Freiheit und Solidarität aufbaute, und waren inspiriert vom Austro-Marxismus sowie sozialistischen Denkern wie Eduard Bernstein, Karl Kautsky und Ferdinand Lassalle.[840] Sie waren sehr davon überzeugt, dass Faschismus beziehungsweise Nationalsozialismus und damit auch Antisemitismus nicht nur eine Bedrohung für Juden darstellten, sondern insgesamt eine Gefahr für die Demokratie waren und damit auch für alle kritisch denkenden Menschen wie Sozialisten und Kommunisten, die ja selbst auch Opfer des NS-Faschismus waren.[841] Dem zugrunde lag ferner die tiefe Überzeugung, dass in einer zukünftigen sozialistischen Gesellschaftsordnung, die auf demokratischen Prinzipien aufbaute, Antisemitismus keine Rolle mehr spielen würde.[842] Aus dieser Logik heraus erschien es für Alter erfolgversprechender, aber auch solidarischer, wenn sich die jüdische Bevölkerung Polens in einer gemeinsamen sozialistischen Front, bestehend aus Juden und Nichtjuden, vereinen und gemeinsam mit anderen für eine bessere Gesellschaft streiten würde statt eine isolierte national-jüdische Front aufzubauen.[843] Aus diesem Grund sah Alter die aus jüdischen Kreisen in Warschau vorgeschlagene jüdische Selbsthilfe und den jüdischen Selbstschutz zwar als richtig

---

839 Zum Verhältnis des *Bund*, der nationalen Frage sowie dem Zionismus und ihrem Kampf gegen Antisemitismus vgl. Pickhan: „Gegen den Strom", S. 263–318. Beispielhaft für den bundistischen Kampf gegen Antisemitismus ist der von ihnen organisierte Generalstreik als Reaktion auf das Pogrom in Przytyk im Jahr 1936. Der Streik wurde schließlich von weiten Teilen des politisch-jüdischen Spektrums unterstützt. Vgl. dazu ausführlich auch die Einleitung von Kap. 7.
840 Vgl. Trencsényi, Balázs, Michal Kopeček, Luka Lisjak Gabrijelčič, Maria Falina, Mónika Baár und Maciej Janows (Hrsg.): Negotiating Modernity in the „Short Twentieth Century" and Beyond. Part I: 1918–1968, Bd. 2, A History of Modern Political Thought in East Central Europe, New York 2018, S. 121–122. Zu den theoretischen Einflüssen siehe insb. auch die Aufsatzsammlung von Jacobs, Jack (Hrsg.): On Socialists and „The Jewish Question" after Marx, New York 1992.
841 Brumberg, Abraham: „The Bund and the Polish Socialist Party in the Late 1930s", in: Gutman, Yisrael u. a. (Hrsg.): *The Jews of Poland between Two World Wars*, Hanover 1989, S. 75–94, hier S. 85.
842 Vgl. Brumberg: „The Bund and the Polish Socialist Party", S. 92; Gorny: Converging Alternatives, S. 160.
843 Neben diesem Grund ging es selbstredend auch darum, eine politische Alternative zum Zionismus und einem ethnisch definierten jüdischen Nationalismus anzubieten und zu propagieren. Vgl. dazu auch Alter: Tsu der yidn-frage in Poyln, S. 18–19, 22.

und wichtig an, erachtete sie in Anbetracht des nationalsozialistischen und faschistischen Feindes aber für nicht ausreichend:

> Selbstverständlich dürfen sich die Betroffenen verteidigen, aber löst das das Problem? Kann der Selbstschutz die Gefahr beseitigen? Das glaubt niemand. Denn man muss tiefer blicken und gründlich nach Mitteln für eine Verteidigung suchen. Und ein solches Mittel ist zuallererst eines: Den Sieg von jenen zu unterstützen, welche die Todfeinde des Faschismus sind: die Arbeiterbewegung. Die jüdische Bourgeoisie aber schreckt vor diesen Ausführungen zurück. Sie hofft noch Gnade in den Augen der heutigen Machthaber zu finden. Sie strebt an, sich in den Faschismus ‚einzukaufen'. Sie sagen zu, gut zu sein, gehorsam und untertänig. Eine uneffektive Anstrengung! Die jüdischen Massen müssen durchschauen, dass sie keine große Wahl haben, denn die einzige Rettung für sie besteht in der massenhaften Unterstützung der Arbeiterbewegung. Sie müssen alle ihre Waffen in den Kampf für den Sozialismus werfen. Denn bloß der Sieg des Sozialismus kann für sie die Gefahr von materieller, geistiger und möglicherweise physischer Vernichtung abschaffen. Und es ist nicht mehr viel Zeit für lange Diskussionen, denn Hitler steht bereits vor der Tür.[844]

Alters Antisemitismus- und Nationalsozialismusanalyse ist repräsentativ für eine Reihe von bundistischen Publizisten jener Zeit, weil sie zeigt, vor welchen theoretischen Herausforderungen die bundistischen *Shrayber* und *Tuer* standen. Wie konnten die andauernden und zunehmenden antisemitischen Übergriffe und die Rolle, die der Antisemitismus offenbar für die NS-Ideologie spielte, gedeutet werden? Wie ging man mit der jüdischen Bevölkerung in Deutschland um, die einen gänzlich anderen ökonomischen und gesellschaftlichen Status und Hintergrund als diejenige in Polen hatte? Mit diesen Fragen sah sich auch Alter konfrontiert, fand jedoch im Jahr 1932 keine klaren Antworten.

Letztlich ist und bleibt Alters Kolumne primär ein politischer Aufruf, der sich an die jüdische „Bourgeoisie" richtete und gegen die Forderungen der „bürgerlichen" jüdischen Presse anschrieb, was sich insbesondere durch die Wahl seiner Worte und anhand seiner kämpferischen Sprache offenbart. Zwar erkannte und benannte Alter die lauernden Gefahren für Juden deutlich, charakterisierte den nationalsozialistischen Antisemitismus aber als ein Nebenprodukt des Kapitalismus und als ein Herrschaftsmittel faschistischer und reaktionärer Kräfte, um die arbeitenden Klassen hinter sich zu vereinen.[845] Dadurch verkannte er die

---

844 Alter, Viktor: Der berliner simbol, in *Naye Folkstsaytung*, 25. Januar 1932, S. 3.
845 In seinem Buch *Tsu der yidn-frage in Poyln* schrieb er: „Mit anderen Worten, Antisemitismus ist der Anker der kapitalistischen Ordnung. So lange wie der Kapitalismus existiert, wird Antisemitismus existieren und wachsen. Und andersherum: Antisemitismus kann nur und ausschließlich durch die Abschaffung des kapitalistischen Systems besiegt werden." Hier zitiert nach Brumberg: „The Bund and the Polish Socialist Party", S. 92–93, Fn. 34.

zentrale Bedeutung des Antisemitismus für die NS-Ideologie und spielte letztlich den gewaltsamen Übergriff auf die jüdischen Studenten herunter.[846]

Auch als es fünf Jahre später so schien, als hätte sich das nationalsozialistische Regime eher gefestigt denn verflüchtigt, blieben Bundisten wie Wiktor Alter kämpferisch gestimmt. Anlässlich der Feier des 40-jährigen Bestehens des *Bund* im Theater *Nowości* in Warschau sprachen führende Bundisten vor mehr als 1.000 Personen und 300 geladenen Gästen aus dem In- und Ausland vom geeinten und erfolgreichen Kampf gegen Faschismus, Antisemitismus und Nationalsozialismus. Die Stimmung war angespannt, als ein Vertreter der deutschen Sozialisten aus Danzig die Bühne betrat und den Kongress grüßte. Der Sozialist berichtete in seiner Rede von der vollständigen Gleichschaltung und der „Hitlerisierung Danzigs", betonte aber in kämpferischer Manier, dass er überzeugt davon sei, „dass die Zeit kommen wird, in der die deutschen und polnischen Arbeiter aufstehen und schreien werden: Wir haben die Nase voll von dieser Nazi-Komödie."[847] Nur wenige Monate später, am 8. März 1938, hielt Wiktor Alter anlässlich des internationalen Frauentags in Warschau einen Vortrag über die Politik des nationalsozialistischen Deutschlands.[848] Darin kam er zu dem ernüchternden Fazit, dass Hitler bisher alles so gemacht habe, wie er es zuvor in „Mein Kampf" angekündigt hätte. Seinem eigenen Wunschdenken folgend hoffte Alter bis zum Ausbruch des Zweiten Weltkrieges, dass es früher oder später zu einer Erhebung der unterdrückten deutschen und internationalen Arbeiterklasse gegen den Faschismus kommen würde. Seine Hoffnung baute er unter anderem auf Berichte und Erzählungen auf, die ihn aus dem Untergrund erreichten. Im Mai 1939 verfasste er einen Artikel über die Aktivitäten der antifaschistischen Widerstandsbewegung in Deutschland, der auf der Broschüre „Unser Kampf gegen das Dritte Reich" aufbaute, die vom Berliner Antifaschisten Max Sievers (1884–1944) verfasst worden war.[849] Obwohl, wie wir noch sehen werden, die meisten anderen Fakten, Erzählungen und Augenzeugenberichte, die Alter in der Redaktion der *Naye Folkstsaytung* erreichten, gegen die Hoffnung einer proletarischen Revolution in Deutschland sprachen, hielt der Theoretiker und Politiker bis zuletzt an seinem

---

846 Daniel Blatman diskutiert Alters Artikel ebenfalls kurz und zieht diesen als Beispiel heran, um die „internen Verwirrungen" des *Bund* hinsichtlich des nationalsozialistischen Antisemitismus zu veranschaulichen. Vgl. Blatman: „The National Ideology of the Bund", S. 202–203.
847 AAN, Komisariat Rządu mst Warszawy, Sig. 297/VII-7, Wydział Społeczno Polityczny, Monatbericht vom 1. November bis zum 16. Dezember 1937, gez. Ludwik Wędołowski, Aktivitäten des Bund, undatiert, S. 33, Bl. 172.
848 Vgl. AAN, MSW, Sig. 965, Wydział Narodowościowy, Komunikaty dzienne, Referat Żydowski, Raport nr. 50, Aktivitäten des Bund, Warschau 15. März 1938, Bl. 103.
849 Vgl. Alter, Viktor: Marks iz zikh noykem in Hitlern, in *Naye Folkstsaytung*, 5. Mai 1939, S. 4.

Optimismus fest – eine schmerzhafte Erfahrung, die nicht nur für Bundisten prägend war.

4.4 Zwischenfazit

Bis zum Ende des Jahres 1933 war die deutsche Katastrophe zum thematischen Dreh- und Angelpunkt aller jiddischen Tageszeitungen in Warschau geworden. Die Seiten und Spalten der Zeitungen waren voll von Berichten, Interviews, Reportagen, Agenturmeldungen, politischen Kommentaren und längeren Analysen, die weithin sichtbarer Ausdruck des großen Interesses und der tiefen Anteilnahme der jüdischen Zeitungsmacher und ihrer Leser am Schicksal der Juden und politisch Andersdenkenden in Deutschland waren. Es war in der ersten Hälfte der 1930er Jahre für einen Juden in Polen quasi unmöglich, an dem Themenkomplex aus Nationalsozialismus, Antisemitismus und Faschismus vorbeizukommen, weil die jüdischen Journalisten sicherstellten, dass der tägliche Terror, die Gewalt, die Verfolgungen, die gesellschaftliche und rechtliche Ausgrenzung von Juden sowie deren Folgen in die Köpfe ihrer Leser einsanken, indem sie diese täglich damit konfrontierten.

Exemplarisch soll das an dieser Stelle anhand einer Ausgabe des *Haynt* illustriert werden.[850] Bei einem Umfang von acht Seiten zählte die Zeitung vom 2. April 1933 insgesamt 21 Beiträge, die sich direkt mit den Geschehnissen in Deutschland befassten oder aber einen direkten Bezug zu Deutschland aufwiesen. Neben der Titelseite, die mehrere Agenturmeldungen und Telegramme der Korrespondenten aus Deutschland abdruckte, nahmen längere Artikel mit Deutschlandbezug auf den Seiten zwei bis vier den größten Raum ein. Auch inhaltlich deckten die Beiträge eine sehr breite Themenpalette ab. Von Nachrichten über die Folgen des antijüdischen Boykotts in Deutschland, Schilderungen jüdischer Flüchtlinge aus Deutschland, welche die Redaktion des *Haynt* aufsuchten und über die Misshandlungen aufklärten, antideutsche Demonstrationen und Kundgebungen in verschiedenen polnischen Städten oder einen Beitrag über Spaniens humanitäre Hilfe für deutsch-jüdische Flüchtlinge lassen sich zahlreiche längere und kürzere Artikel, Kolumnen oder Berichte finden. In ihrer Gesamtschau zeigen sie, welche Relevanz die Zeitungsmacher dem Themenkomplex Nationalsozialismus und Antisemitismus im Jahr 1933 beimaßen und über welche Expertise und Informationsdichte sie verfügten. Damit ergab sich für den zeitgenössischen jüdischen Leser in Polen ein nahezu vollständiges Bild der in

---

[850] Vgl. Ausgabe des *Haynt* vom 2. April 1933.

Deutschland herrschenden Zustände. Diese intensive Form der Berichterstattung hielt bis zum Ende des Jahres 1933 an und ebbte erst im darauffolgenden Jahr langsam wieder ab. Auch in den folgenden Jahren nahmen Themen, die einen direkten Bezug zu Deutschland und jüdischem Leben im Nationalsozialismus aufwiesen, einen inhaltlichen Schwerpunkt in der Arbeit der Journalisten ein.[851]

Im internationalen Vergleich mit jüdischen wie nichtjüdischen Periodika zeigt sich, dass die jüdischen Zeitungsmacher in Warschau ihren Berufskollegen in Polen und anderen Ländern in nichts nachstanden, im Gegenteil wussten die jüdischen Zeitungsmacher in Warschau im Durchschnitt sogar eher mehr und besser über die antisemitischen und antikommunistischen Praxen der nationalsozialistischen Täter Bescheid.[852] Repräsentierte für viele jüdische wie nichtjüdische Intellektuelle in Deutschland die Ernennung Hitlers zum Reichskanzler zunächst eher ein „Ergebnis einer Kette von Zufällen",[853] bedeutete die Wahl sowohl für die jüdischen Auslandskorrespondenten in Berlin wie auch für die jüdischen Journalisten in den Warschauer Zeitungsredaktionen einen historischen Bruch, der seinesgleichen suchte. Diese Erkenntnis scheint bedeutsam, da im Vergleich dazu sich nach dem 30. Januar 1933 für die Mehrheit der Juden in Deutschland „kein erkennbares Gefühl von Panik oder auch nur Dringlichkeit" eingestellt hätte, wie Saul Friedländer bemerkte.[854] Gleiches kann über nichtjüdische polnische Zeitgenossen festgestellt werden. Auch hier, insbesondere im intellektuellen Milieu, hatte die Machtübergabe an Hitler nicht die gleiche symbolische Bedeutung, wie sie es für die jüdischen Journalisten der Warschauer jiddischen Tagespresse hatte.[855] In seiner Auswertung verschiedener polnischer Presseerzeugnisse aus unterschiedlichen politischen Milieus kommt der Historiker Frank Golczewski zu dem Schluss, dass „[d]ie Stimmen der polnischen Publizisten [zwar] registrierten, daß 1918 und 1933 neue Männer an die Spitze des deutschen Staates getreten waren, eine Veränderung der politischen Praxis aber nicht vermutet und gesehen [wurde]. Für die Polen war der einzige Maßstab für die Beurteilung innerdeutscher Ereignisse die Auswirkung auf die deutsch-pol-

---

851 Vgl. Cohen: „Hityahasut le-hokeynirnberg", S. 33–54; Loose, Ingo: „Die Wahrnehmung der Nürnberger Gesetze in Polen und Ostmitteleuropa", in: Brechtken, Magnus, Hans-Christian Jasch, Christoph Kreutzmüller und Niels Weise (Hrsg.): *Die Nürnberger Gesetze – 80 Jahre danach: Vorgeschichte, Entstehung, Auswirkungen*, Göttingen 2017, S. 105–122.
852 Carmen Müller wies beispielsweise für die amerikanischen Auslandskorrespondenten in Berlin nach, dass diese oftmals nicht kritisch über die Ereignisse in NS-Deutschland berichteten, obwohl sie Zugang zu kritischen Informationen gehabt hätten. Vgl. Müller: Weimar im Blick, S. 382.
853 Jünger: Jahre der Ungewissheit, S. 54; ausführlich zu den Reaktionen S. 47–56.
854 Friedländer: Das Dritte Reich, S. 27.
855 Vgl. Golczewski: Das Deutschlandbild der Polen, S. 245.

nischen Beziehungen."[856] Zu einem ähnlichen Ergebnis gelangte die Historikerin Anna Landau-Czajka. Auch sie stellt fest, dass die polnischen Journalisten und Redakteure, insbesondere auch jene, die für linke Presseerzeugnisse schrieben, erstaunlich wenig Wissen von der inneren Machtdynamik des NS-Regimes hatten und nur sehr wenig spezifische Informationen über die Verfolgungspraxen von und antisemitische Gewalt gegen Juden und politisch Andersdenkenden im nationalsozialistischen Deutschen Reich besaßen.[857]

Der spezifisch jüdische sowie ost- und ostmitteleuropäische Blick, die kollektiven Erfahrungen, welche die jüdischen Zeitungsmacher in Bezug auf Antisemitismus machten, sowie ihr Umgang damit versahen sie mit dem nötigen Rüstzeug, um investigativ zu recherchieren und das Geschehen auch zu deuten. Obwohl die Zeitungsmacher unterschiedliche politische Positionen hatten und zum Teil auch unterschiedliche politische Ziele mit ihren Artikeln verfolgten, teilten sie alle doch eine Gemeinsamkeit und ein Ziel, nämlich die deutschen Ereignisse aus einer jüdischen Perspektive zu beschreiben, sie in die Zeitungen und damit in die Köpfe der Leser zu bringen. Diese wurden so zu Mitwissenden und Mitbetroffenen gemacht. Da die jiddische Presse aufgrund der Sprache, in der sie verfasst war, überwiegend jüdischen Lesern vorbehalten war und vornehmlich deren Bedürfnissen diente, fungierte sie als ein Forum, in dem relativ offen über mögliche Konsequenzen und Folgen der antijüdischen Politik der Nationalsozialisten diskutiert werden konnte. Die Meinungen, die dabei repräsentiert wurden, waren pluralistisch und zum Teil auch nicht immer konsistent. Das Meinungsspektrum reichte von furchtlosem Optimismus bis zu einem desillusionierten Fatalismus, wobei sich beide Extreme oftmals auch in Artikeln ein und desselben Autors wiederfinden konnten. Die Positionen waren oftmals abhängig von dem politischen Weltbild der Zeitungsmacher, aber ebenso stark von den politischen Entwicklungen und Ereignissen, die sich in Deutschland, Polen und der restlichen Welt abspielten. Für die *Naye Folkstsaytung* zeigte sich zum Beispiel, dass die Redakteure und Korrespondenten zwar häufig Termini und Ana-

---

856 Golczewski: Das Deutschlandbild der Polen, S. 245–246.
857 Vgl. Landau-Czajka: „Polish Press Reporting", S. 413, 426. Einen anderen Eindruck bekommt man aber, wenn man sich die Reiseberichte des polnischen Journalisten Antoni Graf Sobański durchliest, die ausführlich und kritisch über die beginnende Verfolgung von Juden erzählen. Seine Deutschlandberichte, die zwischen 1933 und 1936 verfasst wurden, erschienen in der linksintellektuellen, literarischen Zeitschrift *Wiadomości Literackie* (Literarische Nachrichten). Die Zeitung hatte ein besonderes Profil, da sie neben nichtjüdischen polnischen Redakteuren auch viele jüdische Journalisten beschäftigte. Nicht zuletzt aus diesem Grund hatte die Zeitung unter Juden aus dem assimilierten und bürgerlichen Milieu viele Abonnenten. Vgl. Graf Sobański, Antoni: Nachrichten aus Berlin 1933–36, Reinbek bei Hamburg 2007.

lysen verwendeten, die einem marxistischen Denken entsprangen. Das bedeutete aber nicht zwangsläufig, dass damit automatisch auch einer marxistischen Doktrin gefolgt wurde. Gleiches lässt sich für die Zeitungsmacher der bürgerlichen Presse nachweisen, wie das Beispiel Moshe Kleinbaums beweist. Gleichzeitig zeigte sich, dass die Redakteure unterschiedlicher Zeitungen mit zunehmender Zeit insgesamt dazu neigten, dieselben Meldungen der JTA auszuwählen und abzudrucken. Dies führte dazu, dass sich über die Jahre die verschiedenen Nachrichten mit einem rein informativen, nicht kommentierenden Charakter über die Verfolgung von Juden in Deutschland weitgehend aneinander anglichen.[858]

Trotz der Repression, die der deutsche und der polnische Staat auf die Zeitungsmacher ausübten, und der Gefahren, denen diese sich ausgesetzt sahen, legt die Auswertung der Zeitungen nahe, dass – wohlgemerkt mit Abstrichen – insgesamt detailliert berichtet werden konnte und Diskussionen weitestgehend frei geführt wurden. Dass dies möglich war, lag unter anderem daran, dass die staatlichen Eingriffe vonseiten der polnischen und deutschen Regierung erst im Laufe des Jahres 1933 zunahmen und mit der Verfolgung von Journalisten, insbesondere der Korrespondenten, die in Berlin ansässig waren, begonnen wurde. Dass die Journalisten und Korrespondenten trotz aller Gefahren weiterhin an ihrem journalistischen Berufsethos festhielten und etwaige Risiken für Leib und Leben auf sich nahmen, um die Wahrheit in Form des gedruckten Wortes in die Welt hinauszutragen, war eine direkte Konsequenz der jüdischen Graswurzelbewegung im Kampf gegen Antisemitismus, die um die Jahrhundertwende in Osteuropa entstanden war. Aber auch das Einschreiben in eine antifaschistische Tradition,[859] was insbesondere für die bundistischen *Shrayber* galt, der Glaube an Aufklärung durch Bildung und das Zugänglichmachen von Informationen waren Teil des Selbstverständnisses der jüdischen Journalisten und ihrer Arbeit. Im Vergleich zu jiddischen Zeitungen in anderen jüdischen Pressezentren wie New York, Paris oder Montreal gab es deutlich mehr und oft auch besser recherchierte Artikel, auch wenn sich gleichzeitig viele inhaltliche Überschneidungen finden lassen.[860] Die dadurch geschaffene Gegenöffentlichkeit aber ist als ein Akt der

---

858 Zu diesem Schluss gelangt auch Grinberg in seiner Auswertung der polnischsprachigen jüdischen Presse. Vgl. Grinberg: „The Polish-Language Jewish Press", S. 433.
859 Die politische Bewegung entstand 1921 als Reaktion auf den Faschismus in Italien und resultierte aus einer Selbstbezeichnung. Von dort aus verbreitete sich der Begriff und die Bewegung in Europa und darüber hinaus und fand Anhänger auf der ganzen Welt. Vgl. Bray, Mark: Antifa. The Anti-Fascist Handbook, London 2017, S. 11–13.
860 Siehe z. B. die Forschungsergebnisse von Moshe Gottlieb, Guy Miron, Tom Segev und Marija Vulesica für Frankreich, Ungarn, die Vereinigten Staaten, Palästina und Jugoslawien. Vgl. Gottlieb:

aktiven Emanzipation und der jüdischen Selbstwehr und Selbsthilfe zu interpretieren.

Die geografische Lage Warschaus in relativer Nähe zu Berlin und die Bedeutung des Antislawismus der Nationalsozialisten beeinflusste die Arbeit der Journalisten in Warschau auf besondere Art und Weise. Im Gegensatz zu jüdischen Journalisten, die beispielsweise für jiddische Zeitungen in New York schrieben und die Ereignisse nur von weitem beobachten und kommentieren konnten, waren die Journalisten und Redakteure in Warschau immer noch in Polen und damit in Zentraleuropa beheimatet. Sie fühlten sich nicht nur durch die antipolnische und antisemitische Politik sowie durch die räumliche Nähe zu Berlin selbst stärker von den Nationalsozialisten bedroht, sie waren auch durch die Ankunft Tausender jüdischer Flüchtlinge sehr direkt von den Auswirkungen der nationalsozialistischen Politik betroffen.[861] Selbstredend waren auch andere jüdische Communities in West- und Ostmitteleuropa von der Ankunft jüdischer Flüchtlinge überwältigt,[862] in Polen aber hatte sich, wie noch zu zeigen sein wird, im Frühjahr 1933 eine Situation entwickelt, die sich von jener in anderen Ländern teilweise unterschied. Die schiere Länge der mit Deutschland geteilten Grenze, die große Anzahl von Juden polnischer Herkunft, die zu diesem Zeitpunkt noch in Deutschland lebten und zunehmend unter Druck gerieten, die deutsch-polnische Annäherung und die desolate ökonomische und soziale Situation, in der sich die Mehrheit der polnischen Juden in den 1930er Jahren befand, hatten zusammengenommen eine Situation geschaffen, welche die Aufmerksamkeit der jüdischen Zeitungsmacher in Warschau und der jüdischen Bevölkerung Polens insgesamt auf sich zog.[863]

The Anti-Nazi Boycott Movement; Miron: The Waning of Emancipation; Segev: „It was in the Papers"; Vulesica: „"What will become of the German Jews?"".

861 Dazu vgl. ausführlich Kap. 6.2.5.

862 Zwischen 1933 und 1939 kamen ca. 25.000 Juden nach Polen. Mehr Juden nahmen in Europa nur noch Frankreich und Belgien mit 30.000 sowie England mit 52.000 Juden auf. Die Zahlen stammen von der Homepage des Anne Frank Haus in Amsterdam. Vgl. Broek, Gertjan: The (im)possibilities of escaping. Jewish emigration 1933–1942, https://www.annefrank.org/en/anne-frank/go-in-depth/impossibilities-escaping-1933-1942/ (abgerufen am: 25.12.2021).

863 Polen wurde von der Forschung lange Zeit als Zufluchtsort und Exil unterschätzt. Dies zeigt sich auch daran, dass für alle europäischen Länder (Tschechoslowakei, Ungarn, Jugoslawien, Frankreich, Schweiz, England) inzwischen umfangreiche wissenschaftliche Studien vorliegen oder gerade im Entstehen sind, für Polen selbst aber noch keine vergleichbare Arbeit vorliegt. Vgl. z. B. Frankl, Michal und Kateřina Čapková: Unsichere Zuflucht: Die Tschechoslowakei und ihre Flüchtlinge aus NS-Deutschland und Österreich 1933–1938, Köln 2012. Über Polen als Exilort für deutsche, nichtjüdische Intellektuelle siehe den Artikel von Andrzejewski, Marek: „Niemieckojęzyczna emigracja w Polsce w latach 1933–1939", *Przegląd Zachodni 2* (2006), S. 109–127.

Auch die Fallanalysen zeigen, dass die jüdischen Zeitungsmacher nicht nur einen ähnlichen Bildungs- und Wissenshintergrund hatten, sie gelangten auch in der Mehrheit zu ähnlichen Deutungen und Interpretationen. Für sie alle galt, dass sie die deutsche Hochkultur, die Emanzipation der Juden in Deutschland, aber auch jüngere Entwicklungen wie die Stärke der deutschen Arbeiterbewegung oder die künstlerische Avantgarde der 1920er Jahre als vorbildhaft betrachteten. Die deutsche Kultur und der nicht unerhebliche jüdische Beitrag zu dieser waren somit ein Modell, an dem sich viele jüdische Intellektuelle in Warschau lange Zeit orientierten und mit dem sie ihre eigene Situation verglichen.[864] Dies war zugleich einer der ausschlaggebenden Gründe dafür, dass sie nach Antworten und Erklärungen für den Aufstieg des Nationalsozialismus suchten. Die Kombination aus jüdischer Erfahrung mit Antisemitismus, dem Studium von zeitgenössischer wissenschaftlicher Forschung sowie ihren journalistischen Quellen und Netzwerken ermöglichte das Verfassen von Artikeln, die auf einer fundierten Basis standen und auf der Höhe ihrer Zeit waren.

Die Mehrheit der *Shrayber* und *Tuer* der jiddischen Presse erkannte im nationalsozialistischen Antisemitismus eine neue Spielart des Phänomens. Ihre jüdische Erfahrung mit Pogromen, antisemitischer Gewalt und repressiven Staatssystemen in Ost- und Ostmitteleuropa scheint ausschlaggebend dafür gewesen zu sein, dass sie für verschiedenartige Varianten des Nationalismus und Antisemitismus sensibilisiert, wenn nicht sogar dafür prädestiniert waren, diese überhaupt erst zu erkennen und einzuordnen.[865] Diese besondere Sensibilisierung schlägt sich ferner in den unzähligen, von der jüdischen Ethnografie beeinflussten Reiseberichten aus dem nationalsozialistischen Deutschland nieder, die jüdische Journalisten und Publizisten zwischen 1932 und 1939 verfassten. Die Reiseberichte ergänzten die Berichte der Korrespondenten, die Pressemeldungen, die politischen Kommentare und die Artikel um eine weitere Perspektive und trugen in erheblichem Maße zur Wahrheitsfindung und zur Dokumentation der Verbrechen bei. Sie sind Gegenstand des folgenden Kapitels.

---

864 Zur Bedeutung Deutschlands im polnisch-jüdischen Denken vgl. Kap. 2.4 und 2.5.
865 Damit unterscheiden sich meine Ergebnisse von den in der Einleitung erwähnten Thesen von Stephan Lehnstaedt und Dan Diner. Vgl. Kap. 1.2.2.

5 Die Dokumentation der Verbrechen: Reiseberichte aus Nazi-Deutschland

Es ist schon eine etablierte [Tatsache]⁸⁶⁶, dass Reiseeindrücke mit einem zufälligen Gespräch im Zug eingeleitet werden. Ich selbst hatte noch nie das Glück, einen solchen Nachbarn in der Bahn zu haben, der dazu im Stande gewesen wäre, über viel Interessantes aus seinem Land zu berichten. Der charakteristische Strich von dem Teil in Deutschland, der noch nicht Hitler folgt, ist das Schweigen. Man hütet sich davor, ein Wort zu sagen, man schämt sich davor, sich in die Augen zu schauen. Es ist ein unheimliches Schweigen von geschlagenen, enttäuschten Menschen. Jeder trägt eine Wunde im Herzen. Es ist ihnen peinlich, sich zu öffnen.⁸⁶⁷

Im Frühjahr 1933 berichtete der Bundist, Pädagoge und Theaterkritiker Shlomo Mendelsohn den Lesern der *Naye Folkstsaytung* in einem zweiteiligen Reisebericht von seinen Eindrücken einer mehrtägigen Reise, die ihn durch das nationalsozialistische Deutschland geführt hatte. Aus Paris kommend fuhr Mendelsohn mit dem Zug von Paris über Düsseldorf nach Berlin und dann zurück nach Warschau. In Berlin verweilte er für einen unbestimmten Zeitraum und besuchte dort Freunde und Bekannte. Ausführlich beschrieb er, wie sich Deutschland und das jüdische Leben in Deutschland seit der Machtübertragung an Hitler im Januar 1933 in seinen Augen verändert hatten.

Mendelsohns Reisebericht steht exemplarisch für eine Reihe von journalistischen Reportagen aus Deutschland, die zwischen 1933 und 1938 in den Warschauer jiddischen Tageszeitungen abgedruckt wurden.⁸⁶⁸ Sie sind Zeugnisse einer speziellen Form der Auseinandersetzung jüdischer Journalisten aus Polen mit dem nationalsozialistischen Deutschland, da diese in ihren Berichten ihre individuellen Sichtweisen auf Deutschland auf der Grundlage persönlicher und direkter Erfahrungen verarbeiteten. Somit stellen die Berichte *first-hand accounts* dar, die für die Leser der Zeitungen auf besondere Art und Weise die gesellschaftlichen Entwicklungen und die an Juden und politisch Andersdenkenden begangenen Verbrechen dokumentierten. Im Vergleich zu den eher kritischen und rational gehaltenen Analysen der nationalsozialistischen Ideologie unterscheiden sich die Reiseberichte daher teils stark voneinander, da sie auf den indivi-

---

866 Wort unleserlich, vermutlich Sache/Ding, hier übersetzt mit Tatsache.
867 Mendelsohn, Shloyme: Dos ponem fun hayntigen Daytshland, in *Naye Folkstsaytung*, 23. April 1933, S. 5.
868 In einigen Fällen wurden die Berichte aus den Zeitungen später in Form einer Reiseanthologie veröffentlicht und manchmal auch ins Polnische übersetzt. Vgl. Turkow: Gdańsk na Wulkanie; Malakh: Fun Shpanye biz Holand.

ə OpenAccess. © 2022 Anne-Christin Klotz, publiziert von De Gruyter. [CC BY-NC-ND] Dieses Werk ist lizenziert unter einer Creative Commons Namensnennung – Nicht kommerziell – Keine Bearbeitung 4.0 International Lizenz. https://doi.org/10.1515/9783110756494-006

duellen Erfahrungen beruhen, welche die Autoren höchstselbst und vor Ort gemacht haben. Im Vergleich zu anderen jüdischen wie nichtjüdischen Reiseberichten aus Deutschland heben sich die vorliegenden Reiseberichte ferner durch ihre speziell osteuropäisch-jüdische Perspektive ab. Diese spezielle Perspektive, die auf dem Konzept der *Mizrekh-yidishkeyt* beruhte, also der Bewahrung und Pflege der jiddischen Sprache und Kultur, die in Ost- und Ostmitteleuropa seit Ende des 19. Jahrhunderts eine Renaissance erlebt hatte, verband Berichte wie Autoren gleichermaßen, egal welche politische Zugehörigkeit sie hatten. Denn die Offenheit des Konzepts, das für verschiedene Arten und Weisen des Jüdischseins anschlussfähig war, ließ zu, dass sich ihm die meisten Juden in Ost- und Ostmitteleuropa verbunden fühlten. Wie die Historikerin Tamar Lewinsky argumentiert, stellten die jüdischen und speziell jiddischsprachigen Reiseberichte somit auch immer einen „Sinn der Einheit und der Verbundenheit" her, da die Verfasser der Berichte aufgrund ihres Backgrounds in ihren Reisen immer auch gezielt nach Mitgliedern der osteuropäisch-jüdischen Community in der Migration suchten, um über eben jene berichten zu können.[869] Die Reiseberichte aus Deutschland reihen sich somit in das Genre der Reiseliteratur ein, das sich in den 1920er und 1930er Jahren unter polnischen Juden einer großen Beliebtheit erfreute[870] und persönliche Narrative mit formalen wie ethnografischen Beschreibungen von Personen und lokalen Gepflogenheiten miteinander verband.

Im Zentrum dieses Kapitels stehen die reisenden Journalisten sowie ihre Reiseberichte und Reportagen, in denen sie ihre Erlebnisse aus dem nationalsozialistischen Deutschland literarisch und journalistisch verarbeiteten. Ziel ist es,

---

869 Vgl. Lewinsky, Tamar: „Eastern Europe in Argentina. Yiddish Travelogues and the Exploration of the Jewish Diaspora", in: Kilcher, Andreas und Gabriella Safran (Hrsg.): *Writing Jewish Culture. Paradoxes in Ethnography*, Bloomington 2016, S. 251–272, hier S. 253.
870 Dazu reicht bereits ein kurzer Blick in die jüdische Tagespresse. Vgl. z. B. Karlebakh, Ezriel: Vos hob ikh gezen in Sovyet-rusland: ayndriken fun a rayze, in *Haynt*, 27. Januar 1933, S. 6; 10. Februar 1933, S. 6; 7. April 1933, S. 6; Veviarke, V: Dos „pletsl" – a shtik khtrilevke in Pariz, in *Naye Folkstsaytung*, 8. Januar 1932, S. 7. Es wurden auch viele Bücher veröffentlicht: Glazman, Barukh: Step un yishuv: bilder fun a rayze iber di yidishe kolonyes fun Sovyet-rusland un Ukraine, Varshe 1928; Pat, Yakov: A rayze (ibern Ratnfarband), Varshe 1936. Für die polnischsprachige Tageszeitung *Nasz Przegląd* reiste Bernard Singer zwischen 1930 und 1934 in die Sowjetunion und nach Deutschland. Die Reportagen wurden 2007 vom Verlag Midrash nachträglich als Buch veröffentlicht: Singer, Bernard: W krajach Hitlera i Stalina, Reportaże, Warschau 2007. In jüngster Zeit erfuhr das Thema der jiddischsprachigen Reiseberichte auch von wissenschaftlicher Seite Aufmerksamkeit: Kałczewiak, Mariusz: „Anticolonial Orientalism: Perets Hirshbeyn's Indian Travelogue", *In geveb*, 2019, https://ingeveb.org/articles/anticolonial-orientalism (abgerufen am: 28.06.2020); Nalewajko-Kulikov, Joanna: „O gejszach, kolonistach i ekskursantach. Reportaże Abrahama Goldberga z podróży do Palestyny w 1912 roku", in: Nalewajko-Kulikov, Joanna und Grzegorz P. Bąbiak (Hrsg.): *Trudny wiek XX. Jednostka, system, epoka*, Warszawa 2010, S. 11–34.

die Funktion der Berichte herauszuarbeiten sowie nach den Bildern und Inhalten zu fragen, die in den Reiseberichten vermittelt wurden und wie dadurch schließlich ein wesentlicher Beitrag zur Dokumentation jüdischen Leids und nationalsozialistischer beziehungsweise deutscher Verbrechen geleistet wurde. Die Arbeitshypothese, die diesem Kapitel zugrunde liegt, ist jene, dass die Reiseberichte innerhalb der Berichterstattung über die Verbrechen des NS-Regimes eine herausragende Stellung einnahmen, weil sie die Wahrnehmung der jüdischen Bevölkerung Polens über jüdisches Leben unter dem Nationalsozialismus auf besondere Art und Weise prägten. Durch die Bilder, welche die reisenden Journalisten von Nationalsozialisten, gewöhnlichen Deutschen, deutschen Juden, jüdischen Emigranten aus Ost- und Ostmitteleuropa sowie von antisemitischer Gewalt vermittelten, erschufen sie Vorstellungswelten, welche die jüdischen Zeitungsleser in Polen stark beeinflussten.

5.1 Jüdische Reiseberichte als literarisches Genre

Mit der Aufwertung des Jiddischen zur Literatur- und Kultursprache sowie der massenhaften Verbreitung von jüdischen Zeitungen und Drucken in Ost- und Ostmitteleuropa zu Beginn des 20. Jahrhunderts kam es gleichzeitig zu einer regelrechten Explosion von jiddischsprachiger Reiseliteratur. Im Laufe des 19. Jahrhunderts hatte sich zudem das Reisen auf vielfache Weise verändert. Durch technische Innovationen wie Eisenbahn und Dampfschiff, die rasch voranschreitende Globalisierung und bahnbrechende Infrastrukturprojekte wie den Suezkanal war die Welt kleiner und selbst entlegene Winkel vergleichsweise einfach erreichbar geworden. Immer mehr Menschen konnten immer größere Distanzen innerhalb immer kürzerer Zeit zurücklegen, während das Reisen an sich gleichzeitig sicherer, komfortabler und erschwinglicher wurde.[871] Gleichzeitig jedoch veränderten sich auch die Beweggründe, die Menschen zum Reisen veranlassten. Waren im 18. Jahrhundert Vergnügungs- und Bildungsreisen wie die *Grand Tour* noch Privileg des Adels gewesen, wurden sie nun auch in der wachsenden Schicht des Bürgertums populär, was seinen Ausdruck nicht zuletzt in der

---

[871] In der jüdischen Geschichte gibt es eine lange Tradition des Reisens sowie des Verfassens von Berichten, die sich, wenn man so will, bis zu Moses und dem Auszug aus Ägypten zurückverfolgen lässt und zu der mittlerweile eine Fülle an Sekundärliteratur vorliegt. Allerdings kann dieser Befund nicht ohne Weiteres für die osteuropäisch-jüdische Geschichte übernommen werden. Hier zeichnet sich erst seit der letzten Dekade eine Trendwende ab. Vgl. Kizilov, Mikhail: „Hebrew and Yiddish Travel Writing", in: Bracewell, Wendy und Alex Drace-Francis (Hrsg.): *East Looks West. East European Travel Writing in Europe*, Bd. 3, Budapest/New York 2008, S. 229–241.

zunehmenden Zahl von Reiseführern fand. So erschien etwa 1832 der erste Baedeker, dessen Name für geraume Zeit zum Eponym für Reiseführer schlechthin wurde und der mit seinen detaillierten Informationen das touristische Reisen deutlich zugänglicher machte. Nicht zuletzt führten die Industrialisierung, die eine bis dahin ungekannte Konzentration von Arbeitskräften auf relativ kleinem Raum verlangte, und die Globalisierung, die vor allem Armen, Ausgegrenzten und Abenteuerlustigen ungeahnte Möglichkeiten versprach, zu einem explosionsartigen Anschwellen der Migrationsbewegungen auf allen Ebenen von regional bis transkontinental.

Dadurch erhöhte sich zugleich auch das Bedürfnis, über diese neuen Formen des Reisens, aber auch über die dabei gewonnenen neuen Eindrücke zu berichten und diese mit anderen, die nicht selbst reisen konnten, zu teilen. Umgekehrt entstand zudem der Wunsch letzterer, an diesen Reisen durch das Medium des Reiseberichts zumindest indirekt teilhaben zu können.[872] Auch die große und wachsende Popularität von Abenteuerromanen wie jene von Karl May oder Jules Verne, die ihre Leser in entlegene Weltgegenden entführten, sind Ausdruck eben dieses Bedürfnisses.[873]

Dabei überstieg die Zahl der Reiseberichte, die über urbane Zentren aus diversen europäischen Ländern erzählten, bald die Zahl jener, die von weiter entfernten Regionen berichteten, wobei letztere häufig von höherer politischer Brisanz waren – ein Phänomen, das sich so auch für die jiddischen Reiseberichte beobachten lässt.[874] Der Tourismus, verstanden als eine besondere Kombination aus Entdeckung, Erholung, Abenteuer und Reisen, fand ebenfalls seinen Niederschlag in den osteuropäisch-jüdischen Communities. Symbolisch kann dafür auch die 1933 von Emanuel Ringelblum (1900–1944) gegründete Zeitschrift *Landkentenish* (Landkenntnis) stehen, die vor allem den regionalen Tourismus unter polnischen Juden fördern wollte und ebenfalls eng mit der jüdisch-ethnographischen und jüdisch-folkloristischen *Zamler*-Bewegung verbunden war, auf

---

[872] Heutzutage werden Reiseberichte nicht mehr primär als Quelle von Informationen über die jeweils bereiste Weltgegend beziehungsweise die Menschen dort gesehen, sondern vielmehr als eine Art Quelle, in der sich die Intentionen, die Weltanschauung und auch das Selbstbild der jeweiligen Verfasser widerspiegeln, die heute selbst als wichtiger Forschungsgegenstand angesehen werden. Vgl. Deeg, Stefan: „Das Eigene und das Andere. Strategien der Fremddarstellung in Reiseberichten", in: Michel, Paul (Hrsg.): *Symbolik von Weg und Reise*, Schriften zur Symbolforschung 8, Bern 1992, S. 163–191, hier S. 163.
[873] Die Romane von Jules Verne wurden z. B. fast alle ins Jiddische übersetzt. Vgl. z. B. Vern, Zhul: A rayze arun di velt in 80 teg, [19–] Nyu York.
[874] Vgl. Drace-Francis, Alex: „Travel Writing in Eastern Europe", in: Das, Nandini und Tim Youngs (Hrsg.): *The Cambridge History of Travel Writing*, Cambridge 2019, S. 191–205, hier S. 200.

die bereits ausführlich im Kapitel 2.3 eingegangen wurde.[875] Der Historiker David G. Roskies versteht diese Bewegung auch als eine Antwort polnischer Juden auf Antisemitismus und Unterdrückung, wobei Parallelen etwa zu den *Naturfreunden* in der deutschen Arbeiterbewegung kaum zu übersehen sind.[876] In ihrer ersten Ausgabe formulierte ein Vertreter der Bewegung, der Schriftsteller Mikhl Burshtin (1897–1945), weshalb Tourismus und Reisen auch unter Juden immer beliebter würden:

> Tourismus für Juden? Es klingt neu und fremd. Welcher Jude ist denn kein Tourist? Unsere Emigranten machen wunderbare Reisen über die entferntesten Länder und Meere. Jüdische reisende Händler messen die abgeschiedensten Orte aus, mit Jiddisch kann man um die Welt reisen.[877]

Reiseberichte und Ortsbeschreibungen über polnische Städte und Landschaften, aber auch von angrenzenden oder gar weit entfernten Ländern, spielten aus diesem Grund innerhalb der *Landkentenish*-Bewegung eine wichtige Rolle. Die Anhänger der *Landkentenish*-Bewegung, der neben dem bekannten Historiker noch weitere Persönlichkeiten der jüdischen Intelligenz wie die Journalistin und Schriftstellerin Rachel Auerbach angehörten, richteten ihre Schriften insbesondere an die jüdische Stadtbevölkerung. Sie entsprachen damit ganz dem Zeitgeist. Angelehnt an das Prinzip des modernen Tourismus und an die Errungenschaften der internationalen Arbeiterbewegung sahen sie im Tourismus einen Weg, die Not der jüdischen Großstadtbevölkerung durch Naherholungsreisen zu lindern.

Die veränderten Rahmenbedingungen, aber auch neue Motive für das Reisen an sich, spiegeln sich ebenfalls in der Wahl der Sprache wider. Den größten Unterschied zwischen jiddischen Reisereportagen und Berichten, die in hebräischer Sprache verfasst wurden, insbesondere wenn sie vor dem 20. Jahrhundert geschrieben wurden, sieht Mikhail Kizilov in der inhaltlichen Ausgestaltung. Während die Berichte auf Hebräisch viel mit biblischen Referenzen und Zitaten arbeiteten und diese mit Beschreibungen des alltäglichen Lebens, der Menschen, der Architektur und der lokalen Küche kombinierten, gleichen jiddische Berichte eher denen in anderen europäischen Sprachen. Das heißt, dass sie auffallend

---

875 Ausführlicher zur *Landkentenish*-Bewegung siehe Kassow, Samuel D.: „The Jewish Landkentenish Society in Interwar Poland", in: Lipphardt, Anna, Alexandra Nocke und Julia Brauch (Hrsg.): *Jewish Topographies: Traditions of Place, Visions of Space*, Ashgate 2008, S. 241–264.
876 Roskies, David G.: „Landkentenish: Yiddish Belles Lettres in the Warsaw Ghetto", in: Shapiro, Robert Moses (Hrsg.): *Holocaust Chronicles: Individualizing the Holocaust through Diaries and Other Contemporaneous Personal Accounts*, New York 1999, S. 11–29, hier S. 11–12.
877 Burshtin, Mikhl: A nayer faktor in yidishn leben, in *Landkentenish. Organ fun der yidisher geselshaft far landkentnish* 1 (1933), S. 9–13, hier S. 9.

häufig im Duktus eines materialistischen und rationalen Weltverständnisses geschrieben wurden.[878] Die Autoren konzentrierten sich auf die direkte Beschreibung ihrer Eindrücke, die sie auf den Reisen gewonnen hatten. Ihr Fokus lag auf der Vermittlung von Wissen über den besuchten Ort selbst. Neben der Beschreibung der nichtjüdischen Umwelt legten sie den Schwerpunkt in den meisten Fällen auf die Vermittlung von Eindrücken von und Informationen über das jüdische Leben vor Ort. Dabei unterschieden die meisten Autoren zwischen den vor Ort ansässigen Juden und den osteuropäisch-jüdischen Communities. Tamar Lewinsky argumentiert, dass sich die Verfasser mit den Communities vor Ort durch die osteuropäisch-jüdische Diaspora, die hier kulturell und national, nicht ausschließlich religiös definiert wurde, verbunden fühlten:

> Traveling Yiddish writers encountered Yiddish-speaking Jews even in the world's most distant regions and depicted that diaspora's exotic corners for their readers in the alte heym, the Eastern Europe homeland, as well as in the modern Yiddish culture's newly emerging and geographically expanding centers. Like travel writers in earlier centuries, these writers began with the assumption that the Jewish community they were to explore was, in one way or another, linked to their own history, while at the same time acknowledging that it could be markedly different. However, when describing immigrants' lives, the dichotomy between the observer and the observed – both belonging to the same transnational group – becomes less clear.[879]

Hinzu kam, dass allen Reiseberichten eine Art „ethnografischer Impuls" innewohnte.[880] Denn ganz ähnlich wie die Anhänger der *Landkentenish*-Bewegung waren viele jüdische Reporter, Journalisten und Schriftsteller von der bereits erwähnten spezifisch jüdischen, ethnografischen und historiografischen Tradition beeinflusst, die sich im frühen 20. Jahrhundert im Kontext moderner jüdischer beziehungsweise jiddischer Politik und Kultur entwickelt hatte. Diese jüdische Ethnografie, die institutionell im YIVO in Vilna verankert war, zeichnete sich primär durch drei Aspekte aus: das Sammeln ethnografischer Informationen durch die sogenannten *Zamler* (Sammler, hier: Feldethnografen), eine weite thematische Bandbreite sowie einen Fokus auf jiddischsprachige Ashkenazim.[881] All diese Merkmale treffen auf die Mehrheit der Reiseberichte, Reportagen und Reiseanthologien aus der Feder jüdischer Journalisten und Schriftsteller aus der Zweiten Polnischen Republik zu. Ihre Berichte erfüllten für die Leser der jüdischen Presse und Literatur oben genannte Funktionen, denn sie gaben Einblick in

---

878 Vgl. Kizilov: „Hebrew and Yiddish Travel Writing", S. 230.
879 Lewinsky: „Eastern Europe in Argentina", S. 252.
880 Lewinsky: „Eastern Europe in Argentina", S. 253.
881 Vgl. Lewinsky: „Eastern Europe in Argentina", S. 253–254.

fremde Orte, zu denen viele von ihnen selbst nicht reisen konnten oder wollten, und enthielten darüber hinaus Informationen aus erster Hand über das Leben der jeweiligen jüdischen Communities vor Ort. Damit leisteten die Reportagen auch eine unschätzbare Unterstützung bei der Wahl potenzieller Auswanderungsziele und enthielten Hinweise darauf, wie man sich in dem jeweiligen fremden Land verhalten sollte.[882] Beliebt waren besonders jene Berichte, die vom jüdischen Leben in weit entfernten und als exotisch imaginierten Regionen handelten.[883] Dennoch wurden in der Zwischenkriegszeit schon aufgrund der räumlichen Nähe auch zahlreiche Reiseberichte aus Westeuropa, insbesondere aus den urbanen Zentren Westeuropas, verfasst und waren unter jüdischen Lesern sehr populär.[884] Dazu gehörten auch und seit 1933 bedingt durch die politische Situation in zunehmendem Maße Reiseberichte aus Deutschland, die häufig investigativ gehalten waren und über die Verhältnisse dort aufklären wollten.

5.2 Auf Entdeckungsreise im nationalsozialistischen Deutschland

Für die jüdischen Journalisten und Publizisten schien Deutschland lange Zeit kein ausreichend außergewöhnliches Reiseziel gewesen zu sein, sodass sich darüber zu schreiben lohnte. Zwar bereisten jüdische Schriftsteller und Journalisten bereits vor den 1930er Jahren Deutschland und schrieben auch darüber.[885] Doch weder Anzahl noch Art der Berichte legen nahe, dass Deutschland als Reiseziel als besonders interessant erachtet wurde.[886] François Guesnet zufolge waren die beliebtesten Orte für Reisereporter solche Räume, auf die eigene Wünsche projiziert und anhand derer gesellschaftliche Utopien überprüft werden konnten. Es waren mythisch und politisch aufgeladene Orte wie Palästina und die Sowjetunion, welche die jüdischen Reisenden dazu veranlassten, eine lange und zu-

---

882 Vgl. Lewinsky: „Eastern Europe in Argentina", S. 265.
883 Vgl. Lewinsky: „Eastern Europe in Argentina", S. 252.
884 Alex Drace-Francis argumentiert, dass sich Reisende aus Osteuropa in ihren Berichten in Relation zu ihrem kulturellen Milieu und dem damals als Norm geltenden urbanen, westeuropäischen Modell setzten. Vgl. Drace-Francis: „Travel Writing in Eastern Europe", S. 200.
885 Vgl. z. B. Nomberg, Hersh Dovid: In land fun fertsvayflung (klayne bildlekh fun Daytshland), in *Der Moment*, 16. November 1923.
886 Dies ergab zumindest eine Kurzrecherche im *Yiddish Periodical Index*, einer Homepage, die jiddische Zeitungen und Zeitschriften nach Autoren und Inhalten verschlagwortet: http://yiddish-periodicals.huji.ac.il/ (abgerufen am 26.07.2020).

weilen anstrengende Reise auf sich zu nehmen.[887] Dass Deutschland für die reisenden Journalisten zunächst nur eine untergeordnete Rolle spielte, kann durch die räumliche Nähe Deutschlands zu Polen erklärt werden, aber auch dadurch, dass Deutschland lange kein Land war, in dem jüdisch-politische Utopien verwirklicht werden sollten, auch wenn einige bekannte jüdische Intellektuelle aus Ost- und Ostmitteleuropa, die in den 1920er Jahren in Berlin lebten, durchaus utopische Vorstellungen hinsichtlich eines zukünftigen jüdischen Deutschlands hegten.[888]

Dessen ungeachtet war und blieb Deutschland politisch und kulturell seit dem 19. Jahrhundert auch für viele polnische Juden ein intellektueller Fixpunkt. Mit dem schrittweisen Aufstieg des Nationalsozialismus wurde Deutschland in den Augen vieler Juden in Polen jedoch – und wie in dem vorherigen Kapitel gezeigt – zunehmend abgewertet und zu einem stark negativ besetzten Unort. Durch diese Veränderung in der Wahrnehmung erhöhte sich gleichzeitig das Bedürfnis vieler jüdischer Journalisten und Publizisten aus Polen, das ehedem so hochgepriesene Land von Goethe und Schiller zu besuchen. Nicht zuletzt wegen der zunehmenden physischen und psychischen Gefahr, die sich nach 1933 für Juden und politische Andersdenkende offenbarte, erachteten es viele Redakteure und Journalisten der Warschauer jüdischen Tagespresse als ihre gesellschaftliche Pflicht, direkt und persönlich aus Deutschland zu berichten und etwaige Verbrechen zu dokumentieren, aber auch etwaige Gerüchte zu bestätigen beziehungsweise zu entkräften.[889]

Die reisenden Journalisten und Publizisten näherten sich Deutschland, wie in den vorausgegangenen beiden Kapiteln herausgearbeitet wurde, mit konkreten Vorstellungen an, die sich aus ihrem individuellen Vorwissen und persönlichen Beziehungen zu Land und Leuten, aus Nachrichten aus der aktuellen Tagespresse sowie aus wissenschaftlicher und belletristischer Literatur speisten. Die Reisenden kamen also mit einem bestimmten, individuell und kollektiv vorgeprägten

---

[887] Vgl. Guesnet, François: „Sensitive travelers: Jewish and non-Jewish visitors from Eastern Europe to Palestine between the two World Wars", *The Journal of Israeli History* 27/2 (2008), S. 171–189, hier S. 171–172.
[888] Dazu siehe ausführlich Kap. 2.4 und 2.5.
[889] Diese Argumentation hob Nakhmen Mayzel 1937 in seinem zweiteiligen Reisebericht hervor. Ihm zufolge war es wichtig, sich ein eigenes Bild von Deutschland zu machen, wenn man den Feind bekämpfen und sich nicht nur auf die Berichte der Emigranten und politischen Gegner verlassen wolle. Vgl. Mayzel, Nakhmen: A bezukh in Berlin, in *Haynt*, 20. Juli 1937, S. 4.

mindset ins Land und hatten eine dementsprechend vorgefertigte Erwartung darüber, was ihnen im Land der Nationalsozialisten widerfahren würde.[890]

Das Bedürfnis, mehr wissen zu wollen, benannten einige der Verfasser ganz konkret in der Einleitung zu ihren jeweiligen Texten. Mark Turkow vom *Moment* war einer der ersten Journalisten, die nach der Ernennung Hitlers zum Reichskanzler nach Deutschland reisten, um von dort zu berichten. Er erklärte, was die Redakteure der jiddischen Tageszeitung dazu veranlasst hatte, ihn im Februar 1933 nach Deutschland zu schicken:

> Das Interesse an Deutschland ist ein ganz verständliches, besonders für uns, die in nächster Nachbarschaft mit dem kämpfenden Land leben und für welche der Ausgang der deutschen Geschehnisse am besorgniserregendsten ist. Das ist auch der Grund, weshalb wir [die Redaktion des *Moment*, AK] uns jetzt für eine Reise durch Deutschland entschieden haben. Wir wollen dem Wahlkampf der kommenden deutschen Wahlen [am 5. März 1933, AK] in verschiedenen Teilen der deutschen Republik beiwohnen. Wir wollen eine Reihe von Städten besuchen und wir wollen für die Leser vom *Moment* die Eindrücke dieser Reise schildern.[891]

Je mehr sich die politische Situation in Europa zuspitzte, desto unsicher wurden die etablierten Kommunikationskanäle und umso wichtiger wurde die Arbeit der reisenden Reporter für die Zeitungen. Dies galt besonders für Deutschland, da, wie im dritten Kapitel gezeigt wurde, viele der in Berlin ansässigen jüdischen Korrespondenten zwischen 1933 und 1934 fliehen mussten und somit ihre Berichterstattung durch die reisenden Journalisten ersetzt werden musste. Der ehemalige Mitarbeiter des Warschauer *Haynt* Chaim Finkelstein beschrieb die Funktion der damaligen reisenden Reporter wie folgt:

> Ihre Aufgabe war es, durch die jüdischen Gemeinden in Europa zu reisen, besonders in die Länder, wo die Zeitung selbst keinen ständigen Korrespondenten hatte. Der Beitrag von diesen Mitarbeitern wurde ab dem Moment besonders wichtig, als in den späteren 1930er Jahren die politische Lage in Europa unter der Gefahr der Verfolgung durch die Nationalsozialisten immer angespannter wurde.[892]

Die Reiseberichte, die aus dem nationalsozialistischen Deutschland an die jüdischen Zeitungsredaktionen nach Warschau geschickt wurden, stellten also nicht nur bloße Unterhaltungsliteratur dar. Im Gegenteil: Die Berichte waren investigativ recherchiert, wollten aufklären und entstanden aus einer politischen Moti-

---

890 Dieser Gedanke ist entlehnt aus Schwarz, Angela: Die Reise ins Dritte Reich. Britische Augenzeugen im nationalsozialistischen Deutschland (1933–39) (= Veröffentlichungen des Deutschen Historischen Institut London, Bd. 31), Göttingen/Zürich 1993, S. 151.
891 Turkow, Mark: In'm land fun kemfender lagern, in *Der Moment*, 21. Februar 1933, S. 4.
892 Finkelshtayn: Haynt, S. 213.

vation heraus.[893] Redakteure aus Warschau nach Deutschland zu entsenden, kann somit als eine wichtige Strategie gedeutet werden, um an verifizierte Informationen aus Deutschland zu gelangen. Doch brachte es wohl auch ein gewisses Maß an Nervenkitzel mit sich, als jüdischer Journalist aus Polen das nationalsozialistische Deutschland zu bereisen.[894]

Der Literaturwissenschaftlerin Leah Garrett zufolge kann gegen Ende der 1920er Jahre insgesamt eine Politisierung innerhalb der jiddischen Reiseliteratur ausgemacht werden,[895] was so auch für die europäische Reiseliteratur der Zwischenkriegszeit insgesamt gilt. Die jüdischen Autoren aber bewegten sich fortan nicht mehr nur in Palästina und in der Sowjetunion durch eine politisierte Landschaft, unter der aufziehenden Bedrohung durch den Nationalsozialismus mussten sie sich auch mitten im Herzen Europas fortwährend damit auseinandersetzen, was es bedeutete, jüdisch zu sein.[896]

5.3 Die Verfasser und ihre Berichte

Zwischen 1932 und 1939 reisten mindestens zwei Dutzend Journalisten aus Warschau durch oder gezielt nach Deutschland und veröffentlichten ihre Erlebnisse in Form von Reiseberichten und Reportagen für die jiddische Tagespresse in Warschau. Mit einigen wenigen Ausnahmen waren alle der hier näher vorgestellten Journalisten als Mitglieder im *Fareyn fun yidishe Literatn un Zhurnalistn in Varshe* registriert.[897] Nicht alle waren ständige Mitarbeiter in einer der jüdischen Tageszeitungen Warschaus, doch alle Autoren waren publizistisch tätig, das heißt als

---

[893] Nicht zuletzt dienten sie dazu, die Protestbewegung gegen das nationalsozialistische Deutschland zu stützen.
[894] Einige Autoren leiteten ihre Reportagen damit ein, dass sie von Bekannten im Ausland gefragt wurden, ob sie wirklich vorhatten, nach Deutschland zu reisen und ob sie keine Angst verspüren würden. Nervenkitzel als Motiv vermutet auch Jack Kugelmass bei den jüdischen Autoren, die direkt nach dem Zweiten Weltkrieg die alte polnische Heimat bereisten. Vgl. Kugelmass, Jack: Sifting the Ruins: Émigré Jewish Journalists' Return Visits to the Old Country, 1946–1948 (= David W. Belin Lecture in American Jewish Affairs, Bd. 23), Ann Arbor 2013, ohne Seitenangaben.
[895] Garrett, Leah: Journeys beyond the Pale. Yiddish Travel Writing in the Modern World, Madison 2003, S. 250.
[896] Garrett: Journeys beyond the Pale, S. 250. Auch Drace-Francis argumentiert, dass Reiseberichte als ein Vehikel für politische Kommentare benutzt wurden. Vgl. Drace-Francis: „Travel Writing in Eastern Europe", S. 200.
[897] Vgl. NLI, Arkhion Melekh Ravitsh, ARC. 4*1540 12 19, Adresn fun yidishe shraybers, Mitgliederliste vom Fareyn fun yidishe Literatn un Zhurnalistn in Varshe aus dem Jahr 1928.

Journalisten, Schriftsteller, Wissenschaftler oder aber als Literatur- und Theaterkritiker. Die meisten von ihnen gehörten der ersten Generation jiddischer Journalisten in Polen an und waren überzeugte Jiddischisten, weshalb davon ausgegangen werden kann, dass sie mit den Kernelementen der jüdischen Ethnografie vertraut waren.[898] Von den hier näher vorgestellten und behandelten Journalisten gehörten mit Henryk Erlich, Shlomo Mendelsohn, Barukh Shefner und Jakob Pat vier dem *Bund* an. Doch auch reisende Journalisten wie Leyb Malakh, Daniel Tsharni, Bernard Singer oder der populäre jiddische Schriftsteller Yoysef Opatshu (1887–1954) sympathisierten mit der jüdischen und internationalen Arbeiterbewegung, auch wenn sie in der Mehrheit für die bürgerliche jiddische Presse schrieben. Daneben reiste eine Vielzahl national-jüdisch beziehungsweise zionistisch eingestellter Journalisten und Schriftsteller in das nationalsozialistische Deutschland. Neben Mark Turkow zählten hierzu der in Paris lebende Journalist Samuel Leib Shneiderman (1906–1996), Khaim Shoshkes, Khaim Avraham Hurvits (Khaim Vital), Yosef Tunkel (Der Tunkeler), Nakhmen Mayzel und Heshl Klepfish.

Die Gruppe der reisenden Journalisten, die Berichte hinterließen, ist demnach alles andere als homogen. Ihre politischen Einstellungen waren so divers und fließend wie die jüdische Community in Warschau selbst. Ob die verschiedenen politischen Einstellungen allerdings auch unterschiedliche Vorstellungswelten über Deutschland hervorbrachten, wird auf den kommenden Seiten zu zeigen sein, denn die Journalisten und Publizisten hatten auch viele Gemeinsamkeiten. In den vorausgegangenen Kapiteln wurde bereits herausgearbeitet, dass die Mehrheit der hier behandelten Autoren der ersten Generation jüdischer Journalisten angehörte und ein entsprechend professionelles Verständnis von ihrem Beruf teilte. Daher ist es nicht überraschend, dass die meisten von ihnen bereits erfahrene Reisende und im Verfassen von Reiseberichten geübt waren. Leyb Malakh beispielsweise arbeitete seit den 1930er Jahren ausschließlich als „reisender Journalist", wie der erhaltene Presseausweis der jiddischen Tageszeitung *Nayer Folksblat* aus Łódź zeigt.[899] Die Profession eines reisenden Reporters war eine der wenigen Möglichkeiten für jiddischsprachige *Kultur-tuer*, die sich in der Migration befanden und keinen festen Wohnsitz hatten, Geld zu verdienen. Dadurch, dass die meisten von ihnen mindestens drei Sprachen fließend beherrschten (dazu gehörten neben Jiddisch und Polnisch oft Hebräisch, Russisch

---

[898] Zum Erfahrungshorizont der jiddischen Journalisten und Publizisten siehe Kapitel 2.3 in dieser Arbeit.

[899] Vgl. NLI, Arkhion Leyb Malakh, ARC 4*1580 4 151, Presseausweis von Leyb Malakh vom *Nayer Folksblat* für die Jahre 1936–37, ausgestellt am 1. Januar 1936. Im Ordner befinden sich weitere Presseausweise, u. a. von *Unzer Ekspres*.

oder eben auch Deutsch), konnten sie sich meist ohne größere Probleme in Deutschland verständigen.

Die Mehrheit der Reiseberichte wurde im Jahr 1933 verfasst und stellt damit eine direkte Reaktion auf die Machtübertragung an Hitler dar. In diesem Jahr entsandten zudem die drei auflagenstärksten jiddischen Tageszeitungen Warschaus sowie die *Nasz Przegląd* eigene Mitarbeiter nach Deutschland.[900] Auch für die kommenden Jahre lassen sich zahlreiche Berichte finden. Auffällig erscheint dabei die Korrelation zwischen der Einführung der sogenannten Nürnberger Gesetze am 16. September 1935 und den Olympischen Sommerspielen im August 1936 einerseits und einem erneuten Anstieg der Berichte für diesen Zeitraum andererseits.[901] Für die Jahre 1937 bis 1939 lassen sich hingegen nur vereinzelte Berichte finden. Khaim Avraham Hurvits (Khaim Vital) mehrteilige Reportagen für den *Haynt* aus den Jahren 1938 und 1939 stellen vermutlich den vorläufigen Abschluss der regen Reisetätigkeit jüdischer Journalisten aus Polen nach Deutschland dar.[902] Zu einem erneuten Anstieg von Reisen jüdischer Journalisten aus Polen sollte es erst wieder nach dem Zweiten Weltkrieg kommen. Überlebende und nunmehr im Exil lebende ehemalige jüdische Journalisten wie Jakob Pat, Samuel Leib Shneiderman oder Khaim Shoshkes bereisten Polen und Deutschland unmittelbar nach dem Holocaust und verfassten über ihre Begegnungen mit Tätern und Überlebenden gleichermaßen Reportagen und Reiseberichte, die in der Regel in Buchform erschienen.[903]

Die Berichte, die hier untersucht werden sollen, lassen sich in drei Kategorien einteilen. Die erste Kategorie versammelt Artikel von ständigen Mitarbeitern der Warschauer jüdischen Zeitungsredaktionen. Sie wurden wie Mark Turkow (*Der Moment*), Bernard Singer (*Nasz Przegląd*), Khaim Avraham Hurvits (Khaim Vital) (*Haynt*) oder Barukh Shefner (*Naye Folkstsaytung*) gezielt von ihren Redaktionen nach Deutschland entsandt und hielten sich dort oft mehrere Tage oder Wochen auf. Sie alle kamen für einen zweiten oder sogar dritten Besuch zurück, wodurch es ihnen möglich wurde, Vergleiche zu vorherigen Besuchen zu ziehen.[904] Die

---

900 In den 1930er Jahren hatte die *Nasz Przegląd* ebenfalls eine Auflage um die 25.000.
901 Zu diesem Ergebnis kommt auch Cohen: Sefer, sofer ve-iton, S. 271.
902 Vgl. Ankündigung der Reise von Vital durch Deutschland im *Haynt* vom 26. April 1939, S. 1.
903 Vgl. Kugelmass, Jack: „Strange encounters: Expat and refugee Polish-Jewish journalists in Poland and Germany shortly after World War II", in: Schüler-Springorum, Stefanie und Stefanie Fischer (Hrsg.): *Juden und Nichtjuden nach der Shoah. Begegnungen in Deutschland* (= Europäisch-jüdische Studien. Beiträge, Bd. 42), Berlin/Boston 2019, S. 31–48.
904 Mark Turkow reiste 1932 in die Freie Stadt Danzig und zwei Mal im Jahr 1933 nach Deutschland; Barukh Shefner kam in den Jahren 1928, 1934, 1935 und 1936; Khaim Avraham Hurvits 1935, 1936 und nochmals 1938 und 1939; Bernard Singer 1933 und 1934 und Jakob Pat in den Jahren 1933 und 1938. Eine Ausnahme stellte der Journalist Esriel Carlebach dar. Auch er

zweite Kategorie enthält Reportagen, die aus der Feder jüdischer Journalisten und Schriftsteller stammen, welche mehr oder weniger zufällig nach Deutschland kamen. In der Regel hatten sie aus beruflichen oder privaten Gründen in Westeuropa oder in Nordamerika zu tun und befanden sich entweder auf ihrer Hin- oder Rückreise. Mit einem sogenannten Transitvisum durchquerten sie das Land mit dem Zug, weshalb diesem Verkehrsmittel als Motiv eine große Bedeutung in den Berichten zukam. Nur selten hatten sie die Gelegenheit, den Zug für einen längeren Aufenthalt zu verlassen. Wenn doch, dann stiegen sie in der Regel in Berlin aus. Die am stärksten befahrene Strecke war die Linie Warschau-Zbąszyń-Berlin-Köln-Paris, die seit 1927 mit dem sogenannten Nord-Express mehrmals wöchentlich befahren wurde.

Die überwiegende Mehrzahl der ein- oder zweiteiligen Berichte stand in den Zeitungen für sich allein. Es kam aber auch vor, dass ein Deutschlandbericht Teil einer umfangreicheren Artikelserie war, die von Europa handelte. Exemplarisch kann dafür die Reiseanthologie des reisenden Schriftstellers und Journalisten Leyb Malakh aus den Jahren 1935 und 1936 stehen. Über seine Reise durch Europa, im Zuge derer er sich auch mehrere Wochen in Deutschland aufhielt, berichtete er in mehreren Artikeln in der Tageszeitung *Unzer Ekspres*.[905] Nach seinem plötzlichen Tod veröffentlichten seine Witwe und einige seiner engsten Freunde Malakhs gesammelte Reportagen als Buch.[906] Ein ähnliches Muster lässt sich bei Jakob Pat aufzeigen. Der hauptberufliche Pädagoge trat in den 1930er Jahren mehrere Reisen an, über die er ausführlich berichtete und später sogar eine Reiseanthologie herausgab.[907] Neben einem Aufenthalt in der Sowjetunion hielt er sich 1938 für mehrere Monate im Auftrag des *Bund* in den USA auf. Über diesen Aufenthalt verfasste er mehr als zwanzig Berichte.[908] Doch auch von seiner Rückreise nach und durch Europa wusste er viel zu berichten. Unter anderen verfasste er zwei Berlin-Reportagen sowie mehrere dokumentarische Reportagen, die von der po-

---

schrieb 1933 und 1934 Reportagen aus Deutschland für den *Haynt*, allerdings hatte dieser, genauso wie Daniel Tsharni, der ebenfalls für den *Moment* mehrere Reportagen und einen Reisebericht verfasste, seinen festen Wohnsitz in Deutschland.
905 Vgl. Malakh, Leyb: Berliner geto 1936, in *Unzer Ekspres*, 31. Januar 1936, S. 9.
906 Vgl. Malakh: Fun Shpanye biz Holand. Zu Leyb Malakhs Reiseanthologien und seinen Berichten aus Deutschland habe ich einen Artikel verfasst. Vgl. Klotz, Anne-Christin: „Reiseberichte vom Rand des Abgrunds – Der polnisch-jüdische Schriftsteller Leyb Malakh unterwegs im Berlin des Jahres 1936", in: Bothe, Alina, Monika Schärtl und Stefanie Schüler-Springorum (Hrsg.): *Shoah: Ereignis und Erinnerung* (= Selma Stern Zentrum für Jüdische Studien Berlin-Brandenburg, Bd. 3), Berlin/Leipzig 2019, S. 31–46.
907 Vgl. Pat: A rayze (ibern Ratnfarband).
908 Vgl. dazu die Liste der Reiseberichte in Pat, Emanuel: Im gerangl. Yaakov Pat un zayn dor, Nyu York 1971, S. 621.

litischen Situation in der Tschechoslowakei und Österreich handelten. Seinen Europaberichten war dabei gemein, dass er in ihnen vorrangig die Auswirkungen des nationalsozialistischen Regimes auf die jeweiligen Länder behandelte. Kernthemen seiner Berichte waren die Lage der Juden vor Ort sowie das Schicksal jüdischer Emigranten aus Deutschland, die ihm auf seiner Reise vielerorts begegneten.[909]

Die dritte Kategorie schließlich versammelt einzelne Gastbeiträge bekannter jüdischer Publizisten und Journalisten. Daniel Tsharni schrieb im September 1933 speziell für *Der Moment* einen Bericht von seiner Reise von Berlin nach Prag, als er auf dem Weg zum zionistischen Kongress war. Sein Bericht unterschied sich insofern von den anderen, als dass Tsharni zu diesem Zeitpunkt selbst noch in Berlin lebte.[910] Andere Gastbeiträge wurden von dem Politiker und Redakteur der *Naye Folkstsaytung* Henryk Erlich, dem Humoristen Yosef Tunkel (Der Tunkeler), sowie den Journalisten und Publizisten Nakhmen Mayzel, Shlomo Mendelsohn, Yosef Opatshu und Samuel Leib Shneiderman verfasst.

Die meisten Journalisten und Publizisten versuchten inkognito und anonym durch Deutschland zu reisen. Außerdem versuchten viele, ihre Tätigkeit zu verbergen und gaben sich nur in wenigen Fällen als Journalisten zu erkennen. Zu den wenigen, die ihre Profession nicht verheimlichten, gehörten Bernard Singer und Leyb Malakh. Ihre Offenheit war allerdings nicht immer förderlich. Denn sobald sie sich als Vertreter der Presse zu erkennen gaben, wollten die meisten Juden nicht mehr mit ihnen sprechen.[911] Ebenfalls blieb ihnen damit der Zugang zu jüdischen Institutionen verwehrt. Als Leyb Malakh 1936 versuchte, sich Zutritt zum Theater des *Jüdischen Kulturbundes*[912] zu verschaffen, wurde ihm dieser verwehrt und er musste sich mit einem Besuch der Neuen Synagoge und des Jüdischen Museum zufriedengeben.[913] Ein Presseausweis konnte in einigen Fällen

---

909 Auch die Reiseberichte aus Europa inkl. Deutschland werden bei Emanuel Pat aufgelistet. Vgl. Pat: Im gerangl, S. 621.
910 Vgl. Tsharni, Daniel: Berlin – Prag, in *Der Moment*, 23. August 1933, S. 3.
911 Vgl. z. B. Singer, Bernard: L'ordre regne à Germania, in *Nasz Przegląd*, 8. Mai 1933, hier nach Singer: W krajach Hitlera i Stalina, S. 19.
912 Bis August 1935 lautete der offizielle Name „Kulturbund Deutscher Juden"; danach wurde er in „Reichsverband jüdischer Kulturbünde in Deutschland" umbenannt.
913 Malakh erinnerte die Episode in seinem Bericht wie folgt: „Eigentlich hat man mir bereits das Ticket bewilligt, als man doch noch einen Blick auf meine Profession wirft: Journalist. Man erzittert. Ein ausländischer jüdischer Journalist, das ist streng verboten. Ich frage: ‚Durch wen?' Man antwortet: ‚Durch den Kommissar.' ‚Welcher Kommissar? Vielleicht durch den jüdischen?' Man versteht meine Anspielung nicht. Und zur Bestrafung ... keine Bestätigung, aber auch keine Leugnung. Trotz aller Bemühungen habe ich kein Ticket vom jüdischen Theater bekommen." Vgl. Malakh: Fun Shpanye biz Holand, S. 177–183, hier S. 183.

aber auch von großem Nutzen sein. So verhalf dieser sowohl Bernard Singer als auch Khaim Avraham Hurvits (Khaim Vital) dazu, im polnischen Konsulat wertvolle Informationen über die Lage der osteuropäischen Juden in Deutschland zu erhalten.[914]

Egal in welche der drei Kategorien sie sich einordnen lassen, die Reiseberichte fungierten stets als eine Art Fenster zu einer Welt, ein *stand-in*[915] für die Leser in Polen, die selbst nicht reisen konnten beziehungsweise auch gar keinen Grund hatten, ins nationalsozialistische Nachbarland zu fahren. Die Verfasser der Berichte glichen daher Ethnologen, die teilnehmend beobachteten und ihre höchst subjektiven Beobachtungen an ihre Leser weitergaben. Einerseits wurden so Deutschland und die in Deutschland lebenden Juden in ihren Berichten zu Gegenständen eines fremden Blicks.[916] Andererseits beanspruchten die meisten Journalisten, wie gezeigt werden wird, selbst keine wissenschaftliche Objektivität. Sie sahen sich vielmehr als „Reisende, mit spezifischen Interessen und Präferenzen".[917] Als osteuropäische Juden fühlten sie sich mit den von den Nationalsozialisten bedrohten Juden in Deutschland, vor allem mit der osteuropäisch-jüdischen Community vor Ort, verbunden, da sie mit diesen viele Gemeinsamkeiten teilten. Gleichzeitig hatten sie ein Bewusstsein dafür, dass diese sich dennoch von ihnen unterschieden, insbesondere was ihren gesellschaftlichen und juristischen Status im Land anbelangte. Um aber eine Nähe zum Leser herzustellen, nutzten die Verfasser der Berichte häufig Bilder und Symbole, die mit dem kollektiven Gedächtnis der osteuropäisch-jüdischen Diaspora korrespondierten. Neben Jiddisch als Sprache gehörten dazu auch kulturelle Traditionen und Erinnerungen. Die Reisenden waren also durch ihre jüdische Identität Insider und zugleich auch potenzielle Opfer durch ihre Staatsbürgerschaft und ihren Wohnort, der außerhalb Deutschlands lag, aber gleichzeitig auch Outsider und *bystander*.[918]

---

914 Vgl. z. B. Vital, Khaim [Hurvits, Khaim Avraham]: A bazukh in poylishn konsulat in Berlin, in *Haynt*, 25. Dezember 1935, S. 3.
915 Vgl. Kugelmass: Sifting the Ruins, ohne Seitenangaben.
916 Zu dieser Annahme vgl. Lubrich, Oliver: Reisen ins Reich, 1933–1945. Ausländische Autoren berichten aus Deutschland, Frankfurt am Main 2004, S. 18.
917 Lewinsky: Eastern Europe in Argentina, S. 265.
918 Der Begriff des *bystanders* wurde von dem Historiker Raul Hilberg geprägt und bezeichnete in der Trias Täter, Opfer und Zuschauer, den Dritten, also den vermeintlich unbeteiligten Zuschauer. Vgl. Hilberg, Raul: Perpetrators, Victims, Bystanders: The Jewish Catastrophe 1933–1945, New York 1992.

5.4 Ausgewählte Themen

5.4.1 Der Zug und die deutsche Grenze

Der Zug spielte im Genre der Reiseliteratur seit der Jahrhundertwende eine zentrale Rolle, schuf er doch das ideale Setting, um eine Geschichte zu erzählen.[919] Er bewegt sich nicht nur schnell über Länder und ihre Grenzen hinweg, er schafft auch immer einen Raum für zufällige Begegnungen und menschliche Interaktionen. Gleichzeitig wurde der Zug seit der Erfindung der Dampflokomotive und dem damit einhergehenden Ausbau des europäischen Schienennetzes auf symbolischer Ebene mit äußerst positiven Ideen wie Modernisierung, Bewegungsfreiheit, Demokratisierung und Klassenmobilität verbunden. Gleichzeitig symbolisierte der Zug aber auch viel Negatives, weshalb sich Beschreibungen über Zugunglücke genauso finden lassen wie kritische Berichte darüber, dass die Aufteilung der Waggons nach Klassen das vorhandene Klassensystem der Gesellschaft zementiere, statt es aufzulösen.[920]

Auch in der jiddischen Reiseliteratur über das nationalsozialistische Deutschland kam dem Zug als Ort der sozialen Interaktion eine herausragende Rolle zu und gab häufig Rahmen und Setting für die Reisereportagen vor. Was aber symbolisierte der Zug über den Interaktionsraum hinaus für die reisenden jüdischen Journalisten? Der Gastbeitrag von Daniel Tsharni vom August 1933 für *Der Moment* gibt erste Hinweise. Als dieser sich am 23. August 1933 auf dem Weg von Berlin nach Prag befand, beschrieb er seinen Lesern, wie er sich fühlte, als er den Zug bestieg:

> Der Weg Berlin – Prag ist ein sehr kurzer. Insgesamt sechs Stunden Fahrt. Man frühstückt in Berlin und zum Mittagessen ist man schon in Prag. Aber wenn man in den heutigen Zeiten eine Reise von Berlin nach Prag macht, dann bekommt man schon auf dem Festland die Seekrankheit [...]. Insbesondere erschreckst du dich vor der Grenze, die schrecklicher aussieht als die einstige Grenze von Ellis Island[921] [...]. Die Angst vor der Grenze heizt in dir die hitleristische Presse an, die einem erzählt, dass die deutschen Grenzkontrollen von Tag zu Tag strenger warden [...]. Das wird natürlich mit Absicht gemacht, um die Leute abzuschrecken, die ins Ausland fahren, denn sie sollen, Gott behüte, keine häretischen Bücher, nicht eines, mitnehmen. Und wenn du dich in den Waggon hineinsetzt, wird deine Angst

---

919 Vgl. Garrett: Journeys beyond the Pale, S. 93.
920 Vgl. Garrett: Journeys beyond the Pale, S. 92.
921 Daniel Tsharni versuchte 1925 in die USA einzureisen, wurde aber an der Grenze von Ellis Island vom medizinischen Dienst abgewiesen und musste nach Berlin zurückkehren. Vermutlich bezieht sich darauf die Aussage in seinem Text, da Ellis Island bis 1954 als Erstaufnahmeort für Immigranten diente.

noch viel größer, denn erst dort siehst du, wie wenig Menschen jetzt von Deutschland ins Ausland fahren.[922]

Für Tsharni war die Zugfahrt zwar notwendig, denn er musste aus beruflichen Gründen nach Prag, doch war ihm die Reise nicht angenehm und der bevorstehende Grenzübertritt löste in ihm Angst aus. Eine ähnliche Beobachtung lässt sich in einem Bericht von Barukh Shefner aus dem Jahr 1936 machen, der die deutsche Grenze von Polen her passierte. Zunächst gab Shefner ausführliche Einblicke in das Dreiklassensystem des Zuges, welches hier die sozialen Klassen wie politischen Lager Polens widerspiegelte: Während er in der ersten Klasse vor allem hochrangige Militärs ausmachte, „kleine Blümchen des polnisch-deutschen Liebesbuketts",[923] wie er sie nannte, fanden sich in der zweiten Klasse einige wenige Passagiere, Angehörige der deutschen Minderheit in Polen, wieder. In der dritten Klasse hingegen fand Shefner primär polnische Juden vor. Insgesamt sei es dort „lebendiger" zugegangen, auch wenn die jüdischen Reisenden selbst nur ungern Auskunft darüber erteilten, weshalb sie nach Deutschland reisten. Shefner beschrieb den Zug somit wie Tsharni als einen Ort, der gesellschaftliche Missstände – sozialer wie politischer Natur – aufdeckte.[924] Auch für Shefner waren das Zugfahren und die Grenzkontrollen primär mit einer unspezifischen Angst verbunden, wie anhand der folgenden Episode, die das Passieren der deutsch-polnischen Grenze beschreibt, deutlich wird:

> Im Zug zeigen sich schon die letzten polnischen Beamten und Polizisten. Dieses Mal ist die Zahl der Beamten größer als gewöhnlich und die Kontrollen dauern länger. Man sucht nach Menschen mit ausländischer Währung. Die polnischen Devisenverordnungen haben die Zahl der Grenzstempel, der Papierchen vergrößert. Etliche Passagiere im Waggon sind unruhig. Man hält den Pass mit dem bisschen Geld bereit. Die Beamten aber wissen, dass das Geld, das sich in den Händen befindet, sicher ‚kosher' ist. Sie gucken daher weniger auf die Hände und mehr auf die Seitentaschen und in die Koffer [...]. Der jüdische Emigrant fühlt sich unter der Last der Stempel und abgezählten Papierchen hilflos. Das bringt aber die Menschen enger zusammen: Öfter wenden sich wildfremde Menschen, einer zum anderen,

---

922 Tsharni, Daniel: Berlin – Prag, in *Der Moment*, 23. August 1933, S. 3.
923 Shefner, Barukh: Iber der daytsher grenets, in *Naye Folkssaytung*, 5. Juni 1936, S. 5. Auch Khaim Shoshkes spielte auf die deutsch-polnische Nichtangriffserklärung an und kritisierte polnische Journalisten, die sich auf Kosten von Deutschland einladen ließen und nicht mehr kritisch berichten würden. Als einziger jüdischer Journalist sei Shoshkes darum selbstständig nach Berlin gereist. Vgl. Shoshkes, Khaim: A vizit in Hitler-Daytshland, in *Haynt*, 6. Juni 1934, S. 3.
924 Garrett zufolge ließ die Klassenstruktur des Zuges in den Reiseberichten jüdischer Autoren in der Regel viel eher auf soziale Reflektionen der Autoren schließen denn auf technische Innovation. Garrett: Journeys beyond the Pale, S. 92.

mit Fragen aneinander. Im Korridor stehen jetzt zusammengerückt sechs Völker und Rassen. Von draußen guckt durch die Fensterchen schon das ‚Neue Deutschland' hinein.[925]

Mark Turkow wusste Ähnliches zu berichten:

> Ich habe Angst, mich mit dem [deutschen, AK] Schaffner auf ein weiteres Gespräch einzulassen, denn ich habe schon bei meinen vorherigen Reisen im Hitler-Land gelernt, vorsichtig mit den Wörtern zu sein und mich vor jedem Fremden zu hüten. Das kleinste Wort, das einem Menschen herausplatzt und das gegen den Geist der heutigen Zeit ist, kann man teuer, sehr teuer bezahlen. [...] Die Anzahl allerlei Beamter wurde bedeutend vergrößert und, obwohl alle sehr höflich zu dir sind, fühlt man doch, dass sie in deine Richtung scharfe Blicke werfen. Man schaut sich den Pass genau an, aber noch genauer die Koffer und man sucht nach Waren, die den Zollvorschriften unterliegen, wie allerlei Literatur. Wenn man sicher sein will in Deutschland, ist es besser, keine feindlichen Notizen, Bücher oder Zeitungen, außer natürlich die Hitler-Literatur mitzuführen.[926]

Die Grenzkontrollen auf polnischer wie deutscher Seite und mit ihnen der Zug repräsentierten also für Shefner, Turkow und Tsharni einen bürokratischen Prozess, dem sie sich ausgeliefert fühlten, da sie ihm nicht entgehen konnten. Weder konnten sie den Zug verlassen, noch war es ihnen möglich, sich den Kontrollen zu entziehen. Sie beschreiben sich selbst und ihre Mitreisenden, besonders die jüdischen, als hilflos, verängstigt und aufgeregt. Dass der Zug und die Grenze von allen drei Autoren als etwas Negatives und Beängstigendes wahrgenommen wurden, scheint kein Zufall zu sein, lassen sich doch ähnliche Schilderungen in zahlreichen weiteren Reportagen finden. Die Literaturwissenschaftlerin Leah Garrett argumentiert, dass der Zug in der jüdischen Reiseliteratur Juden aus Ost- und Ostmitteleuropa auf symbolischer Ebene stets ihre eigene prekäre und unsichere gesellschaftliche Lage vorführte, aus der sie sich eigentlich glaubten, befreit zu haben. Sie, die Pogrome und antisemitische Gewalt überlebt hatten und nicht selten mit dem Zug in Richtung einer besseren Zukunft aufbrachen, mussten sich, einmal in sein Inneres gelangt, mit Beamten unterschiedlicher Staaten, die sie jeweils diskriminierten und vertrieben, umgeben und sich im schlimmsten Falle von ihnen erniedrigen lassen. Für sie stellte der Zug somit eine Art Mahnung dar, die sie an ihre relative Unsicherheit an öffentlichen Orten erinnerte.[927] Auch trat die jüdische Unterdrückung laut Garrett im Zug viel stärker als beispielsweise auf dem Schiff hervor, da dieser sich auf dem Landweg über nationale Grenzen hinwegbewegte, während Gewässer als internationale und damit mehr oder we-

---

925 Shefner, Barukh: Iber der daytsher grenets, in *Naye Folkstsaytung*, 5. Juni 1936, S. 5.
926 Turkow, Mark: Iber'n ferhasten land, in *Der Moment*, 21. August 1933, S. 5.
927 Vgl. Garrett: Journeys beyond the Pale, S. 93.

niger freie Räume galten.[928] Im spezifischen Fall jüdischer Reiseberichte, die vom Leben in NS-Deutschland handelten, kam noch erschwerend hinzu, dass die Reisenden, wie hier gezeigt, mit dem Grenzübertritt in ein faschistisches und unfreies Land ein- beziehungsweise aus diesem ausreisten. So oder so hatten sie es mit einem faschistischen Grenzregime zu tun.

Mit dem Grenzübertritt war allerdings noch eine weitere Erfahrung verbunden, die immer wieder in den Reiseberichten thematisiert wurde, nämlich das Bewusstwerden darüber, dass man sich nun im nationalsozialistischen Deutschland befand. Der Grenzübertritt markierte daher in den Schilderungen in der Regel einen drastischen Bruch. Die Reisenden sprachen davon, dass die „Luft schwer"[929] wurde und vor Angst und Neugier ihr „Herz wie ein Hammer"[930] zu klopfen begann und dass sich die Atmosphäre von „freudig", „lebenslustig" und „leichtsinnig-gutmütig"[931] in das Gegenteil verkehrte. Im Allgemeinen habe sich, so Henryk Erlich, alles verändert, „in dem Moment, als wir uns der deutschen Grenze näherten".[932] Mit dem Grenzübertritt, so scheint es, wurde alles Lebendige und Fröhliche ausgehaucht. Diese Wahrnehmung bzw. diese Emotionen korrespondierten mit Bildern von leeren Zügen, toten Straßenzügen und einer gespenstigen Ruhe, welche die Reisenden in ihren Berichten heraufbeschworen.[933] Auch wenn die Reisenden Deutschland wieder verließen, verspürten viele starke Emotionen, in diesem Falle eine große Erleichterung. Während Leyb Malakh 1936 beim Grenzübertritt nach Polen beschrieb, dass er das Gefühl hatte, endlich wieder „frei atmen" zu können,[934] erklärte Khaim Avraham Hurvits (Khaim Vital) im selben Jahr, dass der Alptraum nun hinter ihm läge, und dankte Gott dafür, dass er Deutschland mit dem Zug Richtung Dänemark verlassen konnte.[935] In ähnlicher Weise und mit ähnlichen Worten beschrieb Samuel Leib Shneiderman in seinem Gastbericht für den *Moment*, dass die Passagiere im Zug

---

[928] Vgl. Garrett: Journeys beyond the Pale, S. 95.
[929] Pat, Yakov: Khmares iber Daytshland, in *Naye Folkstsaytung*, 25. Februar 1933, S. 4.
[930] Der Tunkeler [Tunkel, Yosef]: In'm syone'm lager. Fun a bezukh in Berlin, in *Der Moment*, 4. Februar 1936, S. 3.
[931] Mayzel, Nakhmen: Mir farn farbey Berlin, in *Literarishe Bleter*, Nr. 43 (702), 22. Oktober 1937, S. 689–690.
[932] Vgl. Erlich, Henryk: Fun Pariz keyn Varshe durkh Berlin, in *Naye Folkstsaytung*, 31. März 1933, S. 3.
[933] Tsharni und Shefner beschrieben beispielsweise leere Zugabteile, während Yosef Tunkel und Shlomo Mendelsohn sich auf die Beschreibung von leeren Straßenzügen konzentrierten.
[934] Vgl. Malakh, Leyb: Berliner geto 1936, in *Unzer Ekspres*, 31. Januar 1936, S. 9.
[935] Vgl. Der Tunkeler [Tunkel, Yosef]: In'm syone'm lager. Fun a bezukh in Berlin, in *Der Moment*, 6. Februar 1936, S. 3.

beim Überschreiten der belgischen Grenze „leicht aufgeatmet" hätten.[936] Die häufige Erwähnung von Atem beziehungsweise Atemluft steigerte die beklemmende Atmosphäre in den Berichten und kann als symbolisch für die Beschränkung der Freiheiten jüdischer Bürger in Deutschland gelesen werden. Dem gegenüber standen die freien demokratischen Länder wie die USA, Frankreich, Dänemark, die Tschechoslowakei, aber eben auch Polen. In einem Bericht aus Berlin von Jakob Pat hieß es im Jahr 1938:

> An Kaffeehäusern hängen Aufschriften wie ‚Juden nicht erwünscht'. An Geschäften hängen Schilder: ‚Nur für Arier'. Berlin war so eine schöne, grüne Stadt. Jetzt sind die Straßen geschändet. Es gab so eine Leichtigkeit und so viel Kultur auf den Berliner Straßen. Jetzt sind die Straßen geschändet. Die Bürgersteige sind poliert, die Maschinen fahren über die gepflasterten Brücken, die Bäume stehen allein in ihren uralten Alleen und es fehlt Luft. Sie wird erstickt von den Aufschriften, Befehlen, Forderungen, den Polizeileuten, von den Ärmeln mit den Hakenkreuzen. Ich komme aus New York, Chicago, Miami, Los Angeles, San-Francisco [...]. Und es sollen jene Straßen gesegnet sein, jene weiten Straßen von jener Seite des Ozeans. Auf den Berliner Straßen ist es still. Die Menschen schweigen. Der Kurfürstendamm ist voll von stummen, sich bewegenden Menschen. Noch vor einer Woche ging ich auf freien Straßen. Ging ich als ein freier Mensch, doch jetzt gehe ich bereits wie ein Angeketteter. Es scheint mir, als wenn man etwas verdächtig auf mich blickt, man duckt sich, und man begleitet mich schon.[937]

Die ausgewählte Episode von Pats Bericht zeigt exemplarisch, dass die in Deutschland lebenden Menschen, Juden wie Nichtjuden, von den jüdischen Journalisten und Publizisten nicht mehr als freie Menschen, die in einem demokratischen Land lebten, betrachtet wurden. Als nichtdeutsche Staatsbürger sahen sich die jüdischen Reisenden, die ja in ihrer großen Mehrheit polnische Staatsbürger waren, dementsprechend als in weit höherem Maße frei an. So befand Pat, dass er sich nicht nur in den USA als freier Mensch bewegen konnte, sondern eben auch in Polen.[938] Die unmittelbare Erfahrung der systematischen Ausgrenzung der Juden im nationalsozialistischen Deutschland machte den Reisenden also die vergleichsweise guten Bedingungen für die Möglichkeiten einer freien Entfaltung jüdischen kulturellen und religiösen Lebens in Polen bewusst. Damit stellten sie zwar ihr jüdisches Leben in Polen und anderswo in einen anderen Kontext, es bedeutete aber nicht, wie im vorausgegangenen Kapitel gezeigt wurde, dass man deswegen der Staatspolitik im eigenen Land gegenüber unkritischer wurde.

---

936 Shnayderman, Shmuel Leyb: Fahrendig durkh Daytshland, in *Der Moment*, 10. April 1933, S. 11.
937 Pat, Yakov: A par teg in Berlin, in *Naye Folkstsaytung*, 18. August 1938, S. 5.
938 Vgl. Pat, Yakov: A par teg in Berlin, in *Naye Folkstsaytung*, 18. August 1938, S. 5.

5.4.2 Die deutsche Mehrheitsgesellschaft

Mit dem Grenzübertritt einher ging, dass sich viele der jüdischen Reisenden erstmals mit der deutschen Mehrheitsgesellschaft nach der Machtübertragung an Hitler sowie mit Nationalsozialisten in Uniform konfrontiert sahen. Die deutsche Mehrheitsgesellschaft faszinierte und erschreckte in besonderem Maße. Denn die Frage, wie es sein konnte, dass man sich „in Berlin, in der Hauptstadt Deutschlands, im Land der ‚Dichter und Denker' – wie man Deutschland früher einmal nannte" aufhielt und nicht „in einem Winkel von Afrika?" ließ die Journalisten nicht los.[939] Wie Khaim Avraham Hurvits (Khaim Vital) fragten sich viele, ob sie wirklich „im Jahrhundert des Radios, der Flugzeuge und der Fernseher, oder im Jahrhundert, in dem die Götter menschliche Opfer ‚verlangten'", lebten.[940] Um Antworten auf ihre Fragen zu finden, war es nicht nur wichtig, sich mit dem nationalsozialistischen Machtapparat und den herrschenden Eliten in Deutschland auseinanderzusetzen, sondern sich auch die „normalen Deutschen" anzuschauen. Denn besonders durch sie, durch ihr Verhalten und durch ihre Reaktionen auf antisemitische Gewalt und Ausgrenzung, erhofften sich die Reisenden mögliche Tendenzen für eine etwaige Zukunft erkennen zu können. Eine der wichtigsten Fragen, die sie umtrieb, war demnach, wie sich die deutsche Mehrheitsgesellschaft verhielt.

Das erste Hauptmotiv, das sich in den Beschreibungen der deutschen Mehrheitsbevölkerung ausmachen lässt, ist das des Schweigens. Das Bild des Schweigens wurde von den einzelnen Reisenden je nach Kontext, eigenem Blickwinkel und Zeitpunkt mit unterschiedlichen Bedeutungen gefüllt. So konnte Schweigen entweder Angst vor Repression, zustimmende Akzeptanz, wozu auch Gewöhnung und Wegsehen gehörten, politische und persönliche Resignation, aber eben auch Widerstand bedeuten. Während 1933 viele Autoren die deutsche Mehrheitsgesellschaft als resigniert bis ängstlich charakterisierten, wandelten sich die Beschreibungen im Verlauf der 1930er Jahre hin zu einem deutlich ausdifferenzierteren Bild, das den nicht immer einheitlichen Veränderungen innerhalb der deutschen Gesellschaft Rechnung trug. Selbst noch im Schlüsseljahr 1938 wird die deutsche Mehrheitsbevölkerung nicht als monolithischer Block beschrieben, der den Nationalsozialisten blind folgt, sondern vielmehr verschiedenste Facetten präsentiert.

Wie im vorherigen Unterkapitel gezeigt wurde, tauchte das Motiv des Schweigens in vielen Berichten erstmalig auf, sobald die Reisenden die deutsche

---

939 Vital, Khaim [Hurvits, Khaim Avraham]: Daytshe muters brengen tsurik tsugeroybte skhoyre, in *Haynt*, 24. November 1938, S. 3.
940 Vgl. Vital, Khaim [Hurvits, Khaim Avraham]: Daytshe muters brengen tsurik tsugeroybte skhoyre, in *Haynt*, 24. November 1938, S. 3.

Grenze passierten. Die gespenstige Stimmung, von der die Autoren berichteten, korrespondiert hierbei eng mit dem Verhalten der gewöhnlichen Deutschen, das sie glaubten wahrzunehmen. Diese Überschneidung wird durch das einleitende Zitat von Shlomo Mendelsohn, das dieses Kapitel rahmt und an dieser Stelle auszugsweise wiederholt werden soll, unterstrichen. Darin hieß es: „Der charakteristische Strich von dem Teil in Deutschland, der noch nicht Hitler folgt, ist – Schweigen."[941] In diesem Satz stecken zwei zentrale Beobachtungen. Die erste Erkenntnis ist, dass es in Deutschland nach Ansicht Mendelsohns sehr wohl Menschen gab, die sich dem NS-Regime innerlich noch widersetzten und sich dagegen sträubten. Die zweite besteht darin, dass sich dieser innere Widerstand aber vor allem in Form eines Schweigens ausdrückte. Dies wird umso deutlicher, wenn wir den zweiten Teil des Zitats hinzunehmen: „Man hütet sich davor ein Wort zu sagen, man schämt sich davor, sich in die Augen zu gucken. Es ist ein unheimliches Schweigen von geschlagenen, enttäuschten Menschen. Jeder trägt eine Wunde im Herzen. Es ist ihnen peinlich, sich zu öffnen."[942] Das Schweigen und die Scham aber deutete Mendelsohn nicht als einen mutigen oder gar widerständigen Akt, für ihn kam dieses Verhalten vielmehr einer menschlichen und politischen Resignation gleich. Dennoch schwingen in seinen Worten auch Mitgefühl und Verständnis für jenen Teil der deutschen Bevölkerung mit, was eine weitere Szene nachdrücklich verdeutlicht:

> Auf dem Weg von Paris nach Köln hatte ich drei deutsche Mitreisende. Zwei Herren und eine Dame. Einer von ihnen, ein Kölner Fabrikant, ist gerade aus Spanien zurückgekommen. Er erzählte mit einer Portion Humor und Scharfsinn vom Leben der Spanier. Rein zufällig sind wir auf politische Themen gekommen. Er machte spitze Bemerkungen auf Kosten des heutigen Herrschers in seinem Land. Die Atmosphäre im Abteil war eine freundliche und gemütliche. Aber alles änderte sich in dem Moment, als wir uns der deutschen Grenze näherten. Plötzlich wurde er schweigsam. Er vermied auf die Fragen zu antworten. Ich fühlte, dass ihm unsere Bekanntschaft nicht mehr passte. Er wollte, dass alles vergessen werde. Ich spazierte durch den Waggon und wieder: Stillschweigen. Oder Reden über das Wetter, die Mode, das Theater. Über allgemeine, ‚nicht gefährliche' Themen. Im Zug von Köln nach Berlin veränderte sich bereits das Aussehen der Passagiere. Es sind etliche ältere Deutsche und ein junger Mann dazugestiegen. Und wieder dieses peinliche Schweigen. Wer einmal die ehemalige Gesprächigkeit von Deutschen während einer Reise erlebt hat, der kann erst verstehen, wie tief jetzt die Angst, die Entmutigung sitzt.[943]

---

941 Mendelsohn, Shloyme: Dos ponem fun hayntigen Daytshland, in *Naye Folkstsaytung*, 23. April 1933, S. 5.
942 Mendelsohn, Shloyme: Dos ponem fun hayntigen Daytshland, in *Naye Folkstsaytung*, 23. April 1933, S. 5.
943 Mendelsohn, Shloyme: Dos ponem fun hayntigen Daytshland, in *Naye Folkstsaytung*, 23. April 1933, S. 5.

Mendelsohn beschreibt eindringlich, wie der Aufstieg des Nationalsozialismus das alltägliche Leben nicht nur von Juden, Kommunisten und Sozialdemokraten, sondern auch das der gewöhnlichen deutschen Kleinbürger, die vielleicht noch einige Zweifel an den Praktiken der Nationalsozialisten plagten, schlagartig verändert hatte. War der deutsche Fabrikant vor dem Überschreiten der Grenze freundlich, offen, ja sogar witzig und Hitler gegenüber kritisch eingestellt, beschrieb Mendelsohn diesen nun als einen von Angst gelähmten und entmutigten Menschen. Auch Daniel Tsharni hatte, als er in einem Zugabteil mit drei deutschen Passagieren saß, das Gefühl, dass diese sich benahmen, als würden sie in „eine Anstalt für Taubstumme"[944] fahren und nicht nach Prag. Das bekannte deutsche Sprichwort „Reden ist Silber, Schweigen ist Gold" habe in Berlin eine neue Bedeutung bekommen und würde ihm zufolge „nicht umsonst" in der Stadt „umhergehen".[945] Tsharni erklärte weiter, dass man heute von „Schweigen ist Gold und Reden ist Konzentrationslager"[946] sprechen würde, ein Satz mit einem deutlichen Verweis auf die massenhaften Inhaftierungen kritisch denkender Menschen, die direkt auf die Machtübertragung folgten. Diese übten laut Tsharni eine so einschüchternde Wirkung auf die Menschen aus, dass sich Misstrauen und ein Zwang zur Konformität stark verbreitet hätten. Auch Jakob Pat, Nakhmen Mayzel und Yosef Tunkel (Der Tunkeler) schilderten in ihren Berichten von 1933, 1936, 1937 respektive 1938, wie sich das Schweigen im alltäglichen Leben der Menschen bemerkbar machte.[947] Man befand, dass den Menschen eine früher inhärente „Sorglosigkeit" und „Freude" abhandengekommen seien.[948] Die Menschen auf der Straße sowie im Zug wurden mit negativen Adjektiven wie fad, grau, sachlich, ernst-betrübt und trostlos beschrieben. Die Beobachtungen, welche die jüdischen Reisenden aus Polen machten, waren jedoch keine explizit jüdische oder gar osteuropäisch-jüdische Wahrnehmungen. Ähnliche Beschreibungen lassen sich zum Beispiel auch in den Reportagen reisender Autoren aus England finden.[949] Im Gegensatz zu nichtjüdischen Reiseberichten aber standen die jüdischen Reiseberichtsschreiber der deutschen Mehrheitsgesellschaft und dem NS-Regime von vornherein stets und immer kritisch gegenüber, auch wenn einige Reisende dafür plädierten, nicht die gesamte deutsche Bevölkerung in Kollek-

---

944 Tsharni, Daniel: Berlin – Prag, in *Der Moment*, 23. August 1933, S. 3.
945 Tsharni, Daniel: Berlin – Prag, in *Der Moment*, 23. August 1933, S. 3.
946 Im Reisebericht hieß es „Shvaygen iz gold un reyden – iz Kontslager".
947 Vgl. z. B. Pat, Yakov: In Keln und Hamburg, in *Naye Folkstsaytung*, 29. April 1933, S. 4; Mayzel, Nakhmen: A bezukh in Berlin, in *Haynt*, 20. Juli 1937, S. 4.
948 Vgl. Der Tunkeler [Tunkel, Yosef]: In'm soyne'm lager, in *Der Moment*, 6. Februar 1936, S. 3; Erlich, Henryk: Fun Pariz kayn Varshe durkh Berlin, in *Naye Folkstsaytung*, vom 31. März 1933, S. 3.
949 Vgl. Schwarz: Die Reise ins Dritte Reich, S. 183–184.

tivhaft zu nehmen.⁹⁵⁰ So lassen sich in den jüdischen Reiseberichten keine Beschreibungen über ein fröhliches oder aufgeräumtes Deutschland finden, wie es sich beispielsweise für eine Vielzahl von Reiseberichten nichtjüdischer Reisender belegen lässt.⁹⁵¹ Damit nahmen sie die Perspektive vieler Juden aus Deutschland auf, die das Verhalten der nichtjüdischen deutschen Mehrheitsgesellschaft in den 1930er Jahren ebenfalls häufig als sehr verhalten beziehungsweise als gleichgültig und passiv wahrnahmen.⁹⁵²

Eine „schwere Stimmung"⁹⁵³ hing auch bei jenen in der Luft, die nicht mit den Nationalsozialisten mitmarschieren wollten. Besonders schmerzlich stellte sich dabei, in erster Linie für die Journalisten der *Naye Folkstsaytung*, die Lage der deutschen Arbeiterbewegung dar. Die deutschen Arbeiter wurden von den Bundisten ebenfalls als eine schweigende Masse beschrieben, die sich nach den Massenverhaftungen und Verfolgungen von Kommunisten und Sozialisten⁹⁵⁴ eingeschüchtert, gebrochen und resigniert zurückgezogen hatte. Besonders eindrücklich wird diese Wahrnehmung in einer Episode aus einem Reisebericht von Henryk Erlich aus dem Jahr 1933 beschrieben. Erlich, der sich Ende März für einen Tag in Berlin aufhielt, kam wie viele seiner Kollegen und Genossen mit dem Zug aus Paris angereist, wo er an einer Konferenz des Exekutivrats der SAI teilgenommen hatte. Sein Reisebericht begann ebenfalls im Zug. Er berichtete, wie er vergeblich nach Zeichen eines aufkommenden „politischen Sturmes" suchte, und über „kleine" und „große Nazis", auf die er im Zug traf, wo es ihm teilweise schwergefallen sei, den Blick von ihnen zu lassen.⁹⁵⁵ Schließlich gelangte er nach Berlin, wo er einige Stunden Aufenthalt hatte. Unterwegs befragte er einige Arbeiter, was mit der Arbeiterbewegung sei, doch niemand habe ihm darauf eine Antwort geben können. Nach dem Reichstagsbrand und nach den Wahlen vom 5. März sei alles zusammengebrochen. Viele wären verhaftet worden, der Rest würde resignieren. Erlich erklärte, dass er bei ehemals hohen Genossen eine

---

950 Dies tut z. B. Abraham Goldberg in einem Artikel vom 2. April 1933 im *Haynt*. Darin grenzt er sich von dem Schlagwort eines deutsch-jüdischen Krieges ab und erklärt, dass die Juden nicht mit Deutschland und der deutschen Bevölkerung in einem Krieg stünden, sondern nur mit Hitler und seinen Anhängern. Vgl. Goldberg, Avraham: In vos geht es?, in *Haynt*, 2. April 1933, S. 3.
951 Vgl. z. B. die Reiseberichte von Jacques Chardonne, Wiking Jerk, Shi Min u. a., die in der Quellenedition von Oliver Lubrich abgedruckt sind. Vgl. Lubrich: Reisen ins Reich.
952 Vgl. VEJ 1/Einleitung, S. 35–36; Gruner, Wolf: „Die Verfolgung der Juden und die Reaktionen der Berliner", in: Wildt, Michael und Christoph Kreutzmüller (Hrsg.): *Berlin 1933–1945*, München 2013, S. 311–324.
953 Mayzel, Nakhmen: A bezukh in Berlin, in *Haynt*, 20. Juli 1937, S. 4.
954 Vgl. dazu Friedländer: Das Dritte Reich, S. 29 f.
955 Erlich, Henryk: Fun Pariz kayn Varshe durkh Berlin, in *Naye Folkstsaytung*, 31. März 1933, S. 3.

„traurige Verlorenheit" wahrnahm, bei den Kommunisten gar einen „vollständigen Khurbn".[956] In Erlichs Schilderungen über die deutsche Arbeiterbewegung vermischten sich Gefühle der Enttäuschung mit aufrichtiger Empathie. Obwohl er die politische Führung der deutschen Sozialdemokraten bereits vor dem Machtantritt immer wieder scharf kritisiert hatte und dieser teilweise eine Mitschuld am Aufstieg der Nationalsozialisten gab,[957] zeigt sich hier doch eine Veränderung in seinem Denken – eine Veränderung, die demnach auf die direkte Begegnung mit Angehörigen der deutschen Arbeiterklasse in Berlin zurückzuführen ist und die Erlichs kritische Haltung zumindest teilweise revidierte. Wie noch gezeigt werden wird, galt dies auch für seine Haltung gegenüber den jüdischen Angehörigen der deutschen Mittelschicht.

Den Eingeschüchterten, Resignierten und Schweigenden stand die Masse der „Mitgeher und Mitläufer" gegenüber.[958] Sie blieben in der Regel identitätslos und wurden meistens nur im Rahmen von Massenveranstaltungen beschrieben. Mark Turkow und Barukh Shefner wohnten beide je einer solchen Massenveranstaltung bei. Während Turkow sich 1933 eine Rede von Goebbels im Sportpalast anhörte und die Faszination der Besucher für diesen beschrieb,[959] beobachtete Shefner im Juni 1936 einen militärischen Aufmarsch in Berlin:

> Und doch muss man ein Zugeständnis machen: Millionen werden mitgerissen. Die kommenden ‚Felder der Erde'-Feste[960] locken; die neuen Uniformierten erzählen auf den Straßen von der Eroberung der ‚deutschen Freiheit'; jedes militärische Pferd demonstriert gegen die ‚Schande von Versailles'. [...] Von allen Seiten kommen mit schnellem Schritt errötete Deutsche und versuchen einen der vorderen Plätze auf dem Bürgersteig einzunehmen. Deutsche rennen? Ein solches Geschehen ist ein gar außergewöhnlicher Moment. [...] Die Gesichter der rennenden Deutschen sind nicht die der Revolution. Am häufigsten sind es typische Kleinbürger mit Bierbäuchen und mit Füßen in Stubenpantoffeln; es kommen auch Frauen, dieselben, die 1914 Blumen auf die Soldaten warfen, als diese zu den Schlachtfeldern abmarschiert sind. Es kommen auch Hitlerjungen mit Feuer in den Augen und Kinder, die von ihren soliden Müttern geführt werden.[961]

---

956 Erlich, Henryk: Fun Pariz kayn Varshe durkh Berlin, in *Naye Folkstsaytung*, 31. März 1933, S. 3. Siehe auch den Bericht von Jakob Pat, der Ähnliches über ein Gespräch von zwei deutschen Arbeitern in der Volksbühne berichtete: Khmares iber Daytshland, in *Naye Folkstsaytung*, 25. Februar 1933, S. 4.
957 Vgl. dazu auch Kap. 4.1.1 und 4.1.2.
958 Mayzel, Nakhmen: A bezukh in Berlin, in *Haynt*, 20. Juli 1937, S. 4.
959 Vgl. Turkow, Mark: Der volks-kantsler-apelirt un ... warnt, in *Der Moment*, 5. März 1933, S. 3.
960 Leider konnte ich nicht herausfinden, um welches Fest es sich handelte.
961 Shefner, Barukh: Militerisher friling in Berlin, in *Naye Folkstsaytung*, 12. Juni 1936, S. 5.

Der gemütliche deutsche Kleinbürger mit Bierbauch repräsentierte nicht nur bei Shefner den gemeinen Durchschnittsdeutschen, der die Nationalsozialisten eifrig unterstützte. Für die Mehrheit der Journalisten war es das deutsche Kleinbürgertum, das sie als Hauptträger der nationalsozialistischen Ideologie ausmachten. So findet sich ebenfalls bei Khaim Shoshkes eine Szene, die beschreibt, wie in Frankfurt an der Oder ein „dicker, labberiger Deutscher" das Zugabteil betrat und sofort „die Hand in die Höhe" streckte „und den ersten Vers des neuen Deutschland" aufsagte.[962]

Shefners Beobachtungen sind aber nicht nur aufgrund seiner Beschreibungen des deutschen Kleinbürgers interessant, sondern auch wegen seiner Gedankenspiele, die dem Leser ein mögliches Erklärungsmuster für die hohe Zustimmung zum Nationalsozialismus anboten. Die Kontinuitätslinie, die Shefner vom Jahr 1914 bis ins Jahr 1933 zog, zeigt nicht nur, dass er eine gewisse Affinität für Militär, Uniformen und Autorität im deutschen Charakter zu erkennen meinte, sondern auch eine Art nationale Wiederauferstehung, die durch die Gestalt des uniformierten Nationalsozialisten symbolisiert wurde. Das deutsche Nationalbewusstsein, das Shefner zufolge nur durch die Niederlage im Ersten Weltkrieg und durch den Vertrag von Versailles gebrochen wurde, brach sich schließlich 1933 erneut Bahn. Den als nationale Schmach wahrgenommenen Vertrag von Versailles, der Deutschland nach 1918 unter anderem untersagte, ein eigenes Militär über ein absolutes Minimum hinaus zu unterhalten, sowie einen lang unterdrückten Nationalstolz zog auch Nakhmen Mayzel in seinem Reisebericht von 1937 als Erklärungsmuster für die breite Unterstützung der NSDAP heran. Damit knüpften beide direkt an die im vorangegangenen Kapitel ausführlich vorgestellten Überlegungen Rachel Auerbachs, Shoyel-Yitskhok Stupnitskis oder auch Ayzik-Ber Ekermans an, die sich den Aufstieg der NSDAP oftmals aus einer Kombination aus psychischen oder nationalen Faktoren und quasi menschlichen Urbedürfnissen heraus erklärten.[963]

Mayzel war insgesamt der Meinung, dass die Mehrheit der deutschen Bevölkerung überwiegend sehr zufrieden mit dem Hitlerregime wäre, auch wenn es noch immer einige Deutsche gäbe, die nicht mit den Praktiken der Nationalsozialisten einverstanden wären. Die Schaffung von Arbeitsplätzen, neuen Ämtern und ganzen Industriezweigen aber habe vielen ihre „nationale Würde" zurückgegeben.[964] Mayzel war überzeugt davon, dass das dauerhafte Zuweisen der alleinigen Kriegsschuld seitens der Siegermächte den Deutschen psychologisch

---

[962] Shoshkes, Khaim: A vizit in Hitler-Daytshland, in *Haynt*, 6. Juni 1934, S. 3. Der zweite Teil erschien einen Tag später auf der vierten Seite.
[963] Vgl. dazu ausführlich Kap. 4.3.1 und 4.3.4.
[964] Mayzel, Nakhmen: A bezukh in Berlin, in *Haynt*, 20. Juli 1937, S. 4.

geschadet habe, weshalb viele nun von Rachegedanken getrieben seien. Letztlich waren sowohl Mayzel als auch Shefner davon überzeugt, dass die andauernde ideologische Indoktrinierung und die nationalsozialistische Kultur, die sich in allen Bereichen des Alltags verfestigt hatte, eine kalkulierte Strategie der Nationalsozialisten war. Zugleich erkannten beide darin aber auch eine Ursache dafür, dass sich die Mehrheit der deutschen Bevölkerung überhaupt für den Nationalsozialismus interessierte. Mayzel schrieb:

> Und all die Männer und Frauen, die in den Instituten und in der Waffenindustrie beschäftigt sind, sie und ihre Familien, sie allein sind loyale Menschen. Sie sind ein Ersatz für alle Shturmisten[965] und die übrigen eigenen Handlanger. Ständig werden sie bei den unterschiedlichsten Gelegenheiten ausgenutzt und Schritt für Schritt werden sie so zu einem festen Schutzwall gemacht. Aus ihnen rekrutieren sich all die Mitgeher und Mitläufer bei den Feierlichkeiten und Paraden. Sie werden eingeordnet, um die Stimmung zu heben und um die eigene Kraft zu demonstrieren.[966]

Mit diesen Analysen bewegten sich Shefner und seine Kollegen innerhalb des zeitgenössischen Diskurses, was öffentlich geführte Debatten über den Erfolg der Nationalsozialisten anging. Dass viele Deutsche von einem gewissen Untertanengeist und einer gewissen Hörigkeit geprägt waren, ist eine Vorstellung, die ihren Ursprung im ausgehenden 19. Jahrhundert hat und die sich sowohl in der polnischen wie beispielsweise auch in der britischen Publizistik gleichermaßen wiederfindet. Diese Vorstellung beruhte „in erster Linie auf [dem Bild des, AK] Preußen", der im Laufe des „20. Jahrhundert[s] bereits als typische Repräsentant des Reiches aufgefasst" wurde und in den 1930er Jahren wieder heraufbeschworen wurde, während das avantgardistische und moderne Deutschland der Weimarer Republik quasi aus dem Gedächtnis gelöscht wurde,[967] eine Beobachtung, die sich auch bei den jüdischen Zeitungsmachern wiederfindet. Allerdings löschten sie ihre Erinnerungen an die Frühzeit der Weimarer Republik nicht aus ihrem Gedächtnis, sondern nutzten diese, um immer wieder Vergleiche mit dem Leben in Deutschland nach 1933 zu ziehen. Auch verbanden sie mit dem Bild des deutschen Preußen lange Zeit nicht zwangsläufig nur negative Attribute. Stereotype preußische Eigenschaften wie Ordnung und Disziplin repräsentierten für die Mehrheit der jüdischen Journalisten und Publizisten durchaus auch positive Charaktereigenschaften, die erst nach und nach eine negative Bedeutung bekamen. Denn wie im zweiten Kapitel gezeigt wurde, basierte diese Einstellung auf

---

965 Jiddischer Begriff für Mitglieder der SA und SS.
966 Mayzel, Nakhmen: A bezukh in Berlin, in *Haynt*, 20. Juli 1937, S. 4.
967 Golczewski: Das Deutschlandbild der Polen, S. 63.

den Erfahrungen, welche die jüdische Bevölkerung im Zuge des Ersten Weltkrieges unter der deutschen Besatzungsmacht gemacht hatte.[968]

Viele Journalisten und Publizisten wussten aber auch Geschichten von widerständigen Deutschen zu erzählen. Insbesondere die Redakteure der *Naye Folkstsaytung* schürten in ihren Reportagen öfters die Hoffnung, dass in Deutschland noch nicht alles verloren sei, trotz aller Gegenargumente und tragischer Geschichten, die sie selbst beobachteten und wiedergaben. Das ist nicht verwunderlich, strebten sie als Sozialisten doch immer einer besseren Zukunft entgegen und glaubten an die progressive Kraft des Proletariats. Exemplarisch hierfür ist ein Bericht von Jakob Pat aus dem Jahr 1938. Der Pädagoge und Publizist hielt sich im August, also wenige Monate nach dem sogenannten Anschluss Österreichs und mitten in der Sudetenkrise, für ein paar Tage in Berlin auf. Die Einleitung seines Reiseberichts gibt Aufschluss darüber, dass Pat in seiner Reportage unter seinen Lesern vor allem eines verbreiten wollte, nämlich Hoffnung und Mut, trotz oder gerade wegen der deprimierenden Lage. Pat schrieb:

> Auf meinem Weg von Amerika nach Polen habe ich einige Tage in Deutschland reingeschaut. In der kurzen Zeit habe ich mich mit so viel nationalsozialistischer Grausamkeit und jüdischem Schmerz vollgesogen, dass es für viele Wochen und Monate ausreichen wird. Ich hätte eigentlich gern darauf verzichtet, noch einen Sack Sorgen zu den Packen und Säcken, die uns das Leben mit ausgestreckter Hand jeden Tag und jede Stunde liefert, draufzulegen, wenn sich mir nicht ein wichtiger Grund aufgedrängt hätte, einen Teil meiner Berliner Eindrücke niederzuschreiben. Und der ist, dass noch nicht alles in Deutschland verloren ist! Nicht ganz Deutschland ist Nazi. Nicht jeder Deutsche ist eine Bestie. Im Gegenteil: Die deutschen Menschen sind gegen die deutschen Schurken. Und die Zahl von diesen deutschen Menschen ist gar nicht so klein.[969]

Nach dieser hoffnungsvollen Ankündigung schilderte Pat diverse Episoden, in denen ihm seine jüdischen Bekannten in Berlin von widerständigem Verhalten und von ehrlicher, aber nicht immer hilfreicher Solidarität einzelner nichtjüdischer Deutscher in Bezug auf ihre jüdischen Nachbarn zu berichten wussten. Da war die Geschichte einer jüdischen Frau, die ihre Wohnung an wohnungslose Juden vermietete, bis eines Tages ein nichtjüdischer deutscher Fabrikarbeiter bei ihr auftauchte und unbedingt bei ihr wohnen wollte. Als sie ihm erklärte, dass sie

---

968 Dazu siehe ausführlich Kap. 2.4.
969 Pat, Yakov: A par teg in Berlin, in *Naye Folkstsaytung*, 19. August 1938, S. 6. Auch Khaim Avraham Hurvits vertrat diese Auffassung. Er argumentierte, dass es der einzige Trost der deutschen Juden war, zu wissen, dass nicht die gesamte deutsche Bevölkerung hinter Hitler stehen würde. Vgl. Vital, Khaim [Hurvits, Khaim Avraham]: Daytshe muters brengen tsurik di tsugeroybte skhoyre, in *Haynt*, 24. November 1938, S. 3.

Jüdin sei, winkte er ab und bedeutete ihr, dass ihm dies nichts ausmachen würde. Als sie ihn dennoch bat zu gehen, da seine Anwesenheit ihr Probleme bereiten könne, konnte der Arbeiter dieses Verhalten nicht nachvollziehen. Seinen Widerwillen erklärte Pat sich damit, dass der Arbeiter es nicht besser wisse, da die Zeitungen nicht darüber berichteten, was mit den Juden geschehe, die Kontakte zu nichtjüdischen Deutschen pflegten. Oder die Geschichte von nichtjüdischen Deutschen, die weiterhin in jüdischen Geschäften und auf Märkten bei jüdischen Händlern einkaufen gingen, obwohl auch hier die Händler, ähnlich wie die jüdische Vermieterin, aus Angst vor möglichen Konsequenzen für ihr eigenes Leben lieber keine Nichtjuden mehr bedienen wollten und dennoch insgeheim froh über die Solidarität waren. Pats Bekannte seien daher übereingekommen, dass „die Deutschen von sich aus gar nichts [gegen die Juden, AK] machen" würden. Die Nationalsozialisten hingegen, „die Macht, die Polizei, die Partei, die mit den Hakenkreuzen", seien die wahren Schuldigen.[970]

Lehrreich sind auch die Reportagen des *Haynt*-Redakteurs Khaim Avraham Hurvits (Khaim Vital). Zehn Tage nachdem in der Nacht vom 9. auf den 10. November 1938 im nationalsozialistischen Deutschland und in den angegliederten Gebieten von den Nationalsozialisten organisierte und gelenkte Pogrome und Gewaltakte gegen Juden durchgeführt und im Zuge dessen unzählige Synagogen, Betstuben, Organisationsräume, Geschäfte und Wohnungen zerstört wurden, erreichte der reisende Korrespondent Berlin. Seine Aufgabe war es, für die Leser des *Haynt* vom Nachgang der Pogrome zu berichten. Aufgrund von Gesprächen, die er mit einem befreundeten Juden führte, der schon mehrere Jahre in Berlin lebte, formulierte er die Annahme, dass die Pogrome mehr waren als ein bloßer Racheakt. Für ihn waren sie nicht nur außerordentlich gut organisiert, sondern hatten darüber hinaus auch eine ökonomische Komponente, nämlich jüdisches Vermögen in Deutschland zu vernichten beziehungsweise einzubehalten. Er kam ferner zu dem Schluss, dass die Gewaltakte einen „erzieherischen Charakter" gehabt hätten.[971] Erzogen beziehungsweise diszipliniert werden sollte aber nicht die jüdische, sondern die nichtjüdische deutsche Bevölkerung. Obwohl jüdische Geschäfte seit nunmehr sechs Jahren boykottiert wurden, gab es Vital zufolge nämlich immer noch „einen gewissen Teil der deutschen Bevölkerung", der weiterhin bei Juden einkaufen ginge und seine Kleidung zu jüdischen Schneidern oder Kürschnern brächte, trotz diverser Bemühungen seitens der Nationalsozia-

---

970 Pat, Yakov: A par teg in Berlin, in *Naye Folkstsaytung*, 19. August 1938, S. 6.
971 Vital, Khaim [Hurvits, Khaim Avraham]: Durkh'n pogrom hot men gevolt „ertsihen" di daytshe masen ..., in *Haynt*, 22. November 1938, S. 3.

listen, die Boykottpropaganda zu verstärken.⁹⁷² Die eigentliche Motivation hinter den Pogromen sei es daher gewesen, die nichtjüdische deutsche Bevölkerung einzuschüchtern. Insbesondere aber sollten Vitals Auffassung nach jene Menschen durch die Pogrome „erzogen" werden, die den Nationalsozialisten noch nicht bedingungslos folgten. Vital zufolge ging diese Strategie auch auf, denn, wie er weiterschrieb, „kaufen [heute] diese ‚Widerspenstigen' schon nicht mehr bei Juden ein, einfach dem Umstand zuliebe, dass es kein einziges jüdisches Geschäft im ganzen Land mehr gibt, was noch ganz geblieben ist".⁹⁷³

Die Erkenntnis, dass noch nicht alle Deutschen blind den Nationalsozialisten folgten, präzisierte Vital im folgenden Abschnitt:

> Das deutsche Volk ist noch nicht im Ganzen mit Antisemitismus vergiftet. Und die Beobachtung von meinem Freund ist in gewisser Weise auch richtig, wenn wir uns anschauen, wie eine Reihe von Deutschen auf das Pogrom reagiert hat. In einem besonderen Artikel werden wir noch dazu kommen, über die Beziehung der deutschen Massen zu den letzten ‚Geschehnissen' zu sprechen. Ja, auf die deutschen Massen hat der Judenpogrom einen erschütternden Eindruck gemacht.⁹⁷⁴

In den darauffolgenden Reportagen schilderte Khaim Avraham Hurvits (Khaim Vital) ähnlich wie Jakob Pat ebenfalls viele widerständige Geschichten, in denen nichtjüdische Deutsche sich für ihre jüdischen Mitbürger in Gefahr gebracht hatten. So erklärte er, dass er nach den Novemberpogromen von zahlreichen Fällen gehört hätte, in denen Juden von nichtjüdischen Deutschen in Berlin versteckt würden und sich auf diesem Weg „tausende Arier" „als Helfer der Juden" ausgewiesen hätten.⁹⁷⁵ Er berichtete ferner von deutschen Müttern, die geplünderte Waren aus jüdischen Geschäften zu deren rechtmäßigen Besitzern zurückgebracht hätten. Die Mütter hätten sich für ihre Kinder geschämt, welche die gestohlenen Waren mit nach Hause genommen hätten.⁹⁷⁶ Ebenfalls erwähnte er einen Gottesdienst in der Gedächtniskirche am Kurfürstendamm, bei dem

---

972 Vital, Khaim [Hurvits, Khaim Avraham]: Durkh'n pogrom hot men gevolt „ertsihen" di daytshe masen ..., in *Haynt*, 22. November 1938, S. 3.
973 Vital, Khaim [Hurvits, Khaim Avraham]: Durkh'n pogrom hot men gevolt „ertsihen" di daytshe masen ..., in *Haynt*, 22. November 1938, S. 3.
974 Vital, Khaim [Hurvits, Khaim Avraham]: Durkh'n pogrom hot men gevolt „ertsihen" di daytshe masen ..., in *Haynt*, 22. November 1938, S. 3.
975 Vital, Khaim [Hurvits, Khaim Avraham]: Vu genekhtigt, nisht getogt ..., in *Haynt*, 28. November 1938, S. 3.
976 Vgl. Vital, Khaim [Hurvits, Khaim Avraham]: Daytshe muters brengen tsurik di tsugeroybte skhoyre, in *Haynt*, 24. November 1938, S. 3.

es „ein Gebet ‚für das Volk, das am meisten auf der Welt gelitten hat'" gegeben hätte. Dabei hätte der Geistliche in seiner Predigt „das Wort ‚jüdisches Volk'" nicht einmal erwähnt, aber „alle Anwesenden wussten, wen man meint". Und schließlich klärte Vital seine jüdischen Leser darüber auf, dass diejenigen „Menschen, die das Gebet sprachen" gleichsam verfolgt werden „so wie die Juden".[977] So hätte man ihm anvertraut, dass im Zusammenhang mit dem Gebet in der Gedächtniskirche 50 katholische Geistliche inhaftiert worden wären.

Die Reportagen zeigen nicht nur, dass Khaim Avraham Hurvits (Khaim Vital) wie auch Jakob Pat ihre Informationen überwiegend von ihren jüdischen Bekannten in Berlin sowie aus der internationalen Presse bezogen. Sie zeichnen auch ein bemerkenswertes Stimmungsbild von den Tagen kurz vor beziehungsweise nach den Pogromen in Berlin und geben ein Verständnis davon, welches Wissen in die Redaktion des *Haynt* und der *Naye Folkstsaytung* gelangte und von dort aus seine Verbreitung fand. Die Reportagen geben Einblicke in eine tief gespaltene deutsche Mehrheitsgesellschaft aus Tätern, Unterstützern, Zuschauern sowie von passiven, hilflosen, aber auch widerständigen Menschen. Vital zeichnet Porträts nichtjüdischer Deutscher, die innerlich zerrissen waren und die sich aus unterschiedlichen Gründen dafür oder dagegen entschlossen hatten, ihren jüdischen Mitbürgern durch kleinere oder größere Gesten und Handlungen vor, während oder nach den Pogromen beizustehen. Diese Beobachtungen spiegeln die aktuelle Forschung über das Verhalten der deutschen Mehrheitsgesellschaft im Nationalsozialismus aus einer polnisch-jüdischen Perspektive wider und stützen die Forschungsergebnisse. Die Arbeiten von Wolf Gruner zeigen, dass es insbesondere die „angeblichen Zuschauenden" waren, die „auf mannigfaltige Weise mit dem Verfolgungsprozess konfrontiert und in diesen involviert" waren, „ob am Arbeitsplatz, auf der Straße oder in der Nachbarschaft", und ferner, dass sich auf individueller Ebene ebenfalls verschiedene Formen des Protests gegen die Verfolgung von Juden nachweisen lassen.[978] Die oben zitierten Schilderungen von Akten der Solidarität und Versuchen von Hilfeleistungen beziehungsweise

---

[977] Leider konnte ich nicht herausfinden, um welche Aktion es sich handelte. Vgl. Vital, Khaim [Hurvits, Khaim Avraham]: Durkh'n pogrom hot men gevolt „ertsien" di daytshe masen …, in *Haynt*, 22. November 1938, S. 3.

[978] Vgl. Gruner, Wolf: „Die Berliner und die NS-Judenverfolgung. Eine mikrohistorische Studie individueller Handlungen und sozialer Beziehungen", in: Hachtmann, Rüdiger, Thomas Scharrschmidt und Winfried Süß (Hrsg.): *Berlin im Nationalsozialismus. Politik und Gesellschaft 1933–1945* (= Beiträge zur Geschichte des Nationalsozialismus, Bd. 27), Göttingen 2011, S. 57–87, hier S. 57; „Indifference? Participation and Protest as Individual Responses to the Persecution of the Jews", in: Schrafstetter, Susanna und Alan Steinweis (Hrsg.): *The Germans and the Holocaust. Popular Responses to the Persecution and Murder of the Jews*, New York 2016, S. 59–83.

einer „Wiedergutmachung" des geschehenen Unrechts können dazu beitragen, die Wahrnehmung des sogenannten Mitläufertums im NS-Deutschland weiter zu verkomplizieren, weil sie darauf verweisen, dass die Entwicklungen noch im Fluss waren und das Verhalten der deutschen Mehrheitsbevölkerung gegenüber ihren jüdischen Mitbürgern ganz verschiedene und zum Teil widersprüchliche Verhaltensweisen hervorbrachte.

Doch warum entschieden sich Menschen, sich dem NS-Regime gegenüber kritisch zu verhalten? Eine Antwort darauf fand Vital in dem Motiv der bereits angesprochenen empfundenen Scham, deutsch zu sein in Anbetracht dessen, wofür dieses Wort nun stünde. Als weitere Bewegründe nannte er außerdem, dass die bloße Zerstörungswut der Nationalsozialisten viele nichtjüdische deutsche Bürger erzürnt habe, weil der „gemeine Deutsche" vom Charakter her eigentlich ein „Schaffender" sei:

> Die Zahl der ‚Bravo'-Klatscher, die Zahl von Deutschen, die sich über das Pogrom gegen Juden gefreut haben, war gar nicht so groß. Im Gegenteil: Bei einem großen Teil des deutschen Volkes herrschte Verbitterung gegenüber der nationalsozialistischen Barbarei. Der Deutsche besitzt einen Drang zu bauen. Und wenn er Zerstörung sieht, ruft das bei ihm Widerwillen hervor. Als er die Zerstörung der jüdischen Geschäfte sah, vernichtetes jüdisches Hab und Gut, hat ihn das auch in diesem Fall gekränkt.[979]

Die Wahrnehmung Vitals passt damit zu den jüngsten Forschungsergebnissen von Wolfgang Benz, der über die Pogrome schreibt, dass die Scham und die Wut, welche die deutsche Mehrheitsgesellschaft empfand, eher den zerstörten Waren und Gebäuden galt, als den ruinierten menschlichen Existenzen.[980] Gleichzeitig zeigt sich aber, dass Vital auch Freundschaft und echtes Mitgefühl unter nichtjüdischen Deutschen vorfand und in diesen Empfindungen die größte Motivation für eine solidarische Einstellung zu erkennen glaubte.[981] Insbesondere in Anbe-

---

979 Vital, Khaim [Hurvits, Khaim Avraham]: Durkh'n pogrom hot men gevolt „ertsihen" di daytshe masen ..., in *Haynt*, 22. November 1938, S. 3.
980 Darüber hinaus deutet Wolfgang Benz die von einigen empfundene Scham und einzelne Aktionen der Solidarität als ein spezifisches Großstadtphänomen. Die Mehrheit der Deutschen hätte sich gleichgültig gegenüber der Zerstörung und der Gewalt gezeigt. Benz, Wolfgang: Gewalt im November 1938: Die „Reichskristallnacht" – Initial zum Holocaust, Berlin 2018, S. 119, 125.
981 Das ausführliche Zitat lautet „Die anständigen Deutschen schämen sich jetzt in die Gesichter ihrer jüdischen Bekannten zu gucken. Da sind Deutsche, die um die Hälse ihrer jüdischen Freunde fallen und weinen. Tränen sind eine billige Sache in Deutschland geworden und nicht nur bei den Juden allein. ‚Ich schäme mich um meiner selbst, und ich schäme mich für mein Volk' hört ihr heute von einigen Deutschen. Es gehen Deutsche vor den zerstörten jüdischen Geschäften vorbei und drehen ihre Gesichter weg, um nicht die Schande von ihrem Volk zu sehen ..." Vgl.

tracht der massenhaften Verhaftungen, die nach den Pogromen vorgenommen wurden,[982] zeigte sich Khaim Avraham Hurvits (Khaim Vital) zufolge, dass in Berlin nicht nur unzählige Juden durch Nichtjuden versteckt worden wären, sondern auch, dass sich selbst noch unter Angehörigen der Ordnungspolizei Menschlichkeit und Mitgefühl finden ließe:

> Auch in dem Fall der jüdischen Festnahmen sah man, dass das deutsche Volk noch nicht komplett vergiftet ist. Dass noch nicht alle ihre menschlichen Gefühle verloren haben. Auf den Polizeidienststellen spielten sich herzzerreißende Szenen ab. Die ‚Gestapo'-Agenten mit ihren verzinnten Kriminalmarken taten das ihrige. Entblößt und nackt schleppten sie die Juden aus ihren Betten heraus und brachten sie zur Polizeistation. Doch es gab Polizeioffiziere, die in gewissen Fällen Mitleid mit den Opfern bekamen und ihnen zuflüsterten: ‚Seht, macht euch schnell von dannen' und die Augen abwandten, wenn dieser oder jener sich aus dem Polizeirevier schlich. Man erzählte mir auch von Fällen, in denen Polizeioffiziere die verhafteten Juden selbstständig durch die Hintertüren der Polizeistation herausführten und sie hießen, schnell zu verschwinden.[983]

Die von Vital wiedergegebene Episode über das barmherzige Verhalten gegenüber Juden durch Mitglieder der Ordnungspolizei ist einmalig in den Berichten der Journalisten und Publizisten. Mit der Wiedergabe dieser Geschichte, in der sich ein Moment der Milde und Menschlichkeit ausdrückt, nahm Vital allerdings nicht, wie zunächst angenommen werden könnte, die Mitglieder der Ordnungspolizei in Schutz, er unterstrich damit vielmehr die entgrenzte Brutalität, die der täglichen Gewalt innewohnte. Für ihn zeigte die Hilfe, die vereinzelte Polizisten inhaftierten Juden gewährte, nur, dass die Brutalität des NS-Systems in ihrem Ausmaß einmalig war, und zwar so einmalig, dass einige wenige Menschen, obgleich sie selbst Teil des NS-Systems waren, moralische Zweifel an der Richtigkeit ihrer eigenen Handlungen bekamen. Dies freilich sind Ausnahmen. Der Großteil

---

Vital, Khaim [Hurvits, Khaim Avraham]: Daytshe muters brengen tsurik di tsugeroybte skhoyre, in *Haynt*, 24. November 1938, S. 3.
982 In der Nacht vom 9. zum 10. November 1938 erließen die Chefs der Gestapo den Befehl, dass zwischen 20.000 und 30.000 Juden verhaftet und in Konzentrationslager verschleppt werden sollten. Die Internierungen begannen noch in der Nacht und parallel zu den Pogromen und dauerten bis zum 16. November an. Ca. 26.000 mehrheitlich gut situierte jüdische Männer wurden Opfer der Verhaftungen. Vgl. Benz: Gewalt im November 1938, S. 158 f. Khaim Avraham Hurvits hingegen ging aufgrund seiner Informationen davon aus, dass sich die Zahl der Verhaftungen eher auf 60 – 70.000 belief. Die Zahl setzte er aus Angaben der internationalen Presse (35 – 40.000 Juden) und Informationen, die er von deutschen Juden bezogen hatte, zusammen.
983 Vital, Khaim [Hurvits, Khaim Avraham]: Dos daytshe yidentum gebliben ohn mener …, in *Der Moment*, 27. November 1938, S. 5.

der Anhänger der NSDAP, der Mitglieder von SS, SA und Gestapo wurde in den Reiseberichten in deutlich düstereren Farben gezeichnet.

5.4.3 Die Nationalsozialisten und nationalsozialistische Ideologie

Die direkte Konfrontation mit der nationalsozialistischen Kultur und Ideologie sowie das direkte Aufeinandertreffen mit überzeugten Nationalsozialisten stellte nach den Grenzkontrollen in den Reiseberichten oft eine Art zweiten narrativen Höhepunkt dar, der bei den Lesern Spannung und Furcht gleichermaßen erzeugen sollte. Die Neugierde, Angst und Aufgeregtheit, welche die Verfasser der Berichte bei der Einreise nach Deutschland empfanden, gaben sie an ihre Leser weiter. Wie sah Deutschland nach dem politischen Umbruch aus? Und wie fühlte es sich an, von Nationalsozialisten umgeben zu sein? Eindringlich wird dies von Heshl Klepfish beschrieben, der 1935 im Rahmen einer Zugreise einige Stunden Aufenthalt in Nürnberg, der sogenannten Stadt der Reichsparteitage, hatte. In seinem Reisebericht, den er für *Dos Yudishe Togblat* verfasste, schrieb er, wie er sich fühlte als er in Nürnberg den Zug verließ. Seine Beschreibungen über die einstige Kulturstadt sind exemplarisch für eine Vielzahl von Reiseberichten. Er schrieb:

> Etliche Stunden bin ich auf den Straßen Nürnbergs gelaufen. Aber nein, das waren keinen schönen Stunden, wie lange Jahrhunderte haben sie sich gezogen und geschleppt. Im Herzen habe ich still ein Gebet geflüstert: Die paar Stunden sollen schneller herumgehen, meine Bahn soll endlich ankommen und sie soll mich schneller wieder fortbringen. [...] In den Bahnhöfen aller deutschen Städte flattern schwarze und blutige Hakenkreuzflaggen. Aber nirgendwo jagen sie einem solch einen unheimlichen Hakenkreuz-schreck ein, wie in Nürnberg. Dort begnügt man sich nicht mit den alten Flaggen und offiziellen Parteifahnen, die von den Wänden hinunterschreien und rufen ‚den Führer anzubeten und zu loben' – dort kann man noch andere originelle Aufschriften sehen, wie zum Beispiel: ‚Der Jude ist der Feind', ‚Halte dich vom Juden fern, er saugt dein Blut' ... Man muss riesige Plakate wahrnehmen, auf denen die geschmacklosesten Schmierenkarikaturen von Juden aufgemalt sind, ein Gemisch aus Farben soll die ‚verbrecherischen jüdischen Gesichtszüge' darstellen.[984]

Das körperliche Unwohlsein, das Klepfish verspürte, wenn er als polnischer Jude deutschen Boden betrat, teilte auch Leyb Malakh, als dieser im selben Zeitraum am Alexanderplatz den Zug verließ. Auch er beschrieb die allgemeine Atmosphäre in der Stadt und klärte seine Leser über antisemitische Propaganda, antijüdische Erlasse und eine allgemein vorherrschende pogromartige Stimmung auf. In aller Ausführlichkeit beschrieb er antisemitische Plakate und Schilder, die Juden

---

[984] Klepfish: In Nirenberg (fun meyne rayze-bletlekh), S. 432–433.

Hausverbote erteilten, und zog Vergleiche zu antisemitischen Praxen im zaristischen Russland.[985]

Die Räume und Bilder, welche die Reisenden vom nationalsozialistischen Deutschland entwarfen, entwickelten eine starke erzählerische und bildliche Kraft. Detaillierte Beschreibungen davon, wie sich die nationalsozialistische Ideologie im öffentlichen Raum durch Plakate, Bilder und Hakenkreuzfahnen sowie das brachiale Auftreten von Männern in SA- und SS-Uniformen, lösten bei den jüdischen Reisenden Angst und Unbehagen aus. Die reisenden Journalisten thematisierten ihre direkten Begegnungen mit Nationalsozialisten oftmals schon im Zug selbst oder später am Bahnhof, sobald sie den Zug verließen. Eine anschauliche Szene findet sich in einem Bericht von Jakob Pat, der am 24. Januar 1933, also noch vor der Machtübertragung an Hitler, in der *Naye Folkstsaytung* erschien:

> Ich wusste, wie wir es alle wissen, dass die politische Luft in Berlin heiß ist. Ich habe mir aber nicht vorgestellt, dass sie so heiß ist, wie ich sie am Sonntag spürte, als ich am ersten Tag aus der Bahn in Berlin stieg. Schon in der Stadtbahn, die parallel zum Warschauer Zug lief, fuhren ganze Waggons voll mit Jugendlichen mit Hakenkreuzen auf den Uniformen vorbei. Auf dem Bahnhof ‚Zoo', wo ich ausstieg, sah ich herausgehende und hereinkommende Shturmistn von Hitlers Leuten. Ich erinnere mich, dass ich vor einiger Zeit auf dem Bahnhof in Rom, schon bald nach dem Verlassen des Zuges, die ‚Duces' [sic!], die Milizen mit den schwarzen Federn im Hut gesehen hatte.[986] Die Anhänger mit den Hakenkreuzen auf dem Berliner Bahnhof hatten dieselben Gesichter.[987]

Auch bei Shlomo Mendelsohn lassen sich im April 1933 ähnliche Beschreibungen finden:

> In Düsseldorf stiegen zwei Nationalsozialisten in Uniform ein. Arrogant und stolz sind sie in das Abteil hinein und sprachen laut mit einer etwas seltsamen Trunkenheit. Sie führten ein Gespräch über Politik. ‚Wir haben lange gewartet, aber endlich ist es so weit gekommen. Jetzt müssen wir noch dem Stahlhelm ein Ende bereiten, aber die Marxisten sind schon totgeschlagen', sagte der eine mit einer gewaltigen Arroganz. Beinahe an allen Fenstern verbreitet sich, wie ein weißer, gräulicher Wind, die Parole ‚Heil Hitler'. Ich habe das Gefühl, dass wie

---

985 Vgl. Malakh: Fun Shpanye biz Holand, S. 184.

986 Als „Duces", besser als Schwarzhemden (*camicie nere*) bekannt, wurden inoffiziell die Mitglieder der paramilitärischen Milizen der italienischen Faschisten bezeichnet. Der von Pat verwendete Ausdruck der „Duces" leitete sich in diesem Fall von Mussolini ab, der im Italienischen den Beinamen „Il Duce", der Führer, trug.

987 Pat, Yakov: Oyf a demonstratsie fun raykhsbaner in Berlin, in *Naye Folkstsaytung*, 24. Januar 1933, S. 9.

in einer finsteren Ödnis Klänge wie von hungrigen Schakalen zu hören sind. Ist dies nicht ein Symbol für das heutige Deutschland?[988]

Beiden Schilderungen ist die Omnipräsenz von uniformierten Personen im alltäglichen Leben in Deutschland gemein. Die Mitglieder der SS und SA erweckten durch ihre bloße Anwesenheit eine Art Unbehagen sowohl bei Pat als auch bei Mendelsohn. Die Nationalsozialisten werden als düster und streng gezeichnet und mit den italienischen Faschisten verglichen, wodurch das Phänomen des Faschismus zumindest bei Pat eine europäische Dimension bekam. Da Pat sich allerdings noch vor der Machtübertragung an Hitler am 30. Januar 1933 in Berlin aufhielt, schrieb er seinen Bericht noch unter anderen politischen Vorzeichen. Während die Nationalsozialisten bei Pat so gezeichnet wurden, dass sie Stärke, aber auch Wut und Unberechenbarkeit ausstrahlten, charakterisierte Mendelsohn sie im April 1933 bereits als siegestrunken und arrogant. Nicht zuletzt spielten beide Bundisten mit der bereits erwähnten Metapher der Luft. Während Pat von der „politischen Luft" sprach, die sehr „heiß" gewesen sei, und durch das kollektive „Wir"-Konstrukt bei seinen Lesern eine gewisse Vorkenntnis über die zeitgenössischen politischen Verhältnisse und Kämpfe voraussetzte, breitete sich bei Mendelsohn der nationalsozialistische Geist in Form eines Windes aus. Das sich anschließende Bildnis der Öde spiegelt die bereits mehrfach erwähnte Stille wider, während die Nationalsozialisten in der Gestalt von hungrigen Schakalen auf ihre nächsten Opfer warteten. Abermals wird also deutlich, dass die jüdischen Reisenden Naturphänomene benutzten, um eine politische Strömung – in diesem Fall den Nationalsozialismus – oder auch eine Stimmung zu beschreiben. Die politischen Entwicklungen in NS-Deutschland schienen sich, so beschreiben sie es, einer Naturgewalt gleich außerhalb der menschlichen Kontrolle zu befinden. Sie verwendeten diese literarischen Mittel, um ein Gefühl einer allgegenwärtigen Gefahr zu beschreiben, Gefühle von Machtlosigkeit und Ohnmacht zu vermitteln und zu zeigen, dass die nationalsozialistische Ideologie bereits in alle Lebensbereiche vorgedrungen war, ohne dass sie sich dabei auf konkrete beziehungsweise verifizierte oder gar objektive Fakten berufen mussten. Die Verwendung dieser Stilmittel trug ferner dazu bei, zu zeigen, dass sich die Entwicklungen noch im Prozess befanden und aus diesem Grund faktisch noch nicht näher bestimmt oder gar vorausgesehen werden konnten.

---

988 Mendelsohn, Shloyme: Dos ponem fun hayntigen Daytshland, in *Naye Folkstsaytung*, 23. April 1933, S. 5.

5.4.4 Räume, Zeitachsen und jüdisches Leben in Deutschland

Für die reisenden Journalisten und Publizisten repräsentierte der Nationalsozialismus nicht nur eine gewaltvolle Ideologie, er symbolisierte auch den Bruch zwischen dem, was davor war, und dem, was danach kam, sowohl äußerlich durch Plakate, Aufmärsche und Gewalt, wie auch innerlich durch die ideologische Durchdringung des Geistes. Deutlich wird dies an einem weiteren Zitat aus dem bereits mehrfach zitierten Reisebericht von Shlomo Mendelsohn. Er beschrieb seine ersten Eindrücke von Deutschland folgendermaßen:

> Berlin war nicht nur das New York von Europa. In der Zeit der Nachkriegsjahre war Berlin die intellektuellste Stadt Westeuropas. Dort fanden alle Fragen ihren Anklang, dort interessierte man sich für alle Länder und alle Probleme. Das, was einem während der Dauer des ersten Tages auffällt, ist in dieser Hinsicht der Rückschritt, der Regress. Nicht nur, dass jedes freie Wort erstickt wird, nicht nur, dass nur noch die hitleristische Presse geblieben ist. Es ist zur politischen Losung geworden: ‚Nieder mit dem Intellektualismus, mit der höheren, raffinierten Kultur.' Der Hitlerismus bemüht nicht bloß einen politischen Faschismus, sondern eine kulturelle Rückkehr bis hin zu den unterentwickeltsten Zeiten des adeligen Stillstands. Die hitlerische Presse und die hitlerischen Broschüren schreiben ständig darüber: Berlin war niemals eine deutsche Stadt.[989]

Anhand der Auswahl der Schauplätze, zu denen sich die jüdischen Reisenden begaben, werden die von ihnen wahrgenommenen Brüche jedoch besonders plastisch. Denn neben den Bahnhöfen wählten die Reisenden in der Regel Orte aus, die schon vor 1933 für sie persönlich als Kulturschaffende, aber auch im internationalen jüdischen wie nichtjüdischen Diskurs über Deutschland und deutsche Kultur eine wichtige symbolische Bedeutung innehatten. Die räumlichen Bilder, welche die reisenden Autoren entwarfen, waren somit schon bei ihrer Ankunft mit einer narrativen Bedeutung aufgeladen. Die Verfasser der Berichte wie auch ihre Leser verknüpften mit den Orten bestimmte kulturelle Muster und Assoziationen und nicht zuletzt persönliche Erinnerungen. Fast jeder erwachsene Mensch in Europa hatte in den 1930er Jahren eine Vorstellung davon, was gemeint war, wenn man vom Kurfürstendamm sprach. Als Yosef Tunkel (Der Tunkeler) im Februar 1936 einen kurzen Aufenthalt in Berlin hatte, lief er zusammen mit zwei Bekannten die bekannte Berliner Einkaufsstraße entlang. Er schrieb: „Wir spazieren über den Kurfürstendamm. Es sagt sich so leicht ‚spazieren'. Damals, denke ich, sind wir wirklich spaziert. Heute duckt man sich und man schaut sich um. Und wir denken, dass der Kurfürstendamm damals breiter, herrlicher, lebendiger

---

[989] Mendelsohn, Shloyme: Dos ponem fun hayntigen Daytshland, in *Naye Folkstsaytung*, 23. April 1933, S. 5.

war und der Himmel weiter, offener. Heute ist es tot."⁹⁹⁰ Die Anspielung darauf, dass die Straße vor der Machtübertragung an Hitler „breiter, herrlicher, lebendiger war", weist auf die Bedeutung hin, die dem Kurfürstendamm international in der Zwischenkriegszeit zukam. In den 1920er Jahren war die Straße zum Symbol des neuen Berlins geworden und repräsentierte positive und demokratische Werte wie Freizügigkeit, Konsum, Lust, Intellektualität, Internationalismus, künstlerische und literarische Aspiration.⁹⁹¹ Nach dem Aufstieg der Nationalsozialisten jedoch sei Tunkel zufolge vom alten Glanz der Promenade nicht mehr viel übriggeblieben. So beschreibt dieser weiter, dass er auf der einstmals so belebten Straße kaum noch Menschen gesehen habe. Die wenigen, auf die er getroffen sei, hätten hoffnungslos und betrübt ausgesehen. Und während sich der nichtjüdische Spaziergänger fragen würde, was noch kommen werde, hätten die wenigen jüdischen Fußgänger nur eine einzige Frage im Gesicht stehen gehabt: „Wohin?".⁹⁹² Aber auch andere wichtige Straßen und Orte, die Berlin bis heute repräsentieren, fanden in den Berichten Erwähnung. Dazu gehörten der Alexanderplatz, die Friedrichstraße, das Olympiastadion und der Reichstag sowie die Volksbühne, Neukölln und der Wedding, die symbolisch für die deutsche Arbeiterklasse standen.

Anhand der ausgewählten Orte verglichen die Reisenden die Vergangenheit mit der Gegenwart, das einstmals Dagewesene mit dem jetzt Zerstörten. Ihren Lesern konnten sie so besonders drastisch vor Augen führen, welche verheerenden Konsequenzen der Aufstieg des Nationalsozialismus für Deutschland hatte. Denn das Land, wie es einmal gewesen war, besonders aber das Berlin der 1920er Jahre, das die Reisenden kannten und schätzten, existierte nicht mehr. Die Trauer darüber tritt besonders deutlich in den Reportagen derjenigen Autoren hervor, die in erster Linie schriftstellerisch tätig waren. Autoren wie Leyb Malakh, Nakhmen Mayzel oder eben auch Yosef Tunkel (Der Tunkeler) verknüpften in diesen ihre persönlichen Erinnerungen an das ehemalige Berlin mit ihren zeitgenössischen Beobachtungen.⁹⁹³ Dabei konzentrierten sie sich primär auf die Darstellung der Orte, die eine Bedeutung für die osteuropäisch-jüdische Diaspora hatten. Neben dem Romanischen Café, der Grenadierstraße, dem Scholem-Alej-

---

990 Der Tunkeler [Tunkel, Yosef]: In'm soyne'm lager, in *Der Moment*, 6. Februar 1936, S. 3.
991 Gleichsam lassen sich in den Beschreibungen des Kurfürstendamms aus den 1920er Jahren auch negative Aussagen finden, die einen vermeintlich ungehemmten Kommerz und Prostitution anprangerten.
992 Der Tunkeler [Tunkel, Yosef]: In'm soyne'm lager, in *Der Moment*, 6. Februar 1936, S. 3.
993 Vgl. Der Tunkeler [Tunkel, Yosef]: In'm soyne'm lager, in *Der Moment*, 6. Februar 1936, S. 3; Mayzel, Nakhmen: Mir farn farbey Berlin, in *Literarishe Bleter*, Nr. 43 (702), 22. Oktober 1937, S. 689–690.

chem-Klub und den Arbeitervierteln gehörten dazu auch die zahlreichen Märkte und nicht zuletzt das polnische Konsulat.[994] Ebenfalls suchten die Journalisten und Publizisten Orte des deutsch-jüdischen Lebens in Berlin auf, wozu unter anderem das bereits erwähnte Berliner Theater des *Jüdischen Kulturbund*, die Synagoge in der Oranienburger Straße, das Palästinaamt oder auch Charlottenburg als Viertel der bürgerlichen Juden, zählten.[995] Die Darstellung des jüdischen Lebens in Deutschland, speziell in der deutschen Metropole ist Gegenstand der folgenden zwei Unterkapitel.

5.4.5 Die osteuropäischen Juden

Das Schicksal und die Lage der osteuropäischen Juden in Deutschland gingen den jüdischen Reisenden aus Polen besonders nahe, weshalb die meisten Verfasser ihnen einen großen Stellenwert in ihren Berichten einräumten. Bereits im Februar 1933 sprach Jakob Pat in einem seiner Reiseberichte davon, dass sich bei vielen Juden eine „Erev-Girosh-Stimmung"[996] breit machen würde: „Man rechnet mit einer Depression, mit einem Girosh der ‚Mizrekh-yidn'. [...] Mit wem ich mich auch von den Juden treffe, alle reden heute nur davon: Wohin wird man fahren? Nach Paris? Nach Warschau? Oder ist es vielleicht nur eine ungerechtfertigte Befürchtung?"[997]

Das Zitat beschreibt treffend die komplizierte Situation, in der sich die osteuropäisch-jüdische Community nach Januar 1933 wiederfand und die sich in den verschiedenen Reiseberichten widerspiegelt. Letztlich handeln viele Geschichten von verängstigten und verunsicherten Menschen, die nicht wussten, ob sie und ihre Familien, die sich teilweise bereits vor Jahrzehnten ein Zuhause in Berlin geschaffen hatten, vor den Nationalsozialisten sicher waren.[998] Als polyglotte Journalisten, die aus Polen nach Berlin gekommen waren, hatten es die Reisenden leicht, mit osteuropäischen Juden vor Ort ins Gespräch zu kommen. Viele hatten

---

994 Vgl. Khaim, Vital [Hurvits, Khaim Avraham]: A bazukh in poylishn konsulat in Berlin, in *Haynt*, 25. Dezember 1935, S. 3.
995 Vgl. z. B. die Berichte von Barukh Shefner und Leyb Malakh, die beide das Berliner Theater des *Jüdischen Kulturbunds* aufsuchten. Malakh besuchte außerdem die Räume der jüdischen Gemeindeverwaltung, Yosef Tunkel tat es ihm gleich.
996 Hebr.: Wörtlich „Vorabend-der-Vertreibungsstimmung" oder „Exodus-Stimmung".
997 Pat, Yakov: Khmares iber Daytshland, in *Naye Folkstsaytung*, 25. Februar 1933, S. 4.
998 Zur Lage der osteuropäischen Juden in der Weimarer Republik siehe insbesondere die Pionierstudien von Maurer: Ostjuden in Deutschland 1918–1933; Maurer, Trude und Jack Wertheimer (Hrsg.): Unwelcome Strangers. East European Jews in Imperial Germany, New York/Oxford 1987.

wie Yosef Tunkel (Der Tunkeler) Bekannte in der Stadt, die sie aufsuchen und mit denen sie durch die Straßen Berlins wandern konnten. Andere gingen allein ins Scheunenviertel und versuchten vor Ort mit Juden ins Gespräch zu kommen.[999] Durch das aktive Aufsuchen der Orte, die aufgrund ihrer Vergangenheit eine wichtige Bedeutung für die jüdischen *Shrayber* und *Tuer* aus Warschau hatten, sammelten die Autoren Spuren einer Welt, die Teil der osteuropäisch-jüdischen Diaspora und des Jiddischlands war, in dieser Form so jetzt aber nicht mehr existierte, und hielten die Erinnerungen an sie fest – ein weiterer Hinweis darauf, dass die Reiseberichte in der Tradition der osteuropäisch-jüdischen Ethnografie standen. Die reisenden Journalisten und Publizisten ließen ihre Leser an ihren Erinnerungen an bessere Tage teilhaben sowie an ihrer Trauer über das, was nicht mehr war. Exemplarisch hierfür stehen Auszüge aus dem bereits mehrfach erwähnten zweiteiligen Bericht aus dem Jahr 1936, der von Yosef Tunkel verfasst und unter seinem Pseudonym „Der Tunkeler" veröffentlicht wurde. Er beschreibt darin, wie er zusammen mit zwei Bekannten das Romanische Café und den Scholem-Alejchem-Klub aufsucht:

> Wir gehen an unserem jedermann bekannten Romanischen Café, dem einstigen Kibuts-Golyes-Akhsanye[1000] unserer Intelligenz, Künstler und Wissenschaftler, vorbei. Ich traue mich herein, schaue mich um – fremd und unheimlich. [...] Dort bestimmte man über das Los von Völkern und Bewegungen. Dort wurden Ideologien und Bewegungen gegründet und dort wurden sie auch wieder aufgelöst. Dort war der Gasthof für die Vorbeifahrenden auf dem Weg von Kongress zu Kongress. Es gab dort Stimmung, Farbe, Begeisterung. Und jetzt sitzen dort fremde, saure Deutsche und trinken Bier. Wir gehen am Scholem-Alejchem-Klub[1001] vorbei. Alle drei stoßen wir einen schweren, kollektiven Seufzer aus und gehen weiter.[1002]

Auch Nakhmen Mayzel verlor sich in seinem Bericht in seinen Erinnerungen an das einstige jüdische Berlin. Er weigerte sich im Jahr 1937 sogar, den Zug in Berlin zu verlassen, denn er war der Meinung, dass das Berlin, das er und andere einst kannten, „jetzt fremd und weit" sei und es nicht mehr genug gebe, wozu es sich

---

999 Yosef Tunkel suchte in Berlin beispielsweise seinen Kollegen Boris Smolar von der JTA auf. Vgl. Der Tunkeler [Tunkel, Yosef]: In'm soyne'm lager, in *Der Moment*, 4. Februar 1936, S. 3.
1000 Der Begriff beschreibt eine Art Flüchtlingsunterkunft für Juden aus der ganzen Welt, aber auch einen Ort, an dem Juden verschiedener Backgrounds aufeinandertrafen und miteinander agierten. Im Falle des Romanischen Cafés waren dies Juden aus West- und Osteuropa.
1001 Der Scholem-Alejchem-Klub war zu diesem Zeitpunkt schon aufgelöst.
1002 Der Tunkeler [Tunkel, Yosef]: In'm soyne'm lager, in *Der Moment*, 6. Februar 1936, S. 3.

noch lohnen würde auszusteigen.[1003] Außerdem hatten, wie er schreibt, alle seine früheren Bekannten die Stadt inzwischen verlassen. Die Beobachtungen der beiden Schriftsteller erinnern stark an Berichte, die aus der Feder jüdischer wie nichtjüdischer Schriftsteller und Intellektueller stammten, die vor 1933 zu den Stammgästen des Romanischen Cafés gehörten. Auch sie trauerten um die untergegangene intellektuelle Welt Berlins.[1004]

Die Grenadierstraße in Berlin-Mitte als Symbol osteuropäisch-jüdischen Lebens in Berlin, das vor 1933 gleichsam positive wie negative Assoziationen auch unter den jüdischen Journalisten und Publizisten in Warschau hervorrief, bildete in vielen Reportagen den Rahmen, innerhalb dessen es zur Begegnung zwischen den reisenden Journalisten und den jüdischen Anwohnern des Scheunenviertels kam. Oftmals wollten die Besucher von den Bewohnern des Scheunenviertels wissen, wie es sich jetzt, nachdem die Nationalsozialisten an die Macht gekommen waren, in Berlin lebte. Doch obwohl sich die Verfasser der Berichte der gleichen Community zugehörig fühlten, wurden sie von den Anwohnern der Grenadierstraße oft als Fremde behandelt. In den Reportagen berichteten sie davon, dass die Juden vor Ort nicht mit ihnen sprechen wollten, weil sie aufgrund der zahlreichen antisemitischen Übergriffe eingeschüchtert wären. Shlomo Mendelsohn erzählte die Geschichte von einem älteren Juden, der einen der brutalen Gewaltexzesse im Scheunenviertel überlebt hatte:

> Ich sprach mit einem Juden, der während des räuberhaften Überfalls auf die Synagoge in der Grenadierstraße schrecklich gefoltert worden war. Der Jude, ein Mensch von circa 60 Jahren, hat zuerst gelogen und Stein und Bein geschworen, dass gar nichts gewesen sei. Ich habe ihm aber versichert, dass er keine Angst zu haben braucht. Dann hat er geweint und gesagt: ‚Ich habe keinen Atem mehr. Ich bitte euch, lasst mich gehen, weil ich ohne Erlaubnis nicht reden kann.' Ein schauerliches Bild eines wimmernden Tieres, dem es nicht erlaubt ist zu schreien.[1005]

Yosef Tunkel (Der Tunkeler) suchte ebenfalls die Grenadierstraße auf und musste feststellen, dass es ihm trotz der vielen Gemeinsamkeiten, die sie hatten, nicht gelang, die Bewohner der Straße zum Sprechen zu bringen: Sie vertrauten ihm

---

1003 Vgl. Mayzel, Nakhmen: Mir farn farbey Berlin, in *Literarishe Bleter*, Nr. 43 (702), 22. Oktober 1937, S. 689–690. Zu seinen Ausführungen über das Romanische Café vgl. ausführlich das Zitat in Kap. 2.6.
1004 Vgl. z. B. den Bericht Wolfgang Koeppens über den Bedeutungsverlust des Kaffeehauses nach 1933: Koeppen, Wolfgang: „Ein Kaffeehaus", in: Wagenbach, Klaus (Hrsg.): *Atlas. Deutsche Autoren über ihren Ort*, Berlin 2004, S. 91–96.
1005 Mendelsohn, Shloyme: Dos ponem fun hayntigen Daytshland, in *Naye Folkstsaytung*, 23. April 1933, S. 5.

nicht. Für ihn war das Scheunenviertel zum „ideellen Mustergetto" der Nationalsozialisten geworden.[1006] Von einem Getto sprach auch Leyb Malakh, der im selben Jahr wie Tunkel durch Berlin kam. Allerdings beschrieb Malakh mit dem Begriff des Gettos nicht nur das Scheunenviertel, sondern das gesamte jüdische Berlin. Damit zeigte er seinen Lesern, dass er mit den zeitgenössischen innerjüdischen Debatten um die Diskussion über ein Leben in einem (kulturellen) Getto vertraut war.[1007] In seinem Reisebericht, der eine deutlich stärkere literarische Komponente als die anderen Berichte aufweist, verglich er die Oranienburger Straße mit der Grenadierstraße:

> Sie, die Grenadierstraße und sie, die Oranienburger Straße haben in der Nacht ein und dasselbe Aussehen: Die Frontfenster sind dunkel. Früher waren die Frontfenster erleuchtet. In der Oranienburger Straße die Armleuchter und in der Grenadierstraße – die Hängeleuchter. Jetzt sind die Scheiben schwarz. In der Nacht scheint von dort nur noch Unheimlichkeit und Leere herunter. Die Scheiben sind schwarz, die Flächen der Fenster sind verdunkelt, weil schon heute niemand mehr in diesen Stuben wohnt. Wer es konnte und sich beizeiten beeilte, ist über die nicht vorhandene Mauer des Gettos gesprungen und ist raus aus der Stadt, raus aus dem Land; die Einwohner der Oranienburger Straße und der Grenadierstraße sind zerstreut in der Welt, manche mit McDonalds Gnade und andere durch ein Zertifikat.[1008] Manche sind im Kibbuz in Palästina, andere in der Emigration in Paris, Prag, São Paulo oder sogar in Peru und Ecuador. Hier stehen die Behausungen leer, hier sind die Scheiben abgedunkelt, und auf allen weiten Wegen der großen Welt sind die ehemaligen Einwohner zerstreut.[1009]

Durch die Gegenüberstellung beider Straßen zeigt sich, dass Malakh neben den Diskussionen um ein kulturelles Getto auch mit der zeitgenössisch vorherrschenden Debatte über die kulturellen und lebensweltlichen Unterschiede zwischen ost- und westeuropäischen Juden vertraut war. Während die Oranienburger Straße das Symbol der mehrheitlich deutschen, reformierten und bürgerlichen Juden war, stand die Grenadierstraße für die armen, proletarischen, orthodoxen und vermeintlich rückständigen, aber auch deswegen gerade „authentischen

---

1006 Der Tunkeler [Tunkel, Yosef]: In'm soyne'm lager. Fun a bezukh in Berlin, in *Der Moment*, 6. Februar 1936, S. 3.
1007 Die Diskussion war zu diesem Zeitpunkt unter deutsch-jüdischen Intellektuellen bereits vordringlich geworden, wie ein Artikel des deutschen Rabbiners Joachim Prinz aus der *Jüdischen Rundschau* im April 1935 illustriert. Es ist sehr wahrscheinlich, dass Malakh sich dieser Diskussion bewusst war und sie mit seinen eigenen Eindrücken von Berlin kombinierte. Vgl. Prinz, Joachim: Das Leben ohne Nachbarn. Versuch einer ersten Analyse. Ghetto 1935 (aus einer Rede: Jüdische Situation – Heute.), in *Jüdische Rundschau*, 17. April 1935, S. 3.
1008 Damit war ein Zertifikat zur Auswanderung nach Palästina gemeint, das durch die britische Mandatsregierung ausgestellt wurde.
1009 Malakh, Leyb: Berliner geto 1936, in *Unzer Ekspres*, 31. Januar 1936, S. 9.

Ostjuden". In dem ausgewählten Ausschnitt verwischte Malakh die Differenzen beider Kollektive, da er zu der Erkenntnis gelangte, dass seit 1933 sich sowohl die deutschen wie die osteuropäischen Juden in Berlin in ein und derselben Situation wiederfanden, nämlich in einem unsichtbaren Getto. Das Bildnis der „nichtvorhandenen Mauer des Gettos" gibt preis, dass eigentlich kein wirkliches, also materialistisch-räumliches Getto existierte. Die Anwesenheit der nationalsozialistischen Ideologie wird somit auch bei Malakh in diesem Abschnitt nur angedeutet. Dennoch verstanden die Leser, nicht zuletzt, weil Malakh vorher ausführlich darüber berichtet hatte, was gemeint war, wenn er vom Getto schrieb: Ausgrenzung und Diskriminierung durch antijüdische Gesetze, gesellschaftliche Isolation, Armut, Überwachung, Angst. Für ihn war die Isolation aber nicht zwangsläufig negativ, wie sich im weiteren Verlauf seines literarischen Reiseberichts herausstellen sollte. Nach seinem Verständnis hatte sich das Konzept einer stolz gelebten *Mizrekh-yidishkeyt* über Jahrzehnte in einer mehrheitlich antisemitischen Umwelt in Osteuropa sowie in der Migration behauptet. Somit erhob er jene zu einem Vorbild, auch für die deutschen Juden und glaubte zu erkennen, dass diese sich an ihm orientierten[1010] und ihre eigenen Sehnsüchte nach Identität und Zugehörigkeit darauf projizierten: „Die Oranienburger Straße fand heraus, dass die Grenadierstraße außer Schmutz, Staub und Wanzen noch etwas besitzt: etwas Besonderes, Jüdisches. Torah und Weltlichkeit."[1011]

Ganz in diesem Sinne lassen sich auch bei anderen Reisenden positive Geschichten finden, die Anekdoten von Widerstand und von stolzen osteuropäischen Juden erzählen. Die Vorbildfunktion, die den Juden aus Osteuropa diskursiv zugeschrieben wurde, findet sich exemplarisch in einer Episode von Khaim Avraham Hurvits (Khaim Vital) wieder. Darin schildert dieser, wie am ersten Schabbat nach den Novemberpogromen eine Gruppe osteuropäischer Juden in der Grenadierstraße zusammengekommen war, um heimlich einen Gottesdienst abzuhalten:

> Vom Wiederaufbau der Ruinen kann man jetzt noch nicht sprechen. Nur die kleinen Schulchen auf der Grenadierstraße kann man vielleicht renovieren. Aber auch hier hat die nationalsozialistische Macht einen Befehl herausgegeben, der besagt, dass die Juden keine Gebetshäuser besuchen dürfen, dass sie nicht zusammenkommen und als Gruppe beten dürfen. Ein neuer Erlass gegen Juden! Die Juden von der Grenadierstraße aber folgten schon am ersten Schabbat nach dem Pogrom diesem Erlass nicht. Sie haben eine kleine Synagoge

---

1010 Auch in der Sekundärliteratur wird das Verhalten der deutschen Juden teilweise so gedeutet. Vgl. Diner: Die Katastrophe vor der Katastrophe, S. 138–160, hier S. 148 f.
1011 Malakh: Fun Shpanye biz Holand, S. 180.

ausgesucht, in die man reingehen konnte und im Verlauf von einer halben Stunde waren sie fertig mit dem Beten und dem Gottesdienst.[1012]

In einer anderen Episode berichtet er davon, wie deutsche Juden Zuflucht in den Wohnungen osteuropäischer beziehungsweise ausländischer Juden fanden, um so einer etwaigen Verhaftung zu entgehen.[1013] Auch einige der Reisenden erprobten sich selbst im widerständigen Verhalten. Beispielsweise las Nakhmen Mayzel im Zugabteil auf einer seiner Reisen durch Deutschland ganz offen ein absichtlich zur Schau gestelltes jiddisches Buch.[1014] Diese kurzen Episoden zeigen, wie die jüdischen Journalisten und Publizisten aus Polen Debatten deutscher Juden aus den frühen 1920er Jahren über osteuropäische Juden verinnerlicht und in ihre Selbstwahrnehmung integriert hatten. Das Konzept der *Mizrekh-yidishkeyt*, das sich durch die Jahrhunderte einer antisemitischen und judenfeindlichen Umwelt gegenüber behauptet hatte, wurde für sie unter den neuen Lebensbedingungen im nationalsozialistischen Deutschland zum Vorbild.

Auch den deutschen Juden traten die jüdischen Journalisten auf ihren Reisen meist aus dieser Perspektive heraus entgegen. Sie näherten sich ihnen als polnische Juden und als freie, demokratische Menschen, die ihre *Mizrekh-yidishkeyt* in Polen und an anderen Orten in der Migration frei ausleben und frei entfalten konnten.

5.4.6 Die deutschen Juden

Als zentrale Opfer der nationalsozialistischen Politik standen die deutschen Juden thematisch im Zentrum der Reiseberichte. Die jüdischen Reisenden aus Polen begegneten ihnen mit viel Empathie und Mitgefühl und gaben sich für ihre Leser viel Mühe, die tragische und verzweifelte Lage der deutschen Juden zu beschreiben und einzuordnen. Ferner bekamen Ausführungen Raum, die von der alltäglichen Ausgrenzung, den kollektiven und individuellen Ängsten und der Verzweiflung der deutschen Juden erzählten. Die reisenden Reporter versuchten

---

1012 Vital, Khaim [Hurvits, Khaim Avraham]: Daytshe muters brengen tsurik tsugeroybte skhoyre, in *Haynt*, 24. November 1938, S. 3.
1013 Vgl. Vital, Khaim [Hurvits, Khaim Avraham]: Vu genekhtigt, nisht getogt ..., in *Haynt*, 28. November 1938, S. 3. Vital berichtet u. a. von einem polnischen Staatsbürger, der besonders viele Juden aufgenommen hätte. Aus dem Absatz geht nicht hervor, ob es sich um einen polnischen Staatsbürger jüdischer Herkunft handelte.
1014 Vgl. Mayzel, Nakhmen: Mir farn farbey Berlin, in *Literarishe Bleter*, Nr. 43 (702), 22. Oktober 1937, S. 689–690.

aufzuzeigen, wie sich die Situation, in der sich die deutschen Juden wiederfanden, gestaltete und wie sie mit der neuen, ent- und verrückten Realität umgingen – auch und gerade im Vergleich zu den jüdischen Migranten aus Ost- und Ostmitteleuropa.

Beispielhaft hierfür steht erneut der Bericht von Shlomo Mendelsohn. Wie bereits erläutert wurde, war ein zentrales Thema seiner Reportage der geistige „Regress", der ihm zufolge die deutsche Kultur befallen hatte, und die damit verbundene Vertreibung aller deutsch-jüdischen Schriftsteller, „die anstatt physischer [Arbeit[1015]] zu leisten, den Verstand verbesserten" und „erhöhten".[1016] Mendelsohn erklärte den Lesern, dass den Nationalsozialisten zufolge der „deutsche Charakter", beschrieben als „bürgerliche Besonnenheit mit adeliger Gehorsamkeit", „durch Marxismus, Literatur, das neue Theater und die Kunst zerfressen" worden sei, weshalb man „alle diese Erscheinungen ausbrennen, entwurzeln" müsse. Dieser Prozess wiederum könne nur durch die Nationalsozialisten „mit einer Härte und Grausamkeit" durchgeführt werden, die ihresgleichen suche. Mendelsohn erklärte:

> Es ist die Wahrheit, dass man jetzt seltener auf den Straßen zuschlägt. Die Überfälle auf die Kaffeehäuser sind seltener geworden. Die ganze Grausamkeit ist jetzt hinüber in die Häuser gezogen: Andauernde Inspektionen, man sperrt ganze Straßen ab, man durchsucht jede Wohnung. Es gibt stille, im Geheimen durchgeführte Verhaftungen, dann Folter und leise, still gibt keiner einen Pieps von sich. Niemand weiß etwas. Ich würde bei einem, der gelitten hat, nicht ein Wort herauskriegen. [...] Bei den Razzien hat man satirische Literatur gefunden – das bedeutet die sichere Verhaftung. Tatsächlich treffe ich jetzt in Berlin etliche Bekannte, deren einzige Sorge es ist, einen Ofen zu finden, in dem man die gefährlichen Bücher verbrennen kann. Es werden tausende Bücher vernichtet, die viele Jahre lang liebevoll gehütet wurden. Im Haus hat man Angst [die Bücher, Anm. AK] zu verbrennen. Sehr viele Hausmeister dienen schon der Polizei. Hinzu kommt, dass die Öfen zu klein sind. Man gibt vorsichtig das Wissen weiter, dass es einen Ort mit einem sicheren, großen Ofen gibt. Heimlich trägt man die Bücher zum Feuer. Nicht nur Bücher, auch Briefe werden vernichtet. Am 10. Mai passiert die öffentliche Verbrennung marxistischer Literatur aus den Bibliotheken. Ein schauerlicher Tag. Alle denken mit Schauder an diesen furchtbaren geistigen Verfall.[1017]

Diese ausgewählte Episode zeigt, dass die zeitgenössischen jüdischen Beobachter verstanden, wie sich die nationalsozialistische Strategie im Umgang mit der jüdischen Bevölkerung in den ersten Monaten des Regimes stets veränderte und

---

1015 Wort unleserlich, vermutlich „Arbeit".
1016 Mendelsohn, Shloyme: Dos ponem fun hayntigen Daytshland, in *Naye Folkstsaytung*, 23. April 1933, S. 5.
1017 Mendelsohn, Shloyme: Dos ponem fun hayntigen Daytshland, in *Naye Folkstsaytung*, 23. April 1933, S. 5.

zwischen öffentlichen, unkontrollierten Gewaltausbrüchen und einer zeitlich begrenzten Abschwächung, von antisemitischer Straßengewalt zu administrativen und juristischen Maßnahmen, die in die intimste Privatsphäre eindrangen, wechselte.[1018] Bis 1938 war es das oberste Ziel der NS-Führung, die jüdische Bevölkerung zu isolieren, einzuschüchtern und sie damit zur Emigration zu drängen. Dadurch schufen die Nationalsozialisten eine Atmosphäre der Angst, in der sich niemand mehr sicher fühlen konnte. In seinen Beobachtungen beleuchtete Mendelsohn ferner, dass die jüdische Bevölkerung ihr Verhalten sehr schnell veränderte und Verhaltensweisen entwickelte, um auf die äußere Bedrohung zu reagieren. Insbesondere das Verhalten der bürgerlichen und assimilierten jüdischen Familien sei darauf ausgelegt gewesen, „jedes Aufsehen, jeden Konflikt zu vermeiden".[1019] Indem Mendelsohn über die geheimen und selbstorganisierten Bücherverbrennungen schrieb, gab er nicht nur exklusives jüdisches Wissen an seine Leser weiter. Er machte ferner dadurch, dass er öffentliche, von den Nationalsozialisten organisierte Verbrennungen und private, von Juden im Geheimen durchgeführte Verbrennungen einander gegenüberstellte, das Perfide sichtbar, welches das erste Jahr der nationalsozialistischen Herrschaft mit seiner Gewalt, den neuen Gesetzen, den Drohungen und Repressionen kennzeichnete. Eines der zentralen Ziele dieser Phase der Etablierung der nationalsozialistischen Herrschaft war die absolute Einschüchterung und Verunsicherung der jüdischen Bevölkerung, die nie sicher sein konnte, was als nächstes auf sie zukommen würde.

Durch seine Erzählung zeigte Mendelsohn seinen Lesern, dass der ausgeübte Druck so stark war, dass die deutschen Juden, um sich selbst zu schützen, quasi „freiwillig" ihre Bücher den Flammen übergaben – und damit auf tragische Weise indirekt dazu beitrugen, die nationalsozialistische Sehnsucht, nämlich frei von jeglicher kritischer – und damit frei von jüdischer wie marxistischer – Literatur zu sein, zu erfüllen.[1020] Dabei verurteilte er das Verhalten seiner Bekannten jedoch nicht. Im Gegenteil: Der jüdische Sozialist trauerte vielmehr um sie und mit ihnen. Denn den Umgang oder besser noch die Copingstrategie, die sich viele deutsche Juden, nachdem die NSDAP die politische Macht in Deutschland übernommen hatte, zu eigen machten, konnten die jüdischen Reporter aus Polen nachvollziehen. Nicht zuletzt deshalb, weil sie, nun da sie sich selbst in Deutschland befanden, die deutsche Realität am eigenen Leib miterlebten. Auch Barukh Shefner

---

1018 Zur Ambivalenz der NS-Politik bis zum Novemberpogrom 1938 vgl. VEJ 1/Einleitung, S. 38.
1019 VEJ 1/Einleitung, S. 41.
1020 Zum Vorlauf und Ablauf der Bücherverbrennungen im Mai 1933 und ihrer ideologischen und diskursiven Einbettung siehe insb. Treß, Werner: „Wider den undeutschen Geist": Bücherverbrennung 1933, Berlin 2003.

erging es so, als dieser zwei Jahre später eine Vorstellung im jüdischen Theater Berlin besuchte. Er schrieb:

> Ich bemerke, dass einige Juden mit ihren eigenen Autos zum Theater kommen, doch sie fahren nicht bis an das Theater heran, sondern lassen die Autos in einer Seitenstraße stehen, und von dort gehen sie zu Fuß zum Theater. Man geht nicht zusammen in das Theater hinein, sondern einzeln. Genau so geht man auch nach der Vorstellung auseinander. Die Devise ist: Still, nur nicht auffallen ....[1021]

Eine andere Form des Selbstschutzes wird im Jahr 1938 von Khaim Avraham Hurvits (Khaim Vital) im Zusammenhang mit den Festnahmen geschildert, die direkt auf die Novemberpogrome folgten. Um den Verhaftungen zu entgehen, hatten, so schreibt er, jüdische Männer die Strategie entwickelt, den ganzen Tag umherzuwandern oder aber sich bei Bekannten zu Hause einzufinden, wo der Ehemann bereits der Familie entrissen und ins Konzentrationslager gebracht worden war. Die eigenen vier Wände waren zu einem gefährlichen Ort geworden.[1022]

Auch der aktive Versuch zu fliehen wurde als eine Form des Selbstschutzes gedeutet. Dabei unterschieden die Reporter zwischen der Flucht vom Land in die Großstadt und dem Versuch, Deutschland für immer zu verlassen. Die Flucht wurde thematisiert, indem Reporter immer wieder auf leerstehende Wohnungen, verdunkelte Fenster und „Zu vermieten"-Aushänge verwiesen. Doch auch die simple Tatsache, dass ein Journalist wie Yosef Tunkel (Der Tunkeler) seine Bekannten vor seinem anstehenden Besuch aus Warschau in Berlin telefonisch nicht mehr erreichen konnte, weist auf den Themenkomplex Flucht und Migration hin.[1023] Barukh Shefner sprach gar von einer „doppelten Migration" und meinte damit, dass die wohlhabenderen Juden, die zumeist in den deutschen Großstädten lebten, auswanderten, während sich gleichzeitig eine Flucht von ländlichen Juden in eben diese Städte beobachten ließe, weil diese die antisemitischen Gewaltexzesse, die soziale Isolation und die tägliche Überwachung nicht mehr länger aushielten.[1024] Von eben jener Landflucht sprach auch Mark Turkow, als er

---

1021 Shefner, Barukh: Der kholem fun yankevs berliner kinder, in *Naye Folkstsaytung*, 12. April 1935, S. 4; hier nach einer Übersetzung von Pickhan: „Jakobs Berliner Kinder", S. 196–210, hier S. 204–210.
1022 Vgl. Vital, Khaim [Hurvits, Khaim Avraham]: Dos daytshe yidntum geblibn ohn mener, in *Haynt*, 27. November 1938, S. 5.
1023 Vgl. Der Tunkeler [Tunkel, Yosef]: In'm syone'm lager. Fun a bezukh in Berlin, in *Der Moment*, 4. Februar 1936, S. 3.
1024 Shefner, Barukh: A bezukh bay a daytsher ofitsir, in *Naye Folkstsaytung*, 5. Juli 1936. Zur Gewalt gegen Juden auf dem Land siehe insbesondere Wildt, Michael: „Violence against Jews in

im Frühling 1933 zu einer weiteren Reise nach Deutschland aufbrach. Die Lage der jüdischen Landbevölkerung nahm er als besonders schrecklich war:

> In den kleinen Städtchen und besonders dort, wo es keine Presse gibt, sind diese Banden die alleinigen Herrscher, sie haben die Kontrolle über Leben und Tod der örtlichen Bevölkerung. [...] In den größeren Städten kommen Straßenüberfälle nur in einzelnen Fällen vor. Im Gegenteil, es gibt keine massenhaften Gewaltausbrüche [gegen Juden, AK] in den Straßen. Dagegen ist in der Provinz die Situation ganz anders. Dort schlägt man Menschen massenweise, man demoliert Häuser, man plündert Kioske, man verhaftet ganze Gruppen von Menschen, man schlägt – man ermordet.[1025]

Insgesamt deuteten viele Journalisten die antisemitische Politik der Nationalsozialisten so, dass diese primär darauf abzielte, die deutschen Juden zur Auswanderung zu bewegen. Nakhmen Mayzel resümierte:

> In der Summe heißt das, auf Schritt und Tritt Verbote, Vorschriften, Gesetze, die das Leben, die Stimmung, das Gemüt von dem Juden in Deutschland degradieren und paralysieren und das hat nur ein Ziel: Alles zu tun, um das Leben unerträglicher zu machen, damit der Jude aus dem Land flieht, auswandert.[1026]

Besonders drastisch gestaltete sich die Lage nach den Novemberpogromen. In seinen Berichten, die Khaim Avraham Hurvits (Khaim Vital) aus Berlin nach Warschau schickte, sprach dieser ausführlich über die Anstrengungen, die Juden unternahmen, um das Land zu verlassen und ergänzte das Thema der Flucht um einen weiteren Aspekt:

> Dagegen wissen die deutschen Juden in Wirklichkeit, dass sie keine Änderung ihrer Lage zum Besseren erwarten dürfen, weshalb alle es sehr begehren, aus der Nazihölle zu fliehen. Und was sicher ist, ist, dass es egal ist wohin. [...] Die Dimension der Verzweiflung überwindet alle Grenzen. Und die, die nicht können und keine Hoffnung mehr haben, aus der Nazihölle zu fliehen, die fliehen vor dem eigenen Leben. Jüdische Selbstmörder gibt es jetzt in Massen in Deutschland. Ganze Familien nehmen sich endgültig das Leben. Wie mir gut

---

Germany, 1933–1939", in: Bankier, David (Hrsg.): *Probing the Depths of German Antisemitism. German Society and the Persecution of the Jews, 1933–1941*, Jerusalem 2000, S. 181–209; „Gewalt gegen Juden in Deutschland 1933–1939", in: *WerkstattGeschichte* 18, 1997, S. 5–80. Auch Khaim Shoshkes sprach davon, dass v. a. die wohlhabenden Juden aus dem Berliner Westen nach Israel auswandern würden: Shoshkes, Khaim: A vizit in Hitler-Daytshland, in *Haynt*, 7. Juni 1936, S. 3; siehe zusätzlich den Bericht von Vital über die deutsche Provinz: Vital, Khaim [Hurvits, Khaim Avraham]: Ale menshen zenen glaykh un beshafen fun ayn got …, in *Haynt*, 6. Dezember 1936, S. 7.
1025 Turkow, Mark: Vos ikh hob gezehen un gehert in Daytshland, in *Der Moment*, 21. April 1933, S. 6.
1026 Mayzel, Nakhmen: Dos geto fun di yidn in Daytshland, in *Haynt*, 28. Juli 1937, S. 5.

> informierte Menschen sagten, soll die Zahl der Selbstmorde von Juden während der Pogromtage in Deutschland bis zu 5.000 erreicht haben.[1027]

Das Verhalten der deutschen Juden stieß aber nicht bei allen Reportern auf Verständnis, und es zeigt sich, dass das Aufeinandertreffen der beiden Welten nicht immer ganz konfliktfrei verlief, trotz aller Empathie, die man füreinander aufbrachte. Ein Beispiel hierfür findet sich in einer Reportage des Schriftstellers Samuel Leib Shneiderman, der im April 1933 von Warschau nach Paris fuhr, wo er schon seit 1931 lebte und von wo aus er für verschiedene Warschauer Zeitungen schrieb. In einem Beitrag für den *Moment* berichtete er von einem Streitgespräch, das er mit einem deutschen Juden geführt hatte. Im Zug Warschau-Paris versuchte Shneiderman mit einigen seiner jüdischen Mitreisenden ins Gespräch zu kommen und ihnen eine Reihe von Fragen zu stellen. Doch die Angesprochenen hätten sich seinem Anliegen verweigert und ihm zu verstehen gegeben, dass er sich ruhig verhalten solle, solange sie sich noch auf deutschem Boden befänden. Als Shneiderman schließlich ansetzte zu erklären, dass seiner Meinung nach die jüdische Öffentlichkeit ein Recht darauf habe zu erfahren, was in Deutschland geschieht, kam es zum Eklat mit einem der jüdischen Passagiere. Shneiderman schrieb:

> Er spricht zu mir auf Deutsch mit hebräischen Wörtern, während seine Wut von Minute zu Minute steigt: ‚Ihr habt uns unglücklich gemacht mit eurem Geschrei in den Zeitungen. Wer hat euch gebeten, dass ihr euch unser annehmen sollt? Wer? Wer?'[1028]

In der Tat übten jüdische Organisationen in Deutschland wie der CV Kritik am internationalen deutschen Warenboykott. Sie taten dies aber primär deshalb, weil sie sich durch den Boykott ihrer Chancen beraubt sahen, auszuwandern und berechtigterweise die Angst im Raum stand, von den Nationalsozialisten dafür bestraft zu werden.[1029] Shneiderman verkannte, unter welchem Druck die jüdische Community in Deutschland stand und dass er, der in diesem Augenblick nur durch Deutschland hindurchreiste, sich in einer rechtlich besseren Situation

---

1027 Vital, Khaim [Hurvits, Khaim Avraham]: Dos daytshe yidentum geblibn ohn mener ..., in *Haynt*, 27. November 1938, S. 5.
1028 Shnayderman, Shmuel Leyb: Farendig durkh Daytshland, in *Der Moment*, 10. April 1933, S. 11.
1029 Die z. T. sehr reservierte bis kritische Haltung deutscher Juden gegenüber dem wirtschaftlichen Boykott gegen Deutschland wird ausführlich bei Yfaat Weiss beschrieben. Vgl. Weiss: „‚Wir Westjuden haben jüdisches Stammesbewusstsein, die Ostjuden jüdisches Volksbewusstsein.'"; Deutsche und polnische Juden, S. 175.

als die in Deutschland lebenden Juden befand. Auch Henryk Erlich erwähnte, wohlgemerkt mit etwas Unverständnis, dass in seinem Zugabteil ein deutscher Jude saß, der Erlichs Ansicht nach nichts Besseres zu tun hatte, als sich auf sein warmes Würstchen zu Hause zu freuen.[1030] Dieser Rückzug ins Private und die fehlende Auseinandersetzung mit der herrschenden Politik waren für ihn nur schwer nachvollziehbar.

Insgesamt beeinflussten die Erfahrungen, die Juden aus Polen mit Juden in Deutschland vor 1933 gemacht hatten, sowie gegenseitige (diskursive) Wahrnehmungen die Journalisten in ihren Beschreibungen der deutschen Juden. Für besonders starke Irritationen sorgte der Befund, dass die deutschen Juden vor 1933 in der Mehrheit nur noch eine lockere Bindung zur jüdischen Kultur und Religion gepflegt hatten und sich nicht selten viel stärker mit der deutschen Nation als mit der Idee einer jüdischen Nation identifizierten.[1031] Als Nakhmen Mayzel 1937 Berlin besuchte, schrieb dieser zynisch, dass die Assimilation der deutschen Juden in den letzten hundert Jahren ihre Früchte getragen habe, weil die deutschen Juden vergessen hätten, dass sie einer eigenen Kultur und Sprache angehörten und eben doch nie mehr als „Untermieter" in Deutschland gewesen wären.[1032] Der prototypische bürgerliche und assimilierte deutsche Jude wurde für die Leser der Zeitungen durch die Journalisten in der Regel durch einen älteren deutschen und liberalen Juden verkörpert, der im Ersten Weltkrieg gedient hatte. Exemplarisch steht dafür der Bericht *A Bezukh bay a daytsher Ofitsir* (Ein Besuch bei einem deutschen Offizier) von 1936. Darin berichtete Barukh Shefner von seinem Besuch bei einem etwa 50-jährigen „reichen Juden", der in einer Acht-Zimmer-Wohnung und mit dem „größten Komfort" eingerichtet auf dem Kurfürstendamm lebte und Direktor einer Kabelfirma war.[1033] Shefner beschrieb die Wände im Flur, wo er „Porträts von seinen Eltern, typische Synagogendeutsche" entdeckte, aber auch Fotografien, „die den Hausherren gekleidet in eine Offiziersuniform mit Abzeichen auf der Brust" vorstellten.[1034] Als der Mann bemerkte, dass Shefner die Bilder betrachtete, begann dieser davon zu berichten, dass er stolz darauf sei, als Soldat im Ersten Weltkrieg gekämpft zu haben und dass die Einführung der Nürnberger Gesetze ihm die Identität als deutscher Offizier nicht nehmen könne. Bei diesen Schilderungen jedoch bekam Shefner ein ungutes Gefühl, konnte der Mann doch selbst an der Ostfront gekämpft haben. Er schrieb:

1030 Vgl. Erlich, Henryk: Fun Pariz kayn Varshe durkh Berlin, in *Naye Folkstsaytung*, 31. März 1933, S. 3.
1031 VEJ 1/Einleitung, S. 30.
1032 Mayzel, Nakhmen: Dos geto fun di yidn in Daytshland, in *Haynt*, 28. Juli 1937, S. 5.
1033 Shefner, Barukh: A bazukh bay a daytsher ofitsir …, in *Naye Folkstsaytung*, 5. Juli 1936, S. 4.
1034 Shefner, Barukh: A bazukh bay a daytsher ofitsir …, in *Naye Folkstsaytung*, 5. Juli 1936, S. 4.

> An der Wand schaue ich diesen typischen preußischen Offizier an und mir wird ein bisschen kälter. Wer weiß, ob diese Person nicht ‚Donnerwetter' auf den Märkten der polnischen Schtetl geschrien hat und ob er nicht die kupferne, geerbte Pfanne meiner Mutter für seinen Kaiser mitgenommen hat? ... Nun stellt sich heraus, dass dies kein anderer war als mein ... Bruder. [...] Er ist ein Jude und er teilt das Schicksal von seinen Brüdern. In Wahrheit aber kann er sich nicht allzu stark beklagen. Er lebt nicht schlecht. Er erzählt uns ganz offenherzig, dass seine Firma recht gute Geschäfte macht. Sie hat jetzt wirklich weniger Bestellungen aus dem Ausland, sie arbeitet jetzt viel für den inländischen Markt, das heißt für das Militär. Ein Jude, ein Militärlieferant in Deutschland? Das wundert mich, bald aber wird es mir klar. Eigentlich passiert hier dasselbe, was anderswo auch geschieht. Wenn man nicht durch die Tür gehen kann, geht man durch das Fenster.[1035]

Für die Geschäfte, die der jüdische Unternehmer mit den Nationalsozialisten machte, zeigte Shefner wenig Verständnis, zum einen weil er der Oberschicht angehörte und damit quasi dem Klassenfeind, aber auch weil der Mann ihm zu verstehen gab, dass er im Prinzip nichts gegen die Einführung der Nürnberger Gesetze hatte, da sie alle Juden betreffen würden.[1036] Weitaus problematischer sei für ihn, wenn die antijüdische Politik der Nationalsozialisten ihm und seinen Geschäften direkt schaden würde.[1037] Die offenkundig pragmatische Haltung des Mannes rief bei Shefner eine große Irritation hervor, denn auch auf die Frage, ob sich der Mann gut in Deutschland fühlen würde, bekam er als Antwort, dass es „materiell derzeit nicht schlecht ist, man aber nicht weiß, was ‚nach der Olympiade' sein wird".[1038] Daraufhin berichtete dieser allerdings von Gerüchten, die besagten, dass es nach den Olympischen Sommerspielen, die primär dafür da waren, Deutschland ein gutes Image zu verschaffen, Ärger geben würde. Dies bedeutete konkret, dass die deutschen Juden damit rechneten, dass das NS-Regime sich mit neuen antisemitischen Maßnahmen gegen sie wenden würde, um die nichtjüdische Bevölkerung von anderen Problemen abzulenken. Erst hier meinte Shefner eine emotionale Regung bei seinem Gesprächspartner, der sich in Wahrheit doch auch nur nach dem Heiligen Land sehne, entdeckt zu haben:

1035 Shefner, Barukh: A bazukh bay a daytsher ofitsir ..., in *Naye Folkstsaytung*, 5. Juli 1936, S. 4.
1036 Diese Einstellung gegenüber den Gesetzen traf auf einen Großteil der Juden in Deutschland zu, da man fälschlicherweise glaubte, dass die Trennung von Juden und Nichtjuden die Gewalt eindämmen könnte und sich die Gesamtlage beruhigen würde. Vgl. Jünger: Jahre der Ungewissheit, S. 202.
1037 So hätte ihm eine Gefängnisleitung verwehrt, Häftlinge als günstige Arbeitskräfte zu beziehen, mit der Begründung, dass es nicht erlaubt sei, dass „arische" Häftlinge für eine jüdische Firma arbeiten.
1038 Shefner, Barukh: A bazukh bay a daytsher ofitsir ..., in *Naye Folkstsaytung*, 5. Juli 1936, S. 4.

> Von der Wand schaut weiterhin das Offiziersporträt mit den Abzeichen auf der Brust herab. Jetzt aber dachte ich mir, dass das Gesicht im Ganzen anders aussieht, so jugendlich. Ein preußischer Offizier? Lasst ihn in Frieden. Das ist ein Jude, der für eine Weile in eine fremde Uniform gekrochen ist.[1039]

Trotz aller Missverständnisse und Unterschiede, was politische Einstellung, Klassenzugehörigkeit und Nationalität betraf, machte Shefner seinen Frieden mit dem Mann und versuchte diese Haltung auch an seine Leser weiterzuvermitteln. Empathie mit der komplexen und bisweilen widersprüchlichen Realität, in der die deutschen Juden leben mussten, war dafür eine wichtige Voraussetzung und daher leisteten die Journalisten auch einen wichtigen Beitrag, stereotype Vorstellungen über deutsche Juden mit der Zeit abzuschleifen und zu transformieren, auch wenn sie diesen zum Teil selbst aufsaßen und sie reproduzierten.[1040] Denn letztlich ordnete sich Shefners Deutung des Verhaltens des deutschen Juden – Bürgerlichkeit, Pragmatismus, Passivität und die Suche nach einer neuen Identität – in den gängigen zeitgenössischen Diskurs über die Kritik und das Scheitern der Assimilation ein.[1041] So hatte sich der Mann im Laufe der Begegnung mit Shefner von einem von Nationalstolz durchzogenen deutschen Offizier zu einem verängstigten Juden verwandelt, der nach Erets Israel auswandern wollte und der dem Mythos der Assimilation und dem Glauben daran ganz deutsch zu sein, nur eine Zeit lang aufgesessen war. Ihn aber dafür zu kritisieren, lag Shefner fern.

Die Suche nach einer nationalen und kulturellen Identität sowie nach einer neuen geistigen und physischen Heimat war jedoch eine von außen aufoktroyierte Suche, die erst durch Ausgrenzung, Zwang, Repression und Gewalt zustande gekommen war. Nakhmen Mayzel zufolge hatte diese Situation „eine Art

---

1039 Shefner, Barukh: A bazukh bay a daytsher ofitsir …, in *Naye Folkstsaytung*, 5. Juli 1936, S. 4.
1040 Die diskursiven Bilder vom aktiven osteuropäischen Juden, der bereits Erfahrung im Umgang mit Antisemitismus gesammelt hatte, als Gegenpol zum passiven und eingeschüchterten deutschen Juden lassen sich ebenfalls eindrücklich an einem Zitat von Bernard Singer zeigen. In einem seiner Berichte von 1933, die er für die polnischsprachige jüdische *Nasz Przegląd* verfasste, verglich er die Reaktionen der beiden jüdischen Communities auf die Boykottaktionen gegen jüdische Geschäfte und Waren im April 1933 miteinander und bewertete deren Verhalten wie folgt: „Das Tragischste ist dennoch, dass sich die Juden Deutschlands irgendwie seltsam, zurückhaltend ruhig, verhalten. Man schlägt sie, foltert sie, und sie erfahren nicht weniger Qualen als die Juden des Ostens. Verhaltenes Schweigen. Naiv dachten sie, dass sie sich schämen müssten [für das, was in Deutschland passiert, Anmerkung AK]. Im Monat nach den traurigen Vorfällen kehrten die Juden des Ostens in die Cafés zurück, an Orte des öffentlichen Lebens. Die Juden Deutschlands sitzen zu Hause und denken darüber nach." Vgl. Singer: W krajach Hitlera i Stalina, Reportaże, S. 36.
1041 Ganz ähnliche Argumentationen lassen sich bei Malakh, Singer und auch bei Stupnitski finden.

von Stimmung" produziert, die „ohne Zweifel die Widerstandsfähigkeit [bricht] und die depressive Stimmung bei den jüdischen Menschen in dem heutigen Deutschland [stärkt]":[1042]

> Alle haben den Komplex verinnerlicht, dass es sicherer sei, zu fliehen, aber weil die Tore der Länder geschlossen sind, ist man bei sich [zu Hause, AK] zufrieden, aber gebrochen und es gibt keinen Mut, etwas zu tun, etwas zu unternehmen. Die jüdische Jugend in Deutschland, die es gewohnt ist, zu arbeiten, zu studieren – lernt jetzt fremde Sprachen, die für die Emigration nützlich sind. Als es ein paar Jahre zuvor mehr Menschlichkeit und Zertifikate für die Reise nach Erets Israel gab, hat man Hebräisch gelernt. Gibt es Aussichten und Hoffnungen auf Brasilien, Mexiko, Südafrika, Australien, lernt man andere Sprachen.[1043]

Den Konflikt zwischen den Generationen, der sich insbesondere in ihren unterschiedlichen Reaktionen auf die nationalsozialistische Bedrohung zeigte, wurde so nicht nur von Mayzel, sondern auch von Shefner beobachtet. Während sich der ältere deutsche Jude, den er zu Hause besuchte, noch nicht zu einer Auswanderung entschließen konnte, befand sich dessen 17-jähriger Sohn seit ein paar Monaten in einem *Hachschara*-Programm zur Vorbereitung auf die Ausreise nach Palästina.

Die Wiederentdeckung des jüdischen Nationalstolzes unter deutschen Juden beziehungsweise ihre nationale Erweckung war ein wiederkehrendes Motiv in den Reiseberichten. Damit einher ging die Vorstellung, dass die Juden Ost- und Ostmitteleuropas sich als vermeintlich authentische Träger und Hüter der jüdischen Identität betrachteten, der sie hier eine Art Vorbildcharakter zuschrieben. Die so produzierten und reproduzierten Bilder sagen somit zwar durchaus etwas über deutsche Juden und ihr Verhältnis zu Deutschland aus. Gleichzeitig jedoch verraten sie auch vieles über ihre Autoren und die Gemeinschaft, aus der sie stammen. So zeigt sich zum Beispiel anhand ihrer Beschreibungen, wie sehr die jüdischen Reisenden aus Polen Teile der positiven Bilder einer vermeintlichen „ostjüdischen Authentizität", wie sie seit dem frühen 19. Jahrhundert von mehrheitlich deutschsprachigen jüdischen Intellektuellen geprägt wurden, in ihr Selbstbild aufgenommen hatten. Wie Steven E. Aschheim herausarbeitete, handelte es sich nur in den seltensten Fällen um realistische Abbildungen tatsächlicher osteuropäisch-jüdischer Lebenswelten, sondern vielmehr meist um ein mythisches, oftmals überzeichnetes Bild derselben.[1044]

1042 Mayzel, Nakhmen: Dos geto fun di yidn in Daytshland, in *Haynt*, 28. Juli 1937, S. 5.
1043 Mayzel, Nakhmen: Dos geto fun di yidn in Daytshland, in *Haynt*, 28. Juli 1937, S. 5.
1044 Zum sog. „Ostjuden"-Diskurs unter jüdischen Intellektuellen in Deutschland siehe die Pionierstudie von Aschheim: Brothers and Strangers.

Die osteuropäisch-jüdische Auseinandersetzung mit diesem „kulturellen Trend",[1045] wie der Literaturwissenschaftler Mikhail Krutikov ihn nannte, spielt in den meisten der hier thematisierten Reportagen, aber auch in zahlreichen Zeitungsartikeln[1046] eine wichtige Rolle und kann als eine kulturelle Antwort osteuropäisch-jüdischer Diskriminierungserfahrung vonseiten der deutschen Juden interpretiert werden. Viele Reportagen lassen sich somit auch als eine Art aktive Reaktion auf eine Jahrzehnte überspannende osteuropäisch-jüdische Erfahrung von im Westen lebenden Juden und Nichtjuden als „rückständig" markiert zu werden, lesen. Durch die als gescheitert wahrgenommene jüdische Assimilation in Deutschland wurde der osteuropäisch-jüdische Weg, als selbstbewusste Minderheit innerhalb einer antisemitischen Mehrheitsgesellschaft zu leben, aufgewertet. Exemplarisch hierfür steht eine weitere Begegnung Barukh Shefners mit deutschen Juden in Berlin. 1935 besuchte er eine Theateraufführung des *Jüdischen Kulturbunds*. Über die Einlasskontrollen hatte er Folgendes zu berichten:

> Ich beobachte etliche Gesichter, während sie kontrolliert werden. Es kommen einige Damen herein. Sie stehen während der Kontrolle ruhig da. Aber ihre Gesichter sind voll mit verhaltener beleidigter Trauer. Anders sehen die Gesichter der Jugend aus. Sie kommen zusammen mit ihren Eltern. Diese Jugendlichen sind voll und ganz in der deutschen Kultur erzogen. Schlagartig hat die yidishkeyt vor zwei, drei Jahren plötzlich ihr Gemüt überfallen. In der ersten Zeit sind sie wie verwirrt herumgelaufen und wußten nicht, was überhaupt passiert ist. Doch mit der Zeit fingen sie an zu verstehen, dass sie ‚anders' sind als die Deutschen, und gierig, mit jugendlichem Trotz haben sie sich auf dieses ‚anders' geworfen. Jetzt stehen sie da mit so ernsten Gesichtern und funkelnden Augen [...]. Auch auf den Gesichtern einiger Erwachsener habe ich jenen jugendlichen Trotz bemerkt.[1047]

Den „jugendlichen Trotz", also die Weigerung, sich von den Nationalsozialisten erniedrigen zu lassen, und den Stolz auf die eigene Herkunft glaubten neben Shefner auch andere Journalisten wie Leyb Malakh oder Bernard Singer zu beobachten. Sie alle meinten in der Hinwendung deutscher Juden zur jüdischen Kultur, Sprache und Religion eine Art spirituelle Rückbesinnung auf ihre „authentischen" Wurzeln zu erkennen. Als Vorbild dienten ihnen dabei die Juden aus

---

1045 Krutikov, Mikhail: Nachwort, in: Schneersohn, Fischl: *Grenadierstraße. Roman*, hrsg. von Anne-Christin Saß, aus dem Jiddischen von Alina Bothe, Göttingen 2012, S. 248–268, hier S. 248.
1046 Vgl. z. B. Shvalbe, Nathan: Yudish-daytsh un poylish-daytsh, in *Der Moment*, 20. April 1933, S. 4; Ber, Arie S.: Vos a yud zeht in der groyser velt, in *Der Moment*, 5. September 1933, S. 4; Stupnitski, Shoyel-Yitskhok: Wir mizen bleyben yiden!, in *Der Moment*, 24. März 1933, S. 4.
1047 Barukh Shefner: Der kholem fun yankevs berliner kinder, in *Naye Folkstsaytung*, 12. April 1935, S. 4; hier nach einer Übersetzung von Pickhan: „Jakobs Berliner Kinder", S. 196–210, hier S. 204–210.

dem Osten Europas, die mit ihnen das ihnen selbst verloren gegangene Wissen teilten. Anhand der Wahrnehmungen von Shefner oder auch Malakh zeigt sich, wie sie selbst die positiv konnotierten Teile des Diskurses um eine vermeintliche „ostjüdische Authentizität" in ihr Verständnis von *Yidishkeyt* aufgenommen hatten. Die in Westeuropa kursierenden Bilder von „Ostjuden" hatten sie in ihr Selbstbild miteinbezogen und mit all ihren positiven wie negativen Facetten verinnerlicht.[1048] Das bedeutete, dass sie als Juden polnischer Herkunft eine spezifische Vorstellung davon hatten, was „ostjüdisch" war oder sein konnte. Die viel diskutierte sogenannte Rückkehr zum Getto entsprach darum für Journalisten wie Shefner nicht zwangsläufig einer Rückkehr zu voremanzipatorischen Zeiten, sondern vielmehr dem einzigen möglichen Weg, um sich aus dem nationalsozialistischen Deutschland geistig, aber auch körperlich zu erretten. Indem man dem Zwang, jüdisch zu sein, ein positiv konnotiertes Jüdischsein entgegensetzte und sich beispielsweise auf die Ausreise nach Palästina vorbereitete, trotzte man der nun „arisch" gewordenen deutschen Gesellschaft, aus der man verstoßen worden war.[1049]

5.5 Zwischenfazit

Die reisenden Journalisten und Schriftsteller trugen mit ihren Reportagen über jüdisches Leben im nationalsozialistischen Deutschland gemeinsam mit den jüdischen Auslandskorrespondenten im hohen Maße dazu bei, ein gemeinsames Narrativ zu entwickeln und die Meinung und Vorstellungswelten der jüdischen Öffentlichkeit in Bezug auf Deutschland und die dort lebenden Juden zu prägen. Die jüdischen Reporter versuchten mit ihren Reiseberichten einem jüdischen Publikum in Polen auf eindringliche und aus heutiger Sicht beeindruckende Weise Einblick in das alltägliche Leben von Juden im nationalsozialistischen Deutschland zu geben. Viele Journalisten wie Mark Turkow kamen dabei zu dem Schluss, dass die deutsche Wirklichkeit und die Lage, in der sich die Juden dort

---

1048 Wie Małgorzata Maksymiak schreibt, kam dies bei in den Westen migrierten Juden ausgesprochen häufig vor. Vgl. Maksymiak: Mental Maps im Zionismus, S. 6.
1049 Dieser erzwungene Rückzug bzw. Ausstoß aus der deutschen, „arischen" Gesellschaft spiegelte sich beispielsweise in den neugegründeten jüdischen Kulturbünden, jüdischen Sportvereinen oder der wachsenden Zahl von Schülern auf jüdischen Schulen wider. Vgl. VEJ 1/Einleitung, S. 41–44.

befänden, in Wahrheit noch schlimmer seien, als sie es bisher selbst vermutet und in der jüdischen Presse gelesen hätten.[1050]

Die Berichte sind authentische Zeugnisse ihrer Zeit, die zwischen investigativem Journalismus, politisch-kämpferischem Anspruch und individuell Erlebtem beziehungsweise Beobachtetem hin- und herschwankten und damit die Grenzen eines vermeintlich objektiven Journalismus verschwimmen ließen. Durch ihre vielfältigen Zugehörigkeiten hatten die Reporter Zugänge zu den verschiedenen jüdischen Lebenswelten, wodurch es ihnen gelang, ein detail- und facettenreiches Bild der alltäglichen Wirkmächtigkeit des Antisemitismus und der jüdischen Erfahrungen in Nazi-Deutschland zu zeichnen. Sie betreiben soziale Milieustudien, in denen sie Fragen nach der Bedeutung von Klasse, Herkunft, Geschichte und Nationalität berührten, aber auch ganz konkretes menschliches Leid in Form von Resignation, Gefühlen der Ohnmacht, Angst und Trauer thematisierten. Ebenso bekamen jüdische Erfahrungen mit Gewalt, Ausgrenzung und Diskriminierung, aber auch des Stolzes, des Selbstbewusstseins und der aktiven Reaktion viel Raum. Weil sich der Reisebericht als literarisches Produkt traditionell immer auf der Grenze zwischen Distanz und aktiver Teilnahme bewegte, bot dieser sich ganz besonders an, um ungefiltertes Wissen über die deutschen Zustände zu generieren und an die Leser weiterzugeben. Als polnische Staatsbürger waren die Journalisten Außenseiter in Deutschland, als Juden aber wiederum „Insider", was die jüdischen Belange in Deutschland betraf. Durch diese besondere Position hatten sie Zugang zu Lebensbereichen, die anderen Berichterstattern jener Zeit verborgen blieben. Sie waren vermittelnde Instanz und interkulturelle Vermittler, die zu einem besseren Verständnis der Lage und des Verhaltens der Juden in Deutschland, insbesondere aufseiten ihrer Leser in Polen, beitrugen. Durch den besonderen Perspektivwechsel hin zu einem Blick von Ost nach West wird die bis heute weit stärker rezipierte Perspektive westeuropäischer, deutscher oder deutsch-jüdischer Blicke auf Ost- und Ostmitteleuropa beziehungsweise auf jüdisches Leben in eben jenen Regionen durchbrochen, wodurch der Blick von ost- und ostmitteleuropäischen Juden auf Deutschland und deutsche Juden stärker in den Fokus gerückt und somit aufgewertet wird.[1051] Zu diesem Blick gehört zweifelsohne auch, dass es sich bei den Reiseberichten um Texte handelt, die vom jüdischen Leben unter dem NS-Regime erzählen und zwischen den unterschiedlichen Positionen und Erfahrungen der Verfolgtengruppen zu unterscheiden und zu differenzieren wussten. Gleiches gilt für die Gruppen aufseiten der Verfolger. Die Berichte zeigen

---

1050 Vgl. N. N.: Głos oburzenia i protestu żydostwa polskiego przeciwko bestjalstwom hitlerowskim, in *Nasz Przegląd*, 24. April 1933, S. 2–3.
1051 Vgl. Lubrich: Reisen ins Reich, S. 18.

in hervorragender Weise, wie unterschiedlich sich die deutsche Mehrheitsgesellschaft in Bezug auf den Nationalsozialismus im Laufe der Zeit verhielt und dass nicht immer klar zwischen *bystander* und Täter unterschieden werden konnte. Darüber hinaus brachten die Verfasser der Berichte dem Leser nicht nur die Funktionsweise der antisemitischen Politik nahe, sondern auch, und dies erscheint noch wichtiger, die innere Widersprüchlichkeit des NS-Regimes selbst, das zwischen Eskalation und strategischem Rückzug hin- und herschwankte, woraus sich die Erfahrung gewinnen ließ, dass eine zwischenzeitliche Entspannung niemals dauerhafte Sicherheit garantierte. Zwar zeigten viele Journalisten Verständnis für die deutsche Mehrheitsgesellschaft, betrachteten sie und ihr mehrheitlich passives Verhalten aber primär mit äußerst kritischen Augen. Besonders in den Beschreibungen von jüdischem Leben in der deutschen Provinz zeigte sich, dass die Journalisten erkannten, dass antisemitische Gewalt von Beginn an ein immanenter Bestandteil der NS-Politik war und dass diese zweifelsohne auch von gewöhnlichen Deutschen ausging, dass Gewalt von unten und Politik von oben ineinandergriffen und sich gegenseitig verstärkten. Damit unterstützen die Reiseberichte die Thesen Michael Wildts über antisemitische Gewalt im Deutschen Reich vor 1939, der argumentiert, dass der antisemitische Terror nicht nur „von oben" ausging, sondern im umfangreichen Ausmaß von der deutschen Gesellschaft mitgetragen wurde und sich in einem dynamischen Prozess aus einem Terror „von oben" und Gewalt „von unten" entwickelte.[1052]

In der Zusammenschau mit den vorangegangenen Kapiteln zeigte sich darüber hinaus, dass die Verfasser der Berichte mit oftmals ähnlichen Bildern über deutsche und osteuropäische Juden, über Nationalsozialisten und nichtjüdische Deutsche arbeiteten. Auch Metaphern, die dem Bereich der Natur entlehnt waren, waren weit verbreitet. Somit gelangten die Reisenden auch zu ganz ähnlichen Ergebnissen, was den Aufstieg des Nationalsozialismus anbelangte. Dass dies kein Zufall ist, lag an der räumlichen Nähe der Journalisten zueinander. Wie im ersten Kapitel gezeigt wurde, kannten sie sich persönlich aus Warschau als Kollegen oder von Veranstaltungen in den Räumen der *Tłomackie* 13, wo sie sich gegenseitig ihre Arbeiten präsentierten. Als Zeitungsmacher lasen und diskutierten sie ferner nicht nur ihre Artikel gegenseitig, sondern rezipierten vermutlich auch dieselbe Literatur und dieselben Tageszeitungen, weshalb davon auszugehen ist, dass, als sie nach Deutschland kamen, viele bereits eine zumindest teilweise gefestigte Vorstellung davon hatten, was sie in Deutschland erwarten würde. Insgesamt, so scheint es, decken sich die Wahrnehmungen der Reisenden über die Funktionsweise des nationalsozialistischen Antisemitismus mit heutigen

---

[1052] Wildt: „Violence against Jews in Germany, 1933–1939", S. 209.

Ergebnissen der Forschung, was für die zeitgenössische Expertise und die Professionalität der Journalisten und Publizisten spricht. In diesem Sinne sollten die Reportagen auch als frühe Versuche, über die Vernichtung jüdischen Lebens durch die Nationalsozialisten zu schreiben, zu informieren und teilweise auch für die Nachwelt festzuhalten, gedeutet werden. Für die direkten Nachkriegsreportagen polnisch-jüdischer Journalisten stellte Jack Kugelmass die These auf, dass diese als ein „frühe[r] Versuch, den Holocaust und dessen Folgen" zu verstehen gelesen werden können.[1053] Da es sich bei vielen Journalisten um dieselben Personen wie aus der Vorkriegszeit handelte, halte ich es für zulässig, diese Argumentation auch auf die Reiseberichte aus dem nationalsozialistischen Deutschen Reich für die Jahre 1933–1939 anzuwenden. Zwar sprechen wir hier noch nicht vom Holocaust als singuläres Geschehen und Zivilisationsbruch, für die jüdischen Journalisten aber kam das, was sie in den 1930er Jahren in Deutschland vorfanden, zeitgenössisch bereits einem *Khurbn*, also einer jüdischen Katastrophe, gleich. Für sie war bereits das, was in Deutschland ab 1933 geschah, eine Katastrophe, und nichts anderes bedeutet schließlich auch das Wort „Shoah".[1054] Besonders in den Berichten von Journalisten und Publizisten, die im Laufe der 1930er Jahre mehrmals nach Deutschland reisten, lässt sich beobachten, dass diese bei sich selbst im Verlauf der Zeit ein immer stärker werdendes Gefühl eines heraufziehenden Unheils entdeckten und beschrieben, das seinen vorläufigen Höhepunkt in den Novemberpogromen fand.

Aus dieser Perspektive also und mit diesen Gefühlen näherten sie sich Deutschland als Gegenstand ihrer Betrachtung an. Mit ihren Reiseberichten wollten die Autoren den Lesern vermitteln, wie es sich anfühlte, in Deutschland zu sein. Und um diese subjektiven Wahrnehmungen zu transportieren, nutzten sie literarische Mittel wie Metaphern, Allegorien und Vergleiche. Im Gegensatz zu den angesprochenen Nachkriegsberichten aber hatten die *Shrayber* und *Tuer* aus Warschau hier noch kein konkretes Wissen über die Ausmaße der kommenden Katastrophe. Sie waren vielmehr laufend damit beschäftigt, die Situation zu überwachen und sich aus der Presse, aus Gesprächen und Beobachtungen vor Ort ein möglichst vollständiges Bild der Zustände in Deutschland zusammenzusetzen. Die journalistische Darstellungsform des Reiseberichtes ist im Kern eine Art Reportage, und als solche stützt sie sich unter anderem auf persönliche Erlebnisse und Eindrücke. Somit besteht hier anders als zum Beispiel bei einem politischen

---

[1053] Kugelmass: Sifting the Ruins, ohne Seitenangaben.
[1054] Das Wort „Shoah" wurde in der hebräischen Presse im Jischuv im Zusammenhang mit dem Aufstieg der Nationalsozialisten erstmals im März 1933 benutzt. Vgl. Reinharz, Jehuda und Yaacov Shavit: The Road to September 1939. Polish Jews, Zionists, and the Yishuv on the Eve of World War II, Waltham 2018, S. 109–110.

Kommentar oder einem analytischen Artikel die Möglichkeit, auch unbestimmte Gefühle einer Bedrohung oder etwaige böse Vorahnungen zu thematisieren. Durch direkte Begegnungen mit Opfern und damit zugleich den ersten Überlebenden des nationalsozialistischen Terrors sowie durch die Erfahrung, das zerstörte jüdische Leben mit eigenen Augen zu sehen und es zu erfühlen, kommt den Reportagen eine besondere Bedeutung in der Auseinandersetzung polnischer Juden mit dem nationalsozialistischen Deutschland zu. Über ihre Reisen eigneten sich die Journalisten individuelles und oft auch geheimes, subversives jüdisches Wissen an – Wissen, das sie in einem nächsten Schritt nutzen konnten, um in der Praxis gegen die Verbrechen der Nationalsozialisten vorzugehen.

6 Von der Theorie zur Praxis: Der Kampf gegen Nazi-Deutschland

Im April 1933 kehrte der Journalist Mark Turkow von einer mehrwöchigen Deutschlandreise nach Warschau zurück. Damit war er pünktlich zum ersten landesweiten Treffen für den organisierten Protest gegen die Verfolgung von Juden im nationalsozialistischen Deutschland wieder in der Stadt. Laut der polnischsprachigen Zeitung *Nasz Przegląd* nahmen an dem Treffen, das am 23. April 1933 im Saal des Theaters *Kamiński* stattfand, ca. 1200 Personen teil, darunter 720 Delegierte aus 364 polnischen Städten und Dörfern.[1055] Das Treffen war von dem kürzlich ins Leben gerufenen *Fareynikter Komitet tsu bakemfn di Drifes oyf Yidn in Daytshland* (Vereinigtes Protestkomitee zur Bekämpfung der Verfolgung von Juden in Deutschland)[1056] organisiert worden. Neben wichtigen Vertretern des kulturellen und religiösen Lebens befanden sich auch Vertreter der ausländischen Presse, jüdische Flüchtlinge aus Deutschland und die jüdischen Abgeordneten aus dem polnischen Parlament unter den Anwesenden, wobei letztere ihren Weg zur Veranstaltung nur durch Zutun des *Haynt* gefunden hatten.[1057] Damit möglichst viele Delegierte an dem Treffen teilnehmen konnten, hatte das Warschauer Komitee mit der polnischen Staatsbahn sogar eine fünfzigprozentige Ermäßigung auf Bahntickets für alle Delegierten ausgehandelt.[1058]

Die Anwesenheit Mark Turkows auf dem Treffen, das eine Gruppe von mehrheitlich jüdischen Intellektuellen, Politkern, Journalisten, Juristen und Kaufleuten um den Journalisten und Vorsitzenden des Jüdischen Journalisten-

---

[1055] Vgl. N. N.: Głos oburzenia i protestu żydostwa polskiego przeciwko bestjalstwom hitlerowskim, in *Nasz Przegląd*, 24. April 1933, S. 2–4. In der Ankündigung des JTA Newsletter lud das Komitee die Delegierten für den 26. April in den großen Saal der jüdischen Gemeinde in Warschau, in die *ulica Grzybowska* 26, ein. Laut *Haynt* fand das Treffen dann jedoch am 23. April im Theater *Kamiński* statt, weil sich früh abzeichnete, dass der Saal der jüdischen Gemeinde zu klein für die Veranstaltung sein würde. Vgl. N. N.: Haynt alpoylishe konferents fun yidishe organizatsies farn kamf mit yiden-drifes in Daytshland, in *Haynt*, 23. April 1933, S. 1.
[1056] Der polnische Name des Komitees lautete Zjednoczony Narodowy Komitet Protestacyjny Żydostwa Polskiego Przeciwko Prześladowaniu Żydów w Niemczech.
[1057] Vgl. N. N.: Groyser protest-tsuzamenfahr fun poylishen yidentum gegen di drifes oyf yiden in Daytshland, in *Haynt*, 24. April 1933, S. 2. Darin siehe besonders den persönlichen Stimmungsbericht *Tser un tsorn* von Nayman.
[1058] Vgl. YIVO Institute for Jewish Research, New York (YIVO Institute for Jewish Research), Yidisher Artistn Fareyn, RG 26, Box 6 A, File 16, Newsletter der Warschauer JTA, Przed wzechpolskim zjazdem dla walki z hilteryzem, Nr. 90, 19. April 1933, nicht paginiert.

und Schriftstellervereins Dr. Yeoshue Gotlib vom *Haynt* organisiert hatte, war wichtig, sollte er doch den Anwesenden von der Lage der Juden in Deutschland berichten. Damit kam Turkow an jenem Abend eine Schlüsselrolle bei der Ausformung der Protestbewegung zu. Da er als einer der ersten aus Warschau die Geschehnisse in Deutschland mit eigenen Augen gesehen hatte, konnte er über die politischen Entwicklungen aus eigener Erfahrung berichten und etwaige Gerüchte bestätigen oder aber entkräften.

In seinem Referat betonte er, dass er sich auf seiner Rundreise durch Deutschland nicht nur ein ausführliches Bild über die Situation der deutschen Juden hatte machen können, sondern auch, dass er aus allem Erlebten und „aus allen Gesprächen, den Konferenzen, den Besuchen bei deutschen Juden aus verschiedenen Ständen und Klassen" schließen müsse, „dass alle Informationen, die in der jüdischen Presse auf der ganzen Welt über die bestialischen Missetaten der Nazi-Bande erschienen, vollkommen der Wahrheit entsprechen".[1059] In der Realität sei die Lage, so Turkow weiter, sogar noch tragischer als „alle Beschreibungen, die wir in unserer Presse lesen" könnten. In seinen weiteren Ausführungen berichtete er über den moralischen und physischen Terror, den Entzug jeglichen Rechtsschutzes und die dramatische Lage der besonders exponierten jüdischen Bewohner in deutschen Kleinstädten und Dörfern. Darüber hinaus wusste er ausführlich über den antijüdischen Boykott in Berlin zu berichten und erklärte, dass im Zuge der schrecklichen Ereignisse und Überfälle auf jüdische Warenhäuser, Geschäfte und Privatwohnungen ein drastischer Anstieg verschiedenster Nervenkrankheiten gemeldet worden sei. Der Vortrag von Mark Turkow war Teil einer umfassenden Werbe- und Agitationskampagne, die sich an die jüdische Community Polens richtete und diese vom Sinn und der Zweckhaftigkeit eines organisierten Protests gegen das nationalsozialistische Deutschland überzeugen sollte. Neben Turkow betraten am Abend des 23. April viele weitere bekannte jüdische Intellektuelle die Bühne im Warschauer Theater *Kamiński* und hielten kämpferische Reden, flammende Plädoyers sowie informative Vorträge.[1060] Zu den Rednern gehörten neben den bereits erwähnten Turkow und Gotlib auch die Journalisten Samuel Wołkowicz* (1891–1980) (*Nasz Przegląd*), Yosef

---

1059 N. N.: Głos oburzenia i protestu żydostwa polskiego przeciwko bestjalstwom hitlerowskim, in *Nasz Przegląd*, 24. April 1933, S. 2–3. Soweit nicht anders angegeben, stammen alle weiteren Zitate und Paraphrasen aus diesem Artikel.
1060 Es gab u. a. Vorträge zu den folgenden Themen: Über die Verfolgung der jüdischen Religion in Deutschland, über den wirtschaftlichen Kampf gegen den Hitlerismus, über die Hilfsaktionen für die deutschen Juden usw. Eine Auflistung findet sich in *Der Moment*, 24. April 1933, S. 2.

Heftman (*Der Moment*) und Apolinary-Maksymilian Hartglas (1883–1953) (*Haynt*). Sie alle sollten in den kommenden Monaten und Jahren aktive Rollen in der sich formierenden Protestbewegung einnehmen.[1061] Anwesend waren zudem noch zahlreiche andere Politiker, Journalisten, Schriftsteller und Publizisten, die zum Teil eng mit der jüdischen Presse Warschaus verbunden waren, wie Moshe Kleinbaum, Yekhezkl-Moyshe Nayman und Ozjasz Thon vom *Haynt*, Dovid Flinker und Aleksander Zysze Frydman (1897–1943) von *Dos Yudishe Togblat*, Mendel Mozes von der *JTA* und viele weitere.[1062] Die Namen der Redakteure der *Naye Folkstsaytung* tauchen zwar nicht in den Quellen auf, dennoch ist davon auszugehen, dass einige von ihnen an jenem Abend anwesend waren.[1063]

Mit dem Beginn der Protestbewegung verschob sich der Schwerpunkt in der Beschäftigung und Auseinandersetzung mit Nationalsozialismus und Antisemitismus in Deutschland. Aus einer bis dato primär theoretischen Begegnung zumeist jüdischer Journalisten und Publizisten entwickelte sich im Laufe des Jahres 1933 eine Protestbewegung, welche die praktische Solidarität und die reale Gegenwehr gegen ein autoritäres und faschistisches Regime suchte. Die Initiierung des Protests und dessen Realisierung bis zu einem ersten Verbot der Protestbewegung im Juni 1935 ist Gegenstand dieses Kapitels. Der Fokus liegt auf der Rekonstruktion der Protestbewegung in den Jahren 1933 bis 1935 in Warschau selbst. Dabei werden insbesondere die kulturelle und politische Vielfalt des Protests beleuchtet und dessen spezifische Ausdrucksformen skizziert. Ausgehend von der Annahme, dass sich das Wissen über das nationalsozialistische Deutschland in den jüdischen Zeitungsredaktionen in Warschau konzentrierte, werden in diesem Kapitel ferner die Funktion der Warschauer jüdischen Presse und die zentrale Rolle, welche die Journalisten und Redakteure für die Protestbewegung spielten, genauer betrachtet.

1061 Wołkowicz, Turkow, Hartglas, Frydman und Gotlib wurden an diesem Abend auch in das Präsidium beziehungsweise in die Redaktionskommission gewählt, die sich vorerst um die Koordination und Bewerbung des Protests bemühen sollte.
1062 Vgl. die verschiedenen Ausgaben der jüdischen Tageszeitungen vom 24. April 1933.
1063 Zum Verhältnis der Redaktion der *Naye Folkstsaytung* bzw. des *Bund* zur Protestbewegung siehe Kap. 6.1.2.

6.1 Hintergründe und Entstehung der Protestbewegung

6.1.1 Aufruf zum Protest

Am Mittwoch, dem 19. April 1933, erreichte den Vorstand des *Yidisher Artistn Fareyn* (Verein der jüdischen Schauspieler)[1064] ein Brief, der vom Präsidenten des Vereins der Jüdischen Kaufleute (*Centrala Związku Kupców*), Rafał Szereszewski (1869–1948),[1065] unterzeichnet worden war.[1066] In dem Schreiben berichtete dieser dem Vorstand des Vereins, in dem jüdische Schauspieler in Polen gewerkschaftlich und beruflich organisiert waren, dass kürzlich in Warschau ein Treffen von Vertretern der jüdischen Intelligenz stattgefunden habe, an dem unzählige bekannte Persönlichkeiten Warschaus wie die Journalisten Jakub Appenszlak* (1894–1950), Natan Szwalbe und Jakir Warszawski (1885–1942), der Politiker und Journalist Apolinary-Maksymilian Hartglas, aber auch der Arzt und Mitarbeiter der *Nasz Przegląd* Dr. Henryk Higier (1866–1942),[1067] der Schriftsteller und Mediziner Dr. Gershon Lewin (1867–1939) sowie jüdische Abgeordnete aus dem polnischen Parlament wie Maurycy Mayzel (1872–1940) oder der Geschäftsmann Wacław Wiślicki (1882–1935) teilgenommen hatten. Im Rahmen dieses außerordentlichen Treffens wurden die aktuellen politischen Ereignisse in Deutschland, dem westlichsten Nachbarland Polens, besprochen. Szereszewski erklärte, dass es als „notwendig erachtet" werde, „dass die jüdische Intelligenz in Polen kollektive Protestaktionen gegen die barbarischen Aktionen des hitleristischen Kurses in Deutschland" initiieren müsse.[1068] Aus diesem Grund wandte er sich im Auftrag des neu gegründeten Exekutivkomitees auch an den *Yidisher Artistn Fareyn*. Er bat den Verein, sich an der geplanten Protestkampagne aktiv zu beteiligen und auch den beiliegenden Aufruf[1069] zu unterzeichnen. Dieser solle, so Szereszewski, in den kommenden Tagen in Zeitungen auf der ganzen Welt veröffentlicht werden sowie an die Internationale Kommission für geistige Zu-

---

[1064] Der polnische Name lautete Związek Artystów Scen Żydowskich.
[1065] Rafał Szereszewski (Rafael Szereszowski) (1869–1948); Industrieller, Finanzier, politischer, kultureller und humanitärer Aktivist, Mitglied und Vorsitzender zahlreicher jüdischer Verbände, wie der ORT, der *B'nai B'rith* und dem Instytut Nauk Judaistycznych in Warschau; September 1939 Flucht Richtung Osten; Emigration nach New York.
[1066] YIVO Institute for Jewish Research, Yidisher Artistn Fareyn, RG 26, Box 6 A, Folder 76, Rafał Szereszewski an den Yidisher Artistn Fareyn, Warschau, 16. April 1933, nicht paginiert.
[1067] Vgl. Fuks: Prasa żydowska w Warszawie, S. 270.
[1068] YIVO Institute for Jewish Research, Yidisher Artistn Fareyn, RG 26, Box 6 A, Folder 76, Rafał Szereszewski an den Yidisher Artistn Fareyn, Warschau, 16. April 1933, nicht paginiert.
[1069] Vgl. YIVO Institute for Jewish Research, Yidisher Artistn Fareyn, RG 26, Box 6 A, Folder 76, Rafał Szereszewski an den Yidisher Artistn Fareyn, Warschau, 16. April 1933, nicht paginiert.

sammenarbeit, den Vorläufer der UNESCO, in Genf verschickt werden. Nur einen Tag später hielt Rafał Szereszewski das Antwortschreiben vom damaligen Sekretär des *Yidishe Artistn Fareyn*[1070] in der Hand. Darin teilte dieser mit, dass sich der Vorstand auf einer eigens einberufenen Sondersitzung entschieden habe, die Aktionen und den Protest gegen die nationalsozialistische Bewegung in Deutschland zu unterstützen.[1071]

Bereits im August 1932 hatte eine 16-köpfige jüdische Delegation aus Polen,[1072] der unter anderen die Journalisten und Politiker Noah Pryłucki vom *Moment* und Yitzhak Grünbaum (1879–1970) vom *Haynt* angehörten, auf dem Gründungskongress des Jüdischen Weltkongresses in Genf den Vorschlag eines jüdischen Boykotts deutscher Waren unterbreitet.[1073] Anlass waren die zunehmenden Gerüchte über Misshandlungen von Juden in Deutschland. Dass die jüdische Intelligenz Warschaus als eine der ersten jüdischen Communities mögliche Protestmaßnahmen gegen Deutschland in Erwägung zog, geschah nicht zufällig. Wie in den vorangegangenen Kapiteln gezeigt wurde, wurden die Entwicklungen in Deutschland durch die jüdische Presse in Warschau aufmerksam verfolgt. Die Gründe für die intensive journalistische Berichterstattung konnten dabei genau wie die Motive für die Beteiligung am Protest politischer, professioneller oder auch persönlicher Natur sein, oft auch eine Kombination aus allen dreien. Ein Motiv sticht jedoch in der Betrachtung der Quellen immer wieder hervor. Vielen Vertretern der Protestbewegung ging es nicht ausschließlich um eine Solidarisierung mit den Juden in Deutschland, sondern vielmehr darum, die Juden Europas, insbesondere aber die jüdische Bevölkerung in Polen, davor zu bewahren, dass das deutsche Modell sich auf andere Länder überträgt. Rachel Auerbach beschrieb die Motivation für die Gegenaktionen in Polen im April 1933 sehr treffend. In einem Artikel für den *Haynt*, für den sie als freie Journalistin arbeitete,

---

1070 Leider konnte ich nicht herausfinden um wen es sich handelt.
1071 Vgl. YIVO Institute for Jewish Research, Yidisher Artistn Fareyn, RG 26, Box 6 A, Folder 76, Schreiben vom Sekretär des Yidisher Artistn Fareyn, ungez., an Rafał Szereszewski, Warschau, 20. April 1933, nicht paginiert.
1072 Die Delegation bestand aus 16 Personen, darunter 11 Nicht-Zionisten und 5 Zionisten. Im Bericht hieß es, dass sich beide Gruppen teilweise gewaltsam angefeindet hätten. Ein ausführlicher Bericht über die polnische Delegation auf dem Kongress findet sich bei: Hafftka, Aleksander: „Żydowska Konferencja Światowa", *Sprawy Narodowościowe* 4–5 (1932), S. 526–532.
1073 Vgl. Schiper, Ignacy: Dzieje Handlu Żydowskiego na Ziemiach Polskich, hrsg. von Centrala Związek Kupców w Warszawie, Warszawa 1937, S. 726, 736. Tomaszewski und Wiślicki erwähnen ebenfalls den Antrag der polnischen Delegation, jedoch ohne eine genauere Quellenangabe anzugeben. Vgl. Tomaszewski: „Bojkot towarów", S. 448; Wiślicki: „The Jewish Boycott Campaign", S. 282.

gab sie folgende Argumentation dafür, weshalb es sich für die Juden in Polen lohne, gegen Deutschland zu kämpfen:

> Wenn das Weltjudentum heute solidarisch gegen das nationalsozialistische Deutschland auftritt, dann nicht nur deshalb, weil man in Deutschland Juden schlägt oder weil man den Juden ihre politischen Rechte nimmt, [...] sondern weil die Gefahr droht, dass wir Juden [...] die Gleichberechtigung verlieren, die wir während der Französischen Revolution bekommen haben und die ihren Weg in alle Länder, in denen Juden leben, gefunden hat. Doch jetzt droht die Gefahr, dass die politische Entrechtung, die Hitler gegen uns Juden in Deutschland durchführen will, zum schlechten Beispiel für alle Länder wird, in denen wir leben.[1074]

Prävention stellte damit für Auerbach neben dem offenkundigen Gefühl der Betroffenheit, das darin zum Ausdruck kommt, dass sie von Maßnahmen gegen „uns Juden in Deutschland" spricht, einen wichtigen Grund dar, für die Protestbewegung zu argumentieren. Auch andere jüdische Publizisten und Politiker, wie Ayzik-Ber Ekerman von *Dos Yudishe Togblat*, argumentierten immer wieder auf ähnliche Weise.[1075] Die Losung „Barbarei ist ansteckend", die der Politiker Dr. Fiszel Rotenstreich in einem Artikel für den *Haynt* verwendet hatte, prägte den öffentlichen Diskurs über das Für und Wider des Protests und des Boykotts in Polen nachhaltig.[1076] Das deutsche Modell fand bei Teilen der polnischen Bevölkerung mehr und mehr Unterstützung, die sich vor allem in Form eines wachsenden Antisemitismus und einer zunehmenden, offen zur Schau gestellten Bewunderung für die nationalsozialistische Bewegung äußerte.[1077] Dies und die sich häufenden Nachrichten über Angriffe auf Juden aus Polen in Deutschland sensibilisierten die jüdische Öffentlichkeit in Polen schon früh für die politischen Entwicklungen. Exemplarisch sei hier ein Fall aus dem Jahr 1929 erwähnt. Im schlesischen Oppeln wurde im Mai 1929 eine Gruppe jüdischer Schauspieler aus Warschau, die im *Yidisher Artistn Fareyn* organisiert waren, durch „einige jugendliche, radaulustige Elemente" angegriffen.[1078] Die jungen Anhänger der

---

1074 Oyerbakh, Rokhel: Vi halt es mit der „yidisher rase"?, in *Haynt*, 9. April 1933, S. 4–5.
1075 Vgl. Ekerman, Ayzik-Ber: Far shvere nesiones, in *Dos Yudishe Togblat*, 3. Februar 1933, S. 3.
1076 Rotenstraykh, Fishl: Vegen vos mir kemfen, in *Haynt*, 9. April 1933, S. 4.
1077 Dazu vgl. Kap. 4.2.
1078 YIVO Institute for Jewish Research, RG 26, Box 8, File 99, Schreiben des Präsidiums der Genossenschaft Deutscher Bühnen-Angehöriger an den Yidishn Artistn Fareyn, gez. Wallauer, Berlin, 13. Mai 1929. In dem Schreiben bat der Präsident Carl Wallauer die polnischen Kollegen im Namen der Genossenschaft um Verzeihung und übermittelte anhängend eine Pressemitteilung, die in der eigenen Verbandszeitung *Der neue Weg* abgedruckt werden sollte. In dieser bekräftigte der Vorstand, dass man sich bei den deutschen Behörden für „eine strenge Bestrafung der Täter einsetzen" wolle. Der antisemitische und antislawische Charakter des Überfalls wurde nicht erwähnt.

NSDAP störten nicht nur das Gastspiel, sie „griffen diese [die jüdischen Schauspieler aus Polen, AK] auch auf dem Weg zum Bahnhof und auf diesem selbst tätlich an".[1079] Der Angriff hatte zur Folge, dass mehrere Mitglieder der Gruppe verletzt wurden.[1080] Es waren solche und andere Vorfälle, die möglicherweise den Ausschlag dafür gaben, dass die polnische Delegation auf dem Jüdischen Weltkongress im August 1932 einen Antrag über einen Boykott deutscher Waren einbrachte und warum der Verband der jüdischen Schauspieler sofort reagierte.

Wann die konkrete Idee für einen organisierten Protest aufkam, kann heute nicht mehr genau bestimmt werden. Sicher aber ist, dass am 15. März 1933 der zionistische Abgeordnete und Journalist des *Haynt* Yitzhak Grünbaum im Sejm eine Petition verlas, die vom *Koło Żydowskie* (*Yidishe Kolo*, Jüdischer Kreis), einem Zusammenschluss jüdischer Abgeordneter im polnischen Parlament, verfasst worden war. Darin wandten sich die jüdischen Politiker an die „zivilisierte Welt" und riefen Juden weltweit dazu auf, sich „in dem einzigen Gedanken und Willen, die Brüder aus Deutschland zu retten, zu vereinigen und zu verbinden. [...] Sie sollen wissen und fühlen, dass das ganze 16 Millionen zählende jüdische Volk sich mit ihnen solidarisiert, mit ihnen fühlt, an sie denkt und sich um sie sorgt."[1081] Der Aufruf wurde am nächsten Tag auf den Titelseiten der bürgerlichen jüdischen Presse in Warschau auf Jiddisch und Polnisch abgedruckt.[1082]

Den Erinnerungen Mark Turkows wiederum ging die Initiative für einen koordinierten Protest von den jüdischen Journalisten und Publizisten in Warschau selbst, genauer vom *Fareyn fun yidishe Literatn un Zhurnalistn in Varshe*, voraus. In seinen Erinnerungen schrieb er:

> With the outbreak of the Hitlerite disaster in Germany, [...] the Jewish Journalists Association convened a meeting of the leaders of all the Jewish parties, economic bodies and re-

---

1079 YIVO Institute for Jewish Research, RG 26, Box 8, File 99, Schreiben des Präsidiums der Genossenschaft Deutscher Bühnen-Angehöriger an den Yidishn Artistn Fareyn, gez. Wallauer, Berlin, 13. Mai 1929.
1080 Für die weiteren politischen Auswirkungen auf die deutsch-polnischen Beziehungen siehe: Braun, Brigitte und Urszula Biel: „Oberschlesien ist unser! – Die Region Oberschlesien im deutschen und polnischen Kino nach dem Ersten Weltkrieg (1918–1929)", in: Dupuis, Indira (Hrsg.): *Transnationale Kommunikationsräume in Nordosteuropa seit Beginn des 20. Jahrhunderts* (= Nordost-Archiv, Bd. 18), Lüneburg 2010, S. 44–71, hier S. 67, Fn. 69.
1081 Yidishe kolo: Protest tsu der gantser tsivilizirter velt fun der yidisher kolo in poylishen seym, in *Haynt*, 16. März 1933, S. 1.
1082 Eine Übersetzung des Aufrufs, wie er in der *Nasz Przegląd* abgedruckt wurde, findet sich in deutscher Sprache in: PAAA, RZ 701/R 82352, DG in Warschau an das AA Berlin, gez. von Moltke, Betr. Die Judenschaft in Polen zum Regimewechsel in Deutschland, Warschau, 22. März 1933, 1. Anhang, Abschrift, Aufruf der jüdischen Sejm-Fraktion, 15. März 1933 (*Nasz Przegląd*, 16. März 1933): Zur Lage in Deutschland (dt. Übersetzung).

sponsible leaders, at its offices on 13 Tlomackie Street, and, at its initiative, a united body was set up for the Jewish national struggle against the oppression of the Jews in Germany.[1083]

Mit der Initiative wollte der Verband einer möglichen Fragmentierung der Protestbewegung zuvorkommen und eine politisch unabhängige Bewegung etablieren. Es ist gut möglich, dass es sich bei dem von Turkow beschriebenen Treffen um jenes handelt, von dem auch der Brief Rafał Szereszewskis erzählt. Passend dazu gab der Vorstand des Journalistenvereins am 27. März 1933 eine Resolution heraus, in der aller Opfer der Nationalsozialisten – jüdischer wie nichtjüdischer gleichermaßen – gedacht wurde. Sie protestierten gegen die „Verfolgung von Juden, Intellektuellen" sowie gegen die Verfolgung „von allen demokratischen und sozialistischen Elementen" und riefen „alle freiheitlich denkenden und arbeitenden Elemente der Welt auf, sich im Protest zu vereinigen und alle Kräfte aufzubringen, um sich der finsteren Reaktion entgegenzustellen".[1084] Als Journalisten und Schriftsteller sprachen sie sich ferner gegen das Verbot der Pressefreiheit aus.

Mit der Veröffentlichung der beiden Petitionen nahm die Protestbewegung erste formale Züge an. Denn trotz der unterschiedlichen inhaltlichen Schwerpunktsetzungen entstanden beide Petitionen in einem ähnlichen zeitlichen, räumlichen und personellen Umfeld. Schließlich formierte sich aus eben jenem Personenkreis im März 1933 ein Protestkomitee, das wie bereits erwähnt den Namen *Fareynikter Komitet tsu bakemfn di Drifes oyf Yidn in Daytshland* trug.[1085] Zu einer der ersten Aufgaben des Komitees gehörten die Mobilisierung und Vorbereitung der ersten Protestveranstaltungen in Warschau, die im Rahmen eines internationalen jüdischen Protesttags, der sich gegen die antisemitische Politik

---

1083 Turkow: "Between Two World Wars", S. 85.
1084 N. N.: Farvaltung fun varshever literatn-fareyn protestirt kegn dem hitlerishn teror, in *Literarishe Bleter*, Nr. 16 (467), S. 265. Die Nachricht über die Sondersitzung des Vereins am 27. März 1933 wurde auch in einem Artikel vom *Dos Yudishe Togblat* erwähnt, vgl. N. N.: Protest fun yudishen literaten un zhurnalisten-fareyn, in *Dos Yudishe Togblat*, 28. März 1933, S. 1.
1085 Die Mitglieder kamen mehrheitlich aus dem zionistischen bzw. jüdisch-nationalen Milieu der Warschauer jüdischen Community: Dr. Yeoshue Gotlib als Präsident des Jüdischen Journalisten Syndikats, die Abgeordneten Dr. Emil Sommerstein, Aron Lewin, Dr. Henryk Rosmarin (gleichzeitig Redakteur der *Chwila*) und Wacław Wiślicki (der ebenfalls als Präsident der *Centrala Związek Kupców* im Gremium war), Jehuda Szczerański und Elias Mazur als Vertreter der jüdischen Gemeinde. Vgl. N. N.: „Petycia Zjednoczonego Komitetu Żydowskiego dla Walki z Prześladowaniem Żydów do Ligi Narodów", *Sprawy Narodowościowe* 7/4 (1933), S. 422–424. In einem Bericht des polnischen Innenministeriums für das Jahr 1935 werden als Mitglieder die folgenden Namen angegeben: Eiger, Gotlib, Hartglas, Sommerstein, Trockenheim, Mincberg, Mazur, Rubinstein und Schorr. Vgl. AAN, MSW, Sig. 963, Sprawozdanie z życia mniejszości narodowych za IV kwartał 1935 r. (tajne), Warszawa 1936, S. 94.

des nationalsozialistischen Deutschlands richtete, am 27. März 1933, zu dem Juden aus den Vereinigten Staaten aufgerufen hatten, stattfinden sollten. Die jüdischen Zeitungsmacher, insbesondere jedoch die Redaktionen von *Moment* und *Haynt*, bewarben den Protesttag intensiv und druckten neben dem zentralen Aufruf weitere Artikel, Gedichte, Losungen und Mitteilungen verschiedenster Gruppen ab.[1086] Zwar unterstützte auch die Redaktion vom *Dos Yudishe Togblat* die Mobilisierung, sprach sich für einen Protest aus und betrachtete es als Aufgabe der jüdischen Presse, die jüdische Bevölkerung von der Sinnhaftigkeit der Bewegung zu überzeugen,[1087] allerdings finden sich in der Zeitung dann nicht einmal annähernd so viele Artikel in Quantität und Vielfalt, wie in den anderen jiddischen Tageszeitungen der bürgerlichen jüdischen Presse. Dennoch kamen am eigentlichen Protesttag auch zahlreiche Führer der *Agudat Yisroel* neben den insgesamt vielen orthodoxen Juden ins Theater *Nowości*, wo die zentrale Protestveranstaltung stattfand. Laut dem *Moment* beteiligten sich mehr als 6.000 Personen an diesem Tag am Protest in Warschau – obwohl der Besuch der Veranstaltung im Theater *Nowości* 5 Groszy kostete.[1088]

Auf dem Treffen wurden der jüdischen Öffentlichkeit die Idee und die Ziele einer möglichen Protestkampagne und eines Boykotts deutscher Waren erstmalig ausführlich nähergebracht. Da die polnischen Behörden „aufgrund von Sicherheitsbedenken" öffentliche Demonstrationen an jenem Tag untersagt hatten, mussten die Protestierenden sich auf Kundgebungen in geschlossenen Räumen beschränken.[1089] Viele Demonstranten aber hielten sich nicht an das Verbot und führten dennoch vielfältige Aktionen und Kundgebungen in der Stadt durch. So wird berichtet, dass sich gegen 14 Uhr eine Gruppe von vor allem älteren Juden vor dem Gebäude des deutschen Konsulats in Warschau zu einer Kundgebung zusammengefunden hätte, bis die Polizei die Veranstaltung auflöste.[1090] Zeitungs-

---

1086 Im *Moment* wurde beispielsweise eine Nachricht an alle Mitglieder zionistischer Jugendorganisationen abgedruckt, sich zum Zwecke der Instruktion bezüglich des Protests am 27. März 1933 gegen 12 Uhr im Lokal vom ZK der Zionistischen Organisation einzufinden. Vgl. N. N.: Akhtung, tsionistishe yugend!, in *Der Moment*, 27. März 1933, S. 1.
1087 Vgl. Alterzohn, A.: Vegen boykotiren daytshe oysarbeytungen (a forshlag), in *Dos Yudishe Togblat*, 23. März 1933, S. 3.
1088 Vgl. N. N.: Di grandieze montag'dige protest-mitingen, in *Der Moment*, 29. März 1933, S. 6. Zum Artikel gehört auch eines der wenigen Fotos der Kundgebung. Es zeigt den überfüllten Innenhof des Theaters. Siehe auch die Anzeige aus dem *Haynt*: Folks-protest-miting gegen drifes oyf yiden in Daytshland, in *Haynt*, 27. März 1933, S. 2. Die Anzeige enthält neben Informationen zum Preis, Ort und der Zeit auch eine Liste mit Namen der Vortragenden.
1089 Vgl. Fareynigter natsionaler protest-komitet: morgen protest-tog fun poylishen yidentum, in *Haynt*, 26. März 1933, S. 1. Der Aufruf wurde am 25. März 1933 unterzeichnet.
1090 Vgl. N. N.: Demonstratsie bey der daytshe ambosade, in *Haynt*, 28. März 1933, S. 1.

berichten zufolge fanden mehr als 50 Kundgebungen allein in Warschau statt.[1091] Am Protesttag beteiligten sich die verschiedensten kulturellen, sozialen und beruflichen jüdischen Organisationen und machten durch vielfältige Protestaktionen auf sich aufmerksam.[1092] Jüdische Geschäftsinhaber wurden aufgefordert, ihre Läden an diesem Tag zum Zeichen ihrer Solidarität bereits um 17 Uhr zu schließen. Auch einzelne Zeitungsredaktionen beteiligten sich an dieser Aktion, wie ein Hinweis der Redaktion der *Nasz Przegląd* an die Leser zeigt.[1093]

Am gleichen Tag veröffentlichten diverse jüdische Organisationen in Warschau erstmalig Stellungnahmen oder Resolutionen in der Tagespresse und erklärten ihre Unterstützung für die Protestbewegung. Dies zeigt, dass die Zeitungen als Kommunikationsplattformen der sich formierenden Bewegung genutzt wurden. Die Vermutung, dass es gezielte Absprachen zwischen den Redakteuren der jüdischen Tageszeitungen und jüdischen Organisationen gab, wird ferner durch den Umstand bekräftigt, dass das neugegründete Komitee sein erstes, provisorisches Büro in den Räumen des jüdischen Journalisten- und Schriftstellerverbands, in der *Tłomackie* 13, einrichtete.[1094] Auch in den kommenden Jahren sollten die Redakteure und Journalisten die Protestbewegung im Rahmen einer breit angelegten Pressekampagne unterstützen, indem sie Organisatorisches, Mitteilungen und Aufrufe veröffentlichen, zu Kundgebungen mobilisierten und weiterhin inhaltliche Artikel und Berichte über die Bewegung wie über die Entwicklungen in Deutschland verfassten. Die räumliche Nähe und die personellen Überschneidungen erleichterten diese Zusammenarbeit.

In den kommenden Wochen kristallisierten sich drei Arbeitsfelder heraus, die in den nächsten Jahren die zentralen Säulen des Protestes bilden sollten: erstens der Boykott deutscher Waren und Kulturimporte wie Filme und Musikstücke, der hauptsächlich von den Mitgliedern der *Centrala Związek Kupców* getragen wurde und dessen Organisationskomitee sich *Tsentral-komitet far der antihitleristisher virtshaftlikher Aktsie* (Zentrales Komitee für die wirtschaftliche Antihitleristische Aktion) nannte.[1095] Zweitens die humanitäre Unterstützung für jü-

---

1091 Es liegen keine Zahlen darüber vor, wie viele Protestaktionen an diesem Tag landesweit stattfanden. Mit Sicherheit aber waren es mehrere Hunderte, da aus den Tageszeitungen hervorgeht, dass in allen größeren polnischen Städten Kundgebungen stattfanden.
1092 Über die verschiedenen Aktionen wird im *Dos Yudishe Togblat* berichtet. Vgl. N. N.: Der nekhtiger grandiezer protest-tog, in *Dos Yudishe Togblat*, 28. März 1933, S. 1.
1093 Vgl. N. N.: Dziś wielki dzień protestu przeciwko prześladowaniu Żydów w Niemczech, in *Nasz Przegląd*, 27. März 1933, S. 2.
1094 Vgl. N. N.: Vos hert zikh in Varshe?, in *Haynt*, 19. April 1933, S. 7.
1095 Der polnische Name des Komitees lautete: Centralny Komitet dla Antyhitlerowskiej Akcji Gospodarczej.

dische Geflüchtete aus Deutschland, eine Arbeit, die überwiegend von Mitgliedern des Kreises der jüdischen Abgeordneten, den jeweiligen lokalen B'nei B'rith-Logen sowie einzelnen Journalisten und sozialen Aktivisten, die sich unter dem Namen *Fareynikter Komitet far di Pleytim fun Daytshland* (Vereinigtes Komitee für die Flüchtlinge aus Deutschland) zusammenfanden, koordiniert wurde.[1096] Sowie drittens das bereits mehrfach erwähnte *Fareynikter Komitet tsu bakemfn di Drifes oyf Yidn in Daytshland*, das mehrheitlich für den öffentlichen politischen Protest verantwortlich war und in welchem auch, aber nicht nur Personen aus den zuvor genannten Komitees vertreten waren. Alle drei Komitees arbeiteten eng zusammen, koordinierten ihre Arbeit und gaben hin und wieder gemeinsame Aufrufe heraus, die sich an eine breite jüdische Öffentlichkeit richteten.[1097]

Als die verschiedenen Komitees ihre Arbeit im Laufe des Jahres 1933 aufnahmen, wurden diese zunächst von der polnischen Regierung in ihren Aktivitäten geduldet. Sowohl das *Tsentral-komitet far der antihitleristisher virtshaftlikher Aktsie* wie auch das *Fareynikter Komitet far di Pleytim fun Daytshland* wurden von den polnischen Behörden offiziell anerkannt und als eingetragene Vereine genehmigt.[1098] Binnen weniger Wochen hatten sich professionelle Strukturen herausgebildet, es zeigten sich jedoch auch erste Bruchlinien.

6.1.2 Suche nach Verbündeten

Natürlich verlief die Arbeit und die Koordination des Protests nicht völlig konfliktfrei ab und bereits vor der Gründung der drei Komitees war es zu Unstimmigkeiten unter den Befürwortern des Protests gekommen. Nachdem der *Koło Żydowskie* am 12. April 1933 eine weitere Resolution verfasst hatte, die erneut „das

---

1096 Der polnische Name des Komitees lautete Zjednoczony Komitet Żydowski Niesienia Pomocy Uchodźcom z Niemiec.
1097 Siehe zum Beispiel der gemeinsame Aufruf aus dem Jahr 1934: Tsu der yidisher bafelkerung in Poyln, Varshe 1934, abgedruckt in: Łętocha, Barbera [u. a.] (Hrsg.): Żydowskie druki ulotne w II Rzeczypospolitej w zbiorach Biblioteki Narodowej, Bd. 2, Warszawa 2006, S. 87–88 (Dok. 164, Abdruck Fig. 55b, poz. Kat 164). Als Ende 1934 der Boykott im Niedergang begriffen war, taten sich auf Initiative des Zentralen Boykottkomitees alle drei Komitees erneut zusammen und riefen gemeinsam eine Konferenz aus, um den Boykott wieder zu verstärken. Vgl. Majewski: Działalność, S. 58.
1098 Das jüdische Hilfskomitee wurde am 24. August 1933 registriert, das wirtschaftliche Boykottkomitee offenbar erst im Frühjahr 1934. Vgl. AŻIH, Żydowskie Stowarzyszenia Krakowskie, Sig. 108/36, Komitet Pomocy Uchodźcom z Niemiec przy Gminie Wyznaniowej Żydowskiej w Krakowie, Statut Zjednoczonego Kmoitetu Żydowskiego Niesienia Pomocy Uchodźcom z Niemiec w Warszawie, nicht datiert, nicht paginiert.

polnische Judentum" dazu aufrief, sich dem Protest gegen das nationalsozialistische Deutschland anzuschließen, kam es zum offenen Streit.[1099] Dass die jüdischen Abgeordneten in ihrem Schreiben suggerierten, dass sie die Führung der jüdischen Protestbewegung in Polen übernommen hätten, stieß in einigen Aktivistenkreisen auf Widerstand. Insbesondere die Mitglieder des kürzlich gegründeten *Fareynikter Komitet tsu bakemfn di Drifes oyf Yidn in Daytshland*, dem ja ebenfalls einige der jüdischen Abgeordneten angehörten, missfiel offenbar der nicht abgesprochene Vorstoß der politischen Mandatsträger. Laut einem Bericht, der später im Jahr in der Wissenschaftszeitschrift *Sprawy Narodowościowe* erschien, einigten sich die Konfliktparteien aber schließlich darauf, dass der Kreis der jüdischen Abgeordneten zusicherte, sich vornehmlich auf die politische Dimension des Protests zu konzentrieren und sich aus anderen Aspekten des Kampfes herauszuhalten.[1100]

Im Wesentlichen nahm die Protestbewegung aber schnell an Fahrt auf, was nicht zuletzt an der koordinierten Pressekampagne der jüdischen Zeitungsmacher lag, denn die Rolle, die die jüdische Presse für die Etablierung des Protests spielte, war von entscheidender Bedeutung. Die Frage, welche Funktion die jüdische

---

1099 Vgl. Yidishe Kolo: Kolo in seym fun der poylisher republik: Oyfruf fun der yidisher kolo tsum poylishen yidentum, in *Haynt*, 13. April 1933, S. 1. Andere Zeitungen, wie die *Naye Folkstsaytung*, druckten den Aufruf gar nicht, wiederum andere nur teilweise ab. Die jüngste Warschauer Tageszeitung *Unzer Ekspres* erwähnte die Resolution nur kurz und auch erst auf einer der letzten Seiten. Vgl. N. N.: Di yudishe kolo ruft tsu kemfen gegen hitlerizm, in *Unzer Ekspres*, 13. April 1933, S. 7.
1100 Vgl. H. L.: „Prześladowanie Żydów w Niemczech a Żydowstwo Polskie", *Sprawy Narodowościowe* 7/2–3 (1933), S. 239–340. Nur kurze Zeit später allerdings zogen sich die jüdischen Kaufleute aus dem Protestkomitee zurück, obwohl diese den Boykott deutscher Waren eigentlich im Rahmen dessen hatten organisieren wollen. Majewski vermutet, dass man sich zu diesem Schritt veranlasst sah, um bei einer etwaigen Verbesserung der deutsch-polnischen Beziehungen nicht direkt alle Komitees in ihrer Existenz zu gefährden. Die Aktivisten gingen davon aus, dass im Falle eines möglichen Verbots das Boykottkomitee am ehesten gefährdet sei, weshalb man durch die Autonomie der einzelnen Komitees eventuell hoffte, diese zumindest teilweise vor behördlichen Zugriffen zu schützen. Die Vermutung wird erhärtet durch einen vertraulichen Bericht, den die deutsche Gesandtschaft in Warschau für das AA über die jüdische Boykottbewegung anfertigte. Vgl. Majewski: Działalność, S. 20–21; PAAA, RZ 208/R 82352, DG in Warschau an das AA Berlin, gez. Schliep, Betr. Jüdischer Weltkongress in Warschau, Vorschläge zur Bekämpfung der jüdischen Boykottbewegung in Polen, Warschau, 19. April 1934, S. 1–3, 1. Anhang, Abschrift, S. 1–7, Bl. 204–210, hier Bl. 210. Tomaszewski hingegen nahm an, dass sich durch die Neugründung des Boykottkomitees das Vereinigte Protestkomitee auflöste, was jedoch nicht der Fall war. Vgl. Tomaszewski: „Bojkot towarów", S. 448.

Presse für die Protestbewegung spielte und ob diese überhaupt sinnvoll sei, war auch Gegenstand eines Vortrages, der im Rahmen einer Vorstandssitzung der Warschauer *B'nei B'rith* im April 1934 stattfand.[1101] Ein Jahr nach Gründung der Bewegung diskutierten die Mitglieder der Loge, die in überproportional hoher Zahl in den Gremien der einzelnen Protestkomitees vertreten waren, unter dem Thema „Die Problematik der anti-hitleristischen Aktion" über die Sinnhaftigkeit der Bewegung. Der Referent des Abends Grossfeld[1102] fragte die Anwesenden, was sie noch gegen Hitler ausrichten könnten und ob es ausreichte, Zeitungen zu drucken und Broschüren herauszugeben. Ihm zufolge genügten diese Formen des Protests schon lange nicht mehr und liefen eher Gefahr, die Realität aus dem Blick zu verlieren. Er resümierte, dass schon viele Jahre, bevor Hitler an die Macht gekommen wäre, der Nationalsozialismus in Deutschland ernsthaft bekämpft worden sei, jedoch ohne nennenswerten Erfolg. Darüber hinaus betonte er, dass es im Kampf gegen den Nationalsozialismus wichtig sei, zwischen Nationalsozialismus und Antisemitismus zu differenzieren. Gegen ersteren vorzugehen, hielt er für weniger sinnvoll, da der Faschismus, als dessen Variante er ihn verstand, in vielen Teilen Europas zu finden und ein Übel sei, mit dem man leben müsse. Der Antisemitismus jedoch betreffe sie konkret. Diesen müssten sie auf theoretischer Ebene näher betrachten und die Unterschiede zwischen seinen spezifischen Ausprägungen in den verschiedenen Ländern erkennen lernen. So sei der Antisemitismus in Polen nur in Teilen deckungsgleich mit jenem in Deutschland, denn die polnischen Juden seien beispielsweise nie so stark in der polnischen Kultur und Gesellschaft verankert gewesen, wie es bei den Juden in Deutschland der Fall wäre. Sie müssten jedoch anerkennen, dass sie den Kampf gegen Antisemitismus und Nationalsozialismus nicht allein würden führen können und daher Verbündete bräuchten. In der sich anschließenden Diskussion ergriff auch der Zionist und Bankier Leon Lewite (1878–1944), der selbst im Boykottkomitee aktiv war, das Wort. Er kritisierte Grossfelds Thesen scharf, da es seiner Meinung nach nicht möglich sei, dass Juden sich jemals im Faschismus oder im Nationalsozialismus würden frei entwickeln können. Aus diesem Grund sei es notwendig, den Kampf gegen das nationalsozialistische Deutschland nicht aufzugeben und zu versuchen eine einheitliche Front aufzubauen. Im Rahmen dessen könnten gerade Broschüren und auch die jüdische Presse sehr wichtig sein. Auch würde er an eine Rückkehr des Liberalismus und der Demokratie glauben. Am

---

1101 Vgl. AAN, Stowarzyszenie Humanitarne BRATERSTWO B'NEI B'RITH w Warszawie, Sig. 2/647/0/3, Sitzungsprotokoll der geschlossenen Sitzung der B'nai B'rith in Warschau, gez. unleserlich (Sekr.) und Braumberg (Präs.), Warschau, 26. März 1934, Bl. 48–51.
1102 Über den Referenten konnte ich leider nichts herausfinden.

Ende der Diskussion sprach sich eine Mehrheit der Logenbrüder für eine Fortführung des Boykotts aus.

Eine weitere zentrale Feststellung, die in der Diskussion der Mitglieder der *B'nei B'rith* bereits anklingt, ist die Beobachtung des Referenten Grossfeld, dass es allein nicht möglich sein werde, den Nationalsozialismus zu besiegen. Hinter dieser Feststellung verbirgt sich zugleich die Suche nach und das Finden von möglichen Bündnispartnern – eine Frage, die auch unter den jüdischen Zeitungsmachern rege diskutiert wurde. Während etwa die Redakteure der *Nasz Przegląd*, als jüdisch-nationale Zeitung mit Assimilationstendenzen, Unterstützung bei der nichtjüdischen polnischen Intelligenz suchten,[1103] glaubten die Redakteure der *Naye Folkstsaytung* zunächst, ihre Verbündeten bei den polnischen Genossen der PPS gefunden zu haben, die immerhin genau wie sie Teil der SAI waren.[1104] Die Redakteure der *Naye Folkstsaytung* verschlossen sich als überzeugte Bundisten aus ideologischen Gründen der allgemeinen jüdischen Protestbewegung und nutzten ihre Zeitung als Möglichkeit, öffentlich Stimmung gegen diese zu machen.[1105] Am 23. März 1933 erschien in der *Naye Folkstsaytung* eine politische Kolumne von Henryk Erlich, der auf den geplanten Protesttag in Warschau am 27. März 1933 Bezug nahm. Darin hieß es:

> Ein ‚Vereinigtes nationales Protestkomitee des polnischen Judentums' hat für heute einen Protesttag gegen die antijüdischen Verfolgungen in Deutschland ausgerufen. In einem Aufruf ‚An das jüdische Volk' fordert das Komitee die ‚jüdischen Brüder' auf, dass sie ‚in allen öffentlichen Sälen, Synagogen und Bes Medresh[1106] Protestversammlungen ausrufen' sollen. Sie sollen auf den Straßen demonstrieren, die Geschäfte schließen, die Arbeit niederlegen, entschieden protestieren und sich gegen jedes Attentat auf unsere Rechte, jeden Versuch von Unterdrückung und Vernichtung gegenüber dem Judentum in allen Ländern der Diaspora stellen [...]. Die Freunde der Agudat und das Warschauer Rabbinat haben außerdem für heute noch das Fasten ausgerufen, und die sogenannte nationale Presse unterstützt natürlich auch diese Form des ‚nationalen Protests'.[1107]

1103 Vgl. *Nasz Przegląd* vom 23. und 24. März 1933, Angaben hier nach Pryt: Befohlene Freundschaft, S. 200.
1104 Vgl. Khmurner, Yosef: Boykot, in *Naye Folkstsaytung*, 10. August 1933, S. 3; Erlich, Henryk: Morgn, tsum antifashistishn miting!, in *Naye Folkstsaytung*, 29. Juli 1933, S. 3; N. N.: Der nekhtiger antifashisher miting oyf Varetska, in *Naye Folkstsaytung*, 31. Juli. 1933, S. 1. Ferner siehe *Nasz Przegląd* vom 23. und 24. März 1933.
1105 Kritik gab es auch von kommunistisch-jüdischer Seite, wie ein Blick in die jiddisch-kommunistische Zeitung der *Fraynd* zeigt. Im Mai 1934 kritisierte der anonyme Autor eines Artikels, dass das Warschauer Hilfskomitee die Gelder für die jüdischen Flüchtlinge aus Deutschland angeblich nicht richtig auszahlen würde. Vgl. K.: Groyse skandaln in Hilfs-komitet far daytshe pleytim, in *Fraynd*, 4. Mai 1934, S. 4.
1106 Jiddisch: „Haus des Lernens".
1107 Erlich, Henryk: Der Hayntiker protest-tog, in *Naye Folkstsaytung*, 23. März 1933, S. 3.

Wie im vorherigen Kapitel herausgearbeitet wurde, hatte der *Bund* aufgrund seiner sozialistischen Grundhaltung nicht nur eine andere Analyse von den politischen Entwicklungen in Deutschland und Polen, sondern vertrat auch eine andere Auffassung davon, mit wem politische Allianzen im Kampf gegen Antisemitismus und einem sich radikalisierenden Nationalismus eingegangen werden sollten sowie ferner wie praktikable Gegenstrategien aussehen konnten. Das Henryk Erlich in einem Leitartikel der *Naye Folkstsaytung* die Leser dazu aufrief, sich nicht am Protest, der mehrheitlich von zionistisch orientierten Personen und Organisationen getragen wurde, zu beteiligen, erscheint daher konsequent. Ausschlaggebend war, dass die politische Stoßrichtung des Protests eine jüdischnationale war. Hinzu kam, dass die Mehrheit der Personen, die Posten in den Protestkomitees bekleideten, überwiegend Polens jüdische Oberschicht repräsentierten. Damit war für Erlich ihre Gegenwehr unaufrichtig und analytisch falsch. Er warf ihnen nicht nur fehlendes beziehungsweise falsches Engagement vor, er unterstellte ihnen auch eine Art Doppelmoral. So argumentierte er, dass die „Herren des ‚nationalen Protestkomitees'" sich nur so lange gegen die Entrechtung von Juden einsetzen würden, wie es sich nicht um einen Angriff auf ihre eigenen Rechte in Polen handeln würde. Ihre „‚Entschlossenheit'" würde in sich zusammenfallen, „sobald es darauf ankommt sich einem Anschlag auf die jüdischen Rechte entgegenzustellen, die vonseiten der heimischen Machthaber gemacht werden".[1108] Der Vorwurf sich der heimischen Regierung anzudienen, war einer, den die Bundisten Anhängern des Zionismus beziehungsweise eines jüdischen Nationalismus häufiger machten.[1109] Dass das Protestkomitee ferner ausschließlich „gegen die Bestie, also Hitlers antijüdische Verfolgungen" protestierte, jedoch nicht gegen den „banditenmäßigen Ausrottungskampf gegen die Arbeiterbewegung in Deutschland", würde zeigen, dass die Gesichter der Protestbewegung nicht den Nationalsozialismus als Ideologie kritisieren würden. Der Redakteur der *Naye Folkstsaytung* erklärte weiter:

> Die jüdischen Nationalisten sind alle noch nicht dazu im Stande, den tiefen, inneren Zusammenhang zwischen dem ‚Vernichtungskampf gegen den Marxismus' und antijüdischen

---

[1108] Erlich, Henryk: Der Hayntiker protest-tog, in *Naye Folkstsaytung*, 23. März 1933, S. 3.
[1109] Vgl. Pickhan: „Gegen den Strom", S. 282–293. Diese Kritik wurde nachträglich aber auch von Zionisten geteilt. Yitzhak Grünbaum problematisierte in seinen Erinnerungen an seine Arbeit für den *Haynt* die zunächst fehlende Distanz zur polnischen Regierung im Zuge der Kampagne der Zeitung für den Protest. Grünberg zufolge hätte die Zeitung anfänglich Schwierigkeiten gehabt, sich von der allgemeinen antideutschen Bewegung, die von der polnischen Regierung anfänglich ja begrüßt wurde, abzugrenzen. Vgl. Grinboym, Yitskhok: „Arum dem ‚Haynt'", in: Alveltlekher yidisher kultur-kongres (Hrsg.): *Fun noentn over. Yidishe prese in Varshe*, Bd. 2, New York 1956, S. 215–232, hier S. 231.

Pogromen, die enge Bindung zwischen faschistischer Reaktion und antisemitischer Ausgelassenheit, zu bemerken. Und daher ist es auch kein Wunder, dass die ‚nationale' Presse systematisch den Fakt verschwiegen hat, dass die jüdischen Großindustriellen und Bankiers in Deutschland im Laufe der Jahre mit ihren Geldern Hitlers Kasse genährt haben, dass sie ihm geholfen haben, seine Mörderbanden auszuhalten, welche die Juden geschlagen haben, die jüdische Friedhöfe und Synagogen geschändet haben und heute antijüdische Pogrome durchführen. Und wollte Hitler keine Juden drangsalieren, [...],[1110] dann würden sicher eine Menge der Herren, die zum heutigen Protesttag aufrufen, absolut nichts gegen Hitler haben.[1111]

Erlichs Verständnis nach standen die wirtschaftlichen und politischen Interessen der Mitglieder der jüdischen Kaufmannsvereinigung einem Boykott deutscher Waren diametral entgegen, da sie ähnlich wie die Nationalsozialisten nicht an der kapitalistischen Grundordnung rütteln wollten. Ihr Protest gegen Nazi-Deutschland sei somit von Beginn an unehrlich und zum Scheitern verurteilt gewesen, da ein Boykott nicht im Sinne ihrer eigenen Klasseninteressen gewesen sei.

Als Reaktion auf den von zionistischen und orthodoxen Gruppen getragenen Protest gründete sich Ende 1933 ein *Tsentrales bundishes anti-Hitler-komitet in Varshe* (Zentrales bundistisches Anti-Hitler-Komitee in Warschau). In der vom Komitee herausgegebenen Broschüre monierten die Mitglieder des Komitees ebenfalls, dass der von ihnen als bürgerlich diffamierte Boykott lediglich versuchen würde, den deutschen und damit „fremden" Nationalismus mithilfe des „heimischen", also jüdischen, Nationalismus zu bekämpfen.[1112] In dem Artikel „Wer stört die Boykottaktion?" deckte die Gruppe auf, dass zahlreiche jüdische Händler in Polen zwar offiziell den Boykott deutscher Waren unterstützten, gleichzeitig aber weiterhin Produkte deutscher Firmen bezogen.[1113]

Obwohl die Kritik an den Protestkomitees nicht abriss, besuchten die Mitarbeitenden der *Naye Folkstsaytung* die Veranstaltungen der anderen Protestkomitees regelmäßig. Vordringliches Ziel ihrer Teilnahme scheint es gewesen zu sein, sich über die Anzahl der Anwesenden und mögliche Konflikte innerhalb der Protestbewegung zu informieren, um im Nachgang diskreditierende und pole-

---

1110 Zeile unleserlich.
1111 Erlich, Henryk: Der Hayntiker protest-tog, in *Naye Folkstsaytung*, 23. März 1933, S. 3.
1112 Vgl. Tsentrales bundishes anti-Hitler-komitet in Varshe: Arbeter-klas in kamf kegn Hitler-Daytshland, Varshe 1934, S. 34.
1113 In die Vorfälle seien auch prominente Mitglieder des zentralen Boykottkomitees wie Wacław Wiślicki verwickelt gewesen. Vgl. Tsentrales bundishes anti-Hitler-komitet in Varshe: Arbeter-klas in kamf, S. 34–35.

misierende Artikel zu verfassen.¹¹¹⁴ Durch diese Vorgehensweise sollten die eigenen Leser davon abgehalten werden, sich an den Aktionen zu beteiligen. Ein weiterer Artikel von Henryk Erlich vom März 1933 legt den Verdacht nahe, dass das Zentralkomitee des *Bund* die Befürchtung hegte, dass Mitglieder und Sympathisanten der Partei den Aufrufen zionistischer und orthodoxer Kreise folgen könnten, da diese ebenfalls durch die aus Deutschland eintreffenden Nachrichten im höchsten Maße verunsichert waren.¹¹¹⁵

An eine breitere jüdische Öffentlichkeit wandte sich das Zentralkomitee des *Bund* erstmals im Juni 1933. Zwei Resolutionen, die sich inhaltlich mit den Themen Nationalsozialismus und Antisemitismus befassten, legten die Position der politischen Führung des *Bund* dar.¹¹¹⁶ In der ersten Resolution wurde der Nationalsozialismus als eine deutsche Variante des Faschismus definiert und scharf verurteilt. In der zweiten ging das Zentralkomitee explizit auf die beginnende Judenverfolgung sowie auf die spezifische Ausformung des Antisemitismus in Deutschland ein. Ein weiteres Mal stellte der entfesselte Antisemitismus im westlichsten Nachbarland Polens die Bundisten theoretisch vor eine große Herausforderung. Die Tatsache, dass sich die Mitglieder des Zentralkomitees dazu berufen fühlten, eine eigens verfasste Verlautbarung zu der Verbindung von Antisemitismus und Nationalsozialismus herauszugeben, erscheint vor allem deshalb wichtig, weil der Inhalt der Resolution von zentraler Bedeutung für die politische Ausrichtung des *Bund* im Umgang mit Nationalsozialismus und Antisemitismus in den folgenden Jahren war. Das höchste Gremium des *Bund* hatte Juden, neben Sozialisten und Kommunisten, als gleichwertige Opfer der nationalsozialistischen Verfolgungspolitik anerkannt und stellte sich damit, was die

---

1114 Siehe z. B. N. N.: Der nekhtiker protest-tag kegn Hitler-teror, in *Naye Folkstsaytung*, 28. März 1933, S. 4; N. N.: Fun tsuzamenfar fun „poylishn yidntum", in *Naye Folkstsaytung*, 25. April 1933, S. 4. Im zweiten Artikel spricht der Autor von Konflikten zwischen dem orthodoxen und dem zionistischen Lager. Beide Artikel würdigten jedoch die hohen Besucherzahlen.
1115 Vgl. Erlich, Henryk: Der Hayntiker protest-tog, in *Naye Folkstsaytung*, 23. März 1933, S. 3; Khmurner, Yosef: Boykot, in *Naye Folkstsaytung*, 10. August 1933, S. 3.
1116 Die Resolutionen wurden am 18. und 29. Juni 1933 in der *Naye Folkstsaytung* abgedruckt. Vgl. ZK vom Bund: Di hitlerisher kreyts-tsug kegn der yidisher bafelkerung, in *Naye Folkstsaytung*, 20. Juni 1933, S. 3. Die erste Resolution liegt mir nur als Nachdruck vor. Vgl. Tsentrales bundishes anti-Hitler-komitet in Varshe: Arbeter-klas in kamf, S. 5–8. Dass es zwei Resolutionen gab und dass beide in der *Naye Folkstsaytung* abgedruckt wurden, wird in einem Parteibericht von 1935 erwähnt. Vgl. Bund-Archives, RG 1400, MG-2 443d, Algemayner yidisher arb.-bund „Bund" in Poyln: Barikht. Tsum VItn tsuzamenfar 14, 15 und 16. II. 1939, 1929–1935, Warschau 1935, S. 29.

Verfolgung der Juden betraf, in eine Reihe mit den analytischen Ergebnissen anderer jüdischer Journalisten, Politiker und Organisationen.[1117]

Mit diesem politischen Bekenntnis stand der *Bund* also spätestens seit Sommer 1933 in einer inhaltlichen Nähe zur allgemeinen jüdischen Anti-Hitler-Kampagne. Noch stärker zutage trat dies, nachdem sich das Zentralkomitee im August 1933 zum Aufbau einer eigenständigen Protestbewegung entschieden hatte. Der Grund dafür war, dass sich nach und nach abgezeichnet hatte, dass man sich nicht mit der PPS auf die Gründung einer allgemeinen proletarischen Anti-Hitler-Bewegung einigen konnte.[1118] Das neu eingerichtete bundistische Anti-Hitler-Komitee konzentrierte sich sodann auf die Organisation einer großen Protestkampagne, auf die ideelle und materielle Hilfe für proletarische Flüchtlinge aus Deutschland sowie die Organisation des wirtschaftlichen Boykotts deutscher Waren und Kulturgüter.[1119] Sie widmete sich also genau den drei Themenfeldern, mit denen sich auch die bereits etablierten Komitees befassten. Obwohl es weiterhin Bedenken hoher Parteimitglieder gab, hatte sich die Parteispitze in dem Wissen und dem Bewusstsein, dass sie fortan mit der bürgerlich-jüdischen Protestbewegung assoziiert werden würde, letztlich zu diesem Schritt durchgerungen.[1120] Damit rückte der jüdisch-sozialistische Protest unweigerlich

---

1117 Wörtlich hieß es in der Erklärung unter Punkt 1: „Zusammen mit dem Vernichtungskampf gegen die Arbeiterbewegung begann die triumphierende Hitler-Klinge einen blutigen Kreuzzug gegen die jüdische Bevölkerung in Deutschland." Außerdem würde die Losung „Marxisten ausrotten und Juden ausrotten" in der nationalsozialistischen Agitation und Propaganda eine zentrale Rolle einnehmen. In Deutschland würde Antisemitismus primär dafür benutzt, Arbeitslose und Arbeitende von ihrer eigenen miserablen wirtschaftlichen Lage abzulenken. Statt auf Kapitalismus als ganzheitliche Herrschaftsform zu blicken, würden diese ihre Wut folglich auf die jüdischen Kapitalisten und den sog. „jüdischen Wucher" projizieren. Vgl. ZK vom Bund: Di hitlerisher kreyts-tsug kegn der yidisher bafelkerung, in *Naye Folkstsaytung*, 20. Juni 1933, S. 3.

1118 Die Gründe für das Scheitern der gemeinsamen Protestfront sind nicht klar. Das Scheitern wird aber als Begründung für die Gründung einer eigenen Protestbewegung im internen Jahresbericht des *Bund* von 1935 angegeben. Trotzdem gab es mehrere Protestkundgebungen auch mit der PPS sowie mit Sozialdemokraten der deutschen Minderheit zusammen. Vgl. N. N.: Der nekhtiker anti-fashistisher miting oyf Varetska, in *Naye Folkstsaytung*, 31. Juli 1933, S. 1; Bund-Archives, RG 1400, MG-2 443d, Algemayner yidisher arb.-bund „Bund" in Poyln: Barikht. Tsum VItn tsuzamenfar 14, 15 und 16. II. 1939, 1929–1935, Warschau 1935, S. 30.

1119 Vgl. Bund-Archives, RG 1400, MG-2 443d, Algemayner yidisher arb.-bund „Bund" in Poyln: Barikht. Tsum VItn tsuzamenfar 14, 15 und 16. II. 1939, 1929–1935, Warschau 1935, S. 30. Nicht ohne Stolz hieß es in der *Naye Folkstsaytung* im September 1933, dass die bürgerlich-jüdische Presse zunehmend über die erfolgreiche Arbeit des Protestkomitees vom *Bund* berichten würde. Vgl. N. N.: Yidishe arbetershaft in kamf kegn fashizm un hitlerizm, in *Naye Folkstsaytung*, 4. September 1933, S. 10.

1120 Vgl. Bund-Archives, RG 1400, MG-2 443d, Algemayner yidisher arb.-bund „Bund" in Poyln: Barikht. Tsum VItn tsuzamenfar 14, 15 und 16. II. 1939, 1929–1935, Warschau 1935, S. 30.

in die Nähe der anderen jüdischen Protestkomitees, auch weil die Bundisten dieselben Protestformen wählten und damit abermals zeigten, dass sie in derselben jüdischen Tradition standen.

6.2 Formen des Protests und der Solidarität *oyf der yidisher Gas*

Nachdem sich die unterschiedlichen Protest- und Boykottkomitees gegründet hatten, begann die Warschauer jüdische Presse mit einer gezielten und teilweise koordinierten Pressekampagne, um Protestaktionen im Allgemeinen sowie den Boykott und die Hilfsaktionen für jüdische Geflüchtete im Speziellen zu propagieren. Viele Zeitungsredakteure betrachteten sich dabei als Schlüsselfiguren in einem Prozess politischer und moralischer Agitation für den Kampf gegen Deutschland. Moshe Kleinbaum stellte in seiner Erinnerung an den *Haynt* beispielsweise heraus, dass die Zeitung eine führende Rolle in den jüdischen Boykottaktivitäten gegen das nationalsozialistische Deutschland gespielt habe.[1121] Auch Mark Turkow vom *Moment* schrieb in seinen Erinnerungen, dass es „the united stand of the middle class Jewish papers" gewesen sei, die den Boykott der organisierten jüdischen Öffentlichkeit quasi aufgezwungen habe: „They actually forced the boycott upon the organised Jewish public, and this stand served as the source for action against individuals who wanted to break the boycott, or who actually broke it for reasons of their own private gain."[1122]

Über die dichte Abfolge der Publikation von Artikeln über Deutschland versuchten die Mitarbeiter verschiedener Zeitungsredaktionen das Bedürfnis der Leser nach Informationen zu stillen. Gleichzeitig begannen die Redakteure und Journalisten im März 1933 offensiv den Boykott und die Solidaritätsaktionen zugunsten der jüdischen Flüchtlinge zu propagieren. In den Zeitungen bewarben sie einzelne Demonstrationen, Treffen, Vorlesungen und weitere politische oder kulturelle Protestaktionen. Ferner berichteten sie regelmäßig über die Arbeit der einzelnen Komitees und veröffentlichten deren Verlautbarungen und Ankündigungen. Kurzum: Die jüdischen Zeitungsredaktionen in Warschau waren fünf Wochen nach der Machtübertragung an Hitler im Januar 1933 zum zentralen Sprachrohr der sich in Polen formierenden jüdischen Protestbewegung geworden. Gleichzeitig traten einzelne Redaktionen mit eigenständigen politischen Aktionen

---

1121 Sneh: „Yesterday without a morrow", S. 51.
1122 Turkow: Between two World Wars, S. 79–85, hier S. 85.

an die Öffentlichkeit, womit sie zeigten, dass sie sich über ihren Beruf hinaus als politisch handelnde Akteure verstanden.

6.2.1 Koordinierte Pressekampagne

Am 30. März 1933 hingen die Kioske in Warschau wie jeden Tag voller jüdischer Tageszeitungen. Allerdings gab es einen feinen Unterschied. Statt der bekannten Titelseiten sprang den Zeitungslesern an diesem Tag von fast allen Titelseiten der jiddischen Tageszeitungen eine politische Banderole entgegen. In einer koordinierten Aktion hatten sich die Zeitungsmacher aller Warschauer jiddischen Tageszeitungen mit Ausnahme der *Naye Folkstsaytung* darauf geeinigt, ihre regulären Kopfzeilen, die in der Regel leer waren, durch einen Satz in fett gedruckten Großbuchstaben zu ersetzen. Er lautete: „Juden boykottieren deutsche Waren, solange Hitler die Juden in Deutschland foltert." Nur drei Tage nach dem ersten landesweiten Protesttag hatten damit die Mitarbeiter der Tageszeitungen ein deutliches politisches Zeichen gesetzt und offiziell den Boykott deutscher Waren ausgerufen.[1123] Im *Moment* wurde die Parole sogar in roten Buchstaben abgedruckt, was zur damaligen Zeit eine Seltenheit war, da mehrfarbige Drucke kostspielig sein konnten. Auch die Redaktion der *Nasz Przegląd* beteiligte sich an der Aktion, brachte den Slogan jedoch erst auf der sechsten Seite.[1124]

In den folgenden Tagen und Wochen rahmten weitere politische Banderolen die Titelseiten der Zeitungen. Einmal wurde in den Zeitungen der wirtschaftliche Boykott betont, ein andermal legten die Redakteure den Fokus auf die Hilfsaktionen für jüdische Geflüchtete, wie eine Parole aus dem *Haynt* verdeutlicht. So rief die Zeitung am 13. April 1933 ihre Leser dazu auf, sich für die verfolgten Juden in Deutschland einzusetzen. Die Parole lautete: „Juden, gedenkt eurer verfolgten Brüder in Deutschland."[1125]

Da sich der *Bund* nicht am Protest der bürgerlich-zionistischen Organisationen und Zeitungen beteiligte, hielt sich die Redaktion der *Naye Folkstsaytung* von der Aktion fern. Die Mitarbeiter der Zeitung entschieden sich dennoch im Oktober 1933 dazu, eine gesamte Ausgabe den Entwicklungen im nationalsozialistischen Deutschland zu widmen. Dies geschah im Rahmen des sogenannten Pressetags,

---

[1123] Vgl. *Haynt, Der Moment, Unzer Ekspres, Dos Yudishe Togblat*, vom 30. März 1933, jeweils S. 1.
[1124] Vgl. *Nasz Przegląd*, 30. März 1933, S. 6.
[1125] *Haynt*, 13. April 1933, S. 1. Im folgenden Jahr wurde dazu aufgerufen für die jüdischen Flüchtlinge zu spenden. Die Banderole im *Haynt* lautete: „Jeder Jude muss seine Pflicht gegenüber den Flüchtlingen aus Deutschland erfüllen!", Vgl. *Haynt*, 15. Januar 1934, S. 1.

den die Redaktion zwischen 1932 und 1939 einmal jährlich ausrief, um damit für den Erhalt der Zeitung zu werben. Die Ausgabe enthielt neben einem Aufruf des Zentralkomitees des *Bund* auch einen Bericht über die ersten Ergebnisse der bundistischen Anti-Hitler-Aktion. Ferner druckte die Redaktion einen Gastartikel eines deutschen Sozialisten mit dem Namen Heinz Lippmann ab, in dem dieser seine Flucht aus einem deutschen Konzentrationslager schilderte.[1126]

Abbildung 5: Titelseite des *Haynt* vom 13. Juni 1934.

1126 Vgl. Bund-Archives, RG 1400, MG-2 443d, Algemayner yidisher arb.-bund „Bund" in Poyln: Barikht. Tsum VItn tsuzamenfar 14, 15 und 16. II. 1939, 1929–1935, Warschau 1935, S. 31 sowie die Ausgabe der *Naye Folkstsaytung* vom 8. Oktober 1933.

Auch das Auswärtige Amt kam nicht darum herum, die zentrale Rolle, die der jüdischen Tagespresse innerhalb der Protest- und Boykottbewegung zukam, regelmäßig anzuerkennen.[1127] Die deutsche Gesandtschaft und spätere Botschaft in Warschau beobachtete die polnische und jüdische Presse und legte bei der Presseabteilung des polnischen Außenministeriums immer wieder Beschwerden ein, forderte Konfiszierungen und Strafverfolgungen.[1128] Besonders häufig intervenierte diese, wenn hohe Führungspersönlichkeiten der NSDAP wie Hitler, Goebbels oder Göring in der Presse angegriffen wurden, sowie es heikel wurde, wenn diese ihren Besuch in Polen ankündigten.[1129] Als bekannt wurde, dass Joseph Goebbels am 13. Juni 1934 Warschau besuchen würde,[1130] schlossen sich die Zeitungsmacher ein weiteres Mal zusammen und riefen dazu auf, sich dem Besuch des deutschen Propagandaministers in Form von öffentlichen Massenprotesten entgegenzustellen.[1131] Etwas mehr als ein Jahr nach der ersten gemeinsamen Presseaktion, hatten die Mitarbeiter der jüdischen Tageszeitungen in Warschau damit im Juni 1934 eine weitere abgestimmte Pressekampagne organisiert, die ihren Widerwillen gegen die deutsche Regierung zum Ausdruck brachte. Der polnischen Regierung war bewusst, dass der erste offizielle Besuch eines NSDAP-Politikers in Warschau eine Welle des Protests in Polen auslösen würde, weshalb darauf verzichtet wurde, dem Besuch Goebbels den Titel eines offiziellen Staatsbesuchs zu verleihen.[1132] Da die Kritik jedoch nicht abzuebben schien, versuchte die polnische Regierung den Protest von vornherein einzudämmen, indem Artikel, die sich kritisch mit dem anstehenden Besuch auseinandersetzten oder gar zum Protest aufriefen, zensiert und teilweise ganze Zeitungsauflagen konfisziert wurden.[1133] Trotz der aufgebauten Drohkulisse beschlossen die jüdischen Redakteure und Journalisten der Einladung zu einem Vortrag von Goebbels nicht zu folgen und das Einladungsschreiben stattdessen

---

[1127] Im Februar 1936 beschwerte sich z. B. von Moltke in einem Schreiben an das Auswärtige Amt darüber, dass insbesondere die jüdische und sozialistische Presse Stimmung gegen die NSDAP-Ableger der deutschen Minderheit in Polen machen würden. Vgl. PAAA, RZ 701/R 122816, DB Warschau an das AA Berlin, Betr. Pressekampagne gegen die nationalsozialistische Organisation in Polen, Warschau, 28. Februar 1936.
[1128] Ausführlich zur Kriminalisierung der Presse siehe Kap. 3.2.
[1129] Vgl. Pryt: Befohlene Freundschaft, S. 191; Pietrzak: Reglamentacja wolności, S. 451 f.
[1130] Zum Besuch von Goebbels siehe außerdem Pryt: Befohlene Freundschaft, S. 193.
[1131] Vgl. Mozes: „Der Moment", S. 522.
[1132] Ein Zusammentreffen mit Piłsudski war dennoch geplant.
[1133] Vgl. AAN, Amb. RP w Berlinie, Sig. 2258, Konfiskaty w czasie od 1.go czerwca 1943r. do 30-go VI. 1935r., Bl. 33–42. Eine deutsche Übersetzung der Liste, die an das Auswärtige Amt mit handschriftlichen Kommentaren übermittelt wurde, findet sich ab Bl. 45–54.

aus Protest zurückzuschicken.[1134] Außerdem verständigten sie sich, dass alle jüdischen Tageszeitungen am 13. Juni 1934 die gleichen Titelseiten drucken würden. Sie enthielten nur drei Zeilen auf einem ansonsten weiß gehaltenen Hintergrund und zeigten die folgenden Sätze: „Nieder mit dem Hitlerismus! Nieder mit der rassistischen Propaganda!" und „Schande den Antisemiten!"[1135] Die polnischen Behörden reagierten und konfiszierten die meisten Zeitungen noch am selben Tag, doch einige Zeitungsredaktionen schafften es noch vor der Beschlagnahmung, eine unbekannte Zahl von Exemplaren in Umlauf zu bringen. Der Journalist vom orthodoxen *Dos Yudishe Togblat* Moses Prager erinnerte sich euphorisch, dass sich explizit auch die *Naye Folkstsaytung* an der gemeinsamen Protestaktion beteiligt hatte.[1136]

Allerdings zeigt ein Blick in die Ausgabe vom 13. Juni 1934, dass die Zeitung zwar ihren Leitartikel dem Besuch von Goebbels widmete und auch zu Protesten aufrief, sich aber nicht an dem konzertierten Vorgehen der anderen Zeitungen beteiligte. Der Besuch von Goebbels und der Protest dagegen nahmen dennoch auch in der Erinnerung von Mitarbeitern der *Naye Folkstsaytung* einen prominenten Platz ein. Der Redakteur Pinkhas Shvarts erinnerte sich:

> Die Regierung konfiszierte an jenen Tagen die Ausgabe der *Folkstsaytung* zweimal. An diesem Tag sprach der Zensor lange in das Redaktionstelefon und fragte, warum man ihm ‚Schwierigkeiten macht' und warum man Sachen drucken würde, welche die Regierung in Hinblick auf ihren Nachbarn (Nazi-Deutschland) in Verlegenheit bringt. Das Gespräch wurde schließlich mit einer der schärferen Warnungen in Richtung der Redaktion beendet, und zwar damit, dass es dieses Mal mit mehr als nur mit einer bloßen Konfiszierung enden könnte. Dies war ein Hinweis auf die Möglichkeit, dass die gesamte Zeitung verboten werden könnte oder dass der verantwortliche Redakteur in das Konzentrationslager [sic!] nach Bereza Kartuska[1137] geschickt werden könnte ...[1138]

Dass sich die Zeitungsmacher an ihre Protestaktionen so detailliert erinnerten, weist darauf hin, dass die polnische Regierung in der Tat härter als üblich gegen

---

1134 Vgl. N. N.: Yidishe zhurnalisten gehen nisht tsum fortrag fun Dr. Gebels, in *Haynt*, 13. Juni 1934, S. 5.
1135 Vgl. z. B. *Haynt*, 13. Juni 1934, S. 1 oder *Nasz Przegląd*, 13. Juni 1934, S. 1.
1136 Vgl. Prager: „Dos Yudishe Togblat", S. 522–523. Auch Nathan Cohen spricht davon, dass sich alle jüdischen Zeitungen an der Aktion beteiligten und wertete dies als ein äußerst seltenes Phänomen. Vgl. Cohen: „Tlomackie 13 – The Heart and Soul", S. 96; Sefer, sofer ve-iton, S. 267.
1137 In der polnischen Kleinstadt Bereza Kartuska (heute Weißrussland) befand sich ein berüchtigtes Gefängnis für vornehmlich politisch Inhaftierte, das zwischen 1934 und 1939 existierte.
1138 Shvarts: „Folkstsaytung", S. 418. Auch Bernard Singer erwähnt in seinen Erinnerungen den Besuch von Goebbels und erinnert an die Kriminalisierung des Protests durch das Warschauer Kommissariat. Vgl. Singer, Bernard: Od Witosa do Sławka, Paris 1962, S. 20.

die Berichterstattung und gegen die Proteste durchgegriffen hatte. Es ist somit ein Indiz dafür, dass, nachdem die deutsch-polnische Nichtangriffserklärung im Januar 1934 unterzeichnet worden war, die polnische Seite ihrem deutschen Vertragspartner möglicherweise beweisen wollte, dass man sich an die Bestimmungen hielt und deswegen bei Anlässen wie Besuchen von ranghohen NSDAP-Politikern strikter gegen Kritiker vorging.[1139] Vermutlich deswegen übermittelte der Beamte Viktor Skiwski von der politischen Presseabteilung des polnischen Außenministeriums den Angestellten in der Polnischen Botschaft in Berlin eine Liste aller beschlagnahmten Zeitungsausgaben zwischen dem 1. Juni 1934 und dem 30. Juni 1935, deren Mitarbeiter diese wiederum übersetzten und an das Auswärtige Amt weiterleiteten. Die Liste fasste alle 176 Titel zusammen, die in diesem Zeitraum unmittelbar gegen das deutsch-polnische Presseabkommen verstoßen hatten und basierte auf den Angaben des polnischen Innenministeriums. Handschriftliche Verweise geben darüber Auskunft, dass nur einige wenige Presseerzeugnisse auf Initiative der Deutschen Botschaft selbst eingezogen worden waren. Die Mehrzahl wurde demnach offenbar aus polnischer Eigeninitiative heraus konfisziert. Die Beschlagnahmungen standen hierbei in ihrer überwiegenden Zahl in direktem Zusammenhang mit den Besuchen von Goebbels im Juni 1934 und Görings im Januar 1935. Von den 176 verzeichneten Titeln stammte die Hälfte von jüdischen Zeitungen. Der Rest verteilte sich überwiegend auf verschiedene linke und sozialistische Zeitungen, darunter auch Zeitungen des sozialdemokratischen Flügels der deutschen Minderheit. Nachdem der Leiter der Abteilung Presse im Reichsaußenministerium Gottfried Aschmann die Liste erhalten hatte, bedankte er sich persönlich beim Pressereferenten der Polnischen Botschaft. Erfreut schrieb er, dass er von der „Zusammenstellung mit großem Interesse Kenntnis genommen" habe.[1140] Wie im dritten Kapitel aufgezeigt wurde, war Aschmann im selben Zeitraum in Berlin für die Verfolgung jüdischer Auslandskorrespondenten mitverantwortlich. Somit kannte er die Namen der Zeitungen aus Warschau und wusste um ihren Einfluss Bescheid. Das Vorgehen der polnischen Behörden und die besondere Aufmerksamkeit, welche die deutsche Seite der Warschauer jüdischen Presse schenkte, veranschaulichen die Bedeutung der Pressekampagne und die Reichweite, die sie hatte. Das Engagement der jüdischen Journalisten und Publizisten fand seinen Ausdruck jedoch auch jenseits des bloßen gedruckten Worts.

1139 Vgl. Pietrzak: Reglamentacja wolności, S. 453.
1140 Vgl. Pietrzak: Reglamentacja wolności, S. 453.

6.2.2 Vorträge und Vorlesungen

Gleich zu Beginn des Jahres 1933 organisierten jüdische Zeitungsmacher und auch die Mitglieder der beiden Journalistenvereine unzählige Vorträge bekannter Journalisten, Schriftsteller und Publizisten, die Deutschland bereist hatten und nun von ihren Eindrücken und Erfahrungen berichteten oder aber auf Basis anderer Qualifikationen über den Themenkomplex Nationalsozialismus und Antisemitismus referierten.

Neben den bereits erwähnten Vorträgen von Esriel Carlebach[1141] zählten auch Jakob Pat,[1142] Henryk Erlich,[1143] Mark Turkow,[1144] Barukh Shefner,[1145] Bernard Singer,[1146] Dr. Yosef Kruk,[1147] Leo Finkelstein,[1148] Leyb Malakh[1149] und viele weitere

---

1141 Dazu vgl. Kap. 3.3.1.
1142 Jakob Pat hielt unter dem Titel „Hitler-Gespenst über Europa" 1933 u. a. einen Vortrag in den Räumen der Druckereigewerkschaft. Vermutlich basierte der Vortrag auf den gesammelten Eindrücken seiner Reisen durch Deutschland. Im Tätigkeitsbericht des Vereins hieß es, dass durchschnittlich bis zu 100 Besucher auf eine Vorlesung kamen. Vgl. Bund-Archives, RG 1400, MG 9–184, Druker fareyn in Poyln, Prof. fareyn fun drukeray-arbeter in Poyln, obtaylung Varshe (Hrsg.): Tetikeyt-barikht, fun 1-tn detsember 1931 bizn 31-tn oktober 1934, Varshe 1934, S. 34; Ankündigung: Referatn un farlezungen, in *Naye Folkstsaytung*, 11. Juli 1933, S. 5.
1143 Am 1. April 1933 hielt Henryk Erlich einen Vortrag im Theater *Skala* in Warschau über seine Eindrücke eines Besuchs in Berlin und Wien. Vgl. Anzeige, Mit'n haknkreyts kegn marksizm (Berlin un Vin), in *Naye Folkstsaytung*, 29. März 1933, S. 1.
1144 Vgl. z. B. die Anzeige vom 5. März 1933 im *Moment* (S. 6) über eine Vorlesung im Saal der jüdischen Kunstgesellschaft in Warschau über „Die Wahrheit über die Lage der Juden in Deutschland". Einen weiteren Vortrag hielt er am 12. Januar 1934 unter dem Titel „Morgen wieder Krieg. Eindrücke aus Genf" in Łuków. In dem Vortrag besprach er u. a. die folgenden Themen: „Der Völkerbund von Stresemann bis Hitler", „Hakenkreuz im Völkerbund", „Auge um Auge mit Goebbels", „Jüdische Lage in Deutschland", „Jüdische Diplomatie und die jüdische Frage", „Was machen wir, wenn ein neuer Krieg ausbricht?". Vgl. Plakat über einen Vortrag von Mark Turkow, 10. Jan. 1934, https://polona.pl/item/afisz-inc-piatek-dn-12-stycznia-1934-r-o-godz-8-w-we-wlas nym-lokalu-pan,MzU0NzExMjg/0/#info:metadata (abgerufen am: 25.12.2021).
1145 Auch Barukh Shefner hielt 1933 unter dem Titel „Danzig" zweimal einen Vortrag in den Räumen der Druckereigewerkschaft. Vgl. Bund-Archives, RG 1400, MG 9–184, Druker fareyn in Poyln, Prof. fareyn fun drukeray-arbeter in Poyln, obtaylung Varshe (Hrsg.): Tetikeyt-barikht, fun 1-tn detsember 1931 bizn 31-tn oktober 1934, Varshe 1934, S. 34; Ankündigung: Referatn un farlezungen, in *Naye Folkstsaytung*, 11. Juli 1933, S. 5.
1146 Bernard Singer hielt seinen Vortrag über seine Deutschlandreise in den Räumen der *ulica Tłomackie 13*. Vgl. Anzeige, Ayntsike farlesung fun bakantn yidishn zhurnalist B. Zinger, in *Naye Folkstsaytung*, 13. Mai 1933, S. 12 und dieselbe Anzeige im *Nasz Przegląd*, 23. März 1934, S. 10.
1147 Yosef Kruk hielt seinen Vortrag über Adolf Hitler in den Räumen der *ulica Tłomackie 13*. Vgl. Anzeige, Hitler (a literarisher portret). Farlezung fun Dr. Yosef Kruk, in *Naye Folkstsaytung*, 6. Februar 1933, S. 6.

dazu. Wie aus den Zeitungsannoncen und Plakaten, welche die Vorträge bewarben, hervorgeht, setzten die geladenen Experten bei ihren Vorträgen und Lesungen unterschiedliche regionale wie inhaltliche Schwerpunkte. Während Mark Turkows Vortrag in das Programm des landesweiten Protesttags eingebunden war und sich primär auf die Lage der Juden in Berlin konzentrierte, präsentierte Dr. Yosef Kruk in den Räumen des Journalistenvereins ein „literarisches Porträt" über Hitler.[1150] Henryk Erlich wiederum verband am 1. April im Theater *Skala* seine Eindrücke einer Reise nach Berlin und Wien mit einem Vortrag zum Thema „Nationalsozialismus im Kampf gegen den Marxismus".[1151] Auch die Durchführung sogenannter literarischer und politischer Gerichtsprozesse war sehr beliebt. In der *Naye Folkstsaytung* wurden Veranstaltungen dieser Art angekündigt.[1152] In seinen Erinnerungen berichtete auch Esriel Carlebach davon, dass er für den *Haynt* in den Jahren 1933 und 1934 an mehreren solcher Gerichtsverfahren teilgenommen hätte. Zusammen mit Shoyel-Yitskhok Stupnitski, Dr. Yeoshue Gotlib und anderen sei er durch Polen gereist und hätte in verschiedenen Städten „literarische Richtsprüche über Deutschland" veranstaltet.[1153] Bei einem seiner Vorträge in Warschau, die gemäß Carlebach sehr erfolgreich waren, habe sogar einmal der deutsche Gesandte Hans-Adolf von Moltke in der ersten Reihe gesessen, erinnerte er sich noch Jahre später.[1154] Ferner wurden spezielle Vorträge für die in Warschau angekommenen jüdischen Flüchtlinge aus Deutschland angeboten, wie ein Vortrag des zionistischen Politikers und Publizisten Dr. Michał Ringel (1880–1941), der ebenfalls häufiger für den *Haynt* schrieb, belegt. Dieser wollte im April 1933 „in Warschau über die (aktuelle) Entwicklung des Antisemitismus, der für die Flüchtlinge aus Deutschland gehalten werden sollte" spre-

---

1148 Leo Finkelstein hielt seine Vorträge über die Krise der europäischen Kultur und der jüdisch assimilierten Intelligenz in den Räumen der *ulica Graniczna* 11 (neue Adresse des Journalistenvereins). Vgl. Anzeige, in *Naye Folkstsaytung*, 10. Februar 1938, S. 2 sowie am 23. Oktober 1938, S. 2.
1149 Leyb Malakh hielt seinen Vortrag über seine Europareise mit einer Reflektion über Deutschland in den Räumen eines jüdischen Sportvereins in Praga. Vgl. NLI, Arkhion Leyb Malakh, ARC 4* 1580 4 157, Plakatn, Plakat über einen Vortrag von Leyb Malakh, undatiert.
1150 Vgl. Anzeige, Hitler (a literarisher portret). Farlezung fun Dr. Yosef Kruk, in *Naye Folkstsaytung*, 6. Februar 1933, S. 6.
1151 Vgl. Anzeige, Mit'n haknkreyts kegn marksizm (Berlin un Vin), in *Naye Folkstsaytung*, 29. März 1933, S. 1.
1152 Vgl. Anzeige, Kultur-lige, in *Naye Folkstsaytung*, 12. Mai 1933, S. 12.
1153 Vgl. Carlebach: „Lomir zikh dermonen", S. 366.
1154 Vgl. Carlebach: „Lomir zikh dermonen", S. 366.

Abbildung 6: Ankündigung über einen Vortrag von Mark Turkow mit dem Titel *Morgen vider Milkhome* (Morgen wieder Krieg) in der jüdischen Volksbibliothek in Łuków vom 10. Januar 1934.

chen, wurde aber von den polnischen Behörden daran gehindert, da diese die Veranstaltung kurzerhand untersagten.[1155]

Die Veranstaltungen, die vom *Fareyn fun yidishe Literatn un Zhurnalistn in Varshe* organisiert wurden, wurden oft in mehreren Zeitungen gleichzeitig beworben. Diese Annoncen sind ein weiteres Indiz dafür, dass es den Mitgliedern des Vereins in der *Tłomackie* 13 bisweilen gelang, politische Differenzen auszu-

---

1155 PAAA, RZ 208/R 82352, Handschriftliche Notiz der DB Warschau, ungez., 24. April 1934, Bl. 188.

blenden, und man stattdessen versuchte, ein breiteres Publikum anzusprechen. Der Vortrag des Starjournalisten der *Nasz Przegląd* Bernard Singer wurde beispielsweise sowohl in seinem eigenen Blatt als auch in der *Naye Folkstsaytung* beworben. Obwohl Singer fester Mitarbeiter einer zionistisch und national-jüdisch orientierten Zeitung war und auch regelmäßig für den *Haynt* schrieb, wurde er in der Anzeige der *Naye Folkstsaytung* als „bekannter jüdischer Journalist" angekündigt, „welcher die Tage von einer Reise durch Deutschland zurückgekommen" sei.[1156] Bereits während seiner Reise hatte er fast täglich Reportagen zur Veröffentlichung an seine Heimatredaktion geschickt.[1157] Dass die Veranstaltung vom Journalistenverein organisiert wurde und ferner Singer selbst trotz seiner Arbeit für die sogenannte bürgerlich-jüdische Presse dafür bekannt war, Sympathien für die sozialistische Bewegung zu hegen,[1158] mag dazu beigetragen haben, die *Naye Folkstsaytung* dazu zu bewegen, den Vortrag mehrfach zu bewerben. Der Titel der Abendveranstaltung lautete „Eine Reise durch Hitler-Deutschland: Berlin, Hamburg, Essen, Breslau" und versprach die folgenden Themen zu behandeln:

> 1.) Die Lage der deutschen und osteuropäischen Juden 2.) Der erste Mai in Berlin 3.) Wieviel Wahrheit steckt in der sogenannten Gräuelpropaganda? 4.) Fühlt Deutschland den Boykott? 5.) Wie lange wird sich die Hitler-Regierung halten? 6.) Was gibt es Neues aus den Gewerkschaften? 7.) Die Rassen-Theorie des neuen Regimes 8.) Das Verbrennen der Bücher.[1159]

Neben dem Vortrag sollten erstmalig auch Originalreden von Hitler, Goebbels und Göring auf einem Grammophon abgespielt werden. Die Anordnung der zu besprechenden Themen zeigte deutlich, wo das Interesse des Vortragenden, aber auch des Publikums lag. So standen Fragen nach der Situation der jüdischen Bevölkerung, die offenbar verlorene Stärke der ehemals so großen und bewunderten deutschen Arbeiterbewegung sowie Fragen nach dem Verhältnis von

---

1156 Vgl. Anzeige, Ayntsike farlezung fun bakantn yidishn zhurnalist B. Zinger, in *Naye Folkstsaytung*, 13. Mai 1933, S. 12 und dieselbe Anzeige im *Nasz Przegląd*, 23. März 1934, S. 10.
1157 Die Reportagen Singers wurden nachträglich in Buchform veröffentlicht: Singer: W krajach Hitlera i Stalina.
1158 Trotz Anstellung bei der *Nasz Przegląd* und regelmäßiger Mitarbeit beim *Haynt* verortete sich Singer politisch im links-sozialistischen Lager. In seinen Erinnerungen beschreibt er, wie er über den jüdischen Marxisten Isaac Deutscher nicht nur zur Redaktion der *Nasz Przegląd* fand, sondern auch einen Zugang zur linken Politik. Vgl. Rogozik, Janina K.: „Dziennikarska wrażliwość Bernarda Singera", *Zeszyty Prasoznawcze* 43/1–2 (2000), S. 149–163, hier S. 160; Bernard Singer (Regnis): Moje Nalewki, Warszawa 1993, S. 225.
1159 Anzeige, Ayntsike farlezung fun bakantn yidishn zhurnalist B. Zinger, in *Naye Folkstsaytung*, 13. Mai 1933, S. 12.

Wahrheit und Gerüchten an erster Stelle. Tickets für den Vortrag, der am 16. Mai 1933 im Warschauer Stadtsaal stattfinden sollte, konnten für 60 Groszy in den Räumen des Literaturvereins erworben werden. Als dann am 16. Mai 1933 Bernard Singer seinen „zweistündigen Vortrag über die Eindrücke seiner elftägigen Reise durch Deutschland" hielt, war der Saal des Warschauer Rathauses nach Aussage eines geheimen Spions der deutschen Gesandtschaft, mit Zuhörern „überfüllt".[1160]

Die Journalisten und andere Intellektuelle, welche die Protestbewegung nach außen hin repräsentierten, beschränkten sich aber nicht nur auf Warschau als Agitationsfeld. Viele von ihnen reisten, wie bereits aufgezeigt wurde, auch immer wieder in andere Städte oder in die polnische Provinz, um Juden vor Ort zu agitieren, wie eine weitere anonyme Stellungnahme eines Mitarbeiters von der Deutschen Botschaft Warschau zeigt. Darin berichtet der Autor, dass „Anfang April in ganz Polen eine Sammelaktion durchgeführt" worden sei,

> um Geld zu sammeln und somit den Kampf in der Boykottbewegung weiterzuführen. Zu diesem Zweck sind prominente jüdische Persönlichkeiten in die Provinz gefahren und haben die Osterfeiertage zu Propagandazwecken ausgenutzt. Herr Präses [Leon] Lewite[1161] ist in Posen gewesen, Redakteur M.[ark] Turkow in Meseritz, Redakteur [Natan] Szwalbe in Lublin, D. S. Kalker in Kalisz, Redakteur [Samuel] Wolkowicz in Wloclawek und Dr. Israel London in Nowogródek. Diese Persönlichkeiten, die den Juden in Polen gut bekannt sind, haben einen ungeheuren Einfluss auf die Massen, die Konsumenten wie auf die Händler, gehabt.[1162]

Aus der Gruppe der Journalisten traten vor allem Mark Turkow vom *Moment*, Samuel Wołkowicz und Natan Szwalbe von der *Nasz Przegląd* beziehungsweise vom *Haynt* hervor. Es sind ihre Namen, die in den Dokumenten der deutschen Behörden häufiger auftauchen, was darauf schließen lässt, dass sich alle drei Journalisten intensiv in der Protestbewegung engagierten. Die Ausführungen haben jedoch gezeigt, dass sich ebenfalls viele weitere Journalisten und Schriftsteller im Rahmen von Vorträgen und Referaten an der Promotion der Protestbewegung beteiligten. Dabei stellten die Zeitungsartikel, die Bewerbung des Protests sowie die Referate und Vorlesungen nur einen Teil der Pressekampagne

---

1160 PAAA, RZ 701/R 121309, DG Warschau, gez. von Moltke, an das AA Berlin, Betr. Vortrag des Journalisten Bernard Zynger im Warschauer Rathaus über die Lage in Deutschland und den jüdischen Boykott deutscher Waren, inkl. Anlage S. 1–6, Warschau, 17. Mai 1933, nicht paginiert.
1161 Leon Lewite, zionistischer Politiker und Präsident des jüdischen Komitees für die Flüchtlinge aus Deutschland in Warschau.
1162 PAAA, RZ 208/R 82352, DG Warschau, gez. Schliep, an das AA Berlin, Betr. Jüdischer Weltkongress in Warschau. Vorschläge zur Bekämpfung der jüdischen Boykottbewegung in Polen, 19. April 1934, Anlage, Abschrift Bericht, S. 1–7, hier S. 3, Bl. 266.

dar. Auch auf literarischen und künstlerischen Wegen wussten die *Shrayber* und *Tuer* der jiddischen Presse sich dem Themenkomplex anzunähern.

6.2.3 Literatur über und gegen NS-Deutschland

Neben den Informationen, welche die jüdischen Zeitungsmacher ihren Lesern zur Verfügung stellten, dienten die Zeitungen auch als eine Art Forum, in dem sich Literaten und Künstler auf eine eher kreative Art und Weise mit den Entwicklungen in Deutschland auseinandersetzen konnten. Dazu gehörten neben Romanen und Kurzgeschichten sowie Buchrezensionen insbesondere Anti-Hitler-Gedichte, Witze und Karikaturen. Diese thematisierten auf ernste, aber auch spielerische und ironische Weise die Geschehnisse im Nachbarland und stellten sicher, dass die Leser immer wieder mit dem Themenkomplex Nationalsozialismus und Antisemitismus in Berührung kamen. Beispielsweise zeichnete sich der Journalist Yosef Tunkel (Der Tunkeler) in den 1930er Jahren für zahlreiche Witze und Karikaturen im *Moment* verantwortlich, welche die Verfolgung von Juden auf eine visuelle und humoristisch-ernste Weise thematisierten. Die Witzeseite des *Moment*, die den Titel *Der Krumer-shpigel* (Der krumme Spiegel) trug, veröffentlichte wiederum zahlreiche Gedichte, Witze und Karikaturen des jüdischen Humoristen Pinkhas Kats (1891–1942). Kats wiederum brachte anlässlich des Pessach-Festes, das an den Auszug der Juden aus Ägypten erinnert, im Jahr 1933 ein einmaliges Witzblatt mit Karikaturen, Witzen und Gedichten heraus, das ganz im Zeichen des Aufstiegs Hitlers stand und den symbolträchtigen Titel *Hitler Melekh Mitsraim* (Hitler, König der Ägypter) trug.[1163] Laut einer Anzeige im *Moment* versuchten die Nationalsozialisten gegen Kats und sein Werk vorzugehen und die Erscheinung des Witzeblattes zu verhindern.[1164]

Darüber hinaus kursierten in Warschau zahlreiche Bücher und Broschüren, die als Reaktion auf die Machtübertragung an Hitler dort oder in anderen Zentren der osteuropäisch-jüdischen Diaspora entstanden waren. Dabei handelte es sich um Bücher, die von Journalisten, Publizisten und Schriftstellern, oft aus dem Umfeld der *Tłomackie* 13, verfasst oder aus anderen Sprachen ins Jiddische oder Polnische übersetzt worden waren, um einen möglichst breiten Kreis an Personen über Nazi-Deutschland zu informieren. Die Bücher fanden ihren Weg über die

---

1163 Vgl. Kats, Pinkhas: Hitler melekh mitsraim, Varshe, 10. April 1933, https://polona.pl/item/hi ytlet-melek-misraiym-a-pesah-wwiysen-blat-pwn-pinhas-qa-s-wwa-rsa-ereb-pesa h,OTM5NzIyNDc/0/#info:metadata (abgerufen am: 28.03.2022).
1164 Dabei handelte es sich vermutlich um die Mitarbeiter der Deutschen Gesandtschaft in Warschau. Vgl. Anzeige, Hitler's mapole in Varshe, in *Der Moment*, 5. April 1933, S. 6.

Abbildung 7: Titelseite des Witzblatts von Pinkhas Kats mit einer Karrikatur von Hitler vom 10. April 1933.

jüdischen Buchhandlungen, Zeitungskioske und Bibliotheken Polens ebenfalls gezielt in die jüdischen Wohnstuben.[1165] Diese literarischen Auseinandersetzungen sind Ausdruck davon, wie stark die jüdischen Journalisten und Publizisten,

---

[1165] Ein jüdischer Buchhändler namens Starer aus Kattowitz legte in die Auslage seines Geschäfts zwischen 1933 und 1936 beispielsweise immer wieder „deutschfeindliche Bücher", zum Ärgernis des deutschen Generalkonsulats in Kattowitz. Vgl. PAAA, Rz 701/R121838, Deutsches Generalkonsulat in Kattowitz an das AA in Berlin, Betr. Der jüdischen Buchhandlung Starer, Kattowitz, 14. September 1934, nicht paginiert.

die Schriftsteller und Künstler in die deutschen Verhältnisse hineingezogen worden waren und wie sehr die Geschehnisse sie beschäftigten.

Die Vielfalt der vorliegenden Bücher war groß. Von Romanen[1166] über Reiseberichte[1167] bis hin zu politischen Pamphleten[1168] und Übersetzungen von Literatur und politisch-theoretischen Abhandlungen[1169] bot sich dem interessierten Leser eine breite Auswahl an schriftlichen Zugängen, um sich über die politische Lage in Deutschland zu informieren. Besonders viele Bücher und Übersetzungen, die sich dem genannten Themenkomplex widmeten, erschienen in der jiddischsprachigen Bücherreihe *Groshn-bibliotek* (Groschenbibliothek), die zwischen 1930 und 1936 durch den *Haynt* in Warschau vertrieben wurde und 275 kleinformatige Hefte mit jeweils 64 Seiten für je 30 Groszy auf den Markt brachte.[1170] Anfänglich wurde die Reihe von den Journalisten und Schriftstellern Alexander Grinberg (1905–1983) und Moyshe Finkelshtayn (1903–1943), Sohn des *Haynt*-Gründers Noah Finkelshtayn, herausgegeben.[1171] Sie standen beide politisch dem *Bund* nahe und vertraten die Auffassung, dass man den Teil der jüdischen Bevölkerung, der primär jiddischsprachige Literatur las, in jüdischer Geschichte sowie in der allgemeinen Weltgeschichte unterrichten müsse. In diesem Sinne porträtierten die Hefte oftmals jüdische wie nichtjüdische Persönlichkeiten wie Karl Marx, Albert Einstein, Heinrich Heine, Theodor Herzl, Józef Piłsudski oder Abraham Lincoln. Ähnlich viel Bedeutung wurde den Nacherzählungen historisch bedeutender Ereignisse wie dem Pogrom von Kishinev, dem Ausbruch des Ersten Weltkrieges oder auch der Novemberrevolution in Deutschland beigemessen.[1172] Trotz des eindeutigen Schwerpunkts auf sozialistischen Themen konnten die Herausgeber viele namenhafte und nicht zwangsläufig sozialistische jüdische Journalisten und Historiker als Autoren verpflichten. Zu ihnen gehörten unter anderem Nakhmen Mayzel (*Literarishe Bleter*), Saul Wagman (*Nasz Przegląd*) und

---

1166 Vgl. z. B. Shneerson, Fishl: Grenadir-shtrase (roman fun yidish leben in Daytshland), Varshe 1935.
1167 Vgl. z. B. Turkow, Marek: Gdańsk na Wulkanie, Warszawa 1932.
1168 Vgl. z. B. Eker, H.: Vos iz forgekumen in Daytshland?, Pietrkov-Tribunalski 1933; Frank, P. [Shvarts, Pinkhas]: Hitler – Der firer fun di broyne hemdlekh (= Tashn-bibliotek, Nr. 2), hrsg. durch Samuel Kruk, Varshe 1931.
1169 Vgl. z. B. Veltsh, Feliks: Der antisemitizm un unzer entfer, Vilne 1932.
1170 Vgl. Finkelshtayn: Haynt, S. 425. Die Auflage schwankte zwischen 4.000 und 20.000 Exemplaren.
1171 Zum Hintergrund der *Groshn-bibliotek* siehe ausführlich: Sholokhova, Lyudmila: Groshn-bibliotek reveals literary Taste of Polish Jewry during Interwar Period, *YIVO News* 206 (Spring 2010), S. 19.
1172 Siehe die Liste der bisher erschienenen Bücher bis Ausgabe Nr. 150, in: Dua-Kopel, [Yakov]: Der Azef fun Hitler-Daytshland (= Groshn-bibliotek, Nr. 158), Varshe 1934, Anhang.

der Journalist Yakov Kopl Dua (1898–1942), der regelmäßig Beiträge für die *Naye Folkstsaytung*, den *Moment* sowie den *Haynt* verfasste.[1173] Die Hefte waren überaus populär und fanden im ganzen Land Anklang, wie die zum Teil veröffentlichten Leserbriefe aus dem Jahr 1933 offenbaren, welche die Redaktion auf eine Leserumfrage hin erhielt. So schrieb zum Beispiel ein Leser namens Khaim Ganielski aus Gać in Oberschlesien, einer kleinen Gemeinde mit nur „20 jüdischen Familien", dass er die Hefte der *Groshn-bibliotek* von der ersten Nummer an sammeln würde und stolz darauf sei, solch eine „reiche" und „wissenschaftliche Bibliothek" zu besitzen.[1174] Die Reihe hatte also Leser bis weit über die Grenzen Warschaus hinaus.

Bis zur Ausgabe 158 widmeten sich mehr als 20 Hefte Themen, die einen direkten Bezug zu Deutschland oder dem Nationalsozialismus aufwiesen. Neben einer Biografie über Hitler aus dem Jahr 1932[1175] und einem Heft über den jüdischen Beitrag zur deutschen Kultur,[1176] stellten die jiddische Übersetzung des sogenannten Braunbuchs und des zeitgenössisch populären Romans „Auf der Flucht erschossen. Ein SA-Roman" von Walter Schönstedt, einem deutsch-kommunistischen Schriftsteller, die wichtigsten Beiträge in diesem Bereich dar.[1177] Beide Bücher waren so umfangreich, dass sie das 60-seitige Format der kleinen Hefte sprengten und deswegen auf mehrere Bände aufgeteilt werden mussten. Das Braunbuch umfasste 1933 die Ausgaben 134 bis 140; Schönstedts Roman ein Jahr später die Ausgaben 152 bis 156. Ebenfalls veröffentlichte Pinkhas Shvarts von der *Naye Folkstsaytung* unter dem Pseudonym „P. Frank" ein Anti-Hitler-Buch in einer jiddischen Buchreihe, die ähnlich funktionierte wie die *Groshn-bibliotek*. In der sogenannten *Tashn-bibliotek* (Taschenbibliothek), die Shvarts unter seinem bürgerlichen Namen Samuel Kruk seit 1931 in Warschau selbst vertrieb, erschien noch im selben Jahr das Buch *Hitler – Der Firer fun di broyne Hemdlekh* (Hitler – Führer der braunen Hemdlein).[1178]

1173 Vgl. Sholokhova, Lyudmila: Groshn-bibliotek reveals literary Taste of Polish Jewry during Interwar Period, *YIVO News* 206 (Spring 2010), S. 19.
1174 Vgl. Nekhemiezon, K.: Hitler iz shoyn geven! (= Groshn-bibliotek, Nr. 113), Varshe 1933, S. 57–58.
1175 Vgl. Kelzon, Sh.: Adolf Hitler, der falnder shtern (= Groshn-bibliotek, Nr. 91), Varshe 1932.
1176 Vgl. N. N.: Yudishe boyer fun der daytsher kultur (= Groshn-bibliotek, Nr. 115), Varshe 1932.
1177 N. N.: Dos broyne bukh vegn raykhstog-untertsindung un Hitler-teror (= Groshn-bibliotek, Nr. 134–140), Varshe 1933; Shenshtedt, V. [Schönstedt, Walther]: Dershosn baym antloyfn. Roman fun shturmistn-lebn (= Groshn-bibliotek, Nr. 152–156), Varshe 1934.
1178 Frank, P. [Shvarts, Pinkhas]: Hitler – Der firer fun di broyne hemdlekh (= Tashn-bibliotek, Nr. 2), hrsg. durch Samuel Kruk, Varshe 1931. Dass Shvarts hinter dem Pseudonym P. Frank steckte, eröffnete er später in seinen Erinnerungen. Vgl. Shvarts, Pinkhas: Dos iz geven der onheyb, Nyu York 1943, S. 44.

Abbildung 8 und 9: Jiddische Literatur von Pinkhas Shvarts (1931) und Yakov Kopl Dua (1934) über und gegen das nationalsozialistische Deutschland.

Auch in den Tageszeitungen selbst lässt sich diese Art der Aufklärung beobachten. Fortsetzungsromane, die über mehrere Ausgaben verteilt in den Zeitungen abgedruckt wurden, waren in der jiddischen Presse keine Seltenheit, und so veröffentlichten die Warschauer jiddischen Tageszeitungen in den 1930er Jahren auch literarische Werke, die das nationalsozialistische Deutschland zum Thema hatten. So gab die Redaktion des *Moment* am 21. April 1933 bekannt, dass die Zeitung in den kommenden Wochen einen achtteiligen literarischen Essay des populären jiddischen Lyrikers und Schriftstellers Itzik Manger (1901–1961) mit dem Titel „Hitler und Heine" in ihrer literarischen Beilage *Menshen un Verk* (Menschen und das Werk) abdrucken würde.[1179] Im *Haynt* wiederum wurde der damals neueste Roman Lion Feuchtwangers verlegt.[1180] Feuchtwangers Roman „Der jüdische Krieg", der 1932 in Berlin erschienen war, wurde schon zeitgenössisch als eine widerständige Antwort des Schriftstellers auf den Nationalsozialismus gedeutet.

1179 Vgl. Redaktionsnotiz: Hitler un Hayne, in *Der Moment*, 21. April 1933, S. 7.
1180 Vgl. Foykhtvanger, Lion: Der yidisher krieg, in *Haynt*, 26. April 1933, S. 3.

Die Redakteure der *Naye Folkstsaytung* hingegen initiierten zusammen mit dem jüdischen Buchverlag *Kult-bukh* (Kultbuch) eine symbolische Solidaritätsaktion anlässlich der Bücherverbrennungen vom Mai 1933. Gemeinsam riefen sie dazu auf, gerade jene Bücher zu lesen und zu kaufen, die in Deutschland verbrannt worden waren. Im Rahmen der Aktion „Bücher von Hitlers Autodafé" bot der Verlag im Mai und Juni 1933 die in Deutschland verbotenen Bücher, sofern sie in einer jiddischen Übersetzung vorlagen, für die Leser der Zeitung zum halben Preis an. In der Zeitung wurde die dazugehörige Bücherliste mit mehr als 100 Titeln veröffentlicht und die Aktion beworben.[1181] Neben der damit zum Ausdruck gebrachten Solidarität mit der deutschen Arbeiterbewegung und der jüdischen Bevölkerung in Deutschland zeigt die Aktion auch, dass die Mitarbeiter der Zeitung und des Verlags sich auf eine gewisse Art selbst getroffen fühlten, denn eine literarische und theoretische Bildung zu besitzen, war ein wichtiger Bestandteil sozialistischer (Erziehungs-)Politik. Nicht umsonst hieß es in der Anzeige, dass „die in Deutschland auf den Scheiterhaufen verbrannten Werke [...], von jeder Bibliothek, von jedem Leser und Freund des Buches und der Kultur angeschafft werden" müssten.[1182] Dass 1933 so viele jiddische Übersetzungen deutschsprachiger Bücher in Polen vorlagen, darunter Werke von Thomas Mann, Lion Feuchtwanger, Stefan Zweig, Arthur Schnitzler, Eduard Bernstein und Ernst Toller, ist ferner ein weiterer Beleg dafür, dass man mit der deutschen Arbeiterbewegung und mit der deutsch-jüdischen Kultur vertraut war und sich dieser in Teilen verbunden fühlte. Darüber hinaus gab das bundistische Anti-Hitler-Komitee in Zusammenarbeit mit dem Verlag der *Naye Folkstsaytung* eigene Publikationen heraus, die sich thematisch den politischen Entwicklungen in Deutschland und dem Kampf dagegen widmeten. Neben der bereits mehrmals erwähnten Broschüre des bundistischen Anti-Hitler-Komitees erschien 1934 auch das in Kapitel vier bereits erwähnte Buch von Henryk Erlich, das den Titel *In Kamf farn revolutsionern Sotsializm* (Im Kampf für einen revolutionären Sozialismus) trug und die Haltung der deutschen Sozialdemokraten zum Thema hatte.[1183] Auch einige der Journalisten und Publizisten der bürgerlichen jüdischen Presse organisierten zusammen mit anderen Intellektuellen eine öffentliche Protestveran-

---

1181 Vgl. N. N.: Bikher fun Hitlers oyto-da-fe, *Naye Folkstsaytung*, 17. Mai 1933, S. 5; 29. Mai 1933, S. 11. Die Aktion wird ebenfalls von Efrat Gal-Ed in ihrem Buch über das Leben und Schaffen von Itzik Manger erwähnt. Vgl. Gal-Ed: Niemandssprache, S. 354–355.
1182 N. N.: Bikher fun Hitlers oyto-da-fe, *Naye Folkstsaytung*, 17. Mai 1933, S. 5; 29. Mai 1933, S. 11.
1183 Vgl. Erlich, Henryk: In kamf farn revolutsionern sotsializm, Varshe 1934. Im Rechenschaftsbericht der Partei von 1935 trägt die Broschüre noch den zusätzlichen Untertitel *Arbeterklas in kamf kegn Hitler-Daytshland* (Arbeiterklasse im Kampf gegen Hitler-Deutschland), der in der gedruckten Version nicht auftaucht.

staltung anlässlich der Bücherverbrennungen in Warschau. Auf der Kundgebung im Mai 1933 hielten neben Jakub Appenszlak, Yeoshue Gotlib, Apolinary-Maksymilian Hartglas, Mojżesz Schorr und Mayer Bałaban auch der bekannte nichtjüdische Journalist und Schriftsteller Juliusz Kaden-Bandrowski öffentliche Reden.[1184]

6.2.4 Boykott deutscher Waren und deutscher Kulturimporte

Das wohl wichtigste Agitationsfeld im öffentlich-politischen Raum stellte die organisierte Boykottaktion gegen deutsche Waren und deutsche Kulturimporte wie Spielfilme, Theater- und Musikproduktionen sowie Gastauftritte deutscher Musiker dar. Die jüdische Presse Warschaus nahm auch hier wieder eine führende Rolle ein. Moshe Sneh vom *Haynt* erinnerte sich: „Haint [sic] also played a leading role in the Jewish boycott activities (economic, cultural, etc.) against Nazi Germany, which had been declared by a general public committee of Polish Jewry and spread throughout Jewish communities the world over."[1185] Insbesondere die Boykottbewegung gegen deutsche Waren war kein rein polnisch-jüdisches Phänomen, sondern reihte sich ein in eine internationale jüdische Protestbewegung, die sich für die Rechte der Juden in Deutschland einsetzte und die Verfolgungen scharf kritisierte. Yfaat Weiss zufolge war zwar die Unterstützung des Protests unter amerikanischen, britischen und französischen Juden besonders ausgeprägt,[1186] doch die Unterstützung für einen deutschen Warenboykott in Polen war ebenfalls besonders stark und hielt, im direkten Vergleich zu anderen europäischen Ländern und den USA, offenbar auch länger an. Schon 1934 hieß es in einem Bericht des deutschen Gesandten in Warschau Hans Adolf von Moltke, „dass Polen das einzige Land in Europa sei, in dem die jüdische Boykottbewegung noch eine bedeutende Rolle spiele".[1187]

Für das Gelingen des Boykotts brachten jüdische Händler und Geschäftsleute beträchtliche Opfer wie etwa die Kappung langjähriger Geschäftsbeziehungen

---

1184 Vgl. N. N.: Kaden-bandrovskis aroystrit gegn barbarishn Daytshland oyf'n groysen protestmiting fun di yudishe intelektualistn, in *Der Moment*, 12. Mai 1933, S. 11.
1185 Sneh: „Yesterday without a morrow", S. 51.
1186 Vgl. Weiss: Deutsche und polnische Juden, S. 170. Zur internationalen Dimension des Boykotts vgl. z. B. Weiss: „The Transfer Agreement"; Weiss: „Projektionen von ‚Weltmacht'"; Gottlieb, Moshe: „The Anti-Nazi Boycott".
1187 PAAA, RZ 208/R 82352, DG Warschau an AA Berlin, gez. von Moltke, Warschau, 19. April 1934, Betr. Jüdischer Weltkongress in Warschau, Vorschläge zur Bekämpfung der jüdischen Boykottbewegung in Polen, Bl. 201–203, hier Bl. 201.

oder den Verzicht auf Umsätze, aber auch auf individueller Ebene war der Boykott in Form von Konsumverzicht weit verbreitet. Engagiert trat hierbei eine jüdische Aktivistin namens Dr. Halina Iaz in Erscheinung, die jüdische Frauen dazu aufrief, sich an der Boykottkampagne zu beteiligen, weil sie über ihre kleineren Einkäufe von Lebensmitteln, Kosmetika oder Unterwäsche viele deutsche Produkte konsumieren würden.[1188] Aber auch der lokale Verein für Jüdische Schauspieler, der *Yidisher Artistn Fareyn*, unterstützte den Protest erneut aktiv. Im April 1933 übersandte er dem verantwortlichen Redakteur der JTA in Warschau Mendel Mozes einen Protestbrief, den der Vorstand des Vereins auf Eigeninitiative an das deutsche Verlagshaus Oldenbourg geschickt hatte, und bat um eine Veröffentlichung in deren Rundschreiben.[1189] Bei dem Schreiben handelte es sich um eine Antwort auf einen Werbeprospekt, den der Oldenbourg-Verlag dem Verein offenbar einige Tage zuvor zugeschickt hatte. In dem Brief hieß es:

> Geehrte Herrn! Ihr Prospekt über das Werk ‚Bühnentechnik der Gegenwart' von Fr[iedrich, AK]. Kranich haben wir erhalten. Die Geschehnisse der letzten Wochen in Ihrer Republik, die Verhältnisse, die jetzt in Ihrem Lande herrschen, das Terrorisieren und Unterdrücken, das Angreifen wehr- und schutzloser Menschen, die Wut der ‚Reinigung', der Beseitigung wertvoller, kultureller, von der ganzen gelehrten Welt berühmter und anerkannter Persönlichkeiten, [...], dieses unmenschliche Behandeln der Menschen, nur aus diesen Gründen, dass sie es wagten andere Meinungen, andere Ansichten als die jetzigen Anführer Deutschlands zu haben, oder weil es Juden sind, – machen es unmöglich Ihre Anbietungen anzunehmen und unseren Mitgliedern Ihr Werk zu empfehlen solange, bis die normalen Verhältnisse und die Kultur in Deutschland wieder hergestellt werden.[1190]

Tatsächlich wurde die Geschichte von der JTA in deren Rundschreiben vom 19. April 1933 aufgenommen.[1191] Der Protestbrief zeigt, dass die Pressekampagne, die Vorträge und Lesungen sowie die zahlreichen Protestveranstaltungen und Kundgebungen in Warschau und anderen polnischen Städten innerhalb der jüdischen Bevölkerung auf reges Interesse stießen. Nicht nur, dass zwischen 1933 und 1935 oft mehrere hundert Personen einzelne Veranstaltungen besuchten,

---

1188 Vgl. Iaz, Halina: Di froy in der anti-hitleriade, in *Di Velt*, 5. Mai 1933, S. 10.
1189 YIVO, Institute for Jewish Research, RG 26 Yidisher Artistn Fareyn, Box 6 A, Folder 76, Schreiben des Vorsitzenden Sekretärs des Vereins an die Yidishe telegrafen agentur Varshe, Redakteur Mozes, Warschau, 19. April 1933.
1190 YIVO, Institute for Jewish Research, RG 26 Yidisher Artistn Fareyn, Box 8, File IV/99, Schreiben des Vorsitzenden Sekretärs des Vereins an den Oldenbourg-Verlag in Berlin, 14. April 1933. Rechtschreibfehler wie im Original.
1191 Vgl. YIVO, Institute for Jewish Research, RG 26 Yidisher Artistn Fareyn, Box 8, File IV/99, Schreiben des Vorsitzenden Sekretärs des Vereins an den Oldenbourg-Verlag in Berlin, 14. April 1933.

viele Einzelpersonen und Organisationen verspürten auch den Drang und die Pflicht, sich darüber hinaus zu engagieren und ihre Solidarität gegenüber den in Deutschland verfolgten Juden, Sozialdemokraten und Kommunisten kundzutun. Ausdruck dieses oft spontanen Ausdrucks der Solidarität oder des Protests waren diverse Aktionen, die im weitesten Sinne der Sphäre der politischen und kulturellen Öffentlichkeit und insbesondere dem Boykott deutscher Waren und deutscher Kultur zugeordnet werden können. In Anbetracht der prekären wirtschaftlichen Lage aber, in der sich die Mehrheit der polnischen Juden spätestens seit den frühen 1930er Jahren befand, erscheint die hohe Bereitschaft polnischer Juden, am Boykott mitzuwirken, nicht selbstverständlich. Yfaat Weiss meint sogar, dass es „ein an sich schon erstaunliches Phänomen" sei, dass der Boykott deutscher Waren maßgeblich von jüdischen Geschäftsleuten getragen wurde, da „allein das Prinzip eines Boykotts dem wirtschaftlichen Handelsdenken völlig fremd sein mußte".[1192]

Die Entscheidung, sich am Boykott aktiv zu beteiligten, wurde jedoch nicht immer freiwillig getroffen. Obwohl sich bei Vielen die Motivation aus einer Tradition politischer und in der Praxis ritualisierter Verhaltensweisen im Kampf gegen Antisemitismus speiste,[1193] wollten und konnten nicht alle der Bewegung aus freien Stücken folgen, weil ihnen beispielsweise die finanziellen Mittel fehlten, um auf andere, vielleicht teurere Produkte aus dem Ausland umzusteigen oder um die Bewegung finanziell zu unterstützen. Im innerjüdischen Diskurs stand das Boykottkomitee in der Kritik und einige jüdische Händler wie auch Konsumenten weigerten sich, sich am Boykott zu beteiligen. Der Druck jedoch, der vom Komitee und seinen Unterstützern auf Kritiker und Zweifelnde ausgeübt wurde, war groß. Dementsprechend hoch war auch das Risiko für jüdische Händler und Geschäftsleute, ihr Renommee innerhalb der Community zu verlieren. Die Methoden, mithilfe derer einzelne Mitglieder der jüdischen Community zur Unterstützung des Boykotts bewegt wurden, konnten unterschiedlicher Art sein. Zeigte die politische Agitation in der jüdischen Presse auf Kundgebungen und Protestmeetings keine Wirkung, wurden jüdische Unternehmer und Firmen häufig des Verrats am Boykott beschuldigt und öffentlich denunziert. Die jüdische Presse wirkte daran mit, indem sie Artikel über Unternehmen veröffentlichte, die

---

1192 Weiss: Deutsche und polnische Juden, S. 179.
1193 Dass dies auch für die Protestbewegungen osteuropäischer Juden in westeuropäischen Metropolen wie London oder Paris galt, hat Gerben Zaagsma aufgezeigt. Vgl. Zaagsma, Gerben: „Jewish Responses to Antisemitism in Paris and London in the late 1930s as European Jewish Political History", in: Bajohr, Frank und Dieter Pohl (Hrsg.): *Right-Wing Politics and the Rise of Antisemitism in Europe 1935–1941*, Göttingen 2019, S. 95–112.

mutmaßlicherweise den Boykott brachen.[1194] Oft mussten sich die Bezichtigten dann für ihre vermeintlichen Vergehen vor den Mitgliedern des Boykottkomitees rechtfertigen.[1195] Nach Informationen des Auswärtigen Amts hätte die polnische Delegation auf der internationalen jüdischen Boykottkonferenz, die im November 1934 in London stattfand, sogar einen Antrag gestellt, der vorsah, dass Urteile gegen „Boykottbrecher", die von lokalen jüdischen Bürgergerichten gefällt worden waren, für das „gesamte Judentum" juristisch bindend sein sollten.[1196] Ferner habe die Delegation eine sogenannte internationale schwarze Liste ins Gespräch gebracht, welche die Namen der Boykottbrecher erfassen sollte. Einmal auf der Liste stehend sollten diese angeblich aus der jüdischen Gemeinschaft ausgeschlossen werden. Es kam auch vor, dass mutmaßliche „Boykottbrecher" tätlich angegriffen oder ihre Geschäftsräume mutwillig beschädigt wurden. Die Angriffe gingen offenbar oft von Jugendlichen aus, die sich in diversen Boykottgruppen engagierten, die explizit die jüdische Jugend ansprachen. Behördlichen Berichten zufolge wurden beispielsweise dem Elektrofachgeschäft des jüdischen Geschäftsmanns Elenberg die Fensterscheiben eingeschlagen, weil er ausschließlich Elektrogeräte aus Deutschland bezogen hatte. Ebenfalls angegriffen wurde Moszek Alter von der Firma Ignacy Pollmann & Co in Warschau.[1197] Der 33-Jährige wurde am 24. Januar 1936 in Begleitung zweier Angestellter auf dem Nachhauseweg von der Arbeit durch Mitglieder einer revisionistischen Jugendorganisation überfallen. Laut Polizeibericht begannen die Jugendlichen ihn mit „stumpfen Werkzeugen" zu schlagen.[1198] Nach dem Übergriff, der mehrere Brüche und Wunden zur Folge hatte, erklärten die Angreifer, sie haben Alter geschlagen, weil er Leiter einer Firma sei, die deutsche Waren importiere. Wohlwissend, dass es sich hierbei mehrheitlich um Informationen aus deutschen und polnischen be-

---

1194 In den Publikationen des Bund werden diverse Vorwürfe erhoben. Dazu siehe Kap. 6.1.2.
1195 Yfaat Weiss beruft sich in ihrer Arbeit auf Beispiele aus Kielce und Białystok, wo jüdischen Geschäftsleuten seitens der Boykottkomitees gedroht wurde, sie bei eintretendem Boykottbruch öffentlich zu verurteilen beziehungsweise bei Bruch hohe Geldstrafen zu verhängen. Vgl. Weiss: Deutsche und polnische Juden, S. 174.
1196 PAAA, RZ 208/R 99532, Schreiben der DB in Warschau an das AA in Berlin, gez. Schliep, Betr. Die polnischen Juden und die jüdische Boykottkonferenz in London, Warschau, 23. November 1934, S. 1–2, nicht paginiert.
1197 Die Firma repräsentierte in Warschau den polnischen Handelspartner der Firma Julius Schürer A.-G. aus Augsburg und hatte eigene Konsignations- und Kommissionslager in Warschau und Bydgoszcz. Vgl. AAN, MSZ, Sig. 4648, Pol. Abt. des IM, Vizedirektor, gez. unleserlich, an MSW, anhängend Notiz über ein Gespräch mit einem Vertreter der Firma Schürer aus Augsburg in Warschau, Warschau, 25. Februar 1936, Anhang, DB Warschau, Notiz, ungez., nicht paginiert.
1198 Vgl. AAN, MSZ, Sig. 4648, Leiter der Ermittlungsbehörde, gez. S. Wasilewski, an den Polizeikommandanten der Stadt Warschau, Warschau, 21. März 1936, Bl. 93–94.

hörlichen Quellen handelt, ergibt sich in der Zusammenschau aller Quellen jedoch das Bild, dass zumindest der Druck auf einzelne Kauf- und Geschäftsleute immens gewesen sein muss.

Das Zentrale Boykottkomitee in Warschau selbst, das Mitglieder „aller politischen Richtungen, wirtschaftlicher Organisationen und Berufsverbänden" repräsentierte, gliederte sich in sechs Tätigkeitsbereiche auf.[1199] Dazu gehörten Presse und Propaganda, Industrie und Ersatz(bezugs)quellen, Gesamtorganisation, Wirtschaftliche Dienste, Gerichte und Kontrollen sowie die Organisation internationaler Kongresse, wobei die ersten beiden Punkte besondere Aufmerksamkeit erhielten.[1200] Mit der Verschickung von 260 Rundschreiben an alle landesweiten Boykottkomitees und jüdischen Kaufmannsvereine,[1201] zwölf Aufrufen an alle gesellschaftlichen jüdischen Institutionen und Organisationen und 500 Flyer, die sich direkt an Rabbiner wandten, 96 Pressemitteilungen durch Vermittlung der JTA, vier Pressekonferenzen mit Vertretern der jüdischen und polnischen Presse sowie der Verbreitung einer halben Million Flugblätter und rund 700.000 Boykottbriefmarken, war das Ausmaß der Werbung für den Boykott deutscher Waren im Jahr 1933 immens.

Ein wichtiger Aspekt der Pressekampagne, die vom Boykottkomitee lanciert wurde, war die Herausgabe der zweisprachigen Boykottzeitschrift *Unzer Obvehr/ Nasza Obrona* (Unsere Abwehr). Für die Erstellung der Zeitung konnte das Boykottkomitee namhafte jüdische Journalisten aus Warschau verpflichten. Die Zeitschrift erschien zwischen 1933 und 1934 insgesamt vier Mal.[1202] Herausgegeben und redaktionell betreut wurde sie vom Journalisten und jiddischen Kulturaktivisten Leo Finkelstein. Auch Mark Turkow, Shoyel-Yitskhok Stupnitski, Jakub Appenszlak und Apolinary-Maksymilian Hartglas steuerten Artikel für die Zeitschrift bei. Die Redaktion veröffentlichte außerdem Protestnoten des Boykottko-

---

1199 Vgl. Związek Kupców Centrala w Warszawie: Sprawozdzanie za rok 1933, Warszawa 1934, S. 34.
1200 Vgl. Związek Kupców Centrala w Warszawie: Sprawozdzanie, S. 34.
1201 Ein Rundschreiben ist erhalten geblieben und befindet sich im AAN. In dem Schreiben vom Komitee handelt es sich um einen Fragebogen, den das Boykottkomitee an alle lokalen Komitees im Juni 1933 verschickte. U. a. bat es um die Zusendung von Berichten über Boykotttätigkeiten, etwaige Boykottbrecher und möglicherweise ausgeführte Sanktionen sowie um die Benennung allgemeiner Schwierigkeiten, bei denen das Zentralkomitee behilflich sein könnte. Außerdem lag dem Schreiben eine Liste mit Ersatzbezugsquellen und Produkten bei. Vgl. AAN, MSZ, Sig. 9519/ 16–20, Schreiben des Anti-Hitleristischen Boykottkomitees an die lokalen Komitees, Warschau, 8. Juni 1933, nicht paginiert.
1202 Vgl. Tomaszewski: „Bojkot towarów", S. 449. Mir selbst lagen nur Nummer 1 von November 1933 und Nummer 2 von Februar 1934 vor.

mitees,[1203] Listen mit Informationen über Produkte, die boykottiert wurden, sowie mögliche Ersatzprodukte. Darüber hinaus wurden Tätigkeitsberichte lokaler Komitees sowie Antwortschreiben deutscher Firmen, die auf Aufkündigungen der Zusammenarbeit seitens jüdischer Geschäftspartner in Polen reagierten, in der Broschüre dokumentiert.[1204]

Abbildung 10 und 10.1: Titelseite der zweiten Ausgabe der *Nasza Obrona/Unzer Obvehr* (1934) sowie eine Abbildung der Boykottbriefmarke, die auf dem Innenumschlag der Zeitschrift beworben wurde.

Die erste Ausgabe der *Nasza Obrona/Unzer Obvehr* enthielt ferner ein Interview mit dem Sejm-Abgeordneten und Vizepräsidenten der *Związek Kupców Centrala* Wacław Wiślicki, das die internationale Boykottbewegung zum Thema hatte. Auf die Frage, ob der Boykott schon erste konkrete Erfolge erzielt hätte, antwortete der Politiker, dass er wisse, dass einige Personen aufgrund von „Boshaftigkeit" oder „Misstrauen" davon ausgingen, dass der Kampf gegen Deutschland keine großen

---
[1203] Die Aufrufe wurden zum Teil in englischer, französischer, polnischer und jiddischer Übersetzung abgedruckt.
[1204] Vgl. *Nasza Obrona/Unzer Obvehr*, Nr. 1, November 1933 und Nr. 2, Februar 1934. 1933 betrug die Auflage 3500 Stück. Vgl. Związek Kupców Centrala w Warszawie: Sprawozdanie, S. 35.

Resultate hervorbringen würde. Statistische Daten jedoch würden belegen, dass es einen deutlichen Rückgang deutscher Exporte nach Polen gebe.[1205] In der Tat zeigen Berichte, die jährlich vom statistischen Hauptamt in Polen herausgegeben wurden, dass die Einfuhr deutscher Waren nach Polen 1934 weniger als 20 % der gesamten Einfuhren ausmachte, während es 1931 noch über 40 % gewesen waren.[1206] Insgesamt büßten deutsche Unternehmen demnach zwischen 1932 und 1935 Exporteinnahmen in Höhe von ca. 65 Millionen Złoty ein.[1207] Aufgrund dieser Angaben gelangte Yfaat Weiss zu dem Schluss, dass die Boykottbewegung in Polen an dieser Stelle „durchaus einen Erfolg für sich verbuchen" konnte.[1208] Trotz seiner Erfolge wird dem Boykott deutscher Waren in der heutigen Forschung meist nur eine geringe Bedeutung zugemessen, und auch Jerzy Tomaszewski bemerkt, dass zwar die Daten zum polnischen Außenhandel einen deutlichen Rückgang der Importe aus Deutschland im Vergleich zu anderen Ländern zeigen würden, es jedoch unmöglich sei, die Auswirkungen des Boykotts auf die Wirtschaft in Deutschland zu bestimmen.[1209]

Insgesamt kann dennoch davon ausgegangen werden, dass der wirtschaftliche Boykott gegen das nationalsozialistische Deutschland zumindest seine propagandistische Wirkung nicht verfehlte und die nationalsozialistische Führung zumindest beunruhigte, weil diese sich von dem vehementen jüdischen Protest überrascht zeigte. Dies zeigt ein Vorfall vom August 1933, bei dem zwei Postkarten in Umlauf gebracht wurden, die sich gegen das nationalsozialistische Deutschland sowie explizit gegen Hitler als Person richteten und vermutlich aus dem Umfeld des zentralen Boykottkomitees stammten. So unterrichtete die deutsche Gesandtschaft Riga das Auswärtige Amt darüber, dass „am 21. August [1933] im Rigaer Zollamt eine 19 kg schwere Sendung aus Warschau eingetroffen [sei], in der sich grössere Mengen von zwei Postkarten mit Karikaturen gegen den Herrn Reichskanzler befanden".[1210] Bei der Deutschen Gesandtschaft in der lettischen Hauptstadt Riga ging man davon aus, dass „[b]eide Karten anscheinend für das

---

1205 N. N.: Poseł Wiślicki o nastrojach antyhitlerowskich na Zachodzie (Wywiad specjalny „Naszej Obrony"), in Nasza Obrona/Unzer Obvehr, Nr. 1, November 1933, S. 7.
1206 Vgl. Mały Rocznik Statystyczny, Warszawa 1934. Hier nach Tomaszewski: „Bojkot towarów", S. 454; Melzer: No Way Out, S. 157; Weiss: Deutsche und polnische Juden, S. 172.
1207 Vgl. Majewski: Działalność, S. 68–71. Majewski schätzt, dass der Boykott 1934 am stärksten gewesen sei.
1208 Weiss: Deutsche und polnische Juden, S. 172.
1209 Vgl. Tomaszewski: „Bojkot towarów", S. 454.
1210 PAAA, RZ 701/R121442, Schreiben der DG Riga, gez. unleserlich, an das AA Berlin, Betr. Postkarten mit Karikaturen gegen den Herrn Reichskanzler, inkl. Anlagen 1, 2 und 3, Riga, 20. März 1934, nicht paginiert. Die Originalpostkarten lagen dem Schreiben nicht bei.

jüdische Neujahrsfest bestimmt" waren und „hebräische Inschriften" trugen.[1211] Als Absender identifizierte man in Riga die „Firma Schereschewsky", die man fälschlicherweise für „eine kleine und finanziell unzuverlässige jüdische Konzertagentur" in Warschau hielt.[1212] Weitaus logischer scheint dagegen zu sein, dass sich hinter dem Vertrieb der Karten das Zentrale Boykottkomitee verbarg, dessen Vorsitzender der Bankier Rafał Szereszewski selbst war. Von Berlin aus versuchte man vergeblich, eine weitere Verbreitung zu unterbinden. Auch das Protestkomitee des *Bund* setzte in der zweiten Hälfte des Jahres 1933 alles daran, den Boykott erfolgreich umzusetzen. Aus diesem Grunde beauftragte das bundistische Komitee den Verlag der *Naye Folkstsaytung* in Warschau, zehntausende „Anti-Hitler-Plakate" sowie hunderttausende „Anti-Hitler-Aufrufe" des ZKs des *Bund* zu drucken und unter die jüdische Bevölkerung zu bringen.[1213] Die Plakate wurden jedoch ebenfalls kurze Zeit nach ihrer Erstellung auf eine „Intervention des deutschen Botschafters" hin konfisziert.[1214] Ein Teil der Auflage scheint der Beschlagnahmung jedoch entgangen zu sein, denn aus einem Bericht der Deutschen Gesandtschaft in Litauen geht hervor, dass Mitglieder des *Bund* zumindest in Vilna „überall große rote Plakate angebracht [haben], deren Text zum verstärkten Boykott deutscher Waren" aufgefordert habe.[1215]

Die bewusste Weigerung von Juden in Polen aber, deutsche Produkte zu konsumieren oder zu beziehen, betraf nicht nur die ökonomische Sphäre. Der Boykott dehnte sich ebenfalls auf den kulturellen Bereich aus, indem gezielt deutsche Bücher, Filme, Musik- und Theaterproduktionen in Polen boykottiert wurden.[1216] In diesem Bereich taten sich die Zeitungsmacher der verschiedenen jüdischen Tageszeitungen besonders stark hervor. So zeichneten sie sich für

---

1211 PAAA, RZ 701/R121442, Schreiben der DG Riga, gez. unleserlich, an das AA Berlin, Betr. Postkarten mit Karikaturen gegen den Herrn Reichskanzler, inkl. Anlagen 1, 2 und 3, Riga, 20. März 1934, nicht paginiert.
1212 PAAA, RZ 701/R121442, Schreiben der DG Riga, gez. unleserlich, an das AA Berlin, Betr. Postkarten mit Karikaturen gegen den Herrn Reichskanzler, inkl. Anlagen 1, 2 und 3, Riga, 20. März 1934, nicht paginiert.
1213 Vgl. Tsentrales bundishes anti-Hitler-komitet in Varshe: Arbeter-klas in kamf, S. 14, 30.
1214 Vgl. Tsentrales bundishes anti-Hitler-komitet in Varshe: Arbeter-klas in kamf, S. 14, 30.
1215 PAAA, RZ 208/R82047, Schreiben der DG Litauen, ungez., an das AA in Berlin, Betr. Übersicht über den politischen Inhalt des Vilnaer „Slowo", Kowno, 29. November 1933, Bl. 081. Die Information berief sich auf einen Artikel der konservativen nichtjüdischen polnischen „Słowa" aus Vilnius vom 8. November 1933, Nr. 305.
1216 Im Rahmen der Nichtangriffserklärung sollte das abgekühlte Verhältnis zwischen Deutschland und Polen auch über die Förderung gegenseitiger Kulturveranstaltungen verbessert werden, weshalb sich die Deutsche Gesandtschaft bzw. spätere Deutsche Botschaft in Warschau dazu veranlasst sah, Gastauftritte deutscher Musiker zu organisieren und den Import von deutschen Filmen auszuweiten. Dazu ausführlich: Pryt: Befohlene Freundschaft, S. 123–188.

eine Kampagne verantwortlich, die sich gegen den Auftritt des deutschen Pianisten Wilhelm Backhaus in der Warschauer Philharmonie richtete.[1217] Im Rahmen der deutsch-polnischen Annäherung war der Leiter der Philharmonie Niewiński von der polnischen Regierung angehalten worden, mehrere Veranstaltungen mit deutschen Musikern ins Programm aufzunehmen. Das Konzert von Backhaus war das erste dieser Art und sollte die politische Annäherung zwischen Deutschland und Polen zelebrieren. Die jüdischen Journalisten und Redakteure wie auch andere jüdische Organisationen forderten jedoch vom Direktorium der Philharmonie, das Konzert abzusagen, und durch die gezielte Arbeit der jüdischen Journalisten und Redakteure verwandelte sich die Veranstaltung in Warschau schnell zu einem richtigen Skandal. Nicht nur wurden wenige Tage vor dem geplanten Auftritt Flugblätter verteilt[1218] und Plakate in der Nähe der Philharmonie verklebt, die jüdische wie nichtjüdische potenzielle Besucher der Philharmonie dazu aufrufen, von einem Besuch des Konzerts abzusehen.[1219] Auch blieb der Saal der Philharmonie am Tage der Aufführung weitestgehend leer. Im *Haynt* hieß es hinterher, dass man aus vertraulicher Quelle wisse, dass die Deutsche Botschaft selbst mehrere hundert Tickets erworben habe, um wenigstens die Mitte des Saales zu füllen. Die Ränge und Logen jedoch seien leer geblieben. Laut *Haynt* sei dies der jüdischen Bevölkerung zu verdanken, die ihre Missgunst in Form eines passiven Boykotts ausdrückte und der Veranstaltung fernblieb.[1220] Auch nach dem Konzert suchten jüdische Konzertbesucher die Philharmonie nur noch selten auf. Viele Juden zählten vor 1933 zum Stammpublikum des Musikhauses und machten einen großen Anteil der Besucher aus, weshalb ihr Fernbleiben das Konzerthaus in eine schwierige finanzielle Lage brachte.[1221] Die Einbrüche waren so massiv, dass die Philharmonie sich im Herbst 1935 von ihrem hauseigenen

---

1217 Vgl. N. N.: Varsh. Filharmonie angazhirt a hitleristishen pianist als revanzh far Kiepura'n, in *Haynt*, 19. März 1934, S. 6; N. N.: Di „mindervertige rase" iz nisht gekumen tsum Bakhoiz-kontsert, in *Haynt*, 25. März 1934, S. 7.

1218 Im Rahmen der Flugblattaktion kam es zur Verhaftung von mehreren jungen jüdischen Aktivisten. Einer davon war Majer Kółowicz. Der junge Revisionist hatte versucht, eine Stinkbombe auf die Bühne der Philharmonie zu werfen. Alle Festgenommenen wurden im Laufe des Tages wieder freigelassen. Vgl. Pryt: Befohlene Freundschaft, S. 197–198, siehe auch N. N.: Di „mindervertige rase" iz nisht gekumen tsum Bakhoyz-kontsert, in *Haynt*, 25. März 1934, S. 7; N. N.: Der Hitlerist Bakhoys hot gephilt in Varshe untern shuts fun endekishe studenten, in *Unzer Ekspres*, 25. März 1934, S. 8.

1219 Sofern nicht anders angegeben vgl. für diesen und den folgenden Absatz Pryt: Befohlene Freundschaft, S. 195–207.

1220 Vgl. N. N.: Di „mindervertige rase" iz nisht gekumen tsum Bakhoyz-kontsert, in *Haynt*, 25. März 1934, S. 7.

1221 Vgl. Pryt: Befohlene Freundschaft, S. 196.

Orchester trennen musste, da sie es schlicht nicht mehr bezahlen konnte. Die Deutsche Botschaft in Warschau sah bis Ende 1934 schließlich von der Organisation weiterer Gastauftritte deutscher Musiker in der Warschauer Philharmonie ab.[1222]

Eine ähnliche Vorgehensweise lässt sich im Umgang mit Kinos beobachten, die Filme aus deutscher Produktion vorführten.[1223] Doch anders als der Protest gegen die Philharmonie wurde der Streik gegen Kinobetreiber und deutsche Filme in erster Linie vom zentralen Boykottkomitee organisiert, wobei eine enge Zusammenarbeit mit den Zeitungsredaktionen und anderen Gruppen bestand. Der Boykott wurde auf zwei unterschiedliche Arten durchgeführt. Eine Aufklärungskampagne in der Presse sowie die Verbreitung von Flugblättern[1224] sollten dafür sorgen, dass jüdische Kinogänger erfuhren, welche Filme deutsche Produktionen waren, und diesen fernblieben. Karina Pryt zufolge verweigerten sich die jüdischen Pressemacher außerdem Werbeanzeigen für die meisten deutschen Filme in ihre Zeitungen aufzunehmen und riefen darüberhinaus die jüdische Bevölkerung dazu auf, die Vorführungen zu meiden.[1225] Durch dieses Vorgehen bekamen deutsche Filmproduktionen erst gar keine Aufmerksamkeit. Gleichzeitig waren jüdische Kinobesitzer angehalten, ihre Verträge, die sie mit deutschen Filmproduktionsfirmen abgeschlossen hatten, zu kündigen und das Zeigen deutscher Filme zu unterlassen.[1226] Exemplarisch für dieses Vorgehen steht ein Artikel aus der *Naye Folkstsaytung* vom August 1933. Auf der Theater- und Kinoseite klärte ein unbekannter Verfasser die Leser darüber auf, was es eigentlich mit der Filmproduktionsfirma „Warszawska" auf sich hatte und wieso die Firma und ihre Filme

---

1222 Vgl. Pryt: Befohlene Freundschaft, S. 202.
1223 Zum jüdischen Filmboykott in Polen siehe ebenfalls Pryt: Befohlene Freundschaft, S. 387–402; „Importierte Unterhaltung".
1224 Diverse Flugblätter, die zum Boykott deutscher Filme und polnischer bzw. jüdischer Kinos, die noch deutsche Filme zeigten, aufriefen, befinden sich im AAN. Die überlieferten Flugblätter, die sich an die jüdische Bevölkerung, jüdische Kinobetreibende und an die jüdische Presse wandten, stammten in den meisten Fällen vom jüdischen Anti-Hitleristischen Jugendkomitee in Polen (*Antyhilterowski Komitet Młodziezy w Polsce*). Vgl. AAN, MSZ, Sig. 8366.
1225 Vgl. Pryt: Befohlene Freundschaft, S. 389.
1226 Die DB in Warschau versuchte auch hier den Boykott zu unterbinden. AAN, MSZ, Sig. 8366, DB in Warschau, ungez., Warschau, 8. Dezember 1936, S. 1–2, Bl. 82–83. Siehe auch das Schreiben des *Komitet Antyhilterowski* aus Warschau an den Betreiber des Kinos *Popularny* in Białystok. Das Komitee informierte den Betreiber, dass das Kino so lange boykottiert werde, bis er aufhören würde, deutsche Filme zu zeigen. Vgl. AAN, MSZ, Sig. 8366, Schreiben des Anti-Hitleristischen Komitees (*Komitet Antyhitlerowski*) an die Direktion des Kino *Popularny*, Herrn Gryf in Białystok, Warschau, 26. August 1935.

zu boykottieren seien.[1227] Hinter der Firma nämlich verbarg sich die deutsche Universum-Film Aktiengesellschaft (Ufa), und die Pressekampagne gegen die „Warschawska" war für die jüdische Protestbewegung ein voller Erfolg, wie eine politische Affäre um einen jüdischen Kinobetreiber aus Stanisławów zeigt. Im Sommer 1935 reichte dieser beim Gericht in Warschau Zivilklage gegen die Filmproduktionsfirma ein und forderte, ihn vorzeitig aus seinem Vertrag zu entlassen. Der Kinobetreiber, der seit einigen Jahren einen Vertrag „auf leihweise Annahme von Filmen, darunter auch von deutschen Filmen, abgeschlossen hatte" und „seinerzeit eine größere Anzahlung geleistet und zunächst auch einige Filme der ‚Warszawska' bezogen" hatte, weigerte sich, 1933 und 1934 weitere Filme der Firma entgegenzunehmen.[1228] Seine abwehrende Haltung begründete er damit, „dass die ‚Warszawska' als Vertreterin eines deutschen Unternehmens unter Boykott stehe" und verlangte die Rückzahlung des geleisteten Vorschusses.[1229] Als die „Warszawska" sich weigerte, der Forderung nachzukommen, reichte der Mann aus Stanisławów Klage ein. Für die Deutsche Botschaft war dieser Fall besonders brisant, da das Urteil wegweisend für die deutsch-polnischen Beziehungen sein würde, denn hätte das Gericht dem jüdischen Kinobetreiber Recht gegeben, hätte dies bedeutet, dass „der jüdische Boykott von den polnischen Gerichten als stichhaltiger Grund für die Nichterfüllung oder Auflösung vor Entstehung des Boykotts abgeschlossener Verträge anerkannt" würde.[1230] Wie der Prozess letztlich ausging, ist nicht überliefert,[1231] doch der jüdische Widerstand gegen die „Warszawska" war so groß geworden, dass die Firma ab 1933 erhebliche finanzielle Einbußen hinnehmen musste und sich nur durch Subventionen aus Berlin bis 1939 halten konnte.[1232] Auch auf nichtjüdische Ki-

---

1227 Vgl. Sh. L.: Hitler-kinos un Hitler-filmen in Poyln. Yeder arbeyter darf boykotirn filmen fun daytsher firme „Varshavska" („ufa"), in *Naye Folkstsaytung*, 16. August 1933, S. 4.
1228 PAAA, RZ 214/R 99532, Schreiben der DB in Warschau an das AA in Berlin, gez. von Moltke, Betr. Boykott deutscher Filme, Warschau, 5. Juni 1935, S. 1–2, nicht paginiert.
1229 PAAA, RZ 214/R 99532, Schreiben der DB in Warschau an das AA in Berlin, gez. von Moltke, Betr. Boykott deutscher Filme, Warschau, 5. Juni 1935, S. 1–2, nicht paginiert.
1230 PAAA, RZ 214/R 99532, Schreiben der DB in Warschau an das AA in Berlin, gez. von Moltke, Betr. Boykott deutscher Filme, Warschau, 5. Juni 1935, S. 1–2, nicht paginiert.
1231 Karina Pryt weist in einem anderen Fall nach, dass die polnische Justiz eine Klage der „Warszawska" gegen einen Kinobetreiber in Białystok abwies, mit der Begründung, dass der jüdische Boykott als höhere Gewalt zu betrachten sei. Der Kinobesitzer musste den von der „Warszawska" gestellten Forderungen nicht mehr nachkommen. Vgl. Pryt: Befohlene Freundschaft, S. 394.
1232 Vgl. Pryt: Befohlene Freundschaft, S. 387. Noch 1936 hieß es in einem Aide-Mémoire der DB in Warschau, die an das polnische Außenministerium gerichtet war, dass „seitens gewisser Organisationen eine heftige öffentliche Propaganda" gegen deutsche Filme geführt werden würde. Vgl. AAN, MSZ, Sig. 8366, DB in Warschau, ungez., Warschau, 8. Dezember 1936, S. 1–2, Bl. 82–83.

nobetreiber hatte der Boykott Auswirkungen. Offenbar war die Angst vor etwaigen Angriffen durch Boykottunterstützer so groß geworden, dass sich Anfang des Jahres 1935 mehrere Kinos in Warschau, die eigentlich deutsche Filmproduktionen zeigen wollten, sich nicht mehr trauten, diese in ihr Programm aufzunehmen.[1233]

Auch die jüdischen Theater wurden von der Protestbewegung erfasst. Neben Aktionen und Demonstrationen im öffentlichen Raum dienten vor allem sie der Protestbewegung als Bühne der politischen Agitation. Die jüdischen Theater *Skala*, *Nowości* und *Kamiński* zeigten sich gegenüber der Protestbewegung offen und gewährten mehrmals, dass antideutsche Kundgebungen in ihren Räumen stattfinden konnten.[1234] Außerdem nutzte das Zentrale Boykottkomitee die Bühnen der Theater dafür, sich vor Beginn der Aufführungen mit einigen Worten an das Publikum zu richten.[1235] Zu diesem Zwecke formulierte das Komitee eine Rede vor, die als Vorlage für etwaige Ansagen von den Theaterbesitzern oder Schauspielern benutzt werden konnte und verschickte diese an die jüdischen Theater und Artisten im Land.[1236]

Jüdische Regisseure und Schauspieler engagierten sich darüber hinaus innerhalb der Protestbewegung. Im Kamiński und im Kameralny wurden im Sommer 1933 über mehrere Wochen zwei Theaterstücke aufgeführt, welche die Kritik am nationalsozialistischen Deutschland und die Misshandlung von Juden von den Zeitungen, Büchern und Broschüren auf die Warschauer jüdischen Theaterbühnen brachten. Der bekannte Schauspieler und Theaterregisseur Shlomo Prizament (1889–1973) brachte im Mai 1933 das Theaterstück *In Land fun Adolf Hitler* (Im Land von Adolf Hitler) auf die Warschauer Bühnen.[1237] Der Theaterregis-

---

[1233] Vgl. AAN, MSZ, Sig. 8366, Leiter der Abteilung Politische Presse, gez. Wdziękoński, Mitschrift eines Gesprächs zwischen Arnold Readner (Berliner Oberregierungsrat des ProMis), Otto Eckert (DB in Warschau) und Wdziękoński in Warschau am 31. Januar 1935, Bl. 43–44.
[1234] Vgl. z. B. N. N.: Groyse arbeter-miting in teater Kaminski kegn fashizm un hitlerizm, in *Naye Folkstsaytung*, 4. September 1933, S. 4.
[1235] YIVO Institute for Jewish Research, Yidisher Artistn Fareyn, RG 26, Box 7, File 18, Schreiben des Zentralkomitees der Wirtschaftlichen Anti-Hitler-Aktion an den Jüdischen Artistenverein, ungez., Warschau, 27. November 1933, 1. Anhang, Entwurf Vorwort „Tsu der yidisher bafelkerung in Poyln!", nicht paginiert.
[1236] Im Antwortschreiben des Artistenvereines hieß es, dass man der Bitte des Komitees nachgekommen sei und alle ihre Artistentruppen angewiesen habe, auf ihren Veranstaltungen für den Boykott zu werben. Vgl. YIVO Institute for Jewish Research, Yidisher Artistn Fareyn, RG 26, Box 7, File 18, Schreiben des Jüdischen Artistenverein an das ZK der Wirtschaftlichen Anti-Hitler-Aktion, ungez., Warschau, 1. Dezember 1933, nicht paginiert.
[1237] Vgl. Anzeige, in *Naye Folkstsaytung*, 12. Mai 1933, S. 12. Die Premiere fand am 16. Mai in Warschau statt.

seur und Dramaturg Mark Arnshteyn (Andrzej Marek) (1880 – 1943) hingegen ließ „im Theater Kameral Hitleristen, Sturmisten, Pogromisten" auftreten und führte mit dem Stück *Dem yid oyfn Sheyter-hoyfn!* (Den Juden auf den Scheiterhaufen!) der polnischen und jüdischen Theaterwelt alle Verbrechen vor Augen, die in Deutschland an Juden begangen wurden.[1238] Die Premiere und alle weiteren Vorstellungen waren ausverkauft, und es schien, als würde das Interesse der jüdischen Bevölkerung an den Entwicklungen in Nazi-Deutschland nicht abreißen wollen. Zu diesem Umstand mag auch beigetragen haben, dass seit dem Frühjahr 1933 unzählige jüdische Flüchtlinge ins Land kamen und nach und nach auch Warschau erreichten, wo sie vor Ort und aus erster Hand von ihren Erlebnissen berichteten, wie zahlreiche Interviews und Porträts in den jüdischen Zeitungen belegen.[1239] Mit ihrer bloßen Anwesenheit konfrontierten die Neuankömmlinge aus Deutschland die polnischen Juden mit der neuen Realität. Diese Menschen benötigten Unterstützung, wollten versorgt und untergebracht werden. Die jüdische Bevölkerung Polens musste also reagieren und Antworten finden. Da es bereits eine seit Jahrzehnten währende Praxis in der Unterstützung von mittellosen Juden gab und nicht wenige bereits am eigenen Leib erfahren hatten, was es bedeutete, Opfer von Verfolgung und Pogromen geworden zu sein, war es ein selbstverständlicher Akt jüdischer Solidarität, diesen ersten Opfern der Nationalsozialisten ihre Hilfe anzubieten.

6.2.5 Materielle und immaterielle Hilfe für aus Deutschland geflüchtete und ausgewiesene Juden

Als im März 1933 das *Fareynikter Komitet far di Pleytim fun Daytshland* in Warschau seine Arbeit aufnahm, war die kleine jüdische Gemeinde in der deutsch-polnischen Grenzstadt Zbąszyń bereits unter der Last der ankommenden jüdischen Flüchtlinge aus Deutschland zusammengebrochen.[1240] Die nur 51 Personen zählende Gemeinde hatte sich am 10. Februar 1933 mit einem Hilferuf an den Historiker und damaligen Vizepräsidenten der polnischen *B'nei B'rith* Prof. Mojżesz Schorr sowie an die Gruppe der jüdischen Abgeordneten im polnischen

---

1238 In seiner Rezension kritisierte der Bundist und Journalist Dovid-Leyb Naymark das Stück scharf, weil es ausschließlich Juden als Opfer zeige, aber die politisch Verfolgten ignorieren würde. Vgl. Arihe [Naymark, Dovid-Leyb]: „Dem yid oyfn sheyter-hoyfn"!, in *Naye Folkstsaytung*, 16. August 1933, S. 4.
1239 Dazu vgl. Kap. 3.4.2.
1240 Vgl. für den gesamten folgenden Absatz, soweit nicht anders vermerkt: Novikova-Almagor, Anna: Zbąszyń, 1933, S. 104 – 105 sowie Kargol: Zakon Synów, S. 242 – 243.

Parlament gewandt und um Einrichtung eines Hilfsfonds gebeten. Da aus Warschau niemand auf den Brief reagierte, schickten die Gemeindevertreter aus Zbąszyń kurze Zeit später einen Delegierten nach Warschau, um das Gespräch mit dem Präsidenten der Warschauer jüdischen Gemeinde Elias Mazur (1889–1973) zu suchen. Doch auch er wies das Hilfegesuch mit der Begründung ab, dass man in Warschau derzeit mit Dingen beschäftigt sei, die von größerer Bedeutung seien. Um welche Dinge es sich dabei handelte, geht nicht aus dem Schreiben hervor, allerdings ist es gut möglich, dass Mazur damit den sich gerade formierenden jüdischen Boykott deutscher Waren meinte. Für die kleine Gemeinde in Zbąszyń machte das jedoch keinen Unterschied, denn für diese bedeutete es zunächst nur, dass sie in den kommenden Wochen bei der notdürftigen Versorgung der Ankommenden nicht auf Unterstützung hoffen konnten und die Last allein schultern mussten.

Erst als die finanziellen Möglichkeiten der Gemeinde in Zbąszyń erschöpft waren, aber weiterhin Juden aus Deutschland in dem kleinen Grenzort strandeten, wandte sich die Gemeinde am 21. März erneut an Mojżesz Schorr und schlug die Gründung eines Hilfskomitees für jüdische Flüchtlinge aus Deutschland vor. Schorr hatte inzwischen die Dringlichkeit der Lage erkannt, denn die ersten Flüchtlinge hatten zu diesem Zeitpunkt bereits Städte im Landesinneren erreicht und dort von der Situation berichtet.[1241] Von der Loge in Krakau wurde deshalb umgehend angewiesen, Geld aus dem Katastrophenfonds der *B'nei B'rith*-Logen nach Zbąszyń zu transferieren. Aus der Loge in Posen wiederum wurde ein Delegierter nach Zbąszyń geschickt, um sich von der Lage vor Ort ein Bild zu machen. Durch die Doppelfunktion, die Schorr in Warschau innehatte – er war gleichzeitig Vizepräsident der *B'nei B'rith* und Vorstandsmitglied des Protestkomitees in Warschau –, war er in einer guten Position, um die jüdische Intelligenz Warschaus von der Notwendigkeit eines eigenen Komitees für jüdische Flüchtlinge aus Deutschland überzeugen zu können. Das Warschauer Hilfskomitee, das in den kommenden Jahren als nationales Zentralkomitee fungieren sollte, setzte sich nicht zuletzt aus diesem Grund aus zentralen Figuren der Warschauer jüdischen Intelligenz zusammen. Neben dem zionistischen Politiker und *B'nei B'rith*-Mitglied Leon Lewite trat auch der zuvor noch skeptische Mark Turkow dem Gremium bei und wurde bald darauf zum Generalsekretär gewählt.[1242]

1241 So nahmen z. B. auch einige Flüchtlinge am 27. März 1933 am Protesttreffen im Theater *Nowości* in Warschau teil.
1242 Vgl. Anzeige: Marc Turkow dead at 79, in *JTA Daily News Bulletin*, 3. Mai 1983, S. 4.

Die Zahl der jüdischen Flüchtlinge beziehungsweise Ausgewiesenen,[1243] die zwischen 1933 und 1934 Polen erreichten, muss auf mehrere Tausend geschätzt werden. Die meisten waren dabei Juden polnischer Herkunft. Den Schätzungen Mark Turkows zufolge kamen bis Juni 1933 rund „3.000 Remigranten" nach Polen, „von denen ungefähr 2.600 polnische Bürger und der Rest Fremde" waren.[1244] Der Anteil polnischer Juden lag demnach bei 80 %. Die Geflüchteten verteilten sich im ganzen Land, wobei die Mehrzahl sich in Städten nahe der deutschen Grenze aufhielt. Als die verschiedenen Protest- und Hilfskomitees im Juni 1933 zur ersten landesweiten Delegiertenkonferenz für die jüdischen Flüchtlinge aus Deutschland zusammenkamen, benannten die Delegierten verschiedener Städte, wie viele „Remigranten" sich bisher bei ihnen gemeldet hatten und teilweise von ihnen versorgt wurden. Die mit Abstand größten Zahlen an Flüchtlingen nannten die Delegierten aus Katowice mit „422 Familien" und Zbąszyn mit „350 Remigranten".[1245] Ihnen folgte Warschau mit „82 Personen".[1246] In vielen anderen Städten hatten sich bis zu diesem Zeitpunkt erst einige wenige Flüchtlinge, meistens

---

1243 Für die jüdischen Menschen, die Opfer der Ausweisungen und Deportationen wurden, waren seit 1933 verschiedene Begriffe im Umlauf, die in der Regel die gleiche Bedeutung hatten. In jiddischsprachigen Quellen werden die Begriffe *Polet* (Flüchtling) und *Aroysgeshikhter* (Ausgewiesener) synonym verwendet. In polnischsprachigen jüdischen Quellen findet sich neben dem Wort *uchodźca* (Flüchtling) auch häufiger der euphemistische Begriff des „Remigranten", der in mehrfacher Hinsicht problematisch ist. Zum einen entspringt er der deutschen Behördensprache, weshalb er nicht ideologiefrei verwendet werden kann, und zum anderen suggeriert er, dass die Menschen freiwillig in ihr Herkunftsland zurückgegangen sind. Dahingegen betont der Begriff *Aroysgeshikter* stärker die Vergangenheit und den Akt – jemand wurde unter Zwang aus Deutschland ausgewiesen, das Wort *Polet* jedoch stärker die Gegenwart und den Prozess – jemand befindet sich in der Folge der Ausweisung in Polen und ist heimatlos. Um den Zwang der Handlung zu verdeutlichen, verwende ich in dieser Arbeit i.d.R. die Begriffe Flüchtling, Ausgewiesener oder Deportierter. Zu den verschiedenen Termini hat Alina Bothe kürzlich einen Artikel vorgelegt: Bothe, Alina: „Refugees or Deportees? The Semantics of the First ‚Polenaktion', Past and Present", *S:I.M.O.N. Shoah: Intervention. Methods. Documentation* 5/2 (2018), S. 104–113. Zur Problematik des Begriffs Remigrant siehe außerdem Weiss: Deutsche und polnische Juden, S. 140.
1244 AŻIH, Żydowskie Stowarzyszenia Krakowskie, Sig. 108/36, Protokoły konferencji delegatów żydowskiego Komitetu Niesienia Pomocy Uchodźcom z Niemiec, Katowice, 4. Juni 1933, S. 1–6, nicht paginiert.
1245 AŻIH, Żydowskie Stowarzyszenia Krakowskie, Sig. 108/36, Protokoły konferencji delegatów żydowskiego Komitetu Niesienia Pomocy Uchodźcom z Niemiec, Katowice, 4. Juni 1933, S. 1–6, nicht paginiert.
1246 AŻIH, Żydowskie Stowarzyszenia Krakowskie, Sig. 108/36, Protokoły konferencji delegatów żydowskiego Komitetu Niesienia Pomocy Uchodźcom z Niemiec, Katowice, 4. Juni 1933, S. 1–6, nicht paginiert.

zwischen zwei bis fünfzehn Familien, bei den jüdischen Gemeinden oder den lokalen Komitees registrieren lassen.[1247]

Schon im darauffolgenden Jahr hatte sich die von Mark Turkow genannte Zahl verdoppelt. In einem weiteren Rechenschaftsbericht, den er für das Hilfskomitee im Sommer 1934 anfertigte und auf einer weiteren Konferenz, die von einem Mitarbeiter der deutschen Botschaft abgehört wurde, hieß es, dass das Zentralkomitee im vergangenen Jahr insgesamt „8.000 jüdische Flüchtlinge aus Deutschland unterstützt" und allein in Warschau „1.309 Familien mit 4.000 Köpfen registriert" hätte.[1248] Auch beim *Joint* ging man von 7.000 bis 8.000 jüdischen Flüchtlingen in Polen aus, von denen die überwiegende Mehrheit die polnische Staatsbürgerschaft besaß.[1249]

Die jüdische Community musste sich weitgehend selbst um die Aufnahme, Unterbringung und Versorgung der Geflüchteten kümmern und konnte sich nicht auf die Unterstützung der polnischen Regierung verlassen.[1250] Dass die polnischen Juden die Verantwortung für die ankommenden Flüchtlinge übernahmen, war für viele der *Tuer* und *Shrayber* eine logische Konsequenz, die sich aus ihrem kollektiven Erfahrungshorizont ergab, der mindestens bis zum Pogrom von Kishnev im Jahr 1905 zurückreichte. Also tat man, was man gewohnt war zu tun. Man richtete Spendentöpfe für die Opfer von Verfolgung und antisemitischem Terror ein, ganz so wie 1905, während des Ersten Weltkrieges oder auch wie 1918 nach dem Pogrom in Lwów. Diese aktive Hilfe zur Selbsthilfe war charakteristisch für die Juden in der Zweiten Polnischen Republik, und der jüdischen Presse kam dabei spätestens seit dem Ende des Ersten Weltkrieges eine zentrale Funktion zu.[1251]

Es gab also durchaus Erfahrungswerte und Expertise, was die Hilfe für Betroffene antisemitischer Verfolgung betraf, die erprobten Methoden mussten je-

---

1247 Aus einer Pressemeldung des zentralen Hilfskomitees in Warschau vom Mai 1933 geht zudem hervor, dass sich viele Flüchtlinge erst nach einigen Wochen registrieren ließen. Sie hatten in Polen meist zunächst von ihrem eigenen Ersparten gelebt und kamen erst auf die Komitees zu, als sich ihre privaten Ressourcen erschöpft hatten. Vgl. JTA: Di tsohl noytbederftige daytshe yuden vert fun tog tsu tog greser, in *Der Moment*, 16. Mai 1933, S. 6.
1248 PAAA, RZ 208/R 82352, DG in Warschau an das AA in Berlin, gez. von Moltke, Betr. Jüdische Boykottbewegung gegen Deutschland, Warschau, 17. Juli 1934, S. 1–2, Bl. 221–222. Laut von Moltke hätte in Warschau eine Generalversammlung des *Fareynikter Komitet far di Pleytim fun Daytshland* stattgefunden, auf der Mark Turkow in seiner Funktion als Generalsekretär einen Rechenschaftsbericht über die Arbeit des Komitees abgelegt hätte.
1249 Die Zahlen vom *Joint* stammen von Yfaat Weiss. Vgl. Weiss: Deutsche und polnische Juden, S. 140.
1250 Vgl. Weiss: Deutsche und polnische Juden, S. 145.
1251 Siehe Kap. 2.3 in dieser Arbeit.

doch an die aktuellen Umstände angepasst werden. Zum einen galt es, eine landesweite Unterstützungsstruktur aufzubauen und eine Spendenkampagne zu organisieren. Zum anderen, und dies war ein Novum, mussten sich die Hilfskomitees und die jüdischen Gemeinden auf die Flüchtlinge und ihre speziellen Bedürfnisse einstellen. Denn anders als in den Jahrzehnten zuvor kamen die Opfer nicht aus Polen beziehungsweise dem Russischen Reich, sondern aus Deutschland. Auch wenn die Mehrzahl von ihnen polnischer Herkunft und polnischer Staatsbürgerschaft war, bestanden zwischen den Ankommenden und den freiwilligen Helfern in Polen große Unterschiede. Die Flüchtlinge brauchten nicht nur Unterstützung in finanziellen Belangen, sie benötigten auch Hilfe dabei, sich in Polen, einem für viele von ihnen fremden oder fremd gewordenen Land, zurechtzufinden. Viele der Juden, die ins Land kamen, hatten keine enge Bindung mehr zu ihrem Herkunftsland. Sie lebten schon seit vielen Jahren, oft seit Jahrzehnten in Deutschland und hatten sich dort nicht selten ein komfortables Leben aufgebaut. Die meisten von ihnen gehörten bis zu ihrer Flucht der deutschen (unteren) Mittelschicht, also dem Kleinbürgertum, an. Sie hatten gute und respektable Berufe, führten eigene Firmen oder Geschäfte. Sie waren Kaufmänner, angestellte Verkäufer, selbstständige und angestellte Handwerker wie Maler, Tischler oder Schneider, Zeitungsredakteure, Opernsänger, Rabbiner und promovierte Geistes- und Naturwissenschaftler.[1252] Der 1887 geborene Mendel Jakobson lebte beispielsweise über 14 Jahre in Berlin und arbeitete in der Berliner Oper als Sänger, bevor er „auf Grund der unmöglichen Staatsverhältnisse" Deutschland am 25. Juni 1933 verließ.[1253] Auch der promovierte Chemiker und Witwer Dr. Emil Endweis (geb. 1881) aus Lublin lebte seit mehr als 32 Jahren im brandenburgischen Eberswalde. Er verließ Deutschland, wie er selbst sagte, „aus Angst vor einer Verhaftung".[1254]

Angepasst an die Bedürfnisse der Menschen, die ins Land kamen, formulierte das Zentrale Hilfskomitee, dessen Sitz in der *ulica Orla* 6 in Warschau war, in seinen Statuten die anstehenden neuen Aufgaben und Herausforderungen: „Zu den Aktivitäten des Komitees gehören u. a. die folgenden Bereiche: a) Die Gewährung rückzahlbarer und nicht rückzahlbarer Beihilfe, b) Rechtshilfe, c) Hilfe

---

1252 Alle Angaben zu den Ausgewiesenen stammen aus den Fragebögen, die sich in der Sammlung des jüdischen Hilfskomitees in Krakau befinden.
1253 AŻIH, Żydowskie Stowarzyszenia Krakowskie, Sig. 108/40/1, Meldebogen von Mendel Jacobson, Reg.nr. 267, ausgefüllt am 29. August 1933, nicht paginiert.
1254 AŻIH, Żydowskie Stowarzyszenia Krakowskie, Sig. 108/40/1, Meldebogen von Emil Endweis, Reg.nr. 266, ausgefüllt am 27. August 1933, nicht paginiert.

bei der Arbeitssuche"[1255] sowie „d) Hilfe bei Auswanderung".[1256] Hinzu kamen weitere Aufgaben, wie die Suche nach und die Bereitstellung von Unterkünften sowie die Einrichtung von Sprachkursen in Polnisch, Jiddisch, Hebräisch, Englisch und Spanisch. In Warschau gelang es dem Zentralkomitee so, bis Juni 1933 „130 deutsche Juden" in einem *Hachschara*-Programm unterzubringen.[1257] Außerdem brachte man 41 Personen im *Dom Emigranta Żydowskiego* (Haus des Jüdischen Auswanderers) in der *ulica Mylnej* 18 in Warschau unter, wo in den kommenden zwei Jahren insgesamt 541 jüdische Kinder, Frauen und Männer aus Deutschland vorübergehend eine Unterkunft finden sollten.[1258]

Die Komitees finanzierten sich von ihren Mitgliedsbeiträgen und freiwilligen Zuwendungen. Neben Spenden von internationalen jüdischen Organisationen wie dem *Joint* kamen die meisten Gelder von jüdischen Organisationen und Einzelpersonen in Polen selbst. Darüber hinaus hoffte man auf mögliche Subventionen von staatlicher, kommunaler und religiöser Seite. Auch die jüdischen Zeitungsredaktionen wurden aktiv in die Akquise von Spenden zugunsten der Flüchtlinge eingebunden. Neben den bereits erwähnten politischen Banderolen,[1259] die auf die Solidaritätskampagne für die jüdischen Flüchtlinge aus Deutschland auf-

---

[1255] Das Vereinigte Protestkomitee richtete in Warschau in der *ulica Orla* 6 ein spezielles Büro für die jüdischen Flüchtlinge ein, das sich um deren Arbeitsvermittlung in Polen kümmerte. Es funktionierte wie eine Art Jobbörse. Dort konnten sich Arbeitsuchende wie Firmen, die Arbeiter suchten, gleichermaßen melden. Vgl. Y.T.A.: Arbeyt far di pleytim in Daytshland, in *Der Moment*, 16. Mai 1933, S. 6.
[1256] AŻIH, Żydowskie Stowarzyszenia Krakowskie, Sig. 108/3, Statuten des „Zjednoczonego Komitetu Żydowskiego Niesienia Pomocy Uchodźcom z Niemiec w Warszawie", als Verein registriert am 22. August 1933 durch den Regierungskommissar J. Łepkowski, Warschau, nicht paginiert.
[1257] AŻIH, Żydowskie Stowarzyszenia Krakowskie, Sig. 108/36, Protokoły konferencji delegatów żydowskiego Komitetu Niesienia Pomocy Uchodźcom z Niemiec, Katowice, 4. Juni 1933, S. 1–6, hier S. 2.
[1258] Der jiddische Name lautete: *Yidishe Emigrantn-heym*. Zwischen 1933 und 1934 lebten 541 jüdische Flüchtlinge aus Deutschland in dem Haus. Davon waren 415 Männer, 103 Frauen und 23 Kinder. Generell wurden in dem Haus Juden untergebracht, die nach Warschau gekommen waren, um von dort bei den zuständigen Behörden und Organisationen die notwendigen Papiere für ihre Auswanderung zu beantragen. Damit diese, während sie auf ihre Ausreise warteten, eine saubere und sichere Unterkunft hatten und nicht Gefahr liefen, auf vermeintlich kriminelle Agenturen reinzufallen, wurde im Jahr 1930 aus finanziellen Mitteln der HIAS, des *Joint* und des Ministeriums für gesellschaftliche Fürsorge das *Dom Emigranta Żydowskiego* ins Leben gerufen. Vgl. AŻIH, Żydowskie Stowarzyszenia Krakowskie, Sig. 108/36, Protokoły konferencji delegatów żydowskiego Komitetu Niesienia Pomocy Uchodźcom z Niemiec, Katowice, 4. Juni 1933, S. 1–6, hier S. 2; Zarząd stowarzyszenia „Dom Emigranta Żydowskiego im. Abrahama Podliszewskiego": Dom Emigranta Żydowskiego im. Abrahama Podliszewskiego, Warszawa 1936.
[1259] Vgl. Kap. 6.2.1.

merksam machten, wurde in den Zeitungen auch die Idee einer selbstauferlegten individuellen Kopfsteuer verbreitet. Jeder jüdische Einwohner Warschaus sollte seiner moralischen Pflicht nachkommen und zugunsten der Flüchtlinge einen finanziellen Betrag auf das Konto des Komitees einzahlen.[1260] Um besonders großzügige Spender zu würdigen, bat das Zentralkomitee aus Warschau die anderen Komitees darum, ihr von Zeit zu Zeit Spenderlisten zukommen zu lassen. Die Namen auf den Listen wollte man der jüdischen Presse übermitteln, damit diese sie veröffentlichen konnte.[1261] Durch die Veröffentlichung der Namen wurden einerseits die Spender gewürdigt, gleichzeitig aber auch der Druck auf jene erhöht, die bisher noch nichts gespendet hatten. Eine solche Vorgehensweise war offenbar notwendig, da der erste Rücklauf hinter den Erwartungen des Komitees in Warschau zurückgeblieben war. In seinem Bericht stellte Mark Turkow heraus, dass die Sammelaktion in Warschau zwar „bisher etwas schwach" sei, sie aber dennoch „rund 50.000 Zloty" eingenommen hätten.[1262] Das Komitee hoffte, für ganz Warschau noch einen Beitrag von insgesamt 300.000 Zloty zu erzielen.

Nachdem die Spendenkampagne im Sommer 1933 schwach gestartet war, nahm die Bereitschaft zu spenden mit der Ankunft weiterer Flüchtlinge im Verlauf des kommenden Jahres merklich zu. Die erhöhte Spendenbereitschaft ist in erster Linie auch auf die jüdischen Zeitungsmacher zurückzuführen, die damit begannen, mehr und ausführlicher über die Schicksale der Flüchtlinge zu berichten, wie auch insgesamt der Arbeit des Komitees mehr Raum einzuräumen. Davon sind nicht nur die Zeitungen selbst Ausdruck, sondern auch ein erhaltenes Protokoll der Finanzabteilung des jüdischen Hilfskomitees in Krakau vom Juni 1933. Um die Spendenbereitschaft zu erhöhen, einigte man sich darauf, die Pressekampa-

---

1260 Im Frühjahr 1933 und 1934 rief das Vereinigte Jüdische Protestkomitee alle jüdischen Einwohner Warschaus zu einer Selbstbesteuerungsaktion auf. Die Aktion sollte Vorbild für ganz Polen sein. Unklar ist, ob die Aktion auch in anderen Städten umgesetzt wurde. In Krakau setzte das Hilfskomitee auf eine großangelegte Straßensammelaktion mit Tischen auf zentralen Plätzen und Straßen jüdischen Lebens in der Stadt. In Katowice wiederum gingen regelmäßig 60 Personen von Haus zu Haus, um für den Hilfsfonds zu sammeln. Vgl. AŻIH, Żydowskie Stowarzyszenia Krakowskie, Sig. 108/36, Protokoły konferencji delegatów żydowskiego Komitetu Niesienia Pomocy Uchodźcom z Niemiec, Katowice, 4. Juni 1933, S. 1–6; JTA: Di lage fun yudishe pleytim fun Daytshland in Oibershlezien, in *Der Moment*, 17. Mai 1933, S. 2; N. N.: Tsi hot ir shyan ayer flikht ligvey di pleytim fun Daytshland erfilt?, in *Haynt*, 22. März 1934, S. 6; N. N.: Di hilfs-aktsie letoyves di khorbones fun Hitler-rezhim muz shnel durkhgefihrt veren!, in *Der Moment*, 18. Mai 1933, S. 3.
1261 Vgl. AŻIH, Żydowskie Stowarzyszenia Krakowskie, Sig. 108/37, Schreiben von Mark Turkow an das Hilfskomitee in Krakau, Warschau, 16. Juni 1933, nicht paginiert sowie die Ankündigung im *Moment*: JTA: Erev dem freytag'digen zamel-tog letuvot daytshe yuden, in *Der Moment*, 16. Mai 1933, S. 6.
1262 Vgl. AŻIH, Żydowskie Stowarzyszenia Krakowskie, Sig. 108/37, Schreiben von Mark Turkow an das Hilfskomitee in Krakau, Warschau, 16. Juni 1933, nicht paginiert.

gne nochmals zu verstärken, indem man beispielsweise den Redakteur der jüdischen Zeitung *Nowy Dziennik*, Dr. Wilhelm Berkelhammer (1889–1934), darum bat, weiterhin Aufrufe des Komitees zu lancieren.[1263] Auch den Rabbiner und Publizisten Ojzasz Thon wollte man bitten, vermehrt Leitartikel für die Zeitung zu schreiben.

Um einen Überblick über die Menschen zu bekommen, die nach Polen geflüchtet waren und sich an die jüdischen Organisationen vor Ort wandten, begannen die einzelnen Hilfskomitees Informationen über diese zu sammeln. Schon als die erste Untersuchungskommission der *B'nei B'rith* von Posen aus nach Zbąszyń geschickt wurde, waren die Beteiligten angehalten, Interviews mit den dort Gestrandeten durchzuführen.[1264] Auch für das Komitee in Krakau sind etliche solcher Befragungen überliefert, und es ist davon auszugehen, dass die Mitarbeiter des Hilfskomitees in Warschau die ankommenden Flüchtlinge ebenfalls mithilfe solcher Bögen registrierten.[1265] In den Fragebögen versuchten die ehrenamtlichen Mitarbeiter des Krakauer Hilfskomitees auch den Grund der Ausreise aus Deutschland in Erfahrung zu bringen und forderten die Flüchtlinge auf, eine „Beschreibung der Umstände bzw. der Fakten", die sie dazu gezwungen hatten, Deutschland zu verlassen, vorzunehmen.[1266] Dafür hatte das Komitee auf den Fragebögen eine ganze Seite vorgesehen. Außerdem war es erwünscht, dass die Flüchtlinge ihre Erlebnisse mit eigenen Worten wiedergaben.

[1263] Vgl. AŻIH, Żydowskie Stowarzyszenia Krakowskie, Sig. 108/36, Protokoll der Finanzkommission des Hilfskomitees in Krakau, 20. Juni 1933, nicht paginiert.
[1264] Vgl. Novikova-Almagor: Zbaszyn 1933, S. 105 f. Die jüdische Gemeinde in Zbąszyń führte die Befragungen später offenbar selbstständig weiter. Vgl. AŻIH, Żydowskie Stowarzyszenia Krakowskie, Sig. 108/36, Protokoły konferencji delegatów żydowskiego Komitetu Niesienia Pomocy Uchodźcom z Niemiec, Katowice, 4. Juni 1933, S. 1–6.
[1265] Insgesamt handelt es sich um 100 bis 200 Fragebögen. Die Bögen, die in zwei unterschiedlichen Ausführungen für das Komitee in Krakau vorliegen, umfassten insgesamt 24 Fragen. Neben der Abfragung personenbezogener Daten mussten auch Fragen zum Familienstand, zur Herkunft in Polen, zum letzten Wohnort in Deutschland, zum Datum des Grenzübertritts und des Ortes, zum Besitzstand und etwaigem zurückgelassenen Kapital, zur Gültigkeit und zur ausstellenden Behörde des Reisepasses sowie zur Dauer des Aufenthalts in Deutschland beantwortet werden. Darüber hinaus wollte das Komitee in Erfahrung bringen, ob die Flüchtlinge etwaige Kontakte wie Familienangehörige in Polen besaßen, die sie finanziell unterstützen oder bei der Suche nach einem neuen Job behilflich sein konnten. Vgl. AŻIH, Żydowskie Stowarzyszenia Krakowskie, Sig. 108/40.
[1266] Vgl. AŻIH, Żydowskie Stowarzyszenia Krakowskie, Sig. 108/40, siehe diverse Fragebögen.

Die Registrierung der Flüchtlinge erfüllte neben administrativen Aufgaben[1267] demnach auch eine wichtige dokumentarische Funktion. Durch die Niederschrift der Daten und Fluchtgründe hielten die Mitarbeiter der verschiedenen Komitees die Erfahrungen der jüdischen Opfer für die Nachwelt fest und dokumentierten somit geschehenes Unrecht. Gleichzeitig konnten die gesammelten Materialien juristisch verwendet und gegebenenfalls etwaige Rechtsansprüche gegenüber Deutschland geltend gemacht werden. Die Befragungen verfolgten sicher einerseits rein praktische Ziele wie jenes, den tatsächlichen Bedarf zu erfassen und die Hilfe bestmöglich koordinieren zu können. Andererseits darf aber auch der dokumentarische Wert nicht unterschätzt werden. Hierfür spricht auch, dass offenbar die polnische Delegation auf der internationalen Boykottkonferenz in London im November 1934 einen Antrag stellte, der forderte, an der Hebräischen Universität in Jerusalem und an anderen wichtigen Zentren der jüdischen Diaspora wie dem YIVO in Vilna Archive einzurichten, welche die Aktivitäten der jüdischen Protestbewegung weltweit sammeln sollten.[1268] Die polnische Delegation war sich bewusst, dass die Ereignisse des Frühjahrs 1933 historisch waren und es wert waren, für die eigene kollektive Geschichtsschreibung bewahrt zu werden.

Im Sommer 1935 stellten viele Komitees ihre Arbeit ein. Die Gründe hierfür waren vielfältig. Zwar erreichten auch über das Jahr 1935 hinaus täglich Flüchtlinge die deutsch-polnische Grenze, jedoch war ihre Zahl sehr viel niedriger als in den beiden Jahren zuvor. Zudem gingen auch viele wieder nach Deutschland zurück.[1269] Als Rafał Szereszewski sich im Februar 1935 im Namen des Warschauer Hilfskomitees an das Hilfskomitee in Krakau wandte, um in Erfahrung zu bringen, wer zur nächsten Delegiertenkonferenz kommen würde, bekam er die Antwort, dass sich das Komitee in Krakau längst aufgelöst habe.[1270] Gleichzeitig hatte

---

1267 Die Registrierung erleichterte die Arbeit der Komitees untereinander, die in diesem Zusammenhang auch mit polnischen und deutschen Behörden kommunizierten, um beispielsweise Pass- und Visaangelegenheiten zu klären.

1268 Diese Information geht aus einem geheimen Bericht eines deutschen Spiones hervor, der an der jüdischen Boykottkonferenz in London teilnahm. Auch wenn die Quelle bisher nicht mit jüdischen Quellen abgeglichen werden konnte, erscheint die Information, dass die jüdische Delegation aus Polen ein Archiv einrichten wollte, überaus glaubhaft. Vgl. PAAA, RZ 214/R 99532, DG Warschau, gez. Schliep, an das AA Berlin, Betr. die polnischen Juden und die jüdische Boykottkonferenz in London, Warschau, 27. November 1934, S. 1–2.

1269 Vgl. YVA, M.72, Joint Distribution Collection – Copies of Microfilms, #788 Condensed Report of Poland, gez. nicht leserlich, April 1935. Auch Yfaat Weiss argumentiert, dass die Zahlen bereits 1934 rückläufig waren. Vgl. Weiss: Deutsche und polnische Juden, S. 140.

1270 Vgl. AŻIH, Żydowskie Stowarzyszenia Krakowskie, Sig. 108/39, Brief von Rafał Szereszewski an das Hilfskomitee in Krakau, Warschau, 5. Februar 1935, nicht paginiert.

ein Korruptionsskandal die Arbeit des zentralen Hilfskomitees in Warschau, das noch über den Sommer 1935 hinaus aktiv war, nachhaltig in Verruf gebracht. Den Mitgliedern des Komitees wurde Mitte 1936 von der *Aliyah*-Abteilung der *Jewish Agency* vorgeworfen, dass sie Spendengelder veruntreut und Bestechungsgelder angenommen hätten, um Juden, die nachweislich keine jüdischen Flüchtlinge waren, einen Platz auf den Einwanderungslisten für deutsche Flüchtlinge nach Palästina zu sichern. Das Ausmaß des Skandals war so groß, dass die *Jewish Agengy* die Angelegenheit vor ein polnisches Gericht brachte, um dem zentralen Hilfskomitee in Warschau die Verantwortung über die jüdischen Flüchtlinge aus Deutschland zu entziehen.[1271]

Insgesamt lässt sich seit 1935 ein Rückgang der Spendenbereitschaft sowie eine allgemeine „Boykottmüdigkeit" beobachten.[1272] Beides traf nicht nur auf die ehrenamtlichen Mitarbeiter zu, sondern galt für viele Sympathisanten der Protestbewegung gleichermaßen. In einem geheimen Bericht des polnischen Innenministeriums hieß es, dass die jüdische Presse versuchte, die jüdische Bevölkerung weiterhin mit Artikeln und Berichten für den Protest zu mobilisieren und den Boykott aufrechtzuerhalten, jedoch größtenteils erfolglos.[1273]

Für all das gab es verschiedene Gründe. So hatte sich etwa die gesellschaftliche und ökonomische Position vieler polnischer Juden verschlechtert; nennenswerte Teile der polnisch-jüdischen Bevölkerung lebten sogar in absoluter Armut. Gleichzeitig gingen die polnischen Behörden nach dem Tod Józef Piłsudskis im Juni 1935 immer stärker gegen die Boykottaktivitäten vor und kriminalisierten die Bewegung.[1274] Nachdem es bei einer Polizeirazzia in den Vereinsräumen der jüdischen Kaufleute in der *ulica Senatorska* 22, in denen das Boykottkomitee sein Büro eingerichtet hatte, zu mehreren Festnahmen gekommen war, wurde das Boykottkomitee offiziell verboten.[1275] Schließlich dürften die relative Entspannung in Deutschland am Vorabend der Olympischen Spiele 1936 sowie der zumindest zwischenzeitliche Rückgang der Zahl der Flüchtlinge dazu

---

1271 Zu den Details bezüglich des Korruptionsskandals siehe Weiss: Deutsche und polnische Juden, S. 149.
1272 Vgl. PAAA, RZ 214/R 99532, DG Warschau, gez. von Moltke, an das AA Berlin, Betr. Jüdischer Boykott deutscher Waren, Warschau, April 22, 1935, S. 1–4. Jüdische Quellen sprechen ferner von (wieder)aufgebrochenen Konflikten innerhalb der Bewegung. Vgl. Wiślicki: „The Jewish Boycott Campaign", S. 283.
1273 Vgl. AAN, MSW, Sig. 963, Wydział Sprawozdanie z życia mniejszości narodowych za IV kwartał 1935 r. (tajne), Warszawa 1936, S. 94. Emanuel Melzer hingegen argumentiert, dass die jüdische Presse im Ganzen der Thematik, ob der Boykott weitergeführt werden sollte, nur wenig Platz einräumte. Vgl. Melzer: The Jewish Problem in Poland, S. 214.
1274 Vgl. Pryt: Befohlene Freundschaft, S. 129–130; Melzer: No Way Out, S. 204.
1275 Vgl. Majewski: Działalność, S. 60–61; Melzer: No Way Out, S. 9.

beigetragen haben, dass die Arbeit der Komitees nicht mehr im selben Maße als dringend empfunden wurde wie in den ersten zwei Jahren der nationalsozialistischen Herrschaft, in denen oft eine Schreckensnachricht die andere jagte.

Es gibt jedoch auch Hinweise darauf, dass trotz der Illegalisierung der Protest- und Boykottbewegung mehrere Gruppen und Einzelpersonen ihre Arbeit bis zum Ausbruch des Zweiten Weltkrieges fortführten, antideutsche Sabotageaktionen organisierten und antideutsche Propaganda verbreiteten. Getragen wurden diese Aktionen, die sich primär im Boykott deutscher Spielfilme manifestierten, primär von jüdischen Jugendorganisationen und Gruppen wie das *Antyhitlerowski Komitet Młodzieży Żydowski w Warszawie* (Antihitleristisches Komitee der jüdischen Jugend in Warschau).[1276] Auch die jüdischen Zeitungsmacher bemühten sich weiterhin um die Aufrechterhaltung des Boykotts. Nachdem das wirtschaftliche Boykottkomitee verboten worden war, mutmaßten die deutschen Behörden, dass sich binnen weniger Tage ein neues Komitee in den Redaktionsräumen der *Nasz Przegląd* eingerichtet hätte.[1277] Dafür, dass einzelne jüdische Journalisten und Publizisten am Boykott festhielten, spricht auch die Kritik von Apolinary-Maksymilian Hartglas. Der zionistische Politiker und Mitarbeiter des *Haynt* kritisierte in einem Zeitungsartikel im Jahr 1937 die jüdische Bevölkerung Polens dafür, dass sie den Boykott aufgrund von Druck durch die polnischen Behörden habe fallen lassen, obwohl dieser so erfolgreich gewesen sei und nicht zuletzt auch eine Vorbildfunktion für Juden in anderen Ländern gehabt habe.[1278] Trotz der zahlreichen Versuche, die Bewegung am Leben zu halten, konnten die Stärke und die Entschlossenheit der Anfangsjahre nicht dauerhaft aufrechterhalten werden. Erst die sogenannte Polenaktion brachte einen neuerlichen Mobilisierungsschub.

6.3 Zwischenfazit

Die Vielfältigkeit und die Intensität der Protest- und Solidaritätsbewegung in Warschau und darüber hinaus gingen zu einem Großteil auf das Engagement der

---

[1276] Vgl. z. B. den Brief des Komitees an alle Kinos, jüdischen Tageszeitungen, Organisationen und Institutionen den Boykott deutscher Filme betreffend. Vgl. AAN, MSZ, Sig. 8366, Antyhitlerowski komitet młodzieży żydowski w Warszawie, Warschau, 22. Oktober 1935, S. 90. Dazu siehe außerdem Pryt: Befohlene Freundschaft, S. 387–401.
[1277] Vgl. AAN, MSZ, Sig. 4648, Generalkonsulat in Oppeln, gez. Bohdan Samborski an die Polnische Botschaft in Berlin, Opole, 21. April 1936, S. 76–78.
[1278] Hartglas, Apolinary: Więcej godności, in *Ster*, 3. Oktober 1937, hier nach Melzer: „Relations between Poland and Germany", S. 213.

jüdischen Intelligenz in Warschau zurück. Eine tragende Rolle kam dabei den Zeitungsmachern der jüdischen Tagespresse zu. Auf Grundlage ihrer Berichterstattung und ihrer Informationen, die sie in der Presse, in Vorträgen, Büchern und Broschüren an die jüdische Bevölkerung Polens vermittelten, wurde überhaupt erst die Entscheidung getroffen, dass es eines Protestes bedurfte, der sich gegen das nationalsozialistische Deutschland wandte. Aufgrund ihres Berufes sowie ihrer Mehrfachfunktion als Journalisten einerseits und Politiker, Wissenschaftler oder *Kultur-tuer* andererseits konnten sie Informationen in alle Richtungen fließen lassen, sie aber gleichzeitig auch bündeln, ordnen und strukturieren. So fungierte die Tagespresse auch in Bezug auf die Protest- und Solidaritätsbewegung als Kommunikationsplattform und Forum für die verschiedenen jüdischen Initiativen. Somit verwandelte sich das geschriebene Wort in eine handelnde widerständige Praxis. In der Protest- und Solidaritätsbewegung kamen die Konzepte der jüdischen Selbsthilfe und der jüdischen Selbstwehr erneut, wenn auch unter anderen Bedingungen, zur Anwendung. Die zentralen Stützpfeiler des Protestes waren hierbei Aufklärung, politischer Protest, praktische Hilfe und nicht zuletzt die Dokumentation geschehenen und erlittenen Unrechts.

Die Ergebnisse zeigen, dass die Zeitungsmacher nicht nur treibende Kraft in der Etablierung und dem Erhalt der Protestbewegung waren, sondern auch, dass sie zu einer redaktionsübergreifenden Arbeit in der Lage waren. Ferner traten einige Journalisten und Redakteure innerhalb der Bewegung mit eigenen Aktionen hervor. Vor allem im kulturellen Bereich, etwa beim Boykott der Philharmonie oder auch der Solidaritätsaktion der Redaktion der *Naye Folkstsaytung* im Rahmen der Bücherverbrennungen, taten sich die *Shrayber* und *Tuer* der jüdischen Presse besonders hervor. Einzelne Journalisten übernahmen darüber hinaus auch selbst zentrale Funktionen innerhalb der verschiedenen Protest- und Hilfskomitees. Auch wenn der Protest in den Jahren 1936 und 1937 verstummte, verschwand er doch nie ganz, weshalb auch seine symbolische Bedeutung nicht unterschätzt werden sollte. Einerseits prägte dieser Protest in hohem Maße, wie die polnischen Juden Deutschland und die dortigen Zustände wahrnahmen. Anderseits gab er ihnen aber auch die Möglichkeit und das Gefühl, selbst aktiv werden zu können und somit dem Schicksal nicht hilflos ausgeliefert zu sein. Nicht zuletzt stärkte er schließlich das Empfinden einer Grenzen überschreitenden und transzendierenden jüdischen Gemeinschaft und Identität. All das waren Erfahrungen, die sich im Jahr 1938, als im Rahmen der sogenannten Polenaktion und der Novemberpogrome der Flüchtlingsstrom erneut massiv anschwoll, noch als sehr nützlich erweisen sollten.

7 Eskalation: Das Krisenjahr 1938 und der Ausbruch des Zweiten Weltkrieges

Nachdem die Protestbewegung im Juli 1935 offiziell in die Illegalität verbannt worden war und zunehmend an Dynamik verloren hatte, wandten sich die jüdischen Zeitungsmacher aus Warschau vorerst anderen Themen zu. Zwar nahm Deutschland in der Berichterstattung über Europa weiterhin eine tragende Rolle ein,[1279] die jüdischen Journalisten und Redakteure rückten zwischen 1936 und 1938 jedoch andere nationale wie internationale Entwicklungen, die für die jüdische Bevölkerung Polens von Bedeutung waren, ins Zentrum ihrer Berichterstattung. Neben dem Arabischen Aufstand im palästinensischen Mandatsgebiet, der 1936 seinen Anfang nahm, sowie dem Spanischen Bürgerkrieg, welcher ebenfalls 1936 ausbrach, waren es primär die politischen Ereignisse in Polen selbst, welche die jüdischen Zeitungsmacher beschäftigten.[1280] Obwohl Auftreten und Aufstieg der Nationaldemokraten und anderer rechtsextremer Gruppen in Polen sowie die alltägliche und strukturelle antisemitische Diskriminierung und Gewalt bereits seit den frühen 1930er Jahren die jüdische Bevölkerung Polens immer wieder hart getroffen hatten, verschlechterte sich die politische Situation nach dem Tod Józef Piłsudskis im Sommer 1935 abermals signifikant. War die ökonomische Lage vieler Juden in Polen auch zuvor bereits prekär gewesen, sorgte das „giftige Erbe der Jahre 1931–1933", wie der Historiker Grzegorz Krzywiec den Zeitraum der ersten Hochphase der antisemitischen Kampagne an den polnischen Hochschulen nannte,[1281] dafür, dass sich die jüdische Bevölkerung in Polen nun einem sich ausbreitenden und verschärfenden antisemitischen Wirtschaftsboykott, mehreren Pogromen und zunehmender antisemitischer Diskriminierung an öffentlichen Institutionen wie zum Beispiel Universitäten ausgesetzt sah. Insbesondere die dicht aufeinanderfolgenden Pogrome in mehreren kleineren und mittelgroßen Städten füllten die Zeitungsseiten der jiddisch- und

---

1279 Die Einführung der Nürnberger Gesetze und die Olympischen Spiele im Sommer 1936 wurden beispielsweise ausführlich besprochen und z.T. auch zu Protesten dagegen aufgerufen. Dazu vgl. Aykhel, A: Harmati-flaysh un natsi-olimpiade, in *Naye Folkstsaytung*, 17. August 1936, S. 5; Cohen: „Hityahasut le-hokeynirnberg"; Loose: „Die Wahrnehmung".
1280 Vgl. exemplarisch die Sonderseite in der *Naye Folkstsaytung* zum Spanischen Bürgerkrieg: Shpanie in kamf far frayhayt, 29. Juli 1936, S. 4 sowie die spezielle Titelseite vom *Haynt* zum Arabischen Aufstand vom 27. August 1936. Über die Berichterstattung der *Naye Folkstsaytung* zum Arabischen Aufstand (1936–1939) und dem Spanischen Bürgerkrieg (1936–1939) siehe ausführlich Gechtman: The Rise of the Bund, S. 44, 46–54.
1281 Krzywiec: „Balance of Polish Political Antisemitism", S. 72.

polnischsprachigen jüdischen Zeitungen in Warschau.[1282] Journalisten verschiedener Zeitungen fuhren nach Mińsk Mazowiecki und Przytyk, um von vor Ort über die Pogrome zu berichten, mit den Opfern zu sprechen und ihnen Mut zu machen.[1283] Der Schock, den die Pogrome unter den Juden in Polen auslösten, führte zu gemeinsamen Protestaktionen und Demonstrationen gegen den Antisemitismus der polnischen Mehrheitsgesellschaft.[1284]

Auch die Mitglieder des Jüdischen Journalisten- und Schriftstellervereins fanden sich Mitte März 1936 zu einer Sondersitzung zusammen und beschlossen einstimmig die Annahme einer Resolution, die sich gegen Antisemitismus und Faschismus richtete.[1285] Außerdem sprachen sich die Mitglieder dafür aus, den als Antwort auf das Pogrom von Przytyk ausgerufenen Generalstreik des *Bund* zu unterstützen. Anwesend waren Barukh Shefner, Noah Pryłucki, Leo Finkelstein, Wiktor Alter und viele andere. Der Kampf gegen Antisemitismus und Faschismus hatte die Zeitungsmacher erneut geeint. Aber auch der alltägliche, teils gewalttätige Antisemitismus sowie die staatlich forcierte Diskriminierung und Ausgrenzung beschäftigten die Journalisten und Redakteure im hohen Maße.[1286] Sie selbst mussten sich mit zunehmender staatlicher Repression und täglichen antisemitischen Angriffen auf Zeitungsredaktionen auseinandersetzen, welche die ökonomische Lage der Zeitungen abermals verschlechterten. Durch die staatliche Zensur und die mutwillige Zerstörung von Eigentum verloren die Zeitungsmacher

---

1282 Ausführlicher zu den Pogromen zwischen 1935 und 1937 und nichtjüdischen wie jüdischen Reaktionen siehe: Żyndul: Zajścia antyżydowskie.
1283 Vgl. Turkow: „Between Two World Wars", S. 84; Goldstein: Twenty Years, S. 363.
1284 Der vom *Bund* ausgerufene Generalstreik fand Anerkennung in allen politischen Lagern. Vgl. N. N.: Morgn – algemeyner halb-tagiker protest-shtrayk, in *Naye Folkstsaytung*, 15. März 1936, S. 1; Melzer: No Way Out, S. 58–59; Goldstein: Twenty Years, S. 359–362; N. N.: „Żydzi. Wystąpienia antyżydowskie i ich echa", *Sprawy Narodowościowe* 1–2 (1936), S. 107–108.
1285 N. N.: Farzamlung fun yidishe literatn un zhurnalistn, in *Naye Folkstsaytung*, 19. März 1936, S. 3; Mozes: „Der Moment", S. 523.
1286 Vgl. z. B. exemplarisch Pat, Yakov: Vi halt ir es oys? ..., in *Naye Folkstsaytung*, 30. Oktober 1938, S. 5; (r.): Vider tseshlagen yidishe shtudenten oyf'n varshever univerzitet, in *Haynt*, 13. November 1938, S. 5. Siehe außerdem die Beiträge, die nach Artikel 170 zensiert wurden und über antisemitische Gewalt berichteten. Vgl. AAN, MSW, Sig. 965, Wydział Narodowościowy, Referat Żydowska, Prasa Żydowska, Konfiskaty, Warschau, 15. März 1938, Bl. 107; 16. März 1938, Bl. 187–188. Gleichzeitig wurde auch die 20-jährige Unabhängigkeit Polens ausgiebig in den Zeitungen besprochen und patriotisch begangen. Darin wurde auch die Rolle der jüdischen Bevölkerung im Prozess der Unabhängigkeitsfindung hervorgehoben. Vgl. die Ausgaben vom *Haynt*, *Der Moment*, *Dos Yudishe Togblat* vom 11. November 1938.

viel Geld, aber auch viel von der Energie, die es braucht, um ihre herausfordernde Arbeit durchzuhalten.[1287]

Chaim Finkelshtayn vom *Haynt* erinnerte sich an die dramatischen Umstände, unter denen die jüdischen Journalisten und Publizisten täglich arbeiten mussten:

> Die Druckerei vom *Haynt* wurde zwischen 1926 und 1939 regelmäßig durch Banden von Hooligans zerstört. Einmal schlugen sie die Fenster ein oder zerstörten die Tische und Bänke, ein anderes Mal sprengten sie den Setzkasten oder zerschlugen die Druckermaschinen. Der Polizei ist es nie gelungen, die Angreifer zu finden. Mitarbeiter des *Haynt* wurden telefonisch oder per Post terrorisiert. Man pflegte ihnen zu drohen, dass, wenn sie nicht aufhören würden, die Regierung zu kritisieren und den Ton von ihren Artikeln im Ganzen zu ändern, man mit ihnen abrechnen würde. Nicht einmal kam es vor, dass man nicht auf etliche Dutzend junger Zionisten stieß, die sich in den Räumen des *Haynt* aufhielten, um die Zeitung vor den Angriffen der Terroristen zu beschützen.[1288]

Auch Bernard Goldstein, der zwischen 1920 und 1939 die Selbstwehrorganisation des *Bund* in Warschau anführte, beschrieb in seinen Memoiren, dass die jüdische Miliz mindestens einmal über mehrere Monate die Redaktionsräume der *Naye Folkstsaytung* vor Angriffen durch Anhänger und Sympathisanten der ONR beschützen musste.[1289] Die Überfälle und Angriffe nahmen in der zweiten Hälfte der 1930er Jahre derart zu, dass der Redakteur Yekhezkl-Moyshe Nayman vom *Haynt* in einem Gastbeitrag für die amerikanisch-jüdische Zeitschrift *The Menorah Journal* im Jahr 1936 sogar von einem Krieg gegen die jüdische Bevölkerung Polens sprach: „The terror of the present situation cannot be exaggerated. All former descriptions – such as ‚discrimination', ‚political disfranchisement', ‚economic oppression' – are obsolete. It is war, active war. Every day bombs are thrown at synagogues, Jewish communal buildings, Jewish business establishments, and harmless individuals."[1290]

Der antisemitische Terror, die sich ständig verschlechternden Lebensbedingungen und die begrenzten Aussichten auf eine stabile Beschäftigung brachten einige Intellektuelle an einen Punkt, an dem sie die Möglichkeit, Polen für immer zu verlassen, ernsthaft in Betracht zogen. Doch die Entscheidung war keine

---

1287 Für einen ausführlichen Erinnerungsbericht über den Antisemitismus in der Zweiten Polnischen Republik vgl. Finkelshtayn: Haynt, S. 57–105; zur Repression gegen die Presse seit 1935 siehe insb. die Seiten 93–94.
1288 Finkelshtayn: „Haynt", S. 158–159.
1289 Vgl. Goldstein: Twenty Years, S. 371–372.
1290 Neumann, I. M. [Nayman, Yekhezkl-Moyshe]: „Outstreched on the Altar", *The Menorah Journal* 24/3 (October–December 1936), S. 294–301, hier S. 294.

7 Eskalation: Das Krisenjahr 1938 und der Ausbruch des Zweiten Weltkrieges — 369

leichte. Ein Brief des Journalisten Barukh Shefner an seinen Freund, den Schriftsteller und Journalisten Melekh Ravitsh aus dem Jahr 1938 fasst die Situation, in der sich die meisten Repräsentanten der jüdischen Intelligenz gegen Ende des Jahres 1937 wiederfanden, sehr gut zusammen. Ravitsh selbst hatte Polen im Jahr 1934 verlassen und Shefner hatte seinen Posten als Generalsekretär im Jüdischen Journalisten und Schriftstellerverein in der *ulica Tłomackie* 13 übernommen. Im Januar 1938 schrieb Shefner:

> Mein liebster Ravitsh, Ich habe mich sehr über Ihren Brief aus Buenos Aires gefreut. [...] Sie wissen wahrscheinlich schon über mein Glück in Bezug auf meine Töchter Bescheid. Beide konnten sich in Warschau nicht heimisch fühlen, weshalb auch ich darüber nachdachte, mich von Polen zu trennen. Aber in letzter Minute wurde Merushe vom Polytechnikum angenommen und sie betrachtete dies als ein großes Glück. Dort ist sie das einzige jüdische Mädchen. Sie ist stur, doch sie trinkt den Becher. Es ist die Sturheit der Jugend: ‚Aus nichts anderem als aus Trotz'... Jetzt habe ich kein Recht mehr zu gehen und auch wenn ich vielleicht sogar schon die Erlaubnis hätte, sie [der Bund, AK] würden es unter keinen Umständen erlauben, und ohne die Erlaubnis der Partei werde ich nicht ‚weglaufen'. Es geht gegen meine Natur. Und außerdem, wohin sollte ich gehen? ... Sie kennen Buenos Aires doch schon ein wenig, wissen Sie, wie die Möglichkeiten für jemanden wie mich dort drüben aussehen, sich dort einzufügen? Es geht nicht nur um Putchero,[1291] ich habe hier in Warschau eine ziemlich hohe Position inne.[1292]

Der innere Konflikt zwischen der Möglichkeit, Polen für immer zu verlassen, und der gesellschaftlichen Aufgabe, der Tätigkeit als *Tuer* und *Shrayber* nachzugehen, tritt in dem Schreiben Shefners sichtbar hervor. Wie Shefner glaubten viele der jüdischen Intellektuellen in Warschau an ihre Rolle als Sprecher und Erzieher der jüdischen Bevölkerung Polens. Ein Selbstbild, das so auch von der jüdischen Öffentlichkeit geteilt und unterstützt wurde.[1293] Hinzu kam, dass ernsthafte Auswanderungsgedanken in jiddischen Kultur- und Intelligenzkreisen in den 1930er Jahren nicht öffentlich diskutiert werden konnten, wie die Literaturwissenschaftlerin Karolina Szymaniak für den Fall von Rachel Auerbach nachgewiesen hat.[1294] Auch die Journalistin brachte in ihren privaten Briefen an jiddische Schriftsteller wie Itzik Manger und Melekh Ravitsh immer wieder ihren Wunsch

---

1291 Putchero ist eine Art Gemüseeintopf und gilt in Argentinien als ein sehr kostengünstiges Essen, das sich jeder leisten kann. Shefner benutzt das Wort hier in einer spielerischen Art und Weise, um über Geld und Arbeit zu reden: Er will nicht nur Geld zum Leben verdienen, er sucht auch nach Anerkennung und Sinn in seiner Arbeit.
1292 NLI, Arkhion Melekh Ravitsh, ARC 4* 1540 12 2957.3, Brief von Barukh Shefner an Melekh Ravitsh, Warschau, 1. Januar 1938, nicht paginiert.
1293 Vgl. Turkow: „Between Two World Wars", S. 84.
1294 Vgl. Szymaniak: „Rachel Auerbach", S. 340.

zum Ausdruck, aus Polen auszuwandern, denn auch für sie stellten sich die polnischen Verhältnisse als zu deprimierend dar. Darüber hinaus glaubte sie nicht wie einige andere Intellektuelle an eine Besserung der Lage. Ganz im Gegenteil. In ihren Briefen sprach sie davon, dass Przytyk lediglich ein „Vorspiel" war, und befürchtete, den richtigen Zeitpunkt für eine Auswanderung zu verpassen.[1295]

Der Gedanke, Polen für immer zu verlassen, ließ die beiden Journalisten bis zum Ausbruch des Zweiten Weltkrieges nicht mehr los. In den Jahren 1938 und 1939 versuchte Shefner deshalb immer wieder, wenigstens für ein paar wenige Monate aus Polen herauszukommen, um sich von dem Land zu erholen, wie er es nannte.[1296] Obwohl seine persönliche Beziehung zu Polen, zur jüdischen Arbeiterbewegung sowie sein Leben im Allgemeinen von den politischen Verhältnissen im Land, namentlich einem ausgrenzenden Ethnonationalismus und einem immer stärker werdenden Antisemitismus, geprägt waren und nachhaltig gestört wurden, konnte er sich – wie so viele andere – letztlich nicht dazu durchringen, das Land endgültig zu verlassen.[1297] Am 8. Mai 1938 schrieb er erneut an seinen Freund Ravitsh, der sich selbst mit der Frage plagte, ob er sich lieber in Australien oder Argentinien niederlassen sollte:

> Meiner Meinung nach sollte man statt Australien und Argentinien immer Polen auswählen… Ich sage dir aufrichtig, dass ich nicht eine einzige Erster-Mai-Demonstration in Polen für zehn Jahre in Argentinien auslassen würde. Und das sage ich, nachdem ich letzten Sonntag mit meiner Tochter auf die Straße gegangen bin, in der Überzeugung, dass wir nicht in Gänze zurückkommen werden…[1298]

Die Widersprüchlichkeit, die sich in den Handlungen und den Gedanken der Journalisten und Schriftsteller manifestierte, war eng verknüpft mit den politischen Entwicklungen Europas gegen Ende der 1930er Jahre. Insbesondere das Jahr 1938 brachte eine Veränderung in der Art und Weise mit sich, wie jüdische

---

1295 NLI, Arkhion Melekh Ravitsh, ARC* 4 1540 12 35.2, Rachel Auerbach an Melekh Ravitsh, Warschau, März 1936, hier nach: Szymaniak: „Rachel Auerbach", S. 341.
1296 In seinen Briefen an Melekh Ravitsh berichtete Shefner von seinem Versuch über Abraham Kahan, dem Herausgeber des New Yorker *Forverts*, und das *Jewish Labor Committee* für ein paar Monate nach New York zu kommen. Vgl. NLI, Arkhion Melekh Ravitsh, ARC 4* 1540 12 2957.2, Barukh Shefner an Melekh Ravitsh, Warschau, 21. Oktober 1938 und 6. August 1939, nicht paginiert.
1297 Vgl. dazu auch die Beispiele in Reinharz/Shavit: The Road to September 1939, S. 14, 21.
1298 NLI, Arkhion Melekh Ravitsh, ARC 4* 1540 12 2957.3, Schreiben von Barukh Shefner an Melekh Ravitsh, Warschau, 8. Mai 1938, nicht paginiert.

7 Eskalation: Das Krisenjahr 1938 und der Ausbruch des Zweiten Weltkrieges —— 371

Journalisten und andere Publizisten aus Warschau über Europa nachdachten.[1299] Hierbei dienten ihnen primär die politischen und gesamtgesellschaftlichen Entwicklungen in Polen und Deutschland sowie die Lage der jüdischen Communities in beiden Ländern als zentrale Bezugspunkte, um die Geschehnisse zu deuten und zu verstehen. So hatte sich nicht nur die wirtschaftliche, politische und soziale Situation der Juden in Polen selbst erneut massiv verschlechtert, auch die ohnehin schon schlechte Lage in Deutschland und anderen europäischen Ländern war noch einmal schlechter geworden. In einer seiner politischen Kolumnen argumentierte Henryk Erlich am 1. Januar 1939, dass „in der langen Reihe der Jahre, die seit dem Ende des Weltkrieges zu Ende gegangen sind, das Jahr 1938 – neben dem Jahr 1933 – zweifelsohne den ‚angesehensten' Platz einnehmen" würde.[1300] Im Folgenden listete er alle politischen Ereignisse auf, die seiner Meinung nach das Jahr 1938 als ein im schlechten Sinne außergewöhnliches charakterisierten. Dazu gehörten für ihn die Annexion Österreichs, die Sudetenkrise, die Märzkrise zwischen Polen und Litauen, die Annexion der Provinz Cieszyn/Těšín durch Polen infolge des Münchener Abkommens, die Vertreibung von Juden aus Deutschland nach Polen im Oktober 1938, die Novemberpogrome sowie ferner die Umsetzung antijüdischer Gesetze in Italien, Ungarn, Rumänien und dem Sudetenland. Die Summe dieser Ereignisse, die sich binnen eines Jahres ereignet hatten, hatte die politische und geografische Situation Europas aus den Fugen gehoben. Erlich erkannte, dass die politischen Ereignisse des Jahres 1938 zusammen mit den Einschränkungen der Rechte für jüdische Bürger sowie der Zunahme antisemitischer Gewalt in verschiedenen europäischen Ländern Europa als Symbol und Idee in seiner Gesamtheit radikal und unumstößlich verändert hatten. Damit bekam das Jahr 1938 eine ähnlich symbolische Bedeutung wie das Jahr 1933.

Spätestens seit der Annexion Österreichs, infolge derer es zur Massenvertreibung von Juden gekommen war, waren die jiddischen Zeitungen voll von Berichten über die katastrophale Lage, in der sich die jüdische Bevölkerung Österreichs nach März 1938 wiederfand. Zahlreiche Korrespondenten und Gastautoren schickten Berichte nach Warschau und berichteten von pogromartigen Zuständen in Wien und anderen Städten Österreichs oder interviewten Vertriebene in Prag und Warschau.[1301] Als im September das sogenannte Sudetenland im Zuge des

---

1299 Zur historischen Einordnung des Jahres 1938 und der These, dass es sich hierbei um ein Schlüsseljahr der europäischen wie jüdischen Geschichte handelt, siehe den Aufsatz von Diner: „Die Katastrophe vor der Katastrophe".
1300 Erlich, Henryk: Oyf der shvel fun 1939, in *Naye Folkstsaytung*, 1. Januar 1939, S. 3.
1301 Siehe z. B. A. Z. Kh.: Kamf gegn der efentlikher royberey in Estraykh, in *Der Moment*, 6. August 1938, S. 3.

Münchener Abkommens von der Deutschen Wehrmacht besetzt wurde und auch das bereits seit 1933 von Nationalsozialisten regierte Danzig immer näher an das Deutsche Reich heranrückte, berichteten die Journalisten auch von dort regelmäßig vom Leid der jüdischen Bevölkerung.[1302] Als treibende Kraft hinter den europäischen Entwicklungen vermutete die Mehrheit der jüdischen Zeitungsmacher das Deutsche Reich.[1303] Für die jüdischen Journalisten und Publizisten aus Warschau, die über die Jahrzehnte durch ihre Profession darin geübt waren, Kontinuitäten und Brüche zu erkennen und zu deuten, ließen diese Entwicklungen nichts Gutes erahnen.[1304] Spätestens seit dem Anbruch des Jahres 1938 „lag", wie es Barukh Shefner im August 1939 treffend ausdrückte, bei vielen von ihnen die Erwartung eines neuen Krieges in Europa „buchstäblich im Kopf" und man rechnete jeden Tag mit dem Schlimmsten.[1305]

Das folgende Kapitel widmet sich dem ebenso turbulenten wie außergewöhnlichen Jahr 1938 und den Entwicklungen des Jahres 1939 bis hin zum deutschen Überfall auf Polen im September. In einem ersten Schritt werden die Reaktionen der jüdischen Zeitungsmacher aus Warschau auf drei der sowohl für Deutschland als auch für Polen zentralen Ereignisse der Jahre 1938 und 1939 hin untersucht: die sogenannte Polenaktion vom Oktober 1938, die Novemberpogrome im Monat darauf sowie schließlich der deutsche Überfall auf Polen am 1. September 1939, der den Ausbruch des Zweiten Weltkrieges markieren sollte.

1302 Siehe z. B. Daled: Di tragishe lage fun di yidn in Dantsig, in *Naye Folkstsaytung*, 20. Juni 1938, S. 3; Stupnitski, Shoyel-Yitskhok: Di tragedie Dantsig, in *Der Moment*, 17. Januar 1939, S. 3.
1303 Eine Zusammenfassung über die Deutungen des Jahres 1938, die von verschiedenen Journalisten vertreten wurden, findet sich aus polnisch-staatlicher Perspektive in der politischen Presseschau des polnischen Innenministeriums. Vgl. AAN, MSW, Sig. 966, Wydział Narodowościowy, Referat Żydowska, Prasa Żydowska, Warschau, 3. Januar 1939, Bl. 17–21. Die *Naye Folkstsaytung* widmete dem fünfjährigen Bestehen des NS-Regimes am 30. Januar 1938 eine Sonderseite.
1304 Die politische Presseabteilung des polnischen Innenministeriums schätzte den Ton in den jüdischen Zeitungen bezüglich des Jahres 1938 und der kommenden Zukunft als sehr pessimistisch ein. Vgl. AAN, MSW, Sig. 681, Wydział Narodowościowy, Referat Żydowska, Prasa Żydowska, Warschau, 3. Januar 1939, Bl. 17–21, hier Bl. 17.
1305 NLI, Arkhion Melekh Ravitsh, ARC. 4* 1540 12 2957.3 Brief von Shefner an Ravitsh, Warschau, 6. August 1939, nicht paginiert. Zu einem etwaigen Kriegsausbruch und der nationalsozialistischen Bedrohung äußerten sich viele Journalisten schon im Frühjahr 1938 sehr besorgt. Siehe exemplarisch: Alter, Viktor: S'vet sayn a milkhome in 1938?, in *Naye Folkstsaytung*, 4. Januar 1938, S. 3 und den Aufruf zum 1. Mai 1938 vom ZK des *Bund*, in dem eindringlich vor der Bedrohung Polens und der polnischen Juden durch das nationalsozialistische Deutschland gewarnt wird: Niech żyje 1-szy Maja!, in *Nowe Życie*, Nr. 8 (87), 30. April 1939, S. 1, hier abgedruckt in: VEJ 4/ Dok. 1, S. 75–76.

Daran anschließend wird in einem zweiten Schritt den Lebenswegen der Zeitungsmacher nach September 1939 nachgegangen und danach gefragt, ob und inwiefern ihr angesammeltes Wissen über das NS-Regime aus der Zeit vor 1939 sie in ihrem Handeln und Denken auch später noch beeinflusste.

7.1 Die „Polenaktion": Erste Reaktionen und Hilfe

Die Ausweisung von rund 17.000 polnischen Juden aus Deutschland im Oktober 1938[1306] führte den Zeitungsmachern aus Warschau erneut vor Augen, dass ihr Schicksal mit dem der Juden in Deutschland eng verbunden war. Zusman Segalovitsh erinnerte sich auch nach dem Krieg noch bildlich an die dramatischen Szenen. Er schrieb:

> Ich erinnere mich an jene Tage, als die Deutschen auf grausame Weise Tausende Juden auf polnisches Gebiet nach Zbąszyń deportierten. Unter dem Bajonett stießen sie sie nachts über die polnische Grenze. [...] In dieser Zeit wurden in Warschau auch Juden geschlagen. Im Ogród Saski [Sächsische Gärten, AK] stießen angeheuerte Schläger Kinderwägen mit Kindern darin um. Als die Mütter versuchten, ihre Kinder zu verteidigen, wurden sie bespuckt. Damals verstand ich, dass es eine Verbindung zwischen Zbąszyń und dem Ogród Saski gab.[1307]

Da die polnische Regierung die Ausgewiesenen nicht aufnehmen wollte, saßen bis kurz vor dem Ausbruch des Zweiten Weltkrieges in der Spitze rund 10.000 Männer, Frauen und Kinder in improvisierten Lagern in Zbąszyń, Chojnice und Bytom unter menschenunwürdigen Lebensbedingungen fest.[1308]

1306 Ausführlich zur Vorgeschichte und zum Ablauf der sog. Polenaktion sowie zu den Reaktionen auf sie siehe Tomaszewski: Auftakt zur Vernichtung.
1307 Segalowicz: Tłomackie 13, S. 221.
1308 Grundlage der Verweigerung der Weiterreise ins Landesinnere war ein Gesetzeserlass der polnischen Regierung vom 31. März desselben Jahres, der vorsah, polnischen Staatsbürgern, die länger als fünf Jahre ununterbrochen im Ausland gelebt hatten, die Staatsbürgerschaft zu entziehen. Das Gesetz selbst stellte eine Reaktion der polnischen Regierung auf die Annexion Österreichs durch das nationalsozialistische Deutschland dar und war Ausdruck einer Panik vor der massenhaften Einreise jüdischer Flüchtlinge mit polnischer Staatsbürgerschaft aus Österreich. Als schließlich Informationen durchsickerten, dass die NS-Führung plane, Juden polnischer Staatsangehörigkeit des Landes zu verweisen, wurde am 9. Oktober 1938 verfügt, dass fortan nur noch Bürger mit einem entsprechenden Vermerk, der von einem polnischen Konsulat vor dem 30. Oktober 1938 ausgestellt werden musste, rechtmäßige polnische Bürger waren und einreisen durften. Mit dieser Praxis wollte Polen dem Deutschen Reich zuvorkommen und sich vor der Einreise von Juden schützen, welche die Regierung zu diesem Zeitpunkt aufgrund der angespannten politischen Beziehungen zu Deutschland für realistisch hielt.

Trotz der angespannten politischen Lage, die seit dem Frühjahr 1938 zwischen Deutschland und Polen herrschte, und obwohl seit 1933 mehrere Tausend jüdische Flüchtlinge aus Deutschland nach Polen gekommen waren, zeigten sich nicht nur die polnische Regierung und die Behörden[1309] überrumpelt von den einsetzenden massenhaften Zwangsausweisungen.[1310] In einem vom Warschauer Regierungskommissariat erstellten Geheimbericht hieß es, dass die jüdische Bevölkerung Warschaus sich ebenfalls sehr überrascht zeigte, als der erste Zug mit vertriebenen Juden aus Deutschland ihre Stadt erreichte, und das, obwohl die *JTA* einige Wochen zuvor vor der Ausweisung polnischer Juden aus Deutschland gewarnt hatte.[1311] Im Bericht hieß es, dass „die gesamte jüdische Meinung in Warschau von der Ankunft des ersten Transports jüdischer Flüchtlinge, die von den Deutschen vertrieben worden waren, emotional beeinflusst war" und dass „die ersten Reaktionen von einem völligen Entsetzen dominiert gewesen seien, da trotz der eingehenden Nachrichten über die Deportation in Warschau selbst niemand mit einer solch schnellen Ankunft eines Zuges gerechnet hatte".[1312] Doch obwohl die Irritationen groß waren, brauchte es nur einige wenige Tage, bis der anfängliche Schock überwunden war und genug Informationen gesammelt worden waren, um angemessen reagieren zu können.

Im November 1938 erreichte ein anonymer Bericht aus Polen die Presseagentur der Union der jüdischen Gemeinden in der Schweiz und informierte über die Abschiebungen und die Einrichtung von Flüchtlingslagern in verschiedenen deutsch-polnischen Grenzstädten. Daneben ging der anonyme Autor auf die jü-

---

1309 Die ersten Reaktionen der polnischen Regierung beschreibt Jerzy Tomaszewski ausführlich. Vgl. Tomaszewski: Auftakt zur Vernichtung, S. 145–147.
1310 Sie zeigten sich eventuell so sehr überrascht, weil seit 1933 zwar Tausende von Juden aus Deutschland ins Land gekommen waren, aber in der Regel als Einzelperson oder in kleineren Gruppen. Nach 1933 sank zudem die Zahl der Ausgewiesenen bzw. geflohenen Juden rapide, weil ebenso viele nach Deutschland zurückkehrten. Das erschwerte es der jüdischen Community in Polen möglicherweise, die Lage korrekt einzuschätzen. Vgl. YVA, M.72 Joint Distribution Collection – Copies of Microfilms, #788, JDC, Condensed Report of Poland, gez. unleserlich, April 1935, S. 25.
1311 Vgl. JTA: Z życia żydowskiego, tragiczny los żydów bezpaństwowych o wschodnio-europejskich w Rzeszy, in *Nasz Przegląd*, 25. September 1938, S. 5.
1312 AAN, Komisariat Rządu mst Warszawy, Sig. 297/VII-11, Wydział Społecznego Polityczny, Sprawozdanie miesięczne sytuacyjne, Nr. 10, gez. Ludwik Wędolowski, Warschau, 1.–31. Oktober 1938, S. 33–34 (Bl. 118–119). Bevor die polnische Regierung beschloss, die jüdischen Flüchtlinge an der Grenze festzuhalten, gelang es mehreren tausend Personen ins Landesinnere weiterzureisen. Vgl. dazu ausführlich YVA, M.72 Joint Distribution Collection – Copies of Microfilms, #819, Hafftka, Aleksander: The Activity of the General Aid Committee for Jewish Refugees from Germany in Poland. (1. XI. 1938 – 1. VII 1939), Warsaw 1939, S. 3–4; Tomaszewski: Auftakt zur Vernichtung, S. 203; Melzer: No Way Out, S. 123.

dische Intelligenz Warschaus ein und erklärte, was diese in Anbetracht der neuen Entwicklungen unternommen hatte. In dem Bericht hieß es:

> Das polnische Judentum traf sofort alle Vorkehrungen, um den Unglücklichen ihr Dasein halbwegs zu ermöglichen. In Warschau hat sich am Donnerstag, dem 4. November, ein überparteiisches Comité, bestehend aus 15 Herren, organisiert, an dessen Spitze Universitätsprofessor Senator Rabbiner Dr. M. Schorr steht. Dem Comité gehören die prominentesten jüdischen Persönlichkeiten, wie Bankier Szereszewsky, Wawelberg, Rosmarin, Reiss usw. an. In Warschau wurden die Verschleppten in Privathäusern untergebracht, die Organisation T.O.Z. hat etwa 200 Kinder in ihren Kolonien und Halbkolonien untergebracht, die zionistischen Organisationen haben in manchen Städten auch ihre Lokalitäten als Notunterkunft zur Verfügung gestellt. Es wurden sofort Decken, Seifen, Handtücher, Medikamente in ein Lager in Zbąszyń geschickt, überdies haben sich Ärzte und Krankenschwestern zur Verfügung gestellt. Der Jüdische Literaten- und Schriftstellerverband hat sich zugunsten der Vertriebenen besteuert,[1313] das Warschauer Rabbinat hat beschlossen, seinen Mitgliedern 2% von den Bezügen zugunsten der Vertriebenen in Abzug zu bringen.[1314]

Sechs Tage nach Vollstreckung der Ausweisungen hatte sich dem Bericht zufolge also erneut ein Hilfskomitee bestehend aus einer Vielzahl jüdischer Intellektueller und einflussreicher Persönlichkeiten in Warschau gegründet, um den Notleidenden zu helfen.[1315] Die Zusammensetzung des Komitees war von zahlreichen personellen Überschneidungen zu den Protest- und Hilfskomitees, die zwischen 1933 und 1935 in Warschau existiert hatten, gekennzeichnet, und auch die Aufgabenverteilung war eine sehr ähnliche. Auch der gewählte Name *Algemeyner Hilfs-komitet far yidishe Pleytim fun Daytshland in Poyln* (Allgemeines Hilfskomitee für jüdische Flüchtlinge aus Deutschland in Polen)[1316] erinnerte an das Hilfskomitee aus dem Jahr 1933. Die durch die vorherigen Komitees angesammelte inhaltliche Expertise und praktische Erfahrung in der Organisation der Arbeit erleichterte es den Mitgliedern des Komitees vermutlich, sich schnell auf die neue Situation einzustellen, weil es möglich war, an Strukturen der Vorjahre anzuknüpfen. So war es auch im November 1938 notwendig, die Koordination der lokalen Komitees, medizinische Versorgung, Unterbringung, materielle und ide-

---

1313 Die Besteuerung fand auch in der *Nasz Przegląd* vom 5. November 1938 (S. 7) Erwähnung.
1314 YVA, P. 13 Benjamin Segalowitz Archive, File 120, Press Agency of the SIG, Die polnischen Juden im Niemandsland, undatiert, S. 2.
1315 Über den detaillierten Aufbau und den Ablauf der Arbeit vor Ort siehe u. a. den Bericht von Emanuel Ringelblum. Vgl. Ringelblum, Emanuel: „Zbonshin", *Bleter far geshikhte* XIX (1980), S. 27–30; Harris, Bonnie M.: „From German Jews to Polish Refugees: Germany's Polenaktion and the Zbąszyń Deportations of October 1938", in *Kwartalnik Historii Żydów* 2 (2009), S. 175–205.
1316 Der polnische Name lautete Ogólny Komitet Pomocy Uchodźcom Żydowskim z Niemiec w Polsce. Der Sitz war in der *ulica Tłomackie 5*.

elle Unterstützung für die Flüchtlinge sowie Visa zu organisieren und bereitzustellen. Neben den genannten Politikern, Kaufleuten und anderen einflussreichen Persönlichkeiten des Warschauer öffentlichen jüdischen Lebens wurden ferner die Redakteure (und Politiker) Mark Turkow (*Moment*), Moshe Kleinbaum (*Haynt*), Samuel Wołkowicz (*Nasz Przegląd*) und Natan Szwalbe (*Haynt/Nasz Przegląd*) zu Mitgliedern des Hilfskomitees gewählt.[1317]

Das Hilfskomitee teilte sich in fünf Arbeitsgruppen auf, um die anstehenden Herausforderungen zu bewältigen. Neben den Gruppen Emigration, Koordination und Überwachung, Rechtsbeihilfe und Unterstützung bei der erneuten Einreise nach Deutschland gehörte hierzu auch die AG Presse, welche sich um die Lancierung einer großangelegten Pressekampagne bemühen sollte. In dieser Gruppe arbeiteten ebenfalls Journalisten und Redakteure der Warschauer jüdischen Tageszeitungen, wie die bereits namentlich erwähnten Journalisten Turkow und Wołkowicz, aber auch Leon Rozen[1318] und Zygmunt Bieberstein[1319] mit, und zeitweise gehörten der Gruppe mehr als 40 freiwillige Helfer an. Die wichtigste Aufgabe der Gruppe war es, „die jüdische Bevölkerung Polens vollständig [für das Thema, AK] und die damit verbundene finanzielle Unterstützung zu sensibilisieren und alle Klassen, ohne Unterschied, dazu zu bewegen, an die Grenzen ihrer Mittel zu gehen".[1320]

Damit die jüdische Bevölkerung auch wirklich spendete, erarbeitete die Arbeitsgruppe sechs Aufgabenbereiche, die jeweils auf ihre Art helfen sollten, die jüdische Bevölkerung zum Spenden zu motivieren. Im Arbeitsbericht des Hilfskomitees werden die sechs Punkte aufgeführt:

> 1/ The organization of provincial Committees, mostly acting in concurrence with the Jewish Religious Communities;

1317 Die Zusammensetzung des Hilfskomitees veränderte sich vermutlich im Laufe der Zeit. Eine detaillierte Auflistung der Mitglieder von 1939 findet sich in: YVA, M.72 Joint Distribution Collection – Copies of Microfilms, #819, Hafftka: The Activity of the General Aid Committee, S. 5–8. Mark Turkow z. B. wanderte im Laufe des Jahres 1939 nach Argentinien aus, blieb dem Komitee aber ideell verbunden. Siehe den Briefwechsel zwischen dem *Algemayner Hilfs-komitet far yidishe Pleytim fun Daytshland in Poyln* und Mark Turkow vom Sommer 1939, YVA, O.75, Letters and Postcards Collection, File 73 Mark Turkow, Bl. 11–12, 29–30, 37.
1318 Leon Rozen (Yude-Leyb Shtshekatsh Rozen) (1910–1971); Poale Agudist, Revisionist und Journalist; schrieb u. a. für *Dos Yudishe Togblat*; 1939 Inhaftierung im Getto Łódź und Piotrków Trybunalski, 1941 Flucht in die Sowjetunion; 1946 Emigration in die Vereinigten Staaten.
1319 Zygmunt Bieberstein (1895?–?); Direktor der Internationalen Werbekompanie in Warschau; 1949 vermutlich in die Vereinigten Staaten ausgewandert.
1320 YVA, M.72 Joint Distribution Collection – Copies of Microfilms, #819, Hafftka: The Activity of the General Aid Committee, S. 12.

2/ The establishment of contact with economical, political and social organizations, both with the head offices as well as their respective provincial branches;
3/ Propaganda campaign to make Polish Jewry conscious of the necessity of making contributions in favor of refugees. This propaganda was also carried on by the Rabbis from the pulpits;
4/ Launching a publicity campaign in the Press by means of articles, news items and features all especially written by competent journalists;
5/ Personal appeals to individuals by means of pamphlets published either by the Committee itself or by some group with which it was in contact;
6/ Organization of a collection of new and second-hand articles. This work mainly carried out through the printed word, resulted in huge quantities of gods gathered together and sent either direct to Zbąszyń or to central warehouses in Warsaw.[1321]

Die Punkte drei bis sechs des Aktionsplans erscheinen von besonderer Relevanz, da in der Auswertung der Tageszeitungen auffällt, dass sich die Zeitungsredaktionen schon wenige Tage nach den Ausweisungen vom 28. und 29. Oktober 1938 rege an der Kampagne für jüdische Flüchtlinge aus Deutschland beteiligten. Die Redakteure und Journalisten sammelten Geld, veröffentlichten Anweisungen des Zentralen Hilfskomitees, Protokolle sowie gelegentlich Protestnotizen verschiedener jüdischer Organisationen, aber auch Spenderlisten und Listen mit materiellen Dingen, die noch benötigt wurden.[1322]

Am 4. November 1938 veröffentlichten die Mitglieder des *Fareyn fun yidishe Literatn un Zhurnalistn in Varshe* im *Haynt* einen dringlichen Aufruf, in welchem sie sich an „die gesamte jüdische Bevölkerung und an alle Leser der jüdischen Presse" wandten, mit der Bitte, „Juden, polnische Bürger, die aus Deutschland herausgeschickt wurden," sofort zu unterstützen und überall dort zu helfen, wo diese sich befänden.[1323] Außerdem erklärten sie, dass man sich jederzeit mit Geldzuwendungen an die jüdischen Zeitungsredaktionen wenden konnte, und mahnten an, dass es niemandem erlaubt sei, sich von der Hilfe freizusagen. Wörtlich hieß es:

Neben materieller Unterstützung ist es auch notwendig, dass jeder den betroffenen Brüdern Herzlichkeit und Brüderlichkeit zeigt. Auch darf man nicht warten, bis man kommt und euch

---

1321 YVA, M.72 Joint Distribution Collection – Copies of Microfilms, #819, Hafftka: The Activity of the General Aid Committee, S. 12–13.
1322 Vgl. z. B. Red.: Hilf far di aroysgeshikte yidn fun Daytshland iz noytik biz gar!, in *Naye Folkstsaytung* vom 3. November 1938, S. 2, 5; N. N.: Algemeyner retungs-komitet tsu helfen di pleytim fun Daytshland, in *Haynt*, 6. November 1938, S. 7; N. N.: Geshafen an'algemeynes komitet far hilf letoyves di pleytim fun Daytshland, in *Der Moment*, 6. November 1938, S. 7.
1323 N. N.: Vendung fun yidishen literatur- un zhurnalisten-fareyn tsu der yidisher befelkerung, in *Haynt*, 4. November 1938, S. 11.

bittet. Jeder muss aus seiner eigenen Initiative heraus maximale Hilfe leisten. Es werden jetzt zeitweilig Wohnungen für die Flüchtlinge gebraucht. Familien müssen bei sich die vereinsamten Kinder der Flüchtlinge aufnehmen. Die Krankenhäuser, die Ambulanz, die Organisationen, die sich um die erste medizinische Hilfe kümmern, wie auch einzelne Ärzte, an die sich kranke Flüchtlinge wenden, müssen die geplagten Brüder mit Freundlichkeit aufnehmen und ihnen die notwendige medizinische Hilfe geben sowie auch Worte des Trostes. Wäsche ist nötig für die Flüchtlinge. Sie sind mit einem Hemd am Leib gekommen. Jeder, der auch nur die geringste Möglichkeit hat, soll Wäsche zum Frauen-Komitee vom zentralen Rettungskomitee in der ulica Elektoralna 6 bringen. Das Prinzip ist, dass man schon jetzt unterstützt. Schon heute, schon jetzt ist die Hilfe dringend notwendig! Es ist nicht erlaubt, es auf morgen aufzuschieben. Jeder muss seine heilige Pflicht gegenüber seinen Brüdern erfüllen.[1324]

Mit den konkreten Anweisungen und dem Bekanntmachen von Sammelstellen halfen die Journalisten und Schriftsteller dem Hilfskomitee, die Bedeutung ihrer Arbeit transparent und nachvollziehbar zu machen. Darüber hinaus hatte der Vorstand des Vereins unter Leitung Barukh Shefners auf einer Sondersitzung einerseits die bereits erwähnte Selbstbesteuerung der Mitglieder beschlossen und andererseits sich darüber verständigt, dass man eine eigene Kommission gründen wolle, die den Kontakt zu den Hilfskomitees halten und um eine noch umfassendere Pressekampagne zu initiieren.[1325] Vermutlich riefen im Zuge dessen auch die Zeitungsredakteure aller Tageszeitungen dazu auf, persönlich Spendengelder in ihren Redaktionen abzugeben. So forderte unter der Überschrift „Der ‚Haynt' für die Flüchtlinge!" die Redaktion des *Haynt* am 6. November 1938 ihre Leser auf, sich an der Spendenkampagne für die Ausgewiesenen zu beteiligen.[1326] Auch die Redaktion der *Naye Folkstsaytung* unterstützte das allgemeine Hilfskomitee und beteiligte sich an der Spendenaktion und erklärte, dass das „Geld für die Flüchtlinge im Lokal des Komitees in der *ulica Leszno* 7, in Szereszewskis Bank und in den jüdischen Redaktionen" angenommen wird.[1327] Die Aktion entfaltete

---

1324 N. N.: Vendung fun yidishen literatur- un zhurnalisten-fareyn tsu der yidisher befelkerung, in *Haynt*, 4. November 1938, S. 11.
1325 Vgl. N. N.: Bashlusn fun yidishn literatn-un zhurnalistn-fareyn anteyl in der pleytim-hilf-aktsie, in *Naye Folkstsaytung*, 3. November 1938, S. 2.
1326 Red.: Der „Haynt" far di pleytim!, in *Haynt*, 6. November 1938, S. 1.
1327 Red.: Hilf far di aroysgeshikte yidn fun Daytshland iz noytik biz gar!, in *Naye Folkstsaytung*, 3. November 1938, S. 2. Verschiedene Artikel in der *Naye Folkstsaytung* belegen, dass der *Bund* die Arbeit des allgemeinen Hilfskomitees zwar unterstützte, sich aber zurückhielt, die Unterstützung öffentlichkeitswirksam zu propagieren. Auch scheint kein Bundist in einem der Gremien vom Komitee vertreten gewesen zu sein. Dagegen hatte sich im November ein eigenes Arbeiterhilfskomitee gegründet, in dem mehrere Bundisten und Mitglieder der PPS aktiv waren. Auch dieses

ihre Wirkung, denn nach Informationen des polnischen Innenministeriums hatten die Redakteure der verschiedenen Zeitungen bis Mitte November zusammengerechnet eine Summe von fast 400.000 Zloty eingenommen – eine beachtliche Summe, wenn man sich vor Augen führt, dass die Mehrheit der polnischen Juden gegen Ende der 1930er Jahre am Existenzminimum lebte.[1328] Mit 65.217 Zloty nahm die Redaktion des *Nasz Przegląd* die meisten Gelder ein, gefolgt von die *Naye Folkstsaytung* mit 5.350 Zloty und dem *Haynt* mit 3.837 Zloty. Die Zeitung *Unzer Ekspres* fiel deutlich ab. Hier konnte die Redaktion lediglich 325 Zloty an Spendengeldern vorweisen.[1329]

Gegen Mitte November, als sich die Lage der Juden in Deutschland infolge der Novemberpogrome erneut drastisch verschlechtert hatte, hatte sich die Hilfsarbeit weitgehend professionalisiert und fast alle Bereiche des jüdischen Lebens in Warschau sowie im restlichen Land ergriffen.[1330] Durch die ersten Delegationen, die aus Zbąszyń zurück nach Warschau kamen und von den Zuständen vor Ort berichteten, konnten sich die jüdischen Organisationseliten in Warschau ein immer detaillierteres Bild der Geschehnisse machen. Neben dem Historiker und Publizisten Emanuel Ringelblum und Yitskhok Giterman (1889–1943) von der Warschauer Sektion des *Joint* reiste auch eine Delegation des Hilfskomitees unter der Leitung des Journalisten Samuel Wołkowicz nach Zbąszyń, um den Ausgewiesenen Essen und Medizin zu überbringen.[1331] Parallel dazu traten jüdische Politiker mit dem polnischen Innenministerium in Kontakt. Sie versuchten Informationen zu erhalten, traten für die Verbesserung der Lebensbedingungen der Ausgewiesenen in den verschiedenen Lagern ein und versuchten insgesamt zu erreichen, dass die polnische Regierung den Vertriebenen ihre staatsbürgerlichen Rechte garantierte.[1332] Die individuellen Unternehmungen, die zunächst einmal

---

Komitee unterstützte die Arbeit des allgemeinen Hilfskomitees. Vgl. Tomaszewski: Auftakt zur Vernichtung, S. 214.

1328 Zur ökonomischen Lage der polnischen Juden siehe die zeitgenössischen Studien Jakob Lestschinskys. Vgl. z. B.: Der wirtschaftliche Zusammenbruch der Juden in Deutschland und Polen, Paris 1936; Di ekonomishe lage fun yidn in Poyln, Berlin 1931.

1329 Vgl. AAN, MSW, Sig. 968, Wydział Narodowościowym, Referat Żydowski, Prasa Żydowska, Warschau, 13. November 1938, Bl. 127.

1330 Tomaszewski spricht davon, dass zeitweise 700 aktive Hilfskomitees in Polen existierten. Ausführlich zur Arbeit der Hilfskomitees siehe Tomaszewski: Auftakt zur Vernichtung, S. 210–222.

1331 Vgl. YVA, M.72 Joint Distribution Collection – Copies of Microfilms, #819, Hafftka: The Activity of the General Aid Committee, S. 4. Auch Melzer erwähnt, dass Wołkowicz nach Zbąszyń delegiert wurde. Vgl. Melzer: No Way Out, S. 124.

1332 Vgl. die Meldung im *Haynt* vom 23. November 1938, dass die jüdischen Abgeordneten Jakub Trockenheim und Salomon Seidenman beim polnischen Innenministerium bezüglich der Zu-

einzeln für sich stehen, ergeben in ihrer Gesamtschau ein enges Netzwerk, das persönliche und institutionelle Überschneidungen zwischen den verschiedenen Akteuren aus den Bereichen der jüdischen Presse, der Politik, der Vereine und Organisationen sowie ihrem jeweiligen Handeln sichtbar macht.

Gegen Ende November begannen auch Journalisten und Redakteure aus Warschau regelmäßig in das Notlager nach Zbąszyń zu reisen. Jede Zeitung schickte ihre eigenen Korrespondenten an die deutsch-polnische Grenze, mit der Aufgabe, das jüdische Leid und die große Hilfsarbeit der polnischen Juden vor Ort zu dokumentieren. In dem Flüchtlingslager und an anderen Orten, an denen es zu einer hohen Konzentration von Flüchtlingen kam, sprachen die Journalisten mit den Ausgewiesenen und zeichneten ihre Geschichten auf. Im Laufe der Jahre 1938 und 1939 besuchten neben Pinkhas Shvarts und Barukh Shefner (beide *Naye Folkstsaytung*) auch Perets Opotshinski, Mikhl Burshtin (1897–1945) (beide *Moment*), Khaim Shoshkes (*Haynt*) und viele andere das Lager.[1333] Ebenfalls gab es kollektive Presseausflüge. So organisierte das *Arbeter-komitet tsu helfn di Aroysgeshikte* (Arbeiterkomitee zur Hilfe der Ausgewiesenen), ein sozialistisches Hilfskomitee, in dem zahlreiche Bundisten aktiv waren, Mitte November eine Reise für jüdische und sozialistische Journalisten aus Warschau in das Flüchtlingslager nach Zbąszyń.[1334] Für die *Naye Folkstsaytung* nahm der Journalist Pinkhas Shvarts an der Reise teil. Auch die Redaktion des *Moment* organisierte einen Ausflug zu den Flüchtlingen. Sie fuhren aber nicht nach Zbąszyń, sondern besuchten ein eigens für die Flüchtlinge in Warschau bereitgestelltes Haus in der *ulica Przechodnia* 5, in dem zum Zeitpunkt des Besuches 120 Menschen untergebracht waren.[1335]

Die Berichte, die in enger zeitlicher Abfolge in allen jüdischen Tageszeitungen in Warschau abgedruckt wurden, erfüllten primär drei Funktionen: Zum einen waren sie Teil der koordinierten Pressekampagne und sollten an das Mitgefühl der jüdischen Leser appellieren, damit diese nicht aufhörten, für die jüdischen

---

stände im Lager vorgesprochen hätten. Jerzy Tomaszewski wiederum erwähnt die Berichte von Henryk Rosmarin, die an das polnische Außenministerium gerichtet waren. Vgl. Tomaszewski: Auftakt zur Vernichtung, S. 206–207.

1333 Vgl. z. B.: Shoshkes, Khaim: A bezukh in Zbanshin, in *Haynt*, 1. Dezember 1938, S. 3; Burshtin, Mikhl: Bey di fertribene …, in *Der Moment*, 16. Dezember 1938, S. 6; Opotshinski, Perets: Tsvishen pleytim, in *Der Moment*, 21. November 1938, S. 4; Shvarts, Pinkhas: In Zbanshin, in *Naye Folkstsaytung*, 21. November 1938, S. 4; Shefner, Barukh: Friling in Zbanshin, in *Naye Folkstsaytung*, 7. Mai 1939, S. 4.

1334 Vgl. N. N: Tsvishn di aroysgeshikte yidn fun Daytshland, in *Naye Folkstsaytung*, 20. November 1938, S. 3.

1335 Vgl. Red.: Dos yudishe Varshe treyst hartsig di heymloze daytshe Yuden!, in *Der Moment*, 20. November 1938. S. 7.

Flüchtlinge zu spenden, weil sie sich so stärker mit den jüdischen Flüchtlingen und ihrem Schicksal identifizieren konnten. Zum anderen verschafften die Zeitungsredakteure durch ihre direkten Gespräche den jüdischen Flüchtlingen Aufmerksamkeit und Trost, und schließlich erfüllte ihre Berichterstattung darüber hinaus den Zweck der Dokumentation. Durch ihre Gespräche mit den Flüchtlingen gelangten die Journalisten darüber hinaus auch an zuverlässige Informationen aus erster Hand über die Pogrome in Deutschland und mussten sich somit nicht auf die möglicherweise falsche oder zensierte Berichterstattung anderer Zeitungen und Agenturen verlassen.[1336] Mendel Balberyszki (1894–1966), ein *Shrayber* und *Tuer* aus Łódź, erklärte in seinen Memoiren, dass sie „von ihnen", den jüdischen Flüchtlingen, „von den antijüdischen Edikten, von der Verfolgung, von der Demütigung und von den Hinrichtungen erfahren" hätten.[1337]

Der berühmte jüdische Historiker Emanuel Ringelblum aus Warschau, der die Hilfe im Flüchtlingslager Zbąszyń für den *Joint* mitorganisierte, ermutigte die Flüchtlinge ferner, ihre Erfahrungen aufzuschreiben, und forderte seine Kollegen auf, Interviews mit ihnen zu führen. Als Historiker war Ringelblum bewusst, dass die sogenannte Polenaktion und die Novemberpogrome wichtige historische Geschehnisse darstellten, deren Folgen für die Nachwelt festgehalten werden mussten.[1338] Damit schloss er den Kreis zum Jahr 1933, als die polnische Delegation um den Journalisten Mark Turkow nach Aussage eines Mitarbeiters der Deutschen Gesandtschaft Warschau auf der Boykottkonferenz in London im November 1934 die Einrichtung eines Archivs für den jüdischen Boykott gegen das nationalsozialistische Deutschland an der Hebräischen Universität in Jerusalem gefordert hatte.[1339]

Als Teil der andauernden Pressekampagne erschienen Berichte wie jene aus Zbąszyń bis weit in den Sommer 1939 hinein.[1340] Die Unternehmungen der Zeitungsmacher sprechen dabei insgesamt für eine enge Abstimmung zwischen den Mitgliedern aus der Arbeitsgruppe des Hilfskomitees und den Zeitungsredakteu-

---

1336 Vgl. z. B. Burshtin, Mikhl: Bey di fertribene …, in *Der Moment*, 16. Dezember 1938, S. 6. In seinem Artikel erwähnt er, dass die ersten Nachrichten über die Pogrome das Lager erreicht hätten und dass die Flüchtlinge über das Leid ihrer daheimgebliebenen Verwandten ihr eigenes für kurze Zeit vergessen hätten.
1337 Balberyszski, Mendel: Stronger than Iron. The Destruction of Vilna Jewry 1941–1945: An Eyewitness Account, Jerusalem 2010, S. 4.
1338 Vgl. Kassow, Samuel D.: Who will write our history? Rediscovering a hidden Archive from the Ghetto, Bloomington 2007, S. 100.
1339 Vgl. PAAA, RZ 214/R 99532, DG Warschau, gez. Schliep, an das AA Berlin, Betr. die polnischen Juden und die jüdische Boykottkonferenz in London, Warschau, 27. November 1934, S. 1–2.
1340 Vgl. z. B. Shefner, Barukh: Friling in Zbanshin, in *Naye Folkstsaytung*, 7. und 9. Mai 1939, jeweils S. 4.

ren in Warschau, was aufgrund der personellen Überschneidungen allerdings auch nicht sehr überraschend ist. Auch wenn der *Bund* sich schließlich in einem eigenen Hilfskomitee parallel zum allgemeinen Hilfskomitee organisierte, unterstützte man zumindest anfänglich auch öffentlich die Hilfsaktionen des bürgerlichen Lagers. Vor Ort in Zbąszyń aber und auch in Warschau war man trotz der angespannten politischen Realität aufeinander angewiesen und griff erneut, wie bereits im Jahr 1933, auf ganz ähnliche Praktiken zurück, um das Leid der Juden zu lindern.

Insgesamt bleibt festzuhalten, dass die Arbeit der Journalisten und Redakteure für das effektive Funktionieren der Hilfskomitees von zentraler Bedeutung war. Dass diese ohne die intensive Unterstützung der jüdischen Presse Warschaus jemals eine derartige Breitenwirkung hätten entfalten können, erscheint doch zumindest höchst unwahrscheinlich. Die ausführliche und gehäufte Berichterstattung, die vielen Porträts, die Artikel und Analysen, die das Bild der Zeitungen gegen Ende November bestimmten, waren jedoch keine Selbstverständlichkeit, hatte doch die polnische Regierung zunächst einen Pressebann verhängt, der Zeitungsredaktionen im gesamten Land verboten hatte, über die Abschiebungen zu berichten.[1341]

7.2 Staatliche Zensur im Rahmen der „Polenaktion" und der Novemberpogrome

Am 1. November 1938 erschien im *Haynt* ein Kommentar des Redakteurs Arn Eynhorn, in dem dieser einen Artikel über die Ausweisungen polnischer Juden aus Deutschland im *Dziennik*, dem publizistischen Hauptorgan der Nationaldemokraten, diskutierte. Der Kommentar enthielt eine merkwürdige Bemerkung, die mitten im Text platziert war und lautete: „Wir haben leider nicht die Möglichkeit, die Geschehnisse der letzten Tage von unserem jüdischen Standpunkt her zu beleuchten. Was wir tun können, ist nur, uns zu wünschen, dass sie, die Geschehnisse, schnell an Schärfe und Aktualität verlieren, sodass wir frei sind, um in dieser Angelegenheit zu ermitteln."[1342] Eine ähnliche Notiz fand sich knapp drei Wochen später, am 20. November 1938, in der *Nasz Przegląd*. Darin entschuldigte sich die Redaktion ebenfalls in einer Nachricht an ihre Leser für die fehlende Thematisierung der „Polenaktion" in den letzten vier Wochen und erklärte, dass man „aus Gründen", die nicht die Redaktion „zu vertreten" habe,

---

1341 Vgl. Melzer: No Way Out, S. 119.
1342 Eynhorn, Arn: Der muser-ha'skl fun di letste teg, in *Haynt*, 1. November 1938, S. 3.

7.2 Staatliche Zensur im Rahmen der „Polenaktion" und der Novemberpogrome —— 383

„dies bisher noch nicht veröffentlichen" konnte.[1343] Und auch die Redakteure des *Moment* druckten am selben Tag eine Notiz in ihrer Zeitung ab, die besagte, dass die Gerüchte sich bestätigt hätten und dass seit dem 28. Oktober 1938 tatsächlich ein Lager für die ausgewiesenen Juden in Zbąszyń existieren würde.[1344] Alle drei Beispiele enthalten sichtbare Hinweise in Richtung einer staatlich gelenkten Pressezensur und belegen, dass sich die jüdischen Zeitungsmacher offenbar selbst zensierten, ihren Lesern aber dennoch anzeigen wollten, dass sie dies nicht ohne Grund taten. Jerzy Tomaszewski zufolge verhielt sich auch in den darauffolgenden Tagen die Mehrheit aller Zeitungsredaktionen in Polen, jüdisch wie nichtjüdisch, auffällig zurückhaltend und berichtete wenig bis gar nicht über die massenhaften Zwangsausweisungen.[1345] Die Vermutung Tomaszewskis, dass die polnische Regierung versuchte, das Wissen um die Ausweisungen aus Deutschland auf einen möglichst kleinen Kreis von Mitwissern zu beschränken, kann anhand der obigen drei Beispiele auch für die jüdische Presse bestätigt werden.[1346] Dennoch versuchten einige Zeitungsredakteure Artikel über die „Polenaktion" in den Zeitungen zu platzieren, und hatten damit hin und wieder sogar Erfolg.[1347]

Die Reihe der Misserfolge schien aber zunächst größer zu sein: Am 8. November 1938 wurde beispielsweise die *Naye Folkstsaytung* wegen eines Artikels, der die Überschrift „Wie die Nationalsozialisten Juden mit polnischer Staatsbürgerschaft zur Grenze deportierten" trug, beschlagnahmt.[1348] Darüber hinaus

---

1343 Vgl. N. N.: Jak odbyło się wysiedlenie Żydów polskich z Niemiec, in *Nasz Przegląd*, 20. November 1938, S. 9. Das Beispiel erwähnt auch Tomaszewski: Auftakt zur Vernichtung, S. 156.
1344 Vgl. N. N.: Der lager fun di yudishe pleytim hinter Zbanshin, in *Der Moment*, 20. November 1938, S. 1.
1345 Am 29. Oktober 1938 gab die regierungsnahe PAT eine Kurzmitteilung heraus, in der bestätigt wurde, dass Deutschland eine große Zahl jüdischer Bürger mit polnischen Pässen aus dem Land ausgewiesen hätte, woraufhin die polnische Regierung interveniert hätte. Die Meldung wurde am darauffolgenden Tag von einigen jüdischen wie nichtjüdischen Zeitungsredaktionen aufgenommen. Vgl. z. B. PAT: Aroysgeshikt fun Daytshland a groyse tsahl poylishe yiden, in *Haynt*, 30. Oktober 1938, S. 2. Vgl. Tomaszewski: Auftakt zur Vernichtung, S. 153. Darin siehe die Auflistung der Zeitungen, welche die Meldung aufnahmen, sowie eine komplette Übersetzung aus dem Polnischen.
1346 Auch Chaim Finkelstein schreibt in seinen Erinnerungen, dass die polnische Regierung den Journalisten nicht erlaubte, ausführlich zu berichten. Zur Praxis der Selbstzensur siehe ebenfalls Kap. 3.2.1 in dieser Arbeit sowie Tomaszewski: Auftakt zur Vernichtung, S. 151; Finkelshtayn: Haynt, S. 102.
1347 Vgl. z. B. Goldbrod, Y.: Bildlekh fun hayntikn Daytshland. Vi azoy di daytshe natsis bahandeln di aroysgeshikte, in *Naye Folkstsaytung*, 2. November 1939, S. 3.
1348 AAN, MSW, Sig. 986, Wydział narodowościowy, Referat Żydowski, Prasa Żydowska, Beschlagnahmung der *Naye Folkstsaytung*, Nr. 334 vom 8. November aufgrund des Artikels 170 für

zensierten die Behörden Artikel, die sich ebenfalls kritisch mit den Novemberpogromen auseinandersetzten und untersagten am 22. November einen weiteren Artikel der Zeitung sowie einen zweiten aus der polnischsprachigen jüdischen Tageszeitung *Nowy Dziennik* (Neue Tageszeitung), weil es sich um „Artikel über die Pogrome in Deutschland" handelte.[1349] Ferner wurden gleich mehrere Artikel über Herszel Grynszpan und dessen Attentat auf den deutschen Botschafter in Paris Ernst von Rath konfisziert[1350] sowie weitere Artikel, von denen es hieß, sie würden „teilweise die deutsche Nation schlecht machen".[1351] Gleichzeitig wurden Flugblätter, die zur Hilfe für die ausgewiesenen Juden aus Deutschland aufriefen, einbehalten.[1352]

Die Motivation für die Pressezensur und die strengen Vorkontrollen sah der Historiker Jerzy Tomaszewski darin begründet, dass die polnische Regierung möglicherweise weder innenpolitisch vom rechten politischen Lager als schwach angesehen werden noch außenpolitisch als judenfeindlich gelten wollte.[1353] Hätte sich nämlich die regierungsnahe Presse in ihrer Berichterstattung empathisch mit den Opfern gezeigt, hätte dies der Regierung Kritik vonseiten des nationaldemokratischen Lagers einbringen können; hätte sie hingegen Artikel zugelassen, welche die Ausweisungen befürworteten, hätte dies international ein schlechtes Licht auf die polnische Regierung werfen können.[1354] Vor allem aber scheint es so, als habe die polnische Regierung in erster Linie von ihrem eigenen politischen Versagen ablenken wollen. Zum einen hatte sie im Vorfeld versucht, den Zustrom jüdischer Flüchtlinge aus Deutschland zu unterbinden, was ihr, wie sich nun zeigte, ganz offenbar nicht gelungen war. Zum anderen war ihr Umgang mit den

---

die Notiz „Jak hitlerowcy prowadzili Żydów obywateli polskich do granicy", Warschau, 9. November 1938, S. 1–5, hier S. 5 (Bl. 80).
1349 AAN, MSW, Sig. 986, Wydział narodowościowy, Referat Żydowski, Prasa Żydowska, Beschlagnahmung der *Naye Folkstsaytung*, Nr. 340 vom 13. November und dem *Nowy Dziennik*, Nr. 312 vom 14. November aufgrund der Artikel 108 und 170 wegen Artikeln über die Pogrome in Deutschland, Warschau, 16. November 1938, S. 1–4, hier S. 4 (Bl. 140).
1350 Vgl. AAN, MSW, Sig. 968, Wydział narodowościowy, Referat Żydowski, Prasa Żydowska, Beschlagnahmte Zeitungen aufgrund der Artikel 108 und 170 wegen Artikeln über das Pariser Attentat und über Herszel Grynszpan, Warschau, 10. November 1938, S. 1–3, hier S. 3 (Bl. 93–95).
1351 Vgl. AAN, MSW, Sig. 969, Wydział narodowościowy, Referat Żydowski, Prasa Żydowska, Beschlagnahmung der *Nasza Opinia*, Nr. 172 vom 27. November 1938 aufgrund des Art. 108 und wegen eines Artikels, der z.T. die deutsche Nation schlecht macht, Warschau, 22. November 1938, Bl. 14.
1352 Es handelte sich um ein Flugblatt aus Siedlce, einer Kleinstadt östlich von Warschau, vom 22. November 1938. Vgl. AAN, MSW, Sig. 969, Wydział narodowościowy, Referat Żydowski, Prasa Żydowska, Warschau, 22. November 1938, Bl. 14.
1353 Vgl. Tomaszewski: Auftakt zur Vernichtung, S. 157, 199.
1354 Vgl. Tomaszewski: Auftakt zur Vernichtung, S. 157, 199.

Flüchtlingen in höchstem Maße kritikwürdig. Immerhin ging es um etliche Tausend Menschen, die unter katastrophalen humanitären Bedingungen in behelfsmäßigen Lagern hausten oder gleich gar nicht erst ins Land gelassen wurden und im Niemandsland festsaßen – und das, obwohl es sich überwiegend um Menschen polnischer Herkunft, in den meisten Fällen sogar polnischer Staatsbürgerschaft, handelte. Durch die strengen Vorkontrollen erhoffte sich die polnische Regierung, die nationale und internationale Deutungshoheit über die Geschehnisse und ihre Folgen zu behalten.[1355]

Die Bemühungen der Regierung um Sławoj Składkowski waren teilweise erfolgreich, denn es gelang den polnischen Behörden, kritische Artikel über die massenhaften Ausweisungen frühzeitig zu zensieren und zu erreichen, dass sich jüdische wie nichtjüdische Zeitungsmacher in den ersten Tagen nach der Aktion von allein zurückhielten und nur sehr vorsichtig berichteten.[1356] Da die Wojewodschaften aber unterschiedlich streng gegen die Berichterstattung vorgingen und man in Warschau bald schon einsehen musste, dass es erstens unmöglich war, die gesamte Presse zu kontrollieren, und zweitens, dass eine kritische Berichterstattung für ihre politische Agenda auch von Nutzen sein konnte, wurde in der zweiten Novemberhälfte der Pressebann aufgehoben. In der Folge ermutigten die polnischen Behörden Journalisten sogar dazu, ausführlich über die Ereignisse zu schreiben, was diese auch bereitwillig taten.[1357]

7.3 Die „Polenaktion" und die Novemberpogrome in der Diskussion

Wie bereits im Unterkapitel über die Zensur angeklungen, bereiteten auch die Novemberpogrome, die weniger als zwei Wochen später auf die sogenannte Polenaktion folgten, den polnischen Behörden Probleme, auch weil Polen diplomatisch und damit politisch in die Ereignisse verwickelt war. Als nämlich der 17-

---

[1355] Diese Vermutung wird durch ein vertrauliches Dokument des *Joint* vom 29. November 1938 gestützt. Darin beschreibt ein anonymer Autor, dass die polnische Regierung in der Tat jüdische Abgeordnete im polnischen Parlament dazu gezwungen habe, ein Memorandum an verschiedene internationale jüdische Organisationen herauszuschicken, in welchem sie bestätigten, dass die polnische Regierung „den nach Polen verbannten Juden aus Deutschland eine humanitäre Behandlung gezeigt [hatte] – trotz der Tatsache, dass immer noch über 5.000 in Zbonszyn [sic!] unter den erbärmlichsten Bedingungen gefangen gehalten werden [...]". YVA, M.72 Joint Distribution Collection – Copies of Microfilms, #793, JDC, Administration, General, 1938, 29. November 1938, Situation of the Jews in Poland, nicht paginiert.
[1356] Vgl. Tomaszewski: Auftakt zur Vernichtung, S. 151.
[1357] Vgl. Tomaszewski: Auftakt zur Vernichtung, S. 156–157.

jährige polnische Jude Herszel Samuel Grynszpan, dessen Eltern zu den Ausgewiesenen gehörten und seit Ende Oktober 1938 im Lager von Zbąszyń festsaßen, in Paris den deutschen Diplomaten Ernst von Rath aus Verzweiflung und Rache erschoss, nahmen die Nationalsozialisten dies zum Anlass, eine organisierte Pogromwelle gegen die jüdische Bevölkerung in Deutschland und in den bereits annektierten Gebieten in Gang zu setzen. In der Nacht vom 9. auf den 10. November 1938 wurden mehrere hundert Juden ermordet, über 1.400 Synagogen, Betstuben und andere Versammlungsräume sowie Tausende von Geschäften, Privatwohnungen und jüdischen Friedhöfen zerstört. Die Angriffe wurden in den folgenden Tagen fortgesetzt und es kam zu der bis dahin größten Verhaftungswelle seit der Machtübertragung, bei der ungefähr 30.000 Juden in Konzentrationslager verschleppt wurden.[1358] Die sogenannte Polenaktion und die Novemberpogrome stellten damit zusammengenommen alle bisherigen Maßnahmen der nationalsozialistischen Judenverfolgung in den Schatten und machten auch den jüdischen Zeitungsmachern in Warschau deutlich, dass eine hoffnungslose Situation eingetreten war, die einen erneuten Wendepunkt für die jüdischen Bevölkerungen in Deutschland und Polen gleichermaßen bedeutete. Aus dem Bewusstsein, dass die beiden Ereignisse eng miteinander verknüpft waren, folgte, dass viele Journalisten und Redakteure in ihren politischen Analysen und Deutungsversuchen die Ereignisse des Herbstes 1938 gemeinsam statt getrennt voneinander behandelten. So standen neben den bereits erwähnten Geschichten der Opfer primär vier Themen im Zentrum der Auseinandersetzung. Erstens interessierte man sich für die Reaktionen der internationalen Welt und ihre Bereitschaft, Verantwortung für die Flüchtlinge zu übernehmen. Zweitens versuchte man das Verhalten der polnischen Regierung und ihre Beziehung zu Deutschland zu deuten und einzuordnen. Drittens wurde nach den Motiven der deutschen NS-Führung, die hinter der „Polenaktion" und den Pogromen standen, gefragt. Viertens schließlich blickte man auch auf die jüdische Bevölkerung in Polen und die Folgen, welche die Geschehnisse für diese hatte. Damit verbunden war auch die Suche der Zeitungsmacher nach möglichen Lösungen und Wegen aus der Krise.

Die Frage, was die Motive der polnischen Regierung in den deutsch-polnischen Verhandlungen über die abgeschobenen Juden waren, behandelte Moshe Kleinbaum vom *Haynt* bereits am 6. November 1938 in einer Kolumne. So schrieb er, dass es zwar noch nicht bekannt sei, wie die deutsch-polnischen Verhandlungen in Berlin „bezüglich der tausenden Juden, polnische Bürger, welche auf

---

1358 Zum weiteren historischen Kontext, insbesondere auch zur Vorgeschichte der „Polenaktion" siehe: Tomaszewski: Auftakt zur Vernichtung; Benz: Gewalt im November 1938.

solch eine absonderliche Art aus Deutschland herausgetrieben wurden", ausgehen würden,[1359] man die polnische Regierung aber bereits jetzt zum Handeln zwingen müsse.[1360] Ob die Motive hinter einer möglichen Lösung des Problems letztlich antisemitischer oder humanistischer Natur waren,[1361] spielte dabei für den Journalisten und zionistischen Politiker letztlich keine Rolle. Für ihn war viel dringlicher, dass die polnische Regierung erreichte, dass die vertriebenen Juden zurück in ihre Häuser durften, ihr Wohnrecht wiederhergestellt wurde und sie ferner auch ihren in Deutschland zurückgelassenen Besitz wiedererlangten. Außerdem erinnerte er daran, dass nicht nur die Nationalsozialisten „durch die skrupellose Behandlung der polnischen Juden" Menschenrechte verletzt hatten, sondern auch daran, dass die polnische Regierung durch die Aberkennung der Pässe, die doch „das Symbol der polnischen Bürgerschaft und Staatenzugehörigkeit sind", die Rechte der Juden missachtet hatte.[1362] Aus diesem Grund mahnte Kleinbaum weiter an, „dass für die Bürger von einem rechtmäßig regierten Staat die Grenzen dieses Staates niemals geschlossen sind".[1363] Im Umkehrschluss bedeutete das, dass für ihn Polen zu diesem Zeitpunkt kein rechtmäßig regierter Staat mehr war.

Eine ähnliche Forderung wie Kleinbaum stellte ein paar Wochen später auch Shoyel-Yitskhok Stupnitski vom *Moment* auf. Er richtete allerdings seinen Appell direkt an die internationale Staatengemeinschaft und nahm diese in die politische Verantwortung. Er schrieb:

> Jeder versteht, dass die Baracken, in denen man die Flüchtlinge einquartiert hat, nur ein halbfertiges Haus, nur ein zeitweiliges Dach über den Kopf, eine Art ‚Sukkah'[1364] sind. Und in diesen Sukkot kann man sich nicht lange aufhalten. [...]. Den Juden muss geholfen werden und die Hilfe kann nicht bloß darin bestehen, Spenden zu geben. Es muss eine radikale Hilfe kommen und radikal kann die Frage nur beantwortet werden, wenn man den Juden eine Möglichkeit gibt, sich in den Kolonien von England niederzulassen, in den großen Territorien Amerikas und parallel dazu in Eretz Israel. Nur auf dem Weg der Kolonialisierung kann

---

1359 Am 1. November nahmen Deutschland und Polen Verhandlungen darüber auf, wie mit den deportierten Juden zu verfahren sei. Vgl. Tomaszewski: Auftakt zur Vernichtung, S. 170–178.
1360 Klaynbaum, Moshe: Hilf!, in *Haynt*, 6. November 1938, S. 3.
1361 Polen versuchte auf der internationalen Bühne zu erreichen, dass möglichst viele Juden, die in den polnischen Grenzorten festsaßen, ein Visum zur Auswanderung erhielten.
1362 Klaynbaum, Moshe: Hilf!, in *Haynt*, 6. November 1938, S. 3.
1363 Klaynbaum, Moshe: Hilf!, in *Haynt*, 6. November 1938, S. 3.
1364 Hebr.: Laubhütte. Eine Sukkah bezeichnet eine aus Ästen, Zweigen und Stroh erstellte Hütte, die nur für eine beschränkte Zeit benutzt wird und gemeinhin für das siebentägige Sukkotfest erbaut wird. Das Fest erinnert an den Auszug der Juden aus Ägypten, als sie in provisorischen Behausungen leben mussten.

die jüdische Frage beantwortet werden. Diese Wahrheit haben jetzt auch die Großmächte erkannt und die Verhandlungen müssen auf ganzer Linie geführt werden.[1365]

Stupnitski zeigte sich damit zwar sichtlich beeindruckt von der internationalen Bereitschaft zu Spenden und dem zum Ausdruck gebrachten Mitgefühl, doch kritisierte er gleichzeitig, dass das „Geben von Spenden" allein nichts bewirke, da es doch am eigentlichen Problem vorbeiziele.[1366] Die Frage „Was soll mit den Juden geschehen?" müsse seiner Ansicht nach endlich direkt und offen gestellt werden.[1367]

Beide Kolumnen stehen exemplarisch für eine Reihe politischer Kommentare und Analysen, die im November 1938 von unterschiedlichen Journalisten verfasst wurden und die sogenannte Polenaktion thematisierten. In ihnen diskutierten sie politische und humanitäre Lösungen dafür, wie das soziale und ökonomische Elend der Juden Europas zu lindern sei, und verknüpften ihre Analysen mit konkreten Emigrationsforderungen. Dabei wandten sie sich neben der polnischen Regierung auch an die internationale Staatengemeinschaft und forderten deren Unterstützung ein. Sie verknüpften das Schicksal der notleidenden und aus Deutschland ausgewiesenen Juden mit ihrer eigenen Lage und formulierten Hoffnungen und politische Forderungen, von denen sie glaubten, dass sie allen Juden zugutekommen würden.[1368] Viele Journalisten waren in ihrem Schreiben von einem unerschütterlichen Glauben an die Ideale der Aufklärung und das internationale und für alle Menschen gültige Recht auf eine menschenwürdige Behandlung geprägt.[1369] Ganz ähnliche Deutungen lassen sich nicht nur in der zionistischen Presse, sondern auch in der *Naye Folkstsaytung* finden, wie die Auseinandersetzung der Redakteure der Zeitung mit dem Attentat auf von Rath und den darauffolgenden Ereignissen zeigt. Als Chefredakteur analysierte Henryk Erlich regelmäßig die politischen Ereignisse des Jahres 1938 und fand insbesondere in Herszel Grynszpan einen symbolischen Repräsentanten des jüdischen

---

1365 Stupnitski, Shoyel-Yitskhok: Di velt hot a tsiter getun, in *Der Moment*, 17. November 1938, S. 3. Die Diskussion um Erets Israel und andere jüdische Kolonien wurde nach der „Polenaktion" intensiv in den jüdischen Zeitungen in Warschau geführt.
1366 Stupnitski, Shoyel-Yitskhok: Di velt hot a tsiter getun, in *Der Moment*, 17. November 1938, S. 3.
1367 Stupnitski, Shoyel-Yitskhok: Di velt hot a tsiter getun, in *Der Moment*, 17. November 1938, S. 3.
1368 Eine ähnliche Argumentation verfolgten Yeoshue Gotlib und Moshe Yinnon, siehe: Gotlib, Yeoshue: Der ames'er protest, in *Der Moment*, 18. November 1938, S. 3; Indelman, M. [Yinnon, Moshe].: Shaft nisht keyn naye galut'n, in *Haynt*, 20. November 1938, S. 9.
1369 Vgl. Tsaytlin, Hillel: Arum Gebels drey tishubes, in *Der Moment*, 15. November 1938, S. 3.

Leids in Europa, in dem er die „erschütternde Lage der geplagten jüdischen Massen" zu erkennen glaubte.¹³⁷⁰ In seinem Leitartikel vom 9. November 1938 schrieb Erlich, dass „sein kurzes Leben eine Kette von Unglück und Verfolgungen [war]", und weiter:

> Auf seinen Schultern liegen die ganze Last und Pein der nationalsozialistischen Judenpolitik. Vertrieben aus Deutschland, kann er für sich kein Asyl in der Welt finden. Es vertreibt ihn Frankreich, Belgien will ihn auch nicht halten – nirgendwo gibt es für ihn ein Wohnrecht auf dem Planeten, der den Namen Erde trägt. Ist es daher verwunderlich, wenn dieser Jugendliche, fast noch ein Kind, in einen Zustand der Verzweiflung gerät, die den Menschen die Möglichkeit nimmt, ihre Taten zu kontrollieren?¹³⁷¹

Dass Herszel Grynszpan als Opfer der nationalsozialistischen Judenpolitik weder von anderen Staaten in Europa aufgenommen wurde noch von Polen, dem Land, dessen Staatsbürger er war, war in den Augen Erlichs ähnlich grausam wie die Vertreibung aus Nazi-Deutschland selbst.

Die Ohnmacht, die Wut und die Enttäuschung über die ausbleibende Hilfe anderer Staaten, insbesondere die fehlende Empathie der polnischen Regierung, finden sich in vielen Artikeln wieder. Nicht umsonst wiesen Journalisten wie Moshe Kleinbaum oder Hillel Tsaytlin wiederholt darauf hin, dass es ein Irrsinn sei, den jüdischen Bürgern einfach ihre Dokumente wegzunehmen.¹³⁷² Ihrer Ansicht nach hatte an dieser Praxis nicht zuletzt die *Endecja* Schuld, da vor allem durch sie der Antisemitismus in Polen abermals zugenommen habe. So brachte Tsaytlin in einem politischen Kommentar für den *Moment* vom 22. November 1938 auch ganz offen zum Ausdruck, was viele Juden in Polen dachten. Es ging ihnen „nicht nur um das ‚Dritte Reich'", sondern „auch um das, was hier, in diesem Moment, durch die offene und sinnlose Prosa über die Erklärung eines Krieges gegen die Juden bisweilen auch in Polen von einigen Parteivorstehern wiederholt wird".¹³⁷³ Die Kritik an der offen zur Schau gestellten politischen Annäherung Polens an das nationalsozialistische Regime im Gewand eines sich radikalisierenden Antisemitismus blieb auch den polnischen Behörden nicht verborgen. In ihrer Auswertung jüdischer Pressereaktionen auf die „Polenaktion" und Novemberpogrome kam das „Referat Żydowski" des polnischen Innenministeriums je-

---

1370 Erlich, Henryk: Der Parizer atentat, in *Naye Folkstsaytung*, 9. November 1938, S. 3.
1371 Erlich, Henryk: Der Parizer atentat, in *Naye Folkstsaytung*, 9. November 1938, S. 3.
1372 Klaynbaum, Moshe: Hilf!, in *Haynt*, 6. November 1938, S. 3; Tsaytlin, Hillel: Der grester shker iber ale shkeries, in *Der Moment*, 22. November 1938, S. 3.
1373 Tsaytlin, Hillel: Der grester shker iber ale shkeries, in *Der Moment*, 22. November 1938, S. 3. Eine ähnliche Deutung lässt sich auch bei Jakob Pat finden. Vgl. Pat, Yakov: Vi halt ir es oys? ..., in *Naye Folkstsaytung* vom 30. Oktober 1938, S. 5.

doch zu dem Schluss, dass die Juden in Polen sich zwar „besorgt" darüber äußern würden, „dass die antijüdischen Vorfälle in Deutschland Einfluss auf die Verschlechterung der Lage der Juden in Polen haben könnte", sie aber trotzdem „die Möglichkeit einer blinden Nachahmung deutscher Modelle" ausschließen würden.[1374]

Die Novemberpogrome selbst lösten dann zwar einen weiteren Schock unter den Journalisten und Redakteuren in Warschau aus,[1375] aber einen, der durchaus erwartet wurde, nicht zuletzt, weil man sich an negative Schlagzeilen aus Deutschland bereits gewöhnt hatte.[1376] Nicht die Gewalt an sich war überraschend, wohl aber ihr ungeheures Ausmaß. Verglichen mit der Berichterstattung in den ersten Monaten nach der Machtübertragung an Hitler im Jahr 1933 gestaltete sich der Erwerb detaillierter Kenntnisse über die Durchführung und Intensität der Pogrome im Jahr 1938 jedoch etwas schwieriger. Die Meldungen waren weniger umfangreich – sowohl in Bezug auf die Menge der veröffentlichten Artikel als auch im Hinblick auf die Qualität der darin enthaltenen Informationen. Nur noch einige wenige Korrespondenten, wie Itsak-Mayer Gliksman, lebten in Berlin und arbeiteten von dort für die jiddische Presse in Polen. Die meisten von ihnen hatten, wie im Kapitel 3 gezeigt wurde, die Stadt und das Land bereits vor 1938 verlassen. Nach den Pogromen war es außerdem noch schwieriger geworden, mit in Deutschland lebenden Juden in Kontakt zu treten und von ihnen Informationen zu erhalten, weil die meisten noch weniger als ohnehin schon dazu bereit waren, offen über ihre Erfahrungen zu sprechen und die bereits erwähnte Zensur und Repression der Journalisten ihr Übriges tat.

In den ersten Tagen waren die Titelseiten und Kolumnen dominiert von „Hiobsbotschaften"[1377] und anderen Schockmeldungen, welche die polnische Metropole über die JTA, die PAT und Presseagenturen erreichten.[1378] Auf Basis

---

1374 AAN, MSW, Sig. 968, Wydział narodowościowy, Referat Żydowski, Stimmungsbericht Nr. 252, 10. November 1938, S. 125.
1375 Grinberg argumentiert, dass man den Schock, den die Journalisten in Anbetracht der Pogrome fühlten, ebenfalls anhand der zensierten Seiten ablesen können würde. Er vermutet, dass sich dahinter jeweils Artikel über die Pogrome verbargen. Vgl. Grinberg: „The Polish-Language Jewish Press", S. 443.
1376 Über die Jahre hatten sich die Zeitungsmacher an die Horrormeldungen aus Deutschland gewöhnt und betonten häufig, dass bei ihnen ein Gewöhnungseffekt eingetreten sei. Dazu vgl. z. B. Gothelf, Lui [Carlebach, Esriel]: Naye 5600 korbones fun Hitler'n, in *Haynt*, 16. Mai 1933, S. 3; Zeytiker, A: 5 yidn in grenets-vald ... der shmues beym redaktsie-tishl, in *Naye Folkstsaytung*, 12. August 1939, S. 5.
1377 So lautete ein Titel in der *Nasz Przegląd*, hier nach Steffen: Jüdische Polonität, S. 336.
1378 Vgl. Loose: „Reaktionen", S. 49.

dieser nur spärlichen Informationen mussten die Journalisten versuchen, sich ein Bild von der Lage vor Ort zu machen. In einem politischen Kommentar von Natan Szwalbe vom 13. November 1938 für die *Nasz Przegląd* bestätigte dieser, dass bisher nur wenig verlässliche Informationen über das ganze Ausmaß der Pogrome nach Warschau gelangt seien, weshalb es schwer wäre, die Geschehnisse einzuordnen.[1379] Und obwohl erste politische Kommentare bereits einige Tage nach den Pogromen erschienen, änderte sich die Situation erst in der zweiten Hälfte des Monats wirklich, weil immer mehr Informationen ihren Weg nach Warschau fanden und auch weil die Zeitungsmacher selbst verstärkt nach Wegen suchten, um Einblicke aus erster Hand zu bekommen. Während der *Haynt* seinen eigenen Mitarbeiter Khaim Avraham Hurvits (Khaim Vital) noch im November 1938 für eine mehrteilige Reportage nach Berlin entsandte,[1380] druckten die Redaktionen des *Moment* und der *Nasz Przegląd* im November und Dezember 1938 Exklusivberichte eines polnischen Journalisten namens Włodziemierz Lencki ab, der Anfang Dezember 1938 ebenfalls nach Berlin reiste, um von dort über die Folgen der Pogrome zu berichten.[1381] Für die *Naye Folkstsaytung* wiederum sammelte deren Mitarbeiter Y. Goldbrod in Warschau O-Töne von Juden, die erst kürzlich aus Deutschland geflüchtet beziehungsweise abgeschoben worden waren und von den Pogromen berichten konnten.[1382] Darüber hinaus ging die Zeitung auch wieder vermehrt dazu über, Augenzeugenberichte aus sozialistischen deutschen Exilzeitungen zu übernehmen und für ihre Leser aufzubereiten.[1383]

1379 Vgl. Szwalbe, Natan: Koszmar, in *Nasz Przegląd*, 13. November 1938, S. 336, hier zitiert nach Steffen: Jüdische Polonität, S. 336.
1380 Siehe dazu ausführlich Kap. 5.4 bis 5.4.5.
1381 Vgl. Lencki, Włodzimierz: Sklepa Berlina, in *Nasz Przegląd*, 20. November 1938, S. 7; Lentski, Vlodzimierzsh: A bezukh in hayntigen Berlin, in *Der Moment*, 2. Dezember 1938, S. 4 und die Reportagen vom 9., 16. und 23. Dezember 1938, jeweils S. 4. Im *Moment* wurde Lencki als ein bekannter polnischer Journalist angekündigt, der sich aktuell in Nazi-Deutschland aufhalten würde und für den *Moment* eine mehrteilige Artikelserie von dort schreiben würde. Dass er auch für die *Nasz Przegląd* schrieb, erwähnt ebenfalls Loose: „Reaktionen", S. 49.
1382 Leider konnte ich nichts über den Autor herausfinden. Vgl. z. B. Goldbrod, Y.: Vos dertsayln mentshn, vos hobn beygevoynt dem shoyderlekhn yidn-pogrom in Daytshland?, in *Naye Folkstsaytung*, 14. November 1938, S. 4; Vi azoy hot zikh batsoygn dos daytshe folk tsum natsishn yidngirosh?, in *Naye Folkstsaytung*, 6. Dezember 1938, S. 4–5.
1383 Vgl. z. B. Wolf, Friedrich: Tsvay bilder. Reportazhn vegn di yidn pogromn in Natsi-Daytshland, *Naye Folkstsaytung*, 16. Dezember 1938, S. 5. Bei dem Artikel handelt es sich um einen Nachdruck aus der deutsch-französischen Exilzeitung *Die Zukunft*, dem Presseorgan der Deutsch-Französischen Union aus Paris. Der *Moment* druckte ebenfalls Artikel aus französischen Zeitungen ab. Vgl. N. N.: Bilder fun milkhome-tsugraytungen in Daytshland, in *Der Moment*, 2. September 1938, S. 3.

Trotz der zunächst dürftigen Informationslage wussten viele Journalisten schnell, wie die Pogrome in Hinblick auf die Zunahme antisemitischer Gewalt in den Vorjahren einzuordnen waren. Während Henryk Erlich am 9. November 1938, wie viele andere *Shrayber* und *Tuer* aus Warschau, noch an die Menschlichkeit appelliert hatte und die Hoffnung äußerte, dass die Tat von Herszel Grynszpan die Welt aufrüttelte, musste er sich nur wenige Tage später mit dem „schauderhaften, beispiellosen antijüdischen Pogrom"[1384] auseinandersetzen. In seiner Kolumne, die bereits vier Tage nach dem Pogrom erschien, versuchte er eine erste Deutung der Ereignisse für die Leser der *Naye Folkstsaytung* vorzunehmen. Aufbauend auf den Meldungen der Presseagenturen, die „stets von einem ‚Mob' sprachen, der pogromierte, raubte, verbrannte und schlug", baute er seine Interpretation wie folgt auf:

> Und dieselben Telegramme meldeten, dass die Pogrome zwischen ein Uhr am Tag und fünf Uhr morgens und zwischen zwei Uhr am Tag und zehn Uhr in der Früh vorkamen [...]. Aber so sind spontane Pogrome nicht. Besonders nicht bei der ‚deutschen Systematik'. So pogromiert kein Mob. An den deutschen Pogromen haben sich Menschengruppen beteiligt – das ist sicher, aber das waren keine zufälligen Gruppen. Es erschien zwar in keiner einzigen nationalsozialistischen Zeitung ein Befehl, die Juden zu pogromieren, aber es war insofern ein ausreichender Befehl, als dass die Pogromisten ihre Arbeit begannen. Und es ist notwendig, die Reihenfolge der Geschehnisse zu beachten. Zuerst kam der Exodus der polnischen Juden. Dies bedeutete für die Vertriebenen nicht nur unbeschreibliches physisches und moralisches Leid, faktisch bedeutete es auch eine Zwangsenteignung ihres Vermögens. Und dann kamen die Schüsse in der Deutschen Botschaft in Paris und ‚als Antwort' darauf das Pogrom und die Zwangsenteignung der Vermögen der deutschen Juden. [...] Und gegen die etlichen hunderttausend deutschen Juden wird mit einer brutalen Systematik, bei der sich einem die Haare zu Berge stellen, ein Kampf um Ausrottung, um Vernichtung geführt.[1385]

Erlich erkannte, dass es sich bei den Pogromen nicht ausschließlich um die spontane Dynamik eines antisemitischen Exzesses handelte, sondern um eine Aneinanderreihung gezielt organisierter und durchgeführter Aktionen, die letztlich zum Ziel hatten, die deutschen Juden auszurauben, zu enteignen und zu vertreiben.[1386]

1384 Erlich, Henryk: Di geshenishn in Daytshland, in *Naye Folkstsaytung*, 14. November 1938, S. 3.
1385 Erlich, Henryk: Di geshenishn in Daytshland, in *Naye Folkstsaytung*, 14. November 1938, S. 3.
1386 Zur Inszenierung der Pogrome und Steuerung der nationalsozialistischen Presse siehe z. B. Benz: Gewalt im November 1938, S. 52–89.

In der bürgerlich-zionistischen Presse wurden die Pogrome in einer ähnlichen Art und Weise interpretiert.[1387] Zum Tragen kamen Argumente, die versuchten aufzuzeigen, dass die nationalsozialistische Führung durch das Pogrom die deutsche Bevölkerung von ihrer desolaten wirtschaftlichen Lage abzulenken versuchte und sich durch das gestohlene jüdische Vermögen ökonomisch selbst sanieren wollte.[1388] Doch auch das Ausbleiben von Solidaritätsbekundungen seitens polnischer Journalisten und die von ihnen teilweise offen zur Schau gestellte Freude über die Pogrome wurden von diversen Zeitungsmachern der jüdischen Presse kritisiert. Auch hier also wurde nicht nur auf die Ereignisse in Deutschland, sondern auch auf die Folgen und Reaktionen in Polen selbst geschaut.[1389]

Die Geschehnisse in Deutschland und an der deutsch-polnischen Grenze hatten spürbare Auswirkungen auf die Arbeit der Journalisten und Zeitungsmacher in Warschau. Als sich im Laufe des Novembers abzeichnete, dass die Folgen der „Polenaktion" und der Novemberpogrome dauerhafter Natur waren und folglich auch der Bedarf an Unterstützung längerfristig bestehen bleiben würde, kamen erste Zweifel an den Kapazitäten des Unterstützungsprogramms auf. Die abnehmende Spendenbereitschaft tat ihr Übriges dazu bei.[1390] Parallel dazu verbreitete sich in der jüdischen Presse in Warschau eine Atmosphäre der Aufregung, und viele Journalisten schrieben in ihren Kolumnen, dass es höchste Zeit sei, zu handeln. Wer genau handeln sollte oder wie, konnte in den Vorstellungen der Zeitungsmacher sehr unterschiedlich und zum Teil auch widersprüchlich sein. Auch wenn die Forschung heute zeigt, dass die Bemühungen der jüdischen Intellektuellen und Politiker dieser Zeit, ihre Situation zu verbessern, größtenteils

---

1387 Vgl. z. B.: Zynger, Bernard: Di pogromen oyf yidn un di ekonomishe lage fun Daytshland, in *Haynt*, 13. November 1938, S. 3; Nayman, Yekhezkl-Moyshe: Di naye „luzitanye", in *Haynt*, 16. November 1938, S. 3; Stupnitski, Shoyel-Yitskhok: Di velt hot a tsiter getun, in *Der Moment*, 13. November 1938, S. 3; Gotlib, Yeoshue: Der emes'er protest, in *Der Moment*, 18. November 1938, S. 3.

1388 Dies war die These von Khaim Avraham Hurvits (Khaim Vital). Vgl. Kap. 5.4.3.

1389 N. N.: Vi azoy „reagirt" di poylishe prese oyf di shoyderlikhe yuden-pogromen in Daytshland? ..., in *Der Moment*, 14. November 1938, S. 2; Erlich, Henryk: In der finstere nakht, in *Naye Folkstsaytung*, 18. November 1938, S. 3; Eynhorn, Arn: Der spektakl lokt ..., in *Haynt*, 16. November 1938. Ausführlich zu den polnischen Pressereaktionen siehe Kosmala: „Pressereaktionen in Polen auf den Novemberpogrom 1938", S. 1036–1041.

1390 Zwar bemühten sich die Zeitungsredakteure immer wieder um Unterstützung zu werben und Spendenwillige zu würdigen, dennoch wurde immer offenbarer, dass die Summen nicht ausreichen würden. Im *Moment* wurde Ende Dezember beispielsweise ein erneuter Spendenaufruf gestartet, in dem man explizit darauf hinwies, dass man wisse, dass die Entbehrungen bisher schon riesig waren, dennoch weitere Spenden nötig seien. Vgl. z. B. die Anzeige im *Der Moment* vom 26. Dezember 1938, S. 2.

vergebens waren, und sie ihren Einfluss auf die realpolitischen Verhältnisse überschätzten,[1391] wurden sie dennoch nicht müde, Ideen zu diskutieren und teilweise auch zu erproben. Dass die *Shrayber* und *Tuer* dabei auch durchaus zur Selbstkritik in der Lage waren, zeigt das Beispiel des populären Kolumnisten Yosef Heftman (Emanuel) vom *Moment*. Dieser stellte in seiner regelmäßigen politischen Kolumne die Funktion und die Arbeit zionistischer Aktionskomitees infrage. Die immer gleichen Mittel und Wege, Juden in Not zu helfen, würden kaum Wirkung zeigen, weil es sich doch um „den altbekannten, gut einstudierten Galopp der Debatten, die man schon auswendig" kann, handelte.[1392] Noah Prylucki hingegen kritisierte die politische Unfähigkeit der jüdischen Parteien zur Zusammenarbeit. Er mahnte, dass schwierige Zeiten zwingend eines parteiübergreifenden Zusammenhalts bedürften, machte aber selbst keinerlei Vorschläge, wie diese Zusammenarbeit aussehen sollte.[1393]

Andere Publizisten wiederum setzten ihre Hoffnungen in die deutsche Bevölkerung. Aus den wenigen positiven Geschichten, die Zusman Segalovitsh vom *Moment* in Warschau von jüdischen Geflüchteten zu hören bekam, die von solidarischen und hilfsbereiten Deutschen erzählten, schöpfte der Publizist Hoffnung. Er war überzeugt davon, dass nicht die gesamte deutsche Bevölkerung pronationalsozialistisch und judenfeindlich eingestellt sein konnte, und argumentierte, dass es sich genau deswegen lohne, zu kämpfen und weiter zu hoffen.[1394] Auch Henryk Erlich und Pinkhas Shvarts von der *Naye Folkstsaytung* betonten in ihren Artikeln, dass es neben den „polnischen Nazi-Schreibern" noch ein „polnisches Volk in Polen" und „in Deutschland auch ein deutsches Volk jenseits des Nationalsozialismus" gäbe.[1395] Zu diesen Schlüssen gelangten sie auch aufgrund von Berichten jüdischer Flüchtlinge. Nach einem seiner Besuche im Flüchtlingslager in Zbąszyń betonte Pinkhas Shvarts, dass die meisten der Deportierten, die in Zbąszyń festsaßen, „gegenüber den durchschnittlichen deutschen Volks-

---

1391 Vgl. Melzer: No Way Out, S. 121.
1392 Emanuel [Heftman, Yosef]: Aktsions-komitet, un vos veyter?, in *Der Moment*, 25. November 1938, S. 6.
1393 Vgl. Prylutski, Noyekh: A kleyne korektiv, in *Der Moment*, 25. November 1938, S. 5.
1394 Vgl. Segalovitsh, Zusman: Mentshlikhe momenten, in *Der Moment*, 23. Dezember 1938, S. 5. Ähnliche Argumentationen lassen sich in Reiseberichten von Jakob Pat, Khaim Avraham Hurvits und Nakhmen Mayzel aus den Jahren 1937 und 1938 finden. Siehe dazu ausführlich Kap. 5 in dieser Arbeit.
1395 Erlich, Henryk: In der finstere nakht, in *Naye Folkstsaytung*, 18. November 1938, S. 3. Henryk Erlich bemerkte, dass die nichtjüdische Bevölkerung von Zbąszyń die günstige „Pogrom-Konjunktur" nicht ausgenutzt hätte. Dass die Einwohner der Stadt sehr hilfsbereit waren und viele christliche Polen auch spendeten, erwähnt ebenfalls Tomaszewski. Vgl. Tomaszewski: Auftakt zur Vernichtung, S. 215–216.

menschen" kaum Hass oder Zorn empfanden, und wies ausdrücklich auch auf die Hilfsbereitschaft der polnischen Bevölkerung vor Ort hin.[1396]

Nach den Novemberpogromen kam es in Warschau und anderen Städten zu einer Reihe von Demonstrationen und Kundgebungen, die sich gegen die Verfolgung von Juden in Deutschland, die Novemberpogrome, aber eben auch gegen die täglich stattfindenden antisemitischen Übergriffe in Polen selbst wandten. Neben dem *Bund*, der zusammen mit Vertretern der PPS und der ukrainischen sozialdemokratischen Partei, der USDP, eine Reihe von Kundgebungen organisierte,[1397] gab auch die *Agudat Yisroel* eine Petition heraus, die sich gegen die Gewaltexzesse aussprach. Das Warschauer Rabbinat kündigte zudem für den 19. November 1938 einen Tag des Gebets für das Wohlergehen der Juden in Deutschland an.[1398] Am selben Tag fand außerdem in den Vereinsräumen der zionistischen Arbeiterorganisation *Poale Zion* (rechts) eine Podiumsdiskussion mit dem Politiker und Publizisten Yosef Kruk und anderen statt. Der Titel der Veranstaltung lautete „Barbarei, Mittelalter und Autodafé im Herzen Europas" und behandelte die aktuelle Lage der Juden in Deutschland.[1399] Wenige Tage später referierte der Redakteur der *Naye Folkstsaytung* Dovid-Leyb Naymark* (1891–1960) in den Vereinsräumen des *Fareyn fun yidishe Literatn un Zhurnalistn in Varshe* über die Frage, warum in verschiedenen Ländern Europas Juden verfolgt wurden, und bot einen theoretischen Überblick über den historischen und zeitgenössischen Antisemitismus an.[1400]

Im Sommer 1939 wurde das Lager in Zbąszyń nach fast einem Jahr aufgelöst und die restlichen 800 Bewohner des Lagers wurden auf das gesamte Land verteilt, wo sie erneut gezwungen waren, sich ein neues Zuhause zu schaffen.[1401] In

---

[1396] Shvarts, Pinkhas: In Zbanshin, in *Naye Folkstsaytung*, 20. November 1938, S. 3.
[1397] Vgl. AAN, MSW, Sig. 969, Wydział narodowościowy, Referat Żydowski, Prasa Żydowska, Warschau, 7. Dezember 1938, Bl. 145 sowie die Berichte Nr. 272, Bl. 157 und Nr. 277, Bl. 195–196. Siehe außerdem N. N.: Rizike masn-mitingen fun „Bund" in Varshe un Lodzh, in *Naye Folkstsaytung*, 24. November 1938, S. 1 sowie eine Anzeige vom 22. November 1938, dass das ZK vom *Bund* in Warschau eine Demonstration gegen die Pogrome organisierte.
[1398] Vgl. AAN, MSW, Sig. 969, Wydział narodowościowy, Referat Żydowski, Prasa Żydowska, Warschau, 7. Dezember 1938, Bl. 145 sowie Sig. 968, Wydział narodowościowy, Referat Żydowski, Prasa Żydowska, Warschau, 18. November 1938, Bl. 163.
[1399] Vgl. AAN, MSW, Sig. 968, Wydział narodowościowy, Referat Żydowski, Prasa Żydowska, 21. November 1938, Bl. 184.
[1400] Die Veranstaltung wurde prominent im *Moment* beworben. Vgl. Anzeige, in *Der Moment*, 23. November 1938, S. 6.
[1401] Am 29. und 30. August 1939 veröffentlichte das Allgemeine Hilfskomitee ein Communiqué, das sich an die Ausgewiesenen richtete und sie darum bat, nicht nach Warschau zu kommen, da ihnen dort nicht geholfen werden könne. Ferner appellierte man an die anderen Hilfskomitees und jüdischen Gemeinden im Land, zu prüfen, ob sie noch Kapazitäten für die Versorgung der

jener Zeit häuften sich nicht nur die Nachrichten über einen möglichen bevorstehenden Krieg, in den Lokalnachrichten der Warschauer jiddischen Tageszeitungen fanden sich auch vermehrt Meldungen, die vom jüdischen Leid, von Hunger, antisemitischen Übergriffen, Korruption und Selbstmorden erzählten.[1402] In Anbetracht dieses „grausamen Bildes der polnischen Wirklichkeit", wie Barukh Shefner es in einem weiteren Brief an Melekh Ravitsh formulierte, konnten selbst die idealistischen Journalisten und Schriftsteller ihre Hoffnung verlieren.[1403] Shefner aber blieb optimistisch und schrieb, dass er hoffte, dass die Dinge sich bald zum Guten wenden würden.

7.4 Kriegsgefahr und Kriegsausbruch

Spätestens seit der sogenannten Sudetenkrise war die Gefahr eines bevorstehenden neuen Weltkrieges in den Augen vieler Zeitungsmacher eine sehr reale geworden und wurde immer wieder in den Zeitungen aufgegriffen und diskutiert.[1404] Der erzwungene Abtritt der tschechoslowakischen Sudetengebiete im Oktober 1938 an das Deutsche Reich sowie die Beteiligung Polens am Münchener Abkommen und daraus folgend die Besetzung der tschechoslowakischen Provinz Těšín/Cieszyn durch Polen nur einen Tag nach dem deutschen Einmarsch in die Tschechoslowakei lösten Entsetzen unter den jüdischen Zeitungsmachern aus. Henryk Erlich sprach sogar davon, dass Polen damit in eine Art Kriegszustand eingetreten sei.[1405] Für internationale Unruhe sorgte darüber hinaus die immer wieder von den Nationalsozialisten angezweifelte Autonomie der Freien Stadt Danzig sowie der Status des Polnischen Korridors. Die sogenannte Polenaktion und die auf sie folgenden Novemberpogrome bestärkten die jüdischen Zeitungsmacher zusätzlich in der Ansicht, dass sie mit ihrer fortwährenden Kritik an der polnischen Deutschlandpolitik richtig lagen. Das deutsch-polnische Ver-

---

Ausgewiesenen hätten. Vgl. N. N.: Dos likvidirn dem pleytim-lager in Zbanshin, in *Naye Folkstsaytung*, 29. August 1939, S. 5; (S): Vos vet zayn mit di Zbanshiner pleytim, in *Naye Folkstsaytung* vom 30. August 1939, S. 5.
1402 Vgl. z. B. N. N.: Beser der toyt eyder der hitleristisher kontsentratsie-lager, in *Der Moment*, 20. Juli 1939, S. 5; Nokh ayn yud gefunen dem toyt untern elektrishn tsug – in Mikhaliz, in *Der Moment*, 28. August 1939, S. 5.
1403 NLI, Arkhion Melekh Ravitsh, ARC* 1540 12 2957.2, Barukh Shefner an Melekh Ravitsh, 3. Dezember 1936, Warschau.
1404 Vgl. z. B. Erlich, Henryk: Erev krig?, in *Naye Folkstsaytung*, 2. September 1938, S. 3; Eynhorn, Arn: Ven es vilt zikh hofen, in *Haynt*, 17. April 1939, S. 3; B. M.: Nisht shalom un nisht milkhome, in *Haynt*, 23. April 1939, S. 3; Alter, Viktor: S'vet sayn a milkhome in 1938?, 4. Januar 1938, S. 3.
1405 Erlich, Henryk: Oyf der shvel fun 1939, in *Naye Folkstsaytung*, 1. Januar 1939, S. 3.

hältnis hatte sich nämlich im Laufe des Jahres 1938 zunehmend ins Negative verkehrt, und es schien nur noch eine Frage der Zeit, bis eine der beiden Parteien die deutsch-polnische Nichtangriffserklärung auflösen würde.[1406]

Im Frühjahr 1939 kam es schließlich zum endgültigen Bruch. Die nationalsozialistische Führung kündigte am 28. April 1939 das Abkommen auf und beendete damit die freundschaftlichen Beziehungen zu Polen. Auch in Polen kam es zu einer politischen Kehrtwende in der Außenpolitik.[1407] Nicht nur, dass die polnische Regierung den politischen Schulterschluss mit Frankreich und Großbritannien suchte,[1408] die Regierenden näherten sich auch auf inhaltlicher Ebene der politischen Opposition im eigenen Land an.[1409] Die Pressezensur in Bezug auf Deutschland wurde eingestellt und Journalisten dazu aufgerufen, kritische Artikel über Deutschland zu verfassen.[1410] Damit einhergehend begann die polnische Regierung, sich auf einen möglichen Krieg mit Deutschland vorzubereiten, weshalb sie eine Kampagne startete, die alle polnischen Bürger dazu aufrief, sich an der Finanzierung eines Kredites für den Aufbau einer Luftwaffe zu beteiligen.

Im April 1939 fanden sich die Redakteure aller jüdischen Tageszeitungen im Referatssaal der *Główna Biblioteka Judaistyczna* in der *ulica Tłomackie* 3/5 in Warschau ein, um für die Idee der Errichtung einer polnischen Luftwaffe zu werben. Die Veranstaltung, zu der die gesamte jüdische Intelligenz und damit Vertreter verschiedener politischer, wirtschaftlicher und kultureller Organisationen geladen waren, trug den Titel „Die jüdische Presse für den Luftwaffenverteidigungs-Kredit".[1411] Ziel war es, die jüdische Bevölkerung zur Teilnahme an der staatlichen Spendenkampagne zu überreden. Nachdem die Veranstaltung durch den *Haynt*-Redakteur und Vorsitzenden der jüdischen Sektion des Journalistensyndikats, Moshe Yinnon* (Indelman) (1895–1977), eröffnet worden war, wandten sich mit weiteren Reden unter anderem Barukh Shefner (*Naye Folkstsaytung*), Mendel Mozes (*JTA*), Samuel Wołkowicz (*Nasz Przegląd*), Dovid Flinker (*Dos Yu-*

1406 Die Gründe dafür waren vielfältig, ein wichtiger Grund aber war, dass Polen sich weigerte, den Forderungen nach einer extraterritorialen Eisen- und Autobahnlinie durch polnisches Gebiet nachzukommen. Vgl. Kosmala, Beate: „Der deutsche Überfall auf Polen. Vorgeschichte und Kampfhandlungen", in: Borodziej, Włodzimierz und Klaus Ziemer (Hrsg.): *Deutsch-polnische Beziehungen 1939–1945–1949*, Osnabrück 2000, S. 19–40.
1407 Vgl. Golczewski: Das Deutschlandbild der Polen, S. 263f.
1408 Vgl. Scheil, Stefan: Churchill, Hitler und Antisemitismus, Berlin 2008, S. 201f.
1409 Vgl. Melzer: No Way Out, S. 154–163; Karlebakh, Ezriel: Poyln ohn den pakt, in *Haynt*, 2. Mai 1939, S. 3.
1410 Vgl. Mozes: „Żydowska Agencja Telegraficzna", S. 123; Pietrzak: Reglementacja wolności, S. 462, 470; Steffen: Jüdische Polonität, S. 319.
1411 N. N.: Di fayerlikhe akademie fun der yidisher prese, in *Haynt*, 28. April 1939, S. 10; N. N.: Di impozante Halvah-akademie fun der yidisher prese, in *Der Moment*, 28. April 1939, S. 3.

dishe Togblat), Lazar Kahan* (1885–1946) (*Unzer Ekspres*), Noah Pryłucki (*Der Moment*) und noch einige mehr an das Publikum. Die Veranstaltung hatte einen hohen symbolischen Wert, der von den Journalisten auch damals schon so wahrgenommen wurde. Die wohl deutlichsten Worte fand Samuel Wołkowicz in seiner Rede. Er sagte:

> Es sprechen hier zu euch die Vorsteher der jüdischen Gesellschaft, Repräsentanten der ganzen jüdischen Presse, Journalisten und Publizisten aus allen jüdischen politischen Richtungen. Das ist symbolisch, genauso wie die Zusammensetzung der Versammelten auf der heutigen Veranstaltung symbolisch ist, die aus Vorstehern der Linken, der Intelligenz, aus Handwerkern, Kaufmännern, jüdischen Rabbinern und der jüdischen Gemeinde besteht. Wir haben euch aber nicht nur zu der heutigen Veranstaltung gebeten, damit ihr unseren Reden zuhört. Wir, die gesamte jüdische Presse, haben uns im Anblick der ernsten Lage im Namen der Verteidigung des Staates hinter die große Aktion [das Sammeln von Geldern für die Luftwaffenverteidigung, AK] gestellt. Und wir haben das Recht, von euch, Vorsteher der jüdischen Gesellschaft, zu fordern, dass ihr die Wichtigkeit des Moments versteht. Darum sollt ihr eure ganze Energie in den nächsten Tagen dazu aufwenden, diejenigen aufzufordern, ihre Pflicht zu erfüllen, die sie bis heute noch nicht erfüllt haben.[1412]

Gegen Ende der 1930er Jahre hatten die jüdischen Zeitungsmacher mit der Luftwaffenverteidigungskampagne erneut einen politischen Minimalkonsens gefunden, der eine Zusammenarbeit rechtfertigte und den dieses Mal sogar die Redakteure der *Naye Folkstsaytung* mittrugen, nämlich die Verteidigung Polens und der Juden gegen den nationalsozialistischen Aggressor. Der Kampagne kam somit nicht nur eine parteiübergreifende politische Symbolik zu, sondern sie zeigte erneut, welche gesellschaftliche Position die Zeitungsmacher in Warschau innehatten und welchen Einfluss sie auf die jüdische Bevölkerung ausübten. Sie waren diejenigen, die das Treffen initiiert hatten, die sich an die anderen jüdischen Intellektuellen wandten und sie dazu aufforderten, ihrem Aktionsplan zu folgen. Dass ihr Einfluss tatsächlich beträchtlich war, zeigt sich nicht zuletzt anhand der immensen Summe von rund 1.300.000 Złoty, die im Rahmen der Pressekampagne eingesammelt wurde.[1413] Als die Warschauer Bevölkerung im August damit begann, Luftschutzgräben auszuheben, die vor einem möglichen deutschen Luftangriff schützen sollten, beteiligten sich an der Aktion auch die jüdischen Zeitungsmacher und riefen die jüdische Bevölkerung Warschaus dazu

---

1412 N. N.: Di impozante Halvah-akademie fun der yidisher prese, in *Der Moment*, 28. April 1939, S. 3.
1413 Vgl. Melzer: No Way Out, S. 160. Melzer weist ferner darauf hin, dass trotz der zum Ausdruck gebrachten Loyalität gegenüber der polnischen Nation sich die jüdische Bevölkerung weiterhin antisemitischen Diffamierungen durch die nationaldemokratische Presse ausgesetzt sah.

auf, die Arbeiten zu unterstützen.[1414] Neben den Journalisten und Schriftstellern halfen auch orthodoxe Juden sowie die im Herbst 1938 aus Deutschland ausgewiesenen Juden, die zu diesem Zeitpunkt in Warschau lebten.[1415]

Trotz der drohenden Kriegsgefahr, die das alltägliche Empfinden bestimmte, ging das Leben in Warschau weitgehend seinen gewohnten Gang und die Zeitungsmacher vermittelten das Bild einer, wenn auch äußerst schwierigen, jüdischen Normalität.[1416] Alltäglichkeiten wie Theater- und Buchrezensionen standen neben Meldungen über antisemitische Vorfälle und Artikeln, die darüber aufklärten, wie die Leser sich im Falle eines Luftangriffes zu verhalten hatten.[1417]

Da gegen Ende der 1930er Jahre die Ereignisse, welche die politische Lage ein ums andere Mal radikal veränderten, immer schneller aufeinander folgten, hatten Journalisten, die in Europa arbeiteten und lebten, generell kaum mehr Zeit, die täglichen Hiobsbotschaften zu verarbeiten und zu deuten. Die Erklärung von gestern konnte heute schon überholt sein. Hinzu kam, dass Informationen zumindest teilweise zunehmend schwerer zu verifizieren waren und aus diesem Grund seriöse Meldungen oft von einer Mischung aus Gerüchten, Halbwahrheiten und Propaganda überlagert wurden. Dies führte zu großen Unsicherheiten bei den Zeitungslesern und stellte die Zeitungsmacher vor enorme Herausforderungen. Das Bangen und Hoffen, der Glaube an eine vermeintliche Sicherheit und das gleichzeitige Gefühl der Bedrohung machten es den Lesern schwer, sich in einer Welt, die aus den Fugen geraten zu sein schien, zurechtzufinden. Der Ausnahmezustand war zum Normalzustand geworden, wodurch auch das Verhältnis zwischen denjenigen, welche die Nachrichten produzierten, und jenen, die sie konsumierten, gestört wurde, sodass sich Kritik an den Zeitungsmachern regte. Offenbar gab es Leser, die diesen vorwarfen, sie würden lügen oder ihrer Arbeit nicht mehr gewissenhaft nachgehen.[1418] Den Grund hierfür sah Barukh Shefner, der dieses Mal unter seinem Pseudonym „Beys-Shin" schrieb, in der fragilen politischen Großwetterlage, die sich in den Jahren1938 und 1939 im Prinzip jeden

---

1414 Vgl. N. N.: Ale ohn oysnahm bey der arbeyt fun graben shuts-raves!, in *Der Moment*, 28. August 1939, S. 5.
1415 Vgl. Mark, Bernard: „Wspomnienia o udziale ludności żydowskiej w cywilnej obronie Warszawy", in: Instytut Historii im. Tadeusza Manteuffla Polskiej Akademii Nauk (Hrsg.): *Ciwilna obrona Warszawy we wrześniu 1939r. Dokumenty, materiały prasowe, wspomnienia i relacje*, Warszawa 1964, S. 299–310, hier S. 300; Garbarini, Alexandra: Jewish Responses to Persecution, 1938–1940 (= Documenting Life and Destruction. Holocaust Sources in Context, Bd. 3), Plymouth 2011, S. 114–119.
1416 Vgl. Finkelshtayn: Haynt, S. 322.
1417 Vgl. Reinharz/Shavit: The Road to September 1939, S. 294f.
1418 Vgl. Beys-Shin [Shefner, Barukh]: A yid, vo gloybt nisht … a shmues, in *Naye Folkstsaytung*, 18. August 1939, S. 5.

Tag anders darstellte. Die Schnelllebigkeit der Informationen überforderte die Leser, sodass die Journalisten oft nicht mehr zu ihnen durchdrangen.[1419] Dazu gehörte auch, dass die polnische Regierung darum bemüht war, keine Panik aufkommen zu lassen, weshalb sie Nachrichten verbreitete, die darauf abzielten, die Stärke des deutschen Militärs kleinzureden.[1420] Diese Nachrichten wurden auch von den jüdischen Tageszeitungen verbreitet, und es scheint, als ob die zuständigen Redakteure zumindest zum Teil auch selbst daran geglaubt hätten.[1421] Die Zeitungsmacher zeichneten in den letzten Augusttagen des Jahres 1939 ein relativ positives Bild hinsichtlich der Frage eines möglichen Kriegsausbruches und der militärischen Stärke Polens. In einem Kommentar im *Haynt* schätzte ein anonymer Verfasser die diplomatischen Verhandlungen zwischen Chamberlain und Hitler als einen ersten Sieg ein,[1422] und die Redakteure von *Dos Yudishe Togblat* versicherten ihren Lesern glaubhaft, dass es bis zum Jahr 1940 keinen Krieg geben werde und die deutsche Bevölkerung insgesamt keinen Krieg wolle.[1423]

Die kämpferische und optimistische Haltung, die in den Zeitungen vermittelt wurde, fiel auch dem ehemaligen Berliner Korrespondenten des *Moment* Daniel Tsharni auf. Tsharni, der seit 1933 in Paris lebte und von dort aus enge Verbindungen zur jüdischen Literaturszene Warschaus unterhielt, drückte am 1. September 1939 in seinem Tagebuch seine Verwunderung darüber aus, wie wenig Raum die Warschauer jüdischen Tageszeitungen in den vergangenen Wochen der drohenden Kriegsgefahr gewidmet hätten. Er notierte:

> Heute habe ich aus Warschau die bundistische *Folkstsaytung* vom 28. August bekommen. Vor insgesamt vier Tagen verspürte man in Polen noch keine Kriegsgefahr. In der [Naye, AK] Folkstsaytung wird noch erzählt, dass ‚im Anblick eines möglichen Kriegsausbruches' endlich Zbąszyń, das berühmt gewordene ‚Niemandsland' zwischen Deutschland und Polen, abgeschafft wurde. ‚Die letzten 720 jüdischen Seelen, die ein ganzes Jahr in Zbąszyń litten, wurden nach Warschau überführt'. So wurden die 720 jüdischen Seelen vor dem ersten Feuer von Hitler gerettet, denn Zbąszyń ist der erste Grenzpunkt, durch den die Nazibanditen heute Polen überfallen haben. Wie aber wird die dreieinhalb Millionen starke jüdische Gemeinschaft Polens gerettet, wenn jetzt doch ganz Polen eine Art Zbąszyń, ein ‚Niemandsland' zwischen Deutschland und der Sowjetunion geworden ist?[1424]

1419 Vgl. Beys-Shin [Shefner, Barukh]: A yid, vo gloybt nisht ... a shmues, in *Naye Folkstsaytung*, 18. August 1939, S. 5.
1420 Vgl. Finkelshtayn: Haynt, S. 322.
1421 Vgl. Reinharz/Shavit: The Road to September 1939, S. 294–229.
1422 Vgl. N. N.: Der ershter zieg ..., in *Haynt*, 31. August 1939, S. 1.
1423 Vgl. N. N.: Dos daytshe folk vil nisht keyn milkhome, in *Dos Yudishe Togblat*, 31. Juli 1939, S. 4; N. N.: Biz 1940 – vet nisht zayn keyn milkhome, in *Dos Yudishe Togblat*, 3. August 1939, S. 5.
1424 Tagebucheintrag vom 1. September 1939, aus: Tsharni: Di velt iz kaylekhdik, S. 339 f.

In der Tat drückte sich die Diskrepanz zwischen Wissen und Glauben, wie sie Daniel Tsharni in der *Naye Folkstsaytung* glaubte zu beobachten, sich auch im individuellen Verhalten der *Shrayber* und *Tuer* selbst aus. So befanden sich im August 1939, also kurz vor dem deutschen Überfall auf Polen, zahlreiche Journalisten und Publizisten in den Sommerferien außerhalb der Stadt und ließen ihre Redaktionen unterbesetzt zurück.[1425] Sie suchten „nach ein bisschen frischer Luft" und „wollten den Alptraum der doppelten Bedrängnis zwischen Verfolgung und Kriegsangst vergessen".[1426]

Diese individuellen Ängste fanden jedoch nur selten ihren Weg in die Zeitungen. Es gibt allerdings auch Beispiele von Nachrichten, die zumindest dem heutigen Leser ein anderes Bild, eines der Panik und der Nervosität, vermitteln. Eine Reportage aus die *Naye Folkstsaytung* vom 30. August zeigt eindrucksvoll, wie sich die Stimmung im jüdischen Viertel Warschaus in Anbetracht des nahenden Krieges verändert hatte. Nicht mehr die alltäglichen Geschäfte, die Arbeiten und Botengänge bestimmten das Leben der Bewohner, sondern eine unruhige Stimmung. Der Autor der Reportage beschrieb, wie vor jeder Tür Gruppen von Menschen standen, welche „die großen Schlagzeilen" verschlangen, und wie aus jedem Fenster Menschen blickten, die „etwas hören, sehen und herausfinden" wollten.[1427] Alle hatten dabei nur eine Frage im Kopf, nämlich die, was es Neues zu berichten gab. Insbesondere die Zeitungskioske seien „von allen Seiten belagert" gewesen, und für gewöhnlich habe sich immer einer gefunden, „der mit lauter Stimme" vorlas, während die anderen zuhörten und danach „lebhaft" jede Nachricht kommentierten.[1428]

Nur einen Tag zuvor, am 29. August 1939, schrieb der Journalist Ben-Tsien Khilinovitsh, der gerade seine Stellung als Redakteur beim *Moment* aufgrund von internen Machtkämpfen niedergelegt hatte,[1429] seinem Freund Mark Turkow, dass er einen Krieg für sehr realistisch halte und auch die vereinspolitische Arbeit im Jüdischen Journalistensyndikat, dessen Vorstand er leitete, aufgrund der „ner-

---

1425 Vgl. Auerbach: Varshever tsavoes, S. 15; Finkelshtayn: Haynt, S. 324.
1426 Finkelshtayn: Haynt, S. 324.
1427 N. N.: Oyshalten un beykumen ale angrifn fun shnah, in *Naye Folkstsaytung*, 30. August 1939, S. 5.
1428 N. N.: Oyshalten un beykumen ale angrifn fun shnah, in *Naye Folkstsaytung*, 30. August 1939, S. 5.
1429 Zum Konflikt und dem 3-wöchigen Streik im *Moment* zwischen dem Anwalt und Revisionisten Marek Kohan und den Redakteuren siehe Weiser: Jewish People, Yiddish Nation, S. 243–44; „,Der Moment' (1910–1939)", S. 77–88. Die Mitarbeiter der *Naye Folkstsaytung* solidarisierten sich mit den Streikenden vom *Moment*: N. N.: Arum dem shtreyk in „Moment", in *Naye Folkstsaytung*, 2. März 1939.

vösen Stimmung" nur schleppend vorangehe.[1430] Von einer „nervösen Stimmung" am Abend des 30. August berichtete auch Zusman Segalovitsh 1946 in seinen Erinnerungen. Darin schreibt er, dass von den Journalisten und Schriftstellern, die sich Ende August 1939 in Warschau befanden, vor Anspannung kaum noch jemand seinem geregelten Leben nachgegangen sei und sie in einem ebenso engen wie regen Austausch miteinander gestanden hätten.[1431] Ausführlich erinnerte er sich:

> Die Unruhe trug uns von der Redaktion in den Literaturverein, von dem Verein ins Café. Wir suchten Freunde, Bekannte, wir waren alle wie benommen und wie verrückt in der Erwartung des großen Unglücks und jeder dachte, dass der andere klüger ist und mehr weiß ... [...]. In unseren Kreisen warf jemand den Satz hinein, dass Deutschland nur drohe und dass es keinen Krieg geben werde. Man griff danach und täuschte sich damit viele Stunden selbst. Am letzten Donnerstag saßen wir bis spät in die Nacht im Restaurant ‚Piccadilly'. Alle paar Minuten brachte der Redakteur [Natan] Szwalbe etwas Neues und alle paar Minuten wurde dasselbe wieder bestritten. Man war müde, gebrochen, erschrocken ... Die Kellner rückten einer nach dem anderen an unseren Schriftstellertisch heran, stellten die Ohren auf und wollten ein Wort erhaschen. Die letzten Gäste im Restaurant schauten intensiv zu uns herüber, meinten, dass wir etwas wissen. Wir aber wussten gar nichts ... [...]. Später kam Bernard Singer hereingelaufen. Er kam von den polnischen Journalisten. Er rief Szwalbe zu sich und besprach etwas mit ihm. Singer ist dann bald wieder weg und Szwalbe kam an unseren Tisch zurück mit nur einem Satz: Es gibt keine Hoffnung mehr.[1432]

Ganz ähnliche Gedanken hatte möglicherweise auch Moshe Kleinbaum im Kopf, als dieser am 31. August 1939 das letzte Passagierflugzeug bestieg, das London in Richtung Warschau verlassen sollte. Der jüngste Redakteur des *Haynt* war gerade im Auftrag der zionistischen Exekutive in London unterwegs gewesen, als er von den Nachrichten eines nahenden Kriegsausbruchs hörte. Und obwohl er sich der drohenden Gefahr sehr bewusst war, hing er „zu sehr an Polen und an den Juden Polens", weshalb er „kein Emigrant" werden könnte und beschloss nach Polen zurückzukehren.[1433] Einen Tag später marschierte die deutsche Wehrmacht

---

[1430] YVA, O. 75, File 73, Sammlung Mark Turkow, Brief von Ben-Tsien Khilinovitsh an Mark Turkow, Warschau, 29. August 1939, Bl. 38–40, hier Bl. 40.
[1431] Über den regen Informationsaustausch der Journalisten untereinander nach dem 1. September 1939 berichtet auch der jüdische Kommunist und Mitarbeiter des *Moment* Bernard Mark: „Wspomnienia o udziale ludności żydowskiej", S. 305–306.
[1432] Segalovitsh: Gebrente trit, S. 7–8.
[1433] Brief von Dr. Moshe Kleinbaum an Dr. Nahum Goldmann, ohne Datumsangabe, hier zitiert nach Reinharz/Shavit: The Road to September 1939, S. XV. Über die jüdische Loyalität gegenüber Polen schreibt auch David Engel: In the Shadow of Auschwitz. The Polish Government-in-Exile and the Jews, 1939–1942, Chapell Hill/London 1987, S. 46–48.

in Polen ein. Als Kleinbaum Warschau erreichte, legte er sich am 1. September, 8 Uhr in der Früh, die militärische Uniform an, folgte der polnischen Armee als Militärarzt bis nach Luck und „machte", wie er es später in einem Brief aus dem Jahr 1940 ausdrücken sollte, „die ganze tragische Kampagne mit".[1434] Die Welt, wie er und seine Kollegen sie kannten, hatte aufgehört zu existieren.

7.4.1 Das Ende des jüdischen Pressezentrums

Am 6. September erreichten die ersten deutschen Panzer die westlichen Vororte Warschaus. Die 10. Infanterie-Division, die zur 8. Armee unter General Johannes Blaskowitz gehörte, war die erste Wehrmachtseinheit, welche die polnische Hauptstadt erreichte.[1435] Gewalt, Vertreibung, Demütigungen und Massenerschießungen[1436] waren für die polnische und jüdische Bevölkerung jedoch schon von Anfang an Begleiterscheinungen der Kriegshandlungen gewesen. Außerdem hatte die deutsche Luftwaffe sofort damit begonnen, zahlreiche Ortschaften, darunter die Hauptstadt Warschau, zu bombardieren, mit dem Ziel, die Zivilbevölkerung einzuschüchtern und zur Flucht gen Osten zu bewegen. Für die Zeitungsmacher in Warschau kam der Krieg nicht näher; er war von Anfang an da.

Die Gefechte zwischen den deutschen und den polnischen Truppen, die erbitterten Widerstand leisteten, die massiven Luftangriffe und der Beschuss durch die deutsche Feldartillerie dauerten etwa drei Wochen an. Aber bereits in der ersten Woche der Kriegshandlungen zeichnete sich ab, dass die polnische Armee der deutschen Wehrmacht materiell wie personell unterlegen und nicht in der Lage war, den Vormarsch der deutschen Soldaten aufzuhalten.[1437] Am 17. September 1939, als die Niederlage der polnischen Armee und der Zusammenbruch des polnischen Staates kurz bevorstanden, überschritt die Rote Armee auf Befehl Stalins die polnisch-sowjetische Grenze, ohne zuvor eine Kriegserklärung

---

1434 DRCA, T 32, File 105, Brief von Dr. Moshe Kleinbaum an Dr. Nahum Goldmann (Abschrift), Genf, 12. März 1940, S. 1.
1435 Die Darstellung der Ereignisse beruht, sofern nicht anders angegeben, auf den folgenden Darstellungen: Nesselrodt, Markus: Dem Holocaust entkommen. Polnische Juden in der Sowjetunion, 1939–1946 (= Europäisch-jüdische Studien, Bd. 44), Berlin/Boston 2019, S. 36–65; Böhler, Jochen: Auftakt zum Vernichtungskrieg. Die Wehrmacht in Polen 1939, Frankfurt am Main 2006; Böhler, Jochen: Der Überfall. Deutschlands Krieg gegen Polen, Frankfurt am Main 2009.
1436 Eberhard Jäckel spricht von ca. 15.000 bis 16.000 polnischen und jüdischen Zivilisten und Kriegsgefangenen, die bei Massenerschießungen an der deutschen Front ums Leben kamen. Vgl. „Polen", in: Jäckel, Eberhard (Hrsg.): Enzyklopädie des Holocaust. Die Verfolgung und Ermordung der europäischen Juden, Bd. 2, Berlin 1993, S. 1121–1150, hier S. 1122.
1437 Die polnische Regierung hat sich am 28. September 1939 um 13.15 Uhr offiziell ergeben.

abzugeben. Die Sowjetunion setzte damit die im geheimen Zusatzprotokoll des deutsch-sowjetischen Nichtangriffspaktes vom 23. August festgehaltenen Vereinbarungen um, die vorsahen, Polen im Kriegsfall zwischen dem Deutschen Reich und der Sowjetunion aufzuteilen.[1438] Die polnische Regierung und der Oberbefehlshaber der polnischen Armee Edward Rydz-Śmigły (1886–1941) verkannten die Lage allerdings vollkommen und glaubten zunächst, die Rote Armee sei gekommen, um Polen im Kampf gegen Deutschland zu unterstützen, weshalb der Befehl erlassen wurde, den sowjetischen Truppen keinen Widerstand zu leisten. Dieser Trugschluss stellte sich schon bald als fataler Fehler heraus. In den kommenden Wochen wurde in weiteren geheimen Zusatzprotokollen zum Nichtangriffspakt die genaue Aufteilung Polens zwischen Deutschland und der Sowjetunion ausgehandelt und am 4. Oktober 1939 final beschlossen. Polen wurde aufgeteilt und hörte damit de facto auf zu existieren. Der Westen wurde Teil des Deutschen Reiches, der Osten der Sowjetunion, wobei die Region um Vilna zunächst an Litauen fiel. Der Rest, darunter auch Warschau, wurde zum unter deutscher Besatzung stehenden sogenannten Generalgouvernement zusammengefasst.

Die Nachrichten darüber, dass deutsche Truppen nach Polen einmarschiert waren, verfolgten die jüdischen Journalisten mit Hochspannung. Rachel Auerbach erinnerte sich, wie in der Nacht vom 31. August auf den 1. September 1939 in der Nachtredaktion der *Nasz Przegląd* zahlreiche alarmierende Meldungen der PTA „über die Ereignisse an der deutschen Grenze" einliefen.[1439] Zusammen mit ihrem Kollegen Stanisław Filisof und einem Setzer, die genau wie sie als Urlaubsvertretung der festen Mitarbeiter der Zeitung vor Ort waren, musste sie „die schwere Anspannung bezüglich des Kriegsausbruches bis zur letzten Minute ausstehen".[1440] Als die Zeitungen am 1. September im Morgengrauen schließlich ihren Weg in die Zeitungskioske und in die jüdischen Haushalte fanden, befand sich darin dennoch keine Nachricht darüber, dass der Krieg wirklich ausgebrochen war, da die Zeitungen bereits in den Druck gegangen waren, bevor die Nachrichten hatten verifiziert werden können. Dass die Informationslage noch völlig unklar war, wussten die Journalisten, weshalb Wiktor Alter in seiner Kolumne vom 1. September 1939 seinen Lesern erklärte, dass „während wir den hiesigen Artikel schreiben" die ganze Welt noch im Unklaren sei und „jede Mi-

---

[1438] Vgl. Blatman, Daniel: For our Freedom and Yours. The Jewish Labour Bund in Poland 1939–1949, London/Portland 2003, S. 16f. International versuchte die Sowjetunion den Einmarsch der Roten Armee damit zu rechtfertigen, dass die sowjetischen Truppen lediglich die von Polen unterdrückten Ukrainer und Weißrussen unterstützen wollten.
[1439] Auerbach: Varshever tsavoes, S. 15.
[1440] Auerbach: Varshever tsavoes, S. 15.

nute" die „Entscheidung fallen" könne, ob es Krieg oder Frieden geben werde.[1441] Auch aus diesem Grund war die Parole, die in den Zeitungen verbreitet wurde, zunächst weiterhin relativ zuversichtlich und kämpferisch.[1442] Der jüdische Kommunist Bernard Mark (1908–1966), der damals in der technischen Abteilung des *Moment* arbeitete, erinnerte sich, dass der *Haynt*, die *Naye Folkstsaytung* und *Dos Yudishe Togblat* die Kampagne für den Ausbau von Luftschutzgräben weitergeführt und in einem fast fröhlichen Ton zum Dienst an die Nation aufgerufen hätten.[1443] Die Zeitungsmacher schwankten ferner auf die von der polnischen Regierung herausgegebene Linie ein, die polnische Nation als unnachgiebigen Feind Deutschlands zu porträtieren.[1444] Ziel dieser Haltung war es gewiss auch, keine Panik innerhalb der polnischen Bevölkerung aufkommen zu lassen und sie auf die zu erwartenden Kampfhandlungen einzuschwören.

Trotz aller Bemühungen machte sich in der Stadt schnell eine große Unruhe breit. Die Journalisten und Schriftsteller wussten nicht, wie und ob sie ihre Arbeit fortführen konnten und sollten. Die jüdische Schauspielerin und Schriftstellerin Rose Shoshana Kahan (1895–1968), welche die Ehefrau des *Unzer Ekspres*-Herausgebers und -Redakteurs Lazar Kahan war, beschrieb in ihrem Tagebuch, wie die Arbeit in den Zeitungsredaktionen trotz widriger Umstände in den ersten Kriegstagen zunächst fortgesetzt wurde. Am 11. September 1939 notierte sie:

> Während der ersten Kriegstage wurden keine Zeitungen herausgegeben. Alles war wie paralysiert.[1445] Erst ein paar Tage später haben die dreisteren und mutigeren wieder mit der

---

1441 Alter, Viktor: Haynt un morgn, in *Naye Folkstsaytung*, 1. September 1939, S. 4.
1442 Vgl. z. B. N. N.: Jozef Pilsudski hot unz gelernt fertaydigen di unobhengikayt. Mir velen di milkhome gevinen!, in *Unzer Ekspres*, 3. September 1939, S. 1; Ver darf zikh shteln tsum militer?", in *Unzer Ekspres*, 1. September 1939, S. 13. Im Artikel ist die Rede von einer „munteren Stimmung in der Stadt" und dass das Leben vollständig normal weitergehen würde.
1443 Vgl. Mark: „Wspomnienia o udziale ludności żydowskiej", S. 300. Siehe auch die Rubrik „Vareshever Nayes" in der *Naye Folkstsaytung* vom 1. September 1939, S. 6. Darin wurden verschiedene Informationen an die Bewohner Warschaus herausgegeben, wie sie sich im Falle eines Luftangriffes zu verhalten hätten.
1444 Die jüdischen Zeitungen veröffentlichten maßgeblich Meldungen und Aufrufe, die von der polnischen Regierung kamen. Chaim Finkelstein erinnerte sich ferner daran, dass von der Regierung auch Falschmeldungen publiziert wurden, die im *Haynt* abgedruckt wurden. Vgl. z. B. die Ausgaben vom 2., 3. und 4. September 1939 von der *Naye Folkstsaytung*; Finkelshtayn: Haynt, S. 326. Zur Presse- und Informationskampagne der polnischen Regierung im Herbst 1939 siehe ausführlich: Paczkowski, Andrzej: Prasa Polska w latach 1918–1939, Warszawa 1980, S. 230–237.
1445 Die Aussage ist möglicherweise falsch, da am 1. September alle Zeitungen erschienen. Da dies aber ein Freitag war und außer der *Naye Folkstsaytung* am 2. September keine jüdische Tageszeitung erschien, weil dieser Tag auf einen Schabat fiel, gelangten die Nachrichten, dass in der

Arbeit begonnen, die Zeitungen weiterzuführen. Die meisten Redakteure und Journalisten waren schon geflohen, es war darum nicht klar, wer arbeiten soll. Der Bruder meines Mannes, Israel Kahan, der aus Łódź kam, hat gleich den Platz seines Bruders Lazar eingenommen und ihn vertreten und fing an *Unzer Ekspres* wieder herauszugeben. Dies war mit großer Gefahr verbunden, denn man musste damit rechnen, dass jede Minute die Deutschen hereinkommen, und was es für die Nationalsozialisten bedeutet, einen jüdischen Journalisten zu fassen, haben doch alle gut gewusst. Israel Kahan aber sagte, dass ein Journalist sich in alle Gefahren hineinbegeben muss. In einem solchen Moment brauchen die Juden ein gedrucktes Wort, das ihre Verzweiflung verringert und deswegen tat er mutig seine Arbeit.[1446]

Auch die improvisierten Zeitungsredaktionen der anderen jüdischen Zeitungen gingen rasch ans Werk, allerdings fortan unter gänzlich anderen Vorzeichen. Die Redaktion der *Naye Folkstsaytung* gab eine Woche nach Kriegsbeginn bekannt, dass sie wegen „der Schwierigkeiten, die sich aufgrund der Kriegslage" ergeben hatten, dazu „gezwungen" sah, „die Seitenzahl der Zeitung zu verkleinern" und die Zeitung insgesamt umzustrukturieren.[1447] Da Henryk Erlich, Wiktor Alter, Barukh Shefner und Pinkhas Shvarts auf einstimmigen Beschluss des Zentralkomitees Warschau Richtung Osten verlassen sollten, organisierte der langjährige Mitarbeiter der Zeitung Wiktor Szulman* (1876–1951) eine neue Gruppe von Redakteuren, Druckern und Setzern, die in den kommenden Wochen die Herausgabe der Zeitung sicherte.[1448] Die Zeitung wurde in der Stadt durch freiwillige Helfer verteilt – an eine überregionale Verschickung war zu diesem Zeitpunkt nicht mehr zu denken – , und ihre Zirkulation betrug, je nach Stärke und Ausmaß der täglichen Bombardierungen, bis zu 12.000 Exemplare pro Tag.[1449] Inhaltlich konzentrierte sich die Redaktion darauf, Ankündigungen der Regierung und Nachrichten von der Front zu verbreiten sowie über die neuesten internationalen

---

Tat ein Krieg ausgebrochen war, erst am darauffolgenden Tag in die jüdischen Zeitungen. Möglicherweise verwechselte Kahan dies.
1446 Kahan, Shushanah R.: In fayer un flamen, Buenos Ayres 1949, S. 33–34. Tagebucheintrag vom Montag, 11. September 1939. Ihr Tagebuch veröffentlichte sie bereits im Jahr 1940 im *Forverts*.
1447 N. N.: Vinkel fun redaktsie, in *Naye Folkstsaytung*, 5. September 1939, S. 3. Auch der *Haynt* erschien ab dem 6. September in einer verkleinerten Auflage, vgl. Finkelshtayn: Haynt, S. 327.
1448 Mitglieder des Redaktionskomitees waren Dina Blond, Artur Ziegelboym, Abrasza Blum, Loeser Clog, Dovid-Leyb Naymark, Shalom Herts und Hershl Kupfershtayn. Vgl. Kupfershtayn, Hershl: „Di bundishe ‚Folkssaytung' bet der natsi-daytsher balagerung fun Varshe", *Unzer Tsayt* (1948), S. 10–12; Goldstein, Bernard: Die Sterne sind Zeugen, 3. Aufl., Frankfurt am Main 1960, S. 39. Wiktor Szulman sollte eigentlich auch mit dem von der Regierung organisierten Zug die Stadt verlassen, verpasste aber laut Pinkhas Shvarts den Zug, vgl. Shvarts: „Folkstsaytung", S. 421.
1449 Vgl. Goldstein: Die Sterne sind Zeugen, S. 39.

und politischen Entwicklungen zu informieren.[1450] Doch auch kleinere Kommentare und Analysen zum Geschehen aus der Feder der Redakteure selbst fanden sich hier und da.[1451] Hershl Kupfershtayn zufolge stellte das Redaktionskollektiv außerdem einen Lautsprecher an das Fenster ihrer Redaktionsräume und verlas darüber täglich die neuesten Meldungen.[1452] Darüber hinaus nahm man über das Redaktionstelefon Berichte aus „allen Ecken der Stadt über Schäden, Tote und Verwundete auf, welche die deutschen Flugzeuge und die umzingelnde Artillerie" verursacht hatten.[1453] Trotz der einschneidenden Maßnahmen hofften die Redakteure weiterhin, dass ihre Arbeit und ihre Zeitung „nur zeitweilig reduziert" werden mussten.[1454] Die Motivation, die sich hinter den Anstrengungen verbarg, formulierten die Redakteure in einer Notiz an ihre Leser am 4. September 1939 klar und deutlich. Darin hieß es:

> Wir sorgen heute wie damals dafür, dass unsere Leser mit den besten und aktuellsten Informationen aus dem In- und Ausland bedient werden, und geben interessante, lebendige und richtige Bilder und Beschreibungen der Geschehnisse von unserer großen historischen Zeit wieder. Wir sind wachsam hinsichtlich der großen politischen und gesellschaftlichen Aufgaben, welche die Zeit uns auferlegt. Die aktuellen Bedingungen machen die hiesigen Aufgaben besonders verantwortungsvoll und schwer. Wir erwarten daher von allen unseren Genossen und Freunden im ganzen Land, dass sie der hiesigen großen Arbeit ihre allergrößte Unterstützung erweisen.[1455]

Erneut war es also die Überzeugung, dass es ihre Aufgabe und ihre Plicht sei, die jüdische Bevölkerung bestmöglich zu informieren und aufzuklären, welche die jüdischen Zeitungsmacher dazu motivierte, diese weiter zu produzieren. Auch die Redakteure vom *Moment* und *Haynt* versuchten die Arbeit in den Redaktionen unter erschwerten Bedingungen und im verkleinerten Format bis zum 22. September 1939 aufrechtzuerhalten.[1456] Für den *Moment* arbeiteten bis zum 5. Sep-

---

1450 Vgl. Hoypt-onfirer Shmigel Ridz: Der nitsokhn gehert tsu unz, in *Naye Folkstsaytung*, 2. September 1939, S. 2; N. N.: Hitlers flier mordn froyen un kinder, in *Naye Folkstsaytung*, 5. September 1939, S. 2.
1451 Vgl. z. B.: Klog, Loeser: Velt-krig, in *Naye Folkstsaytung*, 4. September 1939, S. 2; Shulman, Viktor: Besties, in *Naye Folkstsaytung*, S. 3.
1452 Vgl. Kupfershtayn: „Di bundishe „Folkstsaytung", S. 10.
1453 Kupfershtayn: „Di bundishe „Folkstsaytung", S. 10.
1454 N. N.: Vinkel fun redaktsie, in *Naye Folkstsaytung*, 5. September 1939, S. 3.
1455 N. N.: Vinkel fun redaktsie, in *Naye Folkstsaytung*, 5. September 1939, S. 3.
1456 Chaim Finkelstein zufolge arbeiteten in den letzten Wochen des Bestehens der Zeitung in der Redaktion des *Haynt* die folgenden Personen: Arn Eynhorn, Moshe Yinnon (Indelman), Nehemia Finkelstein und drei mir unbekannte Mitarbeiter namens Ganze, Großman und Farba. Vgl. Finkelshtayn: „Haynt", S. 202 f; Hel, Gershon: „The End", in *Our Press* 7 (1991), S. 21–25, hier S. 22.

tember noch Tsevi Pryłucki, Hillel Tsaytlin und Shoyel-Yitskhok Stupnitski, bis die Bombardierungen so stark wurden und es für die Zeitungsredakteure zu gefährlich wurde, das Büro aufzusuchen.[1457] Dennoch gelang es auch hier einer kleineren Gruppe von Journalisten, unter ihnen Ben-Tsien Khilinovitsh, der Schriftsteller Avraham Zak (1891–1980) und der Kommunist Bernard Mark, die Arbeit bis zum 23. September 1939 aufrechtzuerhalten.[1458] Die Mitarbeiter von *Dos Yudishe Togblat* hingegen stellten ihre Arbeit bereits am 6. September 1939 ein.[1459] Die mutmaßlich letzte Ausgabe einer jüdischen Tageszeitung aus Warschau erschien am 26. September 1939. Es handelte sich dabei um die *Naye Folkstsaytung*.[1460]

Warum aber blieben gleich in der ersten Septemberwoche so viele Redaktionen unterbesetzt? Zum einen waren da die Bombardierungen, die es den Redakteuren schwer machten, ihren Arbeitsplatz zu erreichen. Vor allem aber hatten sich viele von ihnen schon in der ersten Septemberwoche gedanklich darauf vorbereitet, die Stadt zu verlassen, oder aber sie waren, wie aus dem Tagebucheintrag von Rose Shoshana Kahan hervorgeht, bereits auf der Flucht. Die Fluchtgedanken wurden genährt durch eine Pressekonferenz des polnischen Außenministeriums und eine sich daran anschließende Rundfunknachricht vom 6. September 1939, die besagte, dass auch die polnische Regierung beabsichtige, sich aus Warschau abzusetzen.[1461] Außerdem waren alle wehrfähigen Männer aufgerufen worden, sich in Richtung Osten zu begeben, wo sich die polnische Armee neuformieren sollte. Der Aufruf löste eine regelrechte Panik unter der polnischen Bevölkerung aus. Zahlreiche Zivilisten – jüdische wie nichtjüdische – folgten dem Appell und schlossen sich der Massenflucht Richtung Osten an oder meldeten sich freiwillig zur Armee.[1462] Diese Panik machte auch vor der Gruppe der jüdischen Journalisten und Schriftsteller nicht Halt. Schätzungen des Historikers Nathan Cohen zufolge flüchteten zwischen September und Dezember 1939 etwa 120 bis 150 von ihnen aus Warschau.[1463]

Auch der *JTA Newsletter* erschien noch bis zum 5. September 1939. Vgl. Mozes: „Żydowska Agencja Telegraficzna", S. 119.
1457 Weiser: Jewish People, Yiddish Nation, S. 244.
1458 Vgl. Mark: „Wspomnienia o udziale ludności żydowskiej", S. 305.
1459 Vgl. Greenbaum, Avraham: „Yudishe Togblat, Dos", in: *YIVO Encyclopedia of Jews in Eastern Europe*, 10. November 2010, https://yivoencyclopedia.org/article.aspx/Yudishe_Togblat_Dos (abgerufen am: 15.06.2020).
1460 Die letzte Ausgabe von *Unzer Ekspres* erschien am 11. September 1939.
1461 Vgl. BArch, R 58/357, Bericht an die SAI, Die Lage in Polen, gez. Arzi, Brüssel, 23.–25. Februar 1940, Bl. 7–10, hier Bl. 7.
1462 Vgl. Nesselrodt: Dem Holocaust entkommen, S. 43.
1463 Vgl. Cohen: Sefer, sofer ve-iton, hier nach dem unveröffentlichten polnischen Manuskript, Kap. 24, keine Seitenangaben.

Mit der Belagerung der Stadt durch die deutsche Wehrmacht begannen die Plünderungen und Gewaltakte seitens der Deutschen, die sich gegen die nichtjüdische und jüdische Bevölkerung gleichermaßen richteten und von der die jüdischen Zeitungsmacher ebenfalls betroffen waren.[1464] Zwar konzentrierten sich die deutschen Einsatzgruppen zu Beginn des Krieges auf die Verfolgung und die Verhaftung der polnischen Eliten, doch auch die jüdische Bevölkerung war davon betroffen.[1465] Bereits im Mai 1939 hatte der Sicherheitsdienst der SS nicht nur begonnen, ein Informationssystem zur Erfassung der polnischen Führungsschicht, sondern eben auch von der jüdischen Elite aufzubauen.[1466]

Von der gewaltsamen Zerstörung jüdischen Eigentums waren die jüdischen Zeitungsredaktionen im besonderen Maße betroffen. Im *Black Book of Polish Jewry*, das 1943 vom ehemaligen Redakteur der *Nasz Przegląd* Jakub Appenszlak in New York herausgegeben wurde und die Verbrechen des nationalsozialistischen Deutschlands an den polnischen Juden dokumentierte, heißt es, dass sich die Deutschen sofort, nachdem sie in Polen einmarschiert waren, die jüdische Presse und ihre Repräsentanten als Angriffsobjekte ausgesucht hatten. Der Grund sei gewesen, dass sich die deutschen Besatzer an den Journalisten und Redakteuren wegen ihrer ausgesprochenen antifaschistischen und antinationalsozialistischen Haltung, ihrem energischen Patriotismus und ihrer militaristischen Einstellung während der Belagerung Warschaus hatten rächen wollen.[1467] Den Erinnerungen überlebender Journalisten zufolge wurden die Redaktionsräume des *Haynt* in der *ulica Chłodna* 8, die Räume der *Naye Folkstsaytung* in der *ulica Nowolipie* 7 sowie jene des *Moment* in der *ulica Nalewki* 38 durch Luftangriffe getroffen.[1468] Ebenfalls in Flammen gingen die alten und neu bezogenen Räume des Jüdischen Journalisten- und Schriftstellervereins in der *ulica Tłomackie* 13 sowie in der *ulica Graniczna* 11 auf. Das Haus in der *ulica Graniczna* 11 wurde in den ersten Sep-

---

1464 Zum deutschen Feldzug gegen Polen und die an nichtjüdischen und jüdischen Polen ausgeübte Gewalt siehe: Lehnstaedt, Stephan und Jochen Böhler (Hrsg.): Die Berichte der Einsatzgruppen aus Polen 1939, Berlin 2013; Berenstein, Tatjana und Adam Rutkowski: „Prześladowania ludności żydowskiej w okresie hitlerowskiej administracji wojskowej na okupowanych ziemiach polskich (1. IX. 1939r. – 25. X. 1939r.)", *(BŻIH)* 38 (1961), S. 3–38. Der zweite Teil des Aufsatzes von Berenstein und Rutkowski befindet sich im *Biuletyn* Nr. 39 (1961).
1465 Die Einsatzgruppen I, IV und V sowie die Einsatzgruppe zur besonderen Verwendung und die Sondereinsatzgruppe waren primär mit dem Terror gegen die jüdische Bevölkerung befasst.
1466 Vgl. BArch, R 58/954, Bl. 179 f. sowie den Bericht des Chefs der Einsatzgruppe IV vom 6. Oktober 1939 über die Judenverfolgung in Warschau: APŁ, 175/41, Bl. 40–43, beide Dokumente sind abgedruckt in VEJ 4/Dok. 2, S. 76–77; VEJ 4/Dok. 19, S. 103–106.
1467 Appenszlak, Jacob: The Black Book of Polish Jewry. An Account of the Martyrdom of Polish Jewry Under the Nazi Occpuation, New York 1943, S. 306.
1468 Segalovitsh: Gebrente trit, S. 14.

temberwochen so stark getroffen, dass nicht nur die Vereinsräume zerstört, sondern mit ihnen auch das gesamte Archiv des Vereins für immer verloren ging.[1469] Auch wenn die Redaktionsräume nach den Angriffen noch halbwegs benutzbar waren, erschwerte oft die Unterbrechung der Zufuhr von Strom und Wasser die Arbeit.[1470]

Parallel zu den Bombardierungen gab es Razzien und Festnahmen in den Zeitungsredaktionen, aber auch in den Privatwohnungen der Redakteure durch die verschiedenen Einsatzgruppen.[1471] So wurden die jüdischen Zeitungsredaktionen von den deutschen Besatzern geplündert und Druckermaschinen für den eigenen Gebrauch beschlagnahmt. Vom *Haynt*, dem *Moment*, der *Naye Folkstsaytung*, der *Nasz Przegląd* und anderen Redaktionsbüros verschleppten die deutschen Einsatzkräfte Drucker, Pressen und Setzmaschinen nach Deutschland. Jakub Appenszlak vom *Nasz Przegląd* sprach gar von über 50 beschlagnahmten Linotype-Setzmaschinen und acht großen Druckerpressen im Wert von mehreren Millionen Złoty.[1472] Auch aus dem Warschauer Büro der JTA habe die Gestapo nach einer Razzia alle Papiere und das Archiv mitsamt den Schreibmaschinen in einen Lastwagen geladen und nach Deutschland geschafft.[1473]

Chaim Finkelstein zufolge wurden vom *Haynt* Arn Eynhorn, Moshe Yinnon (Indelman), Moyshe Bunem Yustman (B. Yushson) und er selbst durch die deutschen Besatzer verhört und teilweise auch festgenommen.[1474] Yinnon wurde schließlich in ein Konzentrationslager nach Deutschland verschleppt, aus dem er jedoch später mithilfe seiner Kollegen befreit wurde und nach Palästina fliehen konnte. Verhaftet wurde auch der langjährige Redakteur vom *Moment*, Shoyel-Yitskhok Stupnitski.[1475] Ebenfalls wurden Wiktor Alter und Maurycy Orzech von die *Naye Folkstsaytung* als Journalisten und Sozialisten von den Deutschen ge-

---

1469 Vgl. Auerbach, Rachel: „A last visit", in: Flinker, David, Shalom Rosenfeld und Mordechai Tsanin (Hrsg.): *The Jewish Press That Was. Accounts, Evaluations and Memories of Jewish Papers in pre-Holocaust Europe*, Jerusalem 1980, S. 218–222.
1470 Vgl. Kupfershtayn: „Di bundishe ‚Folkstsaytung'", S. 11.
1471 Vgl. Sneh: „Yesterday without a morrow", S. 54.
1472 Appenszlak: The Black Book of Polish Jewry, S. 306. Chaim Finkelstein, Mark Kahn und Bernard Goldstein erwähnen die Plünderungen ebenfalls in ihren Erinnerungen: Finkelshtayn: Haynt, S. 304–305; Kahn, Mark: „Last Discords", in: Flinker, David, Shalom Rosenfeld und Mordechai Tsanin (Hrsg.): *The Jewish Press that was. Accounts, Evaluations and Memories of Jewish Papers in pre-Holocaust Europe*, Tel Aviv 1980, S. 86–88, hier S. 88; Goldstein: Die Sterne sind Zeugen, S. 52.
1473 Vgl. Mozes: „Żydowska Agencja Telegraficzna", S. 120.
1474 Vgl. Finkelshtayn: Haynt, S. 329; „Haynt", S. 202f.
1475 Vgl. JTA: 3 executed in Otwock on Arms Charge, in *JTA Newsletter*, 8. Dezember 1939.

sucht.¹⁴⁷⁶ Doch während es Alter zwar gelang, sich vor den Deutschen in die sowjetische Besatzungszone zu flüchten, um dann jedoch am 26. September 1939 in Kowel vom NKWD gefangen genommen und umgebracht zu werden,¹⁴⁷⁷ wurde Orzech in ein deutsches Kriegsgefangenenlager verschleppt. Allerdings gelang es ihm, aus diesem noch im September 1939 zu entfliehen und sich nach Kovno abzusetzen, wo er schließlich als Korrespondent für den New Yorker *Forverts* einen „scharfen Artikel über die Behandlung der Juden in den durch die Nazis besetzten Ländern" schrieb.¹⁴⁷⁸ Auch Moshe Kleinbaum vom *Haynt* erfuhr von seiner Frau, dass die Gestapo ihn im September 1939, als dieser bereits mit der polnischen Armee Richtung Osten unterwegs war, „einige Male gesucht" habe, da seine „politischen Freunde in Warschau" beim „Verhör durch die Gestapo" alles auf ihn, „den Abwesenden", geschoben hätten.¹⁴⁷⁹

Aufgrund der Angst, festgenommen und ebenfalls nach Deutschland verschleppt zu werden, verbrannten viele Journalisten und Schriftsteller in den ersten Septembertagen in Panik ihre privaten Bibliotheken, Korrespondenzen und Archive sowie Zeitungsartikel, Broschüren und Gedichte, in denen sie gegen das nationalsozialistische Deutschland angeschrieben hatten. Pinkhas Shvarts berichtete, wie er kurz vor seiner Flucht noch jegliches „kompromittierendes" Material zerrissen hätte, um seine Frau bei einer möglichen Razzia durch die Gestapo nicht zu belasten. Darunter habe sich auch die antideutsche Broschüre „Hitler – Führer der braunen Hemdlein" befunden, die er 1932 unter dem Pseudonym „P. Frank" veröffentlicht hatte.¹⁴⁸⁰ Die Sekretäre der beiden jüdischen Journalis-

---

1476 Wiktor Alters Name tauchte am 1. November 1939 auf einer Fahndungsliste des SD auf. Vgl. BArch, R 58/357, Referat IV (II A 2) an II A 4, ungez., Betr. Festnahme von Marxisten im besetzten Gebiet, Berlin, 1. November 1939, Bl. 120. Siehe außerdem den Bericht „Die Lage in Polen", den der Bundist mit Decknamen Arzi an die SAI im Februar 1940 übergab. Darin beschrieb dieser auch, welche Parteifunktionäre des *Bund* in Polen durch die deutschen bzw. sowjetischen Einsatzgruppen verhaftet worden sind. Vgl. BArch, R 58/357, Bericht an die SAI, Die Lage in Polen, gez. Arzi, Brüssel, 23.–25. Februar 1940, Bl. 7–10.
1477 Zur Verhaftung von Wiktor Alter und Henryk Erlich siehe ausführlich Blatman: For Our Freedom and Yours, S. 69–89.
1478 Aufgrund seiner journalistischen Arbeit verlangte die deutsche Regierung von der litauischen Führung Orzechs Auslieferung. Als Orzech versuchte, mit einem Schiff nach Schweden zu gelangen, wurde er während seiner Abreise erneut von den Nationalsozialisten gefangen genommen und nach Berlin verschleppt. Durch Hilfe seiner Genossen konnte er sich auch hier erneut befreien und gelangte so wieder nach Warschau. Im Warschauer Getto nahm er schließlich eine führende Stellung innerhalb der bundistischen Untergrundpresse ein. Vgl. Goldstein: Die Sterne sind Zeugen, S. 62–64.
1479 DRCA, T 32, File 105, Brief von Dr. Moshe Kleinbaum an Dr. Nahum Goldmann, Jüdischer Weltkongress, Genf, 12. März 1940, S. 1–19, hier S. 1.
1480 Vgl. Shvarts: Dos iz geven der onheyb, S. 44. Zur Broschüre siehe auch Kap. 6.2.3.

tenverbände, die Journalisten und Schriftsteller Ber Yitskhok Rozen und Y. L. Levinshtayn[1481] trugen in der Nacht vom 5. auf den 6. September 1939 ebenfalls Kisten mit Dokumenten und Briefen aus den Vereinsräumen in der *ulica Graniczna* 11 hinaus und zerstörten die Dokumente. Außerdem wurde veranlasst, dass alle Mitgliederlisten mit den Namen und Adressen der Journalisten und Schriftsteller vernichtet wurden.[1482] Als Teil der Warschauer jüdischen Intelligenz waren sich die Journalisten und Schriftsteller darüber im Klaren, dass sie zu einer besonders gefährdeten Gruppe gehörten, und waren sich über die drohende Gefahr, die von den Deutschen für sie ausging, sehr bewusst.[1483] Dieses Bewusstsein kam nicht zuletzt durch ihre in den Vorjahren angesammelte Expertise zustande. Nur zu gut erinnerten sie sich an die erste Verfolgungs- und Verhaftungswelle jüdischer Künstler, Schriftsteller und Intellektueller in Deutschland sowie an die Bemühungen und das Verhalten von Juden und politisch Verfolgten in Deutschland in den frühen Jahren der nationalsozialistischen Herrschaft. Auch sie zerstörten damals im vollen Bewusstsein über die drohende Gefahr ihre privaten Bibliotheken und Archive in der Hoffnung, unentdeckt zu bleiben. Die vorgestellten Reiseberichte aus dem fünften Kapitel dieser Arbeit illustrierten, dass diese Handlungen den jüdischen Redakteuren in Warschau nicht verborgen geblieben waren.[1484] Der Journalist und politische Aktivist Mendel Balberyszki aus Łódź, der sich wie viele andere nach dem deutschen Überfall zunächst nach Warschau flüchtete,[1485] resümierte in seinen Erinnerungen, dass er erst durch die Begegnung mit jüdischen Flüchtlingen aus Deutschland verstanden hätte, was es für die jüdische Bevölkerung Polens bedeuten würde, wenn Deutschland Polen den Krieg erklären würde:

> I knew, of course, what to expect from German occupation. For several years prior to the outbreak of the war I headed a Jewish organization, Notein Lehem, a social welfare organization which provided support and assistance to thousands of Jewish refugees who were expelled from Germany by the Nazi regime. From them we learned of the anti-Jewish edicts, of persecution, of humiliation and of the executions. I was also very outspoken in public forums and in the press, speaking and writing against Nazi Germany and calling for coor-

---

1481 Zu dieser Person konnte keine Biografie ermittelt werden.
1482 Vgl. Auerbach: Varshever tsavoes, S. 29–30.
1483 Im September wurde z. B. Adam Zamenhof und seine Familie verhaftet und „über die führende Judenschicht" in Warschau vernommen. Vgl. Dok. 83: Bericht der Einsatzgruppe IV (Warschau) vom 6. Oktober 1939, in: Lehnstaedt/Böhler (Hrsg.): Die Berichte der Einsatzgruppen aus Polen 1939, S. 337–341, hier S. 338.
1484 Vgl. z. B. den Reisebericht von Mendelsohn, Shlomo: Dos ponem fun hayntikn Daytshland, in *Naye Folkstsaytung*, 23. April 1933, S. 5. Siehe auch Kap. 5.4.5.
1485 Zur Flucht nach Warschau siehe auch Goldstein, S. 46.

dinated actions to oppose it. I was under no illusion, therefore, as to my fate when the Germans would occupy Lodz.[1486]

Balberyszki selbst gehörte schließlich zu jener Gruppe Journalisten und Redakteure, die in den ersten Septemberwochen die polnische Metropole verließen.[1487] Während einige *Shrayber* und *Tuer* wie Herman Kruk und Ber Yitskhok Rozen versuchten in kleineren Gruppen vor den deutschen Besatzern weiter ins Landesinnere zu flüchten, auch um sich eventuell zum Militärdienst zu melden, versuchten andere direkt das Land zu verlassen. Ein kleiner Teil der Zeitungsredakteure wurde mit einem von der polnischen Regierung eigens organisierten Zug in der Nacht vom 5. auf dem 6. September 1939 aus Warschau evakuiert, der sie an die rumänische Grenze bringen sollte.[1488]

Die Entscheidung, ob Flucht oder Bleiben, musste letztlich zwar jeder für sich selbst treffen, doch wie auf den kommenden Seiten gezeigt werden wird, tauschten sich weite Teile der jüdischen Intelligenz Warschaus, aber vor allem auch die Gruppe der Journalisten und Publizisten bereits frühzeitig über mögliche Fluchtpläne aus und stimmten sich bisweilen sogar ab.[1489]

7.4.2 Die Flucht vor den Deutschen

Am 5. September 1939 lud das polnische Außen- und Kriegsministerium die wichtigsten Pressevertreter aller jüdischen wie nichtjüdischen Warschauer Tageszeitungen sowie aller Presseagenturen zu einer inoffiziellen Pressekonfe-

---

1486 Balberyszski, Mendel: Stronger than Iron. The Destruction of Vilna Jewry 1941–1945: An Eyewitness Account, S. 4. Die jiddische Originalausgabe *Shtarker fun Ayzn* erschien 1967 in Tel Aviv.
1487 Zu den verschiedenen Fluchtwegen unterschiedlicher Gruppen der jüdischen Intelligenz aus Warschau und anderen Städten siehe insbesondere die Erinnerungen von Herman Kruk aus dem Jahr 1940. Vgl. Kruk, Herman: Zwischen den Fronten. Zeugnisse aus den Jahren 1940–1944. Jiddische Texte mit Übersetzung (= Kleine historische Reihe der Zeitschrift LAURENTIUS, Bd. 2), Hannover 1990. Das jiddische Original *Der Vander-veg fun a Krigs-polet* wurde von Kruk vermutlich im Januar 1940 in Vilnius aufgeschrieben und liegt heute im YIVO-Archiv. Weitere Schilderungen über die Fluchtwege jüdischer Journalisten finden sich bei Segalovitsh, Shvarts und Auerbach. Vgl. Segalovitsh: Gebrente trit; Shvarts: Dos iz geven der onheyb; Auerbach: Varshever tsavoes.
1488 Mozes: „Żydowska Agencja Telegraficzna", S. 120.
1489 Zum Prozess der Entscheidungsfindung, Fluchtrouten sowie Zwangsvertreibungen über die sowjetische Grenze siehe Nesselrodt: Dem Holocaust entkommen, S. 42–64; Garbarini: Jewish Responses to Persecution, S. 153–166.

renz.¹⁴⁹⁰ Von allen sechs großen jüdischen Tageszeitungen war jeweils ein Mitarbeiter zugegen ebenso wie Mendel Mozes von der JTA.¹⁴⁹¹ Auf der Versammlung informierte der Propagandachef des Generalstabs der polnischen Armee Roman Umiastowski über eine mögliche Aufgabe Warschaus und gab den geplanten und kurze Zeit später durchgeführten Abzug des Regierungsstabs aus der polnischen Hauptstadt bekannt.

Auf der Pressekonferenz wurde auch über die zukünftige Rolle der Pressevertreter gesprochen. Den Zeitungsmachern sollte die wichtige Aufgabe zufallen, die Bevölkerung Polens auf die kommenden Geschehnisse behutsam vorzubereiten. Dafür sollte eine Gruppe von Journalisten als Teil eines Stabes von politischen Funktionsträgern aus Warschau evakuiert werden: „Ein Teil einer jeden Redaktion muss in Warschau bleiben und dort bis zur letzten Minute die Zeitungen herausgeben, und ein anderer Teil muss sich frühzeitig tief ins Land hinein absetzen, um dort eine neue Redaktion zur Herausgabe der Zeitung aufzubauen, für den Fall, dass Warschau fällt."¹⁴⁹² In einem Bericht eines Vertreters des *Bund* mit Decknamen „Arzi", der im Februar 1940 vor der SAI-Exekutive in Brüssel über die Verfolgung der jüdischen und nichtjüdischen Bevölkerung in Polen durch die deutschen Einsatzgruppen und sowjetischen NKWD seit September 1939 sprach, hieß es außerdem, dass:

> [a]lle Zeitungsredaktionen, die Journalistenvereine und die führenden Organe der politischen Organisationen die gleiche Anweisung [bekamen]: Sie wurde motiviert durch die Absicht, östlich des Bug eine uneinnehmbare Verteidigungslinie zu organisieren, sich hinter

---

1490 Die jüdischen Journalisten wurden nur zur Pressekonferenz eingeladen, weil das Jüdische Journalistensyndikat sich im August 1939 das Recht erstritten hatte, genauso wie die nichtjüdischen Journalisten, zu staatlichen Pressekonferenzen eingeladen zu werden. Ab Frühjahr 1939 hielt das polnische Außenministerium regelmäßig solche Veranstaltungen ab, die jüdische Presse wurde laut Pinkhas Shvarts jedoch nie zu diesen eingeladen. Seit August fanden die Sitzungen dann wöchentlich, später täglich statt. Ziel war es, die Zeitungsmacher davon abzuhalten, mit eigenen Deutungen an die Öffentlichkeit zu gehen. Zum gesamten Ablauf der Pressekonferenz am 5. September 1939 siehe: Shvarts: Dos iz geven der onheyb, S. 14–22.

1491 Anwesend waren Dr. Yeoshue Gotlib und Ben-Tsion Khilinovitsh (*Der Moment*), Natan Szwalbe (*Nasz Przegląd*), Moshe Yinnon (Indelman) (*Haynt*), Dovid Flinker (*Dos Yudishe Togblat*), Pinkhas Shvarts (*Naye Folkstsaytung*), Lazar Kahan (*Unzer Ekspres*), Bernard Singer (laut Shvarts nicht-affiliiert, aber eigentlich *Nasz Przegląd/Haynt*) und Mendel Mozes (JTA). Vgl. Shvarts: Dos iz geven der onheyb, S. 13.

1492 Shvarts: Dos iz geven der onheyb, S. 20. Hier zitiert nach Schulz: Der Beginn des Untergangs, S. 25. Zusammenfassend für die Pressekonferenz und die sich anschließende Evakuierung siehe Schulz: Der Beginn des Untergangs, S. 21–30.

dieser Linie zu verschanzen und das ganze polnische Leben, auch das politische, jenseits des Bug zu konzentrieren und neu zu organisieren.¹⁴⁹³

Geplant war, dass noch in der Nacht vom 5. auf den 6. September 1939 ein eigens abgestellter Zug der Regierung mit einem Waggon für Journalisten Warschau in Richtung Osten verlassen sollte. Die anwesenden jüdischen Journalisten besprachen sich noch im Sitzungssaal des Außenministeriums und kamen zu dem Entschluss, dass sie alle Mitglieder der jüdischen Sektion des Journalistensyndikats zusammenrufen müssten, um gemeinsam über die Evakuierung der jüdischen Presse zu sprechen.¹⁴⁹⁴ Außerdem wurde festgelegt, dass Moshe Yinnon (Indelman) das Büro des *Joint* aufsuchen sollte, um vor Ort eine finanzielle Förderung zu erbitten. Pinkhas Shvarts wiederum sollte vom Vereinskonto des Jüdischen Journalistensyndikats beim Bankhaus Szereszewski 20.000 Złoty abheben, und Bernard Singer wurde beauftragt, den Kontakt zum Polnischen Journalistensyndikat zu halten. Außerdem sollten Autos beschafft werden, um die Druckmaschinen zu transportieren. Auf dem Treffen in den neuen Räumen des *Fareyn fun yidishe Literatn un Zhurnalistn in Varshe* in der *ulica Graniczna* 11 erstellten die Journalisten eine Liste mit 34 Namen. Pinkhas Shvarts wurde zum Leiter der Gruppe ernannt und erhielt 4.000 Złoty. Der Rest sollte bei Ber Yitskhok Rozen verbleiben, der die Gelder für diejenigen Journalisten verwalten sollte, die sich aus politischen Gründen oder aufgrund ihres Alters, ihrer Gesundheit oder ihrer Familien gegen eine Flucht entschieden hatten. Relativ schnell kristallisierte sich heraus, dass die Planungen der jüdischen Journalisten nicht realisiert werden würden. Zum einen erhielten sie von ihren nichtjüdischen Kollegen die Nachricht, dass es nicht möglich sei, die Druckmaschinen mitzunehmen, und zum anderen, dass insgesamt nur 60 bis 70 Plätze im Zug für die Journalisten und Redakteure reserviert worden wären; darunter nur 15 für die Journalisten der jüdischen Tageszeitungen.¹⁴⁹⁵

Da der Zug Warschau noch am selben Abend verlassen sollte, kamen die meisten Journalisten und Schriftsteller bereits mit gepackten Koffern zum Treffen in die Vereinsräume. Die Entscheidung darüber, wer fahren durfte und wer nicht, wurde hitzig ausdiskutiert, auch weil offenbar vielen Anwesenden bis zum Abend nicht bekannt gewesen war, dass nur Mitglieder der jüdischen Sektion des Journalistensyndikats sowie ausschließlich „politische Publizisten" und „Chefredak-

---

1493 BArch, R 58/357, Bericht an die SAI, Die Lage in Polen, gez. Arzi, Brüssel, 23.–25. Februar 1940, Bl. 7–10, hier Bl. 7.
1494 Shvarts: Dos iz geven der onheyb, S. 22–23; 29–30; Segalovitsh: Gebrente trit, S. 24. Soweit nicht anders angegeben beruht die nachfolgende Schilderung auf diesen beiden Quellen.
1495 Vgl. Shvarts: Dos iz geven der onheyb, S. 36.

teure von Zeitungen" einen Anspruch auf einen der 15 Plätze hatten.[1496] Eine Mitgliedschaft im *Fareyn fun yidishe Literatn un Zhurnalistn in Varshe* allein reichte nicht aus. Diskussionsstoff bot ferner die Frage, ob die *Shrayber* und *Tuer* überhaupt fliehen sollten, hatten sie doch als Intellektuelle und Führungspersönlichkeiten eine Pflicht gegenüber der jüdischen Bevölkerung zu erfüllen. Der ehemalige Mitarbeiter vom *Moment* und *Unzer Ekspres* Avraham Zak erinnerte sich beispielsweise an ein Gespräch, das er als einer der Delegierten des jüdischen PEN-Clubs[1497] Anfang Dezember 1939 in Warschau mit dem jüdischen Theaterproduzenten Dr. Michał Weichert (1890–1967), in seiner Funktion als Mitarbeiter des *Joint* geführt hatte. Seiner Bitte, die jüdischen Schriftsteller mit etwas Geld zu unterstützen, habe Weichert entgegnet, dass er es für falsch halte, dass so viele von ihnen so schnell geflohen wären und die jüdische Bevölkerung ihrem eigenen Schicksal überlassen hätten.[1498]

Da die Plätze im Zug Chefredakteuren und bekannten politischen Kolumnisten vorbehalten waren, entstand eine Gruppe von Journalisten und Redakteuren, die sich in den letzten sechs Jahren dadurch hervorgetan hatte, dass sie sich in ihrer Arbeit besonders vehement gegen den Nationalsozialismus engagierte. Die Auswahl jedoch geschah nicht zufällig, wie ein Dokument aus dem Nachlass Rachel Auerbachs belegt. In einem unveröffentlichen Buchmanuskript schilderte sie, dass letztlich jene Journalisten und Redakteure ausgewählt wurden, die sich durch ihre kritische Berichterstattung gegen Hitler und das nationalsozialistische Deutschland besonders hervorgetan hatten.[1499] Nachdem einige Journalisten, unter ihnen Bernard Singer, nochmals versuchten über die Zahl der Plätze mit den nichtjüdischen Kollegen zu verhandeln, kürzten sie die Liste zunächst auf 24 Namen herunter, auch weil einige Redakteure wie Moshe Yinnon (Indelman), Arn Eynhorn, Henryk Erlich und Wiktor Alter sich gegen eine Evakuierung entschlossen hatten.[1500] Die finale Liste umfasste schließlich 16 Namen: Pinkhas Shvarts (*Naye Folkstsaytung*), Dr. Yeoshue Gotlib (*Haynt*), Samuel Wołkowicz (*Nasz Przegląd*), Menakhem Flakser* (1898–1978) (*Unzer Ekspres*),

---

[1496] Auerbach: Varshever tsavoes, S. 29.
[1497] Der jiddische PEN-Club wurde 1927 gegründet und vom internationalen PEN-Verband aufgenommen. Cira 75 % des Journalistenvereins in Warschau waren Mitglied im PEN-Club. Es gab Branchen in Warschau, Vilna und New York. Vgl. Ravitsh: „,Tlomackie 13'", S. 211.
[1498] Vgl. YVA, O.3 Yad Vashem Testimonies, File 580, Abraham Zak, Sekretär des Związek Literatów i Dziennikarzy Żydowskich w Polsce, Notiz, Łódź, 15. Juni 1948, nicht paginiert.
[1499] Vgl. YVA, P.16 Rachel Auerbach, File 66, Drafts of „On the Last Journey", the book by Rachel Auerbach which was published in 1977, Manuskript für „Tsuzamen mitn folk", Notizen zum ersten Kapitel, Bl. 16.
[1500] Vgl. Auerbach: Varshever tsavoes, S. 31; Shvarts: Dos iz geven der onheyb, S. 45.

Mieczysław Grinboym (*Nasz Przegląd*), Saul Wagman (*Nasz Przegląd*), Bernard Singer (*Nasz Przegląd*), Moyshe Bunem Yustman (*Haynt*), Yekhezkl-Moyshe Nayman (*Haynt*), Zusman Segalovitsh (*Der Moment*), Shoyel-Yitskhok Stupnitski (*Der Moment*), Dovid Flinker (*Dos Yudishe Togblat*), Lazar Kahan (*Unzer Ekspres*), Barukh Shefner (*Naye Folkstsaytung*), Natan Szwalbe (*Nasz Przegląd*), Noah Pryłucki (*Der Moment*) und Mendel Mozes (*JTA*).[1501]

Der von der Regierung ausgegebene Sammelpunkt für die Journalisten befand sich in der *ulica Krakowskie Przedmieście* in den Räumen der polnischen Tageszeitung *Kurier Warszawski* (Warschauer Kurier).[1502] Von dort aus begaben sich die jüdischen und nichtjüdischen Journalisten gemeinsam zum Bahnhof. Einige kamen allein, andere zusammen mit ihren Familien. Schon kurz hinter der Stadtgrenze war der Zug den Luftangriffen durch die deutsche Luftwaffe ausgesetzt. Er konnte jedoch sein erstes Ziel, die Stadt Lublin, unbeschadet erreichen. Dort angekommen veränderte sich die personelle Zusammensetzung der Passagiere. Einige der Mitreisenden stiegen aus und versuchten sich auf eigene Faust durchzuschlagen, während andere Journalisten, die auf anderen Wegen ebenfalls aus Warschau gekommen waren, dazustießen. So kehrte Shoyel-Yitskhok Stupnitski nach Warschau zurück, wo er festgenommen wurde, Dr. Yeoshue Gotlib ging nach Pinsk zu Verwandten und die Redakteure vom *Nasz Przegląd*, Natan Szwalbe, Saul Wagman und Samuel Wołkowicz, zogen weiter Richtung Osten.[1503] Am 7. September fuhr eine Gruppe mehrheitlich jüdischer Journalisten selbstständig weiter nach Lwów, wo sie beschlossen, sich als Gruppe gemeinsam in das noch nicht besetzte Vilna durchzuschlagen.

Die Flucht wurde von den Journalisten als ein schreckliches und prägendes Erlebnis wahrgenommen. Yekhezkl-Moyshe Nayman, der im Frühjahr 1940 nach Palästina kam, schrieb in einem Brief, er sei „der glücklichste und zugleich unglücklichste Mensch in der Welt", weil es ihm gelungen sei, sich „zusammen mit Frau und Kind aus der Hölle heraus zu retten und in Eretz Israel anzukommen".[1504] Über die Flucht aus Warschau schrieb er: „Was wir überlebt haben, ist

---

1501 Vgl. Shvarts: Dos iz geven der onheyb, S. 45, S. 51; Schulz: Der Beginn des Untergangs, S. 26, Fn. 11.
1502 Der *Kurier Warszawski* war eine polnische Tageszeitung, die von 1821 bis 1939 in Warschau erschien. Sie wurde assoziiert mit der national-christlichen Partei *Stronnictwo Chrześcijańsko-Narodowe*. Segalovitsh schreibt in seinen Erinnerungen, dass er empört darüber war, dass die Journalisten sich ausgerechnet dort einfinden mussten, da die Zeitung immer wieder mit antisemitischen Aussagen aufgefallen sei. Vgl. Segalovitsh, S. 27.
1503 Vgl. Auerbach: Varshever tsavoes, S. 32; Mozes: „Żydowska Agencja Telegraficzna", S. 120; Schulz: Der Beginn des Untergangs, S. 29, Fn. 24; Cohen: Sefer, sofer ve-iton, S. 299.
1504 Beit Lohamei haGeta'ot, Haifa (BLHG), File 35820, Brief von Yekhezkl-Moyshe Nayman an Saul Lev, Tel Aviv, April 1940, nicht paginiert.

unmöglich zu beschreiben. Wir wurden bombardiert, wanderten mit Heimatlosen umher, ließen unser schönes Heim, das wir hatten, zurück [...]."[1505] Auch Barukh Shefner erklärte seinem Kollegen und Freund Mark Turkow in einem Brief, dass er einen Monat nach seiner Ankunft in Vilna noch nicht zu seinem alten Gleichgewicht zurückgefunden habe, weshalb er seine journalistische Arbeit noch nicht wiederaufgenommen habe.[1506]

Wie die Auszüge aus den Briefen der Journalisten zeigen, war die Flucht aber nicht nur ein schreckliches und prägendes Ereignis, die gemeinsame Fluchterfahrung hatte auch etwas Verbindendes und Einendes für die Gruppe der Zeitungsmacher. Denn jene, die Flucht, Krieg und Shoah überlebten, erinnerten die Zeit der Bombardierungen und die sich daran anschließende gemeinsame Flucht häufig als einen Schlüsselmoment einer gegenseitigen Annäherung. Sowohl Zusman Segalovitsh als auch Herman Kruk schrieben später, dass die Journalisten auf der Flucht ihre politischen Streitigkeiten aus der Zwischenkriegszeit beigelegt, stattdessen gemeinsam um ihr Schicksal gebangt und sich rührend umeinander gekümmert hätten.[1507] Sie versuchten, während der Flucht miteinander in Verbindung zu bleiben, und halfen sich gegenseitig mit Netzwerken und Kontakten aus. Herman Kruk beschrieb, dass seine Reisegruppe unterwegs oft Hilfe von Genossen, aber eben auch von ehemaligen politischen Gegnern bekommen habe. Als Kruks Reisegruppe Łuck, die Hauptstadt der Woiwodschaft Wolhynien, erreichte, habe sich dort der Zionist Moshe Kleinbaum vom *Haynt* rührend um sie gekümmert und sein weniges Geld mit ihnen geteilt.[1508] Das Gefühl, dass sie über ihren Beruf und ihre gesellschaftliche Stellung innerhalb der jüdischen Community miteinander verbunden waren, sowie der Umstand, dass sie alle zusammen auf der Flucht waren, von der jüdischen Community und der polnischen Regierung selbst ausgestattet mit einer gesellschaftlich wichtigen Aufgabe, die sich abermals gegen Deutschland richtete, ließ die Journalisten näher zusammenrücken und alte Konflikte in den Hintergrund treten. Man fühlte sich, wie es Ber Yitskhok Rozen in einem Brief an Mark Turkow ausdrückte, als Teil einer *Zhurnalistn-mishpokhe*, einer Familie von Journalisten.[1509]

1505 BLHG, File 35820, Brief von Yekhezkl-Moyshe Nayman an Saul Lev, Tel Aviv, April 1940, nicht paginiert.
1506 YVA, O.75 Letters and Postcards Collection, File 73 Mark Turkow, Brief von Barukh Shefner an Mark Turkow, Vilna, 9. November 1939, Bl. 60–61.
1507 Vgl. Segalovitsh: Gebrente trit, S. 44; Kruk: Zwischen den Fronten, S. 79.
1508 Vgl. Kruk: Zwischen den Fronten, S. 79.
1509 YVA, O.75 Letters and Postcards Collection, File 73 Mark Turkow, Brief von Ber Rozen an Mark Turkow, Vilna, 9. November 1939, Bl. 62–64.

7.4.3 Wiedersehen in Vilna

Am 4. Oktober 1939 notierte der Journalist und Schriftsteller Daniel Tsharni, der den deutschen Überfall auf Polen von Paris aus miterlebte, dass er Nachricht von Khaim Avraham Hurvits (Khaim Vital), einem ehemaligen Mitarbeiter des *Haynt*, aus Riga bekommen habe. Er notierte:

> Der jüdische Journalist [Khaim, AK] Vital ist aus Polen geflohen und hat Riga sicher erreicht. Er überbrachte sehr traurige Grüße von der jiddischen Schriftstellerfamilie aus Warschau. Fast alle jüdischen Schriftsteller und Journalisten sind in den letzten Tagen, bevor Warschau gefallen ist, geflohen. Wer mit der Bahn und wer zu Fuß, wer in Richtung Rumänien und wer in die Sowjetunion. Mutmaßlicherweise hat der Belletrist Shmeon Horontshik auf der Flucht Selbstmord begangen.[1510]

Dass Tsharni nur einen Monat nach Kriegsausbruch Meldung von einem befreundeten Journalisten aus Riga erhielt und dieser ihn über den Verbleib der anderen Journalisten und Schriftsteller aufklärte, ist ein weiterer Beleg dafür, dass sich die Journalisten tatsächlich als eine Art Familie, zumindest aber als ein enges Freundschafts- und Berufskollegennetzwerk betrachteten. In der Tat hatten sich zwischen September und November viele Journalisten, Schriftsteller, andere Intellektuelle und politische Aktivisten auf unterschiedlichen Routen ihren Weg nach Rumänien oder in die Sowjetunion gebahnt. Was Tsharni aber (noch) nicht wissen konnte, ist, dass besonders viele jüdische Intellektuelle, unter ihnen Journalisten und Schriftsteller, nach Vilna[1511] gereist waren oder auf dem Weg dorthin waren. Die litauische Metropole, die zeitgenössisch auch als „Jerusalem des Nordens" bekannt wurde und ein Zentrum jüdischer Kultur und jüdischen Denkens war, sollte bis zum Sommer 1941 ein Zufluchtsort für mehrere hunderttausend polnische Juden sein.[1512] Damit kam der Stadt eine Sonderrolle im Rah-

---

1510 Tagebucheintrag vom 4. Oktober 1939, aus Tsharni: Di velt iz kaylekhdik, S. 371.
1511 Vilna wurde im Rahmen des Polnisch-Sowjetischen Krieges abwechselnd von der Roten Armee und polnischen Truppen besetzt. 1920 annektierte Polen Vilna und den Süden Litauens erneut. Die polnische Annexion wurde daraufhin vom Völkerbund quasi anerkannt, die Republik Litauen erkannte diesen Zustand im Laufe der Zwischenkriegszeit jedoch nie an. Die Bevölkerungsstruktur der Stadt mit ihren ca. 200.000 Bewohnern setzte sich zu 45 % aus Polen, 37 % Juden, 10 % Litauern und 5 % Weißrussen zusammen.
1512 Zur Bedeutung von Vilna für jüdische Flüchtlinge aus Polen zwischen 1939 und 1940 siehe insb.: Lewin, Dov: The Lesser of Two Evils. Eastern European Jewry Under Soviet Rule, 1939–1941, Jerusalem 1995; Balkelis, Tomas: „War, ethnic conflict and the refugee crisis in Lithuania, 1939–1940", *Contemporary European History* 16/4 (2007), S. 461–477; Garbarini: Jewish Responses to Persecution, S. 166–173; Żbikowski, Andrzej: „Poles and Jews in the Vilnius Region", *Darbai ir dienos* 67 (2017), S. 151–161.

men der großen Fluchtbewegungen polnischer Juden in Richtung Osten zu. Noch wichtiger als die Bedeutung Vilnas als Zentrum jüdischer Kultur war, dass die Stadt im Herbst 1939 zunächst weder von der Roten Armee noch von der deutschen Wehrmacht besetzt wurde. Stattdessen ging das Gebiet um die Stadt gemäß einer Vereinbarung aus dem sowjetisch-litauischen Beistandsvertrag vom 10. Oktober 1940 an die seit 1918 unabhängige Republik Litauen. Erst rund acht Monate später, am 15. Juni 1940, erfolgte die erzwungene Eingliederung Litauens in die UdSSR. Wiederum ein Jahr später, am 23. Juni 1941, besetzte die deutsche Wehrmacht Litauen. Vilna wurde damit zu einem Teil des neu geschaffenen Reichskommissariats Ostland. Die Verwüstungen, welche die deutschen Einsatzgruppen auf litauischem Gebiet anrichteten, und die Vernichtung der jüdischen Bevölkerung, die mehrheitlich durch Massaker und Massenerschießungen vollstreckt wurde, waren verheerend. Ende des Jahres 1941 lebten in Litauen einschließlich dem Gebiet Vilna nur noch 43.000 von ehemals 215.000 Juden.[1513]

Am 9. November 1939 wandten sich Ber Yitskhok Rozen und weitere Journalisten[1514] in einem Brief an Mark Turkow, der bereits im Frühjahr 1939 nach Argentinien ausgewandert war, sich aber von dort weiterhin für die jüdischen Flüchtlinge engagierte, die in Zbąszyń festsaßen und Kontakt zu seinen Journalistenfreunden hielt.[1515] Darin baten sie ihren Freund um Hilfe und berichteten ausführlich über ihre Situation und darüber, dass sie direkt nach ihrer Ankunft eine neue Journalistenvereinigung gegründet hätten:

> Teurer Mark Turkow,
> Vor Kurzem sind wir, die Gruppe der Journalisten und Schriftsteller, die vor der Hitler-Hölle gerettet wurden, nach einer langen und schweren Wanderung in Vilna angekommen. [...] Die Kollegen, die deinen Brief gelesen haben, sind aufrichtig gerührt von deiner freundschaftlichen Sorge und der Wärme, von der dein Brief durchdrungen ist. In ihrem Namen drücke ich dir den herzlichsten Dank dafür aus. Unser Telegramm hast du gewiss erhalten. Jetzt kann ich dir etwas ausführlicher über alles schreiben, was dich interessiert. Zuallererst zu deiner Familie: [...][1516] In Białystok befinden sich: Itshe[le][1517] mit seiner Frau Ida [Ka-

---

1513 Dazu siehe ausführlich VEJ 7/Einleitung, S. 13–89.
1514 Herman Kruk, Moyshe Elboym, Dovid Flinker, Maurycy Orzech schrieben ebenfalls kürzere Nachrichten ans Ende des Briefes bzw. handschriftlich auf den Durchschlag. Barukh Shefner schrieb am gleichen Tag einen individuellen Brief an Turkow. Vgl. YVA, O.75 Letters and Postcards Collection, File 73, Brief von Barukh Shefner an Mark Turkow, Vilnius, 9. November 1939, Bl. 61–62.
1515 Dies geht aus den Briefen hervor, die sich in der Sammlung von Turkow im Archiv von YVS befinden. Vgl. YVA, O.75, Letters and Postcards Collection, File 73.
1516 Turkows Brüder Zygmunt und Jonas mit seiner Frau Diane blieben in Warschau zurück. Zygmunt floh zuerst, kehrte jedoch nach Warschau zurück. Ebenfalls in der Stadt blieben Turkows Vater und Schwester.

mińska]¹⁵¹⁸ und ihrer Tochter, die dort bereits nach der Bombardierung von Warschau angekommen sind. Eine ganze Reihe Genossen hat mit ihnen gesprochen. [...] Was unsere Journalisten-Familie betrifft, so befinden sich in Vilna ungefähr 50 Seelen. Ein Teil zusammen mit ihren Frauen und Kindern. Ich werde dir die Namen auflisten: Noah Pryłucki, [Barukh] Shefner, [Pinkhas] Shvarts, [Ber Yitskhok] Rozen, [Lazar] Kahan, [Dovid] Flinker, [Menakhem] Flakser,¹⁵¹⁹ [Moyshe] Elboym,¹⁵²⁰ [Mendel] Mozes, mit seiner Frau und Kindern, Mendelbroyt, Shalom Herts,¹⁵²¹ mit Frau und Kindern, [Yekusiel] Portnoy,¹⁵²² [Vladimir] Kossovski, [Moyshe Bunem] Yustman, [Yekhezkl-Moyshe] Nayman, [Dovid-Leyb] Naymark, Dinah [Blond?], Dr. [Jerzy?] Gliksman,¹⁵²³ Adv. Bernshtayn, Bizerger und Dr. [Moshe] Kleinbaum. Dann befinden sich hier auch eine ganze Reihe von Mitgliedern des Literaturvereins und vom PEN-Club wie [Yekhiel Yeshaye] Trunk,¹⁵²⁴ [Khaym-Shloyme] Kazdan,¹⁵²⁵ [Yoshue] Rapaport,¹⁵²⁶ [Shloyme] Mendelson, [Herman] Kruk,¹⁵²⁷ Kroy, Khaym Wasser,¹⁵²⁸ Zofia Dubnow-Erlich mit den Kindern und andere. Erlich und Alter wurden durch die Sowjets festgenommen. Hier, in Vilna, befindet sich auch [Yitskhok] Giterman,¹⁵²⁹ und es ist auch Yuviler hier, der dir gesondert geschrieben hat. [Moshe] Indelman und [Arn] Eynhorn sowie auch [Ben-Tsien] Khilinovitsh sind in Warschau geblieben. Indelman wurde durch die Gestapo verhaftet, die ihn nach Deutschland schickte. In Warschau ist auch [Hillel] Tsaytlin geblieben, und man weiß auch, dass Slets in Warschau ist. So viel wir wissen, bemühen sich die Familien der Journalisten in Warschau zu helfen. Khilinovitsh führt eine Küche für die Journalistenfamilien an. Das Gebäude vom *Der Moment* ist zerstört. Marek Kahan¹⁵³⁰ plagt sich mit großen Problemen in Równe herum. [Avrom] Grafman¹⁵³¹ befindet sich in Vilna, er bemühte sich, dass wir ihn in unsere Schreibergruppe aufnehmen. Wir sind hier alle zusammen in einer organisierten Vereinigung für jüdische Schreiber-Flüchtlinge aus Warschau. Es wurde aber einstimmig beschlossen, Grafman nicht zur Gruppe zuzulassen. In

---

1517 Moyshe Bunem Yustman (*Haynt*).
1518 Schauspielerin und Regisseurin (1899–1980).
1519 Poet, Schriftsteller, Übersetzer und Journalist (1898–1978); von 1926 bis 1939 Redakteur bei *Unzer Ekspres*.
1520 Journalist (?-1969); Łódźer Korrespondent der *Naye Folkstsaytung* und von 1932 bis 1939 Redakteur bei *Unzer Ekspres*.
1521 Bundist und Parteifunktionär (1893–1992).
1522 Bundist und Parteifunktionär (1872–1941).
1523 Bundist und Parteifunktionär (1902–1958); Bruder von Wiktor Alter.
1524 Historiker, Literaturkritiker, Essayist (1905–1981); 1936 Leiter des jiddischen PEN-Clubs.
1525 Bundist, Jiddischist und Pädagoge (1883–1979).
1526 Literaturkritiker und Übersetzer (1895–1971).
1527 Bundist, Publizist und Archivar (1897–1944).
1528 Poale Zionist und Mitarbeiter im statistischen Büro des YIVO in Łódź (1910–1980); Mitglied der *Oyneg Shabes* im Warschauer Getto.
1529 Leiter der Warschauer Abteilung des YIVO sowie Direktor des *Joint* in Polen (1889–1943).
1530 Revisionist und Anwalt (Lebensdaten unbekannt); wurde 1938 von Jabotinsky als Supervisor beim *Moment* eingesetzt.
1531 Revisionist und Journalist (1891–1941/42); schrieb regelmäßig für den *Moment*.

Vilna befindet sich auch eine Gruppe polnischer Journalisten und Schriftsteller, zu denen wir in Kontakt stehen.[1532]

Der Brief von Ber Yitskhok Rozen an Mark Turkow drückt nicht nur die intime Nähe aus, welche die Journalisten füreinander empfanden, sowie ihre gegenseitige Anteilnahme an dem erfahrenen Leid, sondern auch, dass sie bereit waren, sich umeinander zu kümmern und füreinander Verantwortung zu übernehmen.[1533] Dafür griffen sie auf altbewährte Selbstermächtigungsstrategien wie die der jüdischen Selbsthilfe zurück. Dies zeigt sich nicht nur daran, dass sich die Gruppe der Journalisten sofort nach ihrer Ankunft in Vilna wieder in einem eigenen Berufs- und Interessenverband, namentlich der *Fareynikung fun di Literatn un Zhurnalistn Pleytim in Vilne* (Vereinigung der Schriftsteller- und Journalisten-flüchtlinge in Vilna)[1534] organisierten, sondern auch daran, dass die in Warschau zurückgebliebenen Journalisten sich im Rahmen familiärer und kollegialer Netzwerke aushalfen. Ziel war es, sich nicht der Ohnmacht hinzugeben

---

1532 Als Adresse gab Rozen die Sadowa 9/II, bei „TOZ" – B. Rozen an. Vgl. YVA, O.75 Letters and Postcards Collection, File 73, Brief von Ber Rozen an Mark Turkow, Vilnius, 9. November 1939, Bl. 62–64 und der Durchschlag mit Grüßen und Notizen von verschiedenen Journalisten Bl. 65–67. Über die Ankunft der jüdischen Journalisten und ihre gesonderte Unterbringung in Vilna legte auch Mendel Mozes einen Bericht vor: JTA: Mozes, Entrie JTA staff, other writers, leaders found safe in Wilno, in *JTA-Newsletter*, 30. Oktober 1939, S. 1.
1533 Alle politischen Konflikte aus der Vorkriegszeit konnten nicht beigelegt werden. Der kurz vor dem deutschen Überfall auf Polen ausgebrochene Konflikt in der Zeitungsredaktion des *Moment* beschäftigte die Journalisten auch im Vilnaer Exil. Nicht nur, dass die Gruppe den revisionistischen Journalisten Grafman nicht in ihrem Verein aufnahmen, sie schlossen ihn und zwei weitere Journalisten offenbar auch von den Geldmitteln aus, die sie vom *Joint* erhielten. Dies wird zumindest von einem Vertreter der amerikanischen Delegation der *Neuen Zionistischen Organisation* an den *Y. L. Perets-Shrayber Fareyn* in New York vom Mai 1940 behauptet. Vgl. YIVO Institute for Jewish Research, I. L. Peretz Yiddish Writers Union Records, RG 701, Box 15, File 290, Brief von A. Kopelowicz (Presidency of the New Zionist Organization) an William Edlin (J. L. Peretz Verein), New York, 14. Mai 1940, nicht paginiert. Außerdem schrieb der Sekretär des *Y. L. Perets-Shrayber Fareyn* mehrmals an den Vorsitzenden der jüdischen *Kehila* in Vilna, Dr. Jakob Vigodski, und bat diesen, ein Auge auf die Verteilung der Gelder innerhalb der Journalistenvereinigung zu haben. Man wollte, dass die 500 US-Dollar auf jeden Fall „unparteiisch" von Pryłucki, Shfener und Shvarts, auf deren Namen der Scheck ausgestellt worden war, verteilt werden sollte. YIVO Institute for Jewish Research, I. L. Peretz Yiddish Writers Union Records, RG 701, Box 15, File 290, Brief von Moshe Riblin (Sekretär vom *Y. L. Perets-Shrayber Fareyn*) an Dr. Jakov Vigodski, Vilna 27. November 1939, nicht paginiert.
1534 Der Name der Vereinigung steht auf einem erhaltenen Briefkopf. Die Gruppe wird ferner in einigen Briefen namentlich erwähnt. Vgl. YVA, O.75 Letters and Postcards Collection, File 73, Brief vom Sekretär der Fareynikung fun di Literatn un Zhurnalistn Pleytim in Vilne, gez. unleserlich, an Mark Turkow, Vilna, 28. Dezember 1939, Bl. 96–97.

und durch eine gezielte Selbstorganisierung wieder handlungsfähig zu werden. Wie Barukh Shefner in einem Brief ausführte, wurde die Gruppe in Vilna „von einer Verwaltung [angeführt], zu der alle Verwaltungsmitglieder vom [ehemaligen Jüdischen Schriftsteller- und Journalisten-, AK] Verein, vom [Jüdischen Journalisten-] Syndikat und vom [Jiddischen] PEN-Klub", gehörten, „die sich in Vilna" befanden.[1535]

Der Sitz des Vereins in Vilna war zugleich auch Unterkunft und damit neues Zuhause eines Großteils der Zeitungsmacher aus Warschau. In der ehemaligen Krankenpflegeschule in der *ulica Sadowa* 9 wurde die Gruppe vom *Joint* und der TOZ, welche die Unterbringung der Flüchtlinge vor Ort koordinierte, untergebracht.[1536] Barukh Shefner zufolge kam ein anderer, kleinerer Teil der geflüchteten Journalisten in der Stadt bei Bekannten unter und kam lediglich zum Mittagessen vorbei. Die Gruppe sei glücklich gewesen, so Shefner weiter, dass „nach all den Anstrengungen", die sie „auf den Weg hierher ausstehen mussten", das Haus in der *ulica Sadowa* 9 ihnen ein „Stück Ruhe" gebracht habe und sie dank des *Joint* dort „ein Stück Heimat für die heimatlosen Schreiber" gefunden hätten.[1537] Nicht zuletzt, weil dort auch der Geist der zerstörten *Tłomackie* 13 beziehungsweise der *Graniczna* 11 wieder zum neuen Leben erwachte. In seinen Erinnerungen beschrieb der jüdische Sozialist Herman Kruk die Zeit im Haus der *ulica Sadowa* 9:

> The writers at Sadowa 9 have renewed Tlomackie 13 here. The ideological debates haven't stopped, but they eat dinner and entertain themselves at the same table: the Zionist Y. M. Nayman with the Bundist B. Shefner, the Folkist [populist party] Noah Prylucki with the socialist Kh. Sh. Kazdan, the Orthodox D. Flinker with the secular Lazar Kahan, the religious Zionist B. Jeuschsohn with the fanatical Bundist P. Schwartz. Everything is equalized here: the editor of [the daily] Togblat with the editors of [the Zionist daily] Haynt along with the colleagues from the [Bundist] Folkssaytung – the whole Yiddish press of Warsaw, contributors to the greatest Yiddish newspapers in the world – everything here is together. [...] It's good that everyone huddles together. To be together with someone from your home town or someone close to you socially is better than being jumbled up in a herd of faceless uprooted refugees with no common character traits, no common ideology.[1538]

1535 YVA, O.75 Letters and Postcards Collection, File 73 Mark Turkow, Barukh Shefner an Mark Turkow, Vilna, 9. November 1939, Bl. 60–61.
1536 Vom *Joint* waren Moses Beckelman und Yitskhok Giterman vor Ort, von der TOZ aus Vilna, Hirsh Matz. Vgl. Schulz: Der Beginn des Untergangs, S. 36; Kruk, Herman: The last Days of the Jerusalem of Lithuania: Chronicles from the Vilna Ghetto and the Camps 1939–1944, hrsg. von Benjamin Harshav, New Haven/London 2002, S. 29–36.
1537 YVA, O.75 Letters and Postcards Collection, File 73, Barukh Shefner an Mark Turkow, Vilna, 9. November 1939, Bl. 60–61.
1538 Kruk: The last Days of the Jerusalem of Lithuania, S. 32. Eckige Klammern im Original. Dasselbe Zitat findet sich bei Schulz: Der Beginn des Untergangs, S. 37 f. Ein Bild der Journal-

Die Absichten, welche die Journalisten und Schriftsteller in Vilna mit der Neugründung des Vereins verfolgten, waren vielfältig. Indem sie sich als eine Körperschaft formierten, beugten sie einerseits einer Vereinzelung und Vereinsamung vor und erlangten andererseits zumindest teilweise wieder ihre politische Handlungsmacht zurück, auch weil sie so ihre gesellschaftliche Funktion als Journalisten exponiert herausstellen konnten. Damit konnten sie nicht nur mit internationalen jüdischen wie nichtjüdischen Hilfsorganisationen in Verbindung treten und Unterstützung beanspruchen, sondern auch mit möglichen diplomatischen Vertretern verschiedener freier Länder sowie mit der eigenen Exilregierung in Verhandlung gehen. Somit gelang es der Gruppe teilweise, finanzielle und materielle Unterstützung sowie weiterführende Hilfe zu organisieren.[1539] Beispielsweise bekamen sie über diesen Weg Geldspenden vom *Joint* und vom *Y. L. Perets-Shrayber Fareyn* aus New York. Das US-amerikanische Pendant zum Warschauer Journalistenverein hatte noch im November 1939 einen eigenen Hilfsausschuss für die sich auf der Flucht und im Exil befindenden jüdischen Journalisten und Schriftsteller gegründet. Die Initiative sprach sich schnell herum, sodass die Gruppe zahlreiche Anfragen mittelloser und verzweifelter Journalisten bearbeiten musste.[1540] Andere größere Geldsummen gelangten über ehemalige Kollegen wie den bereits erwähnten Mark Turkow nach Vilna. Im Dezember 1939 bedankte sich die Journalistengruppe in Vilna in einem Brief an Turkow, dass sie Nachricht erhalten hätten, dass sie über Moshe Kleinbaum, der sich zu diesem Zeitpunkt schon in Genf aufhielt, 5.000 Schweizer Franken erwarteten.[1541] Außerdem gelang es der Gruppe, über ihr soziales Kapital zahlreiche Visa zu erhalten und darüber hinaus einige der festgenommenen Kollegen wie etwa Moshe Yinnon

---

istengruppe, sowie weitere Quellen, die auch in dieser Arbeit verwendet werden und vom Leben der jüdischen Journalisten und anderen Geflüchteten in Vilna berichten, findet sich auf der Seite https://we-refugees-archive.org/cities/vilnius/. Das Bildungsprojekt wurde u.a. von Miriam Schulz initiiert und ging 2019, während der Manuskriptabfassung, online.

1539 Die Mehrheit der Journalisten und Schriftsteller kam völlig mittellos in Vilna an, weshalb sie auf Gelder von ausländischen Organisationen angewiesen waren. Vgl. YVA, O.75 Letters and Postcards Collection, File 73, Brief von Barukh Shefner an Mark Turkow, Vilna, 9. November 1939, Bl. 60–61.

1540 Siehe das Gründungsprotokoll vom 16. November 1939 über das *Hilfskomitet baym Perets-Shrayber Fareyn far noytleydende oyslendishe Shrayber* sowie weitere Protokolle. Vgl. YIVO Institute for Jewish Research, I. L. Peretz Yiddish Writers' Union, RG 701, Box 15, Folder 306, Minutes, 1939–1941, nicht paginiert.

1541 Vgl. YVA, O.75 Letters and Postcards Collection, File 73, Brief von der Fareynikung fun di Literatn un Zhurnalistn Pleytim in Vilne, gez. unleserlich, an Mark Turkow, Vilna 28. Dezember 1939, Bl. 96–97.

(Indelman) aus dem Konzentrationslager zu befreien.¹⁵⁴² Über ihren Verband fiel es ihnen nicht zuletzt leichter, Kontakt zu anderen Kollegen zu halten, die sich noch im deutsch beziehungsweise im sowjetisch besetzten Teil Polens aufhielten, und sich für deren Lage einzusetzen.

Die erneute Organisierung als Journalistengruppe im Exil erfüllte aber auch eine ganz praktische, alltägliche Aufgabe, da die Vereinigung den Mitgliedern „in einem Moment der Niedergeschlagenheit und Entwurzelung"¹⁵⁴³ nicht nur Halt und Hoffnung gab, sondern sie ebenfalls mit Struktur, Arbeit und daher sogar mit einem bescheidenen Gehalt versorgte.¹⁵⁴⁴ In den ersten Monaten gaben sich viele Angehörige der jüdischen Intelligenz noch dem Gedanken hin, dass sie im unabhängigen Vilna zwar nicht nahtlos, aber doch zumindest in beschränktem Maße an ihre bisherige politische, religiöse und kulturelle Arbeit anknüpfen könnten.¹⁵⁴⁵ Man war sich zwar über die Zerstörung des jüdischen Kulturlebens bewusst und betrauerte dessen Verlust, wie man auch wusste, dass „[d]ie Katastrophe noch nicht vorüber [ist]", doch genau aus diesem Bewusstsein heraus bezogen die *Shrayber* und *Tuer* ihre Motivation. Sie wollten nicht kampflos aufgeben, weshalb „das jüdische Polen [intensiv] daran" arbeitete, „zu retten, was noch zu retten" war.¹⁵⁴⁶ Neben der Wiederaufnahme des jüdischen und jiddischen Kulturlebens, wozu neben dem jiddischen Verlagswesen auch die jiddische Presse gehörte,¹⁵⁴⁷ bestimmten auch Fragen nach möglichen widerständigen Praxen

---

1542 Vgl. YVA, O.75 Letters and Postcards Collection, File 73, Brief von der Fareynikung fun di Literatn un Zhurnalistn Pleytim in Vilne, gez. unleserlich, an Mark Turkow, Vilna 28. Dezember 1939, Bl. 96–97.
1543 Vgl. YVA, O.75 Letters and Postcards Collection, File 73, Brief von der Fareynikung fun di Literatn un Zhurnalistn Pleytim in Vilne, gez. unleserlich, an Mark Turkow, Vilna 28. Dezember 1939, Bl. 96–97.
1544 So äußerten sich Nayman und Yustman in einem Brief, nachdem sie Tel Aviv im Frühjahr 1940 erreicht hatten: „In Vilna lebten wir einige Monate in relativer Ruhe. Wir genossen die breite Unterstützung des ‚Joints' und anderen Quellen und fanden auch etwas Arbeit." BLHG, File 35820, Brief von Yekhezkl-Moyshe Nayman und Moyshe Bunem Yustman an Shmuel Rozenfeld, Tel Aviv, April 1940 (ohne Datum), nicht paginiert.
1545 Zu dieser Haltung siehe insb. den Artikel von Herman Kruk, welchen er im Mai 1940 in der New Yorker jiddischen Kulturzeitschrift *Kultur un Dertsiung* (Kultur und Erziehung) unter dem Titel *Oyf di Khurboynes fun Poyln* veröffentlichte. Darin informierte er ausführlich über die Lage in Vilna und die zaghaften Versuche, jüdische und speziell jiddische Kultur wieder aufleben zu lassen. Detailliert gab er auch Auskunft über den Verbleib jüdischer Journalisten und Schriftsteller. Vgl. Nachdruck des Originals mit deutscher Übersetzung in: Kruk: Zwischen den Fronten, S. 89–106.
1546 Kruk: Zwischen den Fronten, S. 99.
1547 Zum Versuch das jiddische Kulturleben aufrechtzuerhalten bzw. wiederzubeleben sowie zum Verhalten einzelner Journalisten in Relation zur Sowjetmacht und ihrer Verfolgung, insb. aus

gegen die deutschen Besatzer ihre Unternehmungen. Wie konnte man auf die von den Deutschen bis dahin verübten Verbrechen an der jüdischen Bevölkerung Polens adäquat reagieren?[1548]

Eine Möglichkeit war, Artikel über die Situation zu verfassen, in der sich die polnischen Juden seit dem deutschen Überfall befanden, und über den Zustand der jüdischen und jiddischen Kulturarbeit zu informieren. Diese Berichte sollten auf Wunsch der Journalisten von ihren Kollegen im Ausland in der internationalen jiddischen Presse veröffentlicht werden, nicht zuletzt, um etwaige Spendengelder zu akquirieren.[1549] Auch Mendel Mozes, als ehemaliger Leiter der Warschauer Filiale der JTA, begann nach seiner Ankunft in Vilna unverzüglich damit, seine Arbeit vor Ort wieder aufzunehmen und sich mit dem ständigen Vertreter der JTA in Kaunas in Verbindung zu setzen. Am 30. Oktober 1939 setzte das Warschauer JTA-Büro im Exil sein erstes Telegramm nach London ab.[1550] Da täglich Flüchtlinge aus Warschau und anderen polnischen Städten nach Vilna kamen, brachten die Rundschreiben der JTA von dort aus unzählige Nachrichten über die nationalsozialistische Judenverfolgung im besetzten Polen in die freie Welt, weshalb Mozes und seine Mitarbeiter schon damals in der amerikanisch-jüdischen Presse als Helden gefeiert wurden.[1551]

7.4.4 Dokumentation des Unrechts

Im November 1939 nahmen sich die in Vilna gestrandeten Journalisten und Schriftsteller eines neuen Projekts an, das an ihre politisch-journalistische Arbeit der letzten sechs Jahre, die sich im Wesentlichen gegen das nationalsozialistische

---

dem Wilnaer, Kovnoer und Białystoker Raum, siehe den Bericht vom ehemaligen Redakteur des *Haynt* Israel Stolarski (David Grodner) aus dem Jahr 1941. Vgl. Grodner, David: „In Soviet Poland and Lithuania", *The Contemporary Jewish Record* 4/2 (1941), in deutscher Übersetzung abgedruckt in: VEJ 4/Dok. 275.

1548 Vgl. Schulz: Der Beginn des Untergangs, S. 37.

1549 Vgl. die verschiedenen Bitten der Journalisten aus Vilna, dass ihre Kollegen im Ausland ihre Berichte drucken mögen, wie beispielsweise die Fluchterinnerungen von Ber Yitskhok Rozen. Vgl. z. B. YVA, O.75 Letters and Postcards Collection, File 73, Brief von Barukh Shefner an Mark Turkow, Vilna, 9. November 1939, Bl. 60 – 61 sowie Brief von Ber Rozen an Mark Turkow, Vilna, 9. November 1939, Bl. 68 – 70, hier S. 69.

1550 Vgl. JTA: Mozes, Entire JTA Staff, Other Writers, Leaders Found Safe in Wilno, in JTA-Newsletter, 30. Oktober 1939, S. 1. Andere Quellen sprechen jedoch vom 2. November: Mozes: „Żydowska Agencja Telegraficzna", S. 120; Bar: „Making Jewish News", S. 202– 203.

1551 Vgl. JTA: Press voices praise for JTA war coverage, Mozes dispatches lauded, in *JTA-Newsletter*, 28. November 1939, S. 7– 8.

Deutschland gerichtet hatte, anknüpfte. Wieder schrieben sie Artikel, sammelten Fakten, dokumentierten Unrecht, interviewten Flüchtlinge und klärten die Öffentlichkeit über die deutschen Verbrechen auf. Am 22. November 1933 übermittelte der Journalist und zionistische Aktivist Leyb Gorfinkel (1896–1976) vom litauischen Komitee für die Belange der polnisch-jüdischen Flüchtlinge aus Kaunas einen ersten Bericht über die Arbeit des Komitees an den Jüdischen Weltkongress. Darin erwähnte er, dass er nach einem Telefonat mit Moshe Kleinbaum von der Einrichtung eines neuen Komitees in Vilna erfahren habe:

> A committee has been set up under the chairmanship of Chief Rabbi Dr. [Yitshak] Rubinstein, [Rafał] Szerechowski, and [Noah] Prylucki, Secretary. The committee has undertaken to procure statements from Polish Jewish refugees in Vilna and expects to obtain 2,000. A telegram just received from Dr. Kleinbaum indicates that the Joint Distribution Committee wishes to participate in this committee. The World Jewish Congress is attempting to contribute toward the costs involved in collecting these statements, and has therefore turned to our American friends with the request, so that we may obtain use of this valuable material.[1552]

Bei dem von Gorfinkel erwähnten Komitee, das unter der organisatorischen Leitung von Noah Pryłucki stand, handelte es sich um eine politische Initiative der Journalisten und Schriftsteller, die zusammen in der *ulica Sadowa* 9 in Vilna lebten. Gemeinsam hatten sie nicht nur im Jahr 1939 das *Komitet tsu zameln Materialn vegn yidishn Khurbn in Poyln* gegründet, sondern auch für die notwendige Struktur und die finanziellen Mittel vom *Joint* gesorgt.[1553] Das Komitee hatte es sich zur Aufgabe gemacht, Dokumente, Erlebnisberichte und Informationen über die nationalsozialistischen Verbrechen an polnischen Juden seit dem deutschen Überfall auf Polen zu sammeln und für die Nachwelt zu dokumentieren. In einem Brief von Dr. Moshe Kleinbaum an Dr. Nahum Goldmann lassen sich weitere Informationen über die Arbeit der Gruppe finden:

[1552] American Jewish Archives, WJC records, series A, box A2, file 2, Day Book of the WJC II, Dr. Garfunkelis, Report on the Lithuanian Committee on Behalf of Polish Jewish Refugess, 22. November 1939, S. 37–38, hier zitiert nach: Garbarini: Jewish Responses to Persecution, 1938–1940, S. 172–173.
[1553] In einem Protokoll des Hilfskomitees für jüdische Schriftstellerflüchtlinge vom *Y. L. Perets-Shrayber Fareyn* vom 23. Januar 1940 hieß es über die Unterstützung des *Joint*: „Es wird berichtet, dass der ‚Joint' eine spezielle Arbeit mit den Schriftstellern in Vilna und Kowno durchführt. Es wurde beschlossen sich mit den Schriftstellern von dort auszutauschen, um herauszufinden, wie ihnen wirklich geholfen wird." YIVO Institute for Jewish Research, I. L. Peretz Yiddish Writers Union Records, RG 701, Box 15, File 301, Sitsung fun der ekzekutive fun hilfs komitet, 23. Januar 1940, nicht paginiert.

> Ich hätte nichts zu den Berichten, die Sie bereits über das unbeschreiblich grausame Schicksal der polnischen Juden unter nazistischer Herrschaft gehört haben, hinzuzufügen. Ich habe in Wilna einen Beschluss zur Durchführung gebracht, dass Kopien der Protokolle und Dokumente, die durch die dortigen jüdischen Journalisten (bis jetzt vom *Joint* finanziert) gesammelt werden, u. a. an die nationale Bibliothek in Jerusalem geschickt werden sollen; auf diese Weise wird auch der Jüdische Weltkongress Zutritt zu diesen Sammlungen haben. Außerdem hat unser eigener Sekretär unter Aufsicht von Herrn Rabbiner Rubinstein auch wertvolles Material gesammelt. Sie werden sich durch diese Dokumente überzeugen können, dass die ‚Gesehroth Taeh Wetat' (Ukas) – Katastrophe des polnischen Judentums in den Jahren 5408/9,[1554] laut jüdischer Zeitrechnung – blass sind, im Vergleich zu den diesjährigen ‚Gesehroth Tasch' (5700 laut jüdischer Zeitrechnung). Wenn der gegenwärtige Zustand noch lange andauern wird, wenn der Krieg sich in die Länge zieht und die Deutschen noch einige Jahre in Polen bleiben werden, haben wir mit einem Massenuntergang des dortigen Judentums zu rechnen, nicht bloß im wirtschaftlichen, sondern auch im physischen Sinne.[1555]

Mit ihrem Vilnaer Projekt knüpften die Zeitungsmacher direkt an die Arbeit des Zentralen Hilfskomitees für jüdische Flüchtlinge aus Deutschland in Warschau aus den Jahren 1933 bis 1935 sowie 1938 an. Denn die Ziele, welche die Gruppe mit ihrer Arbeit verfolgte, spiegelten die Arbeit der *Shrayber* und *Tuer* aus den letzten sechs Jahren auf vielfältige Art und Weise wider. Bereits die personelle Zusammensetzung an der Spitze des Komitees – mit dem Rabbiner Yitshak Rubinshteyn aus Vilna sowie Rafael Szereszewski und Noah Pryłucki aus Warschau – verweist auf eine direkte Kontinuitätslinie zum Jahr 1933. So hatten sich schon damals zumindest die beiden letztgenannten Personen im Kampf gegen die beginnende Verfolgung von Juden im nationalsozialistischen Deutschland hervorgetan. Die Historikerin Miriam Schulz, die einen Teil des Archivs des Komitees in der Britischen Wiener Library entdeckte, ordnete die Arbeit des Komitees in die osteuropäisch-jüdische Tradition des Kampfes gegen Antisemitismus ein, die oft gepaart mit moderner Geschichtsschreibung und ethnografischen Methoden auftrat, und beschrieb, dass „vor dem Hintergrund der historiografischen Tradition der Khurbnforschung und der ihrem Vorbild verhafteten Verschmelzung von Geschichtsschreibung und Selbstverteidigung" das Komitee damit begonnen habe, „die Zerstörung des polnischen Judentums zu dokumentieren, um das Verbrechen aufzudecken, Opfer zu identifizieren, ihrer zu gedenken und die Zerstörung möglichst vollständig sichtbar zu machen".[1556] Die drei langfristigen Ziele waren, „durch präzise und objektive Dokumentation der Verbrechen am polnischen

---

1554 Damit war vermutlich der Chmelnyzkyi-Aufstand, der zwischen 1648 bis 1657 stattfand, gemeint.
1555 DRCA, T 32, File 105, Brief von Dr. Moshe Kleinbaum an Dr. Nahum Goldmann, Jüdischer Weltkongress, Genf, 12. März 1940, S. 1–19, hier S. 1.
1556 Vgl. Schulz: Der Beginn des Untergangs, S. 59.

Judentum" Quellen zu sammeln, damit jüdische Historiker in der Zukunft die jüdische Geschichte schreiben konnten, juristisch belastendes Material für die Nachwelt zusammenzutragen, auf dessen Basis „Gerechtigkeit für die eigene Nation" eingefordert werden konnte und schließlich die gesammelten Beweise sofort dafür zu benutzen, Kriegsverbrechen zu belegen und damit aktiv ins Geschehen einzugreifen.[1557]

Laut Selbstaussage der Mitarbeiter des Komitees war es ihre Intention, „detaillierte Beweise wie bei einer gerichtlichen Untersuchung, auf extremer Akkuratesse fußende Berichte, sorgfältig verifizierte Dokumente mit Zahlen und Namen zu haben".[1558] Sie wollten eine Chronik der Ereignisse seit dem Ausbruch des Krieges zusammenstellen, erste Daten über die von den Nationalsozialisten getöteten Juden erheben, materielle Verluste dokumentieren sowie Fakten über Deportationen, die Lage von jüdischen Häftlingen in Konzentrationslagern und das Schicksal ausgewiesener Juden sammeln. Nicht zuletzt wollten sie die Gewalt der Deutschen an der jüdischen Bevölkerung in den besetzten Gebieten detailliert beschreiben und dokumentieren. Die Arbeit des Komitees lässt sich dementsprechend in die Traditionen des Kampfes der jüdischen Zeitungsmacher gegen Antisemitismus aus den Jahrzehnten zuvor einordnen, da es die vier Kernpunkte Sammeln, Dokumentieren, Selbsthilfe/Selbstverteidigung und Dokumentation wieder aufgriff und zusammenführte.[1559] Als Journalisten und Schriftsteller waren sie nicht nur handwerklich hervorragend auf die Arbeit vorbereitet, sie brachten auch die notwendige inhaltliche Expertise mit. Durch ihre langjährige Arbeit für die jüdische Presse waren ihnen nicht nur die internationalen politischen Zusammenhänge präsent, sie wussten auch über die deutschen politischen Entwicklungen und die dortigen Methoden der Judenverfolgung Bescheid, hatten sie sich doch selbst ein Bild von den deutschen Zuständen machen oder aber sich durch ihre Begegnungen mit jüdischen Flüchtlingen in Polen von der Gewalt überzeugen können. Ferner waren sie durch die Lektüre internationaler Zeitungen, nationalsozialistischer sowie antifaschistischer Literatur und Periodika theoretisch geschult, sodass sie trotz der unsicheren und unklaren Lage, in der sie sich im Herbst 1939 wiederfanden, zügig die neue Situation und die historische Singularität der Ereignisse einordnen und interpretieren konnten. Nicht zuletzt waren sie seit dem deutschen Überfall auf Polen selbst zum Opfer der nationalsozialistischen Vertreibungs- und Vernichtungspolitik geworden und hatten auf ihrer Flucht Gewalt, Bombenhagel und Schlimmeres erlebt. Anders als bei der

---
1557 Vgl. Schulz: Der Beginn des Untergangs, S. 59.
1558 Vgl. Wiener Library, MF 532 Doc 54/Reel Nr. 11, Frame 211, hier zitiert nach Schulz: Der Beginn des Untergangs, S. 60.
1559 Vgl. Kap. 2.3.

Arbeit der Hilfs- und Boykottkomitees zwischen 1933 und 1938/39 und den Aufgaben, welche die Journalisten damals innerhalb der Protestbewegung wahrnahmen, legten die Mitglieder des Komitees diesmal jedoch den Schwerpunkt ihrer Arbeit auf die Dokumentation und die Verbreitung von Informationen über die deutschen Verbrechen in der freien Welt.

Die Entscheidung hierfür hatte auch pragmatische Gründe. Die jüdische Öffentlichkeit in Polen, wie die jüdischen Intellektuellen sie aus der Zeit vor dem Ausbruch des Krieges kannten, existierte nicht mehr. Somit konnten die Zeitungsmacher weder einen öffentlichen Protest propagieren noch ihre Ergebnisse und Interviews in Form von Artikeln in jüdischen Tageszeitungen publizieren, um damit die jüdische Bevölkerung in Polen zu aktivieren. Auch hatte sich zu diesem Zeitpunkt noch nicht das weitverzweigte Netzwerk der jüdischen Untergrundpresse etabliert, das später die frühere Funktion der jüdischen Tageszeitungen von vor dem Krieg übernehmen sollte. Die Gründung des Komitees war daher der einzige logische Schritt, den die Journalisten zu diesem Zeitpunkt gehen konnten, wenn sie ihrer selbstauferlegten Pflicht, sich für die Belange der jüdischen Community Polens einzusetzen, nachkommen wollten. Außerdem ermöglichte diese Arbeit ihnen ein bescheidenes Einkommen, weil sie vom *Joint* finanziert wurde, und gab ihnen eine Aufgabe und somit Struktur. Hierbei griffen sie auf die Möglichkeiten zurück, die ihnen geblieben waren, sprich das akribische Sammeln und Dokumentieren der nationalsozialistischen Verbrechen für die freie (Nach-) Welt. Insgesamt führten sie unzählige Interviews durch, erstellten 25 Berichte und gaben 6 Bulletins heraus.[1560] Damit repräsentierte das Komitee eines der ersten im Geheimen angelegten jüdischen Archive, die während des Zweiten Weltkrieges im von Deutschland besetzten Polen gegründet wurden. Miriam Schulz vermutet, dass das Komitee möglicherweise damit sogar Vorbildcharakter für ähnliche Projekte, die sich zu späteren Zeitpunkten in den Gettos von Białystok (*Papir-Brigade*) und Warschau (*Oyneg Shabes*) gründeten, hatte.[1561]

Die Mitglieder des Komitees gingen ihrer Arbeit akribisch und gewissenhaft nach, bevor sie die Arbeit vermutlich im Oktober 1940, also etwa zwei Monate nach der Annexion Litauens durch die Sowjetunion und dem damit verbundenen

---

1560 Vgl. Schulz: Der Beginn des Untergangs, S. 12. Die sechs Bulletins finden sich als Faksimile und in deutscher Übersetzung im Buch von Schulz abgedruckt. Neben der Sammlung in der Wiener Library befindet sich eine weitere Sammlung, die vermutlich dem Komitee zugeordnet werden muss, im Diaspora Research Center in Tel Aviv. Vgl. DRCA, Sig. A1–1731, Eyewitnesses Reports on Atrocities during the First Weeks of German Occupation of Poland. September-October 1939 as gathered from the Refugees in Vilno, Bl. 1–51.
1561 Schulz: Der Beginn des Untergangs, S. 113–114.

Einmarsch der Roten Armee, einstellten und das Komitee auflösten.[1562] Aus einem Brief von Lazar Kahan vom 9. Oktober 1940, der sich an das jüdische Hilfskomitee für Schriftstellerflüchtlinge des *Y. L. Perets-Shrayber Fareyn* in New York richtete, geht hervor, dass sich bis zu diesem Zeitpunkt noch immer 36 geflüchtete Literaten und Journalisten, teilweise zusammen mit ihren Familien, in Vilna befanden. Da der *Joint* jedoch seine „bescheidene Hilfstätigkeit" eingestellt hatte und es so gut wie keine Möglichkeit für die Angehörigen der Gruppe gab, Arbeit in ihrem Fach zu finden, war ihre Lage sehr kritisch, weshalb Kahan im Namen der Gruppe nach New York schrieb und darum bat, sich um Visa für die Zurückgebliebenen einzusetzen.[1563] Im Oktober 1940 war die einzige Perspektive, die den Zeitungsmachern geblieben war, die Emigration.

7.4.5 Sterben, Überleben und Reorganisation im Exil

Etwas über ein Jahr später, im November 1941, erhielt der Minister für Arbeit und Soziales der polnischen Exilregierung Jan Stańczyk einen dringenden Brief aus New York, der unter anderem von den Journalisten Mendel Mozes (*JTA*), Chaim Finkelstein (*Haynt*), Jakub Appenszlak (*Nasz Przegląd*), Barukh Shefner und Pinkhas Shvarts (beide *Naye Folkstsaytung*) unterschrieben worden war. Sie alle hatten sich 1940 von Vilna nach New York retten können und sich dort sofort in einer neuen jüdischen Journalistenorganisation mit Namen *Zrzeszenie Żydowskich Dziennikarzy i Literatów z Polski* (Verband der jüdischen Journalisten und Schriftsteller aus Polen) zusammengefunden.[1564] In ihrem Schreiben bezeichneten sie sich selbst als „Vertreter der jüdischen Journalisten und Schriftsteller aus

---

[1562] Es ist nicht bekannt, wie lange das Komitee tatsächlich aktiv war. Miriam Schulz vermutet, dass die Journalisten mindestens bis zum Frühjahr 1940 für das Komitee arbeiteten. Der Journalist Mendel Balberyszki beschrieb in seinen Erinnerungen außerdem, wie Noah Pryłucki beim Einmarsch der Roten Armee die Unterlagen des Komitees in Vilna verbrannte. In einem Brief von Bernard Singer geht wiederum hervor, dass Pryłucki schon im März 1940 nach Kovno gegangen sei. Vgl. Schulz: Der Beginn des Untergangs, S. 106–107; Balberyszki: Shtarker fun ayzn, S. 118.
[1563] Vgl. YIVO Institute for Jewish Research, I. L. Peretz Yiddish Writers Union Records, RG 701, Box 16, File 322, Brief von Lazar Kahan an das Hilfskomitet far Shrayber-pleytim, Vilna, 9. Oktober 1940, nicht paginiert.
[1564] Vgl. YVA, M.2, Dr. I. Schwarzbart, File 682, Telegramm von Jakub Appenszlak an Ignacy Schwarzbardt, New York, 15. Januar 1941, Bl. 8–9. Im Telegramm informiert Appenszlak über die Gründung des Vereins und bittet darum als Teil des Polnischen Journalistensyndikats akzeptiert zu werden, um Hilfsmittel von der Exilregierung zu erhalten. Weitere Mitglieder der Gruppe waren Jakob Pat, Shulim Herts, Yekusiel Portnoy und Wiktor Szulman (alle *Naye Folkstsaytung*) sowie Arn Tsaytlin (*Der Moment*).

Polen im Exil" und betonten, dass ihr Verband bereits im November 1939 in Vilna gegründet worden sei.[1565] Einleitend schrieben sie, dass sie sich „mit der Bitte an den Herren Minister" wandten, „sich für das Schicksal der mehreren Dutzend jüdischer Journalisten und Schriftsteller einzusetzen, die seit zwei Jahren, mit nur einem Gedanken, nämlich dem an das Vaterland und [die Möglichkeit, AK], die publizistische Pflicht im befreiten Polen wiederaufzunehmen, in der Welt umherirren".[1566] In ihrem Brief klärten sie den Minister auch über den Verbleib der Journalisten auf:

> Der Verband der jüdischen Journalisten und Schriftsteller in Polen entstand im November 1939 in Vilna. Im Zuge der folgenden Monate sammelten sich ungefähr 70 jüdische Journalisten und Schriftsteller aus Warschau, Łódź, Krakau, teilweise mit Familien, Mitglieder des jüdischen PEN-Clubs, des jüdischen Schriftstellers- und Journalistenvereins aus verschiedenen Städten des Landes und der jüdischen Sektion des *Journalistensyndikats* in Warschau. Im Augenblick sind die Mitglieder des Vilnaer Verbandes auf der ganzen Welt verstreut. Eine große Gruppe kam mit dem Schiff in die Vereinigten Staaten, nach Kanada und Palästina. Ziemlich viele der dargestellten Gruppe von unseren Kollegen vegetieren vor sich hin und sind mehr tot als lebendig in Japan und in Shanghai.[1567]

In der Tat hatten sich die Journalisten und Redakteure, die Schriftsteller und Autoren in den letzten zwei Jahren über die ganze Welt verstreut. Wie aus dem Brief hervorgeht, waren neben den Vereinigten Staaten und Kanada viele Mitglieder der *Fareynikung fun di Literatn un Zhurnalistn Pleytim in Vilne* und andere *Shrayber* und *Tuer* aus Warschau nach Palästina gelangt. Zu ihnen gehörten neben Moshe Kleinbaum auch der aus dem Konzentrationslager befreite Moshe Yinnon (Indelman), Arn Eynhorn, Apolinary-Maksymilian Hartglas, Moyshe Bunem Yustman, Simkhe Bunem Pietrushka, Yekhezkl-Moyshe Nayman, Zusman

---

1565 AŻIH, Spuścizna Chaima Finkelsztejna, Sig. S/346/73, Brief der Zrzeszenie Żydowskich Dziennikarzy i Literatów z Polski an Jan Stańczyk, gez. Mendel Mozes und Chaim Finkelstein, New York, 5. November 1941, Bl. 9–12, hier Bl. 9.
1566 AŻIH, Spuścizna Chaima Finkelsztejna, Sig. S/346/73, Brief der Zrzeszenie Żydowskich Dziennikarzy i Literatów z Polski an Jan Stańczyk, gez. Mendel Mozes und Chaim Finkelstein, New York, 5. November 1941, Bl. 9–12, hier Bl. 9.
1567 AŻIH, Spuścizna Chaima Finkelsztejna, Sig. S/346/73, Brief der Zrzeszenie Żydowskich Dziennikarzy i Literatów z Polski an Jan Stańczyk, gez. Mendel Mozes und Chaim Finkelstein, New York, 5. November 1941, Bl. 9–12, hier Bl. 9. In Shanghai hielten sich 1944 zudem 29 jüdische Schriftsteller und Journalisten bzw. 16 Familien auf, unter ihnen Lazar Kahan von *Unzer Ekspres*. Eine Namensliste und ein Briefwechsel über die Lebensbedingungen der Gruppe findet sich in YVA, M.20, Archives of A. Silberschein, File 55. Über das Schicksal jüdischer Flüchtlinge in Shanghai siehe insb. Eber, Irene: Wartime Shanghai and the Jewish Refugees from Central Europe. Survival, Co-Existence, and Identity in a Multi-Ethnic City, Berlin/Boston 2012.

Segalovitsh, Dovid Flinker und viele andere.[1568] Auch die in Palästina gestrandeten Journalisten und Publizisten gründeten nach ihrer Ankunft direkt eine eigene Journalistenvereinigung unter dem Vorsitz von Moshe Yinnon (Indelman), Arn Eynhorn und Apolinary-Maksymilian Hartglas. Sie gaben sich den Namen *Koło Zawodowych Dziennikarzy Żydowskich z Polski* (Kreis jüdischer Berufsjournalisten aus Polen).[1569] Zu der Gruppe stießen später weitere frühere Kollegen aus Warschau beziehungsweise Berlin wie Esriel Carlebach und Aaron Levi Riklis (A. S. Lirik). Doch die Eingewöhnung in Palästina fiel den oft bereits etwas betagten Journalisten schwer. Nicht nur, dass sie völlig mittellos in Palästina angekommen waren, es gab für sie auch so gut wie keine Beschäftigungsmöglichkeiten, weil der jiddische Zeitungsmarkt vor Ort sehr klein war und nicht gefördert wurde.[1570] So erklärten Moshe Yinnon (Indelman) und Yekhezkl-Moyshe Nayman vom *Haynt* in einem Brief, dass es für sie fast keine Möglichkeiten gab, Geld zu verdienen:

> Man muss auch sagen, dass der Zustand von allen, die hier ankommen sehr schlecht ist, und es auch nur wenig Hoffnung gibt, dass es besser werden wird. Die Aussichten auf Arbeit sind sehr schlecht. Alle Posten sind bereits mit denjenigen besetzt, die vorher angekommen sind. Man spricht auch eher davon, dass die Stellen abgebaut werden sollen. Manche träumen davon, 10 Pfund in der Woche zu kriegen …[1571]

Insgesamt litten viele Journalisten nach ihrer Ankunft in Palästina an großer Armut. Zudem mussten sie einen erheblichen Statusverlust hinnehmen, womit viele nicht zurechtkamen. Yinnon und Nayman vom *Haynt* beklagten beispielsweise, dass man sich in Palästina nicht auf die Kollegen vor Ort verlassen könnte.

1568 Vgl. AŻIH, Spuścizna Chaima Finkelsztejna, Sig. S/346/52, Brief von Mosze Dancygerkron an Chaim Finkelstein, Tel Aviv, 20. Januar 1940, 3. April 140, 28. April 1940, nicht paginiert. Alle folgenden Informationen stammen, sofern nicht anders angegeben, aus den Briefen von Dancygerkron und Finkelstein. In ihrem Briefwechsel finden sich ausführliche Informationen über den Verbleib einzelner Journalisten in Palästina und den Vereinigten Staaten sowie über ihre Organisation.
1569 Die Gruppe umfasste im Dezember 1940 zwanzig Personen samt Familien. Sie repräsentierten alle jüdischen Tageszeitungen aus Warschau. Außerdem gehörten der Gruppe noch ehemalige Redakteure des *Chwila* (Lwów) und des *Nowy Dziennik* (Krakau) an. Das Gründungsmemorandum und eine Mitgliederliste findet sich in: YVA, M.2 Dr. I. Schwarzbart, File 682, Memorandum der *Koło Zawodowych Dziennikarzy Żydowskich z Polski* an den Polnischen Rat in London, gez. Moshe Indelman u. a., Tel Aviv, 22. Dezember 1940, Bl. 5–6.
1570 Zur Bedeutung von Jiddisch und dem jiddischen Zeitungs- und Literaturmarkt in Israel nach der Shoah siehe Rojanski, Rachel: Yiddish in Israel: A History, Bloomington 2020.
1571 AŻIH, Spuścizna Chaima Finkelsztejna, Sig. S/346/52, Brief von Mosze Dancygerkron an Chaim Finkelstein, Tel Aviv, 28. April 1940, nicht paginiert.

Außerdem sei die Presse insgesamt „sehr provinziell" und habe nicht den Stand und die Bedeutung in der Bevölkerung, wie sie es aus Polen gewohnt wären. Durch ihre „langjährige journalistische Tätigkeit" seien sie ferner „ganz andere Standards gewohnt gewesen".[1572] Enttäuschend war es für sie auch, feststellen zu müssen, dass „egal, wie groß die Verdienste um den Zionismus einmal waren", sie einfach keine Arbeit in ihrem Berufsfeld fanden.[1573] Das Leid war so groß, dass Nayman und Yinnon in einem Brief an den jiddischen Schriftsteller Sholem Ash (1880–1957) sogar davon sprachen, dass es im *Galut* in Vilna, also im Vilnaer Exil, für sie in gewisser Weise sogar besser gewesen wäre. Im April 1940 schrieben sie aus Tel Aviv:

> Teuerster Freund Shalom Ash in New York, wir schreiben euch aus Eretz Israel. Durch ein Wunder sind wir zusammen mit unseren Familien gerettet worden und mit dem letzten Flugzeug über Stockholm nach Eretz Israel. Was wir auf dem Weg durchlebt haben, ersparen wir euch zu schildern! [...] In Warschau haben wir alles zurückgelassen: Zuhause, Vermögen und den *Haynt*, der uns so teuer war und der, wie wir hoffen wollen, wiederauferstehen wird.[1574] Auf der Flucht hatten gewöhnliche Volksmenschen, unsere Leser, Mitleid mit uns und teilten den letzten Bissen. In Vilna haben wir, genau wie alle *Shrayber* dort, von der umfangreichen Hilfe des *Joint* profitiert und wir haben auch Arbeit gefunden. Anders ist die Lage in Eretz Israel. Wir kamen mit leeren Händen hierher, aber man dreht sich nicht nach uns um ... Wir haben nicht die Mittel, um uns ein Dach über dem Kopf zu besorgen oder ein minimales Auskommen. Von Aussicht auf Arbeit in einer gesellschaftlichen Einrichtung oder in der Presse ist gar nicht erst zu sprechen.[1575]

Während die Mehrheit der jüdischen Journalisten und Publizisten in Palästina also zum Nichtstun verdammt war, bekamen 14 von ihnen immerhin sechs Pfund pro Monat von der Exilregierung in London ausgezahlt. Als ehemalige Mitglieder des Polnischen Journalistensyndikats stand ihnen die Unterstützung der polni-

---

[1572] AŻIH, Spuścizna Chaima Finkelsztejna, Sig. S/346/74, Brief der Federation of Polish Jews in America, gez. Z. Tigler an Chaim Finkelstein, Anhang, Abschrift eines Briefes Yustman und Nayman, New York, 10. Mai 1940, nicht paginiert.

[1573] AŻIH, Spuścizna Chaima Finkelsztejna, Sig. S/346/74, Brief der Federation of Polish Jews in America, gez. Z. Tigler an Chaim Finkelstein, Anhang, Abschrift eines Briefes Yustman und Nayman, New York, 10. Mai 1940, nicht paginiert.

[1574] Tatsächlich arbeiteten die Journalisten Pläne aus, den *Haynt* auf Hebräisch im Jischuv wieder herauszugeben. Die Idee scheiterte aber aufgrund fehlender Finanzmittel. Vgl. den Brief von Dancygerkron an Finkelstein vom 28. April 1941.

[1575] BLHG, File 35820, Brief von Yekhezkl-Moyshe Nayman und Indelman an Sholem Ash, Tel Aviv, April 1940 (ohne Datum), nicht paginiert.

schen Exilregierung zu[1576] – finanzielle Hilfe und Unterstützung, von der auch die exilierten Journalisten in New York träumten, als sie sich 1941 mit einem Brief an den polnischen Politiker Jan Stańczyk wandten.[1577] Das erste Mal hatte sich die Gruppe von Journalisten bereits im Frühjahr 1940 von Vilna aus mit der Bitte um Hilfe an die polnische Exilregierung gewandt, doch dieses und alle folgenden Schreiben sollten unbeantwortet bleiben.[1578] Im November 1941 wagten sie von New York aus einen neuen Versuch, waren sie doch der festen Überzeugung, dass sie die Unterstützung durch die Exilregierung verdient hatten. In ihrem Schreiben forderten sie nicht nur finanzielle Hilfe für sich, sie erinnerten die polnische Exilregierung auch an ihre Pflicht, die sie in den Augen der Absender gegenüber den noch im besetzen Polen festsitzenden Journalisten und Publizisten hatte:

> Leider sind sowohl die polnische Exilregierung wie auch wir allein recht ratlos, wenn es um die Hilfsaktion für unsere Freunde [in Polen, AK] geht. Auf der polnischen Exilregierung aber liegt eine schwere Verantwortung, wenn es darum geht, diese intellektuellen Kräfte zu retten. [...] Das zerstörte Land wird am stärksten seiner intellektuellen Kräfte beraubt, weil der Okkupant absichtlich und bewusst mit einer besonderen Brutalität und Systematik die Intelligenz in Polen zerstört. Dieser Stand der Dinge verpflichtet die polnische Exilregierung insbesondere, die Intelligenz auf der Flucht mit Fürsorge zu unterstützen, damit sie in der nahen Zukunft der Speicher der schöpferischen Energie sein werden, aus dem der Staat und die Gesellschaft neue schöpferische Kräfte ziehen werden, um das staatliche und gesellschaftliche Leben aufzubauen. Wie wird das zukünftige staatliche, materielle und geistige Leben aussehen, wenn uns in der Zukunft die intellektuellen Kräfte fehlen? [...] Leider, wenn es um unsere Jüdische Journalisten- und Schriftstellervereinigung auf der Flucht geht, müssen wir mit Bedauern feststellen, dass die jüdischen Journalisten und Schriftsteller aus Polen auf der Flucht vonseiten der polnischen Exilregierung von dieser Fürsorge nichts erfahren haben, obwohl sie das Recht hatten, dies zu erwarten. Unser Memorandum an den Rat, das im Frühjahr 1940 aus Vilna nach Frankreich in die Hände des damaligen Vizepremiers Hr. Stronski geschickt wurde, blieb ohne Antwort, und wir alle ohne Unterstützung, [...].[1579]

1576 Vgl. z. B. AŻIH, Spuścizna Chaima Finkelsztejna, Sig. S/346/52, Brief von Mosze Dancygerkron an Chaim Finkelstein, Tel Aviv, 28. April. 1941, nicht paginiert. Im Brief werden die Namen der Journalisten aufgelistet.
1577 Aus einem Brief von Shefner an Turkow, den dieser nach seiner Ankunft in New York verfasste, geht hervor, dass viele Journalisten und Schriftsteller Probleme hatten, Arbeit zu finden. Vgl. YVA, O.75 Letters and Postcards Collection, File 73, Brief von Barukh Shefner an Mark Turkow, New York, Datumsangabe ungenau, vermutlich 19. Mai 1941, S. 1–2.
1578 Dies wird im Schreiben vom November 1941 erwähnt.
1579 AŻIH, Spuścizna Chaima Finkelsztejna, Sig. S/346/73, Brief der *Zrzeszenie Żydowskich Dziennikarzy i Literatów z Polski* an Jan Stańczyk, gez. Mendel Mozes und Chaim Finkelstein, New York, 5. November 1941, Bl. 9–12.

In dem Brief der Journalisten zeigt sich, dass diese sich ganz selbstverständlich als einen Teil der polnischen Intelligenz betrachteten und sicher waren, dass ihr Exil nur ein temporäres war. Sie glaubten fest an den Wiederaufbau Polens nach dem Krieg, und dass sie dabei eine wichtige Rolle einnehmen würden, wohl auch, weil sie am eigenen Leib erfahren hatten, dass sie in der Migration oftmals nicht mehr die hohe gesellschaftliche Stellung einnahmen, die sie in der Zweiten Polnischen Republik innegehabt hatten. Dabei ignorierten sie die fragilen polnischjüdischen Beziehungen von vor dem Krieg und schrieben sich selbstbewusst in das polnische Kollektiv ein. Zwar lag dem Schreiben mit Sicherheit auch ein pragmatisches Motiv zugrunde, denn die Journalisten benötigten dringend finanzielle Mittel und Visa, um ihr Überleben zu sichern. Doch es geht aus dem Brief ebenso klar und deutlich hervor, dass sie sich auch als Polen und eben nicht nur als Juden betrachteten.

Die polnische Exilregierung aber reagierte nicht beziehungsweise nur ungenügend und verspätet auf die Hilfegesuche der jüdischen Journalisten und Schriftsteller.[1580] Erst nach mehrmaligen Versuchen seitens ehemaliger Zeitungsmacher aus Warschau, Kontakt aufzunehmen, und mit Unterstützung des jüdischen Repräsentanten in der polnischen Exilregierung Ignacy Schwarzbart (1888–1961) gelang es schließlich doch noch, aus London etwas Geld zu erhalten. Indem es einem Teil der jüdischen Journalisten gelang, als Mitglieder im neu geschaffenen Polnischen Journalistensyndikat in London registriert zu werden, hatten sie automatisch einen Anspruch auf finanzielle Unterstützung von der polnischen Exilregierung erworben. Die polnischen Journalisten aber weigerten sich, alle Personen, die von den jüdischen Journalistenverbänden in Tel Aviv und New York als Mitglieder vorgeschlagen wurden, anzuerkennen und akzeptierten nur jene in ihren Reihen, die bereits vor September 1939 als Mitglieder im Polnischen Journalistensyndikat in Warschau registriert waren.[1581]

Trotz der materiell und psychologisch schwierigen Situation, in der sich die *Shrayber* und *Tuer* der jiddischen Presse Warschaus nach dem deutschen Überfall auf Polen wiederfanden, gelang es dennoch einem kleinen Teil von ihnen, insbesondere der Journalistenelite, sich mithilfe ihrer beruflichen und politischen

---

1580 Zur widersprüchlichen Einstellung der polnischen Exilregierung gegenüber der jüdischen Zivilbevölkerung Polens siehe ausführlich Engel: In the Shadow of Auschwitz.
1581 Die ausführliche Korrespondenz findet sich in der Sammlung von Ignacy Schwarzbart im Archiv von Yad Vashem. Vgl. YVA, M.2 Dr. I. Schwarzbart, File 682. Darin befindet sich auch eine Liste mit den Namen, welche die jüdischen Journalisten vorschlugen und das Antwortschreiben der polnischen Journalisten aus London. Vgl. Brief von Ignacy Schwarzbardt an das Syndikat Dziennikarzy Polskich w Londynie, London, 10. Februar 1941, Bl. 23–24 sowie das Antwortschreiben vom Syndikat, gez. Zygmunt Nowakowski, London, 20. Februar 1941.

Netzwerke aus der Vorkriegszeit aus dem besetzten Polen zu befreien und damit Krieg und Vernichtung zu überleben. Die Mehrheit der jüdischen Redakteure, Journalisten, Publizisten, Schriftsteller, Drucker, Verwaltungsmitarbeiter und Setzer der jüdischen Presse Warschaus aber schaffte es nicht mehr rechtzeitig zu fliehen. Für sie kam jede Hilfe zu spät, sie fielen der Vernichtungspolitik der Nationalsozialisten zum Opfer oder kamen in sowjetischer Gefangenschaft ums Leben. Die New Yorker Journalistengruppe um Chaim Finkelstein zog darum in ihrem Brief abschließend auch eine ernüchternde und traurige Bilanz über die Folgen der ersten zwei Kriegsjahre:

> Mit Sicherheit wurde ein Teil der Mitglieder unserer Vilnaer Vereinigung durch die Bolschewiken in der Zeit unseres Aufenthalts im Vilnaer und litauischen Gebiet verhaftet, die Kollegen Hirsz Gutgesztalt,[1582] Mateusz Bernstein,[1583] Lucjan Blit[1584] und andere. Eine noch größere Gruppe von jüdischen Journalisten und Schriftstellern aus Polen wurde durch die Bolschewiken auf ihrem Weg nach Vilna verhaftet, und zwar die Kollegen Wiktor Alter, der ehemalige Präsident der jüdischen Sektion des Journalistensyndikats in Warschau Dr. J.[eoszue] Gottlieb, Henryk Erlich, Natan Szwalbe, Samuel Wolkowicz, Saul Wagman, Leo Finkelstein, und Bernard Zynger. [...] Das Märtyrertum unserer Kollegen gegenüber der hitleristischen Okkupation stellt ein eigenes blutiges Kapitel dar. Eine ganze Reihe Kollegen einschließlich des Präsidenten der jüdischen Sektionen des Journalistensyndikats in Warschau Hr. Indelman ging durch die Hölle ins Gefängnis und in ein hitleristisches Lager. Die Hitleristen ermordeten den Warschauer Journalisten Lipa Keztin,[1585] viele starben in der Zeit aufgrund von Krankheit und dem Fehlen von Nahrung. Der Zustand des jüdischen Journalismus wie auch des polnischen Journalismus ist seit Hitlers Okkupation ohne Hoffnung. Die, die nicht ins Gefängnis und in die Konzentrationslager gewandert sind, sterben den Hungertod. Immer wieder kommen Nachrichten an über den Tod von diesen oder anderen Journalisten im Warschauer Getto und anderen Gettos in Polen. Ein unmenschliches Joch barbarischer Okkupation bringt über die ganze Bevölkerung Polens Elend und Schmerz. Die polnischen und jüdischen Journalisten und Schriftsteller stellen keine Ausnahme dar.[1586]

Drei Jahre später zog Mendel Mozes in einem Artikel aus einer jiddischen Zeitschrift aus Argentinien über die Vernichtung der jüdischen Literatur und Presse in Polen durch die Nationalsozialisten ebenfalls eine ernüchternde und negative

---

1582 Bundist und *Kultur-tuer* (1899–1944); wird im Oktober 1939 Sekretär des *Komitet tsu zameln Materialn vegn yidishn Khurbn in Poyln 1939* und enger Mitarbeiter von Noah Pryłucki.
1583 Zu dieser Person konnten keine biografischen Daten gefunden werden.
1584 Bundist und Redakteur des *Yugnt Veker*, dem Zentralorgan der bundistischen Jugendbewegung *Tsukunft* (1904–1978).
1585 Zu dieser Person konnten keine biografischen Daten gefunden werden.
1586 AŻIH, Spuścizna Chaima Finkelsztejna, Sig. S/346/73, Brief der Zrzeszenie Żydowskich Dziennikarzy i Literatów z Polski an Jan Stańczyk, gez. Mendel Mozes und Chaim Finkelstein, New York, 5. November 1941, Bl. 9–12.

Bilianz.[1587] Zwar war es den Journalistengruppen in Palästina und in den Vereinigten Staaten unter großen Anstrengungen noch gelungen, einige ihrer Freunde oder auch deren Verwandte aus dem besetzten Polen zu befreien, letztlich waren aber auch sie mit fortschreitender Zeit machtlos.[1588] Eine undatierte Liste aus dem Ringelblum-Archiv informierte über umgekommene jüdische Intellektuelle im Warschauer Getto und listet die Namen von 17 Journalisten sowie 15 Schriftstellern und Dichtern auf.[1589] Nathan Cohen spricht sogar davon, dass von einst 180 bis 190 jüdischen Schriftstellern und Journalisten, die sich im Warschauer Getto befanden, nur vier den Krieg überlebten.[1590] Eine Broschüre, die im Rahmen einer Gedenkveranstaltung für die sogenannten *Pen-mentshn*, also für die umgekommenen jüdischen *Shrayber* aus Polen, am 21. Juni 1947 in Toronto verteilt wurde, nannte für ganz Polen 265 Personen.[1591] Zu ihnen gehörten auch Shoyel-Yitskhok Stupnitski, Ayzik-Ber Ekerman, Tsevi Pryłutski, Jakir Warszawski, Hillel Tsaytlin, Ben-Tsien Khilinovitsh, Avraham Mordekhai Rogovy, Arn Eynhorn und viele weitere, die im Warschauer Getto oder bei einer der Deportationen aus dem Getto in die Vernichtungslager den Tod fanden.

Nach dem Ende des Krieges verloren die Journalistenvereinigungen im Exil bald ihre Funktion. Einige Journalisten und Publizisten erhielten zwar eine Anstellung bei lokalen, zumeist jiddischen und oftmals auch namhaften Zeitungen wie dem *Forverts*, aber nur einem kleinen Teil von ihnen gelang es, wie bei-

---

1587 Mozes, Mendel: „Di farnikhtung fun der yidisher literatur un prese in Poyln", in *Der poylisher Yud* 11 (1944), S. 53–59.
1588 Der Journalistenverband in Palästina versuchte z. B. noch den Journalisten und Ethnologen Menakhem Kipnis und seine Frau aus dem Warschauer Getto zu befreien – leider ohne Erfolg. Kipnis kam 1942 im Getto ums Leben. Auch die Familie von Chaim Finkelstein konnte trotz mehrmaliger Versuche nicht mehr aus dem Getto befreit werden. Vgl. AŻIH, Spuścizna Chaima Finkelsztejna, Sig. S/346/52, Brief von Mosze Dancygerkron an Chaim Finkelstein, Tel Aviv, 3. April 1940, Bl. 41–42. Die Korrespondenz zwischen Finkelstein und seiner Familie im Warschauer Getto wurde publiziert: Biblioteka Świadectw Zagłady (Hrsg.): … Tęsknota nachodzi nas jak ciężka choroba … Korespondencja wojenna rodziny Finkelsztejnów (1939–1941), Redakcja naukowa i wprowadzenia Ewa Koźmińska-Frejlak, Warszawa 2012.
1589 YVA, O.6 Poland Collection, File Nr. 154, Historiens, Economistes, Ecrivains, Poets, Pedagogues, Artistes, Musiciens, Acteurs, Publicistec et Journalistes decedes au Ghetto de Varsovie ou Deportes, undatiert, nicht paginiert. Siehe außerdem Mark, Bernard: Umgekumene shrayber fun getos un lagern, Varshe 1954; Mozes: „Di farnikhtung".
1590 Vgl. Cohen: „Kezu shel markes ha-seferot", S. 23.
1591 YIVO Institute for Jewish Research, I. L. Peretz Yiddish Writers Union Records, RG 701, Box 35, File 719, Yizkhor, tsum haylikn ondenk fun di umgekumene yidishe pen-mentshn kideshhashem, Toronto 1947. An der Gedenkveranstaltung nahmen u. a. Melekh Ravitsh und Melekh Grafshtayn als Redner teil.

spielsweise Esriel Carlebach,[1592] nach dem Krieg nochmals richtig Karriere in ihrer Profession zu machen.[1593] Eine gesellschaftliche Stellung, wie sie sie in Warschau vor 1939 innehatten, erreichten die meisten nie wieder. Dies lag nicht zuletzt daran, dass die Nationalsozialisten nicht nur den jüdischen Zeitungsmarkt in Polen fast vollständig zerstört hatten, auch die jüdische und insbesondere die jiddische Kultur Polens hatten sie zum Großteil ausgelöscht. Somit mussten die Zeitungsmacher ihre Hoffnungen begraben, nach dem Krieg nach Polen zurückzukehren, um sich dort als Teil der Intelligenz am Wiederaufbau des kulturellen und literarischen Lebens zu beteiligen. Zwar wurde der *Yidishe Literatn un Zhurnalistn Fareyn* 1944 unter dem Namen *Fareyn fun yidishe Literatn, Zhurnalistn un Artistn in Poyln* (Verein jüdischer Schriftsteller, Journalisten und Schauspieler in Polen) von überlebenden jüdischen Journalisten und Schriftstellern zunächst inoffiziell in Lublin und im Frühjahr 1945 offiziell in Łódź wieder zum Leben erweckt,[1594] erreichte jedoch unter den neuen politischen Bedingungen und dem demografisch stark veränderten Nachkriegspolen nie wieder die Bedeutung, die er vor 1939 innehatte.[1595] Im August 1945 zählte der Verein 56 eingetragene Mitglieder, also weniger als ein Viertel der Mitglieder, die derselbe Verein in der Vorkriegszeit hatte.[1596] Neben Rachel Auerbach und Ber Mark zählte auch der Schauspieler und Bruder von Mark Turkow, Jonas Turkow, zu den Mitgliedern des Vereins. Nach dem Krieg hatte sich aber auch die Funktion der Vereinigung gewandelt. So ging es primär darum, die Mitglieder nach dem Krieg materiell und finanziell zu versorgen. Eine andere wichtige Funktion war die Zusammenarbeit mit der jüdischen historischen Kommission in Polen, die es sich zur Aufgabe gemacht hatte, die Verbrechen der Shoah zu dokumentieren.[1597] Doch alle Aktivitäten waren nicht von langer Dauer, denn mit dem Ankommen der jüdischen

---

[1592] Esriel Carlebach gründete 1948 die israelische Tageszeitung *Maariv* und stieg zu einem der bekanntesten und einflussreichsten Journalisten Israels auf.

[1593] Informationen zu den individuellen Lebenswegen der Zeitungsmacher finden sich in den Biogrammen im Anhang.

[1594] In Łódź lebten 1945 bereits über 20.000 jüdische Überlebende. Bis Mitte 1946 kamen weitere 15.000 Repatrianten aus der Sowjetunion hinzu. Diese Kombination machte Łódź zu einem wichtigen Zentrum jüdischen Lebens nach dem Krieg. Vgl. Honorowa, Elżbieta: „Powrót Żydów polskich z ZSRR oraz działalność Komitetu Żydów w Polsce", *(BŻIH)* 133–134 (1985), S. 105–122, hier S. 118.

[1595] Vgl. Cohen: „Przyczyny emigracji pisarzy jidysz", S. 231–232.

[1596] Vgl. Cohen: „Przyczyny emigracji pisarzy jidysz", S. 231–232. Ebenfalls gründete sich im Jahr 1945 eine neue JTA-Filiale in Łódź und 1946 eine neue PEN-Klub-Sektion. Zudem begann man damit, eine erste jiddische Zeitschrift, *Dos Naye Lebn* (Das neue Leben), herauszugeben.

[1597] Żółkiewska, Agnieszka: Inwentarz związku literatów i dziennikarzy żydowskich w Polsce, Warszawa 2009, S. 1–56, hier S. 7–10.

Repatriierten in Polen verließen genauso viele das Land auch wieder direkt, sodass die Mitgliederzahlen stark schwankten. Letztlich stellte der Verein seine Aktivitäten im Jahr 1947 aus verschiedenen Gründen wieder ein, nicht zuletzt, weil es in der neu gegründeten polnischen Volksrepublik kaum noch Leser für einen jiddischen Printmarkt gab.[1598] Von der vor dem Krieg dreieinhalb Millionen Menschen zählenden jüdischen Community Polens verblieben im Jahr 1946 nur noch 240.000 Personen.[1599]

Die überlebenden jüdischen Journalisten und Publizisten aber trugen das Erbe und die Erinnerung an das einstige Zentrum der jiddischen Presse und Kultur und an ihre Arbeit mit sich ins Exil. So führten viele Journalisten und Schriftsteller, kaum dass sie in Sicherheit waren, ihre Arbeit über die Dokumentation der Verbrechen fort. Zum Beispiel verfasste Shlomo Mendelsohn, nachdem er im Jahr 1941 New York erreicht hatte, sofort zwei Bücher, die sich der Dokumentation und Aufklärung der deutschen Verbrechen widmeten. 1942 erschien sein Buch *Vi azoy leben poylishe Yidn in di Getos* (Wie polnische Juden in den Gettos leben) und 1944 *Der Vidershtand in Varshever Geto* (Der Widerstand im Warschauer Getto).[1600] Beide Bücher wurden zeitnah ins Englische übersetzt und stützten sich auf Presseartikel aus dem besetzten Polen, Dokumente und persönliche Berichte. Ebenfalls verfassten Zusman Segalovitsh, Pinkhas Shvarts, Yosef Tunkel (Der Tunkeler) und viele weitere Journalisten und Schriftsteller Berichte über ihre Flucht und Inhaftierung.[1601] Das Erbe der ehemaligen jüdischen Zeitungsmacher aus Warschau drückte sich aber nicht zuletzt in zahlreichen Buchprojekten aus, in denen sie sich an ihre einstige Arbeit erinnerten, sich deren Bedeutung versicherten und ihre Zeitungen – den *Haynt*, den *Moment*, die *Naye Folkstsaytung* und all die anderen – in Ehren hielten.[1602]

1598 Vgl. Żółkiewska: Inwentarz, S. 12–13.
1599 Vgl. Nesselrodt: Dem Holocaust entkommen, S. 293.
1600 Vgl. Mendelsohn, Shlomo: Der vidershtand in Varshever geto, Nyu York 1944; Vi azoy leben poylishe yidn in di getos, Nyu York 1942.
1601 Vgl. z. B. Segalovitsh: Gebrente trit; Shvarts: Dos iz geven der onheyb; Der Tunkeler [Yosef Tunkel]: Goles: Ksovim fun a flikhtling, Nyu York 1943.
1602 Über transnationale jiddische Kultur und Erinnerungsliteratur nach dem Holocaust siehe insb. Schwarz, Jan: Survivors and Exiles. Yiddish Culture after the Holocaust, Detroit 2015. Darin enthalten ist auch eine Liste mit jiddischen Veröffentlichungen. Zahlreiche Hinweise auf Bücher, die an die Warschauer Jiddische Presse erinnern, befinden sich auch in den Biogrammen.

7.5 Zwischenfazit

Das Krisenjahr 1938 stellte die jüdischen Zeitungsmacher in Warschau beruflich, aber auch persönlich vor große Herausforderungen, da ihnen nicht nur die Entwicklungen in Deutschland und Europa als Ganzem große Sorgen bereiteten, sondern auch jene in Polen selbst. Die Zunahme des staatlichen und alltäglichen Antisemitismus sowie die wachsende Armut unter Juden in Polen beunruhigten die *Tuer* und *Shrayber* der jiddischen Presse Warschaus, die sich selbst als Sprachrohr der jüdischen Community Polens empfanden und sich für diese verantwortlich fühlten. Sie waren jedoch von den Entwicklungen auch selbst ganz konkret betroffen. Die wachsende Armut ihrer Leserschaft machte den Zeitungen ökonomisch zu schaffen und immer wieder kam es auch zu antisemitischen Angriffen auf Zeitungsredaktionen und Journalisten. Die Folgen der „Polenaktion" und der Novemberpogrome stellten die jüdische Community Polens, aber insbesondere auch die jüdische Intelligenz, zu der ja die Zeitungsmacher gehörten, vor weitere schmerzhafte, große und äußerst dringliche Aufgaben, denn man fühlte sich dafür verantwortlich, den aus Deutschland ausgewiesenen und deportierten Juden, die in ihrer Mehrheit polnische Staatsbürger waren, zu helfen. Auf die inneren und äußeren Zwangsumstände reagierend, gingen die jüdischen Zeitungsmacher dazu über, vermehrt politische Allianzen zu schmieden und rückten dadurch automatisch über ihre politischen Zugehörigkeiten hinaus und hinweg näher zusammen, wie das Beispiel der Journalistenakademie zugunsten der Sammelaktion zum Aufbau einer polnischen Luftwaffe zeigt.

Bereits seit dem Frühjahr 1938 zeigten sich viele Journalisten in ihren privaten und öffentlichen Texten über die Gefahr eines heraufziehenden Krieges äußerst beunruhigt. Gleichzeitig, und dies erscheint paradox, wähnte man sich in einer heute naiv erscheinenden Sicherheit und blickte aller persönlichen wie politischen Verzweiflung zum Trotz immer auch optimistisch in die Zukunft. Während Zionisten und Bürgerliche noch immer Vertrauen in die liberalen und demokratischen Kräfte innerhalb der deutschen Kulturnation setzten, vertrauten die Bundisten ganz im Sinne des Historischen Materialismus darauf, dass die organisierte Arbeiterklasse schließlich und endlich triumphieren würde. Doch auch die nicht enden wollende Flut immer neuer schnelllebiger und nicht selten widersprüchlicher Informationen und Gerüchte trug dazu bei, dass man einen Krieg zwar erwartete, aber dennoch nicht recht an ihn glaubte.

Als der Krieg am 1. September 1939 schließlich ausbrach, reagierten viele Journalisten umgehend, denn einerseits hatten sie einen gewissen Wissensvorsprung, andererseits aber auch die notwendigen Kontakte, die es brauchte, um eine Flucht, vielleicht sogar ein rettendes Visum zu organisieren. Die spektakuläre Flucht von 16 jüdischen Journalisten in einem von der polnischen Regierung organisierten Zug ist das beste Beispiel hierfür. Auch wenn der Zug sein Ziel nicht erreichte und die Journalisten fortan von der polnischen Exilregierung kaum bis gar nicht mehr unterstützt wurden, halfen ihnen nach ihrer Ankunft in Vilna ihre zahlreichen und langjährigen Kontakte zu jüdischen Organisationen und Persönlichkeiten weltweit dabei, ihre Rettung zu organisieren. Ihre schnelle Reorganisation als Gruppe geflüchteter jüdischer Journalisten- und Schriftsteller beweist ferner, dass die ehemaligen Zeitungsmacher aus Warschau verstanden, dass ihre Chance zu überleben größer war, wenn sie zusammenhielten. Ihre Überlegungen und Handlungen waren darum einerseits von einem gewissen Pragmatismus geprägt, andererseits aber auch von ihrem Selbstbild als *Shrayber* und *Tuer* sowie ihrem Wissen darüber, wie Juden in der Vergangenheit, aber auch sie selbst in den zurückliegenden Jahren und Jahrzehnten auf Krisen und Bedrohungen reagiert hatten. Sie organisierten sich im Vilnaer Exil im Herbst 1939 in einem Komitee, das es sich zur Aufgabe gemacht hatte, der jüdischen Community zu helfen sowie dessen Leid zu dokumentieren, und knüpften damit direkt an die Erfahrungen der Krisenjahre 1933 und 1938, aber auch an die weiter zurückliegende Dokumentationstätigkeit von Simon Dubnow und anderen an. Das *Komitet tsu zameln Materialn vegn yidishen Khurbn in Poyln* löste sich zwar mutmaßlich bereits im Herbst 1940 wieder auf, die Dokumentations-, Aufklärungs-, und Rettungsarbeit der ehemaligen jüdischen Journalisten und Schriftsteller aus Warschau war damit jedoch noch nicht beendet. Nachdem viele von ihnen es geschafft hatten, rechtzeitig aus dem besetzten Europa herauszukommen, setzten sie sich in ihren jeweiligen Exilländern weiterhin für ihre Kollegen und der jüdischen Community als Ganze ein, indem sie sich organisierten, engagierten und weiterhin über Bücher, Zeitungsartikel und andere Wege versuchten aufzuklären und Gelder einzuwerben.

8 Fazit

Am 13. Mai 1952 schrieb Melekh Ravitsh, der inzwischen im kanadischen Montreal lebte, einen Brief an Barukh Shefner, der sich nach seiner Flucht aus Vilna in New York niedergelassen hatte. In diesem berichtet er, dass er kürzlich wieder einige Briefe Shefners gelesen habe:

> Mein teurer Shefner! [...] Nach 14 Jahren habe ich diese Woche mein argentinisches Archiv bekommen, das die ganze Zeit bei den Makarovs lagerte. Und in dem Archiv befindet sich meine Korrespondenz aus den Jahren 1937–1938. Und zwischen den Briefen ein hübsches Bündel Briefe von dir. Ich habe sie nochmals gelesen und es hat eine Flut an Erinnerungen ausgelöst. In einem deiner Briefe schreibst du, dass du die ganze Welt hergeben würdest für einen ersten Mai mitsamt der bundistischen Demonstration in Warschau … Alles ist vergänglich. Die Welt ist nur noch ein flüchtiger Schatten.[1603]

Wenn Ravitsh hier schreibt, alles sei vergänglich, dann schwingt darin offensichtlich eine gewisse Nostalgie mit. Ihm ist jedoch auch bewusst, dass es einen ganz grundlegenden Unterschied gibt zwischen Shefners Liebe zu Warschau und zur bundistischen und jüdischen Lebenswelt im Mai 1938 und seiner eigenen Sehnsucht im Mai 1952. Shefner lebte damals noch in Warschau, Ravitsh hingegen war von seinem ehemaligen Lebensmittelpunkt und zugleich Sehnsuchtsort damals schon räumlich getrennt. Sieben Jahre nach Kriegsende jedoch war das Warschau, das einmal ihr beider Zuhause gewesen war, „nur noch ein flüchtiger Schatten".[1604]

Das jüdische Warschau der Zwischenkriegszeit war durch die Nationalsozialisten unwiederbringlich zerstört worden, die Erinnerung daran ließ Ravitsh genau wie so viele andere seiner alten Weggefährten jedoch auch in seinem kanadischen Exil nicht los. Noch 1975, ein Jahr vor seinem Tod, veröffentlichte er ein Buch, in dem er sich ausführlich mit seiner Zeit in Warschau sowie dem Leben und Schaffen der dortigen jüdischen Journalisten und Schriftsteller befasste.[1605]

Ravitsh, der Warschau bereits 1934 verließ, zunächst nach Australien und später nach Argentinien auswanderte, damit dem Holocaust entkam und den Zweiten Weltkrieg quasi nur aus der Ferne miterlebte, quälte jedoch schon in den 1930er Jahren das schlechte Gewissen, Polen und damit seine Freunde, seine

---

1603 NLI, Arkhion Melekh Ravitsh, ARC. 4* 1540 12 2957.5, Melekh Ravitsh an Barukh Shefner, Montreal, 13. Mai 1952, nicht paginiert.
1604 NLI, Arkhion Melekh Ravitsh, ARC. 4* 1540 12 2957.5, Melekh Ravitsh an Barukh Shefner, Montreal, 13. Mai 1952, nicht paginiert.
1605 Ravitsh: Dos mayse-bukh.

Schriftsteller- und Journalistenkollegen sowie die jüdische Community als Ganze verlassen zu haben.[1606] Er hielt jedoch Kontakt zu seiner alten Welt, nicht nur über Brieffreundschaften wie jene, von der seine ausführliche Korrespondenz mit Barukh Shefner zeugt, sondern auch in Form von Artikeln, die er weiterhin für die jiddischen Zeitungen in Warschau schrieb,[1607] und ferner auch schlicht dadurch, dass er die Zeitungen selbst abonniert hatte und sie aufmerksam las.[1608] Die jiddischen Tageszeitungen aus Warschau waren für ihn eine Möglichkeit, an der von ihm zurückgelassenen jüdischen Warschauer Lebenswelt teilzuhaben, auch wenn er von ihr physisch getrennt war, und sie erfüllten diese Funktion auch dann noch, als sie ihr Erscheinen schon lange hatten einstellen müssen und diejenigen ihrer Macher, die nicht dem Morden der Deutschen zum Opfer gefallen waren, über den ganzen Erdball verstreut worden waren. Durch sie waren sie weiter miteinander verbunden, und bis heute ermöglichen sie es denjenigen, die nach ihr suchen, mit der untergegangenen Lebenswelt des jüdischen Warschaus der Zwischenkriegszeit erneut in Verbindung zu treten.

Auswertung der Forschungsergebnisse

Mit der vorliegenden Arbeit wurde der Versuch unternommen, die Geschichte polnisch-jüdischer Reaktionen auf sowie ihren Kampf gegen den Aufstieg des Nationalsozialismus und die damit beginnende Verfolgung von Juden in Deutschland sowohl anhand der jiddischen Tagespresse Warschaus als auch anhand der hinter ihr stehenden Akteure, also den jüdischen Zeitungsmachern selbst, nachzuzeichnen. Im Zentrum der Untersuchung standen somit zum einen die Tageszeitungen selbst, zum anderen aber auch die Menschen, die für sie schrieben, sowie die Umstände und Bedingungen, unter denen sie dies taten. Die

---

1606 Davon zeugt zum Beispiel sein Gedicht *Haynt hobn di natsi-khilot* (Heute haben die Nazitruppen) vom September 1939. Es thematisiert den Überfall der deutschen Truppen auf Polen, sein Heimatdorf und wie er nur aus der Ferne machtlos zuschauen kann. Auch in anderen Gedichten wie *Friling in Eyrope* (1937) oder *Un gib undz undzer teglekhe... tsaytung* (1936) sowie in *Ikh hob gevolt a geshrey tun* (undatiert) kommen diese Gefühle zum Ausruck. Diese und weitere sind abgedruckt in Ravitsh, Melekh: Di lider fun mayne lider: a kinus – oyfgeklibn fun draytsn zamlungen 1909–1954, Montreal 1954.
1607 Ravitsh schrieb regelmäßig Artikel für die *Naye Folkstsaytung*. Als die Vereinsräume des Jüdischen Journalisten- und Schriftstellervereins im Sommer 1939 aus der ulica Tłomackie 13 ausziehen mussten, verfasste er darüber einen nostalgischen Erinnerungsbericht. Vgl. Ravitsh, Melekh: Nishta shoyn tlomatske 13 (sentimentaler kadish nokh a literar-historishn adres), in *Naye Folkstsaytung*, 19. August 1939, S. 3.
1608 Vgl. dazu die Briefkorrespondenzen mit Barukh Shefner, Jakob Pat, den Redakteuren der *Naye Folkstsaytung* oder auch mit Zusman Segalovitsh. Vgl. NLI, Arkhion Melekh Ravitsh.

Inhalte der Zeitungen wurden hierbei als eine Form nicht-hegemonialen, teils subversiven Wissens verstanden, das von den Zeitungsmachern generiert, akkumuliert und schließlich für die breite Leserschaft aufbereitet und kommentiert wurde. Beides, also die Produktion dieses Wissens wie auch das Wissen selbst wurden hierbei als in gleichem Maße relevant erachtet. In einem weiteren Schritt wurde schließlich danach gefragt, welche Bedeutung das gesammelte Wissen über die Verfolgung von Juden und politisch Andersdenkenden im nationalsozialistischen Deutschland für die jüdische Community Polens hatte sowie ob, und wenn ja, wie das Wissen weiterverarbeitet wurde. Dabei stand die Umwandlung dieses Wissens in eine widerständige politische Praxis im Mittelpunkt, wobei die Ereignisse der Jahre 1933, 1938 sowie 1939/40 dominierten. Durch diese Herangehensweise konnte die Arbeit verschiedene Sachverhalte beleuchten, die sowohl für die jüdische und polnische Geschichtsschreibung als auch für die Forschung zum Nationalsozialismus und dem Holocaust von Bedeutung sind. Abgesehen von einzelnen Aufsätzen und kürzeren Teilkapiteln in wissenschaftlichen Monografien, die sich primär auf die Auswertung von Zeitungsartikeln zu ausgewählten Ereignissen im nationalsozialistischen Deutschland konzentrieren, ist die vorliegende Arbeit die erste umfangreiche geschichtswissenschaftliche Studie zu der umrissenen Thematik, wobei ferner versucht wurde, Ansätze der *History of Knowledge*, der *Holocaust Studies*, der jüdischen Studien aber auch der deutschen und polnischen Geschichte miteinander zu vereinen.

Im Kampf gegen Antisemitismus und Verfolgung von Juden war eine jüdische Tageszeitung Kommunikationsplattform, Informationsquelle und Dokumentationsmedium in einem. Die Art und Weise, wie jüdischer Journalismus, besonders jiddischer Journalismus, in der Zweiten Polnischen Republik funktionierte und welches Selbstbild die Journalisten und Redakteure hatten, wurde, so eine der Arbeit zu Grunde liegenden Thesen, maßgeblich von dem Denken des jüdischen Historikers Simon Dubnow beeinflusst. In diesem Sinne wurde die jiddische Tagespresse selbst als eine Art Ergebnis der Forderungen Dubnows, die er in der Folge des Kishinev Pogroms im Jahr 1903 aufstellte, begriffen. Dubnows Manifest, das ganze Generationen jüdischer Intellektueller, Ethnografen und Historiker aber eben auch jüdische Schriftsteller und Journalisten beeinflusste, umfasste im Wesentlichen drei Aspekte, die zum Ziel hatten, ein jüdisches Selbst- und Geschichtsbewusstsein zu schaffen: Selbsthilfe, aktive Selbstwehr sowie die Sammlung und Dokumentation antijüdischer Gewalt.

Die Handlungen der jüdischen Schriftsteller und Journalisten aus Warschau standen also in einer bestimmten jüdischen Denktradition, die sich, wie auch die Zeitungen selbst, zu Beginn des neuen Jahrhunderts entwickelt hatte. Dafür spricht neben der Motivation, die Zeitungen überhaupt zu gründen, auch die alltägliche journalistische Praxis der Zeitungsmacher, weil sie in ihrem Schreiben und Handeln eben jene Forderungen, die der Kreis um Dubnow seinerzeit aufgestellt hatte, vereinte. Dies zeigt sich insbesondere in der Auseinandersetzung mit den Themen Antisemitismus, Faschismus und Nationalsozialismus, da nicht zuletzt hier die Verschränkung zwischen Theorie und Praxis, journalistischem Schreiben und widerständigem Handeln besonders sichtbar wird.

Die jiddische Presse Warschaus bot sich hierbei gleich aus verschiedenen Gründen als Untersuchungsgegenstand an. Mit dreieinhalb Millionen jüdischen Einwohnern war das Polen der Zweiten Polnischen Republik Heimat der weltweit größten jüdischen Minderheit. Nirgendwo sonst gab es eine vergleichbar reichhaltige und vielfältige jüdische Presselandschaft, wobei der Tagespresse der Hauptstadt Warschau eine zentrale Rolle zukam. Hinzu kommt, dass die jüdische Bevölkerung Polens an den Ereignissen in Deutschland aus wenigstens zwei Gründen ein besonders ausgeprägtes Interesse hatte. Zum einen war ihr Deutschland als direktes Nachbarland schon rein räumlich sehr nahe, zum anderen gab es durch die große Zahl polnisch-jüdischer Migranten in Deutschland eine Vielzahl persönlicher, familiärer oder auch geschäftlicher Verbindungen dorthin. Es liegt daher nahe, zu vermuten, dass die Berichterstattung über die Geschehnisse in Deutschland in der jüdisch-polnischen Presse besonders intensiv war und es somit reichlich Quellenmaterial gibt. Gleichwohl ist sie bis heute nur vergleichsweise wenig erforscht.

Im Folgenden werden die Ergebnisse der vorliegenden Arbeit anhand der von Simon Dubnow aufgestellten Trias aus Selbsthilfe, Sammeln und Dokumentieren sowie aktive Selbstwehr vorgestellt.

Selbsthilfe
Mit dem Ausbruch des Ersten Weltkrieges kam den Redakteuren und Journalisten der jüdischen, insbesondere der jiddischen Presse eine besondere und herausragende Stellung innerhalb der jüdischen Bevölkerung als Vermittler von Wissen, Informationen und Ideen zu. Sie waren nicht nur dafür verantwortlich, Nachrichten zu beschaffen, sie zu interpretieren und zu deuten, sie fungierten auch als Wissens- und Informationsvermittler in Zeiten der Not, als Lebensberater und Politiker, als Repräsentanten und Beschützer der jüdischen Kultur sowie als Vorkämpfer für das Recht auf ein Leben frei von Antisemitismus. Während der Zweiten Polnischen Republik erlebte die jüdische Presse ihre Blütezeit und Warschau als Zentrum jüdischen Lebens und Kultur wurde zu einem intellektuellen *hub* der jüdischen Presse. Mit bis zu fünf jiddischen Tageszeitungen, mehreren Abendausgaben und einer polnischsprachigen jüdischen Tageszeitung zog die polnische Metropole in den 1920er und 1930er Jahren zahlreiche jüdische Schriftsteller, Literaten und Journalisten an, die versuchten, eine Anstellung bei

einer der renommierten jüdischen Zeitungen zu ergattern. Schon bald wurden die Zeitungsredaktionen zu Orten der Begegnung, an denen nicht nur Nachrichten zusammenliefen, sondern auch Juden aus gänzlich verschiedenen Milieus und Klassen, Leser und Zeitungsmacher, Politiker und Kulturschaffende, Rabbiner und Bundisten, zusammenkamen und sich austauschten. Ferner fungierten die diversen jüdischen Cafés in der Stadt, aber insbesondere die Räume des *Fareyn fun yidishn Literatn nun Zhurnalistn in Varshe* in der *ulica Tłomackie* 13 als soziale Treffpunkte. So bildeten die Journalisten und Schriftsteller ein eigenes jüdisches und intellektuelles Submilieu heraus, in dem Kontakte auch über die jeweiligen politischen Zugehörigkeiten hinaus bestanden. Wie diese Arbeit zeigt, standen bundistische und zionistische Intellektuelle durchaus in teils engem Austausch miteinander, und es kam sogar vor, dass Journalisten für Zeitungen des jeweils anderen Lagers schrieben oder arbeiteten. Häufig bestimmten Pragmatismus, der Zugang zu Informationen, das Bedürfnis nach intellektuellem Austausch, aber auch der Drang danach, die jüdische Öffentlichkeit gemeinsam zu beeinflussen, die Entscheidungen und Einstellungen der Journalisten.

Das Anwachsen des Antisemitismus in Polen sowie die Konfrontation mit und die Bedrohung durch die Nationalsozialisten erschuf eine historische Konstellation, die dazu führte, dass sich eigentlich politisch diametral entgegenstehende Zeitungsredakteure von der bundistischen *Naye Folkstsaytung*, dem orthodoxen *Dos Yudishe Togblat* und dem zionistischen *Haynt* wenigstens zeitweise ihre öffentlichen Anfeindungen zugunsten einer Bündnispolitik, die sich gegen Antisemitismus und Nationalsozialismus gleichermaßen wandte, aufgaben. Die Aufgabe, die die Zeitungsmacher sich selbst und damit der jüdischen Presse zuschrieben, nämlich das jüdische Selbst zu stärken und in Zeiten des Konflikts und der Bedrohung zu schützen, führte immer wieder zu einer zumindest punktuellen Annäherung. Darüber hinaus einte sie der Wunsch die jüdische und vor allem die jiddische Kultur zu stärken und nach außen hin zu repräsentieren. Die in der Geschichtswissenschaft, aber auch darüber hinaus verbreitete Annahme, dass sich die jüdischen politischen Parteien und Organisationen, die nach außen hin primär durch die jüdischen Tageszeitungen repräsentiert wurden, ausschließlich feindlich gegenüberstanden und nicht zu einer Kooperation fähig waren, wird durch die Ergebnisse dieser Arbeit zumindest teilweise aufgeweicht. Viel eher müssen die verschiedenen Akteure, Bundisten und Zionisten oder auch Agudisten in ihren lokalen Kontexten und in Bezug auf konkrete historische Ereignisse und Entwicklungslinien hin untersucht werden. Die selbstauferlegte Funktion, die die jüdischen Zeitungsmacher glaubten, mit ihren Zeitungen für die jüdische Community in Polen erfüllen zu müssen, führte schließlich auch in Bezug auf die beginnende Verfolgung von Juden im nationalsozialistischen Deutschland dazu, dass die jüdischen Journalisten und Redakteure auf die ihnen bekannten und historisch gewachsenen und in der Krise bereits erprobten Handlungsmuster zurückgriffen.

Zwar war man in Polen mit der Machtübertragung an Hitler am 30. Januar 1933 zunächst nicht direkt selbst betroffen, doch gab es viele kulturelle, private, berufliche und politische Verbindungslinien, die von Polen nach Deutschland, von Warschau nach Berlin führten und die historisch gewachsen waren. Einerseits wurde gezeigt, dass die jüdischen Zeitungsmacher ein zum Teil höchst ambivalentes Bild von Deutschland und von jüdischem Leben in Deutschland hatten, das sich primär aus der Rezeption von deutscher Literatur und deutscher Kultur speiste, aber auch aus direkten Begegnungen, die man primär unter der deutschen Besatzung im Zuge des Ersten Weltkrieges gemacht hatte. Auch die Gründung der Weimarer Republik, die Verlagerung des Zentrums der Arbeiterbewegung nach Deutschland, die kulturelle Offenheit sowie die vergleichsweise guten und günstigen Lebensbedingungen, die sich für Juden aus Ost- und Ostmitteleuropa primär in Berlin nach dem Ersten Weltkrieg boten, trugen zu dem positiven Deutschlandbild bei, das sich bei Juden im Osten Europas über die Jahrzehnte entwickelt hatte. Die enge räumliche Nähe zu Deutschland sowie der Umstand, dass im Jahr 1932 circa 70.000 Juden polnischer Herkunft im westlichsten Nachbarland lebten, sorgten ebenfalls für ein anhaltend hohes Interesse an den politischen Entwicklungen in Deutschland.

Das von der Forschung bisher mehrheitlich vermutete positive Deutschlandbild bekam jedoch schon früh Risse. Dafür sorgten negative Erfahrungen, die man mit deutschen Soldaten im Krieg gemacht hatte, genauso wie die Berichterstattung der jüdischen Auslandskorrespondenten, die sich in den 1920er und frühen 1930er Jahren in großer Anzahl in Berlin befanden und die den Aufstieg der völkischen und antisemitischen Bewegung, das Scheunenviertelpogrom im Jahr 1923, den Aufstieg der NSDAP und andere Ereignisse für die jiddischen Zeitungsmacher in Warschau engmaschig und kritisch begleiteten. Nicht nur deshalb war die Berichterstattung über die deutschen Entwicklungen von Beginn an immer auch von Kritik geprägt und bekam mit Anbruch der 1930er Jahre sukzessive mehr Raum in den Zeitungsspalten. Das zunächst positiv besetzte Deutschlandbild hatte sich spätestens 1933 in sein Gegenteil verkehrt und mit fortschreitender Zeit betrachtete man Deutschland zunehmend auch als Bedrohung für das jüdische Leben in Polen.

Sammeln und Dokumentieren

Das Jahr 1933 bedeutete einen tiefen Einschnitt für die jüdischen Zeitungsmacher der jiddischen Presse Warschaus. Einerseits waren sie auf inhaltlicher Ebene damit konfrontiert, die stetig wechselnden und neuen Nachrichten, die sie aus

Deutschland erreichten, einzuordnen und zu deuten, während sie sich andererseits mit einer Verschlechterung ihrer eigenen Arbeits- und Lebensbedingungen als Journalisten und Schriftsteller ausgesetzt sahen. Grund dafür war, dass sich die Folgen der Weltwirtschaftskrise und die allgemeine ökonomisch schlechte Lage, in der sich die Mehrheit der polnischen Juden befand, in den 1930er Jahren immer stärker bemerkbar machte, auch aufgrund des sich immer weiter ausbreitenden wirtschaftlichen antisemitischen Boykotts. Viele Leser konnten sich den regelmäßigen Bezug einer Tageszeitung nicht immer leisten, weshalb die Absatzmärkte Mitte der 1930er Jahre stark einbrachen. Gleichzeitig sorgten regelmäßige Beschlagnahmungen ganzer Ausgaben durch die staatliche Zensur in Polen sowie die Zunahme antisemitischer Überfälle auf die Zeitungsredaktionen regelmäßig für Verdienstausfälle.

Im Zuge der deutsch-polnischen Nichtangriffserklärung von 1934 nahmen außerdem die deutschen Behörden direkt und indirekt Einfluss auf die Arbeit der jüdischen Zeitungsmacher. Durch gezielte Interventionen der Deutschen Gesandtschaft, beziehungsweise späteren Deutschen Botschaft in Warschau, wurden insbesondere zwischen 1934 und 1935 Zeitungsartikel zensiert und ganze Ausgaben beschlagnahmt. Im nationalsozialistischen Deutschland wiederum waren die Folgen noch einschneidender, da die deutschen Behörden hier direkt Eingreifen und Handeln konnten. So unterbanden sie den Vertrieb und den Verkauf mehrerer jüdischer, insbesondere jiddischer Tageszeitungen aus Warschau und anderen polnischen Städten in Deutschland, verhinderten die Auslieferung der Zeitungen an der deutsch-polnischen Grenze, fingen Briefe und Zeitungsartikel ab, die aus Deutschland nach Polen versandt werden sollten und ließen jüdische Auslandskorrespondenten und jüdische Journalisten, die aus Warschau nach Berlin gekommen waren, überwachen, verhören, inhaftieren und schließlich auch ausweisen.

Dies hatte einschneidende Folgen für die jüdischen Zeitungsmacher in Warschau. Durch die Zerstörung des Korrespondentennetzwerkes durch die Nationalsozialisten verloren die Zeitungsredaktionen in Warschau langjährige enge Mitarbeiter und damit auch eine ihrer wichtigsten Quellen bezüglich nichtstaatlichen Wissens und der Verfolgung von Juden im nationalsozialistischen Deutschland. Die Berliner Korrespondenten, wie beispielsweise Yeshayahu Klinov, hatten sich nämlich zum Teil selbst an der Dokumentationsarbeit während des Ersten Weltkrieges beteiligt und betrachteten die jüdische Presse daher als die wichtigste Waffe, die den Juden in der Diaspora zur Verfügung stand. Aus dieser Haltung heraus waren schließlich auch ihre unzählbaren Reportagen und Berichte, die kritisch, offen und auf Fakten sowie eigenen Erlebnissen basierten, geschrieben. Ihre Flucht beziehungsweise Ausweisung aus Deutschland hatte darum zur Folge, dass sich die Zeitungsmacher in Warschau weitere beziehungsweise ergänzende Wege suchen mussten, um an ungefiltertes Wissen in Deutschland zu gelangen. Die wohl wichtigsten Strategien waren auf der einen Seite selbst durch das nationalsozialistische Deutschland zu reisen und auf der anderen Seite verstärkt Interviews mit jüdischen Geflüchteten beziehungsweise Ausgewiesenen aus Deutschland, die nach Polen geflohen oder abgeschoben worden waren, zu führen. Aber auch das Studium der nationalsozialistischen Presse, nationaler wie internationaler Zeitungen und Pressedienste, allen voran der JTA, sowie illegaler antifaschistischer Literatur und anderen Publikationen half den Journalisten sich ein eigenes und differenziertes Bild zu machen. Dass die Journalisten und Korrespondenten trotz aller Gefahren weiterhin an ihrem journalistischen Berufsethos festhielten und etwaige Risiken für Leib und Leben auf sich nahmen, um die Wahrheit in Form des gedruckten Wortes in die Welt hinauszutragen, war eine direkte Konsequenz der jüdischen Graswurzelbewegung im Kampf gegen Antisemitismus, die um die Jahrhundertwende in Osteuropa entstanden war. Aber auch das Einschreiben in eine antifaschistische Tradition, was insbesondere für die bundistischen *Shrayber* galt, der Glaube an Aufklärung durch Bildung und das Zugänglichmachen von Informationen waren Teil des Selbstverständnisses der jüdischen Journalisten und ihrer Arbeit.

Durch die vielen persönlichen Kontakte nach Deutschland, insbesondere nach Berlin, durch die räumlich-geografische sowie ebenfalls durch die historisch gewachsene geistig-kulturelle Nähe zu Deutschland gab es im Vergleich zu jiddischen Zeitungen in anderen jüdischen Pressezentren wie New York, Paris oder Montreal deutlich mehr und oft auch besser recherchierte Artikel sowie gesellschaftliche und theoretische Analysen über das nationalsozialistische Phänomen. Insbesondere die Ursachen und Gründe für den Aufstieg des Nationalsozialismus aber auch Gedankenexperimente, die versuchten zu erklären, warum es gerade die deutschen Juden traf, waren auf der Höhe der Zeit und primär von den Arbeiten Sigmund Freuds inspiriert. Den nationalsozialistischen Antisemitismus beschrieben und analysierten die meisten der jüdischen Zeitungsmacher daher als eine neue Variante des bisher bekannten und von ihnen selbst erfahrenen Antisemitismus. Ein weiterer Unterschied zu jüdischen Zeitungen anderer Länder zeigte sich in der Themensetzung. So legten die jüdischen Zeitungsmacher Warschaus als auch die Korrespondenten in Deutschland einen Schwerpunkt auf die spezielle Situation, in der sich die ost- und ostmitteleuropäischen Juden in Deutschland nach 1933 wiederfanden. Durch das Erstarken der politischen Rechten und des Antisemitismus in Polen selbst interessierten sich die Journalisten und Redakteure der jiddischen Zeitungen ferner dafür, wie die nationalsozialistische Ideologie und der gesellschaftliche wie politische Umgang mit den Juden in Deutschland von den Nationaldemokraten aber auch von der *Sanacja*-Regierung wahrgenommen wurde. Den Nationalsozialismus verstanden sie hierbei als eine eigenständige Bedrohung, der sowohl die polnische Nation bedrohte, aber auch und im speziellen eine äußerliche wie innerliche Bedrohung für die polnischen Juden darstellte. Die Berichterstattung insgesamt pendelte hierbei stets zwischen einem optimistischen Fortschrittsglauben und einer depressiven Katastrophenerwartung hin und her.

Die Sammel-, Dokumentations- und Aufklärungsarbeit der jüdischen Zeitungsmacher in Warschau fand ihren Höhepunkt im September 1939, als eine Gruppe von jüdischen Journalisten und Schriftstellern aus Warschau, die es geschafft hatten sich nach Vilna zu flüchten, das *Komitet tsu zameln Materialn vegn yidishn Khurbn in Poyln* gründeten.

Aktive Selbstwehr
Mit ihrer ausführlichen und intensiven Berichterstattung prägten die jüdischen Zeitungsmacher mehrere Generationen polnischer Juden in ihren Vorstellungen von Deutschland, Nationalsozialisten und jüdischem Leben unter dem Nationalsozialismus gleichermaßen. Die dabei immer wieder in den Zeitungen aufgeworfene und diskutierte Frage nach einer potentiellen Gefahr, die von Deutschland auch für Juden in Polen ausging, war Dreh- und Angelpunkt der Diskussion darüber, ob und wie es möglich war, den Nationalsozialismus und den immer stärker werdenden Antisemitismus in Deutschland zu bekämpfen. Die andauernde Berichterstattung sorgte dafür, dass sich die jüdischen Leser der Thematik nicht entziehen konnten, und so bildete das von den jüdischen Zeitungsmachern akkumulierte und aufbereitete Wissen, das sich in und um die jüdischen Zeitungsredaktionen in Warschau konzentrierte, die Grundlage für die Entscheidung darüber, den zunächst in schriftlicher Form in den Zeitungen vorgetragenen Protest gegen das nationalsozialistische Deutschland in eine widerständige politische Praxis umzuwandeln, die weit über das geschriebene Wort hinausging.

Die Idee für die Protest-, Solidaritäts- und Boykottbewegung selbst entstand damit folgerichtig auch in den Räumen des *Fareyn fun yidishe Zhurnalistn un Literatn in Varshe*. Im März 1933 hatten die Mitglieder des Vereins jüdische Intellektuelle der Stadt zu einem außerordentlichen Treffen eingeladen, um über die Möglichkeit eines gemeinsamen und koordinierten Protests gegen das nationalsozialistische Deutschland zu sprechen. Nach der Initiierung der Protestbewegung gründeten sich im ganzen Land verschiedene Protest- und Hilfskomitees mit ganz unterschiedlichen Funktionen. In Warschau selbst gründeten sich drei Komitees, die jeweils auch als nationale Zentralkomitees fungierten. In allen drei Komitees fanden sich *Tuer* und *Shrayber* aus den Reihen der jüdischen Tageszeitungen. Das erste Komitee, das sich um den allgemeinen politischen Protest selbst kümmerte, war das *Fareynikter Komitet tsu bakemfn di Drifes oyf Yidn in*

Daytshland. Diesem schlossen sich zwei weitere an, die sich um den wirtschaftlichen Boykott beziehungsweise um die Aufnahme und Versorgung der jüdischen Geflüchteten aus Deutschland kümmerten, die zu Tausenden ins Land kamen. Da der *Bund* die Protestbewegung offiziell ablehnte, weil diese in der Mehrheit von „bürgerlichen", zionistischen wie orthodoxen Parteien und Gruppen getragen und repräsentiert wurde, rief er im Sommer 1933 mit dem *Tsentrale bundishe Anti-Hitler-Komitet in Varshe* eine eigene Organisation ins Leben. Trotz der Entscheidung eine eigene Protestbewegung aufzubauen, gab es, wie in dieser Arbeit gezeigt werden konnte, durchaus ein gewisses Maß an inhaltlicher Nähe zu dem Protest der anderen Komitees. Diese Nähe wandelte sich im Rahmen der Hilfsaktion für die Opfer der sogenannten Polenaktion im Herbst 1938 in eine solidarische Kooperation um. Insbesondere aber ähnelten sich die Aktionsformen der einzelnen Komitees sowie die einzelner *Tuer* und *Shrayber* der verschiedenen jiddisch- und polnischsprachigen Tageszeitungen in der Stadt. Neben einer koordinierten Pressekampagne hielten viele von ihnen Vorträge und Lesungen über ausgewählte Aspekte der nationalsozialistischen Ideologie oder über jüdisches Leben in Deutschland sowie über individuelle Erlebnisse und Eindrücke von Reisen durch das nationalsozialistische Deutschland. Ebenfalls wurden Reiseanthologien, fiktive Romane, Biografien über Hitler, Anti-Nazi-Literatur und andere Bücher herausgegeben, welche die Leser sowohl aufklären als auch dazu motivieren sollten, sich an Protest, Boykott und Hilfsaktionen zu beteiligen. Hinzu kamen einzelne Protest- und Solidaritätsaktionen, die sich primär in der Sphäre der Kultur und Literatur ansiedelten. Die *Sanacja*-Regierung unterstützte zunächst den anti-deutschen Protest in Polen. Nachdem es im Zuge der Ernennung von Józef Beck zum polnischen Außenminister zu einer deutsch-polnischen Annäherung gekommen war, die nach diplomatischen Verhandlungen mit dem Deutschen Reich im Frühjahr 1934 in der deutsch-polnischen Nichtangriffserklärung mündete, ging die polnische Regierung jedoch als politisches Zugeständnis gegenüber den Nationalsozialisten vermehrt gegen die Protestbewegung vor, auch weil der verlängerte Arm des Auswärtigen Amtes in Warschau, die deutsche Gesandtschaft bzw. später die Botschaft immer wieder eigene Versuche unternahm, die Protestbewegung zu zersetzen und von den polnischen Behörden ein vehementeres Vorgehen verlangte. So wurden Publikationen beschlagnahmt, Lesungen und Vorträge unterbunden, Demonstrationen und Kundgebungen überwacht oder verboten und Protestierende festgenommen. Im Sommer 1935 wurde die Protestbewegung nach einer Razzia und mehreren Verhaftungen in den Räumen des Zentralen Boykottkomitees schließlich offiziell aufgelöst, einzelne Aktionen fanden dennoch weiterhin statt und bei der deutschen Botschaft mutmaßte man sogar, dass sich in den Räumen der *Nasz Przegląd* nach Auflösung des Zentralen Boykottkomitees sofort wieder ein neues formiert habe.

Der Protest und die Solidarität mit den verfolgten Juden ebbten auch in den folgenden Jahren nicht ab, und in den Jahren 1938 und 1939 griff die jüdische Intelligenz Warschaus auf die bereits bewährten Strukturen aus den Jahren 1933 bis 1935 sowie auf die Erfahrungen aus den Jahrzehnten davor zurück. Als während der sogenannten Polenaktion und in Folge der Novemberpogrome Tausende von Juden zumeist polnischer Staatsbürgerschaft von Deutschland nach Polen deportiert, abgeschoben und vertrieben wurden, eilte die jüdische Community Polens erneut zu Hilfe und organisierte erste Hilfsangebote und Unterkünfte. Die jüdischen Zeitungsmacher als Teil der Warschauer Intelligenz mit vielfältigen Doppel- und Mehrfachfunktionen waren dabei ein wichtiger Teil, nicht zuletzt, weil die Zeitungen, die sie produzierten und herausgaben, quasi als Sprachrohr der verschiedenen Hilfskomitees fungierten und durch sie ihre Arbeit transparent gemacht sowie auch ganz konkret zu Sach- und Geldspenden aufgerufen werden konnte. Selbst auf der Flucht und später im Vilnaer Exil versuchten die jüdischen Journalisten und Schriftsteller ihrer Rolle als Mediatoren, als Mittler und Deuter von Wissen, weiterhin nachzukommen. Den Referenzrahmen und gewissermaßen die Hintergrundfolie für ihre Aktivitäten bildeten auch hier wieder die Traditionen und das Handwerkszeug, das sie über die Jahrzehnte im Kampf gegen Antisemitismus verinnerlicht hatten. Die programmatische Arbeit Simon Dubnows war zum handlungsstiftenden und leitenden Diktum im Kampf gegen die Verfolgung von Juden im nationalsozialistischen Deutschland und mit Kriegsausbruch auch auf polnischer Erde selbst geworden.

Zusammenfassung und Ausblick
Die vorliegende Arbeit sollte keine bloße Auswertung jiddischer Tageszeitungen werden, sondern hatte sich dem Anspruch verschrieben, die dahinterstehenden Macher der Zeitungen sichtbar und ihr Handeln und Denken sowie die Kontexte, die sie umgaben und mit denen sie verwoben waren, transparent zu machen. Indem die Arbeit zwischen den Forschungszweigen der *Holocaust Studies*, der Jüdischen Studien sowie der *History of Knowledge* verortet wurde, konnte sie neues und bisher oftmals unbekanntes Wissen über polnisch-jüdische Reaktionen auf das nationalsozialistische Deutschland sowie jüdisches Leben in Polen und Deutschland in den 1930er Jahren anbieten. Hierbei wurden öffentliche Quellen wie Zeitungen, Flugblätter und Protokolle mit privaten Quellen wie Briefen und Memoiren zusammengebracht und mit nichtjüdischen staatlichen aus Polen und Deutschland kontrastiert. Durch diese Kombination verschiedenster Quellen konnte die einleitend formulierte Hypothese bestätigt werden, dass die Reaktionen der polnischen Juden auf den Aufstieg des Nationalsozialismus und der beginnenden Verfolgung von Juden so heterogen und vielfältig wie

die jüdische Community in Polen selbst waren und dass ferner auch die Antworten der jüdischen Zeitungsmacher in Warschau keineswegs monolithisch und noch weniger rein passiv waren, sondern diese sich aktiv am Weltgeschehen beteiligten und versuchten die Geschehnisse, die sie umgaben und von denen sie selbst direkt betroffen waren, zu ihren Gunsten zu beeinflussen. Es konnte nachgewiesen werden, dass die Basis ihres Handelns dabei ein Korpus nichthegemonialen Wissens war, das ganz zentral auch und vor allem von der jüdischen Presse gesammelt, tradiert und vermittelt wurde. Dieses Wissen reicht weit in die osteuropäisch-jüdische Geschichte zurück und blieb auch nach Krieg und Shoah tief im kollektiven Gedächtnis der aus Osteuropa stammenden Juden verankert.

Auch wenn wir heute um den Fortgang der Geschichte und die fast vollständige Vernichtung der polnischen Juden durch die Nationalsozialisten wissen, schmälert dies doch nicht die Bedeutung dieses Handelns. Im Falle der jüdischen Journalisten und Schriftsteller der jiddischen sowie ebenfalls der polnischsprachigen jüdischen Presse bedeutete dies, dass sie über die von Deutschland, aber auch in Polen begangenen Verbrechen aufklärten, diese dokumentierten, sammelten und in einem nächsten Schritt ganz praktisch auf diese reagierten.

Dass sie damit jüdischen Communities wie beispielsweise in den Vereinigen Staaten in nichts nachstanden, bisweilen sogar besser informiert waren und sich nachhaltiger engagierten und dafür auch größere Opfer – wie die Gefahr um Leib und Leben – brachten, ist ein weiteres Ergebnis dieser Arbeit, ebenso wie die Erkenntnis, dass die jüdischen Zeitungsmacher in Warschau den Antisemitismus der Nationalsozialisten durchaus als etwas Neues verstanden und zu deuten wussten. Die Geschichte des Nationalsozialismus und des Holocaust wurde somit um eine von der Forschung bisher häufig wenig beachtete Perspektive erweitert, nämlich jene der jiddisch sprechenden und denkenden polnischen Juden, hier verkörpert durch die jüdischen Zeitungsmacher.

Was aber bedeuten die Ergebnisse dieser Arbeit nun für die Geschichtswissenschaft und die Forschung über den Holocaust, wenn die bisherigen Annahmen, dass die polnischen Juden nichts oder nur sehr wenig über die nationalsozialistische Ideologie und den Antisemitismus der Nationalsozialisten wussten, falsch sind? Neben der Anerkennung und Aufwertung der polnischen Juden als denkende und handelnde Subjekte, die sich quasi auf der Höhe der Zeit mit den Problemen ihrer Zeit auseinandersetzten, können die Ergebnisse helfen, auch die Zeit nach September 1939 in einem neuen Licht zu sehen. So können Fragen nach den Umständen, warum sich polnische Juden nach dem deutschen Überfall auf Polen zum Bleiben oder zum Gehen entschieden in einem neuen Kontext betrachtet werden. Die Expertise, die die Journalisten über NS-Deutschland in den 1930er Jahren angesammelt hatten, scheint für viele, wenn nicht für alle von ihnen eine wichtige Rolle bei ihren jeweiligen Entscheidungsprozessen gespielt zu haben. Wie sie sich schließlich entschieden, dürfte jedoch auch in hohem Maße davon beeinflusst worden sein, was ihnen ganz konkret in ihrer jeweiligen Lebenssituation möglich war oder erschien. In der Forschung zur Flucht polnischer Juden vor den nationalsozialistischen Deutschen sollten demnach stärker Fragen nach dem ökonomischen Status, dem kulturellen oder sozialen Kapital, dass die jeweils zu untersuchenden Personen hatten, im Vordergrund stehen und mit den neuen Erkenntnissen in Beziehung gesetzt werden. Ein anderer Aspekt, der sich aus den Ergebnissen ergeben hat, ist, dass Polen viel stärker als bisher angenommen als Zufluchtsort für aus Deutschland kommende politische wie nichtpolitische Juden gleichermaßen diente als bisher angenommen. Mit Jakob Lestschinsky, Aaron Levi Riklis (A. S. Lirik), Esriel Carlebach und vielen weiteren flohen auch durchaus prominente Juden nach Polen, ein Umstand, der bisher von der Forschung kaum wahrgenommen wurde. Die mehreren Tausend Juden, die ab 1933 in Polen ankamen, veränderten die Communities vor Ort und brachten ihre eigenen Perspektiven ein. Hier bedarf es dringend weiterer Forschung. Damit einhergehend bedarf es einer umfangreichen Studie zur jüdischen Boykott- und Protestbewegung in ganz Polen, also jenseits der Hauptstadt, da die Arbeit auch hier nur erste Ergebnisse vorweisen konnte, und auch ein Vergleich mit den Praxen in anderen Ländern dürfte sich als durchaus fruchtbar erweisen. Zu guter Letzt sei auf das Erbe der jüdischen Presse nach 1945 hingewiesen. Wie gezeigt wurde, fanden zahlreiche jüdische Journalisten und Schriftsteller aus Warschau nach ihrer Flucht eine Anstellung bei jiddischen und teilweise auch bei hebräischen Zeitungen in Israel, Argentinien und den Vereinigten Staaten. Eine Studie, die diesen Verbindungen und Kontinuitäten nachgeht und fragt, wie die jüdische Journalistengeneration aus Warschau den internationalen jüdischen Pressemarkt nach 1939 prägte, wäre äußerst interessant. Doch auch für den polnischen Kontext selbst bleibt noch viel zu tun. Immer noch fehlt es an Studien zu einzelnen Zeitungen und ihren Machern, in Warschau und darüber hinaus. Diese Arbeit bezog erstmals stärker die Tagespresse des *Bund* und der *Agudas Yisroel* mit in die Untersuchung mit ein, doch geschah dies, zumindest für die orthodoxe Tagespresse in eher begrenztem Maße, da bei Aufnahme des Dissertationsprojekts die Quellenlage für *Dos Yudishe Togblat* noch äußerst dürftig gewesen war. Hier wären fortführende Studien über das Selbstverständnis der Zeitungsmacher und ihrem selbstgewählten Platz zwischen religiöser Tradition und Moderne von großer Bedeutung und könnten ein neues Licht auf die große orthodoxe Community in Polen werfen, die in der Forschung oft ein wenig im Schatten von Zionismus und Bundismus steht.

Übergeordnetes Ziel dieser Arbeit war es, zu einem Paradigmenwechsel innerhalb der Geschichtswissenschaft und speziell auch der Holocaustforschung beizutragen, indem zum einen dem bereits weitgehend erforschten und somit in der Wahrnehmung dominierenden Blick von West nach Ost der umgekehrte Blick von Ost nach West zur Seite gestellt wurde und zum anderen Quellen in jiddischer Sprache in weit höherem Maße berücksichtigt wurden als zumeist üblich. Das Jiddische war die wichtigste Alltagssprache der Jüdinnen und Juden in der Zweiten Polnischen Republik und darüber hinaus in Ost- und Ostmitteleuropa. Es war die Sprache ihrer Briefe, ihrer Literatur, ihrer Lyrik und ihrer Zeitungen. Wenn sie untereinander kommunizierten, dann meist auf Jiddisch. Wer die Gedanken- und Lebenswelten der osteuropäischen Juden in den Jahren und Jahrzehnte vor dem Holocaust verstehen will, kommt daher nicht umhin, sich mit jiddischen Quellen zu befassen. Ohne sie wird kein Bild und keine Betrachtung ihrer vollständig sein. Gleichzeitig wütete die Mordlust der Nationalsozialisten nirgendwo so sehr wie im östlichen Europa und der antisemitische Terror des nationalsozialistischen Regimes begann mit der Vertreibung polnischer Juden nach Polen. Nirgendwo sonst, außer vielleicht in Deutschland selbst gab es so viel praktische Erfahrungen und angesammeltes Wissen über Bedrohung, Verfolgung und Vernichtung. Doch auch nirgendwo sonst wurde so viel Wissen und wurden so viele Wissende vernichtet. Umso wichtiger erscheint es daher, dasjenige Wissen, das uns noch zur Verfügung steht, weil es in schriftlicher Form vorliegt, zu nutzen, in der Hoffnung, etwas besser zu verstehen und ein vollständigeres Bild zu erlangen von der verschwundenen Welt der *yiddisher Gas*, und mit dem Ziel, die Stimmen, die gewaltsam zum Verstummen gebracht wurden, wieder hörbar zu machen, weil sie es verdient haben, dass wir ihnen zuhören.

Von dem Wissen und den Erfahrungen der polnischen Juden im Kampf gegen den europäischen Rechtsruck und dem Nationalsozialismus im Speziellen können wir auch für heute Lehren ziehen. Auch heute, 77 Jahre nach dem Ende des Zweiten Weltkrieges, bedrohen faschistische und andere extrem rechte Bewegungen erneut den gesellschaftlichen Zusammenhalt und menschenfeindliche Ideologien wie Rassismus, Antisemitismus, Frauenfeindlichkeit, Homo- und Transphobie nehmen einen wachsenden Raum innerhalb des gesellschaftlichen Diskurses ein. Wenn wir ihnen widerstehen wollen, dann müssen wir zusammenhalten, so verschieden wir auch sind. Die jüdischen Zeitungsmacher aus Warschau, die Zionisten und Bundisten, die Agudisten und Folkisten, denen es immer wieder gelungen ist trotz all ihrer Differenzen zusammenzuarbeiten, können uns hier auch heute noch und vielleicht sogar besonders heute ein Vorbild sein.

9 Anhang

9.1 Biogramme der wichtigsten Journalisten und Schriftsteller

Die hier aufgelisteten Biogramme sollen dem Leser mehr Hintergrundwissen über die wichtigsten der oftmals unbekannten Journalisten und Schriftsteller an die Hand geben, um deren Handlungen und die Kontexte, in denen sie sich bewegten, besser nachvollziehen zu können. Während die Arbeit an sich eine Geschichte auf über- und interpersonaler Ebene erzählt, finden sich hier in geraffter Form die indiviuellen Geschichten und Lebenswege der zentralen Akteure. Der Makroebene wird somit ergänzend eine Mikroebene zur Seite gestellt in der Hoffnung, so ein vielschichtigeres und vollständigeres Bild zu zeichnen. Die Biogramme beruhen im Wesentlichen auf den gleichen Quellen wie die Arbeit selbst. Es wurden jedoch auch zusätzliche Informationen aus unterschiedlichen weiteren Quellen zusammengetragen. Diese stammen in der Regel aus verschiedenen jiddisch-, polnisch- und englischsprachigen Enzyklopädien und Nachschlagewerken, Online-Lexika, jiddischer Erinnerungsliteratur, Gedenkbüchern und Online-Datenbanken.[1609]

Alter, Wiktor (Viktor Alter) (1890–1943), Partei- und Gewerkschaftsfunktionär beim Bund und Publizist: Wiktor Alter wurde in Mława (Russisches Reich, heute: Polen) in eine chassidische Familie geboren. Nach dem Tod seines Vaters zog Alters Familie nach Warschau, wo seine Mutter einen Anhänger der Haskalah heiratete, weshalb er ebenfalls eine säkulare Schulausbildung erhielt. Als 1905 die Revolution ausbrach, beteiligte Alter sich an Schülerprotesten. Von 1906 bis 1910 studierte er Ingenieurwesen in Belgien und baute dort enge Kontakte zu einer studentischen sozialistischen Organisation auf. 1912 kehrte er nach Warschau zurück und engagierte sich dort beim Bund. Nach einem kurzen Gefängnisaufenthalt kehrte er zurück nach Belgien, um von dort 1917 nach Russland zu gehen und an der Revolution teilzunehmen. Enttäuscht von dieser verließ er Russland und kehrte nach einem Aufenthalt in Minsk zurück nach Warschau, wo er schnell zu einer Führungsfigur des *Bund* aufstieg. Dort engagierte er sich maßgeblich in der jüdischen Gewerkschaftsbewegung. Den Ersten Weltkrieg verbrachte er in England, wo er als Ingenieur in

---

[1609] Folgende Quellen wurden verwendet: Doyres bundistn, bearbeitet von Yankev Sh. Herts, Bd. 1–3, Nyu York 1956–1968; Kagan, Berl: Leksikon fun yidish-shraybers: mit hesofes un tikunim tsum leksikon fun der nayer yidisher literatur, un 5800 psevdonimen, Nyu York 1986; Leksikon fun der nayer yidisher literatur, Bd. 1–8, Nyu York 1956–1981; Polski Słownik Judaistyczny, Warszawa 2003, https://www.jhi.pl/psj/ (abgerufen am: 02.01.2022); Ravitsh, Melekh: Mayn leksikon, Bd. 1–5, Montreal 1945; Rayzen, Zalman: Leksikon fun der yidisher literatur, prese un filologie, Bd. 1–4, Vilne 1926–1929; The YIVO Encyclopedia of Jews in Eastern Europe, https://yivoencyclopedia.org/default.aspx (abgerufen am: 02.01.2022); Bundesarchiv: Gedenkbuch. Opfer der Verfolgung der Juden unter der nationalsozialistischen Gewaltherrschaft in Deutschland 1933–1945, https://www.bundesarchiv.de/gedenkbuch/ (abgerufen am: 02.01.2022); Verband Ausländischer Presseverteter e.V. (Hrsg.): Mitgliederliste Januar 1932, Mai 1933, Januar 1935, April 1936, Mai 1937, Oktober 1938, Berlin; Ravitsh, Melekh: Dos mayse-bukh fun meyn leben. Yorn in Varshe 1921–1934, Tel Aviv 1975, S. 345–352; Berenbaum, Michael und Fred Skolnik: Encyclopadeia Judaica, Bd. 1–2, Detroit 2007; Biblioteka Świadectw Zagłady (Hrsg.): ... Tęsknota nachodzi; Jewish Women's Archive, https://jwa.org/encyclopedia (abgerufen am: 02.01.2022).

OpenAccess. © 2022 Anne-Christin Klotz, publiziert von De Gruyter. Dieses Werk ist lizenziert unter einer Creative Commons Namensnennung – Nicht kommerziell – Keine Bearbeitung 4.0 International Lizenz. https://doi.org/10.1515/9783110756494-010

einer Fabrik arbeitete und sich in jiddischsprachigen Kulturkreisen bewegte. Die ganze Zeit über schrieb er für bundistische Zeitungen auf Jiddisch und übersetzte Arbeiten aus dem Französischen ins Russische. Mit Gründung der *Naye Folkstsaytung* gehörte Alter dem Redaktionskollektiv der Zeitung an und war regelmäßiger Autor. In dieser Zeit wurde er ferner zu einem der profiliertesten bundistischen Theoretiker. Er publizierte mehrere Schriften zum Sozialismus sowie zum Antisemitismus in Polen und äußerte sich ferner regelmäßig zum Aufstieg der Nationalsozialisten und der Bedeutung, welcher dieser für die jüdische wie nichtjüdische Arbeiterbewegung hatte. Außerdem war er von 1919 bis 1936 Mitglied des Warschauer Stadtrats sowie von 1936 an gewähltes Mitglied der Verwaltung der jüdischen Gemeinde Warschaus. 1937 reiste er nach Spanien, um von dort für die *Naye Folkstsaytung* über den Spanischen Bürgerkrieg zu berichten. Im September 1939 floh er zunächst Richtung Osten, um kurz darauf nach Warschau zurückzukehren. Auf Grund der Bombardierung kam er dort aber niemals an und wurde am 26. September in Kowel vom NKWD verhaftet und genauso wie Henryk Erlich mehrmonatigen Verhören unterzogen. Im Juli 1941 wurde er zum Tode verurteilt, weil er sich laut Anklage antisowjetischer Aktivitäten schuldig gemacht hatte. Kurze Zeit später jedoch wurde das Urteil revidiert und in eine zehnjährige Haftstrafe umgewandelt. Er wurde jedoch bald ganz aus der Haft entlassen und stattdessen dazu verpflichtet, gemeinsam mit Henryk Erlich das Jüdische Antifaschistische Komitee aufzubauen. In einem Brief, den Alter u. a. an den *Bund* in den USA schrieb, äußerte er Kritik an den repressiven Maßnahmen in der Sowjetunion. Sein Handeln und das von Henryk Erlich führten drei Monate später zu einer erneuten Verhaftung. Versuche des *Joint* und von Bundisten aus New York, seinen Aufenthaltsort herauszufinden, scheiterten. Nachdem Alter im Frühjahr 1943 erneut zum Tode verurteilt wurde, wurde er am 17. Februar 1943 erschossen. Alter war Mitglied im Jüdischen Journalisten- und Schriftstellerverein.

Appenszlak, Jakub, Pseudonym Pierrot (1894–1950), Zionist, Journalist, Schriftsteller und Übersetzer: Jakub Appenszlak wurde in Warschau (Russisches Reich, heute: Polen) in eine assimilierte jüdische Familie hineingeboren. Er begann seine journalistische Karriere als Theaterkritiker und Feuilletonist bei der führenden polnisch-nationalen Zeitung *Kurier Warszawaski*, gab die Mitarbeit für diese und andere polnische Zeitungen nach dem Ersten Weltkrieg aber bald auf, weil seine nichtjüdischen Kollegen bei Staatsgründung eine Polonisierung seines Namens verlangten. 1923 wurde Appenszlak Redakteur der *Nasz Przegląd* und prägte die Zeitung bis zum Ausbruch des Zweiten Weltkrieges. Mit Aufnahme der Arbeit für die Zeitung ging auch eine politische Wandlung Appenszlaks einher. Er wurde zum jüdischen Nationalisten und Zionisten, sprach sich vehement gegen Antisemitismus aus, vertrat aber weiterhin eine jüdische Polonität und lehnte insbesondere Jiddisch als Sprache der Juden in Polen ab. Seit 1933 engagierte er sich in der jüdischen Protestbewegung gegen das nationalsozialistische Deutschland. Im September 1939 floh Appenszlak über Genf zusammen mit seiner Familie in die USA, wo er Mitbegründer der *Zrzeszenie Żydowskich Dziennikarzy i Literatów z Polski* wurde. Außerdem setzte er sich für die Rettung von Juden aus dem besetzten Polen ein und arbeitete im Rahmen dessen mit der Exilregierung in London zusammen. Gleichzeitig widmete er sich der Dokumentation des Holocaust und gab unter anderem das *Black Book of Polish Jewry* (1943) sowie den Band *Armed Resistance of the Jews in Poland* (1944) heraus. Appenszlak war Mitglied im Jüdischen Journalisten- und Schriftstellerverein in Warschau sowie im Jüdischen Journalistensyndikat.

Auerbach, Rachel (Rokhl Oyerbach) (1903–1976), Schriftstellerin und Journalistin: Rachel Auerbach wurde in Laniwzi (Russisches Reich, heute: Ukraine) geboren und wuchs in Lwów auf. Sie studierte Psychologie und Philosophie in Lwów und Warschau und begann ihre schriftstellerische Tätigkeit in einem jiddischen Journal von Melekh Ravitsh, das es zum Ziel hatte jiddische Kultur in

Galizien zu stärken. Nach ihrem Umzug nach Warschau im Jahr 1933 arbeitete Auerbach als freie Journalistin und Schriftstellerin für verschiedene jüdische Tageszeitungen, darunter die *Naye Folkstsaytung*, den *Haynt* und die *Nasz Przegląd*, für die sie im Sommer 1939 als Sommervertretung auch als Nachtredakteurin arbeitete. Im Rahmen ihrer journalistischen Tätigkeit äußerte sie sich auch mehrmals über die Rassentheorie und den Antisemitismus der Nationalsozialisten und befürwortete den Protest. Im September 1939 erhielt Auerbach keinen Platz im polnischen Journalistenzug, da sie als Frau und jüngere Journalistin keine feste Anstellung in einer jüdischen Tageszeitung innehatte. Sie verblieb in Warschau und engagierte sich dort zunächst im Aufbau des Suppenküchensystems. Im Warschauer Getto wurde sie schließlich Mitglied der *Oyneg Shabes* Gruppe und war maßgeblich daran beteiligt das Untergrundarchiv zu organisieren. 1943 ging sie auf die „arische Seite", wo sie als Kurierin für den jüdischen Untergrund arbeitete. Sie überlebte den Krieg und half mit, das Untergrundarchiv der *Oyneg Shabes* zu bergen. Während und nach dem Krieg schrieb sie zahlreiche Werke über jüdische Kultur, die Untergrundarbeit und die Vernichtung jüdischen Lebens und Kultur durch die Nationalsozialisten. 1950 emigrierte sie nach Israel und arbeitete dort bis zu ihrem Tod für Yad Vashem. 1974 veröffentlichte sie schließlich ihr Buch *Varshever Tsavoes: Bagegenishn, Aktivitetn, Goyroles, 1933–1943*, das auf einem Manuskript aus dem Jahr 1943 beruhte und die Vernichtung Warschaus als Zentrum der jüdischen Presse und Literatur zum Gegenstand hatte. Auerbach war Mitglied im Jüdischen Journalisten- und Schriftstellerverein.

Carlebach, Esriel (Ezriel Karlebakh), Pseudonym Lui Gothelf (1908–1956), Rabbiner, Journalist, Schriftsteller, Jurist: Esriel Carlebach wurde in Leipzig in eine bekannte Rabbinerfamilie hineingeboren und ging im Alter von 15 Jahren nach Litauen, um sich dort zum Rabbiner ausbilden zu lassen. Seine Ordination erhielt er in Jerusalem. In Litauen entwickelte er eine Faszination für osteuropäisch-jüdisches Leben, weshalb er sich selbst das Jiddische beibrachte. Er zeigte früh ein Interesse am Journalismus und veröffentlichte seinen ersten Artikel bereits mit 13 Jahren. Bei einem Aufenthalt in Warschau (vermutlich 1926) traf er Józef Grawicki, einen Mitarbeiter des *Haynt*, der ihm eine Zusammenarbeit anbot. Zurück in Deutschland studierte er in Berlin und Hamburg und promovierte in Rechtswissenschaften. Seit 1929 arbeitete er in der Redaktion des *Hamburger Israelitischen Familienblatts* und schrieb in unregelmäßigen Abständen für den *Haynt*, die *Haaretz* und *HaZofeh*. Nach der Machtübergabe an Hitler engagierte die Redaktion des *Haynt* Carlebach dafür, inkognito durch Deutschland zu reisen und Berichte für die Zeitung zu verfassen. Im Frühjahr 1933 wurde er verhaftet und schließlich ausgebürgert. Seine Freunde vom *Haynt* besorgten ihm gefälschte Papiere, mit denen er nach Polen einreisen konnte. In Warschau angekommen arbeitete er für den *Haynt* als Deutschlandexperte und beteiligte sich an der jüdischen Protestbewegung. Zusammen mit Shoyel-Yitskhok Stupnitski und Yeoshue Gotlib reiste er durch Polen und hielt Vorträge, die sich gegen NS-Deutschland richteten. Seine Artikel wurden unter anderem im *Forverts* nachgedruckt. Als er 1935 das Angebot erhielt, Chefredakteur der *Yidishe Post/Jewish Post* in London zu werden, verließ er Warschau. 1937 ging er als Korrespondent der Zeitung nach Palästina und nahm dort eine Stelle als Redakteur bei der Tageszeitung *Yedi'ot Acharonot* an. In Israel schrieb Carlebach für die *Haaretz*, 1948 gründete er die Tageszeitung *Maariv*, deren Chefredakteur er bis zu seinem Tod blieb. Carlebach war Mitglied im Jüdischen Journalisten- und Schriftstellerverein in Warschau.

Chmurner (Khmurner), bürgerlich Józef Leszczyński, (Yosef Leshtshinsky, Josef Lestschinsky) (1884–1935), Bundist und Journalist: Chmurner wurde in Horodyschtsche (Russisches Reich, heute: Ukraine) in eine Familie aus einfachen Verhältnissen geboren und erhielt eine traditionell jüdische Ausbildung. Er war der Bruder von Jakob Lestschinsky. 1901 begann er sich in der zionistischen Bewegung zu organisieren und war seit 1903 bei den Sozialistischen Zionisten aktiv. Nach Aufenthalten in Warschau und Vilna, wo er begann, für sozialistisch-zionistische Periodika zu schreiben, studierte er von 1907 bis 1912 Literatur und Ökonomie in Kiew und Paris. Während des Ersten Weltkrieges engagierte er sich im Jüdischen Hilfskomitee für jüdische Kriegsflüchtlinge in Kiew. Zurück in Warschau wurde er 1921 Redakteur der *Naye Folkstsaytung*, Mitglied des ZK des *Bund* und seit 1928 auch Vorsitzender der TSISHO. Wegen seiner Artikel wurde er 1934 verhaftet und in dem Gefangenenlager Bereza Kartuska inhaftiert. 1935 verstarb er in Otwock. Chmurner gab 1903 ein Flugblatt über jüdischen Selbstschutz heraus und übersetzte im Laufe der Jahre zahlreiche Bücher aus dem Deutschen ins Jiddische, darunter neben dem Manifest der kommunistischen Partei von Karl Marx und Friedrich Engels auch Werke von Eduard Bernstein und Ferdinand Lassalle. Außerdem übertrug er 1931 die Schrift *Il Fascismo, Origini e Sviluppo* (Der Faschismus, sein Aufstieg und seine Entwicklung) von Ignazio Silone ins Jiddische. Er war Mitglied im Jüdischen Journalisten- und Schriftstellerverein in Warschau.

Ekerman, Ayzik-Ber (Ajzyk Ber Eckerman) (1891–1943), Agudist und Journalist: Ekerman wurde in einem Dorf in der historischen Region Podlachien (Russisches Reich, heute: Polen) geboren und erhielt eine traditionell religiöse Erziehung. Seine journalistische Tätigkeit nahm er vermutlich mit Gründung der ersten orthodoxen Tageszeitung *Der Yud* in Warschau auf. Seit 1929 war er Redakteur beim *Dos Yudishe Togblat* und schrieb ferner für andere orthodoxe Zeitungen und Zeitschriften. Ekerman arbeitete als Sekretär des ersten orthodoxen Abgeordneten im polnischen Sejm und gehörte in der Zweiten Polnischen Republik zu den Anführern der *Agudas Yisroel*. In seinen politischen Kolumnen für *Dos Yudishe Togblat* äußerte er sich regelmäßig über das nationalsozialistische Deutschland und unterstützte die antideutsche Protestbewegung. Im September 1939 blieb er in Warschau zurück und gehörte später dem Warschauer Judenrat an. Am 18. Januar 1943 wurde Ekerman zusammen mit anderen Mitgliedern des Judenrats während einer der Mordaktionen im Warschauer Getto ermordet. Ekerman war Mitglied im Jüdischen Journalisten- und Schriftstellerverein.

Erlich, Henryk, bürgerlich Hersh Wolf, Pseudonyme H. Alski, H. Al-Ski, Alski u.v.m. (1882–1941), Politiker, Jurist und Journalist: Erlich stammte aus Lublin (Russisches Reich, heute: Polen) und erhielt eine traditionell jüdische sowie eine säkulare Erziehung. 1902 nahm er ein Jurastudium in Warschau auf und trat dem Bund bei. Zwei Jahre später wurde er auf Grund seiner politischen Aktivitäten für mehrere Monate inhaftiert. Nach seiner Entlassung aus dem Gefängnis ging er nach Berlin, um dort politische Ökonomie zu studieren. 1906 zog er nach Sankt Petersburg, wo er Jura studierte und seine politischen Tätigkeiten fortführte. 1913 wurde er ins ZK des Bund gewählt. 1918 zogen er und seine Frau Zofia Dubnow-Erlich nach Warschau, wo er zum führenden Politiker der Partei aufstieg. Seit Gründung der *Naye Folkstsaytung* fungierte Erlich als Redakteur der Zeitung, und mit Aufstieg des Nationalsozialismus engagierte er sich in der bundistischen Protest- und Solidaritätsbewegung. Ferner gehörte er zu den schärfsten Kritikern der deutschen Sozialdemokratie, was am deutlichsten in seiner 1934 veröffentlichten Schrift *In Kamf farn revolutsionern Sotsializm* zum Ausdruck kam. Im September 1939 beschloss das ZK des *Bund*, dass Henryk Erlich zusammen mit Wiktor Alter, Barukh Shefner und Pinkhas Shvarts Warschau Richtung Osten verlassen sollte. Erlich weigerte sich aber letztlich, Warschau mit dem von der polnischen Regierung bereitgestellten Journalistenzug zu verlassen, und floh kurze Zeit später mit seiner Familie eigenständig in die Sowjetunion. Dort wurde er im Oktober 1939 von jüdischen Kommunisten denunziert, vom NKWD verhört und verhaftet. Im August 1941 wurde er zum Tode verurteilt, weil er sich laut Anklage anti-sowjetischer Aktivitäten schuldig gemacht hatte. Kurze Zeit später jedoch wurde das Urteil revidiert und in eine zehnjährige Haftstrafe umgewandelt. Er wurde allerdings bald darauf ganz aus der Haft entlassen und stattdessen dazu verpflichtet, gemeinsam mit Wiktor Alter das Jüdische Antifaschistische Komitee aufzubauen. Sein autonomes Handeln und seine Kontakte zum polnischen Untergrund sowie zu britischen Diplomaten führten jedoch nur drei Monate später zu einer erneuten Verhaftung. Versuche des JDC und von Bundisten aus New York, seinen Aufenthaltsort herauszufinden, scheiterten. Nach erneuten langwierigen Verhören nahm sich Erlich im Mai 1942 im Gefängnis in Kuibyschew das Leben. Erlich war Mitglied im Jüdischen Journalisten- und Schriftstellerverein sowie im Jüdischen Journalistensyndikat.

Eynhorn, Arn (Aaron Einhorn) (1884–1942), Journalist: Eynhorn wurde in Kėdainiai (Russisches Reich, heute: Litauen) geboren, studierte in Paris und begann seine journalistische Karriere bei verschiedenen osteuropäisch-jüdischen Zeitungen. Unter anderem arbeitete er als Korrespondent für den *Haynt*. Ab 1912 gehörte er zu den regelmäßigen Mitarbeitern der Zeitung und machte sich außerdem einen Namen als Übersetzer literarischer Werke aus dem Deutschen, Französischen und Russischen. Eynhorn war der Cousin des Dichters Dovid Eynhorn, der zwischen 1920 und 1924 in Berlin lebte und von dort als Korrespondent für verschiedene jiddische Tageszeitungen, u. a. den *Forverts*, arbeitete. Im September 1939 weigerte er sich, Warschau mit dem polnischen Journalistenzug zu verlassen und blieb in der Stadt zurück. Ab 1940 arbeitete er der *Oyneg Shabes* Gruppe um den jüdischen Historiker Emanuel Ringelblum zu und nahm an geheimen Treffen teil. Im Juli 1942 versuchte er, den Deportationen in einem Versteck in Otwock südöstlich von Warschau zu entgehen, wurde aber entdeckt und von den deutschen Einsatzgruppen erschossen.

Finkelstein, Chaim (Khaym Finkelshtayn, Chaim Finkelsztejn), Pseudonym Kh. Fink (1899–2001), Journalist: Chaim Finkelstein wurde in Warschau in eine bürgerliche Familie hineingeboren und kam früh mit jüdischer und nichtjüdischer europäischer Kultur und Literatur in Kontakt. Im Herbst 1918 begann er für den *Haynt* zu arbeiten, zunächst als Reporter aus dem Warschauer Stadtrat, später auch als politischer Reporter und Nachtredakteur. 1932 wurde er zum Exekutivsekretär des neu gegründeten Verlagshauses *Alt-Nay* ernannt und verwaltete die Genossenschaft bis zum Ausbruch des Zweiten Weltkrieges. Im September 1939 war er im Auftrag des Verlagshauses gerade in Westeuropa unterwegs, weshalb er in Paris strandete und nicht mehr nach Polen zurückkehren konnte. Dort gründete er zusammen mit anderen polnisch-jüdischen Intellektuellen ein Hilfskomitee für polnische Juden, die im besetzten Polen festsaßen. Der polnische Botschafter in Paris stellte für die Gruppe einen Kontakt zum Botschafter der Vereinigten Staaten her, der für die Mitglieder der Gruppe Visa ausstellte, sodass Finkelstein im November 1939 mit dem Schiff in Richtung New York aufbrechen konnte. In New York angekommen bemühte er sich weiter, seine Familie und einige seiner Kollegen vom *Haynt*, die in Warschau eingeschlossen waren, zu retten. Seine Bemühungen blieben jedoch größtenteils erfolglos. Nur seine jüngste Tochter Aviva überlebte Krieg und Shoah im Versteck bei einer polnischen Familie. In New York organisierte sich Finkelstein in der *Zrzeszenie Żydowskich Dziennikarzy i Literatów z Polski* und arbeitete für die Jüdische Weltorganisation sowie die Zionistische Organisation. Später war er als Wissenschaftler und Büroangestellter im New Yorker YIVO angestellt, wo er mit der Herausgabe einer Bibliografie betraut war, die Arbeiten zum Holocaust verzeichnete. 1987 publizierte Finkelstein eine Monografie in Erinnerung an den *Haynt*. Finkelstein war Mitglied im Jüdischen Journalisten- und Schriftstellerverein und in der Verwaltung des Jüdischen Journalistensyndikats tätig.

Finkelstein, Leo (Leo Finkelshtayn, Leo Finkelsztejn) (1885–1950), Journalist, Schriftsteller, Pädagoge: Finkelstein wurde in Radom (Russisches Reich, heute: Polen) in eine bildungsbürgerliche Familie hineingeboren. Nach einem Studium der Philosophie und Polonistik in Krakau arbeitete er für kurze Zeit als Lehrer für Jiddisch und Polnisch an einem Gymnasium. Nach dem Militärdienst zog er vermutlich um 1920 nach Warschau und begann dort seine journalistische Karriere. Von 1923 bis 1925 schrieb er regelmäßig für die *Nasz Przegląd* und wurde schließlich fester Mitarbeiter der *Literarishe Bleter*. Außerdem schrieb er regelmäßig für den *Moment* und die *Naye Folkstsaytung*. Zeitweise fungierte er als Vizepräsident des Jüdischen Journalisten- und Schriftstellervereins und als Sekretär des Jüdischen Journalistensyndikats. Politisch zunächst aktiv in der *Yudishe Folkspartey* wandte er sich von dieser zu Beginn der 1930er Jahre ab und trat dem Bund bei. Von 1933 bis 1934 war er Herausgeber und Redakteur der Anti-Nazi-Protest- und Boykottzeitung *Nasza Obrona/Unzer Obvehr*. Darüber hinaus hielt er Vorlesungen in der Jüdischen Volksuniversität in Warschau über die Ereignisse im nationalsozialistischen Deutschland. Im September 1939 floh er in die Sowjetunion, wo er kurz darauf zusammen mit seiner Frau in Moskau verhaftet und nach Sibirien verbannt wurde. 1946 kehrte er nach Polen zurück und wurde Mitarbeiter der neu gegründeten jiddischen Zeitung *Yidishe Shriftn*, einer Monatsschrift (später jährliche Erscheinungsweise) des neu gegründeten Jüdischen Journalisten- und Schriftstellervereins in Łódź. 1948 wanderte er in die Vereinigten Staaten aus.

Flakser, Menakhem (Menachem Flakser), Pseudonym u. a. Mem (1898–1978), Journalist: Menakhem Flakser wurde in Ostrołęka (Russisches Reich, heute: Polen) geboren und erhielt eine religiöse und weltliche Ausbildung. Ab 1918 lebte er in Warschau, wo er als Journalist und Lektor arbeitete und gleichzeitig erste Gedichte und Lieder veröffentlichte. Um 1923 lebte er in Paris und schrieb von dort aus immer wieder für die *Literarishe Bleter*. Nach seiner Rückkehr wurde er fester Mitarbeiter des 1926 gegründeten *Unzer Ekspres*. Für diese Zeitung arbeitete er bis zum Ausbruch des Krieges. Darüber hinaus übersetzte er Bücher von Rainer Maria Rilke und Bernhard Kellermann ins Jiddische. Im September 1939 wurde er im polnischen Journalistenzug evakuiert und kam im Herbst 1939 nach Vilna. Dort arbeitete er als Sekretär der *Fareynikung fun di Literatn un Zhurnalistn Pleytim in Vilne* und war mutmaßlich Mitglied im *Komitet tsu zameln Materialn vegn yidishn Khurbn in Poyln 1939*. 1940 reiste er über die Sowjetunion nach Shanghai, wo er von 1941 bis 1943 Mitherausgeber der jiddischen Zeitschrift *Unzer Leben* wurde. Ab 1949 hielt er sich in New York auf, wo er u. a. für den *Forverts* arbeitete und eine Erinnerungsschrift über die Zeitung *Unzer Ekspres* (1957) verfasste. Flakser war Mitglied im Jüdischen Journalisten- und Schriftstellerverein.

Flinker, Dovid (Dor/David Flinker), Pseudonyme u. a. Ben-Dovid, A. Davidson, D. Aronson und D. Levinski (1900–1978), Journalist: Dovid Flinker wurde in Góra Kalwaria (Russisches Reich, heute: Polen) geboren und erhielt eine religiöse Ausbildung im Cheder und in der Jeshiwa. Zuhause bekam er zudem eine säkulare Bildung. Um 1916 war er Mitbegründer der Jugendorganisation *Tevuna* und Herausgeber der gleichnamigen Zeitschrift. Ab 1917 begann er regelmäßig für die Warschauer Tageszeitungen *Dos Yidishe Vort* und *Der Yid* zu schreiben. Von 1929 bis 1939 war er Redakteur beim *Dos Yidishe Togblat* und gleichzeitig dessen politischer Chefredakteur. Seit 1933 engagierte er sich im Rahmen seiner journalistischen Arbeit in der Protest- und Boykottbewegung gegen das nationalsozialistische Deutschland. Im September 1939 wurde er im Zug von der polnischen Regierung evakuiert und erreichte Vilna im Oktober 1939. Dort wurde er Mitglied in der *Fareynikung fun di Literatn un Zhurnalistn Pleytim in Vilne* und war mutmaßlich an der Arbeit des *Komitet tsu zameln Materialn vegn yidishn Khurbn in Poyln 1939* beteiligt. Im Januar 1941 erreichte er zusammen mit seiner Familie Palästina, wo er zu einem bekannten Israelkorrespondenten für verschiedene internationale jüdische Zeitungen aufstieg. In Israel selbst schrieb er für die zionistisch geprägte Tageszeitung *HaBoker* und verfasste eine Vielzahl von jiddischen Romanen, die an das ehemalige jüdische Leben in Polen erinnerten und in der Buchreihe *Dos poylishe Yidntum*, die von Mark Turkow herausgegeben wurde, erschienen. Außerdem gab Flinker den Sammelband *Di yidishe Prese vos iz geven* (1975) heraus, der an die jüdische Presse im Vorkriegspolen erinnerte. Flinker war Mitglied im Jüdischen Journalisten- und Schriftstellerverein und in der Verwaltung des Jüdischen Journalistensyndikats tätig.

Frenkel, Nathan, Pseudonyme u.a. N. Shnayder, F. Nathan (1896–?), Bundist und Schneidermeister: Nathan Frenkel wurde in Warschau (Russisches Reich, heute: Polen) geboren. Er war seit seiner Jugend Mitglied des Bund und aktiv in der jüdischen Schneidergewerkschaft. Gegen Ende des Ersten Weltkrieges wurde Frenkel 1918 in der Festung Modlin durch die deutschen Besatzer gefangengenommen. 1919 floh er zusammen mit seiner Frau Chava (geb. Gruenbaum) nach Berlin, wo er sich in der Berliner Auslandsgruppe des *Bund* engagierte und als Schneider mit eigenem Ladengeschäft arbeitete. Vermutlich um 1930 ersetzte er Vladimir Kossovski als Berliner Korrespondent der *Naye Folkstsaytung*. Im Frühjahr 1933 verfasste er für die Zeitung Berichte, die vom jüdischen und sozialistischen Arbeiterleben unter den Nationalsozialisten berichteten. Weil er von der Gestapo wegen seiner journalistischen Tätigkeiten gesucht wurde, floh er im März 1933 nach Paris, wo er erneut seine Arbeit für die Zeitung aufnahm. Mit Hilfe anderer geflohener Bundisten aus Berlin wie zum Beispiel Rafael Rein Abramovitsh versuchte er noch seine in Berlin zurückgelassenen Nähmaschinen nach Paris zu holen, da diese von den deutschen Zollbehörden konfisziert worden waren. In Frankreich meldete er sich 1934 zum freiwilligen Armeedienst in Algerien. Nach seiner Rückkehr ging er 1940 in den antifaschistischen Untergrund in Toulouse und Lyon und reiste im November 1942, zusammen mit seinem Sohn David (geboren 1920 in Berlin) illegal in die Schweiz ein. Nach kurzer Internierung im Flüchtlingslager Büren engagierte er sich von 1942 bis 1945 aktiv beim *Schweizer Arbeiter Hilfswerk* und war an der Rettung hunderter jüdischer und sozialistischer Flüchtlinge aus dem besetzten Europa beteiligt. 1945 kehrte er zusammen mit seiner Familie nach Toulouse zurück.

Gliksman, Itsak-Mayer (Izaak-Maier Glücksmann) (1868–1942), Journalist: Gliksman stammte aus Zgierz (Russisches Reich, heute: Polen) und war mit Marie Gliksman (geb. Dawidovitsh) verheiratet. Das Paar hatte zwei Kinder und lebte in Berlin-Charlottenburg. Von 1935 bis 1939 arbeitete Gliksman als Berliner Korrespondent unter anderem für den *Haynt*, das *Lodzher Togblat* und das *Naye Folksblat*. Er war Mitglied des später regimetreuen *Vereins der Ausländischen Pressevertreter e.V.* und konnte mit dessen Hilfe im Jahr 1935 seine Tochter aus Polen nach Deutschland holen. Der letzte bekannte Artikel, den Gliksman für den *Haynt* schrieb, handelte vom Leben der polnischen Juden in Berlin im Jahr 1939. Gliksman und seine Frau blieben von den Deportationen im Oktober 1938 zwar verschont, wurden jedoch am 14. September 1942 nach Theresienstadt deportiert, wo er nur zwei Monate später verstarb.

Goldrosen, Nuchem (1906–1945), Journalist: Goldrosen wurde in Podwoloczyska (Russisches Reich, heute: Ukraine) geboren. Zusammen mit seiner Frau Rosa (geb. Bleich) zog er nach Berlin. Vermutlich von 1920 an arbeitete er als Auslandskorrespondent für verschiedene jiddische Zeitungen aus Ost- und Ostmitteleuropa und war von 1929 und 1935 nachweislich Mitglied im *Verein der Ausländischen Pressevertreter e.V.*. Als Berlin-Korrespondent arbeitete er u.a. für *Dos Yudishe Togblat* (Warschau), *Die Tsayt* (Vilna) und die *Yudishe Shtime* (Krakau). Um 1936 verließ er Berlin zusammen mit seiner Frau und seiner Tochter Helga und floh nach Den Haag. 1942 gingen sie nach Antwerpen ins Versteck und blieben dort fast zwei Jahre, bis sie von der Gestapo entdeckt und in Brüssel inhaftiert wurden. Von dort wurde Goldrosen zusammen mit seiner Frau über ein Transitlager 1944 nach Auschwitz deportiert, wo sie voneinander getrennt wurden. Goldrosen kam im Januar 1945 in Mauthausen ums Leben.

Gotlib, Yeoshue (Joszue Gottlieb, Joschua Gottlieb), Pseudonym Ben-Nun (1882–1940/41), Zionist und Journalist: Yeoshue Gotlib wurde in Pinsk (Russisches Reich, heute: Polen) geboren. 1913 fand er zum Zionismus und wurde drei Jahre später Mitglied im Zentralkomitee der Zionistischen Organisation in Polen. Der zionistischen Bewegung diente er primär als Journalist. Von 1919 bis 1935 arbeitete er zunächst für den *Haynt* und wechselte danach zum *Moment*. Von 1927 bis 1934 war er im Vorstand des Jüdischen Journalisten- und Schriftstellervereins und bis 1939 auch Mitglied im jüdischen Stadtrat in Warschau. Seit 1933 engagierte sich Gotlib rege im Protest gegen das nationalsozialistische Deutschland. Unter anderem stand er dem Protestkomitee gegen die Verfolgung von Juden in Deutschland in Warschau vor. Bei Ausbruch des Krieges floh er nach Pinsk, wo er vom NKWD festgenommen wurde. Die genauen Umstände seines Todes sind ungeklärt. Während einige Quellen davon sprechen, dass er in einem Gefängnis in Polen starb, belegen andere, dass er nach Kasachstan deportiert wurde. Gotlib war Mitglied im Jüdischen Journalisten- und Schriftstellerverein in Warschau sowie im Jüdischen Journalistensyndikat.

Hurvits, Khaim Avraham (Chaim A. Hurwitz), Pseudonym Khaim Vital (1893–1952), Journalist: Khaim Avraham Hurvits wurde in Smarhon (Russisches Reich, heute: Weißrussland) als Sohn eines Rabbiners geboren und erhielt seine religiöse Ausbildung an Jeschiwot im heutigen Weißrussland und im Jischuv. 1915 zog er nach Bulgarien, wo er seine journalistische Karriere beim hebräischsprachigen Journal *HaMishpat* begann. Von 1917 bis 1920 studierte er in Stockholm und ließ sich 1924 schließlich in Warschau nieder. Dort schrieb er regelmäßig für die *Literarishe Bleter*, *HaYom* sowie verschiedene jiddische Zeitungen im Ausland. Seit ungefähr Mitte der 1930er Jahre gehörte er zum Mitarbeiterstab des *Haynt* und stieg binnen kurzer Zeit zum reisenden Auslandskorrespondenten der Zeitung auf. In den Jahren 1933, 1934, 1936, 1938 und 1939 reiste er im Auftrag des *Haynt* in das nationalsozialistische Deutschland und verfasste über seine Reisen mehrteilige Reiseberichte für die Zeitung. Hurvits überlebte die Shoah und lebte bis zu seinem Tod in New York. 1952 veröffentlichte er eine Biografie über David Ben-Gurion auf Jiddisch. Er war Mitglied im Jüdischen Journalisten- und Schriftstellerverein und in der Verwaltung des Jüdischen Journalistensyndikats tätig.

Kahan, Lazar (Lejzor Kahan), Pseudonyme u. a. Lik, Razi'el, Kahan I. (1885–1946), Journalist: Lazar Kahan wurde in Kuldīga (Russisches Reich, heute: Lettland) als Sohn eines Rabbiners geboren und besuchte eine Jeshiwa im litauischen Žagarė. In seinen frühen Jugendjahren engagierte er sich bei Tseire-Tsiyon, einer zionistischen Jugendorganisation, wurde aber später aktives Mitglied der *Yidishe Folkspartey* und betätigte sich darüber hinaus als Schauspieler. Im Jahr 1906 begann er seine journalistische Karriere bei der Zeitung *Der Veg* in Warschau. Es folgten Auftragsarbeiten für *Moment*, *Haynt* sowie andere Zeitungen und Zeitschriften. Er arbeitete unter anderem als Redakteur des *Lodzher Togblat*, des *Varshover Togblat* und des *Tshenstokhover Togblat*. Von 1926 an gehörte er zum festen Mitarbeiterstab der Warschauer Tageszeitung *Unzer Ekspres*. Außerdem schrieb er Bücher zu Themen wie Liebe und Erotik und übersetzte deutschsprachige Werke für jiddische Zeitungen, darunter solche von Johann von Wildenradt, Georg Gothein und Karl Schoenherr. Lazar Kahan beteiligte sich aktiv in der Protest- und Solidaritätsbewegung in den Jahren 1933 und 1938. Im September 1939 wurde er im polnischen Journalistenzug evakuiert und erreichte im Oktober Vilna. Dort angekommen war er Mitglied der *Fareynikung fun di Literatn un Zhurnalistn Pleytim in Vilne* und mutmaßlicher Mitarbeiter im *Komitet* *tsu zameln Materialn vegn yidishn Khurbn in Poyln 1939*. Im Herbst 1940 floh er in die Sowjetunion und von dort über Japan nach Shanghai. Dort gab er die jiddische Wochenschrift *Unzer Velt* heraus, verfasste ein Tagebuch und veröffentlichte im November 1941 einen Bericht über seine Flucht (*Nisim oyf undzer Vanderung*) in der jiddischen Zeitschrift *In Veg* (1941). Die Zeitung wurde durch die *Fareynikung fun di Shrayber un Zhurnalistn Pleytim fun Poyln in Kheyln* herausgegeben und war die Fortführung der Journalistengruppe aus Vilna in Shanghai. Zusammen mit Yoshue Rapaport, Menakhem Flakser, Ber Yitskhok Rozen und anderen Journalisten und Schriftstellern aus Polen führte Kahan die Arbeit der Gruppe dort fort.

Khilinovitsh, Ben-Tsien (Bencjon Chilinowicz) (1889–1942), Journalist: Khilinovitsh wurde in Łomża (Russisches Reich, heute: Polen) in eine chassidische Familie hineingeboren. 1905 brach er seine Ausbildung zum Rabbiner ab, um sich der revolutionären Bewegung anzuschließen. 1910 zog er nach Warschau, wo er ab 1912 regelmäßiger Mitarbeiter des *Moment* wurde und seit 1918 als dessen Sejm-Korrespondent sowie als freier Journalist für eine Reihe anderer jiddischer Tageszeitungen in Vilna und Lwów arbeitete. Im September 1939 blieb er in Warschau zurück und organisierte eine Suppenküche für Not leidende Journalisten und Schriftsteller im besetzten Warschau und später auch im Warschauer Getto. Zusammen mit Menakhem Kipnis leitete er das Pressekomitee des Joint. Außerdem gab er 1942 eine jiddische Wandzeitung im Getto heraus und arbeitete für die von den deutschen Besatzern kontrollierte *Gazeta Żydowska*. Im Sommer 1942 wurde er nach Treblinka deportiert, wo er wenig später ermordet wurde. Khilinovitsh war Mitglied im Jüdischen Journalisten- und Schriftstellerverein sowie im Jüdischen Journalistensyndikat und fungierte zeitweise als dessen Vizepräsident.

Kipnis, Menakhem (Menachem Kipnis) (1878–1942), Bundist, Publizist, Sänger, Fotograf und Ethnograf: Kipnis wurde in Uzhmir in Wolhynien (Russisches Reich, heute: Ukraine) als Sohn eines Kantors geboren und studierte am Warschauer Konservatorium Musik. Von 1902 bis 1918 arbeitete er als Sänger an der Warschauer Oper. Seit 1907 schrieb er regelmäßig für jiddische und hebräische Zeitungen über jüdische Musik und wurde bald ein regelmäßiger freier Mitarbeiter des *Haynt*. Seine Musik brachte ihn auch regelmäßig nach Deutschland, wo er Konzerte spielte. Als begeisterter Ethnograf jüdischer Folklore und Sammler jüdischer Volkslieder verfasste er im März 1933 einen Reisebericht für den *Haynt*, in dem er seine Eindrücke von einem seiner Konzerte in Danzig in Anbetracht des nationalsozialistischen Aufstiegs wiedergab. Im September 1939 blieb Kipnis in Warschau. Versuche von Journalisten, die bereits in Palästina waren, ihn und seine Frau, die Sängerin Zimra Seligfeld, aus dem Getto zu befreien, scheiterten. 1942 kam Kipnis ums Leben. Kipnis war Mitglied im Jüdischen Journalisten- und Schriftstellerverein.

Kleinbaum, Moshe (Sneh) (1909–1972), zionistischer Politiker, Journalist und Arzt: Kleinbaum wurde in Radzyń Podlaski (Russisches Reich, heute: Polen) geboren und erhielt eine traditionell religiöse Ausbildung. 1935 schloss er sein Studium der Medizin, Naturwissenschaften und Mathematik an der Universität in Warschau mit einem Doktortitel ab. Er war enger Mitarbeiter von Yitzhak Günbaum, dem politischen Anführer der Zionistischen Organisation in Polen, dessen Ämter er im Jahr 1933 übernahm. Ab 1933 schrieb er regelmäßig für den *Haynt* und von 1935 bis 1939 war er politischer Redakteur der Zeitung. Seit 1933 beteiligte er sich aktiv in der Protestbewegung gegen das nationalsozialistische Deutschland und war 1938 ebenfalls Mitglied im Hilfskomitee für die Opfer der „Polenaktion". Im September 1939 floh er aus Warschau Richtung Osten und meldete sich zunächst zum Sanitätsdienst beim polnischen Militär. Im Herbst 1939 erreichte er Vilna und begleitete als Kontaktmann des Joint die Arbeit des *Komitet tsu zameln Materialn vegn yidishn Khurbn in Poyln 1939*. Im März 1940 emigrierte er nach Palästina, wo er der *Hagana* beitrat. In den 1940er Jahren arbeitete er außerdem u. a. für die *Jewish Agency*. Gegen Ende der 1940er Jahre wandte er sich enttäuscht vom Zionismus ab und wurde Kommunist. 1948 trat er zunächst der Partei *Mapam* bei, wechselte 1954 aber zur *Maki*, der Kommunistischen Partei Israels. Für beide Parteien saß er in der Knesset. Kleinbaum war Mitglied im Jüdischen Journalisten- und Schriftstellerverein sowie im Jüdischen Journalistensyndikat.

Klepfish, Heshl (Heszl Klepfisz), Pseudonyme u. a. H. Zelmanovitsh, H. Brukhes, H. Fish (1910 – 2004), Agudist, Journalist, Rabbiner und Philosoph: Klepfish wurde in Żyrardów (Russisches Reich, heute: Polen) als Sohn eines Rabbiners geboren. 1927 wurde er selbst zum Rabbiner ordiniert. Ferner promovierte er in Philosophie. In seinen Jugendjahren engagierte sich Klepfish bei der *Beys Yankev*, einem Schulsystem der *Agudas Yisroel* für Mädchen, sowie in einer Organisation für gläubige Arbeiter. Seine journalistische Karriere begann er 1929 beim *Moment*, er wechselte jedoch mit Gründung der Zeitung zum *Dos Yudishe Togblat* und gehörte fortan als festes Mitglied zur Redaktion. Im Rahmen seiner Arbeit für die Zeitung engagierte sich Klepfish in der Protestbewegung gegen das nationalsozialistische Deutschland und schrieb für die Zeitung mindestens einen Reisebericht über einen Besuch in Nürnberg im Jahr 1935. 1939 blieb Klepfish in Warschau zurück. Er überlebte Getto und Deportation und ließ sich Anfang der 1950er Jahre in Costa Rica nieder, wo er 1953 Rabbiner in einer Gemeinde in San José wurde, bevor er 1961 eine andere Gemeinde in Panama übernahm. Nach dem Zweiten Weltkrieg publizierte Klepfish mehrere Bücher, in denen er sich an das osteuropäisch-jüdische Leben vor dem Krieg erinnerte. Unter diesen Büchern befinden sich auch zwei Werke, die seine Essays und Artikel, die er in den 1930er Jahren für *Dos Yudishe Togblat* geschrieben hatte, versammeln (*Ekhos fun a farshvundener Tsayt, 1929 – 1939, Eseyen*, 1981, *Tsvishn di tsvey Velt-milkhomes, literarishe Eseyen*, 1982). Klepfish war Mitglied im Jüdischen Journalisten- und Schriftstellerverein.

Klinov, Yeshayahu (Jeschajahu Klinoff) (1890 – 1963), Revisionist, Zionist und Journalist: Yeshayahu Klinov wurde in Holowaniwsk (Russisches Reich, heute: Ukraine) in eine maskilische Familie geboren. Er lernte im Cheder, erhielt aber auch Privatunterricht in Hebräisch und Russisch und besuchte eine russische Volksschule. 1914 studierte er in Genf Medizin und im Anschluss in Sankt Petersburg Rechtswissenschaften, schloss das Studium wegen dem Ausbruch der Oktoberrevolution aber nicht ab. Ab 1908 arbeitete er als Journalist zunächst für russischsprachige und später auch für jiddischsprachige Zeitungen und Zeitschriften in Odessa. Nach Aufenthalten in Odessa und Kiew, wo er u. a. für Elias Tcherikowers Dokumentationsprojekt arbeitete, das Beweise über die an Juden begangenen Pogrome in der Ukraine im Jahr 1919 sammelte, zog er 1922 nach Berlin. In Berlin arbeitete er bis 1933 als Deutschlandkorrespondent für verschiedene jiddische Zeitungen wie den *Haynt*, das *Morgn Zhurnal*, die *Yidishe Shtime* und andere. Gleichzeitig schrieb er für revisionistisch-zionistische Zeitschriften in Berlin wie *Di Tribune* und beteiligte sich weiter an Tcherikowers Dokumentationsprojekt, da dieser inzwischen selbst nach Berlin gezogen war. Klinov war seit 1925 Mitglied im *Verein der Ausländischen Presse zu Berlin e.V.* sowie im Polnischen Journalistensyndikat in Berlin. Darüber hinaus engagierte er sich im ZK der Neuen Zionistischen Organisation, war regelmäßiger Gast im Romanischen Café sowie aktiver Besucher und Vortragender im Scholem-Alejchem-Klub und anderen jüdischen Organisationen in Berlin. Seine Reportagen über den Aufstieg der Nationalsozialisten und die beginnende Verfolgung von Juden und politisch Andersdenkenden machten ihn bei jüdischen Lesern weltweit bekannt. Im Frühjahr 1933 wurde Yeshayahu Klinov von der Gestapo gesucht, weshalb er Berlin im Juni 1933 verließ und nach London flüchtete. Von dort emigrierte er noch 1933 nach Palästina, wo er Redakteur bei der *Haaretz* wurde. 1939 wechselte er zur *Jewish Agency*. Mit der israelischen

Staatsgründung wurde er schließlich Chef des Informationsmediendienstes des Innenministeriums.

Kossovski, Vladimir, bürgerlich Nokhem-Mendl Levinson, Pseudonym A Litvak (1867–1941), Bundist, Journalist und Publizist: Aus einer wohlhabenden, aufgeklärten Familie in Daugavpils (Russisches Reich, heute: Lettland) stammend, wurde Kossovski 1885 in Kovno wegen revolutionärer Tätigkeiten der Schule verwiesen. Seit 1894 lebte er in Vilna, wo er seine publizistischen Tätigkeiten aufnahm und zu den Gründungsmitgliedern des Bund im Jahr 1897 gehörte. Nach einem Gefängnisaufenthalt in Russland lebte er von 1905 bis 1920 mit Unterbrechungen im Schweizer und Französischen Exil. 1915 veröffentlichte er das Buch *Der yidisher Khurbn in Rusland*, welches die Vertreibung von Juden unter russischer Besatzung im Ersten Weltkrieg dokumentierte. Es wurde vom Auslandskomitee des *Bund* in mehrere Sprachen übersetzt und verbreitet. 1920 zog es ihn nach Berlin, wo er Mitglied des russischen Auslandskomitees des *Bund* wurde und als Korrespondent für die *Naye Folkstsaytung* sowie für die New Yorker Monatszeitschrift *Di Tsukunft* regelmäßige politische Kolumnen über Deutschland schrieb. Im Sommer 1930 zog er auf Einladung des *Bund* nach Warschau, wo er Mitglied des ZK sowie regelmäßiger Mitarbeiter der *Naye Folkstsaytung* wurde und sich als Experte für die politischen Entwicklungen in Deutschland einen Namen machte. Im September 1939 floh er mit gefälschten Papieren über Pinsk nach Vilna, wo er im Herbst 1940 Mitglied der *Fareynikung fun di Literatn un Zhurnalistn Pleytim in Vilne* wurde. Mutmaßlich beteiligte er sich auch an der Arbeit des *Komitet tsu zameln Materialn vegn yidishn Khurbn in Poyln 1939*. Mit einem Visum des JLC gelangte er im Sommer 1941 nach New York, wo er kurz darauf verstarb.

Lanczener, Josef (Lebensdaten unbekannt), Journalist: Lanczener wurde in Galizien geboren. Vermutlich um 1920 kam er nach Berlin, wo er als Korrespondent für verschiedene jiddische Zeitungen, darunter *Der Tog* (Vilna), *Morgen* (Lemberg), *Unzere Tsayt* (Kishinev), *Di Tsayt* (Vilna) und *The Jewish Morning Journal* (London), arbeitete. Er war Mitglied im kleineren und unbedeutenderen *Verband der ausländischen Pressevertreter e.V.*. Im Januar 1939 wurde er durch die Gestapo verhaftet. Nach seiner Entlassung gelang ihm zusammen mit seiner Familie im April 1939 die Flucht nach Warschau, von wo aus sie über Rumänien nach Palästina auswanderten.

Lestschinsky, Jakob (Jakob Leszczyński, Yankev Leshtshinski) (1876–1966), Soziologe, Statistiker und Journalist: Lestschinsky wurde in Horodyschtsche (Russisches Reich, heute: Ukraine) geboren und erhielt eine traditionell jüdische Ausbildung. Sein Bruder war der bekannte Bundist und Journalist Józef Leszczyński alias Chmurner. Lestschinsky war von 1921 bis 1933 Leiter des Auslandsbüros des New Yorker *Forverts* in Berlin, schrieb regelmäßig für die *Naye Folkstsaytung* sowie die *Literarishe Bleter* und war darüber hinaus ein einflussreicher *Kultur-tuer* innerhalb der jüdischen Diaspora. Er publizierte zahlreiche Schriften auf Deutsch und Jiddisch, darunter beispielsweise das 1936 erschienene Buch *Der wirtschaftliche Zusammenbruch der Juden in Deutschland und Polen*. Seit 1925 gehörte er dem *Verein der ausländischen Presse zu Berlin e. V.* als Mitglied an und nahm regelmäßig an Vereinsveranstaltungen teil. Nicht zuletzt durch den Verein war er nicht nur ein Teil der jüdischen, sondern auch der nichtjüdischen kulturellen und politischen intellektuellen Szene Berlins. Den Aufstieg der Nationalsozialisten begleitete er für den *Forverts* mit kritischen Artikeln, weshalb er im März 1933 von der Gestapo zunächst verhaftet und schließlich aus Deutschland ausgewiesen wurde. Seine Verhaftung erregte großes Aufsehen in den jüdischen Journalistenkreisen und darüber hinaus. Von Prag über Riga gelangte Lestschinsky nach Warschau, wo auch sein Bruder Chmurner lebte. 1938 verließ er Warschau und siedelte nach New York über, wo er ein Pionier der sich noch während des Zweiten Weltkrieges formierenden *Khurbn-forshung* wurde. Außerdem arbeitete er weiter für die jiddische Presse. 1959 emigrierte er nach Israel. Von Jakob Lestschinsky stammen die Bücher *Afn Rand fun Opgrunt: fun yidishn Lebn in Poyln, 1927–1933* (1947) sowie *Di yidishe Katastrofe. Di Metodes fun ir Forshung* (1944).

Malakh, Leyb (Leib Malach) (1894–1936), Journalist und Schriftsteller: Leyb Malakh wurde 1894 als Leib Zaltsman in Zwoleń (Russisches Reich, heute: Polen) in eine jüdische Arbeiterfamilie hineingeboren und erhielt eine traditionell jüdische Ausbildung. Mit 13 Jahren ging er allein nach Warschau, wo er sich zunächst in wechselnden Berufen als Schuster-, Bäcker- und Malergehilfe verdingte. In Warschau kam er mit der jiddischen Kultur- und Literaturszene in Berührung. Er brachte sich selbständig das Lesen und Schreiben auf Jiddisch bei und debütierte 1915 mit der Ballade *Drey* im *Varshever Togblat*. 1921 nahm er eine Stelle als Redakteur beim *Radomer Vokhenblat* an, gab die Stelle aber nach nur einem Jahr wieder auf und wanderte nach Argentinien aus, wo er sich schnell einen Namen als Journalist machte und zu einem Mittler zwischen der jiddischen Öffentlichkeit in Polen und jener in Argentinien wurde. Nach einem politischen Skandal um ein von Malakh verfasstes Theaterstück namens *Ibergus*, das sich mit Sexarbeit und Menschenhandel befasste, kehrte er nach Europa zurück. Dort wurde er bald zu einem reisenden Europakorrespondenten, der 1935 u. a. für die Warschauer Tageszeitung *Unzer Ekspres* Reportagen aus NS-Deutschland verfasste. 1936 starb er während eines Aufenthalts in Paris unerwartet an einem Herzinfarkt.

Mayzel, Nakhmen (1887–1966), Herausgeber, Literaturkritiker und Kulturaktivist: Nakhmen Mayzel wurde in einem kleinen Dorf in der Nähe von Kiew (Russisches Reich, heute: Ukraine) geboren und erhielt eine traditionell jüdische Ausbildung. 1905 veröffentlichte er seine erste Kurzgeschichte auf Hebräisch; 1909 folgte sein Debüt auf Jiddisch. Fortan wurde er Herausgeber verschiedener Publikationen, Anthologien und Zeitschriften aus Sankt Petersburg und Kiew, darunter *Di yudishe Velt*. Im Ersten Weltkrieg arbeitete er in einer Militärfabrik im Ural und übersetzte jiddische Literatur ins Russische. 1921 zog Mayzel von Kiew nach Warschau und half dort beim Aufbau der *Kultur-lige* mit. Als die Organisation aber immer stärker mit dem *Bund* assoziiert wurde, zog sich Mayzel aus ihr zurück. In Warschau wurde er regelmäßiger Autor für den *Haynt* und gründete außerdem 1934 zusammen mit Melekh Ravitsh und anderen die jiddische Literatur- und Kulturzeitschrift *Literarishe Bleter*, als deren Herausgeber und Chefredakteur er bis 1939 fungierte. Mayzel pflegte enge Kontakte zur jüdischen Schriftsteller- und Journalistenszene in Berlin, was sich auch in den Inhalten der *Literarishe Bleter* widerspiegelte. 1932 gab er eine Sonderausgabe über jüdische Kultur in Deutschland heraus, für die er namhafte jiddische Journalisten und Schriftsteller aus Berlin gewinnen konnte. Die Zeitschrift druckte in den 1920er Jahren außerdem eine Reihe von Portraits über jüdische Schriftsteller, die regelmäßig das Romanische Café in Berlin besuchten. Mit der Machtübertragung an Hitler brachte Mayzel in der Zeitschrift regelmäßig Informationen über den Zustand des deutschen PEN-Club sowie Anti-Hitler-Resolutionen heraus, die aus dem Künstler- und Literatenmilieu stammten. 1936 reiste er selbst nach Deutschland und verfasste darüber Reiseberichte für den *Haynt*. 1937 reiste er in die USA, um dort um Spenden für seine Zeitung zu werben, kehrte jedoch niemals von dort zurück. In New York arbeitete er für den Jiddischen Kulturverbund und editierte dessen Monatszeitschrift *Yidishe Kultur*. 1964 emigrierte er nach Israel. Mayzel war Mitglied im Jüdischen Journalisten- und Schriftstellerverein.

Mendelsohn, Shlomo (1896–1948), Bundist, Pädagoge, Publizist und Theaterkritiker: Der in Warschau (Russisches Reich, heute: Polen) geborene Shlomo Mendelsohn erhielt eine traditionell religiöse Erziehung und studierte an der Warschauer Universität Medizin und Jura. Von 1915 an arbeitete er als Pädagoge und ab 1916 als Lehrer für jüdische Geschichte und Literatur an einer jüdischen Oberschule. Von 1917 bis 1928 war er Mitglied der *Yidishe Folkspartey* und Mitherausgeber der Zeitung *Dos Folk*. Nachdem Mendelsohn schon länger enge Kontakte zu führenden Bundisten gepflegt hatte, trat er 1928 zum *Bund* über und wurde kurz darauf sogar ins ZK gewählt. Parallel führte er seine Arbeit als Generalsekretär der TSISHO fort. Mendelsohn publizierte primär in jiddischen pädagogischen Zeitschriften, schrieb aber auch immer wieder für die *Naye Folkstsaytung*. 1933 veröffentlichte er zwei Reiseberichte über einen mehrtägigen Aufenthalt in Berlin und schilderte seine Eindrücke vom jüdischen Leben unter dem NS-Regime. Zusammen mit Jakob Pat und Wiktor Szulman organisierte er ferner eine Gedenkvorlesung anlässlich der Bücherverbrennung vom Mai 1933 in den Räumen der *Kultur-lige* in Warschau. Im September 1939 floh er von Warschau nach Vilna, wo er Mitglied des *Fareynikung fun di Literatn un Zhurnalistn Pleytim in Vilne* und mutmaßlich auch im *Komitet tsu zameln Materialn vegn yidishn Khurbn in Poyln 1939* wurde. Über Stockholm erreichte er 1941 New York, wo er Gründungsmitglied des dortigen Journalistenvereins war. Nach seiner Ankunft widmete er sich sofort der Dokumentation und Aufklärung der deutschen Verbrechen. 1942 erschien sein Buch *Vi azoy leben poylishe Yidn in di Getos* und 1944 *Der Vidershtand in Varshever Geto*. Beide Bücher wurden zeitnah ins Englische übersetzt und stützten sich auf Presseartikel aus dem besetzten Polen, Dokumente und persönliche Berichte. Mendelsohn war Mitglied im Jüdischen Journalisten- und Schriftstellerverein.

Mozes, Mendel (1885–1966), Journalist: Mendel Mozes wurde in Działoszyn (Russisches Reich, heute Polen) geboren und erhielt eine Ausbildung zum Rabbiner in Warka. Darüber hinaus absolvierte er ein Verwaltungs- und Journalismusstudium. 1919 gründete er in Warschau das *Biuro Wiadomości Dziennikarskich,* das Nachrichten aus der russischen, deutschen und österreichischen Presse auswertete und diese in einem Newsletter für Journalisten zusammenstellte. 1920 wurde es zu einer JTA-Filiale umgewandelt, deren Leiter Mozes bis 1939 blieb. Der JTA-Newsletter wurde ab 1933 zur zentralen Quelle aller jüdischer Journalisten in Warschau und darüber hinaus, wenn sie Nachrichten aus einer jüdischen Perspektive über die Entwicklungen in NS-Deutschland suchten, nicht zuletzt, weil Mozes in engem Kontakt mit Boris Smolar stand, der zeitweise immer wieder in Berlin als Mitarbeiter der JTA stationiert war. Außerdem unterstützte Mozes die Protestbewegung gegen NS-Deutschland, indem er Protestschreiben und Ankündigungen der Protest- und Solidaritätskomitees in den Newsletter aufnahm. Von 1938 bis 1939 leitete er darüber hinaus die Warschauer Niederlassung der HIAS. Im September 1939 wurde er mit dem polnischen Journalistenzug evakuiert und gelangte im Oktober 1939 nach Vilna, wo er seine Arbeit als JTA-Korrespondent sofort wieder aufnahm. Von Vilna aus war er für die Sammlung und internationale Verbreitung von Nachrichten über die beginnende Vernichtung von Juden im besetzten Polen verantwortlich. Mozes war Teil der *Fareynikung fun di Literatn un Zhurnalistn Pleytim in Vilne* und mutmaßlicher Mitarbeiter des *Komitet tsu zameln Materialn vegn yidishn Khurbn in Poyln 1939*. Für seine aufklärerische Arbeit wurde er bereits damals von verschiedenen internationalen jüdischen Zeitungen gepriesen und als „Held des Journalismus" bezeichnet. Im Sommer 1940 gelang ihm und seiner Familie die Flucht nach Shanghai. Von dort wanderte er mit einem Visum, das er durch die JTA-Zentrale in New York erhalten hatte, in die Vereinigten Staaten aus und organisierte sich zunächst in der Vereinigung jüdischer Journalisten und Schriftsteller aus Polen. Bis zu seiner Rente arbeitete Mozes für die JTA; 1955 wanderte er nach Israel aus. Mozes war Mitglied im Jüdischen Schriftsteller- und Journalistenverein sowie im Jüdischen Journalistensyndikat.

Nayman, Yekhezkl-Moyshe (1893–1956), Journalist: Nayman wurde in Żychlin (Russisches Reich, heute: Polen) geboren und erhielt eine religiöse und säkulare Schulausbildung in Łódź und Ozorków. 1912 nahm er seine journalistische Tätigkeit beim *Lodzher Togblat* auf und war dann von 1912 bis 1918 u. a. Mitarbeiter im *Lodzher Folksblat*. 1919 zog er nach Warschau, wo er Mitbegründer der Łódźer Schriftstellergruppe *Yung Yidish* wurde und zunächst als Nachtredakteur und Sejm-Korrespondent für den *Haynt* zu arbeiten begann. Seit 1933 war er Redakteur der Literaturseite im *Haynt* und arbeitete gleichzeitig als freier Journalist für die *Literarishe Bleter* und als Warschauer Korrespondent für jiddische Zeitungen aus London, New York und Buenos Aires. Im September 1939 wurde er aus Warschau mit dem polnischen Journalistenzug evakuiert. Im Oktober 1939 erreichte er Vilna, wo er Mitglied der *Fareynikung fun di Literatn un Zhurnalistn Pleytim in Vilne* wurde. Mutmaßlich beteiligte er sich auch an der Arbeit des *Komitet tsu zameln Materialn vegn yidishn Khurbn in Poyln 1939*. Im Frühjahr 1940 emigrierte er nach Palästina, wo er Mitglied im *Koło Zawodowych Dziennikarzy Żydowskich z Polski* wurde und eine Anstellung als Redakteur beim *Davar* in Tel Aviv fand. Nayman war Mitglied im Jüdischen Journalisten- und Schriftstellerverein.

Naymark, Dovid-Leyb (David-Lejb Neumark), Pseudonym Arieh, D. Feder, A. Shedletser (1891–1960), Bundist und Journalist: Naymark wurde in Siedlce (Russisches Reich, heute: Polen) in eine chassidische Familie hineingeboren. Nach der Ausbildung im Cheder und in der Jeshiwa nahm er um 1910 seine schriftstellerische Tätigkeit auf und trat um 1916 dem *Bund* bei. Am Ende des Ersten Weltkrieges verfasste er Pamphlete, die zur sozialistischen Revolution in Deutschland und in Polen aufriefen. Nach einem kurzen Aufenthalt in Lwów, wo er für den *Bund* arbeitete, zog er 1924 dauerhaft nach Warschau und wurde Redakteur der *Naye Folkstsaytung* und war im Rahmen seiner Arbeit für den Themenschwerpunkt Palästina verantwortlich. Im September 1939 floh er aus Warschau nach Vilna und wurde dort Mitglied in der *Fareynikung fun di Literatn un Zhurnalistn Pleytim in Vilne* und war mutmaßlich an der Arbeit des *Komitet tsu zameln Materialn vegn yidishn Khurbn in Poyln 1939* beteiligt. Der Versuch, seine Frau und Kinder aus Warschau nach Vilna nachzuholen, scheiterte. 1941 floh er mit einem Visum des Joint und des JLC über die Sowjetunion und Japan nach Kanada. In Montreal arbeitete er für das JLC, bis er sieben Jahre später nach Detroit zog und Mitarbeiter der dortigen Ausgabe des *Forverts* wurde. 1952 zog er nach New York, wo er weiter für den *Forverts* arbeitete und sich der Niederschrift von Yizkor-Büchern widmete.

Orzech, Maurycy (1891–1943), Bundist, Journalist, Ökonom und Kaufmann: Maurycy Orzech wurde in eine vermögende chassidische Familie in Warschau (Russisches Reich, heute: Polen) geboren. Als Schüler kam er um 1905 zum *Bund* und war dort fortan politisch aktiv. Zwischen 1910 und 1913 studierte er Politikwissenschaften in Zürich, Paris und Brüssel, wo er sich in jüdischen und sozialistischen Studentenorganisationen engagierte. Bei einer Maidemonstration in Paris wurde er 1911 für kurze Zeit verhaftet. Nach seinem Studium ging er zurück nach Polen und verschrieb sich in Gänze der politischen und journalistischen Arbeit für den *Bund*. Von 1918 an war er ein regelmäßiger Autor für bundistische Zeitungen und Zeitschriften sowie der Warschau-Korrespondent des New Yorker *Forverts*. Außerdem war er zwischenzeitlich der Direktor der sozialistischen Landarbeitergewerkschaft und führte in dieser Position den Kampf gegen das antisemitische Gildengesetz gegen die polnische Regierung an. Mit seiner Textilfirma finanzierte er ferner die *Naye Folkstsaytung*. Im September 1939 wurde er Mitglied der Notfallredaktion der *Naye Folkstsaytung*, verließ Warschau aber kurz darauf. Unterwegs wurde er inhaftiert und in ein deutsches Kriegsgefangenenlager verschleppt. Allerdings gelang es ihm, aus diesem noch im September 1939 zu fliehen und sich nach Kovno abzusetzen, wo er schließlich als Korrespondent für den New Yorker *Forverts* Artikel über die Verfolgung von Juden durch die Nationalsozialisten schrieb. Schnell verlangte die deutsche Regierung von der litauischen Führung Orzechs Auslieferung, woraufhin dieser versuchte, mit einem Schiff nach Schweden außer Landes zu kommen. Während seiner Abreise wurde er erneut gefangen genommen und nach Berlin verschleppt. Durch Hilfe seiner Genossen vom *Bund* konnte er sich erneut befreien und gelangte so im April 1940 wieder nach Warschau. Im Getto engagierte er sich in der illegalen Untergrundarbeit, war Mitglied des ZK des *Bund* und maßgeblich an der Vorbereitung des Warschauer Gettoaufstandes beteiligt. Im August 1942 versteckte er sich auf der „arischen Seite" und war Kontaktmann zum polnischen Untergrund und der polnischen Exilregierung in London. Ende 1942 wollte er über Rumänien fliehen, wurde aber von der Gestapo gefasst und im August 1943 umgebracht. Orzech war Mitglied im Jüdischen Journalisten- und Schriftstellerverein.

Pat, Jakob (Yakov Pat) (1890–1966), Bundist, Pädagoge und Journalist: Jakob Pat kam in Białystok (Russisches Reich, heute: Polen) zur Welt und stammte aus einer Arbeiterfamilie. Bis zu seinem 14. Lebensjahr lernte er an Jeschiwot in Slabodka und Sluck. Unter den Eindrücken der Revolution brach er seine religiösen Studien jedoch ab und kehrte zurück nach Białystok, wo er im Umfeld der sozialistisch-zionistischen Kreise politisch aktiv wurde. 1907 debütierte er in der *Hatsefira*, wechselte jedoch bald zum jiddischen Journalismus über. Unter anderem arbeitete er als Białystok-Korrespondent des *Haynt*. Über die Jahre entwickelte er drei Haupttätigkeitsfelder, die sein Leben prägten: Das Engagement für die jüdische Arbeiterbewegung, jiddische Literatur und jiddischsprachige Schulen. Von 1921 bis 1938 lebte er in Warschau und war ständiger Mitarbeiter der *Naye Folkstsaytung*, publizierte darüber hinaus aber auch in anderen nationalen wie internationalen Zeitungen und Zeitschriften. In den Jahren 1933 und 1938 reiste Pat durch das nationalsozialistische Deutschland und verfasste über seine Erlebnisse vor Ort mehrere Reiseberichte für die *Naye Folkstsaytung*. 1938 wurde er vom *Bund* in die Vereinigten Staaten geschickt, um Spenden für Not leidende Juden in Polen zu sammeln und kehrte von dort auf Grund des Kriegsausbruchs nicht mehr zurück. 1941 wurde er in den Vorstand des JLC in New York gewählt und beteiligte sich an der Rettung hunderter jüdischer Intellektueller, Politiker und Aktivisten aus dem besetzten Polen. Im Jahr 1945 reiste er nach Polen und Deutschland und verarbeitete seine Erlebnisse in dem Buch *Ash un Fayer, iber di Khurboynes fun Poyln*. Darüber hinaus gab er in den 1950er Jahren vier Bände der Serie *Fun noentn Over* heraus, von denen zwei Bände den jüdischen Tageszeitungen Warschaus gewidmet waren. Jakob Pat war Mitglied im Jüdischen Journalisten- und Schriftstellerverein.

Pryłucki, Noah (Noyekh Prylutski) (1882–1941), Folkist, Wissenschaftler und Journalist: Noah Pryłucki wurde in Berdytschiw (Russisches Reich, heute: Ukraine) in eine wohlhabende Kaufmannsfamilie geboren und war der Sohn von Tsevi Pryłucki, einem der Gründungsväter der jiddischen Presse. Er erhielt eine religiöse und staatliche Schulausbildung und begann bereits in Jugendjahren für hebräische, jiddische und russisch-jüdische Periodika zu schreiben. 1902 nahm er ein Jurastudium an der Warschauer Universität auf, wurde aber auf Grund seiner beginnenden politischen Tätigkeiten in sozialistisch-zionistischen Kreisen (Poale Zion) von dort verwiesen. Von 1905 bis 1907 schloss er sein Jurastudium in Sankt Petersburg ab und schrieb nebenbei regelmäßig für verschiedene jüdische Zeitungen unter anderem über polnisch-jüdische Beziehungen. 1909 zog er nach Warschau, wo er seine Arbeit als Jurist, Publizist und Journalist aufnahm und ferner einen Kreis jüdischer Folkloristen und Ethnografen leitete. Er war Mitbegründer der *Yidishe Folkspartey* und gründete im Jahr 1910 den *Moment*. 1919 und 1922 wurde er in den polnischen Sejm gewählt, wo er sich aktiv für die Gleichberechtigung von Juden und eine jüdisch kulturelle Autonomie einsetzte. 1921 reiste er in die Vereinigten Staaten, um Spenden für Pogromopfer zu sammeln. Ab Mitte der 1920er Jahre zog er sich zunehmend aus der politischen Arbeit zurück und widmete sich seinen Studien der jiddischen Literatur und Dialekte. Außerdem arbeitete er weiter als Journalist. Als in der Öffentlichkeit stehende Person und Herausgeber des *Moment* unterstützte Pryłucki die jüdische Protestbewegung gegen das nationalsozialistische Deutschland. Im September 1939 wurde Pryłucki mit dem polnischen Journalistenzug aus Warschau evakuiert und erreichte im Oktober Vilna. Er war Mitglied der *Fareynikung fun di Literatn un Zhurnalistn Pleytim in Vilne* und mutmaßlicher Leiter des *Komitet tsu zameln Materialn vegn yidishn Khurbn in Poyln 1939*. Im Oktober 1940 verbrannte er alle Dokumente, die das Komitee gesammelt hatte, aus Angst vor dem Einmarsch der Roten Armee. Zuvor gab er aber zusammen mit den Schriftstellern Yehiel Yeshaia Trunk und Israel Rabon eine literarische Sammlung *Untervegns* heraus, die Gedichte, Fluchtberichte und Erzählungen versammelte, die zwischen 1939 und 1940 in Vilna von verschiedenen Journalisten und Schriftstellern verfasst worden waren. Im Herbst 1940 wurde Pryłucki zum Professor für jiddische Sprache und Kultur an der Universität in Vilna berufen und leitete ab Januar 1941 dort ferner das YIVO-Institut, nachdem der langjährige Direktor Max Weinreich in die Vereinigten Staaten geflohen war. Kurz nach dem deutschen Überfall im Juni 1941 wurde er durch die Gestapo verhaftet und im August 1941 ermordet. Pryłucki war Mitglied im Jüdischen Journalisten- und Schriftstellerverein und Autor zahlreicher Werke zu jiddischer Sprache und Folklore.

Pryłucki, Tsevi (Tsevi Prilutski, Cwi Pryłucki, Zvi Pryłucki), Pseudonyme Pi, Bar Galuta, Aminadab u. v. m. (1862–1942), Zionist, Journalist und Herausgeber: Tsevi Pryłucki wurde in Kremenez (Russisches Reich, heute: Ukraine) in eine Kaufmannsfamilie hineingeboren und wurde im Geiste der *Haskalah* erzogen. Im Selbststudium machte er sich mit jüdischen Fragen sowie Russisch, Deutsch und Französisch vertraut, bevor er nach Berlin und später Kiew zog, um Geisteswissenschaften zu studieren. In den 1880er und 1890er Jahren bereiste er den Ansiedlungsrayon, um für die jüdische Kolonisation in Palästina und für Hebräisch als Alltagssprache zu werben. Um 1890 begann er regelmäßig für die hebräische Tageszeitung *HaMelits* zu schreiben. 1898 zog er nach Sankt Petersburg und verschrieb sich gänzlich dem Journalismus auf Hebräisch und Jiddisch. 1905 gab er seine erste jiddische Zeitung *Der Veg* heraus, deren Sitz er kurze Zeit später nach Warschau verlagerte, wo er sich erhoffte, auf eine größere Leserschaft und einen größeren Pool von Schriftstellern zu treffen. Als sein Sohn Noah Pryłucki im Jahr 1910 den *Moment* gründete, bekam er den Posten als Chefredakteur. Obwohl Tsevi Pryłucki sich sein Leben lang für zionistische Aktivitäten einsetzte, trat er niemals offiziell der Zionistischen Organisation bei. Unter seiner Führung sympathisierte auch der *Moment* sowohl mit der Zionistischen Organisation wie auch der *Yudishe Folkspartey*. Ab 1933 engagierte er sich in der jüdischen Protestbewegung gegen das nationalsozialistische Deutschland. Im September 1939 blieb Tsevi Pryłucki auf Grund seines Alters in Warschau zurück. Kurz vor seinem Tod im Warschauer Getto schrieb er seine Erinnerungen an seine Arbeit für den *Moment* nieder und übergab das Manuskript der *Oyneg Shabes*. Ein Teil des Manuskripts wurde nach dem Krieg geborgen und stellt heute eine der wichtigsten Quellen für die Erforschung der jüdischen Tagespresse Warschaus dar. Pryłucki war Mitglied im Jüdischen Journalisten- und Schriftstellerverein.

Riklis, Aaron Levi, Pseudonym A. S. Lirik (1885–1960), Journalist: Aaron Levi Riklis wurde in Isjaslaw, Wolhynien (Russisches Reich, heute Ukraine) in eine bekannte Rabbinerfamilie hineingeboren. Er erhielt eine traditionell religiöse Erziehung und eignete sich in seinen späteren Jugendjahren eine allgemeine Bildung an. Um 1905 zog er nach Warschau, wo er seine schriftstellerische Tätigkeit aufnahm und 1907 ein Buch über Chassidismus veröffentlichte (*Khasidizm: zayn Entshtehung un Lehre*). Einige Jahre später wurde er Redakteur beim *Haynt*. Er war stark geprägt durch das Werk Heinrich Heines, was sich auch in der Wahl seines ersten Pseudonyms, Friedhold Riesenharf, ausdrückte. 1920 zog er nach Berlin, wo er als Korrespondent des *Haynt*, der *Jewish Times* (London) und beim *Der Tog* (New York) arbeitete. Seit 1922 war er Mitglied des *Vereins der Ausländischen Presse zu Berlin e.V.* und später auch des Polnischen Journalistensyndikats. Er war regelmäßiger Besucher im Romanischen Café sowie im Scholem-Alejchem-Klub und anderen jüdischen Einrichtungen in Berlin. 1933 floh er vor den Nationalsozialisten zurück nach Warschau und nahm dort seine Arbeit als Redakteur des *Haynt* wieder auf. Die politischen Entwicklungen in Deutschland kommentierte er regelmäßig in seiner Kolumne *Togbukh fun a Zhurnalist*. In den 1930er Jahren lebte er außerdem einige Zeit in Paris, London und Palästina. 1940 emigrierte er in die USA, wo er Mitarbeiter des *Forverts* wurde, und schrieb außerdem für verschiedene jiddische Zeitungen. 1952 emigrierte er nach Israel und arbeitete dort als Israel-Korrespondent des *Forverts*. Riklis war Mitglied im Jüdischen Journalisten- und Schriftstellerverein in Warschau.

Rogovy, Avraham Mordekhai (Mordechaj Abram Rogowoj) (1898–1942), Agudist und Journalist: Avraham Mordekhai Rogovy wurde in Łódź (Russisches Reich, heute: Polen) geboren. Er erhielt eine traditionell religiöse Ausbildung, brachte sich jedoch im Selbststudium auch verschiedene Sprachen bei und las säkulare Literatur. Um 1917 begann er, erste Artikel in der orthodoxen jiddisch- und hebräischsprachigen Presse zu veröffentlichen, u. a. für die sozialistisch-orthodoxe Zeitung *Der Yudishe Arbeyter*. Seit seiner Jugend war Rogovy in der Agudas-Bewegung aktiv und gehörte später der Zentralexekutive der *Agudas Yisroel* in Polen an. Für die nicht-zionistische orthodoxe Partei *Poale Emunai Yisroel* saß er im Łódźer Stadtrat. Mit Gründung der orthodoxen Tageszeitung *Der Yud* wurde Rogovy ständiger Mitarbeiter der Zeitung und seit 1929 schließlich Redakteur beim *Dos Yudishe Togblat*. Als solcher engagierte er sich auch in der jüdischen Protestbewegung gegen das nationalsozialistische Deutschland und besuchte im Rahmen dessen im Herbst 1938 auch das Flüchtlingslager in Zbąszyń. Im September 1939 blieb Rogovy in Warschau zurück und wurde Leiter einer Fürsorgestelle, die materielle Hilfe an orthodoxe Intellektuelle verteilte. Außerdem war er Mitarbeiter der von den deutschen Besatzern kontrollierten *Gazeta Żydowska*. Im Sommer 1942 wurde er nach Treblinka deportiert, wo er ermordet wurde. Rogovy war Mitglied im Jüdischen Journalisten- und Schriftstellerverein.

Rosmarin, Henryk (Henryk Rozmarin) (1882–1955), Zionist, Jurist und Publizist: Henryk Rosmarin wurde in Peratyn (Österreich-Ungarn, heute: Ukraine) geboren und studierte Jura in Berlin, Wien und Lwów, wo er auch seinen Doktor machte. 1918 wurde er ins Zentralkomitee der Zionistischen Organisation in Polen gewählt und arbeitete zunächst als Anwalt in Lwów. 1919 gründete er die polnischsprachige zionistische Tageszeitung *Chwila* und vertrat von 1922 bis 1935 als Abgeordneter jüdische Interessen im Sejm. Außerdem fungierte er von 1922 bis 1927 als Präsident des *Koło Żydowskie* und war regelmäßiger Autor für verschiedene jüdische Tageszeitungen. 1933 engagierte er sich in der jüdischen Protestbewegung und war Mitglied im Redaktionskomitee des *Fareynikter Komitet far di Pleytim fun Daytshland* sowie 1938 Mitglied des Hilfskomitees für die Opfer der „Polenaktion". Im September 1939 floh er nach Rumänien und von dort weiter nach Palästina, wo er von 1940 bis 1945 als polnischer Generalkonsul in Tel Aviv arbeitete. Rosmarin wurde 1941 zum Ehrenpräsidenten des *Koło Zawodowych Dziennikarzy Żydowskich z Polski* in Palästina ernannt.

Rozen, Ber Yitskhok (Ber Jitzhak Rosen) (1899–1954), Schriftsteller und Journalist: Ber Yitskhok Rozen wurde in Warschau geboren und erhielt in Otwock, einem Vorort von Warschau, eine chassidische Erziehung sowie einen Abschluss an einer Schule für jiddisches Drama in Warschau.

In seinen Jugendjahren war er in der bundistischen Jugendgruppe *Tsukunft* aktiv und arbeitete von 1919 bis 1920 als persönlicher Sekretär des Schriftstellers Shimon An-Ski. Diese Arbeit bereitete ihn auf seine späteren Verwaltungsaufgaben im Jüdischen Journalisten- und Schriftstellerverein in der *ulica Tłomackie* 13 vor. Seit 1926 arbeitete er als Reporter für die *Naye Folkstsaytung, Unzer Ekspres* und weitere, zumeist bundistische Zeitungen. 1938 war er ebenfalls für die Verwaltungsarbeit im Jüdischen Journalistensyndikat verantwortlich. Im September 1939 versteckte Ber Yitskhok Rozen das Archiv des Jüdischen Journalisten- und Schriftstellervereins und vernichtete alle Mitgliederlisten des Vereins. Seinen Platz im jüdischen Journalistenzug trat er an Zusman Segalovitsh ab und verließ Warschau schließlich zusammen mit Herman Kruk am 6. September 1939. In Łuck traf die Gruppe auf die anderen Journalisten und gemeinsam erreichten sie Vilna im Oktober 1939. Ber Yitskhok Rozen war Mitglied in der *Fareynikung fun di Literatn un Zhurnalistn Pleytim in Vilne* und mutmaßlich beteiligt an der Arbeit des *Komitet tsu zameln Materialn vegn yidishn Khurbn in Poyln 1939*. 1940 gelang ihm die Flucht nach Shanghai und 1947 erreichte er Kanada, wo er als Lehrer für jiddische Kultur in Montreal arbeitete und für verschiedene jiddische Zeitungen und Zeitschriften schrieb. Nach dem Krieg veröffentlichte Ber Yitskhok Rozen eine Erinnerungsschrift über das Leben und die Arbeit im Jüdischen Schriftsteller- und Journalistenverein in Warschau (*Tlomatskie 13*, 1950) und das Buch *Portretn* (1956), in welchem er an ehemalige Mitstreiter aus seiner Zeit als jüdischer Journalist in Polen erinnert. Ber Yitskhok Rozen war Mitglied im Jüdischen Journalisten- und Schriftstellerverein sowie im Jüdischen Journalistensyndikat.

Segalovitsh, Zusman (Zusman Segałowicz) (1884–1949), Schriftsteller, Dichter und Essayist: Segalovitsh wurde in Białystok (Russisches Reich, heute: Polen) in eine arme jüdische Kaufmannsfamilie geboren. Er erhielt eine traditionell jüdische Ausbildung im Cheder sowie durch Privatunterricht. Von 1903 bis 1905 war er in illegalen bundistischen Kreisen organisiert und musste deswegen eine kurze Gefängnisstrafe absitzen. Nach einem Pogrom in seiner Heimatstadt siedelte die Familie nach Łódź um. Im Jahr 1903 veröffentlichte er sein erstes Gedicht auf Russisch in einer lokalen Zeitung und ein Jahr später erschien in der Sankt Petersburger Zeitung *Der Fraynd* sein erstes jiddisches Gedicht. Von 1914 bis 1919 lebte er in verschiedenen Städten wie Odessa, Kiew und Moskau und diente auch ein Jahr lang in der russischen Armee. Außerdem verfolgte er weiter seine schriftstellerischen Ambitionen, was sich an den diversen Gedichtbänden zeigt, die er in jener Zeit veröffentlichte. Enttäuscht von der Russischen Revolution ging Segalovitsh nach Warschau, wo er Mitglied des Herausgebergremiums des *Haynt* wurde. 1929 wechselte er zum *Moment*, für den er primär Novellen und journalistische Essays, darunter eine ganze Reihe, die sich mit den Entwicklungen im nationalsozialistischen Deutschland auseinandersetzte, schrieb. Im September 1939 wurde Segalovitsh mit dem polnischen Journalistenzug evakuiert. Im Oktober 1939 erreichte er Vilna, wo er Mitglied in der *Fareynikung fun di Literatn un Zhurnalistn Pleytim in Vilne* wurde. Mutmaßlich beteiligte er sich auch an der Arbeit des *Komitet tsu zameln Materialn vegn yidishn Khurbn in Poyln 1939*. 1941 erreichte er Palästina, wo er Mitglied im *Koło Zawodowych Dziennikarzy Żydowskich z Polski* wurde. Direkt nach dem Krieg widmete er sich seinen Memoiren. In seinem Buch *Tlomatske 13* (1946) erinnerte er an das vielfältige intellektuelle und künstlerische Leben in den Räumen des Journalistenvereins. In *Gebrente Trit*, ein Buch aus dem Jahr 1947, schildert er seine Flucht aus Warschau. Segalovitsh war Mitglied im Jüdischen Journalisten- und Schriftstellerverein, dem er zeitweise auch als Vorstandsmitglied vorstand.

Shefner, Barukh (Baruch Schefner), Pseudonyme Beys-Shin, B. Abramson (1896–1977), Bundist und Journalist: Barukh Shefner wurde in Tomaszów Mazowiecki (Russisches Reich, heute: Polen) geboren, wuchs aber in Łódź auf. Er erhielt eine religiöse Erziehung und besuchte Cheder und Jeshiwa in Polen und Litauen. Seine Rabbinerausbildung brach Shefner ab und flüchtete nach Wien. 1914 kehrte er nach Łódź zurück und begann dort beim *Lodzher Folksblat* seine journalistische Karriere. 1922 zog er nach Warschau und schrieb regelmäßig für die *Naye Folkstsaytung* und andere bundistische Publikationen, bis er 1932 schließlich Mitglied im Redaktionskomitee wurde. Sein feiner Schreibstil und seine inhaltliche Positionierung zwischen Sozialismus, Yidishkeyt und Orthodoxie, mit der er sich vom klassischen Parteijournalismus abhob, machten ihn beliebt, was sich auch in der Veröffentlichung eines Teils seiner Feuilletons und literarischen Geschichten als Buch widerspiegelt (*Links*, 1930 und *Andersh* 1936). Seit 1925 war er ständiges Mitglied im Vorstand des Jüdischen Journalisten- und Schriftstellervereins und seit 1935 dessen Präsident. Zeitweise arbeitete er auch als Sekretär des Jüdischen Journalistensyndikats und gehörte dessen Vorstand an. Shefner reiste 1928, 1934, 1935 und 1936 nach Deutschland und veröffentlichte über seine Erlebnisse mehrteilige Reiseberichte in der *Naye Folkstsaytung*. 1938 unterstützte er mit seinen Artikeln die Pressekampagne für die aus Deutschland ausgewiesenen Juden und reiste im Rahmen der Kampagne 1939 in das Flüchtlingslager nach Zbąszyń. Im September 1939 wurde Shefner im polnischen Journalistenzug aus Warschau evakuiert und erreichte im Oktober Vilna. Dort war er Mitglied der *Fareynikung fun di Literatn un Zhurnalistn Pleytim in Vilne* und mutmaßlicher Mitarbeiter im *Komitet tsu zameln Materialn vegn yidishn Khurbn in Poyln 1939*. 1941 erreichte er die Vereinigten Staaten, gehörte dort zu den Gründungsmitgliedern der *Zrzeszenie Żydowskich Dziennikarzy i Literatów z Polski* und begann noch im selben Jahr für den New Yorker *Forverts* zu arbeiten. Shefner engagierte sich bis zu seinem Tod für eine jiddische Kultur und trug mit seiner Arbeit zur Erinnerung an das jüdische Warschau bei. 1955 veröffentlichte er seine Erinnerungen an seine Arbeit für die *Naye Folkstsaytung* und das politische und kulturelle Leben, das sich in den Räumen der Zeitungsredaktion in der *Novolipie 7*, so auch der Titel des Buches, in Warschau abspielte.

Shoshkes, Khaim (Chaim Szoszkies, Henry Shoshkes) (1891–1964), Journalist und Ökonom: Shoshkes wurde in Białystok (Russisches Reich, heute: Polen) als Sohn einer traditionell religiösen Familie geboren. Er erhielt eine religiöse Ausbildung und wurde darüber hinaus zu Hause in der russischen Sprache sowie in allgemeiner Bildung unterrichtet. 1906, mit 15 Jahren, debütierte er in der jüdischen Presse mit einem Artikel über das Pogrom von Białystok im Sokolower *Telegraf*. Er studierte Wirtschaftswissenschaften in Russland und in Belgien, brach sein Studium jedoch auf Grund des Ausbruchs des Ersten Weltkrieges ab, um als Soldat im russischen Militär zu dienen. Nach der Russischen Revolution nahm er 1918 sein Studium in Krakau wieder auf und wurde 1920 dort Vizepräsident der Kreditgenossenschaft. Ein Jahr später siedelte er nach Warschau über, wo er bis 1939 zu einer der zentralen Figuren der internationalen Genossenschaftsbewegung wurde. Im Auftrag des Joint und dem amerikanisch-jüdischen Flüchtlingshilfswerk HIAS reiste er durch Polen, um lokale Bankgenossenschaften zu gründen oder zu inspizieren. Über diese und andere Reisen durch Europa, Amerika und den Nahen Osten schrieb er Berichte für die jiddisch- und polnischsprachige jüdische Presse wie den *Haynt* und die *Nasz Przegląd*. Außerdem publizierte er diese auch in Buchform, so zum Beispiel das 1930 erschienene Buch *Lender un Shtet*. Für den *Haynt* verfasste er 1934 mindestens zwei Berichte, die von einer Reise durch das nationalsozialistische Deutschland erzählten. Zu Beginn des Zweiten Weltkrieges gehörte er für kurze Zeit dem Judenrat in Warschau an. Mit gefälschten Papieren gelang ihm und seiner Familie die Flucht aus Polen. Ende 1939 erreichte er über Italien die Vereinigten Staaten. 1946 reiste er durch das vom Krieg zerstörte Polen und veröffentlichte seine Erlebnisse im Buch *Poyln 1946: Ayndrukn fun a Rayze*. Shoshkes war Mitglied im Jüdischen Journalisten- und Schriftstellerverein.

Shvarts, Pinkhas, bürgerlich Shmuel Kruk (Samuel Kruk), Pseudonym P. Frank (1902–1963), Bundist und Journalist: Pinkhas Shvarts stammte aus einer Arbeiterfamilie aus Płock (Russisches Reich, heute Polen) und erhielt eine religiöse und säkulare Schulausbildung. Während des Ersten Weltkrieges war er für kurze Zeit bei den zionistischen *Hashomer Hatsair* aktiv, bevor er sich dem *Bund* zuwandte. Von 1919 bis 1929 war er u. a. Mitglied im ZK der *Tsukunft*, der Jugendgruppe des *Bund*, und ab 1929 bis 1940 schließlich auch Mitglied im ZK des Bund. Für die *Naye Folkstsaytung* arbeitete er zeitweise als Korrespondent im Sejm und später auch in der Nachtredaktion. Unter dem Pseudonym P. Frank verfasste er 1933 das Anti-Nazi-Buch *Hitler – Der firer fun di broyne Hemdlekh*. Im November 1938 reiste er im Auftrag der *Naye Folkstsaytung* in das Flüchtlingslager nach Zbąszyń und berichtete von dort über das Leiden der jüdischen Flüchtlinge und die Arbeit der Hilfskomitees. Im September 1939 wurde Shvarts im polnischen Journalistenzug evakuiert und gelangte im Herbst 1939 nach Vilna. Er war Teil der *Fareynikung fun di Literatn un Zhurnalistn Pleytim in Vilne* und mutmaßlicher Mitarbeiter im *Komitet tsu zameln Materialn vegn yidishn Khurbn in Poyln 1939*. Mit einem Visum des JLC kam er zusammen mit seiner Familie 1941 nach New York, wo er Gründungsmitglied der *Zrzeszenie Żydowskich Dziennikarzy i Literatów z Polski* war. Später arbeitete er für das JLC und verschrieb sich der Aufklärungs- und Erinnerungsarbeit. Noch während des Krieges, im Jahr 1943, veröffentlichte er seine Erinnerungen über die Zerstörung Warschaus und seine Flucht nach Vilna in dem Buch *Dos iz geven der Onhoyb*. Außerdem veröffentlichte er das Tagebuch seines verstorbenen Bruders Herman Kruk aus dem Vilnaer Getto sowie eine Monografie über die *Naye Folkstsaytung*. Shvarts war Mitglied im Jüdischen Journalisten- und Schriftstellerverein.

Singer, Bernard (Bernard Zynger), Pseudonym Regnis (1893–1966), Journalist und Publizist: Bernard Singer wurde in Warschau in eine polonisierte Kaufmannsfamilie hineingeboren und studierte zwischen 1914 und 1917 Polonistik in Warschau. Nach dem Studium arbeitete er als Lehrer für jüdische und polnische Geschichte an jüdischen Mittelschulen in Warschau und Łódź. Seine journalistische Arbeit begann er bei der *Yudishe Folkspartey* und deren Parteiorgan, dem *Lodzher Folksblat*, in Łódź. Ferner arbeitete er einige Zeit auch als Sekretär der Partei, wechselte dann aber ins zionistische Lager. Im Laufe seiner Karriere entwickelte er wachsende Sympathien für den Sozialismus, auch wenn er sich nie wirklich offiziell zu einer politischen Richtung bekannte. Nach dem Ersten Weltkrieg zog er wieder nach Warschau, wo er sich ganz dem Journalismus widmete. Er wurde Mitarbeiter des *Haynt* und arbeitete für die Zeitung als politischer Kommentator und Berichterstatter aus dem Sejm. Im Jahr 1925 wurde er fester Mitarbeiter der *Nasz Przegląd* und gehörte schon bald zu den bekanntesten und beliebtesten Journalisten des Landes. Außerdem schrieb er weiterhin für den *Haynt* und blieb Teil des festen Mitarbeiterstabs. 1933 und 1934 reiste er für die *Nasz Przegląd* durch NS-Deutschland und verfasste darüber dutzende Reiseberichte. Außerdem hielt er in Warschau mindestens einen Vortrag über seine auf den Reisen gewonnenen Eindrücke und teilte seine politische Einschätzung der Lage. Im Rahmen seiner Anstellung unterstützte er die Protest- und Solidaritätsbewegung. Nach Ausbruch des Krieges im September 1939 wurde er zusammen mit anderen Journalisten im polnischen Journalistenzug evakuiert und kam im Oktober 1939 in Vilna an. Singer wurde Mitglied der *Fareynikung fun di Literatn un Zhurnalistn Pleytim in Vilne* und beteiligte sich mutmaßlich auch an der Arbeit des *Komitet tsu zameln Materialn vegn yidishn Khurbn in Poyln 1939*. 1940 wurde er in Riga durch den NKWD festgenommen und in ein Arbeitslager in Workuta nördlich des Polarkreises deportiert. Nach der Unterzeichnung des Polnisch-Sowjetischen Abkommens wurde Singer freigelassen und arbeitete fortan im polnischen Konsulat in Kubischew in der Presseabteilung. 1942 wurde er zusammen mit der Armee von General Anders in den Iran gebracht und gelangte bald darauf nach London, wo er Mitarbeiter des Informations- und Dokumentationsministeriums der polnischen Exilregierung wurde und seit 1946 auch Mitarbeiter der Zeitung *Dziennik Polski*, die von der Polnischen Botschaft herausgegeben wurde. Ab 1950 arbeitete er als politischer Kommentator für den *Economist*. 1959 veröffentlichte Singer das Buch *Moje Nalewki*, in welchem er seine Erinnerungen an das jüdische Warschau, besonders auch an die jüdische Presse Warschaus, verarbeitete. Drei Jahre später erschien eine Auswahl seiner Feuilletons aus der Vorkriegszeit (*Od Witosa do Sławka*, 1962). Singer war Mitglied im Jüdischen Journalisten- und Schriftstellerverein und im Jüdischen Journalistensyndikat.

Stupnitski, Shoyel-Yitskhok (1876–1942), Zionist und Journalist: Stupnitski wurde in Grodno (Russisches Reich, heute: Weißrussland) geboren und besuchte Jeschiwot in Lomża und Eišiškės. Von 1895 bis 1897 war er am rabbinischen Seminar in Prag und studierte danach Geschichte, Philosophie und orientalische Sprachen in Heidelberg und Bern. 1901 zog er nach Warschau, wo er sich zunächst bei der PPS engagierte. Nach einem weiteren kurzen Aufenthalt in der Schweiz, wo er sich der sozialistisch-zionistischen Bewegung annäherte, zog er um 1904 wieder nach Warschau und war dort für kurze Zeit Leiter des Emigrationsbüros der JTA. Von 1908 bis 1916 arbeitete er als Redakteur beim *Haynt* und engagierte sich ab 1916 aktiv in der *Yidishe Folkspartey*. Danach wurde er Herausgeber und Redakteur von *Dos Folk* und dem *Lubliner Togblat*, bis er 1926 schließlich einen Posten als Redakteur beim *Moment* annahm und diesen bis 1939 behielt. Im September 1939 wurde er aus Warschau mit dem Journalistenzug der polnischen Regierung evakuiert, kehrte aber aus Lublin zurück nach Warschau. Dort wurde er von den deutschen Einsatzgruppen inhaftiert, nach kurzer Zeit aber wieder freigelassen. Im Warschauer Getto engagierte er sich in der kulturellen Untergrundarbeit und für die *Oyneg Shabes*. Emanuel Ringelblum zufolge hätte sich Stupnitski im Getto selbst vergiftet, um einer Deportation zu entgehen. Er war Verfasser zahlreicher philosophischer und theoretischer Schriften über jüdischen Nationalismus (*Oyf'n veg tsum Folk*, 1920), jüdische Autonomierechte (*Dos Rekht fun der natsyonaler Minderhayt*, 1918) sowie über das philosophische Denken Spinozas. Stupnitski war Mitglied im Jüdischen Journalisten- und Schriftstellerverein.

Swet, Hermann (Gershon Swet) (1893–1968), Zionist, Journalist und Musikkritiker: Hermann Swet wurde in Schpola (Russisches Reich, heute: Ukraine) geboren. Im Ersten Weltkrieg kämpfte er als russischer Soldat und studierte ab 1917 in Kiew. Während des Bürgerkriegs floh er kurzzeitig nach Bessarabien, bevor er 1921/22 nach Berlin übersiedelte, wo er fortan primär als Deutschlandkorrespondent für den *Moment* arbeitete. Seit 1926 war er Mitglied im *Verein der ausländischen Presse zu Berlin e.V.*, in welchem er sich auch aktiv organisierte. Er war regelmäßiger Teilnehmer von Verbandssitzungen und -veranstaltungen sowie zeitweise auch Mitglied im Kuratorium des Vereins. 1932 schlug er auf einer Vorstandssitzung die Gründung einer Gruppe vor, die sich auf einen möglichen Amtsantritt Hitlers vorbereiten und eine kritische Vereinsposition entwickeln sollte. In detaillierten Reportagen und Analysen berichtete Swet den Lesern des *Moment* vom Aufstieg der Nationalsozialisten und von der beginnenden Verfolgung von Juden und politisch Andersdenkenden. Im Frühjahr 1933 wurde er im Auswärtigen Amt einem Verhör unterzogen, woraufhin er seine Arbeit für den *Moment* nach 12 Jahren kündigte. Vermutlich in Reaktion auf das Verhör floh er im Sommer 1933 zusammen mit seiner Frau Judith Wahl nach Paris, wo er seine Tätigkeit als Korrespondent des *Moment* wieder aufnahm, bevor er 1935 nach Palästina emigrierte und dort Arbeit bei der *Haaretz* fand. Ab 1938 arbeitete er auch für die Musikfachzeitschrift *Musica Hebraica* und übernahm im Jahr 1940 außerdem den Vorsitz des

Journalistenverbands in Jerusalem. 1947 entsandte ihn die Redaktion der *Haaretz* als UN-Korrespondent nach New York, wo er ferner im Pressebüro der *Jewish Agency* arbeitete. Außerdem schrieb er u. a. Beiträge für die deutsch-jüdische New Yorker Exilzeitschrift *Aufbau*.

Szulman, Wiktor (Viktor Shulman), bürgerlich Yisroel-Khayim Shadovski (1876–1951), Bundist und Journalist: Szulman wurde in der Nähe von Kowno (Russisches Reich, heute: Litauen) geboren und bekam eine traditionell religiöse Schulausbildung. Bevor er dem Bund im Jahr 1899 beitrat, absolvierte er eine Ausbildung zum Pharmazisten. Wegen seiner politischen Tätigkeit wurde er nach Sibirien verbannt, konnte aber 1909 in die Schweiz fliehen, wo er sich bis 1914 aufhielt. Danach ging er nach Warschau, wo er bis zum Ausbruch des Zweiten Weltkrieges blieb. Um 1900 begann Wiktor Szulman für bundistische Periodika zu schreiben und war außerdem Autor zahlreicher Bücher (z. B. *Karl Marks un di Yuden-frage*, 1918). 1916 wurde er zum Sekretär der *Lebensfragen* ernannt und war in den folgenden zwei Jahrzehnten auch eng mit der *Naye Folksaytung* verbunden. Im September 1939 sollte Szulman mit dem polnischen Journalistenzug evakuiert werden, verpasste jedoch den Zug und blieb in Warschau zurück. Dort gab er zusammen mit anderen Bundisten in den ersten Wochen des Krieges weiter die *Naye Folksaytung* heraus. Ihm gelang die Flucht in die Vereinigten Staaten, wo er Gründungsmitglied der *Zrzeszenie Żydowskich Dziennikarzy i Literatów z Polski* wurde. Nach dem Krieg verlegte er u. a. 1947 die Erinnerungen Bernard Goldsteins (*Finf yor in Varshever Geto*) und publizierte 1951 eine Erinnerungsschrift über Wiktor Alter und Henryk Erlich. Szulman war Mitglied im Jüdischen Schriftsteller- und Journalistenverein.

Szwalbe, Natan (Nathan Schwalbe) (1883–1943), Journalist: Natan Szwalbe wurde in Lublin (Russisches Reich, heute Polen) geboren und war Sohn einer Kaufmannsfamilie. Nach einem Studium der Philosophie und Literatur in Krakau wurde er 1913 Redaktionsmitglied des *Przegląd Codzienne* und schrieb seit 1914 auch für den *Fraynd* und den *Haynt*. Während des Ersten Weltkrieges gründete er zusammen mit Samuel Hirshhorn die Zeitung *Opinia Żydowska*, die jedoch von den deutschen Besatzern verboten wurde. Nach dem Krieg arbeitete er als Redakteur neben dem *Nasz Kurier* auch einige Jahre für den *Haynt* und später für den *Moment*. Seit Gründung der *Nasz Przegląd* im Jahr 1923 schrieb Szwalbe für die Zeitung und wurde ihr politischer Redakteur. Als diese immer populärer und zu einem ernsthaften Konkurrenten des *Moment* wurde, kündigten die Herausgeber ihm, sodass Szwalbe ganz zur *Nasz Przegląd* wechselte. Ab diesem Zeitpunkt schrieb er nur noch selten für jiddische Zeitungen. Natan Szwalbe engagierte sich seit 1933 in der jüdischen Protest- und Solidaritätsbewegung. Im September 1939 wurde er im polnischen Journalistenzug aus Warschau evakuiert. Auf dem Weg zur rumänischen Grenze wurde er zusammen mit Saul Wagman und Samuel Wołkowicz von den anderen Journalisten getrennt und vom NKWD in einem Lager in Wolhynien interniert. Als Kriegsgefangene wurden sie in das Lager Sumy in der Ukraine deportiert, wo sie in einer Mühle Zwangsarbeit leisten mussten. Laut Bernard Singer arbeitete Szwalbe später dort jedoch auch als Buchhalter. Szwalbe war Mitglied im Jüdischen Journalisten- und Schriftstellerverein und gehörte 1938 der Verwaltung des Jüdischen Journalistensyndikats an.

Tsaytlin, Arn (Aaron Cejtlin, Ahron Zeitlin) (1898–1973), Journalist: Arn Tsaytlin wurde in Uvaraviçy (Russisches Reich, heute: Weißrussland) geboren und war der Sohn des Journalisten Hillel Tsaytlin. 1907 zog er nach Warschau, wo er in einem Cheder und zuhause von seinem Vater unterrichtet wurde. Er besuchte aber auch eine polnisch-hebräische Schule sowie Kurse an der Warschauer Universität. Schon als Kind schrieb er für hebräischsprachige Magazine und bereits 1911 schrieb er erstmals auch für eine jiddischsprachige Zeitschrift aus Vilna. Seit den 1920er

Jahren schrieb er für eine Vielzahl von Zeitungen und Magazinen, bis er ab 1926 zu einem festen Mitarbeiter der Warschauer Tageszeitung *Unzer Ekspres* wurde. Außerdem leitete er von 1930 bis 1934 den Jiddischen PEN-Club. 1939 reiste Tsaytlin über Kuba in die Vereinigten Staaten, um dort sein Theaterstück *Esterke* zu produzieren. Er blieb in den Vereinigten Staaten, wo er als Professor für Hebräische Literatur am Jüdisch-Theologischen Seminar in New York arbeitete und Redakteur des *Morgn Zhurnal* wurde. Tsaytlin, der seine Familie in der Shoah verlor, veröffentlichte mindestens zwei Anthologien, die sich thematisch mit der Shoah auseinandersetzten, darunter das 1967 veröffentlichte Buch *Lider fun Khurbn un Lider fun Gloybn*. Er war Mitglied im Jüdischen Journalisten- und Schriftstellerverein und gehörte der Journalistenvereinigung *Zrzeszenie Żydowskich Dziennikarzy i Literatów z Polski* in New York an.

Tsaytlin, Hillel (Hilel Cejtlin, Hillel Zeitlin) (1872–1942), Journalist, Publizist und Philosoph: Hillel Tsaytlin wurde 1872 in Karma (Russisches Reich, heute: Weißrussland) in eine wohlhabende und studierte Kaufmannsfamilie hineingeboren. Er erhielt eine traditionell religiöse Erziehung und machte sich einen Namen als Gelehrter der Kabbala. Als Jugendlicher begann er, hebräische und später auch russische Literatur zu lesen sowie sich im Selbststudium den Naturwissenschaften und der Philosophie zu widmen. Im Jahr 1900 legte er seine ersten wissenschaftlichen Abhandlungen zur Philosophie Baruch Spinozas und Friedrich Nietzsches vor, publizierte aber auch viel über religiöse Themen und rabbinische Texte. 1905 ging er nach Vilna, wo er begann auf Jiddisch zu schreiben und zog auf Einladung von Shmuel Yankev Yatskan 1908 nach Warschau, wo er ab dessen Gründung für den *Haynt* arbeitete. 1910 jedoch wechselte er zum *Moment* und schrieb darüber hinaus auch für andere Zeitungen. In dieser Zeit wandelte er sich vom Territorialisten zum Zionisten, trat der Zionistischen Organisation aber nie bei. Im September 1939 blieb Tsaytlin in Warschau zurück. Im Warschauer Getto schrieb er zahlreiche Texte und versteckte diese in seiner Wohnung. Im Zuge der ersten großen Deportationswelle aus dem Warschauer Getto wurde im Juli 1942 nach Treblinka deportiert, wo er bald darauf ums Leben kann. Tsaytlin war Autor zahlreicher Bücher und Mitglied in der Jüdischen Journalisten- und Schriftstellervereinigung.

Tsharni, Daniel (Daniel Tscharny), Pseudonyme Leonid, D. Sherman, A Lezer u. a. (1888–1959), Dichter und Journalist: Daniel Tsharni wurde in Dukora (Russisches Reich, heute: Weißrussland) geboren, wuchs als Halbwaise in ärmlichen Verhältnissen auf und erhielt eine religiöse und allgemeine Schulausbildung. Mit 14 folgte er seinen beiden älteren Brüdern, dem Schriftsteller Shmuel Niger und dem Sozialisten und Bundisten Borekh Vladek-Tsharni, nach Vilna und erhielt über diese Zugang zu Vilnas politischen und literarischen intellektuellen Kreisen. Er begann Gedichte zu verfassen und debütierte 1908 in Nombergs Chanukka Zeitschrift *Vinter-bleter* mit einem Gedicht. Ab diesem Zeitpunkt schrieb und veröffentliche Tsharni Gedichte, Kindergeschichten, Theaterkritiken, Reportagen und Übersetzungen in unzähligen jiddischen Zeitungen und Zeitschriften auf der ganzen Welt. In Warschau schrieb er unter anderem für die *Literarishe Bleter*, die *Naye Folkstsaytung* und den *Moment*. 1909 zog er nach Wien und von dort weiter nach Bern. Im Sommer 1914 kehrte er zurück nach Russland und engagierte sich während des Ersten Weltkrieges in verschiedenen Hilfskomitees für jüdische Flüchtlinge und Kriegsopfer in Petrograd und Moskau. 1922 zog er von Moskau nach Berlin, wo er mit kürzeren Unterbrechungen bis zum Ende des Jahres 1934 blieb. 1926 wurde er Mitglied im *Verein der Ausländischen Presse zu Berlin e.V.* und arbeitete unter anderem als Korrespondent für die New Yorker Tageszeitungen *Forverts* und *Der Tog*. In Berlin war Tsharni Teil der jüdisch-intellektuellen Kreise und engagierte sich im jiddischen Kulturleben der Stadt. Im Frühling 1933 schickte er unter dem Pseudonym Leonid regelmäßig Berichte über jüdisches Leben im nationalsozialistischen Deutschland an die Redaktion des *Moment*. 1934 verließ er Berlin und kam nach Aufenthalten in Riga, Vilna und Warschau 1936 in Paris an, wo er u. a. für den Joint arbeitete, sich weiterhin im jiddischen Literatur- und Kulturleben engagierte und als Journalist arbeitete. Bei Kriegsausbruch befand er sich in Paris, von wo aus er Kontakt zu jüdischen Journalisten und Schriftstellern im besetzten Polen, der Sowjetunion und in anderen Teilen Europas hielt und versuchte für sie Visa und finanzielle Mittel zu organisieren. 1941 erhielt er ein Visum für die USA, wo er nach seiner Ankunft in New York u. a. als Sekretär für den Jiddischen PEN-Club arbeitete. Tsharni veröffentliche mehrere Bücher und übersetzte Werke von Friedrich Nietzsche, Heinrich Heine, Karl Marx und Friedrich Engels ins Jiddische, darunter das Kommunistische Manifest (1906). Er war Mitglied im Jüdischen Journalisten- und Schriftstellerverein in Warschau.

Tunkel, Yosef (Józef Tunkel), Pseudonym Der Tunkeler (1881–1949), Journalist, Schriftsteller, Übersetzer und Karikaturist: Tunkel wurde in Babrujsk (Russisches Reich, heute: Weißrussland) als Sohn eines Chederlehrers geboren. Nach einer Ausbildung in Malerei in Vilna wandte er sich um 1901 der Schriftstellerei zu und veröffentlichte jiddische Volkslieder, Humoristisches und Feuilletons. Von 1906 bis 1910 lebte er in den Vereinigten Staaten, wo er die Satirezeitung *Der Kibetser* herausgab. Nachdem er 1910 nach Polen zurückgekehrt war, wurde er 1911 ständiger Mitarbeiter des *Moment*. Im *Moment* betreute er die Unterhaltungsseite *Der Krumer Shpigel*, die Witze, Gedichte, Karikaturen und Rätsel enthielt und ihn in Polen und Russland sehr populär machte. Von 1921 bis 1923 übertrug er mindestens fünf Werke von Wilhelm Busch ins Jiddische und veröffentlichte ferner eigene Bücher, darunter auch eine Anthologie über seine Reise nach Palästina (*Fort a Yid keyn Arets-Yishroel*, 1932). Tunkel schrieb außerdem regelmäßig für die *Naye Folkstsaytung*. In den 1930er Jahren präsentierte er den Lesern des *Moment* zahlreiche Karikaturen, Witze und Gedichte, die sich auf satirische Art und Weise mit dem Nationalsozialismus und der Judenverfolgung in Deutschland auseinandersetzten. 1936 wurden im *Moment* außerdem zwei Reiseberichte von ihm aus Nazi-Deutschland abgedruckt. Im Sommer 1939 verließ er Polen im Rahmen einer Tournee durch Westeuropa, weshalb er sich bei Kriegsausbruch in Belgien befand. Als im Mai auch dort 1940 die deutsche Wehrmacht einmarschierte, floh er in den von den Deutschen unbesetzten Teil Frankreichs, wo er inhaftiert wurde und in Toulouse in ein Lager für ausländische Juden kam. Ihm gelang jedoch die Flucht und im Frühjahr 1941 erreichte er die Vereinigten Staaten, wo er ständiger Mitarbeiter des *Forverts* wurde. 1943 veröffentlichte er das Buch *Goles*, in dem er seine Erinnerungen an seine Flucht und an die Inhaftierung verarbeitete. Yosef Tunkel war Mitglied im Jüdischen Journalisten- und Schriftstellerverein in Warschau.

Turkow, Mark, Pseudonym M. Turki (1904–1983), Journalist: Mark Turkow wurde in eine bekannte Warschauer Künstlerfamilie hineingeboren, lernte im Cheder und besuchte später eine Handelsschule. 1922 wurde er Redakteur beim *Moment* und war dort einer der jüngsten Mitarbeiter. Ab 1933 engagierte er sich in der jüdischen Protest- und Solidaritätsbewegung gegen das nationalsozialistische Deutschland und wurde als gewählter Generalsekretär des Jüdischen Hilfskomitees für jüdische Flüchtlinge aus Deutschland einer ihrer aktivsten öffentlichen Fürsprecher. 1933 und 1938 gehörte er jeweils dem Pressekomitee der zentralen Hilfs- und Protestkomitees in Warschau an. Turkow reiste 1933 und 1934 außerdem für mehrere Wochen durch das nationalsozialistische Deutschland. Über seine Eindrücke schrieb er im *Moment* und hielt zudem Vorträge und Vorlesungen über das Thema. Im Sommer 1939 wanderte er nach Argentinien aus, von wo aus er sich weiter für das jüdische Hilfskomitee für jüdische Flüchtlinge aus Deutschland engagierte. Als der Krieg ausbrach, hielt er, soweit möglich, Kontakt mit allen ihm bekannten jüdischen Journalisten, die sich in Warschau oder Vilna befanden, machte öffentlich auf ihr Schicksal aufmerksam und versuchte Hilfe zu organisieren. In Buenos Aires schrieb er für zahlreiche jiddische Zeitungen und edierte von 1946 und 1966 die aus über 175 Bänden bestehende populäre Bücherreihe *Dos poylishe Yidntum*, in der viele der hier aufgelisteten Journalisten und Schriftsteller ihre Memoiren veröffentlichten und die vom *Tsentral Farband far poylishe Yidn in Argentine* herausgegeben wurde. Die Reihe fungierte als eine Art Brücke zwischen den Generationen sowie als Erinnerung und Gedenken an den Holocaust. Seit 1954 war Turkow außerdem der argentinische Repräsentant des *Jewish World Congress*. Er war Mitglied im Jüdischen Journalisten- und Schriftstellerverein in Warschau sowie im Jüdischen Journalistensyndikat.

Wagman, Saul (1893 – ?), Journalist, Übersetzer und Dichter: Saul Wagman engagierte sich in seiner Jugend in illegalen sozialistischen Kreisen. Zusammen mit Jakub Appenszlak gründete er 1918 die Wochenschrift *Blat*. Danach arbeitete er für die polnisch-jüdischen Tageszeitungen *Nasz Kurier* und *Nowy Dziennik*. 1923 wurde er Mitarbeiter und Sekretär der Redaktion der *Nasz Przegląd*. Neben Reisen nach Palästina und in die Vereinigten Staaten wurde Wagman von der Redaktion des *Nasz Przegląd* in den Jahren 1933, 1934, 1936 und 1937 auch als Reporter nach Deutschland geschickt. Im September 1939 wurde er im polnischen Journalistenzug evakuiert. Er verließ den Zug in Lublin und wurde am 17. September zusammen mit Natan Szwalbe und Samuel Wołkowicz vom NKWD verhaftet und in ein Arbeitslager nach Sumy in der Ukraine deportiert, wo er sich das Leben nahm. Saul Wagman war Mitglied im Jüdischen Journalisten- und Schriftstellerverein und Übersetzer zahlreicher jiddischer Werke von Zusman Segalovitsh, Sholem Ash und anderen ins Polnische.

Wieselberg, Salo (Lebensdaten unbekannt), Journalist und Jurist: Salo Wieselberg lebte in Berlin und war Mitglied des *Vereins der ausländischen Pressevertreter zu Berlin e. V.* Er war bis 1933 u. a. Berlin-Korrespondent der *Nasz Przegląd* und des Warschauer *Nowy Dziennik*.

Wołkowicz, Samuel (Samuel Volkovitsh) (1891 – 1980), Journalist und Verwaltungsleiter eines jüdischen Waisenhauses: In Włocławek (Russisches Reich, heute: Polen) geboren, studierte Wołkowicz Soziologie und Philosophie an verschiedenen Universitäten in Polen und Deutschland. Von 1914 bis 1915 lebte er in Berlin, wo er sich im Hilfsverein für deutsche Juden engagierte, aber auch für Juden aus Polen einsetzte. 1916 zog er nach Warschau, wo er die *Yidishe Folkspartey* und die TSISHO mitbegründete. 1916 begann er auch mit seiner journalistischen Tätigkeit für die *Głos Żydowski*, ein Wochenblatt, das er selbst gegründet hatte. 1918 wurde er Redakteur beim *Dziennik Poranny* in Warschau. Darin schrieb er unter anderem gegen den Antisemitismus, der auf die polnische Nationalstaatsgründung folgte, an, weshalb er verhaftet wurde. Von 1923 bis 1939 war er Redakteur der *Nasz Przegląd*, schrieb aber auch regelmäßig für den *Moment* und *Dos Folk*. Außerdem arbeitete er als Übersetzer von Büchern jiddischer Schriftsteller wie Sholem Ash und Zusman Segalovitsh ins Polnische. Seit dem Aufstieg der Nationalsozialisten engagierte sich Samuel Wołkowicz aktiv in der jüdischen Protest- und Hilfsbewegung. 1933 und 1938 gehörte er den Warschauer Protestkomitees als Mitglied an und hielt in diesem Rahmen Vorträge in verschiedenen Städten. Im Herbst 1938 wurde er als Delegierter des Warschauer Hilfskomitees für jüdische Flüchtlinge aus Deutschland nach Zbsązyń geschickt, um vor Ort eine Hilfsstruktur aufzubauen. Im September 1939 wurde er mit dem polnischen Journalistenzug evakuiert. Am 17. September 1939 wurde er in der historischen Region Wolhynien zusammen mit Natan Szwalbe und Saul Wagman vom NKWD verhaftet und in ein Arbeitslager in Sumy in der Ukraine deportiert. 1943 konnte er zusammen mit der polnischen Armee die Sowjetunion verlassen und über den Iran nach Palästina fliehen. Wołkowicz war Mitglied im Jüdischen Journalisten- und Schriftstellerverein und gehörte zeitweise der Verwaltung des Jüdischen Journalistensyndikats an.

Yinnon, Moshe (Indelman) (1895–1977), Journalist, Publizist, Wissenschaftler und Übersetzer: Moshe Yinnon wurde in Żuromin (Russisches Reich, heute: Polen) geboren und erhielt eine traditionell religiöse Erziehung. Um 1916 arbeitete er als Lehrer in Warschau und in Płock. Er studierte Philosophie in Berlin und war von 1922 bis 1923 Redakteur der Wochenzeitschrift der WZO *Haolam* in Berlin. Von 1929 bis 1939 war er in Warschau Redakteur des *Haynt*. Im September 1939 wurde er dort durch die Gestapo verhaftet und nach Dachau deportiert. Nach seiner Freilassung aus dem Konzentrationslager 1940 emigrierte er nach Palästina, wo er im Jahr darauf erster Vorsitzender des *Koło Zawodowych Dziennikarzy Żydowskich z Polski* wurde. Von 1943 bis 1956 war er Mitarbeiter im Verlagshaus *Mosad Bialik* und übersetzte Arbeiten von Martin Buber und Abraham Heschel vom Deutschen ins Hebräische.

Yustman, Moyshe Bunem (Moshe Bunem Justman), Pseudonyme B. Yeushzon und Itshele (1889–1942), Journalist: Der gebürtige Warschauer stammte aus einer chassidischen Familie und erhielt eine religiöse Ausbildung im Cheder und in der Jeshiwa. Um 1906 begann er seine journalistische Karriere mit Veröffentlichungen im *HaBoker* sowie später auch im *Haynt*. 1910 wurde er Redakteur beim *Moment*, wechselte auf Grund interner Streitigkeiten aber 1925 zum *Haynt* und blieb bis zum Ausbruch des Krieges Redakteur der Zeitung. Seine Kolumne *Ibergekhapte politishe Briv*, in der er stets die aktuelle politische Weltlage kommentierte, machte ihn in Polen zu einem bekannten und beliebten Journalisten. Yustman engagierte sich aktiv im Rahmen der Protestbewegung gegen das nationalsozialistische Deutschland. Im September 1939 wurde er im polnischen Journalistenzug evakuiert und erreichte im Oktober 1939 Vilna. Dort war er Mitglied der Flüchtlingsorganisation der jüdischen Journalisten und Schriftsteller sowie Mitarbeiter des *Komitet tsu zameln Materialn vegn yidishn Khurbn in Poyln 1939*. Mitte 1940 emigrierte er nach Palästina, wo er Gründungsmitglied der *Koło Zawodowych Dziennikarzy Żydowskich z Polski* wurde. Yustman war Mitglied im Jüdischen Journalisten- und Schriftstellerverein und im Jüdischen Journalistensyndikat.

9.2 Abkürzungsverzeichnis

AA	Auswärtiges Amt
AAN	Archiwum Akt Nowych
APH	Acta Poloniae Historica
AVAP	Archiv des Vereins der Ausländischen Presse zu Berlin e.V.
AŻIH	Archiwum Żydowski Instytut Historyczne
BArch	Bundesarchiv Berlin
BLHG	Beit Lohamei haGeta'ot
BŻIH	Biuletyn Żydowskiego Instytutu Historycznego
CAHJP	Central Archives for the History of the Jewish People
CENTOS	Centralne Towarzystwo Opieki nad Sierotami (Centos)
CHBar	Schweizer Bundesarchiv
CZA	Central Zionist Archive
DB	Deutsche Botschaft
DG	Deutsche Gesandtschaft
DNVP	Deutschnationale Volkspartei

9.2 Abkürzungsverzeichnis

DRCA	Diaspora Research Center Archives
Endecja	Nationaldemokraten
Gal-Ed	Gal-Ed. On the History of Jews in Poland
Gestapo	Geheime Staatspolizei
HIAS	Hebrew Immigrant Aid Society
IISH	Institute for Social History
JLC	Jewish Labor Comittee
Joint/JDC	American Joint Distribution Committee
JTA	Jewish Telegraphic Agency
KHPP	Kwartalnik Historii Prasy Polskiej
KPP	Komunistyczna Partia Polski
LBIY	Leo Baeck Institute Year Book
MEDAON	MEDAON – Magazin für jüdisches Leben in Forschung und Bildung
MSW	Ministerstwo Spraw Wewnętrznych
MSZ	Ministerstwo Spraw Zagranicznych
NKWD	Narodnyj Komissariat Wnutrennych Del
NLI	National Library of Israel
NSDAP	Nationalsozialistische Deutsche Arbeiterpartei
ONR	Obóz Narodowo-Radykalny
ORT	Obshchestvo Remeslennago i Zemledelecheskago Truda Sredi Evreev v Rossii
PAAA	Politisches Archiv des Auswärtigen Amts
PAT	Polska Agencja Telegraficzna
PPS	Polska Partia Socjalistyczna
PZWDziCz	Polski Związek Wydawców Dzienników i Czasopism
RHCP	Rocznik Historii Czasopiśmiennictwa Polskiego
RMdI	Reichsministerium des Inneren
RMfVuP	Reichsministerium für Volksaufklärung und Propaganda
SA	Sturmabteilung
SAI	Sozialistische Arbeiterinternationale
Sanacja	Regierungslager Józef Piłsudskis
SPD	Sozialistische Partei Deutschlands
SS	Schutzstaffel
TOZ	Towarzystwo Ochrony Zdrowia Ludności Żydowskiej w Polsce
TSISHO	Tsentrale Yidishe Shul-Organizatsie (Ciszo)
VAP	Verein der Ausländischen Presse zu Berlin e. V.
VEJ	Verfolgung der Europäischen Juden (Editionsprojekt Nationalsozialistische Judenverfolgung)
WZO	Zionistische Weltorganisation
YIVO	Yidisher Visnshaftlekher Institut
YVA	Yad Vashem Archives
ZO	Zionistische Organisation

9.3 Abbildungsverzeichnis

Abbildung 1 Kartenausschnitt, Warsaw. Sites of Jewish institutions, ca. 1938. (Prepared by Eleonora Bergman, Ursula Fuks, and Olga Zienkiewicz, Jewish Historical Institute, Warsaw),
Verwendung mit freundlicher Genehmigung des YIVO-Institutes, New York.

Abbildung 2 und 2.1 Dokumenten fun barbarizm, in *Der Moment*, 13. und 14. Juni 1939, S. 5 und S. 4.
Verwendung mit freundlicher Genehmigung des Żydowski Instytut Historyczny.

Abbildung 3 Paczkowski, Andrzej: „Nakłady dzienników warszawskich w latach 1931–1938", *Rocznik Historii Czasopiśmiennictwa Polskiego* 1 (1976), S. 65–97, hier S. 91–97.

Abbildung 4 Fotografie von Nathan Frenkel.
Verwendung mit freundlicher Genehmigung von Marvin Zuckerman, Los Angeles.

Abbildung 5 Titelseite des *Haynt*, 13. Juni 1934.
Verwendung mit freundlicher Genehmigung der National Library of Israel.

Abbildung 6 Plakat, Vortrag von Mark Turkow, 10. Jan. 1934.
Verwendung mit freundlicher Genehmigung der Biblioteka Narodowa w Waszawie.

Abbildung 7 Kats, Pinkhas: Hitler melekh mitsraim, Varshe, 10. April 1933.
Verwendung mit freundlicher Genehmigung der Biblioteka Narodowa w Waszawie.

Abbildung 8 Frank, P. [Shvarts, Pinkhas]: Hitler – Der firer fun di broyne hemdlekh (= Tashn-bibliotek, Nr. 2), hrsg. durch Samuel Kruk, Varshe 1931.
Verwendung mit freundlicher Genehmigung der Biblioteka Narodowa w Waszawie.

Abbildung 9 Dua-Kopel, [Yakov]: Der Azef fun Hitler-Daytshland (= Groshn-bibliotek, Nr. 158), Varshe 1934.
Verwendung mit freundlicher Genehmigung der Biblioteka Narodowa w Waszawie.

Abbildung 10 und 10.1 Titelseite und Boykottbriefmarke (Innenumschlag), *Nasza Obrona/Unzer Obvehr*, Nr. 2, Februar 1934, Varshe.
Verwendung mit freundlicher Genehmigung des Żydowski Instytut Historyczny.

10 Quellen- und Literaturverzeichnis

10.1 Archive

Archiv der Ausländischen Presse zu Berlin e. V. (AVAP)

D I: I Medlemsmatriklar och föreningens gästbok 1912–1943
B I: 1 Verksamhetsberättelser m.m. 1925–43
E I: 1 Korrespondens 1933–1942
A II:1 Styrelseprotokoll 1923–1938

Archiv der National Library of Israel (ANLI)

Arkhion Melekh Ravitsh
Arkhion Leyb Malakh

Archiv des Beit Lohamei haGeta'ot (BLHG, Haus der Gettokämpfer)

File 35820 Letters sent by Chaskiel – Moshe Neuman

Archiv des Bund in New York im YIVO (Bund-Archives)

RG 1400, MG 9
RG 1400, MG 2

Archiv des Institute for Social History (IISH)

Collection Algemeyner Yidisher Arbeyter Bund
R. Abramovič Papers

Archiv des Żydowski Instytut Historyczne (AŻIH)

S/346 Spuścizna Chaima Finkelsztejna
108 Żydowskie Stowarzyszenia Krakowskie
347 Prace Magisterskie napisane po II wojnie światowej

Archiwum Akt Nowych (AAN)

Amb. RP w Berlinie
30/I-IV Bund

OpenAccess. © 2022 Anne-Christin Klotz, publiziert von De Gruyter. [CC BY-NC-ND] Dieses Werk ist lizenziert unter einer Creative Commons Namensnennung – Nicht kommerziell – Keine Bearbeitung 4.0 International Lizenz. https://doi.org/10.1515/9783110756494-011

297/VII, 1–13 Komisariat Rządu na m. st. Warszawy
MSW
MSZ
116 Polski Związek Wydawców Dzienników i Czasopism
2/674 Stowarzyszenie Humanitarne BRATERSTWO – B'NEI B'RITH w Warszawie

Bad Arolsen (Arolsen Archiv)

6311032903 Gliksman, Izak (Majer)

Bundesarchiv Berlin (BArch)

R 58/357 Reichssicherheitshauptamt, Politische Parteien und Organisationen in Polen

Central Archives for the History of the Jewish People (CAHJP)

P 37 Jakobowitcz, A. L.

Central Zionist Archive (CZA)

A 284 Yeshayahu Klinov

Diaspora Research Center Archives (DRCA)

T 32–105 M. Kleinbaum (Moshe Sneh) to Nachum Goldmann
A1–1731 Eyewitnesses Reports

Joseph Carlebach Institutsarchiv in Tel Aviv

CES/07/16, Dr. Esriel Carlebach (1908–1956)

Politisches Archiv des Auswärtigen Amts (PAAA)

RZ 701 Bestände der Presseabteilung, AA
RZ 208 Länderabteilung IV Polenreferat
RZ 214 Referat Deutschland/Inland

Privatarchiv von Marvin Zuckerman

Fotografien von Nathan Frenkel aus Warschau

Schweizer Bundesarchiv (BAR)

E4264, 9108, Dossier Nathan Frenkel

Yad Vashem Archive (AYVS)

M.2. Dr. I. Schwarzbart
M.20 Archives of A. Silberschein
M.72 Joint Distribution Collection – Copies of Microfilms
O.75 Letters and Postcards Collection
O.1 Ball-Kaduri
O.3 Yad Vashem Testimonies
O.51 Osoby
P.16 Rachel Auerbach
P.13 Benjamin Segalowitz Archive

YIVO Institute for Jewish Research

RG 701 I. L. Peretz Yiddish Writers Union Records
RG 26 Yidisher Artistn Fareyn
RG 116 Poland, Territorial Collection

10.2 Periodika

Der Moment
Dos Yudishe Togblat
Haynt
JTA Daily News Bulletin
Literarishe Bleter
Nasz Przegląd
Nasza Obrona/Unzer Obvehr
Naye Folkstsaytung
Unzer Ekspres

10.3 Bibliotheksbestände (Primärquellen) und online Datenbanken

Biblioteka Narodowa, Warschau
Biblioteka Uniwersytecka w Warszawie, Warschau
Center for Jewish History, New York
Centralna Biblioteka Judaistyczna: https://cbj.jhi.pl/
Compact Memory: https://sammlungen.ub.uni-frankfurt.de/cm

Jewish Historical Press: https://www.nli.org.il/en/discover/newspapers/jpress
National Library of Israel, Jerusalem
Polona – Polska Biblioteka Cyfrowa: https://polona.pl/
Staatsbibliothek Berlin, Berlin
Yiddish Book Center: https://www.yiddishbookcenter.org/
Żydowski Instytut Historyczne, Warschau

10.4 Unveröffentlichte Arbeiten

Block, Nicholas Alexander: In the Eyes of Others: The Dialectics of German-Jewish and Yiddish Modernisms, Michigan 2013, unveröffentlichte Doktorarbeit.
Cohen, Nathan: Manuskript der polnischen Übersetzung von Sefer, sofer ve-iton (Jerusalem 2003), 2020 (im Druck).
Gottlieb, Moshe: The Anti-Nazi Boycott Movement in the American Jewish Community, 1933–1941, Brandeis 1967, unveröffentlichte Doktorarbeit.
Majewski, Michał Maksymilian: Działalność Centralnego Komitetu dla Antyhitlerowskiej Akcji Gospodarczej w Polsce 1933–1935, 2010, unveröffentlichte Masterarbeit (AŻIH, Sig. 347/392).
Nalewajko-Kulikov, Joanna: Jiddische Presse, Vortrag im WS Kolloquium 2013/14 von Prof. Pickhan am 11. Dezember 2013, handschriftliche Notizen der Autorin.
Pickhan, Gertrud: „Blick nach Westen. Der ‚Bund' in Polen und die deutsche Entwicklung nach 1933.", Vortrag auf der Konferenz: Die polnische Judenheit 1918–1939. Lebenswelt, Selbstverständnis und politisches Handeln, Vortrag im Simon-Dubnow-Institut, Leipzig, 13.12.1999, unveröffentlichtes Manuskript.
White, Angela: Jewish Lives in the Polish Language: The Polish-Jewish Press, 1918–1939, Bloomington 2007, unveröffentlichte Doktorarbeit.

10.5 Nachschlagewerke, Quelleneditionen, Bibliografien

Berenbaum, Michael und Fred Skolnik: Encyclopadeia Judaica, Bd. 1–2, Detroit 2007.
Bundesarchiv, Institut für Zeitgeschichte und dem Lehrstuhl für Neuere und Neueste Geschichte an der Albert-Ludwigs-Universität Freiburg (Hrsg.): Die Verfolgung und Ermordung der europäischen Juden durch das nationalsozialistische Deutschland 1933–1945, Bd. 1, 4, 7, München 2008–2011.
Cała, Alina: Ostatnie pokolenie. Autobiografie polskiej młodzieży żydowskiej okresu międzywojennego ze zbiorów YIVO Institute for Jewish Research w Nowym Jorku, Warszawa 2003.
Doyres bundistn, bearbeitet von Yankev Sh. Herts, Bd. 1–3, Nyu York 1956–1968.
Garbarini, Alexandra: Jewish Responses to Persecution, 1938–1940 (= Documenting Life and Destruction. Holocaust Sources in Context, Bd. 3), Plymouth 2011.
Holocaust Museum & Cohen Education Center: Nuchem Goldrosen, https://hmcec.org/testimonies/nuchem-goldrosen/.
Iaz, Halina: Di froy in der anti-hitleriade, in *Di Velt*, 5. Mai 1933.

Jäckel, Eberhard (Hrsg.): Enzyklopädie des Holocaust. Die Verfolgung und Ermordung der europäischen Juden, Bd. 2, Berlin 1993.
Kagan, Berl: Leksikon fun yidish-shraybers: mit hesofes un tikunim tsum leksikon fun der nayer yidisher literatur, un 5800 psevdonimen, Nyu York 1986.
Leksikon fun der nayer yidisher literatur, Bd. 1–8, Nyu York 1956–1981.
Łętocha, Barbera, Alina Cała und Aleksander Messer (Hrsg.): Żydowskie druki ulotne w II Rzeczypospolitej w zbiorach Biblioteki Narodowej, Bd. 2, Warszawa 2006.
Niborski, Yitskhok: Verterbukh fun loshn-koydesh-shtamike verter in yidish, Pariz 2012.
Polski Słownik Judaistyczny, Warszawa 2003, https://www.jhi.pl/psj/.
Ravitsh, Melekh: Mayn leksikon, Bd. 1–5, Montreal 1945.
Rayzen, Zalman: Leksikon fun der yidisher literatur, prese un filologie, Bd. 1–4, Vilne 1926–1929.
Shulman, Elias: Leksikon fun forverts shrayber sint 1897, Nyu York 1987.
Słownik biograficzny działczy polskiego ruchu robotniczego, Bd. 1–3, Warszawa 1987–1992.
Shayn, Yisroel: „Bibliografia dzienników i czasopism żydowskich wydawanych w Polsce w latach 1918–1939 w języku polskim", *Biuletyn Żydowskiego Instytutu Historycznego* 78 (1971), S. 107–113.
Szajn, Izrael: Bibliografie fun oysgabes aroysgegebn durkh di arbeter-parteyen in Poyln in di yorn 1918–1939, Varshe 1963.
The YIVO Encyclopedia of Jews in Eastern Europe, https://yivoencyclopedia.org/default.aspx.
Weinreich, Uriel: Modern English-Yiddish Yiddish-English Dictionary, New York 1977.
Żydowski Instytut Historyczny im. Emanuela Ringelbluma (Hrsg.): Archiwum Ringelbluma. Bd. 3, 23, 27, 28, Warszawa 2000–2017.

10.6 Erinnerungen, Autobiografien, Tagebücher und veröffentlichte Quellen

Alter, Wiktor: Człowiek w społeczeństwie, Warszawa 1938.
Alter, Wiktor: Antysemityzm gospodarczy w świetle cyfr, Warszawa 1937.
Alter, Wiktor: Tsu der yidn-frage in Poyln, Varshe 1937.
Alter, Wiktor: „Jedność" i „Plan", Warszawa 1935.
Alter, Wiktor: Gdy socjaliści dojdą do władzy …! (Pierwszy etap rewolucji społecznej), Warszawa 1934.
Alter, Wiktor: Der sotsializm in kamf, Varshe 1927.
Alter, Wiktor: Grund printsipen fun der proletarisher kooperatsie, Varshe 1927.
Alveltlekher yidisher kultur-kongres (Hrsg.): Yidishe prese in Varshe, Bd. 2, Fun noentn over, Nyu York 1956.
An-Ski, Shimon: Der Khurbn in Polen, Galizien und der Bukowina. Tagebuchaufzeichnungen aus dem Ersten Weltkrieg, hrsg. von Olaf Terpitz, übers. von Lilian Harlander, Thomas Soxberger und Olaf Terpitz (= Schriften des Centrums für Jüdische Studien, Bd. 29), Wien/Köln/Weimar 2019.
Appenszlak, Jacob: The Black Book of Polish Jewry. An Account of the Martyrdom of Polish Jewry Under the Nazi Occpupation, New York 1943.

Auerbach, Rachel: „A last visit", in: Flinker, David, Shalom Rosenfeld und Mordechai Tsanin (Hrsg.): *The Jewish Press that was. Accounts, Evaluations and Memories of Jewish Papers in pre-Holocaust Europe*, Jerusalem 1980, S. 218–222.

Auerbach, Rachel: Varshever tsavoes: bagegnishn, aktivitetn, goyreles 1933–1943, Tel Aviv 1947.

Balaban, Meir (Hrsg.): Haynt. Yoyvel-bukh. 1908–1938, Varshe 1938.

Balberyszski, Mendel: Stronger than Iron. The Destruction of Vilna Jewry 1941–1945: An Eyewitness Account, Jerusalem 2010.

Balberyszski, Mendel: Shtarker fun ayzn. Erster tayl, Tel Aviv 1967.

Bar, Arie: „Making Jewish News", in: Flinker, David, Shalom Rosenfeld und Mordechai Tsanin (Hrsg.): *The Jewish Press that was. Accounts, Evaluations and Memories of Jewish Papers in pre-Holocaust Europe*, Jerusalem 1980, S. 173–203.

Biblioteka Świadectw Zagłady (Hrsg.): … Tęsknota nachodzi nas jak ciężka choroba … Korespondencja wojenna rodziny Finkelsztejnów (1939–1941), Redakcja naukowa i wprowadzenia Ewa Koźmińska-Frejlak, Warszawa 2012.

Borochov, Ber: „Classical Text in Translation. The Tasks of Yiddish Philology", übersetzt von Jacob Engelhardt und Dalit Berman", *Science in Context* 20/2 (2007), S. 355–373.

Burnshtin, Mikhl: „A nayer faktor in yidishn lebn", in *Landkentenish. Organ fun der yidisher geselshaft far landkentnish* 1 (1933), S. 9–13.

Dubnow, Simon: Buch des Lebens. Erinnerungen und Gedanken, Materialien zur Geschichte meiner Zeit, Bd. 3, hrsg. von Verena Dohrn, Göttingen 2005.

Eker, H.: Vos iz forgekumen in Daytshland?, Pietrkov-Tribunalski 1933.

Finkelshtayn, Khaym: Haynt. A tsaytung bay yidn 1908–1939, Tel Aviv 1978.

Finkelshtayn, Khaym: „Haynt", in: Alveltlekher yidisher kultur-kongres (Hrsg.): *Fun noentn over. Yidishe prese in Varshe*, Bd. 2, Nyu York 1956, S. 69–240.

Flinker, David, Shalom Rosenfeld und Mordechai Tsanin (Hrsg.): The Jewish Press that was. Accounts, Evaluations and Memories of Jewish Papers in pre-Holocaust Europe, Jerusalem 1980.

Frank, P. [Shvarts, Pinkhas]: Hitler – Der firer fun di broyne hemdlekh (= Tashn-bibliotek, Nr. 2), hrsg. durch Samuel Kruk, Varshe 1931.

Freud, Sigmund: Di psikhologie fun di masn un der analiz fun mentshlekhn „ikh", übersetzt aus dem Deutschen von Sarah Lehrman, Varshe 1928.

Fuks, Khayim Leyb: „Der letster romantiker", in: Kazdan, Khayim Solomon (Hrsg.): Zusman Segalovitsh. A monografie, Nyu York 1979.

Glazman, Barukh: Step un yishuv: bilder fun a rayze iber di yidishe kolonyes fun Sovyetrusland un Ukraine, Varshe 1928.

Goldstein, Bernard: Twenty Years with the Jewish Labor Bund. A Memoir of Interwar Poland, übers. von Marvin Zuckerman, West Lafayette 2016.

Goldstein, Bernard: Die Sterne sind Zeugen, 3. Aufl., Frankfurt am Main 1960.

Gotthelf, Yehuda: „The silenced voice of a people", in: Flinker, David, Shalom Rosenfeld und Mordechai Tsanin (Hrsg.): *The Jewish Press that was. Accounts, Evaluations and Memories of Jewish Papers in pre-Holocaust Europe*, Jerusalem 1980, S. 9–15.

Graf Sobański, Antoni: Nachrichten aus Berlin 1933–36, Reinbek bei Hamburg 2007.

Grinboym, Yitskhok: „Arum dem ‚Haynt'", in: Alveltlekher yidisher kultur-kongres (Hrsg.): *Fun noentn over. Yidishe prese in Varshe*, Bd. 2, Nyu York 1956, S. 215–232.

10.6 Erinnerungen, Autobiografien, Tagebücher und veröffentlichte Quellen — 491

Gross, Moyshe: „Tsi meg a yidisher shrayber zeyn a zhurnalist?", *Der oyfkum. Khodes-zhurnal far literatur*, 6–7 (1928), S. 15–18.

H. L.: „Prześladowanie Żydów w Niemczech a Żydowstwo Polskie", *Sprawy Narodowościowe* 7/2–3 (1933), S. 239–340.

Hafftka, Aleksander: „Żydowska Konferencja Światowa", *Sprawy Narodowościowe* 4–5 (1932), S. 526–532.

Hel, Gershon: „The End", *Our Press* 7 (1991), S. 21–25.

Hertz, J. S.: „FOLKSZEITUNG, a Jewish Socialist daily", in: David Flinker, Shalom Rosenfeld und Mordechai Tsanin (Hrsg.): *The Jewish Press That Was. Accounts, Evaluations and Memories of Jewish Papers in pre-Holocaust Europe*, Jerusalem 1980, S. 113–121.

Herzberg, Arno: „The Jewish Press under the Nazi Regime. Its Mission, Suppression a Defiance. A Memoir.", *Leo Baeck Institute Year Book* 36 (1991), S. 367–388.

Hirschberg, Alfred: „Die CV-Jahre von Hans Reichmann", in: *Council of Jews from Germany: Zum Gedenken an Hans Reichmann*, London 1965, S. 27–34.

K.: Groyse skandaln in Hilfs-komitet far daytshe pleytim, in *Fraynd*, 4. Mai 1934, S. 4.

Kahan, Shushanah R.: In fayer un flamen, Buenos Ayres 1949.

Karlebakh, Ezriel: „Lomir zikh dermonen", in: Finkelshtayn, Khaym (Hrsg.): *Haynt. A tsaytung bay yidn*, Tel Aviv 1987, S. 363–367.

KARTA Centre (Hrsg.): The Ringelblum Archive. Annihilation – Day by Day, Warsaw 2008.

Kats, Pinkhas: Hitler melekh mitsraim, Varshe, 10. April 1933.

Kelzon, Sh.: Adolf Hitler, der falnder shtern (= Groshn-bibliotek, Nr. 91), Varshe 1932.

Klepfish, Heshl: Culture of Compassion. The Spirit of Polish Jewry from Hasidism to the Holocaust, New York 1983.

Klepfish, Heshl: Ekhos fun a farshvundener tsayt, 1929–1939 eseyen, Tel Aviv 1981.

Koeppen, Wolfgang: „Ein Kaffeehaus", in: Wagenbach, Klaus (Hrsg.): Atlas. Deutsche Autoren über ihren Ort, Berlin 2004, S. 91–96.

Krakovski, A. [Deutscher, Isaac], Di Gefahr fun kultur-barbarizm in Daytshland, in *Literarishe Tribune*, Nr. 7 (30), Juli 1932, S. 1–4.

Kruk, Herman: The last Days of the Jerusalem of Lithuania: Chronicles from the Vilna Ghetto and the Camps 1939–1944, hrsg. von Benjamin Harshav, New Haven/London 2002.

Kruk, Herman: Zwischen den Fronten. Zeugnisse aus den Jahren 1940–1944. Jiddische Texte mit Übersetzung (= Kleine historische Reihe der Zeitschrift LAURENTIUS, Bd. 2), Hannover 1990.

Kupfershtayn, Hershl: „Di bundishe ‚Folkstsaytung' bet der natsi-daytsher balagerung fun Varshe", *Unzer Tsayt*, 1948, S. 10–12.

Kutsher, Ber: „Sh. Y. Yatskan – ‚Haynt' un ‚Hayntige Nayes'", in: Flinker, David, Mordechai Tsanin und Shalom Rosenfeld (Hrsg.): *Di yidishe prese vos iz geven*, Tel Aviv 1975, S. 64–70.

Lassalle, Ferdinand: Rekht un makht, Varshe 1906.

Lestschinsky, Jakob: Der wirtschaftliche Zusammenbruch der Juden in Deutschland und Polen, Paris 1936.

Lestschinsky, Jakob: Das Jüdische Volk im Neuen Europa (Die wirtschaftliche Lage der Juden in Ost- und Zentraleuropa seit dem Weltkrieg), *Schriften zur Diskussion des Zionismus*, Nr. 11/12, Prag 1934, S. 142–43.

Lestschinsky, Jakob: Di ekonomishe lage fun yidn in Poyln, Berlin 1931.

Malakh, Leyb: Fun Poyln biz Terkey, reportazshn, Pariz 1939.

Malakh, Leyb: Fun Shpanye biz Holand, Varshe 1937.
Mark, Bernard: „Wspomnienia o udziale ludności żydowskiej w cywilnej obronie Warszawy", in: Instytut Historii im. Tadeusza Manteuffla Polskiej Akademii Nauk (Hrsg.): *Ciwilna obrona Warszawy we wrześniu 1939r. Dokumenty, materiały prasowe, wspomnienia i relacje*, Warszawa 1964, S. 299–310.
Mark, Bernard: Umgekumene shrayber fun getos un lagern, Varshe 1954.
Mendelsohn, Shlomo: Der vidershtand in Varshever geto, Nyu York 1944.
Mendelsohn, Shlomo: Vi azoy leben poylishe yidn in di getos, Nyu York 1942.
Mowrer, Edgar Ansel: Berlin: Civilization in Germany, *The Menorah Journal*, 31/1 (April–June 1933), S. 63–72.
Mozes, Mendl: „Der Moment", in: Alveltlekher yidisher kultur-kongres (Hrsg.): *Fun noentn over. Yidishe prese in Varshe*, Bd. 2, Nyu York 1956, S. 241–299.
Mozes, Mendl: „Di farnikhtung fun der yidisher literatur un prese in Poyln", in *Der poylisher Yud* 11 (1944), S. 53–59.
Mozes, Samuel R.: Żydowska Agencja Telegraficzna w Polsce (1920–1939), *Biuletyn Żydowskiego Historycznego w Polsce*, 97/1 (1976), S. 109–121.
N. N.: Dos broyne bukh vegn raykhstog-untertsindung un Hitler-teror (= Groshn-bibliotek, Nr. 134–140), Varshe 1933.
N. N.: „Żydzi. Wystąpienia antyżydowskie i ich echa", *Sprawy Narodowościowe* 1–2 (1936), S. 107–108.
N. N.: „Petycia Zjednoczonego Komitetu Żydowskiego dla Walki z Prześladowaniem Żydów do Ligi Narodów", *Sprawy Narodowościowe* 7/4 (1933), S. 422–424.
Neimanovitsh, Naftali Hertz: „Der hoyzlehrer", Daytsh, Varshe 1900.
Nekhemiezon, K.: Hitler iz shoyn geven! (= Groshn-bibliotek, Nr. 113), Varshe 1933.
Neumann, I. M.: „Outstreched on the Altar", *The Menorah Journal* 24/3 (October–December 1936), S. 294–301.
Pat, Emanuel: Im gerangl. Yaakov Pat un zayn dor, Nyu York 1971.
Pat, Yakov: A rayze (ibern Ratnfarband), Varshe 1936.
Prinz, Joachim: Das Leben ohne Nachbarn. Versuch einer ersten Analyse. Ghetto 1935 (aus einer Rede: Jüdische Situation – Heute.), in *Jüdische Rundschau*, 17. April 1935, S. 3.
Ravitsh, Melekh: Dos mayse-bukh fun meyn leben. Yorn in Varshe 1921–1934, Tel Aviv 1975.
Ravitsh, Melekh: Di lider fun mayne lider: a kinus – oyfgeklibn fun draytsn zamlungen 1909–1954, Montreal 1954.
Ravitsh, Melekh: Kontinentn un okeanen, Varshe 1937.
Ringelblum, Emanuel: „Zbonshin", *Bleter far geshikhte* XIX (1980), S. 27–30.
Rotstein, Shmuel: „The orthodox Press in Poland", in: Flinker, David, Mordechai Tsanin und Shalom Rosenfeld (Hrsg.): *The Jewish Press That Was. Accounts, Evaluations and Memories of Jewish Papers in pre-Holocaust Europe*, Jerusalem 1980, S. 97–111.
Rozen, Ber Y.: Tlomatske 13, Buenos Ayres 1950.
Schiper, Ignacy: Dzieje Handlu Żydowskiego na Ziemiach Polskich, hrsg. von Centrala Związek Kupców w Warszawie, Warszawie 1937.
Segalovitsh, Zusman: Tłomackie 13 (Z unicestwionej przeszłości). Wspomienia o Żydowskim Związku Literatów i Dziennikarzy w Polsce (1919–1939), Wrocław 2001.
Segalovitsh, Zusman: Gebrente trit. Ayndrikn un iberlebungen fun a pleytim-vanderung, Buenos Ayres 1947.
Segalovitsh, Zusman: Tlomatske 13. Fun farbrentn nekhtn, Buenos Ayres 1946.

Shefner, Barukh: Novolipie 7 (zikhrones un eseyen), Buenos Ayres 1955.
Shefner, Barukh: Ye'ushzon iz geven der populerster shrayber in der yidisher prese in Poyln, in *Forverts*, 14. März 1942, S. 2.
Shenshtedt, V. [Schönstedt, Walther]: Dershosn baym antloyfn. Roman fun shturmistn-lebn (= Groshn-bibliotek, Nr. 152–156), Varshe 1934.
Shiller, Fridrikh: Di royber. A tragedie in 4 akhtn, Varshe 1911.
Shneerson, Fishl: Grenadir-shtrase (roman fun yidish leben in Daytshland), Varshe 1935.
Shvarts, Pinkhas: „Folkstsaytung", in: Alveltlekher yidisher kultur-kongres (Hrsg.): *Fun noentn over. Yidishe prese in Varshe*, Bd. 2, Nyu York 1956, S. 303–442.
Shvarts, Pinkhas: Dos iz geven der onheyb, Nyu York 1943.
Singer, Bernard: W krajach Hitlera i Stalina, Reportaże, Warszawa 2007.
Singer, Bernard: Od Witosa do Sławka, Paris 1962.
Smolar, Boris: In the Service of my People, Baltimore 1982.
Swet, Gershon: Oyfn frishn keyver fun Yeshayahu Klinov, in *Forverts*, 28. Oktober 1963, S. 6.
Swet, Gershon: „With the Wurmbrands in pre-Hitler Berlin", in: Grossmann, Kurt R. (Hrsg.): *Michael Wurmbrand, The Man and His Work*, New York 1956, S. 17–21.
Tenenboym, Shie: Z. Segalovitsh un zeyne heldn, in: Kazdan, Khayim Solomon (Hrsg.): *Zusman Segalovitsh. A monografie*, Nyu York 1979, S. 118–120.
Tsentrales bundishes anti-Hitler-komitet in Varshe: Arbeter-klas in kamf kegn Hitler-Daytshland, Varshe 1934.
Tsharni, Daniel: Di velt iz kaylekhdik, Tel Aviv 1963.
Turkow, Mark: „Between Two World Wars", in: Flinker, David, Shalom Rosenfeld und Mordechai Tsanin (Hrsg.): *The Jewish Press that was. Accounts, Evaluations and Memories of Jewish Papers in pre-Holocaust Europe*, Jerusalem 1980, S. 79–85.
Turkow, Mark: Gdańsk na Wulkanie, Gdańsk 1932.
Veltsh, Feliks: Der antisemitizm un unzer entfer, Vilne 1932.
Verband Ausländischer Pressevertreter e. V. (Hrsg.): Mitgliederliste Januar 1932, Mai 1933, Januar 1935, April 1936, Mai 1937, Oktober 1938, Berlin.
Vern, Zhul: A rayze arun di velt in 80 teg, Nyu York, undatiert.
Wiślicki, Alfred: „The Jewish Boycott Campaign against Nazi Germany and its Culmination in the Halberstadt Trial", *Polin* 8 (1994), S. 282–289.
Zak, Avrom: In onheyb fun a friling, Buenos Ayres 1962, S. 143–152.
Zarząd stowarzyszenia „Dom Emigranta Żydowskiego im. Abrahama Podliszewskiego": Dom Emigranta Żydowskiego im. Abrahama Podliszewskiego, Warszawa 1936.
Związek Kupców Centrala w Warszawie: Sprawozdzanie za rok 1933, Warszawa 1934.

10.7 Sekundärliteratur

Aly, Götz: Hitlers Volksstaat. Raub, Rassenkrieg und nationaler Sozialismus, Frankfurt am Main 2006.
Andrzejewski, Marek: „Niemieckojęzyczna emigracja w Polsce w latach 1933–1939", *Przegląd Zachodni* 2 (2006), S. 109–127.
Arad, Gulie Ne'eman: America, its Jews, and the Rise of Nazism, Bloomington 2000.
Aschheim, Steven: Brothers and Strangers. The East European Jew in German and German Jewish Consciousness, 1800–1923, Madison 1982.

Bacon, Gershon C.: „One Jewish Street: Reflections on Unity and Disunity in Interwar Polish Jewry", in: Polonsky, Antony, Hanna Węgrzynek und Andrzej Żbikowski (Hrsg.): *New Directions in the History of the Jews in the Polish Lands*, Boston 2018, S. 324–337.

Bacon, Gershon C.: „Review of Emanuel Melzer, No Way Out: The Politics of Polish Jewry 1935–1939", *The Jewish Quarterly Review* XCII/1–2 (2001), S. 175–179.

Bacon, Gershon C.: The Politics of Tradition: Agudat Yisrael in Poland, 1916–1939, Jerusalem 1996.

Bajohr, Frank und Andrea Löw (Hrsg.): „Tendenzen und Probleme der neueren Holocaust-Forschung: Eine Einführung", in: *Der Holocaust. Ergebnisse und neue Fragen der Forschung*, Frankfurt am Main 2015, S. 9–30.

Balkelis, Tomas: „War, ethnic conflict and the refugee crisis in Lithuania, 1939–1940", *Contemporary European History* 16/4 (2007), S. 461–477.

Barkai, Avraham: „Wehr Dich!": der Centralverein deutscher Staatsbürger jüdischen Glaubens (C.V.) 1893–1938, München 2002.

Barkat-Glanzer, Hani: Ha-yomon be-yidish „Der Moment" (1910–1939), Jerusalem 2018.

Bartal, Israel: „The Image of Germany and German Jewry in East European Jewish Society During the 19th Century", in: Twersky, Isadore (Hrsg.): *Danzig, Between East and West: Aspects of Modern Jewish History*, Cambridge/London 1985, S. 3–15.

Bayerdörfer, Hans-Peter: „Das Bild des Ostjuden in der deutschen Literatur", in: Strauss, H. A. und Chr. Hoffmann (Hrsg.): Juden und Judentum in der Literatur, München 1985, S. 211–236.

Bendet-Nowatzky, Ilana: „Nazi Germany's War Threat as depicted by the Hebrew Press in Palestine, 1933–1939", in: Lappin, Eleonore und Michael Nagel (Hrsg.): *Dokumente, Darstellungen, Wechselbeziehungen, Bd. 2, Deutsch-jüdische Presse und jüdische Geschichte*, Bremen 2008, S. 179–189.

Benz, Wolfgang: Gewalt im November 1938: Die „Reichskristallnacht" – Initial zum Holocaust, Berlin 2018.

Berenstein, Tatjana und Adam Rutkowski: „Prześladowania ludności żydowskiej w okresie hitlerowskiej administracji wojskowej na okupowanych ziemiach polskich (1. IX. 1939r. – 25. X. 1939r.)", *Biuletyn Żydowskiego Instytutu Historycznego* 38 (1961), S. 3–38.

Blasius, Dirk: „Zwischen Rechtsvertrauen und Rechtszerstörung. Deutsche Juden 1933–1935", in: Dirk Blasius und Dan Diner (Hrsg.): *Zerbrochene Geschichte. Leben und Selbstverständnis der Juden in Deutschland*, Frankfurt am Main 1991, S. 121–137.

Blatman, Daniel: „Beyond National Identities: New Challenges in Writing the History of the Holocaust in Poland and Israel", in: Polonsky, Antony, Hanna Węgrzynek und Andrzej Żbikowski (Hrsg.): *New Directions in the History of the Jews in the Polish Lands*, Boston 2018, S. 423–441.

Blatman, Daniel: For our Freedom and Yours. The Jewish Labour Bund in Poland 1939–1949, London/Portland 2003.

Blatman, Daniel: „The National Ideology of the Bund in the Test of Antisemitism and the Holocaust, 1933–47", in: Jackobs, Jack (Hrsg.): *Jewish Politics in Eastern Europe: The Bund at 100*, Bialystok 2001, S. 197–212.

Bleaman, Isaac L.: „Guidelines for Yiddish in Bibliographies: A Supplement to YIVO Transliterations", *In geveb* (July 2019), https://ingeveb.org/pedagogy/guidelines-for-yiddish-in-bibliographies (abgerufen am: 8.12.2021).

Böhler, Jochen: Der Überfall. Deutschlands Krieg gegen Polen, Frankfurt am Main 2009.

Böhler, Jochen: Auftakt zum Vernichtungskrieg. Die Wehrmacht in Polen 1939, Frankfurt am Main 2006.
Bothe, Alina: „Refugees or Deportees? The Semantics of the First ‚Polenaktion', Past and Present", *S.I.M.O.N. Shoah: Intervention. Methods. Documentation* 5/2 (2018), S. 104–113.
Bourdieu, Pierre: Die feinen Unterschiede. Kritik der gesellschaftlichen Urteilskraft, 26. Aufl., Frankfurt am Main 2016.
Braun, Brigitte und Urszula Biel: „Oberschlesien ist unser! – Die Region Oberschlesien im deutschen und polnischen Kino nach dem Ersten Weltkrieg (1918–1929)", in: Dupuis, Indira (Hrsg.): *Transnationale Kommunikationsräume in Nordosteuropa seit Beginn des 20. Jahrhunderts* (= Nordost-Archiv, Bd. 18), Lüneburg 2010, S. 44–71.
Bray, Mark: Antifa. The Anti-Fascist Handbook, London 2017.
Brechtken, Magnus: „Madagaskar für die Juden". Antisemitische Idee und politische Praxis 1885–1945 (= Studien zur Zeitgeschichte, Bd. 53), München 1998.
Breuer, Stefan: „‚Gemeinschaft' in der ‚deutschen Soziologie' (1933–1945)", *Zeitschrift für Soziologie* 31/5 (2002), S. 354–372.
Brinkmann, Tobias: „Ort des Übergangs – Berlin als Schnittstelle der jüdischen Migration aus Osteuropa nach 1918", in: Pickhan, Gertrud und Verena Dohrn (Hrsg.): *Transit und Transformation. Osteuropäisch-jüdische Migranten in Berlin 1918–1939* (Charlottengrad und Scheunenviertel, Bd. 1), Göttingen 2010, S. 25–44.
Brinkmann, Tobias: Von der Gemeinde zur „Community". Jüdische Einwanderer in Chicago 1840–1900, Osnabrück 2002.
Broek, Gertjan: The (im)possibilities of escaping. Jewish emigration 1933–1942, https://www.annefrank.org/en/anne-frank/go-in-depth/impossibilities-escaping-1933-1942/ (abgerufen am: 25.12.2021).
Bronsztejn, Szyja: „Polish-Jewish Relations as Reflected in Memoirs of the Interwar Period", *Polin* 8 (1994), S. 66–88.
Brumberg, Abraham: „Towards the Final Solution: Perceptions of Hitler and Nazism in the US Left-of-Center Yiddish Press, 1930–1939", in: Shapiro, Robert Moses (Hrsg.): *Why didn't the Press Shout? American & International Journalism during the Holocaust*, Jersey City 2003, S. 17–39.
Brumberg, Abraham: „The Bund and the Polish Socialist Party in the Late 1930s", in: Gutman, Yisrael u.a. (Hrsg.): *The Jews of Poland between Two World Wars*, Hanover 1989, S. 75–94.
Brunschwig, Annette: Heimat Biel. Geschichte der Juden in einer Schweizer Stadt vom Spätmittelalter bis 1945 (= Beiträge zur Geschichte und Kultur der Juden in der Schweiz, Bd. 15), Zürich 2011.
Brykczynski, Paul: Primed for Violence. Murder, Antisemitism and Democratic Politics in Interwar Poland, Wisconsin 2016.
Cohen, Boaz: „Jews, Jewish Studies and Holocaust Historiography", in: Dreyfus, Jean-Marc und Daniel Langton (Hrsg.): *Writing the Holocaust*, London 2010, S. 100–115.
Cohen, Nathan: „The Jews of Independent Poland – Linguistic and Cultural Changes", in: Tulea, Gitta und Ernest Krausz (Hrsg.): *Starting the Twenty-first Century: Sociological Reflections and Challenges*, New Brunswick 2017, S. 161–176.
Cohen, Nathan: „Distributing Knowledge: Warsaw as a Center of Jewish Publishing, 1850–1914", in: Guesnet, François und Glenn Dynner (Hrsg.): *Warsaw. The Jewish*

Metropolis: Essays in Honor of the 75th Birthday of Professor Antony Polonsky (= IJS Studies in Judaica, Bd. 15), Leiden 2015, S. 180–206.

Cohen, Nathan: „Przyczyny emigracji pisarzy jidysz z Polski (1945–1948)", in: Ruta, Magdalena (Hrsg.): *Nusech Pojln... Studia z dziejów kultury jidysz w powojennej Polsce*, Kraków/Budapeszt 2008, S. 231–246.

Cohen, Nathan: „The Yiddish Press and Yiddish Literature: A fertile but complex Relationship", *Modern Judaism – A Journal of Jewish Ideas and Experience* 28/2 (2008), S. 149–172.

Cohen, Nathan: „Yehudi akshan she-eyno nitan le-tikun" – Yitzkhak Katzenelson ha-publizist lenochakh hitbaseut ha-shilton ha-natzi be-germanyah (1933–1939), *Gal-Ed* 20 (2006), S. 101–112.

Cohen, Nathan: „The Renewed Association of Yiddish Writers and Journalists in Poland, 1945–1948", in: Sherman, Joseph (Hrsg.): *Yiddish after the Holocaust*, Oxford 2004, S. 15–36.

Cohen, Nathan: „Shund and the Tabloids: Jewish Popular Reading in Inter-War Poland", *Polin* 16 (2003), S. 190–211.

Cohen, Nathan: Sefer, sofer ve-iton. Merkaz ha-tarbut ha-yehudit be-varsha, 1918–1942, Jerusalem 2003.

Cohen, Nathan: „Tlomackie 13 – The Heart and Soul of Jewish Literary Warsaw", in: Żydowski Instytut Historyczny-Instytut Naukowo-Badawczy (Hrsg.): *Żydzi Warszawy. Materiały konferencji w 100. Rocznicę urodzin Emanuela Ringelbluma (21 listopada 1900–7 marca 1944)*, Warszawa 2000, S. 91–98.

Cohen, Nathan: „Kitzo shel merkaz ha-sifrut ve-ha-itonot ha-yehudit be-varsha", *Gal-Ed* 15–16 (1997), S. 145–168.

Cohen, Nathan: „Hityahasut le-hokeynirnberg be-itonot ha-yehudit be-varshe", *Yalkut Moreshet* 48 (1992), S. 33–54.

Conze, Eckart und Norbert Frey, Peter Hayes sowie Moshe Zimmermann (Hrsg.): Das Amt und die Vergangenheit. Deutsche Diplomaten im Dritten Reich und in der Bundesrepublik, München 2010.

Deeg, Stefan: „Das Eigene und das Andere. Strategien der Fremddarstellung in Reiseberichten", in: Michel, Paul (Hrsg.): *Symbolik von Weg und Reise*, Schriften zur Symbolforschung 8, Bern 1992, S. 163–191.

Diner, Dan: „Die Katastrophe vor der Katastrophe. Auswanderung ohne Einwanderung", in: Diner, Dan und Dirk Blasius (Hrsg.): *Zerbrochene Geschichte. Leben und Selbstverständnis der Juden in Deutschland*, Frankfurt am Main 1991, S. 138–160.

Diner, Hasia R.: We remember with Reverence and Love: American Jews and the Myth of Silence after the Holocaust, 1945–1962, New York 2009.

Diner, Hasia R. und Gennady Estraikh (Hrsg.): Introduction, in: *1929. Mapping the Jewish World*, New York 2013, S. 1–10.

Dohrn, Verena: „Diplomacy in the Diaspora: The Jewish Telegraphic Agency in Berlin (1922–1933)", *Leo Baeck Institute Year Book* 54 (2009), S. 219–241.

Drace-Francis, Alex: „Travel Writing in Eastern Europe", in: Das, Nandini und Tim Youngs (Hrsg.): *The Cambridge History of Travel Writing*, Cambridge 2019, S. 191–205.

Eber, Irene: Wartime Shanghai and the Jewish Refugees from Central Europe. Survival, Co-Existence, and Identity in a Multi-Ethnic City, Berlin/Boston 2012.

Engel, David: „Historical Writing as a National Mission: The Jews of Poland and their Historiographic Traditions", in: Gutman, Israel (Hrsg.): *Emanuel Ringelblum. The Man and the Historian*, Jerusalem 2010, S. 117–140.

Engel, David: „Moshe Kleinbaum's Report on Issues in the Former Eastern Polish Territories", in: Davies, Norman und Antony Polonsky (Hrsg.): *Jews in Eastern Poland and the USSR, 1939–46*, London 1991, S. 275–300.

Engel, David: In the Shadow of Auschwitz. The Polish Government-in-Exile and the Jews, 1939–1942, Chapell Hill/London 1987.

Estraikh, Gennady: „Die jiddischsprachige New Yorker Tageszeitung Forverts und ihr Berliner Korrespondent Raphael Abramovitch", in: Börner, Markus, Jakob Stürmann und Anja Jungfer (Hrsg.): *Judentum und Arbeiterbewegung. Das Ringen um Emanzipation in der ersten Hälfte des 20. Jahrhunderts*, Berlin 2018, S. 115–142.

Estraikh, Gennady: „Weimar Berlin – An International Yiddish Press Center", in: Pickhan, Gertrud und Verena Dohrn (Hrsg.): *Transit und Transformation. Osteuropäisch-jüdische Migranten in Berlin 1918–1939* (= Charlottengrad und Scheunenviertel, Bd. 1), Göttingen 2010, S. 77–94.

Estraikh, Gennady: „Jacob Lestschinsky: A Yiddishist Dreamer and Social Scientist", *Science in Context* 20/2 (2007), S. 215–237.

Fischler, Hersch: „Zum Zeitablauf der Reichsbrandstiftung", *Vierteljahrshefte für Zeitgeschichte*, 53/4 (2005), S. 617–632.

Frankl, Michal und Kateřina Čapková: „No Man's Land: Refugees, Moving Borders, and Shifting Citizenship in 1938 East-Central Europe", *Jahrbuch des Simon-Dubnow-Instituts* 16 (2019/2017), S. 247–266.

Frankl, Michal und Kateřina Čapková: Unsichere Zuflucht: Die Tschechoslowakei und ihre Flüchtlinge aus NS-Deutschland und Österreich 1933–1938, Köln 2012.

Freeden, Herbert: Die jüdische Presse im Dritten Reich, Frankfurt am Main 1987.

Friedländer, Saul: Das Dritte Reich und die Juden. Die Jahre der Verfolgung 1933–1939, Bd. 1, München 2000.

Friedrich, Klaus-Peter: „Juden und jüdisch-polnische Beziehungen in der Zweiten Polnischen Republik (1918–1939)", *Zeitschrift für Ostmitteleuropa-Forschung* 46 (1997), S. 535–560.

Fuks, Marian: „Dziennikarze prasy żydowskiej w Polsce", *Kwartalnik Historii Prasy Polskiej* 24/3 (1985/86), S. 35–52.

Fuks, Marian: Prasa żydowska w Warszawie, Warschau 1979.

Gal-Ed, Efrat: Niemandssprache. Itzik Manger – ein europäischer Dichter, Berlin 2016.

Galas, Michał und Shoshana Ronen (Hrsg.): A Romantic Polish-Jew. Rabbi Ozjasz Thon from Various Perspectives, Krakow 2015.

Garrett, Leah: Journeys beyond the Pale. Yiddish Travel Writing in the Modern World, Madison 2003.

Gechtman, Roni: „The Rise of the Bund as Reflected in the Naye Folkstsaytung, 1935–1936", *Gal-Ed* 17 (2000), S. 29–55.

Geller, Aleksandra: „‚Literarisze Bleter' (1924–1939)", in: Nalewajko-Kulikov, Joanna, Agnieszka J. Cieślikowa und Grzegorz P. Bąbiak (Hrsg.): *Studia z dziejów trójjęzycznej prasy żydowskiej na ziemiach polskich (XIX–XX w.)*, Warszawa 2012, S. 101–112.

Gierlak, Maria: „Das nationalsozialistische Deutschland in den ‚Kroniki tygodniowe' (1933–1939) von Antoni Słonimski", in: Brandt, Marion (Hrsg.): *Grenzüberschreitungen.*

Deutsche, Polen und Juden zwischen den Kulturen (1918–1939), München 2006, S. 187–203.
Golczewski, Frank: Das Deutschlandbild der Polen 1918–1939: eine Untersuchung der Historiographie und der Publizistik, Düsseldorf 1974.
Gorny, Yosef: The Jewish Press and the Holocaust, 1939–1945. Palestine, Britain, the United States, and the Soviet Union, New York 2012.
Gorny, Yosef: Converging Alternatives. The Bund and the Zionist Labor Movement, 1897–1985, Albany 2006.
Gottesman, Itzik Nakhmen: Defining the Yiddish Nation. The Jewish Folklorists of Poland, Detroit 2003.
Gottlieb, Moshe: „The Anti-Nazi Boycott Movement in the United States: An Ideological and Sociological Appreciation", *Jewish Social Studies* 35/3–4 (1973), S. 198–227.
Gotzen-Dold, Maria: Mojżesz Schorr und Majer Bałaban. Polnisch-jüdische Historiker der Zwischenkriegszeit (= Schriften des Simon-Dubnow-Institut, Bd. 20), Göttingen 2014.
Grinberg, Daniel: „The Polish-Language Jewish Press and Events in the Third Reich, 1933–1939", in: Shapiro, Robert Moses (Hrsg.): *Why didn't the Press Shout? American & International Journalism during the Holocaust*, Jersey City 2003, S. 429–446.
Grünberg, Karol: „The Atrocities against the Jews in the Third Reich as seen by the National-Democratic Press (1933–1938)", *Polin* 5 (1990), S. 103–113.
Gruner, Wolf: „Indifference? Participation and Protest as Individual Responses to the Persecution of the Jews", in: Schrafstetter, Susanna und Alan Steinweis (Hrsg.): *The Germans and the Holocaust. Popular Responses to the Persecution and Murder of the Jews*, New York 2016, S. 59–83.
Gruner, Wolf: „Die Verfolgung der Juden und die Reaktionen der Berliner", in: Wildt, Michael und Christoph Kreutzmüller (Hrsg.): *Berlin 1933–1945*, München 2013, S. 311–324.
Gruner, Wolf: „Die Berliner und die NS-Judenverfolgung. Eine mikrohistorische Studie individueller Handlungen und sozialer Beziehungen", in: Hachtmann, Rüdiger, Thomas Scharrschmidt und Winfried Süß (Hrsg.): *Berlin im Nationalsozialismus. Politik und Gesellschaft 1933–1945* (= Beiträge zur Geschichte des Nationalsozialismus, Bd. 27), Göttingen 2011, S. 57–87.
Guesnet, François: „Sensitive travelers: Jewish and non-Jewish visitors from Eastern Europe to Palestine between the two World Wars", *The Journal of Israeli History* 27/2 (2008), S. 171–189.
Guesnet, François und Ulrich Baumann: „Kristallnacht – Pogrom – State Terror: A Terminological Reflection", *The Jewish Role in American Life, Annual Review* 17 (2019), S. 1–24.
Hagen, William W.: „Before the ,Final Solution': Toward a Comparative Analysis of Political Anti-Semitism in Interwar Germany and Poland", *The Journal of Modern History* 68 (1996), S. 351–381.
Harris, Bonnie M.: „From German Jews to Polish Refugees: Germany's Polenaktion and the Zbąszyń Deportations of October 1938", in *Kwartalnik Historii Żydów* 2 (2009), S. 175–205.
Heid, Ludger: Ostjuden. Bürger, Kleinbürger, Proletarier. Geschichte einer jüdischen Minderheit im Ruhrgebiet, Essen 2011.
Heim, Susanne: „The Year 1938 and the International Reactions to the Forced Emigration of German Jews", in: Bajohr, Frank und Dieter Pohl (Hrsg.): *Right-Wing Politics and the Rise*

of Antisemitism in Europe 1935–1941 (= European Holocaust Studies, Bd. 1), Göttingen 2019, S. 81–94.
Heller, Celia S.: On the Edge of Destruction: Jews of Poland between the Two World Wars, Detroit 1994.
Heller, Daniel Kupfert: Jabotinsky's Childeren: Polish Jews and the Rise of right-wing Zionism, Oxford/Princeton 2017.
Herzer, Martin: Auslandskorrespondenten und auswärtige Pressepolitik im Dritten Reich, Köln 2012.
Herzog, Andreas: „Zum Bild des ‚Ostjudentums' in der ‚westjüdischen' Publizistik der ersten Jahrzehnte des 20. Jahrhunderts", in: Forschungsstelle Judentum. Theologische Fakultät Leipzig (Hrsg.): *Mitteilungen und Beiträge der Forschungsstelle Judentum*, Leipzig 1998, S. 26–49.
Hilberg, Raul: Perpetrators, Victims, Bystanders: The Jewish Catastrophe 1933–1945, New York 1992.
Hilbrenner, Anke: „‚Simon Dubnow war eine Art intellektueller Pate': Das YIVO in Wilna und Dubnows Aufruf zur Arbeit am nationalen Gedächtnis", in: Dmitrieva, Marina und Heidemarie Petersen (Hrsg.): *Jüdische Kultur(en) im Neuen Europa. Wilna 1918–1939*, Wiesbaden 2004, S. 147–162.
Hillerich, Sonja: Deutsche Auslandskorrespondenten im 19. Jahrhundert. Die Entstehung einer transnationalen journalistischen Berufskultur, Berlin 2018.
Holzer, Jerzy: „Polish Political Parties and Antisemitism", in *Polin* 8 (1994), S. 194–205.
Honorowa, Elżbieta: „Powrót Żydów polskich z ZSRR oraz działalność Komitetu Żydów w Polsce", *Biuletyn Żydowskiego Instytutu Historycznego* 133–134 (1985), S. 105–122.
Jacobs, Jack: „Bundist Anti-Zionism in Interwar Poland", in: Grabski, August (Hrsg.): *Rebels against Zion. Studies on the Jewish Left Anti-Zionism*, Warsaw 2011, S. 67–88.
Jacobs, Jack: On Socialists and „The Jewish Question" after Marx, New York 1992.
Jansen, Dorothea: Einführung in die Netzwerkanalyse, Opladen 2003.
Jockusch, Laura: Collect and Record! Jewish Holocaust Documentation in Early Postwar Europe, Oxford 2012.
Jockusch, Laura: „‚Jeder überlebende Jude ist ein Stück Geschichte'. Zur Entwicklung jüdischer Zeugenschaft vor und nach dem Holocaust", in: Sabrow, Martin und Norbert Frei (Hrsg.): *Die Geburt des Zeitzeugen nach 1945*(= Geschichte der Gegenwart, Bd. 4), Göttingen 2012, S. 113–144.
Jünger, David: Jahre der Ungewissheit. Emigrationspläne deutscher Juden 1933–1938 (= Schriften des Simon-Dubnow-Instituts, Bd. 24), Göttingen 2016.
Kahmann, Bodo: „Norbert Elias' Soziologie des deutschen Antisemitismus", in: Kistenmacher, Olaf und Hans-Joachim Hahn (Hrsg.): *Beschreibungsversuche der Judenfeindschaft. Zur Geschichte der Antisemitismusforschung vor 1944*, Berlin/München/Boston 2015, S. 385–402.
Kałczewiak, Mariusz: „Anticolonial Orientalism: Perets Hirshbeyn's Indian Travelogue", *In geveb*, 2019, https://ingeveb.org/articles/anticolonial-orientalism (abgerufen am: 24.12.2021).
Karczewska, Agnieszka und Sławomier Jacek Żurek (Hrsg.): Prasa żydów polskich: od przeszłości do teraźniejszości, Lublin 2016.

Kassow, Samuel D.: „The Jewish Landkentenish Society in Interwar Poland", in: Lipphardt, Anna, Alexandra Nocke und Julia Brauch (Hrsg.): *Jewish Topographies: Traditions of Place, Visions of Space*, Ashgate 2008, S. 241–264.

Kassow, Samuel D.: Who will write our history? Rediscovering a hidden Archive from the Ghetto, Bloomington 2007.

Kijek, Kamil: Dzieci modernizmu. Świadomość, kultura i socjalizacja polityczna młodzieży żydowskiej w II Rzeczypospolitej, Wrocław 2017.

Kizilov, Mikhail: „Hebrew and Yiddish Travel Writing", in: Bracewell, Wendy und Alex Drace-Francis (Hrsg.): *East Looks West. East European Travel Writing in Europe*, Bd. 3, Budapest/New York 2008, S. 229–241.

Klein, Ruth L. (Hrsg.): Nazi Germany, Canadian Responses. Confronting Antisemitism in the Shadow of War, Montreal/Kingston 2012.

Klotz, Anne-Christin: „Reiseberichte vom Rand des Abgrunds – Der polnisch-jüdische Schriftsteller Leib Malakh unterwegs im Berlin des Jahres 1936", in: Bothe, Alina, Monika Schärtl und Stefanie Schüler-Springorum (Hrsg.): *Shoah: Ereignis und Erinnerung* (= Selma Stern Zentrum für Jüdische Studien Berlin-Brandenburg, Bd. 3) Berlin/Leipzig 2019, S. 31–46.

Kolasa, Władysław Marek und Joanna Nalewajko-Kulikov: „Bibliografia opracowań prasy żydowskiej", in: *Studia z dziejów trójjęzycznej prasy żydowskiej na ziemiach polskich (XIX–XX w.)*, Warszawa 2012, S. 513–546.

Kolb, Eberhard: Die Weimarer Republik, München 2013.

Kopciowski, Adam: Wos hert zich in der prowinc?: prasa żydowska na Lubelszczyźnie i jej największy dziennik „Lubliner Tugblat", Lublin 2015.

Koselleck, Reinhart (Hrsg.): „‚Erfahrungsraum' und ‚Erwartungshorizont' zwei historische Kategorien", in: *Vergangene Zukunft: Zur Semantik geschichtlicher Zeiten*, Frankfurt am Main 1979, S. 349–375.

Kosmala, Beate: „Der deutsche Überfall auf Polen. Vorgeschichte und Kampfhandlungen", in: Borodziej, Włodzimierz und und Klaus Ziemer (Hrsg.): *Deutsch-polnische Beziehungen 1939–1945–1949*, Osnabrück 2000, S. 19–40.

Kosmala, Beate: „Pressereaktionen in Polen auf den Novemberpogrom 1938 in Deutschland und die Lage der polnischen Juden", *Zeitschrift für Geschichte* 46 (1998), S. 1034–1045.

Kotowski, Albert S.: Hitlers Bewegung im Urteil der polnischen Nationaldemokratie, Wiesbaden 2000.

Kovács, Mária M.: „The Numerus Clausus in Hungary 1920–1945", in: Fritz, Regina, Grzegorz Rossoliński-Liebe und Jana Starek (Hrsg.): *Alma mater antisemitica: akademisches Milieu, Juden und Antisemitismus an den Universitäten Europas zwischen 1918 und 1939*, Wien 2016, S. 85–112.

Kozłowska, Magdalena: Świetlana Przyszłość? Żydowski Związek Młodzieżowy Cukunft Wobec Wyzwań Międzywojennej Polski, Kraków/Budapeszt 2016.

Krah, Franziska: „Ein Ungeheuer, das wenigstens theoretisch besiegt sein muß". Pioniere der Antisemitismusforschung in Deutschland, Frankfurt am Main/New York 2016.

Krzywiec, Grzegorz: „Balance of Polish Political Antisemitism: Between ‚National Revolution', Economic Crisis, and the Transformation of the Polish Public Sphere in the 1930s", in: Bajohr, Frank und Dieter Pohl (Hrsg.): R*ight-Wing Politics and the Rise of Antisemitism in Europe 1935–1941* (= European Holocaust Studies, Bd. 1), Göttingen 2019, S. 61–80.

Kugelmass, Jack: „Strange encounters: Expat and refugee Polish-Jewish journalists in Poland and Germany shortly after World War II", in: Schüler-Springorum, Stefanie und Stefanie Fischer (Hrsg.): *Juden und Nichtjuden nach der Shoah. Begegnungen in Deutschland* (= Europäisch-jüdische Studien. Beiträge, Bd. 42), Berlin/Boston 2019, S. 31–48.

Kugelmass, Jack: Sifting the Ruins: Émigré Jewish Journalists' Return Visits to the Old Country, 1946–1948 (= David W. Belin Lecture in American Jewish Affairs, Bd. 23), Ann Arbor 2013.

Kwiecień, Sabina: „Prasa żydowska w języku polskim w Krakowie w latach 1918–1939", *Annales Academiae Paedagogicae Cracoviensis* 9 (2003), S. 159–170.

Laczó, Ferenc und Joachim von Puttkamer (Hrsg.): Introduction, in: *Catastrophe and Utopia. Jewish Intellectuals in Central and Eastern Europe in the 1930s and 1940s*, Berlin 2018, S. 1–12.

Landau-Czajka, Anna: „Adolf Hitler i III Rzesza w oczach czytelników Małego Przeglądu", in: Instytut Historii im. Tadeusza Manteuffla Polskiej Akademii Nauk und Instytut Pamięci Narodowej (Hrsg.): *Yesterday. Studia z historii najnowszej*, Warszawa 2017, S. 307–324.

Landau-Czajka, Anna: Polska to nie oni. Polska i Polacy w polskojęzycznej prasie w żydowskiej II Rzeczypospolitej, Warszawa 2015.

Landau-Czajka, Anna: „Polacy w oczach ‚Naszego Przeglądu'", *Kwartalnik Historii Żydów* 4 (2011), S. 491–506.

Landau-Czajka, Anna: Syn będzie Lech: Asymilacja Żydów w Polsce międzywojennej, Warszawa 2006.

Landau-Czajka, Anna: „Polish Press Reporting About the Nazi Germans' Anti-Jewish Policy, 1933–39", in: Shapiro, Robert Moses (Hrsg.): *Why didn't the Press Shout? American & International Journalism during the Holocaust*, Jersey City 2003, S. 411–428.

Lässig, Simone: „The History of Knowledge and the Expansion of the Historical Research Agenda", *Bulletin of the GHI* 59 (2016), S. 29–58.

Leff, Laurel: Buried by the Times: The Holocaust and America's most important Newspaper, New York 2005.

Lehnstaedt, Stephan: Der Kern des Holocaust. Bełżec, Sobibór, Treblinka und die Aktion Reinhardt, München 2017.

Lehnstaedt, Stephan und Jochen Böhler (Hrsg.): Die Berichte der Einsatzgruppen aus Polen 1939, Berlin 2013.

Leiserowitz, Ruth u. a. (Hrsg.): Lesestunde/Lekcja czytania, Warszawa 2013.

Lewin, Dov: The Lesser of Two Evils. Eastern European Jewry Under Soviet Rule, 1939–1941, Jerusalem 1995.

Lewinsky, Tamar: „Eastern Europe in Argentina. Yiddish Travelogues and the Exploration of the Jewish Diaspora", in: Kilcher, Andreas und Gabriella Safran (Hrsg.): *Writing Jewish Culture. Paradoxes in Ethnography*, Bloomington 2016, S. 251–272.

Liebich, André: „Eine Emigration in der Emigration: Die Menschewiki in Deutschland 1921–1933", in: Schlögel, Karl (Hrsg.): *Russische Emigration in Deutschland 1918 bis 1941. Leben im europäischen Bürgerkrieg*, Berlin 1995, S. 229–241.

Lipstadt, Deborah E.: Beyond Belief. The American Press and the Coming of the Holocaust, 1933–1945, New York 1986.

Loose, Ingo: „Die Wahrnehmung der Nürnberger Gesetze in Polen und Ostmitteleuropa", in: Brechtken, Magnus, Hans-Christian Jasch, Christoph Kreutzmüller und Nils Weise (Hrsg.): *Die Nürnberger Gesetze – 80 Jahre danach: Vorgeschichte, Entstehung, Auswirkungen*, Göttingen 2017, S. 105–122.

Loose, Ingo: „Reaktionen auf den Novemberpogrom in Polen 1938–1939", Stiftung Topographie des Terrors (Hrsg.): *Die Novemberpogrome. Versuch einer Bilanz*, Berlin 2009, S. 44–58.

Löw, Andrea: „Handlungsspielräume und Reaktionen der jüdischen Bevölkerung in Ostmitteleuropa", in: Löw, Andrea und Frank Bajohr (Hrsg.): *Der Holocaust. Ergebnisse und neue Fragen der Forschung*, Frankfurt am Main 2015, S. 237–254.

Lubrich, Oliver: Reisen ins Reich, 1933–1945. Ausländische Autoren berichten aus Deutschland, Frankfurt am Main 2004.

Maksymiak, Małgorzata A.: Mental Maps im Zionismus. Ost und West in Konzepten einer jüdischen Nation vor 1914, Bremen 2015.

Marcus, Joseph: Social and Political History of the Jews in Poland, 1919–1939, Berlin/New York 1983.

Margolis, Rebecca: „A Review of the Yiddish Media: Responses of the Jewish Immigrant Community in Canada", in: Klein, Ruth L. (Hrsg.): *Nazi Germany, Canadian Responses. Confronting Antisemitism in the Shadow of the War*, Montreal/Kingston 2012, S. 114–143.

Marten-Finnis, Susanne: „Die jüdische Presse in der osteuropäischen Diaspora: Eine Typologie", in: Marten-Finnis, Susanne und Markus Bauer (Hrsg.): *Die Jüdische Presse. Forschungsmethoden – Erfahrungen – Ergebnisse*, Bremen 2007, S. 76–86.

Marten-Finnis, Susanne: Vilna as a Centre of Modern Jewish Press, 1840–1928. Aspirations, Challenges, and Progress, Bern 2004.

Marten-Finnis, Susanne und Heather Valencia: Sprachinseln. Jiddische Publizistik in London, Wilna und Berlin 1880–1930, Köln/Weimar/Wien 1999.

Marusczyk, Oliver und Natascha Müller: Marxistische Faschismusanalyse als Zeitdiagnose. Zur unterschiedlichen Rezeption des Nationalsozialismus, München 2014.

Matras, Yaron und Gertrud Reershemius: Standardization beyond the State: The Cases of Yiddish, Kurdish and Romani, in: von Gleich, Utta und Ekkehard Wolff (Hrsg.): *Standardization of National Languages,* Symposium on Language Standardization, 2.–3. Februar 1991, UIP-Berichte 5, Hamburg 1991, S. 103–123.

Maurer, Trude: Die Juden in der Weimarer Republik", in: Dirk Blasius und Dan Diner (Hrsg.): *Zerbrochene Geschichte. Leben und Selbstverständnis der Juden in Deutschland*, Frankfurt am Main 1991, S. 102–120.

Maurer, Trude: Ostjuden in Deutschland 1918–1933, Hamburg 1986.

Maurer, Trude und Jack Wertheimer (Hrsg.): Unwelcome Strangers. East European Jews in Imperial Germany, New York/Oxford 1987.

Mayer, Michael: „Politik der Vertreibung. Ausländische Juden im Deutschen Reich 1933 bis 1938", in: Stiftung Jüdisches Museum Berlin (Hrsg.): *Berlin Transit. Jüdische Migranten aus Osteuropa in den 1920er Jahren*, Berlin 2012, S. 119–121.

McCullough, Collin und Nathan Wilson (Hrsg.): Violence, Memory, and History: Western Perceptions of Kristallnacht, New York 2015.

Melzer, Emanuel: No Way Out: The Politics of Polish Jewry, 1935–1939, Ohio 1997.

Melzer, Emanuel: „Ha-herem ha-kalakli ha-yehudi ha-anti-germani be-polin be-shanim 1933–1934", *Gal-Ed* 6 (1982), S. 149–166.

Melzer, Emanuel: „Relations between Poland and Germany and Their Impact on the Jewish Problem in Poland (1939–1938)", *Yad Vashem Studies* 12/1 (1977), S. 193–229.

Mendelsohn, Ezra: „Zwischen großen Erwartungen und bösem Erwachen: Das Ende der multinationalen Reiche in Ostmittel- und Südosteuropa aus jüdischer Perspektive", in:

Dahlmann, Dittmar und Anke Hilbrenner (Hrsg.): *Zwischen großen Erwartungen und bösem Erwachen. Juden, Politik und Antisemitismus in Ost- und Südosteuropa 1918–1945*, Paderborn 2007, S. 13–31.

Mendelsohn, Ezra: „Jewish Historiography in Polish Jewry in the Interwar Period", *Polin* 8 (1994), S. 3–13.

Michman, Dan: „Historiography on the Holocaust in Poland: An Outsider's View of its Place within Recent General Developments in Holocaust Historiography", in: Polonsky, Antony, Andrzej Żbikowski und Hanna Węgrzynek (Hrsg.): *New Directions in the History of the Jews in the Polish Lands*, Boston 2018, S. 386–401.

Michman, Dan: „Handeln und Erfahrung: Bewältigungsstrategien im Kontext der jüdischen Geschichte", in: Löw, Andrea und Frank Bajohr (Hrsg.): *Der Holocaust. Ergebnisse und neue Fragen der Forschung*, Frankfurt am Main 2015, S. 255–280.

Miron, Guy: The Waning of Emancipation. Jewish History, Memory, and the Rise of Fascism in Germany, France, and Hungary, Detroit 2011.

Molisiak, Alina: Żydowska Warszawa – żydowski Berlin. Literacki portret miasta w pierwszej połowie XX wieku, Warszawa 2016.

Moss, Kenneth B.: An Unchosen People. Jewish Political Reckoning in Interwar Poland, Cambridge/London 2021.

Moss, Kenneth B.: „Negotiating Jewish Nationalism in Interwar Warsaw", in: Dynner, Glenn und François Guesnet (Hrsg.): *The Jewish Metropolis : Essays in Honor of the 75th Birthday of Professor Antony Polonsky* (= IJS Studies in Judaica, Bd. 15) Leiden 2015, S. 390–434.

Müller, Carmen: Weimar im Blick der USA. Amerikanische Auslandskorrespondenten und Öffentliche Meinung zwischen Perzeption und Realität (= Studien zur Geschichte, Politik und Gesellschaft Nordamerikas, Bd. 7), Münster 1997.

Nalewajko-Kulikov, Joanna: Can Fascism be good for the Jews? The Response of the Yiddish Press in Poland to Italian Fascism (1922–39): A Research Reconnaissance, in *Acta Poloniae Historica* 123 (2021), S. 187–214.

Nalewajko-Kulikov, Joanna: „Die jiddische Schule der Erwachsenen: Warsaw Yiddish Press and German-Jewish Contacts in 1915–18", *Acta Poloniae Historia* 113 (2016), S. 89–111.

Nalewajko-Kulikov, Joanna: Mówić w własnym imieniu. Prasa jidyszowa a tworzenie żydowskiej tożsamości narodowej (do 1918 roku), Warszawa 2016.

Nalewajko-Kulikov, Joanna: „,Di Haynt-mishpokhe': Study for a Group Picture", in: Dynner, Glenn und François Guesnet (Hrsg.): *Warsaw. The Jewish Metropolis: Essays in Honor of the 75th Birthday of Professor Antony Polonsky* (= IJS Studies in Judaica, Bd. 15), Leiden 2015, S. 252–270.

Nalewajko-Kulikov, Joanna: „When Goethe's Poetry Was Not Enough. Yehoshua Thon on Germany, Optimism and Anti-Semitism (1932–1933)", in: Galas, Michał und Shoshana Ronen (Hrsg.): *A Romantic Polish-Jew. Rabbi Ozjasz Thon from Various Perspectives*, Kraków 2015, S. 95–106.

Nalewajko-Kulikov, Joanna: „O człowieku, który widział za dużo, czyli historia kryminalna z ‚Hajntem' w tle", in: Eisler, Jerzy und Edmund Dmitrów, Mirosław Filipowicz et al (Hrsg.): *Wiek nienawiści. Księga dedykowana Prof. Jerzemu Borejszy*, Warszawa 2014, S. 249–264.

Nalewajko-Kulikov, Joanna: „Prasa żydowska na ziemiach polskich: historia, stan badań, perspektywy badawcze", in: Bąbiak, Grzegorz P., Agnieszka J. Cieślikowa und Joanna

Nalewajko-Kulikov (Hrsg.): *Studia z dziejów trójjęzycznej prasy żydowskiej na ziemiach polskich (XIX–XX w.)*, Warszawa 2012, S. 7–30.
Nalewajko-Kulikov, Joanna: „O gejszach, kolonistach i ekskursantach. Reportaże Abrahama Goldberga z podróży do Palestyny w 1912 roku", in: Nalewajko-Kulikov, Joanna und Grzegorz P. Bąbiak (Hrsg.): *Trudny wiek XX. Jednostka, system, epoka*, Warszawa 2010, S. 11–34.
Nalewajko-Kulikov, Joanna: Obywatel Jidyszlandu. Rzecz o żydowskich komunistach w Polsce, Warszawa 2009.
Natkowska, Monika: Numerus clausus, getto ławkowe, numerus nullus, „paragraf aryjski". Antysemityzm na Uniwersytecie Warszawskim 1931–1939, Warszawa 1999.
Nesselrodt, Markus: Dem Holocaust entkommen. Polnische Juden in der Sowjetunion, 1939–1946 (= Europäisch-jüdische Studien. Beiträge, Bd. 44), Berlin/Boston 2019.
Niemunis, Jolanta: „Stronnictwo Narodowe wobec hitleryzmu jako prądu ideowo-politycznego w latach 1933–1939", *Gdańskie Zeszyty Humanistyczne* 10 (1967), S. 99–122.
Novikov-Almagor, Anna: „Zbąszyń, 1933", *Scripta Judaica Cracoviensia* 7 (2009), S. 103–109.
Nowakowska, Irena: „Fenomen żydowskiej mniejszości narodowej na przykładzie Polski międzywojennej", *Biuletyn Żydowskiego Instytutu Historycznego* 1–2/150 (1989), S. 45–54.
Nowakowski, Jerzy: „Z dziejów syndykatu dziennikarzy warszawskich: organizacja i początki działalności SDW", *Rocznik Historii Czasopiśmiennictwa Polskiego* 7/2 (1968), S. 275–299.
Östling, Johan und Erling Sandmo et al.: „The History of Knowledge and the Circulation of Knowledge. An Introduction", in: Östling, Johan et al. (Hrsg.): *Circulation of Knowledge: Explorations in the History of Knowledge*, Falun 2018, S. 9–36.
Paczkowski, Andrzej: „The Jewish Press in the Political Life of the Second Republic", *Polin* 8 (1994), S. 176–193.
Paczkowski, Andrzej: „Nakłady dzienników warszawskich w latach 1931–1938", *Rocznik Historii Czasopiśmiennictwa Polskiego* 1 (1976), S. 65–97.
Pappi, Franz Urban: „Netzwerkansätze in der Eliteforschung", in: Stegbauer, Christian und Roger Häußling (Hrsg.): *Handbuch Netzwerkforschung*, Wiesbaden 2010, S. 587–600.
Pickhan, Gertrud: „Yiddishkayt and class consciousness. The Bund and its minority concept", *East European Jewish Affairs* 29/2 (2009), S. 249–263.
Pickhan, Gertrud: „,Der Mensch in der Gesellschaft'. Wiktor Alter (1890–1943) als Vordenker der jüdischen Arbeiterbewegung in Polen", in: Brüggemann, Karsten, Thomas M. Bohn und Konrad Maier (Hrsg.): *Kollektivität und Individualität. Der Mensch im östlichen Europa. Festschrift für Prof. Dr. Norbert Angermann zum 65. Geburtstag*, Hamburg 2001, S. 394–404.
Pickhan, Gertrud: „Gegen den Strom". Der Allgemeine Jüdische Arbeiterbund („Bund") in Polen 1918–1939 (= Schriften des Simon-Dubnow-Institut, Bd. 1), München/Stuttgart 2001.
Pickhan, Gertrud: „The ,Bund' in Poland and German Social Democracy in the Thirties", in: Alotshuler, Mordekhai (Hrsg.): *Proceedings of the Twelfth World Congress of Jewish Studies*, Jerusalem, 29. Juli – 5. August 1997, Division B: History of the Jewish People, Jerusalem 2000, S. 257–263.
Pickhan, Gertrud: „Jakobs Berliner Kinder. Ein Warschauer Bundist im jüdischen Berliner Theater 1935", in: Bömelburg, Hans-Jürgen und Beate Eschment (Hrsg.): *„Der Fremde im*

Dorf". *Überlegungen zum Eigenen und zum Fremden in der Geschichte*, Lüneburg 1998, S. 196–210.
Pietrzak, Michał: Reglamentacja wolności prasy w Polsce (1918–1939), Warszawa 1963.
Pinsker, Shachar M.: A rich Brew. How Cafés Created Modern Jewish Culture, New York 2018, S. 55–97.
Pollmann, Viktoria: Untermieter im christlichen Haus. Die Kirche und die „jüdische Frage" in Polen anhand der Bistumspresse der Metropolie Krakau 1926–1939, Wiesbaden 2001.
Polonsky, Antony: The Jews in Poland and Russia 1914 to 2008, Bd. 3, Oxford/Portland/Oregon 2012.
Polonsky, Antony: The Jews in Poland and Russia 1881 to 1914, Bd. 2, Oxford/Portland/Oregon 2010.
Prokop-Janiec, Eugenia: Literatura polsko-żydowska: studia i szkice, Kraków 2011.
Prokop-Janiec, Eugenia: Polish-Jewish Literature in the Interwar Years, New York 2003.
Pryt, Karina: Importierte Unterhaltung. Filme der deutschen Ufa in Warschau 1919–1939, in: *Geschichte und Gesellschaft* 46 (2020), S. 122–154.
Pryt, Karina: Befohlene Freundschaft. Die deutsch-polnischen Kulturbeziehungen 1934–1939 (= Einzelveröffentlichungen des Deutschen Historischen Instituts Warschau, Bd. 22), Osnabrück 2010.
Raab, Jörg: „More than just a Metaphor: The Network Concept and its Potential in Holocaust Research", in: Feldmann, Gerald D. und Wolfgang Seibel (Hrsg.): *Networks of Nazi Persecution. Bureaucracy, Business and the Organisation of the Holocaust*, New York/Oxford 2005, S. 321–339.
Rahden, Till van: Verrat, Schicksal oder Chance: Lesarten des Assimilationsbegriffes in der Historiographie zur Geschichte der deutschen Juden, *Historische Anthropologie* 13 (2005), S. 245–264.
Reinharz, Jehuda und Yaacov Shavit: The Road to September 1939. Polish Jews, Zionists, and the Yishuv on the Eve of World War II, Waltham 2018.
Requate, Jörg: Journalismus als Beruf. Entstehung und Entwicklung des Journalistenberufs im 19. Jahrhundert. Deutschland im internationalen Vergleich, Göttingen 1995.
Requate, Jörg: „Medien und Öffentlichkeit als Gegenstände historischer Analyse", *Geschichte und Gesellschaft* 25/1 (1999), S. 5–33.
Requate, Jörg: „Europäische Öffentlichkeit. Realität und Imagination einer appellativen Instanz", in: Requate, Jörg und Martin Schulze (Hrsg.): *Europäische Öffentlichkeit. Transnationale Kommunikation seit dem 18. Jahrhundert*, Frankfurt am Main 2009, S. 11–39.
Rödder, Andreas: „Reflexionen über das Ende der Weimarer Republik. Die Präsidialkabinette 1930–1932/33. Krisenmanagement oder Restaurationsstrategie?", *Vierteljahrshefte für Zeitgeschichte* 47/1 (1999), S. 87–101.
Rogozik, Janina K.: „Dziennikarska wrażliwość Bernarda Singera", *Zeszyty Prasoznawcze* 43/1–2 (2000), S. 149–163.
Rogozik, Janina K.: „,Nasz Przegląd'. Miedzy ,hajntyzmem' a ,mechesyzmem'", *Zeszyty Prasoznawcze* 40/1–2, 40/3–4 (1997), S. 123–138, 124–139.
Rojanski, Rachel: Yiddish in Israel: A History, Bloomington 2020.
Roskies, David G.: „Landkentenish: Yiddish Belles Lettres in the Warsaw Ghetto", in: Shapiro, Robert Moses (Hrsg.): *Holocaust Chronicles: Individualizing the Holocaust through Diaries and Other Contemporaneous Personal Accounts*, New York 1999, S. 11–29.

Ross, Perlin: „What was the kultur-tuer?", *In geveb* (2015), https://ingeveb.org/blog/what-was-the-kultur-tuer (abgerufen am: 30.12.2021).
Ross, Robert W.: So it was True. The American Protestant Press and the Nazi Persecution of the Jews, Minneapolis 1980.
Rothenberger, Liane: Aus Deutschland berichten ... Entwicklung, Arbeitsweise und Mitgliederstruktur des Vereins der Ausländischen Presse in Deutschland, Berlin 2009.
Różański, Przemysław: Amerykańscy Żydzi i Amerykańska Dyplomacja wobec Kwestii Żydowskiej w Polsce, 1922–1939, Gdańsk 2013.
Rubin, Adam: „Review of ‚Converging Alternatives: The Bund and the Zionist Labor Movement, 1897–1985'", *Shofar* 27/1 (2008), S. 194–196.
Rudnicki, Szymon: Żydzi w parlamencie II Rzeczypospolitej, Warszawa 2004.
Rudnicki, Szymon: „National Democracy, Sanacja and the Jews in the Second Half of the 1930s", in: Gutman, Yisrael (Hrsg.): *Major Changes within the Jewish People in the Wake of the Holocaust*, Jerusalem 1996, S. 129–142.
Rudnicki, Szymon: Obóz Narodowo-Radykalny. Geneza i działalność, Warszawa 1986.
Sagi, Nana und Malcolm Loewe: „Research Report: Pre-War Reactions to Nazi anti-Jewish Policies in the Jewish Press", *Yad Vashem Studies* 13 (1979), S. 387–408.
Saß, Anne-Christin: Berliner Luftmenschen. Osteuropäisch-jüdische Migranten in der Weimarer Republik (= Charlottengrad und Scheunenviertel, Bd. 2), Göttingen 2012.
Saß, Anne-Christin: „Einführung", in: Schneersohn, Fischl: *Grenadierstraße. Roman*, hrsg. von Anne-Christin Saß, Göttingen 2012, S. 5–16.
Scheil, Stefan: Churchill, Hitler und Antisemitismus, Berlin 2008.
Schramm, Gottfried: „Der Kurswechsel der deutschen Polenpolitik nach Hitlers Machtantritt", in: Förster, Roland G. (Hrsg.): *„Unternehmen Barbarossa". Zum historischen Ort der deutsch-sowjetischen Beziehungen von 1933 bis zum Herbst 1941*, München 1993, S. 23–34.
Schulz, Miriam: Der Beginn des Untergangs: Die Zerstörung der jüdischen Gemeinden in Polen und das Vermächtnis des Wilnaer Komitees, Berlin 2016.
Schuster, Frank M.: Zwischen allen Fronten. Osteuropäische Juden während des Ersten Weltkrieges (1914–1919) (= Lebenswelten osteuropäischer Juden, Bd. 9), Köln/Weimar/Wien 2004.
Schwarz, Angela: Die Reise ins Dritte Reich. Britische Augenzeugen im nationalsozialistischen Deutschland (1933–39) (= Veröffentlichungen des Deutschen Historischen Institut London, Bd. 31), Göttingen/Zürich 1993.
Schwarz, Jan: Survivors and exiles. Yiddish Culture after the Holocaust, Detroit 2015.
Seelig, Rachel: Strangers in Berlin. Modern Jewish Literature between East and West, 1919–1933, Ann Arbor 2016.
Segev, Tom: „It was in the Papers: The Hebrew Press in Palestine and the Holocaust", in: Shapiro, Robert Moses (Hrsg.): *Why Didn't the Press Shout? American & International Journalism during the Holocaust*, Jersey City 2003, S. 607–616.
Seul, Stephanie: „Rezension, Yosef Gorny: The Jewish Press and the Holocaust, 1939–1945. Besprochen von Stephanie Seul", *MEDAON – Magazin für jüdisches Leben in Forschung und Bildung* 7/12 (2013), S. 1–4, http://www.medaon.de/pdf/MEDAON_12_Seul.pdf (abgerufen am: 28.06.2020).

Seul, Stephanie: „The Representation of the Holocaust in the British Propaganda Campaign Directed at the German Public, 1938–1945", *Leo Baeck Institute Year Book* 52 (2007), S. 267–306.

Shapira, Anita: „Did the Zionist Leadership Foresee the Holocaust?", in: Reinharz, Jehuda (Hrsg.): *Living with Antisemitism. Modern Jewish Responses*, Hanover/London 1987, S. 397–412.

Shapiro, Robert Moses (Hrsg.): Why Didn't the Press Shout? American & International Journalism during the Holocaust, Jersey City 2003.

Sharf, Andrew: The British Press and the Jews under Nazi Rule, Oxford 1964.

Shmeruk, Chone: „Hebrew – Yiddish – Polish: A Trilingual Jewish Culture", in: Gutman, Yisrael, Ezra Mendelsohn und Jehuda Reinharz (Hrsg.): *The Jews of Poland between Two World Wars*, Hanover 1989, S. 285–311.

Sholokhova, Lyudmila: Groshn-bibliotek reveals literary Taste of Polish Jewry during Interwar Period, *YIVO News* 206 (Spring 2010), S. 19.

Sorkin, David: „Beyond the East-West Divide: Rethinking the Narrative of the Jews' Political Status in Europe, 1600–1750", *Jewish History* 24 (2010), S. 247–265.

Sösemann, Bernd: Das Ende der Weimarer Republik in der Kritik demokratischer Publizisten: Theodor Wolff, Ernst Feder, Julius Elbau, Leopold Schwarzschild, Abhandlungen und Materialien zur Publizistik, Bd. 9, Berlin 1976.

Stach, Stephan: „The Spirit of the Time left ist Stamp on these Works": Writing the History of the Shoah at the Jewish Historical Institute in Stalinist Poland, in *Remembrance and Solidarity – Studies in 20th Century European History* 5 (2016), S. 185–212.

Steffen, Katrin: „Zur Konzeptionalisierung einer jüdischen Teilöffentlichkeit am Beispiel Zwischenkriegspolens", in: Marten-Finnis, Susanne und Markus Bauer (Hrsg.): *Die jüdische Presse. Forschungsmethoden – Erfahrungen – Ergebnisse*, Bremen 2007, S. 113–138.

Steffen, Katrin: „Zur Europäizität der Geschichte der Juden im östlichen Europa", Themenportal Europäische Geschichte, 2006, http://www.europa.clio-online.de/Portals/_Europa/documents/spt/Steffen_Europaeizitaet_der_Geschichte_2006.pdf (abgerufen am: 16.12.2021).

Steffen, Katrin: Jüdische Polonität. Ethnizität und Nation im Spiegel der polnischsprachigen jüdischen Presse 1918–1939, Göttingen 2004.

Steinlauf, Michael C.: „The Polish-Jewish Daily Press", *Polin* 2 (1987), S. 219–245.

Stroop, Paul: „Verwechslungsgefahr. Der ‚Verband der ausländischen Pressevertreter'", in: Verein der Ausländischen Presse zu Berlin e. V. (Hrsg.): *Im Strom der Zeit. 90 Jahre Verein der Ausländischen Presse zu Berlin e. V.*, Berlin 1996, S. 22–23.

Szymaniak, Karolina: „Rachel Auerbach, or the Trajectory of a Yiddishist Intellectual in Poland in the First Half of the Twentieth Century", in: Laczó, Ferenc und Joachim von Puttkamer (Hrsg.): *Catastrophe and Utopia. Jewish Intellectuals in Central and Eastern Europe in the 1930s and 1940s*, Berlin 2018, S. 304–352.

Tomaszewski, Jerzy: „Das ‚Dritte Reich' in den Konsulatsberichten der Republik Polen", in: Strupp, Christoph und Frank Bajohr (Hrsg.): *Fremde Blicke auf das „Dritte Reich": Berichte ausländischer Diplomaten über Herrschaft und Gesellschaft in Deutschland 1933–1945*, Göttingen 2011, S. 163–187.

Tomaszewski, Jerzy: „Bojkot towarów niemieckich w Polsce w latach 1933–1935", *Acta Oeconomica Pragnesia* 15/7 (2007), S. 448–459.

Tomaszewski, Jerzy: Auftakt zur Vernichtung. Die Vertreibung polnischer Juden aus Deutschland im Jahre 1938, Osnabrück 2002. (Polnisches Original: Preludium zagłady. Wygnanie Żydów polskich z Niemiec w 1938 r., Warszawa 1998.)

Tomaszewski, Jerzy: „The Polish Right-Wing Press, the Expulsion of Polish Jews from Germany, and the Deportees in Zbąszyń, 1938–1939", Gal-Ed 18 (2002), S. 89–100.

Tomaszewski, Jerzy: „The Civil Rights of Jews in Poland, 1918–1939", Polin 8 (1994), S. 115–127.

Tomaszewski, Jerzy: „Polish Diplomats and the Fate of Polish Jews in Nazi Germany", Acta Poloniae Historica 61 (1990), S. 183–204.

Tomaszewski, Jerzy: Zarys dziejów Żydów w Polsce w latach 1918–1939, Warszawa 1990.

Trębacz, Zofia: „‚Ghetto Benches' at Polish Universities. Ideology and Practice", in: Fritz, Regina, Grzegorz Rossoliński-Liebe und Jana Starek (Hrsg.): Alma mater antisemitica: akademisches Milieu, Juden und Antisemitismus an den Universitäten Europas zwischen 1918 und 1939, Wien 2016, S. 113–135.

Trencsényi, Balázs, Michal Kopeček, Luka Lisjak Gabrijelčič, Maria Falina, Mónika Baár und Maciej Janows (Hrsg.): Negotiating Modernity in the „Short Twentieth Century" and Beyond. Part I: 1918–1968, Bd. 2, A History of Modern Political Thought in East Central Europe, New York 2018.

Treß, Werner: „Wider den undeutschen Geist": Bücherverbrennung 1933, Berlin 2003.

Ury, Scott: Barricades and Banners. The Revolution of 1905 and the Transformation of Warsaw Jewry, Stanford 2012.

Valencia, Heather: Else Lasker-Schüler und Abraham Nochem Stenzel: Eine unbekannte Freundschaft, Frankfurt am Main/New York 1995.

Volkov, Shulamit: „Antisemitismus als kultureller Code", in: Jüdisches Leben und Antisemitismus im 19. und 20. Jahrhundert: zehn Essays, München 1990, S. 13–36.

Vulesica, Marija: „‚What will become of the German Jews?' National Socialism, Flight and Resistance in the Intellectual Debate of Yugoslav Zionists in the 1930s", in: von Puttkamer, Joachim und Ferenc Laczó (Hrsg.): Catastrophe and Utopia. Jewish Intellectuals in Central and Eastern Europe, Berlin/Boston 2018, S. 45–70.

Walter, Dirk: Antisemitische Kriminalität und Gewalt: Judenfeindschaft in der Weimarer Republik, Bonn 1999.

Wapiński, Roman: „Endecja wobec Hitleryzmu i III Rzeszy", in: Czubiński, Antoni (Hrsg.): Polska – Niemcy – Europa. Studia z dziejów myśli politycznej i stosunków między narododowych, Poznań 1977, S. 531–543.

Weeks, Theodore R.: „The best of both worlds: Creating the Żyd-Polak", East European Jewish Affairs 34/2 (2004), S. 1–20.

Weinbaum, Laurence: „Jabotinsky and the Poles", Polin 5 (1990), S. 156–172.

Weiser, Kalman: „The Capital of ‚Yiddishland'?", in: Dynner, Glenn und François Guesnet (Hrsg.): Warsaw. The Jewish Metropolis. Essays in Honor of the 75th Birthday of Professor Antony Polonsky (= IJS Studies in Judaica, Bd. 15), Leiden 2015, S. 289–322.

Weiser, Kalman: „‚Der Moment' (1910–1939)", in: Nalewajko-Kulikov, Joanna, Grzegorz P. Bąbiak und Agnieszka J. Cieślikowa (Hrsg.): Studia z dziejów trójjęzycznej prasy żydowskiej na ziemiach polskich (XIX–XX w.), Warszawa 2012, S. 77–88.

Weiser, Kalman: Jewish People, Yiddish Nation: Noah Pryłucki and the Folkists in Poland, Toronto 2011.

Weiser, Kalman: „A Tale of Two Pryłuckis: On the Origins of the Warsaw Yiddish Press", *Gal-Ed* 22 (2009/10), S. 89–118.
Weiss, Yfaat: Deutsche und polnische Juden vor dem Holocaust. Jüdische Identität zwischen Staatsbürgerschaft und Ethnizität 1933–1940, München 2000.
Weiss, Yfaat: „The Transfer Agreement and the Boycott Movement: A Jewish Dilemma on the Eve of the Holocaust", *Yad Vashem Studies* 26 (1998), S. 129–172.
Weiss, Yfaat: „Projektionen von ‚Weltmacht' – Die Boykottbewegung der 1930er Jahre", *Tel Aviver Jahrbuch für Deutsche Geschichte* 26 (1997), S. 151–179.
Weiss, Yfaat: „‚Wir Westjuden haben jüdisches Stammesbewusstsein, die Ostjuden jüdisches Volksbewusstsein.' Der deutsch-jüdische Blick auf das polnische Judentum in den beiden ersten Jahrzehnten des 20. Jahrhunderts", *Archiv für Sozialgeschichte* 37 (1997), S. 157–178.
Wildt, Michael: „Violence against Jews in Germany, 1933–1939", in: Bankier, David (Hrsg.): *Probing the Depths of German Antisemitism. German Society and the Persecution of the Jews, 1933–1941*, Jerusalem 2000, S. 181–209.
Wildt, Michael: „Gewalt gegen Juden in Deutschland 1933–1939", in: *WerkstattGeschichte* 18, 1997, S. 5–80.
Wildt, Michael und Christoph Kreutzmüller (Hrsg.): Berlin. 1933–1945, München 2013.
Wojciechowski, Marian: Die polnisch-deutschen Beziehungen 1933–1938 (= Studien zur Geschichte Osteuropas, Bd. 12), Leiden 1971.
Wójtowicz, Norbert: „Żydowski niezależny zakon „Synów Przymierza" (B'nei B'rith) w Polsce podczas kampanii antymasońskiej 1938 roku", *Almanach Historyczny* 9 (2007), S. 143–158.
Wolff, Frank: Kollektive Identität als praktizierte Verheißung. Der transnationale Handlungsraum der sozialen Bewegung „Allgemeiner Jüdischer Arbeiterbund", in: Mittag, Jürgen und Heike Stadtland (Hrsg.): *Theoretische Ansätze und Konzepte der Forschung über soziale Bewegungen in den Geschichtswissenschaften*, Essen 2014, S. 139–167.
Wolff, Frank: Neue Welten in der Neuen Welt: Die transnationale Geschichte des Allgemeinen Jüdischen Arbeiterbund, 1897–1947 (= Industrielle Welt: Schriftenreihe des Arbeitskreises für moderne Sozialgeschichte), Köln/Weimar/Wien 2014.
Wolff, Frank: „Historiography on the General Jewish Labor Bund. Traditions, Tendencies and Expectations", *MEDAON – Magazin für jüdisches Leben in Forschung und Bildung* 3/4 (2009), S. 1–12.
Wróbel, Piotr: „From Conflict to Cooperation: the Bund and the Polish Socialist Party, 1897–1939", in: Jacobs, Jack: *Jewish Politics in Eastern Europe: The Bund at 100*, London 2001, S. 155–171.
Wulf, Joseph: Presse und Funk im Dritten Reich. Eine Dokumentation, Frankfurt am Main/Berlin/Wien 1983.
Zaagsma, Gerben: „Jewish Responses to Antisemitism in Paris and London in the late 1930s as European Jewish Political History", in: Bajohr, Frank und Dieter Pohl (Hrsg.): *Right-Wing Politics and the Rise of Antisemitism in Europe 1935–1941*, Göttingen 2019, S. 95–112.
Zaagsma, Gerben: „Yiddish in Historical Research: Some Reflections", *European Judaism* 42 (2009), S. 19–23.
Żbikowski, Andrzej: „Poles and Jews in the Vilnius Region", *Darbai ir dienos* 67 (2017), S. 151–161.
Żebrowski, Rafał: Mojżesz Schorr i jego listy do Ludwika Grumplowicza, Warszawa 1994.

Zieliński, Konrad: Stosunki polsko-żydowskie na ziemiach Królestwa Polskiego w czasie pierwszej wojny światowej, Lublin 2005.

Żółkiewska, Agnieszka: „Literatura niemieckojęzyczna w przekładach na język jidysz (1891–1939)", in: Deutsches Historisches Institut Warschau und Instytut Historii Polskiej Akademii Nauk (Hrsg.): Lesestunde/Lekcja czytania, bearbeitet von Joanna Nalewajko-Kulikov, Ruth Leiserowitz, Stephan Lehnstaedt und Grzegorz Krzywiec, Warszawa 2013, S. 37–50.

Żółkiewska, Agnieszka: Inwentarz związku literatów i dziennikarzy żydowskich w Polsce, Warszawa 2009, S. 1–56.

Żyndul, Jolanta: Zajścia antyżydowskie w Polsce w latach 1935–1937, Warszawa 1994.

Index

A. Almi *siehe* Sheps, Elye-Khayem 82
A.S. Lirik *siehe* Riklis, Aaron Levi 51, 102, 103, 105, 107, 147, 188, 212, 433, 455, 472
Abromovitsh, Rafael Rein 103, 107, 151, 154, 463
Abusch, Alexander 220
Adler-Rudel, Salomon 106
Alter, Avraham Mordekhai 78
Alter, Moszek 345
Alter, Wiktor 76, 183, 193, 235–241, 367, 404, 406, 410 f., 416, 421, 437, 457, 458, 460, 461, 478
Aly, Götz 193
An-Sky, S. *siehe* Rapoport, Shloyme Zaynvl 82, 92
Andrea Löw 5 f.
Appenszlak, Jakub 310, 342, 346, 409 f., 431, 458, 481
Arieh *siehe* Naymark, Dovid-Leyb 470
Arnold, Igancy 107
Arnsberg, Dr. Paul 159
Arnshteyn, Mark 354
Arzi 408, 411, 414 f.
Aschheim, Steven E. 7, 11, 300
Aschmann, Gottfried 137, 149, 330
Ash, Sholem 434, 471, 481
Auerbach, Rachel 2, 224–231, 252, 273, 311 f., 369, 404, 413, 416, 439, 458 f., 487
Aust, Cornelia 30

B. Yeushzon *siehe* Yustman, Moyshe Bunem; Itshele 68, 482
Bacon, Gershon 32
Bajohr, Frank 5
Bałaban, Mayer 342
Balberyszki, Mendel 381, 412 f., 431
Bartal, Israel 90
Baumann, Ulrich 8 f.
Beck, Józef 34, 118, 212, 215 f., 452
Beckelman, Moses 423

Ben-Nun *siehe* Gotlib, Dr. Yeoshue; Gottlieb 464
Benz, Wolfgang 279
Bergelson, David 108
Berkelhammer, Dr. Wilhelm 361
Bernhard, Georg 159
Bernshtayn 421
Bernstein, Eduard 239, 341, 460
Bernstein, Fritz 220, 225
Bernstein, Mateusz 437
Beys-Shin *siehe* Shefner, Barukh 399, 474
Bialik, Chaim Nachman 84 f.
Bieberstein, Zygmunt 376
Bizerger 421
Blasius, Dirk 188
Blaskowitz, Johannes 403
Blatman, Daniel 13, 184, 201, 241, 404
Blit, Lucjan 437
Bloch, Dr. Josef 197
Blokzijl, Max 140 f.
Blond, Dina *siehe* Dinah 406, 421
Blum, Abrasza 406
Blum, Léon 200
Borochov, Ber 50
Bothe, Alina 356
Bourdieu, Pierre 31
Brinbaum, Dr. Nathan 79
Brinkmann, Tobias 49, 97
Bronsztejn, Szyja 90
Browning, Christopher 5
Brumberg, Abraham 55 f., 77
Brüning, Heinrich 108
Brunner, Constantin 220
Bukshorn, Pinye 151
Burshtin, Mikhl 252, 380

Carlebach, Emanuel 78
Carlebach, Esriel *siehe* Gothelf, K; Gothelf, Lui 160 f., 185, 332, 433, 439, 455, 459
Chardonne, Jacques 271
Chmurner, Józef 138, 182, 210, 459 f., 467
Claudius, Michael Müller 220, 225
Clog, Loeser 406

Cohen, Boaz 5
Cohen, Hermann 223
Cohen, Nathan 16f., 19–22, 30, 32, 234, 329, 408, 438
Coudenhoves, Heinrich Graf von 220
Courtenay, Jan Niecisław Baudouin de 220
Curtius, Julius 108

Davies, Norman 12
Der Tunkeler *siehe* Tunkel, Yosef 74, 126, 258, 261, 270, 284, 285, 287f., 294, 336, 440, 480
Deutscher, Isaac 168, 183, 334
Dietrich, Otto 137
Dinah *siehe* Blond, Dina 421
Diner, Dan 19
Diner, Hasia R. 33, 175
Dineson, Yankev 82
Dmowski, Roman 35, 208
Domeier, Normen 47
Dr. Schliep 122
Drace-Francis, Alex 257
Dua, Yakov Kopl 339f.
Dubnow, Simon 59, 83f., 87, 103, 106, 147, 163, 442, 445f.
Dubnow-Erlich, Zofia 76, 421, 460

Ehrenstein, Albert 218
Einstein, Albert 338
Ekerman, Ayzik-Ber 79, 186, 217, 231–234, 273, 312, 438, 460
Elboym, Moyshe 420f.
Elias, Norbert 228
Emanuel *siehe* Heftman, Yosef 74, 191, 394
Endweis, Dr. Emil 358
Engels, Friedrich 460, 480
Erlich, Henryk 37, 51, 76, 128, 157, 183, 193, 196, 208, 213, 258, 261, 266, 271f., 297, 320–323, 331f., 341, 371, 388f., 392–394, 396, 406, 411, 416, 421, 437, 458, 460f., 478
Estraikh, Gennady 22, 33, 101, 103, 107f., 142
Eynhorn, Arn 63, 68, 97, 382, 407, 410, 416, 421, 432f., 438, 461
Eynhorn, Dovid 97, 103, 107f., 461

Farba 407
Feuchtwanger, Lion 220, 340f.
Filisof, Stanisław 404
Fink 148, 207, 461
Finkelshtayn, Moyshe 338
Finkelstein, Chaim 51, 64, 70f., 101, 125, 131, 147, 164, 256, 383, 405, 407, 410, 431, 433, 437f., 461
Finkelstein, Leo 125, 331f., 346, 367, 437
Finkelstein, Nehemiah 68, 407
Finkelstein, Noah 68
Flakser, Menakhem 416, 421, 462, 465
Flinker, Dovid 79, 166, 187, 191, 207, 232, 309, 397, 414, 417, 420f., 423, 433, 462f.
Franco 36
Frank, Leonhard 106
Frankl, Michal 38
Freeden, Herbert 138
Frenkel, Chava (geb. Gruenbaum) 152, 154, 463
Frenkel, David 463, 154
Frenkel, Nathan *siehe* Shnayder, Nathan 104, 151–155, 181, 196, 198f., 200f., 204, 463
Freud, Sigmund 89, 221f., 224, 226, 228, 233, 450
Frick, Wilhelm 202
Friedländer, Saul 5, 188f., 243
Friedrich, Klaus-Peter 9f., 13
Frishman, David 68
Frydman, Aleksander Zysze 309
Fuks, Leyb Khayim 230
Fuks, Marian 15f., 310

Gahlberg, Arnold 107
Gal-Ed, Efrat 21, 341
Ganielski, Khaim 339
Ganze 407
Garrett, Leah 257, 264f.
Gawronsky 122
Gierlak, Maria 21
Giterman, Yitskhok 83, 379, 421, 423
Gliksman, Dr. [Jerzy?] 421
Gliksman, Itsak-Mayer 149f., 390, 463
Gliksman, Marie (geb. Dawidovitsh) 463

Goebbels, Joseph   119, 138, 149, 155, 272, 328–331, 334
Goethe, Johann Wolfgang von   89, 255
Golczewski, Frank   243
Goldberg, Abraham   70, 92f., 197f., 271
Goldbrod, Y.   383, 391
Goldmann, Dr. Nahum   215, 427f.
Goldmann, Dr. Paul   107, 143
Goldrosen, Helga   463f.
Goldrosen, Nuchem   104, 108, 149, 180, 463f.
Goldshtayn   65
Goldstein, Bernard   81, 367f., 406, 410–412, 478
Gorfinkel, Leyb   427
Göring, Hermann   195, 328, 330, 334
Gorny, Yosef   15, 182
Gothelf, K. *siehe* Carlebach, Esriel   160
Gothelf, Lui *siehe* Carlebach, Esriel   160, 459
Gotlib, Dr. Yeoshue *siehe* Ben-Nun; Gottlieb   74, 105, 308f., 314, 332, 342, 388, 414, 416f., 459, 464
Gotthelf, Yehuda   52
Gottlieb, Moshe   24, 245, 342, 437, 464
Gottlieb *siehe* Gotlib, Dr. Yeoshue; Ben-Nun   437, 464
Grafman, Avrom   207, 421f.
Grafshtayn, Melekh   438
Graubard, Pinkhes   82
Grawicki, Józef   459
Grinberg, Alexander   338
Grinberg, Daniel   15, 21, 169, 245, 390
Grinberg, Uri Tsevi   73
Grinboym, Mieczysław   321, 417
Grinfeder   65
Grodner, David *siehe* Stolarski, Israel   426
Großman   407
Gross, Jan Tomasz   13
Grossfeld   319f.
Grossmann, Vladimir   68, 96, 192
Grünbaum, Yitzhak   311, 313, 321
Grynszpan, Herszel Samuel   384, 386, 388f., 392
Guesnet, François   8f., 254
Gumplowicz, Ludwik   228
Gutgesztalt, Hirsz   437

Ha'am, Ahad   84
Hagen, William W.   36, 174, 212
Hartglas, Apolinary-Maksymilian   309f., 314, 342, 346, 364, 432f.
Heftman, Yosef *siehe* Emanuel   74, 191, 309, 394
Heim, Susanne   5, 38
Heine, Heinrich   89, 338, 340, 473, 480
Heinersdorf, Dr. Jakob   145
Heller, Celia Stopnicka   11
Heller, Tadeusz   107, 142, 145, 172
Herren, Madeleine   31
Herts, Shalom *siehe* Herts, Shulim   406, 421
Herts, Shulim *siehe* Herts, Shalom   431
Herzberg, Arno   134, 148, 159
Herzer, Martin   137, 142–145, 150
Herzl, Theodor   185, 338
Higier, Dr. Henryk   310
Hilberg, Raul   262
Hildesheimer, Esriel   123
Hillerich, Sonja   47
Hindenburg, Paul von   177–179, 187f.
Hirschberg, Alfred   154
Hirschhorn, Samuel *siehe* Hirshhorn, Samuel   74, 88
Hirshhorn, Samuel *siehe* Hirschhorn, Samuel   88, 478
Hitler   20, 36, 50, 94, 111, 117f., 122, 149, 154f., 157–159, 171, 174f., 178f., 181–183, 186–195, 197, 202–204, 208f., 211, 222f., 229, 231f., 234, 237f., 240f., 243, 248, 256, 259, 268–271, 275, 282f., 285, 312, 319, 321f., 325f., 328, 331f., 334, 336–341 348f., 353, 390, 400, 411, 416, 420, 437, 448, 452, 459, 468, 476f.
Horontshik, Shmeon   419
Hurvits, Khaim Avraham *siehe* Vital, Khaim   134, 136, 162, 166, 205, 258f., 262, 266, 268, 275–280, 290f., 294–296, 391, 393f., 419, 464

Iaz, Dr. Halina   343
Indelman *siehe* Yinnon, Moshe   65, 397, 407, 410, 414–416, 421, 425, 432f., 437, 482

514 — Index

Itshele *siehe* Yustman, Moyshe Bunem 68, 190
Iulski, H. 151–153, 180, 188, 190

Jabotinsky, Vladimir (Ze'ev) 36, 70, 73, 104, 421
Jakobson, Mendel 358
Jehuda Szczerański 314
Jerk, Wiking 271
Jeuschsohn *siehe* Yustman, Moyshe Bunem 423
Jünger, David 201
Jürgenson 142

Kaden-Bandrowski, Juliusz 342
Kagan, Abram Saulovich 197, 457
Kahan, Abraham 370
Kahan, Israel 406
Kahan, Lazar 168, 370, 398, 405 f., 414, 417, 421, 423, 431 f., 464 f.
Kahan, Marek 421
Kahan, Rose Shoshana 405 f., 408
Kahn, Fritz 227
Kahn, Mark *siehe* Kahan, Marek 410
Kalker, D. S. 335
Kaminer, Mendel 79
Kamińska, Ida 421
Karczewska, Agnieszka 18
Kareski, Georg 162
Kargol, Anna 23
Kasztelański, Abraham 75
Kats, Pinkhas 336 f., 484
Kautsky, Karl 239
Kava, Shlyome-Leyb 83
Kazdan, Khaym-Shloyme 230, 421, 423
Kellermann, Bernhard 462
Keztin, Lipa 437
Kijek, Kamil 52 f.
Khilinovitsh, Ben-Tsien 65, 74, 401 f., 408, 414, 421, 438, 465
Kipnis, Menakhem 53, 68, 82, 438, 465
Kisch, Egon Erwin 100
Kizilov, Mikhail 252
Kleinbaum, Moshe 65, 68, 126, 215 f., 245, 309, 325, 376, 386 f., 389, 402 f., 411, 418, 421, 424, 427 f., 432, 465 f.
Klepfish, Heshl 79, 166, 232, 258, 281, 466

Klinov, Yeshayahu 85, 101–107, 111, 113, 139, 143, 145, 147, 155, 160, 167, 179–181, 185, 188 f., 197, 449, 466
Klinow *siehe* Klinov, Yeshayahu 142
Koeppen, Wolfgang 288
Kohn, Pinkhas 78
Kopciowski, Adam 18
Koselleck, Reinhart 29
Kosmala, Beate 21
Kossovski, Vladimir 62, 76, 85, 103 f., 151, 153, 200 f., 209 f., 421, 463, 467
Kreindler, Leo 105
Kroy 421
Kruk, Herman 64, 413, 418, 420 f., 423, 425, 474, 476
Kruk, Samuel *siehe* Shvarts, Pinkhas 339
Kruk, Yosef 64, 331, 332, 395
Krzywiec, Grzegorz 35, 366
Kügelen, Carlo von 149
Kugelmass, Jack 257, 305
Kulbak, Moyshe 106
Kunzelmann, Gustav 133
Kupfershtayn, Hershl 406 f.
Kutsher 65

Laczó, Ferenc 3
Lanczener, Josef 108, 149 f., 467
Landau, Jacob 44, 103, 105
Landau-Czajka, Anna 13, 17, 21, 207, 244
Lasker-Schüler, Else 106
Laski, Neville 173 f.
Lassalle, Ferdinand 89, 239, 460
Lazer, Dawid 80
Lehman, Shmuel 82 f.
Lehnstaedt, Stephan 19, 247, 412
Leib Zitron, Shmuel 74
Lemberger, Lazar Saul 145
Lencki, Włodziemierz *siehe* Woyno, Władysław 162, 391
Leonid *siehe* Tsharni, Daniel 102, 146, 160, 479
Lessing, Gotthold Ephraim 89
Lestschinsky, Jakob 103, 105–107, 138, 142 f., 147, 379, 455, 459, 467 f.
Levinshtayn, Y. L. 412
Lewin, Aron 310, 314, 419
Lewinsky, Tamar 249, 253

Lewite, Leon 319, 335, 355
Lincoln, Abraham 338
Lippmann, Heinz 327
Lipsker *siehe* Volf-Zev 79
London, Dr. Israel 335
Loose, Ingo 21,
Löw *siehe* Andrea Löw 5f.
Lubbe, Marinus van der 196f.
Lubrich, Oliver 262, 271

Maisliz, Samuel 143
Majer, Kółowicz 7, 150, 350, 486
Majewski, Michał Maksymilian 24, 318,
Makarov 443
Maksymiak, Małgorzata 302
Malakh, Leyb 34, 60, 99, 163, 258, 260f.,
    266, 282, 285f., 289f., 299, 301f.,
    331f., 468
Manger, Itzik 340f., 369
Marcus, Joseph 12
Mark, Bernard 402, 405, 408
Marten-Finnis, Susanne 18, 22
Marx, Karl 338, 460, 480
Maurer, Trude 177
May, Karl 251
Mayer, Michael 203
Mayzel, Maurycy 310
Mayzel, Nakhmen 45, 98, 105f., 255, 258,
    261, 270, 273f., 285, 287, 291, 295, 297,
    299f., 338, 394, 468
Mazur, Elias 314, 355
Medem, Vladimir 76
Melzer, Emanuel 11, 20, 22f., 206, 212, 214,
    363, 379, 398
Mendelbroyt 421
Mendelsohn, Ezra 10–12
Mendelsohn, Shlomo 37, 83, 99, 125, 173,
    248, 258, 261, 266, 269f., 282–284,
    288, 292f., 440, 468f.
Mendelssohn, Moses 88
Michman, Dan 5f., 13
Mieses, Mateusz 220
Mincberg 314
Miron, Guy 218, 245
Molisiak, Alina 17
Moltke, Hans-Adolf von 117–119, 121, 328,
    332, 342, 357

Moss, Kenneth B. 19, 30
Mowrer, Edgar A. 141f., 149
Mozes, Mendel 132, 159, 309, 343, 397,
    414, 417, 421f., 426, 431, 437, 469
Müller, Carmen 243
Mussolini, Benito 36, 189, 282

Nalewajko-Kulikov, Joanna 3, 15, 17–19, 21,
    55, 58, 65, 69, 91, 160
Nayman, Yekhezkl-Moyshe 68, 83, 125, 158,
    174, 213, 307, 309, 368, 417, 421, 423,
    425, 432–434, 470
Naymark, Dovid-Leyb *siehe* Arieh 37, 354,
    395, 406, 421, 470
Neumann, Max 223
Niderman 166
Niewiński 350
Nomberg, Hirsh David 68, 93, 479
Nordau, Max 89
Novikov-Almagor, Anna 23
Numberg, Elizer 98

Olberg 142
Opatoshu, Joseph 74
Opotshinski, Perets 380
Oppenheimer, Franz 228
Orzech, Maurycy 76, 410f., 420, 470f.

P. Frank *siehe* Shvarts, Pinkhas 399, 411,
    476
Paczkowski, Andrzej 53, 113
Papen, Franz von 178, 188
Pappi, Franz Urban 31
Pat, Jakob 136, 183, 206, 249, 258–260,
    267, 270, 272, 275–278, 282f., 286,
    331, 389, 394, 431, 444, 469, 471
Perelman, A. 146, 166
Peretz, Yitskhok Leybush 68, 82
Perle, Yoshue 83
Petrażycki, Leon 228
Pickhan, Gertrud 21
Pietrushka, Shimke Bunem 65, 68, 432
Pietrzak, Michał 127
Piłsudski, Józef 34, 121, 169, 207, 328, 338,
    363, 366
Popper, Ernst 143
Portnoy, Yekusiel 421, 431

Prager, Moses 329
Prinz, Joachim 289
Prokop-Janiec, Eugenia 17
Pryłucki, Noah 59, 72–74, 82f., 311, 367, 394, 398, 417, 421–423, 427f., 431, 437, 471f.
Pryłucki, Tsevi 57f., 74, 93, 408, 471f.
Pryt, Karina 23, 124, 127, 214, 351–352

Rahden, Till van 11f.
Rapaport, Yoshue 421, 465
Rapoport, Shloyme Zaynvl *siehe* An-Sky, S. 82
Rath, Ernst von 384, 386, 388
Ravitsh, Melekh 34, 106, 113, 123, 164, 369f., 396, 438, 443f., 458, 468
Reiss 375
Requate, Jörg 27
Riklis, Aaron Levi *siehe* A. S. Lirik 51, 102f., 105, 107, 142, 147, 188f., 212f., 433, 455, 472f.
Rilke, Rainer Maria 462
Ringel, Dr. Michał 332
Ringelblum, Emanuel 43, 83, 251, 375, 379, 381, 461, 477
Ritgen, Hermann von 149
Robaczewski, Aleksander 219
Rogovy, Avraham Mordekhai 79, 438, 473
Rogozik, Janina K. 64
Roskies, David G. 252
Rosmarin, Henryk 186, 210–212, 214, 314, 375, 380, 473
Rotenstreich, Fiszel 192, 218, 312
Rotstein, Shmuel Yitskhok 79
Rozen, Ber Yitskhok 162, 412f., 415, 418, 420, 422, 426, 465, 473f.
Rozen, Leon 376
Rubin, Dr. Israel 105, 108
Rubinshtayn, Ruven 101, 111, 166f.
Rubinshteyn, Yitshak 428
Rubinstein, Yitshak *siehe* Rubinshteyn, Yitshak 314, 427f.
Rudnicki, Szymon 127
Rydz-Śmigły, Edward 121, 404

Saß, Anne-Christin 7, 22
Schick, Otto 105, 143

Schiller, Johann Christoph Friedrich 89, 255
Schiper, Ignacy 83
Schleicher, Kurt von 177f.
Schönstedt, Walter 339
Schorr, Mojżesz 53, 221, 314, 342, 354f., 375
Schulz, Miriam 19, 22, 424, 428, 430f.
Schwalbe, Nathan *siehe* Szwalbe, Nathan 478
Schwarzbart, Ignacy 436
Seelig, Rachel 90
Segalovitsh, Zusman 52, 61, 74, 161, 228–232, 373, 394, 402, 413, 417f., 433, 440, 444, 474, 481
Segev, Tom 245
Seidenman, Salomon 379
Seligfeld, Zimra 465
Seul, Stephanie 14
Shayn, Yisroel 16
Shefner, Barukh *siehe* Beys-Shin 37, 75, 129–131, 163f., 166, 190, 234, 238, 258f., 264–266, 272–274, 286, 293f., 297–302, 331, 367, 369f., 372, 378, 380, 396f., 399f., 406, 417f., 420f., 423f., 426, 431, 435, 443f., 460, 474f.
Sheps, Elye-Khayem *siehe* A. Almi 82
Shi Min 271
Shnayder, Nathan *siehe* Frenkel, Nathan 151f., 202, 463
Shneiderman, Samuel Leib 258f., 261, 266, 296
Shoshkes, Khaim 68, 166, 258f., 264, 273, 295, 380, 475f.
Shtaynbock 129
Shvarts, Pinkhas 64, 76, 129, 157, 329, 339–340, 380, 394, 406, 411, 413–417, 421f., 431, 440, 460, 476
Sievers, Max 241
Silberberg, Luzer 98
Silone, Ignazio 460
Singer, Bernard *siehe* Zynger 64, 119, 136, 161, 168, 173f., 249, 258f., 261f., 299, 301, 329, 331, 334f., 402, 414–417, 431, 476–478
Skiwski, Viktor 330
Składkowski, Sławoj 36, 385

Smolar, Boris   81, 129, 143, 159 f., 163, 287, 469
Sobański, Antoni Graf   244
Sommerstein, Dr. Emil   314
Spektor, Mordekhai   74
Stampfer, Friedrich   162
Stańczyk, Jan   431, 435
Starer   337
Steffen, Katrin   9, 11, 20 f., 27 f., 42, 55, 67 f., 207, 214
Steinlauf, Michael C.   55, 57, 66
Stenzel, Abraham Nochem   106
Stöcker, Adolf   93
Stolarski, Israel *siehe* Grodner, David   426
Streicher, Julius   219
Stupnitski, Shoyel-Yitskhok   74, 80, 125, 221–224, 226 f., 229, 233, 273, 299, 301, 332, 346, 387 f., 393, 408, 410, 417, 438, 459, 477
Swet, Hermann (Gershon)   85, 96, 102, 104–107, 140, 142, 145–147, 155, 179, 189, 205, 477 f.
Szajnkinder, Sz.   53
Szereszewski, Rafał   310 f., 314, 349, 362, 378, 415, 428
Szulman, Wiktor   75, 406, 431, 469, 478
Szwalbe, Natan   64, 161, 310, 335, 376, 391, 402, 414, 417, 437, 478, 481
Szymaniak, Karolina   32, 113, 224, 369

Tendlarz, Mojżesz   53
Thompson, Dorothy   159 f.
Tohn, Ozjasz *siehe* Thon, Yoshuha   185 f., 212, 219, 309, 361
Tomaszewski, Jerzy   12, 22 f., 311, 318, 348, 374, 380, 383 f., 394
Trockenheim, Jakub   314, 379
Trunk, Yekhiel Yeshaye   421, 472
Tsaytlin, Arn   74, 431, 478 f.
Tsaytlin, Hillel   73, 83, 389, 408, 421, 438, 478 f.
Tsharni, Daniel   60, 102 f., 105–107, 133, 136, 146 f., 155, 160, 162, 258, 260 f., 263–266, 270, 400 f., 419, 479 f.
Tunkel, Yosef *siehe* Der Tunkeler   74, 162, 258, 261, 270, 284–289, 294, 336, 440, 480

Turkow, Diane   420
Turkow, Jonas   1, 420, 439
Turkow, Mark   1–3, 33, 41, 59, 74, 81, 135 f., 146, 158, 165, 167, 209, 256, 258 f., 265, 272, 294, 302, 307–309, 313 f., 325, 331–333, 335, 346, 355–357, 360, 376, 381, 401, 418, 420, 422, 424, 435, 439, 463, 480 f.
Turkow, Zygmunt   1, 420

Umiastowski, Roman   414
Ury, Scott   43

Vangerow, Oskar   171, 173
Vanvild, M. *siehe* Kava, Shlyome-Leyb   83
Verne, Jules   251
Vigodski, Dr. Jakob   422
Vital, Khaim *siehe* Hurvits, Khaim Avraham   162, 166, 258 f., 262, 266, 268, 276–280, 290 f., 294 f., 391, 393, 419, 464
Volkov, Shulamit   177
Vulesica, Marija   245

Wagman, Saul   161, 168, 338, 417, 437, 478, 481
Wajnryb, Mieczysław   155
Waldmann, Moses   105
Wallauer, Carl   312
Walter, Dirk   178
Warszawski, Jakir   438
Wasser, Khaym   421
Wawelberg   375
Weichert, Dr. Michał   416
Weinreich, Max   472
Weiser, Kalman   18, 71 f.
Weiss, Yfaat   20, 23 f., 36, 123, 173, 202, 296, 342, 344 f., 348, 356 f., 362
Weltsch, Robert   162
Wieselberg, Dr. Salo   104, 108, 149, 481
Wildt, Michael   304
Wiślicki, Wacław   122 f., 310 f., 314, 322, 347 f.
Włodarkiewicz   122
Wolff, Frank   12, 32,
Wolfson, D.   146
Wołkowicz, Samuel *siehe* Wolkowicz   308 f., 335, 376, 379, 397 f., 416 f., 478, 481

Wolkowicz *siehe* Wołkowicz, Samuel   335, 437
Wolkowisski   142
Woyno, Władysław *siehe* Lencki, Włodziemierz   161f.
Wurmbrand, Funny   103, 139f.
Wurmbrand, Michael   96, 103, 105, 139f.

Yatskan, Shmuel Yankev   58, 64, 68–71, 479
Yinnon, Moshe *siehe* Indelman   65, 388, 397, 407, 410, 414–416, 424, 432–434, 482
Yustman, Moyshe Bunem *siehe* B. Yeushzon; Itshele   65, 68, 73f., 190f., 410, 417, 421, 425, 432, 482

Zaagsma, Gerben   8, 344
Zak, Avraham   408, 416
Zamenhof, Adam   412
Zar Alexander II.   40
Zeidman, Hillel   79
Ziegelboym, Artur   406
Żółkiewska, Agnieszka   89f.
Zollschan, Ignaz   227
Żurek, Sławomier Jacek   18
Zynger *siehe* Singer, Bernard   167, 437, 476

www.ingramcontent.com/pod-product-compliance
Lightning Source LLC
Chambersburg PA
CBHW051532230426
43669CB00015B/2576